독학용 EBS 국어 분석 끝판왕 | 논문을 통한 출제 포인트 분석 | 평가원 선지로 지문 분석하기 | 실전 문제로 적용 훈련까지

나 없이 EBS 풀지 마라

수능특강
문학
완벽 분석

▶▶ 현대문학

1 콘텐츠가 강하다!
실전 국어 전형태

메가스터디 **전형태**

01.

나BS는 치밀하고 철저합니다.

모든 지문의 구조 분석, 작품 해제와 주요 시어의 의미가 담겼습니다. 이토록 치밀하고 철저한 EBS 분석은 수험생이 수능을 완벽하게 준비하기를 바라는 **전형태 선생님의 피나는 노력입니다.**

여승(女僧)은 합장(合掌)하고 절을 했다
　　　불교에서 두 손바닥을 합하는 예법

가지취의 내음새가 났다
　산나물의 냄새 / 후각적 심상

쓸쓸한 낯이 옛날같이 늙었다
　　　　　얼굴

나는 불경(佛經)처럼 서러워졌다
화자　　불교의 경전.　　'나'의 감정
　　　여인의 처지를
　　　환기하는 소재

　■ : 비유 → 상황, 정서를 구체적으로 표현함.

1연 : 여승이 된 여인과 '나'의 재회

시어 시구 풀이

가지취의 내음새가 났다 → 시적 대상이자 일제 강점기 민중이 겪은 고난이 담긴 서사의 주인공인 '여승'이 속세를 떠난 지가 오래되어 깊은 산에서 생활하고 있음을 나타냄.

쓸쓸한 낯이 옛날같이 늙었다 / 나는 불경처럼 서러워졌다 → '옛날같이'라는 표현을 통해 화자가 여승을 처음 본 것이 아님을 알 수 있는데, 화자는 여승이 겪은 지난날의 고생과 번민을 회상해 보며, 지친 삶 속에서의 처절한 모습을 현재의 늙음으로 유추해서 표현하고 있음. 화자는 이러한 점이 서럽게 여겨진다고 말하고 있음. 화자가 느낀 서러움에는 여승의 모습에 대한 일종의 연민의 태도가 깔려 있다고 볼 수 있음.

01 | 주제

삶에서 느끼는 그리움과 방황하는 삶에 대한 인고와 정한

02 | 특징

① 화자의 방랑하는 처지와 한의 정서를 드러낸 화자 중심의 시
② 전체적으로 간결하고 평이한 시어를 구사함.
③ 지나간 일을 돌이켜 생각하는 회고적 성격이 두드러짐.
④ 각 연의 첫 행에 '보리피리', 끝 행에 '피 - ㄹ 닐리리.'를 규칙적으로 삽입하여 통일성을 부여하고 운율을 형성함.

03 | 작품 해제

이 시는 작가의 두 번째 시집 『보리피리』(1955)의 표제작이다. 이 작품은 고향에 대한 그리움과 유년 시절에 대한 향수를 담고 있다. 그러나 그것은 단순히 과거와 지나간 것에 대한 동경을 의미하는 것이 아니다. 마지막 연의 '눈물의 언덕'이 중요한 의미를 가지게 되는데, 고향과 유년에 대한 그리움, 나병 환자로서의 비애, 성한 인간이 되고 싶다는 욕망, 방랑의 한이 '눈물의 언덕'이 되어 나타나는 것으로 볼 수 있다. 이 시의 모든 연에 흐르고 있는 보리피리 소리는 서정적 자아의 좌절감과 애절함을 피리 소리에 간접적으로 투영하는 것이다.

02.

나BS에는 평가원 기출이 있습니다.

나BS에는 평가원 선지가 수록되었습니다. 평가원의 개념으로 EBS를 분석할 수 있도록, 평가원 기출 선지로 O.X 문제를 구성했습니다.

OX문제

01	화자는 방랑 생활에서 벗어나 '인환의 거리'로 돌아가기를 희망한다.	(O / X)
02	1연의 '봄 언덕'과 4연의 '눈물의 언덕'은 의미상으로 대조를 이룬다.	(O / X)
03	의성어를 활용하여 경쾌한 분위기를 자아내고 있다. [2014학년도 수능A]	(O / X)
04	과거를 회상하며 현실을 관망하는 태도를 드러내고 있다. [2023학년도 6월]	(O / X)
05	동일한 문장 형태를 반복하여 순환의 의미를 강조하고 있다. [2014학년도 수능A]	(O / X)

03.

나BS에는 논문을 담았습니다.

출제자는 전공자의 논문을 통해 보기와 선지를 구성합니다. 나BS [고전문학편]과 [현대문학편]은 수많은 논문을 인용하여 EBS를 분석합니다. **출세자의 시선으로.**

'복덕방'의 상징적 의미

이 작품의 주요 무대는 서울의 변두리 '복덕방'인데, '복덕방'은 근대화의 흐름 속에서 급변하는 바깥세상에 편승하고자 하지만 주변부에 주저앉고 마는, 초라하고 궁핍한 노인들이 소일하기에 안성맞춤인 공간이다. 복덕방 '안'은 세 노인이 서로를 향한 애정과 연민을 갖고 지내는 공간이다. 하지만 절망에 빠진 안 초시가 마지막으로 기댄 공간이라는 점에서 이들의 비참한 삶의 모습을 부각시키는 비극적 공간으로 변모하기도 한다.

이태준 소설의 상고 취향

이태준은 옛것을 숭상하는 취향인 상고(尚古) 취향을 지닌 작가로 알려져 있다. 그의 이러한 태도는 주로 과거의 전통문화에 대한 예찬, 농촌에 대한 애정과 동경으로 표현된다. 그의 작품에서는 변두리나 농촌 등의 공간을 가족적이고 인간적인 공동체로 묘사하는 반면, 도시는 속악한 자본주의에 오염된 공간으로 묘사하고 있다. 변두리 '복덕방'에 모여 있는 노인들에게서는 인간미가 풍기지만 세련된 도시인의 전형으로 등장하는 안경화와 그녀를 둘러싼 인물들은 모두 이해 타산적이고 위선적인 인물로 그려지는 것이 이를 말해 준다.

이태준의 이러한 옛것에 대한 애정은 우리 민족문화의 우수성을 은연중에 드러내고 있으며, 이는 간접적이고 우회적인 방법으로 새것, 곧 식민지 근대화와 일제의 지배를 비판하는 기능을 하고 있다.

04.

나BS에는 실전 문제가 있습니다.

철저한 작품 분석, 평가원 개념 적용을 통해 이해한 내용을 확인할 수 있도록 실전 문제와 자세한 해설을 수록했습니다.

다음 글을 읽고 물음에 답하시오.

(나)

산비탈엔 들국화가 환— 하고 누이동생의 무덤 옆엔 밤나무 하나가 오뚝 서서 바람이 올 때마다 아득— 한 공중을 향하여 여윈 가지를 내어 저었다. 갈 길을 못 찾는 영혼같애 절로 눈이 감긴다. 무덤 옆엔 작은 시내가 은실을 긋고 등 뒤에 서걱이는 떡갈나무 수풀 앞에 차단— 한 비석이 하나 노을에 젖어 있었다. 흰나비처럼 여윈 모습 아울러 어느 무형(無形)한 공중에 그 체온이 꺼져 버린 후 밤낮으로 찾아 주는 건 비인 묘지의 물소리와 바람 소리뿐. 동생의 가슴 우엔 비가 나리고 눈이 쌓이고 적막한 황혼이면 별들은 이마 우에서 무엇을 속삭였는지. 한 줌 흙을 헤치고 나즉— 히 부르면 함박꽃처럼 눈뜰 것만 같애 서러운 생각이 옷소매에 스몄다.

— 김광균, 수철리(水鐵里)* —

*수철리 : 공동묘지가 있던 서울의 한 마을.

05. (나)의 시어에 대한 설명으로 적절하지 않은 것은?

① '환— 하고', '아득— 한' 등의 '—'는 시어의 느낌을 풍부하게 한다.
② '밤나무'의 '여윈 가지'는 쓸쓸한 시적 분위기를 형성한다.
③ '흰나비'는 '누이동생'의 여윈 모습을 연상시킨다.
④ '묘지'는 화자가 죽은 누이를 떠올리는 공간이다.
⑤ '비', '눈', '별' 등은 화자의 의지를 상징한다.

CONTENTS 이 책의 순서

정답과 해설

나 없이
EBS
풀지마라

수능특강 현대문학편

PART

01

현대시

1 | 백석, 여승

STEP 01 OX 문제를 통한 지문 이해 훈련

여승(女僧)은 합장(合掌)하고 절을 했다
가지취의 내음새가 났다
쓸쓸한 낯이 옛날같이 늙었다
나는 불경(佛經)처럼 서러워졌다

평안도(平安道)의 어느 산(山) 깊은 금점판
나는 파리한 여인(女人)에게서 옥수수를 샀다
여인(女人)은 나어린 딸아이를 때리며 가을밤같이 차게 울었다

섶벌같이 나아간 지아비 기다려 십 년이 갔다
지아비는 돌아오지 않고
어린 딸은 도라지꽃이 좋아 돌무덤으로 갔다

산(山)꿩도 섧게 울은 슬픈 날이 있었다
산(山)절의 마당귀에 여인의 머리오리가 눈물방울과 같이 떨어진 날이 있었다

OX문제

01 공간 변화에 따른 화자의 심리 변화가 드러난다.   (O / X)
02 여인은 여승이 되기 위해 스스로 가족을 떠났다.   (O / X)
03 종교적 관념에 대한 사색을 바탕으로 주제를 구체화하고 있다. [2020학년도 9월]   (O / X)
04 색채어를 활용하여 시의 분위기를 다채롭게 조성하고 있다. [2013학년도 6월]   (O / X)
05 화자가 느끼는 슬픔의 정서는 '산꿩'의 울음을 통해 나타나고 있다.   (O / X)

STEP 02 지문 분석

여승(女僧)은 합장(合掌)하고 절을 했다
불교에서 두 손바닥을 합하는 예법

가지취의 내음새가 났다
산나물의 냄새 / 후각적 심상

쓸쓸한 낮이 옛날같이 늙었다
얼굴

　　　　　　　　■ : 비유 → 상황, 정서를 구체적으로 표현함.

나는 불경(佛經)처럼 서러워졌다
화자　불교의 경전.　'나'의 감정
　　　여인의 처지를
　　　환기하는 소재

1연 : 여승이 된 여인과 '나'의 재회

「평안도(平安道)의 어느 산(山) 깊은 금점판」
금광(평안도 방언)

「 」: 1) 과거에 화자가 여인을 만났던 곳으로,
현재에서 과거로 시간의 역전이 일어남.
(시간 순서 : 2연-3연-4연-1연)

2) 구체적 공간 제시 → 사실성

나는 파리한 여인(女人)에게서 옥수수를 샀다
여승의 과거 모습(힘겨운 모습)

여인(女人)은 나어린 딸아이를 때리며 가을밤같이 차게 울었다
　　　　　나이 어린　　　　　　촉각　　청각 → 청각의 촉각화
　　　　　　　　　　　　　　　　　　(공감각적 심상, 감각의 전이)

2연 : 여인과 '나'의 만남 회상

섶벌같이 나아간 지아비 기다려 십 년이 갔다
일벌　　　　남편이 일하러 떠남.

지아비는 돌아오지 않고

어린 딸은 도라지꽃이 좋아 돌무덤으로 갔다
　　　　　보라색 도라지 꽃　　　딸의 죽음 → 여인의 비극성 강화
　　　　　: 죽음, 차가운 이미지

3연 : 여인의 비극적인 삶

산(山)꿩도 섧게 울은 슬픈 날이 있었다
여인의 감정 이입 / 청각적 심상, 한의 형상화①

산(山)절의 마당귀에 여인의 머리오리가 눈물방울과 같이 떨어진 날이 있었다
현실 회피 공간　　　　　머리카락　　　여인의 한과 슬픔 / 시각적 이미지, 하강의 이미지, 한의 형상화②
(비극적 상황에서의 대안)

4연 : 승려가 된 여인

시어 시구 풀이

가지취의 내음새가 났다 → 시적 대상이자 일제 강점기 민중이 겪은 고난이 담긴 서사의 주인공인 '여승'이 속세를 떠난 지가 오래되어 깊은 산에서 생활하고 있음을 나타냄.

쓸쓸한 낯이 옛날같이 늙었다 / 나는 불경처럼 서러워졌다 → '옛날같이'라는 표현을 통해 화자가 여승을 처음 본 것이 아님을 알 수 있는데, 화자는 여승이 겪은 지난날의 고생과 번민을 회상해 보며, 지친 삶 속에서의 처절한 모습을 현재의 늙음으로 유추해서 표현하고 있음. 화자는 이러한 점이 서럽게 여겨진다고 말하고 있음. 화자가 느낀 서러움에는 여승의 모습에 대한 일종의 연민의 태도가 깔려 있다고 볼 수 있음.

평안도의 어느 산 깊은 금점판 → '금점판'은 여인이 '지아비(남편)'를 찾아 온 공간이자, 과거에 생계를 유지했던 공간임.

여인은 나어린 딸아이를 때리며 가을밤같이 차게 울었다 → 과거 옥수수를 팔던 파리한(마르고 핏기가 전혀 없는) 여인은 현재의 여승임. '가을밤같이 차게 울었다'는 힘겹고 고달픈 삶의 형상화로, 여인이 느끼는 슬픈 한을 부각한 것임.

섶벌같이 나아간 지아비 기다려 십 년이 갔다~어린 딸은 도라지꽃이 좋아 돌무덤으로 갔다 → 여인이 금광에서 옥수수를 팔던 이유는 남편을 혹시나 찾을 수 있을까하는 기대감 때문이었을 것임. 하지만 일하러 간 남편은 돌아오지 않고, 어린 딸마저 죽음으로 잃은 상황을 보여주고 있음. 여인의 비극적 삶이 심화됨을 나타내며, 여인의 상황은 점차적으로 안 좋아진 것을 알 수 있음. 이는 여인의 가족이 끝내 해체돼 버린 '설상가상(雪上加霜)'의 상황이라 할 수 있음.

산꿩도 섧게 울은 슬픈 날이 있었다 → '산꿩'의 서러운 울음은 여인의 슬픔이 투영된 감정 이입으로, 여인이 서럽게 운 '슬픈 날'은 여인이 여승이 된 날임. 여인이 여승이 된 것은 종교적 신념으로 인한 것이 아니라, 가족의 해체로 인한 어쩔 수 없는 선택이었기 때문에 슬픔의 정서가 나타나고 있음.

산절의 마당귀에 여인의 머리오리가 눈물방울과 같이 떨어진 날이 있었다 → '눈물방울'은 하강의 이미지와 슬픈 정서를 나타낸 표현으로, '머리오리가 눈물방울과 같이 떨어진 날'은 삭발을 하며 서럽고 한 많은 삶을 처절하게 느꼈을 날을 의미함. '눈물방울과 같이'는 머리카락이 눈물처럼 떨어진 것, 혹은 머리카락이 떨어짐과 동시에 함께 눈물을 흘린 것으로 중의적인 해석을 할 수 있음.

 STEP

03 작품 해제

01 | 주제

한 여승의 비극적인 삶(일제 강점기에 우리 민족이 겪은 가족 공동체 붕괴)

02 | 특징

① 관찰자의 시점으로 슬픈 사연을 가진 여승의 삶을 바라보는 대상 중심의 시
② 시간의 순서가 순차적이지 않은 역순행적 구성을 취함.
③ 감각적인 어휘 구사와 적절한 비유를 통해 비극적인 여인의 삶을 형상화함.
④ 여승의 삶을 관찰하여 서술하는 서사적 구성을 취함.

03 | 작품 해제

　이 시는 일제 강점기였던 1930년대에 비극적 삶을 살아가는 한 여인의 모습을 형상화하고 있는데, 여인이 가난 때문에 가족을 잃고 여승이 되기까지의 일생을 서사적으로 잘 그려 내고 있다. 힘겨운 현실을 살아가던 한 여인이 세속을 떠나 여승이 되기까지의 삶을 보여 줌으로써, 일제 강점기 때 가족들과 헤어지고 고향을 떠날 수밖에 없었던 우리 민족의 현실적 모습을 드러내고 있다. 이 작품은 역순행적 구성 방법으로 시상을 전개하고 있다. 1연은 여승의 현재 모습이며, 2~4연은 여승이 되기까지의 여인의 비극적인 과거 삶의 모습을 보여 주고 있다. 특히, 시적 화자가 관찰자가 되어 서사적 사건을 압축된 형태로 참신한 비유를 통해 제시함으로써, 서사성과 서정성이 조화를 이루는 시적 성과를 보여주고 있다.
　서사적 구조를 지닌 이 시는 작품 속에 드러난 사건을 시간의 흐름에 따라 추적해 보면서 감상하는 것이 효과적이다. 여인의 남편은 가난 때문에 일거리를 찾아 집을 떠난다. 몇 해를 기다려도 남편이 돌아오지 않자 아내는 어린 딸을 데리고 남편을 찾으러 집을 나서게 된다. 어느 날, 금광까지 찾아온 여인에게서 화자인 '나'는 옥수수를 사게 된다. 남편이 집을 나간 지 십 년이 되는 해에 어린 딸은 죽게 되고, 여인은 머리를 깎고 한 많은 속세를 떠나 여승이 된다. '나'는 쓸쓸한 모습의 여승을 다시 만나 서로 인사를 나눈다.

STEP 04 논문으로 만나는 출제자의 시선

대조되는 시어의 병치

'불경'이란 불교의 교리를 밝혀 놓은 책을 통틀어 일컫는 말이다. 따라서 부처의 법문이자 부처의 자비 정신을 상징하는 것으로, 이때 '불경처럼 서러워졌다'라는 표현은 강력한 모순 어법의 힘을 발휘하게 된다. '불경'이라는 '변하지 않는 진리'와 인간의 감정, 그것도 '서러움'이라는 가장 나약한 감정이 충돌하여 자아내는 이 모순된 어법에서 백석의 미학적 상상력이 입증되고 있는 것이다. 또한 '불경'을 부처의 자비 정신으로 보았을 때에도 이 모순 어법은 성립된다. 자비 정신은 따뜻하고 부드러우며 관용적인 이미지를 지니고 있다. 반면에 '서러워지다'라는 표현은 차갑고 날카로우며 결핍의 이미지를 갖고 있다. 따라서 부처의 자비 정신인 '불경'이 '서러워지다'라는 표현과 만남으로써 시적 이미지나 의미는 충돌하게 되는 것이고, 이로써 「여승」은 1연에서부터 강인한 시적 흡인력을 확보하게 되는 것이다.

또한 '여인은 나어린 딸아이를 때리며 가을밤같이 차게 울었다'에는 공감각으로서의 '이미지적 은유'가 사용되었다. 청각적 이미지를 촉각적 이미지로 전이시킨 '차게 울었다'는 '딸아이'를 때릴 수밖에 없었던 '여인'의 불행, 그 추상적 관념을 감각적 이미지로 전이시켜 구체성을 강화하고 있다. 더구나 '가을밤같이 차게 울었다'는 감각의 전이뿐 아니라 감각의 대조에서도 미적 성취를 거두고 있다. 울음의 뜨거운 속성과 가을밤의 차가운 속성의 병치에서, 백석의 이미지적 상상력이 극대화되었던 것이다.

「여승」의 전통적 율격 활용

백석 시는 단일한 율격 모형이 시 전반의 형식을 규제하진 않지만, 전통적 율격을 활용하고 변주함으로써 다양한 시적 의미를 구축해 나간다. 「여승」의 각 연은 전통적 율격을 기본으로 하는 가운데 율격적 일탈과 간극의 도입, 보격의 변화, 관성의 중단, 4보격의 중첩 등의 다양한 방식을 통하여 시적 주체의 심리 변화를 드러낸다. 또한 작품 전체의 구조와 관련하여 율격의 변화 양상을 살필 경우, 「여승」은 한 여인이 여승이 되는 과정을 보여 주는 한편, 출가 이후에도 여전히 기억과 감정에 연루된 인간으로 살아갈 수밖에 없는 여인의 내면을 보여준 작품으로 해석될 수 있다. 이를 통해 볼 때, 「여승」은 전통적 율격을 다채로운 방식으로 활용하여 시적 의미를 구현해 낸 작품으로서의 의의가 부여된다.

STEP
05 **나BS 실전 문제**

다음 글을 읽고 물음에 답하시오.

(가)

여승(女僧)은 합장(合掌)하고 절을 했다
가지취의 내음새가 났다
쓸쓸한 낯이 넷날같이 늙었다
나는 불경(佛經)처럼 서러워졌다

평안도(平安道)의 어늬 산(山) 깊은 ㉠ 금덤판
나는 파리한 여인(女人)에게서 옥수수를 샀다
여인(女人)은 나 어린 딸아이를 따리며 가을밤같이 차게 울었다

섭벌같이 나아간 지아비 기다려 십 년(十年)이 갔다
지아비는 돌아오지 않고
어린 딸은 도라지꽃이 좋아 돌무덤으로 갔다

산(山)꿩도 설게 울은 슬픈 날이 있었다
㉡ 산(山)절의 마당귀에 여인(女人)의 머리오리가 눈물방울과 같이 떨어진 날이 있었다

- 백석, 「여승(女僧)」 -

(나)

저 지붕 아래 제비집 너무도 작아
갓 태어난 새끼들만으로 가득 차고
어미는 둥지를 날개로 덮은 채 간신히 잠들었습니다
바로 그 옆에 누가 박아 놓았을까요, 못 하나
그 못이 아니었다면
아비는 어디서 밤을 지냈을까요
못 위에 앉아 밤새 꾸벅거리는 제비를
눈이 뜨겁도록 올려다봅니다
종암동 ㉢ 버스 정류장, 흙바람은 불어오고
한 사내가 아이 셋을 데리고 마중 나온 모습
수많은 버스를 보내고 나서야
피곤에 지친 한 여자가 내리고, 그 창백함 때문에
반쪽 난 달빛은 또 얼마나 창백했던가요
아이들은 달려가 엄마의 옷자락을 잡고
제자리에 선 채 달빛을 좀 더 바라보던
사내의, 그 마음을 오늘 밤은 알 것도 같습니다
실업의 호주머니에서 만져지던

때 묻은 호두알은 쉽게 깨어지지 않고
그럴듯한 ㉣ 집 한 채 짓는 대신
못 하나 위에서 견디는 것으로 살아온 아비,
거리에선 아직도 흙바람이 몰려오나 봐요
돌아오는 길 희미한 달빛은 그런대로
식구들의 손잡은 그림자를 만들어 주기도 했지만
그러기엔 ㉤ 골목이 너무 좁았고
늘 한 걸음 늦게 따라오던 아버지의 그림자
그 꾸벅거림을 기억나게 하는
못 하나, 그 위의 잠

- 나희덕, 「못 위의 잠」 -

(다)

어머님,
제 예닐곱 살 적 겨울은
목조 적산 가옥 이층 다다미방의
벌거숭이 유리창 깨질 듯 울어 대던 **외풍** 탓으로
한없이 추웠지요, 밤마다 나는 벌벌 떨면서
아버지 가랭이 사이로 시린 발을 밀어 넣고
그 가슴팍에 벌레처럼 파고들어 얼굴을 묻은 채
겨우 잠이 들곤 했었지요.

요즈음도 추운 밤이면
곁에서 잠든 아이들 이불깃을 덮어 주며
늘 그런 추억으로 마음이 아프고,
나를 품어 주던 그 가슴이 이제는 한 줌 뼛가루로 삭아
붉은 흙에 자취 없이 뒤섞여 있음을 생각하면
옛날처럼 나는 다시 아버지 곁에 눕고 싶습니다.

그런데 어머님,
오늘은 영하(零下)의 한강교를 지나면서 문득
나를 품에 안고 추위를 막아 주던
예닐곱 살 적 그 겨울밤의 아버지가
이승의 물로 화신(化身)해 있음을 보았습니다.
품 안에 부드럽고 **여린 물살**은 무사히 흘러
바다로 가고,
꽝 꽝 **얼어붙은 잔등**으로 혹한을 막으며
하얗게 **얼음**으로 엎드려 있던 아버지,

아버지, 아버지……

- 이수익, 「결빙(結氷)의 아버지」 -

01. (가)~(다)의 공통점으로 가장 적절한 것은?

① 반어적 표현을 구사하여 주제를 부각시킨다.
② 시간의 변화가 시상 전개에 중요한 역할을 한다.
③ 부정적 현실을 포용하려는 여유로운 정신이 엿보인다.
④ 대화체를 사용하여 독자를 시 속으로 깊숙이 끌어들인다.
⑤ 회자와 대상의 거리를 좁혀 자연 친화적 태도를 드러낸다.

02. (가)와 (나)를 비교할 때 적절하지 <u>않은</u> 것은?

① (가)는 사람이, (나)는 자연물이 시상을 유발한다.
② (가)는 (나)에 비해 내면을 성찰하는 태도가 잘 드러난다.
③ (나)는 (가)에 비해 간접적으로 정서를 드러내고 있다.
④ (나)는 (가)에 비해 친근한 어조를 사용하고 있다.
⑤ (가)와 (나)는 비유적으로 인물을 표현하고 있다.

03. ㉠~㉢에 대한 설명으로 적절하지 <u>않은</u> 것은?

① ㉠ : '여인'이 생계를 유지하는 공간
② ㉡ : '여인'이 비극적 상황에서 대안으로 선택한 공간
③ ㉢ : '사내'가 자신의 처지를 확인하는 공간
④ ㉣ : '사내'가 지향하는 삶을 상징하는 공간
⑤ ㉤ : '사내'가 정서적 유대감을 느끼게 되는 공간

04. (다)에 대한 설명으로 적절하지 <u>않은</u> 것은?

① '외풍'은 아버지의 사랑을 대비적으로 부각시키는 소재이다.
② '이승의 물로 화신'에는 삶에 대한 윤회론적 인식이 엿보인다.
③ '여린 물살'은 아버지의 보호를 받는 자식을 형상화한 것이다.
④ '얼어붙은 잔등'은 화자의 아버지가 돌아가시게 된 사건을 추측하게 한다.
⑤ '얼음'은 일반적인 속성과는 달리 따뜻함이 투영된 이미지이다.

다음 글을 읽고 물음에 답하시오.

(가)

여승(女僧)은 합장(合掌)하고 절을 했다
가지취의 내음새가 났다
쓸쓸한 낯이 옛날같이 늙었다
ⓐ 나는 불경(佛經)처럼 서러워졌다

평안도(平安道)의 어느 산(山) 깊은 금점판*
나는 파리한 여인(女人)에게서 옥수수를 샀다
여인은 나 어린 딸아이를 따리며 가을밤같이 차게 울었다

섶별*같이 나아간 지아비 기다려 십 년(十年)이 갔다
지아비는 돌아오지 않고
어린 딸은 도라지꽃이 좋아 돌무덤으로 갔다

산(山)꿩도 설게 울은 슬픈 날이 있었다
산(山)절의 마당귀에 여인의 머리오리가 눈물방울과 같이 떨어진 날이 있었다

- 백석, 「여승」 -

*금점판 : 금광의 일터.
*섶별 : 재래종의 일벌.

(나)

김천의료원 6인실 302호에 산소마스크를 쓰고 암 투병 중인 그녀가 누워 있다
㉠ 바닥에 바짝 엎드린 가재미처럼 그녀가 누워 있다
㉡ 나는 그녀의 옆에 나란히 한 마리 가재미로 눕는다
가재미가 가재미에게 눈길을 건네자 그녀가 울컥 눈물을 쏟아낸다
한쪽 눈이 다른 한쪽 눈으로 옮아 붙은 야윈 그녀가 운다
그녀는 죽음만을 보고 있고 ⓑ 나는 그녀가 살아온 파랑 같은 날들을 보고 있다
좌우를 흔들며 살던 그녀의 물속 삶을 나는 떠올린다
그녀의 오솔길이며 그 길에 돋아나던 대낮의 뻐꾸기 소리며
㉢ 가늘은 국수를 삶던 저녁이며 흙담조차 없었던 그녀 누대*의 가계를 떠올린다
두 다리는 서서히 멀어져 가랑이고
폭설을 견디지 못하는 나뭇가지처럼 등뼈가 구부정해지던 그 겨울 어느 날을 생각한다
㉣ 그녀의 숨소리가 느릅나무 껍질처럼 점점 거칠어진다
㉤ 나는 그녀가 죽음 바깥의 세상을 이제 볼 수 없다는 것을 안다
한쪽 눈이 다른 쪽 눈으로 캄캄하게 쏠려버렸다는 것을 안다
나는 다만 좌우를 흔들며 헤엄쳐 가 그녀의 물속에 나란히 눕는다
산소호흡기로 들이마신 물을 마른 내 몸 위에 그녀가 가만히 적셔준다

- 문태준, 「가재미」 -

*누대 : 여러 대.

05. (가)와 (나)의 공통점으로 가장 적절한 것은?

① 자연물에 감정을 이입하여 화자의 심리를 드러내고 있다.
② 비유적 표현을 통해 시적 상황을 효과적으로 나타내고 있다.
③ 현재 시제를 사용하여 시적 상황을 현장감 있게 제시하고 있다.
④ 상승과 하강의 이미지를 대비하여 시적 의미를 강화하고 있다.
⑤ 음성 상징어를 사용하여 시적 대상이 지닌 정서를 생동감 있게 드러내고 있다.

07. 〈보기〉를 바탕으로 (가)를 감상한 내용으로 적절하지 않은 것은?

〈보기〉

　「여승」은 한 여인의 비극적 삶을 통해 일제의 식민지 수탈로 농촌 공동체가 몰락하고 가족 공동체가 파괴되는 당대의 현실을 그리고 있다. 이 작품은 가족의 생계를 위해 집을 떠난 지아비를 찾아 금점판을 떠돌다가 어린 딸마저 잃고 여승이 되어 버린 한 여인의 기구한 인생을 4연 12행의 짧은 구성으로 밀도 있게 보여 준다. 또한 이 시의 시상은 시간적 흐름에 따르지 않고 시간적 순서를 재구성하여 전개되고 있는 것이 특징이다.

① 여인이 '금점판'에서 '옥수수'를 팔고 '나'가 그 '옥수수'를 사는 것은 농촌 공동체의 몰락과 이를 회복하기 위한 행위로 볼 수 있군.
② '섶벌같이 나아간 지아비'가 '십 년'이 지나도록 '돌아오지' 않은 사실은 가난으로 인해 가족 공동체가 파괴된 모습으로 볼 수 있군.
③ '어린 딸'이 '도라지꽃이 좋아 돌무덤'으로 갔다는 것은 남편을 찾아 떠돌다가 딸마저 잃게 된 여인의 기구한 삶을 드러낸 것이군.
④ '여인의 머리오리가 눈물방울과 같이 떨어진 날'은 여인이 현실의 삶을 견디지 못하고 여승이 된 날로 볼 수 있군.
⑤ 여인의 비극적인 삶을 재구성하여 1연에서는 여승이 된 현재 모습을, 2~4연에서는 여승이 되기까지의 과거 모습을 보여주고 있군.

06. ⓐ, ⓑ에 대한 설명으로 적절한 것은?

① ⓐ는 자신과 시적 대상의 삶을 비교하고 있다.
② ⓐ는 시적 대상으로 인해 삶을 바라보는 관점이 변하고 있다.
③ ⓑ는 시적 대상을 통해 자신이 추구하는 삶의 모습을 드러내고 있다.
④ ⓑ는 시적 대상과의 상호작용을 통해 정서적으로 교감하는 모습을 드러내고 있다.
⑤ ⓐ와 ⓑ는 모두 시상이 전개되면서 시적 대상과 하나가 되려는 의지를 드러내고 있다.

08. ㉠~㉤에 대한 이해로 적절하지 않은 것은?

① ㉠ : 병상에 누워 투병하는 그녀의 모습에서 납작한 가재미를 떠올리고 있다.
② ㉡ : 투병 중인 그녀에 대한 나의 연민과 위로가 구체적 행위로 드러나 있다.
③ ㉢ : 가난하고 힘들게 살았던 그녀의 과거 삶이 드러나 있다.
④ ㉣ : 죽음이 임박해지고 있는 그녀의 현재 상황이 드러나 있다.
⑤ ㉤ : 죽음을 받아들일 수밖에 없는 그녀의 체념적 태도가 나타나 있다.

다음 글을 읽고 물음에 답하시오.

(가)

열무 삼십 단을 이고
시장에 간 우리 엄마
안 오시네, 해는 시든 지 오래
나는 찬밥처럼 방에 담겨
아무리 천천히 숙제를 해도
엄마 안 오시네, 배추잎 같은 발소리 타박타박
안 들리네, 어둡고 무서워
금 간 창틈으로 고요히 빗소리
빈 방에 혼자 엎드려 ㉠ 훌쩍거리던

아주 먼 옛날
지금도 내 ㉡ 눈시울을 뜨겁게 하는
그 시절, 내 유년의 윗목*

— 기형도, 「엄마 걱정」 —

*윗목 : 온돌방에서 아궁이로부터 멀어 아랫목보다 상대적으로 차가운 쪽.

(나)

여승(女僧)은 합장(合掌)하고 절을 했다
가지취의 내음새가 났다
쓸쓸한 낯이 옛날같이 늙었다
나는 불경(佛經)처럼 서러워졌다

평안도(平安道)의 어느 산(山) 깊은 금점판*
나는 파리한 여인(女人)에게서 옥수수를 샀다
여인은 나 어린 딸아이를 때리며 가을밤같이 차게 ㉢ 울었다

섶벌같이 나아간 지아비 기다려 십 년(十年)이 갔다
지아비는 돌아오지 않고
어린 딸은 도라지꽃이 좋아 돌무덤으로 갔다

산(山)꿩도 설게 ㉣ 울은 슬픈 날이 있었다
산(山)절의 마당귀에 여인의 머리오리가 ㉤ 눈물방울과 같이 떨어진 날이 있었다

— 백석, 「여승」 —

*금점판 : 금광의 일터.

---

09. (가), (나)에 대한 설명으로 적절하지 <u>않은</u> 것은?

① (가)와 (나)는 과거 사건의 내용이 나타나 있다.
② (가)와 (나)는 연민의 정을 느끼고 있는 화자의 심리를 담고 있다.
③ (가)는 시적 화자의 삶을, (나)는 시적 대상의 삶을 담고 있다.
④ (가)는 (나)와 달리 명사로 종결하여 여운을 느끼게 하고 있다.
⑤ (나)는 (가)와 달리 영탄적 어조로 경건한 분위기를 조성하고 있다.

10. 〈보기〉는 시 창작 수업의 일부이다. [A]~[E]에 대한 반응으로 적절하지 <u>않은</u> 것은?

> ─────〈보기〉─────
>
> **선생님** : 시를 창작할 때는 시어를 잘 선택하여 사용하는 것이 중요합니다. 어떤 시어를 사용하느냐에 따라 시의 느낌이 달라지기 때문이죠. 시인이 시를 창작하는 과정에서 아래의 괄호 안에 있는 두 개의 시어 중 하나를 선택하는 상황이라고 가정해 봅시다. 시인이 밑줄 친 시어를 선택함으로써 얻을 수 있었던 효과가 무엇일지 한 명씩 발표해 보도록 합시다.
> 열무 (단 / <u>삼십 단</u>)을 이고 ·············· [A]
> 아무리 (빨리 / <u>천천히</u>) 숙제를 해도 ·············· [B]
> 배추잎 같은 발소리 (뚜벅뚜벅 / <u>타박타박</u>) ·············· [C]
> 금 간 창틈으로 (아련히 / <u>고요히</u>) 빗소리 ·············· [D]
> 내 유년의 (아랫목 / <u>윗목</u>) ·············· [E]

① 제훈 : [A]에서 '삼십 단'은 어머니의 삶의 무게가 부각되는 효과를 주는 것 같습니다.
② 선주 : [B]에서 '천천히'는 애써 외로움을 의식하지 않으려는 화자의 심리를 잘 나타내는 것 같습니다.
③ 현빈 : [C]에서 '타박타박'은 힘겨운 삶에 지쳐 있는 엄마의 고단한 모습을 잘 드러내는 것 같습니다.
④ 영숙 : [D]에서 '고요히'는 '빗소리'에 위안을 받으면서 화자의 무서움이 완화되고 있는 상황을 잘 나타내는 것 같습니다.
⑤ 승연 : [E]에서 '윗목'은 유년기에 느꼈던 화자의 서러움을 잘 담아내고 있는 것 같습니다.

11. ㉠~㉤ 중, 〈보기〉의 '이 울음'에 해당하는 것으로 가장 적절한 것은?

> ─────〈보기〉─────
>
> <u>이 울음</u>은 인물이 느끼고 있는 한(恨)의 정서가 자연물에 이입된 울음이다.

① ㉠   ② ㉡   ③ ㉢   ④ ㉣   ⑤ ㉤

2 | 한하운, 보리피리

STEP 01 OX 문제를 통한 지문 이해 훈련

보리피리 불며
봄 언덕
고향 그리워
피 - ㄹ 닐리리.

보리피리 불며
꽃 청산(靑山)
어린 때 그리워
피 - ㄹ 닐리리.

보리피리 불며
인환(人寰)*의 거리
인간사(人間事) 그리워
피 - ㄹ 닐리리.

보리피리 불며
방랑의 기산하(幾山河)
눈물의 언덕을
피 - ㄹ 닐리리.

*인환 : 인간의 세계.

OX문제

01 화자는 방랑 생활에서 벗어나 '인환의 거리'로 돌아가기를 희망한다. (O / X)
02 1연의 '봄 언덕'과 4연의 '눈물의 언덕'은 의미상으로 대조를 이룬다. (O / X)
03 의성어를 활용하여 경쾌한 분위기를 자아내고 있다. [2014학년도 수능A] (O / X)
04 과거를 회상하며 현실을 관망하는 태도를 드러내고 있다. [2023학년도 6월] (O / X)
05 동일한 문장 형태를 반복하여 순환의 의미를 강조하고 있다. [2014학년도 수능A] (O / X)

LHBS _ 나 없이 EBS 풀지마라

STEP 02 지문 분석

보리피리 불며
■ : 모든 연의 첫 행에 반복됨. → 통일감, 운율 형성

봄 언덕

고향 그리워
■ : 그리움의 대상 ①

피 - ㄹ 닐리리.
■ : 모든 연의 마지막 행에 반복됨. → 통일감, 운율 형성

1연 : 고향에 대한 그리움

보리피리 불며

꽃 청산(青山)
■ : 그리움의 대상 ②

어린 때 그리워
시인의 삶을 고려할 때 나병에 걸리기 이전의 삶을 의미한다고 볼 수 있음.

피 - ㄹ 닐리리.

2연 : 어린 시절에 대한 그리움

보리피리 불며

인환(人寰)의 거리
인간의 세계

인간사(人間事) 그리워
■ : 그리움의 대상 ③

피 - ㄹ 닐리리.

3연 : 인간사에 대한 그리움

보리피리 불며

방랑의 기산하(幾山河)
떠돌아다니는 화자의 처지

눈물의 언덕을
방랑 생활의 서러움

피 - ㄹ 닐리리.

4연 : 방랑 생활의 한과 비애

시어 시구 풀이

보리피리 → 시적 자아에게 고향, 유년 시절, 인간사에 대한 그리움을 떠올리게 하는 매개체. 즉, 어린 시절 보리피리를 불던 기억이 고향과 유년 시절을 떠올리게 하고 인간사에 대한 그리움까지 유발하는 것임.

고향 그리워 → '그리움'이라는 화자의 정서가 직접적으로 제시됨.

피 - ㄹ 닐리리. → 보리피리 소리를 형상화한 음서 상징어(의성어). 이는 그리움, 비애, 한 등이 복합되어 애상적 정서를 심화시킴.

보리피리 불며~그리워 / 피 - ㄹ 닐리리. → '보리피리 불며 / ~그리워 / 피 - ㄹ 닐리리.'의 구조가 1연부터 3연까지 반복되며, 전체적으로는 첫 행에 '보리피리 불며', 마지막 행에 '피 - ㄹ 닐리리.'의 구조가 반복됨. 이를 통해 애상적 정서를 강조하고, 구조적 통일감을 주며 운율을 형성함.

청산 → 풀과 나무가 무성한 푸른 산.

인간사 그리워 → 건강한 사람들과의 거리감을 느끼는 것에서 오는 비애와 그들처럼 평범한 삶을 살고 싶다는 소망이 드러남. 작가가 나병(한센병) 환자였다는 점을 고려하면 자신과는 다른 사람들을 보며 느꼈을 비애로 볼 수 있음.

방랑의 기산하 → '기'는 '몇, 얼마, 어느 정도'라는 뜻의 한자이고, '산하'는 산과 강이라는 뜻으로 자연을 이르는 말임. 즉, 해당 구절은 '방랑하며 돌아다닌 산하가 얼마나 되는가'라는 의미로, 방랑 생활이 오래 지속되었음을 알 수 있음.

눈물의 언덕 → 방랑 생활의 서러움을 단적으로 드러낸 표현임. 이를 작가적 맥락에서 살펴보면 나병 환자였던 시인이 겪은 숱한 방랑에 대한 비애와 한이 맺힌 표현으로 볼 수 있음.

STEP 03 작품 해제

01 | 주제

삶에서 느끼는 그리움과 방황하는 삶에 대한 인고와 정한

02 | 특징

① 화자의 방랑하는 처지와 한의 정서를 드러낸 화자 중심의 시
② 전체적으로 간결하고 평이한 시어를 구사함.
③ 지나간 일을 돌이켜 생각하는 회고적 성격이 두드러짐.
④ 각 연의 첫 행에 '보리피리', 끝 행에 '피 ─ ㄹ 닐리리.'를 규칙적으로 삽입하여 통일성을 부여하고 운율을 형성함.

03 | 작품 해제

이 시는 작가의 두 번째 시집 『보리피리』(1955)의 표제작이다. 이 작품은 고향에 대한 그리움과 유년 시절에 대한 향수를 담고 있다. 그러나 그것은 단순히 과거와 지나간 것에 대한 동경을 의미하는 것이 아니다. 마지막 연의 '눈물의 언덕'이 중요한 의미를 가지게 되는데, 고향과 유년에 대한 그리움, 나병 환자로서의 비애, 성한 인간이 되고 싶다는 욕망, 방랑의 한이 '눈물의 언덕'이 되어 나타나는 것으로 볼 수 있다. 이 시의 모든 연에 흐르고 있는 보리피리 소리는 서정적 자아의 좌절감과 애절함을 피리 소리에 간접적으로 투영하는 것이다.

STEP 04 논문으로 만나는 출제자의 시선

니BS 수능특강 | 현대문학 ●

한하운의 시 세계

함경남도 함주 태생인 한하운은 함흥학생사건(일제 강점하 함흥 지역에서 학생들이 전개한 항일 민족운동)에 가담한 탓에 북한에서 두 차례 구속되는 수모를 겪고는 남쪽으로 내려온다. 1949년, 등단한 그해에 첫 시집 『한하운 시초』를 낸 시인은 한센병(나병)에 걸린 자신의 처지를 슬퍼하면서 체념과 회한의 나날을 보낸다. 그러나 제2시집 『보리피리』에서는 체념을 접고 세상에 대한 분노에 사로잡혀 시를 쓴다. 한센병 환자들을 향한 사회의 편견에 대해 분노하고 자신의 의사박약에 대해 분노한 것이다. 그러다 『정본 한하운 시집』에 이르러서는 자신을 향해 있던 마음을 버리고 바깥세상으로 시선을 돌리게 된다.

한하운의 소외 의식과 자기 부정

한하운은 스스로가 과거와도 단절되어 있다고 생각하였다. 고향 상실 의식이 그 예이다. 절망적인 현실에 직면했을 때 모든 인간은 태어났던 공간으로 돌아가기를 원한다. 인간이 마음 놓고 돌아갈 곳은 어머니의 품속인 것이다. 한하운에게 어머니는 영원한 지주였다. 그 어머니가 계시는 고향으로의 복귀는 자연스러운 귀결이라 할 것이다. 그런데 한하운의 시에 나타나는 고향은 돌아가서 편안히 쉴 수 있는 안식처로서의 고향이 아니다. 그는 유년의 온전하고 행복했던 시간을 간직한 과거의 고향으로 이제 돌아갈 수가 없다. 그가 그리워하는 과거는 어디에도 없다. 고향을 찾아간다 해도 고향에서 그는 냉대와 멸시만을 느낄 뿐이다. 그래도 과거를 기억하는 이유는 현재의 불행을 잠시나마 잊을 수 있기 때문이다. 따라서 이러한 고향을 기억하는 일은 현재 삶의 비극성을 강조하는 행위가 된다.

「보리피리」 작품론

한하운은 리듬을 구현하기 위해 많은 노력을 기울인 시인이다. 예를 들어 「보리피리」의 경우 민요에서처럼 여음을 사용해서 리듬을 형성하고 있는데, 그 여음인 '피 – ㄹ 닐리리'를 보면 '피-ㄹ'라고 철저하게 음가를 계산하고 있다. 또한 2행 혹은 3행의 1연 구성이 많은 점이나 잦은 반복을 구사하고 있는 점도 의도적으로 리듬을 살리기 위해 노력하였다는 방증이 된다.

(중략)

「보리피리」의 시적 자아는 과거로 돌아가고 있다. 어린 시절, 고향의 푸른 언덕에서 근심 없이 풀피리를 불던 소년은 현재 이리저리 떠돌며 인간들로부터 멀어진 채 세상 사람의 정을 그리워하고 있다. 여기서도 생명의 기운이 움튼 봄 언덕, 꽃이 만발한 청산의 시적 공간이 청색 이미지를 형성하는데, 피리 소리와 어울리면서 과거를 상실한 자아의 그리움을 공감각적 이미지로 확장해 가고 있다. 한하운 시적 성과의 하나는 색채 이미지와 리듬, 공간의 결합에 의해 비극적 정서의 아름다움을 내보인 데 있다고 할 수 있다.

다음 글을 읽고 물음에 답하시오.

(가)

나는 북관(北關)에 혼자 앓아 누워서
어느 아침 의원(醫員)을 뵈이었다.
의원은 여래(如來) 같은 상을 하고 관공(關公)의 수염을 드리워서
먼 옛적 어느 나라 신선 같은데
새끼손톱 길게 돋은 손을 내어
묵묵하니 한참 맥을 짚더니
문득 물어 고향이 어데냐 한다.
평안도 정주라는 곳이라 한즉
그러면 아무개 씨 고향이란다.
그러면 아무개 씰 아느냐 한즉
의원은 빙긋이 웃음을 띠고
막역지간(莫逆之間)이라며 수염을 쓴다.
나는 아버지로 섬기는 이라 한즉
의원은 또다시 넌즈시 웃고
말없이 팔을 잡아 맥을 보는데
손길은 따스하고 부드러워
고향도 아버지도 아버지의 친구도 다 있었다.

— 백석, 「고향」 —

(나)

보리피리 불며
봄 언덕
고향 그리워
㉠ 피 ─ ㄹ 닐리리.

보리피리 불며
꽃 청산(靑山)
어린 때 그리워
피 ─ ㄹ 닐리리.

보리피리 불며
인환(人寰)의 거리
인간사(人間事) 그리워
피 ─ ㄹ 닐리리.

보리피리 불며

방랑의 기산하(幾山河)
눈물의 언덕을 지나
피 ─ ㄹ 닐리리.

— 한하운, 「보리피리」 —

(다)

눈을 감으면
어린 때 선생님이 걸어오신다.
회초리를 드시고

선생님은 낙타처럼 늙으셨다.
늦은 봄 햇살을 등에 지고
낙타는 항상 추억한다.
—옛날에 옛날에

낙타는 어린 시절 선생님처럼 늙었다.
나도 따뜻한 봄볕을 등에 지고
금잔디 위에서 낙타를 본다.

내가 여원 동심의 옛 이야기가
여기저기
떨어져 있음직한 동물원 오후.

— 이한직, 「낙타」 —

01. (가)~(다)의 공통점으로 적절한 것은?

① 화자는 자신의 과거를 반성하고 있다.
② 매개체를 통해 대상을 떠올리고 있다.
③ 심리의 변화에 따라 시상을 전개하고 있다.
④ 자연 친화적인 삶의 태도가 나타나고 있다.
⑤ 대조적인 이미지를 통해 상황을 부각시키고 있다.

02. (가)를 〈보기〉처럼 시나리오로 각색해 보았다. ⓐ~ⓔ 중, 적절하지 않은 것은?

―――――〈보기〉―――――

S#1 어느 허름한 집, 마당.
(흰 수염을 길게 드리운 의원이 서 있다.)
의원 : 안에 있는가?

S#2 방 안.
(청년이 맥없이 누워 있다.)
청년 : (ⓐ <u>힘없는 목소리로</u>) 누구십니까?
의원 : (방 문을 열고 들어오면서) 의원일세.
청년 : 예, 와 주셨군요.
의원 : (ⓑ <u>부드러운 시선으로 바라보며 청년 곁으로 다가앉는다.</u>) 그래, 어디가 아픈가?
청년 : 온몸에 기운이 없습니다.
의원 : 어디 팔을 내밀어 보게.
청년 : 예. (여윈 팔을 힘없이 내민다.)
의원 : (ⓒ <u>눈을 지그시 감고 맥을 짚으며</u>) 자네 고향은 어딘가?
청년 : 평안도 정주(定州)라는 곳입니다.
의원 : (ⓓ <u>온화한 표정으로</u>) 그러면, ○○○씨를 아는가?
청년 : 제가 아버님으로 섬기는 분입니다.
의원 : 그래, 나와는 막역(莫逆)한 사이라네.
청년 : ……. (ⓔ <u>쓸쓸한 표정으로 눈을 감으며, 고향과 아버지의 모습을 떠올린다.</u>) - O. L.

① ⓐ   ② ⓑ   ③ ⓒ
④ ⓓ   ⑤ ⓔ

03. (가)의 표현상의 특징과 거리가 <u>먼</u> 것은?

① 차분하고 담담한 어조를 구사하고 있다.
② 의원의 모습을 인상적으로 묘사하고 있다.
③ 대화의 장면을 간접적으로 처리하고 있다.
④ 화자의 체험을 서사적으로 전개하고 있다.
⑤ 주관적 감정을 배제하고 정황만 제시하고 있다.

04. ㉠의 기능에 대한 설명으로 적절하지 <u>않은</u> 것은?

① 애상적인 정조를 심화시킨다.
② 연과 연의 관계를 분명히 한다.
③ 시 전체가 통일감을 갖도록 한다.
④ 특정 음운을 반복하여 음악적 효과를 얻는다.
⑤ 세상과 단절되길 바라는 화자의 정서를 드러낸다.

05. (다)를 읽고 나눈 학생들의 대화로 적절하지 <u>않은</u> 것은?

① 윤희 : 과거를 그리워하는 것은 인지상정(人之常情)이 아닐까?
② 준성 : 물론이지, 화자도 낙타를 보고 선생님의 모습을 떠올리고 있잖아.
③ 윤희 : 그런데, 화자는 어린 시절을 그리워하면서도 쓸쓸해하는 것 같아.
④ 준성 : 맞아. 선생님도 옛날이야기를 많이 하셨나 보다.
⑤ 윤희 : 지금쯤 그 선생님도 낙타처럼 늙으셨을 거니까, 화자는 마음이 아플 거야.

3 | 한용운, 거짓 이별

STEP 01 OX 문제를 통한 지문 이해 훈련

나BS 수능특강 | 현대문학

당신과 나와 이별한 때가 언제인지 아십니까.
가령 우리가 좋을 대로 말하는 것과 같이 거짓 이별이라 할지라도 나의 입술이 당신의 입술에 닿지 못하는 것은 사실입니다.
이 거짓 이별은 언제나 우리에게서 떠날 것인가요.
한해 두해 가는 것이 얼마 아니 된다고 할 수가 없습니다.
시들어 가는 두 볼의 도화(桃花)가 무정한 봄바람에 몇번이나 스쳐서 **낙화**가 될까요.
회색이 되어 가는 두 귀밑의 푸른 구름이, 쪼이는 가을볕에 얼마나 바래서 **백설(白雪)**이 될까요.

머리는 희어 가도 마음은 붉어 갑니다.
피는 식어 가도 눈물은 더워 갑니다.
사랑의 언덕엔 사태가 나도 희망의 바다엔 물결이 뛰놀아요.

이른바 거짓 이별이 언제든지 우리에게서 떠날 줄만은 알아요.
그러나 한 손으로 이별을 가지고 가는 날(日)은 또 한 손으로 주검을 가지고 와요.

OX문제

01 대구의 방식으로 시상을 마무리하면서 여운을 강화한다. [2014학년도 9월B]   (O / X)

02 색채의 대비를 통해 표현 효과를 높이고 있다. [2011학년도 수능]   (O / X)

03 미래에 대한 화자의 확신이 나타나 있다.   (O / X)

04 화자는 나이가 들어감에 따라 '당신'에 대한 사랑이 작아짐을 염려하고 있다.   (O / X)

05 화자는 '낙화'와 '백설'이 되기를 기원하고 있다.   (O / X)

STEP 02 지문 분석

당신과 나와 이별한 때가 언제인지 아십니까.
　　　질문의 방식으로 화자의 시적 상황(이별) 제시

가령 우리가 좋을 대로 말하는 것과 같이 거짓 이별이라 할지라도 나의 입술이 당신의 입술에 닿지
　　　　　　　　　　　　　　　　　　이별에 대한 화자의 주관적 인식

못하는 것은 사실입니다.
　　　이별의 객관적 상황

이 거짓 이별은 언제나 우리에게서 떠날 것인가요.
　　　거짓 이별이 떠나는 상황, 즉 재회를 기대함.

한해 두해 가는 것이 얼마 아니 된다고 할 수가 없습니다.
이별의 상황이 지속되고 있음.

시들어 가는 두 볼의 도화(桃花)가 무정한 봄바람에 몇번이나 스쳐서 낙화가 될까요.
　　화자가 젊었던 때를 도화(복숭아꽃)에 빗대어 시각적으로 표현　　　　　　　하강의 이미지

회색이 되어 가는 두 귀밑의 푸른 구름이, 쪼이는 가을볕에 얼마나 바래서 백설(白雪)이
　　　　　　　색채 대비(회색, 푸른색, 흰색)

될까요.

　　　　　: 임과 함께했던 젊은 시절의 화자
　　　　　↕
　　　　　: 임을 만나지 못해 늙어가는 화자

대구법

1연 : 거짓 이별과 덧없이 흐르는 세월에 대한 안타까움

머리는 희어 가도 마음은 붉어 갑니다.
흰색과 붉은색의 색채 대비를 통해 변함없는 사랑을 강조함.

피는 식어 가도 눈물은 더워 갑니다.
　　　촉각의 대비

대구법

사랑의 언덕엔 사태가 나도 희망의 바다엔 물결이 뛰놀아요.
　　　언덕이 무너져 내려앉는 일　　　　　　동적 이미지

2연 : 임에 대한 변함없는 사랑

이른바 거짓 이별이 언제든지 우리에게서 떠날 줄만은 알아요.
　　　만남(임과의 재회)에 대한 소망과 확신

그러나 한 손으로 이별을 가지고 가는 날(日)은 또 한 손으로 주검을 가지고 와요.
　　　'당신'과 재회하는 날　　　　　　죽은 사람의 몸(부정적 이미지)

3연 : 변함없는 사랑과 만남에의 확신

시어 시구 풀이

거짓 이별 → 믿을 수도 인정할 수도 없는 이별을 뜻함. 일시적으로 이별한 상태이지만, 반드시 만날 것이기 때문에 화자는 이를 '거짓 이별'이라고 표현함. '당신'과의 이별을 극복하고자 하는 화자의 마음이 드러난다고 볼 수 있음. 작가의 「님의 침묵」에서 '아아, 님은 갔지만은 나는 님을 보내지 아니하였습니다.'라는 구절과 일맥상통함.

가령 우리가~사실입니다. → 마음은 그렇다 해도 몸이 함께하지 못하는 것은 분명한 사실이라며, 투정을 부리듯 안타까워함. 거짓 이별이라곤 하지만 현실적으로 '나'와 '당신' 사이엔 거리감이 존재함.

이 거짓 이별은 언제나 우리에게서 떠날 것인가요. → '임'을 한시라도 빨리 만나고 싶은 화자의 안타까운 마음이 숨어 있음. 임과의 만남이 쉽게는 이루어지지 않을 것이라는 의미가 드러남.

낙화가 될까요. → 기다리기만 하다가 아름다움을 잃고 점점 늙어가는 자신의 모습을 떨어지는 꽃으로 표현하여 안타까움을 드러냄.

회색이 되어 가는 두 귀밑의 푸른 구름이, 쪼이는 가을볕에 얼마나 바래서 백설이 될까요. → '회색이 되어 가는'은 검은 머리가 점점 흰머리가 되어가는 것을 의미함. 즉, '두 귀밑의 푸른 구름'은 화자의 검었던 머리를 빗댄 표현이고, '백설'은 곧 희어질 머리카락을 빗댄 표현임.

머리는 희어 가도~눈물은 더워 갑니다. → 흰머리와 붉은 마음, 식은 피와 더운 눈물의 이미지가 대조됨. 이를 통해 '당신'에 대한 변함없는 사랑을 강조함. '피는 식어 가도 눈물은 더워 갑니다.'는 '젊음의 열정은 없어져도 뜨거운 눈물은 흘릴 줄 압니다.' 정도로 이해할 수 있음.

그러나 한 손으로 이별을 가지고 가는 날은 또 한 손으로 주검을 가지고 와요. → 언젠가 반드시 만날 것이라는 믿음에는 변함이 없지만, 마음이 왠지 불안하고 어수선하다는 의미로 볼 수 있음. 설령 이별이 끝나고 만날 수는 있다 해도, 또 다른 삶의 고난이 '당신'과 화자를 힘들게 할지도 모른다는 우려의 인식이 깔려 있음.

03 작품 해제

01 | 주제

이별의 극복 의지와 재회에 대한 소망과 확신

02 | 특징

① 이별을 부정하여 극복 의지를 보이고, 재회에의 소망을 나타내는 화자 중심의 시
② 경어체의 사용을 통해 대상(임)에게 말을 건네고 있음.
③ '-ㅂ니까', '-ㅂ니다' 등의 공손한 어조, 한 행을 길게 풀어 쓴 산문적 율격이 두드러짐.

03 | 작품 해제

이 시는 임과 이별한 객관적인 상황을 '거짓 이별'의 상황이라고 믿으며, 임과의 이별을 극복하고자 하는 변함없는 사랑에 대한 노래이다. 이 작품에서 보여 주려는 것은 객관적 상황을 주관적 의지로 극복하려고 하는 기다림의 자세이다. 이미 임이 떠나가 버린 상황에서 그 사랑의 실패를 극복할 수 있는 방법은 임의 사랑을 부정하는 것이 아니라, 이별의 조건이나 상황을 부정함으로써 만남의 궁극적인 계기를 마련하는 것이다. 이 작품에서도 '거짓 이별'이라는 표현을 통해 객관적인 이별 상황을 주관적으로 부정하고 있다. 시의 앞부분에서는 이별의 안타까움과 슬픔, 그리고 세월의 무상감을 드러내고 있지만, 뒷부분에 이르러서는 임과의 재회에 대한 확신과 낙관적인 태도가 드러난다.

04 논문으로 만나는 출제자의 시선

「거짓 이별」 작품론

화자와 님의 이별은 이 시가 보여주는 객관적인 상황이다. 그러나 화자는 이 상황을 '거짓 이별'이라고 말한다. 즉 진정한 이별이 아니라는 뜻이며 언젠가 만남이라는 진실한 상황이 올 것이라는 의미이다. 이러한 확신에도 불구하고 화자는 '나의 입술이 당신의 입술에 닿지 못하는 것'을 사실로 인식하면서 현실적 상황을 객관적으로 인식하려는 자세를 보여주고 있다. 즉 화자는 객관은 객관대로 받아들이는 한편 그 객관을 다시금 주관화시킴으로써 객관의 고통을 주관적 희망으로 전이시켜 보려는 자세를 보이는 것이다. 그러나 그 고통이 완전히 희석될 수 없음을 '한해 두해 가는 것이 얼마 아니 된다고 할 수가 없습니다.'라는 표현에서 확인할 수 있다.

이 시에서 가장 의미심장한 구절은 마지막 행인 '그러나 한 손으로 이별을 가지고 가는 날[日]은 또 한 손으로 주검을 가지고 와요.'이다. 세월이 이별의 시간을 지속시켜 나갈수록 우리는 죽음의 시간에 다가서게 된다는 뜻이다. 거짓 이별의 시간이 언젠가 끝나기는 하겠으나 그것이 길어져서 죽음의 시간까지 다다를 수도 있을 것이라는 걱정이 들어 있다. 이별의 시간이 죽음 이전에 끝나주기를 바라는 간절한 심정이 들어있다.

한용운의 작품 속 사랑

한용운에게 만남은 역설적이게도 이별을 통해 시작된다. 그에게 이별은 사랑으로 형상화되는 것이다. 사랑의 대상은 뒷걸음쳐 갔지만 화자의 사랑은 도리어 더욱 견고하고 큰 모습으로 홀로 남은 화자에게 자리매김하게 되는 것이다. 사랑을 잃고 '님'이 없는 상황에서야 비로소, 화자는 '님'의 복귀를 열망하는 것을 넘어 '님'에 대한 '나'의 진정한 마음에 대해 인식하게 된다. 그리고 마침내 '님'과의 재회에 대한 믿음을 확인하게 된다. 시집 『님의 침묵』 서문에 해당하는 「군말」에서 시인은 그 스스로 '님만 님이 아니라 긔룬(그리운) 것은 다 님'이라고 했다. 따라서 그의 '님'은 다양하게 해석 가능함을 알 수 있다. 시인은 그립고 가엾고 사랑하는 애틋한 대상은 모두 '님'이라 함으로써 '님'의 개념을 확장시켰다. 시 속에서 밝힌 각각의 관계는 모두 다른 모습의 사랑을 보여주고 있으나 공통적으로 '님은 내가 사랑할 뿐 아니라 나를 사랑하나니라.'라고 하는 상호적 관계로 이어진다. 주체는 '님'의 사랑으로 말미암아 존재하며 그 사랑에는 '자유'라는 전제가 놓여 있다. 그러나 그 자유를 깨닫지 못한 채 우리는 스스로 구속을 받고 있음을 시인은 비판한다.

4 조지훈, 맹세

STEP
01 OX 문제를 통한 지문 이해 훈련

나BS 수능특강 | 현대문학 ●

만년(萬年)을 싸늘한 바위를 안고도
뜨거운 가슴을 어찌하리야.

어둠에 창백한 꽃송이마다
깨물어 피 터진 입을 맞추어

마지막 한 방울 피마저 불어 넣고
해 돋는 아침에 죽어 가리야.

사랑하는 것 사랑하는 모든 것 다 잃고라도
흰 뼈가 되는 먼 훗날까지
그 뼈가 부활하여 다시 죽을 날까지

거룩한 일월(日月)의 **눈부신 모습**
임의 손길 앞에 나는 울어라.

마음 가난하거니 임을 위해서
내 무슨 자랑과 선물을 지니랴.

의(義)로운 사람들이 피흘린 곳에
솟아오른 대나무로 만든 피리뿐

흐느끼는 이 피리의 아픈 가락이
구천(九天)에 사무침을 임은 듣는가.

미워하는 것 미워하는 모든 것 다 잊고라도
붉은 마음이 숯이 되는 날까지
그 숯이 되살아 다시 재 될 때까지

못 잊힐 모습을 어이하리야
거룩한 이름 부르며 나는 울어라.

OX문제

01	'나'는 '임'이 죽음의 위기에 놓인 것을 알고 슬퍼하고 있다.	(O / X)
02	5연의 '눈부신 모습'과 10연의 '못 잊힐 모습'은 동일한 대상에 대한 표현이다.	(O / X)
03	색채어를 활용하여 신화적 세계에 대한 동경을 드러내고 있다. [2015학년도 6월A]	(O / X)
04	동일한 시구의 반복과 변주를 통해 시적 분위기를 고조하고 있다. [2023학년도 6월]	(O / X)
05	대상을 의인화하여 대상이 지닌 속성들을 점층적으로 나열하고 있다. [2017학년도 9월]	(O / X)

STEP 02 지문 분석

「만년(萬年)을 **싸늘한** 바위를 안고도   ■ : 촉각적 심상의 대비
임에 대한 사랑의 깊이를 과장해서 표현함.

뜨거운 가슴을 어찌하리야.」   「 」: 불가능한 상황 설정① → 임에 대한 사랑 강조
임에 대한 절대적 사랑   영탄법

어둠에 창백한 꽃송이마다
고난, 역경   의인법

깨물어 피 터진 입을 맞추어
         희생적, 헌신적 태도

마지막 한 방울 피마저 불어 넣고
     창백한 꽃송이에 불어 넣는 생명력

해 돋는 아침에 죽어 가리야.
      시각적 이미지

사랑하는 것 사랑하는 **모든 것** 다 잃고라도   ■ : 4연과 9연이 내용, 형식상 유사함.

「**흰 뼈가 되는 먼 훗날까지**
          죽는 날까지

그 뼈가 부활하여 다시 죽을 날까지」「 」: 불가능한 상황 설정② → 임에 대한 사랑 강조
     죽음을 초월한 사랑, 윤회 사상

거룩한 일월(日月)의 눈부신 **모습**
        화자가 느끼는 임의 모습
                    ■ : 5연과 10연이 내용, 형식상 유사함.

임의 손길 앞에 **나는 울어라.**
절대적인 사랑의 대상
                1~5연 : 임을 향한 뜨거운 사랑의 맹세 (1)

마음 가난하거니 임을 위해서

내 무슨 자랑과 선물을 지니랴.

의(義)로운 사람들이 피흘린 곳에
화자가 사랑하는 대상인 임   희생

솟아오른 대나무로 만든 피리뿐
         화자가 가지고 있는 것

흐느끼는 이 피리의 아픈 가락이
   의인법   감정 이입, 촉각적 심상

구천(九天)에 사무침을 임은 듣는가.
   저승   피 흘린 의로운 사람

미워하는 것 미워하는 모든 것 다 잊고라도

붉은 마음이 숯이 되는 날까지
임에 대한 절대적 사랑을 색채 이미지로 시각화함.

그 숯이 되살아 다시 재 될 때까지
         죽음을 초월한 사랑, 윤회 사상

못 잊힐 모습을 어이하리야
화자에게 임은 잊을 수 없는 존재임.

거룩한 이름 부르며 나는 울어라.
   임의 이름   영탄법

6~10연 : 임을 향한 뜨거운 사랑의 맹세 (2)

의로운 사람들이 피흘린 곳에 → 정의와 진실을 위해 희생한 사람들. '의로운 사람들'에는 화자가 사랑하는 대상인 '임'이 포함되어 있음. 작품이 6·25 전쟁 발발 직후에 창작되었다는 점을 고려한다면, '피흘린 곳'은 전쟁 상황을 의미하며 '의로운 사람들'은 전쟁에서 희생된 사람들을 의미하는 것이라 해석할 수 있음. 이러한 관점에서 본다면 화자는 전쟁에 나아갔다가 의롭게 희생된 '임'에 대한 사랑의 마음을 표현하고 있는 것임.

흐느끼는 이 피리의 아픈 가락이 → 아픈 대상은 화자이지만, 흐느끼는 피리의 가락이 아프다고 표현함. 이는 피리에 화자의 슬픈 감정을 이입한 것임.

구천에 사무침을 임은 듣는가 → '구천'은 '가장 높은 하늘'을 뜻하는데, 보통 사람이 죽은 뒤에 넋이 '구천'에 간다고 표현함. 즉, '임'은 피 흘린 의로운 사람들로 이미 죽은 사람이고, 구천에 떠도는 임이 피리의 아픈 가락을 듣고 있느냐는 화자의 외침으로 볼 수 있음. 작품의 시대적 배경을 고려할 경우, 피리의 가락은 전쟁에서 희생당한 '임'에 대한 슬픔과 위로의 소리로 해석할 수 있음.

미워하는 것 미워하는 모든 것~다시 재 될 때까지 → 4연과 9연이 내용과 형식의 대응을 이룸. 이는 죽음을 초월한 임에 대한 절대적인 사랑을 강조하는 효과를 줌. 4연과 마찬가지로 윤회 사상(붉은 마음 → 숯 → 재)이 드러남.

못 잊힐 모습을 어이하리야 / 거룩한 이름을 부르며 나는 울어라. → 5연과 10연도 내용과 형식상 유사성을 보이며, 주제 의식을 강조함. '나'에게 임은 '못 잊힐 모습', 즉 잊을 수 없는 대상임. '나'에게 매우 위대한 존재인 임의 '거룩한 이름'을 부르는 행위는 임에 대한 영원한 사랑의 맹세라 볼 수 있음.

STEP 03 작품 해제

01 | 주제

임을 향한 뜨거운 사랑의 맹세

02 | 특징

① 임에 대한 절대적인 사랑을 노래하는 화자 중심의 시
② 4연과 9연, 5연과 10연이 내용과 형식의 대응을 이루며 주제를 강조함.
③ 윤회 사상을 통해 임에 대한 사랑이 영원할 것임을 드러냄.

03 | 작품 해제

　　이 시는 제목에서 알 수 있듯이 사랑하는 대상을 향한 화자의 사랑의 '맹세'에 대한 작품이다. 화자에게 '임'은 절대적인 사랑의 대상으로, 임에 대한 화자의 진심과 변치 않는 마음이 주요 내용이다. 작품이 6·25 전쟁 발발 직후에 창작된 점을 고려한다면 '임', 즉 피 흘린 '의로운 사람들'은 전쟁에서 희생된 사람들로 해석할 수 있으며, 그러한 사람들에 대한 애정을 표현한 것이라 볼 수 있다.

STEP 04 논문으로 만나는 출제자의 시선

조지훈의 시 세계

　　조지훈은 시인이자 한국학의 초석을 닦은 학자이며 사회적·역사적 현실에 적극적으로 개입하는 실천적 지성인이기도 했다. 조지훈은 왕성한 시 창작 활동 못지않게 민속학과 역사학을 두 축으로 하는 한국문화사 연구를 개척했으며, 1950년 한국 전쟁에 종군 기자로 참전하고 1960년 4·19 혁명을 비롯한 역사의 흐름에 개입하는 등 행동하는 지성의 표본을 보여주었다. 이처럼 다방면에 선구적 자취를 남긴 조지훈의 문학적·학문적·사회적 업적은 그동안 수많은 연구의 대상이 되어 왔다.
　　조지훈 시는 과거 귀족적 언어라 불린 고풍스러운 뜻글자(한자와 같은 표의 문자)를 사용하여 전통적이고 민족적인 자연을 그리는 한편, 학자로서 또한 지사로서 겪어야 하는 시대의 지난함을 시에 담아놓았거니와, 한시적이고 한학적인 운율을 도입하여 우아하고 유려한 리듬에서 출발한다. 또한 '정적 이미지'를 통해 자연과의 합일을 추구하는 가운데 현실 인식과 존재 의지를 표현함으로써 시적 분위기를 '동적 정서'로 환기시킨다. 아울러 조지훈의 시는 불교 세계관에 기초한 상상력을 통해 근원을 향한 탐구와 회귀 의식을 표현한 작품이 많다.

전쟁시로서의 「맹세」

　　격시란 국민이 되었건 군인이 되었건 승진을 위해서 우군(자기와 같은 편인 군대)에게 전쟁의 당위성과 그 정의로움을 설파하여 전쟁 참여와 전투 의욕을 고취시키고 나아가서 승전에 임하도록 독려하는 시이다. 6·25가 발발하면서 쓰여 진 최초의 전쟁시 형식은 격시였다. 전쟁의 소식을 전해 듣고 그 당일 대책을 모의하고 있던 조지훈, 모윤숙, 고희동, 김윤성, 공중인 등은 육군 정훈국(군인을 대상으로 한 교양, 이념 교육 및 군사 선전, 대외 보도 따위에 관한 일을 보던 부서)의 요청에 의하여 〈비상국민 선진대〉를 구성하고 공영 방송을 통해 대국민 전쟁 독려 방송을 했다. 조지훈이 쓴 「맹세」라는 제목의 격시는 이때 처음으로 낭독된 것이다. '의로운 사람들이 피흘린 곳에 / 솟아오른 대나무로 만든 피리뿐 // 흐느끼는 이 피리의 아픈 가락이 / 구천에 사무침을 임은 듣는가'와 같은 내용으로 되어 있는 이 시는 아직 구체적 전쟁 체험을 하기 이전에 써진 것이라서 그런지 간접적으로 피 흘리는 병사를 찬양하고 있기는 하나 순수 서정시의 영역에서 크게 벗어나지 못하고 있다.

5 | 김소월, 접동새

STEP 01 OX 문제를 통한 지문 이해 훈련

접동
접동
아우래비 접동

진두강 가람 가에 살던 누나는
진두강 앞마을에
와서 웁니다

옛날, 우리나라
먼 뒤쪽의
진두강 가람 가에 살던 누나는
의붓어미 시샘에 죽었습니다

누나라고 불러 보랴
오오 불설워
시새움에 몸이 죽은 우리 누나는
죽어서 접동새가 되었습니다

아홉이나 남아 되던 **오랩동생**을
죽어서도 못 잊어 차마 못 잊어
야삼경(夜三更) 남 다 자는 밤이 깊으면
이 산 저 산 옮아가며 슬피 웁니다

OX문제

01	구체적 지명을 통해 고향에 대한 정감을 환기하고 있다. [2007학년도 6월AB]	(O / X)
02	구조가 유사한 문장을 반복적으로 제시하여 시상에 통일성을 부여하고 있다. [2013학년도 6월]	(O / X)
03	의성어를 활용하여 경쾌한 분위기를 자아내고 있다. [2014학년도 수능]	(O / X)
04	접동새가 '이 산 저 산 옮아가'는 이유는 하늘로 자유롭게 날아가기 위해서다.	(O / X)
05	접동새가 '야삼경'에 우는 까닭은 '오랩동생'을 잊지 못해서이다.	(O / X)

「접동
  a

접동
  a

접동새 울음소리의 반복 → 슬픈 정서(한의 정서) 유발 / 의성어(음성 상징어, 청각적 심상)

아우래비 접동」
  b   a   「 」 : 3음보 민요적 율격, aaba 구조 → 운율감 형성

                                                1연 : 접동새의 슬픈 울음소리

진두강 가람 가에 살던 **누나는**
서북 지방의 지명   누나의 이야기를 연상함.

진두강 앞마을에

와서 **웁니다**   ■ : 유사한 통사 구조가 반복됨(누나는 ~ㅂ니다)
접동새 소리에서 연상한 누나의 울음소리 / 청각적 심상
  ↳ 슬픔과 한의 정서를 내포하고 있음.

                                                2연 : 마을을 떠나지 못하는 누나

옛날, 우리나라
접동새 설화 내용 제시

먼 뒤쪽의

진두강 가람 가에 살던 **누나는**

의붓어미 시샘에 죽었습니다
누나의 비극적 죽음의 원인

                                                3연 : 의붓어미 시샘에 죽은 누나

누나라고 불러 **보랴**
누나라고 불러 보고 싶구나   ■ : 영탄적 표현

오오 불설워
감탄사 '몹시 서러워'의 방언 → 주관적 감정 표출

시새움에 몸이 죽은 우리 **누나는**
= 시샘   시적 대상을 보편적 대상으로 확대(개인 → 민족)

      죽은 누나의 화신, 한을 상징
죽어서 **접동새가 되었습니다**
                                                4연 : 죽은 누나의 화신인 접동새

시어 시구 풀이

접동 / 접동 / 아우래비 접동 → '접동'은 주로 한이나 슬픔을 표출하는 소재로 자주 사용되는 접동새의 울음소리를 나타낸 것으로, 반복적인 표현을 통해 이 시의 애상적 분위기를 드러내고 있음. '아우래비'는 '아홉 오라비'로, '아홉 명의 남동생'을 뜻하면서 동시에 접동새의 울음소리를 나타내는 의성어로도 쓰이고 있음. 3음보 민요적 율격은 3마디씩 끊어서 읽음으로써 운율이 형성되는 전통적 민요가락을 뜻함.

진두강 가람 가에 살던 누나는~와서 웁니다 → 1연의 접동새의 울음소리를 듣고 '진두강 가람 가'에 살았던 누나의 우는 소리를 연상하였으며, 살아생전의 누나의 이야기를 떠올리고 있음. '가람'은 강의 옛말임.

옛날, 우리나라~의붓어미 시샘에 죽었습니다 → 접동새와 관련된 설화의 비극적 내용을 요약적으로 제시하여, 접동새가 된 누나가 우는 이유를 간결하게 말하고 있음. '시샘'은 '미워하고 싫어하는 마음'을 뜻함. 또한 '옛날, 우리나라'라는 시구를 통해 접동새 설화가 우리 민족 모두의 보편성을 띤 이야기임을 드러내고 있음.

누나라고 불러 보랴~죽어서 접동새가 되었습니다 → 의문형 종결 어미 사용의 '누나라고 불러 보랴'와 감탄사인 '오오'는 화자의 슬픈 정서를 극대화하는 영탄법임. 또한 '시새움에 몸이 죽었다는 것은 의붓어미의 시샘에 원통하게 죽은 누나의 한이 접동새로 변하여 나타났다는 의미임. 원한이 많은 넋이 저승에 가지 못하고 이승에 남아 방황한다는 것은 우리 민족의 민속 신앙에 바탕을 둔 것임. 화자가 '우리 누나'라고 한 것은 접동새의 울음에 담긴 한을 화자 자신의 것 또는 민족의 것으로 수용하려는 의미로 이해할 수 있음. 시적 대상을 개인에서 민족으로 확대하여, 보편적 대상으로 설정함으로써 독자의 공감을 일으킴.

아홉이나 남아 되던 오랩동생을
　　그 정도나 되던　남동생

『죽어서도 못 잊어 차마 못 잊어』
　　동생들에 대한 누나의 미련, 안타까운 심정

야삼경(夜三更) 남 다 자는 밤이 깊으면
　　밤 11시~1시

이 산 저 산 옮아가며 슬피 웁니다
　　동생들을 찾아 헤매며 슬프게 욺.

누나가 접동새가 되어 우는 이유,
죽어서도 원한이 남은 이유

『　』: 7.5조 민요적 율격 → 운율감 형성, 정서 부각

5연 : 애절한 혈육의 정

아홉이나 남아 되던 오랩동생을 / 죽어서도 못 잊어 차마 못 잊어 → 누나가 죽어서도 이승을 떠나지 못하고 접동새가 되어 우는 이유가 아홉이나 되는 남동생들에 대한 걱정, 그리움, 안타까움 때문임을 알 수 있다. '죽어서도 못 잊어(7) / 차마 못 잊어(5)'는 7.5조의 전통적 민요 가락으로, 운율 형성을 통해 슬픈 정서를 부각하고 있음.

야삼경 남 다 자는 밤이 깊으면 / 이 산 저 산 옮아가며 슬피 웁니다 → 아홉이나 되는 많은 남동생들을 죽어서도 못 잊어서 남들이 다 자는 깊은 밤이면 친정 마을의 산에 와서 운다는 뜻으로, 동생들을 잊지 못하는 누나의 한과 강한 혈육(가족)의 정이 드러나는 구절임.

STEP 03 작품 해제

01 | 주제

죽어서도 동생들을 잊지 못하여 접동새가 된 누나의 한

02 | 특징

① '누나'를 '접동새'와 동일시하고, 울음소리를 통해 애절한 혈육의 정과 한의 정서를 드러내는 대상 중심의 시
② 접동새 설화를 차용하여 우리 민족의 보편적 정서인 한의 정서를 나타냄.
③ 7.5조, 3음보의 민요적 운율으로 운율감을 조성함.
④ 의성어를 활용하여 애상적 분위기를 형성함.

03 | 작품 해제

　　이 작품은 한(恨)의 정서를 바탕으로 고전 설화에서 모티프(예술 작품을 표현하는 동기가 된 작가의 중심 사상)를 차용한 시이다. 설화의 내용은 다음과 같다. 어머니의 죽음으로 함께 살던 가족의 행복이 깨어지고, 의붓어미가 들어와 전처의 자식들을 구박하고 시기를 한다. 결국 의붓어미의 시샘에 시집을 가려던 누나는 죽고, 죽어서도 동생들을 잊지 못해 접동새로 환생한다. 의붓어미는 누나에게 저지른 악행에 대한 처벌을 받고 죽어 까마귀가 되는데, 접동새는 까마귀를 피해 남들이 다 자는 깊은 밤에만 동생들의 주위를 맴돌며 슬피 운다. 인물 간의 갈등을 그리고 있는 배경 설화와 달리 김소월의 시 「접동새」는 주관적인 입장에서 화자의 내면 정서를 드러내는 데 중점을 두고 있다. 이 작품은 고전 설화의 모티프를 차용했다는 점과, 전통적인 주제와 정서를 표현했다는 점에서 우리 문학의 전통을 충실히 계승하고 있다는 평가를 받는다.

「접동새」 설화 활용과 이별의 정서

「접동새」는 김소월의 대표작이면서 '이별'의 정서를 잘 담고 있는 작품이다. 문화 상징과 집단으로 전승해 온 설화가 작품에 내재해 '이별'에 대한 문화적 정서를 표현하고 있다. 「접동새」는 밤에 우는 새인 접동새 전설에 얽힌 이야기를 시적 화자가 독자에게 들려주는 서술 방식으로 표현하고 있다. '새'의 이미지가 일반적으로 자유와 비상(높이 날아오름)을 상징한다고 한다면, 접동새 전설에 등장하는 접동새는 파란 하늘을 자유롭게 날아다니는 새가 아니라 아홉 동생을 못 잊어 '남 다 자는 밤이 깊으면 이 산 저 산 옮아가며 슬피' 울 수밖에 없는, 죽어서도 비극적인 운명을 지닌 새이다. 이 작품에서 죽은 누이의 분신인 '새'는 살아있는 아홉 명의 동생 주변을 맴도는 존재로 등장하며 그 존재를 드러내는 시간은 오지 사람들이 모두 다 자는 '밤'에만 허용된다. 여기서 「접동새」에 나타난 '새'의 특이성은 '산 자와 죽은 자 사이 관계의 단절'을 나타내면서 가족과 관련된 비극적인 정서를 형성하는 소재가 된다는 점이다. 따라서 「접동새」는 집단으로 전승해 온 설화를 시의 전면에 내세우면서 집단의식 속에 형성된 새와 관련된 민간 신앙을 통해 운명론적 슬픔을 표현하고 있다. 이와 같은 운명론적 슬픔의 정서는 한국의 가족 중심주의 문화와 결합해 죽어서도 가족 주변을 떠나지 못하는 누나의 운명에 대한 비극적 정서가 한층 강화되어 나타난다.

'김소월' 시의 특징

김소월의 시는 한국인이 애송하는 시로 손꼽혀 왔고 대부분의 시가 노래로 만들어져 대중적인 사랑을 받아왔다. 김소월의 시가 한국인의 애송시로 자리 잡은 데에는 한국인들이 거부감 없이 친근하게 느낄 수 있는 정서적 공감대 형성에 있다. 또한 김소월의 시는 형식적인 면에서 민요조 운율을 자유롭게 변주하는 음수율로 한국인에게 친근한 리듬감을 느끼게 한다. 3음보라는 민요조 가락이 내재된 그의 시 특성상 친숙한 한국적 가락이 노래로 만들어지면서 한국 특유의 정서를 더욱 잘 표현할 수 있었을 것이다. 특히 김소월은 접동새의 노래를 '접동 / 접동'이라는 두 음절 의성어의 울림을 활용하는 수법을 통해, 서러움이라는 감정의 파장도 함께 번져가는 독특한 청각적 리듬을 형성한다.

STEP 05 나BS 실전 문제

다음 글을 읽고 물음에 답하시오.

> 접동
> 접동
> 이우래미 접동
>
> 진두강 가람 가에 살던 누나는
> 진두강 앞마을에
> 와서 웁니다.
>
> 옛날, 우리나라
> 먼 뒤쪽의
> [A] 진두강 가람 가에 살던 누나는
> 의붓어미 시샘에 죽었습니다
>
> 누나라고 불러 보랴
> 오오 불설워
> 시새움에 몸이 죽은 우리 누나는
> 죽어서 접동새가 되었습니다
>
> 아홉이나 남아 되던 오랩동생을
> 죽어서도 못 잊어 차마 못 잊어
> 야삼경(夜三更) 남 다 자는 밤이 깊으면
> 이 산 저 산 옮아가며 슬피 웁니다.
>
> — 김소월, 「접동새」 —

01. 윗글에 나타난 표현상의 특징으로 적절하지 않은 것은?

① 애상적 어조를 통해 비극적 분위기를 드러내고 있다.
② 명령형의 문장을 사용하여 주제 의식을 부각하고 있다.
③ 구체적 지명을 활용하여 향토적 정서를 환기하고 있다.
④ 행의 길이에 변화를 주어 리듬의 완급을 조절하고 있다.
⑤ 동일한 시구를 반복하여 두 연을 유기적으로 결합하고 있다.

02. [A]에 대한 이해로 적절하지 않은 것은?

① 2연에서 '누나'의 울음은 '누나'의 이야기를 떠오르게 한다.
② 2연에서 3연으로 전개되면서 '누나'에 대한 화자의 태도가 부정적으로 변화하고 있다.
③ 3연에서는 2연의 '누나'와 관련된 사연이 제시되고 있다.
④ 4연에서는 '누나'에 대한 화자의 정서가 직설적으로 제시되고 있다.
⑤ 4연에서는 '우리'라는 시어를 통해 화자와 '누나'의 관계가 강조되고 있다.

03. 〈보기〉를 참고하여 윗글을 감상한 내용으로 가장 적절한 것은?

〈보기〉

김소월의 시에서 한(恨)은 서로 모순을 이루는 두 감정이 갈등을 일으키고, 그 갈등이 끝내 풀리지 않을 때 생긴다. 예컨대 한은 체념해야 할 상황에서도 미련을 버리지 못하거나, 자책과 상대에 대한 원망(怨望)이 충돌하여 이렇게도 저렇게도 할 수 없을 때 맺힌다.

① '차마' 못 잊는다는 것으로 보아, '누나'의 한은 죽어서도 동생들에 대한 미련을 끊어내지 못하여 생긴 것 같아.
② '시샘'이 '시새움'으로 변주되고 있는 것으로 보아, '누나'의 한은 의붓어미와의 갈등이 깊어지고 있을 때 맺힌 것 같아.
③ '이 산 저 산' 떠도는 새의 모습으로 보아, '누나'의 한은 모든 희망을 버리고 방황하며 체념하고 있을 때 맺힌 것 같아.
④ '야삼경'에도 잠들지 못하는 것으로 보아, '누나'의 한은 자신의 심정이 어떤 상태인지 파악하지 못하여 생긴 것 같아.
⑤ '오랩동생'과 이별하는 심경이 표현된 것으로 보아, '누나'의 한은 홀로 가족을 떠나는 행위를 자책하고 있을 때 맺힌 것 같아.

다음 글을 읽고 물음에 답하시오.

(가)
접동
접동
아우래비* 접동

진두강 가람 가에 살던 누나는
진두강 앞마을에
와서 웁니다.

옛날, 우리나라
먼 뒤쪽의
진두강 가람 가에 살던 누나는
의붓어미 시샘에 죽었습니다

누나라고 불러 보랴
오오 불설워*
시새움에 몸이 죽은 우리 누나는
죽어서 접동새가 되었습니다

아홉이나 남아 되던 오랩동생*을
죽어서도 못 잊어 차마 못 잊어
야삼경(夜三更) 남 다 자는 밤이 깊으면
이 산 저 산 옮아가며 슬피 웁니다.

- 김소월, 「접동새」 -

*아우래비 : 아홉 오라비. / *불설워 : '몹시 서러워'의 방언.
*오랩동생 : '오라비'의 방언. 남동생.

(나)
득음은 못하고, 그저 시골장이나 떠돌던
소리꾼이 있었다, 신명 한 가락에
막걸리 한 사발이면 그만이던 흰 두루마기의 그 사내
꿈속에서도 폭포 물줄기로 내리치는
한 대목 절창을 찾아 떠돌더니
오늘은, 왜새* 울음 되어 우항산 솔밭을 다 적시고
우포늪 둔치, 그 눈부신 봄빛 위에 자운영 꽃불 질러 놓는다
살아서는 근본마저 알 길 없던 혈혈단신
텁텁한 얼굴에 달빛 같은 슬픔이 엉켜 수염을 흔들곤 했다
늙은 고수라도 만나면
어깨 들썩 산 하나를 흔들었다
필생 동안 그가 찾아 헤맸던 소리가
적막한 늪 뒷산 솔바람 맑은 가락 속에 있었던가
소목 장재 토평마을 양파들이 시퍼런 물살 몰아칠 때

일제히 깃을 치며 동편제* 넘어가는
저 왜새들
완창 한 판 잘 끝냈다고 하늘 선회하는
그 소리꾼 영혼의 심연이
우포늪 꽃잔치를 자지러지도록 무르익힌다

- 배한봉, 「우포늪 왜새」 -

*왜새 : 왜가리. / *동편제 : 호남의 동쪽 지역에서 발달한 판소리의 한 유파.

04. (가)와 (나)의 공통점으로 가장 적절한 것은?

① 반어법을 사용하여 관념적 대상을 구체화하고 있다.
② 청각적 이미지를 통해 시적 정서를 불러일으키고 있다.
③ 가상의 상황을 통해 자기반성의 태도를 보여 주고 있다.
④ 대구적 표현을 통해 시적 공간 변화에 초점을 맞추고 있다.
⑤ 화자와 대화를 주고받는 대상을 통해 시상을 전개하고 있다.

05. <보기>를 참고하여 (가)를 이해한 내용으로 적절하지 않은 것은?

<보기>

이 작품은 계모에게 박대 받던 처녀가 죽어서 접동새가 되었고, 밤이면 오라비들을 찾아다니며 울었다는 '접동새 설화'를 수용하여 현대시의 형식으로 변용하고 재창조한 것이다. 억울한 죽음의 사연을 담고 있는 설화를 통해 당시 나라를 잃고 슬픔에 빠진 우리 민족의 한을 전통적 율격으로 노래하고 있다.

① '접동 / 접동 / 아우래비 접동'은 설화와 관련한 접동새 울음소리를 리듬감 있는 시행의 배열로 변용한 것이다.
② '누나는 / 진두강 앞마을에 / 와서 웁니다.'는 화자가 설화를 수용하여 '접동새'와 '누나'를 동일시했음을 보여 주는 것이다.
③ 접동새 설화의 '누나'는 '우리 누나'로 변주되며 민족이 지닌 슬픔의 정서로 공감을 이끌어 내는 것이다.
④ '죽어서도 못 잊어 차마 못 잊어'와 같은 표현은 전통적 율격으로 우리 민족이 지닌 정서를 부각하고 있는 것이다.
⑤ '야삼경 남 다 자는 밤'에 잠들지 못한 '오랩동생'의 태도는 민족의 암울한 현실을 극복하기 위한 고뇌와 연결되는 것이다.

06. (나)에 대한 감상으로 적절하지 않은 것은?

① 화자는 '시골장이나 떠돌던 / 소리꾼'의 삶을 떠올리며 그가 추구했던 '한 대목 절창'을 우포늪에 퍼지는 '왜새 울음' 소리와 동일시하고 있군.
② '흰 두루마기의 그 사내'가 '꿈속에서도' 찾던 득음의 경지를 '눈부신 봄빛 위에 자운영 꽃불'이 퍼지는 것으로 표현하고 있군.
③ '혈혈단신'으로 슬픔을 지닌 사내가 '필생 동안' 찾아 헤맨 소리는 멀리 있는 것이 아니라 '적막한 늪 뒷산 솔바람 맑은 가락 속'에 있는 것이겠군.
④ '양파들이 시퍼런 물살 몰아칠 때' 왜새들이 '일제히 깃을 치며' 날아가는 것은, 득음의 경지에 이르지 못한 소리꾼의 회한을 드러내는 것이겠군.
⑤ '완창 한 판 잘' 끝낸 '왜새들'의 울음은 '소리꾼 영혼'이 담긴 예술적 경지와 통하는 것으로, '우포늪 꽃잔치'를 무르익게 하는 생명력을 내포한다고 볼 수 있겠군.

6 | 김광균, 수철리(水鐵里)

STEP 01 OX 문제를 통한 지문 이해 훈련

나BS 수능특강 | **현대문학** ●

산비탈엔 들국화가 환 — 하고 **누이동생**의 무덤 옆엔 **밤나무** 하나가 오뚝 서서 바람이 올 때마다 아득 — 한 공중을 향하야 여윈 가지를 내어저었다. 갈길을 못 찾는 영혼 같애 절로 눈이 감긴다. 무덤 옆엔 작은 시내가 은실을 긋고 등 뒤에 서걱이는 떡갈나무 수풀 잎에 차단 — 한 비석이 하나 노을에 젖어 있었다. 흰나비처럼 여윈 모습 아울러 어느 무형(無形)한 공중에 그 체온이 꺼져 버린 후 밤낮으로 찾아 주는 건 **비인 묘지의 물소리와 바람 소리**뿐. 동생의 가슴 우엔 비가 내리고 눈이 쌓이고 적막한 황혼이면 별들은 이마 우에서 무엇을 속삭였는지. 한줌 흙을 헤치고 나즉 — 이 부르면 함박꽃처럼 눈 뜰 것만 같아 서러운 생각이 옷소매에 스몄다.

OX문제

01	'밤나무'는 화자가 죽은 '누이동생'을 상기하게 한다.	(O / X)
02	'비인 묘지의 물소리와 바람 소리'는 황량하고 적막한 분위기를 형성한다.	(O / X)
03	화자의 현재 상황을 자연 현상과 대비하며 시상을 이끌어 내고 있다. [2013학년도 6월]	(O / X)
04	의문형 어미를 활용하여 화자의 정서를 강조하고 있다. [2019학년도 9월]	(O / X)
05	다양한 이미지를 통해 자연의 모습을 감각적으로 드러내고 있다. [2018학년도 수능]	(O / X)

시어 시구 풀이

───

산비탈엔 들국화가 환 ─ 하고 누이동생의 무덤 옆엔 밤나무 하나가 오뚝 서서 바람이 올 때마다 아
무덤과는 대조적인 풍경   화자의 상황 : 누이동생의 죽음(부재)   음성 상징어(의태어)   누이동생의 상징 ①

득 ─ 한 공중을 향하야 여윈 가지를 내어저었다. 갈길을 못 찾는 영혼 같애 절로 눈이 감긴다. 무덤
쓸쓸한 이미지   = 누이동생(원관념 : 밤나무)

옆엔 작은 시내가 은실을 긋고 등 뒤에 서걱이는 떡갈나무 수풀 앞에 차단 ─ 한 비석이 하나 노을에
         시각적 심상   청각적 심상   누이동생의 비석 : 차가운 죽음의 이미지

젖어 있었다. 흰나비처럼 여윈 모습 아울러 어느 무형(無形)한 공중에 그 체온이 꺼져 버린 후 밤낮으로
        누이동생의 여윈 모습을 빗댐.

찾아 주는 건 비인 묘지의 물소리와 바람 소리뿐. 동생의 가슴 우엔 비가 내리고 눈이 쌓이고 적막한
시적 허용(화자의 공허한 내면 표현)   청각적 심상을 통하여 황량하고 적막한 분위기를 표현함.

황혼이면 별들은 이마 우에서 무엇을 속삭였는지. 한줌 흙을 헤치고 나즉 ─ 이 부르면 함박꽃처럼 눈
         의인법   죽은 누이동생에 대한 그리움   누이동생의 상징 ②

뜰 것만 같아 서러운 생각이 옷소매에 스몄다.   ■ : 의도적으로 줄표(─)를 사용하여 시어의 느낌을 풍부하게 함.
        화자의 심정 직접적 표출

───

수철리 → 공동묘지가 있던 서울의 한 마을. 누이동생의 무덤이 있는 곳.

무형한 → 형상이나 형체가 없는.

어느 무형한 공중에 그 체온이 꺼져 버린 후 → 사람이 죽으면 더 이상 피가 흐르지 않아 체온이 없어지고 차갑게 됨. 누이동생의 죽음으로 인해 느낀 공허함을 표현하기 위해 '무형한 공중'에 누이동생의 혼이 흩어진 것처럼 표현함.

동생의 가슴 우엔~무엇을 속삭였는지. → 무덤 땅 아래 묻혔던 누이동생의 시신에도 자신이 맞는 비, 눈이 닿고 별의 속삭임이 닿았는지 궁금한 화자. 죽은 누이동생을 여전히 소중히 여기는 태도가 드러남.

서러운 생각이 옷소매에 스몄다. → 화자가 옷소매에 눈물을 닦은 행위를 낯설게 표현함. 또한 '서러움', '그리움' 같은 추상적 개념을 구체적인 촉각적 감각으로 표현함.

STEP 03 작품 해제

01 | 주제

죽은 누이동생에 대한 추모와 그리움

02 | 특징

① 죽은 누이동생에 대한 슬픔과 그리움을 표현한 화자 중심의 시
② 시의 분위기와 대비되는 화사한 자연 풍경을 제시하여 슬픔의 정서를 부각함.
③ 다양한 감각적 이미지를 활용하여 시적 상황을 표현함.
④ 줄표(―)를 사용하여 시어의 느낌을 풍부하게 함.

03 | 작품 해제

　이 시는 '수철리'에 있는 누이동생의 묘를 찾은 시적 화자가, 무덤 주변의 풍경을 감각적으로 묘사하면서 죽은 누이동생에 대한 안타까움과 그리움, 추모의 마음을 형상화한 작품이다. 묘지의 정경을 그림 그리듯이 묘사하고 있으며, 전체적으로 애상적 분위기를 자아낸다. 무덤 옆 밤나무의 '여원 가지', 노을에 젖은 '비석', '비인 묘지의 물소리와 바람 소리' 등의 다양한 이미지를 통해 적막하고 쓸쓸한 분위기를 나타내고 있다. 여원 '흰나비'는 '무형한 공중에 그 체온이 꺼져 버린' 누이의 모습을 연상시키는데, 시적 화자는 죽은 누이가 '나즉―히 부르면 함박꽃처럼 눈 뜰 것' 같다며 서러워하고 있다.

「수철리」에 나타난 애도

「수철리」에서 화자는 죽은 누이동생의 무덤을 찾아가 동생이 잠든 묘지 주변 풍경을 수채화처럼 묘사하고 있다. '무덤'은 더 이상 살아 있지 않은 자, 삶이 부재한 자의 흔적이 묻어 있는 곳이다. 화자는 '누이동생의 무덤 옆 밤나무'가 바람에 힘없이 흔들리는 모습을 보고 갈등한다. 무덤 옆 시냇가 떡갈나무 숲의 '비석'이 노을에 젖고 있기 때문이다. 노을은 화자의 불안한 심리를 상징하는 기표(어떤 사실을 알리는 표시)이고 유년기의 기억 저편에 묻혀있던 기억의 서사와 관련이 깊다. 이 기억의 서사는 쉽게 지워지는 것이 아니고 어느 사건과 겹쳐지면서 수면으로 떠오르는데 모든 병의 근원이 되기도 한다. 이것이 완전하게 치유되지 않을 때는 화자처럼 '갈길을 못 찾는 영혼'이 되어 눈을 감을 수밖에 없다. 아무리 환상을 통해 재현되어도 '흰나비처럼 여윈' 동생의 가슴 위로 비를 내리게 할 뿐이다. 특히 아무도 찾아와 주지 않는 '적막한 황혼' 무렵, '한줌 흙을 헤치고' 죽은 누이동생을 부르면 '함박꽃처럼 눈 뜰 것만 같'아서 옷소매를 적시는 슬픔에 잠긴다. 김광균의 시에서 반복되어 나타나는 '무덤, 노을, 묘지, 황혼' 등의 시어는 오로지 시인의 기억 속에만 존재하는 기표이다. 따라서 이 기표가 상징하는 것은 차갑고 서글픈 이미지로 형상화된다.

김광균의 시에서 '황혼'의 의미

김광균의 「광장」에서 '황혼'은 '방 → 도시 → 시계점 지붕 → 고층 → 네거리 → 광장'으로 이동하며 공간과 조응(서로 일치하게 대응)한다. '황혼'은 '슬픈 도시'에 오는 일몰이며, '늘어선 고층' 위에서는 '모색'으로 드러나면서 '황혼' 무렵의 풍경과 일치된다. 조응된 대상들은 화자와 합일될 수 없는 대상이다. 화자는 '슬픈 도시'를 찬바람으로 인지하면서 따뜻한 '황혼'을 '쫓아' 향한다. 그러나 광장에 서 있는 화자에게서는 쓸쓸하고 차가운 정서가 나타난다. 이처럼 공간에 조응된 시선은 중심이 이동하면서 의미의 결속력을 강화시킨다. 화자는 응결된 다른 대상에서 분리되고, 이는 소외된 '황혼'으로 나타난다. 화자가 위치한 공간은 현실에서 존재하지 않는 모순된 공간이다. '황혼'은 화자가 합일할 수 없는 세계에 대한 비애를 확장하는 역할을 한다.

(중략)

이와 같은 맥락으로 파악했을 때 '황혼'은 밤이 오는 시간에서 화자의 내면을 차지하는 공간이다. 그것은 화자가 상실한 공간인데, 이는 각각 추억과 존재로 드러난다. 김광균이 '황혼'을 주된 모티프로 사용한 이유는 이러한 현실 속 부재에서 기인한 것이다. 따라서 '황혼'은 부재에서 염원으로, 염원에서 좌절로 이어지는 계기가 된다.

다음 글을 읽고 물음에 답하시오.

(가)

조국을 언제 떠났노,
파초*의 꿈은 가련하다.

남국을 향한 불타는 향수,
너의 넋은 수녀보다도 더욱 외롭구나.

[A] ┌ 소낙비를 그리는 너는 정열의 여인,
    └ 나는 샘물을 길어 네 발등에 붓는다.

이제 밤이 차다,
나는 또 너를 내 머리맡에 있게 하마.

나는 즐겨 너를 위해 종이 되리니,
너의 그 드리운 치맛자락으로 우리의 겨울을 가리우자.

- 김동명, 파초 -

*파초 : 잎이 긴 타원형이며 키가 큰 여러해살이풀.

(나)

　산비탈엔 들국화가 환― 하고 누이동생의 무덤 옆엔 밤나무 하나가 오뚝 서서 바람이 올 때마다 아득 ― 한 공중을 향하여 여윈 가지를 내어 저었다. 갈 길을 못 찾는 영혼같애 절로 눈이 감긴다. 무덤 옆엔 작은 시내가 은실을 긋고 등 뒤에 서걱이는 떡갈나무 수풀 앞에 차단 ― 한 비석이 하나 노을에 젖어 있었다. 흰나비처럼 여윈 모습 아울러 어느 무형(無形)한 공중에 그 체온이 꺼져 버린 후 밤낮으로 찾아 주는 건 비인 묘지의 물소리와 바람 소리뿐. 동생의 가슴 우엔 비가 나리고 눈이 쌓이고 적막한 황혼이면 별들은 이마 우에서 무엇을 속삭였는지. 한 줌 흙을 헤치고 나즉 ― 히 부르면 함박꽃처럼 눈뜰 것만 같애 서러운 생각이 옷소매에 스몄다.

- 김광균, 수철리(水鐵里)* -

*수철리 : 공동묘지가 있던 서울의 한 마을.

(다)

슬프나 즐거오나 옳다 하나 외다 하나
내 몸의 해올 일만 닦고 닦을 뿐이언정
그 밧긔 여남은 일이야 분별할 줄 이시랴.

〈제1수〉

내 일 망령된* 줄을 내라 하여 모를쏜가
이 마음 어리기도 임 위한 탓이로세
아무가 아무리 일러도 임이 혜여 보소서.

〈제2수〉

[B] ┌ 추성(楸城) 진호루(鎭胡樓)* 밧긔 울어 예는 저 시내야
    │ 므음 호리라* 주야에 흐르는다
    └ 임 향한 내 뜻을 조차 그칠 뉘를 모르나다.

〈제3수〉

뫼흔 길고 길고 물은 멀고 멀고
어버이 그린 뜻은 많고 많고 하고 하고
어디서 외기러기는 울고 울고 가느니.

〈제4수〉

어버이 그릴 줄을 처음부터 알아마는
임금 향한 뜻도 하늘이 삼겨시니
진실로 임금을 잊으면 긔 불효인가 여기노라.

〈제5수〉

- 윤선도, 견회요(遣懷謠) -

*망령된 : 언행이 상식에서 벗어나 주책이 없는.

*추성 진호루 : 함경북도 경원에 있는 누각.

*므음 호리라 : 무엇을 하려고.

01. (가)~(다)에 대한 설명으로 가장 적절한 것은?

① (가)와 (나)에서는 현실과 이상의 괴리가 심화되고 있다.
② (가)와 (다)는 자연의 섭리를 깨닫는 과정을 보여 주고 있다.
③ (나)와 (다)에는 화자가 대상을 만날 수 없는 정황이 나타나 있다.
④ (가)~(다)에는 대립적 가치가 첨예하게 표출되고 있다.
⑤ (가)~(다)에서는 시간의 변화를 중심으로 시상이 전개되고 있다.

02. 시적 화자의 태도를 중심으로 (가)와 (나)를 비교한 것으로 가장 적절한 것은?

① (가)에는 대상에 대한 유화적인 태도가, (나)에는 독단적인 태도가 드러난다.
② (가)에는 대상에 대한 단정적인 태도가, (나)에는 회의적인 태도가 드러난다.
③ (가)에는 대상과의 관계 단절을 두려워하는 태도가, (나)에는 관계 형성을 열망하는 태도가 나타난다.
④ (가)에는 현실 상황에 대한 낙천적인 태도가, (나)에는 비관적인 태도가 드러난다.
⑤ (가)에는 현실 상황의 변화를 기대하는 태도가, (나)에는 변화될 수 없는 현실 상황을 안타까워하는 태도가 나타난다.

03. [A]와 [B]에 나타난 공통된 표현 효과로 가장 적절한 것은?

① 문답 형식을 통해 친밀감을 드러내고 있다.
② 감각적 이미지를 통해 정서를 구체화하고 있다.
③ 대구를 통해 안정적인 운율감을 조성하고 있다.
④ 반어적 표현을 통해 시적 긴장감을 고조하고 있다.
⑤ 어조 변화를 통해 정적인 분위기를 강화하고 있다.

04. (가)를 감상한 내용으로 적절하지 않은 것은?

① 파초를 '또' 머리맡에 둔다고 한 것을 보니, 계속해서 파초를 돌보겠다는 의지를 알 수 있군.
② 파초를 위해 '종'이 된다고 한 것을 보니, 파초를 아끼는 마음을 알 수 있군.
③ 파초의 잎을 '치맛자락'으로 비유한 것을 보니, 파초는 '나'에게 모성적 존재임을 알 수 있군.
④ '나'와 파초를 '우리'로 묶어 표현한 것을 보니, '나'는 파초에 대해서 일체감을 느끼고 있음을 알 수 있군.
⑤ 파초와 '나'가 처한 상황이 차가운 겨울밤인 것을 보니, 시련과 고난의 상황에 놓여 있음을 알 수 있군

05. (나)의 시어에 대한 설명으로 적절하지 않은 것은?

① '환— 하고', '아득 — 한' 등의 '—'는 시어의 느낌을 풍부하게 한다.
② '밤나무'의 '여원 가지'는 쓸쓸한 시적 분위기를 형성한다.
③ '흰나비'는 '누이동생'의 여원 모습을 연상시킨다.
④ '묘지'는 화자가 죽은 누이를 떠올리는 공간이다.
⑤ '비', '눈', '별' 등은 화자의 의지를 상징한다.

06. (다)의 각 수를 연결하여 이해할 때, 적절하지 않은 것은?

① 제1수의 '옳다 하나 외다 하나'는 제2수의 '아무가'의 행위로 볼 수 있다.
② 제2수의 망령된 '내 일'은 제3수의 '내 뜻'에 상반되는 것으로 이해할 수 있다.
③ 제3수의 '추성'은 제4수의 '뫼'와 '물'에 의해 그리움의 대상으로부터 먼 공간으로 인식될 수 있다.
④ 제4수의 '뜻'은 제5수의 '뜻'에 와서 더욱 확대되어 표출된 것으로 볼 수 있다.
⑤ 제5수의 '임금 향한 뜻'은 제1수의 '내 몸의 해올 일'을 직접적으로 제시한 것으로 볼 수 있다

7 | 박용철, 싸늘한 이마

STEP

01 OX 문제를 통한 지문 이해 훈련

큰 어둠 가운데 홀로 밝은 불 켜고 앉아 있으면 모두 빼앗기는 듯한 외로움
한 포기 산꽃이라도 있으면 얼마나 한 위로이랴.

모두 빼앗기는 듯 눈덮개 고이 나리면 환한 온몸은 새파란 불 붙어 있는 인광(燐光)*
까만 귀또리 하나라도 있으면 얼마나 한 기쁨이랴.

파란 불에 몸을 사르면 싸늘한 이마 맑게 트이어 기어가는 **신경의 간지러움**
기리는 **별**이라도 맘에 있다면 얼마나 한 즐검이랴.

*인광 : 빛의 자극을 받아 빛을 내던 물질이, 그 자극이 멎은 뒤에도 계속하여 내는 빛.

OX문제

01	역설적 표현을 활용하여 지향하는 세계에 대한 강력한 열망을 드러내고 있다. [2016학년도 9월AB]	(O / X)
02	유사한 시구를 반복함으로써 화자의 의지를 강조하고 있다. [2018학년도 수능]	(O / X)
03	영탄과 독백의 어조를 통해 화자의 심정을 드러내고 있다. [2014학년도 수능A]	(O / X)
04	'까만 귀또리'는 화자의 처지와 상반되는 시어로, 화자의 정서를 부각하고 있다.	(O / X)
05	화자는 현재 '기리는 별'이 없어서 '신경의 간지러움'을 느끼고 있다.	(O / X)

큰 어둠 가운데 홀로 **밝은 불** 켜고 앉아 있으면 모두 빼앗기는 듯한 <u>외로움</u>

■ ↔ ■ : 명암의 대비(시각적 심상)
　　　　　　　　　　　　　　　　　　　　화자의 주된 정서가 직설적으로 표현됨.

한 포기 산꽃이라도 있으면 얼마나 한 위로이랴.

설의적 표현으로 화자의 고독감을 강조함.

■ : 가정적 표현의 반복

1연 : 화자가 느끼는 외로움

모두 빼앗기는 듯 눈덮개 고이 나리면 환한 온몸은 새파란 불 붙어 있는 인광(燐光)

낯설게하기, 역설

까만 귀또리 하나라도 있으면 얼마나 한 기쁨이랴.

□ : 화자의 소망이 투영된 대상
→ 위로와 위안의 대상

2연 : 화자의 외로움 극대화와 기쁨의 대상

파란 불에 몸을 사르면 싸늘한 이마 맑게 트이어 기어가는 신경의 간지러움

= 인광　　　　촉각적 심상, 외롭고 쓸쓸한 화자　　　　　　촉각적 심상

기리는 별이라도 맘에 있다면 얼마나 한 즐검이랴.

= 즐거움(의도적 시어 변형)

3연 : 불면의 고통과 같은 외로움을 해소하고자 하는 마음

시어 시구 풀이

눈덮개 고이 나리면 환한 온몸은 → '눈덮개'는 '눈꺼풀'을 시인이 독창적으로 표현한 것임. '눈덮개 고이 나리면'은 쉽게 풀면 '눈을 감으면'이 됨. 이는 '낯설게 하기' 기법이 쓰인 것임. 눈을 감으면 온몸이 환해진다는 것은 역설적 표현임.

새파란 불 붙어 있는 인광 → '인광'은 어두운 곳에서 보이는 청백색의 약한 빛을 말함. 화자가 느끼는 극한의 외로움을 시각적 이미지를 통해 인상적으로 표현함.

인광 → 빛의 자극을 받아 빛을 내던 물질이, 그 자극이 멎은 뒤에도 계속하여 내는 빛.

맑게 트이어 기어가는 신경의 간지러움 → 잠은 안 오고 정신이 점점 맑아져 가는 상황. 외로움으로 밤을 지새우고 있는 화자의 모습을 나타냄.

기리는 별이라도 맘에 있다면 얼마나 한 즐검이랴. → 이 시는 각 연을 '~라도 있으면 얼마나 한 ~이랴.'로 마무리하여 통일감을 부여하고 운율을 주고 있음. 그런데 3연에서는 '맘에'라는 부사어를 넣고, '-으면'을 '-다면'으로 변주하여 화자의 고독감과 간절한 마음을 더욱 부각하고 있음.

STEP 03 작품 해제

01 | 주제

견디기 어려운 고독감과 위로에 대한 간절함

02 | 특징

① 화자 내면의 고독함과, 그 고독을 해소하고 싶은 간절한 마음을 표현한 화자 중심의 시
② 각 연의 2행은 가정적 표현을 통해 화자의 외로움의 정도를 알게 해 줌.
③ 어둠과 밝음의 대립적 이미지, 시각과 촉각적 이미지를 사용함.
④ 설의적 표현과 유사한 문장 구조의 반복으로 운율감을 형성함.

03 | 작품 해제

이 시는 시적 자아의 견딜 수 없는 외로움을 노래한 작품으로, 2행 1연씩 전 3연의 간결한 구성으로 이루어져 있다. 각 연의 첫 행은 견딜 수 없는 외로움을, 둘째 행은 그 외로움을 달래기 위해 벗 삼고 싶은 대상을 보여 주고 있다. '~라도 있으면(있다면)'이라는 가정적 표현은 회자의 외로움이 얼마나 큰지 알게 해 주는 것으로, 화자는 그 대상을 각각 '산꽃, 귀또리, 별'이라는 평범한 사물로 제시하고 있다.

1연에서 화자는 자신이 처해 있는 상황을 '큰 어둠 가운데 홀로 밝은 불 켜고 앉아 있으면 모두 빼앗기는 듯한 외로움'이라는 직설적인 방법으로 표출하고 있다. 자신을 둘러싼 세계를 어둠으로 인식하는 화자는 그 속에서 '한 포기 산꽃'이라도 있으면 얼마나 큰 위로가 되겠는가 하고 생각한다.

2연에서는 1연과는 다른 방식으로 외로움이 나타나 있다. 눈을 감으면 마치 자신의 몸이 '새파란 불 붙어 있는 인광'처럼 느껴진다는 진술에서 그가 겪고 있는 외로움의 크기가 가히 짐작된다. 섬뜩한 표현을 통해 자신의 외로움을 극대화시킨 것으로 볼 수 있다. 이런 상황에서 화자는 한 마리 '귀또리'만 있으면 외로움을 이겨내는 큰 기쁨이 되리라고 한다.

3연에서 외로움은 '이마 맑게 트이어 기어가는 신경의 간지러움'으로 나타나 있다. '파란 불', 즉 예민한 신경으로 인해 잠을 재촉하면 할수록 머릿속이 또렷해지며 잠이 오지 않는 불면증같이 고통스러운 외로움을 말하고 있다. 이럴 때, '기리는 별'이라도 맘에 있다면 얼마나 큰 즐거움이겠냐고 화자는 자문하고 있다.

화자가 고통을 겪고 있는 외로움의 원인이 무엇인지, 또는 자신이 처한 상황을 왜 어둠으로 인식하고 있는지, 이 시는 어느 것 하나 구체적으로 설명해 주고 있지 않지만, 그런대로 이 시가 읽히는 것은 바로 화자의 진한 호소력 때문이 아닐까 한다. 그러나 그저 간단히 일제 치하라는 시대 상황으로만 설명하기엔 무언가 있어야 할 것이 결여되어 있다는 느낌을 감출 수 없다. 그러므로 이 시는 1920년대 초 〈백조〉파의 '감상의 과잉'에 박용철의 기교가 결합된 정도의 수준으로 평가할 수 있을 것이다.

박용철이 표현하는 고독과 '싸늘함'

불도없는 방 안에 쓰러지며
내쉬는 한숨따라 「아 어머니!」 석기는 말
모진듯 참어오든 그의모든 서러움이
공교로운 고임새의 문허저 나림같이
이한말을 따라 한번에 쏟아진다

많은구박 가운데로 허위여다니다가
헌솜같이 지친몸은 일어날 기운잃고
그의맘은 어두움에 가득 차서있다
쉬일줄 모르고 찬비작고 나리는 밤
사람기척도 없는 싸늘한 방에서

– 박용철, 「비에 젖은 마음」 중에서 –

위 시의 화자는 '어머니'를 그리워하고 있다. 화자에게 '방'은 지금 화자가 존재하는 공간이면서 '어머니'가 부재한 공간이다. '불도없는 방'의 '불'과 비유되는 화자의 '어머니'는 화자의 '서러움'을 달래줄 수 있는 존재이면서 동시에 현재에는 없는 존재이다. 그 부재의 공간을 화자는 '싸늘한 방'으로 묘사하며 '어머니'를 발음하며 환기되는 존재가 자신을 치유하고 있다고 말한다. 화자에게 '어머니'가 없는 '방'은 불완전한 공간이다. 이 불완전한 공간에 속한 화자는 치유와 안식이 필요한 상태이며 화자는 '어머니'를 발음하는 행위를 통해 공간을 환기한다.

시인 박용철의 시 세계

박용철은 1930년대 순수 서정시의 이론적 근거였다. 그는 『시문학』 창간을 통해 문단에 등장한 이후, 지속적으로 서정시 창작에 관한 논의를 전개했다. 구체적으로 그는 영감과 시적 변용의 문제를 사유했다. 그 과정에서 도출된 영감, 감각, 기술 등은 박용철 시론의 내적 논리를 구성하는 핵심 개념이라 할 수 있다. 이처럼 서정시 창작을 단순히 선천적 재능을 가진 시인에 의한 영감의 재현이 아니라, 시인의 감각과 기술의 성숙에 바탕을 둔 변용의 과정으로 사유했던 박용철의 등장은 기존의 프로 문학(1920년대 카프 문학)이나 민족 문학 또한 전대의 서정시와도 다른 30년대 순수 서정시의 독특한 성격을 규정한다고 할 수 있다. 그러나 박용철은 시대정신을 그의 서정시에 담아내기도 하며, 기존의 순수 서정시와는 다른 면모를 보이기도 한다. 박용철은 「떠나가는 배」에서 화자의 환경, 즉 마을을 떠나야 하는 젊은이의 상황을 그려내 마을을 떠나는 불안과 고향을 그리워하는 마음을 담으며 서정성을 드러내면서도, 동시에 일제 강점기의 불안한 시대 상황도 그려내었다. 그는 일제 강점기를 경험하던 시기에 당대의 문학가들과 교류하며 시대정신을 담아냈다. 박용철은 이렇게 저항 문인으로 활동한 내력을 통해 한국 현대시의 발전에 기여하였다.

8 박용래, 월훈

STEP 01 OX 문제를 통한 지문 이해 훈련

ⅡBS 수능특강 | **현대문학** ●

첩첩 산중에도 없는 **마을**이 여긴 있습니다. 잎 진 사잇길 저 모랫둑, 그 너머 강기슭에서도 보이진 않습니다. 허방다리 들어내면 보이는 마을.

갱(坑) 속 같은 마을. 꼴깍, 해가, 노루꼬리 해가 지면 집집마다 봉당에 불을 켜지요. 콩깍지, 콩깍지처럼 후미진 외딴집, 외딴집에도 불빛은 앉아 이 슥토록 창문은 모과(木瓜)빛입니다.

기인 밤입니다. 외딴집 노인은 홀로 잠이 깨어 출출한 나머지 무우를 깎기도 하고 고구마를 깎다, 문득 바람도 없는데 시나브로 풀려 풀려 내리는 짚 단, 짚오라기의 설레임을 듣습니다. 귀를 모으고 듣지요. 후루룩 후루룩 처마깃에 나래 묻는 이름 모를 새, 새들의 온기를 생각합니다. 숨을 죽이고 생 각하지요.

참 오래오래, 노인의 자리맡에 밭은 기침소리도 없을 양이면 벽 속에서 **겨울 귀뚜라미**는 울지요. 떼를 지어 웁니다, 벽이 무너지라고 웁니다.

어느덧 밖에는 눈발이라도 치는지, 펄펄 함박눈이라도 흩날리는지, 창호지 문살에 돈는 월훈(月暈).

OX문제

01	노인은 아침까지 잠을 이루지 못하며 '겨울 귀뚜라미'가 우는 소리를 듣는다.	(O / X)
02	'마을'을 반복하면서 깊은 산속에 있는 공간적 배경과 노인의 처지를 강조한다.	(O / X)
03	근경에서 원경으로 시선을 이동하면서 대상을 포착하고 있다. [2015학년도 9월A]	(O / X)
04	대상에 감정을 이입하여 심리적 변화를 우회적으로 표출하고 있다. [2017학년도 9월]	(O / X)
05	음성 상징어를 사용하여 이동을 앞둔 여유로운 분위기를 드러내고 있다. [2017학년도 수능]	(O / X)

STEP 02 지문 분석

첩첩 산중에도 없는 마을이 여긴 있습니다. 잎 진 사잇길 저 모랫둑, 그 너머 강기슭에서도 보이진
현대문명과 단절된 토속적 공간, 신비로운 배경

않습니다. 허방다리 들어내면 보이는 마을.

1연 : 멀리서 바라보는 마을

갱(坑) 속 같은 마을. 꼴깍, 해가, 노루꼬리 해가 지면 집집마다 봉당에 불을 켜요. 콩깍지, 콩깍지
직유법   순식간에 짧은 겨울 해가 지는 상황

처럼 후미진 외딴집, 외딴집에도 불빛은 앉아 이슥토록 창문은 모과(木瓜)빛입니다.
반복, 연쇄를 통해 시적 대상 제시   불이 켜져 있음.

2연 : 모과 빛 창문의 외딴집

■ : 시적 대상

기인 밤입니다. 외딴집 노인은 홀로 잠이 깨어 출출한 나머지 무우를 깎기도 하고 고구마를 깎다, 문
노인이 외로움과 고독함을 느끼는 시간   외딴집 노인의 상황 제시(외로움)

득 바람도 없는데 시나브로 풀려 풀려 내리는 짚단, 짚오라기의 설레임을 듣습니다. 귀를 모으고 듣지
모르는 사이에 조금씩 조금씩   작은 소리에도 기대를 함.(누군가 찾아오길 바라는 마음)

요. 후루룩 후루룩 처마깃에 나래 묻는 이름 모를 새, 새들의 온기를 생각합니다. 숨을 죽이고 생각하지
음성 상징어   날개   새를 통해 사람들의 온기를 그리워함. → 외로움

요.

3연 : 잠 못 이루는 노인

참 오래오래, 노인의 자리맡에 밭은 기침소리도 없을 양이면 벽 속에서 겨울 귀뚜라미는 울지요. 떼
외로워한 지, 사람을 그리워한 지 오래됨.   시간의 경과   노인의 감정 이입 대상

를 지어 웁니다, 벽이 무너지라고 웁니다.
노인의 외로움의 깊이를 간접적으로 나타냄.

4연 : 겨울 귀뚜라미의 통곡

어느덧 밖에는 눈발이라도 치는지, 펄펄 함박눈이라도 흩날리는지, 창호지 문살에 돋는 월훈(月暈).
마을의 고요함과 적막함을 부각함.   월훈이 비치는 배경 → 월훈 초점화

5연 : 달무리 진 산촌의 풍경

시어 시구 풀이

허방다리 → 짐승 따위를 잡기 위하여 땅바닥에 구덩이를 파고 그 위에 약한 막대기를 놓아 위장한 함정.

갱 속 같은 마을 → '갱'은 '굴'을 뜻함. 직유법을 통해 마을이 그만큼 깊은 산속에 있다는 것을 표현함. 현실 세계로부터 격리된 신비로운 느낌을 줌.

봉당 → 안방과 건넌방 사이의 마루를 놓을 자리에 마루를 놓지 아니하고 흙바닥 그대로 둔 곳.

이슥토록 → 밤이 깊을 때까지.

외딴집에도~모과빛입니다. → '모과'는 과일의 한 종류로 익으면 누런빛을 띰. 즉, '창문은 모과빛'이라는 것은 불이 켜져 있음을 의미하고, '외딴집'에도 사람(노인)이 살고 있음을 나타냄. 1연에서 화자는 마을을 멀리서 바라보다 2연에서는 '외딴집'으로 시선이 이동함.

바람도 없는데 시나브로 풀려 풀려 내리는 짚단 → '짚단'은 '바람'도 없는데 혼자서 풀려 내려옴. 이를 통해 올 사람이 없는데도 누군가 찾아오길 기다리는 노인의 마음을 추측할 수 있음.

후루룩 후루룩 → 새 따위가 날개를 잇따라 가볍게 치며 갑자기 날아가는 소리. 또는 그 모양.

노인의 자리맡에 밭은 기침소리도 없을 양이면 → '밭은 기침'은 '소리도 크지 아니하고 힘도 그다지 들이지 않으며 자주 하는 기침'을 말함. 해당 구절은 '노인이 자주 하는 기침소리도 없어지면'이란 뜻으로, 시간이 어느 정도 흘렀음을 나타냄.

월훈 → '월훈'은 달 언저리에 둥그렇게 생기는 구름 같은 허연 테를 말함. 이는 쓸쓸함과 적막감을 자아내는 소재임. 명사로 시행을 종결하여 여운을 줌.

STEP 03 작품 해제

01 | 주제

겨울의 외딴 마을 풍경과 노인의 고독

02 | 특징

① 외딴 마을을 관찰하여 적막함과 노인의 외로움을 드러내는 대상 중심의 시
② 원경에서 근경으로 시선을 이동해 가며 시상을 전개함.
③ 토속적인 어휘(허방다리, 봉당, 짚단 등)와 경어체를 사용함.
④ 감정 이입을 통해 노인의 고독을 심화함.
⑤ 명사로 시상을 마무리 지어 정감의 깊이를 더함.

03 | 작품 해제

이 시는 깊은 산속 외딴집에 홀로 살고 있는 노인의 외로움과 고독이 생생하게 묘사된 작품이다. 화자는 시적 대상인 노인의 모습을 그려 내면서 깊은 산골 노인의 외로운 삶을 시각적으로 형상화하고 있다. 이 시의 배경인 첩첩 산중에도 없는 마을은 현대 문명사회와 단절되어 있는 토속적인 공간이다. '외딴집, 모과빛' 등과 결합된 노인의 이미지는 바깥 세계로부터 완전히 고립된 모습이다. 노인의 쓸쓸함과 절망감을 고조시키기 위해 작품의 마지막에 함박눈을 배경으로 드러나는 '월훈(달무리)' 이미지를 추가하고 있다. 즉, 이 시는 이런 토속적인 풍경과 이미지를 배경으로 인간의 내적인 고독과 절망을 표현한 작품이다.

STEP 04 논문으로 만나는 출제자의 시선

시간과 공간의 의식 구조

시 「월훈」에서 시간과 공간의 구조는 매우 복잡하다. 시에서 공간적 배경이 되는 마을은 '첩첩 산중에도 없는 마을', '모랫둑, 그 너머 강기슭에서도 보이지 않는 마을', '허방다리 들어내면 보이는 마을', '갱 속 같은 마을'로 수직이나 수평과 다른 특이한 공간을 형성한다. 현실에 존재하지 않으면서도 존재하는 마을, 보이지 않으면서도 보이는 마을, 시각적으로도 내적 자아로도 이 마을은 돌아들어서 보이지 않는 공간 안에 위치한 구석진 마을이다. 그러나 비현실적이면서도 잘 보이지 않는 마을은 계속 반복되면서 의식 속에 축적되고 확대되는 효과를 준다. 마을은 작가의 상상과 환상과 몽상이 그려낸 마을이다.

'외딴집'과 해가 지고 이슥한 불빛이 깊어가는 '저녁'은 따로 가는 시간과 공간이 아니라 함께 가는 시간과 공간이 된다. '기인 밤'과 '외딴집 노인'도 분리된 상황이 아니다. 바람도 없는데 시나브로 풀려 내리는 '짚단'과 짚오라기의 '설레임'과 귀를 모으고 듣는 '노인'과 후루룩 후루룩 처마깃에 나래 묻는 이름 모를 '새'와 숨을 죽이고 새들의 온기를 생각하는 '노인'과 '귀뚜라미'는 어느덧 주변의 대상들과 하나로 주객의 구별이 없어지고 만다.

'첩첩 산중에도 없는', '강기슭에서도 보이'지 않는, '허방다리 들어내면 보이는', '갱 속 같은', '콩깍지처럼 후미진 외딴집'의 노인의 의식은 방 안에서 밖으로 나와 '짚오라기의 설레임'을 듣고, '처마깃에 나래 묻는' 새들을 생각하고, 그 새들의 안으로 들어가 '새들의 온기'를 생각한다. 그리고 '오래오래', 오랜 시간 동안 또는 오랜 시간이 지난 뒤 노인의 의식은 자리맡에서 멈춘다. 노인의 의식이 정지된 순간 벽 속에서는 겨울 귀뚜라미 떼의 울음소리가 들린다. 그리고 다시 노인의 의식은 눈발이 날리는 집 밖으로 더 멀리 함박눈이 날리는 공간으로 아주 더 멀리 저 하늘의 달무리까지 향하게 되는 것이다. 외딴 마을 외딴집의 방 안의 노인은 폐쇄된 공간에 있는 것이 아니라 그의 의식을 통해 방 안에서 문밖으로, 처마 끝으로, 새의 집 안으로, 다시 방 안 자리 맡으로, 벽 속으로, 집 밖으로, 먼 하늘로 들어가고 나오면서 이동하고 있다.

울음의 상징 – 생명의 근원적 회복과 격성

「월훈」에서 가장 고요하고 적막한 순간에 벽 속의 귀뚜라미가 우는 것은 매우 극적이다. '참 오래오래, 노인의 자리맡에 받은 기침소리도 없을 양이면' 모든 소리가 사라진 절대 공간과 시간에서 울음은 더 크게 확대되어 들린다. 그것도 '벽 속에서', '떼를 지어', '벽이 무너지라'고 운다. 울음의 크기는 외딴집 노인의 고독의 깊이와 크기라고 할 수 있다. 그러나 겨울 귀뚜라미가 떼를 지어 벽이 무너지라고 우는 울음은 단지 가난과 고독의 울음 이상의 의미를 내포하고 있다고 본다.

「월훈」의 '떼를 지어서 우는 귀뚜라미의 울음'은 집단성과 관계가 있다고 보는 것이다. 이러한 집단의 울음은 객관성의 표현으로 본다. 박용래 개인의 울음이 주관적이라면, 집단을 이루어 표현되는 울음의 상징은 집단적 객관성의 표상으로서 인간의 삶 속에서 온갖 장애와 죽음을 넘어 사물에 대한, 아름다움에 대한 애정과 본래의 생명의 성품을 회복하고자 하는, 전 우주적이고 전일체적인 삶의 자유로움을 회복하고자 하는 것으로 보아야 한다. 박용래 시인의 주관적이고도 능동적인 소망이 현실화되고 성취되어야 할 객관성이 바로 '울음'으로 상징된 것이라고 본다.

STEP 05 나BS 실전 문제

다음 글을 읽고 물음에 답하시오.

(가)

우리 집도 아니고
일가 집도 아닌 집
고향은 더욱 아닌 곳에서
아버지의 침상(寢床) 없는 최후 최후의 밤은
풀벌레 소리 가득 차 있었다

노령(露領)*을 다니면서까지
애써 자래운* 아들과 딸에게
한 마디 남겨 두는 말도 없었고
아무을 만(灣)*의 파선도
설룽한* 니코리스크*의 밤도 완전히 잊으셨다
목침을 반듯이 벤 채
다시 뜨시잖는 두 눈에
피지 못한 꿈의 꽃봉오리가 갈앉고
얼음장에 누우신 듯 손발은 식어 갈 뿐
입술은 심장의 영원한 정지를 가리켰다
때 늦은 의원이 아모 말없이 돌아간 뒤
이웃 늙은이 손으로
눈빛 미명은 고요히
낯을 덮었다

[A]
┌ 우리는 머리맡에 엎디어
│ 있는 대로의 울음을 다아 울었고
│ 아버지의 침상 없는 최후 최후의 밤은
└ 풀벌레 소리 가득 차 있었다

              - 이용악, 「풀벌레 소리 가득 차 있었다」-

*노령 : 러시아의 영토.

*자래운 : 키운.

*아무을 만, 니코리스크 : 오호츠크 해 근처의 러시아 지명.

*설룽한 : 춥고 차가운.

(나)

  첩첩산중에도 없는 마을이 여긴 있습니다. 잎 진 사잇길 저 모랫둑, 그 너머 강기슭에서도 보이진 않습니다. 허방다리 들어내면 보이는 마을.

  갱(坑) 속 같은 마을. 꼴깍, 해가, 노루꼬리 해가 지면 집집마다 봉당에 불을 켜지요. 콩깍지, 콩깍지처럼 후미진 외딴집, 외딴집에도 불빛은 앉아 이슥토록 창문은 모과 빛입니다.

  기인 밤입니다. 외딴집 노인은 홀로 잠이 깨어 출출한 나머지 무를 깎기도 하고 고구마를 깎다, 문득 바람도 없는데 시나브로 풀려 풀려 내리는 짚단, 짚오라기의 설레임을 듣습니다. 귀를 모으고 듣지요. 후루룩 후루룩 처마깃에 나래 묻는 이름 모를 새, 새들의 온기를 생각합니다. 숨을 죽이고 생각하지요.

[B]
┌   참 오래오래, 노인의 자리맡에 밭은기침 소리도 없을 양이면 벽 속
│ 에서 겨울 귀뚜라미는 울지요. 떼를 지어 웁니다, 벽이 무너지라고 웁
└ 니다.

  어느덧 밖에는 눈발이라도 치는지, 펄펄 함박눈이라도 흩날리는지, 창호지 문살에 돈는 월훈(月暈)*.

              - 박용래, 「월훈(月暈)」-

*월훈 : 달무리.

01. (가)와 (나)의 공통점으로 가장 적절한 것은?

① 화자의 체험을 우의적으로 형상화하고 있다.
② 장면을 초점화하여 감각적으로 표현하고 있다.
③ 담담한 어조로 대상과의 합일을 지향하고 있다.
④ 자신을 대상화하여 현실의 삶을 성찰하고 있다.
⑤ 회상하는 방식으로 삶의 애환을 그려 내고 있다.

02. (가)와 〈보기〉 작품들의 화자가 동일하다고 할 때, (가)를 〈보기〉와 관련지어 감상한 내용으로 적절하지 <u>않은</u> 것은?

━━━━━━━━ 〈보기〉 ━━━━━━━━

∘ 양털 모자 눌러쓰고 돌아오신 게 마지막 길 / 검은 기선은 다시 실어
  주지 않았다 / 외할머니 큰아버지랑 계신 아라사*를 못 잊어 / 술을
  기울이면 노 외로운 아버지였다

                              - 이용악, 「푸른 한 나절」 -

*아라사 : 러시아.

∘ 아버지도 어머니도 / 젊어서 한창 땐 / 우라지오*로 다니는 밀수꾼
  // 눈보라에 숨어 국경을 넘나들 때 / 어머니의 등골에 파묻힌 나는
  / 모든 가난한 사람들의 젖먹이와 다름없이 / 얼마나 성가스런 짐짝
  이었을까

                              - 이용악, 「우리의 거리」 -

*우라지오 : 연해주 근처의 러시아 지명.

① '침상 없는 최후 최후의 밤'은 고생한 보람도 없이 빈한한 상태에서 '아버지'
   가 돌아가셨다는 것을 뜻할 수 있겠군.
② '애써 자래운 아들과 딸'은 '아버지'가 목숨을 걸고 국경을 넘나들며 밀수를
   했던 이유가 될 수 있겠군.
③ '아무을 만의 파선'과 '니코리스크의 밤'은 '아버지'의 고달픈 삶을 함축하는
   말이겠군.
④ '피지 못한 꿈'은 외로운 삶에서 벗어나고 싶어 했던 '아버지'의 소망이
   끝내 이루어지지 못했음을 뜻할 수 있겠군.
⑤ '있는 대로의 울음'은 '아버지'의 생명을 위태롭게 했던 것에 대한 '우리'의
   회한과 반성일 수 있겠군.

03. (나)에 대한 감상으로 적절하지 <u>않은</u> 것은?

① 노인의 삶을 바라보는 따뜻한 시선이 느껴져.
② 외딴집의 정경을 통해 노인의 고독을 드러내고 있어.
③ 목가적 분위기를 대화적 구성을 통해 보여 주고 있어.
④ 시상이 집약된 시어로 끝맺으면서 여운을 남기고 있어.
⑤ 시어의 반복과 연쇄로 산문적 진술에 리듬감을 주고 있어.

04. [A], [B]에 대한 설명으로 가장 적절한 것은?

① [A], [B]는 모두 자연물을 통해 정서를 환기한다.
② [A], [B]는 모두 화자가 처한 무력한 현실을 상징한다.
③ [A], [B]에서는 모두 관조적 태도가 나타난다.
④ [A]는 [B]에 비해 공간의 대비가 두드러진다.
⑤ [B]는 [A]에 비해 시적 상황을 압축적으로 표현한다.

다음 글을 읽고 물음에 답하시오.

(가)

첩첩산중에도 없는 마을이 여긴 있습니다. 잎 진 사잇길 저 모랫둑, 그 너머 강기슭에서도 보이진 않습니다. 허방다리* 들어내면 보이는 마을.

갱(坑) 속 같은 마을. 꼴깍, 해가, 노루꼬리 해가 지면 집집마다 봉당에 불을 켜지요. 콩깍지, 콩깍지처럼 후미진 외딴집, 외딴집에도 불빛은 앉아 이슥토록 창문은 모과 빛입니다.

기인 밤입니다. 외딴집 노인은 홀로 잠이 깨어 출출한 나머지 무를 깎기도 하고 고구마를 깎다, 문득 바람도 없는데 시나브로 풀려 풀려 내리는 짚단, 짚오라기의 설레임을 듣습니다. 귀를 모으고 듣지요. 후루룩 후루룩 처마깃에 나래 묻는 이름 모를 새, 새들의 온기를 생각합니다. 숨을 죽이고 생각하지요.

참 오래오래, 노인의 자리맡에 밭은기침 소리도 없을 양이면 벽 속에서 겨울 귀뚜라미는 울지요. 떼를 지어 웁니다, 벽이 무너지라고 웁니다.

어느덧 밖에는 눈발이라도 치는지, 펄펄 함박눈이라도 흩날리는지, 창호지 문살에 돋는 월훈(月暈)*.

— 박용래, 「월훈(月暈)」 —

*허방다리 : 함정으로 판 구덩이.

*월훈 : 달무리.

(나)

춥다, ㉠ 웅크린 채 서로를 맞대고 있는
집들이 작은 창으로 불씨를 품고 있었다.
가로등은 언덕배기부터 뚜벅뚜벅 걸어와
골목의 담장을 세워주고 지나갔다.
가까이 실뿌리처럼 금이 간
담벼락 위엔 아직 걷지 않은 빨래가
바람을 차고 오르내렸다.
나는 미로같이 얽혀 있는 골목을 나와
이정표로 서 있는 구멍가게에서 소주를 샀다.
㉡ 어둠에 익숙한 이 동네에서는
몇 촉의 전구로 스스로의 몸에
불을 매달 수 있는 것일까.
점점이 피어난 저 창의 작은 불빛들
불러 모아 ㉢ 허물없이 잔을 돌리고 싶었다.
어두운 방안에서 더듬더듬 스위치를 찾을 때
나도 ㉣ 누군가에게 건너가는 먼 불빛이었구나.
따스하게 안겨오는 환한 불빛 아래
나는 수수꽃처럼 서서 웃었다.
창밖을 보면 보일러의 연기 따라 별들이
늙은 은행나무 가지 사이마다 내려와
㉤ 불씨 하나씩 달고 있었다.

— 윤성택, 「산동네의 밤」 —

05. (가)와 (나)에 대한 설명으로 적절한 것은?

① (가)는 행의 종결에 변화를 주어 화자의 정서 변화를 드러내고 있다.

② (나)는 촉각적 이미지를 활용하여 의미를 강조하고 있다.

③ (가)는 대화체, (나)는 독백체의 어조를 사용하여 시의 분위기를 드러내고 있다.

④ (가), (나)는 모두 동일한 시구를 반복하여 산문적 진술에 리듬감을 주고 있다.

⑤ (가), (나)는 모두 시간의 흐름에 따라 대상이 변화하는 모습이 나타나고 있다.

06. (가)를 영상물로 제작하고자 할 때, 고려할 사항으로 적절한 것은?

① 1연 : 일을 마치고 귀가하는 산촌 사람의 뒷모습을 화자가 멀찍이 강기슭에서 바라보고 있는 모습을 담아낸다.

② 2연 : 봉당에 불을 환하게 밝힌 집에 노루가 찾아들고, 창문에 불빛이 비치는 장면을 보여 준다.

③ 3연 : 바람이 부는 날에 처마에서 날아오르는 한 무리의 새떼를 바라보는 노인의 모습을 그린다.

④ 4연 : 노인의 힘없는 기침소리가 그치고 난 뒤, 귀뚜라미 떼의 울음소리를 점점 크게 들리게 한다.

⑤ 5연 : 눈 내리는 적막한 새벽녘에 창호지 문살 사이로 여명이 밝아오는 장면을 묘사한다.

07. 〈보기〉를 참고하여 ㉠~㉤을 이해한 내용으로 적절하지 **않은** 것은?

─────── 〈보기〉 ───────

이 시는 의미 구조상 네 부분으로 이루어져 있다. 화자가 대상을 관찰하는 부분, 대상에 대한 화자의 정서 및 태도가 드러나는 부분, 성찰을 통해 깨달음을 얻는 부분, 깨달음을 바탕으로 시적 공간을 재인식하는 부분 등이다.

① ㉠에는 화자가 관찰하고 있는 대상인 산동네의 정경이 드러난다.

② ㉡에는 산동네에서의 생활을 익숙하게 받아들여 안주하는 화자의 태도가 드러난다.

③ ㉢에는 산동네 사람들을 향한 화자의 따뜻한 마음이 드러난다.

④ ㉣에는 자신을 타인과 연결된 존재로 인식하는 화자의 깨달음이 드러난다.

⑤ ㉤에는 새로운 시선으로 산동네에서 희망을 느끼는 화자의 모습이 드러난다.

9 정지용, 그의 반

STEP 01 OX 문제를 통한 지문 이해 훈련

내 무엇이라 이름하리 그를?
나의 영혼 안의 **고운 불**,
공손한 이마에 비추는 **달**,
나의 눈보다 값진 이,
바다에서 솟아올라 나래 떠는 **금성(金星)**,
쪽빛 하늘에 흰 꽃을 달은 **고산 식물**,
나의 가지에 머물지 않고
나의 나라에서도 멀다.
홀로 어여삐 스스로 한가로워— 항상 머언 이,
나는 사랑을 모르노라 오로지 수그릴 뿐.
때 없이 가슴에 두 손이 여미어지며
굽이굽이 돌아 나간 시름의 황혼 길 위 —
나— 바다 이편에 남긴
그의 반임을 고이 지니고 걷노라.

OX문제

01	작품의 바탕에 절대자에 대한 믿음이 깔려 있다.	(O / X)
02	초월적 공간을 설정하여 고조된 감정을 드러내고 있다. [2023학년도 6월]	(O / X)
03	공간의 이동을 통해 주어진 삶에 순응해야 함을 드러내고 있다. [2020학년도 6월]	(O / X)
04	'고운 불', '달', '금성', '고산 식물'은 모두 동일한 대상을 의미하는 시어이다.	(O / X)
05	화자는 '그'와의 거리감으로 인해 안타까움을 느끼고 있다.	(O / X)

STEP 02 지문 분석

내 무엇이라 이름하리 그를?
　　　　　　시적 대상(절대자)

　　　　　　　　　　　　　　　　1행 : 절대적 존재인 '그'

나의 영혼 안의 고운 불,
　'나'의 영혼 안에서 가장 중요한 존재

공손한 이마에 비추는 달,　　　　　□ : '그'를 의미하는 시어들 열거
　　　　화자가 공손한 태도를 갖추게 함.　→ 그가 고귀하고 고결한 존재임을 나타냄. (예찬적 어조)

나의 눈보다 값진 이,
　화자 자신보다 소중하게 여김.

바다에서 솟아올라 나래 떠는 금성(金星),
　　　　　　　　　　날갯짓하는

쪽빛 하늘에 흰 꽃을 달은 고산 식물,
　　　■ ↔ ■ : 색채 대비를 통해 절대자인 '그'의 아름다움 표현
　　　　　　　　　　　2~6행 : '그'는 순수하고 고귀하면서도 접근하기 어려움.

「나의 가지에 머물지 않고
　　　　　　　　「」 : 화자와 '그'의 거리감
　　　　　　　　　→ '그'는 소유할 수도 없고, 범접하기도 어려운 존재임.

나의 나라에서도 멀다.」
　'나'와 '그'의 거리감

홀로 어여삐 스스로 한가로워― 항상 머언 이,
'그'는 유일신임. (정지용의 기독교적 관념)　시적 허용

나는 사랑을 모르노라 오로지 수그릴 뿐.
　　　　　　도치법

때 없이 가슴에 두 손이 여미어지며
기도를 하는 자세로 '그' 앞에서 경건한 태도를 보이는 화자
　　　　　　　　　　　7~11행 : '그'에 대한 경외감과 경배의 자세

굽이굽이 돌아 나간 시름의 황혼 길 위 ―

나― 바다 이편에 남긴
화자와 대상(그) 간의 거리를 가시적으로 드러냄.

그의 반임을 고이 지니고 걷노라.
　'나'는 '그의 반'이므로, 서로 떨어질 수 없음.

　　　　　　　　　　　12~14행 : '그'와 화자의 관계

시어 시구 풀이

내 무엇이라 이름하리 그를? → 도치법과 의문형을 통해 '그'는 절대적 존재이고 '나'는 미미한 존재임을 강조함. 또한 이는, 1) '그'가 '나'에게 지니는 의미는 다양하다. 2) '나'에게 '그'는 규정할 수 없는 경외의 대상이다. 두 가지로 이해할 수 있음.

쪽빛 → 짙은 푸른빛. 남색.

나는 사랑을 모르노라 오로지 수그릴 뿐. → '그'는 순결하고 높으며, 가까이하기 힘든 고귀한 존재이므로 감히 대등한 사랑을 할 수 있는 것이 아님. 따라서 '그'에게 겸허하게 순종하고 경배하는 자세를 취할 수밖에 없음을 뜻함.

굽이굽이 돌아 나간 시름의 황혼 길 위 ― → '황혼'은 해 질 녘을 가리키기도 하지만, 사람의 생애나 나라의 운명 따위가 한창인 고비를 지나 쇠퇴하여 종말에 이른 상태를 비유적으로 이르기도 함. 또한 문학에서 '길'은 단순히 걷는 곳이 아니라, 사람이 살아가는 과정을 비유함. 즉 이 구절은, 화자의 순탄하지 않았던 인생의 노년기에 '그'에 대한 의미를 깨닫게 되었다는 것으로 이해할 수 있음.

그의 반임을 고이 지니고 걷노라. → '그'와 화자의 거리감과 관계를 제시함. '그'가 없이는 화자가 존재할 수 없음을 나타냄. 또한 화자가 '그의 반'임을 고이 간직하고 살아간다는 것에서 자신도 고귀한 '그'처럼 살길 바라는 마음을 알 수 있음.

STEP 03 작품 해제

01 | 주제

절대적 존재에 대한 경배와 경외감

02 | 특징

① '그(절대자)'를 예찬하고 '그'와 화자의 관계를 밝히는 대상 중심의 시
② 무조건적이고 순응적인 어조로 시를 전개함.
③ 절대적 존재인 신을 고귀하고 접근하기 어려운 존재로 형상화함.
④ 은유, 열거, 도치법 등의 표현법이 사용됨.

03 | 작품 해제

이 작품은 신과 같은 절대적 존재에 대한 구도적(진리나 종교적인 깨달음의 경지를 구하는) 자세와 태도를 표현하고 있다. '그'는 화자가 경외감을 느끼는 대상으로, '불', '달', '금성', '고산 식물'은 '그'를 고결하고 높은 존재로 인식하는 화자의 태도를 드러내는 시어들이다. 이러한 '그'는 다가가기 힘든 존재로 화자에게 어려운 존재지만, 그럴수록 화자는 수그리며 두 손을 여미어 경외감을 드러낸다. '그의 반'은 '그'가 없으면 '나'도 존재할 수 없다는 의미로, 불완전한 존재인 화자가 '그'를 통해 삶의 구원을 얻고자 함을 드러내는 표현으로 볼 수 있다.

STEP 04 논문으로 만나는 출제자의 시선

작품론

정지용이 추구했던 서구적 모더니즘과 고향에의 지향은 이국적 정서와 향토적 정서로 표출되었으나, 그 어느 곳에도 안주하지 못했던 그는 가톨릭이라는 종교의 세계에서 새로운 거처를 찾으려 했다. 첫 시집인 『정지용시집』 4부에 수록된 9편의 시는 모두 신앙과 직접적인 관련이 있는 작품으로, 편의상 종교시 또는 신앙시라는 용어로 분류하고 있다. 두 아들을 신부로 만들기 위해 수도원으로 보낼 정도로 신앙이 독실했던 정지용은 「시의 옹호」라는 시론을 통해서 신앙의 정신적 가치를 표명한 바 있다. 그의 주장에 따르면 최상의 정신적인 것이 신앙이며, 이 신앙을 이루는 것은 '사랑, 기도, 감사'라는 것이다. 그러므로 신앙을 갖지 않은 시인은 높은 정신적 가치를 마련할 수 없다고 하였다. 정지용이 가톨릭에 귀의한 것이 언제인지 명확하게 알 수는 없지만, 적어도 이 시가 나오기 이전이라는 것은 분명하다.

이 시는 그와 같은 종교시(신앙시) 중 첫 번째 작품으로, 발표 당시에는 「무제(無題)」라는 제목으로 발표되었으나 후에 시집에 수록되는 과정에서 제목이 이렇게 바뀐 것 같다. 정지용은 그의 종교시에서 신의 절대성과 인간의 한계성을 주로 드러내는 데 중점을 두었다. 다시 말해 우리 인간이 상대적이고 불완전한 존재라는 것을 전제로, 완전하고 절대적인 존재인 신에 대한 경배와 묵도(기도)의 의지를 드러내었다. 이 시도 그러한 태도를 잘 드러내고 있다.

1행에서 화자는 목적어를 도치시킨 수사적 의문문을 통해서 '그'를 감히 '무엇이라 이름'할 수 없다며 신의 절대성을 확인하고 있으며, 자신은 미미한 존재임을 스스로에게 인식시키고 있다. 2행부터 6행까지는 '그'를 '불, 달, 값진 이, 금성, 고산 식물' 등으로 언급하여 절대적 존재인 '그'에게 근접하기 어려움을 강조하고 있다. 7행부터 11행까지는 '그'에 대한 경배의 자세를 보여주는 것으로 화자의 자세는 '오로지 수그리'는 무조건적이고 순종적인 것으로 드러낸다. 12행부터 마지막 행까지는 '그'와 화자의 관계를 제시하고 있다. '때 없이 가슴에 두 손이 여미어지'는 보잘것없는 화자가 '굽이굽이 돌아 나간 시름의 황혼 길 위'에서 방황할 때마다 바다 저편에 위치한 '그'는 '바다 이편'에 위한 화자에게 끊임없이 '그의 반임을 고이 지니고 걷게 함으로써 '그'와 화자 간에 놓인 끝없는 거리감과 함께 '그'에 대해 화자가 갖는 경외감을 드러내고 있다. '나 ― 그의 반'이라는 표현은 '그' 없이는 '내'가 존재할 수 없다는 의미이다. 그러므로 이 시에서는 불완전한 화자가 도저히 근접할 수 없는 절대적 존재인 '그'를 경배하며 '그'를 통해 삶의 구원을 얻으려는 마음이 잘 나타나고 있다.

정지용의 종교 시편에 나타난 회심과 균열

정지용 자신이 '그리스도교적 포에지(기독교적 정취)'라고 명명한 그의 종교 시편(시를 모아 묶은 책)은 국권 피탈(국권을 빼앗긴)이라는 사회적 차원의 상실감과 자식의 죽음이라는 개인적 차원의 상실감, 이 양자를 극복하는 과정에서 쓰였다. 그러나 이런 양가적 고통 속에서 잉태될 수밖에 없었던 정지용의 종교 시편은 필연적으로 종교적 주체의 실존과 초월적 경험 사이에 균열을 내포할 수밖에 없었다. 정지용이 종교 시편을 활발히 써냈던 시기가 일제의 폭압 정치가 극에 달한 1930년대라는 역사적 암흑기였으며, 어린 자식들의 때 이른 죽음이라는 비극적 실존을 마주한 정지용의 개인적 상실감과 비애 또한 쉽게 극복할 수 있는 대상이 아니었기 때문이다.

요컨대 일제치하의 정신적 공황상태에서 정지용은 가톨릭 신앙을 접하고 '밤의 유리창' 앞에서 전등 빛에 자신의 영혼을 투사하며 현실적인 고통으로부터 정신적인 초월을 꿈꾸었다. 그 과정에서 정지용은 신에 대해 질문을 던지는 방법으로 종교와 신, 그리고 인간 존재의 의미를 성찰하며 분열된 자아를 통합하려 했다. 그렇지만 그 과정은 통합적으로 드러날 때도 있었고 끝내 결합되지 않는 균열과 단절을 드러내기도 했으며, 마침내 정지용에게 산수시라는 또 다른 지향점을 찾아 나서게 했다. 신앙과 실존 사이에서 대항한 인간 정지용의 고투(어렵고 힘들게 싸움)는 인간 본성에 대한 가장 치열한 성찰이었다. 그러므로 한국 현대시사에서 일찍이 정지용이 보여준 종교 시편의 성취가 소중하다면, 그 고투의 과정 또한 정당한 평가를 받아야 할 것이다.

10 강은교, 사랑법

STEP 01 OX 문제를 통한 지문 이해 훈련

떠나고 싶은 자
떠나게 하고
잠들고 싶은 자
잠들게 하고

그리고도 남는 시간은
침묵할 것.

또는 **꽃**에 대하여
또는 **하늘**에 대하여
또는 **무덤**에 대하여
서둘지 말 것
침묵할 것.

그대 살 속의
오래 전에 굳은 날개와
흐르지 않는 강물과

누워 있는 누워 있는 구름,
결코 잠깨지 않는 별을

쉽게 꿈꾸지 말고
쉽게 흐르지 말고
쉽게 꽃피지 말고
그러므로

실눈으로 볼 것
떠나고 싶은 자
홀로 떠나는 모습을
잠들고 싶은 자
홀로 잠드는 모습을

가장 큰 하늘은 언제나
그대 등 뒤에 있다.

OX문제

01 '꽃', '하늘', '무덤'은 화자가 사랑의 과정에서 반드시 가져야 할 대상임을 강조하는 시어들이다. (O / X)

02 유사한 어구를 반복하여 시의 주제를 강조한다. [2013학년도 수능] (O / X)

03 '실눈으로 볼 것'은 사랑의 감정 속에서도 의심의 태도를 잃지 않아야 함을 당부하는 말이다. (O / X)

04 단호한 어조로 화자의 의지를 드러낸다. [2010학년도 수능] (O / X)

05 화자는 어조의 변화를 통해 주제를 효과적으로 제시하고 있다. (O / X)

STEP 02 지문 분석

「떠나고 싶은 자

떠나게 하고

잠들고 싶은 자

잠들게 하고」   「 」: 대구법을 통해 떠나는 사람에게 집착하지 않는 태도 강조

그리고도 남는 시간은

침묵할 것.
내면을 응시할 것   ■ : '~ㄹ 것'이라는 단정적 어조 반복 → 주제 강조

『또는 꽃에 대하여
        아름다움

또는 하늘에 대하여
        광활함

또는 무덤에 대하여』
        죽음, 잠듦   『 』: 침묵할 때 생각하는 것들 (대구법, 열거법)

서둘지 말 것
소중할수록 쉽게 단정 지어 판단하지 말 것

침묵할 것.

                    1~3연 : 떠나는 사람에 집착하지 않고 침묵함

그대 살 속의
        내면   □ : 청자를 명시적으로 드러냄

오래 전에 굳은 날개와
        포기한 꿈과 이상

흐르지 않는 강물과
        부정적인 현실

시어 시구 풀이

떠나고 싶은 자~침묵할 것. → 화자는 사랑하는 대상에 대한 집착을 버리는 것을 말하며, 이별의 상황에서 고집과 아집(자기만을 내세우는 것)을 버리고 대상보다 자신의 내면을 바라보며 침묵 속에서 고요한 마음으로 관찰하는 태도를 보여줌. 유사한 통사 구조의 반복인 대구법을 통해 사랑하는 상대의 마음을 헤아리고 존중하라는 의미를 나타나고 있음. 또한 오랜 시간동안 차분히 인내하며 사랑을 일구어 나가는 자세를 갖출 것을 말하고 있음.

또는 꽃에 대하여~침묵할 것. → '꽃'의 아름다움과 '하늘'의 광활함과 '무덤'의 잠듦을 상상하는 이 침묵의 시간에, 화자는 이 모든 것이 소중할수록 서두르지 말고, 침묵하며 떠나는 이의 모습을 바라보라 말함. 즉, 오히려 많은 감정을 느낄수록 쉽게 단정 지어 판단하지 말아야 하며, 침묵으로 지켜볼 것을 말하고 있음.

그대 살 속의~결코 잠깨지 않는 별을 → '굳은 날개', '흐르지 않는 강물', '누워 있는 구름', '잠깨지 않는 별'은 이별, 좌절로 인한 아픔과 절망을 상징함. 이는 잃어버렸던 자아의 모습과 진정한 사랑을 통해 깨워 나가야 할 본연의 자아의 모습을 보여줌.

누워 있는 누워 있는 구름,
　　　　반복법, 의인법

결코 잠깨지 않는 별을
　　보이지 않는 희망, 의인법

「쉽게 꿈꾸지 말고

쉽게 흐르지 말고

쉽게 꽃피지 말고」
　　　　　　「 」: 침묵하고 기다릴 것을 명령 (대구법)

그러므로

『실눈으로 볼 것
　경솔한 자세를 버리고 현실을 담담한 자세로 관조할 것

떠나고 싶은 자

홀로 떠나는 모습을
　고독하고 초연한 삶의 자세 ①

잠들고 싶은 자

홀로 잠드는 모습을』
　고독하고 초연한 삶의 자세 ②　　　『 』: 도치법

　　　　　　　　　　4~6연 : 내면의 응시와 관조의 자세

「가장 큰 하늘은 언제나
　소중하고 가치가 있는 것 or 사랑의 절대적 경지

그대 등 뒤에 있다.」
　　　　「 」: 가치가 있는 것은 언제나 가까이에 있지만 잘 보이지 않음.

　　　　　　　　　　7연 : 새로운 인식의 지평, 사랑 발견

쉽게 꿈꾸지 말고~그러므로 → 3연의 '서둘지 말 것'과 연결되어 침묵과 기다림의 태도를 가지기를 바라고 있음.

실눈으로 볼 것~홀로 잠드는 모습을 → '실눈으로 볼 것'은 경솔한 자세를 버리고 진중하고 과묵하게 현실을 담담한 자세로 관조하여, 상대와 자신의 참된 모습을 발견해 나가라는 당부를 뜻함. '홀로 떠나는 모습', '홀로 잠드는 모습'은 고독하고도 초연한 삶의 자세를 나타내며, 도치법을 통해 이러한 태도를 보여줄 것을 강조하고 있음.

가장 큰 하늘은 언제나 / 그대 등 뒤에 있다. → 다양한 해석이 나올 수 있는 구절. '가장 큰 하늘'을 '소중한 것 혹은 가치가 있는 것'으로 본다면, 그것은 다른 누구에게 있는 것이 아니라, '그대'에게 있다는 것. 따라서 다른 대상에 휘둘리지 말고 자존감을 갖고 살라는 의미로 볼 수도 있고, 사랑의 절대적 경지란 등 뒤의 높은 하늘처럼 늘 곁에 있으면서도 깨닫지 못한 것이라는 새로운 인식의 지평을 제시한 것으로 볼 수도 있음.

작품 해제

나BS 수능특강 | **현대문학** ●

01 | 주제

인내와 침묵 속에서 응시와 성찰을 통해 발견하는 삶의 새로운 지평과 큰 사랑

02 | 특징

① 사랑을 하는 방법에 대해 말하고 있는 전달 중심의 시
② 간결하고 단호한 절제의 어조를 통해 화자의 태도를 드러냄.
③ 유사한 통사 구조의 반복을 통해 운율 형성과 주제 의식을 강조함.

03 | 작품 해제

이 시의 제목을 그대로 풀이하면 '사랑하는 방법' 또는 '사랑하는 데 있어서 지켜야 할 규칙'이라고 할 것이다. 화자는 간결하면서도 엄격한 어조를 통해 자신이 생각하는 사랑의 규칙에 대해 전달하고 있다. 그가 제시하는 사랑의 방식은, 우선 '떠나고 싶은 자 / 떠나게 하고 / 잠들고 싶은 자 / 잠들게' 하는 것이라 볼 수 있다. 이것은 무책임한 방치라기보다는 사랑하는 대상에 대한 집착을 버리는 것을 의미한다. '남은 시간은 / 침묵할 것'이라고 한 데에서도 알 수 있듯이, 이별의 상황에서 우리가 해야 할 일은 지나간 사랑에 대한 집착을 버리고 자신을 응시하는 것, 침묵 속에서 관조하며 성찰하는 것이다. 그리고 '가장 큰 하늘은 언제나 / 그대 등 뒤에' 있다고 하였다. 여기서 '가장 큰 하늘'이란 '가치가 있는 것' 혹은 '사랑의 절대적 경지'로 볼 수도 있다. 그것은 가까이 있지만 등 뒤에 있기에 잘 보이지 않는다. 화자는 집착을 통해서가 아니라 내면의 응시와 긴 침묵을 통해 늘 가깝게 놓여 있지만 미처 깨닫지 못하던 '큰 하늘'이 열릴 수 있음을 전달하고 있다.

논문으로 만나는 출제자의 시선

나BS 수능특강 | **현대문학** ●

강은교 시에서의 '응시'

강은교의 시에서 본다는 것은 대상 속으로 깊이 침투해 들어가는 시선으로, 시인이 대상의 비밀스러움을 내적으로 통찰할 수 있을 때 사물을 총체적으로 보여주는 것이 가능해진다. 프랑스 철학자인 '메를로 퐁티'가 '사물의 깊이'라고 설명한 '의미를 쌓아 세계를 인식할 수 있는 깊은 시선'은 강은교가 시 세계에서 지향하는 방향성을 알려준다. 강은교는 대상을 총체적으로 인식하기 위해 보이지 않는 것을 보이게 만들고자 하였다. 강은교의 시 세계는 미지의 것으로 존재하는 세계에 대한 의지를 보여주는 것이자, 인식의 한계를 넘어 더 높은 존재로 초월하고자 하는 지향과 관련된다. 시인은 이러한 의식 속에서 존재하지 않았던 어떠한 인식의 경지를 만들어내는데, 이상이 펼쳐지는 공간을 일상적인 삶으로 설정함으로써 현재적 삶에 대한 긍정을 그려낸다.

STEP
01 OX 문제를 통한 지문 이해 훈련

나BS 수능특강 | **현대문학** ●

나는 학이로다

박모(薄暮)*의 수묵색(水墨色) 거리를 가량이면
슬픔은 멍인 양 목줄기에 맺히어
소리도 소리도 낼 수 없누나

저마다 저마다 마음속 적은 고향을 안고
창창(蒼蒼)한 담채화 속으로 흘러가건만
나는 향수할 가나안의 복(福)된 길도 모르고

꿈 푸르른 **솔바람** 소리만
아득한 풍랑인 양 머리에 설레노니

깃은 남루하여 올빼미처럼 춥고
자랑은 호을로 높고 슬프기만 하여
내 타고남이 차라리 욕되도다
어둑한 저잣가에 지향없이 서량이면
우러러 밤서리와 별빛을 이고
나는 한 오래기 갈대인 양

— 마르는 학이로다

*박모 : 해가 진 뒤 어스레한 동안. 땅거미.

── **OX문제** ──

01	'어둑한 저잣가'는 화자의 시공간적 배경을 나타낸다.	(O / X)
02	인간과 자연을 대비하여 주제 의식을 부각하고 있다. [2014학년도 6월]	(O / X)
03	화자는 '솔바람 소리'를 긍정적으로 받아들이고 있다.	(O / X)
04	계절의 변화를 통해 과거와 반대되는 현재의 상황을 드러내고 있다. [2020학년도 6월]	(O / X)
05	수미상관의 기법을 활용하여 구조적 안정감을 얻고 있다. [2020학년도 6월]	(O / X)

나는 학이로다
은유법   : 화자를 나타내는 보조 관념

엷은 먹물의 색의 거리(공간적 배경)
박모(薄暮)의 수묵색(水墨色) 거리를 가량이면
시간적 배경
            직유법 → 시적 상황과 화자의 정서 부각
슬픔은 멍인 양 목줄기에 맺히어

소리도 소리도 낼 수 없누나
    반복법 → 소리를 낼 수 없음을 강조

1~2연 : 해가 진 거리를 슬픔에 잠겨 떠도는 학과 같은 화자

저마다 저마다 마음속 적은 고향을 안고
반복법 → 타인과 비교되는 자신의 처지 강조

███ : 푸르름과 생명감이 느껴지는 시각적 이미지
색채 대비 ↕
███ : 암울함이 느껴지는 시각적 이미지

창창(蒼蒼)한 담채화 속으로 흘러가건만
        물감을 엷게 쓴 그림
    성경에 나오는 땅
나는 향수할 가나안의 복(福)된 길도 모르고
어떤 혜택을 받아 누릴   행복을 향해 가는 방법

3연 : 고향에 돌아가지 못하는 화자의 처지

꿈 푸르른 솔바람 소리만
        가을에 부는 으스스한 바람 / 청각적 심상

아득한 **풍랑**인 양 머리에 설레노니
                자꾸만 움직이니

4연 : 아득한 꿈을 꾸는 화자

깃은 남루하여 **올빼미**처럼 춥고
    너저분한 깃을 가진 학 → 마치 추위에 떠는 올빼미 같음.

자랑은 호을로 높으고 슬프기만 하여
    학이 높은 가치를 가졌음을 의미   고귀한 존재와 반대되는 현실을 직시

내 타고남이 차라리 욕되도다
고귀한 존재   부끄럽고 치욕적이다

시어 시구 풀이

나는 학이로다 → '학'은 화자와 동일시되고 있음. 학은 고고한 자태와 기품으로 인해 동물 중에서도 귀한 존재로 여겨짐. 화자는 이러한 학에게 부여된 고귀한 존재 가치를 자기화하여 화자의 자긍심을 드러냄.

박모 → 해가 진 뒤 어스레한 동안. 땅거미.

박모의 수묵색 거리를 가량이면~소리도 소리도 낼 수 없누나 → 고귀한 학이지만, 해가 진 뒤의 거리를 떠도는 처지임을 보여줌. 슬픔이 아픈 멍처럼 목에 맺혀 있다며 직유법을 사용하여 고통스러워 소리도 낼 수 없는 화자의 처지를 강조함.

저마다 저마다 마음속 적은 고향을 안고~나는 향수할 가나안의 복된 길도 모르고 → 다른 이들은 저마다 마음속에 적어둔 고향으로 돌아가지만, 화자는 고향을 향해 가는 방법, 즉 행복해질 방법을 모른 채로 고향을 그리워하고 있음. '저'와 '나'의 대조가 드러남. '창창(蒼蒼)'은 '매우 푸르다'의 뜻임. '창창한 담채화'는 저마다의 고향을 나타냄.

꿈 푸르른 솔바람 소리만 / 아득한 풍랑인 양 머리에 설레노니 → '솔바람'은 가을에 외롭고 쓸쓸한 느낌을 주는 찬바람으로, 화자는 이러한 솔바람 소리를 자신에게 닥친 혼란과 시련으로 받아들이고 있음. '풍랑'은 혼란과 시련을 의미함. '꿈', '푸르른 솔바람 소리'는 모두 긍정적이고 희망적인 이미지를 갖고 있지만, 화자가 이러한 것들을 '아득한 풍랑'으로 인식하고 있다는 것은 슬픔과 비참한 처지를 바탕으로 한 자기 인식을 나타내는 것으로 볼 수 있음.

깃은 남루하여 올빼미처럼 춥고~내 타고남이 차라리 욕되도다 → 학이 가진 높은 가치의 자랑은 현재 남루한 상태와의 대비로 나타남. 고귀한 존재로 태어난 학이지만, 자신이 비참한 올빼미와 같다며 학의 존재 가치인 고귀함을 부정하고 있음. 어둠과 대비되는 빛의 세계에서 태어났지만 이와 반대되는 현실을 직시하고, 어둠에 가까운 올빼미처럼 살아가는 학의 모습은 모순성을 나타냄. 이는 고귀함을 지니고 살기 어려운 시대적 배경을 반영하는 것이라 볼 수 있음.

어둑한 저잣가에 지향없이 서량이면
어두운 거리   지정한 방향 없이 → 방향 상실
(시공간적 배경)

우러러 밤서리와 별빛을 이고
어둑한 거리에서도 별빛을 바라봄. → 긍정적 이미지

나는 한 오래기 갈대인 양
          길고 가느다란 조각 나오라기

5연 : 남루하고 고독한 화자의 처지

— 마르는 학이로다   ▦ : 변주된 수미 상관적 표현
내적 갈등 심화

6연 : 마르는 학과 같은 화자

어둑한 저잣가에 지향없이 서량이면~나는 한 오래기 갈대인 양 → 학이 있어야 할 장소는 '창창한 담채화'이지만, '어둑한 저잣가(어두운 거리)'를 정처 없이 떠돌며 길을 잃은 상황인 방향상실의 모습을 나타냄. 이는 암울하고 희망이나 목표가 없는 화자의 처지를 드러냄. 밤하늘 아래에서 하나의 길고 가느다란 갈대처럼 이리저리 흔들리는 학의 모습은 화자가 마르고 연학한 존재임을 나타냄.

마르는 학이로다 → 학의 몸이 야위어 마른다고 표현한 것은, 현실과 이상의 괴리감과 모순을 인지하고 갈등함을 의미함. 긍정과 희망의 이미지를 실현하는 것을 적극적으로 바라거나 기대하는 않는 모습으로 볼 수 있음. '학', '올빼미', '한 오래기 갈대' 등은 화자가 일관되게 부정적인 자기 인식을 가지고 있으며, '마르는 학'은 이러한 인식을 심화, 집약한 시어임. 고고한 존재인 학이 초라한 현실에 고통받는 모습을 표현하며, 내적 갈등의 심화를 나타냄. 1연의 '나는 학이로다'는 마지막 연의 '— 마르는 학이로다'로 수미상관이 변주되어 나타남.

STEP 03 작품 해제

01 | 주제

슬픔과 향수에 젖어 있는 처량한 자기 인식

02 | 특징

① 학과 자신을 동일시하여 현실의 고통과 내적 갈등을 드러내는 화자 중심의 시
② 색채 대비를 통해 고향과 관련한 상반된 인식을 드러냄.
③ 수미 상관적 구성을 통해 대상이 가지는 의미를 강조함.

03 | 작품 해제

    이 작품은 화자가 자신의 모습을 '학'에 빗대어 표현함으로써 자신의 처지를 드러내고 있다. 이 작품에서 '학'의 모습은 고고하고 지조 높은 전통적인 대상이 아니라 슬픔과 향수에 젖어 남루하고 처량한 모습을 하고 있는 학으로 그려진다. 그리고 이러한 비참한 화자의 처지와 자기 인식은 '마르는 학'이라는 표현을 통해 집약되고 있다. 고귀한 존재로 태어난 학이지만, 해가 진 뒤의 거리를 떠도는 쓸쓸한 처지는 어둠 속 올빼미와 다르지 않다는 비유를 통해, 고향으로 돌아가지 못하고 행복해질 방법조차 모르는 비참한 현실을 드러낸다. 고난과 시련은 밝은 하늘을 날지 못하고 밤하늘 아래에서 찬바람을 맞으며 흔들리는 모습으로 표현되며, 대비되는 시어들을 사용하여 이상과 현실의 괴리를 나타냈다. 시적 화자는 현실과 이상의 괴리감을 인지하고, 그로 인해 고통받는 내적 갈등을 전체에서 비유적 표현으로 드러내고 있다.

STEP 04 논문으로 만나는 출제자의 시선

내BS 수능특강 | **현대문학**

'학'과 인간의 모순성

유치환은 인간 존재의 진정한 본질이 무엇이고, 그 존재 조건이 무엇인지에 대해 집착에 가까운 관심을 보여준다. 이 과정에서 그는 존재의 모순성을 절실히 느끼며 이 문제를 어떻게 뛰어넘을 수 있을 것인가 하는 내적 갈등의 상징을 통해 구체적으로 나타내고 있다. 이러한 의식은 모순성을 가진 동물들을 투사의 방법을 통해 시 안에 구체적으로 드러난다. 동물들이 태어난 이래 가지고 있는 속성에서 비롯되는 구조적 모순, 지상의 어둠에 머물 수밖에 없으면서도 천상의 빛을 향하는 태도나 행위 등은 존재의 모순성으로 상징되는 주요 요인으로 작용한다. 유치환에게 '빛'의 의미는 자신이 지향하는 궁극적인 의식 전체로 파악할 수 있다. 유치환에게 '학'은 어둠과 빛이 뒤섞인 시적 맥락 안에서 인간 존재의 모순성을 나타내는 존재이다. 요컨대 학은 낮과 밤, 빛과 어둠, 천상과 지상, 비상과 착지, 기품과 남루함의 양가적 가치를 동시에 내포하는 존재라고 보는 것이다.

유치환의 시 세계

유치환 시의 절망은 근원적이다. 근원적이라는 말은 생래적(세상에 태어난 이래 가지고 있는 것)이라는 뜻과 운명적이라는 뜻을 동시에 내포한다. 그의 시에 자주 등장하는 시어들은 유치환 시에 나타난 절망의 한 측면을 이해하는 데에 도움을 줄 것이다. 본원적 상태로 영원히 회복될 수도 없고, 생래적 결여를 영원히 충족시킬 수도 없는 존재의 한계성에서 유치환의 절망은 출발한다. 무엇인가를 이루고자 했는데 그것이 이루어지지 않을 때 생기는 감정 중의 하나가 절망감이고, 절망감은 삶의 다양한 환경과 조건 속에서 누구나 느낄 수 있는 감정이다. 그런데 유치환의 절망은 삶이 환경과 조건을 뛰어넘어 원죄적이기까지 하다. 인간의 노력으로 이러한 절망적 조건을 극복할 수 없다는 것이 절망에 관한 유치환의 생각이었다. 절망과 고통은 유치환 문학의 근원이자 본질로 작용하면서 그의 시 세계 전반에 걸쳐서 매우 중요한 영향을 미치고 있다. 다양한 국면으로 전개되었던 유치환의 문학 세계는 절망과 고통의 구조를 중심으로 동질적인 내면 구조로 수렴된다. 절망과 고통이라는 시 의식은 지성적인 시, 서정적인 시 등에 공통적으로 등장하였고 이는 유치환 문학의 총체적 내면 구조를 형성하고 있다.

STEP
01 OX 문제를 통한 지문 이해 훈련

나BS 수능특강 | **현대문학** ●

저 산 저 새 돌아와 우네
어둡고 캄캄한 저 빈 산에
저 새 돌아와 우네
가세
우리 그리움
저 산에 갇혔네
저 어두운 들을 지나
저 어두운 강 건너
저 남산 꽃산에
우우우 꽃 피러 가세
산아 산아 산아
저 어둠 태우며
타오를 산아
저 꽃산에 눈부시게 깃쳐 오를 새하얀 새여
아아, 지금은 저 어두운 빈 산에 갇혀
저 새 밤새워 울고
우리 어둠 속에
꽃같이 아픈 눈 뜨고 있네.

OX문제

01 지시어를 반복하여 중심 소재로 초점을 모으고 있다. [2015학년도 6월A]   (O / X)
02 역설적 관점에서 사물을 통찰하여 초월적 진리를 이끌어 낸다. [2014학년도 5월B]   (O / X)
03 음성 상징어를 사용하여 이동을 앞둔 여유로운 분위기를 드러내고 있다. [2017학년도 수능] (O / X)
04 화자는 '저 새'가 산에 '돌아와 우'는 것을 반가워하고 있다.   (O / X)
05 화자는 '저 산'이 불에 '타오를' 수도 있는 미래를 염려하고 있다.   (O / X)

STEP 02 지문 분석

시어 시구 풀이

저 산 저 새 돌아와 우네
'저'라는 지시어를 통해 '산'과 '새'를 주목하며 시상을 시작하고 있음.

어둡고 캄캄한 저 빈 산에
시각적 심상을 통해 '저 산'이 ⊖의 이미지임을 나타냄.

저 새 돌아와 우네
　　　　　　청각적 심상

1~3행 : 산에 돌아와 우는 새를 바라봄.

가세

우리 그리움 / 저 산에 갇혔네
　　화자의 정서

「저 어두운 들을 지나
　　　「 」 : '저 어두운'을 반복하고, '들'과 '강'을 지나야 '저 남산 꽃산'에 도달할 수 있다는 것을 표현하여
　　　　　쉽지만은 않은 길임을 암시함.

저 어두운 강 건너」
　　　　　　　■ ↔ ■ : 공간적 대비

『저 남산 꽃산에

　　　　　『 』 : 4행에 나온 '가세'의 의미를 구체화함.

우우우 꽃 피러 가세』
　　의성어

4~10행 : '남산 꽃산'에 가기를 청유함.

산아 산아 산아
① 자연물인 '산'에 호격 조사를 붙여 부르는 의인법
② 동일 시구를 반복하여 의미를 강조함.

저 어둠 태우며
'어둠'이라는 시각적 상황을 마치 태울 수 있는 것처럼 주관적으로 변용하여 표현함.

타오를 산아

저 꽃산에 눈부시게 깃쳐 오를 새하얀 새여
　　1~3행과 대비되는 역동적 새의 모습을 시각적으로 표현함.

11~14행 : '저 산'과 '저 새'의 변화 기대

아아, 지금은 저 어두운 빈 산에 갇혀
감탄사(영탄법)

저 새 밤새워 울고

우리 어둠 속에

꽃같이 아픈 눈 뜨고 있네.
　　역설법

15~18행 : 아직은 어두운 현실에 대한 안타까움

어둡고 캄캄한 저 빈 산에 / 저 새 돌아와 우네 → '어둡고 캄캄한 저 빈 산'을 통해 '산'이 ⊖ 이미지임을 알 수 있음. 따라서 부정적인 산에 돌아와 우는 새는, 반갑게 지저귀는 새가 아니라 슬프게 우는 새이며, 화자의 정서가 투영됨을 추론할 수 있음.

가세 → 누구에게 말하는지도, 어디로 가자는 건지도 밝히지 않은 채 청유형 서술어 두 음절만 제시함으로써 시상을 전환하며 시적 긴장감을 줌.

우리 → 시적 화자가 표면화됨. 이전까지는 '저 새'라는 외부 대상에 시선을 집중하다가, 갑자기 복수의 1인칭 대명사를 제시함. '우리'가 누구를 가리키는지 불분명하지만, '저 새'와 화자를 가리키는 것으로도, 우리 민족을 가리키는 것으로도 볼 수 있음.

저 남산 꽃산에 / 우우우 꽃 피러 가세 → '꽃 피러' 가자는 것은 '저 남산 꽃산'에 아직 꽃이 피지 않았다는 의미임. 이 말은 '저 남산 꽃산'이 새로운 시적 대상이 아니라, 앞에서 말한 '어둡고 캄캄한 저 빈 산'과 동일한 대상이라는 의미임. '저 산'에 꽃이 필 가능성(희망)이 있다는 것을 암시하고 있음. 또한 '우우우'라는 의성어를 통해 생동감을 불어넣고 있음.

저 어둠 태우며 / 타오를 산아 → 산불의 의미라기보다는 앞에서 말한 '꽃'이 피는 걸 비유적으로 표현한 것이라 볼 수 있음. 산은 혼자서만 타오르는 것이 아님. 불이 탈 때는 빛과 열을 발산하는데, 이 빛을 통해 '어둠'을 없앨 수 있음을 암시함.

깃쳐 오를 → '날갯짓을 해서 날아오를' 정도로 해석할 수 있음. 상승적 이미지를 활용하여 '새하얀 새'가 가진 역동성을 효과적으로 표현함.

아아, 지금은 저 어두운 빈 산에 갇혀 → '저 산'과 '저 새'가 생명력을 되찾을 것을 믿고는 있지만, 아직은 현실이 어둡다는 것에 대한 안타까움을 영탄적으로 표현함.

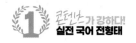

01 | 주제

어두운 현실에 생명력이 깃들기를 소망함.

02 | 특징

① 부정적 현실을 인식하고, 이를 극복하려는 의지를 드러내는 화자 중심의 시
② 시각적, 청각적 심상을 활용하여 시적 상황을 효과적으로 드러냄.
③ 청유형 어미를 활용하여 주제 의식을 강조함.

03 | 작품 해제

　　이 작품은 시적 화자가 처한 암울한 현실을 나타내고, 이와 같은 현실을 극복하려고 하는 의지와 소망을 담았다. 특히 이 시는 산속에 갇혀서 우는 '저 새'를 통해 시적 화자가 처한 어두운 현실을 드러내고, '깃쳐 오를 새하얀 새'와 어둠을 태우며 타오를 '산'을 부르며 이러한 부정적 현실을 극복하고자 하는 바람을 드러낸다. 그러나 작품의 마지막 부분에서는 이와 같은 소망에도 불구하고, 슬픔과 아픔을 겪는 부정적 현실을 형상화하며 시상을 마무리한다.

STEP
04 　**논문으로 만나는 출제자의 시선**

나BS 수능특강 | **현대문학**

작가론

　　1982년 창작과 비평사의 『21인 신작시집』에 「섬진강1」 등을 발표하면서 등단한 김용택은 지금까지 10권의 시집과 1권의 시선집(시를 뽑아 엮은 책), 그리고 3권의 산문집을 발간했다. 지금까지 발표한 그의 시들을 살펴보면, 고향과 농촌 그리고 전통적인 자연의 세계를 묘사하면서 현대의 서정성을 형상화한 대표적인 시인이라 할 수 있다. 그는 궁핍한 농촌 현실 그 자체보다는 그곳에서 펼쳐지는 '농민들의 생생한 삶의 국면'들에 주목하여 민중에 대한 애정을 드러내었다. 이 과정에서 환경을 파괴하는 개발 논리와 부조리한 권력에 대한 비판을 제시하였다.

13 윤동주, 참회록

STEP 01 OX 문제를 통한 지문 이해 훈련

나BS 수능특강 | **현대문학** ●

파란 녹이 낀 구리 거울 속에
내 얼굴이 남아 있는 것은
어느 왕조의 유물이기에
이다지도 욕될까.

나는 나의 참회의 글을 한 줄에 줄이자.
— 만 이십사 년 일 개월을
　무슨 기쁨을 바라 살아왔던가.

내일이나 모레나 그 어느 즐거운 날에
나는 또 한 줄의 참회록을 써야 한다.
— 그때 그 젊은 나이에
　왜 그런 부끄런 고백을 했던가.

밤이면 밤마다 나의 거울을
손바닥으로 발바닥으로 닦아 보자.

그러면 어느 운석(隕石) 밑으로 홀로 걸어가는
슬픈 사람의 뒷모양이
거울 속에 나타나 온다.

OX문제

01 시적 화자는 과거 자신의 삶 전체를 참회하고 있다. (O / X)

02 '파란 녹이 낀 구리 거울'은 화자를 반성하게 하는 매개체이다. (O / X)

03 설의적인 표현을 사용하여 의미를 강조하고 있다. [2009학년도 6월] (O / X)

04 과거에 대한 회상을 통해 그리움의 정서를 환기하고 있다. [2013학년도 9월] (O / X)

05 화자는 '운석 밑으로 홀로 걸어가는' 모습을 통해 미래에 대한 낙관적 전망을 드러내었다. (O / X)

파란 녹이 낀 구리 거울 속에 / 내 얼굴이 남아 있는 것은
부정적 이미지   반성의 매개체

어느 왕조의 유물이기에 / 이다지도 욕될까.
조국의 역사에 대한 참회와 관련됨.   ① 국권을 상실했던 역사에 대한 반감 ② 무기력한 자신에 대한 혐오

□ : 의문문 → 무기력하게 살아온 자신의 삶에 대해 스스로에게 던지는 질문들
　　　　　　　　　　　　　　　　　　　　　　　　　　　　1연 : 과거 자신의 삶에 대한 성찰

나는 나의 참회의 글을 한 줄에 줄이자.
　　　　　　　　　부끄러운 삶이었으므로 길게 쓸 필요가 없음.

— 만 이십사 년 일 개월을
　　　　　화자가 지나온 삶

　　무슨 기쁨을 바라 살아왔던가.

　　　　　　　　　　　　　　　　　　　　　　　　　　　　2연 : 지나온 삶에 대한 현재의 참회

내일이나 모레나 그 어느 즐거운 날에
　　　　　　　　밝은 미래. 조국의 광복이 이루어지는 날

나는 또 한 줄의 참회록을 써야 한다.
미래 시점에서, 무기력한 현재의 자신에 대해 쓰는 두 번째 참회록

— 「그때 그 젊은 나이에
　　　　　　　　　　　　　　　　　　　　■ : 긍정적 이미지
　　　　　　　　　　　　　　　대립적인 시어 ↕
　　　　　　　　　　　　　　　　　　　　■ : 부정적 이미지
　　왜 그런 부끄런 고백을 했던가.」
　　　　　역사적 시련에 적극적으로 대응하지 못하는 현재에 대한 참회

「 」: 과거 회상 장면

　　　　　　　　　　　　　　　　　　　　　　　　　　　　3연 : 현재의 참회에 대한 미래의 참회

밤이면 밤마다 나의 거울을
① 암담한 민족의 현실 ② 자기 성찰의 시간

손바닥으로 발바닥으로 닦아 보자.
온몸으로, 혼신의 노력으로   1연의 '녹이 낀 구리 거울'과 연결됨.

　　　　　　　　　　　　　　　　　　　　　　　　　　　　4연 : 어두운 현실과 자기 성찰

그러면 어느 운석(隕石) 밑으로 「홀로 걸어가는
　　　　　　　파괴, 죽음을 상징

슬픈 사람의 뒷모양」이 / 거울 속에 나타나 온다.
「 」: 자기희생의 모습　　　　거울에 비친 자신의 모습
　　　　　　　　　　　　　　　5연 : 미래의 삶에 대한 전망, 자기희생의 의지

시어 시구 풀이

파란 녹이 낀 구리 거울 → '파란 녹'은 나라를 잃은 역사적 현실을 암시함. 이러한 '녹이 낀 구리 거울'은 오랫동안 이어져 온 역사의 유물이자, 화자를 참회하게 하는 자기 성찰의 매개체임.

어느 왕조의 유물이기에 / 이다지도 욕될까. → '어느 왕조'는 일제의 식민지배로 인해 망한 조선 왕조를 말하며, 화자는 국권을 상실했던 역사에 대한 반감과 세월을 헛되이 보내는 무기력한 스스로에 대한 혐오감을 나타내고 있음.

만 이십사 년 일 개월을 / 무슨 기쁨을 바라 살아왔던가. → 화자는 현재의 시점에서 스물네 살이 되도록 무기력하게 살아온 자신의 삶에 대해 참회하고 있음. 이는 주권을 빼앗긴 식민지 조국에 대해 지식인으로서 적극적으로 행동하지 못한 자신의 지난날들을 반성하는 것임.

그때 그 젊은 나이에 / 왜 그런 부끄런 고백을 했던가. → 미래의 '어느 즐거운 날에' 적을 참회록의 내용을 예상하는 것으로, 현재의 참회를 되돌아보며 왜 그런 참회를 했었는지 반성하는 내용임. 시적 화자는 현재의 상황 속에서 무기력하게 절망하고 있는 자신을, 미래의 즐거운 날에 또다시 참회하게 될 것이라고 말함. 이는 근본적인 의미에서의 참다운 참회가 아닌 '부끄런 고백'일 뿐인 현재에 대한 반성임. 조국의 광복이 이루어지는 날 적극적으로 행동하지 못했던 젊은 날을 반성하는 것을 의미함.

밤이면 밤마다 나의 거울을 / 손바닥으로 발바닥으로 닦아 보자. → 온몸으로 거울을 닦는 행위는 치욕스러운 역사의 흔적을 지우고, 자신의 진정한 모습을 되찾고자 하는 화자의 적극적인 자기 성찰의 모습을 형상화한 것임. 현실에 맞서 싸워 나가겠다는 시대적 양심의 실천과 의지적인 태도를 보여줌.

그러면 어느 운석 밑으로~거울 속에 나타나 온다. → '운석'은 생명이 소멸된 별로, 파괴와 죽음을 연상하게 만듦. '홀로 걸어가는 슬픈 사람의 뒷모양은 화자의 순교자(자신이 믿는 신앙을 지키기 위해 목숨을 바친 사람)적인 자기희생의 모습을 나타냄. 이러한 모습이 '거울 속에 나타나 온다.'라고 표현하여, 자기 연민과 자기희생의 의지를 동시에 드러내고 있음.

STEP 03 작품 해제

01 | 주제

자기 성찰을 통한 참회와 현실 극복의 의지

02 | 특징

① 무기력하게 살아온 부끄러운 자신의 삶을 참회하는 화자 중심의 시
② '과거-현재-미래'라는 시간의 흐름에 따라 시상을 전개함.
③ 거울의 상징성을 통해 철저한 자기 성찰의 모습을 보여 줌.
④ 독백조로 고백적 성격과 자기반성적 태도를 드러냄.

03 | 작품 해제

　이 시에는 어려운 시대를 살았던 시인의 삶에 대한 자세가 잘 드러나 있다. 시간의 흐름에 따라 전개되는 이 시의 1~3연은 화자가 '과거(1연) → 현재(2연) → 미래(3연)'로 이어지는 자신의 삶을 차례로 참회하는 과정을 보여 준다.

　1연에서는 망국민으로서 지금까지 살아온 자신의 과거 역사 속의 삶을 '욕되다'고 느끼고, 2연에서는 현재 시점에서 과거로부터 현재에 이르기까지 망국민으로서 아무런 기쁨도 없이 무기력하고 괴롭게 살아온 자신의 삶 전체를 참회하고 있다. 3연에서는 미래의 시점에서 현재의 참회를 다시 참회한다. 미래의 '즐거운 날'을 생각해 볼 때, 화자는 치욕스러운 역사적 현실에 적극적으로 대응하지 못하고 소극적 참회에만 그쳤던 현재의 참회를 부끄러운 것으로 생각한 자기 성찰의 의지를 보여 준다. 5연에서는 끊임없는 자기 성찰의 자세로 잘못된 현실과 맞서는 삶을 선택한 사람이 필연적으로 맞게 될 미래의 비극적 모습을 전망하고 있다. 화자가 보여 주는 자기 성찰의 자세가 치열하지만 잘못된 현실에 맞서기에 개인은 너무나 힘없는 존재에 불과하기 때문이다. 그러나 이러한 전망은 결코 비관적 체념이 아닌, 시대적 양심의 실천을 바탕으로 한 보다 철저한 자기 성찰의 자세에서 비롯된 것이다.

04 논문으로 만나는 출제자의 시선

LiBS 수능특강 | **현대문학**

윤동주와 창씨개명

윤동주의 시 「참회록」의 말미에는 이 시를 쓴 날짜가 1942년 1월 24일로 적혀 있다. 물론 이 날짜는 그 이전부터 숱한 생각을 되풀이하며 써오던 작품을 마침내 완성해서 최종적으로 적어 놓은 것이다. 윤동주는 「참회록」을 완성하기 한 달 전쯤 연희전문학교를 졸업(1941년 12월 27일)하고 고향에 돌아와 있었다. 1941년 12월 8일, 일제는 진주만을 기습하여 태평양 전쟁을 일으켰는데, 이러한 급박한 시국에 따른 학제 단축으로 졸업이 2~3개월 정도 앞당겨졌던 것이다. 그러니까 윤동주는 서울 유학을 마치고 고향인 북간도 용정으로 돌아와 겨울을 보내면서 「참회록」을 쓴 것이다. 그리고는 다시 서울로 와서 모교인 연희전문학교에 '평소동주(平沼東柱)'로 창씨개명한 이름을 계출하였던 바, 연전 학적부에 그 계출한 날짜가 정확히 1942년 1월 29일로 기록되어 있다.

윤동주가 창씨개명을 하지 않을 수 없었던 것은 일본으로 유학을 가고자 했기 때문이었다. 현해탄을 건너 일본에 가려면 도항 증명서를 발급받아야만 했는데, 그러기 위해서는 어쩔 수 없이 창씨개명을 할 도리밖에 없었던 것이다. 이렇게 해서 일본으로 유학을 떠난 윤동주가 동경에 있는 릿쿄 대학 영문과에 입학한 것은 1942년 4월 2일이었다. 「참회록」은 이러한 행적과 관련된 시인의 고뇌가 가득히 어려 있는 작품이다. 여기서 특히 주목할 것은 **창씨개명계를 제출하기 불과 닷새 전에 이 시를 완성해서 적어 놓았다는 사실이다. 이것은 상급 학교 진학을 위해 치욕스럽게도 창씨개명계를 내야 했던 그 즈음의 시인의 내면을 「참회록」에서 고백하고 있으리라는 추측을 가능하게 한다. 즉, 일본 유학을 결정하고 그를 위해 자신의 손으로 창씨개명계를 제출하는 것이 불가피하다고 각오했을 때, 그 뼈아픈 욕됨으로 인해 쓰인 시가 곧 「참회록」**이라는 것이다.

윤동주와 '거울'

시인은 4연에서 '나의 거울'을 닦는다. 이 '나의 거울'은 앞서 본 '구리 거울'과 같으면서도 다르다. 같다는 것은 그 둘이 모두 역사의 거울이라는 점을 말하고 있거니와, 다르다는 것은 무엇을 말함인가? '구리 거울'이 과거의 '나'를 비추는 데 반해 '나의 거울'은 미래의 '나'를 비춘다는 것이다. 달리 말해, '구리 거울'에 비친 '나'를 오욕의 역사에 의해 '유물'로 규정된 '나'라고 한다면, '나의 거울'에 비친 '나'는 그 오욕의 역사를 뚫고 시인 자신이 규정하는 '나'인 것이다. '나의 거울'을 닦아 나의 내면으로 깊이 들어가면 녹이 낀 '구리 거울'도 같이 깨끗해져서 역사의 흐름도 명징하게(깨끗하고 맑게) 드러난다. **'나의 거울'을 닦는 행위는 그렇게 해서 스스로 역사 속의 '나'를 규정해 나가는 치열한 과정이다. 그리고 그렇게 규정된 '나'의 역사적 위치, 그곳이 바로 내가 가야 할 곳이 된다.**

역사 속에서의 자기 규정은 공동체에 대한 윤리적 자기 선택이기도 하다. 그런 선택을 통해 시인은 '나'를 역사적 자아로 정립한다. 하지만 참회조차 하기 어려운 극한 상황에서 시인이 선택할 수 있는 여지는 협소하기 짝이 없어, 그 선택에 따라 닥쳐올 미래는 시인의 마음에 극도의 불안을 자아낸다. 그래서 시인은 '나의 거울'을 '밤이면 밤마다' 닦고 '손바닥으로 발바닥으로' 닦겠다고 한다. '밤'을 두려워하지 않고, 혼신의 힘을 다하여 '나의 거울'을 닦겠다는 것이다. 이는 역사적 자아의 정립을 위한 엄정한 윤리적 선택을 결코 회피하지 않겠다는 의지, 그 선택에 따른 미래에 대한 불안을 떨쳐 버리고야 말겠다는 의지의 표현으로 이해된다.

14 | 신동엽, 누가 하늘을 보았다 하는가

STEP 01 OX 문제를 통한 지문 이해 훈련

누가 하늘을 보았다 하는가
누가 구름 한 송이 없이 맑은
하늘을 보았다 하는가.

네가 본 건, 먹구름
그걸 하늘로 알고
일생을 살아갔다.

네가 본 건, 지붕 덮은
쇠 항아리,
그걸 하늘로 알고
일생을 살아갔다.

닦아라, 사람들아
네 마음속 **구름**
찢어라, 사람들아,
네 머리 덮은 **쇠 항아리**.

아침 저녁
네 마음속 구름을 닦고
티없이 맑은 영원(永遠)의 하늘
볼 수 있는 사람은
외경(畏敬)을
알리라

아침 저녁
네 머리 위 쇠 항아릴 찢고
티 없이 맑은 구원(久遠)의 하늘
마실 수 있는 사람은

연민(憐憫)을
알리라
차마 삼가서
발걸음도 조심
마음 아모리며.

서럽게
아 엄숙한 세상을
서럽게
눈물 흘려

살아가리라
누가 하늘을 보았다 하는가
누가 구름 한 자락 없이 맑은
하늘을 보았다 하는가.

OX문제

01 '구름'은 '쇠 항아리'와 유사한 의미를 지니었으며, 바른 현실을 막는 장애물을 의미한다. (O / X)

02 화자의 생각을 단정적인 어조로 드러내고 있다. [2006학년도 6월] (O / X)

03 7연의 '발걸음도 조심 / 마음 아모리며.'는 부정적 현실을 회피하는 화자의 태도를 의미한다. (O / X)

04 도치의 방식으로 시상을 마무리하여 주제 의식을 드러낸다. [2013학년도 수능] (O / X)

05 수미상관의 구조를 통해 주제를 강조하고 있다. [2015학년도 9월] (O / X)

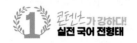

STEP 02 지문 분석

「누가 하늘을 보았다 하는가

　　　　　□ : 설의법 → 맑은 하늘을 아무도 보지 못했다는 것을 강조

누가 구름 한 송이 없이 맑은
　　　방해물이 없는 자유와 평화를 간직한 세상

하늘을 보았다 하는가.」

　　　　「 」 : 점층적 표현　　　■ : 자유와 평화를 누리면서 인간적인 삶을 살 수 있는 사회. 이상향
　　　　　　　　　　　　　　　■ : 하늘을 못 보게 하는 부정적 요소

네가 본 건, 먹구름
　　　암담한 현실

『그걸 하늘로 알고 / 일생을 살아갔다.』
　　단정적 어조(직설적 표현으로 전달력↑)　　『 』 : 자유롭고 평화로운 세상을 모른 채 살아간 사람들

네가 본 건, 지붕 덮은 / 쇠 항아리,
　　　　　억압과 구속의 상황 : 인간 본연의 삶을 억누르는 외부적인 요소

「그걸 하늘로 알고 / 일생을 살아갔다.」
　　　　　　　「 」 : 잘못된 현실 인식을 가졌던 삶의 모습

　　　　　　　1~3연 : 현실에 대한 바른 인식을 가지지 못했던 과거의 삶

『닦아라, 사람들아
명령형 → 청자들의 행동을 촉구함 / 도치법

네 마음속 구름

찢어라, 사람들아,
　　　명령형 / 도치법

네 머리 덮은 쇠 항아리.』
　　　　　『 』 : 사회의 현실을 깨닫기 위한 노력을 촉구함

아침 저녁 / 네 마음속 구름을 닦고
　　　　　맑은 내면을 들여다보기 위한 노력

티 없이 맑은 영원(永遠)의 하늘

시어 시구 풀이

누가 하늘을 보았다 하는가 / 누가 구름 한 송이 없이 맑은 / 하늘을 보았다 하는가. → 설의적인 표현을 활용하여 이 땅의 민중들이 한 번도 맑은 하늘 아래서 마음껏 자유와 평화를 누리며 인간 본연의 삶을 살지 못했음을 표현하고 있음. '하늘'을 '맑은 하늘'로 의미를 구체화하는 점층적인 표현이 나타남.

네가 본 건, 먹구름 → '먹구름'은 하늘을 가로막는 존재로, '맑은 하늘'과 대립되는 부정적인 의미를 지님. 즉, 인간 본연의 삶을 방해하는 암담한 현실 상황을 상징함. 또한, 여기서 '너'는 특정한 인물을 지칭하는 것이 아니라 불특정 다수의 민중을 말함.

닦아라, 사람들아~네 머리 덮은 쇠 항아리. → 자유와 평화를 누리며 인간 본연의 삶을 살 수 있는 세상을 맞이하기 위해서는 억압의 '구름'을 닦고, '쇠 항아리'를 찢으라는 것으로, 억압적인 상황의 극복을 위한 민족사적 과제를 제시하고 있는 이 시의 핵심 부분임.

아침저녁 / 네 마음속 구름을 닦고~연민을 / 알리라. → '구름'을 닦고, '쇠 항아리'를 찢는 노력을 해야 하는 이유를 말하고 있는 부분으로, 현실에 민중이 참여를 해야 맑은 '하늘'을 볼 수 있고, 진정한 자유와 평화는 존엄하고 귀한 것임을 알게 되리라는 의미임. '외경'과 '연민'의 감정은 '구름'을 닦고, '쇠 항아리'를 찢어야 볼 수 있는 결과이기 때문에 긍정적인 이미지를 가짐.

볼 수 있는 사람은

외경(畏敬)을 / 알리라
공경과 두려움 → 긍정적 이미지

아침 저녁 / 네 머리 위 쇠 항아릴 찢고
　　　　　바른 현실 인식을 막는 장애물을 없애고 → 억압적 상황을 극복하기 위한 노력

「티 없이 맑은 구원(久遠)의 하늘 / 마실 수 있는 사람은」
　　　　　　　　　　　　볼 수 있는　　　　　　　　　「　」: 주관적 변용

　　　　　　　　　　　　4~6연 : 부정적 현실 극복을 위한 노력의 촉구

연민(憐憫)을 / 알리라.
구원의 하늘을 마실 수 있는 사람이 깨달을 수 있는 가치 → 긍정적 이미지

『차마 삼가서 / 발걸음도 조심
　　　　　몸가짐이나 언행을 조심해서

마음 아모리며.』
　　　　　『　』: 억압된 현실을 견디기 위한 조심스럽고 경건한 삶(외경하는 삶)의 자세

서럽게

　　　　　반어법 → 짓눌리며 살아가는 세상
아 엄숙한 세상을
영탄법

서럽게
반복 → 부정적 현실 속에 인고의 시간을 보내며 느끼는 감정 강조

눈물 흘려
인고의 나날을 살아야 할 민족에 대한 연민

　　　　　　　　　　　7~8연 : 부정적인 상황에서의 외경과 고통의 삶

살아가리라

「누가 하늘을 보았다 하는가

누가 구름 한 자락 없이 맑은

하늘을 보았다 하는가.」　　「　」: 수미 상관. 주제 의식 강조
　　　　　　　　　　　9연 : 부정적 현실 인식과 현실 극복 의지

티 없이 맑은 구원의 하늘 / 마실 수 있는 사람은 // 연민을 / 알리라. → '주관적 변용'은 일상적 현실을 문학적으로 변형시켜 드러내는 것으로, '하늘'을 '구원의 하늘'로, '볼 수 있는 사람'을 '마실 수 있는 사람'으로 변용함. 또한 '마실 수 있는 사람은 // 연민을 / 알리라'와 같이 '행간걸침'을 사용함. '행간걸침'이란 의미상 한 행으로 배열되어할 시 구절을 의도적으로 다음 행에 걸쳐 놓는 기법으로 의미 강조의 효과를 가짐.

차마 삼가서~살아가리라 → 자유와 평화가 없는 세상에서 인간 본연의 삶을 살지 못하는 민족의 슬픔을 말하고 있음. 시의 흐름으로 볼 때, 현실 극복의 의지를 반어적으로 표현하고 있는 부분으로 외경하는 삶의 모습을 나타냄.

아, 엄숙한 세상을 → '엄숙하다'는 '분위기나 의식 따위가 장엄하고 정숙하다.'의 뜻임. 자유가 없는 구속과 억압의 시대에서 짓눌리며 살아가는 세상이지만, 반어적으로 '엄숙한 세상'이라고 표현하며 미래를 위해 경건한 태도로 매일을 인내하며 살아가고 있음을 드러내고 있음.

눈물 흘려 // 살아가리라 → '행간걸침'이 사용되었음. '영원의 하늘'과 '구원의 하늘'을 볼 수 있는 사람들이 외경하고 연민하는 긍정적인 삶을 살아갈 것이라는 의미임.

누가 하늘을 보았다 하는가 / 누가 구름 한 자락 없이 맑은 / 하늘을 보았다 하는가. → 수미상관 구조로, 1연을 변주하여 아직 자유와 평화를 누릴 수 있는 세상이 오지 않았음을 말하면서 현실 극복 의지를 표현하고 있다. 1연의 '구름 한 송이'는 마지막 연의 '구름 한 자락'으로 변주되어 나타남.

STEP 03 작품 해제

01 | 주제

부정적인 현실에 대한 비판과 밝은 미래에 대한 염원

02 | 특징

① 자유와 평화를 누릴 수 있는 세상을 위해 부정적인 현실을 극복하자는 뜻을 담은 전달 중심의 시
② 명령형 표현, 설의적 표현, 직설적 표현으로 화자의 단호한 의지를 드러냄.
③ 1연과 9연의 수미상관 구성을 통해 억압적 현실에 대한 올바른 인식의 필요성과 현실 극복 의지를 반복적으로 강조함.
④ 대립적 이미지를 통해 주제 의식을 부각함.

03 | 작품 해제

이 시의 중심 제재는 먹구름 낀 하늘 아래에서 머리에 쇠 항아리를 덮고 살아야만 했던 이 땅의 민중들의 삶이다. 이 시에서 '맑은 하늘'은 자유와 평화를 누릴 수 있는 세상을 말하며, 이에 대립되는 '먹구름'은 '지붕 덮은 쇠 항아리'와 함께 민중들을 구속하고 억압하는 암담한 현실 상황을 상징한다. 4연에서 시적 화자는 이러한 현실을 극복하기 위한 민족사적 과제를 먹구름을 닦고 쇠 항아리를 찢는 것으로 제시하면서, 그렇게 해야만 그들이 삶의 외경과 연민을 아는 참다운 인간적인 삶을 누릴 수 있음을 강조하고 있다. 아울러 시적 화자는 자유와 평화를 상실하고 인고의 나날을 살아왔던 민중들의 삶을 돌아보며, 자신이 꿈꾸는 세상이 아직도 도래하지 않고 있음을 보여 줌으로써 현실 극복에 대한 강한 의지를 표현하고 있다.

STEP 04 논문으로 만나는 출제자의 시선

「누가 하늘을 보았다 하는가」와 혁명 정신

신동엽의 시는 이 땅의 가난한 민중들이 여전히 억압으로부터 고통 받고 있는 현실에 대한 안타까움을 노래하고 있다. 즉 신동엽은 그들 삶에 공감하고 연민하는 마음을 시를 통해 형상화하였다. 또한 신동엽은 지난날 동학 농민 혁명이 보여준 민중의 혁명 정신을 다시 이 땅의 민중에게 되살려, 개인과 사회로 나아가 인류 정신의 시대가 열리기를 간절히 바라고 있다고 하겠다. 「누가 하늘을 보았다 하는가」는 동학 농민 혁명을 배경으로 하여 실천적 혁명의 삶을 살아가는 인간의 모습을 보여주며, 동학 농민 혁명에서 민중이 보여준 혁명 정신을 다시 이 땅에 되살려 인류의 '정신개벽(사람마다 그 본연의 참된 자아가 실현되는 시대가 열리는 일)'이 이루어지길 바라는 신동엽의 염원이 형상화되고 있다.

한국의 근·현대와 신동엽

신동엽은 한국의 근·현대사의 가장 암울한 시기를 살다 간 시인이다. 그의 시대는 제국주의 침략으로 인해 힘없는 나라의 백성으로서 생사를 넘나들며 굴욕을 참고 견디며 살아야 했으며, 외세의 지배에서 벗어났다는 기쁨을 채 느낄 사이도 없이 또다시 외세에 의해 동족끼리 서로에게 총을 겨눠야 했던 시련의 시대를 살아내야 했다. 그는 가난과 전쟁의 고통 속에서 처절한 삶을 살아가야 했던 민중의 고통에 공감하며, 그들을 지배하고 있는 억압을 타파하여 자유와 평화를 되돌려 주는 일이 무엇보다 절실했기 때문에 그의 시는 저항의 주체로서 혁명을 노래할 수밖에 없었던 것이다. 그는 절박하고 간절하였으며, 그래서 그의 시는 그의 처절한 시인 정신을 나타낸 것으로 볼 수 있겠다. 이 땅의 민중에게 평화의 대지를 돌려주고 그들이 서로 자유롭게 사랑하고 자식을 낳아 사랑으로 기르며 또 대를 이어가고, 마음 놓고 땅을 일구어 농사지으며 자유롭게 소리 내어 말할 수 있는 그런 세상을 되돌려 주는 일, 그것이 바로 시인 신동엽이 피 흘리며 죽음을 각오하고 이루어야 할 시인의 과업이었던 것이다.

15 박목월, 층층계

STEP 01 OX 문제를 통한 지문 이해 훈련

적산 가옥* 구석에 짤막한 층층계……
그 이 층에서
나는 밤이 깊도록 글을 쓴다.
써도 써도 가랑잎처럼 쌓이는
공허감.
이것은 내일이면
지폐가 된다.
어느 것은 어린것의 공납금.
어느 것은 가난한 시량대*.
어느 것은 늘 가벼운 나의 용전.
밤 한 시, 혹은
두 시. 용변을 하려고.
아래층으로 내려가면
아래층은 단칸방.
온 가족은 잠이 깊다.
서글픈 것의
저 무심한 평안함.
아아 나는 다시
층층계를 밟고
이 층으로 올라간다.

(사닥다리를 밟고 원고지 위에서
곡예사들은 지쳐 내려오는데……)

나는 날마다
생활의 막다른 골목 끝에 놓인
이 짤막한 층층계를 올라와서
샛까만 유리창에
수척한 얼굴을 만난다.
그것은 너무나 어처구니없는
〈아버지〉라는 것이다.

*

나의 어린것들은
왜놈들이 남기고 간 다다미방에서
날무처럼 포름쪽쪽 얼어 있구나.

*적산 가옥(敵産家屋) : 적국이 물러가면서 남겨 놓은 가옥.
*시량대(柴糧代) : 땔감과 식량을 마련할 비용.

OX문제

01 상승과 하강의 이미지를 대비하여 목전에 닥친 위기감을 강조하고 있다. [2019학년도 수능] (O / X)

02 화자의 위치 이동을 통해 시상을 전개하고 있다. [2015학년도 9월B] (O / X)

03 유사한 문장 형태를 변주하여 시간의 흐름을 드러내고 있다. [2020학년도 6월] (O / X)

04 2연의 '수척한 얼굴'과 '〈아버지〉'는 같은 대상을 가리킨다. (O / X)

05 화자는 1연의 '서글픈 것'에게 원망의 감정을 표출하고 있다. (O / X)

적산가옥(敵産家屋) 구석에 짤막한 층층계……
화자가 위치한 공간적 배경   돌이나 나무로 만든 계단

그 이 층에서

나는 밤이 깊도록 글을 쓴다.
표면화된 시적 화자

써도 써도 가랑잎처럼 쌓이는 / 공허감.
                추상적 대상을 감각적으로 표현함.

이것은 내일이면 / 지폐가 된다.
화자가 글을 써서 돈을 버는 작가임을 알 수 있음.

■ : 화자의 공간 이동
'위 → 아래 → 위'의 방향이 드러나는 수직 이동

『어느 것은 어린것의 공납금.
        화자의 자식

어느 것은 가난한 시량대.
        화자의 상황을 직접적으로 제시

어느 것은 늘 가벼운 나의 용전.』

『 』: 화자가 버는 돈의 쓰임을 나열함.
        유사한 시구의 반복

밤 한 시, 혹은 / 두 시. 용변을 하려고.
시간적 배경 제시 : 밤늦은 시간까지 생계를 위해 일하는 화자의 고단한 처지

아래층으로 내려가면
        하강의 이미지

아래층은 단칸방.
        가난한 화자의 현실이 드러남.

온 가족은 잠이 깊다.
화자가 애정 어린 마음으로 가족들을 바라봄.

서글픈 것의 / 저 무심한 평안함.
        모순 형용 : 역설법

아아 나는 다시
감탄사를 통한 영탄적 표현

층층계를 밟고

■ ↔ ■ : 상승과 하강의 대비

이 층으로 올라간다.
생계 유지를 위한 공간

(사닥다리를 밟고 원고지 위에서
    사다리

시어 시구 풀이

적산가옥 → 적국이 물러가면서 남겨 놓은 가옥. 1945년 8월 15일 일본이 제2차 세계대전에서 패하여 한반도에서 철수하면서 정부에 귀속되었다가 일반 국민에게 팔았던 일본인 소유의 주택.

써도 써도 가랑잎처럼 쌓이는 / 공허감. → 화자는 글을 씀으로써 보람이나 만족감을 느끼는 것이 아니라 허전함을 느끼고 있음. '공허감'이라는 추상적인 감정을 '가랑잎처럼 쌓인다며 시각적으로 표현함. '공허감'은 텅 빈 듯한 허전한 느낌으로, 아무리 글을 쓰고 돈을 벌어도 나아지지 않는 형편에 대한 표현으로도 볼 수 있음.

어느 것은~나의 용전. → 화자가 버는 돈이 어디에 쓰이는지 나열하고 있음. '어린것', '공납금'이라는 시어를 통해 학교에 다니는 미성년의 자식이 있다는 것과, '가난한', '늘 가벼운'이라는 시어를 통해 넉넉하지 못한 화자의 형편을 알 수 있음.

공납금 → 학생이 학교에 정기적으로 내는 돈.

시량대 → 땔감과 식량을 마련할 비용.

용전 → 개인이 자질구레하게 쓰는 돈.

서글픈 것의 / 저 무심한 평안함. → '서글프다'와 '평안하다'는 의미상 양립할 수 없으므로 이는 역설법이라 볼 수 있음. 화자는 생계 때문에 서글퍼하고 있는데, 이러한 걱정을 모르고 평안하게 잠든 '온 가족'을 표현한 구절이라 할 수 있음.

이 층으로 올라간다.~내려오는데 → 화자는 가족들의 얼굴을 보고 다시 일을 하러 층계를 오르지만, 일이 마음처럼 쉽게 되지 않음을 상승과 하강의 대비를 통해 효과적으로 표현함.

곡예사들은 지쳐 내려오는데……)
곡예사는 아슬아슬한 연기를 하는 존재로 간신히 생활을 이어가는 화자를 의미함.

> 1연 : 잠든 가족을 보며 서글픔을 느끼는 가난한 화자

나는 날마다

생활의 막다른 골목 끝에 놓인
　　　　막막한 화자의 심정

이 짤막한 층층계를 올라와서

샛까만 유리창에
　　　성찰의 매개체

수척한 얼굴을 만난다.
유리창에 비친 화자의 야위고 마른 얼굴

그것은 너무나 어처구니없는

〈아버지〉라는 것이다.

> 2연 : 화자의 자아 성찰

　　　　*

나의 어린것들은
　　　　자식들

왜놈들이 남기고 간 다다미방에서
일본식 돗자리(다다미)를 깐 방 = 적산가옥의 단칸방

날무처럼 포름쪽쪽 얼어 있구나.
익히지 않은 무

> 3연 : 자식에 대한 안타까움 상기

샛까만 유리창에~〈아버지〉라는 것이다. → 시에서 화자를 비추는 '유리창', '거울', '우물' 등은 모두 성찰의 매개임. 이 시의 화자 또한 2층의 '유리창'을 통해 자아 성찰을 하고 있음. 그 결과 자신의 수척한 모습과, 아이들을 유복하게 키우지 못하는 상황을 반성하게 됨.

어처구니없는 / 〈아버지〉 → 한 가족의 생계를 책임져야 하는 가장이지만, 가난으로 인해 여의치 않은 자신의 모습을 나타냄.

포름쪽쪽 → 사전에 없는 단어임. 추위 때문에 파르스름한 얼굴을 하고 가지런히 누워 있는 아이들을 나타내기 위한 시인의 독창적 표현이라 볼 수 있음.

STEP 03 작품 해제

01 | 주제

생활의 궁핍함으로 인한 고달픔과 가장으로서의 성찰

02 | 특징

① 화자의 상황 제시와 성찰을 중심으로 전개되는 화자 중심의 시
② 추상적 대상을 감각적으로 표현함.
③ 영탄적 어조로 시상을 전개함.
④ 유사한 시구를 반복하여 운율을 형성함.
⑤ 역설법, 상승과 하강 대비를 활용하여 상황과 정서를 극대화함.

03 | 작품 해제

　　이 작품은 시인이자 한 가족의 가장인 화자가 가족의 생계를 걱정하는 마음을 담은 시이다. 가족의 생계를 위해 밤이 늦도록 글을 쓰던 화자는 화장실을 가려다 잠들어 있는 자식들의 모습을 보게 된다. 그리고 다시 위로 올라와 유리창에 비친 자신의 초라한 모습을 마주하고 글을 쓰는 작가이면서 한 가정의 가장인 자기 정체성에 대해 생각해 보며 팽팽한 긴장감과 중압감을 느낀다. 글은 써도 써도 가랑잎처럼 '공허감'으로 몰려와 화자는 스스로를 '생활의 막다른 골목 끝'의 '곡예사'와 같다고 느낀다.

04 논문으로 만나는 출제자의 시선

해방 이후 박목월 시의 과도기적 성격

박목월에게 해방은 새로운 시에 대해 자각을 하게 하였고, 전쟁은 간결한 이전의 시 형태를 고집할 수 없을 만큼 솟아나는 감정이나 정서들을 분출하게 하였다. 따라서 이를 적절히 나타내기 위해 현실을 그대로 드러내며 문장을 서술체로 하는 산문시 형식의 시를 창작하기에 이른 것이다. 그러나 박목월의 자기 인식과 시대 인식이 처음부터 성공적으로 맞물려 완성된 시형을 만들어간 것은 아니다. 오히려 정제된 시를 쓰던 자신과 분출하는 시대를 감당하여야 하는 시인 사이에서 매우 고민하였고 이러한 시기에 발표한 시들은 그 고민을 그대로 드러내고 있는 것이다.

따라서 당시 문예지나 잡지 등에 발표한 박목월의 시들 중에 시집에 수록되지 않은 시들은 매우 불완전해 보인다. 이후 박목월은 앞의 다양한 서도들을 통해 좀 더 정제된 자신만의 시형을 구축해 간다. 이는 결과적으로 「층층계」가 실린 그의 두 번째 시집인 『난·기타』에는 일부 변형된 시형들을, 세 번째 시집인 『청담』에서는 나름의 안정된 시형을 싣게 된다. 즉, 박목월의 이러한 과도기적인 모습들은 이후 일상과 서술 그리고 정제된 시 형태의 결합을 완성해 나가는 것의 기초가 된 것이다. 또한 당시의 이러한 고민이 점차 인간과 자아에 대한 탐구로 시선을 넓히고 '문체적인 형태'에 집중하는 후기 시로 변할 수 있는 하나의 단계로 작용하였다.

박목월 메타시 연구

박목월은 시 세계 전체를 통해 끊임없는 시적 갱신(있던 것을 고쳐 새롭게 함)을 보여주었다. 그 과정에서 그는 시작(시를 지음)의 동력으로 '시와 생활의 일원화'를 추구하였다. 시와 생활을 하나로 취하고자 하였던 박목월의 기획은 일상을 시의 소재로 취하는 데 그치는 것이 아니라, 시인으로서 늘 시를 쓸 준비가 되어 있고, 시의 역할과 시인의 사명에 대한 인식을 실천하고자 노력하는 태도를 뜻한다. 박목월은 시를 짓는 기간 내내 시와 생활을 일원화하고자 노력하였다.

메타시란 '자신이나 타인의 시(개별 작품), 시인론(시인 의식), 시론(장르, 스타일 등)에 관한 성찰이 의미나 미학의 핵심을 이루는 시'이다. 박목월의 메타시 중에는 시인론과 시론이 박목월의 자기 존재론과 결합하여 전개되는 경우가 많았다. 즉, 자기 시와 시인으로서의 자기에 대한 성찰이 자기 존재에 대한 성찰로 이어지는 작품이 어렵지 않게 발견되는 것이다. 자기와 시에 관한 박목월의 이러한 태도는 자기 존재와 시가 속성과 운명을 공유한다는 인식과 관련되어 있으며, 이러한 태도와 인식은 시 쓰기 행위가 자기 존재를 증명하고 실현하는 방식임을 드러내는 메타시로 나타나기도 하였다.

박목월의 메타시는 크게 '어떤 시를 쓸 것인가(어떤 시가 좋은 시인가)?', '시 쓰기는 무엇을 바탕으로 이루어지는가?', '시 쓰기는 궁극적으로 무엇을 위한 것인가?' 등과 같은 물음을 던진다. 그 중 좋은 시의 요건에 대해 다룬 일련의 메타시는 공통적으로 '담담함'과 '소박함'을 좋은 시의 요건으로 제시하였으며, 박목월은 이러한 특성이 잘 드러나는 시를 쓰고자 하는 열망을 시로 형상화하였다. 또 시 쓰기의 바탕에 관해 다룬 일련의 메타시는 시 쓰기의 바탕으로 '생활'과 '시인으로서의 자기 존재'를 제시하였다. 그 중 생활의 문제를 다룬 메타시들은 대부분 시와 생활의 균형을 잡기 위한 박목월의 노력을 담고 있었으며, 시인으로서의 자기 인식을 다룬 메타시들은 대체로 시 쓰기 행위 자체에 대한 세심한 관찰을 통해 시를 쓰기 전에 준비되어야 할 것들을 탐구하였다. 마지막으로 시 쓰기의 궁극적인 목적에 대해 다루고 있는 많은 메타시들은 '신성의 세계'를 그 답으로 제시하고 있었다. 박목월은 자기의 시 쓰기 행위가 신의 세계에 가 닿거나 시의 뜻을 이 세상에 드러내는 일이라고 생각하였다. 자기 존재의 궁극적인 목표이자 시 쓰기의 목표가 일치하는 것이다.

16 이대흠, 동그라미

어머니는 말을 둥글게 하는 버릇이 있다
　오냐 가느냐라는 말이 어머니의 입을 거치면 옹가 강가가 되고 자느냐 사느냐라는 말은 장가 상가가 된다 나무의 잎도 그저 푸른 것만은 아니어서 밤낭구 잎은 푸르딩딩해지고 밭에서 일 하는 사람을 보면 일 항가 댕가하기에 장가 가는가라는 말은 장가 강가가 되고 애기 낳는가라는 말은 아 낭가가 된다

　강가 낭가 당가 랑가 망가가 수시로 사용되는 어머니의 말에는
　한사코 ㅇ이 다른 것들을 떠받들고 있다

　남한테 해꼬지 한 번 안 하고 살았다는 어머니
　일생을 흙 속에서 산,

　무장 허리가 굽어져 한쪽만 뚫린 동그라미 꼴이 된 몸으로
　어머니는 아직도 당신이 가진 것을 퍼 주신다
　머리가 발에 닿아 둥글어질 때까지
　C자의 열린 구멍에서는 살리는 것들이 **쏟아질 것이다**

　우리들의 받침인 어머니
　어머니는 한사코
　오손도순 살어라이 당부를 한다

　어머니는 모든 것을 둥글게 하는 버릇이 있다

OX문제

01	의도적으로 울림소리를 많이 사용하여 시적 분위기를 조성하고 있다.	(O / X)
02	인물의 행동을 시간의 흐름에 따라 열거하여 상황을 구체적으로 보여 주고 있다. [2019학년도 수능]	(O / X)
03	수미상관의 구조를 통해 주제를 강조하고 있다. [2015학년도 9월B]	(O / X)
04	'쏟아질 것이다'에는 '어머니'가 상실한 것들에 대한 화자의 안타까움이 드러나 있다.	(O / X)
05	'어머니'가 쓰는 방언을 시적 소재로 사용하여 시상을 확장하고 있다.	(O / X)

STEP 02 지문 분석

「어머니는 말을 둥글게 하는 버릇이 있다」
시적 대상　　① 원만하고 부드럽게
　　　　　　　② 둥근 받침으로

「　」: '어머니'의 특징① 말을 둥글게 하는 버릇이 있음.

오느냐 가느냐라는 말이 어머니의 입을 거치면 옹가 강가가 되고 자느냐 사느냐라는 말은 장가 상가

가 된다 나무의 잎도 그저 푸른 것만은 아니어서 밤낭구 잎은 푸르딩딩해지고 밭에서 일 하는 사람을

보면 일 항가 댕가하기에 장가 가는가라는 말은 장가 강가가 되고 애기 낳는가라는 말은 아 낭가가 된

다

■ : '-ㄴ가'라는 종결 어미를 '-ㅇ가'라고 발음하는 전라북도 방언

강가 낭가 당가 랑가 망가가 수시로 사용되는 어머니의 말에는
열거를 통한 언어유희, 운율감 형성 → '어머니'가 쓰는 방언을 청각적으로 묘사함.

한사코 ㅇ이 다른 것들을 떠받들고 있다
죽기로 기를 쓰고

1~2연 : 말을 둥글게 하는 '어머니'

남한테 해꼬지 한 번 안 하고 살았다는 어머니
　'어머니'의 특징② 남에게 피해를 주지 않는 선한 사람임.

일생을 흙 속에서 산,
'어머니'의 특징③ 평생을 노동에 힘쓰며 살아옴.

3연 : 일생을 노동에 바친 선한 '어머니'

무장 허리가 굽어져 한쪽만 뚫린 동그라미 꼴이 된 몸으로
　'어머니'와 '동그라미'의 공통점 1) 형태적 유사성

『어머니는 아직도 당신이 가진 것을 퍼 주신다
　　　과거처럼 현재까지도

머리가 발에 닿아 둥글어질 때까지
　　　　　　　　　　　「　」: '어머니'의 특징④ 헌신적임.

C자의 열린 구멍에서는 살리는 것들이 쏟아질 것이다』
　'당신이 가진 것'으로 자식들에게 한없이 베푸는 어머니의 모습을 나타냄.

시어 시구 풀이

오느냐 가느냐라는 말이~아 낭가가 된다 → 1행에서 말한 '말을 둥글게 하는 버릇'을 구체화하고 있음. 화자의 어머니는 대부분의 말에 둥근 받침을 넣어서 발음함. 비음의 반복으로 인해 운율감이 형성됨.

밤낭구 → '밤나무'의 전북 방언.

푸르딩딩해지고 → 표준어는 '푸르뎅뎅하다'임. 말을 둥글게 하는 버릇이 있는 화자의 어머니는 '푸르다'라는 표현보다 둥근 받침이 있는 '푸르딩딩'이라는 표현을 씀.

한사코 ㅇ이 다른 것들을 떠받들고 있다 → '떠받들다'는 '공경하여 섬기거나 잘 위하다.'라는 뜻이 있음. 단순히 '받치다'라는 표현이 아니라 이러한 표현을 쓴 데에는 화자의 의도가 있음. 또한 '한사코'라는 표현을 쓰며 어머니의 말버릇에 대한 화자의 인식을 나타냄.

일생을 흙 속에서 산, → 문학에서 '흙'은 죽음을 상징하기도 하지만, 노동의 공간이기도 함. '어머니'가 평생을 농사일과 같은 노동으로 보냈음을 알 수 있음.

무장 → 갈수록 더.

C자의 열린 구멍에서는 살리는 것들이 쏟아질 것이다 → 'C자의 열린 구멍'은 '한쪽만 뚫린 동그라미 꼴'과 같은 의미로, 노동으로 인해 허리가 휘어버린 '어머니'의 체형을 비유하여 시각적으로 나타낸 것임. 이러한 체형은 가족을 위해 고된 노동을 한 결과인데, '살리는 것들'은 고된 노동의 결실이자 가족을 위한 '어머니'의 헌신을 의미함.

우리들의 받침인 어머니
'어머니'와 '동그라미'의 공통점 2) 다른 것을 받쳐 줌.

어머니는 한사코

오손도순 살어라이 당부를 한다
'어머니'의 특징⑤ 둥글게 사는 삶을 가르침.

4~5연 : 가족을 위해 헌신한 '어머니'

어머니는 모든 것을 둥글게 하는 버릇이 있다
수미상관 : '말 → 모든 것'으로 시상 확장

6연 : 둥그런 삶을 산 '어머니'

우리들의 받침인 어머니 → 3연에서 '떠받들다'라는 표현을 쓴 이유가 비로소 밝혀짐. 이 시는 '동그라미'의 성질에 빗대어 '어머니'를 표현하고 있는데, '어머니'가 가족들을 떠받드는 것처럼 '동그라미'도 그렇다는 것임. '동그라미'의 힘, '어머니'의 힘을 말하고 있음.

어머니는 모든 것을 둥글게 하는 버릇이 있다 → 1연과 수미상관의 구조를 이룸. 1연에서는 '어머니'가 '말'을 둥글게 하는 버릇이 있다고 하였는데, 마지막 연에서는 이를 '모든 것'을 둥글게 한다며 시상을 확장. 즉, '어머니'는 말뿐만 아니라 몸의 형태도 둥글며, 남에게 피해를 주지 않고 완만하게 살아왔으며, 자식들을 위해 헌신하는 존재임.

STEP 03 작품 해제

나BS 수능특강 | **현대문학** ●

01 | 주제

동그라미를 닮은 '어머니'의 삶

02 | 특징

① '어머니'와 동그라미의 유사성을 토대로 시상을 전개하는 대상 중심의 시
② '어머니'가 사용하는 방언에서 시상이 촉발되어 참신한 표현으로 시상을 전개함.
③ 비유적 표현과 청각적 묘사, 시각적 묘사가 두드러짐.
④ 열거를 통해 운율감을 형성함.

03 | 작품 해제

이 작품은 자식의 입장에서 어머니의 헌신적인 삶을 노래한 시이다. 어머니의 말투에는 'ㅇ'이 들어 있으며, 어머니의 모습은 허리가 굽어져 동그라미에 가까워지고 있다. 동그라미에 가까운 어머니의 모습은 당신의 것을 다 나누어 주시며 살아오신 어머니의 삶과 닮아 있다.

STEP 04 논문으로 만나는 출제자의 시선

나BS 수능특강 | **현대문학** ●

이대흠 시인

이대흠은 1994년에 등단한 비교적 신예 작가이다. 토속적인 언어와 구성진 가락으로 남도의 정서를 노래해 온 시인이다. 그는 생생한 사투리의 사용과 질박한 시적 서사로 특유의 은은하고 아름다운 서정성을 보여주면서도 묵직한 통찰로 내면을 어루만지는 시편들을 선보인다.
1968년 전남 장흥에서 태어났으며, 서울예대 문예창작과를 졸업하고 목포대 석사 과정을 밟았다. 1994년 《창작과 비평》에 6편의 시를 발표하면서 작품 활동을 시작했다. 시집 『당신은 북천에서 온 사람』, 『귀가 서럽다』, 『눈물 속에는 고래가 산다』, 『상처가 나를 살린다』, 『물 속의 불』 등과 산문집 『탐진강 추억 한 사발 삼천 원』, 『이름만 이뻐면 머한다요』, 『그리운 사람은 기차를 타고 온다』, 장편 소설 『청앵』, 연구서 『문학파의 문학세계 연구』, 시쓰기 교재 『시톡』 1,2,3 산문집 등을 출간하였다. 육사시문학상, 젊은시인상, 애지문학상, 조태일문학상, 전남문화상, 공간시낭독회문학상 등을 수상했다.

STEP 01 OX 문제를 통한 지문 이해 훈련

나BS 수능특강 | **현대문학** ●

판잣집 유리딱지에
아이들 얼굴이
불타는 해바라기마냥 걸려 있다.

내리쪼이던 햇발이 눈부시어 돌아선다.
나도 돌아선다.
울상이 된 그림자 나의 뒤를 따른다.

어느 접어든 골목에서 걸음을 멈춘다.
잿더미가 소복한 울타리에
개나리가 망울졌다.

저기 언덕을 내려 달리는
소녀의 미소엔 앞니가 빠져
죄 하나도 없다.

나는 술 취한 듯 흥그러워진다.
그림자 웃으며 앞장을 선다.

OX문제

01	1연의 '판잣집'과 3연의 '잿더미가 소복한 울타리'는 동일한 분위기를 가진 시어이다.	(O / X)
02	대조를 통해 주제 의식을 부각하고 있다. [2014학년도 6월]	(O / X)
03	화자의 인식의 전환을 통해 시상의 입체감을 느끼고 있다.	(O / X)
04	4연의 '소녀의 미소엔 앞니가 빠져'는 전쟁의 상황으로 고통 받는 아이들의 모습을 나타낸다.	(O / X)
05	반어적 표현을 활용하여 대상의 이중성을 부각하고 있다. [2018학년도 9월]	(O / X)

STEP 02 지문 분석

판잣집 유리딱지에
피란민촌 → 전쟁의 비참함, 아이들이 처한 상황   ■ : 전쟁의 비참함을 드러내는 어두운 이미지

「아이들 얼굴이
전란 속에서 고통을 겪는 약자   「 」: 아이들의 천진난만한 모습 → 현실과 대조, 전쟁의 비극성 부각

불타는 **해바라기**마냥 걸려 있다.」
       밝은 이미지

                            1연 : 전란 후 폐허 속에 있는 아이들을 봄.

내리쪼이던 햇발이 눈부시어 돌아선다.
중의법 ① 아이들이 햇빛으로 눈이 부시어 돌아선다.
         ② 아이들 얼굴이 눈부시어 햇빛도 돌아선다.

나도 돌아선다.
화자 역시 돌아섬 → 어른으로서 아이들에 대한 미안한 감정

울상이 된 **그림자** 나의 뒤를 따른다.
참담한 현실에서 느끼는 화자의 슬픔과 절망   ■ : 화자의 그림자, 화자의 정서를 대변하는 존재(2연 : 부정적 → 5연 : 긍정적)
                                  감정 이입, 의인법

                     2연 : 전쟁의 비극을 인식하며 괴로워함.

어느 접어든 골목에서 걸음을 멈춘다.

잿더미가 소복한 울타리에
전쟁으로 인해 폐허가 된 모습(절망과 죽음의 상징, 비극적 이미지)

개나리가 망울졌다.
시상의 전환 : 절망 → 희망   ■ : 밝고 희망적인 이미지. 잿더미와는 대조적인 속성을 가짐.

                   3연 : 잿더미 속에서 발견한 희망의 개나리

저기 언덕을 내려 달리는
움직임 묘사, 역동적인 이미지 → 새로운 삶에 대한 희망

「**소녀의 미소**엔 앞니가 빠져

죄 하나도 없다.」
중의법 ① 소녀의 앞니가 모두 없다.   「 」: 전쟁으로 인한 황폐함과는 무관한 소녀의 순진무구한 모습.
         ② 소녀는 전쟁의 참상에 대한 죄가 없다.   어른의 모습과 대비됨.

               4연 : 언덕을 내리닫는 순수한 소녀의 미소를 봄.

시어 시구 풀이

판잣집 유리딱지에~불타는 해바라기마냥 걸려 있다. → '판잣집'은 조국의 시대 상황(한국 전쟁)에 대한 비극성을 함축적으로 보여주며, 전쟁의 비참함을 부각하고 있음. 화자는 한국 전쟁 직후 폐허가 된 조국에서 밝은 모습의 아이들을 발견하고, '해바라기'라는 표현을 사용하여 비참한 현실과 대조적인 이미지를 그려내고 있음. 화자는 '불타는 해바라기'처럼 걸려 있는 아이들의 얼굴을 보며 참담하고 침울한 정서를 느끼고 있으며, 이를 통해 화자가 바라본 대상으로부터 촉발된 정서를 바탕으로 시상을 전개하고 있음을 파악할 수 있음.

내리쪼이던 햇발이 눈부시어 돌아선다. / 나도 돌아선다. → '내리쪼이던 햇발이 눈부시어 돌아선다.'는 아이들이 햇빛을 보고도 뒤를 돌 수밖에 없는 현실의 상황, 혹은 천진난만하고 밝은 아이들의 모습이 눈부셔 햇빛조차 돌아서는 상황이라는 중의적인 표현을 가짐. 이후에는 아이들에게 해줄 수 있는 것이 없기에 똑바로 쳐다볼 수 없어 돌아서는 화자의 심리를 표현하고 있음.

울상이 된 그림자 나의 뒤를 따른다. → '울상이 된 그림자'는 전후의 비극적 상황을 인식하는 화자의 부정적인 현실 인식을 대변하는 내면 의식을 보여주는 객관적 상관물임.

어느 접어든 골목에서 걸음을 멈춘다. / 잿더미가 소복한 울타리에 / 개나리가 망울졌다. → 화자는 전쟁으로 황폐해진 현실에 절망하다가 잿빛이 되어버린 폐허 속에서도 피어나는 개나리를 보고 희망을 가지게 됨. 따라서 '골목'은 화자의 정서가 부정적에서 긍정적으로 바뀌는 곳으로, 화자의 인식이 전환되는 공간임.

저기 언덕을 내려 달리는~죄 하나도 없다. → 화자는 비참하고 음울한 전후의 현실에서도 언덕을 내려 달리며 시대의 어둠이 묻어나지 않는 순진무구한 소녀의 미소를 짓는 모습을 보며 희망을 발견하고, 긍정적이고 낙관적인 태도를 지니게 됨. '죄 하나도 없다.'는 중의적 표현으로 '앞니가 모두 빠져 하나도 없다.'와 '전쟁의 참상과 소녀는 아무 관련이 없다.'라는 뜻으로 해석할 수 있음.

나는 술 취한 듯 흥그러워진다.
인식 변화 : 밝고 들뜬 화자의 심경

그림자 웃으며 앞장을 선다.
'개나리'와 '소녀의 미소'를 통해 희망을 느끼는 화자. 미래에 대한 희망적 태도

5연 : 조국의 미래에 대한 희망을 엿봄.

흥그럽다 → ① 흥이 나서 마음이 들뜬 상태에 있다. ② 마음에 여유가 있다.

나는 술 취한 듯 흥그러워진다. → 화자가 '술 취한 듯 흥그러워진다.'는 소녀의 미소에서 미래의 꿈과 희망을 발견하여 마음에 여유가 생기고 흥겨워짐을 표현한 것인데, 이는 소녀의 모습을 통해 시적 화자도 전쟁의 비극성을 극복할 수 있다는 희망을 발견하였기 때문임.

그림자 웃으며 앞장을 선다. → '그림자 웃으며'는 참혹한 현실을 극복하고자 하는 시적 화자의 내면 의식을 형상화한 표현임. 여기에서의 '그림자'는 2연의 '울상이 된 그림자'와는 다르게 긍정적이고 낙관적인 현실 인식을 대변함.

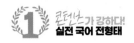
STEP
03 작품 해제

01 | 주제

전쟁의 폐허 속에서 발견한 조국의 미래에 대한 희망

02 | 특징

① 민족적 비극에서 비롯된 현실에 대한 화자의 인식을 드러내는 화자 중심의 시
② 어두운 이미지에서 밝은 이미지로의 시상 전환을 통하여 주제를 부각함.
③ 대조적인 이미지를 통해 시적 의미를 형상화하고, 객관적 상관물을 통해 화자의 심리를 간접적으로 제시함.

03 | 작품 해제

　　이 시는 작가 구상이 6·25 전쟁 때 작가의 종군 체험을 바탕으로 쓴 연작시 『초토의 시』 15편 중 첫 번째 작품으로, 피란민촌과 아이들의 모습에서 전쟁의 비극을 느끼던 화자가 잿더미 속에서도 미소를 잃지 않은 아이들의 밝은 모습을 보면서 희망을 갖게 되는 심정을 노래하고 있다. 초토(焦土)란, 불에 탄 것처럼 황폐해지고 못 쓰게 된 상태를 비유적으로 이르는 말인데, 이는 6·25 전쟁 직후 폐허가 된 우리 조국을 일컫는다. 연작시의 1편인 이 시에서 화자는 초토와 같은 조국의 현실에 낙담하고 좌절하는 것이 아니라 아이들의 순진무구한 모습에서 새로운 삶에 대한 희망과 밝은 미래를 발견한다. 아이들의 순진무구한 모습은 화자인 시인 자신이 처한 참혹한 현실에 대한 정신적 고뇌와 그것을 초월하여 구원에 이르고자 하는 염원을 상징한다고 볼 수 있다.

STEP
04 논문으로 만나는 출제자의 시선

나BS 수능특강 | **현대문학** ●

‘그림자’와 그 의미

　　「초토의 시1」에는 ‘그림자’라는 비유적 이미지가 중요한 요소로 자리 잡고 있음이 발견된다. 여기 나타나 있는 그림자는 서정적 자아의 뒤를 따르기도 하고 웃으며 앞장을 서기도 한다. 따라서 ‘그림자’는 시에 나타나는 ‘비극’과 ‘희망’을 모두 가지는 탄력성 있는 은유의 영역에 해당한다. 그림자는 빛으로 인하여 그 반대편에 생기는 검은 형상이라는 사전적 의미를 가지고 있다. 그러나 이 시에서 그림자는 울상을 짓기도 하고 웃으며 앞장을 서기도 하므로 사전적 의미를 벗어나, 큰 시 의식의 뜻으로 자리한다. 그것은 일차적으로 심리적이고 내적인 자아 상징의 이미지로 읽을 수 있다. 그러므로 「초토의 시1」의 ‘그림자’는 리듬 중심의 읊는 시와는 달리 눈과 마음으로 읽어야 하는 중의적이고도 핵심적인 이미지이다.

전쟁의 비극을 극복한 휴머니즘

　　1950년대 시사에서 독특한 위치를 점하고 있는 구상의 시 세계는 해방과 분단, 그리고 한국 전쟁으로 이어지는 비극적이고 참혹한 상황 속에서 기독교 정신과 윤리의식을 바탕으로 인간실존에 대한 깊은 관심과 애정에 뿌리를 둔 보편적인 휴머니즘을 보여주었다. 그가 월남한 이후에는 거대한 역사 앞에서 실존적 자아를 탐구하면서도, 힘이 적고 무력한 존재로서 절대자의 위대함과 절대성에 전부 의지하는 태도로 이어지고, 이것이 한국 전쟁을 겪으면서 『초토의 시』에서 보편적 인간애에 기초한 휴머니즘으로 완성되고 있다. 그리고 이후의 구상의 시 세계는 절대적 신앙의 세계와 휴머니즘의 심화, 확대로 이어진다.

18 | 곽재구, 새벽 편지

2024 수능 국어 대비
실전 국어 전형태

STEP
01 OX 문제를 통한 지문 이해 훈련

나BS 수능특강 | **현대문학** ●

새벽에 깨어나
반짝이는 별을 보고 있으면
이 세상 깊은 어디에 마르지 않는
사랑의 샘 하나 출렁이고 있을 것만 같다
고통과 쓰라림과 목마름의 정령들은 잠들고
눈시울이 붉어진 인간의 혼들만 깜박이는
아무도 모르는 고요한 그 시각에
아름다움은 새벽의 창을 열고
우리들 가슴의 **깊숙한 뜨거움**과 만난다
다시 고통하는 법을 익히기 시작해야겠다
이제 밝아 올 아침의 자유로운 새소리를 듣기 위하여
따스한 햇살과 바람과 라일락 꽃 향기를 맡기 위하여
진정으로 진정으로 너를 **사랑**한다는 한마디
새벽 편지를 쓰기 위하여
새벽에 깨어나
반짝이는 별을 보고 있으면
이 세상 깊은 어디에 마르지 않는
희망의 샘 하나 출렁이고 있을 것만 같다.

OX문제

01 9행의 '깊숙한 뜨거움'은 13행의 '사랑'과 18행의 '희망'을 의미한다. (O / X)

02 14행의 '새벽 편지'는 지난 삶에 대한 성찰의 내용이 주를 이룬다. (O / X)

03 수미상관의 방법을 통해 정서의 변화를 강조하고 있다. [2015학년도 6월B] (O / X)

04 유사한 문장 형태를 변주하여 시간의 흐름을 드러내고 있다. [2020학년도 6월] (O / X)

05 역설적 표현을 사용하여 모순적인 상황에 대한 반성적인 자세를 보여 주고 있다. [2016학년도 6월AB] (O / X)

새벽에 깨어나
사랑과 희망을 기다리는 시간

반짝이는 별을 보고 있으면
사랑, 희망, 이상

이 세상 깊은 어디에 마르지 않는

■ : 화자가 추구하는 삶의 가치
사랑의 샘 하나 출렁이고 있을 것만 같다
사랑이 충만한 세상에 대한 기대

1~4행 : 사랑이 충만한 세상을 소망함.

고통과 쓰라림과 목마름의 정령들은 잠들고
고통스러운 현실을 살아가는 사람들

눈시울이 붉어진 인간의 혼들만 깜박이는
소외된 이웃의 아픔에 공감하는 사람들, 인간의 순수한 영혼

아무도 모르는 고요한 그 시각에
현실 사람들의 새벽

아름다움은 새벽의 창을 열고
별, 깨어 있는 사람

우리들 가슴의 깊숙한 뜨거움과 만난다
사랑, 희망, 열정

다시 고통하는 법을 익히기 시작해야겠다
역설적 발상 → 고통을 통한 성숙의 의지

「이제 밝아 올 아침의 자유로운 새소리를 듣기 위하여
화자의 지향점(자유롭고 행복한 세상)   ■ : 아름답고 활기찬 아침의 이미지

따스한 햇살과 바람과 라일락 꽃 향기를 맡기 위하여」   「」 : 유사한 통사 구조의 반복

5~12행 : 고통하는 법을 익히며 아침을 맞을 준비를 함.

진정으로 진정으로 너를 사랑한다는 한마디
반복을 통한 의미 강조   고통과 맞서는 이들에게 건네는 위로

새벽 편지를 쓰기 위하여
마음을 전해 주는 매개체

『새벽에 깨어나

반짝이는 별을 보고 있으면

이 세상 깊은 어디에 마르지 않는

희망의 샘 하나 출렁이고 있을 것만 같다.』   『 』 : 수미상관 → 운율 형성, 형태적 안정감
희망이 가득한 세상에 대한 기대

13~18행 : 희망이 넘치는 세상을 기대함.

시어 시구 풀이

새벽에 깨어나~출렁이고 있을 것만 같다 → 화자는 '새벽'에 '별'을 바라보며 '사랑의 샘'이 출렁이길, 즉 사랑이 충만한 세상이 오기를 소망하고 있음. 이러한 구조는 15~18행에 반복되어 화자의 소망을 강조함.

고통과 쓰라림과 목마름의 정령들은 잠들고 → 현실에서 고통스러운 삶을 살아가는 사람들이 잠든 새벽이 시의 배경임.

눈시울이 붉어진 인간의 혼들만 깜박이는 → 새벽에 별이 깜박이는 것으로 볼 수 있음. 즉, '별=눈시울이 붉어진 인간의 혼들'이 되는데, 눈시울이 붉어진다는 것은 다른 사람의 고통과 아픔에 공감하는 것을 의미함. 다시 말해, 남들의 고통에 공감할 줄 아는 사람들이 깨어 있는 새벽을 의미함.

아무도 모르는 고요한 그 시각에 → 잠들어 있는 사람들, 현실에서 고통스러운 삶을 살아가고 있는 사람들은 모르는 새벽 시간.

다시 고통하는 법을 익히기 시작해야겠다 → 사람은 고통을 겪은 후에 자신을 성찰하게 되어 더욱 성숙해질 수 있기 때문임. 화자는 고통받는 사람들에게 관심을 보이고 애정을 갖고 있음.

이제 밝아 올~향기를 맡기 위하여 → 고통을 이겨 낸 삶의 아름다움을 표현한 구절임.

새벽 편지 → 힘든 세상에 전하고자 하는 사랑과 희망, 희망이 넘치는 세상에 대한 소망을 말하는 내용의 편지.

새벽에 깨어나~출렁이고 있을 것만 같다. → 1~4행과 15~18행의 수미상관 구조를 통해 고통의 시간이 지나고 희망의 시간이 오길 바라는 화자의 소망을 강조함.

STEP 03 작품 해제

Ⅰ·BS 수능특강 | **현대문학**

01 | 주제

고통스러운 현실에서 발견하는 사랑과 희망

02 | 특징

① 세상에 대한 희망과 위로를 전하는 전달 중심의 시
② 수미상관의 구조를 통해 화자의 소망을 강조함.

③ 고통을 통한 성숙의 의지를 역설적 발상으로 드러냄.
④ 시간적 배경에 상징적 의미를 부여해 주제를 형상화함.

03 | 작품 해제

　이 시는 고통 받고 소외된 사람들에게 공감할 수 있는 사랑이 넘치는 삶에 대한 희망을 노래한 작품이다. 이 시의 화자는 새벽에 일어나 편지를 쓰려는 행위를 통해, 세상의 고통을 직시하는 가운데 사랑과 희망에 대한 소망을 기대하고 있다. 화자의 이러한 의도는 고통스러운 세상에서 새로운 희망을 기대하는 시간으로서의 '새벽'과 화자가 지향하는 사랑과 희망이 실현되는 시간으로서의 '아침'으로 형상화되어 있다.

STEP 04 논문으로 만나는 출제자의 시선

Ⅰ·BS 수능특강 | **현대문학**

「새벽 편지」의 본래적 일상을 통한 가치 추구

　「새벽 편지」에서 화자는 '고통하는 법'을 익힌다. 이는 고통을 피하는 것이 아니라 받아들이고 익히기 위해 노력하는 것이고 고통을 인내하면서 얻고자 하는 것은 자유이자 희망이다. 또한 '고통과 쓰라림과 목마름의 정령'들은 잠들고 '인간'만이 새벽의 창을 연다고 표현한 바와 같이, 고통을 견디는 일도 자유와 희망을 찾아내야 하는 일도 인간이 이루어야 한다고 말하고 있다.
　인간은 일상적인 삶에서 '본래적인 자기' 자신으로 있지 않기 때문에, 그 자체로 죄가 있게 된다. 이때 이 '죄가 있다'는 것은 '탓이 있다'는 의미이며, '탓이 있다'는 것은 자신의 본래적인 존재 가능성을 회피하는 것이 아니라 그것을 반드시 '자신이 책임져야 함'을 말하는 것이다. 고통은 결국 새로운 나로 나아가기 위한 과정의 일부분이기 때문에 고통을 피하거나 거부하기보다는 받아들이고 익히는 법을 배워야 본래적인 자기 자신으로 찾아갈 수 있다는 것이다. 즉, 가슴 속의 뜨거운 소리를 들음으로써 고통을 이해할 수 있으며 이를 통해 자유와 희망을 알게 되는 것과 같은 이치이다.
　사랑이 담긴 새벽 편지를 쓰기 위해, 마르지 않는 희망을 간직하기 위해 고통을 이겨내길 바라는 화자의 상황은 일상 속에서 불안을 느끼고 죽음을 생각하는 본래적 실존으로 이르는 과정과 닮아 있다. 결국 화자는 고통에 처해 있는 상황 속에서 고통을 받아들이고 새로운 자유와 희망을 찾아가기 위해 새벽을 맞이하고 편지로 고통과 맞서는 이들에게 사랑을 전달함을 알 수 있다.

곽재구의 1980년대 시편의 특징

　1980년대 당시 현실적 경험을 우위에 두고 있는 시들은 보편적 정서를 형상화하거나 개별 존재가 지닌 보편성과 특수성을 민중적 상상력과 창조적 감성으로 형상하고 있었다. 이러한 경향의 시들은 정서적 기능을 충분히 활용하여 정서적 공감을 획득하고 있다. 특히 민중적 상상력과 창조적 감성은 시적 대상을 구체적이고 생동감 있게 형상화하는데 기여하였다.
　곽재구가 1980년대에 생산한 시들에 형상화된 서정은 당대 현실을 연구하여 획득한 민중의식과 민중적 삶에 대한 애정, 역사적 인식을 통한 과거의 교훈과 부정적 현실에 대한 비판적 지성을 기초에 깔고 있었다. 특히 당대 현실을 연구하여 민중적 상상력과 창조적 감성을 발휘한 시들은 당대에 생산된 시들의 모범이 될 만한 시적 성취를 거두었다.

STEP 05 나BS 실전 문제

다음 글을 읽고 물음에 답하시오.

(가)

매운 계절(季節)의 채찍에 갈겨
마침내 북방(北方)으로 휩쓸려 오다.

하늘도 그만 지쳐 끝난 ㉠ 고원(高原)
서릿발 칼날진 그 위에 서다.

어데다 무릎을 꿇어야 하나
한 발 재겨 디딜 곳조차 없다.

이러매 눈 감아 생각해 볼 밖에
겨울은 ㉡ 강철로 된 무지갠가 보다.

– 이육사, 「절정」 –

(나)

모든 것은 나의 안에서
물과 피로 육체를 이루어 가도,

너의 밝은 은(銀)빛은 ㉢ 모나고 분쇄(粉碎)되지 않아,

드디어 무형(無形)하리만큼 부드러운
나의 꿈과 사랑과 나의 비밀을,
살에 박힌 파편(破片)처럼 쉬지 않고 찌른다.

모든 것은 연소(燃燒)되고 취(醉)하여 ㉣ 등불을 향하여도,
너만은 물러 나와 호올로 눈물을 맺는 달밤……

너의 차가운 ㉤ 금속성(金屬性)으로
오늘의 무기를 다져 가도 좋을,

그것은 가장 동지적(同志的)이고 격렬한 싸움!

– 김현승, 「양심의 금속성」 –

(다)

새벽에 깨어나
반짝이는 별을 보고 있으면
이 세상 깊은 어디에 마르지 않는
사랑의 샘 하나 출렁이고 있을 것만 같다
고통과 쓰라림과 목마름의 정령들은 잠들고
눈시울이 붉어진 인간의 혼들만 깜박이는
아무도 모르는 고요한 그 시각에
아름다움은 새벽의 창을 열고
우리들 가슴의 깊숙한 뜨거움과 만난다
다시 고통하는 법을 익히기 시작해야겠다
이제 밝아 올 아침의 자유로운 새소리를 듣기 위하여
따스한 햇살과 바람과 라일락 꽃 향기를 맡기 위하여
진정으로 진정으로 너를 사랑한다는 한마디
새벽 편지를 쓰기 위하여
새벽에 깨어나
반짝이는 별을 보고 있으면
이 세상 깊은 어디에 마르지 않는
희망의 샘 하나 출렁이고 있을 것만 같다.

– 곽재구, 「새벽 편지」 –

01. (가)~(다)의 공통점으로 가장 적절한 것은?

① 지향하는 삶에 대한 의지가 드러나 있다.
② 갈등에 대한 포용과 조화를 강조하고 있다.
③ 대상과 일체가 되려는 화자의 소망이 담겨있다.
④ 나약한 자신에 대한 반성적 태도가 나타나 있다.
⑤ 자연으로부터 올바른 삶의 교훈을 이끌어내고 있다.

02. 〈보기〉를 참조하여 ㉠~㉤을 이해한 내용으로 적절하지 않은 것은?

〈보기〉

시어는 시인이 주제를 형상화하기 위해 치밀한 의도를 가지고 쓴 것으로, 일반 사람의 보편적 상식과는 상반된 의미로 해석되는 경우가 있다.

---

① ㉠ : '고원'은 높은 곳이라는 긍정적 속성과 달리 화자가 더 이상 나아갈 수 없는 한계의 공간을 의미한다.
② ㉡ : '강철'은 꺾이지 않는다는 긍정적 속성과 달리 화자가 처한 상황을 수용하고자 하는 태도를 의미한다.
③ ㉢ : '모나고'는 둥글지 못하고 까다롭다는 부정적 의미와 달리 화자의 내면에 미치는 긍정적 자극을 의미한다.
④ ㉣ : '등불'은 밝음이라는 긍정적 속성과 달리 화자를 유혹하는 세속적 욕망을 의미한다.
⑤ ㉤ : '금속성'은 냉혹하다는 부정적 속성과 달리 화자가 가질 양심이 엄정해야 함을 의미한다.

03. 〈보기〉와 같이 (다)를 재구성하여 감상한 내용으로 적절하지 <u>않은</u> 것은?

<보기>

밤		새벽		아침
험한 세상	➡	희망	➡	이상 세계

① '고통과 쓰라림과 목마름의 정령들'은 험한 세상을 살아가는 사람들이겠군.
② '새벽의 창을 열고'는 새로운 희망이 시작되는 것을 의미하겠군.
③ '다시 고통하는 법을 익히기 시작해야겠다'는 새벽에서 다시 밤으로 돌아가 새롭게 시작해 보고 싶은 바람이겠군.
④ '따스한 햇살과 바람과 라일락 꽃 향기를 맡기 위하여'에서 이상 세계의 모습을 감각적으로 보여주었군.
⑤ '희망의 샘 하나 출렁이고 있을 것만 같다'에서 밤의 고통이 해소되기 바라는 마음을 표현했겠군.

다음 글을 읽고 물음에 답하시오.

(가)

㉠ 꽃바람 꽃바람
마을마다 훈훈히
불어 오라

복사꽃 살구꽃
화안한 속에
구름처럼 꽃구름 꽃구름
화안한 속에

꽃가루 흩뿌리어
마을마다 진한
꽃 향기 풍기여라

치위*와 주림에 시달리어
한겨우내- 움치고 떨며
살어 나온 사람들……

서러운 얘기
서러운 얘기
다아

까맣게 잊고

꽃향에 꽃향에
취하여
아득하니 꽃구름 속에
쓸어지게* 하여라

나비처럼
쓸어지게 하여라

- 박두진, 「꽃구름 속에」 -

*치위 : 추위.
*쓸어지게 : 쓰러지게.

(나)

새벽에 깨어나
반짝이는 별을 보고 있으면
이 세상 깊은 어디에 마르지 않는
사랑의 샘 하나 출렁이고 있을 것만 같다
㉡ 고통과 쓰라림과 목마름의 정령들은 잠들고
눈시울이 붉어진 인간의 혼들만 깜박이는
아무도 모르는 고요한 그 시각에
아름다움은 새벽의 창을 열고
우리들 가슴의 깊숙한 뜨거움과 만난다
다시 고통하는 법을 익히기 시작해야겠다
이제 밝아 올 아침의 자유로운 새소리를 듣기 위하여
따스한 햇살과 바람과 라일락 꽃향기를 맡기 위하여
진정으로 진정으로 너를 사랑한다는 한마디
새벽 편지를 쓰기 위하여
새벽에 깨어나
반짝이는 별을 보고 있으면
이 세상 깊은 어디에 마르지 않는
희망의 샘 하나 출렁이고 있을 것만 같다.

- 곽재구, 「새벽 편지」 -

04. (가)와 (나)의 공통점으로 가장 적절한 것은?

① 동일한 시구를 반복하여 시적 의미를 강조하고 있다.
② 설의적 표현을 사용하여 화자의 정서를 부각하고 있다.
③ 명령형 어미를 활용하여 화자의 소망을 표출하고 있다.
④ 화자의 시선 이동에 따라 시상이 점층적으로 강조되고 있다.
⑤ 반어적 표현을 통해 화자의 심정을 효과적으로 드러내고 있다.

05. 〈보기〉를 바탕으로 (가)와 (나)를 감상한 내용으로 적절하지 <u>않은</u> 것은?

<보기>

　시에서 시상은 시적 대상에 대한 화자의 태도를 중심으로 드러나기도 하고, 화자 자신의 이야기를 중심으로 전개되기도 한다. (가)는 고달픈 현실을 견뎌 온 대상에 대한 화자의 태도를 중심으로, (나)는 고달픈 현실에 직면해 있는 화자의 행위를 중심으로 시상을 전개하고 있다. 특히 이러한 시상의 전개는 '시간'과 긴밀하게 연결되어 전체적인 시의 분위기를 형성하고 있다.

① (가)에서 '서러운 얘기'를 '잊고' '꽃향에' '취하여' '쓸어지게 하여라'는 것에서는 시적 대상이 지나온 시간을 잊고 '꽃구름 속에' 안기기를 바라는 화자의 태도가 드러나는군.
② (나)에서 '이 세상'에 '희망의 샘 하나 출렁이고 있을 것만 같다'는 것에서는 고달픈 현실에서 벗어날 수 있을 것이라는 화자의 기대가 드러나 있군.
③ (가)에서 '한겨우내'는 시적 대상이 견뎌 온 고달픈 현실을 드러내는 시간이고, (나)에서 '새벽'은 '별'을 보며 '희망'을 기대하는 시간이군.
④ (가)에서 화자는 시적 대상이 '서러운 얘기' '다아 까맣게 잊기'를 바라고 있고, (나)에서 화자는 '고통하는 법을 익히기 시작해야겠다'며 의지를 보이고 있군.
⑤ (가)에서 '마을마다' '꽃가루'가 '흩뿌'린다는 것은 시적 대상의 고달픔을 부각하고 있고, (나)에서 '아침'에 '자유로운 새소리'를 들으려 하는 것은 화자가 희망을 지향하고 있음을 드러내고 있군.

06. ㉠과 ㉡에 대한 설명으로 가장 적절한 것은?

① ㉠에는 도시적 이미지가, ㉡에는 향토적 이미지가 나타난다.
② ㉠에는 하강의 이미지가, ㉡에는 상승의 이미지가 나타난다.
③ ㉠에는 동적인 이미지가, ㉡에는 정적인 이미지가 나타난다.
④ ㉠에는 애상적 이미지가, ㉡에는 환상적 이미지가 나타난다.
⑤ ㉠에는 수직적 이미지가, ㉡에는 수평적 이미지가 나타난다.

다음 글을 읽고 물음에 답하시오.

(가)

ⓐ <u>푸른 산이 흰 구름을 지니고 살 듯</u>
내 머리 위에는 항상 푸른 하늘이 있다.

하늘을 향하고 산림처럼 두 팔을 드러낼 수 있는 것이 얼마나 숭고한 일이냐.

두 다리는 비록 연약하지만 젊은 산맥으로 삼고
부절히 움직인다는 둥근 지구를 밟았거니…….

푸른 산처럼 든든하게 지구를 디디고 사는 것이 얼마나 기쁜 일이냐.

뼈에 저리도록 생활은 슬퍼도 좋다.
저문 들길에 서서 푸른 별을 바라보자.

푸른 별을 바라보는 것은 하늘 아래 사는 거룩한 나의 일과이거니…….

- 신석정, 「들길에 서서」 -

(나)

가난이야 한낱 남루(襤褸)에 지나지 않는다.
저 눈부신 햇빛 속에 갈매빛의 등성이를 드러내고 서 있는
<u>여름 산</u> 같은
우리들의 타고난 살결, 타고난 마음씨까지야 다 가릴 수 있으랴.

청산(靑山)이 그 무릎 아래 지란(芝蘭)*을 기르듯
우리는 우리 새끼들을 기를 수밖엔 없다.

목숨이 가다가다 농울쳐* 휘어드는
ⓑ <u>오후의 때가 오거든,</u>
내외들이여, 그대들도
더러는 앉고
더러는 차라리 그 곁에 누워라.

지어미는 지아비를 물끄러미 우러러보고,
지아비는 지어미의 이마라도 짚어라.

어느 가시덤불 쑥구렁에 놓일지라도
우리는 늘 ⓒ <u>옥돌같이 호젓이 묻혔다고 생각할 일이요,</u>
청태(靑苔)*라도 자욱이 끼일 일인 것이다.

- 서정주, 「무등을 보며」 -

*지란 : 영지와 난초.
*농울쳐 : 기운을 잃고 풀이 꺾이어.
*청태 : 푸른 이끼.

(다)

새벽에 깨어나

반짝이는 별을 보고 있으면,

이 세상 깊은 어디에 마르지 않는

사랑의 샘 하나 출렁이고 있을 것만 같다.

고통과 쓰라림과 목마름의 ⓓ 정령들은 잠들고

눈시울이 붉어진 인간의 혼들만 깜박이는

아무도 모르는 고요한 그 시각에

아름다움은 새벽의 창을 열고

우리들 가슴의 깊숙한 뜨거움과 만난다.

㉠ 다시 고통하는 법을 익히기 시작해야겠다.

이제 밝아 올 아침의 자유로운 ⓔ 새 소리를 듣기 위하여

따스한 햇살과 바람과 라일락 꽃 향기를 맡기 위하여

진정으로, 진정으로 너를 사랑한다는 한 마디

새벽 편지를 쓰기 위하여

새벽에 깨어나

반짝이는 별을 보고 있으면,

이 세상 깊은 어디에 마르지 않는

희망의 샘 하나 출렁이고 있을 것만 같다.

- 곽재구, 「새벽 편지」 -

07. (가)~(다)의 공통점으로 알맞은 것은?

① 현실의 모순을 풍자적으로 비판하고 있다.

② 대상의 인상을 사실적으로 묘사하고 있다.

③ 시적 화자의 감정을 직설적으로 표현하고 있다.

④ 삶에 대한 긍정적인 태도와 자세가 드러나 있다.

⑤ 현실과 이상 사이에서 방황하는 모습을 보여주고 있다.

08. 시적 상황을 고려할 때, (가)와 (다)의 화자가 나눈 대화 내용으로 적절하지 <u>않은</u> 것은?

① (가) : 당신도 저처럼 힘겨운 현실에 처해 있군요.

② (다) : 네. 힘든 현실에 대한 생각마저도 우리는 비슷한 것 같아요.

③ (가) : 당신에게 새벽은 새로운 삶의 의미를 발견하는 시간이네요.

④ (다) : 그렇게 본다면 저문 들길이나 새벽은 우리에게 의미 있는 시간인 것 같아요.

⑤ (가) : 네, 현실을 떠나보니 이렇게 마음 편한 세상이 있다는 걸 새롭게 알았습니다.

09. (나)에 대한 감상문을 쓰기 위해 〈보기〉와 같이 자료를 수집하였다. 이를 바탕으로 작품을 감상한 내용이 적절하지 <u>않은</u> 것은?

───〈보기〉───

• 발표 연도 : 1954년

• 창작 배경 소개

　　6·25 전쟁 후 몇 년 동안 시인은 광주에서 기거하며 조선 대학교에서 교편을 잡고 있었다. 전쟁의 상처가 가시지 않아 그 당시 대학 교수에 대한 처우는 말이 아닐 정도였다. 모두 궁핍하던 때인 만큼 끼니를 굶은 적이 한두 번이 아니었다. 시인은 물질적 궁핍 속에서, 크고 의젓하고 언제나 변함없는 무등산을 보며 이 시를 썼다.

① 발표 연대로 보아, '남루'는 물질적 궁핍의 상황과 관련지어 읽을 수 있어.

② '타고난 살결'은 6·25 전쟁 이후에 극도로 가난한 화자의 상황을 의미하는 것 같아.

③ '갈매빛의 등성이'를 보며 시인은 자신의 헐벗은 처지를 떳떳하게 생각한 것 같아.

④ '청산(靑山)'은 변함없이 의젓한 무등산을 의미하는데 시인은 이를 보며 정신적 자세를 가다듬은 것 같아.

⑤ '청태(靑苔)'는 어려운 현실 속에서도 지켜야 할 고귀한 정신적 가치를 상징하는 것 같아.

10. ㉠에 나타난 시적 화자의 태도와 가장 유사한 것은?

① 행여 백조(白鳥)가 오는 날,

　이 물가 어지러울까,

　나는 밤마다 꿈을 덮노라.

　　　　　　　　　- 김광섭, 「마음」 -

② 나 보기가 역겨워

　가실 때에는

　말없이 고이 보내 드리오리다.

　　　　　　　　　- 김소월, 「진달래꽃」 -

③ 청(靑)무우 밭인가 해서 내려갔다가는

　어린 날개가 물결에 절어서

　공주처럼 지쳐서 돌아온다.

　　　　　　　　　- 김기림, 「바다와 나비」 -

④ 지금 눈 내리고

　매화 향기 홀로 아득하니

　내 여기 가난한 노래의 씨를 뿌려라.

　　　　　　　　　- 이육사, 「광야」 -

⑤ 꿈을 아느냐 네게 물으면,

　플라타너스

　너의 머리는 어느덧 파아란 하늘에 젖어 있다.

　　　　　　　　　- 김현승, 「플라타너스」 -

11. ⓐ~ⓔ에서, 여름 산의 함축적 의미와 유사한 것끼리 묶인 것은?

① ⓐ, ⓑ, ⓒ　　② ⓐ, ⓒ, ⓔ　　③ ⓐ, ⓓ, ⓔ

④ ⓑ, ⓒ, ⓓ　　⑤ ⓑ, ⓓ, ⓔ

19 신경림, 폐촌행(廢村行)

STEP 01 OX 문제를 통한 지문 이해 훈련

나BS 수능특강 | **현대문학**

떨어져 나간 대문짝
안마당에 복사꽃이 빨갛다
가마솥이 그냥 걸려 있다
벌겋게 녹이 슬었다

잡초가 우거진 부엌 바닥
아무렇게나 버려진 가계부엔
콩나물값과 친정어머니한테 쓰다 만
편지

빈집 서넛 더 더듬다가
폐광을 올라가는 길에서 한 늙은이 만나
동무들 소식 물으니
서울 내 사는 데서 멀지 않은
산동네 이름 두어 곳을 댄다

OX문제

01 공간의 이동을 통해 주어진 삶에 순응해야 함을 드러내고 있다. [2020학년도 6월]   (O / X)
02 색채어를 활용하여 시적 대상의 아름다움을 감각적으로 형상화하고 있다. [2018학년도 6월]   (O / X)
03 의도적으로 변형한 시어를 통해 현실 극복 의지를 드러내고 있다. [2020학년도 6월]   (O / X)
04 '산동네'는 폐촌을 떠난 사람들이 여전히 변변치 못한 생활을 하고 있음을 짐작하게 한다.   (O / X)
05 화자는 자신이 살았던 폐촌에 돌아와 과거를 회상하고 있다.   (O / X)

STEP 02 지문 분석

떨어져 나간 대문짝
폐촌(파괴되어 황폐한 마을)의 모습을 단적으로 보여줌.

안마당에 복사꽃이 **빨갛다**
복숭아꽃

가마솥이 그냥 걸려 있다
밥을 짓는 가마솥을 사용하지 않음.
→ 더 이상 사람이 살지 않음을 암시

벌겋게 녹이 슬었다

■ : 동일 색채어의 반복
→ 인적이 끊긴 지 오래된 폐촌의 모습을 효과적으로 표현함.

1연 : 폐촌의 더 이상 사람이 살지 않는 집을 바라봄.

잡초가 우거진 **부엌 바닥**

아무렇게나 버려진 **가계부**엔
폐촌이 되기 전에는 평범한 일상을 살던 곳이었음.

□ : 화자의 공간 이동

콩나물값과 친정어머니한테 쓰다 만

편지
시어 하나만으로 행을 구성하여 시상을 집약함.
→ 편지 주인의 사연에 더욱 몰입할 수 있도록 함.

2연 : 폐가의 안으로 들어와 그 사연을 더욱 가까운 곳에서 느껴봄.

빈집 서넛 더 더듬다가
여러 집을 둘러보며 각각의 사연에 공감하려고 한 화자

폐광을 올라가는 길에서 한 늙은이 만나

동무들 소식 물으니
세상에 밀린 애처로운 처지의 사람들

서울 내 사는 데서 멀지 않은
화자

산동네 이름 두어 곳을 댄다
폐촌을 떠난 사람들이 모여 사는 곳

3연 : 폐광으로 가며 폐촌 사람들의 사연과 행방을 짐작해 봄.

시어 시구 풀이

떨어져 나간 대문짝 → 스산한 이미지로 시를 시작하며 앞으로의 시상 전개가 부정적일 것임을 암시함.

잡초가 우거진 부엌 바닥 → '부엌'은 살림의 터전이라고 할 수 있음. 안마당뿐만 아니라 삶의 터전인 '부엌'의 바닥까지 잡초가 우거졌다는 것은, 이곳에 사람의 손길이 닿지 않은 지 오래됐다는 의미임.

아무렇게나 버려진 가계부엔 / 콩나물값 → 콩나물은 값비싼 식재료가 아니며 비교적 저렴한 가격에 구입할 수 있음. 이렇듯 작은 지출까지 꼼꼼히 기록하던 가계부가 '아무렇게나' 버려졌다는 것은 피치 못할 사정으로 이곳을 급하게 떠나야 했던 집주인의 처지를 짐작하게 함.

친정어머니한테 쓰다 만 / 편지 → 무슨 이유로 편지를 다 쓰지 않았는지는 알 수 없음. 생활이 여의치 못해 편지를 쓰다 만 것일 수도 있고, 급히 폐촌을 떠나야 해서 차마 편지를 다 쓰지 못한 것일 수도 있음. 독자로 하여금 편지를 쓰던 사람의 기구한 사연을 상상하도록 함.

폐광 → 광물을 캐내는 일이 중지된 광산. 이전에는 '폐촌'의 사람들이 광산을 통해 생계를 유지했을 것임을 짐작하게 함. 사람들이 '폐촌'을 두고 떠난 이유도 광산이 닫힌 것과 연관이 있음을 암시함.

한 늙은이 → '폐촌'에 남아있는 사람은 젊은 세대가 아닌 노년층이며 그 또한 다수가 아닌 소수만이 남아 있음. 젊은 세대가 남아 있지 않아 더 이상 생산 활동이 불가능한 폐촌의 모습을 상징함.

산동네 → 산등성이나 산비탈 따위의 높은 곳에 가난한 사람들이 모여 사는 동네. '폐촌'에 있던 사람들은 살아가기 위해 이곳을 떠났으나, 지금 정착한 곳마저도 변변치 못한 가난한 동네라는 점에서 더욱 여운을 느끼게 함.

STEP 03 작품 해제

01 | 주제

폐촌을 둘러보며 느끼는 쓸쓸함과 연민

02 | 특징

① 사람이 떠난 폐촌을 바라보며 그 사연을 짐작하는 대상 중심의 시
② 화자의 정서를 직접적으로 표현하지 않으며 비교적 무덤덤한 어조로 관조함.
③ 공간의 이동에 따라 시상을 전개함.

03 | 작품 해제

'폐촌'이라는 것은 파괴되어 황폐한 마을을 가리킨다. 즉, 시의 화자는 한 폐촌으로 가서, 더 이상 사람이 살지 않는 마을을 둘러보고 있는 것이다. 이 시는 화자의 이동에 따라 시상이 전개된다. 화자는 폐촌을 돌아다니는데, 1연에서는 폐촌에 있는 한 집의 '안마당', 2연에서는 그 집의 '부엌', 3연에서는 '폐광을 올라가는 길'에 위치해 있다. 1연에서 화자는 한 가정이 살았던 폐가를 '안마당'에서 멀리 관망하고, 2연에서는 직접 '부엌'으로 들어가 그 자세한 사연을 들여다보며 가슴 깊이 공감한다. 3연에서는 폐촌 사람들의 삶의 터전이었던 '폐광'으로 가는 길로 옮겨 가, 특정한 한 가정분만 아니라 폐촌 사람들 모두의 사연에 주목하게 된다.

STEP 04 논문으로 만나는 출제자의 시선

신경림의 비판적 의식

신경림은 1960년대에 들어서서 근대화가 진정한 공동체를 형성시켜 나가는 것과는 거리가 멀다고 생각하였다. 그래서 그는 진정한 공동체적 삶이 어떤 것인가를 물으면서, 시를 통해 그 물음에 대한 대답을 찾으려고 하였다. 그는 근대화에 대한 비판적 시각을 드러내며 진정으로 추구해야 할 가치가 무엇인지에 집중하려고 애썼다. 1960년대 중반에서 1980년대에 이르는 시기에 발표되었던 신경림의 시들에서, 그의 이러한 경향성을 찾아볼 수 있다. 주로 시집 『농무』와 『가난한 사랑 노래』에 실려 있는 시들에서 드러나는 도시적 삶에 대한 비판적 태도도 시인의 그런 공동체적 삶의 추구와 깊이 관련되어 있었다. 그는 시에서 근대화와 도시화에 비판적인 태도를 유지하면서, 이에 마주한 우리들이 어떻게 살아가야 하는지를 질문하며 사고하게 하였다.

신경림 문학 속의 농촌

1960-70년대 압축적인 근대화의 결과로 인한 지역 불균형과 이농(농민이 농촌을 떠남)·유민(일정한 거처 없이 떠돌아다니는 사람) 현상에 대한 촌민의 심리 양상은 시집 『농무』와 『새재』에 잘 드러나 있었다. 시집 속의 농촌은 근대화의 과정에서 장소의 진정성이 붕괴되거나 그것이 인식·자각·성찰되는 공간이었다. 농촌은 무엇보다 장소에 대한 진정하지 못한 태도, 즉 무(無)장소성이 경험되는 공간이었다. 시 「실명」의 시적 화자는 자본·권력이 조장한 지역 불균형 현상에 의해 무장소성을 경험한 획일적·평균적이고 단순한 존재였다. 이러한 농촌의 무장소성은 신경림의 문학에서 성찰의 대상이 된다는 점에서 문제적이었다. 시 「각설이」의 시적 화자는 자신이 뿌리 뽑힌 자 혹은 무장소적인 비실존적 존재임을 인식·자각했고, 시 「군자에서」의 시적 화자는 뿌리 뽑힌 존재임을 인식·자각하는 데에서 좀 더 나아가 실존성을 지님을 보여줬다.

신경림 문학 속의 농촌은 역사적 차별화, 양면적인 체험, 그리고 실존성을 보여주는 공간으로 형상화된다는 점에서 당대의 지배적인 이념에 휩쓸리지 않는 독특한 공간성을 드러낸다. 이러한 농촌 인식은 당대를 살아가는 인간의 다양한 삶을 생생하게 다루는 문학적인 특성을 이루는 데에 있어서 중요한 역할을 하는 것이다.

날로 기우듬해 가는 마을 회관 옆
청솔 한 그루 꼿꼿이 서 있다.

한때는 **앰프** 방송 하나로
집집의 새앙쥐까지 깨우던 회관 옆,
그 둥치의 터지고 갈라진 아픔으로
푸른 눈 더욱 못 감는다.

그 회관 들창 거덜 내는 댓바람 때마다
청솔은 또 한바탕 노엽게 운다.
거기 술만 취하면 **앰프**를 켜고
천둥산 박달재를 울고 넘는 이장과 함께.

생산도 새마을도 다 끊긴 궁벽, 그러나
저기 난장 난 비닐하우스를 일으키다
그 청솔 바라보는 몇몇들 보아라.

그때마다, 삭바람마저 빗질하여
서러움조차 잘 걸러 내어
푸른 숨결을 풀어내는 청솔 보아라.

나는 희망의 노예는 아니거니와
까막까치 얼어 죽는 이 아침에도
저 동녘에선 **꼭두서니***빛 타오른다.

*꼭두서니 : 꼭두서닛과의 여러해살이 덩굴풀. 어린잎은 식용하고 뿌리는 붉은색 염료로 씀.

OX문제

01	자연물에 인격을 부여하여 대화의 상대로 삼고 있다. [2017학년도 수능]	(O / X)
02	청각적 이미지를 사용하여 대상이 지닌 슬픔을 표현하고 있다. [2013학년도 6월]	(O / X)
03	5연의 '푸른 숨결'과 6연의 '꼭두서니빛'은 희망적인 분위기를 상징한다.	(O / X)
04	2연~3연의 '앰프'는 과거에서부터 현재까지 농촌이 번성하고 있음을 보여준다.	(O / X)
05	명령적 어조를 활용하여 화자의 강한 의지를 표출한다. [2013학년도 수능]	(O / X)

시어 시구 풀이

날로 기우듬해 가는 마을 회관 옆
쇠락해 가는 농촌의 현실

청솔 한 그루 꼿꼿이 서 있다.
소나무 : 기울어 가는 마을 회관과 대비 → 의연함

1연 : 퇴락해 가는 농촌 마을에 꼿꼿이 서 있는 청솔

「한때는 앰프 방송 하나로
과거 농촌의 활기를 상징

집집의 새앙쥐까지 깨우던 회관」 옆,
「 」: 농촌의 번성했던 과거 모습

쇠락한 농촌의 모습에 아파하는 모습

그 둥치의 터지고 갈라진 아픔으로
나무(청솔)의 밑동

푸른 눈 더욱 못 감는다.
농촌에 대한 안타까움과 걱정 / 의인법

2연 : 화려했던 과거와 달리 초라해진 현재의 농촌

그 회관 들창 거덜 내는 댓바람 때마다
창문   농민들을 고통스럽게 하는 요소   ■ : 농촌을 쇠락하게 하는 시련과 고난 상징

청솔은 또 한바탕 노엽게 운다.
농민들의 울분에 공감함 / 의인법, 감정 이입, 청각적 심상

거기 술만 취하면 앰프를 켜고
이장이 서러움을 표출하는 사물

천둥산 박달재를 울고 넘는 이장과 함께.
현실에 지쳐 부르는 슬픈 노래   쇠락한 농촌 상징

3연 : 이장과 함께 어려운 현실을 견디는 청솔

생산도 새마을도 다 끊긴 궁벽, 그러나
매우 으슥한 곳   □ : 시상의 전환(암울한 분위기 → 희망적인 분위기)

저기 난장 난 비닐하우스를 일으키다
뒤죽박죽

그 청솔 바라보는 몇몇들 보아라.
희망을 찾으려는 사람들   ■ : 명령적 어조 → 농민들과 청솔의 긍정적 전망, 의지적 태도를 반복하여 강조함

4연 : 어려운 현실을 극복해 보려는 사람들의 의지

날로 기우듬해 가는 마을 회관 옆 / 청솔 한 그루 꼿꼿이 서 있다. → 농촌이 점점 쇠락해 가는 모습을 마을 회관이 기우듬해 간다고 표현하고 있음. 마을 회관 옆에 꼿꼿이 선 청솔은 기울어 가는 마을 회관과 대비되는 존재로, 시련과 고난에 굴하지 않는 의연함을 보여줌.

한때는 앰프 방송 하나로 / 집집이 새앙쥐까지 깨우던 회관 옆, → 마을 회관의 큰 앰프 방송으로 사람들에게 소식을 전하며 활기차고 번성했던 시절의 과거 농촌 모습을 집집마다의 생쥐까지 깨웠다는 표현으로 나타내고 있음. 이는 현재의 쇠락한 농촌 현실과의 대비를 보여줌.

그 회관 들창 거덜 내는 댓바람 때마다~천둥산 박달재를 울고 넘는 이장과 함께. → 댓바람이 마을 회관의 창문을 부술 때마다 청솔은 농민의 고통과 울분에 공감하듯이 노엽게 욺. 이는 청솔이 쇠락한 농촌의 현실에 지쳐 번영과 활기를 상징했던 앰프를 켜고, 과거를 그리워하며 슬픈 노래를 부르는 이장과 자신을 동병상련의 처지로 인식하는 것으로 볼 수 있음.

생산도 새마을도 다 끊긴 궁벽, 그러나~몇몇들 보아라. → 도시화로 인해 퇴락해 가는 삭막한 농촌에서도 뒤죽박죽이 된 비닐하우스를 일으키며 이겨 내고 희망을 찾는 농민들을 보라고 함으로써, 노력으로 이루어낼 수 있는 현실 극복에 대한 의지를 강조하고 있음.

그때마다, 삭바람마저 빗질하여
　　　　　찬 바람　　　　청솔이 빗질하여(의인법)

서러움조차 잘 걸러 내어
슬픔을 이겨내는 / 추상적 관념의 구체화

푸른 숨결을 풀어내는 청솔 보아라.
현실 극복의 의지 / 시각적 이미지

5연 : 시련을 견디며 푸르게 서 있는 청솔

나는 희망의 노예는 아니거니와
　　　　희망이라는 목적에 얽매인 사람

까막까치 얼어 죽는 이 아침에도
　　　　극한의 현실

저 동녘에선 꼭두서니빛 타오른다.
　　　아침에 떠오르는 붉은빛 : 희망의 빛

6연 : 어려운 상황에서도 희망을 잃지 않음

그때마다, 삭바람마저 빗질하여~푸른 숨결을 풀어내는 청솔 보아라. → 시련과 고난, 슬픔을 삭이고 버텨 내며 생명력(푸른 숨결)을 발산하는 청솔의 모습을 표현하고 있음. 이는 청솔의 의지적 모습과 현실 극복의 의지를 시각적 이미지로 나타냈다고 볼 수 있음.

나는 희망의 노예는 아니거니와 → 화자가 희망에 얽매인 사람은 아니지만 이어지는 내용을 통해 아침에 꼭두서니빛이 타오르는 듯이 희망적인 미래가 올 것이라고 생각함.

꼭두서니 → 꼭두서닛과의 여러해살이 덩굴풀. 어린 잎은 식용하고 뿌리는 붉은색 염료로 씀.

까막까치 얼어 죽는 이 아침에도 / 저 동녘에선 꼭두서니빛 타오른다. → 까마귀와 까치가 얼어 죽을 만큼의 극한의 현실에도 아침에는 동녘에서 해가 떠오르듯이, 어려움 속에서도 잃지 않는 희망을 '꼭두서니빛'으로 표현하고 있음. 이는 긍정적 상황의 도래에 대한 믿음을 의미함. 참고로, '꼭두서니'는 덩굴풀 중의 하나로, 붉은색을 내는 물감의 원료로 쓰임. 즉, '꼭두서니빛'은 아침에 해가 뜰 때의 붉은 빛을 표현한 것임.

STEP 03 작품 해제

01 | 주제

힘겨운 농촌의 현실과 이를 극복하려는 희망

02 | 특징

① 마을회관 옆 청솔을 바라보는 사람들을 나타내는 대상 중심의 시
② 의인법을 사용하여 대상과의 일체감을 부여함.
③ 다양한 감각적 이미지가 등장하며, 색채 이미지를 사용하여 희망적인 분위기를 부각함.
④ 명령형 어조로 현실 극복 의지를 드러냄.

03 | 작품 해제

이 시는 추사 김정희의 그림 「세한도」를 중심 사상으로 삼아 가난한 농촌 마을이 겪는 세한(한겨울의 추위)의 풍경을 형상화한 작품이다. 시에서 날로 기울어져 가는 마을 회관은 상처투성이인 농촌 현실을 나타낸다. 그러나 이러한 현실 속에서 농민들은 절망과 체념의 상태에만 머물러 있지 않고 있다. '난장 난 비닐하우스'를 세우며 그들은 '청솔'을 바라보고 있는데, '청솔'은 현실을 극복하고자 하는 의지를 상징한다. 시인은 '삭바람'마저 빗질하여 서러움도 걸러내는 힘을 지닌 '청솔'의 이미지를 동녘에서 타오르는 '꼭두서니빛'으로 연결해 어려운 상황에서도 희망이 도래할 것임을 보여 주고 있다.

STEP 04 논문으로 만나는 출제자의 시선

고재종과 농촌 사회

고재종은 농촌 현실에 대한 비관적인 인식에 바탕으로 비극적 형상화에 몰두하여, 우리나라 농촌 현실에서 가장이 농사를 짓는 것으로는 한 가족의 생계를 꾸리고 자식들 공부시키기가 어렵다는 내용을 전한다. 게다가 농약 살포에 따른 피해까지 입고 있으니 농민 시인으로서 농촌의 현실에 대해 낙담하고 상심하는 내용으로 시를 썼던 것은 어찌 보면 당연한 일이었다. 고재종의 시는 농촌의 온갖 풍속과 풍물, 농민들의 일상적인 삶의 과정과 내력, 그리고 자연을 함께 노래하면서도 그것을 비판적 현실 인식의 그물 속에 짜 넣는다. 즉 그는 우리 농촌 사회가 안고 있는 현실적인 문제들에 대해 깊이 통찰하는 가운데, 농촌의 정경과 농민의 생활상을 적절히 섞어놓고 있다. 특히 농민의 울분을 압축적으로 형상화하고 있는 시는 그의 시 세계를 집약적으로 드러낸다.

고재종의 시적 정서는 대체로 복합적이다. 서러움과 따뜻함, 그리고 노여움이 한데 어우러져 있는데, 이 복합적 감정은 분명 모순적이다. 그러나 그 모순의 감정들은 사실 한 몸의 것들이다. 농촌의 현실을 감싸 안으며 살아갈 수밖에 없는 처지에서 보면 이는 어쩌면 너무나 당연한 일이며, 이 복합적이고 모순된 감정들은 여러 감각적 심상 혹은 이미지의 대비라는 독특한 시적 기법으로 표현되고 있다.

21 장석남, 궁금한 일-박수근의 그림에서

STEP 01 OX 문제를 통한 지문 이해 훈련

인쇄한 박수근 화백 그림을 하나 사다가 걸어놓고는 물끄러미 그걸 치어다보면서 나는 그 그림의 제목을 여러 가지로 바꾸어보곤 하는데 원래 제목인 '강변'도 좋지마는 '할머니'라든가 '손주'라는 제목을 붙여보아도 가슴이 알알한 것이 여간 좋은 게 아닙니다. 그러다가는 나도 모르게 한 가지 장면이 떠오릅니다. 그가 술을 드시러 저녁 무렵 외출할 때에는 마당에 널린 빨래를 걷어다 개어놓곤 했다는 것입니다. 그 빨래를 개는 손이 참 커다랬다는 이야기는 참으로 장엄하기까지 한 것이어서 **성자**의 그것처럼 느껴지기도 합니다. 그는 멋쟁이이긴 멋쟁이였던 모양입니다.

그러나 또한 참으로 궁금한 것은 그 커다란 손등 위에서 같이 꼼지락거렸을 햇빛들이며는 그가 죽은 후에 그를 쫓아갔는가 아니면 이승에 아직 남아서 어느 그러한, 장엄한 손길 위에 다시 떠 있는가 하는 것입니다. 그가 마른 빨래를 개며 들었을지 모르는 뻐국새 소리 같은 것들은 다 어떻게 되었을까. 내가 궁금한 일들은 그러한 궁금한 일들입니다. 그가 가지고 갔을 가난이며 그리움 같은 것은 다 무엇이 되어 오는지…… 저녁이 되어 오는지…… 가을이 되어 오는지…… 궁금한 일들은 다 슬픈 일들입니다.

OX문제

01 동일한 종결 어미의 반복을 활용하여 리듬감을 형성하고 있다. [2020학년도 9월] (O / X)

02 활유의 기법을 사용하여 대상에 생동감을 부여하고 있다. (O / X)

03 구체적인 청자를 설정하여 자연에서 얻은 깨달음을 진술하고 있다. [2020학년도 6월] (O / X)

04 화자는 박수근 화백의 그림을 보며 그의 삶을 추측하고 있다. (O / X)

05 화자는 자신을 '성자'에 빗대어 표현하고 있다. (O / X)

시어 시구 풀이

인쇄한 박수근 화백 그림을 하나 사다가 걸어놓고는 물끄러미 그걸 치어다보면서 나는 그 그림의 제
화자의 상황 제시 - 박수근 화백의 그림을 보고 있음.

목을 여러 가지로 바꾸어보곤 하는데 『원래 제목인 '강변'도 좋지만 '할머니'라든가 '손주'라는 제목을 붙
『 』: 화자는 그림에서 배경이 되는 자연보다 '할머니'와 '손주', 즉 사람을 주목함.

여보아도 가슴이 알알한 것이 여간 좋은 게 아닙니다.』 그러다가는 나도 모르게 한 가지 장면이 떠오릅

니다. 그가 술을 드시러 저녁 무렵 외출할 때에는 마당에 널린 빨래를 걷어다 개어놓곤 했다는 것입니
박수근 화백   시적 대상의 일상적이고 가정적인 모습

다. 그 빨래를 개는 손이 참 커다랬다는 이야기는 참으로 장엄하기까지 한 것이어서 성자의 그것처럼
지혜와 덕이 매우 뛰어난 사람(성인)

느껴지기도 합니다. 그는 멋쟁이이긴 멋쟁이였던 모양입니다.
시적 대상에 대한 화자의 긍정적 평가

1행 : 박수근 그림을 보며 떠올린 그의 일화와 위대함

■ : 화백에 의해 예술로 거듭나는 자연적 요소

그러나 또한 참으로 궁금한 것은 그 커다란 손등 위에서 같이 꼼지락거렸을 햇빛들이며는 「그가 죽
시상의 전환   시의 제목에도 드러났듯이 화자가 정말로 하고 싶은 이야기가 집약됨.   활유법

은 후」에 그를 쫓아갔는가 아니면 이승에 아직 남아서 어느 그러한, 장엄한 손길 위에 다시 떠 있는가
「 」: 시적 대상의 상황 - 죽었음.   박수근 이후에도 '장엄한' 예술가가 있는지 고민하는 화자

하는 것입니다. 그가 마른 빨래를 개며 들었을지 모르는 뻐국새 소리 같은 것들은 다 어떻게 되었을까.
청각적 이미지

내가 궁금한 일들은 그러한 궁금한 일들입니다. 그가 가지고 갔을 가난이며 그리움 같은 것은 다 무엇
화자의 관심 : 박수근 화백의 일상적인 모습 → 그의 예술의 원천이었던 자연으로 확장   박수근 그림에 나왔던 일상과 인류애적 감정

이 되어 오는지…… 저녁이 되어 오는지…… 가을이 되어 오는지…… 궁금한 일들은 다 슬픈 일들입니
시적 대상의 부재에 대한 화자의 정서를 직접적으로 표현함.

다.

2행 : 박수근 화백을 따라 떠난 것들에 대한 슬픈 궁금증

인쇄한~치어다보면서 → '치어다'본다는 것은 올려보는 것을 의미함. 화자는 박수근의 그림을 어느 정도 떨어져서 물끄러미 바라보고 있음. 이와 같은 행위를 하면서 화자는 생각에 잠기는데, 화자가 몰입하게 되는 과정에 따라 시상이 전개됨.

그 그림의 제목을 여러 가지로 바꾸어보곤 하는데 → 그림의 제목을 바꾸어 보는 것은 그림에서 화자가 느낀 바, 그림을 통해 화가가 중요하게 드러내고자 하는 바를 생각해 본다는 의미임. 화자는 상상력을 통해 그림이 가지고 있는 정서, 화가가 그림을 통해 드러내려고 했던 점을 사색하고 있음.

가슴이 알알한 것 → '알알하다'는 것은 혀끝이 아리다, 쓸쓸하다는 의미 혹은 어떤 현상에 공감하거나 감동했을 때의 느낌을 말함. 여기서는 화가 박수근이 그림에서 드러낸 '가족'에 대한 감정에 화자가 깊이 공감했음을 의미함. 또한 예술가 박수근의 빈자리에서 느끼는 허전함에 대한 '알알함'으로도 볼 수 있음.

빨래를 걷어다 개어놓곤 했다는~멋쟁이였던 모양입니다. → 대체적으로 손이 크다는 것은 인자하고 덕스러운 긍정적인 이미지를 보여줌. 또한 빨래를 개는 손이 성자의 손처럼 느껴진다는 것은 일상적이고 서민적인 것과 성자가 가진 고귀하고 숭고함이 동일하다는 점을 암시함. 이 구절에서는 '손이 크다=성자=멋쟁이'의 도식으로 이어져, 일상 행위의 위대함을 드러내는 표현으로 사용되고 있음.

그가 마른 빨래를 개며 들었을지 모르는 뻐국새 소리 → 자연과 인간의 삶의 조화를 나타냄. 빨래를 개는 행위와 뻐꾹새 소리를 듣는 행위가 동시에 이뤄지는 것은 화자가 인간 삶의 일상적 행위와 자연의 아름다움이 조화를 이루고 있는 풍경을 보여주는 것임. 이는 박수근 예술의 핵심, 즉 가장 인간적인 것이 가장 아름다운 자연이라는 점을 암시함.

가난이며 그리움 → 가난과 그리움은 박수근의 작품에서 느껴지는 핵심 정서임. 이러한 정서는 화가에게뿐 아니라 화자에게도 중요한 정서임. 이는 저녁과 가을의 시간적 이미지와 연결되어 화자의 감상을 부각시키는 기능을 함.

STEP

03 작품 해제

01 | 주제

일상적 삶과 아름다운 예술의 조화가 느껴지는 박수근의 그림

02 | 특징

① 박수근의 그림을 보고 그를 떠올리며 예술과 일상의 조화를 고민하는 대상 중심의 시
② 그림을 소재로 소박하면서도 정겨운 정서를 표현함.
③ '-ㅂ니다'라는 어미를 반복하여 독자가 정서적 친근감을 느낄 수 있도록 함.

03 | 작품 해제

이 작품은 박수근 화백의 그림을 감상하다가 떠오른 상념들을 차분하게 들려주는 시이다. 화자는 혼자 그림의 제목을 바꾸어 보기도 하면서 그림에 빠져 있다가, 문득 박수근 화백의 일화를 떠올린다. 그것은 저녁 무렵 외출을 앞둔 박수근 화백이 마당에 널린 빨래를 걷어다 개어 놓곤 했다던 이야기이다. 이 시는 박수근 화백의 일화를 '할머니', '손주' 같은 제목이 어울릴 듯한 그림에 대한 이야기 바로 뒤에 배치함으로써, 박수근과 그의 그림 사이에 존재하는 소박함이나 소탈함 같은 공통점을 환기하는 효과를 거둔다. 이어 '성자', '장엄', '멋쟁이' 같은 시어들을 동원해 소박했던 박수근의 삶과 예술을 예찬한다. 한편 '그러나'부터는 시상이 전환되어 '성자'처럼 느껴졌던 박수근 화백이 죽은 것은 물론이고, 그와 함께 이 세상에 있던 '햇빛', '뻐꾹새 소리', 그림의 주제로 삼았던 '가난'이나 '그리움' 같은 애잔한 것들의 행방이 묘연하다는 사실을 생각한다. 그러면서 화자는 그것들이 지금은 다 어디로 갔고 또 무엇이 되어 오는지 궁금하다며, '궁금한 일들은 다 슬픈 일들'이라고 말한다. 이는 영원할 수 없는 존재의 한계에 대한 근원적 애상감과 통하는 것으로 이해할 수 있다.

박수근의 〈강변〉

박수근의 작품에 나타나는 계절은 대체로 이른 봄과 겨울이다. 1964년 작품인 〈강변〉에서 느껴지는 계절 감각은 이른 봄이다. 엷은 황갈색과 청록이 뿌옇게 깔려 있는 점으로 미루어 얼었던 강물이 풀리는 이른 봄의 강변 풍경임을 알 수 있다. 나무와 행인과 강아지와 강가에 머물고 있는 나룻배만이 선명하게 그 형태를 나타낼 뿐, 다른 일체는 생략되어 있다. 네 그루의 나무가 화면을 꽉 채우고 이 길과 수평으로 강물이 흐르고 그 아래로 소녀와 여인의 모습이 그려져 있다. 화면의 전개는 인물이 이동해 가는 방향에 따라 오른편으로 향한다. 왼편에 머리 땋은 소녀의 모습이 보이고, 화면 가운데는 머릿짐을 이고 가는 여인이 오른편으로 난 길로 걷고 있다. 오른편 화면 끝에는 아기를 업고 또 아이의 손을 잡고 걸어가는 늙수그레한 여인네가 이제 막 화면을 벗어날 참이다. 일종의 파노라마식으로 펼쳐지는 화면은 연령층이 갈리는 세 여인의 등장으로 여인의 생애를 암시하려고 한 의도를 읽을 수 있다. 말하자면 여자의 일생을 파노라마식의 화면 위에 펼쳐 보이려고 했던 것이 화가의 의도였을 것으로 보인다.

빨래 개는 손의 위대함

장석남 시의 중심 소재는 박수근의 그림뿐 아니라 박수근의 삶 자체이기도 하다. 예술가 박수근의 삶, 그 소박하면서도 정겨운 삶이 시의 핵심이 된다. 우선 화자는 〈강변〉이라는 그림에서 본인이 느낀 것이 할머니, 손주라고 바꿀 수도 있는 가족 간의 애잔한 정서임을 드러낸다. 결국 화가가 표현하고 싶었던 것은 강변의 풍경이 아니라, 강변을 지나고 있는 사람들이었음을 화자는 읽어낸 것이다. 그리고 여기서 그는 박수근 그림의 핵심인 서민의 일상을 읽어낸다.

그러면서 그는, 그 일상 자체가 바로 박수근의 예술성의 근원임을 깨닫는다. 시의 앞부분에서 그는 화가가 술을 마시러 외출할 때 빨래를 걷는 모습을 상상한다. 이 대목에서 박수근의 손은 그림을 그리는 손이면서 동시에 빨래를 걷는 손이 된다. 화자는 화가의 그림에 나타난 일상이 단지 그림의 소재일 뿐만 아니라, 소재를 넘어 그의 삶 속에도 녹아 있는 위대한 것임을 드러내고 있다. 따라서 빨래를 개는 화가의 손은 장엄한 성자의 손이 되는 것이다. 특히 박수근의 그림이 대개 일하는 여성의 모습을 담고 있다는 점을 염두에 둔다면, 빨래 개는 손이란 노동을 하는 손, 움직이고 활동하는 강한 생명력을 지닌 손이라고 해석할 수도 있다. 결국 박수근의 그림이 예술로서 감동을 주는 것은 빨래를 개는 것과 같은 일상적인 모습에서 오는 것이라는 점을 화자는 강조하고 있는 것이다.

후반부에서 화자는 '궁금한 일'에 대해 시상을 집중시킨다. 박수근의 빨래 개는 손길로 상징되는 일상에 대한 관심은 그의 손 위에서 꼼지락거렸던 햇빛, 뻐꾹새 소리 같은 자연적인 소박함과 연결된다. 화가의 일상 속에 존재했던 자연적인 요인들은 그의 '멋쟁이' 손에 의해 예술로 거듭난다. 화자가 궁금해하는 것은 박수근의 삶과 예술, 그리고 그로 상징되는 일상의 숭고함과 예술의 아름다움을 이제는 어디서 찾을 수 있는가 하는 점이다. 박수근의 그림에서 드러나는 햇빛, 뻐꾹새 소리 같은 그의 예술의 원천이 이제 그가 죽음으로써 더 이상 현실 세계에 존재하지 않는 것일까 하는 점을 그는 궁금해하는 것이다.

박수근의 그림에서 화자는 일상을 예술로 승화시킨 모습에 감동하면서, 그의 그림 속에서만 느끼기에는 너무나 안타까운 한 예술가에 대한 존경과 감탄을 보내고 있다. 박수근이 일상적이면서도 소박한 서민의 정서를 예술로 승화시킬 수 있었던 데 도움이 되었던 햇빛이 이제 더 이상 이승에 남아 있지 않은지를 고민하는 것은 화자의 예술에 대한 고민을 드러내는 대목이라고도 볼 수 있다. 이는, 박수근이 예술로 승화시킨 정서의 세례를 화자 역시 받기를 원하고 있으나, 그러지 못하고 있는 예술가로서의 자신에 대한 안타까움을 보여주고 있는 것이다.

그림 속의 시간 배경인 하루가 저무는 시간, 한 해가 저물어 가는 시간은 일상적인 시간을 의미한다. 일상의 상징인 이 시간과 박수근의 위대한 예술과의 관계를 화자는 궁금해하고 있다. 더 나아가 박수근의 일상은 인간적인 면으로 치환할 수 있다. 박수근의 일상이란, 집안일을 생각하는 것이고, 집안일을 맡아 하는 아내에 대한 마음을 상징한다. 그가 다 마른 빨래를 개는 행위는 빨래를 걷지 못하고 있는 바쁜 아내에 대한 배려이고, 이는 그의 예술가로서의 면모가 아닌 일상에서의 섬세한 가장의 모습을 보여주는 것이다. 이러한 박수근의 휴머니티는 그의 예술의 출발점을 보여준다.

STEP 01 OX 문제를 통한 지문 이해 훈련

나를 쫓아온 눈발 어느새 여기서 그쳐
어둠 덮인 이쪽 능선들과 헤어지면 바다 끝까지
길게 걸쳐진 검은 구름 떼
헛디뎌 내 아득히 헤맨 날들 끝없이 퍼덕이던
바람은 다시 옷자락에 와 붙고
스치는 소매 끝마다 툭툭 수평선 끊어져 사라진다

사라진다 일념도 세상 흐린 웃음소리에 감추며
여기까지 끌고 왔던 사랑 헤진 발바닥의
무슨 감발에 번진 피얼룩도
저렇게 저문 바다의 파도로서 풀어지느냐
폐선된 목선 하나 덩그렇게 뜬 모래벌에는
무엇인가 줍고 있는
남루한 **아이들** 몇 명

굽은 갑*에 부딪혀 꺾어지는 목소리가 들린다
어둡고 외진 길목에 자식 두엇 던져 놓고도
평생의 마음 안팎으로 띄워 올린
별빛으로 환해지던 어느 밤도 있었다.
희미한 빛 속에서는 수없이 물살 흩어지면서
흩어 놓은 인광만큼이나 그리움 끝없고
마주 서면 아직도
등불을 켜고 어디론가 가고 있는 돛배 한 척이 보인다

*갑(岬) : 바다 쪽으로 부리 모양으로 뾰족하게 뻗은 육지.

OX문제

01	화자는 '어둠 덮인 이쪽 능선'에서 벗어나 바라던 모습의 바다에 도착하였다.	(O / X)
02	어순의 도치를 통해 의미를 강조한다. [2010학년도 수능]	(O / X)
03	설의적 표현으로 현실에 대한 화자의 쓸쓸함을 드러내고 있다. [2019학년도 6월]	(O / X)
04	2연의 '아이들'은 어두운 현실과 대조되어 미래의 희망을 상징하고 있다.	(O / X)
05	화자는 과거에 대해 반성하며 후회하고 있다. [2008학년도 수능]	(O / X)

시어 시구 풀이

나를 쫓아온 눈발 어느새 여기서 그쳐
　　　　　　바다와 육지의 경계

어둠 덮인 이쪽 능선들과 헤어지면 바다 끝까지
　걸어온 길. 고난을 겪었던 과거

길게 걸쳐진 검은 구름 떼
　행간 걸침　　　시각적 이미지

헛디뎌 내 아득히 헤맨 날들 끝없이 퍼덕이던
지도를 완성하기 위해 길 위를 떠돌아다닌 지난 삶

바람은 다시 옷자락에 와 붙고

스치는 소매 끝마다 툭툭 수평선 끊어져 사라진다
촉각적 심상　　　　음성 상징어

　　　　　　　　　　　　　　　　　1연 : 바다 끝에 도달한 화자

　　　　　　자신의 꿈을 비웃는 사람들의 웃음
「사라진다 일념도 세상 흐린 웃음소리에 감추며」
　　　지도를 완성하겠다는 생각　　　　　　「 」: 청각적 심상 / 도치법 → 화자의 쓸쓸한 감정 부각
　　　　지도를 완성하겠다는 열정
여기까지 끌고 왔던 사랑『헤진 발바닥의
　　　　　　　　　　　험난했던 삶의 여정을 상징
무슨 감발에 번진 피얼룩도』　　　『 』: 길을 걸으며 입은 상처
　　양말 대신 감은 천　　고통

저렇게 저문 바다의 파도로서 풀어지느냐
　　　　어두워진 바다　　설의법 → 풀어지지 않는다)

폐선된 목선 하나 덩그렇게 뜬 모래벌에는
자신의 외로운 처지 비유

무엇인가 줍고 있는

남루한 아이들 몇 명
차림새가 너저분한 아이들 → 두고 온 자식들을 떠오르게 함.

　　　　　　　　　　　2연 : 고통 속에서 이룬 것 없이 외로움을 느끼는 화자

나를 쫓아온 눈발 어느새 여기서 그쳐~검은 구름 떼 → 작품의 시적 화자는 대동여지도를 만든 김정호로 설정되어 있음. '어둠 덮인 이쪽 능선들'은 지도를 만들면서 걸어온 힘들었던 과거로 볼 수 있음.

헛디뎌 내 아득히 헤맨 날들~스치는 소매 끝마다 툭툭 수평선 끊어져 사라진다 → '아득히 헤맨 날들'은 대동여지도를 완성하기 위해 끊임없이 전국을 돌아다녔던 화자의 지난 삶을 의미함. 화자는 바다 끝에 도착해서 바람을 맞으며 그 풍경을 마주하고 있음.

사라진다 일념도 세상 흐린 웃음소리에 감추며~저렇게 저문 바다의 파도로서 풀어지느냐 → '일념'은 지도를 완성하겠다는 화자의 의지를 뜻함. '흐린' 웃음소리라는 점에서 쓸쓸함을 드러내는 소리임을 알 수 있음. 화자는 어두워진 바다의 파도로 겪어온 고통을 어떻게 씻어 낼 수 있겠냐며 물으며, 지도를 완성하겠다는 자신의 꿈을 비웃는 현실을 인지하고 쓸쓸한 감정을 드러냄.

폐선된 목선 하나 덩그렇게 뜬 모래벌에는~남루한 아이들 몇 명 → 바다의 모래밭에 버려진 나무 배 하나는 과거 바다를 오가던 배와 대조되는 무력한 이미지를 나타내며, 이는 고향을 떠나 홀로 지도를 완성해 나가고 있는 자신의 외로운 처지를 비유한 것임. 화자는 차림새가 너저분한 아이들을 보고 고향에 두고 온 자식을 떠올리고 있음.

굽은 갑에 부딪혀 꺾어지는 <u>목소리가 들린다</u>
청각적 심상, 의인법

어둡고 외진 길목에 자식 두엇 던져 놓고도

「평생의 마음 <u>안팎</u>으로 띄워 올린
「 」: 자신이 목표한 바를 이루고자 애써 왔던 순간들을 떠올리며 만족함을 느꼈던 때를 회상하고 있음.

별빛으로 환해지던 어느 밤도 있었다.」

희미한 빛 속에서는 수없이 물살 흩어지면서

흩어 놓은 인광만큼이나 <u>그리움 끝없고</u>
직접적인 정서 표현, 과거를 그리워 함.

<u>마주서면 아직도</u>
바다를 보고 있음.

등불을 켜고 어디론가 가고 있는

<u>돛배 한 척이 보인다</u>
다시 길을 떠나는 화자 자신을 비유함.

3연 : 가족에 대한 그리움과 목적지를 향한 의지를 다짐함.

갑 → 바다 쪽으로, 부리 모양으로 뾰족하게 뻗은 육지.

굽은 갑에 부딪혀 꺾어지는 목소리가 들린다~별빛으로 환해지던 어느 밤도 있었다. → 자신이 목표한 바를 이루고자 애써 왔던 순간들을 떠올리며, 만족감을 느꼈던 과거를 회상하고 있음. 이 시의 시적 화자는 지도를 완성하고자 하는 김정호로 설정되어 있음. 그가 평생을 걸쳐 대동여지도를 완성했다는 점을 감안한다면 '평생의 마음 안팎으로~별빛'은 지도를 완성하겠다는 희망이며, '환해지던 어느 밤'은 지도를 완성해 가며 느꼈던 그 순간들의 기쁨이라고 할 수 있음.

인광 → 계속하여 내는 빛.

등불을 켜고 어디론가 가고 있는 돛배 한 척이 보인다 → 밝은 이미지의 '별빛', '희미한 빛', '인광', '등불'을 사용하여 고향에서 배를 타고 생계의 터전인 바다로 나가던 과거를 회상하고 있음. '등불'을 켜고 나가는 '돛배 한 척'은 지도를 완성하겠다는 희망을 버리지 않고 다시 길을 떠나는 자신을 비유한 표현임.

STEP 03 작품 해제

01 | 주제

목표를 이루기 위해 노력하는 가운데 느끼는 고독함과 그리움

02 | 특징

① 대동여지도를 만든 김정호의 삶을 상상하여 쓴 화자 중심의 시
② 도치법을 사용하여 화자의 정서를 부각함.
③ 시어의 대비를 통해 화자의 의지를 강조함.

03 | 작품 해제

이 작품은 조선 후기 대동여지도를 만든 고산자 김정호의 삶을 상상하여 쓴 시이다. 김정호는 이전에 편찬된 지도들을 집대성하여 조선의 국토 정보를 사람들이 실용적으로 이용할 수 있도록 평생에 걸쳐 노력을 기울인 인물로 알려져 있다. 시인은 김정호가 지도를 완성하겠다는 일념으로 바다 끝까지 홀로 걸으며 느꼈을 고단함과 외로움, 두고 온 가족에 대한 미안함과 그리움 등을 상상하여 노래하고 있다

STEP 04 논문으로 만나는 출제자의 시선

김명인과 '바다'

김명인 시인은 어려운 가정 환경으로 어린 시절부터 오징어 배를 탔었고, 도시로 나오면서 벗어버릴 수 없는 시의 굴레를 안고 살아간다. 즉, 바다의 상상력이 시적으로 표현되었고, 바다로부터 발산되는 상상력은 김명인 시의 주된 주제가 되었다. 바다는 단순히 자연 현상을 넘어 당대를 살아가는 민중들의 모습과 연결되었고, 시 안에서 자연스럽게 바다의 의미가 확대되었으며 삶의 다른 면에 일렁이는 파도로서 잔잔하게 그려지는 존재가 되었다. 김명인 시인의 시에서 바다 이미지는 그의 유년 체험과 맞물리면서 그의 시 전체를 관통하는 근원적 심상으로 간주되어 온 것이라는 한결같은 견해는 시인이 고백한 것과 일치한다. 바다는 모성의 근원이자 대대로 이어 온 고단한 생계의 터전이며, 때로는 죽음을 몰고 온 원망의 장소이기도 하지만, 결코 분노가 닿지 않는 대상인 것이다.

바다는 사람들이 떠났어도 항상 곁에서 일렁이는 그리움의 본향이다. '바다', 즉 고향은 시인이 떠났으나 탈출해야 할 곳이 아니라 항상 돌아가야 할 그리움의 목소리를 소라껍질처럼 갖고 있는 것이다. 바다는 시인의 본향이며, 어쩔 수 없는 운명이므로 항상 내재한 그리움을 안고 있다. 운명이라는 의미는 고향으로의 회귀가 자연스러운 본능의 결과라는 의미와 함께, 그렇게 할 수밖에 없는 불가피한 애정의 대상, 즉 상처를 애정으로 읽으려는 아름다운 과정이라고 할 수 있다.

23 송수권, 나팔꽃

STEP 01 OX 문제를 통한 지문 이해 훈련

나BS 수능특강 | 현대문학 ●

바지랑대* 끝 더는 꼬일 것이 없어 끝이다 끝 하고
다음 날 아침에 나가 보면 **나팔꽃 줄기**는 **허공**에 두 뼘은 더 자라서
꼬여 있는 것이다. 움직이는 것은 아침 구름 두어 점, 이슬 몇 방울
더 움직이는 바지랑대는 없을 것이었다
그런데도 다음 날 아침에 나가보면 덩굴손까지 흘러나와
허공을 감아쥐고 바지랑대를 찾고 있는 것이다
이젠 포기하고 되돌아올 때도 되었거니 하고
다음 날 아침에 나가보면 가냘픈 줄기에 두세 개의 종까지 매어 달고는
아침 하늘에다 은은한 종소리를 펴내고 있는 것이다
이젠 더 꼬일 것이 없다 없다고 생각되었을 때
우리의 아픔도 **더 한 번 길게 꼬여**서 푸른 종소리는 나는 법일까.

*바지랑대 : 빨랫줄을 받치는 긴 막대기.

OX문제

01   2행, 6행의 '허공'은 '나팔꽃 줄기'의 삶을 위태롭게 하는 공간이다. (O / X)
02   상승적 이미지를 활용하여 사물의 변화 과정을 표현하고 있다. [2018학년도 9월] (O / X)
03   11행의 '더 한 번 길게 꼬여'는 원하는 일이 뜻대로 되지 않는 절망적 상황을 의미한다. (O / X)
04   대상에 주목하여 대상과 관련된 가치를 추구하는 자세를 나타내고 있다. [2023학년도 수능] (O / X)
05   화자의 시선이 화자의 내면에서 외부 세계로 이동하는 방식으로 시상을 전개하고 있다. [2020학년도 9월] (O / X)

바지랑대 끝 더는 꼬일 것이 없어 끝이다 끝 하고
한계 상황   덩굴손이 감아 올라갈 것   화자의 속단

다음 날 아침에 나가 보면 나팔꽃 줄기는 허공에 두 뼘은 더 자라서
■ : 화자의 판단이 가려지는 시간 / 구절 반복   ■ : 삶의 공간   상승적 이미지

꼬여 있는 것이다. 움직이는 것은 아침 구름 두어 점, 이슬 몇 방울
의도적인 행갈이 → 강조의 효과
(두 뼘은 더 자라서 / 꼬여 있는 것이다.)

더 움직이는 바지랑대는 없을 것이었다
　　　　　　□ : 나팔꽃이 의지하려는 대상

그런데도 다음 날 아침에 나가보면 덩굴손까지 흘러나와
화자의 예상이 빗나감

허공을 감아쥐고 바지랑대를 찾고 있는 것이다
　　　　　　■ : 반복을 통한 운율 형성
　　　　　　　　　　　　　1~6행 : 예상과 달리 계속 자라는 나팔꽃

이젠 포기하고 되돌아올 때도 되었거니 하고
　　　　화자가 한계라고 생각했을 때

다음 날 아침에 나가보면 가냘픈 줄기에 두세 개의 종까지 매어달고는
　　　　　　　　　　　　꽃을 비유적으로 표현

아침 하늘에다 은은한 종소리를 퍼내고 있는 것이다
　　　　　　은은한 모양의 꽃 / 청각적 심상
　　　　　　　　　　　　7~9행 : 꽃봉오리를 피우며 자라나는 나팔꽃

이젠 더 꼬일 것이 없다 없다고 생각되었을 때
화자가 한계라고 생각했을 때 / 한계(절망적 상황)의 중의적 표현
　　　　① 나팔꽃 줄기의 꼬임 ② 인간 삶의 고난

우리의 아픔도 더 한 번 길게 꼬여서 푸른 종소리는 나는 법일까.
화자의 내면으로 시선 이동　　　　　공감각적 심상(시각의 청각화)
　　　　　　　　　　　　10~11행 : 나팔꽃을 통해 성찰하는 삶의 의미

시어 시구 풀이

바지랑대 → 빨랫줄을 받치는 긴 막대기. 여기서는 식물이 자랄 수 있도록 도와주는 지지대를 말함.

바지랑대 끝 더는 꼬일 것이 없어 끝이다 끝 하고 → 나팔꽃 줄기는 바지랑대에 줄기를 감아 올라가며 위로 자라나고 있음. '바지랑대 끝'은 나팔꽃 줄기가 더 이상 꼬아 올라갈 공간이 없는 한계 상황을 의미하며, 그런 나팔꽃 줄기를 보고 화자는 나팔꽃이 더 이상 자랄 수 없을 것이라고 판단함.

나팔꽃 줄기는 허공에 두 뼘은 더 자라서 → 나팔꽃 줄기가 더 이상 자랄 수 없을 것이라는 화자의 판단이 틀렸음을 보여줌. 나팔꽃 줄기는 화자에게 깨달음을 주는 존재로, '두 뼘'이라는 구체적인 표현을 통해 설득력과 신뢰감을 높임.

더 움직이는 바지랑대는 없을 것이었다 → 화자는 다시 한 번 나팔꽃 줄기가 더 이상 자라지 못할 것이라고 생각함.

다음 날 아침에 나가보면 가냘픈 줄기에 두세 개의 종까지 매어달고는 → 2행의 '다음 날 아침'에 나팔꽃 줄기는 허공에 두 뼘 더 자란 상태였고, 5행의 '다음 날 아침'에는 덩굴손까지 흘러나온 상태였음. 8행의 '다음 날 아침'에 이르러서는 꽃까지 피운 것에서 점층적으로 상황이 고조되고 있음을 알 수 있음.

우리의 아픔도 더 한 번 길게 꼬여서 푸른 종소리는 나는 법일까. → '우리'를 통해 화자의 시선이 외부 세계에서 내면으로 이동하였음을 알 수 있으며, 나팔꽃을 통해 화자는 삶에 대해 성찰하고 있음. '아픔도 더 한 번 길게 꼬여'에서는 '아픔'이라는 추상적 개념을 꼬일 수 있는 대상처럼 구체적으로 표현함. 이때의 '푸른 종소리'는 한계 상황의 극복을 통한 성장을 의미하는 희망적 이미지임.

STEP 03 작품 해제

01 | 주제

나팔꽃을 통해 깨달은 한계 상황의 극복을 통한 성장

02 | 특징

① 나팔꽃을 통해 깨달은 인생의 의미를 성찰하는 대상 중심의 시
② 반복과 점층을 통하여 화자의 정서가 심화됨.
③ 의도적인 행갈이를 통해 화자가 전달하고자 하는 바를 강조하고 독자가 주목하게 하는 효과를 가짐.

03 | 작품 해제

　이 시는 나팔꽃 줄기가 뻗어 나가는 모습을 보고 깨닫게 된 삶의 교훈을 다룬 작품이다. 화자는 더 이상 휘감고 올라갈 공간이 없으니 이제 그만 자랄 것이라고 생각했던 나팔꽃 줄기가 의지를 굽히지 않고 허공으로 뻗어 나가면서 바지랑대를 찾고 마침내 꽃까지 피운 것을 보고, 우리의 삶도 절망적인 한계 상황에서 좌절하지 않고 이를 극복해 낼 때 가치 있는 결과를 만들 수 있을 것이라는 깨달음에 이르고 있다. 화자가 자연 현상을 통해 얻은 삶에 대한 깨달음을 공감각적 이미지(푸른 종소리)를 통해 표현했다는 특징이 있다.

송수권 시의 생태적 이미지

꽃 이미지는 「나팔꽃」에서 끈질긴 생명력의 경이로움으로 나타난다. 나팔꽃은 땅 위를 뻗어 나가면서 기댈 곳이 있으면 어디라도 감고 뻗어 나가는 습성이 있다. 그러나 바지랑대 끝까지 뻗어 더는 꼬일 곳 없는 상황은 시인에게 나팔꽃도 이제는 끝이라고 판단하게 할 만큼 극한 상황이다. 그래서 시인도 나팔꽃을 포기하고 잠든다. 그러나 다음 날 아침에 나가보면 '나팔꽃 줄기는 허공에 두 뼘은 더 자라서 / 꼬여 있다. 나팔꽃은 바지랑대를 그냥 뻗어가는 것이 아니라 감아가면서 뻗어간다는 생태 의식을 담고 있다. 그리고는 더 오를 곳이 없는 '허공을 감아쥐고' 바지랑대를 찾고, 결국엔 '두세 개의 종까지 매어 달고' 있다. 이러한 모습을 보며 시인은 나팔꽃의 끈질긴 생명력을 예찬한다. '은은한 종소리'까지 퍼내는 나팔꽃을 통해 고단한 현실을 극복해 가는 사람들의 삶을 보여주려 한 것으로 읽는다.

이렇듯 송수권 시에 나타난 풀과 꽃 이미지는 생태적 상상력과 결합되어 형상화됨으로써 그 의의와 가치가 확대된다. 우리 국토에서 흔히 볼 수 있는 작은 꽃과 풀의 끈질긴 생명력을 바탕으로 한 생명 존중의 생태적 상상력은 인간과 자연의 조화로운 삶을 모색하고 있다. 이러한 시적 인식을 바탕으로 국토와 환경에 대한 문명 비판이 전개되는 양상이다. 이렇게 근원적인 삶을 지향하는 욕망을 표출함으로써 송수권은 전통 서정 시인으로서의 위상을 확립해 간다.

「나팔꽃」의 다양한 표현 방법

이 시에서는 '다음 날 아침'은 3번 반복되고 있다. 화자는 3일에 걸쳐 나팔꽃 줄기를 세심히 관찰한다. 또 '나팔꽃 줄기는 허공에 두 뼘', '구름 두어 점', '이슬 몇 방울', '두세 개의 종' 등, 구체적 수치를 반복해 사실감을 돋보이는 묘사 기법을 활용하고 있다. 세밀한 관찰과 시어의 반복을 통해 시종 시적 긴장을 끌고 가며 마침내 나팔꽃과 삶의 아픔을 동일시한 의미를 찾는다.

'꼬여있다'는 시어도 반복적으로 사용되며 고비마다 새로운 반전의 계기를 이룬다. 반전은 회를 거듭할수록 상승의 이미지를 낳는다. 그리고 이와 같은 반복적 반전을 통해 '이젠 더 꼬일 것이 없다 없다고 생각되었을 때 / 우리의 아픔도 더 한 번 길게 꼬여 푸른 종소리는 나는 법'이라는 의미를 일깨워 준다.

그런데 이 시에서 의존 명사 '것'도 나름대로 시의 긴장에 숨 고르기의 맛을 더하고 전체적 짜임새를 높이는 데 기여하고 있다. 세밀한 관찰이 배경을 이루는 시에서 막연한 의존 명사가 숨은 조력자 역할을 하는 것이다. 송수권은 시어 '것'을 적소에 배치해 시의 완급을 조절하고 구상과 추상의 조화를 꾀한다. 구체적이고 정밀한 사실주의적 묘사는 '것'이라는 막연한 시어와 어울려 설명적이기 쉬운 단조로움을 떨쳐낸다.

24 정끝별, 가지가 담을 넘을 때

STEP 01 OX 문제를 통한 지문 이해 훈련

나BS 수능특강 | 현대문학 ●

이를테면 수양의 늘어진 가지가 담을 넘을 때
그건 **수양 가지**만의 일은 아니었을 것이다
얼굴 한번 못 마주친 애먼 뿌리와
잠시 살 붙였다 적막히 손을 터는 꽃과 잎이
혼연일체 믿어 주지 않았다면
가지 혼자서는 한없이 떨기만 했을 것이다

한 닷새 내리고 내리던 고집 센 비가 아니었으면
밤새 정분만 쌓던 도리 없는 폭설이 아니었으면
담을 넘는다는 게
가지에게는 그리 신명 나는 일이 아니었을 것이다
무엇보다 가지의 마음을 머뭇 세우고
담 밖을 가둬 두는
저 금단의 담이 아니었으면
담의 몸을 가로지르고 담의 정수리를 타 넘어
담을 열 수 있다는 걸
수양의 늘어진 가지는 꿈도 꾸지 못했을 것이다

그러니까 목련 가지라든가 감나무 가지라든가
줄장미 줄기라든가 담쟁이 줄기라든가

가지가 담을 넘을 때 가지에게 담은
무명에 획을 긋는
도박이자 도반*이었을 것이다

*도반(道伴) : 함께 도를 닦는 벗.

OX문제

01	2연의 '담 밖'은 수양 가지가 지향하는 세계이다.	(O / X)
02	'수양 가지'를 통해 생성된 의미를 다른 존재들로 확장하고 있다.	(O / X)
03	대구의 방식으로 시상을 마무리하면서 여운을 강화한다. [2014학년도 9월B]	(O / X)
04	가정의 진술을 활용하여 현실과 이상의 거리감을 드러내고 있다. [2020학년도 9월]	(O / X)
05	의인법을 사용하여 현실에 대한 비판적인 관점을 드러내고 있다. [2015학년도 6월A]	(O / X)

이를테면 수양의 늘어진 가지가 담을 넘을 때
　　　어려움을 극복하고 자유를 얻으려는 모습

그건 수양 가지만의 일은 아니었을 것이다 　■ : '-ㄹ 것이다'라는 종결 표현의 반복으로 운율을 형성하며
　　　혼자만의 힘으로 이루어 낸 일이 아님. 　　　　 수양 가지의 상황을 추측함.

얼굴 한번 못 마주친 애먼 뿌리와
뿌리는 땅속 깊이 박혀 있어 가지와는 마주치지 못함.

잠시 살 붙였다 적막히 손을 터는 꽃과 잎이
　　　　　　　　■ : 가지가 담을 넘을 수 있게 한 원동력(믿음, 도움)

혼연일체 믿어 주지 않았다면
온몸과 온 마음으로 가지를 믿어 준 뿌리와 꽃과 잎

가지 혼자서는 한없이 떨기만 했을 것이다
　　　　두려움 때문에 담을 넘는 도전을 하지 못했을 것임.
　　　　　　　　　　　　1연 : 수양 가지가 담을 넘은 원동력 (1) - 뿌리, 꽃, 잎의 도움

「한 닷새 내리고 내리던 고집 센 비가 아니었으면
길었던 고난, 시련　　　　　　　　가지가 담을 넘은 일이 과거의 일임.

밤새 정분만 쌓던 도리 없는 폭설이 아니었으면」「 」: 대구법
　　　　　　　　■ : 가지가 담을 넘을 수 있게 한 원동력(고난, 시련)

담을 넘는다는 게

가지에게는 그리 신명 나는 일이 아니었을 것이다
　　　　적절한 고난과 시련이 있었기에 담을 넘는 것이 신명 나는 일이 됨.
　　　　→ 고난에 대한 긍정적 인식

무엇보다 가지의 마음을 머뭇 세우고
　　　　　　마음을 망설이게 하고

담 밖을 가둬 두는
가지가 지향하는 세계

저 금단의 담이 아니었으면
장애물이지만 수양 가지에게 목표와 꿈을 가지게 함.

담의 몸을 가로지르고 담의 정수리를 타 넘어
장애물을 회피하지 않고 그것을 향해 정면으로 돌파함. / 활유법

담을 열 수 있다는 걸
　　　자유를 얻을 수 있다는 걸

수양의 늘어진 가지는 꿈도 꾸지 못했을 것이다
　　　　　　오히려 장애물인 '담'이 있었기에
　　　　　　수양 가지는 꿈을 꾸고 그 꿈을 이루게 된 것 　2연 : 수양 가지가 담을 넘은 원동력 (2) - 고난과 역경

시어 시구 풀이

수양 → 수양버들.

얼굴 한번 못 마주친 애먼 뿌리와~꽃과 잎이 →
'뿌리'는 가지와 맞닿아 있지 않지만, '뿌리'가 물을 빨아들이지 못한다면 가지는 자랄 수 없을 것임. '꽃과 잎'은 가지와 영원히 함께 있지 않지만, 잠깐의 만남 동안 가지가 담을 넘을 수 있도록 도움을 줌.

그건 수양 가지만의 일은 아니었을 것이다~가지 혼자서는 한없이 떨기만 했을 것이다 → 가지가 담을 넘을 수 있도록 도와준 존재들이 소개됨. 즉, 가지가 담을 넘을 수 있었던 것은 가지를 믿어주고 도와준 존재들이 있었기 때문임. '가지가 담을 넘는 일이 수양 가지만의 일이 아닌 것', '애먼 뿌리와 얼굴 한번 못 마주친 것', '꽃과 잎이 가지에게 잠시 살을 붙였다 손을 터는 것', '뿌리와 꽃과 잎이 가지를 믿어 주지 않았다면 가지는 떨기만 했을 것'이라는 표현에서 의인법이 사용됨.

혼연일체 → 생각, 행동, 의지 따위가 완전히 하나가 됨.

고집 센 비가 아니었으면~도리 없는 폭설이 아니었으면 → 비가 고집이 세고, 폭설이 도리 없이 정분만 쌓았다는 표현에서 의인법이 쓰임.

담 밖을 가둬 두는 → 담은 '담 안'을 가둬 두는 것이지, '담 밖'을 가둬 두는 것이 아님. 일반적인 인식과는 달라 시적 긴장감을 느낄 수 있으며, 역설적인 표현임.

금단의 담 → '금단'은 어떤 행위를 못하도록 금지한다는 뜻임. 즉, '넘지 못하게 금지된 담' 정도로 해석할 수 있음. 이는 수양 가지가 담을 넘게 되는 행위를 부각하는 표현임.

담을 열 수 있다는 걸 → '담'은 열리는 대상이 아닌, 허물어지거나 파괴되는 것임. '담을 열다'라는 표현 역시 일반적인 인식과는 다름. 결국 가지는 담으로 인해 담을 열고 담을 넘을 수 있게 됨.

그러니까 「목련 가지라든가 감나무 가지라든가

줄장미 줄기라든가 담쟁이 줄기라든가」 「 」: 반복, 열거

3연 : 수양 가지처럼 담을 넘은 다른 식물들

가지가 담을 넘을 때 가지에게 담은
가지가 고난을 극복하고 자유를 얻을 때, 가지에게 고난과 시련은

무명에 획을 긋는
아무도 가지 않은 길을 감.

도박이자 도반이었을 것이다
가지가 한 일은 무모해 보일 수 있음.

4연 : 수양 가지가 담을 넘는 일의 의미

목련 가지라든가~담쟁이 줄기라든가 → 다른 식물들도 수양 가지처럼 다른 존재의 도움 없이는 제대로 자랄 수 없을 것임. 더욱이 '줄장미 가지'와 '담쟁이 줄기'는 담을 타고 올라가는 식물들로 수양 가지와 비슷한 존재로, 수양 가지에서 다른 가지들로 인식과 의미가 확장되는 부분임.

무명에 획을 긋는 → '무명'은 동음이의어로 여러 해석이 가능함. '진리를 깨닫지 못하는 마음의 상태'라는 뜻으로 본다면, '무명에 획을 긋는' 것은 새로운 세계를 만드는 것으로 해석할 수 있음.

도반 → 함께 도를 닦는 벗. 여기서는 협력자 혹은 동반자를 의미함. 즉, 담이 있었기에 수양 가지도 성숙할 수 있었음을 뜻함.

도박이자 도반이었을 것이다 → '도박'은 성공이 보장되어 있지 않은 어려운 일로, 안전하지 않은 불확실한 위험을 의미함. 즉, 길을 막는 존재 때문에 오히려 신명을 얻고 '도반'을 통해 앞으로 나아간 가지가 새로운 세계에 도전하게 된 것을 의미함.

STEP 03 작품 해제

01 | 주제

협력을 통해 얻어지는 성장과 자유를 얻기 위한 용기

02 | 특징

① 대상을 관찰하여 깨달음을 전하는 대상 중심의 시
② 수양 가지를 의인화하여 담을 넘는 가지의 심정을 서술함.
③ '-ㄹ 것이다'의 반복을 통해 운율을 형성함.
④ 수양 가지에서 다른 사물들로 인식이 확장됨.

03 | 작품 해제

이 시는 수양 가지가 담을 넘는 모습을 통해 협력을 통해 얻어지는 성장과, 새로운 세계를 경험하기 위한 도전과 용기에 대해 말하는 작품이다. '~않았다면 ~을 것이다, ~아니었으면 ~아니었을 것이다'와 같은 가정적 표현과 부정적인 표현을 통해 담을 넘는 것은 혼자만의 노력으로 이루어질 수 없는 것이며, 담을 넘기 위해 함께하는 존재들이 있음을 강조하고 있다. 이 시에서 작가가 말하고자 하는 바는 담을 넘는 것의 의미에 압축되어 나타나는데, 그것은 '도박'과 '도반'이다. 즉, 담을 넘는 것이 '도박'인 것은 성공이 보장되지 않은 일에 도전해야 하기 때문이고, 그럼에도 불구하고 그런 도전적 대상이 용기와 신명을 주어 함께 나아가게 하기에 '도반'인 것이다.

STEP 04 논문으로 만나는 출제자의 시선

정끝별의 시 세계

자연과 여성을 동일화하였을 때 가장 강력한 동질성은 무엇보다도 생명의 탄생과 재생, 지속일 것이다. 생명을 탄생시키거나 재생·지속시키기 위해서는 무한한 사랑과 포용 없이는 가능하지 않다. 여성성이 가지는 포용과 사랑의 정신은 근대의 부정적인 삶의 태도를 극복할 수 있는 자세를 보여준다는 점에서 복원의 의미를 담고 있다.

정끝별은 만물의 근원인 자연의 본질을 모성과 동일시하여 모성의 생명력에서 과거 상처를 치유받고 미래에 대한 희망을 찾으려 한다. 그의 모성은 순환의 모성으로서, 기존의 모성 파괴의 고발보다는 모성의 회복과 치유의 위대함에 관심을 쏟는다. 따라서 그의 모성은 늘 따뜻하며 희망이 있고 포용력이 있다. 모든 상처를 포용하고 사랑으로 어루만지는 이러한 모습은 그의 좌절과 대립의 시대에도 끝까지 희망을 잃지 않고 진보를 향하게 하는 원동력이 된다고 할 것이다.

STEP 01 OX 문제를 통한 지문 이해 훈련

나BS 수능특강 | 현대문학 ●

나는 희망이 없는 희망을 거절한다
희망에는 희망이 없다
희망은 기쁨보다 분노에 가깝다
나는 절망을 통하여 희망을 가졌을 뿐
희망을 통하여 희망을 가져본 적이 없다

나는 절망이 없는 희망을 거절한다
희망은 절망이 있기 때문에 희망이다
희망만 있는 희망은 희망이 없다
희망은 희망의 손을 먼저 잡는 것보다
절망의 손을 먼저 잡는 것이 중요하다

희망에는 절망이 있다
나는 **희망의 절망**을 먼저 원한다
희망의 절망이 **절망**이 될 때보다
희망의 절망이 희망이 될 때
당신을 사랑한다

OX문제

01	일상적 삶에 대한 반성을 역설적으로 드러내고 있다. [2014학년도 6월B]	(O / X)
02	단호한 어조로 화자의 의지를 드러낸다. [2010학년도 수능]	(O / X)
03	대비되는 시어를 반복하여 주제 의식을 부각하고 있다.	(O / X)
04	화자는 3연의 '희망의 절망'이 '절망'이 되기를 바라고 있다.	(O / X)
05	화자는 '절망'과 연대해야 함을 주장하고 있다.	(O / X)

시어 시구 풀이

<u>나는</u> 희망이 없는 희망을 <u>거절한다</u>
표면화된 시적 화자   '-다'로 끝나는 단호한 어조 반복

<u>희망에는 희망이 없다</u>
모순 형용 - 역설법 → 전반적인 시상 전개 방식

희망은 기쁨보다 <u>분노에 가깝다</u>
     삶을 살아가고자 하는 몸부림

나는 |절망|을 통하여 희망을 가졌을 뿐
'희망'과 대비되는 시어

희망을 통하여 희망을 가져본 적이 없다

1연 : 희망이 없는 희망을 거절함.

나는 <u>절망이 없는 희망을 거절한다</u>
     존재 가치가 없음

희망은 절망이 있기 때문에 희망이다

희망만 있는 희망은 희망이 없다

『<u>희망은 희망의 손을 먼저 잡는 것보다</u>
구원의 손길

『 』: 화자의 연대 의식

<u>절망의 손을 먼저 잡는 것이 중요하다</u>』

2연 : 희망은 절망의 손을 먼저 잡아야 함.

희망에는 절망이 있다 / 나는 희망의 절망을 먼저 원한다

희망의 절망이 절망이 될 때보다

<u>희망의 절망이 희망이 될 때</u>
     궁극적으로 화자가 추구하는 것

<u>당신을 사랑한다</u>
구체적 청자

3연 : 희망의 절망이 희망이 되는 것을 추구함.

나는 절망을 통하여 희망을 가졌을 뿐 → 빛이 있어야 그림자가 생기고, '남자', '여자'로 성별을 나누는 것은 서로 반대의 개념이 있기 때문에 가능한 것임. 마찬가지로 '희망'을 느끼기 위해선 반대의 개념인 '절망'이 있어야 함. 즉, '절망'으로 인해 '희망'이라는 개념이 존재하는 것으로, '절망'을 '희망'의 뿌리로 볼 수 있음.

희망은 절망이 있기 때문에 희망이다 → '희망'의 사전적 정의는 '1. 어떤 일을 이루거나 하기를 바람. 2. 앞으로 잘될 수 있는 가능성'임. 즉, 어떠한 일을 이미 이루었다면 그것을 바랄 수 없기 때문에 희망이 없는 것임. 또한 이미 잘되었다면 앞으로 잘될 일이 없기 때문에 이 역시 긍정적 미래로 나아갈 희망이 없다고 할 수 있음. 따라서 화자는 '희망'의 반대 개념인 '절망'이 있어야 희망이 존재할 가치가 있다고 말하고 있음.

희망은 희망의 손을 먼저 잡는 것보다 / 절망의 손을 먼저 잡는 것이 중요하다 → '희망'을 위해서는 이미 많은 것을 이루고 잘된 사람을 가까이하는 것이 아니라, '절망'을 겪고 있는 사람에게 도움의 손길을 줘야 함. 화자의 연대 의식이 드러나는 부분임. 또한 '희망'은 '절망'에 뿌리내리고 바탕을 두지 않으면 얻을 수 없는 가치임을 의미함.

희망의 절망이 절망이 될 때보다 / 희망의 절망이 희망이 될 때 → 화자는 결국 '희망' 자체를 부정하거나 지양하는 것이 아님. 모두가 '절망'의 상태로 빠지자는 말이 아니라, '절망' 속에서도 '희망'을 느낄 줄 아는 사람들이 자신이 원하는 상태가 될 수 있기를 바라는 것임.

당신을 사랑한다 → 구체적 청자를 밝히며 시를 마무리함으로써 시적 여운을 남기며 시상을 집약함. 결국 이 시는 화자의 정서를 표현하려는 목적만 갖고 있는 것이 아니라, '당신' 즉 독자들에게 '희망의 절망'에 대해 역설하고자 하는 목적을 갖고 있는 것임. 또한 '당신', 즉 '절망' 속에서 꺾이지 않고 '희망'을 갖고 살아가는 사람들을 '사랑한다'고 표현하여 화자의 인류애적 모습을 보여주고 있음.

НBS _ 나 없이 EBS 풀지마라

STEP 03 작품 해제

01 | 주제

절망과 연대할 줄 아는 희망 추구

02 | 특징

① 무조건적인 희망을 지양하고 절망과 연대해야 함을 역설하는 전달 중심의 시
② 시 전반적으로 모순 형용에 의한 역설법이 사용됨.
③ 반대되는 시어인 '희망'과 '절망'을 반복하여 운율을 형성하고 주제를 강조함.

03 | 작품 해제

　이 작품은 '희망이 없는 희망'과 '절망이 없는 희망'을 떠올리며 그 두 가지가 다 거절해야 하는 대상임을 이야기하는 현대시이다. '희망이 없는 희망'은 희망해도 소용없는 것이며, '절망이 없는 희망'은 간절함이나 진정성이 부족하여 이루기 힘든 것이다. 이루고자 하는 마음이 부족한 희망의 무가치함과, 절망을 통해 간절함을 가지게 된 진정한 희망의 가치를 드러내면서 '희망의 절망'을 '희망'으로 만들어 내는 삶의 태도가 중요하다는 것을 강조하고 있다.

정호승의 변증법적 슬픔

정호승에게 '슬픔'과 '사랑'은 그의 시에 있어 원형이 된다. 그의 시에 나타난 '슬픔'은 격렬한 감정 변화가 없고 한결같이 차분하고 관조적인 성찰에 바탕을 두고 있다. 그의 슬픔은 가난하고 '지극히 작은 자'들에게 향하여 있다. 시인에게 '지극히 작은 자'는 낮고, 가난하고, 외롭고, 고통받고, 고뇌하는 이웃이 되고 그들을 위로하고 응원하며, 슬픔과 고통을 극복하고 희망과 긍정의 힘을 가지게 한다. 정호승의 사랑은 지식적이고 관념적인 것이 아니고 실천하는 것이 된다. 시인은 '사랑하기 위하여', '눈사람을 기다리며'(「맹인 부부 가수」) 자신의 눈물로 온몸을 녹이고, 인간의 희망을 만들고, 봄이 와도 녹지 않을 눈사람이 된다. 그의 진정한 사랑은 슬픔과 고통을 동반한 화해와 용서를 통해 완성된다. 그는 우리에게 희망과 위로를 줄 칼을 준비한다. 그의 눈물과 기도로 빚은 칼은 우리의 슬픔을 치유하는 사랑의 메스가 된다. 그의 시는 **방법론적 이분법**이 시 창작에 적용된다. 희망을 갖기 위하여 절망을 거쳐야 하고, 절망하고서만이 비로소 희망을 갖게 된다. 고통을 수반한 절망을 넘어설 때 비로소 희망을 갖게 되고 그것을 깨닫고 수용할 때 사랑을 말할 수 있게 된다. "사랑 없는 고통은 있어도 고통 없는 사랑은 없다"의 의미같이 '하나가 있음으로 해서 다른 하나가 의미를 가지게 된다'는 그의 특유의 변증법이 적용된다. 그의 시가 현실을 슬픔으로 인식하면서도 긍정적인 힘을 가지는 이유는, 이처럼 슬픔이 일반적인 부정적 감정과는 다른 방법론적인 것이기 때문이다.

함께 읽으면 좋은 시

나는 이제 너에게도 슬픔을 주겠다.
사랑보다 소중한 슬픔을 주겠다.
겨울밤 거리에서 귤 몇 개 놓고
살아온 추위와 떨고 있는 할머니에게
귤값을 깎으면서 기뻐하던 너를 위하여
나는 슬픔의 평등한 얼굴을 보여 주겠다.
내가 어둠 속에서 너를 부를 때
단 한 번도 평등하게 웃어 주질 않은
가마니에 덮인 동사자가 다시 얼어 죽을 때
가마니 한 장조차 덮어 주지 않은
무관심한 너의 사랑을 위해
흘릴 줄 모르는 너의 눈물을 위해
나는 이제 너에게도 기다림을 주겠다.
이 세상에 내리던 함박눈을 멈추겠다.
보리밭에 내리던 봄눈들을 데리고
추워 떠는 사람들의 슬픔에게 다녀와서
눈 그친 눈길을 너와 함께 걷겠다.
슬픔의 힘에 대한 이야기를 하며
기다림의 슬픔까지 걸어가겠다.

— 정호승, 「슬픔이 기쁨에게」 —

STEP

01 OX 문제를 통한 지문 이해 훈련

나BS 수능특강 | **현대문학** ●

눈을 감으면

어린 시절, 선생님이 걸어오신다.
회초리를 들고서

선생님은 낙타처럼 늙으셨다
늦은 봄 햇살을 등에 지고
낙타는 항시 추억한다
― 옛날에 옛날에 ―

낙타는 어린 시절, 선생님처럼 늙었다
나도 따뜻한 봄볕을 등에 지고
금잔디 위에서 낙타를 본다

내가 **여윈 동심(童心)**의 옛이야기가
여기저기
떨어져 있음직한 동물원의 오후

OX문제

01 각 연의 흐름이 시간의 순차적 흐름을 따라 제시되고 있다. (O / X)

02 대구 표현을 통해 회고적인 정서를 드러내었다. [2017학년도 6월] (O / X)

03 5연의 '여윈 동심'은 돌아갈 수 없는 어린 시절에 대한 그리움을 의미한다. (O / X)

04 계절감을 드러내는 표현으로 시간의 경과를 보여 주고 있다. [2023학년도 9월] (O / X)

05 직유적 표현을 여러 번 사용하여 대상의 모양이나 속성을 선명하게 제시한다. [2014학년도 수능 예비] (O / X)

시어 시구 풀이

눈을 감으면
과거 회상의 자세

1연 : 회상의 시작(현재)

눈을 감으면~회초리를 들고서 → 화자는 눈을 감고 어린 시절의 기억을 떠올리고 있음. 그 기억 속에서 선생님은 회초리를 들고 걸어오심.

어린 시절, 선생님이 걸어오신다
　　　　　회상의 대상

회초리를 들고서

2연 : 어린 시절 선생님이 떠오름.(과거)

선생님은 낙타처럼 늙으셨다 ■ : 직유법
선생님의 늙은 모습 ≒ 낙타의 늙은 모습

늦은 봄 햇살을 등에 지고
　　　과거의 어느 봄을 회상 중임.

낙타는 항시 추억한다
선생님　과거 얘기를 자주 했음.

― 옛날에 옛날에 ―
화자의 회상 속 선생님이 했던 말

3연 : 어린 시절 선생님에 대한 회고(과거)

선생님은 낙타처럼 늙으셨다 → 낙타는 등에 있는 두 개의 혹 때문에 등이 굽은 것처럼 보이며, 목 부분의 깊은 주름이 특징임. 이러한 낙타의 모습과 늙어서 등이 굽고 주름이 진 선생님의 모습에서 유사성을 발견한 것으로 추측할 수 있음. 즉, 낙타와 선생님 모두 '늙은 모습'이라는 특징을 가짐.

낙타는 항시 추억한다 / ― 옛날에 옛날에 ― → 여기서의 '낙타'는 낙타처럼 늙은 '선생님'을 가리킴. 즉, 어린 시절 선생님께서 "옛날에 옛날에"라고 말하며 과거를 추억하던 모습을 회상하는 것으로 볼 수 있음.

낙타는 어린 시절, 선생님처럼 늙었다
　　낙타의 늙은 모습 ≒ 선생님의 늙은 모습

나도 따뜻한 봄볕을 등에 지고
　　　'나'의 현재 시간적 배경

금잔디 위에서 낙타를 본다
'나'의 현재 위치　　과거 회상의 매개체

4연 : 낙타 같았던 선생님의 모습(현재)

낙타는 어린 시절 선생님처럼 늙었다 → 3연의 첫 행과 마찬가지로, 낙타와 선생님의 '늙은 모습'이라는 유사성을 통해 비유됨.

내가 여읜 동심(童心)의 옛이야기가
　　현재의 '나'도 선생님처럼 늙었음을 알 수 있음.

여기저기

떨어져 있음직한 동물원의 오후
　　　'나'의 현재 시공간적 배경

5연 : 선생님처럼 늙은 '내'가 그리운 과거를 회고함.(현재)

내가 여읜 동심의 옛이야기가~떨어져 있음직한 → '동심'은 어린아이의 마음을 뜻함. '동심의 옛 이야기를 여의다'라는 것은 화자가 추억과 순수함을 잃었음을 의미함. 이는 현재의 '나'가 돌아갈 수 없는 어린 시절을 그리워하며 메마른 삶을 사는 것에 대한 연민과 안타까움을 느끼는 것임. 이를 통해 지금의 '나' 역시 선생님처럼 나이가 들었음을 추측할 수 있음. '동심의 옛 이야기가 떨어져있다'는 것에서 추억이라는 추상적 관념을 떨어질 수 있는 구체적인 대상으로 나타냄.(추상적 관념의 구체화)

동물원의 오후 → '동물원'은 '동심의 옛 이야기가 여기저기 떨어져 있음 직한' 공간임. 어느 봄날 오후, 동물원에서 낙타를 본 '내'가 낙타를 통해 추억을 떠올리고, 어린 시절의 늙은 선생님에 대해 회상하고 있는 것임. 즉, '동물원의 오후'가 모든 시적 대상의 출발점이며, 시간의 흐름 상 가장 먼저 위치해야 하지만 마지막 연에 배치됨. (실제 사건 진행 순서 : 5연 → 4연 → 1연 → 2연 → 3연)

STEP 03 작품 해제

01 | 주제

어린 시절 선생님에 대한 회고

02 | 특징

① 특정 대상에 대한 회상이 중심을 이루는 대상 중심의 시
② 직유법을 통해 대상의 특징을 구체화함.
③ 명사로 시상을 종결하여 여운을 줌.
④ 실제 시간의 흐름과 각 연의 배치가 다름.

03 | 작품 해제

　이 시의 화자는 동물원에서 낙타를 바라보면서 옛날의 늙으신 선생님을 떠올리고, 동심을 그리워하고 있다. 이 시에는 낙타처럼 늙은 선생님과 선생님처럼 늙은 낙타가 등장한다. 그리고 이 둘을 연결하는 것이 바로 화자 '나'이다. '나'는 낙타를 통해 옛 선생님을 떠올리면서 현재 동심을 잃은 자신의 상황을 쓸쓸하게 여기기도 하고, 과거의 상황을 그리워하기도 하는 것이다. 이는 시인이 동물원의 낙타를 보며 자신을 되돌아본 것이라 볼 수 있다. 성인이 된 현재, 낙타를 보며 선생님을 떠올려 '— 옛날에 옛날에 —'에 담겨 있는 꿈 많은 '동심의 옛 이야기'들을 추억하고 있는 것이다.

STEP 04 논문으로 만나는 출제자의 시선

이한직 시의 객관적 진술

이한직은 언어 구사나 감정의 표현에 있어서 주목할 만한 객관화의 능력이 있다. 여기서 객관화한다는 것은 대개 시적 화자가 개인적 사상과 감정의 내부 세계를 형식적 언어로 객관화한다는 말인데 이것은 시인의 심리적 거리와 관계가 깊다. 심리적 거리란 예술 작품을 감상할 때 감상자가 자기의 사적이고 공리적인 관심을 버리는 심적 상태를 뜻한다. 즉, 개인의 주관이나 실제적 관심을 버린 허심탄회한 마음의 상태가 심리적 거리다. 시인이 자신의 감정을 드러내는 과정에서 어느 정도로 억제하느냐, 즉 제재에 대해서 어느 정도의 심리적 거리를 유지하느냐에 있다.

「낙타」는 잃어버린 동심을 동물원에서 본 낙타를 통해 환기하고 있는 시이다. 낙타의 생김새를 통해 주름지고 늙으셨던 선생님을 떠올리고 봄 햇살을 쬐고 있는 낙타를 통해 추억하고 있는 '나'를 등장시킨다. 또 낙타는 선생님처럼 늙었다는 비유를 통해서 선생님과 낙타와 나는 동일화 되면서 동물원에서 추억을 떠올리는 모습을 아름답게 형상화하고 있다. 물론 여기서도 화자의 감정 노출이 낙타와 나와 선생님의 관계를 통해 적절한 심리적 거리를 유지하고 있다.

「낙타」의 현실 인식

화자는 사람들끼리 부대끼며 사는 현실 공간을 떠나 동물원을 찾아간다. 동물원은 현실에 존재하지만, 현실과는 단절된 공간이다. 그곳에서 화자는 현실세계에서는 '여읜' '동심의 옛 이야기'를 꿈꾸며, 늦은 봄의 햇살을 등에 지고 앉아 과거를 회상하기 시작한다. 주름진 얼굴, 편안하고 느긋한 표정을 지닌 낙타는 유년시절의 선생님의 모습을 연상하게 한다, 다정하고 친절하게 자신을 대해 준 선생님의 인자한 모습이 낙타의 이미지와 겹치면서 화자는 자연스레 과거로 이동한다. 회상 속에 나타나는 선생님의 이미지는 낙타의 모습이기도 하고 과거를 회상하는 자기 자신의 모습이기도 하다. 유폐된 공간인 동물원에서 과거를 추억할 때만 화자는 따뜻하고 조화로운 세계를 꿈꿀 수 있다. 실제 현실에서는 자신과 세계의 조화를 느낄 수 없었기에 화자는 자신의 삶에서 조화로운 때는 과거에만 있었다고 생각하는 것이다. 그가 동물원을 찾아가 과거를 '회상'하는 이유이다.

그러나 '옛날에 옛날에' 존재했던 유년의 세계는 지금 이곳의 현실에서는 찾을 수 없는 '여읜' 세계이다. 그 유년의 한때는 동물원의 '여기 저기'에 '떨어져 있음직한' 부분적인 세계로, 현실의 공간에서는 파편화된 채 존재한다. 동물원과 같은 곳을 따로 가야만 경험할 수 있다. 때문에 동물원을 벗어난 실제 현실에서 화자는 존재의 이유로 괴로워하게 된다.

다음 글을 읽고 물음에 답하시오.

(가)
눈을 감으면

어린 시절 선생님이 걸어오신다.
회초리를 들고서

선생님은 낙타처럼 늙으셨다.
늦은 봄 햇살을 등에 지고
낙타는 항시 추억한다.
— 옛날에 옛날에 —

낙타는 어린 시절 선생님처럼 늙었다.
나도 따뜻한 봄볕을 등에 지고
금잔디 위에서 ⊙ 낙타를 본다.

내가 여읜 동심(童心)의 옛 이야기가
여기저기
떨어져 있음 직한 동물원의 오후.

— 이한직, 「낙타」 —

(나)
물로 사흘 배 사흘
먼 삼천 리
더더구나 걸어 넘는 먼 삼천 리
삭주 구성(朔州龜城)*은 ⓒ 산을 넘은 육천 리요.

물 맞아 함빡이 젖은 제비도
가다가 비에 걸려 오노랍니다.
저녁에는 높은 산
밤에 높은 산

삭주 구성은 산 넘어
먼 육천 리
가끔가끔 꿈에는 사오천 리
가다오다 돌아오는 길이겠지요.

[㉮] ┌ 서로 떠난 몸이길래 몸이 그리워
│ 님을 둔 곳이길래 곳이 그리워
│ 못 보았소 새들도 집이 그리워
└ 남북으로 오며가며 아니합디까.

들 끝에 날아가는 나는 ⓒ 구름은
반쯤은 어디 바로 가 있을 텐고
삭주 구성은 산 넘어
먼 육천 리.

— 김소월, 「삭주 구성(朔州龜城)」 —

*삭주 구성 : 평안북도에 있는 지명.

(다)
지는 ⓔ 저녁해를 바라보며
오늘도 그대를 사랑하였습니다.
날 저문 하늘에 별들은 보이지 않고
잠든 세상 밖으로 새벽달 빈 길에 뜨면

사랑과 어둠의 바닷가에 나가
저무는 섬 하나 떠올리며 울었습니다.

외로운 사람들은 어디론가 사라져서
해마다 ⓜ 첫눈으로 내리고
새벽보다 깊은 새벽 섬 기슭에 앉아

오늘도 그대를 사랑하는 일보다
기다리는 일이 더 행복하였습니다.

— 정호승, 「또 기다리는 편지」 —

01. (가)~(다)의 공통점으로 알맞은 것은?

① 과거 회상을 통하여 시상을 전개하고 있다.
② 시적 대상에 대한 그리움의 정서가 드러나 있다.
③ 화자의 처지에 대한 비관적 인식이 나타나 있다.
④ 시간의 흐름에 따른 화자의 심리 변화가 나타나 있다.
⑤ 화자가 자신이 처한 상황을 긍정적으로 인식하고 있다.

02. (가)를 감상한 내용으로 적절한 것을 〈보기〉에서 고르면?

―――――― 〈보기〉 ――――――

ㄱ. '늙은 낙타'의 모습에서 '어린 시절 선생님'의 모습을 연상한 거야.
ㄴ. '늦은 봄의 햇살'이 삭막하고 쓸쓸한 옛 추억을 떠올리게 했을 거야.
ㄷ. 회초리를 들고 오시는 '선생님'의 모습을 공감각적으로 표현한 거야.
ㄹ. 마지막 연에서는 '동심'이라는 추상적 관념을 '여기저기 떨어져 있다.'
  라고 하여 구체적인 감각으로 형상화한 거야.

① ㄱ, ㄴ   ② ㄱ, ㄹ   ③ ㄴ, ㄷ   ④ ㄴ, ㄹ   ⑤ ㄷ, ㄹ

03. 〈보기〉를 ㉮와 같이 바꾸었다고 가정할 때, 시적 효과로 적절한 것은?

―――――― 〈보기〉 ――――――

님을 남겨두고 떠난 몸이길래 잊을 수 없는 그 곳
내 마음도 새처럼 자유롭게 그 곳으로 날아갑니다.

① 문장이 길어지면서 전체적인 의미가 변하였다.
② 음악적 요소가 줄어들고 감각적으로 선명한 이미지를 드러내었다.
③ 시어를 첨가하여 시적 화자의 심리 변화를 더욱 부각시키고 있다.
④ 같은 구조의 문장을 반복하여 리듬감을 살리고 의미를 강조하였다.
⑤ 부정 의문문을 사용하여 시적 화자의 신념과 확신을 강하게 드러내었다.

04. 작품의 정서와 내용을 고려할 때, (나), (다)의 시적 화자의 대화 내용으로 적절하지 <u>않은</u> 것은?

① (나)의 화자 : 임이 있는 곳에 가고 싶어도 갈 수 없는 상황이라 안타까운 마음이 듭니다.
② (다)의 화자 : 저는 임을 애타게 기다리고 있습니다. 그러나 기다리는 임이 오지 않아 고독의 나날을 보내고 있습니다.
③ (나)의 화자 : 그렇군요. 새들도 남북으로 오며가며 집을 찾아 가는데, 무척 그 곳에 가고 싶지만, 갈 수 없기에 절망감과 비애감에 빠져들곤 한답니다.
④ (다)의 화자 : 너무 슬퍼하지 마십시오. 저는 이제 제가 지난 날 그와 사랑을 나누었던 것보다 지금 그를 기다리는 일에 더 행복감을 느낍니다.
⑤ (나)의 화자 : 아, 그렇게 생각하는 것이 어쩌면 마음이 편할 수도 있겠네요. 하지만 저는 만날 수 없는 임 생각 때문에 곧잘 슬픔에 잠기기도 하고 가끔씩은 임에 대하여 원망하기도 한답니다.

05. ㉠~㉤ 중, 〈보기〉의 밑줄 친 시어와 그 기능이 유사한 것은?

―――――― 〈보기〉 ――――――

말 마소, 내 집도
정주(定州) 곽산(郭山)
차 가고 배 가는 곳이라오.

여보소, 공중에
저 <u>기러기</u>
공중엔 길 있어서 잘 가는가?

여보소, 공중에
저 기러기
열 십자(十字) 복판에 내가 섰소.
갈래갈래 갈린 길
길이라도
내게 바이 갈 길은 하나 없소.

― 김소월, 「길」 중에서 ―

① ㉠   ② ㉡   ③ ㉢   ④ ㉣   ⑤ ㉤

다음 글을 읽고 물음에 답하시오.

(가)

어두운 방 안엔
바알간 숯불이 피고,

외로이 늙으신 할머니가
애처로이 잦아드는 어린 목숨을 지키고 계시었다.

이윽고 눈 속을
아버지가 약(藥)을 가지고 돌아오시었다.

아, 아버지가 눈을 헤치고 따 오신
그 붉은 산수유 열매─.

나는 한 마리 ㉠ 어린 짐승,
젊은 아버지의 서느런 옷자락에
열(熱)로 상기한 볼을 말없이 부비는 것이었다.

이따금 뒷문을 눈이 치고 있었다.
그날 밤이 어쩌면 성탄제의 밤이었을지도 모른다.

어느새 나도
그때의 아버지만큼 나이를 먹었다.

옛 것이란 거의 찾아볼 길 없는
성탄제 가까운 도시에는
이제 반가운 그 옛날의 것이 내리는데,

서러운 서른 살, 나의 이마에
불현듯 아버지의 서느런 옷자락을 느끼는 것은,

눈 속에 따 오신 산수유 붉은 알알이
아직도 내 혈액(血液) 속에 녹아 흐르는 까닭일까.

　　　　　　　　　　　　　　　　　　　－ 김종길, 「성탄제(聖誕祭)」 －

(나)

　바닷물이 넘쳐서 개울을 타고 올라와서 삼대 울타리 틈으로 새어 옥수수밭 속을 지나서 마당에 흥건히 고이는 날이 우리 외할머니네 집에는 있었습니다. 이런 날 나는 망둥이 새우 새끼를 거기서 찾노라고 이빨 속까지 너무나 기쁜 ㉡ 종달새 새끼 소리가 다 되어 알발*로 낄낄거리며 쫓아다녔습니다만, 항시 누에가 실을 뽑듯이 나만 보면 옛날이야기만 무진장 하시던 외할머니, 이때에는 웬일인지 한 마디도 말을 않고 벌써 많이 늙은 얼굴이 엷은 노을빛처럼 불그레해져 바다 쪽만 멍하니 넘어다보고 서 있었습니다. 그때에는 왜 그러시는지 나는 아직 미처 몰랐습니다만, 그분이

돌아가신 인제는 그 이유를 간신히 알긴 알 것 같습니다. 우리 외할아버지는 배를 타고 먼 바다로 고기잡이 다니시던 어부(漁夫)로, 내가 생겨나기 전 어느 해 겨울의 모진 바람에 어느 바다에선지 휘말려 빠져 버리곤 영영 돌아오지 못한 채로 있는 것이라 하니, 아마 외할머니는 그 남편의 바닷물이 자기집 마당에 몰려 들어오는 것을 보고 그렇게 말도 못 하고 얼굴만 붉혀져 있었던 것이겠지요.

　　　　　　　　　　　　　　　　　　　－ 서정주, 「해일(海溢)」 －

*알발 : 맨발.

(다)

눈을 감으면

어린 시절 선생님이 걸어오신다.
회초리를 들고서

선생님은 낙타처럼 늙으셨다.
늦은 봄 햇살을 등에 지고
낙타는 항시 추억한다.
－ 옛날에 옛날에 －

낙타는 어린 시절 선생님처럼 늙었다.
나도 따뜻한 봄볕을 등에 지고
금잔디 위에서 낙타를 본다.

내가 여읜 동심(童心)의 옛 이야기가
여기저기
떨어져 있음 직한 동물원의 오후.

　　　　　　　　　　　　　　　　　　　－ 이한직, 「낙타」 －

06. (가)~(다)의 공통점으로 적절한 것은?

① 경어체를 사용하여 대상을 예찬하고 있다.
② 명사로 시상을 마무리하여 여운을 자아내고 있다.
③ 특정 인물을 대상으로 삼아 정서를 구체화하고 있다.
④ 영탄적 표현을 사용하여 고조된 감정을 드러내고 있다.
⑤ 의인법을 사용하여 대상에 대한 친근감을 드러내고 있다.

08. (다)를 읽으면서 떠오른 의문에 대해 답을 찾아본 것으로 적절하지 <u>않은</u> 것은?

	떠오른 의문	의문에 대한 답
①	화자는 지금 어디서 무엇을 하고 있을까?	동물원 잔디밭에서 낙타를 보고 있군.
②	'눈을 감으면'은 어떤 의미를 지닌 행동일까?	화자가 과거를 회상하고 있음을 보여주는 것이겠군.
③	화자는 왜 선생님과 낙타를 연관 짓고 있을까?	둘 사이에 '늙은 외모'라는 유사점이 있기 때문이겠군.
④	'낙타는 항시 추억한다.'라는 말은 대체 무슨 뜻일까?	자신에게 가해진 삶의 무게를 떠올린다는 뜻이겠군.
⑤	'여읜 동심'이란 표현에는 화자의 어떤 심정이 담겨 있을까?	돌아갈 수 없는 어린 시절에 대한 안타까움과 그리움이 담겨 있겠군.

07. (가)를 영상물로 만들기 위한 계획으로 적절하지 <u>않은</u> 것은?

```
* 전체적인 구성 방향
- 과거 장면과 현재 장면으로 나누어 구성한다.

* 과거 장면
- 앓고 있는 어린 손자를 향한 할머니의 안타까운 시선이 잘 드러나도록
한다. ·········································································· ①
- 산수유 열매의 붉은색이 눈의 흰색과 뚜렷이 대비되도록 화면을 구성한
다. ··········································································· ②

* 장면 전환
- 눈을 회상의 매개체로 설정하여 과거 장면과 현재 장면을 연결한다.
··········································································· ③

* 현재 장면
- 성탄절 분위기가 느껴지는 도시의 거리 모습을 배경으로 설정한다.
··········································································· ④
- 주인공의 감정과 어울리는 경쾌한 배경 음악을 활용한다. ·········· ⑤
```

09. ㉠과 ㉡에 대한 설명으로 가장 적절한 것은?

① ㉠과 ㉡은 모두 명랑한 이미지이다.
② ㉠과 ㉡은 모두 창백한 이미지이다.
③ ㉠은 거친 이미지이고, ㉡은 왜소한 이미지이다.
④ ㉠은 순수한 이미지이고, ㉡은 투박한 이미지이다.
⑤ ㉠은 연약한 이미지이고, ㉡은 천진난만한 이미지이다.

27 이수익, 방울 소리

01 OX 문제를 통한 지문 이해 훈련

나BS 수능특강 | **현대문학**

청계천 7가 골동품 가게에서
나는 어느 황소 목에 걸렸던 방울을
하나 샀다.

그 영롱한 소리의 방울을 딸랑거리던
소는 이미 이승의 짐승이 아니지만,
나는 소를 몰고 여름 해 질 녘 하산하던
그날의 소년이 되어, 배고픈 저녁 연기 피어오르는
마을로 터덜터덜 걸어 내려왔다.

장사치들의 흥정이 떠들썩한 문명의
골목에선 지금, **삼륜차가 울려 대는 경적이**
저자바닥에 따가운데
내가 몰고 가는 **소의 딸랑이는 방울 소리는**
돌담 너머 옥분이네 안방에
들릴까 말까,
사립문 밖에 나와 날 기다리며 섰을
누나의 귀에는 들릴까 말까.

OX문제

01	청각의 시각화를 통해 소재의 생동감을 부각하고 있다. [2019학년도 6월]	(O / X)
02	화자는 배가 고파 불우했던 과거를 회상하며 안타까워하고 있다.	(O / X)
03	인물의 행동을 시간의 흐름에 따라 열거하여 상황을 구체적으로 보여 주고 있다. [2019학년도 수능]	(O / X)
04	구체적 지명을 활용하여 향토적 정서를 환기하고 있다. [2014학년도 6월AB]	(O / X)
05	'삼륜차가 울려 대는 경적'과 '소의 딸랑이는 방울 소리'는 화자에게 상반된 의미를 지닌다.	(O / X)

청계천 7가 골동품 가게에서
구체적 지명으로 화자가 위치한 공간 제시

나는 어느 황소 목에 걸렸던 방울을 / 하나 샀다.
시상을 유발하는 시적 소재

1연 : 골동품 가게에서 방울을 사는 화자

그 영롱한 소리의 방울을 딸랑거리던

소는 이미 이승의 짐승이 아니지만,
골동품 방울을 목에 달았던 소

「나는 소를 몰고 여름 해 질 녘 하산하던

그날의 소년이 되어, 배고픈 저녁 연기 피어오르는

「 」: '방울'을 매개로 과거를 회상하게 된 화자

마을로 터덜터덜 걸어 내려왔다.」
음성 상징어

2연 : 방울을 매개로 그리운 과거를 회상함.

장사치들의 흥정이 떠들썩한 문명의

골목에선 지금, 삼륜차가 울려 대는 경적이

저자바닥에 따가운데

■ : 문명의 소리(현재, 부정적)
↕ 대립
■ : 그리운 소리(과거, 긍정적)

내가 몰고 가는 소의 딸랑이는 방울 소리는

돌담 너머 옥분이네 안방에 / 들릴까 말까,

□ : 화자가 그리워하는 대상

사립문 밖에 나와 날 기다리며 섰을

누나의 귀에는 들릴까 말까.

3연 : 문명의 소리와 대비되어 더욱 그리운 고향의 소리

시어 시구 풀이

그 영롱한 소리의 방울을 딸랑거리던 / 소는 이미 이승의 짐승이 아니지만, → 소가 걸고 있던 방울이 골동품(오래되었거나 희귀한 옛 물품) 가게에 있었다는 것은, 이를 더 이상 쓰지 않는다는 의미이므로, 소가 죽었음을 알 수 있음.

나는 소를 몰고 여름 해 질 녘 하산하던~마을로 터덜터덜 걸어 내려왔다. → 여기서 '마을'은 화자의 고향이라 볼 수 있음. 실제로 화자가 다시 소년이 되었거나 '마을'로 공간을 이동한 것은 아님. '방울'로 인해 과거를 회상하게 됐음을 참신하게 표현함.

장사치들의 흥정이 떠들썩한 문명의~누나의 귀에는 들릴까 말까. → 화자는 현재 '저자'에 울리는 문명의 소리를 들으며 '소의 딸랑이는 방울 소리'를 그리워함. 문명의 소리는 '떠들썩'하고 '따가운' 소리지만, '방울 소리'는 '들릴까 말까' 할 정도로 소박하고 정겨운 소리임.

경적이 / 저자바닥에 따가운데 → 청각적 심상인 '경적'을 '따가운' 촉각적 심상으로 전이한 공감각적 심상임(청각의 촉각화).

저자바닥 → 시장바닥.

들릴까 말까 → 시구를 반복하여 시적 대상에 대한 그리움의 정서를 강조함.

STEP 03 작품 해제

01 | 주제

어린 시절과 고향에 대한 그리움

02 | 특징

① 고향에 대한 그리움을 나타내는 화자 중심의 시
② '방울 소리'를 소재로 과거에 대한 향수를 불러일으키며 시상을 전개함.
③ 청각적 심상이 지배적임.
④ 특정 구절을 반복하여 운율을 형성하고 시적 의미를 강조함.
⑤ 대립적인 시어(방울 소리, 경적)를 통해 화자의 정서(그리움)를 드러냄.

03 | 작품 해제

  이 작품은 골동품 가게에서 구입한 소 방울을 통해 유년 시절 고향에서의 기억을 떠올리는 시이다. 화자는 방울 소리를 들으며 풀을 먹인 소를 몰고 산을 내려왔던 유년 시절의 여름날 저녁을 떠올린다. 바쁘고 시끄러운 소음으로 상징되는 현재의 일상과 달리 소 방울 소리가 들리는 고즈넉한 고향의 모습은 기억 속에 아련하게 남아 있다.

STEP 04 논문으로 만나는 출제자의 시선

작가론

이수익의 초기시는, 등단 이후 1980년 상경 전까지의 작품을 대상으로, 그 시기에 나타난 자기애적 탐닉 행위에 집중했다. 이때는 보다 완벽한 미(美)를 창출해 내기 위해 시어의 절제와 객관화를 통해 시적 기법에서의 독보적인 위치를 획득하고 있다.
중기시는 1980년대 작품을 대상으로, 대외적으로는 중견 시인이자 언론인이고, 개인적으로는 한 가정의 가장으로서 가장 고심하게 되는 관계 의식에 집중했다. 이 시기에 문단의 상황과 문학상의 수상이라는 급변화 속에서 그가 택했던 방어기제적 측면과 여러 위치에서의 관계에 대해 원형적인 측면에서 사유하고자 했다.
후기시는 1990년대부터 최근까지의 작품을 대상으로, 기존의 소극적이고 정체된 자아의 모습과는 다르게 보다 적극적인 행동으로 스스로 존재론적 탐구에 집중했다. 이처럼 자기 존재의 확인 작업은 단지 주관의 표출만이 아닌, 낭만적 에로티시즘의 완성이라는 면에서 주관과 객관, 나와 당신, 그리고 세계로 이어지는 끊임없는 존재 인식을 통해 재정의되고 있다.

다음 글을 읽고 물음에 답하시오.

(가)

잃어버렸습니다.
무얼 어디다 잃었는지 몰라
두 손이 주머니를 더듬어
길에 나아갑니다.

돌과 돌과 돌이 끝없이 연달아
길은 돌담을 끼고 갑니다.

담은 **쇠문**을 굳게 닫아
길 위에 긴 그림자를 드리우고

길은 **아침에서 저녁으로**
저녁에서 아침으로 통했습니다.

돌담을 더듬어 눈물짓다
쳐다보면 하늘은 부끄럽게 푸릅니다.

풀 한 포기 없는 이 길을 걷는 것은
담 저쪽에 내가 남아 있는 까닭이고,

내가 사는 것은, 다만,
잃은 것을 찾는 까닭입니다.

- 윤동주, 「길」 -

(나)

청계천 7가 골동품 가게에서
나는 어느 황소 목에 걸렸던 ㉠ <u>방울</u>을
하나 샀다.

그 영롱한 소리의 방울을 딸랑거리던
소는 이미 이승의 짐승이 아니지만,
나는 ㉡ <u>소</u>를 몰고 여름 해 질 녘 하산하던
그날의 소년이 되어, 배고픈 저녁 연기 피어오르는
마을로 터덜터덜 걸어 내려왔다.

장사치들의 흥정이 떠들썩한 문명의

골목에선 지금, 삼륜차가 울려 대는 ㉢ <u>경적이</u>
저자바닥에 따가운데
내가 몰고 가는 소의 딸랑이는 ㉣ <u>방울소리</u>는
돌담 너머 옥분이네 안방에
들릴까 말까,
사립문 밖에 나와 날 기다리며 섰을
누나의 귀에는 들릴까 말까.

- 이수익, 「방울소리」 -

01. (가), (나)의 공통점으로 가장 적절한 것은?

① 화자의 시선 이동에 따라 시상을 전개하고 있다.
② 특정 소재에 주목하여 화자의 정서를 드러내고 있다.
③ 자연물에 인격을 부여하여 정서적으로 교감하고 있다.
④ 어조의 변화를 통해서 정적인 분위기를 강조하고 있다.
⑤ 음성 상징어를 사용하여 대상을 생동감 있게 드러내고 있다.

02. 〈보기〉는 (가)에 대한 수업의 일부이다. 학생들의 대답으로 적절하지 <u>않은</u> 것은?

〈보기〉

선생님 : 1연에서 화자가 '길'로 나아가는 것은 잃어버린 자아를 찾기 위한 행위를 의미합니다. 화자는 본질적 자아를 회복하고 싶어 하는 것이지요. 그럼, 2연부터 어떻게 해석될 수 있는지 발표해 볼까요?

① 2연에서 '돌과 돌과 돌이 끝없이 연달아' 있다는 것은 잃어버린 자아를 찾고자 하는 화자의 의지가 확고하다는 것을 보여줍니다.
② 3연에서 돌담에 '쇠문'이 굳게 닫혀 있다는 것은 화자가 본질적 자아를 찾는 과정이 쉽지 않다는 것을 뜻합니다.
③ 4연에서 길이 '아침에서 저녁으로', '저녁에서 아침으로' 통한다는 것은 잃어버린 자아를 찾기 위한 화자의 노력이 지속적임을 의미합니다.
④ 5연에서 화자는 본질적 자아를 찾지 못해 '눈물'지으며 자신에게 부끄러움을 느낍니다.
⑤ 6연, 7연에서 화자는 '풀 한 포기 없는' 상황 속에서도 잃어버린 자아를 찾는 것이 살아가는 이유임을 분명히 하고 있습니다.

03. ㉠~㉣을 중심으로 (나)를 이해한 것 중, 적절하지 <u>않은</u> 것은?

① ㉠은 화자를 유년 시절의 시간과 공간으로 유도하는 기능을 한다.
② ㉡은 ㉠에 의해 연상된 것으로 화자의 소박하고 평화롭던 시절을 환기한다.
③ ㉢은 ㉣과 대비되어 현대 문명의 부정적 이미지를 부각시킨다.
④ ㉣을 통해 화자는 소중한 이에 대한 그리움의 정서를 환기한다.
⑤ ㉣은 ㉡을 통해 깨닫게 된 자연과 인간사의 부조화를 상징한다.

다음 글을 읽고 물음에 답하시오.

(가)

산에나 올라서서
바다를 보라
사면(四面)에 **백열리(百열里)**˚, 창파(滄波) 중에
객선(客船)만 둥둥……떠나간다

명산대찰(名山大刹)이 그 어디메냐
향안(香案), 향탑(香榻)˚, 대그릇에
석양이 산머리 넘어가고
사면에 백열리, 물소리라

"젊어서 꽃 같은 오늘날로
금의(錦衣)로 환고향(還故鄕) 하옵소사."
객선만 둥둥…… 떠나간다
사면에 백열리, 나 어찌 갈까

까투리도 산 속에 새끼치고
타관만리(他關萬里)에 와 있노라고
산 중(山中)만 바라보며 목메인다
눈물이 앞을 가리운다고

들에나 내려오면
치어다보라
해님과 달님이 넘나든 고개
구름만 첩첩……떠돌아간다

- 김소월, 「집 생각」 -

*백열리 : 백십 리. / *향안, 향탑 : 제사 때 향로나 그릇을 올려 놓는 상.

(나)

혼자만 와서 불타는 저녁 노을은
내게 있어 한 고통거리다
가슴을 헤치고
혼자만 와서 불타는 저녁 노을을
원망하며 바라본다
┌ 노을 속에서는
│ 언제나 우렁찬 만세 소리가 들리고
└ 누님의 얼굴이 환히 비친다
[A] 이러한 때
┌ 노을은 신이 나서 붉은 물감을
│ 함부로 칠하며
└ 북을 치고 농부들같이 춤을 춘다

한 컵의 냉수를 마시고
오늘도 빈손으로 맞는 나의 저녁 노을
저녁 노을을 쳐다보는 사람은 벌써
도시에 없다.

- 김규동, 「노을과 시」 -

(다)

청계천 7가 골동품 가게에서
나는 어느 황소 목에 걸렸던 방울을
하나 샀다.

그 영롱한 소리의 방울을 딸랑거리던
소는 이미 이승의 짐승이 아니지만,
나는 소를 몰고 여름 해질녘 하산(下山)하던
그날의 소년이 되어, 배고픈 저녁 연기 피어오르는
마을로 터덜터덜 걸어 내려왔다.

┌ 장사치들의 흥정이 떠들썩한 문명(文明)의
│ 골목에선 지금, 삼륜차가 울려대는 경적이
│ 저자바닥에 따가운데
[B] 내가 몰고 가는 소의 딸랑이는 방울소리는
│ 돌담 너머 옥분이네 안방에
│ 들릴까 말까, 사립문 밖에 나와 날 기다리며 섰을
└ 누나의 귀에는 들릴까 말까.

- 이수익, 「방울 소리」 -

04. (가)~(다)에 대한 설명으로 가장 적절한 것은?

① (가)와 (나)는 시대 현실에 대한 고뇌를 담고 있다.
② (가)와 (다)는 시적 대상에 대한 원망이 드러난다.
③ (나)와 (다)는 지난날에 대한 그리움이 바탕에 깔려 있다.
④ (가)~(다)는 물질문명에 대한 비판이 나타난다.
⑤ (가)~(다)는 공간의 이동에 따라 슬픔이 심화되고 있다.

05. (가)의 시어에 대한 설명으로 적절하지 <u>않은</u> 것은?

① '산'은 화자가 고향을 그리워하며 오르는 공간을 의미한다.
② '백열리'는 화자가 고향에서 멀리 떠나 있음을 나타낸다.
③ '객선'은 화자가 그리워하는 대상을 의미한다.
④ '까투리'는 화자의 처지를 비유적으로 나타낸다.
⑤ '구름'은 고향에 대한 화자의 그리움을 심화시킨다.

06. [A], [B]에 대한 설명으로 적절하지 <u>않은</u> 것은?

① [A]와 [B]는 모두 청각적 심상을 활용하여 대상을 형상화하고 있다.
② [A]와 [B]는 모두 대상을 의인화하여 역동적인 이미지를 표현하고 있다.
③ [A]는 [B]와 달리 화자의 감정을 대상에 이입하여 나타내고 있다.
④ [B]는 [A]와 달리 과거와 현재의 공간이 대비되어 나타나고 있다.
⑤ [B]는 [A]와 달리 시어의 반복을 통해 화자의 정서를 강조하고 있다.

07. (다)를 영상시로 제작하고자 한다. 적절하지 <u>않은</u> 것은?

① 청계천 상가에서 방울을 유심히 바라보는 '나'의 모습이 필요하겠어.
② 영롱한 소리를 내던 방울을 단 소의 모습이 나오는 장면이 있어야겠어.
③ 소의 방울소리와 대조되도록 삼륜차의 경적이 시끄럽게 울리는 장면을 넣어야겠어.
④ 저녁 무렵의 마을을 바라보며 소를 몰고 산에서 내려오던 어린 '나'의 모습을 표현해야겠어.
⑤ 방울소리가 옥분이네 안방까지 들리도록 방울을 크게 울리며 지나가는 '나'의 모습을 담아야겠어.

STEP 01 OX 문제를 통한 지문 이해 훈련

나BS 수능특강 | 현대문학

1.
그는 그리움에 산다.
그리움은 익어서
스스로 견디기 어려운
빛깔이 되고 향기가 된다.
그리움은 마침내
스스로의 무게로
떨어져 온다.
떨어져 와서 우리들 손바닥에
눈부신 축제의
비할 바 없이 그윽한
여운을 새긴다.

2.
이미 가 버린 그날과
아직 오지 않은 그날에 머물은
이 아쉬운 자리에는
시시각각의 그의 충실(充實)만이
익어 간다.
보라,
높고 맑은 곳에서
가을이 그에게
한결같은 애무의
눈짓을 보낸다.

3.
놓칠 듯 놓칠 듯 숨 가쁘게
그의 꽃다운 미소를 따라가며는
세월도 알 수 없는 거기
푸르게만 고인
깊고 넓은 감정의 바다가 있다.
우리들 두 눈에
그득히 물결치는
시작도 끝도 없는
바다가 있다.

OX문제

01	2연의 '가을'은 능금과 교감하고 소통하는 대상이다.	(O / X)
02	화자는 '바다'가 '시작도 끝도 없는' 것을 확인하고 절망한다.	(O / X)
03	동일한 종결 어미의 반복을 활용하여 리듬감을 형성하고 있다. [2020학년도 9월]	(O / X)
04	화자는 '그리움'이라는 부정적 정서에서 벗어난 능금에 대해 예찬적 태도를 보인다.	(O / X)
05	명령적 어조를 통해 세태에 대한 부정적 시각을 진술하고 있다. [2020학년도 6월]	(O / X)

1.

그는 그리움에 산다.
□ : 능금(의인법)　■ : '-다'라는 종결 어미를 반복해 운율감 형성

그리움은 익어서
능금을 충만하게 만드는 생명의 힘

스스로 견디기 어려운
자연스러운 성취의 과정(내적 성숙)

빛깔이 되고 향기가 된다.
　능금의 내면적인 아름다움

그리움은 마침내

「스스로의 무게로　　「　」 : 능금의 아름다움이 외부로 표출된 상태
성숙의 무게

떨어져 온다.」

떨어져 와서 우리들 손바닥에

눈부신 축제의
성숙을 이룬 존재의 경이로움

비할 바 없이 그윽한

여운을 새긴다.

1연 : 그리움으로 익는 능금

2.

이미 가 버린 그날과
　　과거

아직 오지 않은 그날에 머물은
　　미래

이 아쉬운 자리에는
현재(능금의 현 위치, 충실해져 가는 공간)

시어 시구 풀이

그는 그리움에 산다. → 첫 행만 봤을 땐 '그'가 누구인지 명확히 알 수 없지만, 이후 내용을 통해 '그'가 '능금'임을 알 수 있음. '그리움에 산다.'를 통해 능금은 무엇인가가 결핍되어 있는 상태로 볼 수 있으며, 화자는 능금을 인간적 존재 가치를 지닌 대상으로 의인화하여 표현함.

그리움은 익어서~떨어져 온다. → '그리움'은 능금이 익어 '빛깔', '향기', '무게'가 되게 하는 대상임. 즉, 능금이 성숙해질 수 있도록 도와주는 긍정적 존재로 볼 수 있음. 능금은 무엇인가를 간절하게 그리워하면서 스스로 충실하게 되고 '빛깔과 '향기'를 얻어 마침내 성숙의 무게로 떨어져 나오게 됨.

눈부신 축제 → 능금이 익어 성숙을 이룬 상태를 '눈부신 축제'에 비유하여 능금에 대한 경이로움을 드러냄.

비할 바 없이 그윽한 / 여운을 새긴다. → 내적 성숙을 이룬 존재인 능금은 우리에게 여운을 준다는 의미임.

이미 가 버린 그날과~이 아쉬운 자리에는 → 능금은 과거와 미래 사이의 현재의 위치에서 자신의 충실을 더해감. 이후에 나오는 내용을 통해 현재의 시간적 배경이 '가을'임을 알 수 있음.

시시각각의 그의 충실(充實)만이
　　　　　　　　내적 성숙

익어 간다.

보라,

높고 맑은 곳에서
가을이 위치한 공간(하늘 : 숭고한 곳)

「가을이 그에게
능금과 교감하는 존재

한결같은 애무의 / 눈짓을 보낸다.」「 」: 의인법
　　　　가을 햇살을 비유적으로 표현함.

가을이 그에게~눈짓을 보낸다. → 자연의 섭리에 따라 익어가는 능금을 가을이 능금에게 눈짓을 보내 익어가는 것으로 형상화하여, 아름다운 성숙의 과정과 자연이 교감하는 모습을 나타냄. 이를 통해 능금의 신비함을 부각함.

2연 : 가을 햇살에 충실하게 익는 능금

3

놓칠 듯 놓칠 듯 숨 가쁘게

그의 꽃다운 미소를 따라가며는

세월도 알 수 없는 거기
　　　'감정의 바다'가 있는 곳

푸르게만 고인

깊고 넓은 감정의 바다가 있다.
능금의 내면과 감정의 세계(신비한 존재의 본질)

우리들 두 눈에

그득히 물결치는

시작도 끝도 없는

바다가 있다.
무한한 그리움과 충만함이 있는 세계

깊고 넓은 감정의 바다가 있다. → 화자가 능금을 통해 존재의 본질을 발견하게 됨. '감정의 바다'라는 은유적 표현을 통해 화자가 감정과 바다를 동일한 것으로 파악했음을 알 수 있음. 즉, 능금은 단순한 과일이 아니라 바다처럼 넓고 깊은 생명의 감정을 지닌 존재임.

시작도 끝도 없는 / 바다가 있다. → 화자가 '능금'이라는 자연물을 통해 생명의 무한한 충만함을 가진 내면의 바다를 보고자 했던 것으로 해석할 수 있음. 즉, '바다'는 현실 세계의 바다가 아닌, 능금의 본질을 의미함.

3연 : 능금을 통해 깨달은 감정의 바다라는 존재의 본질

STEP 03 작품 해제

01 | 주제

존재의 신비감을 발견한 경이로움

02 | 특징

① 능금을 통해 발견한 존재의 본질에 대해 말하고 있는 대상 중심의 시
② 소재를 의인화하여 독특하게 해석함.
③ 대상에 대한 경이감을 차분한 어조를 통해 전달함.

03 | 작품 해제

　이 시는 능금을 통해 발견한 존재의 본질과 신비를 표현한 작품이다. 해당 작품에서는 대상에 대한 인식의 문제를 다루며, 궁극적으로 추구하는 바는 존재 탐구이다. 능금은 그 자체로 하나의 존재 가치를 갖는 대상으로, 이를 통해 하나의 사물로 존재하는 것의 의미를 탐구하고 있는 것이다.

　1연에서는 능금의 본질을 '그리움'이라고 규정하고, 그리움으로 익어가는 능금의 모습을 설명한다. 2연에서는 가을 햇살이 능금을 익게 만든다는 자연적 사실을 강조함으로써 계절의 변화와 능금이 익는 것의 관계를 설명하고 있다. 3연에서는 능금이라는 사물의 세계를 통해 자신이 도달한 존재의 본질을 '깊고 넓은 감정의 바다'라고 표현한다. 즉, 능금을 매개로 하여 내적 성숙을 이룬 존재의 신비를 표현하였으며, 그 신비를 '깊고 넓은 감정의 바다'에 비유한 것이다.

김춘수 시의 '존재' 사유

김춘수는 자신의 존재적 위기의 근거를 특수한 사건의 표면이 아닌, 보다 근원적인 지점에서 탐색한다. 여기에서 근원적이라 함은 특정한 사건에 의해 표면화 또는 부각될 수 있으나, 어떠한 특정한 사건 자체가 직접적 계기가 되고 있지는 않다는 점을 함의한다. 인간 존재는 '이미 가버린 그날과 / 아직 오지 않은 그날에 머물은 / 이 아쉬운 자리'에 처한 존재이다. 다시 말해 그는 존재적 시원(사물, 현상 따위가 시작되는 처음)으로서의 신화적 세계를 잃은 존재이자, 존재의 비애를 아직 완전히 극복해 내지 못한 존재이다.

그럼에도 불구하고 인간 존재는 그 '아쉬운 자리'에서나마 자신의 존재적 '충실'을 갖추어 간다. 잃어버린 존재의 시원, 잃어버린 신화적 세계를 그리워하고 동경하며 따라갈 때 인간 존재는 상승의 가능성을 부여잡을 수 있다. '놓칠 듯 놓칠 듯 숨 가쁘게 / 그의 꽃다운 미소'로 표현되는 신화적 세계의 풍요를 따라갈 때, 비애와 절망이 가라앉고 '깊고 넓은 감정의 바다'가 평온하게 고이는 존재의 상태가 비로소 도래할 것이라고 시인은 이야기한다. 그리고 신화적 세계의 풍요를 따라가는 일은 그 세계에 자신의 온 존재를 맡기는 일이기도 하다.

김춘수 중기시의 시간 의식

능금은 무엇에 대한 상징일까? 이는 그리움에 대한 객관적인 상관물이라고 할 수 있다. 원형의 이미지는 존재의 궁극적인 양식이며 그리움의 객관적인 상관물인 것이다. 김춘수의 시에 나타나는 능금은 그 둥근 성질을 통해 그리움으로 존재하게 되는데 이는 그리움이 익어서 그 스스로조차 견디기 어려운 빛깔과 향기를 지니게 된다. 즉, 스스로의 무게로 낙하하고 있을 때 '눈부신 축제의 / 비할 바 없이 그윽한 / 여운'이 새겨지게 되는 것이다. 축제는 추억의 의미를 가져야 비로소 완전하게 다가오는데, 이 또한 감각적으로 실재하는 대상인 능금을 인식하는 순간인 무(無)시간성의 영역이기에 가능한 것이다.

이렇게 김춘수의 시간은 직선적인 것에서 순간을 통한 무시간적인 무한과 영원의 순환적인 것으로 양상을 달리하기 시작한다. 이 순환적인 시간 의식이 본격적으로 나아가게 된 것은 그의 연작시 「처용단장」 이후부터라고 볼 수 있다.

29 이가림, 석류

STEP 01 OX 문제를 통한 지문 이해 훈련

나BS 수능특강 | 현대문학

언제부터
이 **잉걸불 같은 그리움**이
텅 빈 가슴속에 이글거리기 시작했을까

지난여름 내내 앓던 몸살
더 이상 견딜 수가 없구나
영혼의 가마솥에 들끓던 사랑의 힘
캄캄한 골방 안에
가둘 수 없구나

나 혼자 부둥켜안고
뒹굴고 또 뒹굴어도
자꾸만 **익어가는 어둠**을
이젠 알알이 쏟아 놓아야 하리

무한히 새파란 심연의 하늘이 두려워
나는 땅을 향해 고개 숙인다
온몸을 휩싸고 도는
어지러운 충만 이기지 못해
나 스스로 껍질을 부순다

아아, 사랑하는 이여
지구가 쪼개지는 소리보다
더 아프게
내가 깨뜨리는 이 **홍보석의 슬픔**을
그대의 뜰에
받아 주소서

OX문제

01 자연물이 변화하는 모습을 인간의 삶에 투영하고 있다. (O / X)
02 3연의 '익어가는 어둠'과 4연의 '어지러운 충만'은 의미상으로 모순된다. (O / X)
03 색채어를 활용하여 대상의 고풍스러운 모습을 드러내고 있다. [2018학년도 9월] (O / X)
04 영탄과 독백의 어조를 통해 화자의 심정을 드러내고 있다. [2014학년도 수능A] (O / X)
05 1연의 '잉걸불 같은 그리움'은 결과적으로 5연의 '홍보석의 슬픔'이 되어 나타난다. (O / X)

STEP 02 지문 분석

언제부터

이 잉걸불 같은 그리움이
　　　　　정서의 직접적 표출

텅 빈 가슴속에 이글거리기 시작했을까
■ : 고독한 상황　　　사랑이 들끓고 있음.

　　　　　　　　　　　　　　　　　　　　1연 : 강렬한 그리움에 대한 궁금증

「지난여름 내내 앓던 몸살
　중의적 표현
　① 지난여름 내내 석류가 익어감. ② 지난여름 내내 그리움에 애가 탐.

더 이상 견딜 수가 없구나
　　　　　한계에 다다름.

영혼의 가마솥에 들끓던 사랑의 힘
'잉걸불'과 연결 → 감각적 이미지 강화

캄캄한 골방 안에
중의적 표현
① 석류의 껍질 ② 고독한 마음

가둘 수 없구나」
「」 : 유사한 통사 구조의 반복

　　　　　　　　　　　　　　　　　　　　2연 : 더 이상 가둘 수 없는 사랑의 힘

『나 혼자 부둥켜안고

뒹굴고 또 뒹굴어도』
『 』 : 사랑의 아픔에 몸부림치는 모습

자꾸만 익어가는 어둠을
중의적 표현
① 석류 ② '나'의 마음

이젠 알알이 쏟아 놓아야 하리
　　　　　사랑을 표출할 것을 다짐함.

　　　　　　　　　　　　　　　　　　　　3연 : 감당하기 어려운 사랑과 그리움

무한히 새파란 심연의 하늘이 두려워
　　　　　사랑이 받아지지 않을 것에 대한 두려움.

나는 땅을 향해 고개 숙인다

온몸을 휩싸고 도는

시어 시구 풀이

잉걸불 → 다 타지 아니한 장작불.

이 잉걸불 같은 그리움이 / 텅 빈 가슴속에 이글거리기 시작했을까 → '그리움'이라는 추상적 정서를 이글거리는 대상처럼 구체적으로 표현함. 이는 강렬한 그리움이 지속되고 있는 상황을 의미함. '그리움'은 사랑의 성숙을 이끄는 힘임.

지난여름 내내 앓던 몸살 → 이 시에는 여러 중의적 표현이 나옴. 하나는 석류의 입장에서, 또 다른 하나는 석류를 바라보는 인간의 입장에서 해석할 수 있음. 석류 자체를 이 시의 화자로 설정한 것이라고 해석할 수도 있음.

캄캄한 골방 안에 / 가둘 수 없구나 → 숨겨지지 않을 정도로 들끓는 강렬한 사랑을 의미함.

나 혼자 부둥켜안고~이젠 알알이 쏟아 놓아야 하리 → 화자 혼자 감당할 수 없는 사랑의 힘에 그것을 쏟아버려야겠다고, 즉 밖으로 표출해야겠다고 생각함. '익어가는 어둠'은 익은 석류 열매알, 혹은 심화된 화자 내면의 사랑을 뜻함.

무한히 새파란~고개 숙인다 → 사랑을 고백해야겠다고 생각했지만, 그 사랑이 거절당할까 봐 두려워 고개를 숙이는 것으로 볼 수 있음.

온몸을 휩싸고 도는~나 스스로 껍질을 부순다 → 온몸을 휩쌀 정도로 충만하고 완숙한 사랑을 이기지 못하고 마침내 사랑이 표출됨.

어지러운 충만 이기지 못해
완숙한 사랑을 주체하지 못함.

나 스스로 껍질을 부순다
중의적 표현
① 다 익은 석류가 벌어짐. ② 더 이상 감출 수 없는 사랑의 표출

4연 : 완숙의 경지에 이른 사랑의 표출

아아, 사랑하는 이여
영탄적 어조 → 격정적 정서

「지구가 쪼개지는 소리보다

더 아프게」
「 」 : 비교법, 과장법

내가 깨뜨리는 이 홍보석의 슬픔을
중의적 표현
① 붉게 익은 석류 ② 절정에 달한 사랑과 그리움(성숙한 사랑의 결정체)

그대의 뜰에
■ : 사랑하는 대상이 있는 공간에서 사랑이 깨짐(역설적)
사랑하는 대상

받아 주소서
기원적 어조

5연 : 사랑을 받아 주기를 간청함.

내가 깨뜨리는 이 홍보석의 슬픔을~받아 주소서 →
1연의 '텅 빈 가슴속', 2연의 '캄캄한 골방'은 모두
고독한 상황임. 고독의 상황에 처해있을 땐 사랑이
들끓어 결국 사랑을 고백하게 되었지만, 막상 사랑
하는 대상이 있는 '그대의 뜰'에서는 사랑이 깨어진
모습이 되는 역설적 발상이 드러남. 그대가 자신의
성숙한 사랑을 받아주기를 간절히 원하며 시상이
마무리됨.

STEP 03 작품 해제

01 | 주제

석류를 통해 본 사랑이 완숙되는 과정

02 | 특징

① 사랑에 대한 감정을 드러내는 화자 중심의 시
② 사랑의 아픔을 석류라는 소재에 대응시켜 시상을 전개함.
③ 중의적 표현을 통해 석류와 인간의 두 입장에서 해석을 할 수 있음.
④ 영탄, 과장의 표현으로 의미를 강조함.

03 | 작품 해제

이 시는 석류가 익어가는 과정을 통해, 사랑이 익어가는 과정을 빗대어 묘사한 작품이다. 한 열매의 생명 현상에 대한 감탄에 머무르지 않고 궁극적으로는 인간의 삶에 대한 통찰로 이어진다. 석류를 '잉걸불', '홍보석의 슬픔' 등으로 비유함으로써 선명한 이미지를 형성하고 있다. 단단한 껍질 속에 알알이 들어 있는 석류의 붉은 열매를 들끓는 사랑과 그리움의 마음으로 표현하고, 이를 '잉걸불', '자꾸만 익어가는 어둠', '어지러운 충만', '홍보석의 슬픔' 등으로 나타내어 사랑이 무르익는 과정을 나타냈다.

석류는 그리운 대상에 대한 시적 화자의 사랑을 상징한다. 석류 열매가 껍질을 부수고 터져 나오는 모습은 사랑의 감정이 성숙하여 고백하지 않을 수 없는 상황을 표현하고 있다. 여기서 '홍보석'은 사랑의 고독과 아픔이 내재된 것이기도 하다. 화자는 사랑의 열정과 애달픔, 고백에 대한 거절의 두려움과 슬픔 등 다양한 감정을 복합적으로 생생하게 드러내고 있다.

이가림의 시 세계

대상과의 상호 작용을 통한 주체의 정서 발현 과정을 우리는 '서정'이라 일컫는다. 물론 시인의 세계가 단순한 자기 몰입이나 자기도취의 나르시스적 몽환에 그친다면, 우리는 그의 시편들을 통해 한 자연인의 삶은 들여다볼 수 있겠지만 완결된 서정시의 미학을 경험하기는 어려울 것이다. 그런데 다행스럽게도, 이가림 시편들은 철저하게 '주체'의 시간적 경험으로부터 생기지만, '세계'와 소통하려는 열망을 동시에 내포함으로써 대상의 확장을 통한 언어를 지향하고 있다. 그래서 우리는 그의 완결성 높은 미학을 통해 '자아'와 '세계'가 한 사람의 경험적 언어 속에서 접점을 형성하며 상호 소통하는 것을 충실하게 발견할 수 있다. 그의 제3시집 『순간의 거울』(창작과비평사, 1995)은 이러한 생활 감각의 구체성을 통해 소통의 심미적 순간성을 선명하게 보여주는 실례일 것이다.

「석류」의 인유(引喩) 지향성

제5회 정지용문학상을 수상한 이가림의 「석류」는, 조운의 대표작 「석류(石榴)」와의 연관성을 환기한다. 가령 조운이 '석류'를 직접 화자로 삼아 '투박한 나의 얼굴 / 두툼한 나의 입술 / 알알이 붉은 뜻을 / 내가 어이 이르리까 / 보소라, 임아 보소라 / 빠개젖힌 / 이 가슴'이라고 노래함으로써 대상을 향한 강렬한 사랑을 노래한 데 대하여, 이가림의 「석류」는 '잉걸불 같은 그리움'을 석류라는 상관물에 이입하고 있다. 이가림 시편의 인유(다른 예를 끌어다 비유함) 지향성은 이미 폭넓게 지적된 바 있는데, 말하자면 정지용, 김광균, 백석, 이용악, 조운, 김수영 등의 시편들과 상호 텍스트적으로 이가림 시편들은 깊이 얽혀 있다. 이러한 인유 지향의 상상력은, 시인으로 하여금 우리 근대시상의 위인들을 창조적으로 섭렵하고 변형하게 함으로써, 우리의 심층적 기억 속에 있는 근원적 언어들과 새로운 조우를 도모케 하는 이점을 지닌다. 텅 빈 가슴속에 이글거리는 그리움은 석류의 외양을 따라 '몸살'과 '사랑의 힘' 그리고 '어둠'으로 이어진다. 그 어둑하고 아픈 사랑의 힘은 속으로부터 강렬한 원심력으로 분출되어 '온몸을 휩싸고 도는 / 어지러운 충만'으로 변형된다. 그래서 화자는 스스로 껍질을 부수면서, 아프기만 한 '홍보석의 슬픔'을 노래하게 된다. 여기서 '홍보석'의 비유는, 그가 초기에 집중적으로 보여준 견고한 '돌'의 미학과 그대로 이어진다. 이처럼 대상에 대한 강렬한 그리움을 통해 주체의 동일성을 확보해가는 이 시편은 이가림 시학의 속성을 잘 드러내 보여준다.

30 박재삼, 흥부 부부상

STEP 01 OX 문제를 통한 지문 이해 훈련

흥부 부부가 박덩이를 사이하고
가르기 전에 건넨 웃음살을 헤아려 보라.
금이 문제리,
황금 벼이삭이 문제리,
웃음의 물살이 반짝이며 정갈하던
그것이 확실히 문제다.

없는 떡방아 소리도
있는 듯이 들어 내고
손발 닳은 처지끼리
같이 웃어 비추던 거울면(面)들아.

웃다가 서로 불쌍해
서로 구슬을 나누었으리.
그러다 금시
절로 면(面)에 온 구슬까지를 서로 부끄리며
먼 물살이 가다가 소스라쳐 반짝이듯
서로 소스라쳐
본(本)웃음 물살을 지었다고 헤아려 보라,
그것은 확실히 문제다.

OX문제

01	'황금 벼이삭'과 '웃음'은 대비되는 시어이다.	(O / X)
02	단정적 어조로 대상에 대한 주관적 정서를 강화하고 있다. [2010학년도 6월]	(O / X)
03	화자는 시적 대상에게 말을 건네며 시상을 전개하고 있다.	(O / X)
04	가난한 삶 속에서도 서로를 연민하고 사랑하는 모습이 드러나 있다.	(O / X)
05	유사한 문장을 반복적으로 제시하여 시상에 통일성을 부여하고 있다. [2013학년도 6월]	(O / X)

STEP 02 지문 분석

흥부 부부가 박덩이를 사이하고
　　　　　가난한 생활의 상징

가르기 전에 건넨 웃음살을 헤아려 보라.
　　　　　　　　웃음의 물살

「금이 문제리, / 황금 벼이삭이 문제리,」
　　「　」: 설의법을 통해 부부 사이의 사랑과 신뢰가 더 중요함을 강조

웃음의 물살이 반짝이며 정갈하던
물질적 빈곤을 이겨 나가는 힘　　모양이나 옷 따위가 깨끗하고 말쑥하던

그것이 확실히 문제다.
　　가난하지만 욕심 없고 소박한 삶의 태도가 중요함(단정적 어조).

■■■ : 물질적 빈곤을 이겨 나가는 힘
↕ : 대립
■■■ : 흥부 부부에게는 중요하지 않은 금적적 가치

□□□ : 명령형 어조로 독자에게 말을 건네는 방식을 사용하여
　　　흥부 부부에게 정말 중요한 것이 무엇인지를 사유하게 만듦.

1연 : 물질적 욕심이 없는 흥부 부부의 웃음살

『없는 떡방아 소리도 / 있는 듯이 들어 내고』
　　　　가난한 형편

『　』: 먹을 것이 없는 가난의 상황에서도 사랑으로 소박한 행복을 누리며 살아가는 모습
　　　→ 흥부 부부의 낙천적 성격

손발 닳은 처지끼리
고된 노동으로 손발이 닳아 서로 같이 힘든 상황에 놓여 있음.

같이 웃어 비추던 거울면(面)들아.
똑같이 웃는 모습이 마치 거울 같음 – 서로에 대한 이해와 사랑

2연 : 가난하지만 서로를 이해하고 사랑하는 흥부 부부

웃다가 서로 불쌍해 / 서로 구슬을 나누었으리.
　　　　　　　　　　　원관념 : 눈물

그러다 금시
　　　바로 금방

절로 면(面)에 온 구슬까지를 서로 부끄리며
　　얼굴에 흐르는 눈물　　　　　　부끄러워하며

먼 물살이 가다가 소스라쳐 반짝이듯
　　깜짝 놀라 몸을 떠는 듯이 움직여(갑자기 표출되는 웃음의 순간성)

서로 소스라쳐 / 본(本)웃음 물살을 지었다고 헤아려 보라,
　　　　　　　눈물을 극복한 진정한 웃음

그것은 확실히 문제다.
가난을 사랑으로 극복하려는 자세가 중요함.

3연 : 눈물을 극복한 흥부 부부의 진정한 웃음

시어 시구 풀이

흥부 부부 → 가난한 형편 속에서도 정신적 행복을 추구하는 소박한 인간상.

가르기 전에 건넨 → 이 시에서 주목하고 있는 것은 박을 타고 난 후 금은보화가 쏟아져 나왔을 때의 장면이 아님. 아이들에게 먹일 것이 없어, 박을 타고 있는 궁색한 처지에 놓인 흥부 부부의 표정임. 시인이 이렇게 장면을 설정한 것은 주제 의식과도 관련이 깊음. 시인은 물질적 풍요보다 더 중요한 것은 정신적 행복임을 말하고 싶은 것임.

웃음살 → '웃음'과 '물살'을 조합하여 시인이 만든 단어임. 박을 가르기 전에 흥부 부부가 서로 주고받은 '웃음살'은 가난한 생활 속에서 서로 간의 사랑을 확인하고 나누는 순수한 웃음을 의미함. '웃음'을 '물살'에 비유한 것은 시인이 형상화하고자 하는 웃음이 '눈물 속의 웃음'이기 때문임.

금이 문제리, / 황금 벼이삭이 문제리, → 금이나 황금 벼이삭 같은 물질적 풍요보다도 박덩이가 좋아서 순수한 웃음을 지을 줄 아는 소박한 흥부 부부의 삶의 태도가 가장 소중한 것임을 표현함.

거울면들 → 서로에 대한 이해와 사랑으로 살아가는 흥부 부부를 가리키는 말. 마치 거울에 자신의 얼굴을 비추어 보는 것처럼, 서로에 대한 이해와 사랑으로 닮아가는 사람을 의미함.

웃다가 서로 불쌍해 / 서로 구슬을 나누었으리. → '구슬'은 '눈물'의 은유적 표현임. 흥부 부부가 나누는 사랑의 밑바탕에는 서로에 대한 연민이 깔려 있음. 대개의 경우 연민은 사랑의 출발점이 됨. 그러나 그들은 상대를 진정으로 아끼고 사랑하는 마음이 있기 때문에 자신들의 처지가 비참하지는 않음.

절로 면에~헤아려 보라, → 자신도 모르게 눈물을 흘리는 것조차 부끄러워하며 놀라서 다시금 웃음을 짓는 흥부 부부의 사랑 가득 찬 행동을 통해, 가난한 생활에서 오는 한을 극복하고자 하는 서민들의 애환을 표현함.

본웃음 물살 → 본질적인 웃음이라는 의미를 지닌 것으로, 시인이 창조한 시어임. 가난으로 인한 눈물(고통)을 극복하고 난 후에 찾아온 진정한 웃음으로, 순수함과 소박한 행복을 나타낸 표현임.

그것은 확실히 문제다. → 단순히 소박한 생활에 만족하는 차원이 아니라, 가난한 삶의 한까지도 진정한 사랑으로 극복하고자 하는 삶의 자세가 무엇보다도 중요한 것임을 단정적인 어조로 나타낸 표현임. 가난을 사랑으로 극복하는 삶의 자세를 강조하고 있음.

STEP 03 작품 해제

01 | 주제

가난한 삶의 애환과 이를 사랑으로 극복하려는 삶의 자세

02 | 특징

① 고전 소설 「흥부전」 중 박을 타는 흥부 부부에서 소재를 취한 대상 중심의 시
② 시적 대상에게 말을 건네는 방식으로 시상을 전개함.
③ 명령형과 단정적 종결 어미를 통해 교훈적 의도를 강하게 드러냄.
④ 유사한 어구의 반복을 통해 운율을 형성함.

03 | 작품 해제

이 시는 가난으로 인한 한(恨)을 지니면서도 그것을 사랑으로 극복해 내는 서민들의 삶의 애환을 박 타는 '흥부 부부'를 소재로 하여 표현하고 있다. 제1연에서 흥부 부부는 안분지족(安分知足 : 편안한 마음으로 제 분수를 지키며 만족할 줄을 앎)하며 행복한 웃음을 짓고 사는 인간상으로 나타난다. 그리고 시적 화자는 이러한 인간상을 소중하다고 단정적으로 말한다. 제2연에서 시적 화자는 가난 속에서도 서로를 이해하면서 살아 온 흥부 부부를 서로의 '거울'과도 같은 존재로 일컫고 있다. 제3연에서 시적 화자는 흥부 부부가 가난한 생활에서 오는 한을 사랑으로 극복하였음을 말해 준다.

구체적으로 시적 화자는 가난으로 인한 고통 속에서 흥부 부부가 서로 울었을 것이라고 추측한다. 그러한 울음은 바로 가난으로 인한 한(恨)을 가리킨다. 그러나 흥부 부부는 그러한 울음을 불현듯 느껴지는 서로에 대한 사랑 속에서 웃음으로 승화시킨다. 이 시가 궁극적으로 주장하고 있는 것은 가난한 삶의 애환과 그 극복이다. 이를 위해서 시인은 흥부 부부의 '웃음'을 '물살'에 비유하고 있다. 물론, 그 '물살'은 '한'을 바탕으로 하는 것이다. 결국, 이 시에서 '한(눈물)'과 '웃음'은 서로 섞여 융화되어 있는데, 시인은 이러한 비유를 통해서 서민들의 삶의 애환을 복합적으로 드러내고 있다.

이 시는 「흥부전」의 권선징악(勸善懲惡 : 착한 일을 권장하고 악한 일을 징계함)이라는 비교적 단순한 주제를 변형하여 행복의 의미를 추구하고 있다. 행복이란 흥부가 보답을 받아 부자가 되기 이전 가난한 때, 부부 간에 존재하던 진정한 사랑을 간직한 바로 그때 존재한다는 것이다. 박을 타려 할 때의 순수한 웃음, 없는 떡방아 소리도 듣던 순수한 사랑, 마주보며 웃음을 나누고 또한 상대와 슬픔을 함께 하며 부끄러운 마음을 간직한 그때가 진정으로 아름다운 것이 아니겠는가 하고 시인은 질문하고 있다. 황금보다도 벼이삭보다도 더욱 소중한 것이 부부간의 진정한 사랑이며, 물욕 이전의 인간의 순수함이 진실된 것이라는 가치관을 보여 주고 있다.

STEP 04 논문으로 만나는 출제자의 시선

▶ 인유(allusion)에 대하여

인유(allusion)란 잘 알려진 어떤 인물의 삶이나 문학 속에 등장하는 인물, 혹은 사건을 자신의 작품에 끌어오는 방법을 말한다. 인유의 효과는 예시를 통해 작가의 관점을 보다 강화하는 것이다. 인유는 새롭거나 친숙하지 않은 것을 이미 경험한 무언가에 연관시킴으로써 그것을 명확하게 할 수 있다. 게다가 그것은 인간이 역사의 다양한 시기에 겪는 경험이 유사하다는 생각을 밑바탕에 깔고 있다. 예를 들어 우리가 어떤 사물을 '트로이의 목마'라고 말하면 우리는 역사를 통하여 반복되어 온, 호기심과 탐욕을 이용하여 행하는 속임이 방어를 깨뜨린 일을 기억해 내게 된다. 무엇보다도 하나의 인유는 언급하는 일의 중요성을 덧붙임으로써 그 문학 작품의 의미를 보다 깊고, 넓게 만들어 낼 수 있다. 이 시에서 판소리계 소설 「흥부전」의 내용을 바탕으로 삼은 것도 같은 이유 때문이다.

▶ 돈으로 대신할 수 없는 '눈물 속의 눈물'

우리 현대시의 전통 지향성을 거론할 때, 또는 우리 시에 나타난 한(恨)의 정서를 거론할 때, 박재삼의 시는 항상 그 중심에 놓인다. 이 작품 역시 박재삼의 시적 경향을 여실히 보여 준다. 가난과 그로 인한 설움을 전통적인 소재를 통해 노래하고 있다는 점에서 그렇다. 그렇지만 시인이 전통적 소재를 끌어왔다는 점 때문에, 고전 소설의 내용을 그대로 시로 옮겼을 뿐이라고 생각하면 오산이다. 「흥부 부부상」은 「흥부전」과는 설정이 많이 다르다. 무엇보다도 이 시에 제시된 흥부 부부는 정신적인 행복을 추구하는 인물이다. 흥부 부부가 박을 타는 장면을 노래하고 있는 1연에서 그 점은 분명히 드러난다.

화자는 먼저 흥부 부부가 박덩이를 사이에 두고, 그것을 가르기 '전'에 서로에게 건넨 웃음을 헤아려 보라고 권한다. 판소리계 소설 「흥부전」의 내용대로라면 가난에 찌들어 아이들을 굶주림에 떨게 할 수밖에 없는 처지의 흥부 부부가, '금이 문제이겠는가?', '황금 벼이삭이 문제이겠는가?' 하고 여유를 부릴 겨를이 없다. 그들에게는 경제적인 궁핍을 해결하는 일이 급선무가 아닐 수 없다. 그러나 화자는 독자에게 흥부 부부의 얼굴에 피어나는 정갈한 웃음의 물살에 주목하라고 노래하고 있다. 흥부의 가난 그 자체보다는 가난 속에서 잃지 않고 간직하고 있는 흥부 부부의 참으로 맑은 웃음을 떠올려 보라고 권하고 있는 것이다.

2연은 진정한 의미의 행복인 정신적 행복이 어떤 것인지를 좀 더 구체화하여 보여준다. 하나의 가정을 이루고 살아가는 부부에게, 경제적 여유가 곧바로 행복을 가져다주는 것은 아니다. 경제적 여유가 부부간의 사랑을 보증하는 담보는 아닌 것이다. '떡방아 소리(경제적 여유)'는 없지만 있는 듯이 드러낼 줄 아는 마음, '손발이 닳은 처지(경제적 궁핍)'이지만, 서로 거울을 들여다보듯 상대의 얼굴을 마주보며 밝은 미소를 건넬 수 있는 믿음과 사랑이 그들의 행복을 일구는 가장 든든한 밑천(어떤 일을 하는 데 바탕이 되는 것)인 것이다. 만금(萬金)을 주고도 살 수 없는 행복감의 밑천인 것이다.

3연은 흥부 부부가, 울음이 범벅이 된 채 서로 간의 사랑을 확인하는 장면을 보여준다. 박을 타서 먹거리를 마련하고자 하는 서로의 처지가 불쌍해 보이기도 했을 것이다. 그리고 자신도 모르게 얼굴에 흘러내리는 눈물('구슬')을 서로 부끄러워했을 지도 모른다. 그 눈물 속에서 환하게 빛나는 '본웃음'을 확인하고, 진한 부부애를 확인하고 만금(萬金)으로도 대신할 수 없는 행복감을 느꼈을 것이다.

이렇듯 '눈물 속의 웃음'은 시인이 흥부 부부의 모습을 통해 드러내고자 하는 핵심이다. 이때 눈물은 웃음의 진정성을 확보케 하는 기능을 하는데, 이러한 시적 발상은 박재삼 시의 한 특징이기도 하다. 그의 「눈물 속의 눈물」에서 '눈물 속에 새로 또 / 눈물 나던 것이네.'와 비슷한 발상이라고 할 수 있다. 쉽게 말하면, 물질적 이득으로 얻게 되는 웃음보다는 가난한 가운데 서로 간의 애정을 바탕으로 확인하게 되는 웃음이 진정한 의미의 행복감을 충족시키는 웃음이라는 것이다. 이 점에서 그의 시에 등장하는 '가난'은 일반적인 의미의 부정적 속성보다는, 정신적 행복의 소중함을 일깨우는 긍정적인 의미를 지닌 것이라 할 수 있다.

다음 글을 읽고 물음에 답하시오.

(가)

추위 속에
해는 가고 또 오는 거지만

새해는 그런 대로 따스하게 맞을 일이다.

얼음장 밑에서도 고기가 숨쉬고
㉠ 파릇한 미나리 싹이
봄날을 꿈꾸듯

새해는 참고
ⓐ 꿈도 좀 가지고 맞을 일이다.

오늘 아침
따뜻한 한 잔 술과
㉡ 한 그릇 국을 앞에 하였거든

그것만으로도 푸지고
고마운 것이라 생각하라.

┌ 세상은
[A] 험난(險難)하고 각박(刻薄)하다지만
└ 그러나 세상은 살 만한 곳

한 살 나이를 더한 만큼
좀 더 착하고 슬기로울 것을 생각하라.

아무리 매운 추위 속에
한 해가 가고
또 올지라도

어린것들 잇몸에 돋아나는
고운 이빨을 보듯

새해는 그렇게 맞을 일이다.

— 김종길, 「설날 아침에」 —

(나)

흥부 부부가 ㉢ 박덩이를 사이 하고
가르기 전에 건넨 웃음살을 헤아려 보라
금이 문제리
황금 벼이삭이 문제리
웃음의 물살이 반짝이며 정갈하던
그것이 확실히 **문제**다

없는 떡방아 소리도
있는 듯이 들어 내고
손발 닳은 처지끼리
같이 웃어 비추던 **거울면(面)**들아

웃다가 서로 불쌍해
서로 구슬을 나누었으리
그러다 금시
절로 면(面)에 온 구슬까지를 서로 부끄리며
먼 물살이 가다가 소스라쳐 반짝이듯
서로 소스라쳐
본(本)웃음 물살을 지었다고 헤아려 보라
그것은 확실히 문제다

— 박재삼, 「흥부 부부상」 —

(다)

강호(江湖) 한 ⓑ 꿈을 꾼 지도 오래더니
구복(口腹)*이 위루(爲累)*하여 어즈버 잊었도다
첨피기욱(瞻彼淇燠)한대* 녹죽(綠竹)도 많기도 많구나
유비군자(有斐君子)*들아 낚싯대 하나 빌려 다오
노화(蘆花) 깊은 곳에 명월청풍(明月淸風) 벗이 되어
임자 없는 풍월강산(風月江山)에 절로절로 늙으리라
무심(無心)한 백구(白鷗)야 오라 하며 말라 하랴
다툴 이 없는 것은 다만 이것뿐인가 여기노라
무상(無狀)한 이 몸에 무슨 지취(志趣) 있으리마는
두세 이랑 밭논을 다 묵혀 던져 두고
있으면 ㉣ 죽(粥)이요 없으면 굶을망정
남의 집 남의 것은 전혀 부러워 않겠노라
내 빈천(貧賤) 슬피 여겨 손을 젓는다고 물러가며
남의 부귀(富貴) 부럽게 여겨 손짓한다고 다가오랴

인간(人間) 어느 일이 명(命) 밖에 생겼으리

빈이무원(貧而無怨)*을 어렵다 하건마는

내 생애(生涯) 이러하되 설운 뜻은 없노매라

ⓒ 단사표음(簞食瓢飮)을 이도 족(足)히 여기노라

평생(平生) 한 뜻이 온포(溫飽)에는 없노매라

태평천하(太平天下)에 충효(忠孝)를 일을 삼아

화형제(和兄弟) 신붕우(信朋友) 그르다 할 이 뉘 있으리

그 밖의 남은 일이야 삼긴 대로 살겠노라

　　　　　　　　　　　　　- 박인로, 「누항사(陋巷詞)」 -

*구복 : 먹고 사는 것. / *위루 : 누가 됨. 거리낌이 됨.

*첨피기욱한대 : 저 기수(淇水)의 물가를 보건대.

*유비군자 : 빛나는 군자. 교양 있는 선비.

*빈이무원 : 가난하지만 원망하지 않음.

01. (가)~(다)의 공통점으로 적절한 것은?

① 정형적 율격의 효과가 잘 나타나 있다.

② 청각적 이미지의 효과를 활용하고 있다.

③ 정신적 가치의 소중함을 노래하고 있다.

④ 고전 문학에서 작품의 제재를 차용하고 있다.

⑤ 화자가 관찰자가 되어 대상을 바라보고 있다.

02. (가)의 ⓐ와 (다)의 ⓑ에 대한 설명으로 가장 적절한 것은?

① ⓐ는 현실적 갈등을 심화시키고, ⓑ는 현실적 갈등을 해소시킨다.

② ⓐ는 화자를 혼란에서 벗어나게 하고, ⓑ는 화자를 혼란스럽게 한다.

③ ⓐ는 화자에게 과거의 고통을 잊게 해 주고, ⓑ는 화자에게 과거의 고통을 상기시킨다.

④ ⓐ, ⓑ 모두 화자가 추구하는 초월적 세계를 의미한다.

⑤ ⓐ, ⓑ 모두 화자가 현실의 어려움을 견뎌 낼 수 있는 힘을 준다.

03. (가)의 [A] 부분에 나타난 화자의 태도와 가장 유사한 것은?

① 사각사각 소리나는 / 연하고 부드러운 연필 글씨를 / 몇 번이고 지우며 / 다시 쓰는 나의 하루 // 예리한 칼끝으로 몸을 깎이어도 / 단정하고 꼿꼿한 한 자루의 연필처럼 / 정직하게 살고 싶습니다
　　　　　　　　　　　　　- 이해인, 「살아 있는 날은」 -

② 이적진 말로써 풀던 마음 / 말없이 삭이고 / 얼마 더 너그러워져서 이 생명을 살자 / 황송한 축연이라 알고 / 한 세상을 누리자
　　　　　　　　　　　　　- 김남조, 「설일(雪日)」 -

③ 가을에는 / 사랑하게 하소서…… / 오직 한 사람을 택하게 하소서 / 가장 아름다운 열매를 위하여 이 비옥한 / 시간을 가꾸게 하소서
　　　　　　　　　　　　　- 김현승, 「가을의 기도」 -

④ 나의 마음속에 처음으로 / 고요한 눈 쌓이는 소리, / 세상은 지금 기도(祈禱)의 끝이노라 / 지나온 어느 나라에도 없었던 / 설레이는 평화(平和)로서 덮이노라
　　　　　　　　　　　　　- 고은, 「속(續) 눈길」 -

⑤ 흐르는 것이 물뿐이랴 / 우리가 저와 같아서 / 강변에 나가 삽을 씻으며 / 거기 슬픔도 퍼다 버린다 / 일이 끝나 저물어 / 스스로 깊어가는 강을 보며 / 쭈그려 앉아 담배나 피우고 / 나는 돌아갈 뿐이다
　　　　　　　　　　　　　- 정희성, 「저문 강에 삽을 씻고」 -

04. (나)에 대한 설명으로 적절하지 않은 것은?

① '금'과 '황금 벼이삭'은 흥부 부부가 추구하는 바를 상징적으로 보여준다.

② '그것이 확실히 문제다'에서 '문제'는 '물음'이라는 의미가 아니라 '중요한 것'이라는 의미이다.

③ '손발 닳은 처지'는 흥부 부부가 고단한 생활을 하고 있음을 보여준다.

④ '거울면(面)'은 흥부 부부가 서로를 바라보며 살고 있음을 상징적으로 보여준다.

⑤ '본(本)웃음'은 '박덩이를 사이 하고' 흥부 부부가 지을 수 있었던 본디의 순수한 웃음을 의미한다.

05. 다음은 (다)를 바탕으로 영상물을 만들려고 기획한 내용이다. 적절하지 않은 것은?

기획 의도	빈이무원(貧而無怨)이라는 화자의 태도를 드러내어 조선 시대 지식인의 내면세계를 보여준다.		
	계획	**기대하는 효과**	
배경	풍광이 아름다운 농촌으로 설정하자.	자연과 물아일체(物我一體)를 이루며 살고자 하는 화자의 모습을 보여 줄 수 있다.	①
등장 인물	궁핍한 상황을 넉넉한 마음으로 수용하는 선비로 설정하자.	호구지책(糊口之策)에 연연하지 않고 의연하게 살아가는 화자의 면모를 드러낼 수 있다.	②
보여 주고자 하는 장면들	넓지 않은 논과 밭에서 화자가 몸소 농사일을 하며 땀을 흘리는 장면	자급자족(自給自足)의 소박한 기쁨을 누리며 전원에서 살아가는 화자의 마음을 보여줄 수 있다.	③
	화자가 석양을 배경으로 강가에서 낚싯대를 드리우고 있는 장면	청풍명월(淸風明月)과 벗이 되어 지내고 싶은 화자의 생각을 드러낼 수 있다.	④
	화자가 어렵게 끼니를 때우면서도 충효, 우애 등을 실천하며 지내는 장면	삼강오륜(三綱五倫)의 유교적 가치관을 중시하는 화자의 신념을 구체적으로 보여줄 수 있다.	⑤

06. ㉠~㉤ 중, 함축적 의미가 가장 이질적인 것은?

① ㉠　　② ㉡　　③ ㉢　　④ ㉣　　⑤ ㉤

다음 글을 읽고 물음에 답하시오.

(가)

친구가 원수보다 더 미워지는 날이 많다.
티끌만한 잘못이 맷방석만하게
동산만하게 커 보이는 때가 많다.
┌ 그래서 세상이 어지러울수록
[A] 남에게는 엄격해지고 내게는 너그러워지나 보다.
└ 돌처럼 잘아지고 굳어지나 보다.

멀리 동해 바다를 내려다보며 생각한다.
널따란 바다처럼 너그러워질 수는 없을까,
깊고 짙푸른 바다처럼.
감싸고 끌어안고 받아들일 수는 없을까,
㉠ 스스로는 억센 파도로 다스리면서.
제 몸은 맵고 모진 매로 채찍질하면서.

— 신경림, 「동해바다」 —

(나)

흥부 부부가 박덩이를 사이 하고
가르기 전에 건넨 웃음살을 헤아려 보라
금이 문제리
황금 벼이삭이 문제리
웃음의 물살이 반짝이며 정갈하던
㉡ 그것이 확실히 문제다

없는 떡방아 소리도
있는 듯이 들어 내고
손발 닳은 처지끼리
같이 웃어 비추던 **거울면(面)들아**

웃다가 서로 불쌍해
㉢ 서로 구슬을 나누었으리
그러다 금시
절로 면(面)에 온 구슬까지를 서로 부끄리며
먼 물살이 가다가 소스라쳐 반짝이듯
서로 소스라쳐
본(本)웃음 물살을 지었다고 헤아려 보라
그것은 확실히 문제다

— 박재삼, 「흥부 부부상」 —

(다)

산수간 바위 아래 띠집을 짓노라 하니
그 모른 남들은 웃는다 한다마는
어리고 향암의 뜻에는 내 분인가 하노라

보리밥 풋나물을 알맞추 먹은 후에
바위 끝 물가에 슬카지 노니노라
그 남은 여남은 일이야 부럴 줄이 있으랴

잔 들고 혼자 앉아 먼 뫼를 바라보니
㉣ 그리던 님이 온다 반가움이 이러하랴
말씀도 웃음도 아녀도 못내 좋아하노라

누고셔 삼공도곤 낫다 하더니 만승이 이만하랴
이제로 헤어든 소부 허유 냑돗더라
아마도 임천한흥을 비길 곳이 없어라

내 성이 게으르더니 하늘이 알아실사
인간 만사를 한 일도 아니 맡겨
㉤ 다만당 다툴 이 없는 강산을 지키라 하시도다

강산이 좋다 한들 내 분으로 누웠느냐
임금 은혜를 이제 더욱 아노이다
아무리 갚고자 하여도 하올 일이 없어라

— 윤선도, 「만흥(漫興)」 —

07. **(가)~(다)에 대한 설명으로 가장 적절한 것은?**

① (가)와 (나)에는 현재의 상황에 만족하는 화자의 태도가 드러나 있다.
② (가)와 (다)에서 화자는 자신의 좌절감을 다른 대상에 의탁하여 표현하고 있다.
③ (나)와 (다)에는 물질적 가치보다 정신적 가치를 중요하게 여기는 화자의 가치관이 담겨 있다.
④ (가), (나), (다)에서 화자는 연민과 동정의 시선으로 대상을 바라보고 있다.
⑤ (가), (나), (다)에는 이상과 현실의 괴리에서 오는 화자의 고뇌가 나타나 있다.

08. (가)와 (나)에 공통적으로 드러나는 표현상의 특징으로 가장 적절한 것은?

① 어순을 뒤바꿔 놓아 단조로움을 탈피하고 있다.
② 경건한 어조를 사용하여 시적 긴장감을 높이고 있다.
③ 공감각적 심상을 통하여 자연과의 친화를 보여 주고 있다.
④ 고전 소설의 내용을 끌어들여 독자의 흥미를 유발하고 있다.
⑤ 대조적 의미를 지닌 시어를 제시하여 주제 의식을 강화하고 있다.

09. ㉠~㉤에 대한 이해로 적절하지 않은 것은?

① ㉠ : '억센 파도'와 '맵고 모진 매'는 함축적 의미가 유사하군.
② ㉡ : '문제다'란 옳지 않다는 뜻이 아니라 중요하다는 뜻으로 받아들여야 해.
③ ㉢ : 앞 구절과 연결하여 생각해 볼 때 '구슬'이 의미하는 것은 눈물이야.
④ ㉣ : 기다리던 임이 돌아와 기뻐하는 화자의 모습이 형상화되어 있어.
⑤ ㉤ : 세속적 이익을 놓고 다투던 당대 사람들의 모습을 엿볼 수 있어.

11. (나)의 '거울면(面)'과 〈보기〉의 '거울'에 대한 설명으로 적절한 것은?

〈보기〉

거울속에는소리가없소
저렇게까지조용한세상은참없을것이오

거울속에도내게귀가있소
내말을못알들는딱한귀가두개나있소

- 이상, 「거울」 -

	(나)의 '거울면(面)'	〈보기〉의 '거울'
①	동질감을 느끼게 한다.	단절감을 느끼게 한다.
②	그리움의 정서가 담겨 있다.	현실 극복 의지가 담겨 있다.
③	부정적인 상황을 암시한다.	긍정적인 상황을 암시한다.
④	모두 화자의 감정이 이입된 소재이다.	
⑤	모두 이상향에 도달하기 위한 수단이다.	

10. 시적 화자의 태도가 [A]와 가장 유사한 것은?

① 인생은 살기 어렵다는데
　시가 이렇게 쉽게 씌어지는 것은
　부끄러운 일이다 　　　　　　- 윤동주, 「쉽게 씌어진 시」 -
② 꿈 꾸어도 노래하지 않고
　두 쪽으로 깨뜨려져도
　소리하지 않는 바위가 되리라 　　- 유치환, 「바위」 -
③ 우리 모두 화살이 되어
　온몸으로 가자.
　허공 뚫고
　온몸으로 가자 　　　　　　　- 고은, 「화살」 -
④ 한밤중에 바람이 분다.
　바람 속에서 애기가 웃는다.
　애기는 방 속을 들여다본다.
　들창을 열었다 다시 닫는다 　　- 김광균, 「은수저」 -
⑤ 산산이 부서진 이름이여!
　허공 중에 헤어진 이름이여!
　불러도 주인 없는 이름이여!
　부르다가 내가 죽을 이름이여 　　- 김소월, 「초혼」 -

12. (다)의 시구 중, 〈보기〉의 내용을 뒷받침하기에 가장 적절한 것은?

〈보기〉

　조선 시대 사대부들이 창작한 작품의 특징 중 하나를 꼽으라면 임금과의 관계가 작품의 근저가 되고 있다는 점이다. 윤선도의 작품 또한 예외가 아닌데, 그의 한시 및 국문 시가를 살펴보면 나라를 걱정하고 임금을 그리워하는 작품들은 물론이고 귀거래(歸去來) 내지 자연을 노래하고 있는 작품들조차도 대부분 연군지정(戀君之情)의 바탕 위에서 창작되고 있음을 알 수 있다.

① 산수간 바위 아래 띠집을 짓노라 하니
② 보리밥 풋나물을 알맞추 먹은 후에
③ 아마도 임천한흥을 비길 곳이 없어라
④ 인간 만사를 한 일도 아니 맡겨
⑤ 아무리 갚고자 하여도 하올 일이 없어라

31 김사인, 지상의 방 한 칸-박영한 님의 제(題)를 빌려

STEP 01 OX 문제를 통한 지문 이해 훈련

나BS 수능특강 | **현대문학**

세월은 또 한 고비 넘고
잠이 오지 않는다
꿈결에도 식은땀이 등을 적신다
몸부림치다 와 닿는
둘째 놈 애린 손끝이 천 근으로 아프다
세상 그만 내리고만 싶은 나를 애비라 믿어
이렇게 잠이 평화로운가
바로 뉘고 이불을 다독여 준다
이 나이토록 배운 것이라곤 원고지 메꿔 밥 비는 재주
쫓기듯 붙잡는 원고지 칸이
마침내 못 건널 운명의 강처럼 넓기만 한데
달아오른 불덩어리
초라한 몸 가릴 방 한 칸이
망망천지에 없단 말이냐
웅크리고 잠든 아내의 등에 얼굴을 대본다
밖에는 바람 소리 사정없고
며칠 후면 남이 누울 방바닥
잠이 오지 않는다

OX문제

01	2행과 마지막 행의 '잠이 오지 않는다'는 화자의 불안한 정서를 보여준다.	(O / X)
02	설의적 표현을 사용하여 화자의 처지를 드러내고 있다. [2013학년도 9월]	(O / X)
03	가난에 대한 걱정으로 화자와 화자의 가족은 잠을 이루지 못하고 있다.	(O / X)
04	화자는 이상과 현실의 괴리에 따른 안타까움을 드러내고 있다.	(O / X)
05	과거에 대한 회상을 통해 그리움의 정서를 환기하고 있다. [2013학년도 9월]	(O / X)

STEP 02 지문 분석

세월은 또 한 고비 넘고
　　　다시 찾아온 고난, 시련

잠이 오지 않는다
　　　　　　　　　■ : 수미 상관 형식을 통해 화자의 애환을 부각

꿈결에도 식은땀이 등을 적신다
삶의 어려움으로 인한 화자의 근심, 걱정
　　　　　　　　　　　　　1~3행 : 걱정으로 잠을 못 이루는 화자

몸부림치다 와 닿는
　　　자면서 몸을 움직임.

둘째 놈 애린 손끝이 천 근으로 아프다
　　　찌르는 듯이 아픈　자식에 대한 미안함과 자괴감 → 무게로 비유

세상 그만 내리고만 싶은 나를 애비라 믿어
　　　절망적 현실에 놓인 화자

　　　　자조적 슬픔
이렇게 잠이 평화로운가
세상일 모르고 자는 아이의 순진무구한 모습　□ : 설의법 → 시적 상황과 화자의 정서 부각

바로 뉘고 이불을 다독여 준다
　　　눕히고
　　　　　　　4~8행 : 어린 자식의 평화롭게 자는 모습을 보며 느끼는 슬픔

이 나이토록 배운 것이라곤 원고지 메꿔 밥 비는 재주
　　　　　　　　　　　화자의 직업 암시(글 쓰는 일)

「쫓기듯 붙잡는 원고지 칸이
적은 수입이지만 억지로라도 글을 써야 하는 화자의 처지,
쫓기는 듯이 살아야 하는 현실

마침내 못 건널 운명의 강처럼 넓기만 한데」
　　　해내지 못할 일 → 비유　　　　「」: 글을 제대로 쓸 수 없을 정도로 걱정에 휩싸임.
　　　　　　　　　　　　　　　　　　막막한 상황 인식

달아오른 불덩어리
　① 화자나 가족이 아픈 상태
　② 가슴속 답답함

초라한 몸 가릴 방 한 칸이　　　■ : 평생 생계를 위해서 채워야 할 넓은 공간
비참한 모습　　　　　　　　　　↕
　　　　　　　　　　　　　　　■ : 몸 하나 눕는 작은 공간

망망천지에 없단 말이냐
방 한 칸 마련하지 못하는 현실 인식, 한탄과 비탄
　　　　　　　　　9~14행 : 글 쓰는 일만으로 생계를 이어나가기 힘든 막막한 현실

웅크리고 잠든 아내의 등에 얼굴을 대본다
고단한 삶을 살아가는 아내의 모습,　　가난함에 대한 미안한 마음 표현
방이 비좁음을 보여 줌.

밖에는 바람 소리 사정없고 / 며칠 후면 남이 누울 방바닥
　　　삭막한 현실. 청각적 이미지　　　　　　　방을 비워줘야 할 처지

잠이 오지 않는다
집을 비워야 할 근심으로 잠이 오지 않는 화자 → 가난한 현실에 대한 막막함, 불안감
　　　　　　　15~18행 : 곧 방을 비워야 하는 상황 때문에 느끼는 절박함

시어 시구 풀이

세월은 또 한 고비 넘고~꿈결에도 식은땀이 등을 적신다 → '또'를 통해 화자의 삶은 예전부터 계속 고비를 넘나들었던 위태롭고 힘든 상황이었음을 알 수 있음. 따라서 한 고비를 넘어도 또 다가올 고비를 넘기며 살아야 하니, 화자는 근심과 걱정에 잠이 오지 않는 것으로 볼 수 있음. '꿈결에도 식은땀'을 흘린다는 것은, 잠결에서조차 마음이 편치 않은 모습을 나타냄.

몸부림치다 와 닿는~바로 뉘고 이불을 다독여 준다 → 둘째 자식이 자면서 뒤척이다 화자의 몸에 손끝이 스치는데, 그 무게가 화자에겐 천근같이 느껴진다는 의미임. 이는 매번 고비를 넘기며 자식을 책임지고 키워야 하는 화자의 고뇌와 고통의 무게임. 화자는 사는 것이 힘들어 세상을 포기하고만 싶지만, 평화롭게 잠을 자는 아이를 보고 이불을 덮어 주며 자식에 대한 애절한 사랑을 보여줌. 여기에서 '이렇게 잠이 평화로운가'에는 설의법이 사용되었으며, 아무 것도 모르고 평화롭게 잠들어 있는 아이의 상황과 화자가 느끼는 자조적인 슬픔을 부각하고 있음.

이 나이토록 배운 것이라곤~넓기만 한데 → 화자가 배운 것은 글을 써서 돈을 버는 재주밖에 없는데, 가족의 생계도 책임질 수 없는 보잘것없는 수입으로 경제적 생계에 쫓기다시피 글을 쓰며 살아감. 하나하나 채우는 원고지 칸이 '운명의 강처럼 넓'다는 소리는 평생 원고지 칸을 채우며 쫓기듯 살아야 하는 삶과, 현재 막막함으로 인해 글을 제대로 쓸 수 없을 정도임을 보여줌.

달아오른 불덩어리~망망천지에 없단 말이냐 → '방 한 칸'은 '원고지 칸'과 시각적으로 대비를 이룸. 화자가 채워야 원고지 칸은 넓은 것에 비해, 그렇게 넓은 칸을 써가며 살아가는데도 몸 하나 편히 누울 작은 방조차 갖기 힘든 현실을 대비함으로써 화자가 겪어야 할 비극을 심화하고 있음. '망망천지에 없단 말이냐'는 해결책이 보이지 않는 암담한 세상에서의 가난한 처지에 대한 비애를 나타냄.

웅크리고 잠든 아내의 등에 얼굴을 대본다~잠이 오지 않는다 → 화자가 웅크리고 있는 아내의 등에 얼굴을 대어보는 것은 넉넉하게 돈을 벌어 평안한 삶을 살게 해주지 못해 아내에 대한 화자의 미안함을 나타내는 표현임. 밖의 바람 소리는 곧 쫓겨나 맞닥뜨려야 할 시련과 삭막한 현실을 나타내는 표현임. 방세를 내지 못해 며칠 후면 방을 비워줘야 하는 처지를 예상할 수 있으며, 바람 소리는 더욱 어려운 역경 속으로 내몰릴 것임을 암시함. 화자는 이러한 걱정 때문에 잠에 들지 못하고 있음.

STEP 03 작품 해제

01 | 주제

가난한 시인이 겪는 생활의 고통과 현실의 막막함

02 | 특징

① 가난한 삶의 문제로 인한 회한과 비애를 표현한 화자 중심의 시
② 대조적 이미지로 심화되는 화자의 심리를 나타냄.
③ 첫 부분과 끝 부분을 대응시키는 수미 상관의 기법으로 화자의 정서를 부각함.

03 | 작품 해제

이 시의 부제 '박영한 님의 제를 빌려'에서 '제(題)'는 '제목'을 뜻한다. 즉, 소설가 박영한의 「지상의 방 한 칸」이란 소설에서 이 시의 제목을 따왔음을 알 수 있다. 이 시는 책임져야 할 가족이 있지만 방 한 칸 제대로 마련하지 못한 화자의 슬픔을 그리고 있다. 곧 방을 비워줘야 하는 가난한 화자가 겪는 감정과, 한밤중 잠에 들지 못하는 화자가 자식과 아내를 바라보며 가난하기에 겪어야 하는 삶의 아픔을 잘 표현하고 있다. 자식들을 사랑하지만 당장 그 가족들과 함께 살 공간조차 마련하지 못해 근심하며 잠 못 이루고 있는 가장으로서의 책임을 가진 화자의 모습이 드러난다. 경제적으로 무능한 가장의 처지, 마땅한 대안 없이 고민을 하는 화자와 세상모르고 자는 자식, 웅크리고 잠든 아내의 모습이 제시되면서 가장의 심적 고통이 잘 드러나고 있다. 이 시에서는 화자가 겪는 고통에 대한 인식만이 있을 뿐, 극복에 대한 의지는 나타나지 않는다는 것을 한계로 볼 수 있다.

STEP 04 논문으로 만나는 출제자의 시선

「지상의 방 한 칸」과 가난한 문인들

「지상의 방 한 칸」에서는 1980년 전후 시기의 문학계 상황을 보여주고 있다. 문인들의 물질적 궁핍은 출판 경기의 지독한 불황 때문이었다. 문학 가운데 소설에 대한 기대치가 절정에 이르렀던 1970년대가 막을 내리게 되며, 이후 다수의 독자 대중으로부터 외면당한 문학은 또다시 동면을 재촉하는 기로에 놓여 있을 수밖에 없었다. 당시 국내 출판업계와 잡지계는 큰 타격을 맞을 수밖에 없었는데, 이러한 현실은 정치적 상황 및 경제 공황과 맞물려 양대 문학 계간지 및 몇몇 종합지의 폐간과 많은 수의 출판사 허가 취소로 이어졌고, 이로 인해 문인들이 무력감에 빠질 수밖에 없었다. 「지상의 방 한 칸」은 이러한 혼란스러운 상황에서 문인이 겪는 현실적인 고통인 가난에 대해 비극성을 직접적으로 드러내고 있다.

다음 글을 읽고 물음에 답하시오.

(가)

가난이야 한낱 **남루(襤褸)**에 지나지 않는다.
저 눈부신 햇빛 속에 **갈매빛**의 등성이를 드러내고 서 있는
여름 산 같은
우리들의 타고난 살결, 타고난 마음씨까지야 다 가릴 수 있으랴.

청산(靑山)이 그 무릎 아래 지란(芝蘭)을 기르듯
우리는 우리 새끼들을 기를 수밖엔 없다.

목숨이 가다가다 **농울쳐 휘어드는**
오후의 때가 오거든, 내외들이여, 그대들도
더러는 앉고
더러는 차라리 그 곁에 누워라.

지어미는 지아비를 물끄러미 우러러보고,
지아비는 지어미의 이마라도 짚어라.

어느 **가시덤불 쑥구렁**에 놓일지라도
우리는 늘 옥돌같이 호젓이 묻혔다고 생각할 일이요,
청태(靑苔)라도 자욱이 끼일 일인 것이다.

                                    - 서정주, 「무등을 보며」 -

(나)

세상은 또 한 고비 넘고
잠이 오지 않는다
㉠ 꿈결에도 식은땀이 등을 적신다
몸부림치다 와 닿는
㉡ 둘째놈 애린 손끝이 천 근으로 아프다
세상 그만 내리고만 싶은 나를 애비라 믿어
이렇게 잠이 평화로운가
바로 뉘고 이불을 다독여준다
㉢ 이 나이토록 배운 것이라곤 원고지 메꿔 밥 비는 재주
쫓기듯 붙잡는 원고지 칸이
㉣ 마침내 못 건널 운명의 강처럼 넓기만 한데
달아오른 불덩어리
초라한 몸 가릴 방 한 칸이

망망천지에 없단 말이냐

웅크리고 잠든 아내의 등에 얼굴을 대본다
밖에는 바람 소리 사정없고
㉤ 며칠 후면 남이 누울 방바닥
잠이 오지 않는다

                    - 김사인, 「지상의 방 한 칸-박영한 님의 제(題)를 빌려」 -

01. **(가), (나)의 공통점으로 가장 적절한 것은?**

① 사물에 인격을 부여하여 대상과의 친밀감을 드러내고 있다.
② 설의적 표현을 사용하여 화자의 인식을 드러내고 있다.
③ 색채어를 사용하여 작품의 분위기를 조성하고 있다.
④ 현재형 어미를 사용하여 긴박감을 자아내고 있다.
⑤ 처음과 끝을 대응시켜 시적 안정감을 주고 있다.

02. 다음은 (가)를 감상하기 위한 활동이다. 활동 내용으로 적절하지 <u>않은</u> 것은?

활동 과제	활동 내용
제목을 보며 작품의 내용을 짐작해 보자.	무등산의 모습을 보며 느끼거나 깨달은 점을 노래한 작품일 거야.
모르는 시어의 뜻을 찾아보자.	◦남루 : 낡아 해진 옷 ◦갈매빛 : 짙은 초록빛 ◦농울치다 : 큰 물결이 사납게 일어나다. ◦청태 : 푸른 이끼
시적 대상이 가지는 속성을 생각해 보자.	여름 산이 '갈매빛'으로 서 있는 모습에서 강인한 생명력을 느낄 수 있어. ·······························①
화자의 상황과 태도를 찾아보자.	가난을 '남루'에 불과하다고 여기는 것을 보니 가난을 별것 아니라고 보고 있어. ·····················②
	'농울쳐 휘어드는' 것과 같은 힘든 시간이 오면 가족끼리 믿고 의지하며 어려움을 이겨내려고 해. ··································③
	'가시덤불 쑥구렁'과 같은 고통스러운 현실을 피하여 '청태'처럼 사는 것을 지향하고 있어. ······④
위의 활동을 종합하여 작품의 의미를 생각해 보자.	화자는 산을 바라보며 힘든 현실에도 의연히 대처하려는 자세를 보여주고 있어. ·······················⑤

03. ⊙~⑩을 이해한 것으로 적절하지 <u>않은</u> 것은?

① ⊙ : 화자의 마음이 편치 않음을 알 수 있다.
② ⓒ : 가장으로서의 괴로운 심정을 토로하고 있다.
③ ⓒ : 화자의 직업이 글 쓰는 일임을 짐작할 수 있다.
④ ⓔ : 화자는 현재의 처지를 운명의 탓으로 돌리고 있다.
⑤ ⑩ : 잠이 오지 않는 원인이 제시되고 있다.

32 | 김광규, 상행

STEP 01 OX 문제를 통한 지문 이해 훈련

나BS 수능특강 | 현대문학

가을 연기 자욱한 저녁 들판으로
상행 열차를 타고 평택을 지나갈 때
흔들리는 차창에서 너는
문득 낯선 얼굴을 발견할지도 모른다
그것이 너의 모습이라고 생각지 말아 다오
오징어를 씹으며 화투판을 벌이는
낯익은 얼굴들이 네 곁에 있지 않느냐
황혼 속에 고함치는 원색의 지붕들과
잠자리처럼 파들거리는 TV 안테나들
흥미 있는 주간지를 보며
고개를 끄덕여 다오
농약으로 질식한 풀벌레의 울음 같은
심야 방송이 잠든 뒤의 전파 소리 같은
듣기 힘든 소리에 귀 기울이지 말아 다오
확성기마다 울려 나오는 힘찬 노래와
고속도로를 달려가는 자동차 소리는 얼마나 경쾌하냐
예부터 인생은 여행에 비유되었으니
맥주나 콜라를 마시며
즐거운 **여행**을 해 다오
되도록 생각을 하지 말아 다오
놀라울 때는 다만
〈아!〉라고 말해 다오
보다 긴 말을 하고 싶으면 침묵해 다오
침묵이 어색할 때는
오랫동안 가문 날씨에 관하여
아르헨티나의 축구 경기에 관하여
성장하는 GNP와 증권 시세에 관하여
이야기해 다오
너를 위하여
그리고 나를 위하여

OX문제

01 화자는 열차를 타고 가면서 본 풍경에 대한 감상을 나열하고 있다. (O / X)

02 화자는 자신의 가치관대로 현실을 '여행'처럼 쉬어갈 것을 권하고 있다. (O / X)

03 동일한 종결 어미의 반복을 활용하여 리듬감을 형성하고 있다. [2020학년도 9월] (O / X)

04 청자를 명시적으로 설정하여 비판하고 있다. [2018학년도 수능] (O / X)

05 회상을 통해 화자 자신의 삶을 반성하고 있다. [2011학년도 9월] (O / X)

가을 연기 자욱한 저녁 들판으로
계절적 배경   시간적 배경

상행 열차를 타고 평택을 지나갈 때
'너'(시적 대상)가 처한 시적 상황 : 서울로 올라가는 열차를 탐.

흔들리는 차창에서 너는
                    청자(시적 대상) = 일상적 자아

문득 낯선 얼굴을 발견할지도 모른다   ▨ : 긍정적 시어
        현실 비판적 자아

그것이 너의 모습이라고 생각지 말아 다오   ▨ : 반어법의 반복으로 의미 강조, 종결 어미 반복으로 운율 형성
                    생각해 다오
                                        1~5행 : 상행선 기차에서 발견한 성찰적 자아

오징어를 씹으며 화투판을 벌이는
        현실에 무감각한 소시민의 모습

낯익은 얼굴들이 네 곁에 있지 않느냐   ▨ : 현실과 관련된 부정적 소재
현실에 순응하며 살아가는 자아   설의법 → 곁에 있다.

「황혼 속에 고함치는 원색의 지붕들과
실질적인 삶과는 분리된 근대화의 결과물 / 의인법   「 」 : 겉모습만 근대화된 사회 현실 비판

잠자리처럼 파들거리는 TV 안테나들」
연약하고 흔들리는 것(불안한 이미지) / 활유법

흥미 있는 주간지를 보며
흥미 위주의 산업화된 문물

고개를 끄덕여 다오
        끄덕이지 말아 다오
                                        6~11행 : 소시민적 삶에 대한 비판

「농약으로 질식한 풀벌레의 울음 같은
근대화로 파괴되어 가는 자연   청각적 심상 ①   「 」 : 왜곡되지 않은 본질적으로 중요한 내용(원관념 : 듣기 힘든 소리)

심야 방송이 잠든 뒤의 전파 소리 같은」
    현실이 왜곡된 정보 뒤의 진실된 정보 / 청각적 심상 ②

듣기 힘든 소리에 귀 기울이지 말아 다오
현대 사회의 문제점에 대한 비판의 소리

확성기마다 울려 나오는 힘찬 노래와
표면적인 경제 성장   새마을 운동 노래 / 청각적 심상 ③

고속도로를 달려가는 자동차 소리는 얼마나 경쾌하냐
                    표면적인 경제 성장   설의법, 반의법 → 경쾌하지 않음.
                    / 청각적 심상 ④

예부터 인생은 여행에 비유되었으니

시어 시구 풀이

흔들리는 차창에서 너는~그것이 너의 모습이라고 생각지 말아 다오 → '너'인 청자는 무감각한 소시민으로, 일상적 자아·현실적 자아를 나타냄. '낯선 얼굴'은 현실에 대한 비판 의식을 지닌 존재로, 바람직한 삶의 가치를 추구하는 본질적 자아·현실 비판의식을 지닌 자아를 나타냄. '그것이 너의 모습이라고 생각지 말아 다오'는 반어적인 표현으로, '현실 비판적 자아를 너라고 생각하고, 현실을 비판하려 해라.'라는 의미를 가짐.

낯익은 얼굴들이 네 곁에 있지 않느냐 → '낯익은 얼굴들'은 일상적 삶에 묻혀 참된 자아를 잊고 안일하게 살아가는 현실적 자아의 모습임. '네 곁에 있지 않느냐'는 설의법으로, '네 곁에 있다'는 의미를 가지며, 안일한 삶에 안주하는 자신의 모습을 반성하라는 뜻을 전하고 있음.

황혼 속에 고함치는 원색의 지붕들과 / 잠자리처럼 파들거리는 TV 안테나들 → 1970년대 정부가 시행한 '주택 개량 사업'과 관련되어, 외형적 성장 위주의 획일적인 근대화에 대한 비판적 인식이 바탕에 깔려 있음. '원색의 지붕들'과 'TV 안테나들'은 서민들의 실질적인 삶과는 분리된 채 겉모습만 중시했던 결과물들이며, 이는 당시 부정적인 사회 분위기를 가리는 요소로 볼 수 있다. 이를 통해 겉모습만 근대화한 당시의 현실을 풍자하고 있음.

흥미 있는 주간지를 보며 / 고개를 끄덕여 다오 → '흥미 있는 주간지'는 현실적 문제와는 관련 없는 흥미 위주의 매체를 가리킴. '고개를 끄덕여 다오'는 현실문제에 대해 비판적 시각을 갖지 말고 부정적 현실을 수긍하라는 뜻처럼 보이지만, 우민화 정책을 비판하는 반어법임.

농약으로 질식한 풀벌레의 울음 같은~듣기 힘든 소리에 귀 기울이지 말아 다오 → 환경오염을 방치한 채 경제 성장만을 우선시하던 사회적 분위기 속 부작용이 일어나고 있는 현실에 대한 비판의 소리, 진실의 소리에 귀 기울이라는 뜻을 반어적으로 전하고 있음. 모든 언론이 정권에 의해 장악되어 통제되고 있는 현실을 반어적으로 비판하여, 본질적으로 중요한 내용에 관심을 가질 것을 말하고 있음.

확성기마다 울려 나오는 힘찬 노래와~즐거운 여행을 해 다오 → '힘찬 노래', '자동차 소리'는 '듣기 힘든 소리'와 대조되어 표면적인 풍요로움, 포장된 현실을 뜻함. 화자는 부정적 현실에 순응하고 현실

맥주나 콜라를 마시며
중요한 문제를 잊고 진지함 없이 가볍게

즐거운 여행을 해 다오

12~19행 : 부정적 현실을 외면하는 삶에 대한 비판

되도록 생각을 하지 말아 다오
부정적 현실에 대한 비판적 사고

놀라울 때는 다만

〈아!〉라고 말해 다오

보다 긴 말을 하고 싶으면 침묵해 다오
사회 문제에 대한 이야기   시대 분위기를 드러내는 시어

침묵이 어색할 때는

오랫동안 가문 날씨에 관하여
일상적인 대화의 화제

아르헨티나의 축구 경기에 관하여   본질적인 사회 문제를 덮는 소시민적인 일들.
우리 현실과 관련 없는 일   유사한 통사 구조의 반복 → 운율 형성, 의미 강조

성장하는 GNP와 증권 시세에 관하여
외형적 성장과 개인적 관심사

이야기해 다오

「너를 위하여
현실을 외면하는 소시민   「 」: 시적 대상의 확장 → 시적 상황이 우리 모두의 문제임을 드러냄

그리고 나를 위하여」
          지금까지의 비판이 시인 자신에게도 해당 / 성찰, 반성   20~30행 : 부정적 현실에 침묵하는 삶에 대한 비판

문제에 무관심하게 살아가는 삶의 모습은 '경쾌'하지 않다며 비판하고 있음. 경제 발전의 이익이 농민들에게는 돌아가지 않아 실질적으로 농민의 삶이 나아지지 않았던 왜곡된 현실을 비판하는 것임.

되도록 생각을 하지 말아 다오 → 화자는 반어적으로 현실에 대한 문제의식을 갖지 말라고 표현하며, 사고와 사상의 자유가 제한된 현실을 비판하고 있음.

놀라울 때는 다만 / 〈아!〉라고 말해 다오 → 표현의 자유가 제한된 현실 속에서의 "아!"라는 한 마디는 최소화된 표현을 의미함.

보다 긴 말을 하고 싶으면 침묵해 다오 → '보다 긴 말'이란 현실에 대한 적극적인 비판으로, 이것이 허용되지 않는 시대상을 암시하면서 시대 분위기를 비판하고 있음. 또한 현실에 대한 문제의식 없이 살아가는 태도를 비판함.

너를 위하여 / 그리고 나를 위하여 → 소시민적 삶에 대한 비판과 동시에 반성을 하고 있음. '나를 위하여'라는 부분에서 지금까지의 비판이 시인 자신에게도 향하고 있음을 알 수 있음. '너를 위하여'는 부정적인 현실 문제를 외면하고 살아가는 사람들에 대한 비판이며, '나를 위하여'는 화자 자신도 마찬가지로 잘못된 삶을 살아가고 있다는 점에 대한 성찰과 반성인 것이다.

STEP 03 작품 해제

01 | 주제

잘못된 근대화에 대한 비판, 현실에 무관심한 소시민적 태도에 대한 비판과 반성

02 | 특징

① 근대화된 일상에 안주하는 소시민적 삶을 비판하는 전달 중심의 시
② 동일한 종결 표현의 반복을 통해 올바른 인식을 강조함.
③ 반어적 어조를 사용하여 현실 비판적 태도를 드러냄.
④ 시대적 상황을 반영한 다양한 소재들을 활용하여 주제를 형상화함.

03 | 작품 해제

　　이 시는 서울로 가는 기차 안에서 벌어지는 행태와 기차 밖에 존재하는 풍경을 대비하고 있다. 기차의 바깥에 존재하는 것은, 근대화가 가져온 풍요에서 소외된 농민과 서민의 고통스런 현실이다. '농약으로 질식한 풀벌레의 울음'은 농민과 서민이 처한 고통스런 삶의 현실을 비유적이고 함축적으로 나타내는 시구인 것이다. 반면 기차 안에 존재하는 것은 소시민 혹은 중산층의 삶이다. 이들은 근대화의 혜택을 누리며 풍요롭게 살고 있는 사람들이다. 화자는 이들이 근대화의 풍요롭고 힘찬 겉모습만을 보고 있다고 비판하고 있다. 농민과 서민의 소외되고 궁핍한 삶은 그들에게 '심야 방송이 잠든 뒤의 전파 소리 같은 / 듣기 힘든 소리'에 불과하다고 비판하는 것이다. 표면적으로 이 작품의 화자는, 작중 청자로 설정된 소시민 또는 중산층의 인물을 향하여 농민과 서민의 삶에 관심을 가지지 말고 편안하게 살라고 말하지만, 그 이면에는 그런 현실에 눈 감고 속물적으로 살아가는 그들의 태도를 비판하고 있는 것이다. '너를 위하여 / 그리고 나를 위하여'라는 마지막 부분의 표현은, 이와 같은 비판이 화자 자신에게도 향하고 있음을 암시한다. 즉, 시인은 자신의 소시민적인 삶을 비판하며 반성하고 있음을 뜻한다.

STEP 04 논문으로 만나는 출제자의 시선

ㄴㅣBS 수능특강 | **현대문학**

1970년대 독재 시절의 '새마을 운동'

1970년 초의 전국 지방장관 회의에서 박정희 대통령은 농민, 관계 기관, 지도자 간의 협조를 전제로 한 농촌 자조 노력의 방안을 연구하라고 특별 지시를 내렸는데, 이것이 새마을 운동을 기획한 역사적 배경이 되었다. 농촌을 대상으로 한 새마을 운동을 왜 국가 원수가 직접 발의하였는가에 대해서는 여러 가지 설이 있지만, 북한의 '천리마 운동' 등에 반응한 냉전의 한 산물로 보는 사례도 있으며, 또한 당시의 고도로 권위주의적이며 경직된 국내 정치 상황에서 비롯된 긴장 완화적인 정치적 조치라고 보는 이도 있다.

새마을 운동은 전국적인 규모로 개별적인 자연 촌락을 대상으로 하여 하행적으로 내려진 사업 지침을 따라서 밀고나가는 것에서부터 출발하였다. 1960년대와 70년대를 살았던 사람들은 뇌리에 각인될 정도로 들었던 노래가 '새마을 노래'다. 극장, 학교, 직장, 가정, 기념식장 등 어디에서나 방송과 스피커, 라디오를 통해서 거의 기계적으로 들려졌던 노래다. '새마을 노래'는 박정희 대통령이 만든 것으로 알려져 있으며 1990년대 초반까지도 마을의 새마을 회관의 스피커를 통해서 주민들의 새벽잠을 깨웠던 노래다. '새마을 노래'는 거의 매일 쉬지 않고 들렸던 까닭에 '듣기 좋은 노래도 세자리 반'이라는 농담처럼 지겨움을 느끼게 하였고, 나중에는 '헌마을 노래'라는 우스갯 소리가 한 때 유행한 적도 있었다.

'일상의 세계'를 그려내는 김광규

김광규의 시 형식이 구현하고 있는 시 세계란 '소시민의 세계'며, '일상의 세계'이다. 그의 시가 쉽고 보편적인 이유는 일상의 모습을 있는 그대로 그려내는 것과 동시에 문제적으로 일상을 바라보기 때문이다. 김광규의 시에는 일상이라는 특징이 매우 강하게 드러나 있으며, 일상의 빈틈에서 출발하여 일상의 모습을 관찰해 낸다. 이때 부조리함을 각성하면서 그 문제를 해결하려는 일련의 과정이 함께 이루어짐을 확인할 수 있다.

꿈과 이상을 잃고 자꾸 일상에 안주하려는 소시민적 삶을 반성하는 그의 시는 기존의 서정시가 추구해 왔던 화해와 용서, 감정 이입과 같은 수동적 자세를 거부하고 독자들의 보다 능동적이며 비판적인 태도를 요구한다. 김광규는 대조와 우화, 역사적 사건의 희화화 등을 통한 시적 형상화라는 측면을 나타내며, 이상과 낭만에 대한 환각을 깨우는 소시민과 일상의 세계를 보여준다. 김광규의 시에 있어 각성과 깨어있음이란 물신화되고 세속화되는 일상의 삶일 것이다. 김광규의 시는 기존의 전통시에서 추구하던 감정이입과 대상과의 합일을 차단하고, 비판적 감수성과 현실 인식을 시도하여 시사적 영역을 확대했다는 데에 의의가 있다.

STEP 05 나BS 실전 문제

다음 글을 읽고 물음에 답하시오.

가을 연기 자욱한 저녁 들판으로
상행 열차를 타고 평택(平澤)을 지나갈 때
흔들리는 차창에서 너는
문득 낯선 얼굴을 발견할지도 모른다.
그것이 너의 모습이라고 생각지 말아 다오.
오징어를 씹으며 화투판을 벌이는
낯익은 얼굴들이 네 곁에 있지 않느냐.
황혼 속에 고함치는 원색의 지붕들과
잠자리처럼 파들거리는 TV 안테나들
흥미 있는 주간지를 보며
㉠ 고개를 끄덕여 다오.
농약으로 질식한 풀벌레의 울음 같은
심야 방송이 잠든 뒤의 전파 소리 같은
듣기 힘든 소리에 귀 기울이지 말아 다오.
확성기마다 울려 나오는 힘찬 노래와
고속도로를 달려가는 자동차 소리는 얼마나 ㉡ 경쾌하냐.
예부터 인생은 여행에 비유되었으니
맥주나 콜라를 마시며
㉢ 즐거운 여행을 해 다오.
되도록 생각을 하지 말아 다오.
놀라울 때는 다만
'아!'라고 말해 다오.
보다 긴 말을 하고 싶으면 ㉣ 침묵해 다오.
침묵이 어색할 때는
오랫동안 가문 날씨에 관하여
아르헨티나의 축구 경기에 관하여
성장하는 GNP와 증권 시세에 관하여
㉤ 이야기해 다오.
너를 위하여
그리고 나를 위하여.

− 김광규, 「상행」 −

01. 윗글의 표현상 특징으로 가장 적절한 것은?

① 과거와 현재의 대비를 통해 주제를 드러내고 있다.
② 청각적 심상을 활용하여 시적 상황을 부각하고 있다.
③ 수미상관의 방법으로 작품 전체에 안정감을 주고 있다.
④ 하강 이미지를 통해서 대상의 속성을 구체화하고 있다.
⑤ 토속적인 소재를 사용하여 향토적 정취를 드러내고 있다.

02. 〈보기〉를 바탕으로 시적 화자와 대상과의 관계를 분석했을 때, 적절하지 <u>않은</u> 것은?

> **〈보기〉**
>
> 이 시는, 급속하게 진행되는 산업화의 과정에서 파생된 현실의 부정적 상황을 도외시한 채 쾌락과 이익만을 추구하는 인간 군상에 대한 비판의식을 드러내고 있다. 시인은 삶에 대한 진지한 고뇌와 자각이 인간의 삶을 좀 더 바람직한 방향으로 전환하게 하는 계기가 됨을 시적 화자의 목소리를 통해 말하고 있다. 이 작품에서의 '너'를 시적 대상이자 청자라고 할 때, 아래와 같이 나타낼 수 있다.

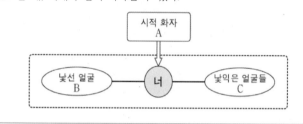

① A는 개인주의적 태도에 대한 자기 성찰의 필요성을 '너'에게 일깨워 주고 있다.
② B는 사회 이면에 존재하는 근본 문제에 대해 고민하는 인물의 모습을 형상화하고 있다.
③ C는 사회 현실을 외면한 채 자신의 욕망에만 집착하는 현대인의 모습을 나타내고 있다.
④ A는 B의 인식 변화를 통해 '너'가 직면하고 있는 현실이 개선될 것으로 기대하고 있다.
⑤ A는 '너'가, C로 대표되는 삶의 유형으로부터 벗어나 냉철한 인식을 지니도록 요청하고 있다.

03. 〈보기〉를 바탕으로 ㉠~㉤을 이해한 내용으로 적절하지 <u>않은</u> 것은?

> **〈보기〉**
>
> 시에서는 화자의 메시지를 직설적으로 전달하기보다 간접적으로 표현함으로써 표현 효과를 높이기도 한다. 특히 반어는 실제 언어로 표현된 표면적 진술 내용과 화자의 내적 표현 의도가 서로 반대되도록 표현하는 기법이다. 이와 같이 반어는 겉으로 드러난 표현 속에 감춰진 화자의 의도를 강조하는 효과가 있다.

① ㉠은 주어진 현실을 맹목적으로 받아들이기보다는 문제의식을 가져야 한다는 점을 강조하여 표현한 것이군.
② ㉡은 사회의 침울한 분위기가 외형적 경제 발전에 의해 가려져 있다는 점을 강조하여 표현한 것이군.
③ ㉢은 향락에 탐닉하여 이성적 판단이 마비된 삶이 결코 즐겁지만은 않다는 점을 강조하여 표현한 것이군.
④ ㉣은 불합리한 현실 세계에 수동적으로 대응하기보다는 적극적인 자세를 지녀야 한다는 점을 강조하여 표현한 것이군.
⑤ ㉤은 사소해 보이기는 하지만 평범한 일상에도 관심을 기울여야 한다는 점을 강조하여 표현한 것이군.

다음 글을 읽고 물음에 답하시오.

[A]
　가을 연기 자욱한 저녁 들판으로
　상행 열차를 타고 평택(平澤)을 지나갈 때
　흔들리는 차창에서 너는
　문득 낯선 얼굴을 발견할지도 모른다.

　그것이 너의 모습이라고 생각지 말아 다오.
　오징어를 씹으며 화투판을 벌이는
　낯익은 얼굴들이 네 곁에 있지 않느냐.

[B] 황혼 속에 고함치는 원색의 지붕들과
　잠자리처럼 파들거리는 TV 안테나들
　흥미 있는 주간지를 보며
　고개를 끄덕여 다오.

　농약으로 질식한 **풀벌레의 울음** 같은
　심야 방송이 잠든 뒤의 전파 소리 같은
　듣기 힘든 소리에 귀 기울이지 말아 다오.

[C]
　확성기마다 울려 나오는 힘찬 노래와
　고속도로를 달려가는 자동차 소리는 얼마나 경쾌하냐.
　예부터 인생은 여행에 비유되었으니
　맥주나 콜라를 마시며
　즐거운 여행을 해 다오.

　되도록 생각을 하지 말아 다오.
　놀라울 때는 다만
　'아!'라고 말해 다오.
　보다 긴 말을 하고 싶으면 침묵해 다오.

[D] 침묵이 어색할 때는
　오랫동안 가문 날씨에 관하여
　아르헨티나의 축구 경기에 관하여
　성장하는 GNP와 증권 시세에 관하여
　이야기해 다오.

[E]
　너를 위하여
　그리고 나를 위하여.

　　　　　　　　　　　　　　- 김광규, 「상행」 -

04. 윗글에 대한 설명으로 가장 적절한 것은?

① 회상의 방식을 통하여 바람직한 미래상을 제시하고 있다.
② 수미상응의 구조를 활용하여 화자의 정서를 강조하고 있다.
③ 반어적 어조를 사용하여 현실에 대한 비판적 태도를 드러내고 있다.
④ 근경에서 원경으로 시선을 이동하여 대상을 상세하게 묘사하고 있다.
⑤ 화자의 정서를 특정 사물에 투영하여 그리움의 정서를 환기하고 있다.

05. 윗글의 시상 전개 과정에 대한 설명으로 적절하지 <u>않은</u> 것은?

① [A]에서는 구체적인 시간과 공간을 배경으로 제시하여 시상을 시작하고 있다.
② [B]에서는 당시에 흔히 볼 수 있는 모습을 제시하여 시적 상황이 현실과 밀접한 관련이 있음을 암시하고 있다.
③ [C]에서는 청각적 이미지를 대비하여 시적 상황에 대한 화자의 태도가 전환됨을 나타내고 있다.
④ [D]에서는 상황을 가정하여 연속적으로 제시하여 시적 상황의 심각성을 드러내고 있다.
⑤ [E]에서는 '너'에서 '너'와 '나'로 대상을 확장하여 시적 상황이 우리 모두의 문제임을 확인하고 있다.

06. 〈보기〉를 참고하여 윗글을 감상한 내용으로 적절하지 <u>않은</u> 것은?

〈보기〉

　1970년대는 우리 사회가 본격적으로 경제 성장을 추구했던 시기였지만, 그 이면에는 많은 문제점을 내포하고 있었다. 농촌은 외형상으로 발전된 모습을 보여 주고 있었지만 무분별한 성장 추구로 인해 심각한 환경 오염에 물들어 갔으며, 전시 행정에만 급급했던 '지붕 개량화 사업'과 같은 정책들은 실질적인 서민들의 삶과 유리되어 있었다. 또한 사람들은 삶에 대한 진지한 성찰의 자세를 잃어 버렸으며, 자신의 안위만을 걱정하는 소시민적 삶에 매몰되어 갔다.

① '황혼 속에 고함치는 원색의 지붕'은 서민들의 실질적인 삶과는 분리된 채 전시 행정에만 급급했던 결과물이겠군.
② '흥미 있는 주간지'는 삶에 대한 진지한 성찰 없이 세속적인 문제에만 관심을 갖는 사람들의 모습을 보여 주는 것이겠군.
③ '풀벌레의 울음'은 환경 오염을 방치한 채 경제 성장만을 우선시하던 당대의 사회적 분위기가 만들어낸 부작용이겠군.
④ '맥주나 콜라'는 당시 사회가 내포하고 있던 많은 문제점들을 포괄하여 집약적으로 제시하는 것이겠군.
⑤ '성장하는 GNP와 증권 시세'는 자신의 안위만을 추구하는 당대 사람들의 소시민적 삶의 한 단면을 보여 주는 것이겠군.

33 | 김남조, 생명

생명은
추운 몸으로 온다
벌거벗고 언 땅에 꽂혀 자라는
초록의 겨울 보리,
생명의 어머니도 먼 곳
추운 몸으로 왔다

진실도
부서지고 불에 타면서 온다
버려지고 피 흘리면서 온다

겨울나무들을 보라
추위의 면도날로 제 몸을 다듬는다
잎은 떨어져 먼 날의 섭리에 불려 가고
줄기는 이렇듯이
충전 부싯돌임을 보라

금 가고 일그러진 걸 사랑할 줄 모르는 이는
친구가 아니다
상한 살을 헤집고 입 맞출 줄 모르는 이는
친구가 아니다

생명은
추운 몸으로 온다
열두 대문 다 지나온 추위로
하얗게 드러눕는
함박눈 눈송이로 온다

OX문제

01 식물의 연약한 속성을 활용하여 화자의 위태로운 상황을 드러내고 있다. [2019학년도 수능]　　　　　(O / X)

02 화자는 삶을 고통스럽게 만드는 시련과 역경을 없애고자 한다.　　　　　(O / X)

03 명령적 어조를 활용하여 화자의 강한 의지를 표출한다. [2013학년도 수능]　　　　　(O / X)

04 동일한 색채어를 반복하여 정서를 고조시키고 있다. [2007학년도 수능]　　　　　(O / X)

05 화자는 고통을 겪는 대상을 '친구'라고 생각하지 않는다.　　　　　(O / X)

STEP 02 지문 분석

생명은
참다운 인간의 삶 ■ : 반복을 통한 시적 의미 강조

추운 몸으로 온다
시련과 역경을 겪으며 → 현재형 시제 활용 □ : 유사한 구조의 문장 반복 → 운율 형성, 의미 강조
추상적 대상을 구체화함.

「**벌거벗고 언 땅에 꽂혀 자라는**
척박한 주변 환경 = 생명이 자라기 어려운 상황

초록의 겨울 보리,」
색채어 계절적 배경 「 」 : 시련에서 비롯되는 참된 생명, 역설적 깨달음을 주는 대상

생명의 어머니도 먼 곳
생명의 근원, 대자연
추상적 대상을 구체화함.
추운 몸으로 왔다 인식의 확대 : 생명 → 생명의 어머니

1연 : 고통을 거쳐 탄생하는 생명

『**진실도**
『 』 : 추상적 대상을 구체화함.

부서지고 불에 타면서 온다.
시련, 역경

버려지고 피 흘리면서 온다』
고진감래

2연 : 고난과 역경을 통해서만 얻을 수 있는 진실

겨울나무들을 보라
계절적 배경
■ : 명령형 어미 → 깨달음 확신, 강조
고통을 통해 성숙해짐 / 의인화 반복으로 운율 형성

추위의 면도날로 제 몸을 다듬는다
추위의 날카로움을 비유

잎은 떨어져 먼 날의 섭리에 불려가고
소멸, 하강의 이미지 자연계를 지배하는 원리와 법칙(계절의 변화)

줄기는 이렇듯이
생명의 이미지

충전 부싯돌임을 보라
강인한 줄기임을 비유
→ 생명의 이미지

3연 : 고통을 통해 성숙해 가는 겨울 나무들

시어 시구 풀이

생명은 / 추운 몸으로 온다 → 생명은 고난과 시련을 거쳐서 탄생한다는 것을 말하고 있음. 추운 겨울부터 생명의 싹이 움트고 있음을 암시함. '생명'이라는 추상적 대상을 '추운 몸'으로 구체화하여 표현함.

벌거벗고 언 땅에 꽂혀 자라는 / 초록의 겨울 보리, → '생명'은 삶의 참됨이자 올바름으로, 삶 그 자체라고 할 수 있음. 이러한 생명은 '초록의 겨울 보리'로 비유됨. 힘겨운 상황에서 싹트는 참되고 올바른 생명은 역설적으로 깨달음을 주고 있음.

생명의 어머니도 먼 곳 / 추운 몸으로 왔다 → 생명의 어머니, 즉 자연의 근원이라 부를 수 있는 대자연도 이러한 고통 속에서 태어났음을 말하며 추상적인 대상을 구체화하고 있음. 또한 인식 대상을 '생명'에서 '생명의 어머니'로 확대함.

진실도~버려지고 피 흘리면서 온다 → 시적 대상을 '생명(자연)'에서 '진실'로 확장하며 추상적이었던 대상을 구체화하고 있음. 이를 통해 생성과 소멸이라는 이중적 속성을 가진 생명같이, 진실도 시련을 통해 깨닫게 됨을 드러내면서 고진감래(고생 끝에 즐거움이 옴)의 의미를 전하고 있음. '온다'의 단정적 어조를 반복적으로 사용하여 삶의 진실도 생명처럼 고통을 동반할 수밖에 없음을 강조함.

겨울나무들을 보라 / 추위의 면도날로 제 몸을 다듬는다 → 계절적 배경(겨울)이 드러남. '추위의 면도날로 제 몸을 다듬는다'는 나무가 추위에 낙엽이 떨어뜨리는 것이 곧 고통을 감내하는 자연물(생명)의 속성임을 나타내며, 이러한 고통을 '면도날'에 선명하게 비유한 구절임. '다듬는다'는 겨울나무를 의인화한 표현으로, 시련 후 성숙해짐을 뜻함.

충전 → 축전지 등에 전기를 축적하는 일.

잎은 떨어져~충전 부싯돌임을 보라 → 자연의 섭리(가을에서 겨울이 됨)에 맞게 잎을 떨구며 고통을 감내하는 겨울 나무들을 보여주고 있음. '충전'은 새 생명을 위한 비축의 의미를 가지며, '부싯돌'은 불을 일으키는 데 쓰이는 돌을 말함. 즉, '충전 부싯돌'은 '줄기'의 비유로, 다시 잎을 내고 꽃을 피워 열매를 맺기 위해 고통을 감내하면서 힘을 모으고 있는 의미를 가짐. 여기에서 '잎은 '줄기', '충전 부싯돌'과 상반되는 속성을 가짐.

금가고 일그러진 걸 사랑할 줄 모르는 이는
상처와 아픔을 알지 못하는 이 = 부정적 대상

친구가 아니다
친구 → 진실된 상대

상한 살을 헤집고 입 맞출 줄 모르는 이는
다른 존재의 상처를 이해하고 감싸주지 못하는 이 = 부정적 대상

시련과 고통의 가치를 모르는 존재
대구법

친구가 아니다
아니다 → 단정적 어조 반복

4연 : 고통을 모르고 이를 감싸주지 못하는 이와는 친구가 될 수 없음.

「생명은

추운 몸으로 온다」
시련과 역경 but 긍정적인 성격   「」: 1연의 1~2행 반복 → 주제 의식이 드러난 시구

열두 대문 다 지나온 추위로
온갖 고난과 시련을 겪고

하얗게 드러눕는
색채어   활유법

함박눈 눈송이로 온다
'추운 몸'의 변용(따뜻한 생명의 이미지)

5연 : 고통 끝에 얻는 생명의 결실

금가고 일그러진 걸 사랑할 줄 모르는 이는~친구가 아니다 → 동일한 구절인 '~줄 모르는 이는 / 친구가 아니다'의 반복은 화자가 말하는 의미를 더욱 단호한 것으로 느껴지게 만듦. 인생의 고통과 시련에 연민을 가지고 이를 위로해 주는 사람만이 진실되고 진정한 친구라고 할 수 있음을 나타냄.

생명은 / 추운 몸으로 온다 → 1연의 1~2행과 같은 형식이지만, 1연의 차갑고 매서운 느낌과 반대되는 따뜻하고 포근한 느낌을 나타내고 있음. 1연은 생명이 시작될 때 겪는 고된 시련을, 5연은 그것이 이루어졌을 때의 포근한 만족스러움을 연상시킴. 따라서 1연과 5연의 '추운 몸'이 시련과 역경을 상징하는 것은 같지만, 5연은 이러한 고통 끝에 따뜻함과 생명의 결실을 얻을 수 있기 때문에 긍정적 이미지로 작용됨.

열두 대문 다 지나온 추위로~함박눈 눈송이로 온다 → '함박눈 눈송이'는 5연의 '추운 몸'과 같이 따뜻하고 포근한 느낌을 주는 시어로, 고통 끝에 얻는 생명의 본질과 결실을 의미함.

STEP 03 작품 해제

01 | 주제

고통과 시련을 겪으며 완성되는 생명의 본질

02 | 특징

① 자연물을 통해 생명의 본질을 통찰하는 대상 중심의 시
② 유사한 문장 구조의 반복을 통해서 의미를 강조하고 운율을 형성함.
③ 단정적인 표현과 단호한 어조, 명령형 종결 어미를 통해서 깨달음에 대한 확신을 표현하고 강조함.
④ 구체적 자연물(겨울 보리, 겨울 나무, 눈송이)을 통해 화자의 인식을 형상화함.

03 | 작품 해제

　　이 시는 인간 실존의 본질을 밝히고 있는 작품으로, 여기에서의 '생명'은 곧 참다운 인간의 모습으로 볼 수 있다. 다시 말해 그 생명과 생명의 진실을 추운 몸으로 불에 타고 피를 흘리며 온다고 했으니 인간의 본질은 인생의 시련과 고통을 겪으며 비로소 완성된다는 의미이다. 또한 이 시는 생명을 지닌 대상에 대해 정의를 내림과 동시에, 생명의 원천과 어려움을 알지 못하는 이는 삶과 진실을 모른다는 의미를 드러내고 있다. 겨울 보리, 겨울 나무 등의 자연물의 모습을 통해 생명의 속성과 화자가 추구하는 삶의 방향을 노래하고 있으며, 화자는 생명과 삶의 진실은 모두 고통을 동반할 수밖에 없다는 주제를 강조한다. 화자는 생명은 고통을 감내하며 또 다른 생성을 준비하는 속성을 가지고 있다고 여기면서, 고통과 아픔을 지닌 대상에 대해 관심과 애정을 기울이는 삶의 자세를 지향하고 있다.

STEP 04 논문으로 만나는 출제자의 시선

김남조와 '생명'

한 시인의 시 세계에서 반복적으로 사용되는 같은 단어를 통해 그 시인의 시 세계나 삶의 단면을 엿볼 수 있다. 그런 점에서 '생명'은 김남조 시인의 현실적 삶에 밀착된 제재이자 시적 비유로 쓴 삶의 통찰이라고 볼 수 있다. 「생명」은 생명을 지닌 물상(물체의 상태)에 대해 정의를 내림과 동시에 생명의 근본과 어려움을 알지 못하는 이는 삶과 진실을 모른다는 의지를 노래하고 있다. 1연에서 "생명은 / 추운 몸으로 온다"하고, 2연에서는 "진실도 / 부서지고 불에 타면서 온다 / 버려지고 피 흘리면서 온다"라고 강조한다. 생명을 '진실'로 바꾸어서 진실을 추구하는 과정이 겨울처럼 험난하고 추운 과정이라는 것을 내포하며, 겨울 나무의 줄기찬 인내를 충전 부싯돌에 비유하고 추위의 날카로움을 면도날에 비유하고 있다. "상한 살을 헤집고 입 맞출 줄 모르는 이"는 친구가 아니라는 표현에서 온갖 삶의 과정을 극복하고 생명의 가치를 예찬할 수 있는 자만이 사랑을 이룰 수 있음을 의미한다. 김남조의 시는 사랑, 그리움, 다시 줄기찬 '생명'으로 이어지면서 생명의식을 심화, 완결시키고 있다. 세월이 지남으로써 가진 자각 속에 생명을 바탕으로 한 깊은 사랑이 소멸의 의식으로 연결되는 입체적 구조를 보여주고 있는 것이다.

'겨울'의 상징성

김남조의 시는 인간 본연의 정서에 주목함으로써 시적 언어를 통해 독자들에게 자신의 내면의식을 전달한다. 그의 내면의식은 시 속에 구현된 특정한 시어를 통해 더욱 구체적으로 드러나는데, 중요한 상징성을 띠는 것 중 하나가 바로 '겨울'이다. 그의 시에서 '겨울'은 핵심어 가운데 하나로서 시 세계 전체의 주제의식과 깊이 관련된다. 김남조 시에서 '겨울'은 단순히 계절적 배경으로서만 설정된 것이 아니라, 다양한 상징적 의미를 내포하여 핵심 의미를 구축하고 주제의식을 구성하는 역할을 한다. 다시 말해서 '겨울'은 김남조의 시 세계 전반에 반복적으로 제시되며 주제의식을 형상화하는 지배적 시어로 작용하는 셈이다. '겨울'은 그의 시에서 크게 '고독', '성찰', '정화'라는 세 가지 상징성을 가진다. 이는 김남조의 내면의식의 변모양상의 결과와 유사한 것이며, 이를 통해 '겨울'이 단순히 배경으로 작용하는 것이 아니라 시 세계를 대변하는 하나의 상징으로 작용하는 시어임을 확인케 한다.

STEP 05 나BS 실전 문제

다음 글을 읽고 물음에 답하시오.

(가)

시집와서 삼 년(三年)
오는 봄은
거친 벌 난 벌에 왔습니다.

거친 벌 난 벌에 피는 꽃은
졌다가도 피노라 이릅디다.
소식 없이 기다린
이태 삼 년

[A]
바로 가던 앞 강이 간 봄부터
굽어 돌아 휘돌아 흐른다고
그러나 말 마소, 앞 여울의
물빛은 예대로 푸르렀소.

시집와서 삼 년
어느 때나
터진 개* 개여울의 여울물은
거친 벌 난 벌에 흘렀습니다.

― 김소월, 「무심(無心)」 ―

*개 : 강, 시내에 조수가 드나드는 곳.

(나)

생명은
추운 몸으로 온다.
벌거벗고 언 땅에 꽂혀 자라는
초록의 **겨울 보리**,
생명의 어머니도 먼 곳
추운 몸으로 왔다.

진실도
부서지고 **불**에 타면서 온다.
버려지고 피 흘리면서 온다.

겨울 나무들을 보라
추위의 면도날로 제 몸을 다듬는다.
잎은 떨어져 먼 날의 섭리(攝理)에 불려가고

줄기는 이렇듯이
충전(充電) 부싯돌임을 보라

금가고 일그러진 걸 사랑할 줄 모르는 이는
친구가 아니다.
상한 살을 헤집고 입맞출 줄 모르는 이는
친구가 아니다.

생명은
추운 몸으로 온다.
열두 대문 다 지나온 추위로
하얗게 드러눕는
함박눈 **눈송**이로 온다.

― 김남조, 「생명」 ―

(다)

  그 여름 나무 백일홍은 무사하였습니다. 한차례 폭풍에도 그 다음 폭풍에도 쓰러지지 않아 쏟아지는 우박처럼 붉은 꽃들을 매달았습니다.
  그 여름 나는 ⊙ 폭풍의 한가운데 있었습니다. 그 여름 나의 절망은 장난처럼 붉은 꽃들을 매달았지만, 여러 차례 폭풍에도 쓰러지지 않았습니다.
  넘어지면 매달리고 타올라 불을 뿜는 나무 백일홍 억센 꽃들이 두어 평 좁은 마당을 피로 덮을 때, 장난처럼 나의 절망은 끝났습니다.

― 이성복, 「그 여름의 끝」 ―

01. **(가)~(다)에 대한 설명으로 가장 적절한 것은?**

① (가)와 (나)는 시적 대상에 인격을 부여하여 대화체로 작품을 전개하고 있다.
② (가)와 (다)는 농촌 공동체를 배경으로 토속적 분위기를 조성하고 있다.
③ (나)와 (다)는 화자의 처지에 대한 비관적 인식이 드러나 있다.
④ (가)~(다)는 모두 계절적 배경이 주제 구현에 기여하고 있다.
⑤ (가)~(다)는 모두 이상적 세계를 동경하는 시적 화자의 태도가 형상화되어 있다.

02. 〈보기〉를 [A]로 고쳐 썼다고 할 때, 그 과정에서 고려했을 사항으로 적절하지 <u>않은</u> 것은?

─〈보기〉─

바로 가던 강이 지난 봄부터
굽어 돌아간다고
말하지 마십시오.
앞 여울의 물빛은 옛날처럼 푸릅니다.

① 어투를 바꾸어서 고풍스러운 분위기를 만들어야지.
② 유사한 의미를 지닌 단어를 사용해 시의 운율감을 살려야지.
③ '휘돌아 흐른다'를 삽입하여 흘러가는 물의 이미지를 강조해야지.
④ 시구를 도치시켜 화자가 강조하는 바가 무엇인지를 드러내야지.
⑤ 특정 시어를 강조하기 위해 한 행을 두 행으로 나누어 배치해야지.

04. ㉠의 기능과 가장 유사한 것은?

벼는 서로 어우러져
기대고 산다.
햇살 따가워질수록
깊이 익어 스스로를 아끼고
이웃들에게 저를 맡긴다.
서로가 서로의 몸을 묶어
더 튼튼해진 **백성**들을 보아라.
죄도 없이 죄지어서 더욱 불타는
마음들을 보아라, 벼가 춤출 때,
벼는 소리 없이 떠나간다.

– 이성부, 「벼」 –

① 벼 ② 햇살 ③ 이웃 ④ 백성 ⑤ 마음

03. 〈보기〉를 통해 (나)를 감상한 내용으로 적절하지 <u>않은</u> 것은?

─〈보기〉─

　소나무는 지조와 절개를 상징하는 소재로 그림에 자주 등장한다. 「겨울 월출산 소나무」라는 제목의 이 그림은 한겨울에 찬 눈을 맞으면서 꿋꿋이 자리를 지키고 있는 소나무를 인상적으로 그린 것이다. 홀로 서 있는 이 소나무는 글자 그대로 낙락장송이다. 이 소나무를 보면 고난에 굴하지 않는 강한 의지가 느껴지기도 하고, 홀로 추위를 견디는 모습이 외롭게 보이기도 한다.

① 그림의 소나무처럼 고난을 겪고 있는 외로운 사람에게 (나)의 '친구'는 꼭 필요한 존재라고 할 수 있어.
② '소나무'가 한겨울의 강추위를 이겨내는 모습을 보니, (나)에서 '진실'이 오려면 왜 '불'을 거쳐야 한다고 했는지 알 수 있어.
③ 소나무가 눈이 덮인 황량한 산과 벌판을 배경으로 그려져 있는데, (나)의 '눈송이'도 황량한 겨울 추위를 의미한다고 볼 수 있어.
④ 그림의 '소나무'에서는 끈질긴 생명력이 느껴지는데, (나)의 '줄기'가 '충전 부싯돌'에 비유된 것을 보면 '줄기'에서 잠재적인 생명력을 느낄 수 있어.
⑤ 그림의 '소나무'가 겨울의 시련을 이겨내는 모습을 볼 때, (나)의 '겨울 보리'도 겨울의 시련을 견디고 초록의 생명을 유지하고 있는 것으로 볼 수 있어.

05. (다)의 표현상 특징으로 적절하지 <u>않은</u> 것은?

① 자연물과 시적 화자를 대응시켜 시상을 전개하고 있다.
② 종결 어미를 반복 사용하여 형식적인 통일감을 형성하고 있다.
③ 시적 화자를 1인칭으로 설정하여 고백적 분위기를 나타내고 있다.
④ 과거 시제를 사용하여 과거 지향적인 화자의 태도를 보여주고 있다.
⑤ 강렬한 시각적 심상을 통해 시적 화자의 내면 정서를 드러내고 있다.

다음 글을 읽고 물음에 답하시오.

(가)

생명은
추운 몸으로 온다.
벌거벗고 언 땅에 꽂혀 자라는
초록의 겨울 보리,
생명의 어머니도 먼 곳
추운 몸으로 왔다.

진실도
부서지고 불에 타면서 온다.
버려지고 피 흘리면서 온다.

겨울 나무들을 보라
추위의 면도날로 제 몸을 다듬는다.
잎은 떨어져 먼 날의 섭리(攝理)에 불려가고
줄기는 이렇듯이
충전(充電) 부싯돌임을 보라

금가고 일그러진 걸 사랑할 줄 모르는 이는
친구가 아니다.
상한 살을 헤집고 입맞출 줄 모르는 이는
친구가 아니다.

생명은
추운 몸으로 온다.
열두 대문 다 지나온 추위로
하얗게 드러눕는
함박눈 눈송이로 온다.

- 김남조, 「생명」 -

(나)

일찍이 어머니가 나를 바다에 데려간 것은
소금기 많은 푸른 물을 보여주기 위해서가 아니었다
바다가 뿌리 뽑혀 밀려 나간 후
꿈틀거리는 ㉠ 검은 뻘밭 때문이었다
뻘밭에 위험을 무릅쓰고 퍼덕거리는 것들
숨쉬고 사는 것들의 힘을 보여주고 싶었던 거다
먹이를 건지기 위해서는
사람들은 왜 무릎을 꺾는 것일까
깊게 허리를 굽혀야만 할까
생명이 사는 곳은 왜 저토록 쓸쓸한 맨살일까

일찍이 어머니가 나를 바다에 데려간 것은
저 무위(無爲)한 해조음을 들려주기 위해서가 아니었다
물 위에 집을 짓는 새들과
각혈하듯 노을을 내뿜는 포구를 배경으로
성자처럼 뻘밭에 고개를 숙이고
먹이를 건지는
슬프고 경건한 손을 보여주기 위해서였다

- 문정희, 「율포의 기억」 -

(다)

여보게 이웃들아, 산수(山水) 구경 가자꾸나.
답청(踏靑)은 오늘 하고, 욕기(浴沂)는 내일(來日) 하세.
ⓐ 아침에 채산(採山)하고 저녁에 조수(釣水)하세.
갓 발효하여 익은 술을 갈건(葛巾)으로 걸러 놓고,
ⓑ 꽃나무 가지 꺾어, 셈을 하며 먹으리라.
화풍(和風)이 잠깐 불어 녹수(綠水)를 건너오니
ⓒ 청향(淸香)은 잔에 지고 낙홍(落紅)은 옷에 진다.
술동이가 비었거든 나에게 알리어라.
소동(小童) 아이에게 주가(酒家)에 술을 물어,
어른은 막대 짚고, 아이는 술을 메고,
미음완보(微吟緩步)*하여 시냇가에 혼자 앉자,
명사(明沙) 깨끗한 물에 잔 씻어 부어 들고,
청류(淸流)를 굽어보니 떠오는 것이 도화(桃花)로다.
무릉(武陵)이 가깝도다, 저 들이 그곳인가?
송간(松間) 세로(細路)에 두견화(杜鵑花)를 부여잡고,
산봉우리에 급히 올라 구름 속에 앉아 보니,
천촌만락(千村萬落)이 곳곳에 펼쳐졌네.
연하일휘(煙霞日輝)*는 금수(錦繡)를 펼친 듯,
엊그제 검은 들이 봄빛도 유여(有餘)하구나.
ⓓ 공명(功名)도 날 꺼리고, 부귀(富貴)도 날 꺼리니,
청풍명월(淸風明月) 외(外)에 어떤 벗이 있을고?
ⓔ 단표누항(簞瓢陋巷)*에 헛된 생각 아니 하네.
아모타, 백년행락(百年行樂)이 이만한들 어떠하리.

- 정극인, 「상춘곡(賞春曲)」 -

*미음완보 : 작은 소리로 읊으며 천천히 거닒.

*연하일휘 : 안개와 노을과 빛나는 햇살.

*단표누항 : 한 소쿠리의 밥과 한 표주박의 물.

06. (가)~(다)의 공통점으로 가장 적절한 것은?

① 이상 세계에 대한 동경을 나타내고 있다.
② 자연을 매개로 삶의 태도를 드러내고 있다.
③ 자연 풍광(風光)의 아름다움을 예찬하고 있다.
④ 과거의 삶에 대한 회한의 정서를 표출하고 있다.
⑤ 고달픈 현실을 극복하려는 의지를 보여 주고 있다.

07. (가)와 (다)의 시상 전개상 특징으로 가장 적절한 것은?

① (가)와 (다) 모두 계절에 대한 인식을 토대로 하고 있다.
② (가)와 (다) 모두 화자의 시선이 내면에서 외부로 이동하고 있다.
③ (가)는 (다)와 달리 공간의 이동에 따라 정서가 변하고 있다.
④ (다)는 (가)와 달리 화자의 태도 변화가 뚜렷하게 드러나 있다.
⑤ (가)는 원경에서 근경으로, (다)는 근경에서 원경으로 묘사하고 있다.

08. (가)의 표현상 특징으로 적절한 것은?

① 설의적 표현을 통해 주제를 형상화하고 있다.
② 통사 구조의 반복을 통해 화자의 정서를 강조하고 있다.
③ 냉소적인 어조로 시적 대상과의 거리감을 나타내고 있다.
④ 화자가 의인화된 청자에게 말을 건네는 형식을 취하고 있다.
⑤ 청각적 심상을 중심으로 시적 상황을 생생하게 보여주고 있다.

09. 〈보기〉를 참고할 때 ⊙의 함축적 의미와 가장 유사한 것은?

> ─── 〈보기〉 ───
>
> '검다'는 대개 '어둠, 죽음, 허무' 등을 상징한다. 그러나 (나)에서는 강한 생명력을 품고 있다는 의미로 쓰이고 있다.

① 가슴 답답한 보랏빛 하늘 / 어둠이 몰아드는 **검은** 구름 너머로 / 비의 줄을 타고 나리는 / 꽃방울의 노래가 흘러나오도다
② 먼 길 떠나시던 / 아버님 발자욱이 보인다 // 어두운 밤 홀로 흰 두루막자락 날리시며 / **검은** 산(山) 넘어 넘어 / 먼 길 가시던 날
③ 쫓기듯 도망치듯 살아온 이에게만 / 삶은 때로 애닯기도 하리 / 긴 능선 **검은** 하늘에 박힌 별 보며 / 길 잘못 든 나그네되어 떠나려네
④ 수그러진다 수그러진다 / 악몽(惡夢)이 나다니는 머리 / 머리 속 빈 들판에 불을 피우고 / 여러 번 막막히 엎드렸던 오후 / **검은** 연기 땅 위에 눕듯이
⑤ 더 큰 침묵을 향하여 / 걸어가 보아라 / 지리산 중턱에는 아직 눈과 바람이 남아 있지만 / 강 건너 복숭아밭의 **검은** 줄기들은 / 꿈의 문자(文字)들처럼 싱싱하다

10. ⓐ~ⓔ에 대한 설명으로 적절하지 않은 것은?

① ⓐ : 분주한 농촌의 일상을 묘사하고 있다.
② ⓑ : 풍치가 있고 멋스럽게 노는 모습을 그리고 있다.
③ ⓒ : 자연에 동화되고 있는 화자의 정서가 담겨 있다.
④ ⓓ : 세속적 가치에 대한 부정적 인식이 나타나 있다.
⑤ ⓔ : 청빈한 생활을 지향하는 태도가 내포되어 있다.

11. (가)~(다)의 시적 공간에 대한 이해로 적절하지 않은 것은?

① (가)의 '언 땅' : '초록의 보리'와 '겨울 나무'가 스스로를 단련하는 곳이다.
② (나)의 '뻘밭' : '퍼덕거리'는 생명체와 함께 살아가는 '사람들'의 모습이 드러나는 공간이다.
③ (나)의 '포구' : '무위(無爲)한 해조음'이 밀려와 삶의 허무감을 느끼게 하는 곳이다.
④ (다)의 '무릉(武陵)' : '도화(桃花)'를 통해 화자가 연상한 공간이다.
⑤ (다)의 '들'과 '산' : '봄빛도 유여(有餘)하구나'에서처럼, 봄기운이 충만한 곳이다.

다음 글을 읽고 물음에 답하시오.

(가)

매운 계절의 채찍에 갈겨
마침내 **북방**으로 휩쓸려 오다.

하늘도 그만 지쳐 끝난 **고원(高原)**
서릿발 칼날진 그 위에 서다.

어데다 무릎을 꿇어야 하나
한 발 재겨 디딜 곳조차 없다.

이러매 눈 감아 생각해 볼밖에
겨울은 **강철로 된 무지갠**가 보다.

- 이육사, 「절정」 -

(나)

생명은
추운 몸으로 온다.
벌거벗고 **언 땅에 꽂혀 자라는**
초록의 **겨울보리**,
생명의 어머니도 먼 곳
추운 몸으로 왔다.

진실도
부서지고 불에 타면서 온다.
버려지고 피 흘리면서 온다.

겨울 나무들을 보라
추위의 면도날로 **제 몸을 다듬**는다.
잎은 **떨어져** 먼 날의 섭리(攝理)에 **불려 가**고
줄기는 이렇듯이
충전(充電) 부싯돌임을 보라

금가고 일그러진 걸 사랑할 줄 모르는 이는
친구가 아니다.
상한 살을 헤집고 입맞출 줄 모르는 이는
친구가 아니다.

생명은
추운 몸으로 온다.
열두 대문 다 지나온 추위로
하얗게 드러눕는

함박눈 눈송이로 온다.

- 김남조, 「생명」 -

*부싯돌 : 불씨를 일으키기 위해 사용되는 돌.

12. (가)와 (나)의 공통점으로 가장 적절한 것은?

① 음성상징어를 제시하여 생동감을 드러내고 있다.
② 추상적 관념을 시각화하여 주제를 드러내고 있다.
③ 동일한 문장을 반복하여 리듬감을 드러내고 있다.
④ 추측의 표현을 활용하여 시적 상황을 드러내고 있다.
⑤ 명령형 어조를 사용하여 화자의 태도를 드러내고 있다.

13. 다음은 (가)를 읽은 학생이 쓴 감상문의 일부이다. ⓐ~ⓔ 중 적절하지 **않은** 것은?

이 작품을 감상할 때, 계절의 이미지에 주목하여 읽으니 화자의 상황과 정서에 더 공감할 수 있었다. ⓐ 작품 속 계절적 상황이 '매운'이라는 감각적 이미지로 제시되어 있으니 혹독한 추위가 실감나게 느껴졌고, ⓑ 겨울을 연상시키는 '서릿발'이라는 시어에서는 겨울이 주는 시련의 의미가 더욱 분명하게 드러나는 것 같았다. ⓒ 이러한 겨울의 이미지들이 '북방'과 '고원'이라는 극한적 공간의 이미지와 맞물리면서 화자가 처한 상황이 고통스럽다는 것에 쉽게 공감할 수 있었다. 그리고 ⓓ 화자가 고난이 끝났음을 인지하고 '한 발 재겨 디딜 곳'을 찾는 모습을 보면서 부정적 현실을 이겨내려는 자세를 본받고 싶어졌다. 또한 ⓔ 겨울을 '강철로 된 무지개'의 이미지로 전환하여 현실 상황을 다르게 인식하려는 화자의 모습이 인상적이었다.

① ⓐ ② ⓑ ③ ⓒ ④ ⓓ ⑤ ⓔ

14. 〈보기〉를 바탕으로 (나)를 감상한 것으로 적절하지 **않은** 것은?

〈보기〉

이 작품은 생명의 속성을 자연물로 형상화하며 화자가 추구하는 삶의 방향을 드러내고 있다. 화자는 생명이란 고통을 동반할 수밖에 없는 것임을 보여주며 삶의 진실 또한 이와 다르지 않음을 강조한다. 또한 생성과 소멸이라는 이중적인 속성을 가진 자연물의 모습을 통해, 고통을 감내하며 또 다른 생성을 준비하는 생명의 속성을 드러낸다.

① '언 땅에 꽂혀 자라는' '겨울보리'의 모습에서 생명의 속성을 자연물로 형상화하고 있음을 확인할 수 있겠군.
② '진실'이 '부서지고 불에 타면서' 오는 모습에서 삶의 진실도 생명의 속성과 다르지 않다고 여기는 화자의 생각을 확인할 수 있겠군.
③ '제 몸'을 '추위의 면도날'로 '다듬'는 '겨울 나무'의 모습에서 고통을 감내하는 자연물의 속성을 확인할 수 있겠군.
④ '떨어져' '불려 가'는 '잎'과 '충전 부싯돌'인 '줄기'의 모습에서 소멸과 생성이라는 자연물의 이중적 속성을 확인할 수 있겠군.
⑤ '상한 살을 헤집고 입맞'추는 사람을 부정하는 모습에서 화자가 지향하는 삶의 방향을 확인할 수 있겠군.

STEP 01 OX 문제를 통한 지문 이해 훈련

ⓝBS 수능특강 | 현대문학

추위가 칼날처럼 다가든 새벽
무심히 커튼을 젖히다 보면
유리창에 피어난, 아니 이런 황홀한 꿈을 보았나
세상과 나 사이에 밤새 누가
이런 투명한 꽃을 피워 놓으셨을까
들녘의 꽃들조차 제 빛깔을 감추고
씨앗 속에 깊이 숨죽이고 있을 때
이내 스러지는 **니르바나의 꽃**을
저 얇고 날카로운 유리창에 누가 새겨 놓았을까
허긴 사람도 그렇지
가장 가혹한 고통의 밤이 끝난 자리에
가장 눈부시고 부드러운 꿈이 일어서지
새하얀 신부 앞에 붉고 푸른 색깔들 입 다물듯이
들녘의 꽃들 모두 제 향기를
씨앗 속에 깊이 감추고 있을 때
어둠이 스며드는 차가운 유리창에 이마를 대고
누가 저토록 슬픈 향기를 새기셨을까
한 방울 물로 스러지는
불가해한 **비애의 꽃송이들**을

OX문제

01	영탄적 표현을 통해 대상의 속성을 예찬하고 있다. [2018학년도 6월]	(O / X)
02	8행의 '니르바나의 꽃'과 13행의 '새하얀 신부'는 동일한 대상을 빗댄 표현이다.	(O / X)
03	대조적 소재를 통해 삶에 대한 작가의 인식을 드러내고 있다. [2020학년도 6월]	(O / X)
04	화자는 순간적인 속성을 지닌 성에 꽃을 '비애의 꽃송이들'이라고 부르며 좌절한다.	(O / X)
05	계절의 흐름에 따른 대상의 변화를 통해 풍경을 묘사하고 있다. [2020학년도 9월]	(O / X)

STEP 02 지문 분석

추위가 칼날처럼 다가든 새벽
계절적(겨울), 시간적(새벽) 배경

무심히 커튼을 젖히다 보면

유리창에 피어난, 아니 이런 **황홀한 꿈을** 보았나   ■ : 성에 꽃을 비유한 표현
성에 꽃이 핀 공간적 배경   성에가 낀 모습에 대한 감탄(영탄법)

세상과 나 사이에 밤새 누가
추위와 고통의 시간, 성에 꽃이 만들어지는 시간

이런 **투명한 꽃을** 피워 놓으셨을까
성에가 낀 모습에 대한 감탄

「들녘의 꽃들조차 제 빛깔을 감추고
■ : 성에 꽃과 대조되는 존재

씨앗 속에 깊이 숨죽이고 있을 때」「 」: 겨울의 황량함과 가혹함, 생명의 유지조차 힘든 상황
→ 겨울은 꽃들에게 고통과 시련의 시간임.

이내 스러지는 **니르바나의 꽃을**

저 얇고 날카로운 유리창에 누가 새겨 놓았을까
각박하고 냉혹한 상황   의문형 표현을 통해 화자의 문제의식을 드러냄.

1~9행 : 성에 꽃을 발견하고 황홀해함.

허긴 사람도 그렇지
시상의 전환(성에 꽃 → 인간)

가장 가혹한 고통의 밤이 끝난 자리에
성에 꽃이 만들어지는 밤, 겨울의 시간 → 인간이 겪는 고통의 밤

가장 눈부시고 부드러운 꿈이 일어서지
고통을 극복한 후에 가장 아름다운 결실을 얻을 수 있음.

10~12행 : 자연 현상을 통해 삶의 교훈을 발견함.

새하얀 신부 앞에 **붉고 푸른 색깔들** 입 다물듯이
의인화

들녘의 꽃들 모두 제 향기를

씨앗 속에 깊이 감추고 있을 때
겨울

어둠이 스며드는 차가운 유리창에 이마를 대고
시각적 이미지   촉각적 이미지

누가 저토록 **슬픈 향기를** 새기셨을까
'들녘의 꽃들'이 모두 제 향기를 감춘 것과는 대조됨.

한 방울 물로 스러지는
잠시 나타났다 없어지는 성에의 순간성

불가해한 **비애의 꽃송이들을**

13~19행 : 성에 꽃이 오랜 고통이 지난 후에 얻게 되는 희망임을 인식함.

시어 시구 풀이

추위가 칼날처럼 다가든 새벽 → 새벽 겨울의 추위가 '칼날' 같다는 비유를 통해 고통스러운 상황임을 나타냄. 그러나 아름다운 성에 꽃을 볼 수 있는 시간이기도 함.

세상과 나 사이 → '세상'은 유리창 밖, '나'는 유리창 안에 있는 화자, '세상과 나 사이'는 유리창을 말함. 즉, 유리창에 성에가 낀 것에 대한 표현임.

투명한 꽃 → 성에를 꽃에 비유하여 성에의 아름다움과 순수한 속성을 나타냄.

스러지는 → '스러지다'는 '형체나 현상 따위가 차차 희미해지면서 없어지다.'라는 뜻임.

니르바나의 꽃 → '니르바나'는 모든 번뇌의 얽매임에서 벗어나고, 진리를 깨달아 불생불멸의 법을 체득한 경지를 뜻함. 불교의 궁극적인 실천 목적임(= 열반.). 이는 성에 꽃을 발견한 화자의 황홀함과 성에 꽃의 아름다움을 부각함.

허긴 사람도 그렇지 → 시상의 전환이 나타나는 부분으로, 자연 현상에서 발견한 의미를 인간의 삶에 유추하여 적용함.

새하얀 신부 앞에 붉고 푸른 색깔들 입 다물듯이 → '붉고 푸른 색깔들(들녘의 꽃들)'과의 색채 대비를 통해 '새하얀 신부(성에 꽃)'의 아름다움을 강조함.

슬픈 향기 → 성에 꽃은 가혹한 고통의 밤을 겪어 낸 결과물임. 그러나 한 방울의 물로도 사라지기 때문에 슬픔이 담겨 있다고 표현하며 후각적 이미지로 화자의 감정을 직접적으로 드러냄.

불가해한 비애의 꽃송이들 → '불가해'는 '이해할 수 없음.'이란 뜻으로 '불가해한 비애'는 '이해할 수 없는 슬픔' 정도의 의미로 볼 수 있음. 잠시 나타났다 사라지는 성에는 생명이 길지 못하기 때문에 '비애의 꽃송이들'이라고 표현한 것임. 화자의 안타까움이 직접적으로 제시됨.

STEP
03 작품 해제

01 | 주제

고통을 극복한 후의 결실, 고통을 이겨낸 성에 꽃의 아름다움과 순간성으로 인한 슬픔

02 | 특징

① 대상을 관찰하여 얻은 깨달음을 전달하는 대상 중심의 시
② 성에 꽃을 통해 발견한 의미를 인간의 삶에 유추하여 적용함.
③ 여러 대상에 빗대어 표현하여 성에 꽃의 속성을 효과적으로 나타냄.

03 | 작품 해제

　이 시는 시집 『남자를 위하여』(민음사, 1996)에 수록된 작품으로, 추운 겨울 새벽 유리창에 서린 '성에'를 보며, 이에 대한 감탄과 인간의 삶에 대한 교훈을 형상화하고 있다. 시적 화자는 혹독한 겨울의 추위 속에 핀 성에 꽃을 보면서 자연의 섭리를 깨닫고, 그 아름다움에 감탄한다. 화자는 이러한 섭리를 인간의 삶에 적용하여 인간 또한 '성에'처럼 시련을 극복해 낸 후에야 가장 아름다운 결실을 얻을 수 있음을 이야기하고 있다. 즉, 혹독한 시련과 고통의 시간이 지나면 아름답고 희망찬 미래가 다가온다는 사실을 깨달은 것이다. '성에'가 한 방울 물로 스러질지라도 꽃으로 피어나는 모습을 보며, 화자는 시련에 굴복하지 않는 인간의 의지가 갖는 삶의 가치를 표현하고 있다.

STEP
04 논문으로 만나는 출제자의 시선

문정희의 시 세계

　내적 독백과 욕망의 언어를 통해 내면의 자아를 발견하고 확인하는 그의 시에는 동물과 식물과 인간이 다양하게 소통하고, 자연과 여성에게 잔존하는 폭력과 대립구조를 감각적인 시어로 지적했다. 또한, 남성중심주의 비판에서 한발 더 나아가 시인의 여성주의적 인식을 시에 담았다. 문정희의 여성주의 사유는 타자로 물러난 여성의 권리를 존중하고 보호하고 남성중심주의에 도전하여 여성성을 재발견하려는 인식이다. 이러한 여성성의 재발견은 주로 자연에서 인식되었다. 문정희 시는 자연과 인간, 즉 생태와 몸과 언어의 다양성을 파악하고 극복하고 이해하려는 태도가 전반적이다. 그의 태도는 자연과 여성의 상생의식과 모성, 다산성을 통한 실천 방향으로 나타난다.
　1980-1990년대의 문정희는 여성성과 자연의 본질적 가치의 모색과 화해를 통한 전망을 보여주었다. 또한 그는 여성과 자연에 행사하는 부조리와 억압, 폭력에 도전하려는 내면의 정신세계를 드러냈다. 개인의식보다는 집단의식을, 개인의 생존보다는 공동체의 운명을 탐구하는 적극성을 담아낸다. 문정희 시에 나타나는 에코페미니즘 성향은 인간과 자연의 조화로운 삶을 추구하며 깊고 묵직한 시 세계를 펼치므로 문정희 시인의 생명존중의식이 조명된다. 시인은 넓고 폭 깊은 역사적 관심과 함께 앞으로 지향해 가야할 방향성을 제시해주고 있다. 그것은 화해와 조화를 통해 다양성을 인정하는 통합적인 세계를 지향한다. 가부장제가 사라진 생태페미니즘 사회에서의 남녀관계의 모습과 자연이 관계하는 모습은 여전히 모색되어야 할 상황이며 그와 더불어 문학이 할 수 있는 것은 대안사회를 꿈꾸는 일이고 그것을 새로운 비전으로 제시하는 것이다.

STEP 05 나BS 실전 문제

다음 글을 읽고 물음에 답하시오.

(가)

오늘, 북창을 열어
장거릴 등지고 산을 향하여 앉은 뜻은
사람은 맨날 변해 쌓지만
태고로부터 푸르러 온 산이 아니냐.
고요하고 너그러워 수(壽)하는 데다가
보옥(寶玉)을 갖고도 자랑 않는 겸허한 산.
마음이 본시 산을 사랑해
평생 산을 보고 산을 배우네.
그 품 안에서 자라나 거기에 가 또 묻히리니
내 이승의 낮과 저승의 밤에
아아(峨峨)라히 뻗쳐 있어 다리 놓는 산.
네 품이 고향인 그리운 산아
미역취 한 이파리 상긋한 산 내음새
산에서도 오히려 산을 그리며
꿈같은 산 정기(山精氣)를 그리며 산다.

- 김관식, 「거산호 Ⅱ」 -

(나)

새벽 시내버스는
차창에 웬 찬란한 치장을 하고 달린다
엄동 혹한일수록
선연히 피는 성에꽃
어제 이 버스를 탔던
처녀 총각 아이 어른
미용사 외판원 파출부 실업자의
입김과 숨결이
간밤에 은밀히 만나 피워낸
번뜩이는 기막힌 아름다움
나는 무슨 전람회에 온 듯
자리를 옮겨 다니며 보고
다시 꽃이파리 하나, 섬세하고도
차가운 아름다움에 취한다
어느 누구의 막막한 한숨이던가
어떤 더운 가슴이 토해낸 정열의 숨결이던가
일없이 정성스레 입김으로 손가락으로
성에꽃 한 잎 지우고

이마를 대고 본다
덜컹거리는 창에 어리는 푸석한 얼굴
오랫동안 함께 길을 걸었으나
지금은 면회마저 금지된 친구여.

- 최두석, 「성에꽃」 -

(다)

저녁엔 해가 뜨고
아침엔 해가 집니다.

해가 지는 아침에
유리산을 오르며
나는 바라봅니다.
깊고 깊은 산 아래 계곡에
햇살이 퍼지는 광경을.

해가 뜨는 저녁엔
유리산을 내려오며
나는 또 바라봅니다.
깊고 깊은 저 아래 계곡에
해가 지고 석양에 물든
소녀가 붉은 얼굴을
쳐드는 것을.

이윽고 두 개의 밤이 오면
나는 한 마리 풍뎅이가 됩니다.
그리곤 당신들의 유리창문에 달라붙었다가
그 창문을 열고
들어가려 합니다.
창문을 열면 창문, 다시 열면
창문, 창문, 창문…… 창문
밤새도록 창문을 여닫지만
창문만 있고 방 한 칸 없는 사람들이
산 아래 계곡엔 가득 잠들어 있습니다.

밤새도록 닦아도 닦이지 않는 창문.
두드려도 열리지 않는
창문, 두드리면 두드릴수록 두꺼워지는

큰골의 잠, 나는 늘 창문을 닦으며 삽니다.

저녁엔 해가 뜨고

아침엔 해가 지는 곳,

그 높은 곳에서 나는 당신들의 창문을 닦으며 삽니다.

　　　　　　　　　　　　　- 김혜순, 「고층 빌딩 유리창닦이의 편지」 -

01. (가)~(다)를 〈보기〉에 따라 감상한 것으로 적절한 것은?

〈보기〉

창의 안쪽 공간　──　창(窓)　──　창의 바깥쪽 공간

① (가), (나)의 화자는 (다)와 달리, 창의 안쪽 공간에 있다.

② (가)의 바깥쪽 공간은 (나), (다)와 달리, 사회 현실이라고 할 수 있다.

③ (나)의 창은 (가), (다)와 달리, 창의 바깥쪽 공간과 소통할 수 있는 매개물이다.

④ (나)의 화자는 (가), (다)와 달리, 창의 바깥쪽 공간에 다가가기를 소망하고 있다.

⑤ (가), (나)의 창은 (다)와 달리, 창의 바깥쪽 공간에 있는 대상이 형상화되는 공간이다.

03. 〈보기〉와 (나)에 대한 설명으로 적절하지 않은 것은?

〈보기〉

추위가 칼날처럼 다가든 새벽

무심히 커튼을 젖히다 보면

유리창에 피어난, 아니 이런 황홀한 꿈을 보았나.

세상과 나 사이에 밤새 누가

이런 투명한 꽃을 피워 놓으셨을까.

들녘의 꽃들조차 제 빛깔을 감추고

씨앗 속에 깊이 숨 죽이고 있을 때

이내 스러지는 니르바나의 꽃을

저 얇고 날카로운 유리창에 누가 새겨 놓았을까.

허긴 사람도 그렇지.

가장 가혹한 고통의 밤이 끝난 자리에

가장 눈부시고 부드러운 꿈이 일어서지.

새하얀 신부 앞에 붉고 푸른 색깔들 입 다물 듯이

들녘의 꽃들 모두 제 향기를

씨앗 속에 깊이 감추고 있을 때

어둠이 스며드는 차가운 유리창에 이마를 대고

누가 저토록 슬픈 향기를 새기셨을까.

한 방울 물로 스러지는

불가해한 비애의 꽃송이들을

　　　　　　　　　　　　　- 문정희, 「성에꽃」 -

① 〈보기〉와 (나) 모두 계절적 배경을 활용하고 있다.

② (나)와는 달리, 〈보기〉에서는 '성에꽃'의 순간성이 부각되어 있다.

③ 〈보기〉와 (나) 모두 '성에꽃'이 아름다운 대상으로 설정되어 있다.

④ 〈보기〉와 (나) 모두 '성에꽃'을 통해 절망적인 사회 현실을 드러내고 있다.

⑤ 〈보기〉와는 달리, (나)에서는 '성에꽃'을 보면서 특정한 인물을 떠올리고 있다.

02. (가)와 (나)의 표현상의 공통점으로 가장 적절한 것은?

① 일정한 종결 어미를 반복적으로 사용해 화자의 태도를 보여주고 있다.

② 사물의 속성을 나열하여 다양한 관점에서 사물을 이해시키고 있다.

③ 반어적 표현을 통해 화자의 심정을 효과적으로 드러내고 있다.

④ 화자의 시선의 이동에 따라 시상이 점층적으로 고조되고 있다.

⑤ 대조적 이미지를 활용하여 화자의 정서를 드러내고 있다.

04. (다)에 대한 설명으로 적절하지 않은 것은?

① 반복적 행위를 통해 화자의 태도를 드러내고 있다.

② 시각적 이미지를 통해 화자의 정서를 드러내고 있다.

③ 화자를 직접적으로 드러내면서 시상을 전개하고 있다.

④ 예찬적인 어조를 통하여 화자의 내면을 드러내고 있다.

⑤ 역설적 표현을 통해 현재 상황에 대한 인식을 드러내고 있다.

STEP 01 OX 문제를 통한 지문 이해 훈련

나BS 수능특강 | 현대문학 ●

파리는 내가 덮고 자는 공간을 깔고 잔다
날개 휘젓던 공간밖에 믿을 게 없어
날개의 길밖에 믿을 게 없어
천장에 매달려 잠자는 파리는 슬프다
추락하다 잠이 깨면 곧 비행할 포즈
헬리콥터처럼 활주로 없이 이착륙하는 파리
구더기를 본 사람은 알리라
왜 파리가 높은 곳에서 잠드는가를

저 사내는 내가 덮고 자는 공간을 깔고 잔다
지구의 밑부분에 집이 매달리는 시간
나는 바닥에 엎드려 자는데
저 사내는 천장에 등을 붙이고 잔다
발 붙이고 사는 땅밖에 믿을 게 없다는 듯
중력밖에 믿을 게 없다는 듯
천장에 등을 붙이고 잠드는 저 사내는 슬프다
어떤 날은 저 사내가 잠을 이루지 못하고
밤늦게 거꾸로 쭈그려 앉아 전화를 걸기도 한다
저 사내처럼 외로운 사람이 어디 또 있나 보다

OX문제

01 문장을 도치시켜 의미를 강조하고 있다. (O / X)

02 2연의 '저 사내'는 1연의 화자와 동일한 사람이다. (O / X)

03 유사한 구절을 병치하여 운율감을 조성한다. [2011학년도 수능] (O / X)

04 1연의 화자는 '파리'에게 안타까움을 느끼고 있다. (O / X)

05 추측을 나타내는 표현을 통해 대상에 대한 회의감을 드러내고 있다. [2020학년도 6월] (O / X)

파리는 내가 덮고 자는 공간을 깔고 잔다
화자가 주목하는 시적 대상

「날개 휘젓던 공간밖에 믿을 게 없어
　　　　　　　「　」: 조그마한 파리는 자신이 날아본 공간이 세상의 전부임.
　　　　　　　'~밖에 믿을 게 없어'라는 유사한 구절을 병치함.

날개의 길밖에 믿을 게 없어」

천장에 매달려 잠자는 파리는 슬프다
　　　　　'파리'에 대한 화자의 반응(감정 이입)

추락하다 잠이 깨면 곧 비행할 포즈
　　　　항상 경계를 늦출 수 없는 '파리'

헬리콥터처럼 활주로 없이 이착륙하는 파리
'파리'의 비행은 따로 정해진 길이 없음. 안식처가 없는 파리의 삶

구더기를 본 사람은 알리라 / 왜 파리가 높은 곳에서 잠드는가를
　　　　　도치법(구더기를 본 사람은 왜 파리가 높은 곳에서 잠드는가를 알리라)

　　　　　　　1연 : '파리'의 잠버릇을 관찰하며 그에게 연민의 시선을 보내는 화자

저 사내는 내가 덮고 자는 공간을 깔고 잔다
'파리'가 주목하는 시적 대상 = 1연의 화자

지구의 밑부분에 집이 매달리는 시간

나는 바닥에 엎드려 자는데 / 저 사내는 천장에 등을 붙이고 잔다

발 붙이고 사는 땅밖에 믿을 게 없다는 듯 / 중력밖에 믿을 게 없다는 듯
　　　　　　　　　　　인간의 숙명

천장에 등을 붙이고 잠드는 저 사내는 슬프다
　　　　　'저 사내'에 대한 '파리'의 반응 - 서로가 서로를 연민하고 있음.

『어떤 날은 저 사내가 잠을 이루지 못하고
　　　　　　　　『　』: '파리'가 '저 사내'를 '슬프다'라고 생각하는 이유

밤늦게 거꾸로 쭈그려 앉아 전화를 걸기도 한다』
　　　　사내의 외롭고 처량한 모습

저 사내처럼 외로운 사람이 어디 또 있나 보다
　　　　'저 사내'에 대한 연민 → 다른 대상에 대한 연민으로 확장

　　　　　　　2연 : '저 사내'의 잠버릇을 관찰하며 인류 전체를 연민하게 되는 '파리'

시어 시구 풀이

파리는 내가 덮고 자는 공간을 깔고 잔다 → 한 번에 알아듣기는 힘들지만, 4행을 보면 이해할 수 있음. 파리는 천장에 매달려 자기 때문에, 바닥에 누워 있는 화자의 위에 있는 공간은 파리 입장에서는 아래에 있는 공간이 됨.

구더기를 본 사람은 알리라 / 왜 파리가 높은 곳에서 잠드는가를 → '구더기'는 파리가 되기 전 더러운 바닥을 기어다니는 존재임. 따라서 화자는 파리가 구더기 시절을 생각하며, 다시는 낮은 곳에 내려가고 싶지 않기 때문에 항상 높은 곳에서 잠드는 것이라고 생각하는 것임.

저 사내는 내가 덮고 자는 공간을 깔고 잔다 → 화자가 '파리'로 바뀜. '파리'의 입장에서는 천장 아래의 공간이 자신의 등을 덮는 공간인데, '저 사내'는 가장 높은 곳에서 그 공간을 깔고 자고 있음.

지구의 밑부분에 집이 매달리는 시간 → 지구는 자전을 하기 때문에 낮과 밤이 바뀜. 따라서 이 시간은 태양이 닿지 않는 '밤'의 시간임.

나는 바닥에 엎드려 자는데 / 저 사내는 천장에 등을 붙이고 잔다 → 지구의 하단에 집이 매달린다면, 오히려 집의 천장이 가장 낮은 곳으로 가고, 집의 바닥은 가장 높은 곳에 위치하게 됨. 따라서 '파리'의 입장에서는 천장에 매달려 자는 것이 바닥에 엎드려 자는 것이 됨.

발 붙이고 사는 땅밖에 믿을 게 없다는 듯 / 중력밖에 믿을 게 없다는 듯 → '파리'와 '저 사내'의 인식에 차이가 생긴 이유는 사람이 중력의 영향을 받기 때문임. 사람은 지구가 자전을 해도 이를 느끼지 못하고, 중력의 영향을 받아 항상 발 디디는 공간을 아래로 인식함. 그러나 중력의 영향을 거의 받지 않는 파리에게 이는 왜곡된 인식이 될 수 있음. 유사한 구절의 병치가 사용됨.

01 | 주제

자신의 입장에서 만들어 낸 오해와 상대를 향한 연민

02 | 특징

① 대상의 행위를 묘사하고, 그 대상에 대한 화자의 연민의 감정을 보이는 대상 중심의 시
② 1연, 2연의 화자가 다르며 서로를 시적 대상으로 삼고 있음.
③ '파리'의 시선으로 공간감과 인간을 재해석한 시인의 기발한 아이디어가 돋보임.

03 | 작품 해제

　이 시는 독특하게 1연과 2연의 화자가 다르다. 더욱 특별한 것은 2연의 화자는 사람이 아닌 '파리'이며, 더더욱 놀라운 것은 1연의 화자(인간)와 2연의 화자(파리)가 각자의 관점으로 서로를 시적 대상으로 삼고 있다는 점이다. 사람의 입장에서 '파리'는 구더기 시절 가장 더럽고 낮은 곳을 기어 다녔기 때문에 항상 천장만 고집하는 것 같아서 '슬프다'. 그러나 파리의 입장은 다르다. 밤이 되어 집이 지구의 아래에 매달리면, 가장 낮은 지붕을 깔고 자면 된다. 그런데 '사람들'은 중력을 맹신하고 구태여 천장에 등을 붙이고 자는 것 같아서 '슬프다'.

　이러한 상반된 시각은, 자신만의 관점에서 남을 함부로 연민하는 것이 얼마나 오만한 태도이자 행위인지 보여준다. 그러나 이러한 연민이 오만하기만 한 것일까? '파리'는 '저 사내'가 밤늦게 전화를 거는 모습을 보고 그의 외로움을 읽어낸다. 또한 '저 사내'뿐만 아니라 수화기 너머의 상대방의 외로움까지 헤아려 본다. 이러한 태도는 자칫 오만한 참견으로 보일 수도 있으나, 그럼에도 불구하고 서로를 연민할 수 있다는 점에서 가슴 한 켠을 따뜻하게 만들어 준다. 함민복은 이러한 인류애를 시 안에 담아낸 것이다.

STEP 04 논문으로 만나는 출제자의 시선

● 투명한 무구의 세계를 드러내는 함민복의 시

시집 『모든 경계에는 꽃이 핀다』에 실린 함민복의 시들은 너무나 소박하고 선명하다. 함민복의 시에서 우리가 만나게 되는 것은 삶에 대한 의지를 무장 해제 시켜 버린 상태, 자신의 내부를 투명하게 비워버린 상태에서 자신을 둘러싸고 있는 세계와 티 없이 섞여들고픈 어떤 무구한 정신적 태도이다. 이는 절망적인 삶의 현실 앞에서 시인이 선택한 나름대로의 절실한 견딤의 자세로 볼 수 있다.

함민복의 시집에서 눈에 띄는 것은 그의 이전 시들이 보여주던 현대적 삶의 다양한 양상들에 대한 재기발랄한 풍자적 어법 대신에 전통적인 서정시의 세계에 마음의 닻을 내리려는 시인의 내적 변화의 모습이다. 물론 이 시집에서도 시인의 이전 시들을 연상케 하는 자본주의적인 삶에 대한 발랄한 풍자적 어법의 시들이 포함되어 있기는 하지만, 시인의 시적 상상력이 비판적 사유의 긴장보다 대상에 대한 서정적 감응이 주는 어떤 위안의 세계로 기울고 있음은 분명해 보인다. 이 시집에서 시인의 시적 상상력의 기본 바탕을 이루고 있는 것은 시인의 마음의 의지처를 이루고 있는 육친이나 자연적 물상들에 대한 원초적인 친화감 내지는 정서적 일체감이다. 그리고 그러한 대상과의 정서적 일체감의 내부에는 이 세계를 받아들이는 시인의 순정한 마음과 자신을 포함한 인간 삶의 고단함과 힘겨움에 대한 깊은 연민의 시선이 깃들어 있다.

그러나 이 시집에서 시인의 시선은 무구한 서정성의 세계 안에만 머물러 있지 않다. 서정성의 세계 안으로 침투해 들어오는 사물화된 욕망의 세계에 대한 인식은 비록 이전의 시들이 보여주던 풍자적인 어조의 재기발랄함이 다소 둔화된 듯이 보이기는 하지만, 여전히 시인의 의식 한 켠을 차지하고 있다. 그 물질화된 욕망은 폭력적인 공격성의 세계와 부드러운 포용성의 세계라는 극명한 대비를 이루고 있다.

시인의 무구한 마음이 감당해 내기에는 너무도 당당한 공격성과 폭력성으로 무장하고 있는 그 자본주의적인 물질문명의 세계 속에서 살아가기 위한 시인의 선택은 그 물질 문명의 세계가 파괴해 버린 순리의 길을 따르는 것이다. 그것은 자신을 한없이 낮춤으로써 욕심을 버리고 어린아이의 마음으로 돌아가는 것, 이 시대의 변방의 시인에게 주어진 가난하고 보잘것없는 잉여의 삶을 기꺼이 자신의 운명으로 짊어지는 것이다.

삶에 대한 그러한 욕심 없는 태도는 마침내 자신의 시 쓰는 행위가 지닌 의미에 대한 겸허한 인식으로 시인을 이끈다. 함민복에게 있어 시 쓰기는 그렇게 한없이 스스로를 낮춘 시인이 자신의 고통을 이 세계의 고통 위에 겹쳐놓으려는, 혹은 자신의 고통을 통해서 이 세계의 고통을 조건 없이 끌어안으려는 행위와 같다.

36 | 김기택, 어둠도 자세히 보면 환하다

STEP
01 OX 문제를 통한 지문 이해 훈련

창문 하나 없던 낡은 월세 자취방.
한낮에도 어둠이 빠져나가지 못하던 방.
아침에 퇴근하여 햇빛을 받고 들어가면
직사광선이 일제히 꺾이어 흩어지던 방.
잠시 눈꺼풀에 낀 잔광도
눈을 깜빡거리면 바로 어둠이 되던 방.
퀴퀴하고 걸쭉한 어둠이 항상 고여 있던 방.
방에 들어서면 눈알이 어둠 속에 깊이 박혀
이리저리 굴려도 잘 돌아가지 않던 방.
어둠이 보일 때까지
어둠 속의 무수한 빛과 색깔이
내 눈을 발견할 때까지
오래오래 어둠의 내부를 들여다보던 방.
자세히 보면 어둠도 환하게 보이던 방.
방안의 온갖 잡동사니들이 큰 숨을 들이쉬며
느릿느릿 어둠을 빨아들였다가
제 속에 든 빛을 오래오래 발산해 주던 방.
보잘것없는 물건들이 서로 비춰 주고 되비춰 주며
제 안에서 스스로 발광하는 **낮은 빛**을
조금씩 끊임없이 나누던 방.

OX문제

01 역설적 표현을 통해 시적 긴장감을 조성하고 있다. (O / X)

02 19행의 '낮은 빛'은 화자가 부정적으로 생각하는 대상이다. (O / X)

03 화자는 어두운 방 안에서 현실에 적응하지 못하는 모습을 보인다. (O / X)

04 화자를 작품의 표면에 나타내어 주제에 대한 공감을 이끌어 내고 있다. [2015학년도 6월B] (O / X)

05 명사나 명사형으로 된 시어를 일부 행들의 끝에 배치하여 운율감을 자아낸다. [2014학년도 수능 예비] (O / X)

시어 시구 풀이

잠시 눈꺼풀에 낀 잔광도 → '잔광'은 해가 질 무렵의 약한 햇빛을 의미함. 아침에서 해가 질 무렵으로 시간이 흘렀음을 알 수 있음.

퀴퀴하고 걸쭉한 어둠이 항상 고여 있던 방. → '퀴퀴하다'는 '상하고 찌들어 비위에 거슬릴 정도로 냄새가 구리다.'라는 뜻임. 즉, 어둠이 '퀴퀴'하다는 것에서 어둠에 대한 부정적 인식이 드러남. 이러한 어둠이 '항상 고여 있던 방' 역시 부정적으로 인식되는 대상임.

어둠이 보일 때까지 → 뒤의 내용을 통해 '어둠이 환하게 보일 때까지'라는 의미임을 알 수 있음.

자세히 보면 어둠도 환하게 보이던 방. → 이 시의 제목과 연결되는 시행으로 시의 주제를 관통하는 핵심 문장이라 할 수 있음. '자세히 보기=뒤집어 보기'라는 주제를 담고 있는 이 시에는 뒤집어 보기의 여러 차원이 나타남. 이는 흥미와 긴장감을 유발하는 '낯설게 하기'의 표현 방법임.

보잘것없는 물건들이 서로 비춰 주고 되비춰 주며 → 보잘것없는 물건들(=잡동사니들)이 자기들 속에 든 빛으로 서로를 비춰주고 다시 비춰주고 있음. 어둠을 겪는 대상들이 각자의 희망으로 서로를 위로해 주는 공동체적 유대감으로 해석할 수도 있음.

제 안에서 스스로 발광하는 낮은 빛을 / 조금씩 끊임없이 나누던 방. → '자세히 보기=뒤집어 보기'를 통해 낮지만 따뜻한 빛을 발견함. 이때의 '낮은 빛'은 어둠 속에서 발견한 희망으로 볼 수 있음. 이는 부정적 대상을 긍정적 대상으로, 즉 고난을 축복으로 바꾸는 반어적, 낙관적 태도가 반영된 것임.

창문 하나 없던 낡은 월세 자취**방**.
　　　　화자의 가난한 처지

한낮에도 어둠이 빠져나가지 못하던 **방**.　　■ : 동일한 명사로 시행을 종결해 운율 형성
빛이 들어와 밝아야 하는 '한낮'에도 방이 어두움.

아침에 퇴근하여 햇빛을 받고 들어가면 / 직사광선이 일제히 꺾이어 흩어지던 **방**.
아침까지 일을 해야 하는 화자의 고단한 처지를 추측할 수 있음.

잠시 눈꺼풀에 낀 잔광도 / 눈을 깜빡거리면 바로 어둠이 되던 **방**.
　　　　잠시나마 햇빛을 볼 수 있어도 눈을 깜빡거리는 짧은 순간에 다시 어둠이 됨.

퀴퀴하고 걸쭉한 어둠이 항상 고여 있던 **방**.
공감각적 심상(시각의 후각화)

방에 들어서면 눈알이 어둠 속에 깊이 박혀
낯설게 하기 ①
: 눈에 어둠이 들어차는 상태를 거꾸로 눈이 어둠 속에 박히는 것으로 묘사

이리저리 굴려도 잘 돌아가지 않던 **방**.
눈에 어둠이 들어차 눈이 잘 굴려지지 않는다고 표현함.
　　　　　　　　　　　　　　　　　　　　　　1~9행 : 어둠이 내린 방 안

어둠이 보일 때까지

「어둠 속의 무수한 빛과 색깔이 / 내 눈을 발견할 때까지」　「 」 낯설게 하기 ②
　　　　　　　　　　　　　　　　　　　　　　: 눈이 어둠 속의 사물을 발견하는 것이 아니라,
　　　　　　　　　　　　　　　　　　　　　　어둠 속의 빛과 색깔이 눈을 발견하는 것으로 묘사

오래오래 어둠의 내부를 들여다보던 **방**.
어둠 속의 빛과 색깔을 발견하기 위해 어둠을 계속 들여다봄.

자세히 보면 어둠도 환하게 보이던 **방**.
　　　　　　역설법
　　　　　　　　　　　　　　　　　10~14행 : 어둠 속에서 환함을 발견함.

『방안의 온갖 잡동사니들이 큰 숨을 들이쉬며
　　■ : 어두운 방 안에서 빛을 내는 존재　　『 』 낯설게 하기 ③
　　　　　　　　　　　　　　　　　: 어둠이 사물을 뒤덮는 것이 아니라,
　　　　　　　　　　　　　　　　　사물이 어둠을 빨아들여 보이지 않게 되는 것으로 묘사 / 활유법

느릿느릿 어둠을 빨아들였다가』

제 속에 든 빛을 오래오래 발산해 주던 **방**.
잡동사니들

보잘것없는 물건들이 서로 비춰 주고 되비춰 주며

제 안에서 스스로 발광하는 낮은 빛을
낯설게 하기 ④
: 자세히 보기, 즉 뒤집어 보기를 통해 낮지만 따뜻한 빛을 발견함.

조금씩 끊임없이 나누던 **방**.
서로를 위로하는 존재들 간의 유대
　　　　　　　　　　　15~20행 : 어두운 방 안에서 빛을 내는 존재들

01 | 주제

어둠 속에서 발견하는 상생과 공존의 가치

02 | 특징

① 어두운 방에서 깨달은 교훈에 대해 말하는 전달 중심의 시
② 반어적인 표현을 통해 주제 의식을 강조함.
③ 뒤집어 생각하는 참신한 표현을 활용함.
④ 동일한 명사로 시행을 종결하여 전체적으로 통일감과 리듬감을 줌.

03 | 작품 해제

이 시는 김기택의 『사무원』(1999)이란 시집에 실린 작품이다. 해당 시집에서는 도시적 일상을 적극적으로 끌어안는 자세가 두드러진다. 사무직 노동자의 일과를 불도를 닦는 고행에 빗댄 표제작 「사무원」을 비롯하여, 여느 월급쟁이들에게 지극히 낯익은 일상을 시의 재료로 활용하는 작가의 전략은 90년대 시단에서는 보기 드물었다. 시인은 절제된 묘사를 통해 생활인의 자화상을 절묘하게 포착해 내고 있다.

이 시에서도 지극히 일상적인 삶을 사는 화자가 자신의 집으로 돌아와서 겪는 일을 절제된 언어로 담담하게 묘사하고 있다. 이는 주제를 단적으로 드러내는 제목에서도 알 수 있듯이, 삶이 어두워 보일지라도 그 안에서 빛(희망)을 발견할 수 있다는 메시지를 가지며 지치고 고된 일상을 살아가는 사람들에게 작가만의 방식으로 위로를 건네는 것으로 볼 수 있다.

「어둠도 자세히 보면 환하다」의 '자세히 보기'

시인은 자세히 들여다보기에 주목한다. 시인의 시각적 집요함은 탐구 대상에 대한 일상적이고 상투적인 인식을 역설적으로 전도시킨다. 시인의 자세히 보기는 어둠을 빛으로, 죽은 듯한 대상을 역동적인 생명체로 바꾸는 기능을 하는 것이다.

자세히 보기를 통하여 평범하던 광경이 평소의 일상적 모습을 뛰어넘어, 더 이상 '잡동사니들', '보잘것없는 물건들'이 아니라 새로운 의미와 생명을 부여받는 과정을 고스란히 다룬다. '창문 하나 없던 낡은 월세 자취방. / 한낮에도 어둠이 빠져나가지 못하던 방.'이 '제 속에 든 빛'을 '발산'하여 '낮은 빛'의 나눔에 이르기까지 시인의 자세히 보기는 끈질기게 지속된다. 결국 시인의 자세히 보기는 어둠을 빛으로, 죽은 듯한 대상을 역동적인 생명체로 바꾸는 기능을 하는 것이다.

그의 시는 죽음, 혹은 죽은 듯한 대상의 본질에 다가서서 내재하는 생명의 미세한 파장을 감지함으로써 생명의 존엄성과 무한한 가능성을 일깨운다. 이것이 팍팍한 일상을 죽은 듯 힘겹게 살아가는 현대인에 대한 김기택 시의 치유의 힘인 것이다.

김기택 시의 '시간의 계열'

「어둠도 자세히 보면 환하다」는 '어둠'에 대한 계열로 이루어져 있다. 이때 계열은 '어둠'의 현실적 모습(어둠)과 잠재적 모습(빛)의 차이와 반복으로 이루어진다. 현실적 모습과 잠재적 모습은 시간의 순서로 구분할 수 없다. 이는 '어둠' 자체에 두 성질이 함께 공존한 것으로, 현실적 모습(어둠)과 잠재적 모습(빛)은 서로의 교환을 통해 식별할 수 없는 상태에 이른다. 즉, 이 시에서 두 층위는 정체성을 유지한 채 공존하는 것이 아니라, 두 층위의 정체성이 식별 불가능한 상태에서 두 층위가 공존하는 것이다. 이는 과거나 미래와 같은 잠재적인 시간과 현재와 같은 현실적인 시간이 분할되기 직전의 시간이 나타난 결과다.

이처럼 김기택 시는 시간의 순서가 아닌 시간의 계열과 관계가 있다. 시간의 순서는 연대기적 사건이나 서사를 이루지만 시간의 계열은 '층위와 공존'을 조망한다. 이때 층위와 공존이란 층위의 정체성이 유지된 채 공존되는 것이 아닌 서로의 정체성이 교환되어 분별할 수 없는 공존이다. 의미의 층위에서 살펴보면 현재와 과거, 현실과 꿈이 함께 공존한다는 건 불가능하므로 시간의 계열이 진행될수록 '거짓의 역량'이 증가한다. 그러나 김기택 시에 나타난 '층위의 식별 불가능성'은 분할되기 직전의 시간을 구현한 리얼리티라 볼 수 있다. 이러한 시간은 결국 인식을 포착할 수 없는 '바깥'을 향한 사유로 이어진다.

나 없이
EBS
풀지마라

수능특강 현대문학편

PART

02

현대 산문

STEP 01 지문 분석과 OX문제

나BS 수능특강 | 현대문학

원미동 시인에게는 또 다른 별명이 있다. 「퀭한 두 눈에 부스스한 머리칼, 사시사철 껴입고 다니는 물들인 군용 점퍼와 희끄무레하게 닳아빠진 낡은
<u>양귀자의 연작 소설 『원미동 사람들』의 배경. 실제 작가가 살았던 부천시 원미구의 지명을 활용함. 서울을 꿈꾸며 상경하였으나, 변두리인 부천에 머무른 서민들의 삶의 무대.</u>

청바지」가 밤중에 보면 꼭 몽달귀신 같다고 서울 미용실의 미용사 경자 언니가 맨 처음 그를 '몽달 씨'라고 부르기 시작했다. 경자 언니뿐만 아니라 우
「 」: '원미동 시인'의 외양을 묘사하여 인물의 성격을 암시함.   원미동 사람들이 호칭하는 주인공의 별명

리 동네사람이라면 누구나 그를 좀 경멸하듯이, 어린애 다루듯 함부로 하는 게 보통인데 까닭은 그가 약간 돌았기 때문이라는 것이었다. 언제부터 어떻
원미동 사람들이 주인공을 대하는 태도

게 살짝 돌았는지는 모르지만 아무튼 <u>보통 사람과 다른 것만은 틀림없었다. 몽달 씨는 무궁화 연립 주택 3층에 살고 있었다. 베란다에 화분이 유난히
                                   주인공이 지능 장애나 정신병을 갖고 있음을 추측할 수 있음.

많고 새장이 세 개나 걸려 있는 몽달 씨네 집은 여름이면 우리 동네에서는 드물게 윙윙거리며 하루 종일 에어컨이 돌아가는 부자였다. 시내에서 한약
     원미동 시인의 집안이 넉넉하다는 점에서 그가 사시사철 추레한 행색을 하고 다니는 이유가 결코 가난 때문이 아님을 알 수 있음.

방을 하는 노인이 늘그막에 젊은 마누라를 얻어 아기자기하게 살아 보는 판인데 결혼한 제 형 집에 있지 않고 새살림 재미에 폭 빠진 아버지 곁으로

옮겨 온 막둥이였다. 그것부터가 팔불출이 짓이라고 강남 부동산의 고흥댁 아줌마가 욕을 해 쌓는데, 아들이 아버지와 함께 사는 게 왜 바보짓이라는

건지 알 수가 없었다. <u>서술자가 어린아이로 딸만 다섯인 집의 늦둥이임. 아들을 기대했으나 딸로 태어나자 출생신고도 늦게 했으며 유치원도 보내지 않음.</u>
             <u>호적상의 나이는 7살이나, 실제 나이는 8~9살임. 보통의 시간을 형제 슈퍼에서 죽치고 지냄.</u>

그런 몽달 씨에게 친구가 있다면 아마 <u>내</u>가 유일할 것이었다. 몽달 씨 나이가 스물일곱이라니까 나보다 스무 살이나 많지만 우리는 엄연히 친구이
                                                              '나'는 원미동 사람들과 다르게 주인공에게 큰 호의를 갖고 있음.

다. 믿지 않겠지만 내게는 스물일곱짜리 남자 친구가 또 하나 있다. 우리 집 옆, 형제 슈퍼의 김 반장이 바로 또 하나의 내 친구인데 그는 원미동 23

통 5반의 반장으로 누구보다도 씩씩하고 재미있는 사람이었다. 나는 매일같이 슈퍼 앞의 비치파라솔 의자에 앉아 그와 함께 낄낄거리는 재미로 하루를

보내다시피 하였는데 요즘은 내가 의자에 앉아 있어도 전처럼 웃기는 소리를 해 주거나 쭈쭈바 따위를 건네주는 법 없이 다소 퉁명스러워졌다. 그 까

닭도 나는 환히 알고 있지만 모르는 척하는 수밖에. <u>우리 집 셋째 딸 선옥이 언니가 지난달에 서울 이모 집으로 훌쩍 떠나 버렸기 때문인 것이다. 김
                                        김 반장은 '나'를 '처제'라고 부르며 잘해주었으나, 선옥이 서울로 떠나고 그녀와 잘 될 확률이 낮아지자, '나'를 이전과 같이 대우하지 않음.

반장이 선옥이 언니랑 좋아지내는 것은 온 동네가 다 아는 일이지만 선옥이 언니 마음이 요새 좀 싱숭생숭하더니 기어이는 이모네가 하는 옷가게를 도

와준다고 서울로 가 버렸다. 선옥이 언니는 얼굴이 아주 예뻤다. 남들 말대로 개천에서 용이 났다고 해도 과언이 아닐 만큼 지지리 궁상인 우리 집에

두고 보기로는 아까운 편인데, 그 지지리 궁상이 지겨워 맨날 뚱하던 언니였다.

[중략 부분 줄거리] '나'는 몽달 씨와 형제 슈퍼 김 반장과 친구처럼 지내고, 김 반장은 몽달 씨를 일꾼처럼 부려 먹는다. 어느 날 몽달 씨는 불량배들
                                       원미동 시인은 경제 활동을 하지 않기 때문에 김 반장은 조금 모자란 그를 마음대로 일꾼처럼 부려먹음.

에게 쫓겨 형제 슈퍼를 찾고, 김 반장은 자신에게 피해가 될까 싶어 몽달 씨를 매몰차게 쫓아낸다. 몽달 씨는 불량배들에게 언어맞고 앓아누웠다가 열
불량배들이 김 반장에게 아는 사람이냐고 묻자, 김 반장은 원미동 시인을 모른 척 외면함. 지물포 주씨의 도움으로 불량배를 쫓아내자 그제야 김 반장은 정의로운 척 함.

흘쯤 지나 형제 슈퍼에 다시 나타나 아무렇지 않게 김 반장의 일을 돕는다.

"그날 밤에 난 여기에 앉아서 다 봤어요."

"무얼?"

"김 반장이 아저씨를 쫓아내는 것……."

「순간 몽달 씨가 정색을 하고 내 얼굴을 쳐다보았다. 예전의 그 풀려 있던 눈동자가 아니었다. 까맣고 반짝이는 눈이었다. 그러나 잠깐이었다. 다시

는 내 얼굴을 보지 않을 작정인지 괜스레 팔뚝에 엉겨 붙은 상처 딱지를 떼어 내려고 애쓰는 척했다. 나는 더욱 바싹 다가 앉았다.』

『 』: 원미동 시인이 김 반장과의 일을 모두 기억하고 있으며, 김 반장의 위선적인 면모도 모두 꿰뚫고 있음을 암시함.

"김 반장은 나쁜 사람이야. 그렇지요?"

몽달 씨가 팔뚝을 탁 치면서 "아니야"라고 응수했는데도 나는 계속 다그쳤다.

원미동 시인은 김 반장의 위선을 모르는 척하며 계속 그와 이전과 같은 관계를 유지하고자 함.

"그렇지요? 맞죠?"

그래도 몽달 씨는 못 들은 척 팔뚝만 문지르고 있었다. 바보같이. 기억 상실도 아니면서…… 나는 자꾸만 약이 올라 견딜 수 없는데도 몽달 씨는 마냥 딴전만 피우고 있었다.

"슬픈 시가 있어. 들어 볼래?"

치, 누가 그따위 시를 듣고 싶어 할 줄 알고. 내가 입술을 비죽 내밀거나 말거나 몽달 씨는 기어이 시를 읊고 있었다. ……마른 가지로 자기 몸과 마음에 바람을 들이는 저 은사시나무는, 박해받는 순교자 같다. 그러나 다시 보면 저 은사시나무는 박해받고 싶어 하는 순교자 같다…….

인용된 시는 황지우의 「서풍 앞에서」임. '박해받는 순교자'는 원미동 시인 자신을 가리킨다고 볼 수 있음.

"너 글씨 알지? 자, 이것 가져. 나는 다 외었으니까."

몽달 씨가 구깃구깃한 종이쪽지를 내게로 내밀었다. 아주 슬픈 시라고 말하면서. 시는 전혀 슬픈 것 같지 않았는데도 난 자꾸만 눈물이 나려 하였다.

바보같이, 다 알고 있었으면서…… 바보 같은 몽달 씨…….

순수한 서술자인 '나'는 자신을 외면한 김 반장을 내치지 못하는 원미동 시인을 안타까워함.

OX문제

01 서술자가 자신의 체험을 진술하여 현실에 대한 인식을 드러내고 있다. [2015학년도 9월B] (O / X)

02 다른 사람의 체험을 듣고 독자에게 전해 주는 액자식 구성을 취하고 있다. [2016학년도 6월A] (O / X)

03 특정 지역을 배경으로 설정하여 공간의 상징적 의미를 부각한다. [2014학년도 수능B] (O / X)

04 '원미동 시인'의 외양을 묘사하여 그의 가정 형편이 어렵다는 것을 드러내고 있다. (O / X)

05 '몽달 씨'는 불량배들에게 얻어맞던 날을 잊었기 때문에 '김 반장'과 친하게 지내고 싶어 한다. (O / X)

STEP
02 작품 해제

01 | 주제

폭력의 섬뜩함과 이웃의 방관

02 | 특징

① 1980년대에 연재한 양귀자의 연작 소설 『원미동 사람들』의 일부임.
② 어리숙하고 순수한 서술자를 내세움.
③ 실제 부천의 지명인 '원미동'을 통해 서울에서 벗어난 변두리의 서민의 모습을 효과적으로 담아 냄.
④ 폭력을 방관하는 개인주의자들을 날카롭게 비판함.
⑤ 실제의 시 여러 편을 삽입하여 주인공의 심리를 효과적으로 드러냄.

03 | 작품 해제

「원미동 시인」은 이유 없이 한 개인이 당해야 하는 폭력과 이 폭력에 대한 이웃의 방관을 보여준다. 선량하기 그지없는 몽달 씨가 당하는 폭행에 무관심한 김 반장의 태도, 이것은 바로 지금의 우리 사회가 지니고 있는 무서운 속성, 즉 보이지 않는 힘으로부터 개인에게 가해지는 비합법적 폭력과 이 폭력에 대해 전혀 이의를 제기할 수 없도록 만드는 모순투성이 사회 구조 속에서 살아가는 모습이다. 아파트 문화에 젖어 있는 우리 이웃 간의 단절 현상에서 그 단면을 볼 수 있다.

이 작품은 특유의 아름답고 간결한 문체로 독자에게 신선감을 준다. 물질 만능의 현대 사회에서 주변부 인물로 살아가는 소시민들의 풍속도를 작품화한 것으로 우리 사회의 총체적 모습을 압축적으로 형상화하고 있다. 한마디로 이 작품은 대상의 핵심을 날카롭게 포착하는 관찰력으로 형제 슈퍼를 중심으로 벌어지는 삶의 단면을 부각시킨 세태 소설이다.

04 | 등장인물

- 나(경옥) : 이 작품의 관찰자이며 원미동에 이사하여 사는 일곱 살짜리 어린 소녀임. 형제 슈퍼 김 반장, 몽달 씨라는 원미동 시인 등과 친구하면서 소시민들의 삶의 풍속도를 관찰하는 인물임.
- 원미동 시인(몽달 씨) : 몽달 씨라는 별명을 지닌 스물일곱 살의 청년임. 천진스럽지만 괄시를 받고 폭력을 당하는 것에 대한 본능적인 울분을 토로하는 인물임.
- 김 반장 : 원미동 5반 반장이며 형제 슈퍼 주인임. '나'의 언니인 선옥에게 미련을 둔 스물일곱 살의 이기적인 소시민의 전형적 인물임.

05 | 상세 줄거리

'나'는 청소부인 아버지와 남의 일에 간섭이 심하고 싸움질 잘하는 원미동 똑똑이인 엄마 사이에서 난 다섯째 딸이다. 남들은 '나'를 철부지인 꼬마로 알겠지만 집안 사정, 동네 사정에 훤한 아이다. 또래와 어울려 놀 형편이 못 되어 '나'는 형제 슈퍼에 나가 김 반장과 낄낄거리며 하루를 보낸다. 그는 선옥이 언니에게 미련을 두고 있는 터라, 나더러 처제라면서 언니 소식을 묻곤 했다. 사실 나도 은근히 그가 나의 형부이기를 바랐다.

몽달 씨라는 별명을 가진 원미동 시인도 이곳에 산다. 그는 김 반장 가게 앞을 기웃거린다. 자칭 시인이라는 몽달 씨가 '나'를 부르더니 시라면서, '너는 나더러 개새끼, 개새끼라고만 그러는구나.'라고 했을 땐 기가 찼다. 아무튼 나는 그와 친구가 된다.

그런데 열나흘 전 사건이 있으면서부터 김 반장이 싫어졌다. 그 사건은 초여름밤 10시가 넘어서 일어났다. 나는 그때 슈퍼의 노천 의자에 앉아 있었는데, 갑자기 비명 소리가 들렸다. 젊은 사내 둘에게 쫓겨온 사람이 김 반장에게 구원을 청했다. 그러나 김 반장은 그를 모른다고 했다. 코피가 범벅이 되어 일어선 그는 바로 몽달 씨였다. 지물포 아저씨가 달려나가 사내들을 쫓았고 몽달 씨를 구했다. 그때서야 김 반장이 나타나 "빨리 가서 잡아야지, 저런 놈들 그냥 두면 안돼요!" 하고 흥분했다. 피투성이가 된 몽달 씨는 김 반장의 부축을 받으며 돌아갔다.

몽달 씨는 이상한 사람이다. 열흘 만에 다시 만났는데 핼쑥한 얼굴로 여느 때처럼 김 반장을 거들며 박스를 나르고 있었다. 그날 밤 김 반장의 행동을 잊지 않고서야 그럴 수가 없다. 내가 몽달 씨에게 그날 밤 이야기를 하며 김 반장은 나쁜 사람이라고 몰아붙이는 데도 그는 딴전만 피운다. "슬픈 시가 있어. 들어 볼래? ……마른 가지로 자기 몸과 마음에 바람을 들이는 저 은사시나무는 박해받는 순교자 같다. 박해받고 싶어 하는 순교자 같다……."

다 알고 있었으면서…… 바보 같은 몽달 씨.

STEP 03 논문으로 만나는 출제자의 시선

나BS 수능특강 | 현대문학

원미동 – 작고도 큰 세계

양귀자가 그려 보이는 원미동은 작고도 큰 세계이다. 그 세계는 소설 속에서는 부천시 원미동이라는 구체적 장소에서, 그 장소에 살고 있는 몇몇 인물들이 펼쳐 보이는 작은 삶들로 이루어져 있지만, 양귀자의 소설을 읽는 독자들에게 그 세계는 커다란 세계이다. 그것은 원미동의 세계가 지금 우리가 살고 있는 삶이기 때문이다. 부천·부평·주안·시흥·안양·군포, 그리고 서울 변두리의 고만고만한 동네에서 우리는 원미동을 만난다. 원미동은 '멀고 아름다운 동네'라는 문자 그대로의 의미로, 양귀자의 역설적 표현을 빌리면 "가나안에서 무릉도원까지"의 아득한 거리에 있는 동네가 아니라, "기어이 또 하나의 희망"을 만들어가며 살아야 할 우리들의 동네이다. 그러므로 원미동은 작고도 큰 세계이다.

양귀자의 원미동에는 희망과 절망, 폭력과 소외, 갈등과 이해 등으로 얼룩져 있는 우리들의 작은 삶이 압축적으로 들어 있다.

거기에는 사소한 일로 종종 말다툼이 벌어지고, 몇 푼 안 되는 돈 때문에 명암이 교차하며, 개인들의 조그마한 삶이 부스러지고 주워 담아진다. 예컨대 원미지물포 주씨는 그 우락부락함 때문에 자주 말다툼을 하고, 형제 슈퍼의 김 반장은 이웃에 새로 생긴 김포 슈퍼 때문에 울화통이 터지고 있으며, 행복사진관 엄씨는 때늦은 사랑을 통해 바스러져가는 자신의 삶을 움켜잡으려 한다. 그러므로 원미동은 우리들의 세계이며 작고도 큰 세계이다.

이야기/노래의 힘

「원미동 시인」은 폭력적이고 위선적인 현실에 대한 작가의 '시적 대응'을 읽어낼 수 있는 작품이다. 형제 슈퍼(이 가게 이름은 김 반장의 철저하게 계산적인 행동이나 태도에 견주어볼 때 얼마나 아이러니한가)의 김 반장이 못매 맞던 원미동 시인을 외면했던 일을 알고 있는 두 사람이 있다. 한 사람은 당사자인 원미동 시인이고 다른 한 사람은 어린 여자 아이이다. 그 아이는 이 사실을 마을 사람들에게 말하고 싶어 하지만 시인은 입을 다문 채 여전히 김 반장네 슈퍼 일을 도와주고 있다. 시인은 폭력적 현실과 그 안에서의 위선적인 인간의 모습을 인지하고 있다. 그럼에도 불구하고 그는 아이의 말처럼 "다 알고 있으면서, 바보같이" 오히려 김 반장은 나쁜 사람이라는 아이의 말을 부정하며 시를 읊는다. 여기에서 김 반장의 위선을 까발리고 싶은 아이와 이를 덮어두고 전처럼 그에게 다가가는 시인 중에서 작가가 시인의 편에 서 있다는 것은 주목할 필요가 있다. 그것은 이야기/노래가 이 폭력적인 세상에 대응하는 가장 치열한 방식일 수 있다는 믿음을 전제로 하고 있기 때문이다.

폭력의 섬뜩함과 이웃의 방관

「원미동 시인」은 한 개인이 이유 없이 당해야 하는 폭력의 섬뜩함과 이 폭력에 대한 이웃들의 방관을 보여준다. 양귀자는 「밤의 일기」에서 이웃의 수난에 대한 이웃의 무관심을 두고 "강도보다도 더 미운 것은, 이 아파트에 사는 우리들의 이웃"이라고 말했었다. 그런데 그녀가 거기에서 인간들이 겪는 "무엇보다도 큰 상처, 바로 그 절벽" – 이웃 간의 단절 현상이라고 말한 그 절벽이 원미동과 같은 도시 변두리에도 어느새 침투해 있다. 이 점은 선량하기 그지없는 몽달 씨로부터 무상의 노력 봉사를 받고 있던 형제 슈퍼 김 반장이 그가 당하는 폭행에 대해 보여주는 태도에서 잘 나타난다.

흰 이를 드러내며 빨간 셔츠가 으르렁거렸다. 순간 몽달 씨가 텔레비전이 왕왕거리고 있는 가겟방을 향해 튀었다. 방은 따로 바깥쪽으로 난 출입구가 있었기 때문이었다. 그러나 몽달 씨보다 더 빠른 동작으로 방문을 가로막아버린 사람이 있었다. 바로 김 반장이었다.
"나가요! 어서들 나가요! 싸우든가 말든가 장사 망치지 말고 어서 나가요!"

경찰서를 들먹여서 짐짓 합법적 폭력을 가장하며 날뛰는 폭력배 앞에서 김 반장은 몽달 씨를 낯모르는 타인이라고 대답하고 이웃들은 고의적으로 얼굴을 돌린다. 그러면서 맥주병이 깨어질까 봐 그것을 치우기에 급급한 김 반장처럼 자신의 이익을 챙기기에 바쁘다. 그들은 폭력의 정당성 여부에는 관심이 없으며, 정당성 여부를 따져보려 하지 않는다. 이것은 지금의 우리 사회가 지니고 있는 무서운 속성, 다시 말해 보이지 않는 힘으로부터 개인에게 가해지는 비합법적 폭력과 이 폭력에 대해 전혀 이의를 제기할 수 없는 사회 구조가 원미동 주민들의 의식에까지 침투되어 있음을 보여준다.

다음 글을 읽고 물음에 답하시오.

집에서 나온 것이 아홉 시쯤, 그래서 김 반장도 가겟방에 놓은 **흑백텔레비전**으로 저녁 뉴스를 시청하느라고 내가 나온 것도 모르고 있었다. 장가들면 색시가 컬러텔레비전을 해올 것이므로 굳이 바꿀 필요 없다고 고물 텔레비전으로 견디어 내는 김 반장의 등허리를 흘낏 쳐다보고 나는 신발까지 벗고 의자 위에 냉큼 올라앉았다. 잠이 오면 탁자에 엎드려 한숨 졸고 있어 볼 생각으로 나는 가물가물 감기는 눈을 비비며 이리저리 몸을 뒤척이고 있었다. 거리는 그날따라 유난히 한산했고 지물포나 사진관도 일찌감치 아크릴 간판에 불을 꺼 둔 채였다. 우리정육점은 휴일인지 셔터까지 내려져 있었다. 그 옆의 서울미용실은 경자 언니가 출퇴근을 하기 때문에 아홉 시만 되면 어김없이 불을 꺼 버린 채였다. 형제슈퍼에서 공단 쪽으로 난 길은 공터가 드문드문 박혀 있어서 원래 칠흑같이 어두웠다. 한 블록쯤 가야 세탁소가 내비치는 불빛이 쬐끔 새어 나올 뿐이고 포장도 안 된 울퉁불퉁한 소방 도로 옆으로는 자갈이며 벽돌 따위가 쌓여 있었다.

[A]
바로 그때 공단 쪽으로 가는 어두운 길에서 뭔가 **비명소리**도 같고 욕지기를 참는 안간힘 같기도 한 소리가 들려왔다. 아니, 그때 나는 비몽사몽 졸음 속에서 헤매고 있었기 때문에 정확하게 어떤 소리를 들은 것은 아니었다. 이제 생각하면 그 순간에는 분명 잠에 흠뻑 취해 있었음이 분명했다.

그럼에도 불구하고 그 소리를 들었던 것처럼 생각된 것은 꿈속에까지 쫓아와 악다구니를 벌이고 있는 엄마와 아버지의 모습을 보고 있었던 탓인지도 몰랐다. 하여간 허공을 가르는 비명소리가 꿈속이었거나 생시였거나 간에 들려 왔던 것은 사실이었다. 움찔 놀라며 눈을 떴을 때는 이미 누군가가 어둠을 뚫고 뛰쳐나와 필사적으로 가게를 향해 덮쳐 오는 중이었다. 그리고 그 뒤엔 덫에서 뛰쳐나온 노루새끼를 붙잡으러 온 것이 확실한 젊은 사내 둘이 가쁜 숨을 몰아쉬며 쫓아오고 있었다.

(중략)

가게 앞에 서서, 씩씩 가쁜 숨을 몰아쉬며 이마의 땀을 훔치고 있는 사내는 두 개의 웃저고리를 한 손에 거머쥐고 있었다. 그도 당연히 러닝셔츠 바람이었지만 소매도 달린, 점잖은 흰색이었으므로 빨간 셔츠에 비해 훨씬 온순하게 보여졌다.

도대체 무슨 일일까. 호기심을 이기지 못한 나는 가게 옆구리의 샛문을 통해 안을 들여다보았다. 그새 사내의 발길에 차여 버린 도망자가 바닥에 엎어져 있었고 김 반장이 만약을 위해 사내 수변의 맥주 박스를 방 안으로 져 나르면서 뭐라고 소리치고 있었다.

"김 형, 김 형…… 도와주세요."

쓰러진 남자의 입에서 이런 말이 가느다랗게 흘러나온 것은 그 순간이었다. 그와 동시에 빨간 셔츠의 사내가 다시 쓰러진 자의 등허리를 발로 꽉 찍어 눌렀다.

"이 새끼, 아는 사이요? 그러면 당신도 한번 맛 좀 볼 텐가?"

맥주병을 거꾸로 쳐들고 빨간 셔츠가 소리 질렀다. 김 반장의 얼굴이 대번에 하얗게 질려 버렸다.

"무, 무슨 소리요? 난 몰라요! 상관없는 일에 말려들고 싶지 않으니까 나가서들 하시오."

그때 바닥에 쓰러져 버둥거리던 남자가 간신히 몸을 비틀고 일어섰다.

코피로 범벅이 된 얼굴이 슬쩍 드러나 보였는데 세상에, 그는 몽달 씨임이 분명하였다. 그리고 보니 빛바랜 바지와 물들인 군용 점퍼 밑에 노상 껴입고 다니던 우중충한 남방셔츠가 틀림없는 몽달 씨였다. 아까는 워낙 눈 깜짝할 사이에 가게 안으로 뛰어들었기 때문에 얼굴을 볼 겨를이 없었다.

"이 짜식, 어디로 토끼는 거야! 너 같은 놈은 좀 맞아야 돼."

흰 이를 드러내며 빨간 셔츠가 으르렁거렸다. 순간 몽달 씨가 텔레비전이 왕왕거리고 있는 가겟방을 향해 튀었다. 방은 따로이 바깥쪽으로 난 출입구가 있었기 때문이었다. 그러나 몽달 씨보다 더 빠른 동작으로 방문을 가로막아 버린 사람이 있었다. 바로 김 반장이었다.

"나가요! 어서들 나가요! 싸우든가 말든가 장사 망치지 말고 어서 나가요!"

빨간 셔츠가 몽달 씨의 목덜미를 확 낚아챘다. 개처럼 질질 끌려나오는 몽달 씨를 보더니 밖에 있던 흰 러닝셔츠가 찌익, 이빨 새로 침을 뱉어 냈다. 두 사람 다 술기운이 벌겋게 오른, 번들거리는 눈자위가 징그러웠다. 나는 재빨리 불빛이 닿지 않는 구석으로 몸을 피했다. 무섭고 또 무서웠다. 저렇게 질질 끌려가는 몽달 씨를 위해서 내가 해야 할 일이 무엇인지 알 수가 없었다. 도무지 가슴이 떨려 숨도 크게 쉬지 못할 지경이었는데도 김 반장은 어지러진 가게를 치우면서 밖은 내다보지도 않았다.

– 양귀자, 「원미동 시인」 –

01. [A]의 서술상 특징에 대한 설명으로 가장 적절한 것은?

① 전지적 시점을 유지하여 서술의 일관성을 확보한다.
② 자기 경험을 직접 서술하여 사건의 전모를 드러낸다.
③ 관찰자 시점으로 전환하여 상황을 실감나게 묘사한다.
④ 제삼자의 시점에서 사건에 대해 치우침 없는 판단을 제시한다.
⑤ 현재 '나'의 시각으로 과거의 사건을 서술하고 있음을 드러낸다.

02. '김 반장'에 대한 평가로 가장 적절한 것은?

① 세태에 휩쓸리지 않는 주체적 인물이다.
② 사태를 공정하게 판단하는 중립적 인물이다.
③ 공동체의 가치를 파괴하는 부도덕한 인물이다.
④ 상황을 모면하는 데 급급한 이해타산적 인물이다.
⑤ 모두의 입장을 공평하게 수용하는 개방적 인물이다.

03. 〈보기〉를 참고하여 윗글을 이해한 내용으로 적절하지 <u>않은</u> 것은?

─〈보기〉─

　　양귀자의 소설에 등장하는 인물들은 세상과의 불화 속에서 고통을 겪고 상처를 입은 채, 시대에 뒤처진 도시의 변두리로 내몰려 살아간다. 작가는 그들의 소외된 삶을 연민의 시선으로 포착하여 이야기함으로써 그들의 상흔을 어루만진다. 이러한 경향은 「원미동 시인」에서도 나타나는데, 현실과의 불화로 소외된 '몽달 씨'가 비정한 현실을 견디는 모습을 우의적으로 제시한 점이 특징적이다.

① '흑백텔레비전' 등의 소재는 시대에 뒤처진 도시 변두리의 현실을 시사한다.
② 공단 주변의 황량한 공간 구도는 도시 변두리의 소외된 공간 구도를 형상한다.
③ 한산한 동네 풍광은 고통을 인내하며 여유를 잃지 않는 사람들의 삶의 정경을 드러낸다.
④ 어둠 속에서 들려온 '비명소리'는 소외된 사람들의 상흔에 상응하는 설정이다.
⑤ 인물이 폭행당하는 장면은 현실에서 고통을 받는 사람들의 상황을 우의적으로 제시한 장면에 해당한다.

다음 글을 읽고 물음에 답하시오.

　　말이 났으니 말이지 그 옷차림은 형제슈퍼의 심부름꾼 복장으로 딱 걸맞았다. 종일 의자에서 빈둥거리기도 지겨운지라 우리는 곧잘 가게 일도 마다않고 거들었다. 우리 둘이서 머리를 짜내어 하는 일이란 기껏 고무호스로 가게 앞에 물을 뿌려 주는 정도였다. 포장이 덜된 가게 앞길의 먼지 제거를 위해서나 ㉠ 여름 땡볕을 좀 무디게 하는 방법으로는 그 이상도 없어서 김 반장도 우리의 일을 기꺼이 바라봐 주곤, 일이 끝나면 기분이란 듯 요구르트 한 개씩을 던져 주기도 하였다.

[A] ┌ 　그러다 차츰차츰 몽달 씨 몫의 일이 하나둘 늘어 갔는데 가게 앞 청소나 빈 박스를 지하실 창고에 쟁이는 일 혹은 막걸리 손님 심부름 따위가 그것으로, 몽달 씨가 거드는 일이 많으면 많을수록 김 반장은 더욱 의젓해지고 몽달 씨는 자꾸 초라하게 비치는 게 나에겐 참으로 이상한 일이었다. 김 반장도 그걸 모르지는 않았을 것이다. 그래서 언젠가는 아주 정색을 하고서 몽달 씨 어깨를 꽉 껴안더니 이렇게 말하기도 하였다.

　　"자네 같은 시인에게 이런 일만 시키려니 미안하이. 자네는 확실히 시인은 시인이야. 언제 바쁘지 않을 때는 정말이지 자네 시를 찬찬히 읽어 봄세. 이래뵈도 학교 다닐때 위문 편지는 내가 도맡아 써 주곤 했던 실력이니까."

　　그러면 몽달 씨는 더욱 신이 나서 생선 잘라 주는 통나무 도마까지 깔끔히 씻어 내고 널부러져 있는 채소들을 다듬고 하면서 분주히
└ 설치는 것이다.

(중략)

　　"야, 이 새꺄! 이리 못 나와!"
　　가게 안으로 쫓아 들어가면서 소리치고 있는 사내는 빨간색의 소매 없는 러닝셔츠를 입고 있어서 땀에 번들거리는 어깻죽지가 엄청 우람하게 보였다.
　　"깽판 치기 전에 빨리 나오란 말야!"
　　가게 앞에 서서, 씩씩 가쁜 숨을 몰아쉬며 이마의 땀을 훔치고 있는 사내는 두 개의 옷걸이를 한 손에 거머쥐고 있었다. 그도 당연히 러닝셔츠 바람이었지만 소매도 달린, 점잖은 흰색이었으므로 빨간 셔츠에 비해 훨씬 온순하게 보여졌다.
　　도대체 무슨 일일까. 호기심을 이기지 못한 나는 가게 옆구리의 샛문을 통해 안을 들여다보았다. 그새 사내의 발길에 차여 버린 도망자가 바닥에 엎어져 있었고 ㉡ 김 반장이 만약을 위해 사내 주변의 맥주 박스를 방 안으로 져나르면서 뭐라고 소리치고 있었다.
　　"김 형, 김 형…… 도와주세요."
　　쓰러진 남자의 입에서 이런 말이 가느다랗게 흘러나온 것은 그 순간이었다. 그와 동시에 빨간 셔츠의 사내가 다시 쓰러진 자의 등허리를 발로 꽉 찍어 눌렀다.
　　"이 새끼, 아는 사이요? 그러면 당신도 한번 맛 좀 볼 텐가?"
　　맥주병을 거꾸로 쳐들고 빨간 셔츠가 소리 질렀다. 김 반장의 얼굴이 대번에 하얗게 질려 버렸다.
　　"무, 무슨 소리요? 난 몰라요! 상관없는 일에 말려들고 싶지 않으니까 나가서들 하시오."
　　그때 바닥에 쓰러져 버둥거리던 남자가 간신히 몸을 비틀고 일어섰다. 코피로 범벅이 된 얼굴이 슬쩍 드러나 보였는데 세상에, 그는 몽달 씨임이 분명하였다. 그러고 보니 빛 바랜 바지와 물들인 군용 점퍼 밑에 노상 껴입고 다니던 우중충한 남방셔츠가 틀림없는 몽달 씨였다. 아까는 워낙 눈

깜짝할 사이에 가게 안으로 뛰어들었기 때문에 얼굴을 볼 겨를이 없었다.

"이 짜식, 어디로 토끼는 거야! 너 같은 놈은 좀 맞아야 돼."

흰 이를 드러내며 빨간 셔츠가 으르렁거렸다. 순간 몽달 씨가 텔레비전이 왕왕거리고 있는 가겟방을 향해 뛰었다. 방엔 따로이 바깥쪽으로 난 출입구가 있었기 때문이었다. 그러나 몽달 씨보다 더 빠른 동작으로 방문을 가로막아 버린 사람이 있었다. 바로 김 반장이었다.

"나가요! 어서들 나가요! 싸우든가 말든가 장사 망치지 말고 어서 나가요!"

빨간 셔츠가 몽달 씨의 목덜미를 확 나꾸어챘다. 개처럼 질질 끌려 나오는 몽달 씨를 보더니 밖에 있던 흰 러닝셔츠가 찌익, 이빨 새로 침을 뱉아냈다. 두 사람 다 술기운이 벌겋게 오른, 번들거리는 눈자위가 징그러웠다.

ⓒ 나는 재빨리 불빛이 닿지 않는 구석으로 몸을 피했다. 무섭고 또 무서웠다. 저렇게 질질 끌려 가는 몽달 씨를 위해서 내가 해야 할 일이 무엇인지 알 수가 없었다. 도무지 가슴이 떨려 숨도 크게 쉬지 못할 지경이었는데도 김 반장은 어지러진 가게를 치우면서 밖은 내다보지도 않았다.

두 명의 사내 중에서도 빨간 셔츠가 훨씬 악독한 게 사실이었다. 녀석은 몽달 씨의 머리칼을 한 움큼 휘어 감고서 마치 짐짝을 부리듯이 몽달 씨를 다루고 있었다. 끌려가지 않으려고 버둥거리다가는 사내의 구둣발에 사정없이 정강이며 옆구리가 뭉개어졌다. 지나가던 행인 몇 사람이 공포에 질린 얼굴로 그들을 지켜보았다. 구경꾼들이 보이자 빨간 셔츠가 당당하게 외쳐 댔다.

ⓓ "이 새끼, 너 같은 놈은 여지없이 경찰서로 넘겨야 해. 빨리 와!"

불 켜진 강남부동산 앞에서 몽달 씨가 최후의 발악을 벌여 놈의 손아귀에서 빠져 나왔다. 그러나 이내 녀석에게 머리칼을 붙잡히면서 부동산 옆의 시멘트 기둥에 된통 머리를 받쳤다. 쿵. 몽달 씨의 머리통이 깨져 나가는 듯한 소리에 나는 눈을 감아 버렸다. 숨이 막힐 것만 같았다. 행복사진관과 원미지물포만 지나고 나면 또다시 불빛도 없는 공터가 나올 것이므로 몽달 씨를 구해낼 시기는 지금밖에 없다. 몽달 씨가 악착같이 불 켜진 가게 쪽으로만 몸을 이끌어갔기 때문에 길 이쪽은 텅 비어 있었다. ⓔ 몇몇 사람들이 있기는 하였지만 그들은 섣불리 끼어들지 않고서 당하는 몽달 씨의 처참한 꼴에 혀만 끌끌 차고 있었다.

- 양귀자, 「원미동 시인」 -

04. [A]의 서술자에 대한 설명으로 적절한 것은?

① 작품 안에 위치한 서술자가 자신의 이야기를 들려주고 있다.
② 작품 밖에 위치한 서술자가 작품 속 인물들의 행위를 그려내고 있다.
③ 작품 안에 위치한 서술자가 등장 인물의 행위와 사건을 관찰하여 서술하고 있다.
④ 작품 안에 위치한 서술자가 의식의 흐름에 따라 자신의 내면세계를 보여주고 있다.
⑤ 서술자가 작품 속 인물들의 생각과 행위를 모두 알고 있는 상태에서 이야기를 들려주고 있다.

05. 〈보기 1〉을 참고할 때, 〈보기 2〉의 밑줄 친 부분에 들어갈 말로 가장 적절한 것은?

───── 〈보기 1〉 ─────

이 작품은 상황에 따라 쉽게 변하는 인물을 통해 현대인의 한 단면을 보여주고 있다.

───── 〈보기 2〉 ─────

• 윗글에 이어질 내용 상상하기

'빨간 셔츠'가 폭력을 행사하며 경찰서로 가자고 함.
→ '나'는 '지물포 아저씨'에게 도움을 요청함.
→ '지물포 아저씨'의 도움으로 사내들을 몰아냄.
→ 사내들이 도망친 후에 '김 반장'이 나서면서 '몽달 씨'에게
"_____" (이)라고 말함.

① 참 잘된 일이야. 자네도 기쁘지? 고생 끝에 낙이 온다는 말이 거짓말이 아니네.
② 그렇게 고생하더니 일이 잘 되었군. 하늘은 스스로 돕는 자를 돕는다고 했지 않나.
③ 여보게, 진작 내 말을 들었으면 되었을 것을……. 남의 충고도 때로는 들어주는 것이 예의라네.
④ 자네가 저놈들과 친구라는 게 믿기지 않네. 친구는 가려서 사귀어야 하는 건데……. 자네 정말 안 됐군.
⑤ 저놈들을 잡아 넘겼어야 하는 건데……. 좀 어때? 이게 무슨 꼴인가. 어서 집으로 가세. 내가 데려다 줄게.

06. ㉠~㉤에 대한 설명으로 적절하지 않은 것은?

① ㉠ : 무더위를 식히기 위한 방법을 말한다.
② ㉡ : 맥주병이 깨져 사람이 다칠 것을 염려하는 마음에서 비롯된 행위이다.
③ ㉢ : 폭력에 대한 두려움과 무기력함을 드러내고 있다.
④ ㉣ : 주변을 의식하여 자신의 폭력을 정당화하려는 의도이다.
⑤ ㉤ : 남의 일을 방관하는 현대인들의 개인주의적 모습을 드러낸다.

07. 윗글을 바탕으로 영화를 만들려고 한다. 적절하지 않은 것은?

① '몽달 씨'의 의상은 추레하고 허름한 차림으로 준비한다.
② '빨간 셔츠'는 건장하고 험상궂은 인상의 배우로 선정한다.
③ '형제슈퍼'에는 생활용품을 비롯한 생선, 채소 등을 두루 갖추도록 한다.
④ '몽달 씨'가 쓴 시를 읽으며 감탄사를 연발하는 '김 반장'의 모습을 클로즈업한다.
⑤ 폭행당하는 '몽달 씨'의 모습과 무표정한 얼굴로 가게를 치우는 '김 반장'의 모습을 번갈아가며 보여준다.

STEP 01 지문 분석과 OX문제

나BS 수능특강 | 현대문학 ●

[앞부분 줄거리] 갱구가 무너진 현장에서 광부 김창호가 국민들과 언론의 뜨거운 관심을 받으며 16일 만에 구출된다. 유명 인사가 된 김창호는 각종 방송 프로그램에 출연하면서 많은 돈을 벌게 된다. 이후 김창호는 가족을 등진 채 유흥에 빠져 지내다 돈을 모두 탕진하게 된다.

(홍 기자 논문을 읽고 있다. 때로 만년필로 가필도 해 가면서.)
　　　　　글이나 그림 따위에 붓을 대어 보태거나 지워서 고침.

홍 기자 : 「현대 사회는 다원적인 계층의 구조를 이루고 있다. 광대한 지역에 산재한 생활 영역으로 인해 복잡 다양한 사회 계층을 이루고 있어서 이
이전에 김창호가 광산에 갇혔을 때 김창호를 집중적으로 취재했던 기자임.

계층 간에는 많은 모순과 대립이 있을 수밖에 없다. 따라서 어떤 계층은 소외되는 부분이 있게 된다. 이 사회 성원 사이의 상호 이해를 위해서 매스

커뮤니케이션의 미디어는 대중교통을 대리하는 것이다…… 거대한 집단으로서의 현대 사회에 있어서는 인간 사이의 개인적인 대화나 퍼스널 커뮤니

케이션은 실질적으로 불가능해졌다. 따라서 매스 미디어는 모든 사회적 가능성을 포함하고 있으며 대중 사회의 필요 불가결한 조건이다.」
　　　　　「　」: 홍 기자는 자신의 직업군과 관련된 매스 커뮤니케이션에 대한 논문을 읽고 있음.

(이 동안 김창호 등장해서 홍 기자가 자기를 봐 주기를 기다린다.)

김창호 : 선생님……. / 홍 기자 : 뭡니까?

김창호 : 저 모르시겠습니까? / 홍 기자 : 당신 누군데?
　　　　　홍 기자는 자신이 취재했던 김창호를 알아보지 못함.
김창호 : 홍 기자님이시죠? / 홍 기자 : 그런데요?

김창호 : 저 김창홉니다. / 홍 기자 : 김창호? 여보, 김창호란 이름이 한두 개요?

김창호 : 동진 광업소 동 5 갱에 묻혀 있던 광부 김창호. / 홍 기자 : 아? 김창호 씨?

김창호 : (반갑다) 역시 절 알아보시는군요. 그럴 줄 알았습니다. 모두 참 고마웠지요. 전 정말 잊지 않고 있습니다.
　　　　　김창호가 유명해지고 방송 출연을 통해 많은 돈을 벌게 된 것은 홍 기자의 취재 덕분임.
홍 기자 : 그런데 뭐 볼일 있수? 나 지금 바쁜데…….
홍 기자는 김창호를 기억해 냈으나 여전히 그를 냉대함. 김창호에게서는 더 이상 취할 이득이 없다는 판단이 들었기 때문임.
김창호 : 절 좀 도와주십시오. 가족을 잃었습니다. 차비도 떨어지고…….
　　　　　김창호가 가족을 등지고 돈을 모두 탕진하자, 가족들도 김창호를 외면함.
홍 기자 : (돌아서서 5천 원짜리 주며) 이거 가지구 가시우, 그리고 아래층 광고부에 가면 거기서 사람 찾는 광고 취급합니다. 나 바빠서……. (김창호

를 무시하고 다시 논문을 본다.)

김창호 : 여보시오, 아무리 그래도 날 이렇게 대할 수 있소? 내가 한때는 그래도 영부인한테 초청을 받은 사람이오, 서울 시장도 나한테…….
　　　　　한때 잠깐 얻었던 유명세에서 헤어 나오지 못하며 현실을 제대로 직시하지 못하는 김창호

(김창호 멍하니 말을 잃는다. 홍 기자가 논문의 마지막 부분을 읽는 동안 천천히 퇴장한다.)

홍 기자 : 결론, 따라서 매스컴이 없으면 하루도 살 수 없는 것이 현대인이다. 매스컴은 20세기적인 종교가 되었고 종래의 어떤 종교나 예술보다 긴요
　　　　　현대인에게 매스컴은 큰 비중을 차지하고 있음.
한 현실적 가치로 받아들여지고 있다. 그러나 우리는 그 무한한 기능으로 인해 인간 부재의 매스컴에 이르지 않는가를 부단히 경계하고 자각해야 할
　　　　　매스컴이 유발할 수 있는 문제점. 매스컴으로 인해 오히려 인간 소외 현상이 일어날 수 있음.

것이다. <u>매스 커뮤니케이션! 매스컴! 이 얼마나 위대한 단어냐?</u>
　　논문에 나온 매스컴의 부작용은 안중에도 없이 매스컴을 찬양하는 홍 기자의 태도

(중략)

(카메라가 가운데 설치되고 있다. 구경꾼들 호기심에 카메라 앞에 몰려 있고 경찰은 정리에 바쁘고, 홍 기자 마이크 잡고 방송 준비. 카메라에 라이트 비친다.)

홍 기자 : 『여기는 강원도 정선군 동민 광업소 사고 현장입니다. 메탄가스 폭발로 인한 사고로 채탄 작업 중이던 광부 34명이 매장됐습니다. 그러나 전원 사망한 것으로 추정된 광부 중 폭발한 갱구 아래쪽 대피소에 있던 배관공 22세 이호준 씨가 아직 살아 있음이 지상과 연결된 배기 파이프를 통해 확인됐습니다. 지금 보시는 부분이 사고 난 갱구 입구입니다.』　　『　』: 이전에 김창호가 광산에 매몰되었던 것과 유사한 사고가 또 발생함.

(이때 이불 보따리를 멘 김창호 일가 등장한다. 홍 기자, 김창호를 발견한다. 홍 기자 달려온다.)
　　아내가 사산했다는 소식을 듣고 김창호는 아내와 재회함.

홍 기자 : 김창호 씨, 잠깐만!

(이불 보따리를 벗겨 카메라 앞에 세운다.)

홍 기자 : 시청자 여러분! 여러분 기억에도 새로운 매몰 광부 김창호 씨가 이 자리에 나오셨습니다. 지난해 10월 갱구 매몰로 16일간 굴속에 갇혀 있
　　홍 기자는 이전과 비슷한 사건이 발생하자 김창호를 취재하는 것이 사건 보도에 효과적일 것이라고 판단함. 따라서 이전에 김창호를 만났을 때와는 상반된 태도를 보임.
<u>다 무쇠 같은 의지와 강인한 육체로 살아남은 김창호 씨!</u>

(구경꾼들 일제히 김창호 씨에게 시선 주며 박수친다. <u>김창호 처음에는 머뭇거린다. 웃으며 손을 들며 답례한다.</u>)
　　　　　　　　　오랜만에 다시 받아보는 주목에 얼떨떨한 김창호

홍 기자 : 김창호 씨, 어떻게 생각하십니까? 지금 지하 1천 2백 미터 갱내 대피소에 인부들이 갇혀 있습니다. 그 사람이 구출될 때까지 갱내에서 주의할 점은 무엇입니까?

김창호 : 예, 먼저 체온을 유지해야 합니다. (<u>신이 났다.</u>) 제 경험으로 봐서 배고픈 건 움직이지 않음 참을 수 있는데 추운 건 견디기 힘듭니다. 전구라
　　　　김창호는 이전의 유명세를 다시 느끼고 싶어 했는데, 비로소 그 바람을 이룰 수 있게 됨.
도 있으면 안고 있어야 합니다. 배기펌프로 공기도 계속 넣어 줘야 되구요.

(그사이 기자 한 사람 뛰어나와서 홍 기자에게 귓엣말한다. 홍 기자 마이크 뺏어 자기 말을 한다.)

홍 기자 : 방금 인부들이 구출되었다고 합니다. 포클레인으로 무너진 흙더미의 한 부분을 들어내어 매몰된 인부들이 모두 그 틈으로 기어 나왔다고 합
　　관심이 김창호에게서 인부들로 옮겨지게 되는 계기
니다. 이상 지금까지 사고 현장에서 홍성기 기자가 말씀드렸습니다. 참! 싱겁게 끝나는군. 이런 걸 특종이라구 취재하다니, 자, 갑시다.
　　　　　　　　　인명을 구한 데 기뻐하기보다 특종 취재만 중요시하는 모습. 이전에 읽었던 논문에서 말한 매스컴의 '인간 부재' 현상에 해당함.

(카메라 치운다. <u>구경꾼들 이젠 흥미 없다는 듯 카메라를 따라 나간다.</u>)
비슷한 사건이 발생하자 처음 김창호 때와는 달리 사람들의 흥미는 빠르게 식음. 여기서도 현대 사회의 '인간 부재' 현상을 확인할 수 있음.

김창호 : (정신없다.) 여보세요. 또 주의할 게 있습니다. 갱 속에서 오래 견디려면 바깥 생각은 말아야 됩니다. 그저 꾹 참고…… 언젠가는 빛이 보이겠
　　　　　　　　　김창호는 여전히 관심에 목말라함.
지 하는 희망을 갖구…… 희망…….

나BS _ 나 없이 EBS 풀지마라

(김창호 일가 외엔 아무도 없다.)

박 여인 : 여보, 가요!

김창호 : 어디로 가? 땅속으로, 아니야,「그래 하늘로 가자! 하늘로 가서 모두 깜짝 놀랄 기록을 세울 거다. 우리 다 같이 가자. 하늘에 가서 기록을 세
이전에 김창호가 목숨을 잃을 뻔하다가 극적으로 출세하게 된 공간

  우는 거다.」
　　　　　　　　「 」: 김창호는 다시 대중의 관심을 받기 위해 하늘에서 무언가 기록을 세워야 한다고 생각함.
　　　　　　　　　　이전에 낮은 지하 갱구에 갇혔던 경험으로 유명해진 것과 반대로 이번에는 높은 하늘로 올라갈 계획을 함.

(일가 보따리 들고 천천히 퇴장한다.)

OX문제

01	홍 기자는 김창호를 이용하여 대중의 관심을 받으려 하는 이기적인 인물이다.	(O / X)
02	김창호는 유흥에 빠져서 가족들을 외면했던 자신의 과거를 반성하였다.	(O / X)
03	과거와 현재의 상황을 한 장면에서 함께 보여주어 입체감을 높이고 있다.	(O / X)
04	행위나 표정 등에 집중하게 하기 위하여 대사에 비해 지시문의 비중을 높이고 있다. [2013학년도 5월B]	(O / X)
05	과장된 의상과 소품을 통해 희극성을 드러내고 있다.	(O / X)

STEP 02 작품 해제

01 | 주제

매스컴이 유발하는 인간 소외 비판

02 | 특징

① 자본주의 속 대중 매체의 작용 원리를 고발함.
② 주변 환경에 의해 변해가는 인물의 모습을 통해 세태를 풍자함.

03 | 작품 해제

이 작품은 1976년 매몰되었다가 16일 만에 구출된 광부의 실화를 극화한 희곡으로, 대중 언론의 상업주의와 허위성이 한 인간을 어떻게 파멸시키는가를 예리하게 고발하고 있다. 대중 언론에 의해 일약 영웅으로 부각됐던 평범한 인물이 상품으로서의 가치가 떨어지면서 다시 언론에 의해 외면당하고 비참한 처지로 전락하는 과정을 통해 언론의 인간 상품화와 물질만능주의를 비판하고 있다.

04 | 등장인물

- 김창호 : 광부. 무너진 갱에서 16일 동안 견딘 끝에 구출된 이후 영웅으로 부각됨. 언론에 노출된 후 물질만능주의자로 타락하게 됨.
- 홍 기자 : 매스컴을 과도하게 찬양하는 언론인. 김창호가 갱에 갇히자 그를 취재하지만, 나중에는 재산을 탕진한 김창호를 무시함. 생명 윤리보다는 특종에 혈안이 됨.

05 | 상세 줄거리

갱도가 무너져 광부들이 매몰된 현장에서 광부 김창호가 많은 취재와 국민의 뜨거운 열기 속에 16일 만에 구출된다. 유명 인사가 된 김창호는 매니저 미스터양을 만나 각종 방송 프로그램에 출연하면서 많은 돈을 벌게 된다. 가족을 등진 채 유흥에 빠져 돈을 탕진하던 김창호는 상품으로서의 가치가 떨어지면서 사람들로부터 외면을 당한다. 다시 탄광이 있는 곳으로 내려온 김창호는 아내가 사산했다는 소식을 듣고, 이때 광업소에서는 사고가 난다. 김창호는 탄광 매몰 현장에서 잠시 주목을 받다가 또다시 외면당한다. 결국 김창호는 땅이 아닌 하늘로 가서 새로운 기록을 세우겠다며 떠난다.

STEP 03 논문으로 만나는 출제자의 시선

N│BS 수능특강 | **현대문학**

「출세기」에 드러난 재난의 상품화

김창호의 구조 현장은 취재진이 몰리면서 종교인들, 구경꾼들, 그리고 행상들이 뒤섞여 북새통을 이룬다. 무고한 인명이 희생된 처참한 재난 현장은 마치 흥겨운 축제의 현장처럼 묘사된다. 김창호의 구출 순간을 보기 위해 몰려든 구경꾼들을 상대로 종교인들은 포교 활동을 벌이느라, 행상들은 물건을 파느라 여념이 없다. 이 대목에 이르러 재난의 현장은 군중의 관음증을 자극하는 극장이요, 상품을 판촉하는 시장으로 돌변한다. 이제 비극적인 재난조차도 일종의 스펙터클한 공연 상품으로 팔리거나 혹은 다른 상품을 판매하기 위한 이용 수단으로 전락하는 운명을 피할 수 없다. 「출세기」에서는 재난과 관련한 모든 것이 상품화된다. 재난 자체가 스펙터클한 흥행 상품으로 대중에게 팔리는가 하면, 다른 서비스 상품의 판촉 수단이 된다. 나아가 매스컴에 의해 재난의 내용은 오락적 콘텐츠로 재활용되고, 생환한 피해자는 재난을 재현하는 광대 역할을 수행하며 수익을 창출한다. 요컨대, 매몰 사고 때문에 울고 웃는 김창호의 운명을 통해 작가는 근대 문명이 야기하는 재난의 상업화 경향을 풍자하고 있는 것이다. 그런 점에서 구조 직후에 김창호가 내뱉는 한마디, 즉 "꽃밭을 가꾸고 싶다"라는 소감은 강한 여운을 남긴다. 재난마저도 상품화하는 문명의 억압에서 벗어나 자연 속에서 진정한 자유를 되찾고자하는 작가의 결의를 엿보게 하기 때문이다.

「출세기」에 나타난 구봉광산 붕괴 사고의 극화 양상

청양 구봉광산에 김창선이 매몰된 사고는 1967년 8월 22일 1시 30분쯤에 발생했으나, 실제 사건이 기사화된 것은 8월 25일경에 이르러서이다. 매몰된 광산 속에 사람이 살아있다는 사실이 알려지면서, 뉴스거리가 된 것이다. 구봉광산에 김창선이 매몰되었다는 사실이 알려지면서, 많은 언론들은 거의 매일 기사를 쏟아내며 1달 동안이나 김창선의 구출 소식과 그 후일담을 전하였다. 물론 광산 붕괴 사고가 일어났고, 사람이 매몰된 지하 공간에서 살아있다는 사실은 대중의 흥미를 끌기에 충분하다. 그렇지만 이 사고에 대한 언론의 관심은 다소 지나쳐 보일 정도이다.

당시 군사 정권은, 지식인들에게 두려움을 불러일으키는 동시에 언론이 상업화되도록 조장하고 있었다. 군사 정권이 직접적으로 구봉광산 사고를 정치적으로 이용했다고 보기는 어렵지만, 언론이 이 사고를 사건화하는 과정을 본다면, 정치권력과의 연관성을 완전히 배제할 수는 없다. 이는 구봉광산 사고에 대한 당시 청와대의 관심을 통해서도 알 수 있다. 당시 대통령은 구조 작업을 독려하기 위해 비서관을 보내고, 김창선이 구출되자 인사를 전했다. 또한, 퇴원한 김창선은 대통령을 만나기 위해 청와대에 가기도 했다. 그러므로 보다 총체적인 세계 인식을 위해서는 「출세기」의 후반부에 언론 환경과 관련된 다양한 층위의 문제들이 그려지거나, 근본적인 원인으로서 정치적 문제가 함께 고려되어야 했을 것이다. 그래야 당대 언론의 부정적인 면과 천민자본주의의 속성을 구체적으로 드러내는 동시에 문제를 발생케 하는 원인을 찾을 수 있기 때문이다.

STEP 04 나BS 실전 문제

다음 글을 읽고 물음에 답하시오.

[앞부분의 줄거리] 광산에서 갱도가 무너지는 매몰 사고가 발생한다. 마침 현장에 있던 홍 기자는 특종을 예감하며 보도에 나선다.

9. 현장

홍 기자 : 여기는 동진 광업소 사고 현장입니다. 지난 10월 22일 갱구 매몰로 11명의 광부의 목숨을 빼앗은 광산 사고는 올 들어 두 번째 큰 사고로 지금 유일한 생존자인 김창호 씨가 무려 열하루째 지하 1천5백 미터 아래서 구출의 손길이 닿기를 애타게 기다리며 갇혀 있습니다. 지금 보시는 부분이 사고가 난 동5 갱구입니다. 먼저 김창호 구조 위원회 회장이시며 동진 광업소 소장이신 권오창 선생님께 구조 현황을 알아보겠습니다.

갱구 입구 필름, 인터셉트*된 구경꾼의 얼굴들. 손을 흔들며 웃어대는 필름들.

소장 : (마이크 앞에 선다) 에헴, 국민 여러분, 감사합니다. 지금 구조대는 지주공 2명, 조수 2명, 감독 1명, 신호수 1명으로 구성되어 있어 6시간씩 교대하여 불철주야 김창호 씨 구출에 온갖 힘을 다하고 있습니다.

홍 기자 : 앞으로 구출 전망을 어떻게 보십니까?

소장 : 애초 예상과 달리 갱목 철근 등의 장애물이 많은 데다 갱내에 물이 쏟아져 작업에 지장이 많습니다. 앞으로 2, 3일 더 걸릴 전망입니다. 그러나 우리로선 최선을 다하고 있습니다.

홍 기자 : 감사합니다.

비서관, 수행원과 경찰의 호위를 받으며 등장한다. 비서관, 소장의 안내로 사무실에 들어가기 전 카메라에 포즈를 취한다. 기자들의 접근을 막는 수행원, 경찰.

홍 기자 : (기자에게) 어떻게 보십니까? 각계각층에서 이 사건에 지대한 관심을 쏟고 있는데요.

기자 1 : 대단합니다. 전 국민의 성원이 이렇게 뜨겁고 클 줄은 몰랐습니다.

기자 2 : 현지 주민들이 기자 숙소로 옥수수와 감자들을 삶아 갖고 와서 김창호 씨를 꼭 구해 달라고 호소할 땐 눈물이 핑 돌더군요.

홍 기자 : 이런 국민의 여망에 보답하는 뜻으로도 꼭 살아 나와야겠습니다. (감격해서) 생명은 존엄한 것입니다. 우리는 너무 인간 생명을 경시하는 풍조에 젖어 왔습니다. 이 사건을 계기로 인간에 대해 다시 한 번 그 존엄성을 확인해야 할 것입니다. 지금까지 사건 현장에서 홍성기 기자 말씀드렸습니다. (쪽지 보며) 이 방송은 여성의 미를 창조하는 몽쉘느그므 화장품 제공입니다.

10. 사무소와 갱내

전화벨 울리며 갱내를 비춘다. 지친 듯 쓰러져 있던 김창호, 간신히 몸을 움직여 전화를 받는다. 사무실엔 비서관, 수행원, 의사, 경찰 서장이 전화 거는 것을 지켜본다.

김창호 : 네?

소장 : 나 소장이오. 지금 회장님께서 김창호 씨의 건강을 염려하여 비서관님을 보내셨습니다. 받아 보시오.

비서관 : (전화 바꾼다) 김창호 씨, 나 신난다 비서관입니다. 회장님께선 김창호 씨가 어서 구출되어 나오길 바라고 계십니다. 용기를 잃지 마시고 끝까지 견디십시오. 꼭 구출될 겁니다.

김창호 : ㉠ (기운 없이) 감사합니다.

비서관 : 뭐 부족한 거 없습니까?

(중략)

14. 기자 회견 석상

김창호, 주치의의 호위하에 단상에 앉는다. 기자들, 카메라맨, 카메라를 들이대자 김창호, 얼굴을 가린다.

카메라맨 : 김창호 씨, 얼굴 좀.

주치의 : 잠깐 기다려 주십시오. 시력이 약화돼서 카메라 플래시에 견디질 못합니다. (주머니에서 선글라스를 꺼내 김창호에게 씌운다) 참으세요, 곧 끝납니다. ㉡ 전 국민에게 김창호 씨를 알려야 합니다.

플래시 터진다. ㉢ 김창호, 움찔거리지만 참고 견딘다.

홍 기자 : 김창호 씨, 우리 기자단을 대표해서 김창호 씨의 생환을 환영하는 바입니다. 제가 사고 첫날부터 현장에서 김창호 씨가 구출되기까지 쭉 지켜보았던 한일 매스컴센터의 홍성기 기자입니다. 먼저 이렇게 살아 나오신 소감 한 말씀 부탁합니다.

김창호 : ㉣ (당황) 뭐가 뭔지 모르겠습니다. 난 집에 가고 싶습니다!

주치의, 귀에 대고 뭐라고 한다.

김창호 : ㉤ 저 감사합니다…… 국민 여러분.

기자 1 : 16일 동안 어려운 환경에서 살아 견디셨는데 어디서 그런 인내력이 나셨는지요?

김창호 : 예?

주치의, 쉽게 설명해 준다.

– 윤대성, 「출세기」 –

*인터셉트 : 화면에 다음 화면을 끼워 넣음.

01. 윗글에 대한 설명으로 적절하지 않은 것은?

① 사고 당사자 대신 다른 인물들을 통해 사고의 의미가 부여되고 있다.
② 사건에 대한 인물들의 상반된 견해를 드러내어 극적 긴장감을 높이고 있다.
③ 영상을 통해 구경꾼들의 태도를 드러내어 사건의 심각성과 대비하고 있다.
④ 서로 다른 두 공간을 동시에 보여 주며 상황을 효과적으로 드러내고 있다.
⑤ 상황에 맞지 않는 대사와 작위적인 이름으로 극적 긴장감을 이완시키고 있다.

03. 〈보기〉를 바탕으로 ㉠~㉤을 이해할 때, 가장 적절한 것은?

<보기>

이 글의 제목 「출세기」의 '출세'는, 갇혀 있던 사람이 세상에 나오게 된다는 의미의 ⓐ 출세이기도 하고 사회적으로 높은 지위에 오르거나 유명하게 된다는 의미의 ⓑ 출세이기도 하다.

① ㉠에는 ⓐ뿐만 아니라 ⓑ를 확신하는 주인공의 기대가 표현되어 있다.
② ㉡에는 주인공이 ⓐ를 계기로 ⓑ로 나아가는 상황에 대한 주변 인물의 인식이 투영되어 있다.
③ ㉢에는 ⓐ에 대한 주인공의 갈등이 드러나 있다.
④ ㉣에는 ⓑ를 추구하는 주인공의 의지가 담겨 있다.
⑤ ㉤에는 ⓐ를 계기로 ⓑ에 이르고자 하는 주인공의 집념이 드러나 있다.

02. 윗글의 등장인물에 대한 이해로 적절한 것은?

① 홍 기자는 사건을 객관적으로 평가하여 전달하고 있군.
② 소장은 취재 활동에 대해 비판적인 시각을 보여 주고 있군.
③ 비서관은 현장에 등장하면서 언론을 의식하고 있군.
④ 기자들은 사건에 대한 국민적 관심을 부담스러워하고 있군.
⑤ 주치의는 기자 회견에 대해 소극적 태도를 취하고 있군.

3 신영복, 관용은 자기와 다른 것, 자기에게~

STEP 01 지문 분석과 OX문제

이스탄불은 먼 곳에 있었습니다. 거리로는 로마나 파리보다 가까웠음에도 불구하고 나의 의식 속에는 훨씬 더 먼 곳에 있었습니다. 『이스탄불과 콘
■ : 특정 공간을 제재화→ 글쓴이가 심리적으로 거리감을 느꼈던 공간

스탄티노플, 그리고 비잔틴*이 서로 구별되지 않은 채 흑해처럼 몽매하기만 하였습니다.』
330년 로마 제국 콘스탄티누스 1세가   어리석고 사리에 어두움   『 』: 시대에 따라 달라진 이스탄불의 이름을 구별하지 못하는 글쓴이의 무지
비잔틴 제국의 수도로 선포하며 붙인 이름

이 아득한 거리감과 무지가 어디에서 왔는지 내게도 의문입니다. 이곳에 와서 비로소 깨닫게 된 것이지만, 그것은 나의 머릿속에 완강히 버티고 있

는 이중의 장벽 때문이었습니다. 『중국의 벽과 유럽의 벽이었습니다. 그것은 한마디로 우리 역사의 곳곳에 세워져 있는 벽이며 우리의 의식 속에 각인
상징적 표현 → 이스탄불에 대한 거리감과 무지의 원인으로 제시됨.   강자의 문화에 종속된 사고방식을 지님.

된 문화 종속성이라는 사실을 깨닫게 됩니다.』
『 』: 중국과 유럽 중심의 세계관에 자기 생각이 제약당했다는 인식이 드러남.

이스탄불로 오는 이번 여정도 이 두 개의 장벽을 넘어온 셈입니다. 중국 대륙을 횡단하고 런던·파리·아테네를 거쳐서 이스탄불에 도착했기 때문입니
중국의 벽과 유럽의 벽   1. 글쓴이가 이스탄불로 오기까지의 여정   2. 우리 역사의 발전 과정 암시

다. 『돌궐*과 흉노는 중화(中華)라는 벽을 넘지 않고는 결코 온당한 실상을 만날 수 없으며, 마찬가지로 유럽이라는 높은 벽을 넘지 않고는 이슬람과 비
터키의 조상   ↳ 중국 사람들이 자기 나라를 이르는 말. 세계 문명의 중심이라는 뜻.   유럽 중심의 문화관이나 세계관

잔틴의 역사를 대면할 수 없습니다.』 만리장성보다 완고하고 알프스보다 더 높은 장벽이 우리의 생각을 가로막고 있음을 깨닫게 됩니다.
중국의 상징처럼 여겨지는 문화유산과 유럽의 거대한 산맥을 비유에 활용 → 그만큼 중국과 유럽 중심의 세계관이 완고하게 자리 잡았음을 표현함.

『 』: 돌궐과 흉노는 중국의 변방 민족에, 이슬람과 비잔틴은 유럽 역사에 종속된 것으로 인식되었음.

오늘은 그 두 개의 장벽을 넘어 이곳 이스탄불의 소피아 성당과 블루 모스크 사이에 앉아 이 엽서를 띄웁니다. 소피아 성당은 로마로부터 세계의
아흐메트 1세의 모스크. 1609년 착공하여 1617년에 완성되었으며, 오스만 튀르크의 고전기 건축을 대표함.

중심(Omphalion)을 이곳으로 옮겨 온 비잔틴 문명의 절정입니다. 직경 32m의 돔을 지상 56m의 높이에 그것을 받치는 단 한 개의 기둥도 없이 올려
비잔틴 제국 유스티니아누스 1세가 세운 성당으로, 서로마 제국 멸망 이후 비잔틴 제국이 유럽의 새로운 중심이 되었음을 상징하는 건축물

놓은 불가사의한 건축입니다. 그보다 못한 유럽의 유적들이 예찬되고 있는 것에 생각이 미치면 또 한 번 우리들의 부당한 편견에 놀라지 않을 수 없습
소피아 성당이 유럽이 아닌 이스탄불에 있어서, 문화적 편견으로 인해 예술성과 가치가 제대로 평가받지 못한다는 글쓴이의 생각

니다.

건물과 유적뿐이 아닙니다. 이스탄불에는 유럽 중심의 역사에서 완벽하게 소외된 수많은 사화(史話)들이 있습니다. 1453년 마호메트 2세가 콘스탄티
역사에 관한 이야기

노플을 함락시킬 당시의 이야기들도 그중 하나입니다. 배가 산을 넘는 등 무수한 무용담은 그리스와 로마의 전사에서도 그에 필적할 사례를 찾을 수
오스만 튀르크의 마호메트 2세와 비잔틴의 황제 콘스탄티누스 11세가 콘스탄티노폴리스를 두고 펼친 전쟁 → 이 전쟁으로 인해 1100년의 역사를 가진 비잔티움 제국은 몰락함.
없을 정도로 장대한 드라마입니다.

그중에서도 가장 충격적인 것은 이슬람에 대한 새로운 발견입니다. 1935년, 그때까지 이슬람 사원으로 사용되던 **소피아 성당**을 박물관으로 개조하
■ : 글쓴이가 이교도 문화에 대한 오스만 튀르크의 관용을 발견한 곳

면서 드러난 사실입니다. 벽면의 칠을 벗겨 내자 그 속에서 모자이크와 프레스코화로 된 예수상과 가브리엘 천사 등 수많은 성화들이 조금도 손상되지
이스탄불에 남은 비잔틴 제국의 유물 → 마호메트 2세가 콘스탄티노플을 점령하기 전에 만들어진 것

않은 채 고스란히 나타났습니다. 500년 동안 잠자던 비잔틴의 찬란한 문명이 되살아난 것입니다.
1453년부터 이슬람 사원으로 사용되었기 때문

벽면에 칠이 되어 있었다는 사실조차 모르고 있던 많은 사람들에게는 경악을 금치 못하게 한 일대 사건입니다. 비잔틴 문명의 찬란함이 경탄의 대상

이 되었음은 물론이지만, 그보다는 비잔틴 문명에 대한 오스만 튀르크의 관대함이 더욱 놀라웠던 것입니다. 이교도 문화에 대한 관대함이었기에 더욱
1299년에 오스만 1세가 셀주크 제국을 무너뜨리고 소아시아에 세운 이슬람 제국

돋보이지 않을 수 없었습니다.

적군의 성을 함락시키면 통상적으로 3일 동안 약탈이 허용되는 것이 이슬람의 관례였습니다. 그러나 마호메트 2세는 콘스탄티노플을 함락하고 난

다음 바로 이 소피아 성당으로 말을 몰아 성당 파괴를 금지시켰습니다. 다 같은 하나님을 섬기는 성소를 파괴하지 말라는 엄명을 내린 다음, 이제부터

는 이곳이 사원이 아니라 모스크라고 선언하고 일체의 약탈을 엄금했습니다. 이것은 어쩌면 오스만 튀르크가 그들보다 앞선 유럽 문명의 정화(精華)를
　　　　　　이슬람교에서, 집단 예배를 보는 신앙 공동체의 중심지　　　　　　　　　　　　　　　　　　　　　　　　　정수가 될 만한 뛰어난 부분

그대로 계승하겠다는 의지라고 할 수도 있겠지만, 내게는 이슬람의 그러한 관용이 매우 감동적이었습니다.

　이슬람의 이러한 전통이야말로 오늘날의 이스탄불을 공존과 대화의 도시로 남겨 놓았습니다. 동과 서, 고와 금이 함께 숨 쉬고 있습니다. 이스탄불은
　다른 문화에 대한 관용　　　　　　　소피아 성당, 블루 모스크가 공존하듯, 동서고금의 문화가 함께 보존된 도시

보스포루스 해협을 사이에 두고 유럽 대륙과 아시아 대륙에 걸쳐 있는 실크로드의 종착지입니다. 터키*는 스스로 아시리아·그리스·페르시아·로마·비잔틴
교통·군사상의 중요한 수로　　　　　　　　　　　　　　　중국과 서아시아·지중해 연안 지방을 연결하였던 고대 무역로. 중국 특산인 비단의 통상로였던 데서 유래한 말

·오스만 튀르크 등 역대 문명을 계승하고 있는 나라로 자부합니다. 카파도키아·에페수스·트로이 등지에는 지금도 그리스·로마의 유적들이 남아 있습니

다. 그래서 터키를 모자이크의 나라라고도 합니다.
　　　비유적 표현 → 역대 여러 문명을 계승함으로써 다양한 문화가 공존하는 나라임.

(중략)

　우리들은 저마다 자기의 내면 깊숙한 곳에 자기에게 없는 것, 자기와 다른 것들에 대한 애정을 간직하고 있다는 것을 이곳 이스탄불에서 다시 한번
　　　　　　　우리의 내면에는 차이를 존중하고 포용할 수 있는 애정 어린 마음이 내재하고 있음.

깨닫게 됩니다. 다만 이러한 내면의 애정이 관용과 화해로 개화할 수 없었던 까닭은 지금까지 인류사가 달려온 험난한 도정(道程) 때문이었다는 생각이
　　　　　　　　　　　　　　　　　　　　　　　　　　　　　　　　　　어떤 장소나 상태에 이르기까지의 과정

들었습니다. 타인에 대한 이해는 물론 자기 자신에 대한 깊은 성찰도 없이 가파른 길을 숨 가쁘게 달려왔기 때문이라고 해야 할 것입니다. 그것이 어떠
　　　　　　글쓴이는 험난한 인류사 속에서 타인에 대한 이해, 자기 자신에 대한 깊은 성찰 없이 달려온 탓에 관용과 화해가 이루어지지 않았다고 진단함.

한 목표였건 그것은 나중 문제입니다.

　『블루 모스크에서 나는 우리들의 내면에 잠재되어 있는 관용을 웅장한 오케스트라로 만날 수 있었습니다. 288개의 창문으로 쏟아져 들어오는 빛줄
　　비유적 표현 → 내면에 잠재된 관용을 웅장한 오케스트라에 빗댐.

기가 99가지 청색으로 장식된 공간에서 현란한 빛의 향연을 연출합니다. 이것이 곧 이스탄불이 자부하는 과거와 현재, 동과 서의 거대한 합창이었습니
　　　　　　　　　　　　　감각적 표현　　　　　　　　　　　　　　　　　　　　　빛줄기에 글쓴이가 비유적, 상징적 의미를 부여함.

다. 이 현란한 빛의 향연과 거대한 합창은 그 속에 서 있는 나 자신을 풍선처럼 커지게 하는 것 같았습니다.』자기와 정반대 편에 서 있는 사람을 사
　『　』: 감각적, 상징적, 비유적 표현을 활용하여, 글쓴이가 블루 모스크에 깃들어 있다고 여기는 관용의 정신을 형상화함.

랑하기로 결심했다는 한 유학생의 감동적인 변화도 바로 이스탄불의 관용이 피워 낸 한 송이 꽃인지도 모릅니다.
　　　　　　　　　　　　　　　　　　자기와 다른 것에 대한 애정

　당신이 이스탄불로 나를 부른 까닭을 이제 알 수 있을 것 같습니다. 당신이 보여 준 것은 이스탄불이 안고 있는 관용과 공존의 역사였습니다. 뿐만
글쓴이가 설정한 가상의 청자이자 이 수필의 독자

아니라 세계화라는 강자의 논리를 역조명할 수 있는 귀중한 시각을 안겨 주었습니다.
20세기의 패권주의(제국주의)적 세계 질서 → 그러한 질서에서 소외되어 잘 알려지지 않은 이스탄불의 역사와 문화

　그러나 이스탄불에 있는 동안 내가 바라보고 있었던 것은 나의 의식 속에 자리 잡고 있는 거대한 두 개의 장벽이었습니다. 『장벽은 단지 장벽의 건
　　　　　　　　　　　　　　　　　　　　　　　중국과 유럽 중심의 세계관

너편을 보지 못하게 할 뿐만 아니라 우리들 스스로를 한없이 왜소하게 만드는 굴레였습니다.』우리는 우리의 의식 속에 얼마나 많은 장벽을 쌓아 놓고
　『　』: 틀에 박힌 사고가 우리에게 미치는 거대한 영향력에 대해 지적함.　　　　　　　　　　　　　　　자기중심적 가치관, 편견, 고정 관념

있는가를 먼저 반성해야 할 것입니다. 그리고 그것을 열어 가는 멀고 먼 여정에 나서야 할 것입니다.
　　　　　　　　　편견, 고정 관념 등에서 벗어나 내면의 애정과 관용을 깨달아야 한다고 역설함.

*비잔틴 : 비잔틴 제국. 4세기 무렵 로마 제국이 동·서로 분열할 때 콘스탄티노플에 도읍하여 세워진 나라. 동방 정교회의 본산으로서 찬란한 비잔틴 문화를 이룩함.

*돌궐 : 6세기 중엽에 일어나 약 2세기 동안 몽골고원에서 중앙아시아에 걸친 지역을 지배한 튀르키예계 유목 민족. 기원전 3세기 무렵부터 활약했던 중국 이민족 흉노의
　후예로 보기도 함.

*터키 : '튀르키예'의 전 이름.

OX문제

01 감각적인 수사를 반복적으로 사용하여 공간적 배경을 제시하고 있다. [2014학년도 9월] (O / X)

02 '장벽'이라는 상징적 표현을 제시하여 자신의 의식을 제약해 온 대상을 드러내고 있다. (O / X)

03 글쓴이는 '비잔틴의 찬란한 문명'이 마호메트 2세의 관용에 의해 이룩될 수 있었다고 생각한다. (O / X)

04 글쓴이가 '당신'에게 말하는 형식으로 되어 있어 독자에게 친근함을 느끼도록 만들고 있다. [2023학년도 9월] (O / X)

05 글쓴이는 험난한 인류사로 인해 우리 내면에 있던 다른 존재에 대한 애정이 사라졌다고 여긴다. (O / X)

STEP 02 작품 해제

나BS 수능특강 | 현대문학

01 | 주제

이스탄불의 유적을 답사하며 떠올린 관용과 공존의 가치

02 | 특징

① '당신'이라는 독자를 설정하여 서간문의 형식으로 서술하고 있음.
② 경어체를 사용하여 글쓴이의 생각을 부드럽고 친근하게 전달하고 있음.
③ 기행 수필로서 여정에서의 견문과 감흥을 다양한 비유와 상징, 예시를 활용하여 드러내고 있음.

03 | 작품 해제

「관용은 자기와 다른 것, 자기에게 없는 것에 대한 애정입니다」는 신영복의 기행 수필집 『더불어 숲』에 실린 수필로, 글쓴이가 이스탄불을 여행하는 과정에서 떠올린 관용과 공존의 가치를 독자에게 전달하는 작품이다. 작가는 이스탄불에 대해 느낀 거리감과 이스탄불에 관한 자신의 무지를 반성하면서, 그 원인을 중국과 유럽 중심의 세계관에 갇힌 사고에서 찾는다. 글쓴이는 이스탄불의 대표적인 두 문화유산인 소피아 성당과 블루 모스크를 바라보며, 동서고금의 다양한 문화의 공존을 가능하게 만든 이스탄불의 관용 정신을 긍정적으로 평가한다. 글쓴이는 다른 문화에 대한 이러한 관용과 화해 정신은 우리 내면에 내재한, 다른 것에 대한 애정을 기반으로 하고 있다고 여긴다. 다만, 험난한 인류사 속에서 타인에 대한 이해와 자기 자신에 대한 성찰이 충분히 이뤄지지 않아서, 그러한 애정이 충분히 발휘되지 못했다는 것이다. 글쓴이는 우리가 이러한 성찰을 통해 타인을 이해하지 못하게 만드는 의식 속 편견을 깨닫고, 이를 깨뜨리며 관용을 실천하는 방향으로 나아가야 한다고 주장한다. 글쓴이는 이러한 주장을 '당신'이라는 가상의 청자이자 독자에게 보내는 편지글 형식, 그리고 경어체를 사용함으로써, 부드럽고 친근한 느낌을 전달하고 있다. 또한, 다양한 비유, 상징, 예시 등의 기법을 활용하여, 여정에서 글쓴이가 얻은 견문과 감흥을 풍부하게 서술하고 있다.

04 | 등장인물

- 나 : 이스탄불에 대한 정서적 거리감과 무지를 반성하며, 이스탄불에서 서로 다른 종교와 문명이 공존하는 모습을 보고 사람들 내면에 자리한, 자기와 다른 것에 대한 애정의 존재를 깨달음. 이러한 애정이 관용과 화해로 이어지기 위해서는 타인에 대한 이해와 자신에 대한 깊은 성찰을 통해, 의식 속에 쌓인 '장벽'을 넘어야 한다고 생각하는 인물임.

05 | 상세 줄거리

'나'에게 이스탄불은 의식 속에서 실제 물리적 거리보다 멀게 느껴진다. '나'는 이러한 정서적 거리감과 무지의 원인을 중국과 유럽이라는 두 '장벽'에서 찾는다. '나'는 중국을 횡단하고 런던, 파리, 아테네를 거쳐서 이스탄불에 도착했으므로, 실제 여정도 이 두 개의 장벽을 넘어온 셈이다. '나'는 비잔틴 문명의 절정인 소피아 성당을 보며, 그보다 못한 유럽의 유적들을 예찬하는 우리의 편견을 부당하다고 여긴다. 또 '나'는 유럽 중심의 역사에서 소외된 이스탄불의 수많은 사화(史話)에 관해서도 떠올린다. '나'는 그중 가장 충격적인 일로 1935년 소피아 성당을 박물관으로 개조할 때 벽면의 칠을 벗기자 조금도 손상되지 않은 성화들이 발견된 일을 꼽는다. 비잔틴 문명에 대한 오스만 튀르크의 관대함에 놀란 것이다. 이슬람은 본래 적군의 성을 함락시키면 3일 동안 약탈을 허용하나, 마호메트 2세는 콘스탄티노플을 함락한 후 소피아 성당으로 와 이곳이 모스크라고 선언하고 약탈을 엄금한다. '나'는 이슬람의 그러한 전통이 오늘날 이스탄불을 공존과 대화의 도시로 남겨 놓았다고 여긴다. '나'는 소피아 성당과 이슬람 사원 블루 모스크가 마주 보는 곳에 서서 이슬람교가 아닌 다른 종교에도 관대함을 보여 준 튀르키예의 역사를 떠올린다. '나'는 이러한 관용이 튀르키예가 대제국을 건설할 수 있었던 이유라고 생각한다. '나'는 사람들이 내면에 자기에게 없는 것, 자기와 다른 것들에 대한 애정을 간직하고 있음을 깨닫는다. 그리고 이러한 애정이 관용과 화해로 이어지지 못한 이유를 험난한 인류사로 인해 우리가 타인에 대한 이해는 물론 자신에 대한 성찰 없이 달려온 데에서 찾는다. '나'는 블루 모스크에서 관용과 공존의 역사를 발견하며, 의식 속에 자리 잡은 거대한 두 장벽이 건너편을 보지 못하게 한 것은 물론 우리 자신을 한없이 왜소하게 만들었다고 여긴다. '나'는 우리의 의식 속에 쌓인 많은 장벽의 존재를 반성하고, 그것들을 열어 가는 먼 여정에 나서야 한다고 역설한다.

STEP 03 논문으로 만나는 출제자의 시선

신영복의 수필, 『더불어 숲』

신영복의 수필은 그의 독특한 인생 여정에 영향을 받은, 깊은 사색 끝에 얻을 수 있는 철학적 글쓰기의 전형으로 평가받는다. 신영복은 숙명여대와 육군사관학교에서 경제학을 가르치던 교수였으나, 1968년 군부 독재 정권이 날조한 통일혁명당 사건으로 무기징역형을 선고받았다. 그는 대전 교도소와 전주 교도소에서 20년 동안 복역하다가 1988년 8·15일 특별 가석방으로 출소했다. 그는 1976년부터 1988년까지 감옥에서 가족에게 보냈던 편지들을 묶어 『감옥으로부터의 사색』이라는 책을 출간했다. 이 책에서 신영복은 직접 겪은 수형 생활의 애환을 털어놓으면서, 작은 것에 대한 소중함, 가족의 소중함 등을 사색적으로 서술하고 있다.

이후 신영복은 1997년 한 해 동안 '새로운 세기를 찾아서'라는 화두를 품고 22개국을 여행한 기록을 책으로 엮어 1998년 『더불어 숲』을 출간한다. 동서고금의 역사와 문화를 아우르는 그의 해박한 지식과 현실에 대한 비판적 인식, 세상을 향한 따뜻한 통찰이 돋보이는 수필이 1, 2부로 나뉘어 이 책에 수록되어 있다. 『더불어 숲』의 메시지는 "나무가 나무에게 말했습니다. 우리 더불어 숲이 되어 지키자."에 담겨 있다. 즉, 강자의 지배 논리에 맞서 공존과 평화의 원리를 지키고, 자본의 논리에 맞서 인간의 논리를 지키자는 것이다. 「관용은 자기와 다른 것, 자기에게 없는 것에 대한 애정입니다」에도 그러한 신영복의 가치관과 인생관이 담겨 있다. 기행 수필이자 서간 수필 형식을 취하고 있는 이 작품은 이스탄불을 여행하며 얻은 깨달음과 교훈을 독자 대중을 '당신'이라는 편지의 수신자로 가정하여 전달하는데, 중국과 유럽 중심 세계관에 갇힌 채 이스탄불에 대해 심리적 거리감을 느끼고 이스탄불 문화에 무지하던 그가 이스탄불을 관용과 공존의 가치를 가진 공간으로 새롭게 인식하는 과정을 따뜻한 문체로 진솔하게 드러냄으로써 독자들로 하여금 강대국들의 폭력적인 논리가 세계를 지배하는 현재의 국제 질서로 눈을 돌리게 만든다.

STEP

01 지문 분석과 OX문제

나BS 수능특강 | 현대문학

《"우리들이 커닝을 도와준 것이 기표의 비위를 상하게 한 모양이지?"》
    《 》: 형우는 기표에게 시험에서의 부정행위를 제안했으나 기표는 이를 거부하였으며, 이를 계기로 기표는 형우에게 폭력을 가함.
병원에 있을 때는 남의 눈을 생각해 못 물어본 걸 하굣길 둘만의 자리가 됐을 때 내가 넌지시 물어보았다.
형우가 병원에 입원해 있었을 때 → 형우는 기표를 비롯한 재수파 친구들에게 폭행을 당했음.   ↳ 이야기 속 인물인 1인칭 서술자가 자신의 경험을 서술함.
"글쎄 그런 것 같았다." / 형우가 짐짓 좌우를 둘러보면서 대답했다.

"그때 그 일, 담임 선생님이 시켜서 한 거지?"
기표를 위해서라는 핑계로 부정행위를 제안한 일.   ↱ '나'는 기표의 커닝을 도왔던 일의 배후에 담임 선생님이 있는지 밝히고자 함.
내가 넘겨짚자 형우가 한순간 당황하는 것 같았다. 언제고 밝히고 싶었던 것이라 나는 다시 다그쳤다.
    '나'가 사건의 전모를 알고 있다는 사실에 당황함.
"그렇지?" / "꼭 그런 건 아니지만 그 문제를 담임 선생님과 의논한 건 사실이다."
     기표에게 커닝페이퍼를 전달한 일에 담임 선생님이 영향을 미쳤음을 알 수 있음.
"합법적으로 만들기 위해서냐?"
  담임 선생님이 커닝 사건에 개입한 이유로 '나'가 생각한 것
"아니다. 담임 선생님이 기표를 나한테 일임하겠다고 말했기 때문이다. 선생님은 기표를 구원해 주고 싶었던 것이다."
        모두 다 맡기다.
"그랬겠지. 형우야, 넌 지금 네가 기표를 구원했다고 보니?"

"아직 완전히는 …… 그러나 머지않았다."

나는 웃어 주었다.

"기표는 그렇게 생각하지 않을걸. 형우, 네가 구원해 주고 있다고 말이야."
 '나'는 형우와 담임 선생님이 기표를 구원하기 위해 행동하고 있다고 생각하지 않음.
"그것은 기표가 생각할 일이 아니다."
 형우는 자신과 선생님의 행동이 기표를 구원하기 위함이었다고 말하면서도, 기표의 생각은 중요하게 생각하지 않음.
        형우는 기표의 생각과는 상관없이, 자신과 담임 선생님의 행동이 기표를 위한 것이었다고 생각함.

"무슨 뜻이냐?" / "우리가 무서워했던 건 기표가 아니라 기표를 둘러싸고 있는 재수파들이었다."
      학급 친구들에게 두려움을 주는 진짜 대상은 재수파였음.
"그런데?" / "이제 그 조직은 없어졌다."

"무슨 근거로 그렇게 말하는 거냐?"
 '나'는 형우가 재수파가 와해되었다고 생각하는 근거를 알고자 함.
『"내가 병원에 있을 때 그 애들이 모두 나한테 사과하러 왔다. 하나하나 서로가 모르게 다녀갔다."』
 『 』: 형우가 재수파가 와해되었다고 생각하는 이유 ① → 자신을 폭행했던 재수파 친구들이 비밀리에 자신을 찾아와 사과함.
"기표두 왔었니?" / 내가 헐떡이면서 물었다.

"오지 않았다. 그러나 난 그런 놈한테 사과도 받고 싶지 않다."
     기표를 향한 형우의 적대감, 반감이 드러남.
그럴 테지. 나는 후우 가슴을 쓸어내렸다.

"그래, 다른 애들이 너한테 사과를 했다고 해서 재수파가 없어졌다고 생각하는 건 잘못일 거야."

"물론 겉으로야 그대로 남아 있겠지. 그러나 그들은 이미 이빨 뺀 뱀이나 다름없어. 『걔들이 모두 나한테 말했다. 기표는 악마라고. 자기들 피를 빨
      무능력해진, 이전의 세력을 잃은 재수파를 지칭.
아먹고 사는 흡혈귀라고.』"
 『 』: 형우가 재수파가 와해되었다고 생각하는 이유 ② - 재수파 친구들이 기표를 부정적으로 생각함.
 형우와 갈라서야 하는 길목에 와 있었다. 나는 형우네 집 쪽으로 따라가며 물었다.

"너 지금 무슨 얘길 하는 거냐?"

형우가 나를 향해 싱긋 웃었다.

"〔기표는 다 아는 것처럼 가난한 집 애다. 거기다가 그 부모가 다 병들어 누워 있다. 시집간 기표 누나가 주는 돈으로 겨우겨우 먹고산댄다. 기표 동
〔 〕: 기표의 어려운 가정 형편
생이 셋이나 있다. 기표 바로 밑의 동생이 버스 안내원을 해서 생활비를 보탰는데 요즘 무슨 일로 해서 그것도 그만두었다. 아무튼 생활이 말두 아니란

거야.〕 재수파들이 매달 얼마씩 모아 생활비를 보태 줬다는 거야. 집에서 돈을 뜯어낼 수 없는 애들은 혈액은행에 가 피를 뽑아 그 돈을 내놓았다는 거

다."

"그렇게 해 달라고 기표가 강요한 건 아닐 텐데." / "마찬가지다. 재수파들도 기표가 무서웠다는 거야."
재수파들이 기표에게 돈을 제공한 것
"지금도 무서워하고 있을걸." / "그렇지 않아."

병원에서 지내는 동안 혈색이 더 좋아진 형우가 자신 있게 말했다.
                              그 누구도 기표를 무서워하지 않을 것이라는 데 대한 형우의 확신을 드러냄.
"이제 아무도 기표를 무서워하지 않게 될 거다."

                                        형우는 '나'에게 기표의 어려운 가정 형편을 밝히며, 재수파가 와해되었다는 확신을 드러냄.

(중략)

담임 선생이 교단에서 내려서고 그 대신 반장 임형우가 사뭇 엄숙한 표정으로 단 위에 섰다.

"담임 선생님의 말씀처럼 지금 우리 친구 하나가 매우 어려운 처지에 놓여 있다. 좀 늦은 감이 있지만 지금이라도 힘을 합쳐 그 친구를 구원해 주어
                                기표   '어려움이나 위험에 빠진 사람을 구하여 줌.'이라는 뜻.
                                                          → 그러나 형우와 담임 선생님의 행동은 기표를 돕는 것이 아니라, 기표를 통제하기 위한 것임.
야 한다고 생각한다."   즉, 이는 기표가 아닌 형우와 담임 선생님을 위한 것이라고 해석할 수 있음.

이렇게 서두를 잡은 형우는 언젠가 하굣길에서 내게 들려준 기표네 가정 형편을 반 아이들한테 이야기하기 시작했다. 「그런데 놀라운 일은 형우의
            일이나 말의 첫머리
혀였다. 나에게 얘기를 들려줄 때의 그런 적대감은 씻은 듯 감추고 오직 우의와 신뢰 가득한 말로써 우리의 친구 기표를 미화하는 일에 열을 올렸던
「 」: 형우가 '나'에게 기표의 이야기를 할 때와는 다른 태도를 보임. '적대감'을 감추고 기표를 '미화'함. → 형우의 이중적이고 위선적인 태도를 확인할 수 있음.
것이다.」

〔기표 아버지가 중풍에 걸려 식물인간처럼 누워 있는 정경이며 기표 어머니의 심장병, 그러한 부모들을 위해서 버스 안내원을 하던 기표 여동생의
                〔 〕: 기표의 어려운 가정 형편
눈물겨운 얘기. 라면으로 끼니를 때우는 기표네 식구들의 배고픔이 눈에 보이듯 열거되었다. 그런 가난 속에서도 가난을 결코 겉에 나타내지 않고 묵묵
                    형우가 기표의 어려운 상황을 열정적으로, 생생하게 전달하고 있음.
히 학교에 나온 기표의 의지가 또한 높게 치하되었다. 더구나 그런 가난 속에서도 유급을 했기 때문에 일 년간의 학비를 더 마련해야 했던 그 고통스
                                        학교나 직장에서 상위 학년이나 직책으로 진급하지 못하고 그대로 남음.
러운 얘기〕도 우리들 가슴에 뭉클 뭔가 던져 주었다.
            '나'를 포함한 학급 친구들
                                        형우는 기표의 동의도 없이 기표의 어려운 가정 형편을 학급 친구들에게 밝힘.

"나는 얼마 전 기표가 버스 안내원을 하던 여동생을 몹시 때린 일을 알고 있습니다. 그 여동생 몸이 약해 버스 안내원을 그만두었던 것인데 생활이

더 어렵게 되자 돈을 벌기 위해 술집에 나가기로 했었다는 것입니다. 우리는 그 여동생이 앞으로 어떤 무서운 수렁에 떨어져 내릴는지 아무도 알 수가

없습니다."

반 아이들은 사뭇 숙연한 자세로 형우의 말에 귀를 기울였다.

{형우는 기표네 가정 사정을 낱낱이 얘기함으로써 이제까지 우리들에게 신화적 존재로 군림해 온 기표의 허상을 빈곤이라는 그 역겨운 것의 한 자

락에 붙들어 맨 다음 벌거벗기려 하는 것 같았다. 기표는 판잣집 그 냄새나는 어둑한 방에서 라면 가락을 허겁지겁 건져 먹는 한 마리 동정받아 마땅

■ ↔ ■ : 기표의 상반된 모습을 보여 줌.

한 벌레로 변신되어 나타났다.}

{ } : '나'가 기표의 어려운 가정 형편을 밝히는 형우를 보며 한 생각 → 형우는 학급 친구들에게 '군림'하는 '신화적 존재'였던 기표를 '동정'해야 하는 초라한 존재로 만듦.

기표의 가정 형편을 낱낱이 밝힌 형우로 인해, 학급 친구들을 두려움에 떨게 했던 기표가 한순간 동정받아야 하는 대상으로 변모함.

"한 가지 또 알려 줄 게 있습니다. 그것은 어려운 처지의 친구를 위해서 이제까지 남이 모르게 도와 온 우정이 있다는 것입니다. 그것은 기표의 가

기표가 두려워 기표에게 복종해 온 재수파를 지칭함.

까운 친구들입니다. 이제까지 우리들이 재수파라고 불러 온 아이들입니다. 우리들이 무시해 온 그들이야말로 진정 아름다운 우정이 어떤 것인가를 보여

주었던 것입니다. 그들은 매달 용돈을 저축하고 또는 방학 때 공사장에 나가 일을 해서 받는 돈으로 기표를 도와 온 것입니다. 그들 중에는 매달 자신

재수파 친구들이 기표에게 돈을 바치기 위해 했던 행동들을, 기표를 돕기 위해 했던 행동들로 미화함.

의 귀한 피를 뽑아 그 돈을 내놓기도 했습니다. 한 달에 피를 세 번이나 뽑았기 때문에 빈혈을 일으켜 병원에 입원했던 사람도 있습니다. 사회에서 구

재수파

원받지 못한 가난을 우정으로써 구원하려 한 그들이야말로 훌륭한 정신의 소유자입니다. 협동과 봉사-기여 정신의 산증인들입니다. 우리들은 가끔 학교

기표의 상황   기표에 대한 재수파의 복종을, 기표를 위한 자발적 선의로 포장함. → 기표가 타인의 도움이 필요한 존재로 전락함.

에 싸 가지고 온 도시락이 텅텅 비어 있는 것을 발견하고 기분 나쁘게 생각한 적이 있습니다. 그것은 진정으로 배고파 보지 못한 우리들의 우매함이었

우매하다 : 어리석고 사리에 어둡다.

습니다. 남의 찬 도시락을 훔쳐 먹어야 했던 우리의 가난한 이웃을 우리는 너무나 모르고 지냈습니다. 나는 반장으로서 그 사실을 몹시 부끄럽게 생각

기표가 가난 때문에 악행을 저지를 수밖에 없었다고 말함으로써 기표를 동정받아야 할 대상으로 전락시킴.

합니다. 그것을 사과하는 뜻에서 나는 오늘이라도 우리의 친구 기표를 돕는 일에 앞장서기로 결심한 것입니다."

아이들이 술렁거리기 시작했다. 깊은 감동의 강물이 모두의 가슴 한가운데를 출렁이며 흘러가고 있었던 것이다.

재수파가 기표에게 복종한 것이 아닌 기표를 도운 것이었다는 형우의 말에 학급 아이들이 감동하게 됨.

OX문제

01 '나'는 학급 친구들이 기표의 커닝을 도와준 일에 담임 선생님이 개입되어 있다고 생각했다. (O / X)

02 형우는 재수파가 기표의 사정을 알면서도 감춰주기 위해 기표에게 복종하는 체했음을 알게 되었다. (O / X)

03 '나'는 이전과 달리 기표를 향한 적대감을 해소하고 기표를 구원하는 일에 앞장서는 형우를 보며 감동했다. (O / X)

04 특정 인물이 관찰한 내용과 판단한 내용이 함께 서술되고 있다. (O / X)

05 이야기 내부의 서술자가 인물의 행위를 묘사하며 사건의 원인을 추리하고 있다. [2020학년도 9월] (O / X)

STEP 02 작품 해제

01 | 주제

호의를 내세운 합법적 권력의 위선과 폭력성

02 | 특징

① 한 인물의 몰락 과정을 통해, 가시적인 폭력과 비가시적인 폭력에 대한 비판적 시각을 드러냄.
② 작품 속 인물인 '나'가 다른 인물들과 그 인물들을 중심으로 펼쳐지는 사건들을 관찰하여 제시함.
③ 인물 간의 갈등 상황을 제시한 후 그에 대한 분석적 해석을 제시함으로써, 인물과 사건을 효과적으로 전달함.

03 | 작품 해제

「우상의 눈물」은 한 고등학교 교실에서 일어난 가시적인 폭력과, 이를 저지하겠다는 명목 아래 행해진 비가시적인 폭력에 대한 비판을 드러낸 작품이다. 1인칭 관찰자인 '나'의 시점에서, 기표와 형우·담임 선생님 사이의 사건들이 전달되며 해석되고 있다. 학급의 안정을 내세워 기표를 길들이려는 반장 형우와 담임 선생님으로 인해 기표가 몰락하는 과정을 따라 서사가 전개되며, 이를 통해 호의를 가장한 합법적 권력의 위선적 행태를 부각하고 있다. 결국, 기표가 학교를 떠나며 서사가 마무리된다는 점에서, 이 작품은 합법적 권력 역시 누군가에게는 폭력이 될 수 있음을 보여 주고 있으며, 물리적 폭력과 합법적 폭력 중 어떤 것이 더 폭력적인가에 관한 물음을 던지고 있다고 할 수 있다.

04 | 등장인물

- '나' : 기표, 형우, 담임 선생님 사이의 사건들을 관찰하고 평가하여 해석하는 인물. 학기 초 임시 반장이었으나 재수파에게 폭행을 당한 후, 형우를 학급 반장으로 추천함. 형우와 담임 선생님이 기표에게 행사하는 합법적 폭력을 목격하며 불만을 느낌.
- 형우 : 학급의 반장으로, 리더십이 뛰어난 모범생. 기표를 돕겠다는 핑계로 커닝을 제안했다가 폭력을 당하기도 함. 그러나 기표에 대한 적대감을 감추고 오히려 기표의 폭력 행위를 포용하는 듯한 위선적인 태도를 보임으로써 기표의 힘을 약화하는 용의주도한 인물.
- 기표 : 여러 악행을 저지르는 재수파의 우두머리이자, 학급 친구들에게 두려움의 대상인 인물. 형우와 담임 선생님에게는 길들여야 하는 관리 대상으로, 이들에 의해 어려운 가정 형편이 낱낱이 밝혀짐으로써 학급에서 한순간 동정의 대상으로 전락함에 따라 결국 학교를 떠남.
- 담임 선생님 : 무사안일을 추구하는 인물로, 자율적이고 민주적인 학급을 만들겠다는 명목 하에 기표를 길들여 관리하고자 함. 형우와의 결탁을 통해, 겉으로는 기표를 돕는 듯 보이지만 사실 기표와 재수파를 무력화하는 또 다른 폭력을 행사함.

05 | 상세 줄거리

새 학기가 되어 '나'는 학급 임시 반장을 맡게 되지만, 기표를 비롯한 재수파 친구들에게 밉보여 폭행을 당한다. 담임 선생님은 자신의 의도를 숨긴 채 '나'에게 계속 반장을 맡아 달라고 부탁하지만, 자신의 고자질을 통해 학급의 일을 알고자 하는 선생님의 의도를 눈치챈 '나'는 형우를 반장으로 추천하고, 학급 반장으로 임명된 형우는 담임 선생님과 결탁하여 기표 일당을 무력화하고자 노력한다. 그 노력의 일환으로 형우는 기표의 유급을 막자는 미명하에 시험 도중 기표에게 커닝 페이퍼를 전달하는데, 원치 않는 도움에 기분이 상한 기표는 형우에게 폭행을 가한다. 그럼에도 형우는 '나'에게만 기표를 향한 적대감을 드러낼 뿐, 학급 친구들에게는 이를 철저히 숨긴 채 자신을 폭행한 가해자를 밝히지 않음으로써 자신의 존재를 긍정적으로 드러낸다. 또한, 담임 선생님과 주도면밀한 계획을 바탕으로, 학급 친구들에게 기표의 어려운 가정 형편을 낱낱이 밝힐 뿐만 아니라, 기표를 향한 재수파의 복종 행위를 도움의 손길로 포장하여 감동을 준다. 이로 인해 학급에서 두려움의 대상이었던 기표는 동정받아야 할 대상으로 전락하여 힘을 잃고, 학급 친구들의 기표를 위한 선행은 언론에까지 공개된다. 기표의 이야기가 영화화될 무렵, 결국 기표는 무섭다는 편지만을 남긴 채 가출해 버린다.

'우상'의 형성과 몰락, 그리고 합법적 권력의 폭력성

「우상의 눈물」은 그 제목에서도 드러나듯이, '우상'이 형성되어 몰락하는 과정을 보여 줌으로써 그 서사에 담긴 사회적 함의를 드러내는 작품이다. 「우상의 눈물」에 등장하는 '기표'와 '형우'는 지극히 일상적이고 평범한 인물일 뿐, 많은 사람에게 존경을 받을 만한 자질을 갖춘 인물이 아님에도 학급 아이들의 '우상'이 된다. 그러나 기표와 형우가 처한 상황은 그들이 지닌 권력의 양상을 변화시킨다. 이때 기표가 지닌 권력은 눈에 보이는 물리적인 폭력으로, 형우와 담임 선생님이 지닌 권력은 눈에 보이지 않으며 합법적인 형태를 띠지만 타인을 억압하고 규율하려는 또 다른 폭력으로 나타난다.

기표는 갖은 악행을 저지르는 불량 학생으로 학급 친구들에게 '악마'로 지칭되는 한편, 기성세대 혹은 제도에 대한 저항의 상징으로서 '무언가 헤아릴 수 없는 힘'을 드러내며 '우상'으로 인식된다. 한편 그와 대립하는 담임 선생님은 '자율'이라는 기치를 내세워 학급을 안정시키고자 하나, 사실은 학생들 '머리 위에 군왕처럼 군림'하고 싶어 하는 인물로, 기표를 학급이라는 제도 속에서 길들이고자 한다. 이때 학교라는 권력과 제도를 대변하는 담임 선생님은 학생들을 규율하고 통제하고자 '가정방문'이라는 전략을 활용한다. 그것은 개별 학생의 상황을 이해하고 학생을 배려하기 위한 것이 아니라, 학생들을 효과적으로 통제하기 위하여 정보를 수집하기 위함이다. 특히 형우가 학급 반장으로서 담임 선생님의 자발적인 조력자가 됨으로써, 기표가 지닌 권력은 점차 변화한다. 형우는 반장이라는 자신의 지위를 이용하여, 우상화된 기표의 이면에 감춰져 있던 기표의 어려운 가정 형편을 낱낱이 밝혀 기표를 무력화하고, 자신이 당한 폭력의 가해자인 기표를 고발하지 않음으로써 반 친구들에게 자신의 존재를 긍정적으로 각인시킨다. 기표에게 도움을 주자는 호의를 가장한 위선적 행위를 통해 형우는 학교 내에서 또 다른 '우상'으로 등극하게 되고, 반대로 '절대적 악의 화신'이었던 기표는 '우리를 슬프게 하는 아이'로 몰락한다. 이러한 점에서, 형우와 담임 선생님은 '학급의 안정'과 '기표를 향한 선의'를 내세워 겉으로는 기표를 '구원'하겠다는 따뜻한 마음을 보이지만 실제로는 기표의 권력을 제거하려는 의도로 결탁한 인물들이며, 이들 행위의 바탕에는 자신의 계획대로 학급을 이끌고자 하는 지배욕과 자신의 지위를 통해 존재감을 드러내고자 하는 욕망이 자리하고 있다. 그렇기에 서술자 '나'는 합법적·제도적 권력을 내세우는 담임 선생님과 형우에게 냉소적 시선을 던지는 것이다.

결국, 물리적·가시적인 폭력을 행사하던 '우상화'된 기표의 권력은 형우와 담임 선생님의 위선적 선행으로 인해 허물어진다. 이는 표면적으로는 '선(善)-담임 선생님과 형우'와 '악(惡)-기표'의 대립으로 보이지만, 사실은 '구조적인 악(惡)-담임 선생님과 형우'와 '개인적인 악(惡)-기표'의 대결이라고 볼 수 있다. 형우와 담임 선생님의 계획에 의해 자신의 권력이 무너짐에 따라 기표는 큰 당혹스러움과 공포감을 느끼게 된다. 그럼에도 기표는 자신을 길들이려는 권력에 순응하는 대신, 학교를 떠남으로써 그들의 계획을 망가뜨린다. 자신을 희생양으로 삼아 학급의 안정을 취하고자 하는 이들에 대한 마지막 저항을 보이는 셈이다. 이러한 점에서, 「우상의 눈물」은 기표라는 한 개인의 권력뿐만 아니라 근대 사회의 제도가 지닌 폭력성을 고발하는 작품이라고 볼 수 있다. 보이는 폭력을 제거하기 위해 보이지 않는 또 다른 폭력이 작용하는 양상, 특히 그러한 폭력이 합법적인 '제도'가 지닌 권력에 의해 행사된다는 점을 날카롭게 비판하고 있다.

'성장 소설'로서의 「우상의 눈물」

「우상의 눈물」은 한 고등학교에서 벌어지는 다양한 폭력의 양상을 그린 작품으로, 성장기에 있는 서술자가 다른 성장기 인물들의 모습을 관찰하고 해석하여 사건을 전달하고 있다. 작품에 등장하는 다양한 인물들은 각기 다른 인식의 성장을 겪는데, 그러한 성장은 인물들의 상호작용을 통해 복합적으로 이루어진다. 먼저, '나(유대)'는 학교라는 제도와 기성세대를 상징하는 담임 선생님에게 비판적 질문을 던지는 인물이다. 학급을 배에 비유하여 "우리의 항해를 방해하는 자는 용서하지 않을 것"이며, "항해에 역행하는 자는 여러분 스스로가 엄단할 수 있어야 한다"고 말하는 담임 선생님에게, "우리가 탄 이 배의 선장"이 누구냐는 질문을 던지는 것이다. '나'는 반장으로서의 책무를 다하기 위해 학급에서 발생한 모든 일을 선생님에게 알렸다가 친구들로부터 왕따를 당했던 경험이 있는데, 새 학기를 맞아 새로운 담임 선생님에게 같은 역할을 제안받게 된다. 이전의 경험을 바탕으로, 학급을 지배하려는 선생님의 의도를 간파하게 된 '나'는 기성세대의 위선에 대한 문제의식을 바탕으로 질문을 던짐으로써 기성세대의 양면적 속성을 들춰낸다. '나'는 이처럼 위선으로 점철된 선생님과 달리, 악(惡)을 다른 것으로 포장하지 않는 기표를 자신의 우상으로 삼고, 기표의 몰락을 지켜보며 자신의 우상이 눈물을 흘린다고 표현한다. 그러나 그 우상의 눈물에도 '나'는 기성 사회를 비판하는 데 그칠 뿐, 그에 저항하는 실천적 행위로 나아가지는 못한다는 점에서, 아직 완성되지 않은 '미완의 성장'에 머물러 있다.

반면, 기표는 여러 악행을 저지르면서도 자신의 악을 감추려 하지 않으며, 학급 친구들 또한 기표를 욕하거나 나쁘게 생각하지 않는다. 기표에게 심한 폭행을 당한 '나'조차도 기표를 미워할 수 없다고 말하는데, 그 이유는 기표가 저지르는 악행이 그 대상을 가리지 않기 때문이다. 기표의 악행은 기성 사회를 향해 있으며, 거짓된 선의로 포장되지도 않는다. 기표의 폭력 행위는 어려운 가정 형편 속에서 가장의 무능을 대신 책임질 수 없으며 아픈 누이조차 보호할 수 없다는 자책감과 부끄러움의 표출이며, 폭력을 통한 우월감을 바탕으로 자신을 보호하려는 위악적 행동이다. 그렇기에 담임 선생님과 형우에 의해 자신의 빈곤이 낱낱이 알려지자, 그로부터 비롯한 부끄러움을 이기려는 기표의 위악은 의미를 상실하게 되고, 결국 기표는 자신이 행했던 폭력을 포기할 수밖에 없는 굴종의 상태에 놓이게 된다. 그리고 선의로 포장하여 자신을 길들이려는 기성 사회의 또 다른 폭력성에 두려움을 느낀 나머지, 자신의 이야기를 영화화하여 박제하려는 기성세대의 시도에 대한 마지막 저항으로 학교를 떠날 것을 결심한다. 이처럼 기성 사회의 폭력에 굴복하지 않고 저항의 시도를 실천한다는 점에서 기표는 어느 정도의 성장을 이루었다고 볼 수 있다. 그러나 기표의 진정한, 바람직한 성장은 자신이 행했던 폭력에 대한 반성적 사고를 통해 이루어질 수 있다. 기표의 '떠남'은 기표가 자신의 위기를 깨닫고 그 위기를 넘어가고자 하는 것 이상의 의미를 지니지 못한다는 점에서, 그 결과를 예측할 수 없는 '불확실한 성장'을 보여 줄 뿐이다.

마지막으로, 형우는 담임 선생님의 계획에 적극적으로 가담함으로써 기성 사회의 대리자 역할을 수행하는 인물이다. 형우는 기성세대와 자신을 동일시하는 미숙한 성장 주체로서, 기성 사회에 자발적으로 순응하여 굴종하며 기성세대가 좇는 가치를 철저히 내면화한다. 그러나 그러한 동일시가 형우의 내적 갈등이나 성찰을 통한 결과가 아닌, 기성세대에 대한 단순한 모방에서 비롯된다는 점에서 형우는 성숙으로 나아가지 못하는 인물이라고 볼 수 있다. 형우는 기표의 '구원'이라는 목적이 분명할 때 담임 선생님, 즉 기성세대와 하나가 되어 기성세대의 대행 역할을 수행할 수 있다. 그러나 기표가 학교를 떠나버리면서 더 이상 그 역할을 수행하지 못하게 된 형우는 자신의 존재 의의를 잃고, 결국 작품의 결말 부분에서도 모습을 감춘다.

이러한 여러 성장 주체들은 서로 영향을 주고받으며 변화하는 모습을 보인다. '나(유대)'는 기표의 몰락을 목격하면서 기성세대에 대한 신랄한 비판을 가한다. 즉, 위악적 행위를 통해 기성 사회에 저항하던 기표가 자신에게 행해진 비가시적·위선적인 폭력으로 인해 기성세대에 점차 굴종해 가는 모습을 보면서 '나'는 비로소 인식 성장의 기회를 얻는 것이다. 한편 기표의 위악적 행위들은 형우가 기성세대의 양면성을 내면화하여 기성세대를 모방하는 계기를 마련하며, 반대로 기표를 구원하겠다는 형우의 위선적 행위는 결국 기표의 실천적 저항을 낳는다. 형우가 기성세대의 대리자 역할을 잘 수행할수록 기표뿐만 아니라 형우 역시 기성 사회의 질서에 순종하게 되는 것이다. 그리고 기표가 학교를 떠나는 것은 결국 형우의 행동들을 무화(無化)한다는 점에서 형우에게 성찰의 계기를 제공하게 된다.

STEP 01 지문 분석과 OX문제

나BS 수능특강 | 현대문학

      세상에서 자기 혼자 잘났다고 뽐내는 태도   정치상의 권세. 또는 그 권세를 마구 휘두르는 일
  봇목에 논을 가지고서도, '유아독존' 식으로 날뛰는 절 사람들의 세도에 눌려 흘러오는 물조차 맘대로 못 댄 곰보 고 서방은, 마침내 딴은 큰맘을 먹
보(논에 물을 대기 위한 시설)의 물목   보광사   얼굴에 우묵우묵한 자국이 생긴 사람을 낮잡아 이르는 말

고 자기 논 물꼬를 조금 더 터놓았다. 그러자 그걸 본 한 양반이 빽 소리를 내지르며 쫓아왔다. 오더니 다짜고짜로,
보논에 물이 넘어 들어오거나 나가게 하기 위하여 만든 좁은 통로   ↳ 보광리 주민 중 한 사람이 논 물꼬를 트는 고 서방을 저지하려 함.

  "왜 또 손을 대요?"

  "인제 물도 다 돼 가고 하니 나두 좀 대야지요."

  하다가 고 서방은 자기 말이 너무나 약한 것을 깨닫고 한마디 더 보태었다.
                더 강하게 말하려고 함.
  "그리고 당신 논에는 물이 벌써 철철 넘고 있지 않소."
물꼬를 터놓고 물을 넉넉하게 쓰고 있는 상대방에 대한 고서방의 반론
  "뭐? 넘어? 어디 넘어? 이 양반이 눈이 있나 없나?"

  하며 그는 곰보 논 물꼬를 봉하려고 들었다.
             막으려고
  "안 돼요!"

  곰보는 물꼬를 아까보다 더 크게 열면서,

  "위에 있는 논은 한 번 적시지도 못하게 하고 아랫논만 두렁이 넘게 물을 실으려는 것은 너무 심하잖소?"
고 서방은 물이 흘러나오는 봇목에 자신의 소작논이 있음에도 논에 물을 적시지 못했는데, 보광리 주민의 논에는 지나치게 많은 물이 있는 상황에 대해 불만을 제기함.
  "무어—?"

  "그렇게 노려보면 어쩔 테요?"

  "야, 이 친구가 밥줄이 제법 톡톡한 모양이로군!"
보광리 주민으로서 자신은 논의 경작권에 영향을 미칠 수 있는 권력을 지니고 있음을 내세우며 고 서방에게 협박하듯이 말함.
  그는 비쭉 냉소를 했다.

  "이 친구? 네 집에는 그래 애비도 삼촌도 없니? 누굴 보고 이 친구 저 친구 해?"
고 서방은 자신보다 나이가 어린 것 같은 상대방이 자신을 하대하듯이 '이 친구'라고 부르자 울분을 표출하고 있음.
  "뭐가 어째? 야, 이 녀석이 제법 꼴값을 하는군. 어디 상판대기에 '빵꾸'를 좀 더 내 줄까?"
                   고 서방 얼굴의 곰보 자국을 보고 외모를 비하함.
  "이놈— 개 같은 놈! 아무리 세상이 뒤바뀌어졌기로서니……."
            친일 세력이 권세를 부리는 현실에 대한 한탄으로 볼 수 있음.
  "야, 이 녀석 좀 봐. 세상이 뒤바뀌어졌다구? 하, 하, 하……."

  그는 다른 사람도 다 들으라는 듯이 소리를 높이더니,

  "예끼 건방진 녀석!"

  그리고 제보다 몸피가 훨씬 큰 곰보의 뺨을 한 대 갈겼다.
        몸통의 굵기   고 서방
  "이게 뭘 믿고서……."

  곰보가 하도 어처구니가 없어서, 그자의 멱살을 불끈 졸라 쥐니깐, 「그 근방에 있던 같은 패들이 벌 떼처럼 우— 몰려왔다. 그러자 아까 가동 늙은이
             뺨을 맞은 것에 대해 대응하려는 고 서방의 태도   보광리 주민들이 합세함.

를 상해 놓던 고자쟁이 이시봉이가 풋볼 차던 형식으로 곰보의 아랫배 짬을 콱 질렀다. 곰보는 악! 하며 그 자리에 쓰러졌다. 쓰러진 놈을 여러 놈들이
<u>예전에 이시봉이 논에 물을 데리고 하는 가동 할맘을 괭이로 폭행한 사건이 있었음.</u>

밟고 차고…… 그러다가 나중에는 뻗어져 누운 놈을 끌고 주재소*에까지 가자고 야단이다. 곰보는 <u>그 말이 무엇보다도 무서워서, 잘못했다고 빌지 않을</u>
　　　　　　　　　　　　　　　　　　　　　　　　　　　　　　　　　　　　고 서방은 보광리 주민들이 일제 권력의 비호를 받기 때문에
　　　　　　　　　　　　　　　　　　　　　　　　　　　　　　　　　　　　주재소에 가면 자신이 불리한 처우를 받을 것이라 여기고 있음.

<u>수가 없었다.」</u>
「 」: 보광리 주민들이 떼거지로 고 서방한테 폭력을 행사함. 일방적으로 폭행을 당하고도, 주재소에 가는 말이 무서워서 그들에게 잘못했다고 빌고 있는 상황

들깨가 곁에 가도, 곰보는 넋 잃은 사람처럼 논두렁에 멍하니 앉아 있었다. 왼편 눈 밑이 퍼렇게 부어올랐다.

『저수지의 물은 <u>그예</u> 끊어졌다. 물 끊어진 수문을 우두커니 들여다보는 농민들은 하도 억울해서 말도 욕도 아니 나오고, 그만 그곳에 주저앉았다. 그
　　　　　　　마지막에 가서는 기어이

와 동시에 온종일 수캐처럼 <u>쫓</u>아다닌 피로까지 엄습해서 일어날 생각도 없었다.
　　　　　　　저수지의 물을 끌어오려고 노력한 결과

그러나 한편, 물을 <u>흐뭇</u>이 댄 보광리—최근에 생긴 중 마을—사람들은 제 논 물이 행여 아랫논으로 넘어 흐를세라 돋우어 둔 물꼬와, 논두렁 낮은
　　　　　　　마음에 흡족하여 매우 만족스럽게　　　　　　　　　　　　　　　성동리 주민들의 논

짬을 한층 더 단단히 단속하느라고 몹시 바빴다.』　『 』: 성동리 농민들은 논에 물을 대지 못해 좌절하여 주저앉고, 보광리 사람들은 물이 넉넉함에도 욕심을 부리고 있음.
틈새　　　　　　　　　　　　　　　　　　　　　　　　　　물을 확보한 이들과 그렇지 못한 이들의 처지가 서로 대비되어 드러나는 상황

고 서방은 분도 분이지만, 그보다 내년 봄엔 영락없이 그 절 논 두 마지기가 떨어지고 말 것을 생각하면, 앞으로 살아 나갈 일이 꿈같이 암담하였
　　　　　　　　고 서방은 자신의 논의 경작권을 좌우할 수 있는 권한을 가지고 있는 보광리 사람들에게 저항하였기 때문에 논의 경작권을 빼앗길 상황을 걱정함.

다.

(중략)

성동리 주민들은 보광사 조합의 대표인 이사에게 봄에 빌려 쓴 돈을 당장 갚지 못하는 상황을 선처해줄 것을 요청하고 있음.

그들의 하소연은, 자기들이 봄에 빌려 쓴 소위 저리 자금의—대부분은 비료 대금이지만—지불 기한을 조금 더 연기해 달라는 것이었다.
　　　　다른 사람의 농지를 빌려 농사를 지은 대가로 지주에게 주는 사용료

「보광사 소작인들은 해마다 소작료와 또 소작료 매 석에 대해서 너 되씩이나 되는 조합비와, 비료 대금과 그것에 따른 이자를 바쳐야만 되었다. 그
타인의 농지를 빌려 농사를 짓고 그 대가로 사용료를 지급하는 사람

리고 비료 대금은 갚는 기한이 해마다 호세와 같았다.」　　　　　「 」: 보광사 소작인인 성동리 농민들은 과도한 비용을 지불해야 하는 부담을 지니고 있음.
　　　　예전에, 살림살이를 하는 집을 기준으로 집집마다 징수하던 지방세

의젓하게 <u>교의</u>에 기댄 채 인사도 받는 양 마는 양하는 이사님은, 빌듯이 늘어놓는 <u>구장</u>의 말을랑 귀 밖으로, 한참 '시끼시마' 껍데기에 낙서만 하고
　　　　　의자　　　　　　　　　　　　　　　　　　　　　　　　예전에, 시골 동네의 우두머리. 성동리의 대표

있더니, 『문득 정색을 하고는,

"그런 <u>귀치않은</u> 논은 부치지 않는 게 어때요?"　　　『 』: 성동리 농민들의 요구를 조합 이사가 거절함.
귀찮은. 마음에 안들고 괴롭거나 성가신

해 던졌다.

"……"

"해마다 이게 무슨 짓들이오? 나두 인젠 그런 우는소리는 듣기만이라도 귀치않소. 호세만 내고 버티겠거든 어디 한번 버티어들 보시구려!"』
　　　　　　　　　　　　　　　　　　　　이사는 빌려 쓴 돈을 갚지 않고 호세만 내겠다는 것이냐며 버티어 볼 테면 버티어 보라고 성동리 농민들을 몰아세우고 있음.

"<u>누가 어디 조합 돈은 안 내겠다는 겁니까. 조금만 연기를 해 달라는 거지요.</u>"
　　요구 사항을 다시 구체적으로 드러내어 조합 이사가 이를 수용하기를 요청하고 있는 상황

이번에는 또쭐이가 말을 받았다.

"내든 안 내든 당신들 입맛대로 해 보시오. <u>난 이 이상 더 당신들과는 이야기 않겠소.</u>"
　　　　　　　　　　　　　　　소작인들의 사정을 봐주지 않는 조합 이사의 태도

이사님은 <u>살결 좋은 얼굴</u>에 적이 <u>노기</u>를 띠더니, 그들 틈에 끼어 있는 곰보를 힐끗 보고서는,
　　　　　풍족하게 살고 있음.　　성난 얼굴빛

"<u>고 서방 당신은 또 뭘 하러 왔소? 작년 것도 못다 내고서 또 무슨 낯으로 여기 오우?</u>"
고 서방이 작년에 납부했어야 할 대금조차 납부하지 않은 채 '저리 자금'의 지불 기한을 연기해 달라는 부탁을 하러 온 것에 대해 책망함.

매섭게 꼬집었다. 그리고 그는 다시 장부를 뒤적거리면서, 하던 일을 계속했다. 일행은 허탕을 치고 밖으로 나왔다.

그리고 며칠 뒤, 저수지 밑 고 서방의 논을 비롯하여 여기저기에, 그예 입도 차압*의 팻말이 붙기 시작했다.
　　　　　　　　　　　　　　성동리 농민들의 요청이 수용되지 않았음을 암시

농민들은 알아보지도 못하는 그 차압 팻말을 몇 번이나 들여다보고 또 들여다보았다. —피땀을 흘려 가면서 지은 곡식에 손도 못 대다니? 그들은 억

울하고 분하다기보다, 꼼짝없이 이젠 목숨을 빼앗긴다는 생각이 앞섰다.

더 이상 빼앗길 것이 없는, 생계를 이어 갈 수 없는 극한 상황에 처한 성동리 농민들

고 서방은 드디어 야간도주를 하고 말았다.

남몰래 밤에 도망함.

"이렇게 비가 오는데, 그 어린것들을 데리고 어디로 갔을까?"

이튿날 아침, 동네 사람들은 애 터지는 말로써 그들의 뒤를 염려했다.

몹시 속이 상하고 초조한

무심한 가을비는 진종일, 고 서방이 지어 두고 간 벼 이삭과 차압 팻말을 휘두들겼다.

여름에 극심한 가뭄으로 이미 흉작이 들어버린 상황과 대비됨. 암울한 분위기를 부각하고 있음.

무슨 불길한 징조인지 새벽마다 당산 등에서 여우가 울어 대고, 외상술도 먹을 곳이 없어진 농민들은 저녁마다 야학당이 터지게 모여들었다.

토지나 마을의 수호신이 있다고 하여 신성시하는 마을 근처의 산이나 언덕   밤에 글을 가르치는 곳. 성동리 주민들의 연대 의식이 고취되는 공간

그리하여 하루아침, 깨어진 징 소리와 함께 성동리 농민들은 일제히 야학당 뜰로 모였다. 그들의 손에는 열음 못 한 빈 짚단이며 콩대, 메밀대가 잡

지주 계층의 부당한 힘에 저항하기 위해 성동리 농민들이 서로 연대하여 단합함.   결실을 맺지 못한

혀 있었다.

이윽고 그들은 긴 줄을 지어 가지고 차압 취소와 소작료 면제를 탄원해 보려고 묵묵히 마을을 떠났다. 「아낙네들은 전장에나 보내는 듯이 돌담 너머

성동리 농민들의 요구사항   ↳ 사정을 자세히 이야기하고 도와주기를 간절히 바람

로 고개를 내 가지고 남정들을 보냈다. 만약 보광사에서 들어주지 않는다면—하고 뒷일을 염려했다.」

「 」: 성동리 아낙네들은 보광사에서 탄원을 들어주지 않을 경우 극단적인 사태가 벌어질 상황을 걱정하고 있음.

그러나 또쭐이, 들깨, 철한이, 봉구—이들 장정을 선두로 빈 짚단을 든 무리들은 어느새 벌써 동네 뒤 산길을 더우잡았다. 철없는 아이들도 행렬의

뭉쳐서 소작 쟁의를 벌이는 성동리 주민들   더위잡다 : 높은 곳에 오르려고 무엇을 끌어 잡다.

꽁무니에 붙어서 절 태우러 간다고 부산히 떠들어 댔다.

성동리 주민들의 요구 사항이 관철되지 않았을 경우 화재라는 재난을 일으킬 것을 암시함.

*주재소 : 일제 강점기에, 순사가 머무르면서 사무를 맡아보던 경찰의 말단 기관.

*시끼시마 : 일본 담배 이름.

*입도 차압 : 논에서 자라고 있는 벼를 압류하는 일.

OX문제

01 대화를 통해 인물 간 대립의 양상이 심화되고 있다. [2014학년도 6월A]   (O / X)

02 고 서방이 한 양반의 논에 있는 물을 전부 빼돌려 자기 논에 물을 댄 것이 갈등의 원인이다.   (O / X)

03 성동리 주민들은 호세 비용과 저리 자금의 이자 기간에 대한 선처를 바라고자 이사를 찾아갔다.   (O / X)

04 성동리 주민들이 '빈 짚단'을 든 행위는 보광사와 원만한 타협이 이루어지지 않을 경우를 대비한 것이다.   (O / X)

05 이야기 내부의 서술자가 인물의 행위를 묘사하며 갈등 상황을 제시하고 있다. [2020학년도 9월]   (O / X)

STEP 02 작품 해제

01 | 주제

일제 강점기로 피폐된 부조리한 농촌 현실과 농민들의 저항

02 | 특징

① 일제 강점기의 농촌 현실을 사실적으로 제시함.
② 특별한 주인공 없이 농민 지역 사람들 전체의 모습을 보여 줌.
③ 일반적인 농촌 계몽 소설과 달리 농민들이 자발적으로 깨닫는 데 의의가 있음.
④ 지배 집단과 피지배 집단 간의 갈등이 나타남.

03 | 작품 해제

'사하촌'은 수탈당하는 농민의 저항 의식을 사실주의적 수법으로 그린 소설이다. 억압받는 농민들의 끈질긴 삶을 통해 이 땅의 민중에 대한 애정을 보여 주고 있으며, 결말 부분에서 모순에 대결하는 민중의 모습을 인상적으로 제시하고 있다.

특별한 주인공이 없고 모순된 현실 속에서 고통을 겪는 동안 어려운 사람들끼리 뭉쳐 함께 싸우는 농민 집단 전체가 주인공이다. 가뭄과 지주의 횡포로 고통이 극에 달하자 지배 집단에 맞서 스스로 현실을 자각하고 일어나는 성동리 농민들의 모습을 그리고 있다.

04 | 등장인물

- 치삼 노인 : 자손 대대로 복받고 극락 갈 것이라는 중의 꾐에 넘어가 절에 논을 기부한 농부로, 그 논을 소작을 하면서 중들과 마찰이 생기자 가슴 아파하는 인물
- 들깨 : 치삼 노인의 아들로, 가뭄이 들어 물싸움이 일어나자 자기 논에 물을 대기 위해 노승과 싸움을 하며 중들의 횡포에 분연히 일어서는 동적인 인물
- 고 서방 : 봇목에 논을 가지고도 물을 못 댈 만큼 착한 천성을 가짐. 물꼬를 조금 터놓았다가 봉변을 당하며 얼토당토않게 남의 논두렁을 잘랐다는 죄목으로 끌려가 몇 달간 헛고생을 하다가 추석이 지난 뒤에 풀려남. 풀려난 뒤에도 사방공사 품팔이를 다니나 논에 입도 차압이 붙자 견디지 못하고 야간도주를 함.
- 이사님 : 행정을 근본적으로 처리하지 않고 임시로 대충 처리하는 사고 방식을 가진 이기적 인물. 성동리 농민들의 탄원 요청을 거부하며, 자신의 주관적 관점에서 일 처리를 함.

05 | 상세 줄거리

극심한 가뭄에 논바닥이 말라붙었다. 들깨는 논에 물을 대러 갔다가 허탕을 친다. 보광사 중들이 수도 저수지의 물을 모두 제 논에 끌어다 썼기 때문이다. 자기 논의 물꼬를 터놓은 고 서방은 보광리 사람들에 의해 폭행당하고 저수지의 물은 끊긴다. 주민들이 기우제를 지내지만, 아무런 소용이 없었고 가을이 되었으나 흉작이었다. 그러던 중 보광사 절에서도 기우 불공을 드리게 되는데, 절에는 불공을 드리고자 하는 여인네들이 들끓었다. 하지만 성대하게 치러진 기우 불공은 영험이 없었고 가뭄은 계속되었다. 나무를 하러 나선 성동리의 아이들이 산지기에게 쫓겨 가다가 그중 한 명인 차돌은 굴러 떨어져 죽고, 차돌의 할머니는 충격으로 미치고 만다. 보광사 간평 위원들은 간평할 생각은 하지 않고 술만 마시는데, 이튿날 동네 사람들은 엄청난 소작료 결정에 놀란다. 그뿐만 아니라 영농 자금과 비료 대금이 빚으로 있었다. 마을 사람들은 조합에 찾아가서 영농 자금과 비료 대금 지급 기한을 늦춰 달라고 했으나 거절당하고 며칠 후에 고 서방의 논을 비롯하여 여기저기에 '입도 차압'이라는 팻말이 붙는다. 극한 상황에 처한 농민들이 차압 취소와 소작료 면제를 탄원하기 위해 볏짚단을 들고 보광사로 향한다.

농민 소설로서의 「사하촌」

「사하촌」은 보광리와 성동리 마을을 배경으로, 친일 세력과 보광사 중들로 이루어진 지주 계층과 이들에게 시달리고 빼앗기며 가난하게 살아가는 소작인들의 이야기다. 일제 말기의 사찰은 민족적 현실과 등을 진 경우가 많았는데, 법단 안에 '황군 무운 장구(皇軍武運長久)'라는 팻말은 서고 신도들이 준 땅이 많은 절일수록 대지주로 탈바꿈했다. 일제와 친일 승려들 밑에서 사람들은 갖은 학대와 착취에 시달린다. 가뭄으로 흉년이 든 해에도 절에서는 소작료를 강요한다. 불응하는 사람들은 땅이 떨어지고 잘못하면 억울한 죄명을 쓰고 경찰에 끌려간다.

이 작품 역시 이것을 실감 나게 그리고 있다. 그리고 배고픔에 못 이겨 고 서방이 야반도주를 한 얼마 후, 들깨를 비롯한 젊은이들은 이삭도 맺지도 못한 볏짚단을 들고 절로 향한다. 마지막 탄원을 하기 위함이다. 이 소설의 마지막 부분은 농민들의 소작 쟁의 행렬을 그리고 있으며, 곡식이 달리지 않은 빈 짚단들을 손에 들고 가는 사태는 지주의 본거지에 불을 질러 버릴 수 있음을 암시한다.

작가는 이 소설을 통해서 가뭄이라는 자연재해와 소작 제도의 모순을 보여 준다. 일제 수탈의 앞잡이인 순사, 군청 주사, 농사 조합 평의원, 보광사 중들로 이루어진 지주 계층과 이들의 횡포에 당하기만 하다가 드디어는 생존의 명백한 방식으로 저항을 택하는 소작인들이 대립하는 「사하촌」은 계몽주의적 민족 운동의 한계성과 사회주의 계열 문학 운동의 지나친 관념성, 목적성을 동시에 벗어날 수 있었던 농민 소설이라고 할 수 있다.

대립 구조의 「사하촌」

이 소설은 사찰 소유의 전답을 빌어 살아가는 사하촌 소작농민들의 빈궁과 삶의 고통을 그려낸 작품이다. 소설의 무대가 되고 있는 사하촌의 농민들은 절대적인 지주로 군림하고 있는 사찰의 횡포에 시달리며 살아간다. 이들에게는 세 가지의 고통이 늘 함께 한다. 첫째는 사찰 본래의 권능과 지위를 잃고 오히려 권력과 결탁하여 농민들을 착취하는 타락한 절과 승려들의 행태, 둘째로는 일제의 억압과 강압적인 수탈, 그리고 셋째로는 운명적으로 감내해야 하는 가뭄이라는 자연의 재난이 그것이다.

이 세 가지의 시련 가운데 자연의 재난인 가뭄은 농민들의 피땀 어린 노력으로 극복한다. 그리고 일제의 억압과 착취에 대해서도 농민들은 이를 악물고 견딘다. 이들에게 가장 혹독한 것은 동족의 입장이면서도 일제의 권력에 빌붙어 농민을 착취하는 사찰의 폭거이다.

이 소설의 공간 구조는 사찰과 사찰 아래의 마을로 이원화되어 있다. 사찰은 가난한 농민들이 범접하기 어려운 곳이다. 중생을 제도하는 정토가 아니라 가난한 농민들을 억압하고 착취하는 타락한 폭력 집단이다. 이 사찰의 아랫마을에 가난한 농민들이 모여 살고 있다. 이들은 사찰의 전답을 부쳐먹고 살기 때문에, 사찰의 횡포에도 불구하고 마을을 떠나지 못한다.

이 공간적 상하 대립 구조가 작품 속에 등장하는 삶의 대립적 구조의 근거를 이룬다. 경제적인 불평등 구조만이 아니라 폭력적인 세력 집단으로 전락한 사찰의 종교적인 횡포까지 겹침으로써, 갈등이 고조되고 있다. 이 소설의 결말은 입도 차압의 횡포를 부리는 사찰에 대응하여 농민들이 집단적인 항거를 일으키는 것으로 되어 있다. 이러한 결말은 계급적 투쟁이라기보다는 오히려 농민들의 생존을 위한 본능적인 저항에 해당된다고 할 것이다.

STEP

01 지문 분석과 OX문제

나BS 수능특강 | 현대문학 ●

↗ 예전에 한문을 좀 아는 유식한 사람을 높여 이르는 말. 여기서는 몰락한 사업가 안 초시를 이름.

초시는 이날 저녁에 박희완 영감에게서 들은 이야기를 딸에게 하였다. 실패는 했을지라도 그래도 십수 년을 상업계에서 논 안 초시라 출자를 권유하
황해 연안에 항구 도시가 생기게 되어 당국이 땅을 사들인다는 소식. 현재는 한 평당 25전 정도면 땅을 살 수 있고, 이를 통해 큰 이익을 얻을 수 있을 거라고 생각하고 있음.
는 수작만은 딸이 듣기에도 딴사람인 듯 놀라웠다. 딸은 즉석에서는 가부를 말하지 않았으나 그의 머릿속에서도 이내 잊혀지지는 않았던지 다음 날 아
안 초시와 딸 경화의 공통된 물질적 욕망(일확천금)
침에는, 딸 편이 먼저 이 이야기를 다시 꺼내었고, 초시가 박희완 영감에게 묻던 이상으로 시시콜콜히 캐어물었다. 그러면 초시는 또 박희완 영감 이상

으로 손가락으로 가리키듯, 소상히 설명하였고 일 년 안에 청장*을 하더라도 최소 한도로 오십 배 이상의 순이익이 날 것이라 장담 장담하였다.

딸은 솔깃했다. 사흘 안에 연구소 집을 어느 신탁 회사에 넣고 삼천 원을 돌리기로 하였다. 초시는 금시발복이나 된 듯 뛰고 싶게 기뻤다.
어떤 일을 한 후에 금세 운이 틔어 복이 닥침.
"서 참의 이놈, 날 은근히 멸시했것다. 내 굳이 널 시켜 네 집보다 난 집을 살 테다. 네깟 놈이 천생 가쾌지 별거냐……."
과거 훈련원의 참의를 지냈지만 지금은 복덕방을 운영하는 서 참의를 의식하여 투자에 대한 욕심을 내는 안 초시   부동산 중개인
그러나 신탁 회사에서 돈이 되는 날은 웬 처음 보는 청년 하나가 초시의 앞을 가리며 나타났다. 그는 딸의 청년이었다. 딸은 아버지의 손에 단 일

전도 넣지 않았고 꼭 그 청년이 나서 돈을 쓰며 처리하게 하였다. 처음에는 팩 나오는 노염을 참을 수가 없었으나 며칠 밤을 지내고 나니, 적어도 삼
아버지보다 애인을 신뢰하는 딸 경화
천 원의 순이익이 오륙만 원은 될 것이라 만 원 하나야 어디로 가랴 하는 타협이 생기어서 안 초시는 으실으실 그, 이를테면 사위 녀석 격인 청년의
딸이 투자를 제안한 자신에게 이익을 나눠줄 것이라는 기대감
뒤를 따라나섰다.

*

일 년이 지났다.

모두 꿈이었다. 꿈이라도 너무 악한 꿈이었다. 삼천 원어치 땅을 사 놓고 날마다 신문을 훑어보며 수소문을 하여도 거기는 축항이 된단 말이 신문에
일확천금과 관련된 투자가 실패로 돌아가 버린 안 초시의 좌절감   항구를 구축함.
도, 소문에도 나지 않았다. 용당포와 다사도에는 땅값이 삼십 배가 올랐느니 오십 배가 올랐느니 하고 졸부들이 생겼다는 소문이 있어도 여기는 감감소

식일 뿐 아니라 나중에, 역시, 이것도 박희완 영감을 통해 알고 보니 그 관변 모 씨에게 박희완 영감부터 속아 떨어진 것이었다. 축항 후보지로 측량까

지 하기는 하였으나 무슨 결점으로인지 중지되고 마는 바람에 너무 기민하게 거기다 땅을 샀던, 그 모 씨가 그 땅 처치에 곤란하여 꾸민 연극이었다.
관변 모 씨가 자신의 손해를 떠넘기기 위해 박희완 영감을 속임. 박희완 영감의 잘못된 정보로 안 초시까지 피해를 보게 됨. (일제 강점기 자본주의 체제의 확립에 따른 세태 변화)
돈을 쓸 때는 일 원짜리 한 장 만져도 못 봤지만 벼락은 초시에게 떨어졌다. 서너 끼씩 굶어도 밥 먹을 정신이 나지도 않았거니와 밥을 먹으러 들
투자할 때는 아버지의 손을 거치지 않고 투자해 놓고, 잘못된 책임은 모두 아버지에게 묻는 안경화의 태도
어갈 수도 없었다.

"재물이란 친자 간의 의리도 배추 밑 도리듯 하는 건가?"
아버지에 대한 예의보다 오직 자신의 물질적 손해만을 생각하는 안경화에 대한 원망
탄식할 뿐이었다.

[중략 부분 줄거리] 서 참의가 실의에 빠진 안 초시를 위로하지만 결국 안 초시가 죽음을 택하고 만 것을 발견한다.

파출소로 갈까 하다 그래도 자식한테 먼저 알려야겠다 하고 말만 듣던 그 안경화 무용 연구소를 찾아가서 안경화를 데리고 왔다. 딸이 한참 울고

난 뒤다.

『"관청에 어서 알려야지?" / "아니야요 아스세요."

딸은 펄쩍 뛰었다.

"아스라니?" / "저……." / "저라니?" / "제 명예도 좀……."

하고 그는 애원하였다.』

「」 : 안 초시의 죽음이 관청에 접수되면 경찰 조사로 끝나는 것이 아니라 언론 등에서 유명인 안경화의 아버지가 왜 자살을 하게 되었는지에 대해 관심을 기울일 것임. 아버지의 자살에 대해 사람들은 딸이 아버지를 잘 모시지 못했기 때문이라고 여길 것이므로 안경화는 자신의 체면을 위해 아버지의 죽음을 관청에 알리지 않고 조용히 수습하고자 하는 것임.

"명예? 안 될 말이지, 명옐 생각하는 사람이 애빌 저 모양으루 세상 떠나게 해?" / "……."
딸 안경화의 불효에 대한 꾸짖음과 위선적 태도에 대한 비판이 담겨 있음.

안경화는 엎드려 다시 울었다. 그러다가 나가려는 서 참의의 다리를 끌어안고 놓지 않았다. 그리고

"절 살려 주세요." / 소리를 몇 번이나 거듭하였다.

"그럼, 비밀은 내가 지킬 테니 나 하자는 대루 할까?" / "네."
안 초시의 장례를 제대로 치르기 위해 안경화의 명예를 지켜주는 대가로 모종의 거래를 하고자 하는 서 참의의 모습이 드러남.

서 참의는 다시 앉았다.

"부친 위해 보험 든 거 있지?" / "네, 간이 보험이야요." / "무슨 보험이던…… 얼마나 타게 되누?" / "사백팔십 원요."

"부친 위해 들었으니 부친 위해 다 써야지?" / "그럼요."

"에헴 그럼…… 돌아간 이가 늘 속사쓸 입구퍼 했어. 상등 털 사쓰를 사다 입히구 그 우에 진견으로 수의 일습 구색 마쳐 짓게 허구…… 선산이 있
안 초시가 입고 싶은 셔츠 하나 제대로 입지 못한 채 비참하게 살았음을 의미함. 죽어서야 원했던 셔츠를 입게 되는 아이러니한 상황

나 묻힐 데가?" / "웬걸요 없어요."

"그럼 공동묘지라두 특등지루 널찍하게 사구…… 장례식을 장하게 해야 말이지 초라하게 해 버리면 내가 그저 안 있을 게야. 알아들어?" / "네에."
물질적인 것만을 중시하는 안경화에게 상처받은 안 초시의 영혼을 달래고자 하는 의미

하고 안경화는 그제야 핸드백을 열고 눈물 젖은 얼굴을 닦았다.

*

안 초시의 소위 영결식이 그 딸의 연구소 마당에서 열리었다.
죽은 사람과 영원히 이별하는 의식(장례식)

서 참의와 박희완 영감은 술이 거나하게 취해 갔다. 박희완 영감이 무얼 잡혀서 가져왔다는 부의 이 원을 서 참의가
경제적으로 궁핍하지만 돈을 빌려서라도 죽은 친구에 대한 우정을 보여줌.

"장례비가 넉넉하니 자네 돈 그 계집애 줄 거 없네."
어렵게 구한 부의금이 안경화에게 돌아가므로 굳이 낼 필요가 없다는 뜻임.

하고 우선 술집에 들러 거나하게 곱빼기들을 한 것이다.

『영결식장에는 제법 반반한 조객들이 모여들었다. 예복을 차리고 온 사람도 두엇 있었다. 모두 고인을 알아 온 것이 아니요, 무용가 안경화를 보아

온 사람들 같았다. 그중에는, 고인의 슬픔을 알아 우는 사람인지, 덩달아 기분으로 우는 사람인지 울음을 삼키느라고 끽끽 하는 사람도 있었다. 안경화
진정으로 고인의 죽음을 슬퍼하기보다는 안경화 앞에서 슬퍼하는 시늉을 하는 위선적인 모습

도 제법 눈이 젖어 가지고 신식 상복이라나 공단 같은 새까만 양복으로 관 앞에 나와 향불을 놓고 절하였다. 그 뒤를 따라 한 이십 명 관 앞에 와 꾸

벅거리었다. 그리고 무어라고 지껄이고 나가는 사람도 있었다.』

『 』 : 생전에 제대로 모시지 못한 아버지의 장례식을 화려하게 치르는 딸 안경화나, 고인을 모르면서도 조문을 와서 슬퍼하는 시늉을 하는 사람들을 묘사함으로써, 당시 젊은 세대들의 위선적인 모습을 비판하고 있음.

그들의 분향이 거의 끝난 듯하였을 때

"에헴."

하고 얼굴이 시뻘건 서 참의도 한마디 없을 수 없다는 듯이 나섰다. 향을 한 움큼이나 집어 놓아 연기가 시커멓게 올려 솟더니 불이 일어났다. 후
① 술을 마셨기 때문 ② 안경화와 주변인들에게 분노하고 있기 때문

후 불어 불을 끄고, 수염을 한 번 쓰다듬고 절을 했다. 그리고 다시 / "헴……."

하더니 조사(弔辭)를 하였다.
죽은 사람을 슬퍼하여 위로의 뜻을 표하는 말

「"나 서 참일세 알겠나? 흥…… 자네 참 호살세 호사야…… 잘 죽었느니 자네 살았으문 이만 호살 해 보겠나? 인전 안경다리 고칠 걱정두 없구……

아무턴지…….."」

「」: 안 초시는 생전에 그렇게 입고 싶었던 비단 옷도 입지 못하고 딸의 눈치가 보여 안경다리 하나 제대로 고치지 못하며 살았음. 그런 안 초시가 죽어서 비단 옷을 입게 된 기막힌 상황을 두고 서 참의는 "자네 참 호살세"라는 반어적 표현으로 삶의 근본적인 부조리와 모순을 표현하고 있음. 여기에는 살아 있을 때 제대로 모시지도 않다가 아버지가 죽자 마치 효녀인 듯 행동하고 있는 안경화의 위선에 대한 비판이 짙게 깔려 있음.

하는데 박희완 영감이 들어서더니 / "이 사람 취했네그려." / 하며 서 참의를 밀어냈다.

박희완 영감도 가슴이 답답하였다. 분향을 하고 무슨 소리를 한마디 했으면 속이 후련히 트일 것 같아서 잠깐 멈칫하고 서 있어 보았으나

"으흐윽……." / 하고 울음이 먼저 터져 그만 나오고 말았다.

*청장(淸帳) : 장부(帳簿)를 청산한다는 뜻으로, 빚 따위를 깨끗이 갚음을 이르는 말.

OX문제

01 인물의 성격이 변화하는 양상을 제시하면서 이야기의 긴장감을 고조시키고 있다. (O / X)

02 시간의 흐름을 단계적으로 보여 줌으로써, 갈등이 해소되는 과정을 부각하고 있다. [2017학년도 9월] (O / X)

03 박희완 영감은 관변 모 씨와 함께 계략을 짜서 안 초시를 작정하고 속였다. (O / X)

04 서 참의는 안 초시의 죽음을 가장 먼저 안경화에게 알렸다. (O / X)

05 안경화는 자신의 체면 때문에 부친의 자살을 알리지 않으려고 했다. (O / X)

01 | 주제

근대화의 물결 속에서 소외된 세대의 좌절과 비애

02 | 특징

① 전지적 작가 시점으로 인물들의 세세한 내면을 그려냄.
② 소외된 노인들의 삶을 통해 근대화에 대한 비판적인 시각을 보임.
③ 현실 비판적, 사실적임.
④ 인간의 허황된 욕망과 그로 인한 파탄을 보여줌.

03 | 작품 해제

이 작품은 1930년대 서울 외곽의 복덕방을 배경으로, 땅 투기에 실패하여 파멸하는 한 노인을 통해 근대화 과정에서 소외된 세대의 궁핍함과 좌절을 그린 소설이다.

부동산 투기로 딸의 재산을 탕진하고 자살한 안 초시를 통해 소외된 계층의 절망적인 상황을, 아버지의 죽음 앞에서도 자신의 명예만 생각하는 딸의 모습에서 새로운 세대의 부정적인 모습을 드러내고 있다.

작가는 이 작품을 통해 근대화 적응에 실패한 세대의 절망과 가족 공동체의 파괴라는 문제 상황을 비판적으로 드러내고 있다. 특히 고령 사회로 접어든 오늘날에 되새겨 봐야 할 여러 문제를 남기고 있는 작품이다.

04 | 등장인물

- 안 초시 : 과거에 한 밑천 잡은 경력이 있지만, 지금은 딸에게 생활을 의존하고 있고 복덕방에서 소일하며 지내는 인물임. 궁색한 자신의 처지로 땟국이 질질 흐르는 옷소매를 바라보며 비애에 젖는 인물임.
- 안경화 : 아버지에 대해서까지도 타산적이고 차갑기 짝이 없는 냉정한 인간형.
- 서 참의 : 젊었을 때는 무인으로서의 기개가 넘친 인물이지만, 현재는 거간꾼 노릇을 하며 현재의 삶에 불만이 많은 인물임. 과거의 화려했던 시절을 그리워하며 현실에 비애를 느끼는 인물임.
- 박희완 : 복덕방에서 틈틈이 공부도 하는 인물로, 재판소에 다니는 조카가 있어 대서업을 하겠다고 공부해 보지만 허가는 쉽사리 나오지 않고, 안 초시와 땅 투기로 낭패를 보는 인물임.

05 | 상세 줄거리

서 참의가 주인으로 있는 복덕방에는 매일이다시피 안 초시와 박희완 영감이 나와서 함께 지낸다.

서 참의는 구한말 군관 출신이며, 합병 후에는 놀면서 심심파적으로 얻은 가옥 중개업을 하면서, 사람들의 도시 진출로 호황을 누려 가회동에 수십 칸짜리 집을 세우고 얼마 후 땅도 장만하였지만, 지금은 그저 밥을 먹고 살 정도의 수입을 올리고 있다. 화려했던 과거를 그리워하며 현실에 비애를 느끼지만, 대범한 성격의 소유자로 중학 졸업반 아들의 학비를 걱정하여 돈을 많이 벌어야 한다는 생각을 한다.

박희완 영감은 훈련원 시절 서 참의의 친구로, 재판소에 다니는 조카를 빌미로 대서소를 차리겠다며 국어(일본어) 독본을 열심히 공부하는 노인이다.

안 초시 영감은 여러 차례에 걸친 사업 실패로 몰락하여 지금은 서 참의의 복덕방에서 신세를 지고 있다. 무용가로 유명한 딸 경화에게 겨우 용돈이나 얻어 쓰는 처지로, 궁색한 생활을 하면서 조그만 농담에도 잘 토라지는 성미를 지녀서 한번 토라지면 며칠씩 복덕방에도 나오지 않곤 한다. 그러나 안 초시는 실상 세상에 대한 야심이 들끓고 있는 자이다. 그러나 딸은 각지로 공연을 떠나 번 돈을 조금이나마 줄 만도 하지만 그럴 기색이 전혀 보이지 않는다. 안 초시 영감은 돈 만 원이라도 붙들어 가지고 다시 한번 세상에 재기를 꿈꾸고 있다.

그러던 중 안 초시 영감은 박희완 영감으로부터 황해 연안의 축항 용지에 대한 부동산 투자 정보를 듣고 딸에게 말한다. 딸은 관심을 보였고 정혼한 남자를 내세워 땅을 구입한다. 안 초시는 돈 한 푼 만져보지 못하지만, 일이 제대로 되면 그 중에 얼마는 떨어질 것이라고 기뻐한다. 그러나 1년을 지나도록 새로운 항구의 건설이라든가, 땅값이 오르는 기미는 전혀 보이지 않았다. 결국, 박 영감에게 정보를 전해 준 사람이 자신의 땅을 처분하기 위해 꾸민 사기극이었음이 밝혀진 것이다. 안 초시 영감은 딸에게 봉변을 당하고는 매우 실망한다. 단돈 오십 전을 얻기도 이제 어려워졌고, 때 묻은 적삼 소매를 보고 슬픔에 빠진다. 안 초시 영감은 결국 복덕방에서 음독자살을 하게 된다.

서 참의 영감은 안 초시의 죽음을 딸에게 알렸고, 딸은 자신의 명예가 실추될 것을 염려해서 경찰에 알리지 말기를 간청했다. 서 참의는 딸이 보험에 든 걸 알고 있기 때문에, 죽은 자에게 좋은 수의를 해 입히고 평생소원이던 속셔츠를 입혀 주라고 명령한다. 딸의 무용 연구소 앞에서 영결식이 성대하게 거행되고, 딸 때문에 많이 온 조문객들의 분향이 끝날 무렵 서 참의는 조사(弔辭)를 한다. 죽으니 이런 호사를 한다면서 안경 걱정도 없으니 얼마나 좋으냐고 말한다. 박희완 영감도 그만 울음을 터뜨리고, 영결식에 온 자들이 마음에 들지 않아 둘은 묘지에 가지 않고 술집으로 내려오고 만다.

STEP 03 논문으로 만나는 출제자의 시선

'복덕방'의 상징적 의미

이 작품의 주요 무대는 서울의 변두리 '복덕방'인데, '복덕방'은 근대화의 흐름 속에서 급변하는 바깥세상에 편승하고자 하지만 주변부에 주저앉고 마는, 초라하고 궁핍한 노인들이 소일하기에 안성맞춤인 공간이다. 복덕방 '안'은 세 노인이 서로를 향한 애정과 연민을 갖고 지내는 공간이다. 하지만 절망에 빠진 안 초시가 마지막으로 기댄 공간이라는 점에서 이들의 비참한 삶의 모습을 부각시키는 비극적 공간으로 변모하기도 한다.

이태준 소설의 상고 취향

이태준은 옛것을 숭상하는 취향인 상고(尙古) 취향을 지닌 작가로 알려져 있다. 그의 이러한 태도는 주로 과거의 전통문화에 대한 예찬, 농촌에 대한 애정과 동경으로 표현된다. 그의 작품에서는 변두리나 농촌 등의 공간을 가족적이고 인간적인 공동체로 묘사하는 반면, 도시는 속악한 자본주의에 오염된 공간으로 묘사하고 있다. 변두리 '복덕방'에 모여 있는 노인들에게서는 인간미가 풍기지만 세련된 도시인의 전형으로 등장하는 안경화와 그녀를 둘러싼 인물들은 모두 이해 타산적이고 위선적인 인물로 그려지는 것이 이를 말해 준다.
이태준의 이러한 옛것에 대한 애정은 우리 민족 문화의 우수성을 은연중에 드러내고 있으며, 이는 간접적이고 우회적인 방법으로 새것, 곧 식민지 근대화와 일제의 지배를 비판하는 기능을 하고 있다.

「복덕방」에 나타나는 인물의 유형

이 작품에는 세 노인이 등장한다. 주인공 안 초시는 유명 무용가 딸을 둔 노인이지만, 경제적 능력에서 소외되어 있다. 서 참의는 구한말 군인으로 젊은 시절을 구가했던 사람이지만, 현재는 그 혈기와 진취적인 기상이 사라진 초라한 노인이다. 돈이 궁한 탓에 사소한 욕심을 부려 '쫌보'라는 별명까지 듣고 있다. 박희완 영감은 뒤늦게 일본어를 배워 대서업(代書業)을 해 보고자 하나 여의치 않다. 복덕방에 모이는 이 세 노인은 경제적으로 궁핍하며 외로운 말년을 보내고 있다는 점에서 공통적이다. 더욱이 안 초시는 돈을 벌 욕심으로 딸의 돈을 끌어들였으나 사기 행각에 말려 더욱 곤란한 처지에 빠진다.
작자는 일제의 경제적 침탈로 말미암아 조선의 경제 현실이 점차 빈궁해져 가는 모습을 이들 노인들의 삶을 통해 보여 주고 있다. 이들 노인들의 불행과 곤경의 뒷면에는 일제의 경제적 침탈의 그림자가 짙게 깔려 있는 것이다. 노인들은 각자 땅 투기도 해 보고, 일본어 독본을 배워 보기도 하는 등 나름대로 각고의 노력을 기울이지만, 그들이 꿈을 실현할 가능성은 거의 없어 보인다. 요약적으로 말해, 이들 노인들의 절망은 식민지 조선 민중의 절망과도 상통하는 것이다.

다음 글을 읽고 물음에 답하시오.

주머니에는 단돈 십 전, 그도 안경다리를 고친다고 벌써 세 번짼가 네 번째 딸에게서 사오십 전씩 얻어 가지고는 번번이 담뱃값으로 다 내어 보내고 말던 최후의 십 전, 안 초시는 주머니에 손을 넣어 그것을 집어내었다. 백통화 한 푼을 얹은 ㉠ 야윈 손바닥, 가만히 떨리었다. 서 참위(徐參尉)의 투박한 손을 생각하면 너무나 얇고 잘망스러운 손이거니 하였다. 그러나, 이따금 술잔은 얻어먹고, 이렇게 내 방처럼 그의 복덕방에서 잠까지 빌려 자건만 한 번도, 집 거간이나 해먹는 서 참위의 생활이 부럽지는 않았다. 그래도 언제든지 한번쯤은 무슨 수가 생기어 다시 한번 내 집을 쓰게 되고, 내 밥을 먹게 되고, 내 힘과 내 낯으로 다시 한번 세상에 부딪쳐 보려니 믿겨졌다.

초시는 전에 어떤 관상장이의 "엄지손가락을 안으로 넣고 주먹을 쥐어야 재물이 나가지 않는다."는 말이 생각났다. 늘 그렇게 쥐노라고는 했지만 문득 생각이 나 내려다볼 때는, 으레 엄지손가락이 얄밉도록 밖으로만 쥐어져 있었다. 그래 **드팀전**을 하다가도 실패를 하였고, 그래 집까지 잡혀서 장전*을 내었다가도 그만 화재를 보았거니 하는 것이다.

㉡ "이놈의 엄지손가락아, 안으로 좀 들어가아, 젠―장."

하고 연습 삼아 엄지손가락을 먼저 안으로 넣고 아프도록 두 주먹을 꽉 쥐어 보았다. 그리고 당장 내어 보낼 돈이면서도 그 십 전짜리를 그렇게 쥔 주먹에 단단히 넣고 담배 가게로 나갔다.

이 복덕방에는 흔히 세 늙은이가 모였다.

언제 누가 와 집 보러 가잘지 몰라, 늘 갓을 쓰고 앉아서 행길을 잘 내다보는, 얼굴 붉고 눈방울 큰 노인이 주인 서 참위다. **참위**로 다니다가 합병 후에는 다섯 해를 놀면서 시기를 엿보았으나 별 수가 없을 것 같아서 이럭저럭 심심파적으로 갖게 된 것이 이 가옥 중개업이었다. 처음에는 겨우 굶지 않을 만한 수입이었으나 **대정 팔구 년** 이후로는 시골 부자들이 세금에 몰려, 혹은 자녀들의 교육을 위해 서울로만 몰려들고, 그런데 돈은 흔해져서 관철동 다옥정(茶屋町) 같은 중앙 지대에는 그리 고옥만 아니면 만 원대를 예사로 홀홀 넘었다. 그 판에 봄가을로 어떤 달에는 삼사백 원 수입이 있어, 그러기를 몇 해를 지나 가회동에 수십 칸 집을 세웠고 또 몇 해 지나지 않아서는 창동 근처에 땅을 장만하기 시작하였다. 지금은 중개업자도 많이 늘었고 건양사 같은 큰 건축 회사가 생겨서 당자끼리 직접 팔고 사는 것이 원칙처럼 되어가기 때문에 중개료의 수입은 전보다 훨씬 준 셈이다. 그러나 이십여 칸 집에 학생을 치고 싶은 대로 치기 때문에 서 참위의 수입이 없는 달이라고 쌀값이 밀리거나 나무 값에 졸릴 형편은 아니다.

"세상은 먹구 살게는 마련이야……."

서 참위가 흔히 하는 말이다. 칼을 차고 훈련원에 나서 병법을 익힐 때는 한번 호령만 하고 보면 산천이라도 물러설 것 같던 그 기개와 오늘의 자기, 한낱 가쾌(家儈)*로 복덕방 영감으로 기생 작부 따위가 사글세 방 한 칸을 얻어 달래도 네에네 하고 따라 나서야 하는 만인의 심부름꾼인 것을 생각하면 ㉢ 서글픈 눈물이 아니 날 수도 없는 것이다. 워낙 술을 즐기기도 하지만 어떤 때는 남몰래 이런 감회를 이기지 못해서 술집에 들어선 적도 여러 번이다.

(중략)

박희완 영감이란 세 영감 중의 하나로 안 초시처럼 이 복덕방에 와 자기까지는 안 하나 꽤 쓸쓸히 놀러 오는 늙은이다. 아니, 놀러 오기만 하는 것이 아니라 와서는 공부도 한다. 재판소에 다니는 조카가 있어 대서업(代書業) 운동을 한다고 「속수국어독본(速修國語讀本)」을 노상 끼고 와 그 ㉣ 「삼국지」 읽던 투로,

"긴―상 도코―에 유키이마스카.(김 선생, 어디 가십니까.)"

어쩌고를 외고 있는 것이다.

그러나 「속수국어독본」 뚜껑이 손때에 절고, 또 어떤 때는 목침 위에 받쳐 베고 낮잠도 자서 머리때까지 새까맣게 절어 조선총독부편찬(朝鮮總督府編纂)이란 ㉤ 잔 글자들은 보이지 않게 되도록, 대서업 허가는 의연히 나오지 않는 모양이었다.

"너나 내나 다 산 것들이 업은 가져 뭘 하니. 무슨 세월에…… 흥!"

하고 어떤 때, 안 초시는 한나절이나 화투패를 떼다 안 떨어지면 그 화풀이로 박희완 영감이 들고 중얼거리는 「속수국어독본」을 툭 채어 행길로 팽개치며 그랬다.

"넌 또 무슨 재술 바라고 밤낮 화투패나 떨어지길 바라니?"

"난 심심풀이지."

그러나 속으로는 박희완 영감보다 더 세상에 대한 야심이 끓었다. 딸이 평양으로 대구로 다니며 지방 순회까지 하여서 제법 돈냥이나 걷힌 것 같으나 연구소를 내느라고 집을 뜯어 고친다, **유성기**를 사들인다, 교제를 하러 돌아다닌다 하느라고, 더구나 귀찮게만 아는 이 애비를 위해 쓸 돈은 예산에부터 들지 못하는 모양이었다.

- 이태준, 「복덕방」 -

*장전 : 장롱과 찬장을 파는 가게.
*가쾌 : 부동산 중개인.

01. 〈보기〉 중, 윗글에 대한 설명으로 적절한 것끼리 묶은 것은?

─── 〈보기〉 ───

ㄱ. 인물의 성격이 분명히 드러난다.
ㄴ. 짧고 감각적인 문장이 반복된다.
ㄷ. 시간의 흐름에 따라 갈등이 심화된다.
ㄹ. 서사 전개 과정에서 공간의 이동이 거의 없다.

① ㄱ, ㄴ ② ㄱ, ㄷ ③ ㄱ, ㄹ ④ ㄴ, ㄷ ⑤ ㄷ, ㄹ

02. 〈보기〉와 같이 자료 조사를 하였다. 이를 바탕으로 윗글을 이해한 내용으로 적절하지 <u>않은</u> 것은?

<보기>

㉮ 드팀전 : 베, 비단, 무명 같은 온갖 천을 팔던 가게. 인조 직물과 신식 상점의 등장으로 점차 퇴조함.
㉯ 참위 : 대한제국기(1897~1910)의 장교 계급.
㉰ 대정 팔구 년 : 1919~20년. 대정(大正)은 일본 국왕의 연호.
㉱ 속수국어독본 : 총독부가 일본어 보급을 위해 펴낸 책자. 제목의 '국어'는 '일본어'를 뜻함. 당시 우리말은 '조선어'로 불렸음.
㉲ 유성기 : 축음기. 전축. 당시 유성기는 신문화와 부(富)의 상징.

① ㉮를 보니 '드팀전'은 근대화에 따라 위축될 수밖에 없었을 거야. 그런데도 '안 초시'는 실패를 자기 운수 탓으로만 돌리고 있군.
② ㉯를 보니 '서 참위'의 전력을 확실히 알 수 있어. 이 점이 그의 처지와 심경을 이해하는 데 도움을 주는군.
③ ㉰를 통해 구체적인 연도와 상황을 알 수 있어. 1920년대에도 서울 집중 현상이 나타나고 부동산 값이 크게 올랐다는 것이 흥미롭군.
④ ㉱의 맥락을 몰랐다면 '국어'가 우리말인 줄 알았을 거야. 대서방을 차리기 위해 일본어를 익히고 있는 '박희완 영감'의 고충을 헤아릴 수 있어.
⑤ ㉲를 통해 '딸'은 가난한 '안 초시'와는 달리 부자임을 알 수 있어. 딸이 부자가 될 수 있었던 것은 결국 '안 초시'의 희생 덕분이었겠군.

03. 〈보기〉는 1930년대 후반 '금광 투기 열풍'의 세태를 묘사한 글이다. 이런 세태에 대한 안 초시의 반응으로 보기 <u>어려운</u> 것은?

<보기>

'금' '금' '금' 금값의 폭등이 잔칫집같이 조선을 발끈 뒤집어 놓았다. 그것은 확실히 획기적인 사실이다. 물론 금광으로 해서 망한 사람이 수두룩하니 많다. 그러나 그것보다도 천만 원짜리 몇 백만 원짜리 몇 십만 원짜리 하다못해 몇 천 원짜리의 부자가 수두룩하게 쏟아져 나온 것이 더 잘 눈에 띈다. 또 그것으로 해서 소위 '경기'라는 것도 무척 좋아졌다. 지금 한 괴물이 조선 천지를 횡행한다. '금'이라는 놈이다.

① 나도 금광으로 큰돈 한번 벌어 봐야겠군.
② 복덕방으로 벌어 봤댔자 금광 부자에 비할까.
③ 내 손 안의 백통화 한 푼이 금광 열 개보다 낫지.
④ 나도 금광 부자가 될 수 있나 없나 화투패부터 떼 보자.
⑤ 금광을 하려면 돈이 있어야 할 텐데 어디서 구해 볼 길이 없을까.

04. 문맥적 의미를 고려할 때, ㉠~㉤에 대한 설명으로 가장 적절한 것은?

① ㉠ : 죽음을 앞둔 안 초시의 두려움을 묘사하고 있다.
② ㉡ : 자신의 못생긴 엄지손가락에 대해 자탄하고 있다.
③ ㉢ : 자신의 가난한 처지를 비관하고 있다.
④ ㉣ : 일본어 억양과 어울리지 않음을 말해 주고 있다.
⑤ ㉤ : 책의 인쇄 상태가 좋지 않음을 강조하고 있다.

다음 글을 읽고 물음에 답하시오.

안 초시는 한나절이나 화투패를 떼다 안 떨어지면 그 화풀이로 박희완 영감이 들고 중얼거리는 『속수국어독본』을 툭 채어 행길로 팽개치며 그랬다.

"넌 또 무슨 재술 바라구 밤낮 화투패나 떨어지길 바라니?"

"난 심심풀이지."

그러나 속으로는 박희완 영감보다 더 세상에 대한 야심이 끓었다. 딸이 평양으로 대구로 다니며 지방 순회까지 하여서 제법 돈냥이나 걷힌 것 같으나 연구소를 내느라고, 집을 뜯어고친다, 유성기를 사들인다, 교제를 하러 돌아다닌다 하느라고, 더구나 귀찮게만 아는 이 아비를 위해 쓸 돈은 예산에부터 들지 못하는 모양이었다.

"얘? 낡은 솜이 돼 그런지, 삯바느질이 돼 그런지 바지 솜이 모두 치어서 어떤 덴 홑옷이야. 암만해두 샤쓸 한 벌 사입어야겠다."

하고 딸의 눈치만 보아 오다 한번은 입을 열었더니,

"어련히 인제 사드릴라구요."

하고 딸은 대답은 선선하였으나 셔츠는 그해 겨울이 다 지나도록 구경도 못 하였다. ㉠ 셔츠는커녕 안경다리를 고치겠다고 돈 1원만 달래도 1원짜리를 굳이 바꿔다가 50전 한 닢만 주었다. 안경은 돈을 좀 주무르던 시절에 장만한 것이라 테만 오륙 원 먹는 것이어서 50전만으로 그런 다리는 어림도 없었다. 50전짜리 다리도 있지만 살 바에는 조촐한 것을 택하던 초시의 성미라 더구나 면상에서 짝짝이로 드러나는 것을 사기가 싫었다. ㉡ 차라리 종이 노끈인 채 쓰기로 하고 50전은 담뱃값으로 나가고 말았다.

"왜 안경다린 안 고치셨어요?"

딸이 그날 저녁으로 물었다.

"흥……."

초시는 말은 하지 않았다. 딸은 며칠 뒤에 또 50전을 주었다. 그러면서 어떻게 들으라고 하는 소리인지,

"아버지 보험료만 해두 한 달에 3원 80전씩 나가요."

하였다. 보험료나 타 먹게 어서 죽어 달라는 소리로도 들리었다.

"그게 내게 상관있니?"

"아버지 위해 들었지, 누구 위해 들었게요 그럼?"

[A] 초시는 '정말 날 위해 하는 거면 살아서 한 푼이라두 다오. 죽은 뒤에 내가 알 게 뭐냐' 소리가 나오는 것을 억지로 참았다.

"50전이문 왜 안경다릴 못 고치세요?"

초시는 설명하지 않았다.

"지금 아버지가 좋고 낮은 것을 가리실 처지야요?"

그러나 50전은 또 마코* 값으로 다 나갔다. 이러기를 아마 서너 번째다.

"자식도 소용없어. 더구나 딸자식…… 그저 내 수중에 돈이 있어야……."

초시는 돈의 긴요성을 날로날로 더욱 심각하게 느끼었다.

(중략)

초시는 이날 저녁에 박희완 영감에게서 들은 이야기를 딸에게 하였다. 실패는 했을지라도 그래도 십수 년을 상업계에서 논 안 초시라 **출자(出資)를 권유하는 수작**만은 딸이 듣기에도 딴사람인 듯 놀라웠다. 딸은 즉석에서는 가부를 말하지 않았으나 그의 머릿속에서도 이내 잊혀지지는 않았던지 다음 날 아침에는, ㉢ 딸 편이 먼저 이 이야기를 다시 꺼내었고, 초시가 박희완 영감에게 묻던 이상을 시시콜콜히 캐어물었다. 그러면 초시는 또 박희완 영감 이상으로 손가락으로 가리키듯 소상히 설명하였고 1년 안에

청장*을 하더라도 최소한도로 50배 이상의 순이익이 날 것이라 장담 장담 하였다.

딸은 솔깃했다. 사흘 안에 **연구소 집**을 어느 신탁 회사에 넣고 **3천 원**을 돌리기로 하였다. 초시는 금시발복*이나 된 듯 뛰고 싶게 기뻤다.

"서 참위 이놈, 날 은근히 멸시했것다. 내 굳이 널 시켜 네 집보다 난 잡을 살 테다. 네깟 놈이 천생 가쾌*지 별거냐……."

그러나 신탁 회사에서 돈이 되는 날은 웬 처음 보는 청년 하나가 초시의 앞을 가리며 나타났다. 그는 딸의 청년이었다. ㉣ 딸은 아버지의 손에 단 1전도 넣지 않았고 꼭 그 청년이 나서 돈을 쓰며 처리하게 하였다. 처음에는 팩 나오는 노염을 참을 수가 없었으나 며칠 밤을 지내고 나니, 적어도 3천 원의 순이익이 오륙만 원은 될 것이라, 만 원 하나야 어디로 가랴 하는 타협이 생겨서 안 초시는 으슬으슬 그, 이를테면 사위 녀석 격인 청년의 뒤를 따라나섰다.

[B]
1년이 지났다.

모두 꿈이었다. 꿈이라도 너무 악한 꿈이었다. 3천 원 어치 땅을 사놓고 날마다 신문을 훑어보며 수소문을 하여도 거기는 축항*이 된단 말이 신문에도, 소문에도 나지 않았다. 용당포(龍塘浦)와 다사도(多獅島)에는 땅값이 30배가 올랐느니 50배가 올랐느니 하고 졸부들이 생겼다는 소문이 있어도 여기는 감감소식일 뿐 아니라 나중에 역시 이것도 박희완 영감을 통해 알고 보니 그 관변 모씨에게 박희완 영감부터 속아 떨어진 것이었다. **축항 후보지**로 측량까지 하기는 하였으나 무슨 결점으로인지 중지되고 마는 바람에 너무 기민하게 거기다 땅을 샀던, 그 모씨가 그 땅 처치에 곤란하여 꾸민 **연극**이었다.

돈을 쓸 때는 1원짜리 한 장 만져도 못 봤지만 벼락은 초시에게 떨어졌다. ㉤ 서너 끼씩 굶어도 밥 먹을 정신이 나지도 않았거니와 밥을 먹으러 들어갈 수도 없었다.

"재물이란 친자 간의 의리도 배추 밑 도리듯 하는 건가?"

탄식할 뿐이었다. 밥보다는 술과 담배가 그리웠다. 물론 안경다리는 그저 못 고치었다. 그러나 이제는 50전짜리는커녕 단 10전짜리도 얻어 볼 길이 없다.

추석 가까운 날씨는 해마다의 그때와 같이 맑았다. 하늘은 천 리같이 트였는데 조각구름들이 여기저기 널리었다. 어떤 구름은 깨끗이 바래 말린 옥양목*처럼 흰빛이 눈이 부시다. 안 초시는 이번에도 자기의 때 묻은 적삼 생각이 났다. 그러나 이번에는 소매 끝을 불거나 떨지는 않았다. 고요히 흘러내리는 눈물을 그 더러운 소매로 닦았을 뿐이다.

– 이태준, 「복덕방」 –

*마코 : 일제 강점기 때의 담배 이름.

*청장 : 장부를 청산한다는 뜻으로, 빚 따위를 깨끗이 갚음을 이르는 말.

*금시발복 : 어떤 일을 한 다음 이내 복이 돌아와 부귀를 누리게 되는 것.

*가쾌 : 집 흥정을 붙이는 일을 직업으로 가진 사람.

*축항 : 항구를 구축함. 또는 그 항구.

*옥양목 : 빛이 썩 희고 얇은 무명의 한 가지.

05. [A]와 [B]에 대한 설명으로 가장 적절한 것은?

① [A]는 외양 묘사를 통해 인물의 성격을 드러내고 있고, [B]는 배경 묘사를 통해 인물의 처지를 드러내고 있다.

② [A]는 대화와 서술을 통해 인물 간의 갈등이 드러나고 있고, [B]는 요약적 서술을 통해 사건의 전모가 드러나고 있다.

③ [A]는 작품 속 서술자가 사건에 대해 평가하고 있고, [B]는 작품 밖 서술자가 앞으로 전개될 사건을 예측하고 있다.

④ [A]는 시간의 흐름에 역행하여 사건이 진행되고 있고, [B]는 시간의 흐름에 따라 사건이 순차적으로 진행되고 있다.

⑤ [A]는 향토적인 소재를 통해 주제 의식을 드러내고 있고, [B]는 상징적인 소재를 통해 사건의 의미를 드러내고 있다.

06. ㉠~㉤에 대한 설명으로 적절하지 않은 것은?

① ㉠ : 형편이 어려운 안 초시를 인색하게 대하는 딸의 모습이 드러나 있다.

② ㉡ : 저렴한 안경다리는 사지 않겠다는 안 초시의 자존심이 드러나 있다.

③ ㉢ : 안 초시가 전해준 이야기에 적극적으로 관심을 보이는 딸의 모습이 드러나 있다.

④ ㉣ : 안 초시의 수고로움을 덜어 주려는 딸의 심리가 드러나 있다.

⑤ ㉤ : 예상 밖의 결과로 딸과 마주할 자신이 없는 안 초시의 모습이 드러나 있다.

07. 다음은 윗글이 창작될 당시 신문 기사의 일부이다. 이를 참고하여 윗글을 감상한 내용으로 적절하지 않은 것은?

○○ 일보
부동산 투기 열풍으로 전국은 지금 …

일본의 축항 사업 발표 후, 전국이 부동산 투기 열풍으로 떠들썩하다. 한탕주의에 빠진 많은 사람들이 제2의 황금광 사업으로 불리는 축항 사업에 몰려들고 있다. 1932년 8월, 중국 동북부와 연결되는 철도의 종착지이자 축항지로 나진이 결정되자, 빠르게 정보를 입수한 브로커들로 나진은 북새통을 이루고 있다. 하지만 누구나 투자에 성공하는 것은 아니어서, 잘못된 소문으로 투자에 실패하여 전 재산을 잃은 사람들, 이로 인해 가족들에게 외면받는 사람들, 자신의 피해를 사기로 만회하려는 사람들까지 등장하여 사회적 혼란이 커지고 있다. 이러한 모습은 물질 만능주의가 만연한 우리 사회의 어두운 단면을 보여준다는 비판이 일고 있다.

① 딸에게 '출자를 권유하는 수작'으로 보아 안 초시는 건설 사업이 확정된 부지에 빠르게 투자하였겠군.

② 안 초시가 '50배 이상의 순이익이 날 것이라 장담 장담'하며 부추기는 모습에서 한탕주의에 빠져 있음을 알 수 있군.

③ 안 초시의 딸이 '연구소 집'을 담보로 '3천 원'을 마련한 것은 당시의 투기 열풍과 관련이 있겠군.

④ 모씨가 '축항 후보지'에 대해 '연극'을 꾸민 것은 자신의 피해를 사기로 만회하기 위한 것이었겠군.

⑤ 안 초시가 '친자 간의 의리도 배추 밑 도리듯' 한다고 '탄식'하는 모습에서 물질 만능주의의 어두운 모습을 엿볼 수 있군.

STEP 01 지문 분석과 OX문제

LkBS 수능특강 | 현대문학

「성기에게 역마살이 든 것은 어머니가 중 서방을 정한 탓이요, 어머니가 중 서방을 정한 것은 할머니가 남사당에게 반했던 때문이라면 성기의 역마
한 곳에 정착하지 못하고 떠돌아다니게 된 액운　　승려　　　　　　　　　　　　　　　　　　　　　　무리를 지어 이곳저곳 떠돌아다니면서 소리나 춤을 팔던 남자. 체 장수 영감

운도 결국은 할머니가 장본이라,」 이에, 할머니는 성기에게 중질을 시켜서 살을 떼려고도 서둘러 보았던 것이고, 중질에서 못다 푼 살을, 이번에는, 옥
「　」: 성기가 타고난 역마살의 원인을 가족에게서 찾음.　　　　　승려의 생활을 통해 역마살을 떼려는 시도　　　　　　　　　　　　　　　　　　성기의 어머니

화가 그에게 책 장사를 시켜서 풀어 보려는 속셈인 것이었다. 『성기로서도 불경(佛經)보다는 암만해도 이야기책에 끌리는 눈치요, 중질보다는 차라리 장
돌아다니며 책을 팔면서 역마살을 떼려는 시도　　　　　　　　　　　불교 전적(책)　　　　　　　　　　『　』: 성기가 책 장사를 하게 된 내력

사라도 해 보고 싶다는 소청이기도 하여, 그러나, 옥화는 꼭 화개장만 보이기로 다짐까지 받은 뒤, 그에게 책전을 내어 주기로 했던 것이었다.』
남에게 청하거나 바라는 일　　　　　다른 장터는 가지 않고 화개 장터만 다니며 역마살을 떼려고 함.　　　서점

성기가 마루 앞 축대 위에 올라서는 것을 보자 옥화는 놀란 듯이 자리에서 일어나 앉으며
높이 쌓아 올린 대나 터

"더운데 왜 인제사 내려오냐?" / 곁에 있던 수건과 부채를 집어 그에게 주었다.

지금까지 옥화에게 이야기책을 읽어 들려주고 있는 듯한 낯선 계집애는, 책 읽던 것을 멈추고 얼굴을 들어 성기를 바라보았다. 갸름한 얼굴에, 흰자
　　　　　　　　　주막(성기의 집)에서 옥화와 함께 있던 여인. 계연

위 검은자위가 꽃같이 선연한 두 눈이었다. 순간, 성기는 가슴이 찌르르하며, 갑자기 생기 띤 눈으로 집 앞에 늘어선 버들가지를 바라보았다.
　　　외양 묘사　　　　　　　　　　　　　계연에게 강렬한 호감을 느낀 성기의 상태 표현

얼마 뒤, 계집애는 안으로 들어가고, 옥화는 성기의 점심상을 차려 들고나와서,

"체 장수 딸이다."

하였다. 어머니도 즐거운 얼굴이었다.
　　　성기가 계연과 이어져 정착하기를 기대하는 마음

"체 장수라니?"

성기는 밥상을 받은 채, 그러나 얼른 숟가락을 들려고도 않고, 그의 어머니의 얼굴을 쳐다보았다.

「"구례 산다더라. 이번에 어쩌면 하동으로 해서, 진주 쪽으로 나가 볼 참이라는데 어제저녁에 화갯골로 들어갔다."
「　」: 체 장수가 마을을 이동하면서 딸인 계연을 주막에 잠시 맡김. 계연이 주막에 있는 이유를 요약하여 설명하는 옥화

그리고 저 딸아이는 그 체 장수의 무남독녀인데 영감이 화갯골 쪽으로 들어갔다 나와서, 하동 쪽으로 나갈 때 데리고 가겠다고, 하도 간청을 하기에,

그동안 좀 맡아 있어 주기로 했다면서,」 옥화는 성기의 눈치를 살피듯 그의 얼굴을 물끄러미 바라보았다.
　　　　　　　　　　　　　　　　　　　　　성기가 계연에게 마음이 있는지 궁금해함.

"화갯골에서는 며칠이나 있겠다는고?"
체 장수가 돌아오면 계연과 함께 떠나므로 체 장수의 일정이 궁금함.

"들어가 보고 재미나면 지리산 쪽으로 깊이 들어가 볼 눈치더라."

그러고 나서, 옥화는 또, / "그래도 그런 사람의 딸같이는 안 뵈지?"
　　　　　　　　　　　　　　　　체 장수와 달리 긍정적인 첫인상의 계연

하였다. 계연(契妍)이란 이름이었다.

성기는 잠자코 밥숟가락을 들었다. 그러나 밥은 반도 먹지 않고 상을 물려 버렸다.
　　　　　　　　　　　관심 있는 계연이 신경 쓰이는 성기

이튿날 성기가 책전에 있으려니까, 『그 체 장수 딸이 그의 점심을 이고 왔다. 집에서 장터까지래야 소리 지르면 들릴 만한 거리였지만, 그래도 전날
　　　　　　　　　『　』: 성기가 책 장사를 하는 장터까지 밥상을 가지고 온 계연에게 미안함을 느끼는 성기

늘 이고 다니던 '상돌 엄마'가 있을 터인데 이렇게 벌써 처녀티가 나는 남의 큰애기더러 이런 사환(使喚)을 시켜 미안하단 생각이 들었다.」 그러나 정작
　　　　　　　　　　　　　　　　　　　다른 집의 다 큰 처녀　　　심부름

그녀의 쪽에서는 그러한 빛도 없이, 그 꽃송이같이 환한 두 눈에 웃음까지 담은 채, 그의 앞에 밥함지를 공손스레 놓고는, 떡과 엿과 참외 들을 팔고
　　　계연은 오히려 웃음을 지으며 심부름을 함.　　　　　　　　　　　　　　　　　　밥그릇

있는 음식 전 쪽으로 곧장 눈을 팔고 있었다.

(중략)

「계연의 시뻘겋게 상기한 얼굴은, 옥화와 그의 아버지가 그들을 지켜보고 있다는 것도 잊은 듯이 성기의 얼굴만 일심으로 바라보고 있었으나, 버드
「 」: 갑작스러운 이별 상황에서 계연은 성기가 개입해 주기를 원하지만, 성기는 상황을 변화시킬 행동을 취하지 않음.   한쪽에만 마음을 씀.
나무에 몸을 기댄 성기의 두 눈엔 다만 불꽃이 활활 타오를 뿐, 아무런 새로운 명령도 기적도 나타나지 않았다.」
                                                    떠나는 것을 말리거나 이별이 무산되는 것

"오빠, 편히 사시오."

하고, 거의 울음이 다 된, 마지막 목소리를 남기고 돌아선 계연의 저만치 가고 있는 항라 적삼을, 고운 햇빛과 늘어진 버들가지와 산울림처럼 울려
                                            명주, 모시, 무명실 따위로 된 한 겹의 윗도리
오는 뻐꾸기 울음 속에, 성기는 우두커니 지켜보고 있을 뿐이었다.
인물의 상황과 대비되는 배경 묘사를 통해 인물의 처지를 부각함.

성기가 다시 자리에서 일어나게 된 것은 이듬해 우수(雨水)도 경칩(驚蟄)도 다 지나, 청명(淸明) 무렵의 비가 질금거릴 무렵이었다. 주막 앞에 늘어선
                            양력 2월 18일경   양력 3월 5일경   양력 4월 5일경
버들가지는 다시 실같이 푸르러지고 살구 복숭아 진달래 들이, 골목 사이로 산기슭으로 울긋불긋 피고 지고 하는 날이었다.

아들의 미음상을 차려 들고 들어온 옥화는 성기가 미음 그릇을 비우는 것을 보자 이렇게 물었다.
쌀을 끓여 체에 걸러 낸 걸쭉한 음식
"아직도, 너, 강원도 쪽으로 가 보고 싶냐?" / "……"

성기는 조용히 고개를 돌렸다.

"여기서 장가들어 나랑 같이 살겠냐?" / "……"

성기는 역시 고개를 돌렸다.
〔 〕: 과거 장면
〔그해 아직 봄이 오기 전, 보는 사람마다, 성기의 회춘을 거의 다 단념하곤 하였을 때 옥화는, 이왕 죽고 말 것이라면, 어미의 맘속이나 알고 가라
    여름에 계연과 이별한 후   중한 병에서 회복되어 건강을 되찾음.   성기가 병으로 죽을 것이라 생각하고 숨겼던 이야기를 말함.
고, 그래, 「그 체 장수 영감은, 서른여섯 해 전 남사당을 꾸며와 이 화개 장터에 하룻밤을 놀고 갔다는 자기의 아버지임이 틀림이 없었다는 것과, 계연
        「 」: 성기에게 체 장수는 옥화의 아버지고, 계연은 성기의 이모임을 이야기해 준 옥화
은 그 왼쪽 귓바퀴 위의 사마귀로 보아 자기의 동생임이 분명하더라는 것을, 통정하노라면서, 자기의 같은 왼쪽 귓바퀴 위의 검정 사마귀까지를 그에게
                            통정하다 : 남에게 자기의 의사를 표현하다.   계연과 옥화가 혈연이라는 증거
보여 주었다.」

"나도 처음부터 영감이 '서른여섯 해 전'이라고 했을 때 가슴이 섬뜩하긴 했다. 그렇지만 설마 했지 그렇게 남의 간을 뒤집어 놀 줄이야 알았나. 하
도 아슬해서 이튿날 악양으로 가 명도*까지 불러 봤더니, 요것도 남의 속을 빤히 들여다나 보는 듯이 재잘대는구나, 차라리 망신을 했지."
                            명도가 옥화의 상황을 알아맞힘. 옥화는 명도를 불러보고 자신의 추측이 맞았음을 확인함.
옥화는 잠깐 말을 그쳤다. 성기는 두 눈에 불을 켜듯 한 형형한 광채를 띠고, 그 어머니의 얼굴을 쳐다보고 있었다.
            이야기를 듣고 오히려 눈을 반짝이는 성기
"차라리 몰랐으면 또 모르지만 한번 알고 나서야 인륜이 있는듸 어쩌겠냐."
            혈연끼리 이어질 수 없는 도리가 있어 성기와 계연을 떼어 놓을 수밖에 없었다는 옥화
그리고 부디 어미 야속타고나 생각지 말라고, 옥화는 아들의 뼈만 남은 손을 눈물로 씻었다.

옥화의 이 마지막 하직같이 하는 통정 이야기에 의외로도 성기는 도로 힘을 얻은 모양이었다. 그 불타는 듯한 형형한 두 눈으로 천장을 한참 바라
                어떤 곳에서 떠남.
보고 있던 성기는 무슨 새로운 결심이나 하듯 입 살을 지그시 깨물고 있었다.〕
        이별의 이유를 알고 심경의 변화를 겪으며 기운을 회복하는 성기
아버지를 찾아 강원도 쪽으로 가 볼 생각도 없다, 집에서 장가들어 살림을 할 생각도 없다, 하는 아들에게 그러나, 옥화는 이제 전과 같이 고지식한
                                                역마살을 없애 정착하여 살게 하고 싶은 마음
미련을 두는 것도 아니었다.
            좋을
"그럼 어쩔라냐? 너 좋을 대로 해라." / "……"

성기는 아무런 말도 없이 도로 자리에 드러누워 버렸다.

그러고 나서 한 달포나 넘어 지난 뒤였다.
　　　　　한 달이 조금 넘는 기간

성기가 좋아하는 여러 가지 산나물이 화갯골에서 연달아 자꾸 내려오는 이른 여름의 어느 장날 아침이었다. 두릅회에 막걸리 한 사발을 쭉 들이켜고
　　기운을 회복한 성기

난 성기는 옥화더러,

"어머니, 나 엿판 하나만 맞춰 주."
방랑하는 삶을 선택하기로 결심한 성기. '엿판'은 떠돌이 삶을 상징함.

하였다.

"……" / 옥화는 갑자기 무엇으로 머리를 얻어맞은 듯이 성기의 얼굴을 멍하니 바라보고 있었다.
　　　　　　　　　　충격받은 옥화의 모습을 표현함.

그런 지도 다시 한 보름이나 지나, 뻐꾸기는 또다시 산울림처럼 건드러지게 울고, 늘어진 버들가지엔 햇빛이 젖어 흐르는 아침이었다. 새벽녘에 잠깐

가는 비가 지나가고, 날은 다시 유달리 맑게 갠 화개 장터 삼거리 길 위에서, 성기는 그 어머니와 하직을 하고 있었다.
　　　　　　　　　　　　　　　　헤어짐, 방랑, 떠돌이 삶을 상징함.　　　성기는 역마살을 받아들여 결국 집을 떠남.

*명도(明圖) : 마마를 앓다가 죽은 어린 계집아이의 귀신. 다른 여자에게 신이 내려서 길흉화복을 말하고, 온갖 것을 잘 알아맞힌다고 함.

OX문제

01	요약적 서술을 통해 인물의 삶의 내력을 드러내고 있다. [2013학년도 5월A]	(O / X)
02	인물의 행동을 묘사하여 인물의 내면 심리를 드러내고 있다. [2014학년도 수능B]	(O / X)
03	체 장수는 사건이 새로운 방향으로 전개되는 계기를 마련한 인물이다.	(O / X)
04	옥화는 성기가 회복하기 바라며 체 장수와 계화의 이야기를 말해주었다.	(O / X)
05	옥화가 예상한 삶을 선택한 성기는 길을 나서서 집을 떠났다.	(O / X)

02 작품 해제

01 | 주제

역마살이라는 운명에 순응하며 사는 삶, 죽음에서 벗어나려는 의지

02 | 특징

① '역마살'이라는 무속적 소재로, 한국적 운명 의식을 나타낸 소설
② 토속적인 공간이 배경으로 제시됨.
③ 역순행적 구조를 통해 입체적인 사건을 제시함.

03 | 작품 해제

이 작품은 역마살로 표상되는 한국인의 운명관이 인간의 삶의 질서를 어떤 방식으로 형성하고 있는지에 대한 탐구를 보여주는 소설이다. 이 작품에 등장하는 인물들의 삶은 대부분 자신의 의지나 선택으로 결정되는 것이 아니라, 운명적으로 주어진 역마살에 둘러싸여 있으며, 소설의 배경인 화개 장터 역시 역마살이 낀 이들의 집결지이다. 이 역마살을 극복할 수 있는 방법은 결혼을 통해 한곳에 정착하는 것이다. 그러나 주인공 성기가 사랑하던 계연이 옥화의 이복동생이라는 사실이 밝혀지면서 두 사람의 결혼은 불가능해지게 된다. 성기가 역마살을 자신의 운명으로 받아들이고 유랑의 길을 떠나는 결말은, 운명을 거스르지 않음으로써 구원에 이르게 된다고 믿는 한국적인 운명관을 드러낸 것이라 할 수 있다. 등장인물은 자신의 사주와 운명을 극복하기 위해 노력했지만, 끝내 그 운명을 극복하지 못하고 주어진 운명에 순응하며 살아가는 모습을 보여준다.

04 | 등장인물

- 옥화 : 체 장수 영감이 36년 전 화개 장터에 남사당패로 들렀을 때 만난 술집 주인 사이의 딸로, 떠돌이 중과 인연을 맺어 낳은 아들 성기를 데리고 주막을 하면서 살아가는 여인
- 성기 : 옥화의 아들로, 역마살을 이기지 못해 절에서 지내고 있으나 계연을 사랑하게 되면서 정착하려고 함. 하지만 계연이 자신의 이모임을 알고는 정처 없이 떠나게 됨.
- 체장수 영감 : 역마살이 들어 떠돌아다니던 소리꾼. 화개 장터에 찾아와서 36년 전의 일을 회상하고 딸을 찾지만, 이내 다시 떠남.
- 계연 : 체 장수 영감이 50세가 되어 낳은 딸. 옥화의 집에 정착하려 했으나 기구한 운명에 의해 정처 없이 아버지를 따라 떠나고 마는 인물

05 | 상세 줄거리

발단 : 화개 장터에서 주막을 운영하며 살고 있는, 마음 착하고 인심 좋은 옥화는 아들 성기의 타고난 역마살을 없애기 위해 갖은 노력을 기울인다.

전개 : 어느 날, 체 장수 영감이 딸 계연을 데리고 와 옥화네 주막에 맡기고 떠난다. 옥화는 계연을 성기와 맺어 주어 성기가 역마살을 극복하고 정착하기를 바란다.

위기 : 어느 날, 옥화는 계연의 왼쪽 귓바퀴 위에 난 사마귀를 발견하고 자신의 동생이 아닐까 의심한다.

절정 : 체장수 영감이 돌아와 들려 준 이야기에 의해 의혹은 사실임이 밝혀진다. 즉, 36년 전 화개 장터에서 어떤 떠돌이 여인과 하룻밤 관계한 일로 태어난 딸이 옥화이며, 계연은 결국 옥화의 이복동생임이 밝혀진다. 계연과 성기의 사랑은 천륜에 의해 운명적으로 좌절된다.

결말 : 그 일이 있은 후, 계연은 아버지인 체 장수를 따라 아버지의 고향인 여수로 떠나며, 성기는 중병을 앓는다. 병이 낫자 성기는 운명에 순응하여 화개 장터를 떠난다.

논문으로 만나는 출제자의 시선

김동리의 「역마」

일제 말의 화개 체험이 낳은 김동리의 소설 가운데 대표작은 「역마」이다. 경상·전라 양도를 가르는 섬진강의 경상도 쪽, 쌍계사로 들어가는 초입에 자리 잡고 있는 화개 장터가 중심 무대다. 김동리는 「역마」의 창작 동기에 대해 다음과 같이 말한 바 있다. '그렇게 한이 서린 듯한', '화개 장터의 정조'에 대한 특별한 느낌이 그 동기라는 것인데, 말하자면 지리적 특성에서 비롯된 이별의 한을 그린 것이 「역마」라는 것이다.

이 작품의 주인공은 소설 속 인물이 아니라 화개라는 공간이라는 김동리의 말은 정주(어떤 장소에 머무름)의 욕망 실현을 가로막는 이별의 한이 「역마」의 중심에 놓여 있다는 우리의 생각과 맞통한다. 김동리는 같은 글 다른 곳에서 「역마」의 중심은 인물이나 사건이 아니라 환경이라고 했는데 이 또한 우리의 이 같은 생각을 뒷받침하는 것이다 「역마」의 중심 무대인 화개는 다른 한편으로는 유랑 예인의 자유로운 삶과 그속에 깃든 슬픔을 담고 있으며, 그것을 효과적으로 드러내는 역할을 수행하는 공간이다.

옥화 모녀를 기다림과 그리움 그리고 두려움에 가두었던 사내들은 하나같이 역마살 든 존재들이다. 옥화 모와의 하룻밤 인연으로 옥화를 배게 한 전라도 남사당패의 '젊은 남사당', 성기의 아버지인 '구름같이 떠돌아다니는 중'이 그러하고, 이 작품의 주인공인 성기가 그러하다. 길을 따라 유랑할 수밖에 없는 팔자를 타고난 그들은 어디에도 매이지 않는 존재라는 점에서 자유인이다. 신명을 솟게 하고, 신명을 타고 흘러가는 자유의 여로를 따라 그들은 살아왔다. 그러나 그 자유의 안쪽에는 유랑을 멈추고 정주하여 안정된 삶을 살고자 하는 정주의 욕망이 들어 있으며, 유랑의 삶이 동반하기 십상인 이별과 경제적 궁핍에서 비롯된 슬픔이 깃들어 있다.

「역마」의 구조적 형식과 상징

「역마」에서는 서두에 화개 장터와 세 갈래 냇물, 길을 통해 작품의 주제를 암시하고 있다. 「역마」에서 나타나는 배경묘사는 준액자적인 형태이다. 이는 '성기'의 조모, '옥화', '계연', '성기'의 혈연관계가 밝혀짐으로써 인물관계가 원의 모양을 갖는다. 또한 내부 구조에 있어 '계연' 부녀의 도착과 떠남이라는 구조를 지니고 있는데, 이 역시 작품의 구조가 순환구조임을 말한다. 이런 구조적 형식으로 인해 「역마」는 운명의 상징적 의미를 더욱 부각시키고 있다.

다음 글을 읽고 물음에 답하시오.

[앞부분의 줄거리] 아들 성기가 역마살 때문에 떠돌이가 될까 봐 걱정 하던 옥화는 그를 정착시키기 위해 체 장수 영감의 딸 계연과 맺어 주려 하지만, 계연이 자기 동생이라는 것을 알고는 그녀를 떠나보내기로 한다.

계연의 시뻘겋게 상기한 얼굴은, 옥화와 그의 아버지가 그들을 지켜보고 있다는 것도 잊은 듯이 성기의 얼굴만 일심으로 바라보고 있었으나, 버드나무에 몸을 기댄 성기의 두 눈엔 다만 불꽃이 활활 타오를 뿐, 아무런 새로운 명령도 기적도 나타나지 않았다.

"오빠, 편히 사시오."

하고, ⓐ <u>거의 울음이 다 된, 마지막 목소리를 남기고 돌아선 계연의 저 만치 가고 있는 항라 적삼*을</u>, 고운 햇빛과 늘어진 버들가지와 산울림처럼 울려오는 뻐꾸기 울음 속에, 성기는 우두커니 지켜보고 있을 뿐이었다.

성기가 다시 자리에서 일어나게 된 것은 이듬해 우수(雨水)도 경칩(驚蟄)도 다 지나, 청명(淸明) 무렵의 비가 질금거릴 무렵이었다. 주막 앞에 늘어선 버들가지는 다시 실같이 푸르러지고 살구, 복숭아, 진달래들이 골목 사이로 산기슭으로 울긋불긋 피고 지고 하는 날이었다.

아들의 미음상을 차려 들고 들어온 옥화는 성기가 미음 그릇을 비우는 것을 보자 이렇게 물었다.

"아직도, 너, 강원도 쪽으로 가 보고 싶냐?"

"……"

성기는 조용히 고개를 돌렸다.

"여기서 장가들어 나랑 같이 살겠냐?"

"……"

성기는 역시 고개를 돌렸다.

그해 아직 봄이 오기 전, 보는 사람마다, 성기의 회춘을 거의 다 단념하곤 하였을 때 옥화는, 이왕 죽고 말 것이라면, 어미의 맘속이나 알고 가라고, 그래, 그 체 장수 영감은, 서른여섯 해 전 남사당을 꾸며 와 이 화개 장터에 하룻밤을 놀고 간 자기의 아버지임에 틀림이 없었다는 것과, 계연은 그 왼쪽 귓바퀴 위의 사마귀로 보아 자기의 동생임이 분명하더라는 것을, 통정*하노라면서, 자기의 같은 왼쪽 귓바퀴 위의 검정 사마귀까지를 그에게 보여 주었다.

"나도 처음부터 영감이 '서른여섯 해 전'이라고 했을 때 가슴이 섬뜩하긴 했다. 그렇지만 설마 했지 그렇게 남의 간을 뒤집어 놀 줄이야 알았나. 하도 아슬해서 이튿날 악양으로 가 명도*까지 불러 봤더니, 요것도 남의 속을 빤히 들여다나 보는 듯이 재잘대는구나, 차라리 망신을 했지."

옥화는 잠깐 말을 그쳤다. 성기는 두 눈에 불을 켜듯 한 형형한 광채를 띠고, 그 어머니의 얼굴을 쳐다보고 있었다.

"차라리 몰랐으면 또 모르지만 한번 알고 나서야 인륜이 있는듸 어쩌겠냐."

그리고 ㉠ <u>부디 어미 야속타고나 생각지 말라고</u>, 옥화는 아들의 뼈만 남은 손을 눈물로 씻었다.

옥화의 이 마지막 하직같이 하는 통정 이야기에 의외로도 성기는 도로 힘을 얻은 모양이었다. 그 불타는 듯한 형형한 두 눈으로 천장을 한참 바라보고 있던 성기는 무슨 새로운 결심이나 하듯 입술을 지그시 깨물고 있었다.

아버지를 찾아 강원도 쪽으로 가 볼 생각도 없다, 집에서 장가들어 살림을 할 생각도 없다, 하는 아들에게 그러나, 옥화는 이제 전과 같이 고지식한 미련을 두는 것도 아니었다.

"그럼 어쩔라냐? 너 좋을 대로 해라."

"……"

성기는 아무런 말도 없이 도로 자리에 드러누워 버렸다.

그리고 나서 한 달포나 넘어 지난 뒤였다.

성기가 좋아하는 여러 가지 산나물이 화갯골에서 연달아 자꾸 내려오는 이른 여름의 어느 장날 아침이었다. 두릅회에 막걸리 한 사발을 쭉 들이켜고 난 성기는 옥화더러,

"어머니, 나 엿판 하나만 맞춰 주."

하였다.

"……"

옥화는 갑자기 무엇으로 머리를 얻어맞은 듯이 성기의 얼굴을 멍하니 바라보고 있었다.

그런 지도 다시 한 보름이나 지나, ⓑ <u>뻐꾸기는 또다시 산울림처럼 건드러지게 울고, 늘어진 버들가지엔 햇빛이 젖어 흐르는 아침이었다.</u> 새벽녘에 잠깐 가는 비가 지나가고, 날은 다시 유달리 맑게 갠 화개 장터 삼거리 길 위에서, 성기는 그 어머니와 하직을 하고 있었다. 갈아입은 옥양목 고의적삼에, 명주 수건까지 머리에 잘끈 동여매고 난 성기는, 새로 맞춘 새하얀 나무 엿판을 걸빵해서 느직하게 엉덩이 즈음에다 걸었다. 위 목판에는 새하얀 가락엿이 반나마 들어 있었고, 아래 목판에는 팔다 남은 이야기책 몇 권과 간단한 방물이 좀 들어 있었다.

그의 발 앞에는, 물과 함께 갈려 길도 세 갈래로 나 있었으나, 화갯골 쪽엔 처음부터 등을 지고 있었고, 동남으로 난 길은 하동, 서남으로 난 길이 구례, 작년 이맘때도 지나 그녀가 울음 섞인 하직을 남기고 체 장수 영감과 함께 넘어간 산모퉁이 고갯길은 퍼붓는 햇빛 속에 지금도 환히 장터 위를 굽이돌아 구례 쪽을 향했으나, 성기는 한참 뒤, 몸을 돌렸다. 그리하여 그의 발은 구례 쪽을 등지고 하동 쪽을 향해 천천히 옮겨졌다.

한 걸음, 한 걸음, 발을 옮겨 놓을수록 그의 마음은 한결 가벼워져, 멀리 버드나무 사이에서 그의 뒷모양을 바라보고 서 있을 어머니의 주막이 그의 시야에서 완전히 사라져 갈 무렵 해서는, 육자배기 가락으로 제법 콧노래까지 흥얼거리며 가고 있는 것이었다.

– 김동리, 「역마」 –

*항라 적삼 : 명주, 모시, 무명실 따위로 된 한 겹의 윗도리.

*통정 : 통사정. 딱하고 안타까운 형편을 털어놓고 말함.

*명도 : 마마를 앓다가 죽은 어린 계집아이의 귀신.

01. 윗글에 대한 설명으로 적절한 것은?

① 과거 장면을 삽입하여 인물들의 관계를 드러내고 있다.
② 다른 장소에서 동시에 벌어진 사건들을 병치하고 있다.
③ 의식의 흐름을 통해 사건을 요약적으로 진술하고 있다.
④ 상상적 공간을 배경으로 삼아 허구성을 강화하고 있다.
⑤ 등장인물의 독백을 직접 인용하여 내면을 보여 주고 있다.

02. ㉠은 〈보기〉 (가)의 시점으로 서술되어 있다. ㉠을 (나)의 시점으로 바꾸어 썼을 때, 가장 적절한 것은?

─〈보기〉─

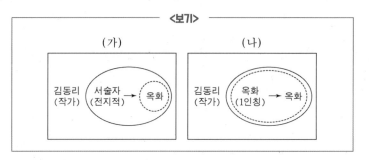

① 부디 나를 야속타고나 생각지 말라고, 나는 나의 뼈만 남은 손을 눈물로 씻었다.
② 부디 나를 야속타고나 생각지 말라고, 나는 아들의 뼈만 남은 손을 눈물로 씻었다.
③ 부디 나를 야속타고나 생각지 말라고, 옥화는 아들의 뼈만 남은 손으로 눈물로 씻었다.
④ "부디 나를 야속타고나 생각지 마라."라고 말하며, 나는 나의 뼈만 남은 손을 눈물로 씻었다.
⑤ "부디 어미 야속타고나 생각지 마라."라고 말하며, 엄마는 나의 뼈만 남은 손을 눈물로 씻었다.

03. ⓐ와 ⓑ에 대한 해석으로 가장 적절한 것은?

① ⓐ의 '항라 적삼'과 '고운 햇빛'은 모두 인물의 성격을 드러내고 있다.
② ⓐ의 '목소리'는 '뻐꾸기 울음'과 대조를 이루며 비극성을 약화시키고 있다.
③ ⓑ의 '햇빛'은 '유달리 맑게 갠'과 함께 분위기를 새롭게 전환하고 있다.
④ ⓑ의 '뻐꾸기'는 '화개 장터'와 연결되어 시대적 상황을 나타내고 있다.
⑤ ⓑ의 '버들가지'는 '또다시'와 연결되어 갈등이 재현될 것을 예고하고 있다.

04. 〈보기〉를 참고하여, 윗글을 감상한 내용으로 적절하지 않은 것은?

─〈보기〉─

ㄱ. 김동리는 「역마」의 인물들을 통해, 운명을 수용하는 것이 운명에 패배하는 것이 아니라 세계와 조화되는 것이며, 이는 우리 민족의 전통적 삶의 방식이라고 여겼다.
ㄴ. 「역마」의 인물들이 보여 주는 생각과 행동은 적극적이지 않고 비합리적이어서, 주체적으로 자기 삶의 방향을 결정하는 현대인들이 공감하기 힘들다는 비판이 있다.

① ㄱ에 따르면, 성기와 계연의 이별 장면은 한국인의 전통적 삶의 방식을 보여 주는 장면이군.
② ㄱ에 따르면, 엿장수가 되어 떠나는 성기의 행동은 세계와 조화를 이루는 행동이군.
③ ㄴ에 따르면, 성기를 떠난 계연은 전통적 인물이면서도 삶의 방향을 스스로 결정하는 주체적인 인물이군.
④ ㄴ에 따르면, 명도를 불러 보고 그가 한 말을 받아들이는 옥화는 비합리적인 인물이군.
⑤ ㄴ에 따르면, 하동 쪽으로 발을 옮겨 놓는 성기는 소극적 삶의 자세를 보여 주는 인물이군.

다음 글을 읽고 물음에 답하시오.

S# 60. 마루

상돌네가 부엌에서 나오다가 보고 호들갑을 떤다.

상돌네 : 웼다! 선녀가 하강했나비! 저러니 순천 박 참봉 댁 아들이 반하지 않고 배길 것이여!
옥화 : (눈을 흘기며) 누가 그런 집에 시집 간다요.
상돌네 : 어매- 큰일 나것네-. 그 도련님이 워디가 으째서…… 집안 좋겠다 인물 잘 낫겠다……
옥화 : 흥! 그런 집에 갔다가 밤낮 구박은 누가 받고! 술장사 딸이라고…… 이름도 성도 모르는 남사당꾼 딸이라꼬…….

따라 나서다가 가슴을 찔린 듯 주춤하는 소향-. 그때 멀리 산사에서 쿵-하고 종소리가 울려온다. 그 소리를 듣자 부리나케 마당으로 내려가는 옥화. 어이없는 듯 쳐다보는 소향-.

S# 61. 옥화네 집 앞

옥화, 버드나무 가지를 매만지며 먼 화개협 골짜기를 바라다본다. 울려오는 종소리에 귀를 기울이며 옥화의 얼굴에 사무치는 그리움. 등 뒤에 소향이가 다가선다.

소향 : 또 젊은 중 생각이구나?
옥화 : 나두 머리 깎구 절에나 갈까?
소향 : 뭐라꼬?
옥화 : …….

S# 62. 쌍계사 종루

있는 힘을 다하여 종채를 잡아당겼다가 내미는 법운.

S# 63. 옥화네 집 앞

소향 : 어휴-, 큰일이다. 허구헌 날 저놈의 종소리만 들음 안절부절 넋이 빠지니……, 네가 정 그래싸믄 종소리 안 들리는 먼데로 이사라도 가야 할랑가부다.
옥화 : 걱정 마이소. 우린 엄마가 생각하는 그런 사이가 아니구마.
소향 : ……. (믿어지지 않는 듯) …….

S# 64. 쌍계사 종루

법운의 이마에 구슬 같은 땀방울이 흘러내린다. 종치기를 다하고 비틀비틀 난간을 붙잡고 가쁜 숨결을 몰아쉬며 산 밑을 굽어본다. 고뇌에 싸인 얼굴. 그때 종루 밑에서 조용히 부르는 소리.

혜초 : 법운아-.

법운, 후딱 정신이 들며 돌아본다.

S# 65. 절 마당

종루 밑에 혜초 스님이 서 있었다. 법운, 천천히 층계를 내려온다. 혜초 앞에서 합장한다. 지긋이 바라보다가
혜초 : 종소리에 한이 많구나……. 무슨 생각을 하며 울렸기에 소리가 그리

도 애절한고…….
법운 : (흠칫하며) 예?
혜초 : 무서운 업이로다. 인연이란 거미줄 같은 것! 한번 늘이기 시작하면 끝이 없느니라. 진작 끊어버려야지 정이 끊기가 어렵거든 멀리 떠나거라. 여기 있어 가지고서는 아무래도 네가 업원을 감당키 어려울레라.
법운 : …….
혜초 : 나무관세음보살…….

법운도 합장하고 입안에서 중얼거린다. 혜초, 서서히 법당 쪽으로 걸어간다. 선 자리에서 지켜보다가 오뇌에 싸이며 발길을 돌리는 법운.

S# 66. 산길 (밤)

송낙*을 쓰고 손에 단주*를 든 법운이 터벅터벅 산길을 내려온다. 멀리 산 밑에서 들려오는 강강술래 소리. 법운, 걸음을 멈춘다.

S# 67. 광장 (추석날 밤)

㉠ 말 만큼씩 한 삼십여 명 마을 처녀들이 손에 손을 잡고 둥글게 원을 그리며 천천히 돌아간다. 삼단 같은 머리채에 나부끼는 갑사댕기가 그들의 허리 아래서 팔랑거리고 주위에는 마을의 남녀노소가 둘러서서 구경을 하며 다 같이 목청을 뽑아 "가양가양수월래"를 화답한다. 첫소리를 먹이는 것은 옥화. 옥화의 달덩이 같은 얼굴에 조리를 먹일 때마다 흰 이가 별처럼 반짝인다.

옥화 : 산아 산아 수영산아. / **일동** : 가양 가양 수월래.
옥화 : 놀이 좋다 백두산아. / **일동** : 가양 가양 수월래.
옥화 : 잎이 피면 청산이고. / **일동** : 가양 가양 수월래.
옥화 : 꽃이 피면 화산이요. / **일동** : 가양 가양 수월래.
옥화 : 청산 화산 넘어가면. / **일동** : 가양 가양 수월래.
옥화 : 우리 부모 보련마는.

저만큼 떨어져 서 있는 버드나무 아래로 법운이 다가온다. ㉡ 송낙 아래서 그의 두 눈이 화경*처럼 옥화를 쏘아 번득인다. 옥화의 첫소리가 약간 빨라짐에 따라 처녀의 발맞춤도 빨라진다.

옥화 : 해가 지고 달떠온다. / **일동** : 가양 가양 수월래.
옥화 : 하늘에다 베를 놓고. / **일동** : 가양 가양 수월래.
옥화 : 구름 잡아 잉어걸고. / **일동** : 가양 가양 수월래.
옥화 : 달은 잡아 묵 맨들고. / **일동** : 가양 가양 수월래.
옥화 : 별을 잡아 무늬놓고. / **일동** : 가양 가양 수월래.

버드나무 그늘에서 한걸음 달빛 속으로 나오는 법운. ㉢ 저도 모르게 구경꾼들 등 뒤로 다가선다. 조리를 먹이며 돌아가던 옥화의 시선이 법운의 모습을 발견하고 얼굴에 함뿍 웃음이 핀다. 그러나 법운의 얼굴은 침울하기만 하다. 옥화, 달뜬 가슴을 못 이기듯 더욱 다그쳐 조리를 먹이자 처녀들의 발길은 일제히 허공에서 떴다 땅을 구르고 땅을 굴렀다 허공에 뜨면서 핑핑 돌아간다.

옥화 : 하늘에는 별도 총총. / **일동** : 강-강-수월래.
옥화 : 솔밭에는 솔잎도 총총. / **일동** : 강-강-수월래.

옥화 : 대밭에는 대가 총총. / 일동 : 강-강-수월래.

  지켜보며 점점 침통해지는 법운. 법운의 눈앞에 옥화의 흰 얼굴이 달덩이처럼 확 떠오르다 스러지면 다른 처녀들의 얼굴이 연달아 휙휙 떠올랐다가 지워진다. 일제히 뛰노는 오이씨 같은 버선발들-. 갑사댕기도 춤을 추고 그들의 달그림자도 춤을 추고, 하늘의 달무리도 숨 가쁘게 돌아오고-. 그러자 법운의 앞을 막 지나치려 한 옥화의 윤기 흐르는 두 눈이 법운의 오뇌에 싸인 두 눈길과 부딪친다. 옥화, 뭔가 심상치 않은 사태를 직감한 듯 후다닥 얼굴에 구름이 낀다. 보고 있는 법운이 모든 잡념을 뿌리쳐 발길을 돌린다. 다시 한 바퀴 돌아오다가 그것을 본 ㉣ 옥화가 우뚝 서버리자 손을 잡고 돌고 있던 원의 고리가 무너지며 우르르 무너진다. 아랑곳없이 법운의 뒤를 따라 달려가는 옥화. ㉤ 구경꾼들 속에 끼어 있다가 당황하는 소향.

소향 : 옥화야- 옥화야. 하고 부르며 뒤따라간다.

- 최금동·김강윤 각색, 「역마」 -

*송낙 : 예전에 여승이 주로 쓰던, 송라를 우산 모양으로 엮어 만든 모자.
*단주 : 54개 이하의 구슬을 꿰어 만든 짧은 염주.
*화경 : 햇빛을 비추면 불을 일으키는 거울이라는 뜻으로, '볼록 렌즈'를 이르는 말.

05. 윗글에 대한 설명으로 가장 적절한 것은?

① 다양한 소리를 활용하여 극적 긴장감을 완화시키고 있다.
② 새로운 인물의 등장으로 인물 간의 관계가 개선되고 있다.
③ 특정 인물에 의해 다른 인물의 행동 변화가 일어나고 있다.
④ 가상 공간과 현실 공간을 대비하여 상황을 드러내고 있다.
⑤ 현재와 과거를 반복적으로 제시하여 사건의 인과 관계를 밝히고 있다.

06. 윗글에 등장하는 인물에 대한 설명으로 적절하지 않은 것은?

① '상돌네'는 '옥화'의 생각과는 다른 발언을 하고 있다.
② '혜초'는 종소리를 듣고 '법운'의 마음을 짐작하고 있다.
③ '법운'은 '혜초'의 조언을 들은 뒤 쌍계사를 나서고 있다.
④ '옥화'는 강강술래 소리를 하며 '법운'을 잊으려 하고 있다.
⑤ '소향'은 '법운'과의 관계에 대한 '옥화'의 말을 의심하고 있다.

07. 〈보기 1〉을 참고하여 ㉠~㉤을 〈보기 2〉에 따라 촬영한다고 할 때, 적절하지 않은 것은?

── 〈보기 1〉 ──

  영화에서 카메라가 촬영한 장면에는 인물의 눈을 통해 대상을 바라본 '주관적 시점의 쇼트'와 등장인물의 시선과 무관한 '객관적 시점의 쇼트' 등이 있다. 예를 들어 Ⓐ의 위치에서 촬영한 화면인 ⓐ는 객관적 시점의 쇼트가 되며, Ⓑ의 위치에서 촬영한 화면인 ⓑ는 주관적 시점의 쇼트가 된다. 실제 영화에서는 이 두 개의 쇼트를 연결하여 장면을 연출할 수도 있다.

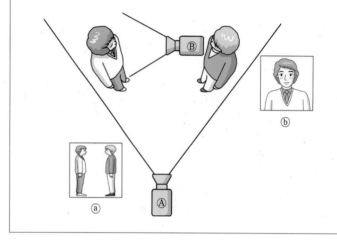

── 〈보기 2〉 ──

  S# 67을 옥화, 법운의 주관적 시점의 쇼트와 객관적 시점의 쇼트만을 활용하여 촬영한다.

① ㉠ : 법운이 볼 수 없는 상황에서 강강술래 장면을 전체적으로 보여주려 한다면 객관적 시점의 쇼트로 촬영할 수 있겠군.
② ㉡ : 법운의 눈은 옥화가 볼 수 없으므로 객관적 시점의 쇼트로 촬영하고, 그의 시선으로 본 강강술래 장면은 법운의 주관적 시점의 쇼트로 촬영하여 연결할 수 있겠군.
③ ㉢ : 옥화의 시점에서 바라본 법운의 모습을 보여주는 장면이라면 옥화의 주관적 시점의 쇼트로 촬영할 수 있겠군.
④ ㉣ : 발길을 돌린 법운은 옥화가 멈추는 장면을 볼 수 없으므로 법운의 주관적 시점의 쇼트로 촬영할 수 있겠군.
⑤ ㉤ : 법운과 옥화가 모두 소향을 볼 수 없으므로 객관적 시점의 쇼트로 촬영할 수 있겠군.

다음 글을 읽고 물음에 답하시오.

128. 옥화네 집 마루

옥화와 오 노인이 마주 앉아 있다.

오동운 : 스님 말씀이 옳은 말이여, 계연이를 내가 다리고 떠나야제……어린것들한테는 이런 일 저런 일 알릴 것 없구…….

옥화 : 휴- 우짜다가 이렇게 됐을까……하느님도 무심하시제……참말로 애통터져 죽겠네.

오동운 : (㉠ 술잔을 기울이고) 내가 죄 많은 놈이여. 애당초 찾아온 것이 잘못이였제……허지만 그때야 어디 이렇게 내 핏줄이 있을 줄 알갔간디……그저 행여나 그 사람이 아직도 살아 있음 염치 불고하고 계연이나 맡아 달라고 사정할 생각이었는듸…….

옥화 : …….

129. 강변

계연이가 돌 위에 걸터앉아 손으로 ㉡ 역구풀을 쥐어뜯고 있다. 등 뒤에 성기가 다가선다. 돌아다 보고 반기며.

계연 : 오매야 오빠! (일어서서 턱밑에 바싹 다가서며) 오빠! 요즘은 어쩌자고 만날 절에만 노있는 것이여?

성기 : 어무니가 눈치 보는 것 같애서…….

계연 : 그렇다구 안 오믄 난 어쩌라구, 보구 싶어 똑 죽겠는듸!

성기 : 나두 기어이 절에서 배겨 내려구 했지만도 늬가 보구 싶어서 왔다.
(성기, 계연을 끌어 안으려다 슬며시 손을 내린다.)

계연 : ……?

성기 : 늬 말이 맞다. 장가들기 전엔 늬 손목두 잡지 않을란다.
(이 때 옥화가 부르는 소리.)

옥화(E) : 계연아! 계연아!

성기 : 와 또 불러 쌌노, 어무니 요새 참말로 얄궂데이.

계연 : 정말 이상해졌어라우.

성기 : 들어가 봐. 내일은 장날이니까 일찍 오끄마.

계연 : 오빠 그람 꼭!
(성기 끄덕인다. 계연 돌아서며 쪼르륵 달려간다. 지켜 보다가 발길을 돌리는 성기)

130. 옥화네 집

오동운과 옥화가 앉아 있다. 계연이가 온다.

동운 : 계연아 들어가서 짐 챙겨라……내일 아침엔 일찍 떠나야 한다.

계연 : 예?

동운 : 그동안 아짐씨 신세를 너무 많이 졌다!
(계연, 구원을 청하듯이 옥화를 본다.)

옥화 : 나는 너를 딸 삼아 데리고 있구 싶었지만 아부지가 마다구 하시는구나. 생업이 술장수니 굳이 붙들 수도 없고.

동운 : 갈 사람은 가야제. 만났다 헤어지구 헤어졌다 만나구 그러는 것이 인간사니라.
(계연, 두 사람의 눈치를 살피다가 고개를 푹 떨구고 방으로 들어간다. 마주 보는 옥화와 오동운.)

131. 방 안

계연, 옥화가 준 옷가지와 ㉢ 고무신을 꺼내 놓고 들여다본다. 고무신을 집어 들고 볼에 비비며 눈물이 펑펑 쏟아진다.

132. 마루

눈을 지그시 감고 통소를 물고 있는 오동운. 그의 구슬픈 심정을 담고 가락이 흐느낀다. 통소를 부는 동운. 돌아 앉아서 눈물을 닦는 옥화. 달을 쳐다보며 통소를 부는 동운.

133. 인서트

달이 흐르고, 달과 함께 통소의 가락이 흐느끼고.

134. 강물

강물에 아침 해가 비치면.

135. 쌍계사 산문, 길

산문을 나와 달려 내려오는 성기. 길을 달려 오는 성기.

136. 옥화네 집

동운 : (짐을 지고 일어서며) 그람 아점씨.

옥화 : 예……혹시 지나는 길이 있거등 꼭 들리시소, 예.
(동운 끄덕인다. 그때 뛰어 들어오는 성기. 계연이는 성기를 보자 갑자기 생기를 띠며 발딱 일어난다.)

계연 : 아- 오빠!

옥화 : 성기야, 계연이가 시방 떠난단다.
(성기 그 자리에서 선 채 표정이 굳어진다.)

동운 : 아들이 참 잘 생겼오.

성기 : …….

옥화 : 계연이 아버지시다. 어젯밤에 오셔서 그 길루 떠나려고 하시는 걸 내가 하루 더 쉬어 가라고 만류했었다.
(쇠뭉치로 얻어 맞은 듯 멍하니 서서 계연이만 바라보는 성기. 계연이도 애걸하듯 호소하듯 붉은 눈으로 성기만 바라다본다.)

동운 : (옥화에게) 그럼 편히 계시오. 인연이 있으면 또 볼 터이지.

옥화 : 아가 잘 가거라.
(돈이 든 ㉣ 꽃주머니를 계연의 보따리에 넣어 준다. 그러자 계연은 옥화의 가슴에다 얼굴을 묻고 엉엉 울기 시작한다. 더욱 슬프게 느껴 우는 계연. 성기 호소하듯 옥화를 본다. 옥화 못 본 척하고 계연의 물결 같이 흔들리는 어깨를 쓸어주며.)

옥화 : 아가 울지 마라. 인자 그만 울어. 아부지가 저기 기다리고 계신다.
(계연 울음을 그치고 성기를 돌아다 본다.)

계연 : 오빠!

성기 : …….

계연 : (절망적인 체념으로) 오빠! 편히 사시오.

성기 : …….
(꿈을 깬 듯 계연의 앞으로 몇 걸음 걸어 오다가 다시 화석처럼 발이 굳어 버린 채 서 버린다. 계연 획 돌아서서 달려간다. 주춤주춤 따라 가다가 나무를 짚고 선다. 오동운과 계연의 뒷모습이 멀어져 간다. 지켜 보고 서 있는 성기. 성기, 짚고 섰는 ㉤ 나뭇가지를 우지끈 꺾어 들고 획 돌아선다.)

옥화 : (놀라며) 성기야!
(우루룩 달려들어 술청을 닥치는 대로 두들겨 부순다.)

성기 : 그만둬요, 이까짓 거 다 그만둬요.

옥화 : 성기야! 성기야! 성기야!
(다 때려 부수고 나서 허청허청 걸어나오는 성기.)

옥화 : 성기야! 늬가 와 이라노, 늬 실성했나?

(슬픈 눈으로 옥화를 바라보던 성기, 나무토막처럼 푹 꺼꾸러진다.)

— 최금동·김강윤 각색, 「역마」 —

08. 윗글의 인물에 대한 설명으로 적절한 것만을 〈보기〉에서 고른 것은?

― 〈보기〉 ―

ㄱ. 성기는 중심 사건의 내막을 어렴풋이 짐작하고 있다.
ㄴ. 동운은 진실을 감춘 채로 상황을 종결지으려 하고 있다.
ㄷ. 계연은 자신에게 닥친 시련에 적극적으로 대항하고 있다.
ㄹ. 옥화는 주인공이 기대하는 바에 반하는 행위를 하고 있다.

① ㄱ, ㄴ   ② ㄱ, ㄷ   ③ ㄱ, ㄹ
④ ㄴ, ㄹ   ⑤ ㄷ, ㄹ

09. 〈보기〉의 설명에 해당하는 소재로 가장 적절한 것은?

― 〈보기〉 ―

영화 속에서 인물의 내면 심리는 인물의 말과 행동으로 드러나는 것이 대부분이지만, 특정 소재를 통하여 그러한 기능을 수행하기도 한다. 특히 이 소재는 대상에 대한 연민과 축원, 상황에 대한 서운함과 안도감이라는, 인물의 미묘하고 복합적인 심리를 잘 드러내고 있다.

① ㉠   ② ㉡   ③ ㉢   ④ ㉣   ⑤ ㉤

10. 윗글을 이해한 내용으로 적절하지 <u>않은</u> 것은?

① # 128의 인물들은 강경한 어조로 빠르게 말함으로써 인물간의 갈등을 고조시키고 있다.
② # 129에서 옥화는 화면에 직접 등장하지 않으면서도 다른 인물들의 행위에 영향을 미치고 있다.
③ # 130에 제시되고 있는 상황은 # 131에서 인물이 보여주는 행위의 원인이 된다.
④ # 133과 # 134는 사건 진행을 위한 시간의 경과를 나타내고 있다.
⑤ # 135에 나타나는 인물의 행위에는 기대와 설렘이 드러나 있다.

다음 글을 읽고 물음에 답하시오.

[앞부분 줄거리] 화개 장터에서 주막을 운영하는 옥화는 아들 성기의 역마살을 없애려고 갖은 노력을 기울인다. 어느 날, 장터를 떠돌며 살아가는 체장수 영감이 딸 계연을 옥화에게 맡긴 뒤 길을 떠나고, 성기와 계연은 사랑하게 된다. 옥화는 둘을 결혼시켜 성기의 역마살을 없애려고 하지만 계연이 옥화의 이복동생이라는 것을 알게 된다.

#101 주막 마당 / 뒤꼍

성기 : (미칠 것 같다) 이기 무신 소리고? 아부질 따라 간다꼬?
계연 : (고개도 들지 않는다)
성기 : 말 해바라. 아주 가는 기 아이라고. 어이?
계연 : 인제 아부지랑 살라요.
성기 : 너... 너... (버럭) 지금 사램 놀리나? 어델 간다는 건데?
옥화 : 보내줘라. 성기 (계연의 어깨 잡아 흔들며) 이기 무신 짓꺼리고? 내, 니랑 살라꼬 내려온 거 몰라 그라나? 인제 여기서 뿌리박고 살겠다는데... 니도 좋다 안했나?
체장수 : (뭔가 기회를 잡은 듯, 다그친다) 니들 뭔 짓 했냐? 엉? 저눔이 너한테 뭔 짓을 했어? 빨리 말혀.

그 모습 기막히고 치사하다는 듯 보는 옥화

계연 : (바락) 하긴 뭔 짓을 혀요?

체장수가 잠시 주춤하는 사이
계연의 손목을 끌고 뒤꼍으로 가는 성기

성기 : (계연과 눈 마주치려 애쓰며) 니가 와 이라는지는 모르겠지만... 부탁이다. 바른대로 말해라. 니가 여기가 싫다면 같이 뜨자. 다른 데 가서 살자고. 니... 내 좋아허잖냐. 응? 응?
계연 : (성기를 똑바로 보며) 아니, 난 여기가 싫소. 도시 가서 살랑게.

계연의 눈빛엔 추호도 흔들림이 없다.
성기, 믿어지지 않는 상황에 뒤로 몇 발짝 물러난다.
뒤따라온 옥화조차 계연의 단호함에 다소 놀란다.
일순, 옥화와 시선을 맞추고는 말로 하지 못한 많은 말을 눈빛에 담아 보내는 계연.
그 눈빛에서 모든 사실을 알고 있음을 눈치 채는 옥화.
계연, 성기를 남겨둔 채 바깥을 향해 발걸음 떼놓는다.
떨어뜨린 짐을 주워 들고 계연의 뒤를 따라 나가는 체장수.
옥화는 그런 체장수의 뒷모습을 허허롭게 바라만 본다.

성기 : 계연아!

성기, 힘을 다해 뛰어나가 계연의 앞을 가로막는다.
잠시 서로를 응시하는 두 사람...
세상에 오로지 그들 둘뿐인 것처럼 빨아들일 듯 바라보고 있다.
옥화도 상돌엄마도, 체장수까지도 그 팽팽한 긴장을 깨지 못하고 있는데

계연 : (한참을 망설이다 어렵고 어렵게) ... 오라버니... !
옥화 : (오라버니란 말에 눈을 질끈 감는다)
성기 : ...
계연 : 편히 사시오... 오라버니. 아부지, 갑시다!

오라버니란 말을 되씹듯 의미 담아 발음하고는 그대로 스쳐가는 계연.
성기는 못박힌 듯 그대로 서있고, 상돌엄마는 옥화를 부축한 채 고개를 돌린다.

#102 밖
세 갈래 길 중 한 길을 택해 걷는 두 부녀, 구례 쪽 방향이다.
주막 앞 앙상한 버드나무 가지 아래를 지나...
기러기 울음소리 속에 멀어져 가는 두 사람의 모습
한 번도 뒤돌아보지 않는다.

성기(E*) : (발작하듯) 아~~~악!

(중략)

#107 주막 마당 (다른 날 낮)
처마에선 똑똑 눈 녹은 물이 떨어져 내린다.
툇마루에 걸터앉아 기둥에 등을 기대고 겨울 햇빛을 쬐는 성기의 뒷모습
눈을 돌려 멀리 보면
앞의 산엔 눈이 녹아 조금씩 푸른 빛이 돌기 시작한다.

(E) 채쟁 챙 챙... 꽤앵 꽤앵 꽹~ 사당패의 꽹과리와 징 소리 점점 커지고 —

옥화(E) : (찢어지는 목소리로) 안 된다, 한 발짝도 몬 나간대이~!

#108 주막 마당 (낮)
주막 밖으로 사당패*가 지나가고 있다.
아이들이 덩달아 신나서 흙먼지를 일으키며 와아 하고 따라간다.
어깨에 보따리를 둘러멘 성기, 신발을 신으며 마루에서 내려선다.
성기의 보따리를 잡은 채 발악하듯 매달리는 옥화

성기 : (덤덤히) 기양 한 몟 년 바람 쐬고 올 것잉게... 잡지마소, 엄니.

성기, 성큼성큼 밖을 향해 걸어 나간다.
등에 멘 보따리 틈으로 햇빛에 반짝이는 꽹과리의 몸체와 함께 빨간 표지의 책이 보인다.

     - 김동리 원작, 홍윤정·동희선 각색, 「역마」 -

*E : 효과음.
*사당패 : 무리를 지어 떠돌아다니면서 노래와 춤을 공연하던 집단.

11. 윗글을 영화로 촬영할 때 연출자가 고려할 내용으로 적절하지 않은 것은?

① #101의 촬영 장소는 주막이라는 배경이 잘 드러날 수 있는 곳을 찾아봐야겠어.
② #101의 계연을 다그치는 장면에서 성기 역을 맡은 배우에게 답답함을 참을 수 없다는 듯이 연기하도록 해야겠어.
③ #102에서 계연이 떠나는 장면에서는 구슬픈 분위기의 배경음악을 사용해야겠어.
④ #107에서 사당패의 악기소리는 처음에는 크게 들렸다가 점점 작아지는 것으로 설정해야겠어.
⑤ #108에서 촬영 영상은 보따리를 메고 길을 나서는 성기의 뒷모습이 잘 드러날 수 있도록 해야겠어.

12. ⟨보기⟩를 참고하여 윗글을 감상한 내용으로 적절하지 않은 것은?

⟨보기⟩
「역마」에서는 정착하지 못하고 떠돌아다녀야 하는 '역마살'이 낀 인물들이 등장한다. 이 작품에서 인물들의 삶은 자신의 의지나 선택에 의해 바뀌지 않는 운명적인 것이다. 주인공을 둘러싼 인물들은 처음에는 운명적 질서를 거부하지만 결국 받아들이게 된다. 이를 통해 작가는 일반적인 사회 통념에서 보면 고달픈 삶이라 하더라도, 저마다의 운명이 주어져 있다면 그 운명을 받아들이는 것도 삶의 한 방법이라는 것을 말하고 있다.

① '계연'이 떠나는 것은 자신의 의지가 아닌 것으로 이해할 수 있군.
② '성기'가 집을 떠나는 것은 운명적 삶을 받아들인 것으로 이해할 수 있군.
③ '성기'가 '계연'과 결혼하려는 것은 운명적 질서를 수용하려는 것으로 이해할 수 있군.
④ '옥화'가 '성기'에게 매달리는 것은 운명적 질서를 거부하려는 몸짓으로 이해할 수 있군.
⑤ '체장수 영감'이 장터를 떠도는 것은 일반적인 사회 통념에서 보면 고달픈 삶으로 이해할 수 있군.

8 │ 염상섭, 두 파산

STEP 01 지문 분석과 OX문제

LㅏBS 수능특강 │ 현대문학

원체 예쁘장한 상판이기는 하면서도 쌀쌀한 편이지마는, 눈을 곤두세우고 대드는 품이 어려서부터 30년 동안을 보던 옥임이는 아니다. 전부터 "네
　　얼굴을 속되게 이르는 말　　　　　　　　　　　　　　　　　　　옥임의 성격이 변함.

영감은 어쩌 점점 더 젊어 가니? 거기다 대면 넌 어머니 같구나."하고 새룽새룽 놀리기도 하고, 60이 넘은 아버지 같은 영감 밑에 쓸쓸히 사는 옥임이
　　옥임은 정례 모친의 모습이 젊은 남편과 비교된다며 놀려 댐.　　　　　　　　　　　　　　　　옥임에게 나이 많은 남편이 있음.

는 은근히 부러워도 하는 눈치였지마는, 밑도 끝도 없이 길바닥에서 '젊은 서방'을 들추어내는 것을 보고 정례 어머니는 어이가 없었다.

"늙은 영감에 넌더리가 나거든 젊은 서방 하나 또 얻으려무나."

하고, 정례 모친도 비꼬아 주고 싶었으나 열을 지어 섰는 사람들이 쳐다보며 픽픽 웃는 바람에,

"이거 미쳐나려나? 이건 무슨 객설야."
　　　　　　객쩍은 말(쓸데없고 싱거운 말)

하고, 달래며 나무라며 끌고 가려 하였다.

"「그래 내 돈을 곱게 먹겠는가 생각을 해 보렴. 매달린 식솔은 많구 병들어 누운 늙은 영감의 약값이라두 뜯어 쓰려구, 이렇게 쩔쩔거리구 다니는,
　「　」: 옥임은 표면적으로 가족과 남편의 약값을 내세우며, 정례 모친에게 빌려준 돈으로 인해 봉변을 당했다고 주장함.

이년의 돈을 먹겠다는 너 같은 의리가 없는 년은 욕을 좀 단단히 뵈야 정신이 날 거다마는」, 제 사정 보아서 싼 변리에 좋은 자국을 지시해 바친 밖
　　　　　　　　　　　　　　　　　　　　　　　정례 모친의 어려운 형편　　　남에게 돈을 빌려 쓴 대가로 치르는 일정한 비율의 돈

에! 그것두 마다니, 남의 돈 생으루 먹자는 도둑년 같은 배짱 아니구 뭐냐?"
　　　　　　상대방의 인격을 모욕하는 옥임의 태도 → 사람들 앞에서 망신을 줘서 돈을 받아내려 함.

오고 가는 사람이 우중우중 서며 구경났다고 바라보는데, 원체 히스테리증이 있는 줄은 짐작하지마는, 창피한 줄도 모르고 기가 나서 대든다. 히스테

리는 고사하고, 이것도 빚쟁이의 돈 받는 상투 수단인가 싶었다.
　　　　　　옥임을 낮잡아 이르고 있음.　　　↳ 늘 써서 버릇이 되다시피 한 것

"누가 안 갚는대나? 돈두 중하지만 이게 무슨 꼬락서니냐 말이야."

정례 어머니는 그래도 달래서 뒷골목으로 끌고 들어가려 하였다.
　　　　　　　　　사람들이 보는 것이 창피해서 골목으로 벗어나려고 하는 정례 모친

"난 돈밖에 몰라. 내일모레면 거리에 나앉게 된 년이 체면은 뭐구, 우정은 다 뭐냐? 어쨌든 내 돈만 내놓으면 이러니저러니 너 같은 장래 대신 부인
해방 이후 돈에 집착하여 정신적으로 파산한 인물　　　　　　　　　　　　　　　　　　　　　　다가올 앞날　　↳ 장관

께 나 같은 년이야 감히 말이나 붙여 보려 들겠다던!"

하고 허청 나오는 코웃음을 친다. 『구경꾼은 자꾸 꾀어드는데, 정례 모친은 생전 처음 당하는 이런 봉욕에 눈 앞이 아찔하여지고 가슴이 꼭 메어 올
　　　　　　　　　　　　　　해방 이후 물질적으로 파산한 인물　　　욕된 일을 당함.

랐으나, 언제까지 이러고 섰다가는 예서 더 무슨 창피한 꼴을 볼까 무서워서 선뜻 몸을 빼쳐 옆의 골로 줄달음질을 쳐 들어갔다. 뒤에서 발소리가 없으
『　』: 빌린 돈 때문에 길에서 옥임에게 봉변을 당하는 정례 모친의 곤란한 처지가 드러남.

니 옥임이는 저대로 간 모양이다. 정례 모친은 눈물이 핑 돌았다.』
　　　　　　　　　　옥임의 행패에 당한 정례 모친은 서러움에 눈물이 남.

「스물예닐곱까지 동경 바닥에서 신여성 운동이네, 연애네, 어쩌네 하고 멋대로 놀다가, 지금 영감의 후실로 들어앉아서, 세상 고생을 알까, 아이를
　「　」: 옥임의 과거 내력을 요약적으로 서술함.

한번 낳아 보았을까, 40 전의 젊은 한때를 도지사 대감의 실내마님으로 떠받들려 제멋대로 호강도 하여 본 옥임이다.」지금도 어디가 40이 훨씬 넘은

중늙은이로 보이랴. 머리를 곱게 지지고 엷은 얼굴 단장에, 번질거리는 미국제 핸드백을 착 끼고 나선 맵시가 어느 댁 유한마담이지, 『설마 1할, 1할 5
서로 헐뜯고 기를 쓰며 다투는 일　　　　　　　　　　옥임의 외양 묘사　　　　　　　　　　생활이 넉넉하여 놀러 다니는 것을 일삼는 유한계급의 부인

푼으로 아귀다툼을 하고 어려운 예전 동무를 쫓아다니며 울리는 고리대금업자로야 누가 짐작이나 할까.』해방이 되자, 고리대금이 전당국 대신으로 터
『　』: 옥임은 돈을 중심으로 생각하면서 돈에 집착하는 모습을 보여줌.　　　　　　　　광복 → 시대적 배경

놓고 하는 큰 생화가 되었지마는, 옥임이는 반민자(反民者)의 아내가 되리라는 것을 도리어 간판으로 내세우고 부라퀴같이 덤빈 것이다.「중경 도지사
먹고 살아가는 데 도움이 되는 벌이나 직업　　= 친일 세력 → 시대적 배경

요, 전쟁 말기에는 무슨 군수품 회사의 취체역인가 감사역을 지냈으니 반민법'이 국회에서 통과되는 날이면, 중풍을 3년째나 누웠는 영감이, 어서 돌아

가 주거나 하기 전에야 으레 걸리고 말 것이요, 걸리는 날이면 떠메어다가 징역은 시키지 않을지 모르되, 지니고 있는 집간이며 땅섬지기나마 <u>몰수</u>를

<small>범죄 행위의 결과로 얻은 물건 따위를 국가가 강제로 빼앗음.</small>

당할 것이니, 비록 자신은 없을망정 자기는 자기대로 살길을 차려야 하겠다고 나선 길이 이 길이었다.」 상하 식솔을 혼자 떠맡고 영감의 약값을 제 손

<small>「 」: 현재 옥임의 처지를 드러냄. 옥임은 남편이 반민자가 되어 죗값으로 모든 걸 빼앗길 것이 두려워서 살고자 고리대금업자가 됨.</small>

으로 벌어야 될 가련한 신세같이 우는소리를 하지마는 그래야 남의 욕을 덜 먹는 발뺌이 되는 것이다.

옥임이는 정례 모친이 혼쭐이 나서 달아나는 꼴을 그것 보라는 듯이 곁눈으로 흘겨보고 입귀를 샐룩하여 비웃으며, 버젓이 사람 틈을 헤치고 종로

편으로 내려갔다. 의기양양할 것도 없지마는, 가슴속이 후련하니 머릿속이고 가슴속이고 무언지 뭉치고 비비 꼬이고 하던 것이 확 풀어져 스러지고 <u>회</u>

<small>여럿이 있는 중에서 맨 끝이나 맨 나중에 돌아오는 차례</small>

가 제대로 도는 것 같아서 기분이 시원하다. 『그러나 그 뭉치고 비비 꼬인 것이라는 것이 반드시 정례 어머니에게 대한 악감정은 아니었다. 옥임이가

<small>『 』: 옥임이 길에서 정례 모친에게 망신을 준 이유. 옥임의 심리가 드러남.</small>

그 <u>오랜 동무</u>에게 이렇다 할 감정이 있을 까닭은 없었다. 다만 아무리 요새 돈이라도 20여만 원이라는 대금을 받아 내려면은 한번 혼을 단단히 내고

<small>정례 모친. 옥임과 함께 동경 유학 생활을 한 사이임.</small>

<u>제독을 주어야</u> 하겠다고 벼르기는 하였지마는, 얼떨결에 나온다는 말이 젊은 서방을 둔 떠세냐 무어냐고 한 것은 구석 없는 말이었고 지금 생각하니

<small>제독을 주다(관용구) : 상대편의 기운을 꺾어서 감히 다른 마음을 먹지 못하게 하다.</small>

우스웠다.』 그러나 자기보다도 훨씬 늙어 보이고 살림에 찌든 정례 모친에게는 과분한 남편이라는 생각은 늘 하던 옥임이기는 하였다. 남의 남편을 보

고 부럽다거나 샘이 나거나하는 그런 몰상식한 옥임이도 아니지마는 「자식도 없이 군식구들만 들썩거리는 집에 들어가서 몸도 제대로 가누지 못하는

늙은 영감의 방을 들여다보면 공연히 짜증이 나고, 정례 어머니가 자식들을 공부시키느라고 어려운 살림에 얽매고 고생하나, 자기보다 팔자가 좋다는

생각도 나는 것이었다.」 「 」: 자신과 다르게 젊은 남편과 살며 자식들을 건사하기 위해 노력하는 정례 모친에 대한 옥임의 부러움이 드러남.

(중략)

"오늘은 <u>아퀴</u>*를 지어 주시렵니까? 언제 갚으나 갚고 말 것인데 그걸루 의 상할 거야 있나요?"

<small>옥임이 교장을 통해 정례 모친의 돈을 받아 내는 상황임.</small>

이튿날 교장이 슬쩍 들러서 매우 점잖은 수작을 하는 것이었다.

"이렇게 말씀드리면 교장 선생님부터가 어떻게 들으실지 모르지만 『김옥임이가 그렇게 되다니 불쌍해 못 견디겠어요. 예전에 셰익스피어의 원서를

끼구 다니고, 『인형의 집』에 신이 나구, 엘렌 케이*의 숭배자요 하던 그런 옥임이가 동냥자루 같은 돈 전대를 차구 나서면 세상이 모두 노랑 돈닢으로

<small>옥임은 물질주의 가치관을 가진 현재와 다르게 과거에는 정신적 가치를 따랐음.</small>

보이는지, 어린애 코 묻은 돈푼이나 바라고 이런 구멍가게에 나와 앉았는 <u>나두 불쌍한 신세지마는</u> 난 옥임이가 가엾어서 어제 울었습니다. 난 살림이나

<small>자신의 경제적 파산과 옥임의 정신적 파산에 대해 안타까워함. → 제목의 의미</small>

파산 지경이지 옥임이는 성격 파산인가 보더군요……."』

<small>『 』: 정신적 가치를 중요시했던 옥임의 과거 행적을 언급하며, 이와 반대로 돈만을 생각하며 살아가고 있는 옥임의 현재 모습에 대해 안타까움을 드러냄.</small>

정례 어머니는 <u>분하다 할지 딱하다 할지 속에 맺히고 서린 불쾌한 감정</u>을 스스로 풀어 버리려는 듯이 웃으며 하소연을 하는 것이었다.

<small>옥임에 대한 복잡한 감정</small>

「"그런 말씀을 하시니 나두 듣기에 좀 <u>괴란쩍습니다마는</u> 다 어려운 세상에 살자니까 그런 거죠. 별수 있나요. 그래도 제 돈 내놓고 싸든 비싸든 이

<small>괴란쩍다 : 얼굴이 붉어지도록 부끄러운 느낌이 있다.</small>

자라고 <u>명토</u>* 있는 돈을 어엿이 받아먹는 것은 아직도 양심이 있는 생활입니다. 입만 가지고 속여 먹고 등쳐 먹고 알로 먹고 꿩으로 먹는 허울 좋은

불한당 아니고는 밥알이 올곧게 들어가지 못하는 지금 세상 아닙니까…… 허허허."

하고, 교장은 자기변명인지 옥임이 역성인지를 하는 것이었다.」

<small>옳고 그름에는 관계없이 무조건 한쪽 편을 들어 주는 일</small>

<small>「 」: 정례 모친의 말에 자신이 괴란쩍다며 자기변명과 같이 옥임의 편을 들어주며, 높은 이자를 받는 것이 다른 부정한 일들보다 양심 있는 일이라고 생각하는 교장. → 돈을 중요하게 생각하는 당시 세태를 유추할 수 있음.</small>

이날 정례 어머니는 딸이 옆에서 한사코 말리며,

"<u>그따위 돈은 안 갚아도 좋으니 정장을 하든 어쩌든 마음대로 하라구 내버려 두세요."</u>

<small>돈을 중요시하는 옥임과 대조됨.</small>

하며 팔팔 뛰는 것을 모른 척하고 20만 원 표에 이만 원 현금을 얹어서 옥임이 갖다가 주라고 내놓았다.

니BS _ 나 없이 EBS 풀지마라

*반민법 : 반민족 행위 처벌법. 일제 강점기 당시 일본에 협력한 친일파의 행위를 반민족 행위로 규정하고 처벌하기 위해 제정한 법률.

*아퀴 : 일을 마무르는 끝매듭.

*엘렌 케이 : 스웨덴의 여성 운동가.

*명토 : 누구 또는 무엇이라고 구체적으로 하는 지적. 여기에서의 문맥적 의미는 어떠한 이유.

OX문제

01	옥임은 반민자의 아내가 될 처지를 염려하여 고리대금업자가 되었다.	(O / X)
02	요약적 서술을 통해 시대적 배경을 제시하고 있다. [2015학년도 수능A]	(O / X)
03	옥임이 정례 모친에게 망신을 준 이유는 그 자리에서 돈을 모두 받아내기 위해서였다.	(O / X)
04	대화를 통해 과거로 돌아가려 하는 인물들의 심리를 보여주고 있다. [2017학년도 수능]	(O / X)
05	정례 모친은 옥임의 처지를 '성격 파산'이라고 칭하며 가엾어 하고 있다.	(O / X)

STEP 02 작품 해제

01 | 주제

물질적·정신적으로 파산된 인간을 통한 해방 후 물질만능 세태 풍자

02 | 특징

① 현실을 살아가는 서민의 심리와 태도를 실감 나게 묘사함.
② 경기 지역의 방언을 능란하게 구사하여 현실감을 돋보이게 함.
③ 정례 모친과 옥임의 경제적, 정신적 파산을 대조적으로 구성함.
④ 만연체의 문장을 통해 세밀한 부분까지 묘사하고 있음.

03 | 작품 해제

이 글은 광복 직후의 사회적 혼란기를 배경으로 물질 만능주의가 만연했던 당시의 시대 상황을 사실적으로 그려내고 있다. 이 작품의 핵심은 두 개의 서로 다른 파산의 양상을 보여주는 데 있다. 자신의 노력과는 상관없이 경제적 몰락에 빠진 정례 모친(경제적 파산)과, 친일파였으며 시대의 혼란을 틈타 돈벌이에만 열중하는 김옥임(정신적 파산)의 모습을 당시의 시대적 정황과 관련지어 보여준다. 하지만 작가는 어느 쪽이 옳다 그르다 하는 가치 판단은 하지 않은 채 가치관과 생활 방식 등 인물들의 삶의 모습을 객관적으로 전달함으로써 비판받아야 할 대상은 그들을 파산하게 만든 당시 사회의 구조적 모순에 있음을 인식하도록 한다. 작가는 사회의 구조적 모순과 물질 만능주의를 비판하며 독자로 하여금 건강한 삶의 양식에 대해 생각해 보게 한다.

04 | 등장인물

- 정례 모친 : 동경 유학을 다녀온 신여성으로, 매사에 섬세하고 건실하게 살아가려고 노력하지만 생계를 꾸려 가기 위한 방편으로 빚을 얻음. 이후 문방구 구멍가게를 차리지만, 결국 고리대금업자와 친구 옥임에게 가게와 집문서를 넘기고 물질적으로 파산하는 인물.
- 김옥임 : 정례 모친과 함께 신교육을 받은 여성으로 이기적이고 탐욕적임. 동경 유학 시절에는 신여성 운동과 자유연애를 하던 꿈 많은 인물이었지만, 친일파 도지사 영감의 후실이 되어 날뛰다가 몰락하게 되고, 해방 후에는 기회주의적 이기주의자로서 돈에 모든 가치를 두는 인물. 반민법으로 재산을 몰수당할 것을 걱정하여 살길을 찾기 위해 고리대금업을 하면서 정신적으로 파산함.
- 교장 : 해방 후 변모한 지식인의 모습으로, 품위를 지키려고 하면서도 돈과 자신의 이해 때문에 정신적으로 파산해 가는 고리대금업자.
- 정례 : 어머니의 일을 도와 가게 일을 하며, 고리대금업자를 멸시하는 태도와 부정적인 시각을 보여 주는 인물.
- 정례 부친 : 정치를 한다는 명분으로 무위도식하는 인물로, 경제력이 없으며 옥임에게 자동차를 미끼로 사기 칠 궁리를 함.

05 | 상세 줄거리

김옥임과 정례 모친은 일본 유학 시절부터 친구였으나, 광복 직후 정례 모친의 남편이 직장이 없자 정례 모친이 은행으로부터 집을 담보로 30만 원의 돈을 빌려 문방구를 시작한다. 그러나 운영이 여의치 않자, 돈이 모자라 국민학교 시절부터 동경여자대학교까지 동창인 김옥임의 동업 조건으로 10만 원 밑천을 받아들이게 된다. 거기다가 정례 부친이 물려받은 마지막 전장을 팔아서 부리던 택시가 가게의 돈을 솔솔 빼가다가 거덜을 내자 가게는 더욱 옹색해진다. 일제강점기 때 고관으로 행세하다가 광복과 함께 반민법으로 몰락했고 중풍으로 누운 남편을 둔 옥임은 고리대금업자로서 친구인 정례 모친에게까지 마수를 뻗친다. 옥임은 가게 보증금 영수증을 담보로 삼아 출자금을 1할 5푼의 이자를 내는 대출금으로 전환하여 제 살 궁리만 한다. 정례 모친은 옥임을 통하여 알게 된 교장 선생이라는 영감에게서 5만 원을 더 빌려 가게의 형편을 수습하려고 하였으나, 옥임은 자신이 빌려준 돈을 교장 영감에게 일임하여 원금에 빌린 이자를 합친 액수의 이자를 갚게 만든다. 은행에 30만 원, 옥임에게 20만 원, 교장 영감에게 5만 원 도합 55만 원의 빚을 갖게 된 정례 모친은 어느 날 황토현 정류장에서 만난 옥임에게 망신당한다. 정례 모친은 두 달에 걸쳐 억지로 교장 영감의 빚은 갚았으나, 급기야 석 달째에는 보증금 8만 원마저 되찾지 못한 채 빚으로 메우고, 한 푼도 건지지 못한 채 가게를 옥임에게 넘기게 된다. 원통하여 앓아누운 정례 모친에게 정례 부친은 김옥임을 골탕 먹일 방법이 있다고 큰소리를 친다.

STEP 03 논문으로 만나는 출제자의 시선

「두 파산」의 주제 의식

광복 직후는 사회 내적으로 윤리적·도덕적 가치관이 흔들리던 시기로, 우리 현대사에서 가장 혼란스러운 시기라고 볼 수 있다. 이 작품은 광복 직후를 시대적 배경으로 하여, 광복 직후 가치관의 혼란을 겪고 있던 우리 사회를 배경으로 정신적 가치와 물질적 가치의 대립과 갈등을 다루고 있다. 작가는 정례 모친의 심리는 물론 옥임의 심리도 상세하게 밝힘으로써 그들이 모두 현실을 살아가는 개성적인 인물임을 그리고 있다. 옥임의 남편이 반민법으로 어려운 처지에 놓이는 것으로 보아 작가가 옥임의 남편보다는 정례의 남편 쪽을 긍정한다고 보기 쉬우나 어수룩한 자동차로 옥임에게 사기 칠 궁리를 하는 것으로 보아서는 그 역시 가치관의 혼란 시대를 보여주는 인물의 하나일 뿐이다.

광복 후 친일파들에 대해 엄격하게 처단하고자 하는 입장과 현실적인 문제로 처벌을 완화하자는 입장 사이에 심각한 의견 충돌이 있었고, 경제적으로는 물가 상승으로 인해 빈부 격차는 심해지고 서민들의 생활이 어려움에 처했으며, 윤리적 측면에서도 가치관의 혼란으로 인한 계층 간, 집단 간의 갈등이 심화된 상황이었다. 결국 작가는 객관적인 입장에서 광복 직후의 혼란한 사회상을 묘사함으로써 가치관이 전도된 시대의 혼란함과 더불어 서민들의 세태와 애환을 그리려 한 것이다. 이는 작가가 정례 부친의 계획을 듣고서도 애매한 태도를 보여주는 정례 모친의 모습을 통해 다소 긍정적으로 그려 내던 정례 부부 또한 경제적 문제를 초월할 수 없는 평범한 인간들임을 보여 주는 것에서도 알 수 있다.

두 인물이 겪은 파산의 상징적 의미

인물	파산 내용	파산의 상징적 의미
정례 모친	생계를 위해 문방구를 차리지만 매정한 친구이자 채권자인 김옥임에게 가게를 빼앗기고 물질적으로 파산함.	건강하게 살아가는 소시민이 그들의 노력과는 달리 경제적으로 몰락해 가는 과정을 보여 줌.
김옥임	문학과 예술을 사랑했던 젊은 시절과는 달리 사채업자로서 과거의 친구에게 혹독하게 빚을 독촉하고, 결국 가게까지 뺏으며 정신적으로 파산함.	친일 행각을 일삼던 사람들이 광복 후 혼란의 와중에서 돈을 모으기 위해 날뛰는 과정을 보여 줌.

다음 글을 읽고 물음에 답하시오.

"그래 그 돈은 갚는다는 거야 안 갚을 작정야? 세도 좋은 젊은 서방을 믿고 그 떠세*루 남의 돈을 무쪽같이 떼먹으려나 보다마는, 김옥임이두 그렇게 호락호락하지는 않어……."

원체 예쁘장한 상판이기는 하면서도 쌀쌀한 편이지마는, 눈을 곤두세우고 대드는 품이 어려서부터 30년 동안을 보던 옥임이는 아니다. 전부터 "네 영감은 어째 점점 더 젊어가니? 거기다 대면 넌 어머니 같구나." 하고 새룽새룽 놀리기도 하고, 60이 넘은 아버지 같은 영감 밑에 쓸쓸히 사는 옥임이는 은근히 부러워도 하는 눈치였지마는, 밑도 끝도 없이 ⓐ 길바닥 에서 '젊은 서방'을 들추어내는 것을 보고 정례 어머니는 어이가 없었다.

"늙은 영감에 넌더리가 나거든 젊은 서방 하나 또 얻으려무나."

하고, 정례 모친도 비꼬아 주고 싶었으나 열을 지어 섰는 사람들이 쳐다보며 픽픽 웃는 바람에,

"이거 미쳐나려나? 이건 무슨 객설야."

하고, 달래며 나무라며 끌고 가려 하였다.

"그래 내 돈을 곱게 먹겠는가 생각을 해보렴. 매달린 식솔은 많구 병 들어 누운 늙은 영감의 약값이라두 뜯어 쓰려구, 이렇게 쩔쩔거리구 다니는, 이년의 돈을 먹겠다는 너 같은 의리가 없는 년은 욕을 좀 단단히 봬야 정신이 날 거다마는, 제 사정 보아서 싼 변리에 좋은 자국을 지시해 바친 밖에! 그것두 마다니, 남의 돈 생루루 먹자는 도둑년 같은 배짱 아니구 뭐냐?"

오고 가는 사람이 우중우중 서며 구경났다고 바라보는데, 원체 히스테리증이 있는 줄은 짐작하지마는, 창피한 줄도 모르고 기가 나서 대든다. 히스테리는 고사하고, 이것도 빚쟁이의 돈받는 상투 수단인가 싶었다.

"누가 안 갚는대나? 돈두 중하지만 이게 무슨 꼬락서니냔 말이야."

정례 어머니는 그래도 달래서 ⓑ 뒷골목으로 끌고 들어가려 하였다.

"난 돈밖에 몰라. 내일모레면 거리로 나앉게 된 년이 체면은 뭐구, 우정은 다 뭐냐? 어쨌든 내 돈만 내놓으면 이러니저러니 너 같은 장래 대신 부인계 나 같은 년이야 감히 말이나 붙여보려 들겠다던!"

하고 허청 나오는 코웃음을 친다. 구경꾼은 자꾸 꾀어드는데, 정례 모친은 생전 처음 당하는 이런 봉욕에 눈앞이 아찔하여지고 가슴이 꼭 메어 올랐으나, 언제까지 이러고 섰다가는 예서 더 무슨 창피한 꼴을 볼까 무서워서 선뜻 몸을 빼쳐 ⓒ 옆의 골로 줄달음질을 쳐 들어갔다. 뒤에서 발소리가 없으니 옥임이는 저대로 간 모양이다. 정례 모친은 눈물이 핑 돌았다.

스물 예닐곱까지 동경 바닥에서 신여성 운동이네, 연애네, 어떠네 하고 멋대로 놀다가, 지금 영감의 후실로 들어앉아서, 세상 고생을 알까, 아이를 한번 낳아보았을까, 40 전의 젊은 한때를 도지사 대감의 실내마님으로 떠받들려 제멋대로 호강도 하여본 옥임이다. 지금도 어디가 40이 훨씬 넘은 중늙은이로 보이랴. 머리를 곱게 지지고 옅은 얼굴 단장에, 번질거리는 미국제 핸드백을 착 끼고 나선 맵시가 어느 댁 유한마님이지, 설마 1할, 1할 5푼으로 아귀다툼을 하고 어려운 예전 동무를 쫓아다니며 울리는 고리대 금업자로야 누가 짐작이나 할까. 해방이 되자, 고리대금이 전당국 대신으로 터놓고 하는 큰 생화*가 되었지마는, 옥임이는 반민자(反民者)의 아내가 되리라는 것을 도리어 간판으로 내세우고 부라퀴같이 덤빈 것이다. 중경

도지사요, 전쟁 말기에는 무슨 군수품 회사의 취체역*인가 감사역을 지냈으니 **반민법***이 국회에서 **통과**되는 날이면, 중풍을 3년째나 누웠는 영감이, 어서 돌아가 주기나 하기 전에야 으레 걸리고 말 것이요, 걸리는 날이면 떠메어다가 징역은 시키지 않을지 모르되, 지니고 있는 집칸이며 땅 섬지기나마 몰수를 당할 것이니, 비록 자신은 없을망정 자기는 자기대로 살 길을 차려야 하겠다고 나선 길이 이 길이었다. 상하 식솔을 혼자 떠맡고 영감의 약값을 제 손으로 벌어야 될 가련한 신세같이 우는소리를 하지마는 그래야 남의 욕을 덜 먹는 발뺌이 되는 것이다.

옥임이는 정례 모친이 혼쭐이 나서 달아나는 꼴을 그것 보라는 듯이 곁눈으로 흘겨보고 입귀를 샐룩하여 비웃으며, 버젓이 사람 틈을 헤치고 ⓓ 종로 편으로 내려갔다. 의기양양할 것도 없지마는, 가슴속이 후련하니 머릿속이고 가슴속이고 무언지 뭉치고 비비꼬이고 하던 것이 확 풀어져 스러지고 회가 제대로 도는 것 같아서 기분이 시원하다. 그러나 그 뭉치고 비비 꼬인 것이라는 것이 반드시 정례 어머니에 대한 악감정은 아니었다. 옥임이가 그 오랜 동무에게 이렇다 할 감정이 있을 까닭은 없었다. 다만 아무리 요새 돈이라도 20여만 원이라는 대금을 받아 내려면 한번 혼을 단단히 내고 제독을 주어야 하겠다*고 벼르기는 하였지마는, ㉠ 얼떨결에 나온다는 말이 젊은 서방을 둔 떠세냐 무어냐고 한 것은 구석 없는 말이었고 지금 생각하니 우스웠다. 그러나 자기보다도 훨씬 늙어 보이고 살림에 찌든 정례 모친에게는 과분한 남편이라는 생각은 늘 하던 옥임이기는 하였다. 남의 남편을 보고 부럽다거나 샘이 나거나 하는 그런 몰상식한 옥임이도 아니지마는 자식도 없이 군식구들만 들썩거리는 집에 들어가서 몸도 제대로 가누지 못하는 늙은 영감의 방을 들여다보면 공연히 짜증이 나고, 정례 어머니가 자식들을 공부시키느라고 어려운 살림에 얽매고 고생하나, 자기보다 팔자가 좋다고 생각도 나는 것이었다.

- 염상섭, 「두 파산」 -

*떠세 : 재물이나 세력 따위를 내세워 젠체하고 억지를 쓰는 짓.

*생화 : 먹고 살아가는 데 도움이 되는 벌이나 직업.

*취체역 : 주식회사의 '이사'의 옛날 말.

*반민법 : 일제 강점기에 반민족 행위를 한 사람들을 처벌하기 위해 해방 직후에 만든 특별법.

*제독을 주다 : 기운을 꺾어 다시 꿈쩍 못하게 하다.

01. 윗글의 서술상의 특징으로 가장 적절한 것은?

① 배경의 묘사를 통해 인물의 심리를 암시하고 있다.

② 극적인 반전을 통해 작품의 분위기를 고조시키고 있다.

③ 잦은 장면 전환을 통해 긴박한 분위기를 형성하고 있다.

④ 서술의 초점이 되는 인물을 바꾸어 인물들의 내면을 드러내고 있다.

⑤ 과거와 현재를 교차 서술하여 과거에 발생한 사건의 의미를 밝히고 있다.

02. ⓐ~ⓓ와 관련하여 윗글을 이해한 내용으로 적절하지 <u>않은</u> 것은?

① '옥임'은 ⓐ에 구경꾼들이 모여들었지만 계속해서 '정례 모친'을 비난했다.
② '정례 모친'은 '옥임'을 달래 ⓑ에서 대화를 나누고자 하였으나 뜻대로 되지 않았다.
③ '정례 모친'은 구경꾼들의 시선과 '옥임'의 비난을 피하기 위해 ⓒ로 향했다.
④ ⓐ에서 표현하지 못한 '정례 모친'의 속내가 ⓒ에서 다른 사람들에게 표출되고 있다.
⑤ '옥임'은 ⓓ로 향하면서 ⓐ에서 '정례 모친'에게 했던 행위에 대해 생각하고 있다.

04. ㉠에 대해 할 수 있는 말로 가장 적절한 것은?

① '옥에도 티가 있다'더니 정례 모친의 삶이 마냥 행복한 것은 아니군.
② '목구멍이 포도청'인데도 옥임은 한가하게 남의 걱정이나 하고 있군.
③ '제 논에 물대기'라더니 옥임은 남의 사정에 아랑곳하지 않고 자신의 이익만을 생각하고 있군.
④ '떡 본 김에 제사 지낸다'더니 옥임은 그동안 정례 모친에게 하려고 준비해 왔던 말을 실컷 한 것이군.
⑤ '종로에서 뺨 맞고 한강에서 눈 흘긴다'더니 집안의 일로 짜증이 난 옥임이 정례 모친에게 화풀이를 한 것이군.

03. <보기>를 통해 윗글을 이해한 내용으로 적절하지 <u>않은</u> 것은?

─────── <보기> ───────

「두 파산」은 금전적인 이해에 의해 어긋나게 되는 두 여인의 삶을 통해 정신적 파산과 경제적 파산이라는 두 가지 양상의 파산을 그려내고 있다. 그런데 작가는 개인의 문제보다는 이들의 파산을 초래한 해방 직후의 시대 현실과 사회상에 독자들이 주목할 수 있게 하고 있다.

① '어려서부터 30년 동안'이나 친구로 지내던 정례 모친에게 '우정은 다 뭐냐?'라고 하는 옥임의 말에서, 둘의 관계가 금전적 이해에 의해 어긋나고 있음이 드러난다.
② 한때 '신여성 운동'에 참여하기까지 했던 옥임이 현재는 정례 모친에게 빚을 갚으라며 '난 돈밖에 몰라'라고 말하는 모습에서, 정신적 파산의 양상이 드러난다.
③ 옥임에게 돈을 빌리고도 갚지 못하는 정례 모친이 오히려 옥임에게 '이거 미쳐나려나?'라면서 나무라는 모습에서, 경제적 파산이 정신적 파산으로 이어지고 있음이 드러난다.
④ 옥임을 한때 '도지사 대감의 실내마님'이었다가 재산을 '몰수를 당할' 처지로 설정한 것에서, 옥임의 파산이 해방 직후의 시대 현실과 관련되어 있음을 알 수 있다.
⑤ '반민법이 국회에서 통과'되기 전의 상황을 틈타 친일파의 아내였던 옥임이 고리대금업을 시작하게 되었다는 것에서, 해방 직후의 사회상을 알 수 있다.

9 | 오상원, 유예

동무…… 총살, 이 두 마디가 그의 머릿속에 못 박혔다. 눈앞이 아찔하다. 그는 더욱 정신을 가다듬고 그들의 일거일동을 살폈다. 머리가 텁수룩하고
　　　　　　　　　　　　　　　　　　　　　　　　　　　　　　　　　　일거수일투족. 하나하나의 동작이나 움직임

야윈 얼굴에, 내의 바람의 한 청년이 양손을 등 뒤로 묶인 채 맨발로 서 있는 것이 눈에 띄었다.
포로로 잡혀 총살당하게 된 인물

"동무는 우리 인민의 처사에 대하여 이의가 있소?" / 그 위엄으로 보아 대장인가 싶다.
　처형 주체가 인민군임을 짐작하도록 만드는 말

『"생명체는 도구와는 다른 것이오. 내 이상 더 무엇을 말하고 싶겠소? 나는 포로가 되었을 때 비로소 내가 확실히 호흡하고 있는 인간이라는 것을

알았을 뿐이오. 나는 기쁘오. 내가 한 개 기계나, 도구가 아니었다는 것, 하나의 생명체인 인간으로서 살아 있었다는 것, 그리고 인간으로서 죽어 간다
　　　　　　　　　　　　　　　　인간은 전쟁의 도구가 아니라 생명체, 인격체라는 인식

는 것, 이것이 한없이 기쁠 뿐입니다."』 / 명확한 차가운 음성이었다. / "좋소." / 경멸적인 조소가 입술에 어렸다.
『 』: 인간의 생명과 실존적 가치에 대한 인식이 드러남.

"이 둑길을 따라 곧바로 걸어가시오. 남쪽으로 내닫는 길이오. 그처럼 가고 싶어 하던 길이니 유감은 없을 거요."

피해자는 돌아섰다. 한 발자국, 한 발자국 걷기 시작하였다. 뒤에서 두 놈이 총을 재었다.
처형 직전의 포로를 전쟁의 '피해자'로 인식함.　　　　　　　　　　　총에 화약이나 탄환을 넣어 끼움.

바야흐로 불길을 뿜으려는 총구를 등 뒤에 받으며 조금도 주저 없이 정확한 걸음걸이로 피해자는 눈길을 맨발로 헤쳐 가고 있다. 인제 몇 발의 총
이제 한창

성과 더불어 그는 무참히 쓰러지고 말 것이다. 곧바로 정면에 눈 준 채 조금도 흩어질 줄 모르는 그의 침착한 걸음걸이……
　　　　　　　　　　　　　　　　　청년은 죽음 앞에서 동요하지 않고 침착하게 남쪽으로 내닫는 길을 걸어감.

눈앞이 빙빙 돈다. 『그는 마치 저 언덕길을 걸어가고 있는 것이 자기인 것만 같았다. 순간 그는 총을 꽉 움켜쥐었다. 내일을 위해 오늘의 싸움을 피
　　　　　　　　『 』: 극한 상황 속에서 다른 생명을 구하려는 '그' → 인간적 가치를 아직 잃지 않음.

한다는 것은 비겁한 수단이다. 지금 저 눈길을 걸어가고 있는 피해자는 그가 아니라 나 자신이다. 내가 지금 피살당하러 가고 있는 것이다. 쏴야 한다.
　　　　　　　　　　　　　　　처형 상황에 놓인 청년과 자기를 동일시함.　　　　　　　죽임을 당함.

그는 사수를 겨누었다.』 숨죽이는 순간, 이미 그의 총구에서는 빗발같이 총알이 쏟아져 나갔다. 쓰러진다. 분명히 두 놈이 쓰러졌다. 그는 다음다음 연
총포나 활 따위를 쏘는 사람. 사격수.

달아 쏘았다. 일순간이 지나자 응수가 왔다. 『이마에선 줄곧 땀이 흐른다. 눈앞이 돈다. 전신의 근육이 개머리판의 진동에 따라 약동한다. 의식이 자주
　　　　　　　　상대편이 한 말이나 행동을 받아서 마주 응함.　　　　　　　총의 개머리(밑동을 이룬 넓적한 나무 부분) 밑바닥에 붙은, 쇠나 고무 따위로 된 판.

흐린다. 그는 푹 고개를 묻고 쓰러졌다. 위기일발, 다시 겨눈다. 또 어깨 위에 급격한 진동이 지나간다.』다자꾸 흩어지는 의식, 놈들의 사격이 뚝 그쳤
『 』: 현재형 어미를 활용하여 '그'가 처한 상황을 현장감 있게 서술함.　　　　　　　　　'자꾸'의 방언

다. 적은 전후 좌우방으로 흩어져서 육박하여 오고 있다. 의식을 잃은 난사. 그는 벌떡 일어섰다.
　　　　　　　　　　　　　　　　바싹 가까이 다가감.

그 순간 푹 쓰러졌다. 의식이 깜박 사라진다. 갓 지나간 격렬한 총성의 여음이 귓가에서 감돈다. 몸 어느 한구석이 쿡쿡 찌르고 끈적끈적한 액체가
　　　　　　　　　　　　　　　　　　　　　소리가 그친 뒤에도 아직 남아 있는 울림.

흘러내리고 있는 것 같다. 소리가 난다. 무엇이 다가오고 있다. 머리를 쾅 하고 내리친다. 그 순간 의식을 잃었다.

바른편 팔 위에 격통이 일어난다. 그는 간신히 왼편 손으로 바른편 팔을 얹쓸어 더듬었다. 손끝에 오는 감촉이 끈적끈적하다. 손을 떼었다.
오른편　　　　심한 아픔　　　　　　　　　　　　　'휩쓸다'의 방언

눈앞으로 가져갔다. 그 손끝과 손가락 사이에는 피, 검붉은 피가 함뿍 젖어 있다. 어디선가 두런두런 말소리가 들린다. 담배 연기가 자욱하다. 먼지
　　　　총격전에서 다친 '그'의 '검붉은 피'와 '흰 눈' 색채 이미지의 대비 → 전쟁의 비극성을 강조

와 거미줄이 뽀야니 늘어 붙은 찢어진 천장 구멍으로 사라져 간다. 방 안이다. 방 안에 눕혀져 있는 것이다. 이따금 흰 눈을 밟고 지나가는 발자국 소
　　　　　　　　　　　　　　　　　　　　　　　　'그'는 인민군의 포로로 붙잡혀 감금되어 있음.

리가 희미한 의식 속에 떠온다. 점점 멀어져 가는 발자국 소리를 따라서 그의 의식도 희미해진다.

그 후 몇 번이고 심문이 지나갔다. 모든 것은 결정되었다.
'그'에 대한 총살 집행 명령이 결정되는 과정을 요약적으로 서술함.

인제 모든 것은 끝나는 것이다. 『얼음장처럼 밑이 차다. 아무 생각도 없다. 전신의 근육이 감각을 잃은 채 이따금 경련을 일으킨다. 발자국 소리가
'그'는 처형 전 한 시간의 유예를 받았음.　　　　『 』: 현재형 어미를 활용하여 '그'가 처한 상황을 현실감 있게 드러냄.

난다. 말소리도. 시간이 되었나 보다.』문이 삐거덕거리며 열리고 급기야 어둠을 헤치고 흘러들어오는 광선을 타고 사닥다리가 내려올 것이다. 숨죽인

채 기다린다. 일순간이 지났다. 조용하다. 아무런 동정도 없다. 『어쩐 일일까……? 몽롱한 의식의 착오 탓인가. 확실히 구둣발 소리다. 점점 가까워 오
『 』: 의식의 흐름 기법을 활용하여 '그'의 불안한 내면 심리를 보여 줌.
는……정확한……』 그는 몸을 일으키려 애썼다. 고개를 들었다. 맑은 광선이 눈부시게 흘러들어온다. 사닥다리. / "뭐 하고 있어! 빨리 나와!"
'그'의 상상이 아니라 현실에서 실제 일어난 발화

착각이 아니었다. 그들은 벌써부터 빨리 나오라고 고함을 지르며 독촉하고 있었다. 한 단 한 단 정신을 가다듬고 감각을 잃은 무릎을 힘껏 고여 짚

으며 기어올랐다. 입구에 다다르자 억센 손아귀가 뒷덜미를 움켜쥐고 끌어당겼다. 몸이 밖으로 나가는 순간 눈 속에 그대로 머리를 박고 쓰러졌다. 찬

눈이 얼굴 위에 스치자 정신이 돌아왔다. 일어서야만 한다. 그리고 정확히 걸음을 옮겨야 한다. 모든 것은 인제 끝나는 것이다. 끝나는 그 순간까지 정

확히 나를 끝맺어야 한다.
'나'는 '그'를 의미함. → '그'의 내면적 독백이 제시됨.
　　『그는 눈을 다섯 손가락으로 꽉 움켜 짚고 떨리는 다리를 바로잡아 가며 일어섰다. 그리고 한 걸음 한 걸음 정확히 걸음을 옮겼다. 눈은 의지적인

신념으로 차가이 빛나고 있었다.』
『 』: 죽음을 앞둔 '그'의 의연함과 의지적 태도가 드러나는 장면
　　본부에서 몇 마디 주고받은 다음, 준비 완료 보고와 집행 명령이 뒤이어 떨어졌다. 눈이 함빡 쌓인 흰 둑길이다. 오! 이 둑길…… 몇 사람이나 이 둑
기계적으로 인간의 생사가 결정되는 모습에서 드러나는 전쟁의 비정함　　　　　　　　　　　　　　　　　　　　　이전에도 여러 사람이 처형당한 곳으로 짐작됨.
길을 걸었을 거냐. 훤칠히 트인 벌판 너머로 마주 선 언덕, 흰 눈이다. 가슴이 탁 트이는 것 같다. 똑바로 걸어가시오. 남쪽으로 내닫는 길이오. 그처럼
　　　　　　　　　　　　：계절적 배경과 함께 비극적 죽음을 부각함.　　　　　　　　　　　　　　　'그'가 목격한 포로에게 처형 직전 한 말과 같음.
가고 싶어 하던 길이니 유감없을 거요. 걸음마다 흰 눈 위에 발자국이 따른다. 한 걸음 두 걸음 정확히 걸어야 한다. 사수(射手) 준비! 총탄 재는 소리
　　　　　　　　　　　'그'가 죽음을 향해 가는 상황이 시각적으로 드러남.　　　　　　　　감각의 전이(청각의 촉각화) → '그'가 처한 냉혹한 현실을 예고함.
가 바람처럼 차갑다. 눈앞엔 흰 눈뿐, 아무것도 없다. 『인제 모든 것은 끝난다. 끝나는 그 순간까지 정확히 끝을 맺어야 한다. 끝나는 일 초, 일각까지
　　　　　　　　　　　'그'가 처한 비정한 현실과 차가운 세계를 상징적으로 드러냄.
나를, 자기를 잊어서는 안 된다.』
　　　　　　　　　　　　　　　　　　　　『 』: 죽음의 순간까지 자신의 실존을 확인하고 존재를 지키려는 '그'의 노력
'그'의 다짐과 의지를 내적 독백으로 제시함.
　　『걸음걸이는 그의 의지처럼 또한 정확했다. 아무리 한 걸음, 한 걸음 다가가는 걸음걸이가 죽음에 접근하여 가는 마지막 길일지라도 결코 허튼, 불안
　　『 』: 죽음에 이르기 전이라도 인간으로서의 존엄을 잃을 수 없다는 '그'의 의지가 드러남.
한, 절망적인 것일 수는 없었다.』 흰 눈, 그 속을 걷고 있다. 훤칠히 트인 벌판 너머로, 마주 선 언덕, 흰 눈이다. 연발하는 총성. 마치 외부 세계의 잡

음만 같다. 아니 아무것도 아닌 것이다. 그는 흰 속을 그대로 한 걸음, 한 걸음 정확히 걸어가고 있었다. 눈 속에 부서지는 발자국 소리가 어렴풋이 들

려온다. 두런두런 이야기 소리가 난다. 누가 뒤통수를 잡아 일으키는 것 같다. 뒤허리에 충격을 느꼈다. 『아니, 아무것도 아니다. 아무것도 아닌 것이
　　'그'가 총에 맞았음을 짐작할 수 있음.
다.』
　　『 』: ① 전쟁이라는 극한 상황에서 인간의 생명 하나쯤은 무가치하게 여겨짐. ② '그'는 그러한 상황에서 죽음을 의연하게 받아들이고자 함.
　　흰 눈이 회색빛으로 흩어지다가 점점 어두워 간다. 모든 것은 끝난 것이다. 『놈들은 멋쩍게 총을 다시 거꾸로 둘러메고 본부로 돌아들 갈 테지. 눈
명암의 변화 → 인물이 죽음을 맞이하는 암울한 상황의 분위기를 형성
을 털고 추위에 손을 비벼 가며 방 안으로 들어들 갈 것이다. 몇 분 후면 화롯불에 손을 녹이며 아무 일도 없었던 듯 담배들을 말아 피우고 기지개를

할 것이다. 누가 죽었건 지나가고 나면 아무것도 아니다. 모두 평범한 일인 것이다.』 의식이 점점 그로부터 어두워 갔다. 흰 눈 위다. 햇볕이 따스히 눈
　　『 』: 총살 이후의 상황에 대한 인물의 예상 → 타인의 죽음이나 사형 집행 등이 일상적으로 여겨지는 전쟁의 비정함을 부각함.
위에 부서진다.
'햇볕'과 '눈'의 촉각적 대비(따스함 ↔ 차가움) : 전쟁의 참상이 상징적으로 드러남.

OX문제

01　의식의 흐름 기법을 활용하여 인물의 내적 분열을 드러내고 있다.　　　　　　　　　　　　　　　　(O / X)

02　청각을 촉각으로 전이시켜 '그'가 놓인 냉혹한 현실을 부각하고 있다.　　　　　　　　　　　　　　(O / X)

03　동시에 진행되는 사건을 병렬하여 이야기를 입체적으로 구성하고 있다. [2014학년도 6월]　　　　(O / X)

04　현재형 진술을 활용하여 서술된 장면에 현장감과 현실감을 부여하고 있다.　　　　　　　　　　　(O / X)

05　'흰 눈'은 '그'가 계절의 자연스러운 변화와 세월의 흐름을 느끼게 하는 대상이다. [2023학년도 수능]　(O / X)

STEP 02 작품 해제

01 | 주제

전쟁이라는 극한 상황 속에서 인간이 겪는 고뇌와 죽음

02 | 특징

① 의식의 흐름 기법을 통해 극한 상황에 놓인 인물의 내면을 생생하게 드러내고 있음.
② 호흡이 짧은 문장과 현재형 어미를 서술에 빈번하게 활용하여 상황의 현장감을 드러내고 있음.
③ '흰 눈'이라는 자연물을 통해 계절적 배경을 드러내는 동시에, 주인공이 지닌 정신의 순수성과 죽음을 맞이하는 주인공의 비극적인 상황을 강조하고 있음.

03 | 작품 해제

「유예」는 한국전쟁을 배경으로 하는 전후 소설로, 전쟁이라는 극한 상황 속에서 인간이 겪는 실존적 고뇌와 죽음이 지닌 의미를 그려 낸 작품이다. 주인공인 '그'는 수색대를 이끌고 적의 배후에 침투했다가 후퇴하던 중 소대원을 모두 잃고 남쪽으로 향하게 된다. '그'는 어느 마을에서 인민군이 포로를 총살하려는 장면을 목격하고 구출하려 총을 난사하나, 결국 '그' 역시 붙잡혀 처형당할 처지가 된다. '그'는 자신을 회유하려는 인민군의 제안을 거부하고, 한 시간의 유예 동안 죽음을 기다린다. '그'는 끝나는 순간까지 자신의 존재와 존엄을 잃지 않으려고 노력하며, 의연하게 흰 눈이 쌓인 둑길을 걸어간다. 작가는 죽음을 앞둔 '그'의 불안한 심리를 의식의 흐름 기법으로 서술하는 한편, 실존에 대한 '그'의 의지를 내적 독백으로 제시하고 있다. 또 짧은 문장과 현재형 진술을 빈번하게 활용하여 주인공이 겪는 상황에 현장감과 현실감을 부여하고 있다. 한편 '흰 눈'은 겨울이라는 계절적 배경을 드러내는 소재인 동시에, '그'가 처한 냉혹하고 비극적인 현실을 강조한다. 더하여 '검붉은 피'의 색채 이미지, 따스한 '햇볕'의 촉각적 이미지와 대조되어 전쟁의 비정함과 참상을 상징한다.

04 | 등장인물

- '그'('나') : 수색대를 이끌고 전투를 치르며 적의 배후에 침투했다가, 본대와의 연락이 끊겨, 소대원을 이끌고 후퇴함. 인민군이 포로를 총살하려는 모습을 목격하고 그를 구출하려다가 붙잡혀 처형당하게 됨.
- 선임 하사 : 일본군에 소집되어 남양 전투에 종군하다가 일본이 항복한 후 2개월 동안 포로 생활을 함. 팔로군, 국부군 등을 전전하다가 한국군이 된 인물로, 군인답게 의연하게 죽는 것을 소망함.
- 포로 : 머리가 텁수룩하고 야윈 얼굴에, 내의 바람의 청년으로 인민군에게 총살당하는 인물임. 포로가 되어서 자기가 기계나 도구가 아닌 인간으로서 살아 있었다는 것을 알게 되었고, 인간으로서 죽어 간다는 것이 기쁘다고 말함.

05 | 상세 줄거리

'나'는 한 시간 후면 모든 것이 끝나게 된다는 상념에 잠긴다. '나'는 총살 직전의 포로를 구하려다가 인민군에게 잡혀서 움 속 감방에 갇히게 된 참이다. '나'는 한 시간 후 인민군에게 끌려 둑길에서 맞이할 죽음을 상상하고, 그들에게 자기 죽음은 아무것도 아닌 일이라는 생각에 이른다. '나'는 잡혀 오기 전 죽을 각오로 싸우던 일을 회상한다. '그'('나')가 인솔한 수색대는 북으로 진격하며 수차례 전투를 치렀는데, 적의 배후 깊이 들어갈수록 본대와의 연락이 자주 끊긴다. '그'의 수색대는 적을 피해 후퇴하면서, 기아와 피로, 추위와 자연의 악조건 등에 맞서야 했다. 소대원은 점점 낙오되거나 죽어 갔고, 여섯 명 남짓 남았을 때 XX 지점 인근에서 적의 흔적을 발견한다. 그들은 밤까지 기다려 이동했으나, 난데없는 적의 공격을 받는다. '그'는 총에 맞은 선임 하사를 부축하여 산속으로 들어가 정신을 잃고 쓰러진다. 움 속의 '나'는 추위에 마비된 듯한 몽롱한 정신 속에서 구둣발 소리를 듣는다. '나'는 한 시간의 유예가 끝나가는 모양이라고 생각했으나, 소리는 다시 멀어진다. '나'는 자신을 회유하던 인민군과 주고받은 대화를 떠올리며, 산속에서 정신을 잃었던 그 새벽을 연상한다. 다리에 총상을 입은 선임 하사는 '그'의 앞에서 죽음을 맞이했다. '그'는 몇 번이나 의식을 잃고 쓰러지면서도 눈을 헤치며 남쪽으로 걷는다. 일주일째 되던 저녁에 '그'는 험준한 준령을 정복했고, 해가 밝자 황량한 마을을 발견한다. '그'는 인민군이 포로를 총살하려는 장면을 목격하고, 동질감을 느껴 청년을 겨눈 사수에게 방아쇠를 당긴다. 흐린 의식으로 난사하던 '그'는 총에 맞아 의식을 잃는다. '그'가 깨어났을 때는 방 안이었고, 몇 번의 심문이 지나간 후 총살이 결정되었다. 다시 발소리가 나고 움 속에 사닥다리가 내려온다. '나'는 끝나는 그 순간까지 자기를 끝맺어야 한다는 의지로 정확히 걸음을 옮긴다. '나'는 남쪽으로 걸으라는 인민군의 말에 따라 눈이 쌓인 흰 둑길을 걷게 된다. '나'는 연발하는 총성 속에서 이건 아무것도 아니라고 되뇌며 죽음을 맞이한다.

나 없이 EBS 풀지마라

의식의 흐름 기법

'의식의 흐름'은 원래 1890년 미국의 심리학자 윌리엄 제임스가 사람의 정신 속에서는 생각과 의식이 끊어지지 않고 연속적임을 설명하면서 처음으로 사용한 심리학 용어인데, 문학에서는 인물의 유동적인 심리를 인과성 없이 그려 내는 심리주의 소설의 창작 기법을 지칭할 때 사용된다. 일반적으로 소설에서 인물의 심리를 제시할 때는 서술자가 인물의 심리를 해석하여 정상적인 언어규칙이나 문장형식에 맞게 표현하는데, 의식의 흐름 기법을 사용한 심리주의 소설에서는 인물의 생각과 정서, 주변 상황에 대한 심리적 반응 등을 그대로 나열한다.

「유예」는 이 의식의 흐름 기법을 활용한 대표적인 작품이다. 인민군의 포로가 되어 처형당할 위기에 처한 국군 소대장인 주인공 '그'는 처형 전한 시간의 유예 기간 동안, 수색대를 이끌고 후퇴하던 일, 인민군에게 총살당하는 포로를 목격한 일 등을 회상하기도 하고, 자신이 처형당하는 장면과 그 후 인민군의 행동을 상상하기도 하는데, 이 작품은 이러한 과거에 대한 회상과 미래에 대한 상상 등 주인공의 의식의 흐름을 있는 그대로 제시하고 있다. 작가는 인물 의식의 연속성을 확보하기 위해 독백, 대화에 대한 인용 부호를 삭제한 채 '아무것도 아니다', '한 시간 후면 모든 것은 끝나는 것' 등 주인공의 내적 독백을 반복적으로 제시하고 있는데, 이는 독자로 하여금 죽음에 직면한 주인공의 강박적 의식세계에 몰입하게 함으로써 작품에 사실성을 더한다.

오상원 소설의 실존주의적 경향

오상원은 우리 현대 문학사에서 50년대 작가 혹은 전후 문학 작가, 신세대 작가 등으로 분류된다. 그는 광복 후 격동과 6·25 전쟁이라는 한국 현대사를 증언하는 작가로서, 전후 사회에 만연한 허무주의 속에서 인간 삶에 대한 애정을 기반으로 실존주의적 세계관을 구현하는 작품을 다수 창작했다. 그의 작품 속 인물들은 극한 상황에서 죽음을 정면으로 응시하려는 태도를 보이며, 죽음이 확실한 상황에서도 끊임없이 삶의 의미를 탐구하고 인간적 존엄성을 지키고자 한다. 따라서 그의 작품 속에서 작가의 역할 역시 전쟁의 의미를 냉철하게 분석하거나 비극적인 상황을 감정적으로 제시하는 대신, 긴박한 호흡으로 작품 속 인물의 행동을 서술하고 그의 초인간적 의지력을 드러내는 것에 머문다.

그의 이러한 작품 경향은 서구 실존주의 작가들에게서 받은 영향 때문으로 볼 수 있는데, 실존주의란 두 차례의 세계 대전을 겪은 후, 더는 기독교나 전통적인 서구 형이상학에서 인간의 존재론적 문제들에 대한 해답을 찾을 수 없다고 느낀 유럽의 지성계에서, 인간이 처한 '지금, 여기'의 실존적 상황을 모든 철학적 논의의 바탕으로 삼아야 한다는 주장과 더불어 대두된 사상적 흐름이다. 여러 실존주의 사상가 가운데 특히 **사르트르**는 '실존이 본질에 앞선다'라는 유명한 말과 함께 인간이 신(神) 등 인간 외적인 존재가 아닌, 자기 의지를 통해 자신의 본질과 존재적 의미와 가치를 찾아야 한다고 주장했다. 우리 문단은 한국전쟁 이후 이 실존주의 사상을 본격적으로 수용하였는데, 그것은 한국전쟁이라는 참혹한 현실을 직접 체험한 사람들이 인간의 실존과 본질에 관하여 진지하게 질문을 던지기 시작했기 때문이다.

오상원의 작품 속 인물은 대부분 전쟁 참가자로, 포로나 낙오자로서 극한 상황에 놓여 있거나, 그런 상황을 경험한 인물들이다. 「유예」의 주인공도 대학 재학 중 군대에 소집된 지식인 청년으로, 인민군의 포로가 되어 처형을 앞둔 극한 상황에 놓여 있다. 그는 사상의 전향을 요구하는 인민군의 회유에 자기 의지를 굽히지 않고, 목숨을 구걸하지도 않는다. 그는 의연하게 죽음을 맞이하며, '끝나는 일 초, 일각까지 나를, 자기를 잊어서는 안 된다'라고 제시되는, 존재의 주체성을 놓지 않는다. 이는 인간적 자세를 잃지 않겠다는 주인공의 신념을 보여 주는데, 작가는 이러한 인물의 모습을 통해 인생이란 죽음이 유예된 삶에 불과하다는 작가적 의식을 주제화하고, 전쟁 혹은 죽음의 형태로 제시된 극한 상황에서 인간은 무엇을 할 수 있으며 또 어떤 태도를 보여야 하는가에 관한 존재론적 질문을 형상화하고 있다고 볼 수 있다.

10 | 황석영, 탑

STEP 01 지문 분석과 OX문제

[앞부분 줄거리] 베트남 전쟁에 참전 중인 '나'는 보충병으로 차출되어 작전 지역인 R. POINT에 도착하고, 그곳에서 한 분대의 병사들과 함께 월남인
　　　　　　　　　　　시대적 배경　　　　　　　　　차출되다 : 어떤 일을 시킬 목적으로 인원이 선발되다.
들에게 큰 영향을 미치는 오래된 탑을 지키라는 무모한 임무를 맡게 된다. 그 과정에서 크고 작은 교전으로 인명 피해가 속출하고, 작전이 변경되어 미
　　　　　　　　　　　'나'와 부대원들의 임무 = '오래된 탑'을 지키는 것　　　　서로 병력을 가지고 전쟁을 함.
군까지 철수한 날 밤 적과의 치열한 마지막 전투를 치르게 된다.

　　여러 개의 드럼통이 한꺼번에 굴러가는 듯한 소리로 클레이모어가 터지고, 돌격하던 게릴라들의 몸이 위로 펄쩍 솟았다가 떨어졌다. 방벽을 넘으려
　　　　　　　　　　　　　　쇠구슬과 같은 작은 파편을 흩날림으로써 인명을 살상하는 지뢰　　　　　　밖으로부터 쳐들어오는 것을 막으려고 쌓은 벽
던 게릴라들도 직선으로 날아간 파편에 맞아 굴러떨어진다. 호각 소리가 길게 한 번 들리면서 적의 사격이 멎었다. 차가운 정적이 이 소강상태 속으로
　　　　　　　　　　　　　　불어서 소리를 내는 신호용 도구　　　　　　　　　　소란이나 분란, 혼란 따위가 그치고 조금 잠잠한 상태
스며들었다. 두개골 속이 곧 터져 나가기 직전인 것처럼 각자의 맥박 소리만이 들렸고, 갑작스런 고요함 때문에 나는 피부의 땀구멍들이 모두 막혀 버
　　　　비유적 표현 → 전쟁 상황에서 느끼는 긴장감과 두려움, 불안감을 표현함.
릴 것 같았다. 남의 땅, 남의 어둠 속에 있는 우리는 뭐냐. 도대체 우리는 무엇이냐. 도피로가 차단된 일곱 마리의 쥐새끼였다.
　　　　　　　　죽음에 대한 공포와 전쟁에 대한 회의감을 드러냄.

　　　　　　　　　　　　　　　　　　　　　　　　　　　　　　　　　　　　'나'는 교전 상황에서 큰 긴장감과 공포를 느낌.

　　"손님을 죽여 버립시다." / 부사수가 말했다.
　포로로 잡힌 적군　　　　　　　　　　　적군 포로를 이용해 적군의 진입을 막고자 함. 인간을 필요에 따라 이용하는 전쟁의 비인간성을 드러냄.
　　"분대장, 총살합시다. 저 새끼는 이용 가치두 없잖소." / "포로를 도로 가운데 묶어 놓자."
　　　　　　　　　　　인간을 이용 가치에 따라 판단할 수밖에 없는 전쟁의 비인간성을 드러냄.
　　결국 선임조장의 말대로 포로는 길 가운데 교통 표지판에 묶어 놓기로 했다. 우측 대대 지역으로 침투했던 적의 분대는 크게 타격을 받은 것 같았
　　　　　　　　　　　　　　　　　　　　　　　　　추측형 표현 → 적군의 상황에 대한 '나'의 판단을 제시함.
다. 적들은 우리의 완강한 저항에 신중해진 모양이었다. 어둠 속에서 부상당한 게릴라의 생존자가 뭐라고 소리를 질러 대고 있었다.

　　"보내 줘라." / "수류탄 한 방 날려 버려."

　　선임조장이 방벽 앞으로 수류탄을 까 던졌다. 모래 먼지가 일어났고, 곧 조용해졌다. 부사수가 초소 안에서 포로를 끌고 나왔다. 그는 밖으로 끌려
　　　　　　　　　　　생명을 앗아가는 전쟁의 잔인함을 보여 줌.
나오자 허공을 향해서 뭐라고 긴 고함을 질렀다. 어둠 속에서 포로의 눈이 번들거렸다. 부사수가 그의 몸을 방패 삼아 도로 가운데로 걸어갔다. 교통

표지 앞에 앉혀 놓고 붙들어 맸다. 길옆을 따라 포복하고 있는 적의 분대 병력이 보였다. 그리고 그들을 엄호하기 위해서 좌측 대숲 속으로 적들이 몸

을 낮추어 달려가고 있었다. 우리의 화력과 지원포의 탄착점을 여러 방향으로 분산시키려는 것이다. 하사가 말했다.
　　　　　　　　　　총포에서 발사한 탄알이 처음으로 도달한 지점

　　　　　　　　　　　　　　　　　　　　　　　　　　포로로 잡은 적군을 방패막이로 삼아 시간을 끎.

　　"이젠 정면을 포로가 막아 준다. 시간을 좀 끌 수 있을 거야."
　적군 포로를 '교통 표지 앞'에 매어 놓은 이유. 적군 포로를 방패막이로 이용한 목적이 드러남.
　　"적은 저놈을 사살할지도 모릅니다." / "시간이 걸릴걸. 저쪽두 명령 계통이 있을 테니까."

　　적의 통신 신호로 여겨지는 목탁 소리가 사방에서 들리다가 그쳤다. 좌측 대숲의 적들도 잠잠해졌다. 포로가 길 가운데서 숲을 향해 뭐라고 자꾸만
　　　　　　　　　청각적 이미지 → 적군에게 포위당한 상황을 드러냄.
소리쳤다. 하사가 말했다.

　　"저자가 뭐라는 거야?" / "아마, 자길 쏘라구 그러는 모양이오."

　　선임조장이 말했다. 조명탄이 떠올랐는데 환한 빛에 노출된 것을 두려워하지 않고 민가 쪽에서 두 사람이 걸어오고 있었다. 앞에는 발가벗기운 소총
　　　　　　　　빛에 노출된 적군이 두려워하지 않는 이유는 '소총수'를 인질로 잡아 내세우고 있기 때문임.　　　　　　　　　　　포로로 잡힌 아군

수가 절뚝거리며 걸어왔고, 뒤에 적이 바싹 따르고 있었다. 소총수는 몇 번이나 쓰러지려고 했고, 그때마다 뒤에 붙어 선 자가 부축해 올렸다. 우리는

눈앞에 포로가 된 빈사의 동료가 다가오는 것을 무력하게 지켜보았다.
　　　　거의 죽게 됨. 또는 그런 상태

"교환하죠. 살려야 합니다." / 뒤의 참호 속에서 사수가 말했다.
동료의 생명을 살리려는 군인들의 동료애 → 생명을 소중히 여기는 모습을 확인할 수 있음.

　　　　　　　　　　　　　　　　　　　　　　　　　　　포로가 된 아군의 소총수를 앞세워 진격하는 적군.

[중략 부분 줄거리] 양쪽에 사상자를 낸 치열한 전투 끝에 마침내 적군은 후퇴를 하고, 탈진한 분대원들은 죽은 자들 사이에서 졸다가 아군의 무전 소리에 잠을 깬다.

《국도 북쪽에서 무한궤도가 굴러오는 소리가 들려왔다. 잠시 후에, 나뭇잎과 풀을 철모에 꽂은 미군 도로 정찰대가 지뢰 탐지기를 등에 짊어지고 지
　　　　　　　　탱크, 장갑차, 불도저 등의 '무한궤도 차량'을 의미함.
나갔다. 장갑차의 포수가 머리를 내밀고 즐비한 시체들의 사진을 찍었다. 뒤로 멀리 떨어져서 교량에서 철수했던 LVT 세 대와 경비소대가 지나갔다.
　　　　죽은 자들의 사진을 찍으며, 전쟁 희생자들을 구경거리로 생각하는 비인간적인 모습　　　　　　　　　　　상륙장갑차
2.5톤 한 대가 우리 초소 옆으로 대어졌고, 말쑥한 정글복 차림의 미군 중위가 승차 책임자석에서 뛰어내렸다. 그는 대낮에도 얼굴에 바른 흑색 위장

초콜릿을 지우지 않은 병사들을 도로변에 배치했다. 똑같은 규격으로 허리에 매달린 가스 마스크가 인상적이었다. 미군 중위가 우리를 향해 엄지를 세
　　　　　　　　　　　　　　　　　　　　　　　전투에서 승리한 '나'의 군대를 격려하며 추켜세움.
워 보이면서 웃었다. 대대 지역 안으로도 몰려 들어가는 차량의 행렬이 그치질 않았다. 우리는 배수로에서 기어 나와 담배를 피웠다. 멍청히 주저앉아

서 잠을 깨운 자들을 아무 생각 없이 올려다보았다. 흰 페인트로 SEA BEE라고 쓴 미 해군 공병대의 불도저 한 대가 멎었다. 운전석의 배불뚝이 중사
　　　　　　　　　　　　　　　　　　　　　　　군에서, 축성·가교·건설·측량·폭파 따위의 임무를 맡고 있는 부대
가 초소를 가리키며 장교에게 물었다.》
《 》: 서술자 '나'가 관찰하고 목격한 장면에 대한 묘사가 두드러짐.

　　　　　　　　　　　　　　　　전투가 끝난 후에야 모습을 드러낸 미군이, 전쟁 희생자들을 한낱 구경거리로만 여김.

"여깁니까?" / "그래, 여길 넓혀야겠어."
　　　　　'바나나밭'. '석탑'이 세워져 있는 곳
불도저가 크게 회전하더니, 뒤로 멀찍이 물러섰다가 달려들면서 바나나밭을 밀어 버리기 시작했다. 불도저는 드디어 초소 뒤의 빈터를 향하여 굴러
　　　　　　　　　　　　　　　　　　　　　'작은 석탑'이 있는 곳.
왔다. 우리는 담배를 내던지고 벌떡 일어섰다. 선임조장이 불도저 앞으로 달려갔다. 그는 자동 소총을 운전사에게로 겨누었다.
'석탑'을 무너뜨리려는 미군의 행위에 놀란 모습이 드러남.

"꺼져. 이 새끼." / "갈겨 버려."

미군 중사는 발동을 끄고 어처구니없다는 듯이 우리를 두리번거리고 나서 두 손을 벌리며 어깨를 으쓱했다. 내가 어리둥절해 있는 장교에게 다가가
　　　　　　　　　　　　　　행동 묘사 → '선임조장'이 자신의 행위를 제지하는 영문을 알 수 없어 하는 모습이 드러남.
서 말을 걸었다.

"뭐 하는 겁니까?" / 장교가 얼굴이 새빨개져서 말했다.

"바나나 숲을 밀어내야겠어. 캠프와 토치카를 지을 걸세. 저 해병이 막는 이유가 뭔지 모르겠네."
　　　　　　　　콘크리트, 흙주머니 따위로 단단하게 쌓은 사격 진지
"우리는 작전 명령에 따라서 저 탑을 지켰습니다."
　　　　　　　　　　　　　　'나'와 부대원들의 임무
나는 초라하게 서 있는 작은 석탑을 가리켰다. 중위가 고개를 저었다.
① (월남인들) 종교적 의미, ② (우리 군) 수호의 대상, ③ (미군) 필요에 따라 없애야만 하는 것 → 제3세계(베트남)에 대한 강대국의 자의적 판단을 드러냄.
"탑이라구? 나는 저런 물건에 관해서 명령받은 일이 없는데."

"아직 통고되지 않았을 겁니다. 아군은 월남군에게 탑을 인계하기로 되어 있었습니다. 인민 해방 전선은 저것을 빼앗아 옮겨 가려고 했습니다."
　　　　　　　　　남베트남군(아군)　　　　　　　　　　　　　　　　　북베트남군(적군)

우리 군이 지켜 온 석탑을 무너뜨리려는 미군과 이를 제지하려는 '나'

나는 얘기하고 싶지 않았으나, 〈불교와 주민들의 관계, 참모들의 심리전적 판단이며 마을〉에 관해서 설명하려고 애썼다. 그렇지만 말하고 나자마자
'나'는 미군이 '석탑'을 둘러싼 이야기(=〈 〉)를 이해할 수 있다고 생각하지 않았음.

우리는 깨끗이 속아 왔다는 것을 알았다. 그게 누구의 것인가. 내 말이 다 끝나기 전에 불교라는 낱말이 나오자 이 단순한 서양 친구는 으흥, 하면서

고개를 끄덕였다. 중위가 말했다.

『 』: 석탑을 둘러싼 상황, 즉 제3세계의 문화를 이해하려 하지 않고, 자신들의 사고방식으로 그것을 판단하여 마음대로 하고자 하는 강대국의 오만함이 드러남.

『"그런 골치 아픈 것은 없애 버려야지. 미합중국 군대는 언제 어디서나 변화시키고 새롭게 할 수가 있네. 세계의 도처에서 말이지."』

이르는 곳

[나는 〈우리가 탑과 맺게 된 더럽고 끈끈한 관계〉에 대해서 달리 설명할 방도가 없음을 깨달았다. 장교는 자기가 가장 **실질적이며 합리적인 강대국**

〈 〉: '석탑'을 둘러싼 이야기. '나'가 미군에게 설명하려고 애썼던 내용

아메리카인의 전형임을 내세우고, 탑에 대한 견해도 그런 바탕에서 출발할 것이다. 한 무더기의 작은 돌덩어리가 무슨 피를 흘려 지킬 가치가 있었겠는

'실질적이며 합리적인' 것만을 중시하는 태도 ↵   많은 희생을 통해 지켜냈던 '석탑'에 대한 '나'의 회의 → 전쟁의 무의미함을 드러냄.

가. 나는 안다. 우리가 싸워 지켜 낸 것은 겨우 우리들 자신의 개 같은 목숨에 지나지 않는다는 것을.]

[ ]: 자신이 처한 상황에 대한 '나'의 비판적 인식이 드러남.

석탑을 지켜야 하는 이유에 관해 설명하지만 이를 이해하지 못하는 미군의 행태를 보고 '나'가 회의감을 느낌.

OX문제

01 독백적 진술을 중심으로 인물의 내면 심리를 드러낸다. [2019학년도 6월] (O / X)

02 공간에 대한 묘사를 통해 인물들의 외적 갈등을 심화하고 있다. [2021학년도 수능] (O / X)

03 윗글은 '목탁 소리'라는 청각적 이미지를 활용하여, 치열했던 전투의 긴장감을 해소하고 있다. (O / X)

04 '나'는 '실질적이며 합리적인 강대국' 미국의 논리에 설득당하여, '탑'의 쓸모에 관해 다시 생각하게 되었다. (O / X)

05 적군 포로를 이용하여 적군의 공격을 늦추고자 했던 국군은 적군의 인질이 된 동료의 모습에 무력감을 느꼈다. (O / X)

STEP 02 작품 해제

01 ┃ 주제

생명의 존엄성은 경시한 채, 명분만을 내세우는 전쟁의 비인간성과 무의미성

02 ┃ 특징

① 비유적 표현과 청각적 이미지를 활용하여, 상황을 생생하게 전달함.
② 속도감 있는 간결한 문체를 활용하여, 전투 상황의 긴박감을 강조함.
③ 추측형·의문형 진술을 활용하여, 상황에 대한 '나'의 인식을 드러냄.
④ '탑'이라는 상징적 소재를 활용하여, 작품의 주제를 효과적으로 제시함.

03 ┃ 작품 해제

「탑」은 작가 황석영이 베트남전 참전 경험을 바탕으로 창작한 소설로, 베트남에 파병된 병사 '나'의 시선을 통해 전쟁의 폭력성과 무의미함을 고발한 작품이다. 베트남인들의 종교적 열의·전통적 가치·정신적 순수성을 상징하는 '탑'과, 목숨을 걸고 탑을 지켜낸 행위가 강대국의 전략적 수단에 불과했음을 깨달은 후 정체성의 혼란을 겪게 되는 국군 병사들, 제3세계를 정치적·전략적 가치로 판단하여 제멋대로 그 운명을 결정하려는 제국주의 국가의 모습을 통해, 전쟁에 대한 비판적 시각을 드러내고 있다. 비유적 표현과 청각적 이미지의 활용, 간결한 문체 사용 등으로 상황의 긴박감을 전달하는 기법이 돋보이는 작품이다.

04 ┃ 등장인물

- '나' : 베트남전 파병 병사. 자신의 임무가 작고 초라한 '탑'을 지키는 것에 불과하다는 사실에 억울함을 느끼지만, 순찰 중 베트남인들의 모습을 목격하며 '탑'이 지닌 가치를 깨달은 후, 이를 지키고자 적극적으로 노력함. 그러나 결국 '탑'의 수호는 미군의 작전 수행을 위한 전략에 지나지 않았다는 사실을 깨닫고 이를 비판적으로 바라보는 인물.
- 미군 장교 : '지방민들의 사랑과 애착의 대상'이라는 명분을 내세워 '탑'을 수호하고자 하나, 사실은 전쟁에서의 승리만을 추구하는 미군을 대표함. 미국이 합리적이라는 인식을 바탕으로, 베트남 즉 제3세계의 운명을 마음대로 결정하려는 강대국의 오만함을 드러냄.

05 ┃ 상세 줄거리

'나'는 베트남 미군 혼성 지원기지에서 파병 군인으로 근무하며 '관광객과 같은' 편안한 나날을 보낸다. 그러던 중, 작전 지역인 R. POINT의 결원을 보충하기 위해 '나'가 차출되고, '나'는 문 상병으로부터 자신의 임무가 보잘것없는 '탑' 하나를 지키는 일임을 알게 된다. '나'는 이에 억울함마저 느끼지만, 순찰 과정에서 목격한 베트남인들의 모습을 통해, '탑'에 담긴 그들의 정신적 가치와 순수성을 이해하게 된다. 어느 날, 청음초 근무 중이던 '나'는 적군의 침입으로 인해 동료 소총수가 인질로 잡혀가는 사건을 겪게 되고, 미군마저 철수함에 따라 R. POINT에는 한국 분대만이 남게 된다. 그 후 벌어진 적군과의 교전에서 문 상병마저 목숨을 잃게 되고, 국군 병사들은 앞선 전투에서 포로로 잡은 적군을 이용하여 시간을 벌어 보려 하지만, 적군은 국군 소총수를 인질로 내세워 접근한다. 결국, 전투에서 분대원들이 속속 죽어 나가고, '나'는 가까스로 살아남아 적군의 퇴각을 확인한다. 그런데 다음날 R. POINT 지역으로 돌아온 미군 부대가 '탑'과 함께 '바나나 숲'을 밀기 시작하고, '나'는 '탑'을 지키고자 미군 장교를 설득한다. 그 과정에서, 자신이 지켜온 것은 그 무엇도 아닌 결국 '자신의 개 같은 목숨'이었음을 깨닫게 된 '나'는 역겨움을 느끼며 R. POINT를 떠나는데, 그러한 '나'의 뒤로 미군의 불도저 소리가 들려온다.

'탑'의 '수호'와 '상실'의 의미

단편소설 「탑」은 1970년 〈조선일보〉 신춘문예에 당선된 작품으로, 황석영은 이로부터 실질적인 문학 창작 활동을 시작하였다. 특히, 황석영은 자신의 참전 경험을 바탕으로 창작한 「돌아온 사람」(1970), 「낙타누깔」(1972), 「무기의 그늘」(1988) 등에서 베트남전을 다루었는데, 그중에서도 「탑」은 그러한 작품 경향의 시발점이 된 소설로 평가받는다. 1964년부터 이루어진 한국군의 베트남전 참전은 차관 마련이라는 경제적인 목적에 의해 이루어졌다. 따라서 경제 개발을 위한 자금 확보를 목적으로 파병된 한국군은 미국 정부와 한국 정부의 거대한 힘에 따라 움직일 수밖에 없었으며, 미군의 우방국 자격으로 참전했음에도 미국이 세운 전략을 수행하는 수단에 불과했던 한국군의 희생은 결코 한국 정부에 우선적인 고려 대상이 될 수 없었다. 또한, 베트남인들과 동양적 가치관을 공유하고 있었던 한국 병사들은 미군의 전략 수행 과정에서 가치관의 혼란을 겪을 수밖에 없었다.

「탑」은 미군의 승리를 위한 전략 수행의 일환으로 '탑'을 지키게 된 한 한국인 병사가 베트남인들의 감성과 전통에 동화되는 모습을 그리고 있다. 이 작품에서 '탑'은 '저 따위 쓸데없는 것'으로 언급될 만큼 그 물질적 가치로는 형편없는 하찮은 조형물이다. 그러나 베트남인들에게 '탑'은 '사랑과 애착의 대상'이자, 그들의 '종교적 열의'를 담고 있는 그 무엇이다. '무너진 사원을 불도저로 밀어낼 때'조차 지켜 온 그들의 '정신적 뿌리'였으며, 그들의 '신뢰와 석가여래의 가호'를 상징한다는 점에서 연합군과 인민 해방 전선 모두 보존해 온 것이었다. '나'는 자신의 임무가 '장난감과 같은 작은 탑'을 지키는 것이라는 사실을 알게 된 후 전쟁에 대해 '느꼈던 공포감마저도 억울하다'고 생각한다. 이처럼 '탑'을 '수호'하는 '나'의 행위는 정치적이고 전략적인 임무 수행에서 시작되었으나, '나'는 점차 '탑'에 내포된 베트남인들의 신념과 전통 그리고 그들의 순수성을 이해하게 된다. 결국, 작품 마지막 부분에서 '나'는, '탑'을 파괴함으로써 '캠프와 토치카'라는 전투 능력을 획득하려는 미군들에게 '역겨움을 꾹 참'아가면서도 '탑'의 가치를 설명하는 모습을 보이는데, 이는 베트남이라는 제삼세계 국가의 정신적 고향과 순수성을 '수호'하려는 의지의 표출로 해석할 수 있다. 그러나 이 작품에서 순수·전통과 같은 정신적 가치는 자본을 앞세운 제국주의 미국의 계획 속에서 '상실'되어 버리고 만다. 소박하고 낡은 '한 무더기의 작은 돌덩어리'가 결국 미국의 최신식 불도저에 의해 무너지는 모습은 이를 효과적으로 형상화하고 있다. 결국 '나'가 목숨을 걸고 지키고자 했던 작고 초라한 '탑'과 세련되고 거대한 미국의 최신식 무기의 대비는 순수성을 비롯한 정신적 가치가 거대 자본력 앞에서 얼마나 나약하게 파괴될 수 있는지, 과연 '순수성의 수호'는 가능한 것인지에 관한 작가의 날카로운 비판적 시선을 반영한 것으로 볼 수 있다.

「탑」에 재현된 베트남 전쟁의 양상과 이중적 정체성

우리 문학에서 베트남전을 다룬 첫 번째 작품으로 꼽히는 「탑」은 전쟁 속에 존재하는 거대 권력의 폭력성과 그 다양한 양상을 보여 준다. 「탑」의 '나'는 장난감처럼 보이는 작고 초라한 탑을 지키기 위해 목숨을 걸어야 하는 상황에 분노와 무력감을 느낀다. '나'에 따르면, '탑'은 '월남군'에게도, '인민 해방 전선'에게도 꼭 차지해야 하는 대상이다. 그러나 양측은 '탑'이 상징하는 베트남인들의 정신적 가치를 지키기 위해서가 아니라, 불교에 대한 열의를 보이는 그들의 환심을 얻기 위해 '탑'을 수호하는데, 이는 '지방민의 사랑과 애착의 대상'을 수호한다는 명분 아래 '전략적·정치적 가치'를 획득하려는 의도에서 비롯된 것이었다. 중요한 것은, '탑'에 대한 '나'의 인식 변화 과정에서 드러나는 정체성의 혼란이다. '탑'의 수호라는 자신의 임무를 하찮게 여기던 '나'는 '탑'이 지닌 가치를 깨닫게 되며, 이로써 '탑'의 수호를 위한 희생마저 기꺼이 감수한다. 그러나 '나'는 목숨을 걸고 수호했던 '탑'이 미군의 군사 전략에 불과한 것이었으며, 치열했던 전투와 한국인의 희생이 그러한 군사 작전을 위한 방패막이였음을 깨닫게 된 후, 자신이 지켜낸 것은 결국 '자신의 개 같은 목숨'에 지나지 않는다는 '자학적 인식'을 드러낸다. 이는 단순히 '탑'에 대한 '나'의 인식뿐만 아니라, 정치적·경제적 이유를 바탕으로 미군의 용병으로서 베트남전에 참전한 한국군의 자각을 보여 준다.

특히, '탑'이 지닌 정신적 가치를 설명하는 '나'가 미군에 의해 '노란 놈들'로 호명되는 것은, '나'가 자기 자신을 동일시했던 대상과 제국주의 미국에 의해 인식된 모습 간에 큰 차이가 있음을 드러낸다. 베트남을 향한 동정과 그들을 구원하겠다는 믿음으로 참전했으나, 베트남인들의 '두려움과 적의'의 시선을 받는 '나'는 결국 자신이 마을의 '침입자'라는 사실을 깨닫게 된다. 또한, 미군에게 자신은 그들과 동등한 연합군이 아니라, 피식민 주체인 베트남인과 마찬가지로, 이해할 수 없는 '노란 놈들'에 불과함을 깨닫게 된다. 결국, '나'는 '식민주체'인 미군이 아닌 '피식민주체'인 베트남인과 동일시됨으로써, '평화의 수호자이자 침략자'이며 '지배자이자 피지배자'라는 이중적 정체성으로 인한 혼란을 겪게 되는 것이다.

이러한 점에서, 「탑」은 명분과 실제의 괴리를 드러내는 '탑'이라는 상징적 소재를 통해, 전쟁의 한복판에 있는 한 개인이 가해자이면서 동시에 피해자인 자신의 정체성을 자각해 가는 과정을 보여 줌으로써, 오직 승리만이 목표가 되는 전쟁 상황에서 드러나는 권력의 폭력성과 허위성을 드러내고 있다고 볼 수 있다.

11 이호철, 큰 산

STEP
01 지문 분석과 OX문제

나BS 수능특강 | 현대문학

[앞부분 줄거리] 첫눈이 내린 어느 날 아침, '나'와 아내는 흰 남자 고무신 한 짝이 마당에 떨어진 것을 보고 왠지 모르는 공포감을 느끼며 불안해한다.
_{굿판에서 액운(안 좋은 운수)을 담아서 집밖으로 던질 때 쓰는 소재}

'나'는 고무신짝을 보면서 어린 시절 이북에 살 때 밭에 떨어진 지까다비짝을 보고 공포를 느꼈던 기억을 떠올린다.
_{노동자가 신는 작업화}

초등학교 4학년쯤이었을 것이다. 나는 밭에 버려진 신짝 하나를 보고 공포에 떤 일이 있다. 비 오는 속의 무밭에 앞대가리 부분이 무잎이 무성한 밭

속에 처박혀 있는 검정색 '지까다비[地下足]'짝이었다. 발뒤축계의 세 개의 호크까지 말짱하던 일이 지금도 뒷등이 선득할 만큼 기억에 또렷하다.
_{'나'에게 이유 모를 공포감을 느끼게 함.   선득하다 : 갑자기 서늘한 느낌이 있다.}

바로 태평양 전쟁이 나던 이듬해인가였는데, 그 무렵에 그 '지까다비'는 대유행이었다. 본시 광산 노동자용이었던 모양인데, 아닌 게 아니라 그 검정

색 생김생김부터가 광산용으로 꼭 어울려 보였었다. 「우리 마을에서 5리쯤 내려가면 철도 공장과 피혁 공장이 있었는데, 그 공장에 다니면 징용을 면한
_{이모저모로 살펴본 생김새   날가죽과 무두질한 가죽}

다 해서 마을 사람들은 너도나도 그리로 몰렸었고, 그 '지까다비'는 집집마다 흔했던 것이다.」
_{「 」: '지까다비'가 마을에 많아진 이유. 사람들은 전쟁으로 인한 징용을 피하고자 공장에서 일을 하기 시작했고, '지까다비'가 유행함.}

그때 그 무밭의 '지까다비'짝이 그토록까지 무서웠던 것은 대체 무슨 까닭이었을까? 그 '지까다비'가 지닌 평범하고도 단순한 용처를 떠나 생판 엉뚱
_{'나'는 '지까다비'를 보고 느끼는 공포감의 이유를 모름.   돈이나 물품 따위의 쓸 곳}

하게도 무밭에 처박혀 있어서, 그 '지까다비'의 '지까다비'로서의 노선 혹은 룰에서 벗어져 나온 그 점이 공포감으로 작용했던 것일까? 일단 그렇게 생
_{자신이 공포감을 느끼는 이유를 추측해 보고 있음.}

각해 볼 수는 있다. 그러나 단순히 그 이유뿐일까. 단순히 그 이유였다면 그냥 그 정도로 처결해 치울 수가 있었을 것이다. 『그 무렵 모든 신의 바닥

고무는 고무 성분이 덜 들어가 녹신녹신하지가 못하였으니까 어쩌다가 바닥의 중둥이가 뚝 부러져 더 이상 못 신게 되어서 훌쩍 무밭에 버렸으리라,
_{'중동'의 북한어 / 중동 : 사물의 중간이 되는 부분이나 가운데 부분}

한 짝은 무밭에 버렸으리라. 한 짝은 무밭 한가운데로 멀리 버리고 한 짝은 이렇게 가장자리께로. 이 '지까다비'짝에만 한해서는 분명히 이러했을 것이
_{『 』: '~으리라, ~했을 것이다.'의 방식으로 '지까다비'가 버려진 이유와 상황을 추측하고 있음.}

다.』 공포감이고 뭐고 느껴질 건덕지라고는 없다.
_{'지까다비'가 버려진 이유와 상황을 추측해 봐도 자신이 느끼는 공포감의 이유를 찾을 수 없음.}

아, 지금에야 생각이 난다. 그날은 마가을비가 내렸었는데, 무슨 까닭인지 나는 저녁답에 혼자 비를 맞으며 돌아오고 있었다. 지금 아무리 머릿속을
_{'늦가을'의 북한어   '저녁 때'의 방언}

짜내어도 무슨 이유로 그때 그렇게 혼자만 늦게 돌아오게 되었는지는 생각이 나지 않는다. 그러나 다만 확실한 사실은 학교에서 혼자 나올 때부터 이
_{비나 폭포가 쏟아지는 모양이 매우 세차다.}

미 나는 '큰 산'이 안 보일 것이라는 예상으로 쓸쓸해 있었던 것이다. 이 정도로 패연하게 비가 쏟아지는 날은 으레 '큰 산'은 구름에 깝북 가려진다.
_{이 작품의 중심 소재. 모두를 아우르고 질서와 균형을 잡아주는 근원적인 힘을 상징함.   근원적 가치가 사라진 현대 사회의 모습을 상징적으로 나타냄.}

(중략)

■ ↔ ░ : 대조적 소재

"어마, 저게 뭐유?" / 헛간 쪽의 블록담 밑을 꾸부정하게 들여다보았다.

"뭔데?" / 나도 가슴이 철렁해지며 문득 열흘쯤 전의 그 일이 떠올라 그쪽으로 급하게 다가갔다.
_{첫눈이 오던 날, 자신의 집 마당에 흰 고무신짝이 떨어져 있던 일}

동시에 좀 전의 그 환하던 겨울 아침은 대뜸 우리 둘 사이에서 음산한 분위기로 둔갑을 하고 있었다.
_{불안과 공포, 사람들의 이기심을 상징함.   흰 고무신짝은 '나'와 아내에게 음산한 느낌을 줌.}

「"고무신짝이에요, 또 그, 그, 고무신짝." / 아내의 목소리는 완연히 떨고 있었다. 거의 헐떡거리듯 하였다.
_{열흘쯤 전에 봤던 고무신짝이 다시 집으로 돌아옴.}

맞다. 고무신짝이었다. 그 새하얗게 씻은 남자 고무신짝. / "……."

나는 마치 머릿속의 저 아득한 맨 끝머리에 쩌엉스런 깊고 빈 들판이 있다가, 그것이 또 확 열려 오는 듯한 공포 속으로 휘어 감겼다.

아내도 까맣게 질린 얼굴이다.」「 」: '나'와 아내가 흰 고무신짝을 보고 이유 모를 공포감을 느끼고 있음.

"대체 어떻게 된 셈이지?" / "돌아다니고 있어요, 저게. 염병 돌듯이."
_{전염병을 통틀어 이르는 말}

<u>아내는 빠른 입놀림으로 이렇게 헐떡거리듯이 지껄였다. 나는 그 아내를 금방 신 내리는 무당 쳐다보듯이 을씨년스러운 느낌 섞어 쳐다보았다.</u>
_{아내의 행동을 묘사함. → 혼란스러운 상태임을 나타냄.}

"돌아다니다니, 대체 무슨 소리야?"

"이 집에서 저 집으로, 저 집에서 이 집으로."

『"그때 그 고무신짝은 분명히 쓰레기통에 버렸지 않아."

"아무래도 꺼림칙해서 그날 밤 당신이 들어오시기 전에 내가 다시 들고 나갔던 거예요."』
_{『 』: '열흘쯤 전'에 '나'는 고무신을 쓰레기통에 버렸지만, 아내가 고무신을 다시 꺼내 남의 집으로 던진 상황}

"무엇이? 그럼 어느 집 담장 너머로 버렸었다는 말인가?"

"그렇지요."

아내는 당연하다는 듯이 약간 우락부락한 얼굴까지 되며 말하였다.

"왜?" / "왜라뇨. 당신 그걸 지금 나한테 따져 묻는 거예요?"

"던지긴 어느 집으로 던졌어?"

"몰라요." / "……."
_{▨ : '-을 것이다.'의 추측 표현을 반복하여 구체적 상황에 대한 추측을 서술하고 있음.}

《그러니까 이렇게 된 모양이다. 새벽 일찍 뜰 한가운데 그 고무신짝이 떨어진 것을 본 그 어느 집의 부부들도 쩌엉한 느낌에 휘어 감기며 <u>간밤내</u>
_{전체적인 상황에 대한 '나'의 추측을 나타내고 있음.}

<u>근처에서 들리던 굿하는 꽹과리 소리 같은 것을 떠올리며 공포감에 사로잡혔을 것이다.</u> 별로 복잡하게 궁리할 것도 없이, 그날 낮이든가 밤에, 이웃집
_{지식과 교양을 지닌 현대인들이 많지만 가끔 굿을 하는 동네로, 고무신을 보고 액운을 떠올림. → 여전히 전근대적이고 비합리적인 사고를 가진 현대인의 모순된 모습}

<u>아무 집에건 담장 너머로 그 고무신짝을 훌쩍 던졌을 것이다.</u> 남편 모르게 아내가, 혹은 아내 모르게 남편이. <u>그만한 자존심들은 있었을 것이다.</u> 그렇게
_{남에게 불길한 물건을 떠넘기는 현대인의 이기적인 모습　　　　　　　　　　　　　　　비합리적인 태도를 숨기고자 하는 이유}

액은 이웃집으로 옮겨 보내고, 제집은 일단 마음을 <u>놓았을 것이다.</u> 그러자 담장 안에 웬 고무신짝 하나가 떨어진 것을 본 그 집에서도, 그렇게 제집으

로 들어온 액을 멀리는 못 쫓고 그날 낮이면 낮, 밤이면 밤에, 근처 이웃집으로, 또 던져 버렸을 <u>것이다.</u> 그 이웃집에서는 다시 이웃집으로, 또 그 이웃

집으로, 순이네 집에서 영이네 집으로, 영이네 집에서 웅이네 집으로, 웅이네 집에서 건이네 집으로 이런 식이었을 <u>것이다.</u> 모두 현대적인 교육을 받은

터여서 자존심들은 있었을 것이다. 모두가 합리적인 사람대우는 대우대로 받고 싶었을 <u>것이다.</u> 그러나 대우는 대우고, 겪는 것은 겪는 것이다. 그들은
_{합리성을 내세우는 현대인이 합리적이지 못한 태도를 숨기는 것을 꼬집어 말하고 있음.}

서로 상처 한 군데 입음이 없이 그 고무신짝만 이웃집 담장 너머로 던지면 되었던 것이다.》
_{《 》: 전체적인 상황과 구체적인 과정을 추측하며 이를 통해 결론을 내리고 있음. → 나는 자신이 보지 못한 사건의 내막을 짐작하여 추론함.}

이렇게 합리적으로 생각하면서 합리적으로 웃음도 나왔지만, 아내는 당장은 웃을 경황이 아니었다. 두 번째로까지 극성맞게 들어온 이놈의 고무신짝
_{현대인의 모순된 태도에 대한 비판적 사고를 드러냄.}

을 대체 어쩌란 말인가. 이 액을 우리 부부끼리만 감당할 자신이 우리는 이미 없었다.
_{이웃들의 태도를 비판했지만, '나'와 아내도 마찬가지로 이기적이고 비합리적인 사고를 함.}

OX문제

01 '지까다비'가 무밭에 버려진 이유는 바닥의 '중둥이'가 부러져 더 이상 못 신게 되었기 때문이다. (O / X)

02 '나'는 '큰 산'의 존재가 두려워 집에 저녁 늦게 들어갔다. (O / X)

03 이야기 내부 인물이 자신의 내면을 진술하고 있다. [2022학년도 9월] (O / X)

04 '나'와 아내는 쓰레기통에 버린 고무신짝이 다시 집에 돌아와 공포감을 느끼고 있다. (O / X)

05 인물 간의 대화를 통해 인물이 겪은 사건의 비현실적인 면모를 드러내고 있다. [2020학년도 9월] (O / X)

STEP 02 작품 해제

01 | 주제

현대인들의 이기적이고 소시민적인 태도에 대한 비판

02 | 특징

① 소재(고무신, 큰 산)의 상징성을 통해 주제를 암시함.
② '나'와 아내의 대화를 통해 내면 심리를 표현함.
③ 현재와 과거의 사건이 긴밀하게 연계됨.

03 | 작품 해제

이 작품은 어느 날 첫눈이 내린 아침에 '나'의 집 마당에 떨어진 고무신짝과 관련하여 일어나는 사건을 통해 현대인들의 이기주의를 고발하고 있다. '나'의 마을에는 대학 출신의 비교적 젊은 샐러리맨 부부가 많이 사는데, 이런 사람들조차 고무신짝을 불길하게 여겨 이웃집 담장 너머로 던지는 모습을 통해 이기적인 소시민들의 모습을 보여 주고 있는 것이다. '나'는 이러한 사건의 원인을 그들이 근원적인 동질감, 즉 '큰 산'을 잃어버렸기 때문이라고 생각하며 대상의 부재에 대한 큰 상실감을 드러내고 있는데, 이는 조화의 질서와 윤리성의 회복을 위해서는 마음의 근원이 되는 '큰 산'이 필요하다는 작가의 의식이 반영된 것이다.

04 | 등장인물

- 나 : 불길한 느낌의 고무신짝 하나를 담장 너머로 던져 버리는 마을 사람들의 이기적인 태도를 비판적으로 바라보지만, 이를 적극적으로 막으려는 태도는 보이지 않음. 극복의 대안으로 마음의 중심인 고향 마을의 '큰 산'을 떠올림. 불안감과 이기심의 원인이 '큰 산'이 부재하는 것에 있다고 여기며 안타까움을 느끼는 인물.
- 아내 : 불안감을 해소하기 위해 집에 떨어진 불길한 느낌의 흰 고무신을 담장 너머로 던져버리나, 다시 그 고무신이 되돌아온 것을 보고 결국은 그 신발을 먼 데 버리고 옴.

05 | 상세 줄거리

'나'가 사는 마을은 대학 출신의 비교적 젊은 샐러리맨 부부가 많이 사는 마을인데 가끔 굿을 하는 소리가 들려온다. 어느 날 첫눈이 내린 아침 흰 남자 고무신짝 하나가 마당에 떨어져 있는 것을 보고 아내와 '나'는 이를 꺼림칙하게 생각한다. 그때 '나'는 과거 어린 시절 밭에 버려진 신짝(지카다비) 하나를 보고 공포에 떨던 기억을 떠올린다. 그러던 어느 날 아내는 열흘 전의 일처럼 담 밑에 고무신짝이 다시 떨어져 있는 것을 목격한다. 아내는 밤에 몰래 남의 집 담장 너머로 그 신발을 던져 버렸는데 이것이 자신의 집으로 다시 돌아온 것이다. 아내는 밤에 그 신발을 가지고 멀리 버스를 타고 가서 버리고 오겠다고 하고, '나'는 마을 사람들이 벌이는 '고무신짝 떠넘기기' 소동이, 어릴 때 마을 사람들에게 하나의 정신적 지주로서 자리하고 있었던 그 '큰 산'을 대하는 공동체적 동질성이 없기 때문이라고 생각한다. 그날 밤 아내는 신문지에 싼 고무신짝을 갖다 버리고 다소 홀가분해진 마음으로 돌아왔지만, '나'와 아내는 서로 아무 말도 하지 않았다.

'큰 산'의 상징적 의미

「큰 산」은 군사 정권이 독재 체제를 연장하기 위해 3선 개헌을 강행하면서 극도로 불안해진 사회를 배경으로 하고 있다. 하지만 「큰 산」은 3선 개헌과 같은 정치적인 변화를 전혀 기술하지 않은 채, 소시민의 자기 보존적 속성에서 비롯한 극심한 이기주의를 보여줌으로써 독자로 하여금 시대 상황을 간접적으로 짐작하도록 한다. 이 작품에서 '큰 산'은 중심 소재로서 주제와 관련된 상징적 의미를 갖는다. '큰 산'은 어린 시절의 '나'가 어머니 다음으로 익숙해진 존재이고, 마을의 '야산', '들판', '강' 등을 그들답게 존재하도록 지켜 주고 보살펴 주는 존재이다. '나'는 그러한 '큰 산'이 '나'의 존재의 근원을 떠받들어 주고 모든 것의 균형을 잡아 준다고 믿는다. 그래서 '나'는 '큰 산'을 느낄 수 없는 순간에 '지까다비'짝을 보고 공포를 느낀 것이다. 현재 '나'의 마을에서는 누군가에 의해 버려진 '고무신짝'이 액운으로 받아들여져 이 집에서 저 집으로 떠돌아다닌다. 이는 남이 불행해지건 말건 나만 상처 입지 않으면 된다는 식의 이기주의가 낳은 결과이다. 이토록 이기주의에 빠진 현대인들에게 필요한 것은 무엇일까. 바로 '나'를 든든하게 받쳐 주던 '큰 산'이다. '큰 산'이 없어져 현대인들은 불안과 공포에 빠져 남을 생각할 틈이 없게 되었다. 모든 존재를 지키고 보살피며 넉넉함을 지닌 '큰 산'. 그것은 바로 '대자연'의 다른 이름이라 할 수 있다. '큰 산'은 사람들에게 안정감을 주고 동질감을 회복시켜 주며 그로 인해서 그 당시의 시대적인 불안감에서 벗어나 안심할 수 있게 하는 근원적인 힘을 가지고 있는 상징적인 소재인 것이다. 그러므로 「큰 산」에 등장하는 인물들이 불안해하는 것은 안정감을 주고 동질감을 회복시켜 줄 근원적인 무언가를 상실하고 살아가는 데서 기인한다.

'고무신짝'의 기능

이 작품의 중심 소재인 '고무신짝'은 굿이라는 미신적 요소와 결합하여 사람들로 하여금 불길한 존재로 여겨진다. 누군가에 의해 버려진 고무신짝이 액운을 남에게 전가하기 위한 것으로 받아들인 사람들은 그 액운을 남에게 떠넘기는 데 혈안이 된다. 결국, 남이야 어떻게 되든 자신만 불행하지 않으면 된다는 이기주의가 고무신짝을 통해 드러난다. 즉, 고무신짝은 사람들의 내재된 의식을 드러내는 기능을 한다.

한편, 결말부에서 고무신짝을 둘러싸고 한바탕 소동을 벌이게 된 '나'와 아내는 내다 버린 고무신짝이 다시 돌아오자 그것을 어떻게 처리할지 고민에 빠진다. 결국 처음과 마찬가지로 아내가 적극적으로 나서서 고무신을 버리고 오는데, 불길한 고무신짝을 이웃에 버리는 사람들의 행동에 씁쓸해했던 '나'는 아내의 행동을 묵인한다. 아마도 아내가 버린 고무신짝은 또다시 이 집에서 저 집으로 떠돌아다닐 것이고 어쩌면 다시 악몽처럼 '나'와 아내에게 돌아올지도 모른다. 아내가 고무신짝을 멀리 가져다 버리는 행위는 군사 정권 하의 1960년대 소시민들이 느끼는 공포감을 형상화한 것이라 할 수 있다. 작가는 당시의 정치 현실을 직접적으로 언급하지 않으면서 '큰 산'이 부재하는 당대의 혼란상과 그에 따른 소시민들의 공포감을 아내의 행위로 형상화한 것이다. 작가는 아내가 고무신짝을 어딘가에 버리게 하는 것으로 결말을 맺음으로써 현대 사회의 이기적인 세태가 앞으로도 지속될 것임을 암시하고 동시에 경고하고 있다.

역순행적 구성을 통한 '큰 산'의 의미 부각

집 마당에 떨어진 '고무신짝'을 보고 공포감을 느낀 현재의 '나'는 어린 시절 '지카다비'짝을 보고 공포감을 느낀 기억을 떠올린다. 당시 '나'가 길에 버려진 '지카다비'짝을 보고 겁에 질렸던 것은 평소에 늘 곁에 있다고 느낀 '큰 산'을 느낄 수 없었기 때문이다. 갑작스레 자신의 앞에 놓인 과거의 '지카다비'짝과 현재의 '고무신짝'은 사건의 유사성으로 인해 '나'로 하여금 '큰 산'의 의미를 되새기게 한다. 이 작품은 현대인들의 이기적인 행위가 '큰 산'의 부재로 인한 것이라는 주제 의식을 자연스레 불러오기 위해 현재에서 과거로 돌아가 '큰 산'의 의미를 조명하면서 그 원인을 밝히고 있다.

다음 글을 읽고 물음에 답하시오.

뒤에야 알았지만 아침에 그런 일이 있고 난 그날 밤에 아내는 그 **고무신짝**을 들고 골목길을 이리저리 기웃거리다가 길가의 아무 집이건 가림이 없이 여느 집 담장으로 휭 던졌던 모양이었다. 물론 아내는 제 자존심도 있었을 터여서 그런 얘기를 나에게는 입 밖에 내기는커녕 전혀 내색조차 하지 않았다. 나도 아침에 그런 일이 있고, 그 고무신짝은 대문 앞의 멋대가리 없게 생긴 시멘트 덩어리 쓰레기통에 버린 뒤, 그런 일은 없었던 셈으로 쳤다. 우리는 미심한 대로 그 일을 그렇게 처결해 버렸던 것이다. 그러나 아내는 그 미심한 점이 역시 미심했던 모양이었다. 나는 하루 종일 거리로 나와 있었지만 아내는 종일토록 집에만 있었으니까, 그 미심한 느낌도 나보다도 훨씬 더했을 것이다. 그렇게 아내는 이미 그 **고무신짝의 논리** 속에 흠뻑 빠져 들어가고 있었다. 그리하여 어두울 무렵에 혼자 나갔을 것이다. 쓰레기통 속에서 희끄무레한 남자 고무신짝을 끄집어냈을 것이다. 골목길을 오르내리며 마땅해 보이는 장소를 물색했을 것이다. 그러다가 **아무 집이건 담장 너머로 휭 던져 버렸을 것이다.** 그렇게 그쯤으로 **액땜**을 했다고 자처해 버렸을 것이다.

그 며칠 뒤, 정확하게 열흘쯤 지나서였다.

아침에 자리에서 눈을 뜨자 먼저 일어나 밖으로 나갔던 아내가,

"아빠아, 눈 왔다아, 눈 왔어어."

호들갑을 떨듯이 소리를 질러서, 나도 벌떡 자리에서 일어나 내의 바람으로 달려 나갔다.

아내는 뜰 한가운데 파자마 바람으로 싱글벙글 웃고 서 있었다.

수북하게 눈이 와 있었다. 게다가 하늘은 활짝 개고 해는 금방 떠오를 모양이었다.

"밤새 왔던 모양이지요."

"그걸 말이라고 하나. 당연하지."

"아이, 야박스러. 좀 그렇다고 맞장구를 쳐 주면 어때요."

"나는 **합리적인 사람**이니까 **이치에 닿지 않는 소린 싫거든.**"

"흥, 이치 좋아하시네."

하며 아내는 입은 비시시 웃고 눈은 얄팍하게 나를 흘겨보듯 하더니, 다시 **장난스러운 표정**이 되며 물었다.

"하늘에 깝북 구름이 차 있다가, 가장 빠른 시간 안으로 이렇게 온 하늘이 깨끗이 개어 오르려면 몇 분이나 걸리는지 알아요?"

나는 잠시 무슨 뜻인지 몰라서 뚱하게 아내를 쳐다보았다.

"그건 하늘 나름일 테지."

"하늘 나름이라뇨?"

"넓은 하늘도 있고 좁은 하늘도 있지 않겠어. 그건 어쨌든, 당신은? 당신은 아나?"

"몰라요, 모르니까 묻죠."

하고 아내는 낭랑한 목소리로 한바탕 또 웃었다.

눈 내린 겨울 아침과 저 낭랑한 웃음. 이 눈 내린 겨울 아침이 훨씬 더 눈 내린 겨울 아침으로 느껴지도록 하고 있는 저 웃음. 또한 저 웃음으로 하여금 더욱더 저 웃음이도록 해 주고 있는 이 활짝 개어 오른 눈 내린 겨울 아침.

그러나 무엇인가 빠져 있다. 나는 문득 고향의 그 큰 산이 떠오르려고 하는 것을 머리를 설레설레 흔들어 지워 버렸다.

그러고 보니, 비나 눈이 오다가 개어 오를 때는 대개 바람이 불면서 스름스름 걷히는데, 어느새 눈 깜짝할 사이에 온 하늘은 활짝 개어 있곤 하는 것이다. 선들바람이 지나가면서 두꺼운 하늘 한복판에 파아란 구멍 하나가 깊숙하게 뽕 뚫렸다 싶으면 스름스름 구름이 날아간다. 다음 순간 눈 깜짝할 사이에 어느새 온 하늘은 끝까지 활짝 개어 있곤 한다. 그렇다, 늘 '어느새'다. '어느새'라는 낱말 하나로 간단히 처리되지만, 간단히 처리 안 될 수도 없게 그렇게 '어느새'다. 하늘 끝에서 끝까지 완전히 개어 오르는 그 과정을 처음부터 끝까지 완벽하게 지켜본 사람이 있을까. 온 하늘의 구름 조각 하나하나가 한꺼번에 스러져 가는 것을 완전히 본 사람이 있을까. 설령 보았대도 마찬가지일 것이다. 정신이 번쩍 들듯이 정신을 차려 보니까 '어느새' 온 하늘이 활짝 개어 있기는 마찬가지일 것이다.

이렇게 눈이 내려서, 게다가 하늘이 개어 올라서 아내는 저렇게도 단순하게 기분이 좋은 모양이었다. 눈을 밟으며 사뿐사뿐 큰 문 쪽으로 달려 나갔다. 그러더니 뜰 끝에서 멈칫 섰다. 일순 여들여들하게 유연하던 아내의 뒷등이 무언가 현실적인 분위기로 굳어지고 있었다.

"어머, 저게 뭐유?"

헛간 쪽의 블록 담 밑을 꾸부정하게 들여다보았다.

"뭔데?"

나도 가슴이 철렁해지며 문득 열흘쯤 전의 그 일이 떠올라 그쪽으로 급하게 다가갔다.

동시에 좀 전의 그 환하던 겨울 아침은 대뜸 우리 둘 사이에서 음산한 분위기로 둔갑을 하고 있었다.

"고무신짝이에요, 또 그, 그 고무신짝."

아내의 목소리는 **완연히 떨고** 있었다. 거의 헐떡거리듯 하였다. 맞다. 고무신짝이었다. 그 새하얗게 씻은 **남자 고무신짝.**

"……"

나는 마치 머릿속의 저 아득한 맨 끝머리에 쩌엉스런 깊고 빈 들판이 있다가, 그것이 또 확 열려 오는 듯한 **공포** 속으로 휘어 감겼다.

– 이호철, 「큰 산」 –

01. 윗글에 대한 설명으로 가장 적절한 것은?

① 다른 장소에서 동시에 벌어진 사건을 병치하여 서사의 진행을 지연시키고 있다.

② 작중 인물이 아닌 서술자가 등장하여 인물 간의 갈등을 새 국면으로 이끌고 있다.

③ 연상을 통해 새로운 공간을 제시하여 시대 상황의 이념적 성격을 구체화하고 있다.

④ 사건에 개입되지 않은 이의 객관적 관점을 통해 인물의 위선적 면모를 표면화하고 있다.

⑤ 추측을 포함한 요약적 진술로 사건의 경과를 드러내어 현재 상황에 대한 이해를 돕고 있다.

02. 눈 내린 겨울 아침에 대한 이해로 가장 적절한 것은?

① 눈 내린 겨울 아침의 활짝 갠 하늘을 보고 '나'는 '아내'의 자존심을 세워 주겠다고 다짐한다.

② 눈 내린 겨울 아침의 밝은 분위기가 '나'와 '아내'의 불안감으로 인해 음산한 분위기로 바뀐다.

③ 눈 내린 겨울 아침에 '나'와 '아내'는 '열흘쯤 전의' 일에 대한 대화를 나누며 상실감에 젖는다.

④ 눈 내린 겨울 아침에 '아내'는 감정에 들떠 한때 '나'에 대해 가졌던 '미심한 느낌'을 떨쳐 버린다.

⑤ 눈 내린 겨울 아침에 '나'는 '고향의 그 큰 산'에서 겪은 일에 대한 기억을 낱낱이 되살리려 애쓴다.

03. 〈보기〉를 참고하여 윗글을 감상한 내용으로 적절하지 않은 것은?

〈보기〉

　「큰 산」에는 도시화로 인한 가치관의 변화와 과도기적 상황이 드러난다. 도시화 과정에서 도시인들은 공동체의 이익보다 개인의 이익을 중시하고, 남을 배려하기보다 자신의 안위를 보장받는 데 더 관심을 둔다. 또한 미신과 같은 주술적인 사고방식이 남아 있는가 하면 합리적인 사고방식으로 사태에 대처하려는 태도를 보이기도 한다. 이렇듯 상이한 가치관 사이에서 사람들은 혼란을 겪는다.

---

① '고무신짝의 논리'가 '액땜'과 연관되어 있다는 점에서 주술적인 방식으로 문제를 인식하는 태도를 엿볼 수 있겠군.

② '아내'가 '아무 집이건 담장 너머로' '고무신짝'을 던져 버렸다는 점에서 자신의 안위를 앞세우는 태도를 엿볼 수 있겠군.

③ '아내'가 '완연히 떨고 있는' 목소리로 무엇인가를 염려하는 듯한 모습에서, 사태를 합리적 방식으로 파악하는 데 익숙하지 않은 과도기적 상황을 엿볼 수 있겠군.

④ '나'가 '이치에 닿지 않는 소린 싫'다고 하면서도 '남자 고무신짝'에 대해서는 '공포'를 느끼며 합리적으로 사고하지 못한다는 설정에서, 가치관이 혼재된 상황을 짐작할 수 있겠군.

⑤ 스스로 '합리적인 사람'이라고 강조하는 '나'에게 '아내'가 '장난스러운 표정'으로 응대하는 대화 내용에서, 합리적 자세로 남을 배려하는 새로운 가치관의 면모를 확인할 수 있겠군.

01 지문 분석과 OX문제

속으로는 떨떠름했으나 김도 주눅들지 않고 내뻗었다.

"가뭄에 물치기는 땅임자의 도리구 조상에 효도유. 왜 그류?"
농민으로서 가뭄이 들었을 때 논에 물을 대는 건 당연한 행동임을 들어 정당화함.

중년 사내가 천북면 수리 담당이거나 장승골에 사는 그 비스름한 것이려니 싶어 김은 더욱 뚝심에 기운을 모았다.
　　중년 사내의 정체(한전 출장소 직원)를 모르는 김 씨 → 김 씨가 주눅 들지 않은 이유　　　　　굳세게 버티는 힘

중년 사내가 말했다.

"왜 그류? 왜 그러겠구먼…… 남의 재산을 불법적으루 쓰구두 가뭄 핑계만 대면 단 중 아셔?"
　　　　　　　　　　　　가뭄을 핑계로 잘못을 정당화하려는 김 씨를 비판함.

중년이 대들려는 짓둥이를 하자 김은 급한 김에 말도 안 되는 대꾸를 했다.
　　　몸을 놀리는 모양새를 낮잡아 이르는 말

『"내가 원제 불법적으루 썼슈. 물법적으루 썼지. 농민이 논에 물을 대는 건 당연히 물법적인 거유."』
　　　　　　　　　　　　　　　　『 』: 언어유희를 통해 상대방의 말에 능청스럽게 반박함.

그러자 중년은 어이가 없는지, 불이 일고 있던 눈을 끄먹거려 끄면서 한탄하듯 중얼거렸다.
　　　　　　　　　　　　눈을 가볍게 자꾸 감았다 떴다 하다.

"끙 ― 뭘 아는 사람이래야 말 같은 소리를 듣지…… 내 새끼두 야중에 이런 사람 될라 미서서 이 노릇 못 집어친다니께. 끙 ―"

"……"

김이 무슨 말인지 미처 못 새기고 있을 때, 중년은 하던 말투를 바꾸지 않고

"사람이라는 것이 종자를 받으면 주둥이에 처늫는 것허구 배앓는 것버텀 우선적으루 가르치는 벱이건만, 이 친구는 워치기 컸길래 남으 말에 찌그렝
　　　　　　　　　　　　　　　　　　　　　　　　　　　　　　남에게 무턱대고 억지로 떼를 쓰는 짓
이 붙는 것버텀 배웠는구…… 불법적으루 쓰다 들켰으면 사괏적으루 나오는 게 아니구, 됩세 큰소리쳐? 나 봐, 워따 대구 큰소리여? 당신 허는 짓이 보
　　　　　　　잘못에도 불구하고 사과 없이 당당한 김 씨의 태도를 지적함.
통 사건인 중 알어? 시대적으루 볼 것 같으면 안보적인 문젠 겨. 뜨건 국에 맛을 몰라두 한도가 있는 게지. 되지못허게 워따 대구 큰소리여, 큰소리
가……"

마치 철부지를 타이르듯 훨씬 부드럽던 음성이었다. 그러나 김은 처음부터 별것이 아닌 줄 알았으므로 기세를 누그리지 않았다. 『더구나 뒤에는 무
솔이 유순봉이와 장재원이가 자기를 시험하고 있었다. 남병만이도 마찬가지였다. 나중 동네에 소문날 일을 생각해서라도 그들이 보는 앞에서 공갈 한마
　　　옥박지르며 을러댐.
디에 누져* 버려 그 참 허탕이 될 수는 없겠던 것이다.』 김도 손사래를 치며 떠들었다.
　　　　　　　　　　　　『 』: 김 씨는 갈등 상황에서 자신을 지켜보는 주변 인물의 시선을 의식하며 대처함.

"나 봐유. 댁은 워디 기시길래 이러시는지 몰라두, 요란이 과허실 건 읎는 규. 찬밥 그지는 문전 거절을 해 보낼 수 있어두유, 물 한 바가지 동냥을
　　　　　　　　　　　　　　중년이 '불법', '안보적인 문제'를 들먹이는 행동이 과하다고 생각함.
쫓는 건 풍속을 어그리는 일이유."
농민에게 물 대기가 중요하므로, 무리한 방법을 써도 된다고 생각함.

[중략 부분 줄거리] 한전 출장소 직원인 '중년'은 양수기를 돌린다고 전기를 훔쳐 쓴 '김'을 데려가 그 사실을 추궁하려 하고, '김'이 수로에 물을 댄 것
　　　　　　　　　　　　중년 사내가 김 씨에게 남의 재산을 불법적으로 쓴다고 추궁한 이유
의 잘잘못을 따지려고 서 있었던 유순봉, 장재원은 '중년'이 '김'을 데리고 가는 걸 막으려 하는 신경전을 벌인다. 그사이 어느덧 민방위 교육 시간이 되
　　김이 속으로 떨떠름했던 이유 → 김은 남의 마을로 흐르는 물을 몰래 끌어다 쓰고 있었음.
어 모두들 마을 학교 운동장으로 모이게 된다.
1975년 제정된 '민방위기본법'에 따라, 50세까지의 모든 남성이 지정된 날짜에 반드시 모여 교육을 받는 것이 국방의 의무였음.

『"지 자신이 교육에 대비하여 학습해 둔 게 있는 것두 아니구 해서 베랑 헐 말두 읎습니다. 또 솔직히 말해서 지가 예서 뭬라구 떠들어 봤자 머릿속
의무적으로 시행되는 교육임에도 정작 진행하는 사람은 교육 내용이 준비되지 않은 상황임.

에 담구 기억허실 분두 읎을 줄로 알구 있습니다. 그냥 앉어서 죄용히 담배나 피시며 시간을 채우시도록 허셔유.』 그런디 퇴비들을 쌓실 때는 몇 가지
『 』: 청중의 적극적 참여를 기대하지 않는 부면장의 태도가 드러남.

유의를 해 주시라 이겝니다. 『위에서 누가 원제 와서 보자구 헐지 알 수 읎으닝께, 퇴비장 앞에는 반드시 패찰과 척봉(尺棒)˚을 꽂으시구, 지붕 개량
『 』: 농민들의 삶을 위해서가 아니라 보여 주기식 행정이 된 퇴비 증산 사업의 모습이 나타남.

허구 남은 썩은 새나 그타 여러 가지 찌끄레기루 쌓신 분들은 흔해 터진 풀 좀 벼다가 이쁘구 날씬허게 미장을 해 주서유.』 정월 보름날 투가리˚에 시
1970년대 초가지붕을 슬레이트와 기와지붕으로 개량하면서 지붕을 만들던 볏짚을 퇴비로 사용할 수 있게 됨.

래기 무쳐 담듯 허지 마시구, 혼인 때 쓸 두붓모처럼 깨끗허게 쌓 주시라 이겝니다. 퇴비가 일 헥타(㏊)당 몇 키로(㎏) 이상이라는 것은 잘들 아시구 기
헥타르. 미터법의 토지 면적 단위. 100아르, 즉 10,000㎡

실 중 믿습니다마는, 아무쪼록 식전에 두 짐 저녁에 두 짐쓱, 반드시 비시도록 당부하는 것입니다."

그때 김은, 퇴비는 지저분할수록 거름이 짙다는 생각을 하고 있었으나, 입 밖으로는 무심히

"모냥내구 있네. 멫 평이 일 헥타른지 워치기 알어."

하고 두런거렸다. 알어도 그만 몰라도 그만인 거였지만, 순전히 남의 말에 토 달기를 예사로 해 온 입버릇 탓이었다. 그러나 좌중은 무심히 넘어가
서술자의 평가 → 김 씨는 자주 반발 섞인 속내를 겉으로 드러내어 투덜거리곤 했음.

지 않았다. 김의 음성이 너무 컸던 것이다.

"뭐여? 이봐유. 뭘 모른다는 규? 구식 노인네두 다 아는 상식을 당신 증말 몰러서 헌 소리유?"
김 씨가 정말 몰라서가 아니라 자신에게 시비를 걸기 위해 묻는 것이 아닌지 의심함.

하며 부면장이 따져 들기 시작했다. 할 말도 없는데 시간은 남고 처져 심란하던 중 계제에 잘됐다는 눈치가 역연했다. 부면장은 마이크 쥔 손을 뒷
어떤 일을 할 수 있게 된 형편이나 기회

짐진 채 육성으로 떠들고 있었다.

"당신 같은 사람은 워디를 가봐두 으례껀 한두 사람씩 있어. 그러나 여기는 그런 농담헐 디가 아녀."

『김은 남의 눈이 수백이라 구새 먹은˚ 삭정이 부러지듯 싱겁게 들어가기도 우습고, 그렇다고 졸가리 없이 함부로 말대답하기도 그렇겠고 하여 어쩔
=줄거리. 군더더기를 다 떼어낸 나머지의 골자.

줄 모르다가 마음에 없던 말을 엉겁결에 내뱉었다.』
『 』: 갈등 상황에서 자신을 지켜보는 주변 인물의 시선을 의식하며 대처하는 김 씨의 모습②

"알면 지랄헌다구 물으유? 평(坪)두 있구 마지기두 있구 배미˚두 있는디, 해필이면 알어듣기 그북허게 헥타르라구 헐 건 뭬냐 이게유."
농민들에게 친숙한 단위인 평, 마지기, 배미 대신 헥타르를 언급하는 부면장에 대한 김 씨의 반감이 드러남.

"천동면이 그렇게 촌인가…… 저런 딱헌 사람두 다 있으니. 나 보슈. 국가 시책으루, 미터법에 의하야 도량형 명칭 바뀐 지가 원젠디 연태까장 그것
1964년 미터법 사용이 전면 실시되어 척관법의 사용이 금지되고, 도량 단위를 통일하도록 장려함.

두 모르는 겨? 당신이 시방 나를 놀려 보겠다― 이게여?"

부면장은 당장 잡도리할 듯이 눈을 부라리며 언성을 높였다. 곁에 앉은 남병만이가 팔꿈치로 집적거리며 참으라고 했으나 김도 주눅들지 않고 앉은
아주 요란스럽게 닦달하거나 족치는 일

채로 응수했다.

"내 말은 그렇게빽이 안 들리유? 저 핵교 교실 벽때기 좀 보슈. 뭬라구 써 붙였슈? 나라 사랑 국어 사랑…… 우리말을 쓰자는 것두 국가 시책이래
해방 이후 초등학교 담벼락마다 '국어 사랑 나라 사랑'이 흰 페인트로 큼직하게 쓰여 있거나, 전 국민이 국어 순화 운동에 열심히 참여함.

유. 옛날버텀 관공리 말 다르구 농민들 말 다른 게 원칙인 게유. 천동면이 이렇게 촌인가…… 끙―"
부면장의 말을 되받아 그대로 돌려줌.

부면장은 무슨 말이 나오는 것을 참는지 한참 동안 입술만 들먹거리더니 겨우 말머리를 찾은 것 같았다.

"도대체 당신 워디 사는 누구여? 뭣 허는 사람여?"
김 씨의 소속과 지위를 확인하고자 하는 권위주의적 태도

그러자 누군가가 뒤에서 큰 소리로 대답했다.

『"그 사람두 높어유."
『 』: 김 씨의 지위를 나열하는 해학성 → 김 씨를 대하는 부면장의 권위적인 태도에 맞서는 마을 사람들

그 말이 떨어지기 전에 또 다른 목소리가 곁들여졌다.

"놀미 부락 개발 위원이구, 마을문고 후원 회원이구⋯⋯."

그러자 여기저기서 우루루하고 아무나 한마디씩 뒵들이를 했다.
      _{어떤 일을 뒤에서 거들어줌.}

"가족계획 추진 위원이구⋯⋯."

"부녀회 회원 남편이여."

"연료림 조성 대책 위원이유."

"야산 개발 추진 위원이구."

"단위 조합 회원이여."

"이장허구 친구여."」

"죄용해 줘유. 앉어 줘유. 그만해 둬유. 입 다물어 줘유."

하고 부면장은 다시 마이크에 대고 고래고래 고함을 질렀다. 약간 수그러들자 부면장은 언성을 낮추어 말했다.

"일 헥타는 삼천 평입니다. 앞으루는 이백 평이니 말가웃지기*니 허구 전근대적인 단위는 사용을 삼가 주셔야 되겠다 — 이겝니다."

말허리를 끊으며 김이 말했다.

"이 바닥에 헥타르를 기본 단위로 말할 만치 땅 너른 사람이 몇이나 되느냐 이게유."
_{농촌 현실을 이해하지 못하고 실상에 맞지 않는 단위 사용을 강요하는 국가 시책에 대한 반발이 드러남. → '근대적' 정책의 허구성을 비판}

부면장은 들은 척도 않고 하던 말을 계속했다.

"에, 날두 더운디, 지루허시드래두 자리 흐트리지 마시구 담배나 피시며 쉬서유. 저 놀미 사는 높은 양반두 승질 구만 부리시구 편히 쉬서유. 미안헙
_{'김씨'를 지칭함.}

니다."

그러자 박수가 쏟아져 나왔다. 김은 그 박수의 임자가 자기라고 믿으며 속으로 웃었다.

*누져 : 성미가 누그러져.
*척봉 : 길이를 표시하는 막대.
*투가리 : 뚝배기.
*구새 먹은 : 나무속이 오래되어 썩어 구멍 뚫린.
*배미 : 구획진 논을 세는 단위.
*말가웃지기 : 한 말의 반가량 씨앗을 심을 수 있는 논밭의 넓이.

OX문제

01 언어유희를 통해 인물 간의 긴장을 고조시키고 있다. [2018학년도 9월]   (O / X)

02 이야기 외부의 서술자가 인물의 행위를 해설하고 사건의 의미를 직접 제시한다. [2019학년도 6월]   (O / X)

03 상대를 달리하여 벌이는 인물의 행동을 서술하여 점진적으로 심화되는 갈등을 묘사하고 있다. [2022학년도 수능]   (O / X)

04 작가는 농촌에 쓰이는 새로운 단위를 소개함으로써 농민들의 생활 방식이 변해야 함을 알려주고 있다.   (O / X)

05 '부면장'은 김 씨의 발언에 대한 논리적 반박보다는 지위를 중시하는 권위적인 인물이다.   (O / X)

01 | 주제

가뭄으로 인한 농민의 각박한 삶과 산업화 시대 농촌의 현실

02 | 특징

① 인물들 간의 외적 갈등을 중심으로 사건을 전개하고 있음.
② 『우리 동네』 연작 소설의 하나로, 제목에 등장한 '김 씨'를 주인공으로 1970년대 농촌 마을 공동체와 농민의 삶을 비판적으로 그리고 있음.
③ 충남 방언과 토속어를 생생하게 활용함으로써 해학성을 확보하는 한편 우리 농촌의 정서를 보존하려는 작가의 의도가 드러남.
④ 한전 출장소 직원, 부면장 등의 인물을 통해 권위적인 관청의 태도를 풍자하고, 농촌 실정을 모르는 정부의 근대화 정책을 비판하고 있음.

03 | 작품 해제

「우리 동네 김 씨」는 이문구의 연작 소설 『우리 동네』의 첫 번째 작품으로, '김 씨'와 다른 인물들 간의 갈등을 중심으로 1970년대 농촌 공동체의 파괴와 각박한 농민의 삶을 비판적으로 그려 낸 소설이다. '김 씨'와 유순봉, 장재원이 저수지 물을 몰래 끌어다 쓰는 문제로 갈등하는 장면은 저수지 몽리구역(물이 들어와 혜택을 입는 곳)에서 제외된 농민의 선택을 해학적으로 그린다. 그 후 '김 씨'는 양수기를 돌리기 위해 전기를 훔쳐 썼음이 발각되어, 한전 출장소 직원과 갈등하게 된다. 이런 대치 상황은 '민방위 교육'으로 인해 중단되는데, '부면장'으로 대표되는 관청의 권위적 태도와 농촌 실정과 동떨어진 채 시행되는 근대화 정책의 허구성을 보여 주는 장면으로 이어진다. 작가는 충남 방언과 토속어를 활용함으로써 현장감을 확보하고, 농촌과 농민을 애정 어린 시선으로 바라보려는 의도를 드러내고 있다.

04 | 등장인물

- 김승두 : 천동면 놀미 마을의 농민으로, 호스를 준비하고 전기를 훔쳐 양수기에 연결하여 물을 끌어오는 등 적극적으로 행동하는 인물임.
- 남병만 : 김 씨의 논에 차는 물을 보고, 몇 푼 안 되는 돈에 양수기를 빌려준 것을 배 아파하는 소인배 같은 인물임.
- 유순봉 : 무솔이 이장 아들로, 자신의 마을 물을 훔쳐 쓴다는 명목으로 김 씨를 몰아세우는 인물임.
- 장재원 : 방앗간 집 아들로, 유순봉에 비해 소극적이나 그와 합세하여 김 씨를 나무라는 인물임.
- 중년 사내 : 한전 출장소 직원으로, 김 씨가 불법으로 전기를 쓰는 일은 안보와 관련된 문제라고 지적하는 권위적인 인물임.
- 부면장 : 면장 대신 민방위 교육에서 연설하면서, 농민들의 실정을 이해하지 못하고 국가 정책을 강요하는 권위적인 인물임.

05 | 상세 줄거리

극심한 가뭄이 들자, 김승두가 사는 천동면 놀미 마을은 다른 동네에 비해 높은 지대에 있어 물을 대기 어려워진다. 김 씨는 12만 원의 빚을 내어 산 호스 2백 미터와 남병만에게서 빌린 양수기로 천북면 장승골 저수지 물을 끌어 올린다. 김 씨는 저무니 부락으로 넘어가는 전깃줄에 양수기 전선을 이었고, 호스를 산 것을 타박하던 아내도 논 한 배미에 물이 찰랑이자 말투부터 달라진다. 양수기를 빌려준 남병만은 소주와 마늘을 들고 와 호스를 빌릴 눈치로 곁을 지킨다. 두 사람이 술을 마시는 동안 무솔이 이장 아들 유순봉과 방앗간 집 아들 장재원이 나타난다. 김 씨와 남병만은 두 사람이 물 지기임을 알아차리고, 싸우지 않고 넘어가려 그들에게 술을 권한다. 유순봉과 장재원은 저수지 물을 훔치는 게 형사 문제라며 트집을 잡고, 증거물로 양수기를 가져갈 거라며 꺼버린다. 김 씨가 화를 내려던 때, 처음 보는 중년 사내가 나타나 김 씨에게 삿대질한다. 중년 사내는 김 씨가 남의 재산을 불법적으로 썼다며, 안보 문제로 이어진다고 을러댄다. 김 씨는 유순봉, 장재원, 남병만을 의식하며 기세를 굽히지 않았다가, 중년 사내가 한전 출장소 직원임을 깨닫고 당황한다. 중년 사내는 김 씨를 데려가 조사하려 하고, 유순봉과 장재원은 함부로 물을 댄 잘못을 따져야 한다며 데려가지 못하도록 신경전을 벌인다. 그 사이 민방위 교육 시간이 다 되어 싸움은 흐지부지 끝나고, 모두 민방위 교육이 열리는 천동국민학교 운동장으로 모인다. 부면장 신을종이 앞에 나서 퇴비장 앞에 패찰과 척봉을 꽂고, 퇴비를 깨끗하게 쌓아 놓으라고 한다. 그리고 일 헥타르당 필요한 퇴비 분량을 채우기 위해 식전과 저녁에 두 짐씩 풀을 베라고 당부한다. 몇 평이 일 헥타르인지 어떻게 아냐고 하는 김 씨에게 부면장은 구식 노인네도 아는 상식을 모르냐고 따진다. 김 씨는 평(坪), 마지기, 배미도 있는데 헥타르라는 단위를 쓰는 이유를 묻는다. 부면장은 국가 시책으로 미터법에 따라 도량형 명칭이 바뀐 것을 아직도 모르냐며 언성을 높인다. 이에 김 씨는 학교 교실 벽에 '나라 사랑 국어 사랑'이라고 붙어 있다며, 우리말을 쓰는 것도 국가 시책이라고 응수한다. 부면장은 말문이 막혀 김 씨가 어디 살고 뭐 하는 사람인지 따져 묻는다. 그러자 뒤에서 사람들이 김 씨도 높은 사람이라며 한마디씩 거들어준다. 부면장은 조용히 해달라며 고함을 지르고, 격양된 분위기가 약간 수그러들자 언성을 낮추어 일 헥타르는 삼천 평이라고 설명한다. 김 씨는 헥타르를 기본 단위로 할 만큼 땅이 넓은 사람이 몇이나 되느냐고 말을 끊지만, 부면장은 들은 척도 않고 하던 말을 계속한다. 부면장은 당부 끝에 저 놀미 사는 높은 양반도 성질 그만 부리고 편히 쉬라고 한다. 그러자 박수가 쏟아져 나오고, 김 씨는 자신에게 보내는 박수라고 믿으며 속으로 웃는다.

STEP
03 논문으로 만나는 출제자의 시선

ㄴBS 수능특강 | **현대문학**

이문구의 연작 소설 『우리 동네』

이문구는 1977년 『한국문학』에 「우리 동네 김 씨」를 발표한 후, 1981년 「우리 동네 황 씨」까지 9편의 연작 소설을 발표했다. 이문구의 연작 소설은 70년대 소설이자 농촌 소설로서의 정체성을 가지며, 근대화·산업화로 해체되어 가는 농촌 공동체의 실상을 그렸다는 평가를 받는다. 특히 단편 소설의 틀에서 벗어나 1970년대 농촌 사회의 물질적, 문화적, 가치관적 변화를 다양한 각도에서 연속적으로 파악했다는 점에서 큰 의의를 지닌다.

1960년대 박정희 정권이 추진한 근대화로 인해 일차 산업에 종사하던 인구비율은 1960년대 63%에서 1980년대 34%로 급감했고, 농민들은 농촌을 벗어나 도시 하층 노동자가 되었다. 농촌에 남은 농민들의 경우 우리 사회의 구조적 모순에 따라 가난에서 벗어나지 못했는데, 이는 불합리하고 기만적인 농업 증산 정책의 결과였다. 정부 주도로 영농 방법 개선, 영농기술 보급, 곡류 품종 개량 등의 계도 정책이 통제적으로 시행되었으나, 그것들은 정부가 치밀한 예측 없이 일방적으로 쏟아 놓은 계획인 데다 행정 조직이 농민들에게 고압적 태도로 실행을 강요한 것인 탓에 농촌 사회에서 쉽게 수용될 수 없는 것이었다.

「우리 동네 김 씨」에는 이러한 70년대 농촌 사회의 단면이 잘 드러나 있다. 이 작품에서는 농촌 근대화 시책이라는 명목 하에 지하수를 농수로 이용하는 영농 방법의 시행에 따른 부정적 징후들이 두드러지게 드러난다. 김승두가 살던 '놀미' 마을은 지룡산 개울이 죄다 장승 저수지에 갇힌 데다, 저수지의 혜택을 볼 수 있는 몽리구역에서 제외된 곳이다. 저수지로 인해 개울이 막히자, '놀미'처럼 지대가 높은 동네는 물 대기에 어려움을 겪는다. 김 씨는 양수기로 아래 수로를 따라 흐르는 물을 긴 호스로 퍼 올리나, 전기회사 직원과 이웃 동네 물 지기들에게 협박당한다. 이는 농촌이라는 전통적인 공동 사회가 산업화 이후 이익 사회로 급격히 전환된 현실과도 맞닿아 있다.

농민의 해학적 언어의 힘

「우리 동네 김 씨」에는 개발과 전시적 행정의 논리를 내세우는 관청과 농민의 대립이 해학적인 대화를 통해 나타난다. 민방위 교육을 위해 농민들이 모인 자리에서 부면장 신을종은 농민을 상대로 퇴비 쌓기를 강요한다. 이는 민방위 교육과는 무관한 개인적 이야기며, 애초에 민방위 교육 자체도 '자리 흩트리지 마시구 담배나 피시며 쉬서'도 되는 형식적 행사다. 부면장이 '헥타르' 운운하며 꺼낸 이야기에 김 씨는 "몇 평이 일 헥타른지 워치기 알어."라며 딴지를 걸고 있다. 부면장으로 대표되는 관청은 국가 시책을 앞세워 농민들에게 생경한 단위를 쓰도록 폭력적인 언어로 강요한다. 그들은 '전근대적'인 언어의 사용을 금지하는 권위주의적인 태도를 보인다. 김 씨는 이에 굴하지 않고 방언이라는 비공식적이고, 일상적인 농민의 언어로 토를 달며 맞선다. 특히 "나라 사랑 국어 사랑……우리말을 쓰자는 것두 국가 시책이래유. 옛날버텀 관공리 말 다르구 농민들 말 다른 게 원칙인 게유. 천동면이 이렇게 촌인가……"라며 부면장이 농민을 무시하던 발언을 비꼬듯 돌려주는 장면에서 해학성이 강조된다. 부면장이 이에 제대로 대꾸하지 못하고 권위를 내세워 해결하려는 말에, 농민들이 '개발 위원', '추진 위원', '대책 위원' 등 관에서 주어진 유명무실한 직함들을 조롱하듯 쏟아 내어 김 씨와 연대한다. 이러한 해학적인 '비꼼'은 농촌 현장의 실상을 제대로 고려하지 않는 농업 정책과 제도의 허구성을 폭로하고 이에 대한 농민의 불만을 적극적으로 드러내는 기능을 한다.

STEP

01 지문 분석과 OX문제

ㄴBS 수능특강 | **현대문학**

여자가 이윽고 뭔가 사내를 달래듯한 목소리로 말하면서 자리를 고쳐 앉았다. 그리고는 지금까지 그녀 앞에 안고 있던 북통과 장단 막대를 말없이
북의 몸이 되는 둥근 나무통   ↳ 북채(북을 치는 방망이)

사내 앞으로 밀어 놓았다.

■ : 판소리나 잡가
소리를 청해 들을 양이면 이제부턴 장단을 좀 잡아 달라는 시늉이었다. 소리를 청해 들을 만한 사람에겐 흔히 해 온 일이었다. 여자는 으레 손님의
사내가 여자에게 소리를 들려달라고 청하자, 여자는 사내에게 북장단을 쳐줄 것을 요청함.   = 사내

솜씨를 믿는 얼굴이었다.

여자의 갑작스런 주문에 이번에는 오히려 사내 쪽이 뜻밖인 모양이었다. 여자가 밀어 보낸 북통을 앞에 한 사내의 눈길엔 졸지에 일을 당하고 당황

해하는 빛이 역력했다. 하지만 그 보이지 않는 여자의 눈길은 거의 일방적으로 손님을 강요해 오고 있는 식이었다.
          여자는 맹인이지만, 사내로 하여금 장단을 잡도록 하는 강요의 눈길이 느껴짐.

"하두 오래 손을 잡아 본 일이 없어서……. 내 장단이 자네 소리에 잘 맞아 들지 모르겠네……."
   여자가 북장단을 잡아주길 요청하자 변명하고 있음.(과거에 사내는 북장단을 치고 싶지 않아 의붓아비와 동생을 떠났음.)

사내도 마침내는 여인을 피할 수 없다고 생각한 듯 천천히 자기 앞으로 북통을 끌어당겨 갔다.

그로부터 여자와 술손은 다시 소리로 꼬박 밤을 지새듯 하였다.
      술손님. 사내를 가리킴.   < > : 여자가 부른 판소리를 열거함. → 서술자가 인물의 행위를 직접적으로 전달하고 있음.

〈여자는 이제 숨이 짧은 단가에서 본격적인 판소리 가락으로 손님을 휘어잡아 나갔다. 쑥대머리 귀신 형용 적막옥방 한 자리에서부터 〈춘향가〉의 옥
    판소리를 부르기 전에 목을 풀기 위하여 부르는 짧은 노래   여자가 사내의 장단을 이끌어 나감. ↳ 헝클어진 머리로 귀신같은 모양새로 감옥에 있는 춘향의 모습을 나타냄.

중비가 한 대목을 넘어가고, 〈흥부가〉 중의 흥부 매품팔이며 신세 한탄 늘어놓는 진양조 한 가락을 엮어 내고, 〈수궁가〉로 〈적벽가〉로 명인 명창들의
                                진양조 장단으로, 24박 1장단의 가장 느린 속도임.   노래를 뛰어나게 잘 부르는 사람

이름난 더늠들을 두루 불러 돌아간 후에, 나중에는 〈심청가〉의 심 봉사 황성길 찾아가는 처량한 정경까지 끈질기게 소리를 이어 나갔다.〉
판소리에서, 명창이 자신의 독특한 방식으로 다듬어 부르는 어떤 마당의 한 대목

「지칠 줄 모르는 소리였다. 여자의 목청은 남정네들의 컬컬하고 장중한 우조(羽調)뿐 아니라 여인네 특유의 맑고 고운 계면조(界面調)풍도 함께 겸비
                         '우' 음을 으뜸음으로 하는 조. 다른 곡조보다 맑고 씩씩함.   슬프고 애타는 느낌을 주는 음조

하고 있어서, 때로는 바위처럼 우람하고 도저한 기백이 솟아오르는가 하면 때로는 낙화처럼 한스럽고 가을 서릿발처럼 섬뜩섬뜩한 귀기가 넘쳐 났다.

가파른 절벽을 넘고 나면 유장한 강물이 산야를 걸쳐 있고, 사나운 폭풍의 한밤이 지나고 나면 새소리 무르익는 꽃 벌판의 한나절이 펼쳐졌다.

놀라운 것은 그 지칠 줄 모르는 목소리뿐만 아니라 술손의 장단 가락 솜씨 또한 예사가 아니라는 것이었다.」
                    「 」: 서술자가 둘의 솜씨를 비유적인 표현과 주관적 평가로 전달하고 있음.

— 춘향이 옥중가 한 대목이 어떠시오.

— 흥부가 매품팔이 나가는 신세타령 한 대목이 어떠시오?

여인은 소리를 한 대목씩 시작할 때마다 번번이 손님에게 의향을 묻곤 했다. 그럴 때마다 손님도 '그거 좋겠네, 그거 좋겠네', 즐겁게 화답을 보내며

여자가 첫 소리를 시작하자마자 곧바로 장단 가락을 잡아 나가곤 했다. 느리거나 빠르거나 여인의 소리만 시작되면 사내는 마치 장단을 미리 외우고
                                           여인과 사내가 이전에 소리와 장단을 맞춘 적이 있음을 짐작하게 하는 대목

있었던 것처럼 솜씨가 익숙했다.

그러나 손님이고 여자고 새삼스레 상대편의 솜씨를 놀라워하는 빛은 전혀 서로 내색을 하지 않았다. 여인과 손님은 끊임없이 소리를 하고 장단을 몰
             둘이 이미 서로의 존재를 알아챘다는 것을 추측할 수 있음.

아 나갈 뿐이었다.

『어이 가리 어이 가리 황성만리를 어이 가리
　　　　　　황제가 있는 나라의 서울
오늘은 가다 어데 가 자며 내일은 가다 어데 잘고……

더듬더듬 더듬으며 정향 없이 올라갈 제

때는 삼복 중염이라 별빛은 불꽃 같고 땀은 흘러 비 같은데……』　『　』: 정처 없이 떠도는 사람의 처지와 정서가 드러난 구절. 서민들의 애환이 담김.
여름철의 몹시 더운 기간

「여자는 소리를 굴렸다가 깎았다 멎었다가 풀었다 하면서 온갖 변화무쌍한 조화를 이끌어 냈고, 손님에 대해서도 때로는 장단을 딛지 않고 교묘하게

그 사이를 빠져 넘나드는가 하면, 때로는 장단을 건너가는 엇붙임을 빚어내어 그 솜씨를 마음껏 즐기게 하였다.
　　　　　　판소리에서, 앞 장단에서 시작하여 다음 장단의 중간에서 끝나는 1행의 사설
그것은 마치 소리와 장단이, 서로 몸을 닿지 않고 능히 상대편을 즐기는 음양 간의 기막힌 희롱과도 같은 것이었고, 희롱이라기보다는 그 몸을 대지
　　　　　　　　　　　　　　우주 만물의 서로 반대되는 두 가지 기운
않는 소리와 장단의 기묘하게 틈이 없는 포옹과도 같은 것이었다.」
「　」: 소리와 장단이 조화로움을 보여주고 있음. 여자와 사내가 소리를 매개로 교감하고 있는 모습을 보여줌

(중략)

"그렇답니다. 간밤엔 제 오라비를 만났더랍니다."
　　　　바로 어젯밤
주인 사내는 비로소 뭔가 짐작이 간다는 듯 고개를 한 차례 크게 끄덕이고 나서 다시 질문의 꼬리를 이었다.

"하기야 나도 간밤부터 뭔가 심상찮은 느낌이 없지 않았다네. 하지만 자넨 여태까지 한 번도 오라비 이야길 한 일이 없었는데……. 그렇다면 그때
　　　　　　　　　　　　　　　　　　여자는 주인 사내에게 오라비와 관련한 이야기를 하지 않았음.
그 산소리가 저녁 어스름을 타고 내려와서 콩밭 여자에게 아이를 배게 하여 낳은 핏덩이가 바로 자네였더란 말인가?"
　　　　　　어젯밤에 사내가 여인에게 해준 이야기를 주인 사내가 엿들었음을 알 수 있음.
천씨 사내는 간밤 동안 두 사람의 이야기를 엿들은 자신을 숨기려 하지 않고 서슴없이 물었다.
= 주인 사내
"그렇답니다."

여자가 다시 분명하게 대답했다. 사내 앞에선 이제 아무것도 이야기를 숨길 필요가 없다는 식이었다.

"하지만 오라비는 어젯밤 일부러 그 핏덩이가 계집아이였다는 말씀은 참아 버리셨소. 그 소리꾼 노인이 어린 핏덩이를 싸안고 마을을 떠날 때 어린
　　　　　　　　여자를 가리킴.　　　　　　　　　　　　　　여자의 아비, 사내(손님)의 의붓아비
당신도 길을 함께하고 있던 일까지……. 오라비는 제 기억이 안 닿을 만한 일만 말하시고 기억이 살아 있는 뒷날 일은 입을 덮고 마시더이다. 하지만

전 알고 있었더랍니다."

그러고 나서 여자는 그녀가 기억할 수 있는 옛날 일 몇 대목을 사내 앞에 조용히 털어놓았다.

《소리꾼 아비는 나어린 오누이를 앞세우고 이 마을 저 마을 소리로 끼니를 빌고 떠돌아다녔더라고 했다. 그러면서 아비는 철도 들기 전의 두 어린것
　　　　　　　나이가 어린
들에게 소리를 시키는 것이 소원이었던지, 틈만 나면 성화가 대단했댔다. 산길을 가다 고갯마루 같은 곳에 다리를 쉬고 앉아 있을 때나 어느 마을 사랑
　　　　　　　　　　　　　　　　　　어린 오누이에게 소리를 시키려 재촉함.
채의 헛간 같은 골방 속에 들어앉아 지낼 때나 아비는 한사코 어린것들에게 소리를 배워 주려 애를 쓰고 있었다 했다. 하지만 오라비는 웬 고집으로

끝끝내 소리를 하지 않으려 했고, 어린 그녀만이 무슨 재간이 좀 뻗쳤던지 세월 따라 조금씩 소리를 익혀 가고 있었다고 했다. 그리하여 아비는 마침내
오라비(손님)는 소리를 배우는 것을 거부함.
그녀에게만 소리를 하게 했고, 소리를 싫어하는 오라비에게는 북장단을 익히게 하여 제 누이의 소리를 짚어 나가게 했다는 것이다. 아비 소리꾼이 데리
　　　　　　　　　　　　　　　여자와 손님이 익숙한 솜씨로 소리와 장단을 맞출 수 있었던 이유
고 다니는 오누이의 소리 솜씨는 한동안 시골 마을 사람들의 얘깃거리가 되곤 할 정도가 되었다. 하지만 오라비는 끝내 그 북채잡이조차도 따르기가

싫었던 모양이다. 어느 해 가을날인가, 인적 드문 산길을 지나가던 아비가 통곡이라도 하듯 두 다리를 벌리고 앉아 〈수궁가〉 한 대목을 처연스럽게 뽑

아 넘기고 나서 기운이 파해 드러누워 있을 때, 오라비는 용변이나 보러 가듯 숲속으로 들어가고 나선 영영 다시 모습을 나타내지 않고 말았다는 것이

파하다 : 어떤 일을 마치거나 그만두다.　　　　　　　　　　　　　　용변을 보러 가는 척하며 도망감.(자신의 의지로 가족을 떠남.)

다.》

《 》 : 요약적 진술. 서술자는 여자가 말한 내용을 간접적으로 전달하고 있음.

"오라비가 가고 난 후 노인네는 아마 딸년마저 도망질을 칠까 봐 겁이 나지 않았겠소. 그래 아비는 딸의 눈을 멀게 한 거랍니다."

여자의 아비가 여자의 눈을 멀게 만듦.

여자는 비로소 한숨 섞인 음성으로 눈이 멀게 된 사연을 털어놓고 있었다.

한탄하며 자신의 기구한 사연을 이야기하는 여자

하지만 눈을 죽이고 나니까 그 죽은 눈빛이 다시 목청으로 살아났던지 그녀의 소리는 윤택해지고, 그 덕분에 부녀는 오라비가 곁을 떠나고 난 다음

눈이 멀자 소리가 윤택해짐. → 한을 예술적으로 승화함.

에도 힘들이지 않고 이 고을 저 고을로 구걸 유랑을 계속해 다닐 수 있었다고 했다. 그리고 그럭저럭 환갑길에 들어선 노인이 어느 겨울날 저녁 보성

일정한 거처가 없이 떠돌아다님.

고을 근처 한 헛간 같은 빈집에서 피를 토하며 마지막 숨을 거두게 되었을 때 아비는 비로소 그녀가 모르고 있던 몇 가지 비밀—그녀와 그녀의 달아난

오라비 사이의 어정쩡한 인륜 관계 하며 잠든 딸에게 청강수를 찍어 넣어 그녀의 눈을 멀게 한 비정스런 아비의 업과들을 눈물로 사죄하고 갔다는 것

여자와 오라비가 의붓 남매라는 것　　　　　　　　　'염산'을 달리 이르는 말

이다.

OX문제

01 간밤에 여자와 손님이 소리와 장단을 맞출 때, 이미 둘은 서로의 존재를 알고 있었다. (O / X)

02 서술자가 인물의 행위를 표현함으로써 객관성을 높이고 있다. [2015학년도 9월B] (O / X)

03 오라비는 여자와 다르게 소리를 하지 못하여 스스로 가족을 떠났다. (O / X)

04 아비는 여자의 소리를 더 윤택하게 만들기 위해 여자의 눈을 멀게 하였다. (O / X)

05 요약적 서술을 통해 서술 대상에 관한 정보가 개괄적으로 제시되고 있다. [2021학년도 9월] (O / X)

STEP 02 작품 해제

01 | 주제

떠돌이 소리꾼 남매의 비극적인 삶, 한의 예술적 승화

02 | 특징

① 연작 소설로, 『남도 사람』 연작 중 한 편.
② 비유적 표현을 통해 판소리 장면을 생생하게 전달함.
③ 3인칭 서술자가 객관적인 입장과 주관적인 입장을 모두 보임.

03 | 작품 해제

이 글은 『남도 사람』 연작(「서편제」, 「소리의 빛」, 「선학동 나그네」, 「새와 나무」, 「다시 태어나는 말」 총 5편) 중 하나이자 「서편제」의 속편으로, 한을 안고 살아가는 떠돌이의 비극적인 삶을 '한(恨)'의 예술인 판소리 가락 위에 실어 풀어 나간 작품이다. 이 작품의 전편에 일관되고 있는 것은 한의 맺힘과 풀림이다. 예컨대, 여자 아이를 낳다가 어머니가 죽게 되자, 그 아이의 아버지인 떠돌이 소리꾼 사내에게 한을 품은 아들이 의붓아비에게 살의를 느끼다가 도망을 치지만, 결국 이복 누이를 찾아 소리를 주고받는 일이라든지, 자신의 눈에 염산을 넣어 눈을 멀게 한 아버지를 용서한 딸이 한의 자리를 넓고 깊게 하며 소리를 얻어가는 일 등이 그렇다. 여기서 눈이 멀게 되자 오히려 목청이 살아나게 된다는 내용은 한이 예술적으로 승화되고 있음을 보여 주고 있다. 이러한 주제는 「선학동 나그네」, 「새와 나무」에서 계속 이어지고 발전된다. 「서편제」와 「소리의 빛」의 후일담 형식으로 진술되고 있는 「선학동 나그네」에서 소리꾼 부녀는 30년 전의 모습으로 등장하여 또 다른 한의 승화와 모진 삶의 초극을 보여준다.

04 | 등장인물

- 여자 : 아버지에 의해 눈이 멀었음에도 이를 판소리의 한으로 승화시킨 한 많은 인물. 천씨 사내의 집에서 소리를 하며 지내며, 자신을 찾아 온 오라비의 장단에 맞춰 소리를 하게 됨.
- 사내(손님) : 여자의 오라비. 어릴 적에 의붓아비에게 소리를 배우려 하지 않았으며, 이내 용변을 보러 가는 척하며 가족을 떠남. 이후 누이동생인 여인을 만나 그녀의 소리에 장단을 맞추지만, 다시 떠나게 됨.

05 | 상세 줄거리

「서편제」의 두 주인공, 즉 의붓남매가 전라도 장흥땅 산골 주막집에서 우연히 상봉한다. 여동생을 찾아 떠돌다 주막집에 다다른 사내는 주막집에서 일하는 눈먼 여인이 자신의 요청에 단가를 불러주자, 이어 판소리를 청한다. 사내는 소리를 좋아하게 된 내력을 물어본 여인에게 어린 시절 이야기를 해준다. 의붓아비인 떠돌이 소리꾼과 동생을 떠나 떠돌이로 살았던 자신의 내력을 말한다.

여인은 소리를 하고 자신은 북장단을 치며 밤새도록 소리판을 벌인다. 사내는 자신이 여인의 오라비임을 알게 되지만 서로 내색하지 않는다. 이튿날 사내는 아무 말도 없이 다시 주막집을 떠난다. 그리고 여인은 천씨 사내(주막 주인)에게 자신의 사연을 털어놓으며 십 년 넘게 머물던 주막을 떠날 것이라 이야기함으로써 여인도 어디론가 떠날 것을 암시하며 끝난다.

STEP
03 논문으로 만나는 출제자의 시선

내BS 수능특강 | **현대문학**

'한'의 승화

『남도 사람』은 떠돌이 소리꾼 일가의 삶을 다루고 있는 연작 소설이다. 주로 아들을 전면화하는 「서편제」와 달리 「소리의 빛」에서는 딸의 입장에서 바라본 과거가 비교적 소상히 다뤄진다. 딸에게 있어 한의 서사가 본격적으로 시작되는 순간은 오라비가 자신을 두고 무정하게 떠나버렸을 때나 아비가 자신의 눈에 청강수를 넣었을 때가 아니다. 당시에 딸은 오라비와 아비의 비극적 관계와 자신의 시력을 상실시킨 범인의 정체를 몰랐다. 소리꾼 아버지는 '마지막 숨을 거두게 되었을 때'가 되어서야 비로소 그녀에게 오누이의 '어정쩡한 인륜관계'와 '그녀의 눈을 멀게 한 비정한' 업과들을 밝힌 후 '눈물로 사죄하고' 사망한다. 아비는 선학동 산하에 자신의 유골을 묻어 달라는 유언을 남기는데, 그녀는 '20여년 만에' 아비의 유골을 선학동으로 수습한다. 이십여 년이라는 시간은 그녀에게 응축된 한의 농도가 얼마나 진했을지 짐작하게 만든다.

그에 따르면 '한은 아픔이나 원망과 같이 쌓이거나 풀리는 것이 아니라 감내하는 것이었다. 그렇게 오랜 시간이 흘러 한은 비로소 '창조적 생명력으로' 승화된다는 것이 한에 대한 그의 미학적 견해였다. 한의 맺힘과 풀림보다 주체의 감내를 통해 도달할 수 있는 "창조적 생명력에" 주목했던 이청준의 시선은 『남도 사람』 연작의 서사구조에 반영되었다. 소리꾼 아버지, 그리고 그의 의붓아들과 딸의 내력을 다루는 『남도 사람』 연작은 한의 맺힘과 풀림의 사건을 중심으로 서사가 구성되지 않는다. 의붓아들은 자신의 어머니가 소리꾼과의 관계를 통해 얻은 아이를 출산하는 과정에서 발생한 사망 사고로, 딸의 경우에는 어린 시절 아버지가 청강수로 자신의 시력을 상실시킨 사건으로 한을 품게 된다. 딸의 경우에는 아버지의 심각한 가해행위로 희생당했음이 명백하다. 그럼에도 소설에서 아버지의 가혹함이나 딸의 원망어린 감정이 도드라지게 전시되지는 않는다. 『남도 사람』 연작에서 이청준의 주된 관심은 한맺힘의 사건보다 그 이후의 삶에 있었다. 이청준은 "본래의 삶의 자리와 자기 모습을 되찾아가는 적극적인 자기 회복의 도정"으로 『남도 사람』의 서사를 구성했다. 어떠한 사건으로 인해 주체에게 상실된 관계나 장소, 왜곡된 감성이나 인식이 좌절된 의지나 욕망 등이 모두 그가 말하는 "본래의 삶의 자리와 자기 모습"과 관련된다.

예술을 통한 소통

『남도 사람』 연작에서 등장인물들은 서로 각각의 정보를 지니고 있다. 그리고 대화가 이루어지면서 그 정보는 서로에게 공유된다. 이 연작에서 등장인물들이 지니고 있는 정보는 양방향적으로 소통된다. 그리고 정보가 서로 공유되면서 진정한 의미의 소통이 어떻게 이루어질 수 있는지에 대한 사유가 깊어진다.

「소리의 빛」에서 허름한 주막을 찾아온 손님은 자신이 주막집 소리꾼 여자의 오빠임을 밝히지 않는다. 소리꾼 여자도 자신이 손님의 누이동생임을 끝내 말하지 않는다. 단지 그들은 밤새 북 장단과 소리를 나누며, 그들의 관계를 짐작할 뿐이다. 『남도 사람』 연작에서는 등장인물 상호 간에 정보가 공유되면서 서사가 진행된다. 정보가 발화되지 않는 경우에도 등장인물들은 그것을 이미 인지하고 있다. 손님과 주막집 소리꾼 여인, 즉 오누이는 자신의 가족관계를 발화하지 않는다. 그러나 그들은 상대방이 자신의 오빠이자 누이동생임을 알고 있다. 말로 하는 의사소통보다 우월한 소통방법이 그들에게 존재하는 것이다. 그것은 소리꾼 여자(누이동생)의 소리이며, 사내의 북장단이었다.

또한 주막집 사내 역시 소리를 통해 소리꾼 여인의 심리와 감정을 이해한다. 그는 "하기야 자네 소리를 들으면 자네라는 사람을 물어 보지 않아도 속을 다 알 수가 있었던 건 사실이었제."라고 말하며, 소리꾼 여자와 사내가 선택한 의사소통 방식을 자신도 이해할 수 있었음을 고백한다. 그것은 그녀가 지녀온 삶과 회한을 존중하며, 그 내적 의미와 맥락을 충분히 헤아릴 수 있었다는 진술이기도 하다. 이러한 심의상통의 단계는, 이 연작의 주제의식인 "예술을 통한 소통"을 나타내고 있는 것이다.

STEP 04 ㄴHBS 실전 문제

다음 글을 읽고 물음에 답하시오.

[앞부분의 줄거리] 늦가을의 어느 날 저녁 무렵, 천 씨의 주막에 한 사내가 찾아온다. 사내는 주막집 눈 먼 여자에게 소리를 해달라고 한다.

소리가 마을로 들어서던 그 한여름이 지나가고 해가 훌쩍 뒤바뀌고 난 이듬해 이른 여름의 어느 날 밤, 소년의 어미는 땅덩이가 꺼져 내려앉는 듯한 길고도 무서운 복통 끝에 흡사 핏속에서 쏟아내듯 작은 살덩이 계집아이 형상 하나를 낳아놓고는 그날 새벽으로 그만 영영 눈을 감아버린 것이었다. 그리고 그런 일이 있은 다음 날 아침에야 비로소 소리의 사내가 그 후줄근한 모습을 드러내며 소년의 집 사립문을 들어서던 것이었다.

"일이 그렇게 되고 보니 그 소리를 하던 남자, 그러니까 내겐 아마 의붓아버지가 되었을 뻔한 그 사내는 이제 더 이상 얼굴을 들고 살아가는 수가 없게 됐제. 그래서 끝내는 애 어미되는 사람의 무덤을 만든 뒤에 그 길로 곧 핏덩일 싸들고 마을을 떠나고 말았다네!"

사내는 이제 남의 얘기라도 하듯이 담담한 얼굴이 되어 이야기를 끝맺어 가고 있었다.

하지만 소년은 아직도 그때의 그 사내의 얼굴이 소리의 진짜 얼굴이라고는 생각하지 않았다. 소년에겐 여전히 그 뜨거운 햇덩이가 소리의 진짜 얼굴로 남아 있었다. 나이가 들어가도 마찬가지였다. 사정이 달라져버린 소리의 사내가 핏덩이 같은 갓난애와 소년을 데리고 이 고을 저 고을로 소리를 하며 밥 구걸을 다니고 있었을 때도, 소리의 진짜 얼굴은 언제나 그 뜨겁게 이글거리는 햇덩이 쪽이었다.

괴롭고 고통스런 얼굴이었다. 하지만 어떻게 된 심판인지 사내는 그 고통스런 소리의 얼굴을 버리고는 살 수가 없었다. 머리 위에 햇덩이가 뜨겁게 불타고 있지 않으면 그의 육신과 영혼이 속절없이 맥을 놓고 늘어졌다. 그는 그의 햇덩이를 만나기 위해 끊임없이 소리를 찾아다니지 않으면 안 되었다. 그런 식으로 이날 이때까지 반생을 지녀온 숙명의 태양이요, 소리의 얼굴이었다.

"하니까 그 다음 이야기는 이제 말을 하지 않아도 대개 짐작이 가겠네마는, 어쨌거나 나는 그런저런 내력으로 이 나이 마흔이 넘어서도 그 누추한 어릴 적 기억을 버리지 못해 이런 청승맞은 소리 비렁뱅이질을 계속하고 다니는 꼴이라네. 소리를 들으면 어렸을 적에 그 밭두렁가에 누워 보던 바다 비늘이 아슴아슴 떠오르고 골짜기 숲으로부터 복더위를 씻어가던 한 줄기 바람결이 내 얼굴을 지나가고…… 아니 그보다도 나는 소리만 들으면 그 이마 위에서 무섭게 들끓고 있던 여름 햇덩이를 다시 보게 되곤 하니 말이네. 그런데 말이네, 그런데 난 오늘 밤 자네한테서 내 눈썹을 불태울 것 같은 그 뜨거운 햇덩이를 다시 보게 된 것일세. 자네처럼 뜨거운 내 햇덩이를 품은 소리를 만난 일이 없는 것 같단 말일세…… 이제 내가 이토록 자네 소리에 끌리는 까닭을 알겠는가……."

사내는 이야기를 끝내고 나서도 마치 아직도 그 들끓는 태양볕을 머리 위에 견디고 있는 듯이 얼굴을 심히 고통스럽게 찡그리고 있었다.

(중략)

"하지만 자네한테 오라비가 있었다 해도 어젯밤 손님이 그때의 오라비라고 장담을 할 수는 없지 않은가. 보아하니 자네나 손님이나 양쪽 다 그런 일은 입에도 올리질 않았던 것 같은데 말이네."

묵묵히 이야기를 듣고 있던 주인 천 씨가 아직도 걱정스런 얼굴로 물었다. 하지만 여자는 아직도 전혀 목소리가 흐트러지는 기색이 없었다.

"오라비가 아닌가 싶은 생각은 벌써 손님을 처음 대했을 때부터 들기 시작했소. 손님이 소리를 찾아다니게 된 내력을 말했을 때는 다시 의심할 여지도 없었고요. 하지만 정말 오라버니 소리가 목에까지 솟아오를 뻔한 것은 북채를 손님께 내어드리고 나서 제 소리가 오라비의 장단을 만났을 때였답니다. 오라비의 솜씨는 옛날의 제 아비 되는 노인의 솜씨 그대로였소."

"그렇다면 자네 오라비라는 사람도 그땐 자넬 알아보고 있었을 게 아닌가."

"알아보았겠지요. 절 알고 여기까지 길을 찾아오신 건지도 모르고요. 모르고 오셨더라도 그 양반 장단을 놀아 나가면서는 분명히 알고 계셨을 것이오."

"그렇다면 글쎄…… 자네를 알아보고도 오라비는 어째서 끝내 오라비라는 소리 한마디 못해 보고 그렇게 허망히 길을 떠나가고 말았단 말인가."

"그것은 아마 오라비가 또 날 죽이고 싶었기 때문이었을 것이오."

"오라비가 자넬 죽이고 싶어 하다니?"

사내의 두 눈이 다시 크게 벌어졌다.

"노인네가 돌아가시기 전에 제게 말씀하신 것이 또 한 가지 있었답니다. 당신은 늘 소리를 할 때 오라비 눈에 살기가 도는 것을 보았더라고요. 당신이 소리를 하면 오라비는 이상스럽게 눈빛이 더워지면서 당신을 해치고 싶어 못 견뎌 하더랍니다. 오라비가 싫은 짓을 참아가면서도 의붓아비를 따라다닌 것은 그 불쌍한 노인네가 당신의 어머니를 죽인 거라 작심하고 어미의 원수를 갚기 위해서였을 거랍니다. 노인네는 그걸 알고 있었기 때문에 어서 원수를 갚으라고 오라비 앞에 더욱 힘이 뻗치게 목청을 돋워대곤 하셨더라고요…… 하지만 오라비는 결국 원수를 갚기는커녕 당신 편에서 먼저 노인의 소리를 못 이기고 도망을 치고 말았다는 말씀이었지요. 그런데…… 어젯밤엔 저도 소리를 하면서 오라비한테서 그런 살기가 완연하게 느껴져 오더구만요. 오라빈 그걸 무슨 햇덩이 같은 거라고 말씀하고 있었지만, 그게 바로 살기였을게라요. 오라비가 그 햇덩이 때문에 이마가 뜨거울 때 당신은 살기가 일고 있었던 것이오."

"자네는 그럼 오라비한테서 그런 살기를 느끼면서도 무슨 정성으로 밤새껏 그리 목청을 뽑았던가? 오라비 살기가 부풀어 끝장이라도 나고 싶었던가 말이네."

"……."

"그리고 또 자네 오라비란 사람도 그런 살기가 돌았다면 어째서 끝내 자네를 해치지 못하고 말도 없이 문을 나갔겠는가 말이네."

"그야 오라비는 옛날에도 노인을 해치진 못했지요. 노인을 해치고 싶어 했다 뿐, 소리 때문에 외려 당신 쪽에서 몸을 피해 달아난 위인이었다지 않습니까. 오라빈 제 소리에 살기가 일었을지 모르지만, 제 소리 때문에 또 당신 쪽에서 먼저 몸을 피해가신 것입네다."

"그걸 자네 오라비도 알았을까. 그 오라비한테도 자네가 이미 오라비를 그토록 알아보고 있는 눈치를 말이네."

"소리가 어우러져 나가면서 오라버니도 족히 그것을 알고 있었을 것이

오."

"……."

틈을 주지 않고 물어대던 사내가 마침내 입을 다물었다.

- 이청준, 「소리의 빛」 -

01. 윗글에 대한 설명으로 가장 적절한 것은?

① 한 인물의 내적 독백을 통해 인물 사이의 갈등을 전달하고 있다.

② 서로 다른 장소에서 동시에 일어난 사건을 병렬적으로 구성하고 있다.

③ 한 인물이 다른 인물에게 들려주는 이야기 속에서 과거의 사연이 드러나고 있다.

④ 서술자가 중립적 위치에 서서 동일한 사건에 대한 인물들의 다른 기억을 대조하고 있다.

⑤ 서술자가 인물 간의 갈등을 다각적으로 조명하여 사건에 내포된 다양한 의미를 탐색하고 있다.

02. 윗글의 내용을 잘못 이해한 것은?

① '천 씨'는 '여자'를 찾아온 '사내(오라비)'를 보고, 그가 '여자'의 오빠임을 알았다.

② '여자'와 '사내(오라비)'는 두 사람의 관계에 대해 서로 말하지 않고 헤어졌다.

③ '사내(오라비)'가 찾아온 날 밤, '여자'는 그의 장단에 맞추어 소리를 했다.

④ '여자'는 출생 직후 어머니 없이 아버지의 손에서 자랐다.

⑤ '천 씨'는 '여자'의 이야기를 이끌어내고 있다.

03. 〈보기〉를 바탕으로 윗글을 이해한 내용으로 적절하지 않은 것은?

> **〈보기〉**
>
> 이 작품에서 '사내'는 누이와 함께 '의붓아비(노인)'를 따라다니다가 노인의 소리를 못 이기고 도망을 한다. 그러나 그는 운명적으로 소리를 찾아다니게 된다. 이런 점에서 이 작품은 '예술(가)의 길'을 알레고리적으로 보여 준 것으로 해석할 수 있다. 예술은 끊임없이 추구하는 과정만 존재하며, 그 길은 시련과 고통의 연속일 수밖에 없기 때문이다. 이 작품에서 '소리'와 '햇덩이'는 이와 같은 예술가의 길과 관련이 있는 상징적 이미지의 핵심이라 할 수 있다.

① '사내'가 '여자'에게서 '뜨거운 햇덩이'를 보았다고 했음에도 다시 길을 떠났다는 것은, 예술의 길이 끝이 없는 과정임을 의미한다고 볼 수 있다.

② '사내'가 '소리'로 상징되는 노인에게 '살기'를 품었으면서도 결국 해치지 못한 것은, 그가 예술의 길을 포기할 수 없었기 때문인 것으로 볼 수 있다.

③ '사내'가 버리고 살 수 없는 '소리'가 '고통스런 얼굴'을 하고 있다는 것은, 예술의 길을 걷는 과정에서 겪게 되는 시련과 고통의 의미로 해석할 수 있다.

④ '사내'가 '여자'에게 보여 준 장단의 솜씨가 옛날의 노인의 솜씨 그대로였다는 것은, '사내'가 '햇덩이'로 상징되는 '소리'의 절대적 경지에 도달했음을 의미한다고 볼 수 있다.

⑤ '사내'가 노인의 '소리'를 못 이기고 도망을 쳤음에도 끊임없이 '소리의 진짜 얼굴'을 찾아다니는 것은, 그가 예술가의 길을 '숙명'으로 여기는 인식과 관련이 있다고 할 수 있다.

14 박완서, 그해 겨울은 따뜻했네

STEP 01 지문 분석과 OX문제

LBS 수능특강 | **현대문학** ●

[앞부분 줄거리] 1·4 후퇴의 북적이던 피란길에서 수지는 먹을 것을 빼앗기기 싫어 동생 오목의 손을 일부러 놓아 버린 채 혼자 가족에게로 돌아오고,
오목은 별명임. 실제 이름은 수인임. 고아원에서 수인은 오목이란 이름으로 성장함.

가족을 잃은 오목은 서울의 한 고아원에서 성장한다. 전쟁 중 부모를 모두 잃은 수지와 오빠 수철은 부모의 유산으로 유복한 생활을 하는데, 고아원에

서 자란 오목은 입시 학원의 급사로 취직하여 그곳을 거처 삼아 지내다가 설 연휴가 되자 혼자 남게 된다.

고아로 자랐으면서도 그렇게 홀로 있어 보긴 처음이어서 목이는 그 무서움증을 이겨 보려고 이렇게 자신에게 이야기를 걸었다. 그러면 사면의 벽이

즉각 같은 물음으로 그녀를 조소했다.
압박받는 목이의 심리를 의인법으로 강조

"너는 누구냐? 너는 누구냐?"

그 악랄한 조소에 그녀는 위축되고 마침내 흔적도 없이 소멸해 버릴 것 같았다. 『외부를 향해 굳게 셔터가 내려진 7층 건물 속의 정적과 공허는 그

녀가 홀로 감당하기엔 너무도 거대한 괴물이었다.』   『 』: 오목은 명절로 인해 자신의 거처인 학원 건물이 텅 비게 되자 공허함과 외로움을 느끼고 있음.
                        오목이 느끼는 외로움

원장 아버지가 보고 싶었다. 그가 독특한 목청으로 '목아'라고 부르는 소리를 듣고 싶었다. 잡무에 쫓겨 잊고 지내던 원장 아버지에 대한 그리움이
오목이 지내던 고아원의 원장

아무 하릴없이 홀로 있게 되자 참을 수 없이 간절해졌다.
명절이 되자, 홀로 있는 공간에서 고아로서의 삶이 외롭다는 점을 깨닫게 됨.

지금보다 훨씬 어린 나이에 그 이름을 악착같이 움켜쥐고 있다가 이름으로 자기를 주장할 수 있었다는 게 얼마나 눈부신 자존심이었던가를 이제 알

것 같았다.

연휴 이틀째 되는 날, 목이는 원장 아버지를 찾아보기 위해 영광 학원을 벗어났다.
                    오목이 취직을 하게 되어 거처로 삼아 지내는 학원

"일찍 돌아오도록 해 미스 오. 별 볼일 없이 시내 싸돌아다녀 봤댔자 지갑만 허룩해지지. 이득 될 거 하나도 없으니까."
                            허룩하다 : 줄거나 없어져 적다.   '비아냥거림'의 방언

나이 지긋한 수위 영감이 생각해서 해 주는 소린데도 목이 듣기엔 네 따위 고아가 외출해 봤댔자 돈 쓸 일 밖에 갈 데가 있겠느냐는 비양거림으로
                            오목은 고아로서의 처지 때문에 심리적으로 상당히 위축된 상태임.

밖에 안 들렸다.

「앞에서 보면 위용 당당한 7층 건물이지만 뒷문 밖은 생전 볕이 안 드는 음험하고 더러운 뒷골목이었다. 뒷골목의 구옥들은 거의가 다 싸구려 음식

점이어서 쓰레기통에 넘치는 연탄재 위에 끼얹은 밥찌꺼기가 얼어 메밀꽃처럼 피어나고 있었다. 목이는 뒷골목에 들 볕을 차단하고 떡 버티고 선 7층

의 괴물스러운 등허리를 쳐다보면서 "이건 집이 아니다"라고 진저리쳤다.」
「 」: 학원 건물이 가리고 있는 뒷골목을 부정적으로 묘사하며, 자신의 거처이지만 집이 아니라고 생각하고 있음.

『번화가의 상점들은 모조리 닫혀 있었다. 철시한 거리를 색색 가지 때때옷을 입은 사람들이 보통 때와는 다르게 걸음 그 자체를 즐기듯이 천천히 걸

어가고 있는 게 보기에 좋았다.   『 』: 오목은 거리에서 삼삼오오 모여 있는 사람들을 보며 이들에게서 배제된 듯한 소외감을 느끼고 있음.

집에서 식구들 저희들끼리만 모여서 설을 쇤다는 건 어떤 모습일까? 식구들 저희끼리만……
            서술자는 목이를 주목하고 있기에, 목이의 내적 독백을 생생하게 제시할 수 있음.

목이는 이 세상의 모든 사람들이 식구라는 이름으로 저희끼리만 끼리끼리 뭉쳐서 자기를 따돌리고 비웃고 약 올리고 있는 것 같아 외롭고 서러웠다.
            가족을 이루고 있는 사람들은 목이와 처지가 대비되기에 목이의 외로움을 심화함.

자기만이 식구라는 집단에서 따돌림을 당하고 있다는 느낌이 그녀의 작은 가슴을 한없이 썰렁하게 했다.』

(중략)

「수철이 실질적인 가장 노릇을 하게 되자 제일 먼저 시작한 일이 6·25 때 잃어버린 누이동생을 찾는 일이었다. 그는 돈 아끼지 않고 신문 광고도
    　　　　　　　　　　　　　　　　　　　　　　　　　　　　　오목(=수인)
자주 냈거니와 전국의 고아원을 사람 시켜 또는 몸소 수소문하는 일도 게을리하지 않았다. 친척이나 친구들을 통해 어디 용한 점쟁이가 있다는 소리만

들어도 체면 불고하고 따라나서서 동생의 생사를 애타게 점쳤기 때문에 그의 드물게 착한 마음은 이미 일가문중에 정평이 나 있었고 칭송이 자자했다.
「 」: 수철은 사람들에게 보이는 선한 모습과 다르게 실제로는 오목을 찾기 꺼려하고 있음. → 겉과 속이 다른 인물형
    그러나 그 무렵 그는 이미 오목이라는 성명으로 부모 형제를 찾는 광고가 난 것을 보았던 것이다. 그는 광고를 보자마자 그 진상을 알아보기 전에
    　　　　　　　　　　　　오목이 가족을 찾기 위해 낸 신문 광고

우선 그것을 아무도 모르게 감추기에 급급했다.」
누이동생을 적극적으로 찾지 않고 사실을 숨기고자 하는 위선적인 모습
    발행 부수 몇십만의 신문 광고 중 한 장을 감춘 것으로 온 세상을 눈가림할 수 없다는 것쯤 그가 모를 리 없었다. 그러나 그의 주변에서 수인이나

오목이를 기억하는 친척이 과연 있을 것인지는 긴가민가했다. 더군다나 외가 외에는 다 먼 친척이었고 세상은 갈수록 제 살기에만 바빠지고 있었다.
    　　　　　　　　　　　　　　　　　　　　　　　다른 사람의 삶보다 자신의 편안함을 중시하는 현실의 모습(공동체 중심 → 개인 중심)
    『그러니까 그가 신문 광고를 감춘 것은 순전히 수지 때문이었다. 수지와 수인의 각별한 우애를 잘 아는 그로서는 수지까지 오목이란 별명을 잊었다
    『 』: 수지가 수인(오목)과 가까웠으므로 오목이라는 별명을 잊지 않았을 것이라 예상함. 그리고 수지로 인해 오목을 가족으로 받아들이는 상황이 일어날까 봐 걱정하고 있는 수철

고 생각할 순 없었다.』

    사진과 함께 실린 그 신문 광고를 보자 단박 그는 오목이야말로 그가 찾는 누이동생 수인이라는 걸 알 수가 있었다.

    터무니없이 앳된 사진의 얼굴은 그가 기억하고 있는 난리통에 먹을 것에 걸신이 나 식구들의 지청구를 한 몸에 받던 때의 수인의 얼굴 그대로였다.
    　　　　　　　　　　　　　　　　1·4 후퇴 중 배가 고픈 어린 오목(수인)에게 꾸지람을 주었던 가족들
따로 알아보거나 긴가민가할 여지조차 없었다.

    그때의 누이동생의 얼굴은 마치 인화한 것처럼 명료하게 그의 기억 속에 찍혀 있었다.
    　　　　　　　　　　오목의 어린 시절 얼굴을 사진처럼 선명하게 기억하고 있음.
    누이동생을 잃어버린 때가 그의 중학교 때였으니 그럴 만도 했고 또 장남으로서의 책임감 때문에 그 얼굴은 그에게서 좀체 지워지지 않았다.

    수인이가 오목이란 이름으로 살아 있음을 당장 알아보았음에도 불구하고 그는 즉시 수인이한테로 달려가질 못했다. 달려갈 생각보다는 자기 말고 누

가 또 수인이를 알아보았을까 그것부터 두려웠다.

    그렇다고 처음부터 수인이를 영영 모른 척할 마음까지 먹은 건 아니었다. 그저 마음의 충격을 가라앉힐 시간이 필요한 정도였다.

    그러나 그가 정말 필요로 한 시간은 자기 말고도 오목이가 수인임을 알아보는 사람이 있나 없나를 확인할 수 있는 동안이었다. 만일 그런 일가친척

이 있어 그에게 제보를 해 준다면 그때 가서 금시초문인 척 누이를 찾아 나서도 늦지는 않을 것이다.
    　　　　　　　누군가가 말해줄 때까지 외면하고 싶은 마음. 진심으로 오목을 생각하기보다는 타인의 시선과 평판에 신경을 쓰는 수철의 모습
    다행스럽게도 그런 제보를 해 준 사람은 나타나지 않았다. 마침 이산가족 찾기 운동이 전국적으로 활발한 때라 수철이의 갸륵한 마음을 위해 그런
    수철은 자신 말고는 아무도 오목이가 수인인 것을 모른다고 생각하여 안심함.
기사나 광고라면 빠뜨리지 않고 훑어보았노라는 사람까지도 누이동생은 이제 죽은 셈 치라는 위로의 말을 해 줄 정도였다. 그러나 오목이가 수인임을

알 사람은 천지간에 수철이 하나밖에 없는지도 몰랐다.

    오직 자기만이 오목이의 정체를 알고 있다는 데 자신이 생길수록 그는 오목이를 찾아 나서길 망설이게 됐다. 오목이를 오목인 채로 내버려 둘들 어
    　　　　　　　　　　　　　　　　　　　　　　　　　　　　　　수철의 합리화
떠랴 싶었다.

    「그런 생각이 처음 떠올랐을 때만 해도 스스로도 섬뜩할 정도의 간지였다. 어떻게 그런 생각까지 할 수가 있을까 참으로 망측한 심보였고, 그런 자
    「 」: 오목의 처지를 외면하고 싶어서 스스로 변명을 만들어내는 수철　　　　　　↳ 간사한 지혜
신이 정떨어져서라도 어떤 변명을 마련하지 않으면 안 되었다.

    며칠을 혼자서 궁리에 궁리를 거듭한 끝에 얻어 낸 변명은 누이동생이 몸담고 있는 곳이 하필 고아원이기 때문이라는 거였다.

「그는 새삼스럽게 고아원에 진저리를 쳤다. 그렇다면 고아가 고아원 아닌 어디에 있어야 한단 말인가? 그는 자신의 억지에 실소했지만 그 억지를 철

서술자는 '중략' 이후 수철을 주목하고 있기에, 수철의 내적 독백을 생생하게 독자에게 제시할 수 있음.

회하진 못했다.」

그때 『수철이는 이미 결혼해서 아름다운 아내와 귀여운 자식을 두고 있었고, 하나 남은 누이동생 수지를 부럽지 않게 호강시켜 가며 곱게 기르고 있

『 』: 가족과 함께 유복한 생활을 보내고 있는 수철. 자신의 가족과 일상을 유지하기 위해 오목을 데려오는 것을 꺼림.

었다. 그는 좋은 집안에서 고생 모르고 자라서 그에게 시집와 그의 자식을 낳아 준 아내를 누구보다도 사랑했다. 너무 사랑해서 누이동생이 하나 달린

것도 속으로 미안한데 하나를 더 끌어들이다니, 그것도 고아원으로부터, 그건 차마 못 할 일이었다.』

OX문제

01 오목은 사람들이 비아냥거리는 것을 듣고 자신의 처지를 서러워하고 있다. (O / X)

02 주변 인물이 서술자가 되어 주인공의 행동과 심리를 보여 주고 있다. [2015학년도 9월B] (O / X)

03 인물의 행적을 요약적으로 진술하여 갈등의 해결 방향을 제시하고 있다. [2016학년도 9월B] (O / X)

04 수철은 가족을 찾고 있는 오목의 신문 광고를 보고 이를 급하게 숨겼다. (O / X)

05 수철은 오목을 데려오지 않는 것에 대한 죄책감을 느끼지 않았다. (O / X)

STEP

02 작품 해제

01 | 주제

전쟁의 비극과 이산가족의 아픔, 중산층의 허위의식에 대한 비판

02 | 특징

① 사회적·역사적 사실을 극적으로 형상화하여 드러냄.
② 전쟁으로 인한 가족의 불행과 더불어 현대 사회 중산층의 도덕성 문제를 제기함.
③ 등장인물의 심리를 섬세하게 묘사함.

03 | 작품 해제

이 작품은 6·25 전쟁으로 인한 이산가족의 아픔을 형상화하고 있는 장편 소설이다. 전쟁과 급속한 근대화 과정을 배경으로 인간의 개인적 이기심과 사회적 윤리 사이의 갈등을 섬세하게 풀어냈으며, 소외된 인물과 가치관의 혼란을 겪는 인물을 통해 참된 가족 관념과 윤리적 가치를 찾아가는 과정이 제시되어 있다. 이 작품은 표면적으로는 전쟁이 가져다준 상처를 이야기하고 있지만, 그 이면에는 혈육조차 냉정하게 버리는 중산층의 이기심과 허위의식에 대한 비판을 드러내고 있다.

04 | 등장인물

- 수지 : 1·4 후퇴 때 피란길에서 여동생을 내버렸으며, 자신의 행위가 드러나는 것을 두려워하고 자신의 잘못으로 인해 죄책감을 가지면서도, 동생에게 사실을 밝히기 두려워하는 위선적인 인물
- 오목 : 본명은 수인으로 수지와 수철의 여동생임. 언니에게 버림받은 이후 고아원에서 지내며, 남편 '일환'을 만나 가난한 삶을 살다가 결핵으로 죽음을 맞음.
- 수철 : 수지와 수철의 오빠로, 가장의 역할을 하여 수지를 시집까지 보냄. 익명으로 고아원에 있는 오목을 후원하지만 자기 가정의 평온을 위해 진실을 끝까지 외면하는 위선적인 인물
- 영란 : 수철의 아내로, 체면을 중시함. 속물적인 중산층의 전형적 인물

05 | 상세 줄거리

1951년 1·4 후퇴 후 피란길에서 일곱 살의 수지는 여동생 오목(수인)을 고의로 놓친다. 아버지를 잃어버리고 어머니 또한 비행기의 기총 소사로 죽게 된다. 아버지가 남긴 부동산 덕분에 수철은 어엿한 중산층의 가장이 된다. 수지는 대학원 졸업식 날 중매로 만난 좋은 조건의 청년과 결혼하게 된다. 수지는 오목에 대한 죄책감 때문에 동생을 비밀리에 수소문하고, 어느 고아원에 같은 이름의 소녀가 있음을 알고는 가끔 찾아간다. 하지만 그 애가 오목이라고 밝혀지면 지난날 자신의 행위가 들통날 것이고, 자신의 삶의 축은 꺾일 것이라는 생각으로 진실을 밝히려 하지 않는다. 오빠 수철도 오목의 가족 찾기 신문 광고를 통해 그 고아원을 알게 된 후, 오목을 도와주며 일자리를 소개시켜 주는 익명의 독지가로만 남는다. 수지는 가난한 옛 애인인 인재와 오목이 만나는 광경을 목격하게 되는데, 그때 오목의 목에 걸린 은표주박 노리개를 보게 된다. 수지는 질투심으로 둘 사이를 잔인하게 갈라놓고, 오목은 결국 고아원 친구인 보일러공 일환과 살게 된다. 지하방을 얻어 신방을 차린 오목은 인재의 아이인 일남을 낳게 된다. 남편에 대한 오목의 죄책감과 자신의 아이가 아니라고 짐작하는 일환의 사이에는 결국 술과 폭력과 고통의 나날만 이어지게 된다. 세월이 흘러 두 아이의 어머니가 된 수지는 고아원 자선 활동 등을 하는 위선적이고 정치적인 귀부인이 된다. 집 보일러를 수리하는 과정에서 2남 3녀의 부모가 된 일환과 오목을 만나게 된다. 오목은 수지에게 일환이 중동 건설 현장에 나갈 수 있도록 도와 달라고 부탁하고, 수지는 일말의 죄책감을 씻는다는 생각으로 오빠 수철을 통해서 일자리를 얻어 낸다. 일환이 중동으로 떠나는 날 오목은 결핵으로 쓰러진다. 그녀는 마지막 순간에 수지에게 감사의 표시로 은표주박을 건넨다. 수지는 그 옆에 무릎을 꿇고 참회하지만 오목은 이미 죽어 있다.

STEP 03 논문으로 만나는 출제자의 시선

나BS 수능특강 | **현대문학**

「그해 겨울은 따뜻했네」의 의미

'그해'를 6·25 전쟁이 진행 중이던 1951년으로 볼 때, 제목의 의미는 반어적으로 해석될 수 있다. 1951년 겨울, 언니 수지는 배고픔 때문에 동생 오목의 손을 놓았고, 오목은 졸지에 고아가 되었다. 비단 수지네 가족뿐만 아니라 누구에게나 그해 겨울은 물리적, 심리적으로 매우 춥고 힘든 계절이었을 것이다. 작가는 고난과 절망의 시대를 반어적으로 나타냄으로써 도덕적 규범과 가족주의적 윤리관이 무너지고 있는 당시의 모습을 비꼬고 있다고 볼 수 있다.

'그해'를 수지가 오목에게 진정으로 참회하던 1980년대의 어느 겨울날로 볼 때, 수지의 진정한 참회와 오목의 용서로 가족 간의 정이 회복되어 따뜻한 겨울을 보낼 수 있게 되었다고 해석할 수 있다. 그해 겨울은 허위의식을 지닌 채 이기적으로 살아가던 수지가 드디어 오목에게 자신의 죄를 고백하고 뉘우침으로써 가족 공동체의 모습을 회복하게 되는 때이다. 이러한 장면을 따스하게 바라보는 작가의 시각이 녹아 있는 제목이라고 볼 수 있다.

'수지의 참회'가 갖는 의미

수지는 전쟁 당시 동생을 버린 일과 그 후 동생을 찾고 나서도 진실을 밝히지 않았던 일에 대해 죄책감을 느끼면서도, 자신의 죄가 드러나는 것이 두려워 자신의 죄책감을 허위의식으로 포장한 채 자선 사업을 하며 이기적인 삶을 살아왔다. 이런 그녀가 자신의 위선과 이기심을 꺾고 진정으로 참회하는 모습은 우리에게 우리의 현실을 되돌아보게 하는 계기를 준다. 인간적 가치와 도덕적 규범이 사라지고 물질주의와 이기심, 허위의식으로 살아가는 현대인들에게 가족의 진정한 의미와 공동체의 가치에 대해 생각하게 하고, 배려와 사랑을 통해 상생과 공존의 문화를 만들어 가기를 바라는 작가의 희망이 녹아 있는 것이다.

15 김연수, 달로 간 코미디언

STEP **01** 지문 분석과 OX문제

나BS 수능특강 | 현대문학

편지에 따르면, 2001년 9월 11일 텔레비전으로 뉴욕의 쌍둥이 빌딩이 무너지는 광경을 목격한 뒤, 그녀는 오래전 미국에서 실종된 아버지의 행적을
그녀(안미선)가 '나'에게 보낸 편지. 서술자 '나'는 편지에 적힌 안미선의 이야기를 요약하여 들려줌.   코미디언 안복남

찾아 나서기 시작했다. 「그녀가 기억하는 아버지는 알이 두꺼운 안경을 쓰고 가족들에게 신경질적으로 소리를 지르거나, 아침이면 숙취에서 깨어나지

못하고 얼음물에 담가 둔 물수건을 얼굴에 뒤집어쓰고 누워 있었다. 아직 어렸던 그녀를 바라볼 때면 검정색 뿔테 안경 너머의 두 눈동자가 연민으로

젖어 드는 경우도 있었지만, 대개는 감정이 없는 짐승처럼 일없이 주르르 눈물을 흘리는 때가 더 많았다. 그녀로서는 아버지의 눈물을 단 한 방울도 이
「　」: 사고 이후 무기력하고 공허한 안복남의 삶을 안미선은 이해하지 못함.

해할 수 없었다.」 아버지가 안경을 쓰기 시작한 것은 1977년 이리역 폭발 사고가 일어났을 때 역 근처 삼남극장에서 공연을 앞두고 대기실에 있다가
1977년 11월 이리역(현 전라북도 익산시)에서 실제로 발생한 열차 폭발사고. 화약을 실은 열차가 폭발하여 수많은 인명 피해를 냈음. 안복남은 이 사고로 인해 시력 저하가 시작됨.

크게 다친 뒤부터였다. 그때, 극장 지붕이 모두 날아간 삼남극장에는 하춘화도 있었고, 이주일도 있었다고 아버지는 회상했다.
　　　　　　　　　　　　　　　　　　　　실존 인물과 사건을 소설의 허구적 이야기와 결부시킴.

늘 짜증스럽다는 듯 찌푸리거나 눈물을 흘리던 얼굴이었기 때문에 1980년 5월, 1970년대 내내 보조 MC로 지방 쇼단을 전전하면서 무명 생활을

거친 끝에 마침내 아버지가 TBC 방송국의 한 쇼 프로그램에 등장했을 때, 그녀는 '과연 저 사람이 아버지가 맞는 걸까?' 하고 의아하게 여길 수밖에
　　　　　　　　　　　　　　　　대구·경북 지역 방송국

없었다. 텔레비전에 나온 아버지의 얼굴은 어떤 일을 당해도 바보처럼 웃고 있었기 때문이었다. 일곱 살밖에 먹지 않았지만, 바보 연기를 하느라 안경
　　　　　　　　　　　안복남은 텔레비전 쇼에서 집에서 가족들에게 보인 태도와 전혀 다른 모습을 보임.

을 벗은(검은색 뿔테 안경을 낀 바보는 없으니까) 아버지가 초점이 잡히지 않는 눈을 게슴츠레 뜨고는 다른 사람들에게 조롱당할 때 그녀는 수치심

을 느꼈다. 그래서 서울 변두리 극장에서 공연할 때면 동네 골목길이나 전신주에 붙은 계란 모양 사진을 가리키며 친구들 앞에서 아버지가 연예인이라

는 걸 자랑하던 두 오빠들이 마침내 아버지가 TV에 등장했다는 사실에 환호작약하는 동안, 그녀는 방 한구석에서 귀를 틀어막고 라푼젤이 나오는 동
　　　　　　　　　　　　　　　　　　　　　　　　　　　　　　크게 소리를 지르고 뛰며 기뻐함.

화책만 들여다봤다.
오빠들과 달리 안미선은 아버지로 인해 수치심을 느꼈기 때문에 애써 TV에 나온 아버지의 모습을 외면함.

유랑 극단 시절부터 그녀 아버지의 레퍼토리는 '달나라로 간 별주부전'이었다. 그는 지구에서 토끼가 멸종한 21세기, 토끼 간을 구해 오라는 용왕의

특명으로 로켓을 타고 달까지 찾아간 별주부 역을 맡아서 시종일관 계수나무에 부딪치고, 먹다 버린 당근을 밟아 미끄러지고, 토끼의 꾀에 속아서 옷을
　　　　　　　　　　　　　　　　　　　　　　　　　안미선은 이처럼 우스꽝스러운 아버지의 모습에 수치심을 느낌.

다 벗은 채 속옷 차림으로 엉금엉금 기어 다니는 슬랩스틱 코미디*를 선보였다.

[중략 부분 줄거리] 군부 세력이 수권했던 80년대, 코미디언 안복남은 대통령을 '성군'으로 부르는 등의 연기로 인정받아 방송 출연을 하고, 정부 주도
　　　　　　　　　　　　　　수권하다 : 선거에 의하여 정권을 얻다.　　　　　　　전두환

대규모 문화 행사였던 '국풍81'을 끝으로 더 이상 등장하지 못하게 된다. 라디오 피디(PD) 일을 하며 기록물을 찾다가 영상 기록을 통해 이런 아버지의
　　　　　5·18 민주화 운동 1년 후인 1981년 5월 전두환 주도로 연 대규모 축제

모습을 본 그녀(안미선)는 그의 모습에 심한 부끄러움을 느끼지만, 그럼에도 실종된 아버지의 흔적을 꾸준히 찾아 나선다. '나'는 점자 도서관 관장에게
　　　　　군부 독재자에게 아첨을 하던 아버지의 모습에 수치심을 느낌.　　　　　　　　　　　　　　　　　　　시각 장애인을 위한 도서관

시디(CD)를 전해 달라는 그녀의 편지에 적힌 부탁에 따라 점자 도서관을 방문한다.
아버지가 사라진 사막에서 안미선이 녹음한 소리가 담긴 시디

"「그렇게 목소리를 내어서 대답하기 전까지 당신이 내 앞에 있는지 없는지 나는 알 수 없어요. 청각적으로 봐서는 당신은 지금 존재하지 않습니다.

그러다가 대답하면 '아, 거기 있구나' 그렇게 생각하게 됩니다. 그래서 어떨 때는 혼자 막 떠들고 있는 거죠. 앞에 없는 줄도 모르고. 제가 사는 세계는
「　」: 도서관 관장은 '나'에게 시각 장애인의 인식 방법을 알려줌.

그런 세계예요.」 하지만 잠을 잘 때는 여전히 많은 것들을 봅니다. 물론 내 무의식 속에 남아 있는 시각적 잔영이겠지만. 꿈속에서는 많은 것들을 봐요.

마찬가지로 이렇게 눈이 멀기 전까지 내가 봤던 것들에 대한 시각적 기억은 희미하나마 아직도 남아 있어요."

이 관장은 말을 끊고 문 옆에 정수기가 있으니 물 한 잔만 달라고 했다. 나는 위에 놓인 종이컵에다 물을 받아서 탁자 위에 놓은 뒤, 그의 손을 잔

까지 잡아끌었다. 이 관장이 잔을 들어 물을 마셨다.
_{시각 장애인에게 물건을 건네주기 위해서는 촉각적으로 느낄 수 있는 '손'을 사용함.}

"좋습니다. 잘하십니다. 이렇게 하면 저희는 물을 마실 수 있죠. '거기 앞에 있잖아'라고 말하면 물을 한 모금도 마실 수 없습니다. 길을 걷다가 주차

한 차에 부딪치면 '왼쪽으로 가세요'라고 말하는 사람들이 있어요. 우리에게 왼쪽은 무한대의 공간인데 그걸 아는 비장애인들은 드물죠. 어쨌든 하던 이
_{자칫 비장애인이 간과하여 시각 장애인에게 무례를 범할 수 있는 상황을 '나'에게 설명해 주는 도서관 관장}

야기를 계속하면, 결국 저는 1981년 여름까지 살았던 시각적 세계에서 한 번 죽은 뒤, 시각이 사라진 세계에 다시 태어난 셈입니다. 그건 마치 전생의
_{도서관 관장은 시각을 잃기 전후를 아예 다른 생으로 생각할 정도로, 시각을 잃은 건 그에게 큰 변화임.}

기억을 안고 사는 것과 비슷해요. 누군가 광화문 거리에 대해서 얘기할 때 제가 머릿속으로 떠올리는 광화문 거리는 1981년 여름까지의 광화문 거리

죠. 안구를 적출한 뒤에는 전에 한번 가 본 곳일수록 다시 가지 않으려는 성향이 생기는데, 그건 혹시라도 제 기억과 다른 부분을 발견할까 두려워서

죠. 그건 아마도 성장을 두려워하는 일과 비슷할 테죠. 완강하게 과거의 시각적 잔영만 붙들고 있는 셈입니다. 하지만 그 통에 다른 사람들은 잘 기억
_{변화를 두려워하는 대신 과거에 대한 기억력이 좋은 도서관 관장}

하지 못하는 일도 저는 잘 기억합니다. 예컨대 안 피디의 아버지에 대해서도 마찬가지였습니다. 안 피디의 아버지가 코미디언 안복남 씨라는 건 아시겠
_{안미선}

죠?" / "이번에 편지 받고 알게 됐습니다."

"아, 그렇습니까? 두 사람은 서로 사랑하는 사이인 것 같은데, 안 피디는 아버지에 대해서 한마디도 하지 않았군요." / 나는 좀 겸연쩍었다.

"지금은 사랑하는 사이라고 말할 수 없습니다만, 어쨌든 그 이전에도 아버지에 대한 이야기를 들어 본 일은 없었어요."

"제게 남은 마지막 시각적 잔영에 대해서 설명하다가 국풍81에 대한 이야기가 나왔어요. 그때는 안복남 씨가 아직 유명할 때였습니다. 그 안복남 씨

가 자기 아버지라고 안 피디가 말하기에 제가 '그분은 지금 어떻게 됐느냐'고 물었습니다. 안 피디는 침을 삼키며 머뭇거리다가 '가족을 버리고 양옥집

을 몰래 판 돈을 들고 애인과 함께 미국으로 도망쳐 버렸어요'라고 말하더군요. 그래서 제가 말했어요. '저런. 치료를 받아야 했을 텐데, 그렇게 애인과

도망칠 여력이 있었다니요. 연예인이니 돈도 많으셨을 텐데 빨리 치료받았더라면'이라고 중얼거렸습니다. 그랬더니 안 피디가 그게 무슨 소리냐고 묻더
_{안미선은 아버지가 시력을 잃은 사실을 모르고 있었음.}

군요. '아버님은 시력을 잃어 가고 있는 상태였는데, 그걸 몰랐나요?'라고 말했더니 '그걸 어떻게 아시나요?'라고 안 피디가 되묻더군요. 그래서 말했어

요. '그분이 하신 연기를 보면 알 수 있잖아요. 아무리 코미디를 한다고 해도 앞이 어느 정도 보이는 비장애인들은 그런 식으로 계수나무에 부딪치거나

무대에서 떨어지지 못합니다. 그렇게 심하게 부딪치거나 떨어진다면 눈앞이 희뿌연 상태였다고 봐야겠죠.' 그랬더니……."
_{비장애인들은 안복남의 개그가 그저 슬랩스틱인 줄로만 알았으나, 같은 시각 장애인의 처지에서 도서관 관장은 안복남의 행동만 봐도 그가 어떤 상태인지 짐작할 수 있었음.}

이 관장이 말을 멈췄다. / "그랬더니요?"

"그랬더니 안 피디에게서 아무런 기척이 느껴지지 않더라구요. 말했다시피 제 앞에서 누군가 얘기하다가 기척을 내지 않으면 마치 눈앞에 있던 사람

이 갑자기 사라진 것처럼 당황하게 됩니다. 그래서 간 줄 알았어요. '거기 있습니까?'라고 내가 조심스럽게 물었어요. 그런데도 아무런 대답이 없었어요.

괜히 제 마음이 불안해져서 더듬더듬 손을 뻗었는데, 그랬더니 안 피디의 얼굴이 만져지더군요. 새벽, 이슬이 맺힌 풀잎을 만질 때와 비슷한 느낌이었

습니다. 젖은 목소리로 안 피디가 '예, 저 여기 계속 있어요'라고 말했고, 그렇게 안면 근육이 움직이는 게 제 손끝으로 느껴졌습니다."
_{안미선은 떠난 것이 아니라 눈물을 흘리느라 아무런 기척을 낼 수 없었던 것임.}

*슬랩스틱 코미디 : 연기와 동작이 과장되고 소란스러운 희극.

OX문제

01 구체적 시대 상황을 설정하여 내용의 사실성을 높이고 있다. [2014학년도 6월A]   (O / X)

02 이야기 외부의 서술자가 인물의 회상을 중심으로 사건의 전개를 지연시키며 서술하고 있다. [2022학년도 6월]   (O / X)

03 서술 대상에 대한 요약적 서술을 통해 서술 대상에 관한 정보가 개괄적으로 제시되고 있다. [2021학년도 9월]   (O / X)

04 안복남의 가족들은 그가 텔레비전에 나와서 코미디 연기를 하는 것을 부끄러워하였다.   (O / X)

05 안미선은 관장에게 자신의 아버지가 시각 장애를 잃었다는 사실을 듣고 뛰쳐나갔다.   (O / X)

STEP 02 작품 해제

나BS 수능특강 | 현대문학

01 | 주제

타인에 대한 이해

02 | 특징

① 서술자인 '나'가 안미선의 편지를 토대로 이야기를 전개해 나감.
② 실제 현대사와 허구의 이야기를 결합하여 현실성을 느끼게 함.

03 | 작품 해제

이 작품은 제7회 황순원 문학상 수상작이다. 이 소설은 가히 김연수의 특징과 장점을 골고루 보여주기에 모자람이 없는 작품이라 평해도 무방할 것이다. 현실과 허구, 과거와 현재가 교묘하게 옮겨 가는 글쓰기의 공간에서 망각된 인물을 실존의 맥락으로 복원시켜놓고 있는 이 소설은 또한 소설이 좋은 소설이기 위해 갖춰야 할 실존의 모험, 의미의 모험, 글쓰기의 모험이라는 3차원적 모험 구성의 방식에서도 뛰어난 솜씨를 드러내 보이고 있다.

04 | 등장인물

- '나' : 안미선의 편지를 토대로 사건의 전말을 알아가며 이를 전달해 주는 서술자 역할을 함.
- 안미선 : 어린 시절 아버지를 이해하지 못하고 그를 부끄러워하였으나, 장성하여 아버지를 이해하게 됨. 본인의 이야기를 편지로 써 '나'에게 전달함.
- 이 관장 : 시각 장애인으로서 점자 도서관을 운영하는 도서관 관장. 안미선에게 안복남이 시각 장애를 잃었음을 일깨워 주고, '나'에게도 시각 장애인의 입장을 친절히 알려줌.

05 | 상세 줄거리

'나'는 1982년 라스베이거스에서 열린 복싱 경기에서 사망한 선수 김득구에 대한 이야기를 나누다가 라디오 PD 안미선을 만나고 둘은 사랑에 빠지지만, 곧 안미선의 뜻에 따라 헤어진다. 여전히 그녀를 사랑하여 그녀와의 인연을 이어 가던 '나'는 미국에서 지내고 있는 그녀의 편지를 받고 그녀의 삶에서 몰랐던 부분들을 이해하게 된다. 그녀의 아버지는 뒤늦게 성공한 코미디언 안복남이었는데, 그녀는 어린 시절부터 우스꽝스러운 연기를 하는 아버지에 대한 수치심을 안고 있었고 아버지가 행방불명된 후에는 아버지를 잃은 상처까지 안은 채로 살아가며 아버지의 공연이 담긴 영상 자료를 돌려 보고 그를 이해하고자 노력한다. 그녀는 어느 날 점자 도서관에 찾아가 녹음 스튜디오에서 일을 하다가 자신의 아버지 안복남이 사실은 시력을 거의 잃은 상태에서 코미디 연기를 해 왔다는 사실을 우연히 접하고 큰 충격을 받는다. 아버지는 1981년 이후로 무대에 서지 못하고 1982년 권투 선수 김득구가 라스베이거스로 경기를 떠날 때 후원자 기업인의 요청으로 함께 미국으로 떠나 그곳에서 돈을 훔쳐 행방불명되는데, 이때 이미 눈이 멀어 있었을 아버지의 진실을 알게 된 안미선은 미국으로 떠나 아버지의 마지막 행적을 추적해 본다. 그리고 아버지가 사라진 사막에서 소리를 녹음하여 '나'에게 보내 자신에게 아버지에 관한 진실을 알려 준 점자 도서관 관장에게 녹음 시디(CD)를 전달할 것을 부탁하며 이 이야기를 담은 편지를 동봉한다.

사물을 매개로 한 세계의 확장

고통 혹은 사물을 매개로 한 타자로의 변이와 세계의 확장은 김연수의 소설 곳곳에서 나타난다. 장편 소설 『네가 누구든, 얼마나 외롭든』에서 할 아버지의 '입체 누드사진', 『7번국도』의 '비틀즈의 싱글앨범'과 '화분', 「케이케이의 이름을 불러봤어」에서 화자인 나의 연인을 상실한 고통과 해미의 아이를 잃은 고통, 「세계의 끝, 여자친구」에서 '메타세쿼이아 나무', 「네가 누구든, 얼마나 외롭든」의 '노을' 「달로 간 코미디언」의 CD, 「벚꽃 새해」의 '병마용 모형' 「깊은 밤 기린의 말」의 '기린', 「사월의 미, 칠월의 솔」의 제주도의 '함석지붕 집', 「주쌩뚜디피니를 듣던 터널의 밤」의 '엄마의 옷들' 「푸른색으로 우리가 쓸 수 있는 것」에서 암에 걸린 나의 고통과 김일성대학을 다닌 경험이 있는 노인이 현재 겪는 고통 등, 다양한 기제들이 상호적으로 기존의 인식을 무너뜨린다.

고통 혹은 사물들은 나와 타자, 나와 사물, 현재와 과거를 연결하며 나, 타자, 사물, 그리고 시간은 시공간을 넘어서 상호 관련을 맺게 되어 세계와 나에 대한 인식이 확장되는 결과를 가져다준다.

김연수 소설에 나타나는 소통의 욕망과 글쓰기의 윤리

김연수 소설의 소통의 욕망은 근본적으로 '이해할 수 없음'과 '소통할 수 없음'이라는 실존의 조건에서 벌어지는 실존적 성실성과 유관하다. 불가해한 세계에서 소통의 욕망은 불가능한 욕망이지만 포기되지 않는다. 같은 맥락에서 작가의 글쓰기는 소통불가능의 세계에서 생겨나는 역설적인 소통의 욕망을 포기하지 않는 행위라는 점에서 정신분석학적 의미의 윤리적 행위가 된다.

윤리적 행위로서의 글쓰기는, 우연한 개인의 진실이나 상상이나 이해가 고스란히 살아 있는 생생한 삶의 이야기를 지향한다. 인과적 합리성이 가능한 모든 것을 의미함으로써 어떤 특수한 것을 의미하지 않는다면, 생생한 삶의 이야기란 그런 인과적 합리성에 희생되는 우연한 삶의 사적 기록이다. 김연수의 소설에 의하면 그런 이야기가 세상에 존재하는 한, 개인의 삶은 서로 공명하고 모두 연결된다. 작가의 이런 자각적 글쓰기는 '소설은 합리적인 이성이나 과학적 논리로만 충분히 해명되지 못하는 예외적 삶과 우연한 삶을 지탱할 수 있는 정서적이고 심리적인 이해와 공유를 제공한다'는 소설론에 조응한다.

소설은 인과적 언어 사이의 공백을 생생하게 살려서 이를 구체적인 삶으로 재현해 준다. 독자는 미학적 이야기를 통해 재현된 삶을 되짚어 살게 되며 삶의 미세한 울림에 감각적으로 공명하게 된다. 그런 모든 이야기에는 삶이 있으며 모든 삶에는 이야기가 존재한다. 김연수의 소설은 이와 같은 소설론에 자각적으로 반응한다. 또한 그에게 있어서 글쓰기란 불가해한 세계 속에서 번번이 좌절하고 그래서 고통스럽고 외롭지만, 그렇더라도 소통의 욕망을 포기하지 않는 것이다. 그런 의미에서 김연수의 글쓰기는 '이야기(삶)의 소통'을 위한 '소통의 이야기(삶)'라고 말할 수 있다.

16 | 채만식, 영웅 모집

신사 A : 이 공원을 불하*를 맡을까 하는데 어떨까? / **신사 B** : 무엇에 쓰게?
　　■ : 파고다 공원(서울 탑골 공원) → 일제 강점기 여러 인물 군상이 관찰되는 공간

신사 A : 다 헐어 내 버리고……. / **신사 B** : (가로막으며) 고적을 없애 버린다고 야단들일걸. 소위 민간 측에서.
　　　　　　　　　　　　　　　　　남아 있는 옛 물건이나 건물

신사 A : 글쎄. 그건 안된 생각들이란 말이야! 『서울같이 땅이 귀하고 부족한 이 복판에다가 그 승거운 탑을 고적이라고 세워 놓고 나무를 심고……
　　　　　　　　　　　　　　　　　　　　　　　　　　　　　　　　　'싱겁다'의 방언

　　그래서 게으름뱅이들의 소굴을 만들었으니 그럴 손복*할 일이 어디 있겠나?』 나는 이걸 아주 훌륭하게 실질적이요 생산적으로 이용할 테야.
　　　　　『　』: 탑의 가치를 깎아내리는 태도 → 탑이 지닌 '고적'으로서의 가치를 무시하고, 땅이 귀한 서울 복판을 차지한 애물단지 정도로 생각함.

피에로 : (독백) 저런 죽일 놈이!

신사 B : 어떻게!

신사 A : 『이 너절한 것을 다 털어 버리고 집을 모다 굉장하게 짓거든…… 어떤 집을 짓느냐 하면 한편은 요릿집, 한편은 카페, 한편은 댄스홀. 그리고
　　　　　『　』: 정신적 가치보다 물질적 이익을 중요시하는 태도 → 공원의 탑을 헐고 유흥 시설을 지어 돈을 벌고자 함

　　또 한편에는 오락장으로 베비골프, 다마스키*, 마작구락부…… 어때?』
　　　　일제 강점기 때 생긴 골프의 대안 오락　　↳ 일종의 마작 도박이 이루어지는 클럽. 일본에서 마작이 유행하면서 식민지인 조선에도 1926년 마작이 들어와 유행함.

신사 B : 거참. 그랬으면 수입은 상당할걸?

신사 A : 상당만? 대번 부자가 되지. (間) 가만있게. 지금 자본주를 끄는 중이니까. 자본주만 생기면 우선 운동비를 흠씬 들여서 불하를 맡아 가지고.
　　　　　　　　　　　　　　　사이를 두며,　　　　　　　　　　　　어떤 목적을 이루기 위하여 활동하는 데에 드는 비용

　　응 한바탕할 테니…….

두 사람 : (지껄이며 무대의 오른쪽 후면으로 퇴장)
　　　　　　　　　　　　　　　　　　　　　　　『　』: 사리탑의 예술적 가치와 역사적 의미를 무시하는 신사 A, B에 대한 분노가 드러남.

피에로 : 『(성이 나서 독백) 허! 그것참! 저놈들을 어떻게 해야 잘 죽이나! (사리탑을 바라보며 감개해서) 그래 저 사리탑의 심오한 예술적 가치와 그리
　　　　　　　　　　　　　　　　　　　　　　　　　원각사지 10층 석탑. 국보 제2호로 지정된 바 있음.

　　고 우리의 회고적 감정을 짓밟으러 들어? 죽일 놈들! 저놈들도 조선 놈들이야! 엥!』
　　　　민족적으로 회고할 만한 역사적 의미를 지님 → 탑골 공원은 1919년 3월 1일 처음으로 독립선언문을 낭독한 곳으로, 민족의 독립 정신이 살아 있는 공간

(중략)

순사 : 왜 그래, 왜? / **노동자** : 네. 그저 설은 사정이 있어 그랬습니다.
　일제 강점기 때, 경찰 최하위 계급. 시대적 배경을 보여 주는 인물

순사 : 아무리 섧더래도 여기는 우는 데가 아니야. 어서 가.
　　　　　　'서럽다', 원통하고 슬프다는 뜻

노동자 : 네. 갑지요. 지금 뚝섬까지 나가야 합니다. (새 설움이 복받쳐 느낀다. 울음 섞인 소리로) 나가면 사흘째 굶은 처자가 기다리고 있습니다. (다
　일제 강점기 때, 뚝섬 일대에는 왕십리를 배후로 하는 작은 시가지(도시의 큰 길거리를 이루는 지역)가 들어섬. 1930년부터는 일본의 기동차가 다니는 '경성궤도' 노선에 포함됨.

　시 운다.) 『살 수가 없어서 일전에 문안에 들어와서 가대기*를 하고 호구*해 가다가 그만 다리를 다쳤답니다. 사흘째 되었어요. (더욱 운다.) 그래도
　　　　　　　　사대문 안　　　　　　　　입에 풀칠한다는 뜻. 겨우 먹고 삶을 이르는 말

행여 무슨 벌이가 있을까 해서 주린 창자를 졸라매도 못해서 오늘은 이 병든 다리를 끌고 첫새벽에 문안에 들어왔답니다. 들어와서 왼종일 돌아다니

니 더구나 병신을 누가 일을 붙여 줍니까. 그러다가 깜박 해가 지고 밤이 들었지요. 집에서는 굶어서 다 죽어 가는 처자가 눈이 빠지게 기다리고 있

고 이 병든 다리를 끌고 뚝섬까지 나갈 일을 생각하니 (더욱 운다.) 나가기는 나가야지요. 죽어도 같이 옹기종기 모여서 죽어야겠으니 나가야겠는데.

（울음만 운다.)』　　　　　『　』: 일제 강점기 도시 하층민의 궁핍한 처지와 생활상이 노동자의 하소연을 통해 드러남.

순사 : 글쎄. 사정은 딱하지만 그렇다고 여기서 울고만 있으면 수가 생기나! 일어서서 나갈 도리를 해야지…… 일어서.

노동자 : (그대로 울며 일어서서 순사를 따라 무대의 왼쪽 후면으로 퇴장)

피에로 : (우두커니 한숨)
　　　노동자가 처한 서글픈 상황에 안타까움을 느낌.

룸펜 3, 4인 : (무대의 오른쪽 전면으로부터 등장. 모두 땟국이 괴죄죄한 조선옷을 입었다. 주린 빛이 완연하다. 전면 벤치에 죽 걸터앉아 묵묵히 말이
　　　　　　　　　　　　　　　　　　　　　　　　　　　　　굶주린

없다.)

어떤 사람 A와 B : (나란히 서서 무대의 왼쪽 전면으로 등장. 이야기를 하면서 오다가 중앙쯤에서 관객석을 향하여 머물러 선다. B는 담배를 피워 물
　　지식인 계층

었다. 둘이 다 신수가 훤치르르하다.)
　　　　　　용모가 단정하고 풍채가 시원스럽다는 뜻. 룸펜의 행색과 대조적으로 그려짐.

A : 글쎄 그렇잖소? 저이들은 나더러 변절을 했다고 죽일 놈 살릴 놈 하지만 그야말로 깊이 생각하면 오십보로 소백보지. 저이가 더 나을 게 무어냐
　　　　　　　　　　　　변절했다는 비판을 듣고 부끄러워하는 대신 이를 합리화하는 태도를 보임.

말이야.

피에로 : (두 사람을 비로소 보고 얼굴에 분노가 치밀어 올라온다.)

B : (고개만 끄덕거린다.)

A : 차라리 우리처럼 태도나 표명했으면 가령 죄라고 하더래도 덜하지.
　　　　　　　　의사, 태도 따위를 분명하게 드러냄.

B : 『그게 도시에 그래요. 민중이니 민족이니를 위해서 자기네들은 일을 한답시고 하지만 그것이 이익을 끼치기는 결국 돈 있는 사람과 그 밑에서 유지
　　도무지. 이러니저러니 할 것 없이 아주　　　　　　　　　　　　　　　　　마을이나 지역 등에서 이름이 나 있고 영향력을 가진 사람

니 지사니 해 가시고 일한다는 그 사람들에게 뿐이지 정말 일반 민중이야 어데 그 혜택을 입소?』
　　　　　　　　　　　　　　　　　　　　　　　『　』: 민족을 위해 일하는 다른 사람들의 행동이 결과적으로 나쁘다며 비난함으로써 자신들의 변절을 합리화함.

A : 그렇구말구! 좌우간 자본주의 세상에서는 외인 편으로 벗어부치고 나서지 않으면 솔직하게 선명하게 바른편에 가담해 가지고 자본주의 그 세대에

알맞은 행세를 하는 게 제일이야.

B : 그렇구말구! 중국의 장개석이가 중국을 위해서 일한다지만 그것이 중국 전 민족의 일이 아니라 토착 부르주아를 위한 일이니까…… 자 어서 갑시
　　　　　　　　　　　　　　　　　　　　　　　　　　　　　　　대대로 그 땅에서 살고 있음.

다. 시간이 거진 다 되었겠소. (피우던 담배를 바닥에 버린다.)

두 사람 : (무대의 오른쪽 전면으로 유유히 퇴장)

피에로 : (그 뒤를 흘기며 이를 간다.) / **룸펜 일동** : (그동안에 B가 버린 담배 토막을 서로 집으려고 야단이 일어난다.)

피에로 : (이 꼴을 보고 더욱 성이 난다.) / **룸펜 일동** : (무대의 오른쪽 후면으로 퇴장)
　　　담배 토막을 두고 다투는 룸펜 일동의 행동을 한심스럽게 여김.

이주민 가족 : (무대의 왼쪽 전면으로 등장. 제가끔 유랑해 가는 사람들에게 알맞은 보꾸러미들을 이고 들고 지고 했다. 전면 중앙에서 관객석을 등지
　작품에서 유일하게 긍정적인 인물들　　　　　　　　　　　　　　　　　　보자기로 물건을 싼 꾸러미

고 머물러 선다.)

딸 : (사리탑을 가리키며) 아버지, 저건 무엇이요?

피에로 : (주의해서 바라본다.)
　　　딸이 사리탑에 대해 보이는 관심에서 기인한 행동임.

아버지 : 오냐, 저건 사리탑이라는 탑이란다. 예전에는 여기가 절터였더란다. 그런데 불이 나서 절은 없어지고 탑만 남았다가 시방은 공원이 되었느니
　　　　　　　　　　　　　　　　1467년 세조의 왕명으로 지어졌던 원각사의 터　　　　고종 32년(1895) 총세무사였던 영국인 브라운의 건의로 공원이 들어섬.

라. (間) 모두 잘들 보아 두어라. 인제 마지막으로 간도로 떠나면 언제 다시 와서 서울 구경들을 하겠니!
　　　　　　　　　　　　　　　　북간도. 두만강과 마주한 간도 지방의 동부

어머니 : 『(불평스럽게) 영감두 원! 북간도로 떠둥구러 가는 팔자에 서울 구경을 해서 무얼 하겠다고 가든 길품을 메이고 예서 하루를 묵는단 말이요!』
　　　　『　』: 어쩔 수 없이 고향을 떠나는 현실에 대한 절망감, 원망　　　　　　　아무 보람 없이 헛길을 걷는 일

아버지 : 마누라도 원 딱한 소리 마우. 우리는 늙었으니 그런 것 저런 것 상관없지만 저것들이야 어데 그렇소? 조선서 태어나서 조선서 저만큼씩이나
　　　　　　　　　　　　　　　　　　　　　　　　　　　　　아버지가 가족을 이끌고 파고다 공원에 방문한 이유

자라 가지고 아무리 살 수가 없어 만리타국으로 떠나기는 할망정 그래도 조선 종자들인데 서울 구경 한번 못 한대서야 저이도 인제 원이 아니 되겠

<u>소!</u>

아들 : 아버지 그런 걱정은 마세요. 인제 잘되면 돌아와서 보란 듯이 살 텐데.
  현재의 부정적 상황을 미래에 대한 긍정적 인식으로 이겨내고자 하는 태도

아버지 : 아무렴 그래야지. 만리타국의 호지에 가서 영영 뿌리가 백혀서야 쓰겠니. (間) 다들 보았니? 다행히 다시 돌아오거든 시방 하든 말 이르고 잘
  조국을 잃어 그 땅을 떠나게 되더라도 민족의식은 지켜야 한다는 생각이 드러남.

들 살아라. (눈물이 눈에 고인다. 목멘 소리로) 가자. 인젠.
  조선을 지키지 못하고 떠나는 데에 대한 비애와 울분이 드러남.

일동 : (무대의 오른쪽 전면으로 퇴장)

피에로 : (방금 울 듯이 그들의 뒤를 바라본다.) 조선을 죽도록 지키잖구!
  조선을 떠나는 이주민 가족에 대한 안타까움이 드러나는 한편, 조선을 지켜야 한다는 생각이 존재함.

주정꾼 A와 B : (비틀거리며 마주 잡고 무대 왼쪽 후면으로 등장)

피에로 : (이마를 찌푸린다.)

A : 어, 튀튀.

B : 아. 여보. 박 상!

피에로 : (흘겨본다.)
  관찰자인 피에로의 행동을 통해 대상에 대한 부정적 인식이 드러남.

『**B** : 게 우리가 오랜만에 만나서……

A : 오랜만이구말구. 응. 긴 상!

B : 아하하하하 …… 누ㅡ따 주우쿠나.

A : <u>노들강변 비둘기 한 쌍.</u>
  방아 타령의 한 구절

B : 허허허허, 이런 제길.』 『 』 : 현실에 대한 문제의식이 부족하며 그저 술에 취해 의미 없는 말을 주고받는 행태를 보임.

두 사람 : (여전히 비틀거리며 무대 오른쪽 전면으로 퇴장)

피에로 : (흘겨보며) 망할 자식들! (고개를 숙이고 뒷짐을 지고 뚜벅뚜벅 무대 전면을 왔다 갔다 거닐면서 골똘히 생각한다. 가끔가다가 고개를 갸웃거
  혼란스러운 시대 현실 속 한심한 행태를 보이는 이들에 대한 비판적 태도

린다.) 큰일 났어, 큰일 났어. 아무래도 큰일 났어. (間) 영웅이, 영웅이! 위대한 영웅이 나야만 해. (고개를 끄덕거린다.) 그래 영웅이 나야 해, 영웅
  영웅의 필요성에 대한 피에로의 깨달음 → 영웅이 필요한 '난세(亂世)'라는 비판적 현실 인식

이. 영웅이! (자기 무대 왼쪽 전면으로 뛰어 들어간다.)

---

*불하 : 국가 또는 공공단체의 재산을 개인에게 팔아넘기는 일. / *손복 : 복을 일부 또는 전부 잃음. / *다마스키 : 당구장이라는 뜻의 일본 말.

*가대기 : 창고나 부두 따위에서, 인부들이 쌀가마니 따위의 무거운 짐을 갈고리로 찍어 당겨서 어깨에 메고 나르는 일. 또는 그 짐.

OX문제

01	무대 장치의 전환 없이 조명을 통해 장면이 바뀌고 있다. [2006학년도 9월]	(O / X)
02	'피에로'는 극중 인물과의 대화를 통해 다른 인물의 등장을 예고한다. [2014학년도 9월]	(O / X)
03	공간적 배경의 특성에 따라 다양한 인물 군상이 관찰되고 있다.	(O / X)
04	관찰과 평가의 반복 구조를 활용하여 일제 강점기 부조리한 현실을 효과적으로 드러내고 있다.	(O / X)
05	'어떤 사람'들은 관객들을 극중 사건 진행으로 끌어들임으로써 관객석과 무대 공간의 경계를 허문다. [2016학년도 6월]	(O / X)

STEP 02 작품 해제

01 | 주제

일제 강점기 여러 삶의 모습과 그에 대한 비판

02 | 특징

① 일제 강점기의 사회상을 보여주는 여러 인물 군상의 이야기를 삽화적으로 구성하여 제시하고 있음.
② 피에로라는 인물은 부조리한 세태를 풍자하는 주체지만, 극 후반부에서 풍자의 대상으로 전락하는 모습을 보이고 있음.
③ 특정 인물이 다른 인물들을 관찰하고 평가하는 구조가 반복되며, 이를 통해 관객이 극중상황을 비판적으로 인식하도록 하고 있음.

03 | 작품 해제

「영웅 모집」은 1930년대 파고다 공원을 무대로 일제 강점기의 여러 인물 군상을 담아낸 희곡이다. 극중 관찰자인 피에로가 공원을 오가는 불특정 다수의 인물을 관찰하고 평가하며 이야기를 전개한다. 피에로는 일정한 거리를 두고 약 열 개의 인물군을 지켜 보는데, 그 인물들의 이야기는 삽화적으로 구성된다. 피에로는 인물들의 대화와 행동을 비판적으로 인식하며, 일제 강점기의 부조리한 세태를 풍자적으로 그려 내는 주체인데, 결국 피에로는 일제 강점기 우리 민족에게는 상황을 타개할 영웅이 필요하다는 현실 인식에 이른다. 그러나 극 후반부에서 피에로가 영웅 모집을 하며 실제와 어긋난 정보를 제시하거나, 영웅의 특전이라며 왜곡된 가치들을 제시하면서 그는 풍자와 조롱의 대상으로 전락한다. 작가는 이러한 이중적 풍자를 통해 영웅다운 영웅이 없는 현실을 날카롭게 꼬집고 있다.

04 | 등장인물

- 피에로 : 극중 관찰자로, 파고다 공원의 행인들을 관찰하고 평가하여 이야기를 전개하는 인물임. 다양한 인물 군상을 예리하게 파악하는 듯 보이며, 영웅이 필요한 시대라는 현실 인식을 지니고 있음.
- 신사 A, B : 경제적 이익을 좇기 위해 공원에 유흥 시설을 만들려는 인물들로, 파고다 공원과 사리탑의 예술적 가치와 역사적 의미에는 관심이 없음.
- 노동자 : 일제 강점기 도시 하층민으로, 궁핍한 생활상으로 인해 병이 들어도 노동해야 하는 힘든 처지에 놓인 인물임.
- 어떤 사람 A, B : 일제 강점기에 변절하였으나, 그것이 자본주의 세상에서 알맞은 행세라면서 자신들의 행동을 합리화하는 인물들임.
- 이주민 가족 : 일제 강점기에 조국을 떠나 북간도로 향하는 처지로, 그에 대한 비애와 울분을 느끼고 있음.

05 | 상세 줄거리

1930년대 여름철, 파고다 공원에서 피에로가 공원을 오가는 사람들을 관찰한다. 멀끔한 차림새인 소년 A와 초라한 행색의 소년 B가 등장하여 카스텔라를 두고 다투다가, 소년 B가 카스텔라를 빼앗아 먹고 달아난다. 피에로는 악착스러운 일이라며 한숨을 내쉰다. 전문학교 학생 A와 B가 등장하여 비싼 학비와 고등 수준 교육에도 불구하고 실업자를 양산하는 전문학교의 실태를 거론한다. 그들은 학교를 그만두고 마작구락부(도박 클럽)를 내자거나, 돈 있는 집에 장가를 가야겠다고 자조적으로 말한다. 피에로는 청년들의 정신적 타락을 비판한다. 병든 삶을 영위해 나가는 거리의 여자가 지나간 후, 신사 A, B가 등장하여 공원을 유흥지로 변모시킬 계획을 나눈다. 피에로는 사리탑의 역사적·예술적 가치를 인식하지 못하는 이들에게 화를 낸다. 이후 혼자 아이를 키울 수 없어서 남의 첩으로 들어간 젊은 과부가 옛 친구를 만나 신세 한탄을 하고, 옛 친구는 그녀를 자기 집으로 데려간다. 한편 병든 노동자가 등장하여 벤치에서 우는데, 순사는 병든 다리를 끌고 뚝섬까지 나가 일해야 하는 노동자의 궁핍한 삶에 관한 사연을 듣고도 그를 동정하는 대신 그에게 일을 하도록 종용한다. 두 사람이 퇴장한 후 굶주리고 꾀죄죄한 행색의 룸펜들이 등장하고, 어떤 사람 A, B도 등장하여 시대의 흐름에 따라 변절한 자신들의 태도를 합리화한다. 이주민 가족이 등장하여 간도로 떠나기 전 마지막으로 파고다 공원의 사리탑을 구경하는데, 피에로는 금방이라도 울듯이 그들을 바라본다. 주정꾼 A, B가 등장하여 한심한 작태를 보이고, 피에로는 그들을 흘겨본다. 피에로는 골똘히 생각하다 위대한 영웅이 나와야 한다는 인식에 도달한다. 피에로는 '영웅대모집(英雄大募集)'이라고 쓴 간판과 조그마한 종을 들고 뛰어나와 세계의 영웅들처럼 우리에게도 영웅이 있어야 한다고 부르짖는다. 소년들이 호기심으로 모여들지만, 영웅이 무엇인지 이해하지 못하고 피에로를 조롱하며 도망친다.

STEP 03 논문으로 만나는 출제자의 시선

「영웅 모집」의 공간적 배경

「영웅 모집」의 공간적 배경은 서울의 파고다 공원으로 설정되어 있다. 이는 공원이 당대 사회의 다양한 측면을 압축하여 전시하고 그를 한꺼번에 논평하는 관찰자의 시선을 설정하기 수월한 공간이었기 때문이다. 이때 파고다 공원은 일반적인 도시 공원의 기능을 담당하면서도, 1930년대 일제 강점기의 특수성을 반영하는 공간이다.

먼저 일반적인 도시의 공원은 익명의 인물들이 오가며 서로 부대끼는 공간이다. 다만 자연 상태가 아닌 인공 공간으로, 근대에 들어 여가와 위생, 건강과 휴식에 대한 수요로 발전했다. 공원을 산책하는 일은 여행보다는 일상적이지만, 거리를 걷는 일보다는 비일상적인 행위이다. 따라서 여행객이나 무작위로 포착된 거리의 행인보다는 공원에 모여든 사람들이 당대 생활의 평균치를 다양한 유형으로 보여 줄 확률이 높다. 즉, 확실한 용무나 목적으로 특정 장소를 방문하는 사람들과 이유 없이 거리를 배회하는 사람들, 그 가운데 위치한 수많은 인물 군상이 공원에 모이는 셈이다.

다만 1930년대 일제 강점기 서울의 공원은 당연히 식민지화의 주체로서의 일본과 피식민지 국민으로서의 조선의 차이점이 드러날 수밖에 없는 공간이다. 따라서 그러한 개인들은 개별성을 지니고 있다기보다, 일제 강점기의 세태와 사회의 모순을 드러내는 대표성을 지닌다. 한편 공간적 배경인 파고다 공원은 독립운동의 상징이 되는 기념적 장소이기도 하다. 이러한 파고다 공원이 지닌 역사적 의미와 당시 현실 속에 존재하는 다양한 인물들 간의 대비를 통해, 민족의 기상 및 전통적 가치, 그리고 식민지 근대 도시 속 비루하고 속된 일상이 충돌하는 공간이 파고다 공원으로 형상화되고 있다.

피에로와 이중적 풍자

「영웅 모집」은 채만식이 1934년 발표한 단막극으로, '풍자의 작가'로 지칭되는 그의 주제 의식과 창작 기법을 확인할 수 있는 작품이다. 이 작품에서 작가는 '피에로'라는 관찰자이자 서사적 자아를 내세우고, 그를 통해 이중적 풍자를 시도한다. 이때 피에로는 각기 다른 인물들로 구성된 불연속적이고 병렬적인 열 개의 장면을 하나로 연결하는 극적 장치가 된다. 일제 강점기 현실의 모순과 갈등을 겪는 인물들을 거리를 두고 지켜보는 피에로를 통하여, 관객은 자연스럽게 무대 위에서 벌어지는 사건을 그의 시선으로 바라보게 된다. 이때 피에로는 극중 인물에게 신랄한 비판을 가하거나 연민을 느끼기도 하는데, 피에로가 주목하는 등장인물의 빠른 교체로 인해 관객이 피에로에 감정 이입을 할 수 없도록 차단한다. 따라서 관객은 극에 몰입하는 대신 객관적인 태도로 암울한 식민지 현실의 모순을 인식하게 된다.

그러나 피에로는 영웅을 모집한다고 떠들어대는 대사를 통해 풍자의 주체에서 풍자의 대상으로 전락한다. 극 후반에는 영웅으로 불리는 인물들의 정보를 틀린다거나, 영웅이라면 약간의 허물은 모두 덮어준다는 잘못된 가치관을 드러내어 소년들로부터 조롱받는 장면이 등장한다. 관객은 일제 강점기 현실의 모순을 자각하고 영웅이 필요하다고 말하는 피에로를 긍정적 인물로 인식하며, 그를 통해 안정된 풍자 구조를 접하고 있었다. 그런데 마지막 장면에서 그가 관객이 기대한 영웅과 어긋나는 영웅상(像)을 언급함으로써, 관객은 피에로에 대해서도 새로운 비판적 거리감을 느끼게 된다. 작가는 이런 이중적 풍자를 통해 혼란스러운 시대에서 선과 악으로 쉽게 구분되지 않는 사회를 지적하고, 부정적 현실을 인식하는 대중들이 지닌 도덕적 잣대와 그들이 진리라고 믿는 사실들이 정말로 믿을 만한 것인가에 대한 물음을 던지고 있다. 또, 소위 영웅이라고 볼 수 있는, 영웅을 자처한 당대 지도자들이 지니고 있던 부정적 속성을 비판하고 있다고도 볼 수 있다.

17 | 유치진, 소

STEP
01 지문 분석과 OX문제

나BS 수능특강 | 현대문학

젊은 일꾼 : (일하다가 들어와 보고) 아니, 댁에서들 아직 모르고 계십니다그려. 아래께 말똥이가 콩밭에 가는 귀찬이 짐을 받어 지고 가는 것을 나는

봤는데요. (말똥이 또 운다.)

젊은 일꾼으로 인해 국서와 그의 아내는 자식 말똥이가 귀찬이와 연애하는 사이임을 알게 됨.

국서 : 콩밭에? 귀찬이? 아니, 건넛집 귀찬이란 년 말이지? / **젊은 일꾼** : 암요.

개똥이 : 어제저녁에도 저 아래 대감 나무 밑에서 걔하고 살짝기 만나는 것을 내가 봤어요. 바로 어제저녁이야.

국서 아내 : 그러면 그렇다구 왜 진작 대 주지 않구! 그저 두 놈이 똑같애!

국서의 아내는 귀찬이와 몰래 연애하는 말똥이나, 그 사실을 알고도 말해 주지 않은 개똥이나 똑같이 원망스러움.

개똥이 : 그런 소리 대 주다가 형한테 혼나게. 모르는 소리 마. 형이 어떻게 힘이 세다구그래. 바로 「대마도」 같은데.

개똥이는 말똥이가 무서워 부모님에게 사실을 말하지 못함.　　　　　　　　　1905년에 제작된 다큐멘터리 영화

국서 : (말똥이의 볼을 쥐지르며) 에그, 이 자식! 제 주제에! 밑구멍으로 호박씨 깠구나! 이것두 사내 꼬부랑이라구 그래두 떡국 농간은 있어서 계집애

　　　　　　　　　　　　　　　　　　　　떡국이 농간한다 : 재질은 부족하지만 오랜 경험으로 일을 잘 감당하고 처리해 나감을 이르는 말

뒤꽁무니에 따라다닐 줄은 안단 말이지? 에잇, 사람 못된 자식!

국서 아내 : …… 그런데 귀찬이 아버지가 아까 와서 그러는데요. 읍내 나까무라 상한테 말해서 그 애를 이번에 일본으로 팔어먹는대요.

귀찬이의 이름은 딸이 나와서 귀찮다고 귀찬이 엄마가 붙여준 것임. 이전에 귀찬이 아빠는 궁핍한 살림과 밀린 빚 때문에 딸을 일본인에게 팔게 되었다고 국서 아내에

국서 : 일본으로요?

게 말함. 그러나 귀찬이 아빠는 별다른 죄책감을 드러내지 않음. 이러한 모습을 통해 일제 강점기 시절 우리 민족의 피폐한 삶과 이로 인해 도덕성조차 잃어가던 당시

사람들의 모습을 짐작해 볼 수 있음.

늙은 일꾼 : 흥, 땡잡었구나, 그 집에선.

젊은 일꾼 : 간밤에 대감 나무 밑에서 말똥이가 만났다니까 그럼 그 말을 그때 귀찬이한테서 들은 게로구먼. 그래서 그런 게지? 응, 말똥아?

젊은 일꾼은 말똥이가 우는 이유를 추측함.

말똥이 : (고개를 끄덕이며) …… 네. 막 2,000냥(40원) 몸값으로 팔려 간대요. 대감 나무 밑에서 그랬어. 그 망할 년이! 그 죽일 년이! 그 빌어먹을 년

귀찬이는 자신이 일본인에게 팔려가고 싶어 팔려가는 게 아님. 그러나 말똥이는 비난의 화살을 애꿎은 귀찬이에게 돌리고 있으며, 이러한 상황이 일어나게 된 구조적 측면을 파악하지 못함.

이!

구경꾼 : 2,000냥? 그것 잘된 흥정이로군.

늙은 일꾼이나 구경꾼조차 딸을 팔어먹는 것을 비극으로 보지 않고 경제적 수단으로만 여김. 귀찬이 집안에 대한 멸시적 태도가 보임.

국서 : 그럼 말똥아. 너허구 같이 살자구 귀찬이허구 약조한 일이 있니?

말똥이 : 서로 아버지 어머니헌테 말해 가지구, 그래 가지구 같이 살자구 철석같이 약조했어. 그래 놓고 그년이 그래요.

국서 아내 : 이놈아 정신 차려라! 그 집에서는 작년 재작년 흉년에 밀린 도지*를 못 갚어서 자식을 판단다.

늙은 일꾼 : 그럼 댁에서 그 묵은 도지를 갚어 줘. 그러면 색시를 빼내 올 수 있지.

늙은 일꾼은 귀찬이와 말똥이가 결혼할 수 있는 방법을 제시함.

(중략)

국서 아내 : (방에서 튀어나오며) 벌써 다녀오셨수?

국서 : 아니야, 가다가 국진이를 길에서 만났어. 맘먹은 대로 변통이 안 됐대.

　　　　　국서의 남동생　　　　　　　　　돈이나 물건 따위를 구하여 씀.

국서 아내 : 에그, 그러면 어떡해요? 돈이 안되면…… 모레는 나까무라 상이 귀찬이를 데리러 온다는데요.

국서네 가족이 돈을 빌리려는 이유가 귀찬이가 팔려가는 것을 막기 위함임을 알 수 있음.

국서 : 저당이라는 게 뭐 해 먹는 겐지. 그걸 하지 않으면 돈을 안 꾸어 준다는 걸 어떡한단 말이야. 제기랄! 그렇게 급하거든 네 헌 속곳이나 팔어.

부동산이나 동산을 채무(빚)의 담보로 잡거나 담보로 잡힘.

그래 가지구 색시 몸값 치르고 맘에 맞는 며느릴 얻으려무나. 나는 어쩔 수 없어. 대체 무얼 가지구 그놈의 저당을 헌담! 헐 게 있어야 말이지. 내

상투라두 떼어 가려거든 떼어 가.

국진 : 그렇게 말씀헐 게 아닙니다, 형님.

국서 : 그럼 어떻게 말을 허람! 내게 팔랑개비 재주가 없는 담에야 뭐라구 해?

'팔랑개비'는 한곳에 진득하게 있지 못하고 몸을 경망스럽게 놀리며 이리저리 돌아다니는 사람을 비유적으로 이르는 말임. 국서는 여기저기에 돈을 빌리러 다니는 데 지쳐버림.

(이때 말뚱이, 일하다가 멋도 모르고 노래하며 들어온다.)

국서 : 「(말뚱이를 보고) 에키! 치독을 맞을 놈의 자식 같으니라구! 무엇이 기뻐서 노랜 불러! 못난 게, 흥, 제 주제에! 꺼들대기는 잘하지! 이놈아, 보기

독약을 음식에 넣음.

싫다! 저리 가서 쇠진드기나 잡어 줘라!」

「 」 : 국서는 말뚱이가 좋아하는 귀찬이가 일본인에게 팔려가지 않게 하려고 이리저리 돈을 빌리는 노력을 해봤지만 뜻대로 되지 않는 상황임.
이때 말뚱이가 눈치 없이 노래나 부르자 화가 남.

(말뚱이, 부루퉁해져서 감나무 밑에 가 앉아 버린다.)

국진 : 그러지 말고 형님. 저…… 우리 소를 그만 팔기로 하는 게 어떨까요.

국서 : 아니, 자네 미쳤나? 『우리 소는 저 소의 사촌의 아버지의 큰형이……

『 』 : 국서가 입버릇처럼 말하는 소의 이야기. 소의 먼 친척이 도 장관에게 일등 상을 받은 것을 큰 자랑거리로 여김. 이는 국서와 깊은 관련이 없으나, 내세울 게 없는 국서에게는 중요한 일이며, 그가 소를 팔지 않으려는 가장 큰 이유임.

국진 : 도 장관에게서 일등 상 받았단 말씀이죠?』 아무리 그렇더래두 여기서 저 소를 파는 게 그중 상책일 것 같습니다. 자, 여기서 누가 우리 소원대

로 돈을 꾸어 준다 합시다. 그러면 생각해 보세요. 대체 그 비싼 변리(邊利)를 우리가 어떻게 갚어 낸단 말요? 변리가 본전이 되구 본전이 변리를 낳

남에게 돈을 빌려 쓴 대가로 치르는 일정한 비율의 돈(이자)　　　　　　이자가 불어 원금을 넘어서게 되고, 그 이자에도 또 다른 이자가 붙게 되는 상황

아서 급기야는, 소를 팔지 않아선 안 될 고비가 닥쳐오고야 말 겁니다. 그러니까 여기서 소를 파나, 좀 두었다가 파나 팔기는 마찬가지죠?

결국 소를 팔아야 할 상황이라면, 남에게 빚을 지고 이자를 안는 것보다는 미리 소를 파는 게 낫다는 국진의 논리

국서 : 안 돼! 이전부터 이르는 말이 있어. 소는 농가의 명줄이야. 소 팔어먹구 잘되는 놈의 집안은 고금에 없거든!

국진 : 그래두 자식보다야 소중하지 않겠지요?

고집을 부리고 소를 팔지 않아 자식이 좋아하는 귀찬이가 팔려가게 되는 상황만은 막자는 뜻이 함축됨.

국서 : 말 말게. 세상에서는 자식 있는 것보다 송아지 가진 것을 더 중하게 여겨 준다네. 자식이 몇 놈이 있어 봐. 누가 문간에 송아지 한 마리 매어

둔 것보다 낫게 봐 주는지?

국서 아내 : 그건 옳은 말입네다. 우리 집에 소 한 마리 키운다구 동리에서 우리를 부자라구 그러지 않아요. 그리고 귀찬이 집에서도 우리 소 매어 둔

예전 농촌 사회에서는 소를 소유한다는 것에 상징적 가치를 부여함.

걸 보고 색시를 준대요.

국서 : 암, 그렇겠지. 술집에서 내게 막걸리 잔 외상으로 놓는 것도 우리 집 소를 보고 놓는 거야. "국서 자네 같으면 얼마라두 외상으로 먹게. 자네헌

텐 소가 있는걸." 이러거든! 그들이 어디 자식 보고 그러는 줄 아나?

국진 : 그야 소를 가지면 안 가진 것보다야 훨씬 낫겠죠. 그렇지만 형님, 이 판에는 하는 수 없어요. 색시 집에서두 도지를 못 갚어서 거리에 나앉는

국진은 국서의 말을 모두 부정하는 게 아님. 그 또한 소의 가치를 알고 있으나, 상황이 여의치 못하기 때문에 팔자고 하는 것임. 국진의 현실적인 성격이 드러남.

변이 있더래두, 그걸 참고 계집애를 주려구 하지 않았어요. 그러니까.

귀찬이네 집안은 귀찬이를 일본인에게 팔아넘기지 않으면 도지를 갚을 수 없음. 그럼에도 불구하고 국서의 아들 말뚱이에게 시집을 보내려는 것은 이 집에 소가 있기 때문임.

국서 : 「정신없는 사람아. 이 조선 땅에서 누가 남을 위해서 제 몸을 바치는 사람이 있어? 그 집에서 색시를 주려는 것은 기왕 선금으로 몸값은 반이

「 」 : 국서는 귀찬이 집안과의 혼인을 이해타산적으로 생각함.

나 받어 썼겠다, 그 쓴 돈은 우리가 갚어 주려구 하겠다, 그러니까 그 집에서는 이리 구나 저리 구나 해되는 것은 없거든! 그래서 색시를 내놓는 거

야.」

국진 : 형님, 이것 보세요. 형님이 아무리 저 소를 소중히 여겨도 우리 논임자가 저걸 가만두지는 않을 겁니다. 알겠어요. 거기서는 묵은 도지를 어떻게

든지 금년 안으로 받어 내려구 하지 않어요? 내년부터서는 무슨 법령이 갈린다구. 이런 좋은 핑계를 코앞에 두고 그 영리한 양반들이 우리 소를 제

내년에 실시된다는 농지령을 근거로 땅주인들은 소작인들에게 어떻게든 도지를 받아내려고 함. 이로 인해 국서네 소도 어차피 땅주인의 소유가 될 것이라며, 국진은 지금 소를 팔자고 함.

자리에 둬 두겠어요? 쑥스러운 생각이지요.

국서 아내 : 참, 아까 마름이 여간 노허구 가지를 않었다우. 그 묵은 도지 때문에.

이전에 사음이 찾아와 도지를 갚으라고 큰소리를 치고 감. 사음은 도지를 갚지 않는다면 소라도 가져갈 것처럼 으름장을 놓았음. 이때도 국서는 '도 장관 일등 상' 운운을 함.

국진 : 에그, 저것 보세요. 그 악바리헌테 걸려서 큰일 났군요. 형님. 이럴 적에 맘을 뚝 잘러 버려요? 네?

국서에게 소를 팔 결심을 하라고 종용하는 국진

국서 : 허긴 그래……. 묵은 도지가 걱정이야…….

완강했던 국서조차도 막막한 현실 앞에서 소를 팔아버릴까 고민하게 됨.

국진 : 그리고 어디 자기 소가 있어야 농사를 지으란 법은 없죠. 명년부터서는 남의 병작 소*라두 먹이죠. 그래두 농사짓는 덴 걱정 없지 않어요?

원래 소를 가지고 있었으나, 이를 팔아버리고 다른 소를 빌려서 농사를 지어야 하는 아이러니한 상황.

남의 소를 빌리면 또 그에 대한 대가를 치러야 한다는 점에서 소작농들은 점점 가난해질 수밖에 없음.

*도지(賭只) : 풍년이나 흉년에 관계없이 해마다 일정한 금액으로 정하여진 소작료.

*병작(幷作) 소 : 어우리 소. 맡아 기르는 대신 일을 시키고 나중에 팔아 얻게 되는 이익을 주인과 나누어 가지기로 한 소.

OX문제

01 국진은 더 이상 가치가 없어진 소를 팔도록 국서를 설득하고 있다.   (O / X)

02 가난한 소작농 국서는 좋은 품종의 소를 가진 것을 긍지로 삼고 사는 인물이다.   (O / X)

03 방언과 구어적 표현을 사용하여 생동감 있게 이야기를 풀어가고 있다. [2010학년도 수능]   (O / X)

04 인물의 과장된 행동을 통해 비극적 분위기에 반전을 꾀하고 있다. [2014학년도 수능A]   (O / X)

05 말뚱이는 갈등의 근본적인 원인을 정확히 파악하는 인물이다.   (O / X)

STEP 02 작품 해제

01 | 주제

가난에 시달리는 일제 강점기 농촌의 현실

02 | 특징

① 사실주의 계열의 첫 장막극임.
② 비속어와 방언의 사용을 통해 인물들의 성격을 효과적으로 나타냄.
③ '소'라는 상징적 제재를 사용하여 당대 농민들의 생존권을 나타냄.

03 | 작품 해제

이 작품은 소를 둘러싼 인물들의 갈등을 그린 것으로, 일제 강점기인 1930년대 우리 농촌 현실의 참담함을 보여주고 있다. 표면적으로는 극의 갈등이 소를 금전적 가치로 보는 아들과 교환 가치로 생각하지 않는 아버지 사이에 일어난 세대 갈등으로 비친다. 그러나 마지막에 소를 일본인 지주가 가지고 가면서 일어난 농가의 분열은 갈등의 근본 원인이 식민지의 착취 구조 때문이었음을 보여 주고 있다. 이러한 일본의 횡포는 농촌의 젊은이들조차도 빈곤과 고달픔에 절망하게 만들었다.

소를 사이에 두고 빚어지는 세 부자간의 팽팽한 극적 긴장은 마름이 개입하면서 깨어지고, 다시 지주와 국서 가족 간의 갈등으로, 그리고 이는 다시 식민지 치하의 농민의 삶과, 일제라고 하는 더 큰 갈등의 축으로 바뀐다. 이렇듯 이 작품에서 등장인물들 간의 갈등은 소를 중심으로 빚어지는데, 여기서 소는 농부가 아끼는 가축으로서의 의미뿐만 아니라 일제에 대한 민족의 상징으로도 해석할 수 있다. 지주에게 소를 빼앗긴 국서, 사랑하는 약혼녀를 잃은 말뚝이, 만주로 가는 여비를 구할 길이 없는 개똥이 등은 모두가 꿈을 상실한 당대 농민들의 모습으로 볼 수 있는데, 이를 통해 작가는 식민지 치하 농촌의 구조적 모순을 고발하고, 그 속에서 살아가는 농민들의 소망과 좌절을 그리고 있다.

04 | 등장인물

- 국서 : 농사꾼. 선량하지만 현실을 올바르게 보지 못하고 지금까지 해 온 농사일과 전통적 가치관만을 고수하는 완고하고 보수적인 인물임. '소'에 대한 유별난 애착을 가지고 있음.
- 국서 아내 : 전형적인 농촌의 여성. 가족에게 헌신적이고, 전통적 가치관을 가지고 있는 인물임.
- 말뚝이 : 국서의 큰아들. 동네 처녀 귀찬이와 결혼하고 싶은 마음에 농사일을 거부함으로써 현실에 대해 소극적인 저항을 보임.
- 개똥이 : 국서의 작은아들. 일확천금을 꿈꾸며 만주로 떠나려 하는 다소 허황된 생각에 사로잡혀 있음.
- 사음(마름) : 국서네 마을 소작농들의 도지를 관리하는 마름으로 이기적인 성격을 지님. 빚의 상환 대가로 소를 빼앗으려 함.

05 | 상세 줄거리

〈제1막〉
국서네와 그 이웃들은 오랜만에 풍년이 들어 기쁘고 들뜬 마음으로 타작하기에 여념이 없다. 국서는 소를 가진 것을 긍지로 삼고, 아들보다 더 애지중지한다. 둘째 아들 개똥이는 만주에 갈 노자를 마련하기 위해 소를 팔아 달라고 부모를 조른다. 맏아들 말뚝이는 농사 빚 때문에 팔려 가야 할 처지에 놓인 마을 처녀 귀찬이와 결혼하기 위해 소를 팔아 그 빚을 갚아 달라고 부모를 조른다.

〈제2막〉
국서네는 빚을 내서라도 귀찬이네 빚을 갚아 주고 말뚝이와 귀찬이를 결혼시키려고 한다. 개똥이는 만주로 가기 위해 소를 몰래 팔 궁리를 한다. 한편, 국서네는 돈을 빌리기가 어렵게 되자 소를 팔기로 결심한다. 그때 소 장수가 그 소는 이미 자신에게 팔기로 하지 않았느냐고 말해, 국서와 말뚝이는 개똥이를 의심하게 되고 이에 집안에는 한바탕 난리가 벌어진다. 그러나 개똥이는 소를 팔 생각만 하고 아직 실행에 옮기지는 않고 있었다. 그러는 사이 마름이 나타나 밀린 소작료 대신에 소를 끌고 가 버린다.

〈제3막〉
귀찬이는 결국 일본으로 팔려 가고, 국서는 빼앗긴 소를 되찾기 위해 동생 국진에게 마름을 상대로 소송을 할 수 있는지 알아보라고 한다. 그러나 그는 재판에 이겨 소를 찾는다고 하더라도 지주에게 집분만 아니라 소작논까지 떼일 것이라는 소식을 듣게 된다. 결국 재판은 무산되고 소와 빚이 상쇄되고 만다. 국서는 울분을 이기지 못해 소 울음을 울고, 말뚝이는 지주의 곳간에 불을 질러 주재소로 잡혀 간다. 개똥이는 만주로 가겠다고 하며 유자나뭇집 딸은 따라가겠다고 한다. 한편 소는 마름을 들이받은 후에 집으로 돌아온다.

STEP 03 논문으로 만나는 출제자의 시선

「소」에 나타난 '풍년거지'의 역설

고난과 해학이 어우러진 이 작품은 풍년거지의 역설적 상황을 근간으로 하고 있다. 즉 풍년은 왔으나 먹고살기는 더욱 어려운 모순적 상황을 통해 일제 강점기 농촌의 실상을 포착하고자 하는 것이다. 역설이 존재하는 것은 농사 제도의 구조적 모순 때문이다. 국서 처의 대사 "농사가 잘되면 어디 논임자 밭 임자가 가만둡니까?"에서처럼 소작인들은 아무리 풍년이 들었어도 지주에게 밀린 도지를 갚느라고 쌀 한 톨 구경할 수 없는 상황이다. 심지어 새로 실시될 농지령 때문에 그동안 밀린 도지를 다 갚지 않으면 논을 떼이게 될 처지가 되어 버렸다. 밀린 도지 때문에 딸을 팔고는 딸 낳기를 잘했다고 생각하게 된 귀찬이네의 상황, 자식보다 소중하게 여기던 소를 지주에게 억울하게 빼앗겼지만 소보다 비싼 소송비용 때문에 소를 포기할 수밖에 없는 국서네의 상황 모두가 역설적인 상황에 해당한다.

「소」에 나타난 유치진 희곡의 인물 형상화 방식

「소」의 주동 인물 말똥이와 개똥이는 각각 농사/노동, 강건/유약, 본능적/의지적이란 점에서 변별성을 지닌다. 말똥이는 우직하고 순박하여 현실 안주를 꿈꾸지만 끝내 실현되지 않으며, 제 살 궁리에 몰두하여 대안 모색에 나서던 개똥이도 제 뜻을 이루지 못하고 만다. 이들은 모두 풍년을 맞았다고 해도, 이태 연속된 흉년에다가 밀린 소작료를 감당 못해 끝내 뜻을 이루지 못하고 마는 아이러니한 현실의 패배자들이다. 종결부에서 이들은 극단적인 행동을 취하는데, 말똥이는 지주네 곳간에 불을 놓고, 개똥이는 상처가 채 낫지도 않은 상태에서 만주행을 강행한다. 결국 주어진 환경에 굴복하는 아웃사이더에 불과함을 명백히 보여 준다. 말똥이의 방화로 밤하늘이 붉게 물들면서 끝나는 마지막 장면은 이 극의 비극성을 한껏 고조시킨다.

「소」의 반동 인물은 외면상 지주를 대신해서 소작료를 받아 가고 밀린 소작료 대신에 농가의 명줄인 소를 끌고 가는 마름이라 할 수 있다. 작품 「소」에 등장하는 마름은 지주의 대리인으로서 풍년을 맞아 희희낙락하는 소작인들의 농작물을 무자비하게 수탈하는 데 앞장서는 인물로 나온다. 극중의 마름은 2년간 밀린 소작료를 받아 내기 위해 국서네 소를 허락도 없이 가져가 버림으로써 말똥이의 결혼에 대한 꿈과 개똥이의 만주행 꿈을 빼앗아 버린다. 그리고 「소」의 반동 인물은 마름만이 아니다. 친일 지주는 마름을 통해 농지령의 시행에 앞서 밀린 소작료를 모두 받아 내게 명령을 내린 존재다. 지주의 존재는 무대 전면에 나서지는 않지만 무대 이면에서 마름을 조종함으로써 소작농 위에서 군림한다.

다음 글을 읽고 물음에 답하시오.

소장수 A : ……가만 계세요. 만약 내가 이 소를 샀다가두 나중에 탄로가 나면……

개똥이 : 멍텅구리 같으니라구! 그런 걱정은 여기서 헐 게 아냐! 자네가 입을 닥치구 있구 내가 입을 딱 씻어 버리구 있으면 누가 알어. 어느 개아들 눔이 안단 말야? 그렇지? 응? 그러니까 그런 걱정은 아예 말어.

이때에 울타리 바깥 행길에 밭에 갔다 오는 말똥이 나타난다. 말똥이는 빈 지게를 졌다. 개똥이와 소장수를 보고 무루청한다.*

말똥이 : (길에서) 개똥아 너 거기서 뭘 해? 그 사람은 누구야?

개똥이 : ……허긴 뭘 해. 아모것두 아니야. 소에 꼴 주고 있어……

3장
이때에 또 국서와 마름이 헛간으로 들어오는 기척이 난다. 소장수와 개똥이는 슬슬 나가 버린다. 말똥이는 소 옆에 와서 좀 ㉠ 이상한 공기를 예감한 듯이 살핀다. 이상 없음을 보고 소를 도로 매어 둔다. 마름 앞서고 그 뒤에 국서, 그리고 그 처 헛간으로 들어온다.

마름 : ……그러면 저 볏섬은 오늘 저녁나절까지 신작로 돌다리께에 있는 논임자 곳간으로 져 내어다 두게.

국서 : 네.

마름 : 그러면 한 번 더 일러두고 갈 테니 잘 명심해 두게! 작년치 떨어진 게 두 섬 여섯 말, 재작년치 떨어진 게 석 섬 두 말, 도합 닷 섬 여덟 말이 떨어졌는데 그중에서 금년에 와서 갚어진 것을 덜면 꼭 넉 섬 일곱 말이 떨어져 있단 말야!

말똥이 : (옆에서 듣고 섰다가 퉁명스럽게) 그걸 어째야 한단 말요?

마름 : 금명간에 다 해다 갚으란 말야! 이눔이 왜 어른 말하는데 쌍지팽이를 짚고 나서? 원 버르장머리 없게. ……국서 잘 듣게. 대관절 이번 봄부터 내가 몇 번을 타일른 줄 알어? 명년부터는 새로 농지령이란 게 실시된다구. ……그런 게 되면 실상 작인들은 살기가 좀 나아져. 그렇지만 그 대신 이번 추수까지는 여태 묵은 것은 다 맡겨 놔야지. 그렇잖으면 내년에 가서 피차에 귀찮스럽게 된단 말야. 도지가 묵었느니, 떨어졌느니 허구 법정에 내걸더래도 말썽스럽게 되거든!

국서 : 그러니까 나도 여태 여쭌 게 아닙니까? 보시다시피 우리는……

마름 : 지금 와서 그런 소릴 해두 소용없다니까! 나는 그저 논임자가 하라는 대로 허는 사람이야. 만일 이번에 묵은 것을 못 갖다 갚으면 좋지 못한 일이 한두 가지가 아냐. 사정없이 딱 잘라서 ㉡ 최후 결단을 지어 버리고 말 거란 말야! 잘 알아 생각해!

말똥이 : 아니 뼈가 빠지게 농사지어 놓은 것 막 다 가져갔죠. 그러구 그게 무슨 말유? 올해가 풍년이래두 우리 집에 어디 쌀 한 톨 남었나 봐요! 막 뒤져 봐요!

국서 : ……이눔 말똥아!

마름 : 이 망할 자식 보게. 늙은 사람 앞에 막 삿대질을 허구 이눔이 덤비

지! 에잇, 고약한 눔 같으니! (지팡이로 때린다.)

말똥이 : (악을 쓰고) ……아버지 좀 놔요. 노……농지령이란 건 뭐야요? 그저 사람을 골릴려구! 최후 결단을 하면 어쩔 테야요? 어디 할 대루 해 봐요! 흥! 할래야 할 거나 있어야 말이지……

국서 : (말리다가 못해 말똥이를 헛간 밖으로 끌어낸다.) 저리 나가! 이눔, 버릇없어!

마름 : 이런 분할 일이 있나! 그럼 못할 거라구! 두고 봐! 기둥이라두 빼어 가두 빼어 가구 솥이라두 떼어 갈 테니까. ……흥 저눔의 소는 못 몰고 갈 줄 아나?

(중략)

국서 : (말똥이더러 노하여) 이눔아 나가거라! 소는 그예 너 눔 때문에 날려 버리고 말었다! 이 빌어먹을 눔! 왜 아까 마름헌테는 덤볐어?

처 : 이눔아, 너는 허는 짓짓이 미련스럽더라. 이 일을 어떡하나? 이 일을.

말똥이 : 아니야, 가만 있어. 내 소 팔어먹은 눔은 알어요. 저 그 쇠뭉치란 소장수가 어떻게 생겼수?

소장수 B : 젊은 머리 깎은 녀석이지. 좀 뚱뚱허구.

말똥이 : 뚱뚱허구 머리를 깎구…… 음! 그렇지! 이눔을 내가 죽여 버릴 테야.

국진 : 네가 아니?

말똥이 : 인제 알었어요. 아까 개똥이란 녀석이 웬 뚱뚱허구 젊은 사람을 데리고 왔겠지요. 그래 가지구 이 감낭구 밑에다가 소를 몰아 내놓구 한참 동안이나 뭐라구 쑤근거렸어요. 그리고 나를 보고는 그만 도망을 했어!

소장수 B : 그럼 그건가 봅네. 아무러면 불 안 땐 굴뚝에서 연기 날려구요. (퇴장)

국서 : 저런! 육실헐!

처 : 이눔아. 똑똑히 못 본 일이거든 아예 입에 담지 말어라. 왜 그눔을 소도적눔으로 몰라구 그래?

국서 : ……아냐. 그눔일는지도 몰라. 그눔이 소 팔어서 만주 보내 달라구 좀 성화를 부렸어야지.

– 유치진, 「소」 –

* 무루청하다 : '무르춤하다'의 잘못. 뜻밖의 사실에 놀라 뒤로 물러서려는 듯이 하여 행동을 갑자기 멈추다.

01. 윗글의 인물에 대한 설명으로 적절하지 <u>않은</u> 것은?

① '말똥이'는 '개똥이'와 '국서' 사이를 이간질함으로써 자신의 이익을 도모하고 있다.

② '국서'와 '말똥이'는 이해관계를 공유하면서도 '마름'에 대해 서로 다르게 대응하고 있다.

③ '국서'는 '개똥이'의 예전 행동을 근거로 '말똥이'의 판단에 신빙성이 있다고 생각하고 있다.

④ '말똥이'는 '소장수 B'가 제공한 정보에 의지하여 '개똥이'가 '소장수 A'에게 소를 넘겼다고 믿고 있다.

⑤ '마름'은 도지 갚기를 독촉하는 자신의 행동이 논임자의 지시에 따른 것임을 내세워 '국서' 부자의 불만이 자신에게 향하는 것을 회피하고 있다.

02. ㉠과 ㉡에 대한 이해로 가장 적절한 것은?

① ㉠으로 인해 생긴 '말똥이'와 '마름' 간의 불화 때문에 '마름'이 ㉡과 같은 조치를 취하려 한다.

② ㉠은 '마름'이 헛간으로 들어오는 것을 눈치 채고 '말똥이'가 ㉡을 대비하면서 조성한 것이다.

③ ㉠으로 인해 '개똥이'는 '말똥이'에 대한 증오심을, ㉡으로 인해 '마름'은 '국서' 부부에 대한 불만을 갖게 된다.

④ ㉠으로 인해 '국서'와 '말똥이' 사이의 갈등이 시작되고, ㉡으로 인해 '국서'와 '말똥이' 사이의 갈등이 고조된다.

⑤ ㉠으로 인해 '말똥이'는 소의 상태를 확인하고, ㉡이라는 말을 듣고 '국서'는 '마름'을 자극하지 않으려고 노력하고 있다.

03. 〈보기〉를 참고하여 윗글을 감상한 내용으로 적절하지 <u>않은</u> 것은?

───── 〈보기〉 ─────

「소」는 1935년에 발표된 유치진의 초기 사실주의 극이다. 사실주의 극은 다양한 연극적 장치를 이용하여 무대 공간을 현실의 일부인 것처럼 꾸민다. 「소」는 시대를 짐작하게 하는 용어의 사용, 치밀하게 계산된 행동과 대화 상황의 제시, 생동감 있는 구어체의 사용 등을 통해 당대 농촌 사회의 계층 간 위계 관계나 관습 그리고 농촌 사회에 내재된 갈등 상황을 충실히 재현하고 있다.

① '소', '울타리', '빈 지게', '헛간' 등을 연극적 장치로 이용하여 무대 공간을 현실의 일부인 것처럼 꾸미고 있군.

② 인물의 감정이 격앙되어 있음을 보여 주는 행동과 생동감 있는 구어체의 말투를 통해 갈등 상황을 실감 나게 제시하고 있군.

③ '마름'의 뒤를 따라가는 '국서'의 행동과 '국서'에게 지시하는 '마름'의 행동을 통해 농촌 사회의 계층 간 위계 관계를 보여 주고 있군.

④ '농지령', '작인', '도지' 등 농민과 관련된 법령 및 용어를 사용하여 무대 위의 상황이 당대의 농촌 현실과 긴밀하게 연관되어 있음을 보여 주는군.

⑤ '늙은 사람 앞에서~고약한 놈 같으니!', '나를 보고는 그만 도망을 했어!' 등의 대사를 통해 계층 간 위계 관계를 중시하는 당대 농촌 사회의 관습을 보여 주는군.

다음 글을 읽고 물음에 답하시오.

집 뒤에 타작마당이 있는 듯 거기 일꾼들이 간간이 외치는 소리와 군호마저 해가며 노래 부르는 소리 들린다. 무대에는 절구통 뒤에 가마니를 쓰고 말똥이(더벅머리 노총각, 돼지꼬리 같은 댕기를 드렸다.)가 숨어 있을 뿐이고 아무도 없다. 웬일인지 말똥이는 오늘 아침부터 게으름을 피우고 있다.

국서 : (집 곁에서 소리만) 말똥아! 말똥아! 이 배라먹다 죽을 놈이 어딜 갔어? (헛간으로 나온다. 완고한 농사꾼. 뒤통수에 눈꼽재기만 한 상투가 붙었다.) ……일은 허지 안쿠 이 육시를 헐 놈이 어디로 새 버리고 말았나? 원, 사람이 바빠 죽겠는데…….

이웃 사람 우삼 등장

우삼 : 국서, 어때? 타작 잘들 하나?

국서 : (㉠) 그저 그러이. 저 타작마당으로 가세. 술이나 한 잔 나눠 먹게.

우삼 : 너남즉 할 것 없이 농사는 잘 됐어. 참 금년이야말로 풍년이야. 가다 드문 대풍년이거든!

우삼 헛간 입구로 퇴장. 개똥이 울타리 밖 행길에 나타난다. 뱃일하는 사람이 흔히 입는 툭툭한 샤쓰를 입고 조타모를 썼다.

국서 : 이놈 개똥아! 오늘같이 바쁜 날에 너는 어디를 쏘다니니. 없는 돈에 삯꾼 얻어서 일허는 것을 보구. 그래 사대육신 성헌 놈들이 왜 그렇게 빈둥거리고 노느냐 말이야? 이놈, 성 녀석은 또 어디 갔니?

개똥이 : (㉡) 못 봤수, 나는.

국서 : 에이 죽일 놈들! 자식들 있다는 보람이 어디 있어! 그저 삼신 할머니의 잘못이야. 이 따위를 자식이라구 점지해 주신 삼신 할머니가 아예 미쳤어!

개똥이 : 아버지, 그렇게 부아만 내지 마시구 내게 노자를 만들어 주. 나같이 배 타고 돌아다니는 놈을 붙들고 농사를 지으라니 될 말이오. 여기서 이냥 놀기만 해두 갑갑해 죽겠는데.

국서 : 이놈아, 네가 아무리 뱃놈이기로서니 애비가 바빠서 이러는데 좀 거들어 주었다구 뼉다귀가 뿌러질 게 뭐냐?

개똥이 : (㉢) ……저 이것 봐요 아버지. 우리 집 소, 그만 팔아서 나 노자해 주. 네? 나 만주 가서 돈 많이 벌어가지구 올게. 일천오백 냥[30원]만 있으면 돼요.

국서 : 뭐? 소를 팔어? 원, 이 지각 없는 자식놈의 소리 좀 들어 보게. 이놈아, 우리 소는 저래 봬도 딴 데 있는 그런 너절한 소하고는 씨가 다르다. 너두 알지? 우리 집 소의 사촌의 아버지의 큰형님뻘 되는 소가, 그러니까 우리 소의 사촌의 큰 아버지뻘 되는 소지, 그 소가 읍내 공진회에 나가서 도 장관 나리한테서 일등상을 받았어. 정신 채려라! 일등상이야. 그런 내력 있는 소를 함부로 팔어? ……그 소가 우리 집에서 그저 밭이나 갈고 이웃에 불려가서 품앗이나 들고 하니까 그저 이놈이 업수이 여겨서.

개똥이 : 아버지, 요즘 만주만 가면 돈 벌이가 참 많대요, 이때가 바로 물 땔때니다.

국서 : 흥, 이놈아, 건성으로 돈이 사람을 따르는 줄 알아서는 안 돼. 너 따

위 배 타러 다니는 놈이 그렇게 대가리에다가 지꾼지 뭔지를 처바르고 게다가 비단조기까지 잡숫고 그래가지고두 돈을 벌어? 당최 그런 생각 일랑 염두에두 두지 말고 뒷길에 가서 소 마구간이나 치워라. 그리고 성 녀석 만나거든 어서 타작마당으로 오라구 그래.

개똥이 : 아버지, 그렇지만.

국서 : 얼른, 이놈아! 시키는 대로 좀 고분고분히 해라!

　개똥이 하는 수 없는 듯이 집 뒤로 나간다. 이때 좌편에서 술집 하인 자전거로 술을 한 통 싣고 온다.

술집 하인 : 술 가져 왔어요.

국서 : 그래, 이리로 가져 온. 너 행길에 오다가 혹 우리 집 말똥이 못 봤니?

술집 하인 : 못 봤어요.

국서 : 원, 이런 육실헐 놈이 어딜 갔담!

　국서 술집 하인을 데리고 헛간 입구로 퇴장

말똥이 : (　　ⓔ　　) ……아무리 아버지가 그래두 뒷간에서 개 부르드키 그렇게 쉽게는 나를 못 불러 쓸 거야, 빌어먹을! 누가 일을 헌담! …… 흥, 죽 쒀서 개 좋은 일 시키게. 나는 싫어. 막 죽어두 일은 안 헐 테야.

　집 뒤에서 타작하는 소리. 꽹과리 소리 들리기 시작한다. 문진이 헛간 입구에 나타난다.

문진 : (소리친다) 자, 술 먹으러들 오게! ……아무도 읎구나. (사라진다)

말똥이 : (　　ⓜ　　) ……으! 아이 갑갑해. ……술만 처먹구 지랄병만 허면 제일이야. 빌어먹을! (몸부림친다)

　집 뒤에서 일꾼들의 노랫소리 들린다.

　풍년이 왔네 / 풍년이 왔네 / 이 강산 삼천리 / 풍년이 왔네
　에헤 데헤야 / 얼싸 좋고 좋아 / 어름아 지화자 / 네가 내 사랑이지

　헛간 입구를 통해서 우삼이와 문진이가 어깨를 출썩거리고 춤추는 게 보인다.

말똥이 : ……에그, 그 거드럭대는 꼬락서니 참 볼 수 없군! 풍년이 왔으면 먹을 꺼나 남을 줄 아니까 장관들이지. (가마니를 둘러쓰고 다시 눕는다.)

　　　　　　　　　　　　　　　　　　　　　　　　　　- 유치진, 「소」 -

---

04. 윗글에 대한 설명으로 가장 적절한 것은?

① 사건을 극적으로 반전시켜 갈등을 해소하고 있다.
② 선인과 악인을 대비시켜 작품의 주제를 부각하고 있다.
③ 유사한 사건을 반복하여 관객의 호기심을 자극하고 있다.
④ 인물의 성격을 통해 타협적인 인간의 삶을 풍자하고 있다.
⑤ 비속어를 활용해 인물의 감정을 효과적으로 드러내고 있다.

05. 〈보기〉를 참고하여 윗글을 감상한 내용으로 적절하지 <u>않은</u> 것은?

> ───── 〈보기〉 ─────
>
> 　「소」는 일제강점기인 1930년대 당시 우리 농촌의 궁핍한 실상을 고발하고 있는 작품이다. 위의 장면은 관습적인 사고를 지닌 구세대와 그에 대립하는 신세대의 모습을 그리고 있지만, 그 이면에는 우리 농촌을 피폐하게 만들고 있는 당시 농촌 사회의 모순이 배경으로 깔려 있다. 특히 이 작품은 작가의 냉철한 역사적 안목으로 당시 농촌이 지니고 있는 문제점을 잘 포착하고 있을 뿐 아니라, 희극적 요소들을 동원하여 당시 농촌의 비극성을 효과적으로 드러냈다는 점에서 높이 평가받고 있다.

① 개똥이 같은 젊은이들이 돈을 벌려고 농촌을 떠나는 것은 '우리 농촌의 궁핍한 실상'에서 벗어나려고 하는 것이로군.
② 말똥이가 숨어 있는 것은 현실 상황에 맞지 않게 농사만을 강요하는 아버지의 '관습적인 사고'에 반발하고 있는 것이군.
③ 풍년이 와도 먹을 것이 남지 않는다는 말똥이의 대사를 통해 '당시 농촌 사회의 모순'을 짐작할 수 있군.
④ 적극적인 행동을 보이는 개똥이를 통해 '작가의 냉철한 역사적 안목'을 대변하려고 하였군.
⑤ 이 작품에서 '희극적 요소'는 말똥이, 개똥이 같은 우스꽝스런 이름과 인물들의 해학적인 행동을 통해 드러나고 있군.

06. ㉠~㉤에 들어갈 지시문으로 적절하지 <u>않은</u> 것은?

① ㉠ : 서운하단 듯이
② ㉡ : 퉁명스럽게
③ ㉢ : 눈치를 보며
④ ㉣ : 부루퉁해져서
⑤ ㉤ : 끙끙대며

다음 글을 읽고 물음에 답하시오.

사음＊ : ……그러면 저 볏섬은 오늘 저녁나절까지 신작로 돌다리께에 있는 논임자 곳간으로 져 내어다 두게. / **국서** : 네.

사음 : 그러면 한 번 더 일러두고 갈 테니 잘 명심해 두게! 작년치 떨어진 게 두 섬 여섯 말. 재작년치 떨어진 게 석 섬 두 말. 도합 닷 섬 여섯 말이 떨어졌는데 그 중에서 금년에 와서 갚아진 것을 덜면 꼭 넉 섬 일곱 말이 떨어져 있단 말야!

말뚱이 : (옆에서 듣고 섰다가 퉁명스럽게) 그걸 어째야 한단 말요?

[A]
사음 : 금명간에 다 해다 갚으란 말야! 이놈이 왜 어른 말하는데 쌍지팽이를 짚고 나서? 원 버르장머리 없게? ……국서 잘 듣게. 대관절 이번 봄부터 내가 몇 번을 타이른 줄 알어? 명년부터서는 새로 농지령이란 게 실시된다구. 그렇게 되면 실상 작인들은 살기가 좀 나아져. 그렇지만 그 대신 이번 추수까지는 여태 묵은 것은 다 맡겨 놔야지. 그렇잖으면 내년에 가서 피차에 귀찮스럽게 된단 말야. 도지＊가 묵었느니, 떨어졌느니, 허구 이걸 법정에 내걸더래도 말썽스럽게 되거든!

국서 : 그러니까 나도 여태 여쭌 게 아닙니까? 보시다시피 우리는.

[B]
사음 : 지금 와서 그런 소릴 해두 소용없다니까! 나는 그저 논임자가 하라는 대로 하는 사람이야. 만일 이번에 묵은 것을 못 갖다 갚으면 좋지 못한 일이 한두 가지가 아니야. 사정없이 딱 잘라서 최후 결판을 지어 버리고 말 거란 말야! 잘 알아 생각해!

말뚱이 : 아니 뼈가 빠지게 농사지어 놓은 것 막 다 가져갔죠. 그러구 그게 무슨 말유? 올해가 풍년이래두 우리집에 어디 쌀 한 톨 남았나 봐요! 막 뒤져 봐요! / **국서** : ……이놈 말뚱아!

사음 : 이 망할 자식 보게. 늙은 사람 앞에 막 삿대질을 허구 이놈이 덤비지! 에잇 고약한 놈 같으니! (지팡이로 때린다.)

말뚱이 : (악을 쓰고) ……아버지 좀 놔요. 노……농지령이란 건 뭐야요? 그저 사람을 골릴려구! 최후 결판을 하면 어쩔 테야? 어디 할 대루 해봐요! 응! 할래야 할 거나 있어야 말이지.

국서 : (말리다가 못해 말뚱이를 헛간 밖으로 끌어낸다.) 저리 나가! 이놈 버릇없이!

사음 : 이런 분할 일이 있나! 그럼 못할 거라구! 두고 봐! 기둥이라두 빼어 가구 솥이라두 떼어갈 테니까…… 흥 저놈의 소는 못 몰고 갈 줄 아나?

국서 : 소를요? 아닙니다. 저 소는 저래 봬두 도 장관 나으리한테서 일등상 받은. / **사음** : 일등상이 뭐야! 도 장관은 다 뭐야!

처 : ……에그 살려주십시오. 그저 저놈이 미련스럽구 철이 덜 나서 그렇습네다. 네? 제발.

사음 : 놔요! 놔! 붙들지 말우. 참 사람 분해 죽을 일이야…….

　애원하는 국서 부부를 뿌리치고 사음은 나가 버린다. 말뚱이는 헛간 문 곁에 기대섰다.

국서 : (말뚱이를 보고) 엑끼 빌어먹을!

말뚱이 : (슬슬 피하며) 내가 뭘 잘못했수 백주에 그래. (퇴장해 버린다.)

처 : 이걸 어떡하나? 마름을 저렇게 건드려 놨으니 인제 큰일났다. 속절없이 논은 떼이고 말았구려.

국서 : 그놈의 자식 때문에 괜히 쓸데없는 걱정을 또 샀지.

　이웃 사람 영실이 조금 전부터 행길에서 이 구경을 하다가 마당으로 들어오며,

영실 : 헛헛헛……. 문진이가 왔으면 바로 도처 춘풍이란 소리를 한 마디 내걸칠 대문이로군요. 국서, 걱정 마오. 나두 금방 구경을 했지만 이런 싸움이 이 동리에서도 하루에 몇 차례씩 있는 걸. 그야말로 될 대로 되겠지. 응? ……그리고 지금 나는 읍내에 갔다 오는데 자네 아우가 읍에서 자네더러 좀 와 달라구 그랬수. / **국서** : 나를?

영실 : 아마 무슨 돈 꾸어 쓰는 일 때문에 그러나 봐. 나는 바빠서 가오. (그만 퇴장)

국서 : 또 무슨 까다로운 일이 생겼나? 웬일이야? (방으로 들어간다.)

처 : 읍에 가 보시려우 지금? (방 안을 들여다보고) 부대 올 때에 뭘 좀 사 오세요. 마름헌테 보내게. 암만 생각해두 걱정이어요. 금방 그 양반이 그렇게 노허구 가서! 코 아래 진상이라두 해 놔야 해요. 그래야 좀 맘을 놓지.

- 유치진, 「소」 -

＊사음 : 지주를 대리하여 소작권을 관리하는 사람. 마름.
＊도지 : 남의 논밭을 빌려서 부치고 그 대가로 해마다 내는 벼.

07. 등장인물의 역할에 대한 설명으로 적절한 것만을 〈보기〉에서 고른 것은?

＜보기＞
ㄱ. '사음'은 여러 인물과 대립하며 극적 반전을 유도하고 있다.
ㄴ. '말뚱이'는 '사음'을 자극하여 긴장감을 고조시키고 있다.
ㄷ. '국서'는 '말뚱이'를 제지하여 상황이 악화되는 것을 막으려 하고 있다.
ㄹ. '처'는 '국서'에게 반발하여 새로운 갈등을 유발하고 있다.

① ㄱ, ㄴ ② ㄱ, ㄷ ③ ㄴ, ㄷ
④ ㄴ, ㄹ ⑤ ㄷ, ㄹ

08. [A]와 [B]의 공통점으로 가장 적절한 것은?

① 상대방의 입장을 배려하는 척하며 회유하고 있다.
② 의문점을 제기하며 문제의 초점을 명확히 하고 있다.
③ 장차 벌어질 상황을 언급하며 불안감을 조성하고 있다.
④ 사회적 연륜을 앞세워 상대방의 행동을 제지하고 있다.
⑤ 법적인 근거를 내세우며 자신의 행동을 합리화하고 있다.

09. 윗글의 내용 중 〈보기〉에 해당하지 **않는** 것은?

＜보기＞
　희곡에서 어떤 사건은 무대에서 실제 장면으로 나타나지 않지만 인물의 대사를 통해 알 수 있다.

① 말뚱이가 국서를 피해 밖으로 나가는 것.
② 국서 아우가 읍에서 영실을 만나 부탁하는 것.
③ 국서가 작년 재작년에 도지의 일부만 치르는 것.
④ 사음이 봄에 국서에게 묵은 도지를 갚으라고 말하는 것.
⑤ 동리 사람들이 도지를 치르는 일을 두고 사음과 다투는 것.

18 선우휘/이은성·윤삼육, 불꽃

나BS 수능특강 | **현대문학** ●

S# 138. 광장

연호 : 내 말 들으시오. 동무들.

인민재판에 회부된 사람들

　광장에 끌려 나온 사람들. 인민재판의 광장. 거기 잡혀 온 현, 조경태 목사, 국민회 회장—공포의 얼굴, 얼굴들.
공산주의 국가에서, 법관 대신 인민이 뽑은 사람이 대중 앞에서 그들을 배심으로 삼아 처결하는 방식의 재판　↳ 사람들이 느끼는 공포심을 보여주는 지시문

연호 : 동무들 오늘 이 자리에서 조직을 이탈하고 혁명을 반대하는 자의 말로가 어떤 것인가 보여 주겠소. (돌아보며) 진행하오.
인민재판의 죄목　　　　　마지막 무렵

　「대기했던 내무서원들, 몽둥이를 들고 나타난다. 두려운 얼굴, 얼굴들. 순간 무섭게 나는 몽둥이. 피를 토하며 쓰러지는 국민회 회장. 비명, 울부짖음.

싸늘하게 현의 얼굴을 주시하는 연호. 움직임 없는 현의 표정. 금세 시체가 돼서 끌려 나가는 국민회 회장. 현의 얼굴에 배는 식은땀. 다음 차례 조 목
　연호는 현을 주목하고 있음. → 인민재판의 목적 중 하나

사가 끌려 올라간다.」　「 」: 인민재판에 회부된 사람이 느끼는 공포의 심리와, 회부된 사람에게 가해지는 폭력을 묘사함.

영순 : 아버지— 아버지—. // 미친 듯 울부짖는 영순. 싸늘히 지키는 연호. 퍽. 조 목사의 머리를 강타하는 몽둥이.
　　　　　폭력적인 인민재판의 현장에서 적극적인 대응을 하지 않고 있음.

영순 : 악— 악— 아버지잇—.

　힐끗 발아래 시선 던지는 현. 기다란 그림자. 내려치는 몽둥이, 순간

현 : 살인이닷. 살인이야앗—.
불의한 상황을 외면하지 않고 맞서는 현 / 인물의 태도 변화
　왈칵 돌아보는 연호의 얼굴. 『그 얼굴에 증오를 모은 현의 주먹이 무섭게 떨어지며　// **현** : 이놈, 살인이닷.
　　　　　　　　연호를 보고 증오가 극대화된 현의 응징을 보여 줌.　　　　　　연호

픽 쓰러지는 동시에 왈칵 열댓 놈. 소총을 빼앗아 드는 현. "응?" / "어?"

　놀라는 얼굴. 얼굴들. 순식간에 일어난 일. 벌써 비호처럼 내뛰는 현의 모습. "뛴다." / "잡아라."
용감한 현의 행동에 놀란 사람들을 표현함.　　　　나는 듯이 빠르게 달리는 범

　탕— 탕— 귓전을 울리는 총성. 휘청. 다리를 맞고 쓰러진 현. 벌컥 일어나 절뚝절뚝 달린다. 벌집 쑤신 광장. 장터는 수라장.』
『 』: 현은 연호를 치고 장터에서 도망침.

[중략 부분 줄거리] 장터에서 도망친 현은 3·1 운동 때 아버지가 일제에 맞서다 죽음을 맞이했던 동굴로 피신한다. 연호는 현의 할아버지인 고 영감과

현의 어머니를 끌고 동굴 앞에 와서 현을 굴복시키고자 하지만 고 영감은 동굴 앞에서 현에게 이곳에서 도망을 쳐서 살아야 한다고 말하고, 연호는 그

런 고 영감을 총으로 쏜다.

S# 140. 동굴 안

현 : 할아버지잇—. // 총을 들고 절규. 뛰어나가려는 순간, 탁 앞을 가로막는
할아버지인 고 영감이 총에 맞자 절규함.

S# 141. 이미지　■ ↔ ■ : 색채 대비
불의를 외면하는 현실 순응자의 삶을 강요한 할아버지의 요구를 따랐던 현의 심리　　　　　↗ 불의한 현실에 저항하고자 하는 현의 심리
　「검고 크게 압박하는 그 굳은 껍질의 환영. 순간 그것은 놀랍게도 붉고 붉은 불덩어리가 되면서 화면이 깨질 것 같은 찢어지는 소리와 함께 그 거

대한 불덩어리가 하늘 가득히 확산되면서 (슬로 모션)」 「 」: 불의한 현실에 저항하려는 현의 의지가 나타남. 이러한 과정이 상징적으로 표현됨.
현이 가진 저항의 의지가 커져가고 있음을 형상화함 ①

S# 142. 계곡

꼭두각시처럼 조종하는 대로 움직이는 군대. 북한 인민군을 소련의 꼭두각시로 비난하여 이르던 말
이하 슬로 모션. 소리를 지르며 동굴에서 뛰어나오는 현. 총을 들어 쏜다. 응사하는 괴뢰군들. 한 발은 불발탄. 뛰어 나오는 현. 다시 쏜다. 한 놈이
응사하다 : 적의 사격에 대응하여 마주 쏘다.

쓰러진다. 『현의 어깻죽지에 한 발 맞는다. 그대로 뛰어나오는 현. 또 쏜다. 또 한 놈이 쓰러진다. 연호가 쏜다. 가슴에 맞는 현. 그래도 달려 나오며 연
『 』: 죽을 수도 있는 상황에서 도망치려 하지 않고 맞서는 현의 태도

호를 쏜다.』가슴에 피를 뿜으며 쓰러지는 연호. 여기까지 슬로 모션.
현이 총으로 연호를 쓰러트림.

고 영감 : (넘어지며) 그놈 잘한다.
불의한 현실에서 벗어나 살아야 한다는 자신의 말을 따르는 현의 행동에 흡족해함.
토하듯 한마디. 그대로 숨진다. 비틀비틀 가슴에 피 흘리며 쓰러지는 현. (슬로 모션)

S# 143. 이미지

확산되어 흩어지는 무수한 불덩어리의 조각. (슬로 모션)
현이 가진 저항의 의지가 커져가고 있음을 형상화함 ②

S# 144. 계곡

하늘을 향해 쓰러지는 현. 멀거니 뜨는 눈.

S# 145. 이미지

확산되는 불꽃의 수많은 조각. (슬로 모션) 그 찢는 듯한 음향. 아. 「거기 넓은 꽃밭. 아스라이 일어나는 뭉게구름. 백마를 타고 달려오는 현. 포진.
 : 긍정적, 환상적 이미지
하늘을 향해 두 발을 들고 우짖는 백마. 창을 빗겨 든 현의 모습. 꽃밭 속을 달려오는 현모와 영순. 아니 그것은 아름다운 천사. 현의 백마. 구름 속을

달려간다. 그 찬란한 세계.」 「 」: 여러 이미지로 찬란한 세계를 묘사함. 찬란한 세계는 곧 현이 지향하는 세계임.

S# 146. 계곡

포성, 가까워진 포성. // 현 : 으으…….
대포 소리가 가까워짐. → 전투 상황이 닥쳐올 것임을 예고
환희의 얼굴, 이제 거기 새로운 탄생. // 현 : 으으…….
두려워하지 않고 만족감을 느끼고 있음.   ↳ 확산된 현의 의지가 완성됨.
부릅뜬 현의 눈. 저만치 거꾸로 비탈에 처박혀 죽은 고 영삼. 그 아래 선조들의 선영. 아버지가 죽은 동굴. 『현, 일어선다. 총을 들고 일어선다. 그것

은 강인한 의지, 초능력의 새로운 힘. 일어나는 현, 대지를 꿋꿋이 밟는 현. 아직도 그의 손바닥엔 한 알의 탄환. 가까이 오는 포성. 거기 그렇게 서 있

는 현.』 『 』: 자신이 처한 현실을 피하지 않고 굳건히 맞서는 현의 모습

OX문제

01 구체적 묘사를 통해 역동적인 분위기를 제시하고 있다. [2015학년도 6월A]　　　　　　　　(O / X)

02 할아버지의 죽음은 현의 의지를 극대화하는 계기가 된다.　　　　　　　　　　　　　　(O / X)

03 특정 인물의 회상을 중심으로 이야기를 전개하고 있다. [2018학년도 9월]　　　　　　　(O / X)

04 '굳은 껍질'은 '불덩어리'와 대비되면서 현의 심리를 상징적으로 나타내고 있다.　　　　(O / X)

05 S# 146에서 현이 가만히 서 있는 이유는 처참한 현실에 무력감을 느꼈기 때문이다.　　(O / X)

STEP
02 작품 해제

01 | 주제

한국 근대사의 비극적 현실 극복과 자기 개혁을 실천하는 한 인간의 결의

02 | 특징

① 3·1 운동부터 8·15 광복, 6·25 전쟁에 이르는 근·현대사의 격동기를 배경으로 함.
② '현'이라는 인물의 내적 갈등과 의식의 변화를 보여줌.
③ 독자들에게 역사적 사실에 대한 재인식과, 현실을 살아가는 삶의 자세에 대한 반성을 유도함.
④ 간결한 문장과 역동성이 보이는 문장을 구사함.

03 | 작품 해제

이 작품은 선우휘 원작의 단편 소설 「불꽃」을 시나리오로 각색한 것이다. 원작 소설의 내용에서 크게 벗어나지 않는 선에서 주제 의식이 형상화되어, 일제 강점기부터 광복 이후 근대사의 격랑을 겪은 인물이 현실에 대해 적극적인 태도를 지니게 되기까지의 과정을 구체화하였다.

04 | 등장인물

- 고현 : 3·1 운동 때 만세를 부르다가 경찰의 총을 맞고 부엉산 동굴에서 숨진 키 큰 젊은이의 아들. 그는 학병으로 끌려가서도 자신과 무관한 전쟁을 피해 탈영을 하고, 6·25 전쟁 발발 이후에도 자신과는 무관하다고 생각하며 불의한 현실을 외면하지만, 이내 인민재판을 거치며 현실에 뛰어들어 저항함.
- 연호 : 현의 어릴 적 친구로 월북했다가 공산당과 함께 고향에 내려와서 인민재판을 주도함. 자신의 목적을 위해 수단과 방법을 가리지 않으며, 비극적인 상황에서도 냉철한 모습을 보이는 인물.
- 아버지 : 3·1 운동 때 만세를 부르다가 총탄에 맞아 숨진, 순결한 영혼의 소유자이며 민족주의자.
- 고노인 : 싸전 가게를 운영하면서 아들의 죽음에도 아랑곳하지 않고 살려고 무진 애를 쓰며 현을 현실 순응자로 가르치면서 살아온 현의 할아버지이다. 현세주의적 철학의 소유자이며 개인적 이득을 위해서만 살아가는 가치관을 가지고 있었음. 그러나 손자를 살리기 위해 자신의 목숨을 기꺼이 희생함. 보수적이고 폐쇄적이며, 숙명론자이며 철저한 현실주의자로 아버지와는 상반되는 인물.

05 | 상세 줄거리

고현은 3·1 운동 때 일경의 총을 맞고 뒷산 동굴에 피신하였다가 죽은 아버지로 인해 할아버지인 고 영감으로부터 현실에 순응하고 살도록 강요를 받으며 자라게 된다. 현은 일본 유학 시 제국주의 찬양론자들의 주장에 불만을 품고 귀국했다가 학병으로 끌려가게 되고, 탈출 후 해방된 고향으로 돌아온다. 어린 시절부터 친구였던 연호와 이념 문제로 대립한 현은 인민재판에서 영순의 아버지가 처형당하는 것에 분노하여 연호를 치고 아버지가 죽은 동굴로 피신한다. 부엉산 마루바위 동굴 속에서 현은 할아버지와 어머니로부터 지금의 그가 있기까지의 내력을 듣게 된다. 현은 그동안 속으로는 일제에 대항하다가 쓰러져 간 아버지의 고귀한 죽음을 그리면서도 현실적으로는 할아버지로부터 받는 중압감을 감당하지 못하고 자신의 비겁함을 교묘하게 합리화시키는 데 급급하였던 자신을 돌이켜본다. 6·25 전쟁의 비극을 통해 무자비한 공산당의 살육행위를 목격하여 온 현은 이제 자기에게 절실히 요구되는 당위의 행위가 무엇인가를 확연히 깨달은 것이다. 그는 스스로 총을 들고 최후의 순간까지 공산주의자들과 싸울 것을 다짐한다.

나 없이 **EBS** 풀지마라

STEP 03 논문으로 만나는 출제자의 시선

전후 중편 소설로서의 「불꽃」

「불꽃」은 한국 근대사를 배경으로 한 가족의 3대에 걸친 수난사를 액자 소설적 구조를 통해 비인간적인 역사 속에서 겪는 인간의 갈등과 더불어 기계적인 이데올로기에 의해 강요된 전쟁의 비극에 저항하는 인간의 삶을 보여주고 있는 작품이다. 이러한 작품의 주제는 근대사의 대표적 수난기인 일제 식민지 시대와 분단 시대를 겪으면서 살아가는 주인공의 할아버지, 아버지, 그리고 주인공 '고현'의 삶을 통해 잘 드러나고 있다. 「불꽃」은 하나의 연결된 사건들로 구성되어 있다. 이것은 공산주의자가 되어 버린 친구 '연호'가 동굴로 고현의 할아버지를 이끌고 올라와 고 노인에게 고현의 자수를 권유시키지만, 고 노인이 손자 고현에게 도망가라는 말을 하고 연호에게 총을 맞는 장면, 그리고 할아버지의 죽음 앞에서 도망가지 못하고 친구 연호와 맞닥뜨려 총을 쏘고 서로의 총에 맞아 죽어 가는 장면을 중심으로 연결되는 한두 개의 아주 작은 에피소드밖에 존재하지 않는다. 이 작품이 앞에서 언급한 작은 에피소드를 중심으로 전장이라는 극한 상황에 초점을 맞추어 소설이 구성되었다면 단편소설에 그치고 말았을 것이다. 하지만 선우휘는 「불꽃」에서 이 작품의 주인공인 고현과 그의 아버지의 동굴에의 피난이라는 동일한 사건과 결부시켜 주인공 '고현'의 가족 수난사를 우리 민족의 수난사와 대응시킴으로써 민족적 아픔을 중편소설을 통해 깊이 있게 다루고 있다.

현의 행동 변화가 가지는 의미

「불꽃」은 전후 소설 중 역사적 사실을 과감하게 수용하여 서사성과 행동성을 회복시킨 선우휘의 중편소설이다. 「불꽃」은 3·1 운동, 일제의 압정, 중일전쟁, 학병, 해방, 좌우대립, 6·25 전쟁 등의 우리 민족의 수난사를 압축적으로 제시하고 있다. 주된 내용은 두 가지 인간형(할아버지와 아버지) 가운데에서 고민하고 방황하던 주인공 현의 과도기적 인간형을 그려냄으로써 6·25 전쟁 직후의 한국 젊은이들이 살아가야 할 방향을 제시한 역작으로 평가되고 있다.

이 작품에서 작가의 이념을 살필 수 있는 계기는 아마도 고현과 공산주의자인 연호가 총격을 벌이는 장면이라고 할 수 있다. 이 장면에서 작가는 연호라는 인물에 대한 묘사를 통해 공산주의에 대한 반감을 직접적으로 드러내고 있다. 이것은 작가가 6·25 전쟁에 직접 참가한 작가의 체험을 통해 반공 이데올로기(역사적·사회적 입장을 반영한 사상과 의식의 체계)를 드러내고 있음을 알 수 있게 해 준다.

작품의 제목인 「불꽃」은 현실 참여로 자기 개혁을 시도하는 양심의 행동을 상징하는 것이다. 신화적 의미에 있어서 '불'의 이미지는 새 생명의 탄생, 혹은 재생력의 의미를 담고 있다. 조각을 내며 부서지는 껍질과 무수히 튀는 불꽃은 바로 주인공 '현'의 새로운 탄생을 의미한다. 현은 마지막 장면에서 "떠들어대어야 인생은 무의미할 뿐이라는 것을 알려 주자. 꺼리고 비웃는 데 그치지 말고 정면으로 알몸을 던져 거부하자."라는 적극적 행동으로의 변신을 보여준다. 지금까지의 그의 삶이 광기의 이데올로기를 꺼리고 비웃는 데 그치는 수준이라면, 한 단계 높은 것은, 그것을 행동으로 보여주는 정면 대결이다. 현의 이러한 태도는 민족사의 오랜 질곡을 벗어나려는 작가의 대안으로 볼 수 있다. 여전히 민족의 불행을 유발하고 있는 상황을 고려할 때, 이런 대응 방식은 타당성을 지니는 것이다.

다음 글을 읽고 물음에 답하시오.

[앞부분의 줄거리] '현'은 현실에 안주하려는 삶을 살아가는 할아버지와 현실을 개혁하려는 삶을 살았던 아버지 사이에서 방황하는 지식인이다. '현'은 일제 강점기 학병으로 끌려갔다가 탈주하여 고향으로 돌아와 평범한 생활을 추구한다. 그러나 '현'은 월북했다가 6·25때 돌아온 친구 '연호'가 주도하는 인민재판에 분노하여 총을 난사하고, 자신도 총상을 입은 채 동굴로 피해 자신의 삶을 돌아보게 된다.

S#53. 읍내 플랫폼

이른 새벽, 안개 속에 기차를 달리는 사람들. 길 떠날 차림의 현과 고영감, 어머니가 온다. 품속에서 여남은 장 ㉠ 지전 다발을 꺼내더니.

고영감: 아랫말 과수원 판 돈이여. 헛되이 쓰지 말구 꼭 대학에 붙어서 판검사가 되야 혀.

공손히 받는 현.

고영감: 네가 우리 집안에 기둥이 되야 혀. 부디 성공을 해라.

이윽고 먼 기적 소리. 기차가 들어온다.

현: 그럼, 할아버님.
고영감: 오냐. 일본에 가 거처를 정하걸랑 곧 연락을 혀. 돈도 필요하면 더 보낼 테니께. / **현**: (어머니를 돌아본다.)
현모: 내 걱정 말구 아무쪼록 객지에서 몸 성히 다녀와라.

눈물고인 시선 꼭 손목을 잡아준다. 기차에 오르는 현. 저만치 역 구내에 영순이가 서 있다. 가만히 손 들어주는 현. 영순 돌아서 운다. 이윽고 ㉡ 발차 신호. 천천히 기차가 움직이기 시작한다. 점차 멀어지는 그들. 손을 흔드는 현.

S#54. 기차 안

차창에 앉은 현. 멀어져가는 고향 풍경. 자꾸 뒤돌아본다. 기차가 터널로 들어간다. 어두워지는 주위. 웬일까? 기차만 가고 현만 남아 있다. 이상하다. 동굴 안에 달랑 남아 꿈결인 양 둘러보는 현.

S#55. 동굴 안 밤

동굴 속에 앉아 있는 현. 몽롱한 의식 속에 괴로워하다가 퍼뜩 눈을 뜬다. 뚝. ㉢ 떨어지는 물방울. 아, 역시 동굴 속이라 정신을 가다듬 내다보는 현. 밖에는 추적추적 비가 내리고 있다. 점점 기력이 쇠진하고 의식이 몽롱해지는 현. 상처 쑤시는 다리에 가만히 손을 댔다가 눈앞에 가까이 본다. ㉣ 검붉은 핏자국, 가쁜 숨결. 이윽고 헛소리 하는 현.

"…… 죽는 걸까? 여기서 이대로 죽는 건가? 맥박이 뛸 적마다 피가 흐른다. 몇 시간이나 더 지탱할 수 있을까……. 아니 그놈이 올텐데……. 그놈은 꼭 오고야 말 것이다."

메마른 입술. 전신을 스치는 소란. 현, 총신을 잡고 고통에 찡그리며 가만히 일어난다. 지레 문 어금니 사이로 신음이 새어나온다. 현, 다리를 끌고 나가 동굴 입구에 떨어지는 빗물을 받아 마신다. 얼굴을 적시는 빗줄기. 어두운 계곡에 뽀얀 물보라. 저 멀리 마을 쪽에 ㉤ 예광탄 하나가 밤하늘을 긋는다. 흠칫 놀라는 현. 총신을 거머쥐고 겨냥하며 슬금슬금 안으로 든다. 마치 게 한 마리 나오려다 도로 기어들어가는 것 같다. 현, 눈을 지그시 감고 고통을 참는다.

현: 놈은 온다……. 꼭 온다……. 나를 죽이러 온다…….

문득 먼 포성. 흠칫 귀를 기울이는 현. 계속되는 포성.

현: 천둥소리가? 아니 저건 포 소리 같은데……. 포 소리……. 포 소리가 분명해.

현의 목소리가 우릉우릉 굴속을 메아리쳐 굴러가며 거기 다시 환청으로 누구의 목소리가 메아리 되어 울리며,

"(오노오노 소노 도꼬로에 에시무) 모두들 각자의 자기 설 자리에 서게 한다는 것은 만고불변의 진리다. 개인을 절대적 단위로 하고 무원칙적인 평등과 무제한의 자유를 목적으로 한 서구의 사회 질서는 극도의 혼란을 조장게 되었고 그 문명은 바야흐로 몰락의 과정에 이르게 된 것이며……."

S#56. 일본 제대 강의실

칠판에 커다랗게 팔굉일우(八紘一宇) 휘갈겨 써 놓고 변사조의 강의를 계속하는 동양윤리학 교수 다까라. 멍한 얼굴로 강의를 듣는 현.

다까라: 이때야말로 빛은 동방으로부터 첫손 미족이 궐기할 때는 당도한 것이다. (오노오노)……. 그것은 존재의 군화원리를 투시한 것이며 겸허한 인간 정신의 가치는 (고에 다까라니 우따우모노)……. 소리 드높여 노래하는 것이라. 역사적 대사명……. 팔굉일우 얼마나 장엄한 선언이냐?

장엄한 선언? 비웃듯 되물어보는 현의 표정.

다까라: 대동아공영권 건설의 정신이 바로 이것이다. 미영의 굴레에 억압된 황색민족을 해방하고 새로운 질서를 확립하여 일본은 아시아의 맹주가 되어야 한다. 이 얼마나 비장하고 장엄한 사명이냐?

S#57. 동굴 안 밤
눈감은 채 괴로워하는 현.

현 : 그래서?

S#58. 강의실
다까라 : (쪼르르 달려가 흑판에 대일본제국이라고 휘갈겨 쓰고) 따라서 우리 국민 각자는 이 거룩한 대의에 한 목숨 초개같이 버려 천황 폐하의 황은에 보답해야 하는 것이다. 보라. 들에 노는 축생일지라도 그들 자신을 벌함으로써 그 가치를 발휘하고 있지 않느냐? 그들은 그들의 한 가닥 뼈 마저 인간을 위해 달게 바치고 있는 것이다.

S#59. 동굴 안(밤)
"(따지듯) 달게?"

- 선우휘 원작. 이은성 외 각색, 「불꽃」 -

01. 윗글에 대한 설명으로 가장 적절한 것은?

① 인물의 내면 의식의 흐름을 중심으로 극이 진행되고 있다.
② 다양한 효과음이 활용되어 작품의 긴장감이 완화되고 있다.
③ 시간의 역전된 흐름에 따라 인물 간의 갈등이 해소되고 있다.
④ 새로운 인물의 등장을 통해 인물 간의 관계가 개선되고 있다.
⑤ 변화에 의해 공간의 현실의 모순에 대한 해결책이 제시되고 있다.

02. 〈보기〉를 참고하여 윗글에 나타난 장면 전환을 이해한 것으로 적절하지 않은 것은?

─── 〈보기〉 ───

　영화의 장면은 연속된 시간이나 공간으로 전환되기도 하지만, 때로는 서로 다른 공간이나 연속성을 벗어난 시간으로 장면이 전환되기도 한다. 서로 다른 공간이나 시간을 연결하는 경우, 두 장면의 연속성을 암시하는 연결 고리가 필요하다. 이는 주로 선·후행 장면에서 나타나는 상황의 유사성, 선·후행 장면 내의 소재나 형상의 유사성, 선·후행 장면에 포함된 소리의 유사성 등으로 표현된다.

① S#54에서 터널로 들어가는 것과 S#55의 동굴 안은 어둠이라는 상황의 유사성을 이용한 장면 전환이 일어나는 것이군.
② S#55에서 굴속에서의 현의 목소리와 일본인 교수의 목소리는 메아리라는 소리의 유사성을 활용하여 S#56으로의 전환을 유도하고 있군.
③ S#56에서 S#57로의 장면 전환은 교수의 강의에 대해 현이 반문하는 모습을 보여줌으로써 '강의에 대한 반응'이라는 상황의 유사성으로 연결시키고 있군.
④ S#57에서 S#58로의 장면 전환은 괴로워하는 현의 신음 소리와 교수의 강의 소리라는 소리의 유사성을 활용하여 이루어지고 있군.
⑤ S#58에서 S#59로의 장면 전환은 교수의 말의 일부를 다시 사용하여 '달게?'라고 반문하는 '현'의 말의 소리의 유사성을 활용하여 이루어지고 있군.

03. ㉠~㉤의 기능에 대한 설명으로 적절하지 않은 것은?

① ㉠은 '현'에 대한 '고영감'의 기대를 보여주고 있다.
② ㉡은 이별의 시간이 되었음을 청각적으로 일깨워 주고 있다.
③ ㉢은 '현'이 자신이 있는 장소가 어디인지를 확인하게 하고 있다.
④ ㉣은 '현'의 부상이 심각한 상태임을 시각적으로 보여주고 있다.
⑤ ㉤은 자신을 구해줄 사람에 대한 '현'의 기대를 상징적으로 드러내고 있다.

다음 글을 읽고 물음에 답하시오.

(가)

[앞부분의 줄거리] 동림산업은 제복을 제정하려고 준비위원회를 통해 사원들의 의견을 듣기로 한다. 사원들은 반대하지만 준비위원회는 일방적으로 제복 제정을 결정하고, 회사는 재단사를 불러 사원들의 치수를 재며 제복 도입을 강행한다.

"거기 있을 줄 알았지. 나야, 장이야. 우기환이도 같이 있나?"

전화를 받자마자 장상태가 낮고 빠른 말씨로 지껄여 왔다.

"즉각 들어와 줘야겠어. 과장이 잔뜩 뿔따구가 나갖구 방금 사장실로 들어갔어."

"재단사들은 다 철수했나?"

"아직 다른 사무실을 돌고 있어. 그 친구들이 철수하기 전에 자네가 들어와야 일이 무사해질 것 같애."

"지금은 들어가고 싶잖아. 친구가 찾아와서 잠깐 외출했다고 그래."

"재는 거야 상관없잖아. ⊙ 입고 안 입는 건 그 후의 일인데 뭘 그래."

민도식은 일방적으로 전화를 끊어버렸다. 한참 만에 민 선생을 찾는 전화가 다시 왔다.

"과장일세. 자네들이 지금 취하고 있는 행동이 어떤 결과를 부르는지 알고나 그러나?"

수화기에서 대뜸 불호령이 떨어졌다.

"자네들이 이번 일에 비협조적이란 걸 알고 있어. 뒷전으로 돌면서 불평이나 터뜨리고 다니는 걸 내가 모를 줄 아나?"

과장은 계속해서 닦아세웠다.

"이 전화 끝나자마자 사장실로 가봐! 나하곤 이미 용무가 끝났어!"

사장은 전혀 화가 난 얼굴이 아니었다. 조심스럽게 들어와서 맞은편 소파에 앉는 두 사원을 응접세트 너머로 지그시 바라보고 있었다.

"자네들이 의복에 관해서 일가견을 가졌다는 소문인데, 어디 그 견해 좀 들세나."

(중략)

"자네들이 이러지 않아도 난 지금 복잡한 일이 많은 사람이야. 우 군이 K직물을 동경하는 그 심정은 나도 알아. 하지만 앞으로 가까운 장래에 다른 사람들이 자네들을 동경하도록 만들기 위해서는 나도 노력하고 자네들도 적극 협조해야 되잖아. 그동안을 못 참아서 협조할 수 없다면 별 수 없지. ⓒ 이런 일엔 누군가 한 사람쯤 희생이 따른다는 사실을 각오해야 돼."

"무슨 뜻인지 알겠습니다. 제가 희생이 되죠. 피고용자한테도 권리는 있습니다. 들어올 때는 제 맘대로 못 들어오지만 나갈 때는 제 맘대로 나갈 수 있으니까요."

우기환이가 분연히 소파에서 일어나 빠른 걸음으로 도어를 향해 갔다. 순식간의 일이었다. 사장실을 나서는 우기환이와 엇갈려 웬 사내가 잽싸게 뛰어들었다. 다방에서 두 번 본 적이 있는 생산부의 잡역부 권 씨였다. 사장실로 들어서기 무섭게 권 씨는 민도식을 향해 눈자위를 하얗게 부릅떠 보였다. 우기환의 돌연한 행동에 초벌 놀랐던 도식은 권 씨의 험악한 표정에 재벌 놀라면서 엉거주춤 궁둥이를 들었다. 빨리 자리를 비켜달라는 권 씨의 무언의 협박이 빗발치고 있었다.

"ⓒ 죄송해요, 사장님. 한사코 안 된다는데두 부득부득 우기면서 이 사람이……."

뒤쫓아 들어온 여비서를 손짓으로 내보낸 다음 사장이 말했다.

"어서 오게, 권 군."

자기보다 더 사정이 절박한 사람을 위해서 민도식은 사장실에서 물러나지 않을 수 없었다.

"잘 생각해서 스스로 결정을 내리도록 하게."

도어가 채 닫히기 전에 사장의 껄껄한 목소리가 도식의 등 뒤에 따라붙었다.

"장 선생 집에 전화 걸었더니 부인이 받데요. 새로 맞춘 유품 입구 아침 일찍 출근했다구요."

아내의 바가지 긁는 소리로 창업 기념일의 아침은 시작되었다. 체육대회가 열리는 제1공장까지 가자면 다른 날보다 더 일찍 나서야 되는데도 여전히 뭉그적거리고만 있는 남편 곁에서 아내는 시종 근심스런 눈초리를 거두지 않았다. 제복 때문에 총각 사원 하나가 사표를 던졌다는 소문을 아내는 믿지 않았다. 사표를 제출한 게 아니라 강제로 모가지가 잘린 거라고 굳게 믿고 있었다.

"까짓것 난 필요 없어. 거기 아니면 밥 빌어먹을 데 없는 줄 알아? 세상엔 아직도 유니폼 안 입는 회사가 수두룩하단 말야!"

거듭되는 재촉에 이렇게 큰소리로 대거리는 했지만 결국 민도식은 뒤늦게나마 집을 나서고 말았다. 시내를 멀리 벗어나서 교외에 널찍하게 자리 잡은 제1공장 앞에 당도했을 때는 벌써 개회식이 시작된 뒤였다. 공장 정문 철책 너머로 검정 곤색 일색의 운동장을 넘어다보는 순간 민도식은 갑자기 숨이 턱 막혀 옴을 느꼈다.

– 윤흥길, 「날개 또는 수갑」 –

(나)

S# 29. 현의 집

현을 끌고 오는 고 영감. 끌려오며 무어라고 잘못했다고 비는 현. 마당에 나뭇가지를 말리던 현 모 의아해 일어난다.

고 영감 : (들어서며 대뜸) 너 야 앞에서 똑똑히 말하거라. 현이 애비가 왜 죽었느냐?

현 모 : 무슨 말씀이신지 전…….

고 영감 : 그게 훌륭한 죽음여? 그래서 철없는 자식헌티도 애비처럼 죽으라구 부추기는 거여?

현 모 : 아버님 고정하시고…….

고 영감 : 그 따위로 자식을 키우려거든 당장 오늘이라도 현인 내가 데려가서 키울란다.

현 : 싫어. (할아버지 손을 탁 뿌리치고 밖으로 뛰어나간다.)

현 모 : ……. 제가 잘못했습니다. 허지만 현이 아버지 죽음을 못난 죽음이라고는 말어 주세요.

고 영감 : (조금 누그러지며) 지금 세상에 똑똑헌 놈 잘 되는 것 없어. 남이야 뭐라던 그저 죽어지내는 게 절 보존하는 거여……. 너도 명심허고 애를 그렇게 키워.

(중략)

S# 36. 교정

현이 가방 들고 나온다. 문득 멈춘다. 학교 직원실 건물 쪽에서 한 떼의 학생들. 창백한 얼굴. 도수 높은 근시 안경의 M 선생을 고등계 형사 두 명이 연행해 가고 있다. 학생들이 수군거린다.

E[*] : 어떻게 된 거야?

E : 모종의 독서회를 열었고, 학생들에게 독립 사상을 주입시킨 혐의래. 태연히 냉소마저 머금고 지나치는 M 선생. 현과도 시선이 마주친다. 이상하게 흠칫 뒤로 물러서는 현.

M 선생 : 공부를 잘해라.

지나치며 한마디 한다. 착잡한 시선으로 뒷모습 바라보는 현. 다시 교문을 향해 걸어 나가는데. "어이, 현아." 저쪽 나무 그늘 아래 또 한 떼 웅성대던 학생들 중에 연호가 부른다.

현 : 연호, 너 안 갈래?

연호 : 잠깐 와 봐.

그쪽으로 가는 현. 그쪽의 학생들 얼굴이 왠지 긴장해 있다. 그들 현을 자세히 본다. 약간 굳어지는 현.

민영 : (나서며) 현은 우리의 뜻을 알 거다.

현 : (어리둥절) 무슨 뜻?

민영 : 현의 아버지는 삼일 혁명 당시 훌륭한 죽음을 하셨으니까…….

현 : (흠칫. 무슨 뜻인지 안다.) …….

민영 : ……. 아침에도 오 학년 학생 둘이 끌려갔어……. 또 끌려 갈 거야……. 하지만 우리는 중단할 수 없어.

현 : (주저) …….

민영 : 잡혀간 철웅이 아버님이 주재소로 끌려가 매를 맞고 돌아와서 돌아가셨대……. ㉣ 너의 아버진 우리의 우상이야. 너도 우리와 뜻을 같이해 주어.

현 : (입술이 탄다.) …….

연호 : (두둔하며) 현은 말 안 해도 우리의 뜻을 알아.

현 : (당황) 아니 그보다…….

민영 : 그보다 뭐야?

현 : ……. 우리가 비밀 운동이나 조직한다구 무어가 달라질까?

민영 : 뭐?

현 : 글쎄……. 우리들 힘이나 잡혀간 M 선생님의 힘으로 뭐가 거대한 것이 달라질까 말이야…….

민영 : (발끈) 그렇다고 우리는 언제까지나 수동적이어야만 하니.

현 : (우물쭈물) 글쎄……. 난 당장 해야 할 숙제나 시험만 해도 과중해서…….

일순 굳어지는 야릇한 공기.

현 : 미안해…….

돌아서 간다. 등 뒤에서 들리는 소리.

민영 : 비겁한 자식. (움찔 멈춰 서는 현.)

연호 : (변명하며) 아냐. ㉤ 현이는 홀어머니 때문에 가볍게 움직일 수 없어.

— 선우휘 원작, 이은성·윤삼육 각색, 「불꽃」 —

*E : 효과음(effect). 화면에 삽입된 음향.

04. (가)와 (나)의 공통점으로 가장 적절한 것은?

① 인물 간의 대화를 통해 사건의 긴장감을 조성하고 있다.
② 새로운 인물이 등장하여 갈등 해소의 계기를 마련하고 있다.
③ 과거 장면을 통해 인물의 성격이 변화한 원인을 드러내고 있다.
④ 공간적 배경을 사실적으로 묘사하여 시대 상황을 구체화하고 있다.
⑤ 동시에 일어난 사건을 나란히 배치하여 서사 진행을 지연시키고 있다.

05. 〈보기〉를 바탕으로 (가)와 (나)를 이해한 것으로 적절하지 않은 것은?

───〈보기〉───

소설이나 시나리오에서 세계에 대응하는 자아의 양상은 다양하고 복합적이다. ⓐ 세계의 횡포에 좌절하거나 순응하는 자아도 있고, ⓑ 쉽사리 세계에 굴복당하지 않으려는 자아도 있다. 한편 위의 두 자아가 한 인물 내에서 충돌하는 경우도 있다

① (가)의 '아내'가 장 선생은 '유니폼 입고' '일찍 출근했다'며 재촉하는 것은 ⓐ, (나)의 '현 모'가 남편의 죽음을 '못난 죽음이라고는 말'라며 뜻을 굽히지 않는 것은 ⓑ의 양상으로 볼 수 있군.
② (가)의 '장상태'가 '즉각 들어오'라며 과장이 '방금 사장실로 들어갔'다고 전화한 것과 (나)의 '고 영감'이 '죽어지내는 게 절 보존하는 거'라 여기는 것은 모두 ⓐ의 양상으로 볼 수 있군.
③ (가)의 '우기환'이 '나갈 때는 제 맘대로 나갈 수 있으니까요.'라며 일어난 것과 (나)의 '민영'이 '언제까지나 수동적이어야만 하니.'라며 반문한 것은 모두 ⓑ의 양상으로 볼 수 있군.
④ (가)의 '민도식'이 '세상엔 아직도 유니폼 안 입는 회사가 수두룩하다'며 대거리하면서도 집을 나서 체육대회 장소로 가는 것은 ⓐ와 ⓑ가 공존하는 양상으로 볼 수 있군.
⑤ (나)의 '현'이 '우리들 힘'으로 '뭐가 거대한 것이 달라질까'라고 하면서 '미안하다'는 말을 남기고 돌아서는 것은 ⓐ에서 ⓑ로 전환되는 양상으로 볼 수 있군.

06. 〈보기〉는 (나)의 S# 36에 해당하는 원작 소설 부분이다. 이 부분을 시나리오로 각색하는 과정에서 고려했을 사항으로 적절하지 않은 것은?

───〈보기〉───

들려오는 사건의 내용은 M 선생이 주최하여 몇 명의 학생이 불온한 독서회를 열었고, 모종 과격한 행동까지 꾀했다는 것이었다. 현은 어느 땐가 R한테서 그런 권유를 받은 일이 있었으나 당장 해야 할 숙제나 시험만 해도 자기에겐 과중하다고 거절했던 일을 생각했다. 끌려간 M 선생은 학생들의 은근한 여론 속에서 하나의 우상이 되고 말았다. 더욱 옥중에서 쪽지를 보내 학생들을 격려했다는 소문은 어쩔 수 없는 흥분의 도가니를 이루게 했다.

① 연행되는 M 선생과 현이 마주치는 장면을 삽입한다.
② M 선생이 우상이 되어가는 과정을 대사로 제시한다.
③ M 선생이 연행되는 이유는 효과음을 사용해 드러낸다.
④ M 선생이 옥중에서 보낸 쪽지와 관련된 내용은 생략한다.
⑤ 권유를 받은 현이 당황해하는 모습을 지시문으로 추가한다.

07. (가)에 대해 〈학습 활동〉을 수행한 내용으로 가장 적절한 것은?

〈학습 활동〉

이 작품의 제목은, 중심 소재인 '옷'이 가지는 상반된 의미를 통해 주제 의식을 상징적으로 드러내고 있다. '민도식'이 한 아래의 말을 참고하여 제목의 의미를 이해해 보자.

> "옷에는 보호 기능과 표현 기능이 있다고 들었습니다. 우리가 옷에서 바랄 수 있는 건 그 두 가지 기능만으로 충분하다고 믿고 있습니다. 제복으로 사원들 간에 일체감을 조성해서 회사를 더욱 더 발전시키겠다고 그러시지만 제 생각엔 그렇게 해서 얻어지는 단결력보다는 제복에 눌려서 개성이 위축되고 단결력에 밀려서 자유로운 창의력이 퇴보되는 데서 오는 손실이 더 클 것 같습니다."

① 옷이 조직원을 단결시킬 때는 '날개'이지만, 조직원의 자유를 억압할 때는 '수갑'이겠군.
② 옷이 개성을 표출하게 할 때는 '날개'이지만, 창의력을 퇴보시킬 때는 '수갑'이겠군.
③ 옷이 새로운 기능을 할 때는 '날개'이지만, 기존의 기능을 할 때는 '수갑'이겠군.
④ 옷이 조직을 발전시킬 때는 '날개'이지만, 조직을 일체화할 때는 '수갑'이겠군.
⑤ 옷이 표현 수단일 때는 '날개'이지만, 보호 수단일 때는 '수갑'이겠군.

08. ㉠~㉤에 대한 설명으로 적절하지 않은 것은?

① ㉠ : 착용 여부를 선택할 수 있도록 도와줄 것을 약속하며 회유하고 있다.
② ㉡ : 제복 제정에 반대하는 사람에게 불이익이 있을 것이라고 압박하고 있다.
③ ㉢ : 사장을 반드시 만나고자 하는 권 씨를 제지하기에는 역부족이었다고 해명하고 있다.
④ ㉣ : 현을 설득하기 위해 현의 아버지에 대한 자신의 생각을 드러내고 있다.
⑤ ㉤ : 현의 가족 상황을 고려하여 그의 입장을 대변하고 있다.

다음 글을 읽고 물음에 답하시오.

[앞부분의 줄거리] 현의 아버지는 3·1 운동 때 일본 경찰의 총을 맞고 동굴에 피신하였다가 죽는다. 현의 할아버지 고노인은 풍수지리를 믿고 조상 일만 돌보며 살아가는 사람으로 손자 현에게 지극한 관심을 쏟는다. 현은 일제 강점기 일본 유학 후 학병으로 끌려가 중국에 파병되었다가 탈주하여 고향으로 돌아와 평범하게 살고자 한다. 하지만, 월북했다가 6·25 전쟁 때 돌아온 친구 연호가 주도하는 인민재판에 분노하여 총을 난사하고, 동굴로 피신한다. 연호는 동굴 바로 앞에서 현의 할아버지를 인질로 잡고서 현이 투항할 것을 종용한다.

고노인은 또 한 번 ㉠ 동굴을 올려다보았다. 저 동굴 안에서 아들이 죽었고, 지금 또 손자가 저 속에서 죽음의 위험에 직면해 있다. 그리고 자기도 또한 그것을 목격하며 위기의 순간에서 있었다. 이 야릇한 숙명적인 불행의 부합. 다시 고노인은 눈길을 선친의 산소에 돌렸다. 문득 이처럼 가혹한 숙명의 사슬에 엉키도록 자기는 조상의 뼈를 묻지 않았다는 생각이 들었다. 그렇다면 이 거대한 변사 — 전쟁 앞에는 과거의 어떠한 원리도 무색해 지는 것일까. 혈통이 이어져 뻗어가는 기준의 상실. 골수에 젖은 풍수 원리를 굳게 믿고 **조상의 뼈다귀를 메고 다닌** 지난날의 노력의 공허.

그렇게 허탈해가는 고노인의 마음속에 차차 하나의 **새로운 감정**이 흘러들었다. 모두가 기정의 숙명에서 벗어나 있다는 해방감과 다음 순간의 운명은 누구도 헤아릴 수 없다는 어떤 종류의 감동이었다. 그 감동 속에서 고노인은 팔십 평생에 처음 무엇에도 구애되지 않는 순수한 자기 자신의 의지를 결정했다.

'이까지 용케 견디어온 가상할 자기의 팔십 생애. 산소의 탓도 목에 달린 복의 상징이란 혹의 탓도 아닌 맨주먹 알몸으로 기를 쓰며 살아온 팔십 평생, 나는 이것으로 족한 것 지금은 가는 것이다. 현아, 이젠 네가 살아야 한다.'

여울 같은 감동이 고노인의 전신을 흘렀다. 머리카락과 수염이 햇살을 받아 은빛으로 빛나고 있었다. 크게 숨을 들이모았다.

"현아! 너는 살아야 한다. 저 대포 소리를 듣거라. 어떻게든지 여길 도망해서……"

순간 고노인은 등을 꿰뚫는 불덩어리를 느꼈다. 중심을 잃고 풀숲에 쓰러지는 고노인은 총성의 메아리 속에 현의 절규를 들었다. 그리운 그 음성.

"할아버지!"

따각! 불발탄을 끄집어내고 다음 탄환을 밀어 잰 현의 소총과 연호의 권총에서 동시에 불이 튀었다. 순간, 현은 왼편 어깨에 뜨거운 쇠갈고리의 관통을 느끼며 연호가 천천히 왼쪽으로 몸을 틀면서 숲속으로 굴러 떨어지는 것을 보았다.

"할아버지!"

바위를 넘어 밑으로 내달리려던 현은 아찔하면서 그대로 바위 위에 쓰러지고 말았다 어깨를 움켜쥔 손가락 사이로 붉은 피가 뿜어 나왔다. 땅으로 끌려들어가는 듯한 의식의 강하. 어깨의 고통— 꼭 삼십 년을 살고 지금 여기서 죽어가는구나. 생각을 모아야겠다. 목숨이 끊어지기 전에 생각을, 생각을 모아보자. 이것이 한 인간의 삶? 삼십 년 — 어떻게 살았던가? 외면·도피, 밤낮을 가림 없이 도피·외면·도피. 그 밖에 무엇을 하고 지내왔는지 도무지 생각나는 것이 없었다. 첫번째 탄환처럼 불발에 그친 삼십년. 그것은 영(零)·산송장. 그렇다면 결국 **살아본 일이 없지** 아니한가.

나는 다음 탄환으로 연호의 가슴을 뚫었다. 사람을 죽인 것이 다. 남에게 손가락 하나 까풋하지 않으려던 내가 사람을 죽인 것이다. **가엾은 연호.** 연호와 나와는 아무런 원한도 없었는데. 인간이란 이래서 죄인이라는 것일까. 어쩔 수 없이 살인을 하게 되는 인간의 불여의*. 죄악을 내포한 인간의 숙명? 그것은 원죄?

우거진 ⓛ 꽃밭의 울타리 안에서 스스로 죄 없다는 나 자신을 잠재우고 있을 때, 밖에서는 검은 구름과 휘몰아칠 폭풍이, 그리고 사람이 죽어 가는 비명이 준비되고 있었다.

그것은 먼저 네가 질러야 할 비명이었을는지도 모른다. 그 어린 병사 대신 네가 그 길가에 누웠어야 했을는지도 모른다. 나같은 인간은 아직 살아 있었고, 살아야 할 인간은 죽어갔다. 이런 것이 그대로 용허될 수 있었다고 생각되는가. 동굴에서 죽은 부친. 강렬히 살아서 아낌없이 그 생명을 일순에 불태운 부친. 부친은 살아남은 인간들을 대신해서 죽었고, 그들의 삶에 어떤 의미를 부여했을는지도 모른다.

저 숲속에 누운 할아버지. 시체가 아니라 그것은 삶의 증거. 모든 불합리에 알몸으로 항거하고 불합리 속에 역시 불합리한 삶을 주장한 피어린 한 인간의 역사. 거인의 최후 같은 그 죽음.

(중략)

껍질 속에 몸을 오므리고 두더지처럼 태양의 빛을 꺼린 삶. 산 것이 아니라 다만 있었다. 마치 돌멩이처럼. 결국 너는 살아본 일이 없었던 것이다. 살아본 일이 없다면 죽을 수도 없는 일이 아닌가. 살아본 일이 없이 죽는다는 것, 아니 죽을 수도 없다는 안타까움이 현의 마음에 말할 수 없는 공포의 감정을 휘몰아왔다. 현은 잃어져가는 생명의 힘을 돋우어 이 공포의 감정에 반발했다.

'살아야겠다. 그리고 살았다는 증거를 보이고 다시 죽어야 한다.'

현은 기를 쓰는 반발의 감정 속에서 예기치 않은 새로운 힘이 움터 오르는 것을 느꼈다. 그 힘이 조금씩 조금씩 마음에 무게를 가하더니 전신에 어떤 충족감이 느껴지자 현은 가슴속에서 갑자기 우직 하고 깨뜨려지는 자기 껍질의 소리를 들었다. 조각을 내고 부서지는 껍질. 그와 함께 거기서 무수한 불꽃이 튀는 듯했다. 그것은 다음 차원(次元)의 비약을 약속하는 불꽃. 무수한 불꽃. 찬란한 그 섬광. 불타는 생의 의욕. 전신을 흐르는 생명의 여울. 통절히 느껴지는 해방감.

현은 끝없는 푸른 하늘로 트이는 마음의 상쾌를 느꼈다.

'**나머지 한 알의 탄환.** 그처럼 내가 살아남는 것이라 하자. 그러면 어떻게 될 것인가. 그것은 누구도 모른다. 먼저 나 자신이 선택할 것이다 다음은 ― 그것은 더욱 누구도 모른다.'

분명한 한 가지는 외면하거나 도피하지는 않을 것이다. 외면하지 않고 어떻든 정면으로 대하자. 도피할 수가 없도록 절박된 이 처지. 정면으로 대하도록 기어이 상황은 바싹 내 앞으로 다가온 것이다. 이미 꽃밭의 시대는 끝난 것이다.

― 선우휘, 「불꽃」 ―

*불여의 : 일이 뜻과 같이 되지 아니함.

09. 윗글에 대한 설명으로 가장 적절한 것은?

① 내적 독백을 활용하여 인물의 의식을 드러내고 있다.
② 동시에 벌어진 사건들을 병치하여 갈등의 원인을 밝히고 있다.
③ 인물의 표정과 내면을 반대로 서술하여 인물의 특성을 부각하고 있다.
④ 액자 구조를 통해 상이한 이야기가 갖는 유사한 의미를 강조하고 있다.
⑤ 서술자가 관찰자의 입장에서 사건을 객관적으로 전달하여 사실성을 높이고 있다.

10. 〈보기〉를 바탕으로 윗글을 감상한 내용으로 적절하지 않은 것은?

<보기>

이 작품에는 일제 강점기로부터 6·25 전쟁에 이르는 역사적 상황에 대한 개인의 다양한 대응 방식이 제시되어 있다. 작품 속 인물들은 부조리한 현실에 저항하기도 하고, 운명론적 가치관에 기대어 사회 현실보다 개인의 삶을 우선시하기도 한다. 한편 작품 속 인물들의 실존적 성찰과 인식 전환의 과정에서는, 집단적 가치에 의해 박탈된 개인적 가치에 대한 연민이 드러난다. 이를 통해 인간애의 회복이라는 휴머니즘의 시각이 부각되고 있다.

① '조상의 뼈다귀를 메고 다'니는 인물의 행위는 사회 현실보다 개인의 삶을 우선시한 것이라고 할 수 있군.
② '새로운 감정'에는 운명론적 가치관에 기대어 살아가던 인물의 인식 전환이 드러나 있다고 할 수 있군.
③ '살아본 일이 없'다는 인물의 생각에는 지나온 삶에 대한 자책과 반성이 드러나 있다고 할 수 있군.
④ '가엾은 연호'에는 전쟁이라는 집단적 가치에 의해 박탈된 개인적 가치에 대한 연민이 드러나 있다고 할 수 있군.
⑤ '나머지 한 알의 탄환'은 역사적 상황 속에서 희망을 갖지 못하고 방황하는 인물의 심리가 드러나 있다고 볼 수 있군.

11. ㉠과 ㉡에 대한 이해로 가장 적절한 것은?

① ㉠과 ㉡은 모두 미래에 대한 인물의 낙관적 전망을 의미한다.
② ㉠과 ㉡은 모두 상황의 반전을 통해 인물 간의 관계를 변화시킨다.
③ ㉠은 냉혹한 현실을 부각하고, ㉡은 암울한 미래를 상징한다.
④ ㉠은 개인적 이상향을 의미하고, ㉡은 공동체적 이상향을 의미한다.
⑤ ㉠은 과거와 현재를 매개하고, ㉡은 부정적 현실에 대한 외면을 상징한다.

19 | 박경리/이형우, 토지

S# 181. (F.I) 조준구의 방

Fade In(페이드인) : 어두웠던 화면이 점차 밝아지면서 장면이 전환되는 기법

준구 : 김 생원께선 어떤 계획을 세우셨소? / 김 훈장 : 무기가 없으면 죽창으로라도 싸울 채비를 차려야지요.

준구 : 죽창으로?! / 김 훈장 : 「우리는 일어서야 하오. 나라 없는 백성이 어디 있으며 일찍이 왜란, 호란을 겪었으되 우리 주권을 빼앗긴 일은 없었소.

싸움 한번 없이 고스란히 이럴 수는 없소.」   「　」: 작품의 시대적 배경은 19세기 말~20세기 초 일제에 의해 우리나라의 국권이 빼앗기게 되었던 때임.
　　　　　　　　　　　　　　　　　　　　김 훈장은 주권을 빼앗기게 된 상황의 심각성을 말하며 이에 항거하자고 주장하고 있음.

준구 : …….

김 훈장 : 실은 내가 여기 온 것은 다행히 조 공께서 계시니. 아니 어느 면으로 보나 조 공이야말로 지체 높으시고 우리네들과는 달라서 새로운 문물
　　　　　　　　　　　　　　　　　상대방인 조준구를 높여 부르고 있음.
에도 통하시고 조 공께서 재량하실 수 있는 재물도 그렇고, 달리 또 누가 적격자가 있겠소. 뭐니 뭐니 해도 우선 여러 사람이 움직이려면…….
　　　　　　　　　　　조준구가 의병 활동에 앞장서도록 하기 위해 그를 추켜올리고 있음.

준구 : 김 생원. 아 그래 내게 의병장이 되라 그 말씀이오? 낭도들을 이끌고 산에 들어가서 개죽음을 하라 그 말씀이오? 어림도 없는.
　　　　　조준구는 김 훈장의 말을 다 듣지도 않고 그의 말을 잘라, 김 훈장의 말에 반대한다는 뜻을 보이고 있음. 조준구는 의병 행위의 가치를 인정하지 않음.

김 훈장 : …….

뜻밖이다. 부릅뜬 눈으로 조준구를 쏘아보는 김 훈장의 턱수염이 파르르 떨고 있다. 김 훈장은 자리를 박차고 일어선다.
　　　　　김 훈장은 조준구가 자신의 제안을 거절할 거라고 예상하지 못함.

준구 : 아, 아니 왜 일어나시오? 약주나 함께.
조준구는 나라가 외세에 넘어가는 것은 아랑곳 않고, 그저 개인적 친목이나 도모할 생각뿐임.

팔 잡은 손을 뿌리치고 방을 나가는 김 훈장.
김 훈장은 나라의 안위를 생각하지 않는 조준구에게 실망함.

S# 182. 타작마당

넓은 마당에 모인 마을의 장정들.

「봉기 : 그라믄 우찌되는 깁니까, 우리는. / 영팔 : 생원님. 나라를 뺏겼으니 우리는 땅도 부치묵을 수 없다, 그 말씀입니까?
　　　　　　　　　　　　　　　　　　　김 훈장

한조 : 제사도 못 모시게 합니까? / 두만 아비 : 그예 상투도 잘라야 합니까?

김 훈장 : 이, 이 사람들아. 그게 무슨 소린고? 이 철없는 백성들아.」

김 훈장은 울음을 터뜨린다.   「　」: 방언을 사용하여 국권 피탈의 의미를 제대로 파악하지 못하는 마을 장정들의 모습을 생생히 나타냄.
　　　　　　　　　　　　　　나라가 없으면 땅, 제사, 상투 모두 쓸모가 없어지는 것임.
　　　　　　　　　　　　　　김 훈장은 현실 인식을 제대로 하지 못하는 장정들을 보며 답답해하고 슬퍼하고 있음.

김 훈장 : 지금 서울서는 민영환 대감이 댁의 마당에서 선혈이 낭자하게 자결하시고 조 대감은 왜놈 헌병한테 쫓겨나다 가마 안에서 독약을 삼키고 목

숨을 끊었는데 나라 잃고 일가권속 가문은 뭐 하는 것이며 땅뙈기는 뭐 한단 말인가. 이 어리석은 사람들아.

[중략 부분 줄거리] 「조준구와 부인 홍 씨는 어린 최서희만 남기고 모든 어른이 사망한 최 참판 댁의 재물을 혈육이라는 이유로 무도하게 차지하고, 지주로 행세하며 사람들의 땅을 빼앗고 가뭄으로 흉년이 들어 사람들이 굶어 죽는 중에도 기민미*를 공평하게 배분하지 않아 마을 사람들의 원성이 높다. 용 등의 마을 사람들은 의병을 일으킬 궁리를 하고, 서울로 일하러 갔던 곰보 목수 윤보가 돌아와 마을의 이런 사정을 알게 된다.」
「 」: 조준구 부부의 악행이 심하여 마을 사람들은 의병을 일으킬 궁리를 함.

S# 190. 영산댁의 주막(밤)

윤보와 용은 술잔을 놓고도 먹지도 않으면서 은근히 귀를 기울이고 있다.
사람들의 대화를 엿들으며 상황과 민심을 파악함.

사내 3 : 까놓고 하는 말이지마는 우리가 머심살이보다 나을 기이 머가 있노? 아 남으 집 머심이라도 산다믄 새경은 꼬박꼬박 안 나오겄나? 이놈의 세가 빠지게 농살 지어 봐야 뽀닷이* 입치레가 될까 말까. 등빼기는 머로 가리고 덮노 말이다. 찬물 떠 놓고 코방아나 찧는다믄 모를까 제사고 혼사고 엄두도 못 내겄구마.
조준구가 농민들에게 소작료를 과하게 부과하여 농민들이 생활고를 겪고 있음.

사내 4 : 코방아만 찧으라모.

사내 3 : 엄두도 못 내지러. 그러니 도지 빚이고 장리 빚이고 안 낼 재주가 있나 말이다. 나중에사 가랭이가 찢어지든 말든 말이다.

사내 4 : 흥. 덕분에 살찌는 놈은 조가 놈뿐이지. / 사내 2 : 숭년 들었을 때 그만 뽀사 부리는 건데.

사내 3 : 이자는 별수 없구마. 벼락이나 한분 믿어 보는 수밖에.
농민들은 조준구에게 분노하여 그가 벼락이라도 맞아 죽기를 바라고 있음. 이러한 분노는 윤보 등이 의병을 일으킬 명분이 됨.

얼굴을 마주 보는 용과 윤보.

『영팔 : 머 지금도 늦었다고만 할 수도 없을 기구마.

술잔에서 얼굴을 들며 천천히 말하는 영팔. 영팔은 용과 윤보를 본다. 세 사람의 눈이 마주치고 빛이라도 발하듯 번쩍한다.』
『 』: 영팔은 사내 2, 3, 4와 함께 술을 마시며 '별수 없다'는 말에 늦지 않았다며 저항이 가능함을 암시함.
또한 건너편에 있는 용, 윤보와 눈을 마주치고 빛을 내는 것은, 동조와 함께 의지를 나타냄.

S# 191. 마을(원경, 밤)
긴 횃불의 행렬이 이동하는 것을 효과적으로 담아내기 위해서는 카메라를 멀리서 비춰야 함.

소리 (테마뮤직)
장면의 흐름상 장엄하고 긴장감 있는 음악이 적절함.

하나, 둘 불꽃이 핀다. 그 횃불들의 일렁임이 하나로 모여 기인 횃불 행렬을 이룬다. 서서히 움직이기 시작하는 횃불 행렬. 그 횃불의 물결은 반만년을 참아 왔던 무지한 농민들의 최후의 분노 같다.
5,000년 역사 동안 지배층에게 억압당했던 농민계층의 분노가 축적되어 터진 것임.

S# 192. 다리 위(밤)

다리를 덮는 횃불 행렬. 분노한 농민들의 얼굴.
행렬을 담아내기 위해서는 멀리서 잡아야 하는 것과 달리 분노한 표정을 드러내기 위해서는 클로즈업 기법이 적절함.

S# 193. 김 훈장의 집 마당(밤)

김 훈장이 뒷짐을 지고 마을을 내려다보고 있다. 집들은 보이지 않고 어둠 속을 움직이고 있는 긴 횃불의 행렬이 멀리 보인다. 그 가물가물하는 횃
어두운 마을과 행렬을 이룬 밝은 횃불이 대조되어 농민들의 결연한 의지가 돋보이게 함.
불의 행렬을 내려다보고 있는 김 훈장의 모습. 김 훈장의 작은 눈동자에 뜨거운 것이 흥건해진다. 그런 얼굴을 끄덕이는 김 훈장.
벅찬 마음에 김 훈장의 눈에 뜨거운 눈물이 고임.

S# 194. 최 참판가 전경(밤)

수십 개의 횃불에 빙 둘러싸인 최 참판의 집.
조준구 부부가 죽은 최 참판의 집을 차지하고 있기 때문에, 농민들은 최 참판의 집으로 모여든 것임.

S# 195. 동대문(밤)

안에서 대문을 열어 주는 삼수. 낫, 도끼, 쇠스랑, 대창 등 각기 연장과 횃불을 든 군중이 대문 안으로 쇄도해 들어온다. 삼수를 살기등등하게 에워
삼수는 마을 장정들이 최 참판가를 습격했을 때 대문을 열어주는 한편 사당 안에 숨은 조준구를 모른 척함으로써 제몫을 챙기는 걸 잊지 않음.
싸는 몇몇 장정.

윤보 : 그놈으 자석, 알고도 발설 안 했으니 우찌됐던 직이지는 마라.
삼수는 군중들의 공격 사실을 알고도 조준구에게 발설하지 않았음. 이로 인해 군중들의 공격 대상에서 제외됨.
우루루 사랑으로 쇄도해 가는 윤보들.

S# 196. 동 사랑 안(밤)

흙신발째로 난입해 들어오는 장정들. 빈방, 벽장 , 협실, 마루 밑을 수색한다. 준구는 없다.

S# 197. 안채(밤)

비단필육이며 패물들을 보자기에 싸 걸머진 장정들이 방을 나온다. 황급히 뛰어 들어오는 길상. 열어젖혀서 흐트러진 농짝 반닫이 문갑들을 미친 듯
최 참판 댁의 심부름꾼으로 충직한 인물. 나중에 최서희의 사업을 도와 성공한 후 서희와 결혼함.
이 헤치면서 무언가를 찾는다.

*기민미 : 굶주린 백성을 구제하는 쌀. / *뽀닷이 : 간신히.

OX문제

01 S# 191부터 S# 195는 동일한 소재를 통해 긴밀하게 연결되고 있다.   (O / X)
02 과거와 현재 장면을 교차로 제시하여 긴장감을 주고 있다.   (O / X)
03 의미가 확장되는 대상들의 연쇄를 통해 인물의 혼란스러운 내면을 보여주고 있다. [2017학년도 수능]   (O / X)
04 장면의 전환을 통해 각 인물의 내면이 부각되고 있다. [2018학년도 9월]   (O / X)
05 '조준구'는 '김 훈장'의 말을 끝까지 듣지도 않고 단칼에 그의 제안을 거절했다.   (O / X)

STEP 02 작품 해제

01 | 주제

한국 근대사의 격변 속에서 겪는 민족적 한과 강인한 생명력

02 | 특징

① 한 집안의 몰락과 재기를 민족사의 흐름과 맥을 같이하여 전개함.
② 방언, 은어, 속어의 사용이 두드러짐.
③ 경남에서 북만주, 간도, 동경까지의 광범위한 공간을 무대로 삼음.
④ 농민과 대지주, 지식인, 독립운동가 등 다양한 인물들의 삶 제시

03 | 작품 해제

이 작품은 1974년에 개봉한 영화 「토지」의 시나리오이다. 원작인 박경리의 「토지」는 구한말부터 1945년 해방에 이르는 시기와 진주 부근 하동 평사리에서 만주, 그리고 다시 한반도 등으로 이어지는 광범위한 공간을 무대로 하여 다양한 인물이 등장하는 장대한 규모의 대하소설이다.

윤씨 부인, 별당 아씨, 서희로 이어지는 삼대에 걸친 가족사 외에도 개화기, 일제 강점기, 3·1운동, 독립 투쟁 등 한국 근대사에 대한 작가의 역사의식이 담겨있다. 작가는 철저한 취재를 바탕으로 당대 민중들의 삶을 매우 사실적이면서도 극적으로 제시하고 있는데, 이는 이 작품이 갖는 중요한 의의이다.

특히 전반부에 해당하는 평사리 마을의 이야기에서 점차 확대되어 후반부에는 국내외 이야기가 펼쳐지는데, 전편에 걸쳐 풍부하면서도 감칠맛 나는 토속어의 활용, 생생하고 개성 넘치는 인물의 성격, 그리고 최 참판 댁의 몰락과 서희가 땅을 되찾는 과정 등이 잘 담겨 있다.

04 | 등장인물

– 김 훈장 : 가난하지만 마을 대소사를 관장하고 조언하는 어른으로 대접받음. 서희의 교육을 담당하는 봉건적 보수주의자의 전형적 인물. 윤보와는 마주치면 토닥토닥 입씨름을 하지만, 을사늑약이 선포되자 윤보와 함께 의병에 가담함.

– 조준구 : 최치수(최 참판)의 재종형. 최치수와 윤씨 부인이 연달아 죽자 서희가 어린 것을 빌미삼아 최 참판가 재산을 차지함. 결국은 자신의 탐욕과 무능에 더해 서희의 계략에 넘어가 재산을 잃음.

– 최서희 : 「토지」의 중심을 처음부터 끝까지 관통하는 진주인공. 조준구가 어린 서희의 후견인을 자처하며 재산을 빼앗는 것만으로도 모자라 일본군과 결탁하여 서희의 안전마저 위협하자, 길상을 비롯한 평사리 사람들과 함께 간도로 야반도주함. 간도에서 투기사업을 벌여 크게 성공하고, 하인 길상과 혼인함.

– 윤보 : 평사리 일대에 이름난 대목. 마마 흉터가 온 얼굴에 남아있어 곰보 목수라는 별명으로 불림. 조준구가 차지한 최 참판가를 습격하고 재물을 탈취하여 입산, 의병활동을 벌이던 중 전사함.

– 길상 : 우관 스님에 의해 소년 시절에 최 참판 댁에 심부름꾼으로 보내지게 되어, 자신보다 7살 어린 서희의 보호자 노릇을 하게 됨. 서희가 간도로 이주한 후 서희의 사업을 도우며 서희와 결혼함.

05 | 상세 줄거리

제1부
구한말, 농촌 마을 평사리에서 지주인 최치수가 살해되고, 조준구는 최 참판 집안의 재산을 탈취할 계략을 꾸민다.

제2부
조준구에게 집안의 재산을 모두 빼앗긴 서희는 가문을 되찾으려는 일념을 가지고 간도로 이주하고, 길상의 도움을 받아 토지 거래를 통해 큰 재산을 모은다.

제3부
귀향 후 진주에 정착한 서희는 조준구에게 빼앗긴 재산과 토지 문서를 되찾고, 서희의 남편이 된 길상은 독립운동을 하다가 투옥된다.

제4부
3·1 운동이 일어나자 서희의 두 아들인 환국과 윤국은 자신들의 풍족한 처지와 현실 사이에서 갈등하고, 윤국은 시위에 참가하였다가 정학 처분을 받는다.

제5부
출옥한 길상은 암자에서 탱화를 그리고 사상범으로 재투옥된다. 일본의 히로시마에 원자 폭탄이 투하되고, 조선의 해방이 멀지 않은 가운데 서희는 가족들을 데리고 서울로 올라갈 것을 결심한다.

STEP 03 논문으로 만나는 출제자의 시선

박경리 『토지』에 나타난 동학(東學)

『토지』는 갑오년의 동학농민운동을 세계사적 의미를 지닌 민중혁명으로 해석하고 있으며, 이들이 보여준 힘의 분출이 혁명의 실패 이후에도 사라지지 않고 우리 민족의 역사적 이면을 구성해 왔음을 강변하고 있다. 나아가 동학운동에 대한 이러한 관점은 작품 구성의 원리와 핵심 주제로 이어지고 있다.

『토지』는 동학 접주 김개주와 윤씨 부인의 사생아 김환이 자신의 형수인 별당아씨와 야반도주를 한 이후에 발생한 최 참판가의 몰락과 재생을 기본 서사로 삼고 있다. 별당 아씨의 죽음 이후 김환은 윤씨 부인이 자신 앞으로 몰래 떼어놓은 유산으로 동학당 재건에 힘쓰고, 김환의 죽음 이후에도 송관수, 김길상, 소지감 등이 조직을 이어나간다. 최 참판가의 몰락과 재생이 작품의 표면적 구조를 이룬다면, 동학 혁명의 실패에도 불구하고 면면히 이어지는 동학 운동의 거대한 흐름은 작품의 이면적 구조를 이루고 있다고 해도 과언이 아닐 정도로, 작품에서 동학은 서사 구성과 주제적 측면에서 중요한 기능을 담당하고 있다.

박경리 『토지』에 나타난 사회사상과 호혜원리

『토지』의 사회사상은 이윤추구, 지배, 경쟁의 원리가 아닌 가치, 협력, 자유의 정신을 추구하며 이성 중심주의, 인간 중심주의가 낳은 근대문명의 부정적 측면을 성찰하게 한다. 또한 비애에 기반을 둔 연민의 공동체는 근대 자본주의가 발생한 개인주의, 경쟁과 지배, 욕망의 비대화를 제어하는 데 철학적 원리를 제공한다. 요컨대 『토지』의 사회사상은 호혜(서로 특별한 혜택을 주고받는 일)의 공동사회, 책임 있는 공중(公衆 : 사회의 대부분의 사람들)의 시민사회에 기초해 있다. 호혜원리를 추구하는 공중의 시민사회는 가치 타락을 불러오는 시장의 물질성과 국가의 물리적 폭력성을 통제할 장치인 것이다. 이러한 점에서 『토지』의 사회사상은 동아시아 근대에 나타나는 시장의 강제성과 전쟁 국가의 폭력성을 비판하며 공동사회의 자유와 연대를 지향한다는 점에서 한국문학사에서 독보적이다. 이와 더불어 『토지』는 현재의 독자들에게 지속가능한 시장경제를 만들고, '국가의 물리력을 공동사회가 어떻게 통제하여 자유를 어떻게 확대하는가'라는 문제를 실천과제로 던져주고 있다는 점에서 가치가 있다.

제목 '토지'에 담긴 다의성

– 민족적 삶의 원형으로서의 '토지' : 전통적으로 농경민족인 우리 민족에게 토지는 생산과 경제 활동의 기반이 되는 소중한 대상이다. 토지는 평사리 마을 사람들에게 보존되어야 할 삶의 터전으로 형상화된다.

– 삶의 현장인 '토지' : 토지는 농민들이 삶을 영위하는 터전이 되며, 최씨 집안을 중심으로 볼 때 토지의 상실과 회복은 삶의 터전을 회복하는 것과 같다.

– 국토를 상징하는 '토지' : 토지는 민족 전체로 볼 때 국토를 의미한다. 국권의 상실이라는 것은 정치적으로 볼 수도 있겠지만 땅의 상실로도 볼 수 있다. 서희 일가가 토지를 잃고 만주로 이주하는 것은 곧 국권의 상실을 상징적으로 보여주는 것이기도 하다.

STEP 04 나BS 실전 문제

다음 글을 읽고 물음에 답하시오.

[앞부분의 줄거리] 조준구와 아내 홍 씨는 서희가 물려받아야 할 최 참판가의 재산을 가로채고, 하인 삼수를 내세워 마을 사람들을 착취한다. 한편, 윤보는 의병 자금을 확보하기 위해 최 참판가 습격을 준비하는데 삼수가 찾아온다.

"아무리 그리 시치미를 떼 쌓아도 알 만치는 나도 알고 있으니께요. 머 내가 훼방을 놓자고 찾아온 것도 아니겠고, 나는 나대로 생각이 있어서 온 긴데 너무 그러지 마소. 한마디로 딱 짤라서 말하겠소. 왜놈들하고 한통속인 조가 놈을 먼지 치고 시작하라 그 말이오. 고방에는 곡식이 썩을 만큼 쌓여 있고 안팎으로 쌓인 기이 재물인데 큰일을 하자 카믄 빈손으로 우찌하겠소. 그러니 왜놈과 한통속인 조가부터 치고 보믄 ㉠ <u>꿩 묵고 알 묵고 하는 거 아니겠소.</u>"

"야아가 참 제정신이 아니구마는."

"하기사 전력이 있으니께 나를 믿지 않는 것도 무리는 아니겠소. 하지마는 두고 보믄 알 거 아니오?"

"야, 야 정신 산란하다. 나는 원체 입이 무겁고 또 초록은 동색이더라도 내 안 들은 거로 해 둘 기니 어서 돌아가거라. 공연히 신세 망칠라."

윤보는 삼수 등을 민다.

"이거 놓으소. 누가 안 가까 바 이러요? 지내 놓고 보믄 알 기니께요. 내가 머 염탐이라도 하러 온 줄 아요? 흥, ㉡ <u>그랬을 양이믄 벌써 조가 놈한테 동네 소문 고해바쳤일 기고</u> 읍내서 순사가 와도 몇 놈 왔일 거 아니오."

큰소리로 지껄이며 삼수는 언덕을 내려간다.

'빌어묵을, 이거 다 된 죽에 코 빠지는 거 아닌지 모르겠네. 날을 다가야겠다.'

[A] 삼수가 왔다 간 다음 날 밤, 자정이 넘었다. 칠흑의 밤을 타고 덩어리 같은 침묵을 지키며 타작마당에 장정들이 모여들었다. 마을에서는 개들이 짖는다. 불은 켜지 않았지만 집집에선 인적기가 난다. 언덕 위의 최 참판댁은 어둠에 묻혀 위엄에 찬 그 형태는 보이지 않는다. 타작마당에서는 윤보의 그 우렁우렁한 목소리가 평소보다 얕게 울리고, 이윽고 횃불이 한 개 두 개 또 세 개, 계속하여 늘어나고 그 횃불은 움직이기 시작한다.

[중략 부분의 줄거리] 윤보 일행이 습격하자 조준구와 홍 씨는 사당 마루 밑에 숨어 있다가 삼수의 도움을 받는다. 윤보 일행이 떠나고 날이 밝았다.

"서희 이, 이년! 썩 나오지 못할까!"

나오길 기다릴 홍 씨는 아니다. 방문을 박차고 들어가서 서희를 끌어 일으킨다.

"네년 소행인 줄 뉘 모를 줄 알았더냐? 자아! 내 왔다! 이제 죽여 보아라! ㉢ <u>화적 놈 불러들일 것 없이!</u>"

나오지 않는 목청을 뽑으며, 거품이 입가에 묻어 나온다.

[B] "자아! 자아! 못 죽이겠니?" 손이 뺨 위로 날았다. 앞가슴을 잡고 와락와락 흔들어 댄다. 서희 얼굴이 흙빛으로 변한다. 울고 있던 봉순이, "왜 이러시오!" 달려들어 서희 몸을 잡아당기니 실 뜯어지는 소리와 함께 홍 씨 손에 옷고름이 남는다. "감히 누굴! 감히!" 하다가 별안간 방에서 뛰쳐나간다. 맨발로 연못을 향해 몸을 날린다. 그는 죽을 생각을 했던 것이다. "애기씨!" 울부짖으며 봉순이 뒤쫓아 간다. "죽어라! 죽어! 잘 생각했어! 어차피 너는 산목숨은 아니란 말이야! 죽고 남지 못할 거란 말이야!" 고래고래 소리를 지른다. 서희는 연못가에서 걸음을 뚝 멈춘다. 돌아본다. 흙빛 얼굴에 웃음이 지나간다.

"내가 왜 죽지? 누구 좋아하라고 죽는단 말이냐?"

나직한 음성이다. 홍 씨 눈을 똑바로 주시한다.

"㉣ <u>사람 영악한 것은 범보다 더 무섭다는 말 못 들으셨소?</u>"

여전히 나직한 음성이다.

"무서우면 어떻게 무서워! 우리 내외한테 비상을 먹이겠다 그 말이냐?"

아이고! 아이고! 눈물도 안 나오는 헛울음을 울더니 이번에는 봉순에게 달려들어 머리끄덩이를 꺼두르고 한 소동을 피운다. 읍내서 헌병, 순사들이 왔다는 말에 홍 씨는 겨우 본채로 돌아갔다. 서희는 찢겨진 저고리를 내려다본다.

"길상이 놈이 날 죽으라고 내버리고 갔다."

눈이 부어오른 봉순이는,

"마지막까지 남아서 찾았지마는 사당 마룻장 밑에 숨은 줄이야 우, 우찌 …… 으흐흐흐."

되풀이 입술을 떨면서 서희는 말했다.

"길상이 놈이 날 죽으라고 내버리고 갔다."

달려온 헌병들에게 맨 먼저 당한 것은 삼수다.

"나, 나으리! 이, 이기이 우찌 된 영문입니까!"

헌병이 총대를 들이대자 겁에 질린 삼수는 그러나 무엇인가 잘못되었거니 믿는 구석이 있어서 조준구를 향해 도움을 청하였다.

"이놈! 이 찢어 죽일 놈 같으니라고!"

무섭게 눈을 부릅뜬 조준구를 바라본 삼수 얼굴은 일순 백지장으로 변한다.

"예? 머, 머, 머라 캤십니까?"

"이놈! 네 죄를 몰라 하는 말이냐? ㉤ <u>간밤에 감수한 생각을 하면 네놈을 내 손으로 타살할 것으로되</u> 으음, 능지처참할 놈 같으니라구. 이놈! 어디 한번 죽어 봐라!"

"나, 나으리! 꾸, 꿈을 꾸시는 깁니까? 이, 이 목심을 건지 디린 이, 이 삼수 놈을 말입니다!"

그러나 조준구는 바로 저놈이 폭도의 앞잡이였다고 이미 한 말을 다시 강조할 뿐이다. 물론 이 경우 폭도란 의병을 일컬은 것이다.

– 박경리, 「토지」 –

01. [A]와 [B]에 대한 설명으로 적절하지 <u>않은</u> 것은?

① [A]는 비유적 표현을 활용하여 인물의 은밀한 행동 양상을 드러낸다.

② [B]는 음성 상징어를 활용하여 행동의 격렬함을 강조한다.

③ [A]는 장면에 대한 관찰을 중심으로 서술하고, [B]에는 인물의 내면에 대한 직접적 서술이 나타난다.

④ [A]는 시제가 과거형에서 현재형으로 바뀌면서 장면에 긴장감을 더하고, [B]는 현재형 진술을 활용하여 인물 간 갈등을 더욱 생생하게 전달한다.

⑤ [A]는 시간적 배경을 통해 장면의 분위기를 드러내고, [B]는 공간적 배경의 변화를 통해 인물 간 대립의 원인을 드러낸다.

02. ㉠~㉤에 대한 이해로 가장 적절한 것은?

① ㉠ : 삼수는 자신의 말대로 하면 '조가'도 제거할 수 있고 윤보의 계획도 숨길 수 있음을 알리고 있다.

② ㉡ : 삼수는 자신이 윤보의 계획을 이미 알고 있어 이를 동네에 알리겠다며 윤보를 협박하고 있다.

③ ㉢ : 홍 씨는 자신을 습격했던 무리를 '화적 놈'이라 부르며 서희가 그들과 공모했다고 몰아가고 있다.

④ ㉣ : 서희는 홍 씨에게 홍 씨의 뻔뻔함과 영악함이 도를 넘었음을 경고하고 있다.

⑤ ㉤ : 조준구는 지난밤 자신을 습격했던 삼수의 행동에 분노하고 있다.

03. 〈보기〉를 바탕으로 윗글을 감상한 내용으로 적절하지 <u>않은</u> 것은?

<보기>

「토지」는 개화기부터 해방 무렵까지 우리 민족의 수난과 저항의 역사를 다루고 있다. 근대 이전까지 비교적 안정적이었던 신분 질서와 사회적 관계는 이 시기를 거치며 큰 변화를 겪는데, 「토지」에서는 몰락한 양반층, 친일 세력, 저항 세력, 기회주의자 등 다양한 인물들이 때로 협력하고 때로 대립하면서 복잡한 관계망을 형성한다.

① 최 참판가 습격을 준비하던 윤보가 삼수의 제안을 듣지 않은 것으로 하겠다는 내용으로 보아, 윤보는 삼수와의 협력 관계를 거부한 것이군.

② 타작마당에 모인 장정들이 횃불을 들고 윤보와 함께 움직이는 것으로 보아, 이들은 조준구로 대표되는 친일 세력과 대립하고 있군.

③ 봉순이가 달려들어 서희 몸을 잡아당기는 것으로 보아, 이전까지 비교적 안정적이었던 신분 질서가 흔들리며 봉순이와 서희의 협력 관계가 약화되고 있군.

④ 홍 씨의 모욕에 죽을 생각을 했던 서희가 홍 씨의 눈을 똑바로 주시한 것으로 보아, 홍 씨와 서희는 대립 관계를 이어 가겠군.

⑤ 윤보에게 조준구를 치라고 했던 삼수가 조준구의 목숨을 구해 줬다는 것으로 보아, 조준구와 삼수의 관계는 상황에 따라 변하는군.

다음 글을 읽고 물음에 답하시오.

(가)

　"마님, 나으리께서 드십니다."

　문밖에서 삼월이 아뢰었다. 윤씨 부인은 순인(順人) 차렵이불을 걷고 일어나 앉는다. 차렵이불의 갈매빛은 윤씨 부인의 병색과 더불어 우울하고 퇴색된 느낌을 준다.

　최치수는 양 무릎을 모으고 앉았다.

　"많이 편찮으신지요?"

　눈빛을 감추며 시선을 방바닥에 떨어뜨린다.

　"몸살인가 보다."

　윤씨 부인 역시 문갑 쪽으로 눈길을 보내며 대꾸했다.

[A]　"문 의원을 불러오는 게 어떻겠습니까?"

　"그럴 것 없다."

　"하오나,"

　치수는 천천히 눈을 들어 윤씨 부인을 바라본다. 시선을 느낀 윤씨 부인도 아들의 눈을 마주 대한다. **검은 점이 무수히 드러난 얼굴**이었다. 잠 못 이룬 탓인지 눈 가장자리에 달무리 같은 푸른 빛깔이 드리워져 있었다. 처연한 모습이다.

　'많이 늙으셨다.'

　긴 눈매, 눈매 속의 눈동자만은 여전히 빛나고 있다. 의지와 힘이 사무친 듯 남아 있다. 머리 모양 옷매무새는 방금 자리에서 일어난 것 같지 않게 단정하여 변함이 없다. 치수는 어머니의 흐트러진 모습을 본 일이 없었다.

　'여전하시다! 언제나 저 모습, 저 눈빛, 대장간에서 수천 번을 뚜드려 만든 쇠붙이 같다.'

　치수는 자신의 마음도 싸늘하게 식어가는 것을 느낀다. 많이 늙었다고 생각하는 순간 전신을 맴돌았던 뜨거움은 싸아 소리내며 가시는 것 같았다. 단련된 쇠붙이와 쇠붙이였다. 싸움터에서 적과 적의 칼이 맞닥뜨린 순간이었다. 쌍방이 혼신의 힘으로 겨루는, **숨결조차 내기 어려운 침묵**, 긴장은 두 모자 사이의 공간을 팽팽하게 메운다. 치수는 **어머니의 뻗치는 힘이 전보다 가늘어진** 것을 느낀다. 대신, 보다 날카로워진 것을 피부로 심장으로 감득한다.

　"요즘도 당산에 철포를 쏘러 다니느냐?"

　"네."

　"힘을 과하게 써서 되겠느냐."

　"아니옵니다. 도리어 몸이 쾌적해지는 듯합니다."

　"……"

　윤씨 부인은 아들로부터 눈길을 거두었다. 치수는 햇빛이 부신 것처럼 눈 언저리를 좁힌다.

　"뵈온 김에 한 가지 말씀드리겠습니다."

　"……"

　"앞으로 혼자 있을 수 없는 일이며 남의 이목도 그러하거니와 서희에게 어미가 있어야 할 것 같습니다."

　거두어졌던 윤씨의 눈이 치수에게 쏠린다. 치수는 왜 자신이 그런 말을 했는가, 한 번도 생각해 본 일이 없는 결혼문제를 어째 입 밖에 냈는가. 치수는 그 까닭을 알지 못하였다.

　"너 생각이 그렇다면 규수를 구해야겠지."

　'왜 반대하시지 않으십니까, 어머님.'

　"그렇지, 서희에게도 어미는 있어야겠구나."

'그럴 리 있겠습니까. 서희에게 당치 않는 혹이 하나 생길 뿐이지요. 서희에게는 유순하고 글이나 읽으며 소일할 신랑감이 필요할 뿐이지요.'

서울 가서 병을 얻어온 후 어머니에게 조석으로 문안드리는 치수의 관습은 생략되어 왔다. 지극히 **자연스러운 회피**였고 피차 부담을 덜어준 일이기도 했었다. 치수는 아직 자신이 소유한 토지가 얼마만큼 되는지, 일 년에 거두어들이는 곡식이 몇 석이나 되는지 정확히는 알지 못하고 있었다. 속박당하지 않기 위해 그는 의식적으로 그런 일에 무관하려 했고 그만큼 윤씨로서는 보다 **무거운 굴레를 둘러쓴** 셈이요, **고통스런 세월을 보내기 위해** 그 굴레는 무거울수록 윤씨 부인이 원한 바였었는지 모른다.

무당 월선네는 칼을 들고 미친 듯이 춤을 추었다. 꽃갓과 무복이 펄럭거렸다. 징소리 북소리가 요란했다. 월선네 얼굴에서는 땀방울이 뚝뚝 떨어졌다. 며칠 몇 밤이었다. 별안간 월선네는 칼을 집어던지고 할머니에게 달려가 무릎을 꿇었다.

"마님!"

할머니는 당혹했다. 눈을 깜박거리며 월선네를 내려다보았다.

"아씬 절로 가시야겠십니다."

[중략 줄거리] 윤씨 부인은 의도치 않은 혼외 자식을 비밀리에 출산하러 절에 가게 된다. 어린 치수는 어머니를 그리워하다가 어머니가 돌아오는 날을 맞이한다.

[B]
> 이듬해 이월달 꽃바람이 부는데 어머니는 가마를 타고 돌아왔다. 치수는 미친 듯이 마을길까지 쫓아가서 가마를 따라왔다.
> "어머님!"
> 마음이 급하여 가마를 따르며 불렀으나 가마 안에서는 아무 대답이 없었다. 가마가 내려지고 어머니가 뜰에 나섰을 때, 치수는 그 얼굴을 지금도 잊지 못한다. 백랍(白蠟)으로 빚은 사람 같았다. 모습은 그렇다 치고 어머니가 자기를 보는 순간 한발 뒤로 물러서며 도망갈 곳을 찾듯이 이리저리 뒤돌아보는 게 아닌가.
> "어머님!"
> 불렀을 때 어머니의 눈은 불꽃이 튀는 듯 험악했다.

그토록 **오랜 시일 이별**하여 꿈에 그리던 어머니가, 그 동안 잘 있었느냐? 하며 부드러운 손길로 등을 어루만져 줄 줄 알았던 어머니가 저럴 수 있는지 치수는 **눈앞이 캄캄**했다. 어머니는 할머니에게 인사를 올린 뒤 별당에 들었고 별당 문은 꼭 닫혀진 채 해는 저물고 말았다. 이때부터 **모자 사이에는 보이지 않는 강물이 흐르기 시작했다.** 이유를 알 수 없는 거부였다. 무슨 까닭으로 **자애스럽던 어머니**는 **남보다 먼 사람**이 되어버렸는지 모를 일이었다. 치수의 소년시절은 어둡고 고독했다. 허약하여 본시부터 신경질적인 성격은 차츰 잔인하게 변하였으며 방약무인의 젊은이로 성장했다.

― 박경리, 「토지」 ―

(나)

S#58. 안방(낮)

병색이 완연한 윤씨가 ⓐ <u>차렵이불</u>을 덮고 누워 있다.

소리 : ⓑ <u>마님, 나으리께서 드십니다.</u>

ⓒ <u>윤씨 이불을 걷고 일어나 앉는다.</u> 들어오는 치수 양 무릎을 모으고 앉는다.

치수 : ⓓ <u>많이 편찮으신지요?</u>

윤씨 : 몸살인가 보다.

치수 : 문 의원을 불러오는 게 어떻겠습니까?

윤씨 : 그럴 것 없다.

치수 : 하오나……

윤씨 : 장암 선생께서는 요즘 차도가 있으시더냐?

치수 : 어려우실 모양입니다.

윤씨 : 근자에 가 뵈었더냐?

치수 : 못 가 뵈었습니다.

윤씨 : 그래서야 쓰겠느냐?

치수 : 사냥을 떠나기 전에 가 뵈어 문안올리고 오겠습니다.

윤씨 : 산으로?

치수 : 예.

모자의 눈이 부딪친다. 열을 뿜다 서로의 눈이 싸늘히 굳어 진다. 치수의 두 눈에서 O.L*

S#59. 마당(회상)

김 서방 사랑채로 뛰어오며,

김서방 : 도련님. 마님이 오십니다.

치수 : 어머님이!

어린 치수 버선발로 토방을 건너 뛰어 마당에 내려선다.

치수 : ⓔ <u>어머님!</u>

대문께로 뛰어간다.

S#60. 대문 앞(동. 회상)

당도한 가마에서 내려선 윤씨. 얼굴빛이 밀랍처럼 창백하다. 치수를 보는 순간 한걸음 뒤로 물러서는 윤씨.

치수 : (놀라서) 어머님.

불꽃이 이는 듯한 윤씨의 두 눈.

*O.L : 하나의 화면이 끝나기 전에 다음 화면이 겹치면서 먼저 화면이 차차 사라지게 하는 기법.

― 박경리 원작, 이형우 각색, 「토지」 ―

04. (가)의 서술상의 특징에 대한 설명으로 가장 적절한 것은?

① 풍자적 서술을 통해 인물의 부정적 행위를 비판하고 있다.
② 작품 밖 서술자를 통해 인물의 내면 심리를 제시하고 있다.
③ 시대적 배경을 제시하여 사회 현실의 문제를 드러내고 있다.
④ 의식의 흐름 기법을 활용하여 인물의 내적 욕망을 드러내고 있다.
⑤ 인물의 과장된 행동을 통해 비극적 분위기의 반전을 꾀하고 있다.

05. (가)를 이해한 내용으로 적절하지 않은 것은?

① 윤씨 부인의 '검은 점이 무수히 드러난 얼굴'을 통해 치수가 '어머니의 뻗치는 힘이 전보다 가늘어'졌다고 느낀 이유 중 일부를 짐작할 수 있겠군.
② 치수가 윤씨 부인과 '오랜 시일 이별'했다는 사실을 통해 현재의 치수가 '고통스런 세월을 보내기 위해' '무거운 굴레를 둘러쓴' 이유를 짐작할 수 있겠군.
③ '모자 사이에는 보이지 않는 강물이 흐르기 시작했다'는 것을 통해 현재의 치수가 윤씨 부인을 '회피'하는 행위가 '자연스러운' 이유를 짐작할 수 있겠군.
④ '자애스럽던 어머니'라는 치수의 기억을 통해 어린 치수가 윤씨 부인과 재회한 후 '눈앞이 캄캄'할 정도로 충격을 받게 된 이유를 짐작할 수 있겠군.
⑤ 어린 치수가 윤씨 부인을 '남보다 먼 사람'이라고 여긴 것을 통해 쌍방의 '숨결조차 내기 어려운 침묵'의 이유를 짐작할 수 있겠군.

06. [A]와 [B]를 고려하여 (나)의 촬영 대본을 작성할 때, <보기>를 바탕으로 ⓐ~ⓔ에 대해 감독이 메모한 내용으로 적절하지 않은 것은?

<보기>

시나리오에 언급된 내용을 영상으로 구현하기 위해 영화감독은 촬영 대본을 작성하는데, 여기에는 연기, 의상, 소품, 녹음, 촬영 등에 대한 세부 사항이 기록된다. 이때 원작을 훼손하지 않기 위해 원작의 구체적인 내용을 참고하여 촬영 대본을 작성하기도 한다.

① ⓐ : 시나리오에는 차렵이불의 색깔이 언급되어 있지 않으므로 원작을 고려하여 갈매빛 이불을 소품으로 준비할 것.
② ⓑ : 시나리오에 누가 대사를 할지 언급되어 있지 않으므로 원작을 고려하여 삼월을 연기하는 배우의 목소리를 녹음할 것.
③ ⓒ : 윤씨를 연기하는 배우는 원작의 윤씨 부인의 모습을 잘 드러내기 위해 옷매무새가 흐트러지지 않도록 주의할 것.
④ ⓓ : 치수를 연기하는 배우는 원작을 고려하여 대사를 마친 후에 윤씨를 연기하는 배우와 시선을 마주치도록 할 것.
⑤ ⓔ : 치수를 연기하는 배우는 원작과 같이 윤씨 부인을 향한 어린 치수의 마음이 잘 드러나도록 다급한 어투로 말할 것.

나는 여관을 나섰다, 저녁을 먹고.
　　어순을 도치함. 시간적 배경이 드러남.　　　■ : 공간적 배경. 글쓴이는 경주를 산책하며 공간을 이동하고 있음.

이 경주는 벌써 두어 번이나 본 곳이건만 지금도 처음 보는 것같이 모든 것이 새롭고 이상하게시리 생각난다. 딴은 온종일 차에 시달려 온몸이 아니 피곤한 건 아니나 방 안에 누워 있기는 싫고 자꾸 밖으로 밖으로 나가고만 싶다.

여관 옆에는 새로 난 요릿집이 있어 장구 소리와 노랫소리가 난다. 가만히 귀를 기울이고 들어 보았다. 경주다운 노래나 아닌가 하고. 그러나 나의
　　　　　　　　　　　　　　　　　　　　　경주 고유의 문화적 전통을 경험하고 싶어 함.

요구와는 아주 다르다. 어디서든지 들을 수 있는 이 근래 유행하는 노래 그것이다. 실패다. 다른 데로 나가 볼 수밖에 없다.
　　　　　　　　　　　　　　　　　　실망감을 느낀 글쓴이는 경주 고유의 문화를 경험하기 위해 산책을 나섬.

> 경주다운 노래
> ↕
> 근래 유행하는 노래

침침한 좁은 골목을 나서 제법 전등깨나 켜 있는 큰길로 걸어갔다. 『좌우에 있는 상점, 포목점, 잡화점, 사기점, 철물점, 과자점 따위가 역시 일인(日
　　　　　　　　　　　　　　　　　　　　　　　　　　　　　　베나 무명 따위의 옷감을 파는 가게
人)이 아니면 지나인(支那人)*의 것이고 물러 터진 감, 능금, 배나 그 옆에 몇 개 놓고 파는 것만은 그들이 아니다.』 하나 어느 것이든지 거기에는 먼지
　『　』 : 거리에 즐비해 있는 상점은 외국인의 소유이고, 초라한 노점은 그렇지 않다는 사실을 발견함.
하나 움직이지 않고 전등은 가물가물하고 상인은 졸고 있고 이따금 어디서 쿨룩쿨룩 기침 소리만 날뿐이다.
　　활기를 잃은 거리의 풍경 → 1930년대의 경제적 상황이 간접적으로 드러남.

나는 봉황대로나 올라갈까 하고 발을 멈추고 망설이다가는 다시 그 반대의 방향으로 나아갔다. 점점 전과 같은 가로(街路)도 아니고, 상점도 없고,
　　　　　　경주에 있는 신라 때의 무덤
부조화하여 보이는 일본집 또는 고옥과 공지가 보이고, 흰 저고리 검정 치마 입은 젊은 여자 오륙 인이 길에 서서 가는 웃음을 치며 소곤소곤하고, 머
　　　　　　시대적 상황을 알 수 있음.
리 땋은 총각 상투 꼽은 늙은이 몇 사람은 앞으로 어슬렁어슬렁 걸어간다. 나도 그 뒤를 따라간다. 이제는 인가도 드물고 볏논, 콩밭, 수수밭 가운데

커다란 신작로만 고요히 누워 있는 곳이다. 나는 이곳에 서서 사면을 둘러보았다. 멀리 둘러 있는 산과 산이며 전등이 가물거리는 시가며 둥긋둥긋한
　활유법 → 시가지를 벗어난 공간의 한적한 분위기를 표현하고 있음.
봉화대들이며 또는 계림이며 첨성대며 반월성이며 안압지며 그 한편의 빈 들판들을, 그리고 동천에 떠오르는 저녁달을 바라보았다.
　　　　　　　첨성대와 반월성 사이에 있는 숲. 신라 김씨 왕족의 시조인 김알지 탄생 설화의 배경이 되는 곳.　■ : 글쓴이의 상념을 촉발하는 계기

『이때 이 달은 다만 나를 위하여 비쳐 주는 것 같다. 어찌나 그리도 고마운지 모르겠다. 이때까지 보던 달에는 이때 이곳에서 본 달처럼 귀엽고 사
　　　　　　　　　　　　　　　　　　　　　　　　　　　　　　과거와 현재를 비교하여 경주에서 보는 달을 예찬하고 있음.
랑스러운 달이 없었다. 다만 밝다, 아름답다는 간단한 말로는 도저히 형용할 수 없다. 아무리 표정을 잘하는 미인이라도 이때 이 달과 같은 얼굴은 할

수 없으리라고 했다.

[생각하면 육부(六部)*의 여자가 한가위 놀이를 하던 달도 저 달이요, 태종 무열대왕과 문명 황후의 사랑이 열매를 맺게 하던 달도 저 달이요, 천삼백
　　　　　　　　　　　　　　　　　　　　신라의 29대 왕 김춘추와 그의 비. 문명 황후는 김유신의 둘째 누이로, 언니의 꿈을 사서 김춘추와 결혼하게 되었다는 이야기가 전해짐.
육십 방(坊)* 십팔만 호(戶)에 비치던 달도 저 달이요, 임해전 놀음에 밤 가는 줄을 모르게 하던 달도 저 달이요, "동경 밝은 달에……" 하고 처용으로
　　　　　　　　　　　　　　　임해전 : 신라의 궁궐 건물. 나라에 경사스러운 일이 있을 때나 귀한 손님들이 왔을 때 군신들의 연회 및 귀빈의 접대 장소로 이용되었다고 함.
하여 노래를 부르게 하던 달도 또한 저 달이 아닌가.]
　① 신라 헌강왕 때 처용이 지은 향가인 '처용가'를 인용함. ② 설의적 표현을 활용하여 달을 바라보는 감회를 강조함.　[ ] : 신라와 관련된 역사적 사실을 '달'과 연관 지어 나열함.

과연 저 달을 어디에다 비할까. 심양강 상(上)에나 회수 동변(東邊)에 비치던 달로도 비할 수 없는 저 달이다.
　　　　　　　　　　　　　　'심양강'과 '회수'는 모두 중국의 강
과거의 경주에 비친 달도 그렇고 장래의 경주에 비칠 달도 이러하다면 지금 나를 중심으로 한 저 달이 그 얼마나 무한한가. 저 달을 보는 이때에
　　　　　　　과거의 달　　　　　　　　　　　　미래의 달　　　　　　　　　　　　　　현재의 달
그 무한한 느낌을 아니 가질 수 없으며 백 년의 인생이나 천 년의 신라도 한 찰나에 지나지 못함을 알게 한다……』
　자연의 영원성에 대한 경외심　　　　　　　유구한 자연에 비해 덧없이 짧은 인간의 삶과 역사를 생각하며 무상감을 느낌.　　　『 』 : 달과 관련된 글쓴이의 상념이 제시됨.
이렇게 생각을 하고 고개를 숙이고 있을 때 저편에서 남자와 소곤거리는 소리가 점점 가까이 나더니, / "……이것이 인생이 아니고 무언가."

하는 여자의 말만 분명히 들리며 어떤 청년 하나 이 여자의 손목을 잡고 내 옆으로 살짝이 비껴서 지나간다.

그러고는 다시는 오고가는 이도 보이지 않고 달만 달만 한 모양으로 보인다.

나는 처음 오는 이 길이 아무 굴곡도 없고 고하도 없고 가도록 한 모양으로 평탄하여 가기가 싫으나 그것이 얼마나 연장이 되었나, 그 그치는 곳까지
　　　　　　　　　　　　　　　　　　　　　　　　높고 낮음.
가서 보리라 하는 희망에 끌려 앞으로 다시 발길을 내디뎠다. 『또 콩밭, 수수밭, 볏논을 몇을 지났는지 알 수 없고 수없는 벌레 소리는 요란히 들린다.

가 보니 딴은 머잖은 길이다. 바로 넓은 백사장 하나가 보이고 그 건너는 거뭇한 숲과 조그마한 산이 가로막혀 있고 백사장 한편에서는 불빛이 반

짝이고 여러 사람의 떠드는 소리며 북장구, 노랫소리가 난다.』 아하, 이것이 북천(北川) 내인가, 씨름판이 아닌가. 올해는 풍년이라 풍년을 축하하기 위

『 』: 감각적 이미지를 활용하여 낯선 길을 지나 점차 씨름판에 가까워지고 있음을 묘사함.　　　　　　　　　　　　　　　　　　　　　　　씨름판이 벌어진 이유

하여 이 근처 농민들이 모여 북천 내에 씨름판을 열었다 함은 이 경주를 찾아올 때 차 속에서 누구에겐가 들은 법하다. 옳지, 이것이 그것이다. 나는

　　　　　　　　　　　　　　　　　　　　　　　　　　　　우연히 보게 된 씨름판에 흥미를 느끼는 글쓴이의 심정이 드러남.

일종 새로운 흥미를 일으켜 우선 그 씨름판을 향해 간다.

백사장으로 보이던 곳은 사뭇 조약돌 판이다. 한편에 물이 좀 흐르는 듯 마는 듯하고는 반들반들한 조약돌뿐이다. 한참 밟아 가니 발이 아프다. 거

의 숲이 있는 데까지 가서야 씨름판이 나선다.

『씨름판은 한가운데에는 모래를 듬뿍 깔아 놓고 그 가장자리로는 뺑 둘러앉은 이, 선 이, 수가 없으며, 기다란 횃불을 잡은 두 사람이 양쪽에 하나

　　『 』: 씨름판과 그 주변의 모습을 묘사한 부분. 전통적인 차림새를 한 이들이 많이 보이는 씨름판의 토속적인 풍경

씩 서서 그 테두리 안으로 들어서는 이가 있으면 횃불을 내둘러 쫓아내기도 하며, 한쪽에는 높이 시렁을 매어 놓고 그중 특수한 이가 그 위에 앉은 모

양이며, 씨름은 아무나 자원대로 나와서 하며, 이긴대야 나중 결승하는 날이 아니면 상품은 아니 준다 하는데 씨름꾼은 대개 상투쟁이가 아니면 머리

땋은 총각들이다. 구경하러 온 이도 또한 그런 이들이고 간혹 기생을 데리고 온 양복쟁이 몇 사람이 있을 뿐이다.』 순 경주 사투리를 써 가지고 함부로

덤부로 떠드는 소리는 귀에 설기는 하지만 토속 연구의 재료로는 이 밖에 다시없을 것 같다.

마음 내키는 대로 마구.　　　　　익숙하지 않기는 하지만

그리고 또 한옆으로는 좌우로 나가며 가갯막*을 벌여 놓고 음식도 팔고 잡화도 팔고 가지가지 오락도 한다. 이렇게 하여 밤을 새우고 낮을 이어 삼

　　　　　　　　　　　　　　　　　　흥겹게 북적이는 씨름판 주변의 분위기

사일 동안을 보내는 것이다.

「씨름법도 여러 가지가 있다 하나 보기에는 퍽 단순하다. 원시적 유희라, 향촌의 농민들이 오월 단오 팔월 추석 같은 명절을 당하여 일반적으로 하

　「 」: 놀이로서 씨름의 성격 - 향촌의 농민들이 명절에 하던 놀이로, 단순하고 원시적인 유희임.

던 유희라, 아무 설비도 없이 간단히 되는 유희라, 이 유희야말로 농민에게는 가장 합리적으로 된 것 아닌가.」 나는 이 씨름을 단원(檀園)의 풍속화에서

보았고 그 실물은 지금 여기서야 보게 된다. 다른 경기장에 가서 얻은 감상으로는 여기에 비길 수 없다. 씨름, 단순한 그것이 좋아 보인다. 천진스러워

보인다. 순박한 농민의 성격이 그대로 잘 드러나 보인다.

　씨름에 순박한 농민의 성격이 그대로 담겨 있다며 긍정적인 시선을 보내고 있음.

나는 다시 조약돌 판으로 나와 이리저리 어정이었다. 달은 중천에 떠 있다. 나를 따르는 이는 다만 나의 그림자만이다.

　　　　　　　천천히 걸어 다녔다.　　　　　　　　　　달밤에 혼자서 배회하는 글쓴이의 모습

*지나인 : 중국 국적을 가진 한족, 몽골족, 터키족, 티베트족 그리고 만주족 따위를 통틀어 이르는 말.

*육부 : 신라 때에. 씨족을 중심으로 나눈 경주의 여섯 행정 구역. / *방 : 부(部)를 다시 나눈 행정 구역. / *가갯막 : 허름하게 대강 얽어 임시로 만든 집.

OX문제

01 인생의 허무함에 대한 극복 의지가 나타나 있다. [2021학년도 수능]　　　　　(O / X)

02 공간의 이동에 따른 풍경 변화를 묘사하고 있다. [2021학년도 6월]　　　　　(O / X)

03 글쓴이는 '달'에 대한 긍정적 인식을 바탕으로 예찬적 태도를 보인다.　　　　(O / X)

04 자연물이 쇠락하는 과정을 제시하여 인생에 대한 무상감을 드러내고 있다. [2022학년도 수능]　　(O / X)

05 글쓴이는 '씨름'의 양면성을 제시하며 세태에 대한 비판적 시각을 드러내고 있다.　　(O / X)

나BS _ 나 없이 EBS 풀지마라

STEP
02 작품 해제

나BS 수능특강 | **현대문학**

01 | 주제

경주의 밤 풍경에 대한 감회

02 | 특징

① 글쓴이의 공간 이동에 따른 견문과 감상이 드러남.
② 활유법, 인용, 설의법 등 다양한 표현법이 나타남.
③ 감각적 이미지를 활용하여 글쓴이가 목격한 경주의 풍경을 섬세하게 묘사하고 있음.

03 | 작품 해제

이 작품은 글쓴이가 휘문고보에 재직할 당시인 1930년에, 학생들을 데리고 경주로 수학여행을 다녀와서 쓴 수필이다. 밤 산책을 나선 글쓴이는 경주의 낯선 길을 거닐며 자신이 바라본 풍경을 감각적으로 묘사하고, 순간순간 떠오른 생각과 느낌을 술회한다. 시대적 배경이 일제 강점기임을 알 수 있는 서술이 곳곳에 보이며, '경주다운' 것을 경험하려 하거나 농민의 성격이 잘 드러난다는 이유로 씨름이 좋아 보인다고 하는 데에서 향토적인 것을 선호하는 글쓴이의 취향이 나타난다.

04 | 등장인물

– '나' : 경주에서 밤 풍경을 보고 느낀 감회를 서술하는 인물

05 | 상세 줄거리

글쓴이는 경주에서 저녁을 먹은 후 여관을 나선다. 요릿집에서 '경주다운 노래'가 들리기를 기대하지만, 유행가가 흘러나오자 발걸음을 옮긴다. 큰길에 늘어선 가게들은 외국인 소유이고 초라한 노점은 그렇지 않지만, 뭐든 간에 사람들은 활기를 잃어버린 상태이다. 글쓴이는 봉황대 반대 방향으로 나아가다가 신작로에 가 닿고, 인가가 드문 고요한 들판에서 저녁 달을 보면서 무한한 달과 대비되는 인간사의 덧없음에 대해 생각한다.

한 쌍의 남녀가 스쳐 지나가며 글쓴이는 달에 관한 상념에서 벗어나고, 변화 없고 평탄한 길의 끝까지 가 보려는 희망으로 발길을 내디딘다. 북천 내에 도달한 글쓴이는 풍년을 축하하기 위해 벌인 씨름판을 목격한다. 씨름이 순박한 농민의 성격이 잘 드러나는 유희라고 생각하며 글쓴이는 조약돌 판 주위에서 이리저리 혼자 서성이다가 중천에 떠 있는 달을 본다.

STEP

03 논문으로 만나는 출제자의 시선

나BS 수능특강 | **현대문학**

이병기가 그려 낸 경주

경주는 신라 천 년의 고도(古都)로, 신라를 환기하는 기억의 매체이다. 역사 유적지 여행은 대체로 상투적이기 쉬운데, 일제 강점기에 쓰인 경주 기행문 또한 여행의 기쁨과 설렘, 신라 유적에 대한 경탄, 비애와 허무를 공통적으로 담고 있다. 그런데 이병기는 경주 기행문에서 찬란했던 신라로 돌아가기만을 간절히 소망하거나, 허무감에만 휩싸이는 모습을 보여 주지는 않는다. 그는 상상 속 경주와 괴리되는 현실을 그려 냄으로써 신라와 조선 사이의 시간적 거리를 드러내면서도, 경주를 허영으로 가득한 도회지 서울과 대비되는 공간으로 나타냈다. 「경주의 달밤」에서 경주가 '씨름'이라는 놀이를 통해 질박하고 천진스러운 생활이 존재하는 시골로 묘사되는 데에서 이를 확인할 수 있다.

STEP 01 지문 분석과 OX문제

ⅠBS 수능강 | **현대문학**

창에 드는 볕이 어느덧 봄이다.
계절의 변화로 인해 글을 쓰게 됨. '봄'을 감각적으로 그려냄.

봄은 맑고 고요한 것. 비원의 가을을 걸으며 낙엽을 쥐어 본 것이 작년이란 말인가. 나는 툇마루에서 봄볕을 쪼이며 비원의 가을을 연상한다. 가을
① 창덕궁의 정원 ② 소원 등 여러 의미로 해석할 수 있음.

이 가고 봄이 온 것은 아니다. 가을 위에 겨울이 오고 또 봄이 온 것이다. 그러기에 지난간 가을은 해가 멀어 갈수록 아득하게 호수처럼 깊어 있고, 오
해를 거듭할수록 가을과 봄이 깊어지고 풍성해짐.

는 봄은 해가 거듭될수록 쌓이고 쌓여 더욱 부풀어 가지 않는가.

나무는 해를 거듭하면 연륜이 하나씩 늘어 간다. 「그 연륜을 보면 지난간 봄과 가을이 하나도 빠지지 않고 둘레에 남아 금을 긋고 있다. 가을과 봄
나이테. 흔히 '연륜'을 사람이 여러 해 동안 쌓은 경험에 의하여 이루어진 숙련도로 비유함.

은 가도 그들이 찍어 놓고 간 자취는 가시지 않고 기록되어 있다. 사람도 흰 터럭이 하나하나 늘어 감에 따라 지나간 봄과 가을이 터럭에 쌓이고 쌓여

느낌이 커 간다.」 「」: 계절이 지나가면 그것이 소멸되는 것이 아니라 모두 나이테에 흔적을 남김.
이와 마찬가지로 시간이 흐르면 사람이 늙으며 경험이 쌓이게 됨. '나무 → 사람'의 유추의 방식이 활용됨.

『꽃을 보고 반기는 소녀의 봄은 꽃뿐이지만, 꽃을 캐는 소녀를 아울러 봄으로 느끼는 봄은 꽃과 소녀들이다. 사랑을 노래하는 청춘의 봄은 화려하고
(보통은 '청춘'을 봄에 빗댐.) 사랑을 노래하는 청춘의 봄을 찬란한 시기라고 (사람들은) 생각하지만

찬란한 봄이지만, 그것을 바라보고 느끼는 봄은 인생의 끝없는 봄이다. 누가 봄을 젊은이의 것이요, 늙은이의 것이 아니라 하던가. 젊은이의 봄은 기쁨
봄을 바라보고 느끼는 것은 청춘, 중년, 노년에 상관없이 인생에 있어서 끝이 없다. 즉, 봄은 젊은이만의 것이 아니고 늙은이도 누릴 수 있는 의미가 있는 시기임.

으로 차 있는 홑겹의 봄이지만 늙은이의 봄은 기쁨과 슬픔을 아울러 지닌 겹겹의 봄이다.」 과거란 귀중한 재산, 과거라는 재산이 호수에 가득 찬 물결
현재는 과거가 쌓여서 만들어진 것이고, 과거는 소중한 것임.

같이 고이고 고여서 오늘을 이루고 있는 것, 물 위에 호수가 따로 없듯이 과거를 떠나서 오늘이 따로 없는 것. 그러므로 물이 많을수록 호수가 아름답

고 과거가 길수록 오늘이 큰 것이다. 『 』: 소녀, 청춘과 같은 젊은이들은 봄에서 '꽃', '사랑'만을 느끼지만, 이를 멀리서 바라보는 늙은이들은 '꽃'과 '소녀'를 모두 느낄 수 있고
끝없는 인생을 느낄 수 있음. 따라서 젊은이들은 봄에서 '기쁨'이라는 단면만 볼 수 있지만, 늙은이들은 이를 총체적으로 바라볼 수 있음.
젊은이와 늙은이의 봄을 대조함.

늙어서 봄을 맞으며 봄을 앞으로 많이 못 볼까 슬퍼할 필요는 없다. 그동안 많이 가져 본 봄이 또 하나 느는 것을 대견하게 생각할 일이다. 산에 오
과거는 소멸되는 것이 아니라 쌓이는 재산이므로, 늙어서 또 하나의 봄을 맞이하는 것은 슬퍼할 일이 아니라, 자부심을 가져야 할 일임.

르거나 먼 길을 걸을 때, 십 리고 이십 리고 가서 뒤를 돌아다보고는 내가 저기를 걸어왔구나 하며, 흐뭇하고 자랑스러운 때도 있다. 그리고 돌아다보

는 경치가 걸어올 때보다 놀랍게 아름다움을 발견하는 때도 있다. 「다만 지나온 추억을 더듬어 한 개의 진주를 발견하지 못하고 거친 모래알만 쥐어질
그 일을 경험할 때는 소중함과 아름다움을 느낄 수 없었으나, 돌아봤을 때야 비로소 아름다웠음을 깨달을 수 있음.

때, 그것이 슬프다.」 보잘것없는 내 과거가 항상 오늘을 슬프게 할 뿐이다.
「」: 시간이 지나 되돌아봐도 자신의 경험에서 가치를 발견할 수 없을 때, 보잘것없는 과거만 살았을 때 슬픔을 느낌.

뜰 앞에 한 그루 밀감나무가 서 있다. 동쪽 가지 끝에 파릇파릇 싹이 움 돋기 시작한다. 굵은 가지에서도 푸른 생기가 넘쳐흐른다. 미구에 잎이 퍼
새로운 화제가 등장함.   얼마 오래지 아니함.

지고 꽃이 피고 열매가 맺힐 것이다. 집안사람들의 기대가 사뭇 크다. 그러나 서쪽 가지에서는 소식이 없다. 나무의 절반은 죽은 가지다. 죽은 가지에

봄은 올 리 없다. 지난겨울에 잎이 다 떨어지고 검은 등걸만 남았을 때, 혹 죽지나 아니했나 염려도 했고, 봄이 되면 살아나겠지 믿기도 했었다. 그러
줄기를 잘라 낸 나무의 밑동

나 같은 나무 한 등걸에서 한 가지는 살고 한 가지는 죽었으리라고는 생각하지 못했다. 하지만, 눈보라 추운 속에서도 한 가지는 생명을 기르며 겨울을

살아왔고, 한 가지는 그 속에서 자기를 살리지 못했던 것이다. 저 동쪽 가지의 씩씩하고 발랄한 생의 의지. 지난겨울 석 달 동안, 마음속으로의 안타까
같은 나무이지만 서쪽 가지와 달리 새로운 생명을 틔워낸 동쪽 가지를 찬양함.

운 저항. 그리고 남모르는 분투와 인내! 이에 대한 무한한 경의와 찬사를 보내고 싶다. 『봄이 가면 봄이 없다고 슬퍼함은 일 년을 사는 곤충의 슬픔이

다. 교목은 봄이 열 번 가면 열 개의 봄을, 가을이 백 번 가면 백 개의 가을을 지닌다.」 『 』: 한 해만 살 것이 아니기 때문에 봄이 가도 슬퍼할 필요가 없음.

생활에 따라서는 인류 역사 억만년의 봄이 다 내 몸에 간직된 봄이요, 생각에 따라서는 잊지 못할 뚜렷한 봄이란 또 몇 날이 못 될 것이다. 「그러므
한 개인의 삶은 인류가 축적해 온 역사와 뗄 수 없는 관계임. 또한 여러 봄을 겪으며 살아가도, 유독 인상 깊은 경험이 있고, 크게 기억에 남지 않는 경험도 있을 것임.

로 오래 세상에 머물러 봄을 여러 번 보는 것이 귀한 게 아니라, 봄을 봄답게 느끼고 지나온 모든 봄을 회상하며 과거를 잊지 않고 되새기는 것도 우

리의 생활을 풍부하게 해줄지언정 섭섭할 것은 없다.」
「 」: 단순히 오랜 세월을 사는 것이 중요한 게 아니라, 그 속에서 의미를 발견하고 자신의 과거를 잊지 않는 자세가 중요함.

　다만 봄은 나를 잊지 않고 몇 번이라도 찾아와 세월을 깨우쳐 주었건만, 둔감과 태만이 그를 저버린 채 헛되게 늙은 것이 아쉽고 한스러워 다시 찾
　　　　　　　　　　　　　　　　　　　　　　　　지나온 삶에 대한 반성과 성찰의 자세
아 주는 봄에 죄의식조차 느낀다. 그러나 이제 발버둥쳐 봐도 미칠 수 없는 일, 고요히 뜰 앞을 거닐며 지나간 봄의 가지가지 추억과 회상에 잠겨 보

는 것이다. 오늘따라 주위는 말할 수 없이 고요하고 따스한 햇빛이 백금처럼 빛나고 있다.

OX문제

01 글쓴이의 생각을 타인의 생각과 비교하며 글쓴이가 삶에서 깨달은 진리를 전달하고 있다. [2014학년도 11월AB]　(O / X)

02 과거의 삶과 현재의 삶을 대비하여 현대 사회에 대한 비판적 인식을 드러내고 있다. [2014학년도 11월AB]　(O / X)

03 관조적인 태도로 자연과 조화를 이루는 삶을 모색하고 있다.　(O / X)

04 글쓴이는 '뚜렷한 봄'과 그렇지 않은 봄을 구분해야 한다고 강조하고 있다.　(O / X)

05 글쓴이는 나이가 들어감을 자랑스럽게 여겨야 한다고 생각하고 있다.　(O / X)

STEP 02 작품 해제

01 | 주제

노년에 맞이하는 봄에 대한 감회

02 | 특징

① 계절이라는 추상적 관념을 구체적으로 형상화함.
② 대조의 방식을 활용하여 대상이 지닌 특징을 부각함.
③ 일반적인 생각에 의문을 제기하며 주장을 강조함.

03 | 작품 해제

늙은이의 입장에서 '봄'에 대한 감회를 적은 글이다. 단순히 봄이 와서 좋다는 입장이 아니라, 삶에 대한 깊이 있는 성찰을 통한 '봄'의 감회이기에 이 부분에 주목을 하며 독해하면 된다.

04 | 등장인물

- 필자 : 노년의 입장에서 '봄'에 대해 사색하게 됨. 연륜이 쌓이는 것을 긍정적으로 바라보며 젊은이와 늙은이의 '봄'을 비교함. 그러나 단순히 오래 사는 것만을 예찬하는 것이 아니라, 그 속에서도 의미를 발견해야 함을 주장하며, 자신의 삶을 되돌아봄.

05 | 상세 줄거리

필자는 창에 드는 볕을 맞으며 봄이 왔음을 느낀다. 그러며 지나간 가을에 대해 회상하게 되고, 젊은이와 늙은이의 봄을 비교하게 된다. 필자는 뜰 앞의 밀감나무를 떠올린다. 이 밀감나무의 서쪽 가지는 모두 죽었으나, 동쪽 가지는 새 잎을 틔웠다. 이와 같은 생의 의지에 감탄한다. 필자는 모든 봄을 봄답게 느끼는 것이 중요하다고 생각하며, 자신의 둔감과 태만을 반성하게 된다.

STEP 03 논문으로 만나는 출제자의 시선

윤오영 수필에 나타난 장자사상

윤오영의 수필문학은 그의 인생 말년에 이르러서야 꽃을 피운다. 그는 현대문학(1959)에 수필 「측상락」을 발표하고 10여 년이 지난 후, 1972년 수필 전문지 『수필문학』을 통해 수필과 수필론 여러 편을 본격적으로 발표하며 왕성하게 활동하였다. 1976년 향년 70세로 타개 전, 수년 동안의 짧은 활동이었지만 훌륭한 작품과 수필이론을 남김으로써 수필문학에 크게 기여했다.

그는 노년의 혜안으로 자연의 이치를 수필에 담아냈다. 인간의 욕심을 모두 몰아낸 듯 달관한 자연인의 삶이었다. 그래서 그의 작품에는 욕심 없이 살았던 인생관이 수필의 소재, 배경 그리고 여러 인물들을 통해 자연사상으로 드러난다. 특히, 윤오영 수필에 주류를 이루고 있는 사상은 장자사상이다.

장자사상은 "소요(逍遙 : 자유롭게 이리저리 슬슬 거닐며 돌아다님)"를 중심으로 순박한 인간의 심성을 소중히 여기고, 자연의 섭리를 따르는 것을 바탕으로 구축된, 현실에 근거한 철학 사상이다. 윤오영의 수필에 나타나는 장자사상적인 특성은 존재의 근원을 찾아 끊임없이 사유하고 있다는 점이다. 늘 나무와 풀과 흙이 있는 자연을 가까이하고 있으며, 그 속에는 인정이 녹아 흐르고 있다. 그의 삶은 나아가 자연의 일부분으로 서 있는 것이고 자연과 잘 어우러진 한 폭의 산수화 같은 모습이라 할 수 있다. 이는 윤오영이 자연에 순응하는 삶을 살았을 뿐만 아니라, 수필에도 장자사상이 내포되었음을 입증하는 것이라 하겠다.

STEP 04 나BS 실전 문제

다음 글을 읽고 물음에 답하시오.

사랑을 노래하는 청춘의 봄은 화려하고 찬란한 봄이지만, 그것을 바라보고 느끼는 봄은 인생의 끝없는 봄이다. 누가 봄을 젊은이의 것이요, 늙은이의 것이 아니라 하던가. 젊은이의 봄은 기쁨으로 차 있는 홑겹의 봄이지만 **늙은이의 봄**은 기쁨과 슬픔을 아울러 지닌 겹겹의 봄이다. 과거란 귀중한 재산, 과거라는 재산이 호수에 가득 찬 물결같이 고이고 고여서 오늘을 이루고 있는 것, 물 위에 호수가 따로 없듯이 과거를 떠나서 오늘이 따로 없는 것. 그러므로 물이 많을수록 호수가 아름답고 과거가 길수록 오늘이 큰 것이다.

늙어서 봄을 맞으며 봄을 앞으로 많이 못 볼까 슬퍼할 필요는 없다. 그동안 많이 가져본 **봄이 또 하나 느는 것을 대견하게 생각**할 일이다. 산에 오르거나 먼 길을 걸을 때, 십 리고 이십 리고 가서 뒤를 돌아다보고는 내가 저기를 걸어왔구나 하며, 흐뭇하고 **자랑스러운 때**도 있다. 그리고 돌아다보는 경치가 걸어올 때보다 놀랍게 아름다움을 발견하는 때도 있다. 다만 지나온 추억을 더듬어 한 개의 진주를 발견하지 못하고 거친 모래알만 쥐어질 때, 그것이 슬프다. 보잘것없는 내 과거가 항상 오늘을 슬프게 할 뿐이다.

뜰 앞에 한 그루 밀감나무가 서 있다. **동쪽 가지** 끝에 파릇파릇 싹이 움돋기 시작한다. 굵은 가지에서도 푸른 생기가 넘쳐흐른다. 미구에 잎이 퍼지고 꽃이 피고 열매가 맺힐 것이다. 집안사람들의 기대가 사뭇 크다. 그러나 서쪽 가지에서는 소식이 없다. 나무의 절반은 죽은 가지다. 죽은 가지에 봄이 올 리 없다. 지난겨울에 잎이 다 떨어지고 검은 등걸만 남았을 때, 혹 죽지나 아니했나 염려도 했고, 봄이 되면 살아나겠지 믿기도 했었다. 그러나 같은 나무 한 등걸에서 한 가지는 살고 한 가지는 죽었으리라고는 생각하지 못했다. 하지만, 눈보라 추운 속에서도 한 가지는 생명을 기르며 겨울을 살아왔고, 한 가지는 그 속에서 자기를 살리지 못했던 것이다. 저 동쪽 가지의 씩씩하고 발랄한 **생의 의지**. 지난겨울 석 달 동안, 마음속으로의 안타까운 저항. 그리고 남모르는 분투와 인내! 이에 대한 무한한 경의와 찬사를 보내고 싶다. 봄이 가면 봄이 없다고 슬퍼함은 일 년을 사는 곤충의 슬픔이다. 교목은 봄이 열 번 가면 열 개의 봄을, 가을이 백 번 가면 백 개의 가을을 지닌다.

생활에 따라서는 인류 역사 **억만 년의 봄이 다 내 몸**에 간직된 봄이요, 생각에 따라서는 잊지 못할 뚜렷한 봄이란 또 몇 날이 못 될 것이다. 그러므로 오래 세상에 머물러 **봄을 여러 번 보는 것**이 귀한 게 아니라, 봄을 봄답게 느끼고 지나온 모든 봄을 회상하며 과거를 잃지 않고 되새기는 것도 우리의 생활을 풍부하게 해 줄지언정 섭섭할 것은 없다.

- 윤오영, 「봄」-

01. 윗글에 대한 설명으로 가장 적절한 것은?

① 일상에서 보고 들은 바를 객관적으로 전달하고 있다.
② 분석의 방법을 사용하여 대상의 문제점을 지적하고 있다.
③ 자연을 상대로 대화하면서 자신의 관점을 합리화하고 있다.
④ 타인의 견해를 인용하여 글쓴이의 주장을 일반화하고 있다.
⑤ 소재에 대한 일상적인 통념에서 출발하여 삶의 의미를 찾아내고 있다.

02. 윗글에 대한 감상으로 가장 적절한 것은?

① '늙은이의 봄'을 물의 속성에 비유한 것으로 보아, 글쓴이는 흐르는 세월에 대한 안타까움을 표현하고 있어.
② '봄이 또 하나 느는 것을 대견하게 생각'하는 것으로 보아, 글쓴이는 과거를 부정하고 미래를 지향하고 있어.
③ 과거를 '자랑스러운 때'로 추억하는 것으로 보아, 글쓴이는 화려한 청춘의 봄으로 회귀하려 하고 있어.
④ 겨울을 이겨 낸 '동쪽 가지'를 주목한 것으로 보아, 글쓴이는 '생의 의지'에 따라 저마다 다른 봄을 맞이하게 될 것이라 보고 있어.
⑤ '생활'에 따라 '억만 년의 봄이 다 내 몸'에 간직된다고 한 것으로 보아, 글쓴이는 '봄을 여러 번 보는 것'에서 봄의 진정한 가치를 찾고 있어.

22 나희덕, 내가 잃어버린 나무들

01 지문 분석과 OX문제

그 집에는 자그마한 뜰이 있었다. 『처음으로 집을 장만했다는 기쁨보다도 무언가 심고 가꿀 수 있는 몇 평의 땅이 생겼다는 기쁨이 내게는 더 컸다.

그곳엔 이미 목련, 라일락, 감나무, 대추나무, 장미 등이 한두 그루씩 심어져 있었다. 그 나무들이 서로 썩 어울리는 편은 아니었지만 그래도 크고 작은
　　　　　　　　　　　　　　　　　　　　　　　　　　　　　나무들에 대한 글쓴이의 첫인상

그늘을 만들며 기대어 있는 모습이 보기 좋았다.』 어디서나 볼 수 있는 흔한 그 나무들은 이제 내 뜰에 있다는 이유만으로 내게 특별한 존재로 자리
　　　　　　　　　　　　『 』: '자그마한 뜰'에 심어진 나무들을 나열하여 그 장소에서 글쓴이가 받은 느낌을 환기함.

잡기 시작했다.

　시간이 날 때마다 나는 그 나무들을 돌보았다. 『이파리만 무성하고 열매가 부실한 감나무 아래에는 거름을 넉넉히 넣어 주고, 웃자란 라일락 가지들

은 전지를 해주고, 장미는 베란다 쪽으로 넝쿨을 올려주었다. 계절이 바뀔 때마다 쥐똥나무 울타리를 가지런하게 잘라주는 일도 잊지 않았다. 반 넘게
　가지치기

말라 버린 목련 나무는 남은 부분을 살려내느라 얼마나 애를 태웠는지 모른다.』 겨울을 보내고 난 어느 날 마른 가지 위로 단 한 송이의 목련이 피어
『 』: 글쓴이가 뜰에 심어진 나무에 쏟은 애정과 정성이 드러남.　　　　　　　　　　　　　　　　　　글쓴이가 아끼던 나무를 힘겹게 살려내 얻은 결과

났을 때, 내게는 그 한 송이가 다른 뜰의 수백 송이 꽃보다 더 눈물겹게 아름다웠다.

　나무에 쏟은 내 정성도 적지 않은 것이었지만, 그 나무들이 내게 준 위안과 기쁨은 그보다 훨씬 컸다. 『그 그늘 아래서 풀을 뽑아주고 벌레를 잡아

주고 있노라면 시름도 불안도 그렇게 뜰 밖으로 던져지곤 했으니까. 한편으로는 어디론가 자꾸만 달아나려는 내 마음을 그 뿌리들 속에 붙잡아 매려는

안간힘 같은 것이 있었는지도 모른다. 그렇지 않았다면 왜 그토록 나무 몇 그루에 애착을 넘어선 집착을 보였겠는가. 몇 송이의 꽃과 몇 줌의 열매,

그리고 향기와 그늘을 내어 주던 그 나무들이 내게는 하나의 피난처처럼 느껴지던 무렵이었다.』 그러면서 생각했다. 나에게 그런 그늘과 향기를 준 사
『 』: 비유적 표현 → 글쓴이가 나무들에서 느낀 위안과 기쁨, 애착의 원인을 성찰함.

람, 그러니까 그 나무들을 여기에 처음 심은 사람은 누구였을까, 하고.
　　　　　　뜰에 목련, 라일락, 감나무, 대추나무, 장미 등을 처음 심은 사람을 궁금해함.

　그럴 때마다 나는 장 지오노의 소설 『나무를 심은 사람』을 떠올렸다. 프로방스 지방의 황무지에 하루도 쉬지 않고 떡갈나무와 자작나무를 심었던 엘
　　　　　　1913년 프랑스 여행 중 '나'가 만난 부피에는 척박한 산비탈에 3년간 매일 도토리 100개를 심었고, 32년 후 전쟁에서 돌아온 '나'는 그로 인해 풍요로워진 마을 풍경을 봄.

제아르 부피에. 아내와 아들을 잃은 그가 참담한 고독 속에서 뿌려낸 씨앗은 황무지를 풍요로운 숲과 마을로 변화시켜 놓았다. 자신이 나무를 심고 씨
■ : 장 지오노의 소설 『나무를 심은 사람』의 주인공 → '나'에게 깨달음을 주는 존재 / 부정적 상황 속에서 주위에 선한 영향력을 끼친 인물의 모습

를 뿌리는 땅이 누구의 소유인지는 그에게 그리 중요한 문제가 아니었다. 다만 자신을 버텨내고 세계를 살릴 수 있는 방법으로 그는 나무 심는 일을
　　　　　　　　　　　　　　　　　　　　　　　　　　　　나무가 없어 죽어가는 땅을 살리고자 나무를 심던 부피에

선택했던 것이다.

　이처럼 나무를 심는다는 것은 당장 자기가 무엇을 얻고 누리기 위해서가 아니라 먼 훗날의 다른 누군가를 위해서 하는 일이다. 나무를 가꾸는 동안
　　　　　　　　　　　　　　　　　　　다른 누군가를 위해 '희망'을 주는 일이라고도 볼 수 있음.

의 수고로움 역시 그 아름다움이 굳이 자기의 것이 아니어도 좋다는 생각에서 비롯된다. 사람이 나무보다 아름다워지는 때가 있다면 바로 그런 순간일

것이다.

　그러나 나는 내가 덜 불행해지려고 나무를 가꾸었던 것 같다. 마음에 잔뜩 품고 있는 독을 중화시키고 내 병을 대신 앓게 하려고 그 푸른 것들에
글쓴이가 성찰한 자신의 내면 → 엘제아르 부피에의 이타적 행위와 대조적이었음을 반성함.

머물렀던 것만 같다. 엘제아르 부피에처럼 처음 그 나무들을 심은 누군가를 생각하면서 나는 내 집착의 뿌리를 서서히 더듬기 시작했다.
　　　　　　　　　　　　　　　　　　　　　　　　　　　　뜰과 나무 몇 그루를 소유한 글쓴이의 집착

　그런데 뜰에 대한 집착을 스스로 버리기도 전에 우리 식구는 그 집을 떠나게 되고 말았다. 일 년 남짓이나 살았을까, 갑자기 닥친 빚 때문에 집을
　　　　　　글쓴이에게 찾아온 변화(좌절의 경험)　　　　　　　　　　　　　　　　　　글쓴이가 자신이 가꾸던 뜰을 상실하게 된 원인

포기해야만 했을 때, 나에게 가장 포기가 안 되는 것은 집보다도 그동안 정들여 키운 나무들이었다. 그 봄날 내 주머니에는 삼만 원이 남아 있을 따름

이었다. 그런데 무슨 결심이라도 한 사람처럼 나는 나가서 이만 오천 원하는 살구나무 한 그루를 사 가지고 돌아왔다. 나는 살구나무가 아니라 이만 오

■ : 글쓴이가 희망을 지켜 내려 마련한 대상 → 엘제아르 부피에의 나무 심는 행위를 이해하게 만듦.

천 원짜리 '희망' 한 그루를 내 뜰에 옮겨 심고 싶었으리라. 그 살구나무 한 그루를 땅에 꽂음으로써 스스로를 버려내고 싶었으리라.

나는 그제서야 엘제아르 부피에를 이해할 것 같았다. 모든 걸 잃어버렸다는 생각이 들 때, 자신이 살아 있다는 것을 어떤 식으로든 확인하지 않고는

집을 떠나야 하는 절망적인 상황에서 자신의 것이 아닌 뜰에 살구나무를 사서 심는 행위를 통해 엘제아르 부피에를 이해하게 됨.

견딜 수 없을 때, 사람은 스스로를 포기하지 않기 위해 나무를 심는다는 것을. 엘제아르 부피에로 하여금 나무를 심게 한 것은 어떤 거창한 목표나 선

희망을 잃지 않기 위해

견지명이 아니라 모든 것을 잃은 자의 절망과 고독이었다는 것을. 그리고 간절히 믿고 싶었다. 엘제아르 부피에가 심은 떡갈나무가 그랬던 것처럼 이

엘제아르 부피에처럼 좌절의 경험을 계기로 가치 있는 일을 시작하는 사람도 있음.

살구나무 한 그루가 잘 커나가기를.

살구나무 묘목에는 벌써 흰 꽃망울들이 자잘하게 맺혀 있었다. 그러나 뿌리를 제대로 못 내렸는지 꽃망울들은 활짝 펴보지도 못하고 땅에 우수수 떨

글쓴이의 안타까운 심정을 유발하는 대상

어져 내리고 말았다. 우리 식구는 결국 여름이 시작될 무렵 그 집을 떠나게 되었고, 살구나무는 거기 남게 되었다. 이삿짐을 싣고 떠나기 전 마지막으

로 돌아본 살구나무의 모습이 아직도 눈에 선하다. 나도 모르게 눈에 그렁 고이던 눈물. 돌아올 거라고, 다시 돌아와 얼마나 자랐는지 만져 볼 거라고

중얼거리며 돌아서던 내 뒷모습을 그 나무는 보고 있었을까.

그 후로 마치 식구 하나를 남겨 두고 온 것처럼 이따금 그 나무의 안부가 궁금해지고는 한다. 처음엔 과일가게에서 노란 살구를 보고도 마음이 울

컥해서 한참을 그 앞에서 머뭇거린 때도 있었다. 그러나 시간이 지나고 마음이 그 뜰에서 멀어질수록 살구나무 생각이 그리 고통스럽지만은 않았다. 지

글쓴이가 두고 온 살구나무를 떠올렸기 때문임.

금쯤 꽃이 피었겠지…… 올해는 그래도 열매를 꽤 달지 않았을까…… 『꼭 내 뜰에서가 아니더라도 그곳에 잘 뿌리내려 꽃과 열매를 전해 주기……

누군가의 마음을 환하고 서늘하게 만들어 주기……』 그래야 너와 더불어 샀던 이만 오천 원짜리 내 희망도 꿋꿋하게 살아 있을 테니까.

『 』 : 글쓴이는 소유에 집착하던 모습을 반성하고, 살구나무가 타인에게 유익과 위안을 줄 수 있도록 기원함.

[조그마한 뜰을 잃어버리고 나서야 나는 모든 땅이 내가 씨 뿌리고 일구어야 할 터전임을 알게 되었다. 그토록 편애하던 나무들을 잃어버리고 나서

이 땅 위 모든 존재가 자신과 연결되어 있으므로, 그 땅을 가꾸고 나무를 심어 긍정적 영향을 주도록 애써야 함을 깨달음.

야 나는 더 많은 나무들을 얻게 되었다.] 이제 세상에 살아 있는 모든 나무들이 내 나무인 것 같다. 아니 죽어가는, 죽어 있는 나무들조차 나와 무관한

[ ] : 역설적 표현 → 소유에 대한 집착을 버리고 난 후 글쓴이는 삶의 모든 국면에서 나무를 심고 가꾸는 것의 의의를 깨달음.

존재가 아니라는 생각이 든다.

산 나무와 죽은 나무의 향기. 그것은 나무 자체가 가지고 있는 향기이면서 동시에 나무를 심고 만지는 인간의 손끝에서 나온 향기이기도 하다. 내가

인간이 서로에게 미칠 수 있는 선한 영향력

떠나온 집, 내가 잃어버린 나무들. 그러나 나는 그들을 잃어버리지 않았다. 그들은 나보다 더 오래 그 자리에 남아 햇빛을 향해 몸을 기울일 것이기에.

글쓴이가 나무를 잃어버린 것이 아님을 깨달은 이유

OX문제

01	계절감을 드러내는 표현으로 시간의 경과를 보여 주고 있다. [2023학년도 9월]	(O / X)
02	개인적 체험에서 얻은 깨달음을 사회적 차원으로 일반화하고 있다. [2018학년도 6월]	(O / X)
03	자연과의 교감을 통해 장소에 대한 낙관적 전망을 이끌어 내고 있다. [2022학년도 수능]	(O / X)
04	글쓴이는 '엘제아르 부피에'에 주목하여 그와 같은 삶의 태도를 추구하고 있다.	(O / X)
05	'노란 살구'는 글쓴이가 이타적 행위의 가치를 진정으로 이해하도록 만드는 소재이다.	(O / X)

STEP 02 작품 해제

01 | 주제

절망과 고독 속에서 피어나는 이타적 행위의 가치

02 | 특징

① 다양한 비유와 상징을 통해 글쓴이의 내면 성찰 과정을 섬세하게 묘사하고 있음.
② 글쓴이의 체험으로부터 얻은 깨달음을 삶의 보편적, 일반적 지향점으로 확장하고 있음.
③ 역설적 표현을 활용하여 소유에 대한 집착을 극복하고 얻은 글쓴이의 깨달음을 부각함.
④ 책 『나무를 심은 사람』을 인용하여 글쓴이가 생각하는 이타적 행위의 가치를 뒷받침함.

03 | 작품 해제

「내가 잃어버린 나무들」은 좌절의 경험 속에서 글쓴이가 얻은 깨달음을 그려 낸 현대 수필로, 이타적 삶의 가치와 그에 대한 지향을 형상화하고 있다. 글쓴이는 책 『나무를 심은 사람』의 주인공인 엘제아르 부피에를 통해 상실로 인한 절망과 고독 속에서도 이타적 행위가 시작될 수 있음을 깨닫는다. 그가 자신을 포기하지 않기 위해 심었던 나무는 황무지를 풍요로운 숲과 마을로 변화시켰기 때문이다. 글쓴이는 겨우 장만한 집을 떠나 아끼던 뜰을 잃게 되었으나, 그 뜰에 심은 살구나무를 통해 진정으로 부피에를 이해하게 된다. 시간이 지난 후 글쓴이는 그 살구나무가 자신만의 희망이 아니라 남에게 위안과 유익을 줄 수 있는 존재가 되기를 바라게 되었기 때문이다. 글쓴이는 개인적 체험을 나무를 심고 가꾸는 일의 사회적 의의와 땅 위의 나무를 비롯한 모든 존재가 자신과 연결되어 있다는 인식으로 확장하고 있다. 한편 작가는 이러한 내적 성찰 과정과 그를 통해 얻은 깨달음을 다양한 비유와 상징, 역설적 표현을 통해 독자들에게 효과적으로 전달하고 있다.

04 | 등장인물

- '나' : 자신이 소유하게 된 뜰과 나무를 각별하게 여기며 집착했으나, 그 집을 떠나야 하는 상황에서 살구나무를 새로 심으며 엘제아르 부피에의 행동을 이해하게 됨. 나무를 잃어버린 후에야 나무를 심는 행위가 지니는 이타적 영향력에 대해 깨닫게 된 인물임.

05 | 상세 줄거리

'나'가 처음으로 장만했던 집에는 자그마한 뜰이 있었는데, 그곳에는 여러 나무와 꽃이 심겨 있었다. '나'는 시간이 날 때마다 뜰에 있는 나무들을 정성스레 돌보며 큰 위안과 기쁨을 얻는다. '나'는 향기와 그늘을 내주는 나무들을 피난처로 느끼며, 나무들을 처음 심은 사람에 관해 생각한다. 그럴 때마다 '나'는 장 지오노의 소설 「나무를 심은 사람」의 엘제아르 부피에를 떠올린다. 그는 아내와 아들을 잃은 후, 프로방스 지방의 황무지에 하루도 쉬지 않고 떡갈나무와 자작나무를 심은 사람이다. 그는 자신을 버텨내고 세계를 살리는 방법으로 나무를 심고 가꾼다. 그러나 '나'는 오로지 자신이 덜 불행해지려고 나무를 가꾸었다며, 나무를 향한 자신의 집착을 돌아본다. '나'는 그 집착을 스스로 버리기 전에 갑자기 닥친 빚 때문에 일 년 남짓 산 집을 떠나게 된다. '나'는 집보다 그동안 정 들여 키운 나무들을 포기하기 어려워, 주머니에 남은 삼만 원 중 이만 오천 원으로 살구나무 한 그루를 사버린다. 그제야 '나'는 엘제아르 부피에처럼 절망과 고독에 빠진 사람은 본인을 포기하지 않기 위해 나무를 심는다는 것을 깨닫는다. '나'는 여름이 시작될 무렵 집을 떠나게 되었고, 살구나무가 아니라 식구 하나를 두고 온 기분에 시달리게 된다. 그러나 시간이 지나고 '나'는 자신의 뜰에서가 아니더라도 잘 자라서 누군가에게 꽃과 열매, 위안과 희망을 주기를 바라게 된다. '나'는 조그마한 뜰을 잃어버리고 나서야 모든 땅이 자신이 씨를 뿌려 일궈야 할 터전임을 알게 된다. 또, 그토록 편애하던 나무들을 잃어버리고 나서 이 세상에 살아 있는 모든 나무가 '나'와 무관하지 않은 존재라는 인식에 도달하게 된다. '나'는 그 집을 떠났고, 나무들을 잃어버렸지만, 그들을 잃어버리지 않았다고 생각한다. 그들은 '나'보다 더 오래 그 자리에 남아 있을 것이기 때문이다.

STEP 03 논문으로 만나는 출제자의 시선

나희덕의 나무들

나희덕 시인의 문학 세계에서 비, 눈, 물, 연못, 달, 흙 등 이미지를 제외하고 가장 자주 등장하는 자연 이미지는 '나무'이다. 복숭아나무, 상수리나무, 회화나무, 느티나무, 사과나무, 벽오동 등 수종(樹種)도 다양한 이 나무들은 자연 속, 즉 외부에 존재하는 나무인 동시에 '내 안의 나무'로서 시인에게 의미를 지닌다. 나희덕 시인은 외부의 나무를 관찰 혹은 발견하며 내면을 성찰하며 여러 작품을 창작했다. 예를 들어 「어두워진다는 것」이라는 시에서 시인은 쓰러진 채 방치된 수원 은사시나무 한 그루를 보며 '몸을 비추던 햇살이 불현듯 그 온기를 거두어 가는' 어둠의 순간을 포착한다. 또 시 「해미읍성에 가시거든」에서 시인은 해미읍성에서 회화나무와 느티나무를 찾아보기를 권하면서 병인박해라는 역사적 고통을 상기시킨다. 한편 시 「벽오동의 상부」에서는 '누구도 꽃을 잃고 완고해지지 않을 수 없다'는 사실을 배우기도 한다.

나희덕 시인은 이처럼 나무를 통해 삶의 비밀스러운 속삭임을 떠올리고, 나무가 선사하는 깨달음에 주목하고 있다. 그러한 깨달음은 삶의 보편적 진리로 이어지기도 한다. 시 「사과밭을 지나며」에서 시인은 가지가 휘어지도록 열매를 달았던 사과나무가 열매를 다 내려놓은 후에도 휘어진 빈 가지를 펴지 않는 모습을 목격하고, '허공이 열매보다 더 무거울 것'이라는 인식에 이르게 된다. 이는 상실과 허무의 짙은 여운에 대한 시인의 깨달음이 담긴 구절이다. 수필인 「내가 잃어버린 나무들」에서도 시인은 나무를 '잃어버린' 상실의 경험을 떠올리고 있으나, 사실은 나무가 주는 위안을 자신만 소유하는 수준을 벗어나 먼 훗날의 타인에게 줄 수 있는 희망으로 심는 삶을 산다면 그 나무는 '잃어버린 것이 아니'라는 깨달음을 전하고 있다.

STEP 01 지문 분석과 OX문제

 ㅣBS 수능특강 ㅣ 현대문학

무릉도원 얘기를 전하는 도연명이 복사꽃 지천으로 피는 마을의 복숭아나무 집 아들이었을 거라고 생각해 보는 것은 결코 부질없는 공상이 아니다.
도연명의 『도화원기』 → 동양적 이상향 / 도연명이 그려 낸 '무릉도원'의 이미지는 그의 어린 시절 환경에 대한 기억에서 비롯했을 것이라는 짐작

『그런 의미에서 종달새도 뜨지 않고 꽃나무도 없는 삭막한 아파트 단지에서 자란 어린이가 뒷날 구상할 낙원을 상상해 본다는 것은 섬뜩한 일이다. 자
복숭아나무 집 아들 도연명이 무릉도원을 구상했다면, 삭막한 아파트 단지에서 자란 어린이는 그만큼 삭막한 낙원을 구상할 것이라는 글쓴이의 인식

연이 없는 인공 낙원은 편리할지는 몰라도 아무래도 마음의 고향은 되지 못할 것 같다.』 이렇게 말하는 것도 사실은 내 자신이 시골 출신이기 때문
아파트, 냉장고, 자동차, 아스팔트 등으로 상징됨.　　　　『　』: 자연이 없는 낙원에 대한 거부감을 표하는 글쓴이의 모습　　　■ : 글쓴이의 고향

일 것이다.

　나의 낙원에서 만발하는 봄꽃은 살구꽃이다. 우리가 구차했던 시절, 고향의 4월을 그나마도 살 만하게 했던 것은 여기저기 뭉게구름처럼 댕그랗게
글쓴이가 회상한 과거의 공간, 즉 고향을 빗댐.　　　　살림이 몹시 가난함.

피어 있던 그 살구꽃이었다. 그리고 그 살구나무 아래 섰을 때 온통 머리를 취하게 했던 꿀벌 소리였다. 살구꽃이 없는 낙원은 내 자리가 마련되어 있

지 않은 낙원처럼 벌써 '낙원'이 아니리라.　　　　　　　　　　　　　　■ : 글쓴이의 낙원을 구성하는 자연물
　　　글쓴이는 살구꽃이 없는 곳은 낙원이 아니라 여김. → 자연이 없는 낙원에 대한 거부감의 연장선.

　내 낙원의 길가에는 푸른 나무들이 줄지어 서 있다. 그것은 플라타너스도 아니고 은행나무도 아니다. 현사시나무는 더더구나 아니다. 그것은 바람에
　　　　　　　　　　　　　일반적으로 도시에서 가로수로 심는 나무 종류가 아님. / 녹화사업 때 심은 나무 → 빠르게 자라며, 땔감 용도임.

나부끼는 키 큰 미루나무이다.『열매를 맺지 못하고 재목으로 쓸모없다 치더라도 그것은 상관이 없다. 누가 뭐라건 내 낙원의 가로수는 단연코 미루나
포플러. 버드나뭇과의 낙엽 활엽 교목.

무이다.』 집을 나서서 무작정 표표히 길을 떠나고 싶었던 일이 어디 한두 번이던가. 그때 남북으로 뻗어 있는 신작로에서 어서 오라고 이파리를 흔든
『　』: 글쓴이는 유용성, 편리함을 기준으로 선정된 가로수보다 고향의 미루나무를 더 가치 있게 생각함.　　　　자동차가 다닐 수 있도록 넓게 새로 낸 길

것이 미루나무였다. 미루나무는 나그네의 훌훌함과 설움을 아는 고향의 바람잡이였다. 고향 마을의 '소리 없는 아우성'이었다.
　　　　　　　　　거침없고 시원스러움.　　　　　　　　　　유치환의 시 「깃발」의 구절을 인용하여 미루나무를 묘사함.

(중략)

　나의 낙원에는 말할 것도 없이 새소리가 흔하다. 종달새라고 하기보다 노고지리라고 적는 것이 더 어울리는 저 초봄 새의 지저귐이 떠오른다.
　　　　　종다리(종달새)의 옛말. 초지, 풀밭에 둥지를 트는 새로, 도시에 초지가 없어지고 농촌의 경작지에도 빈 땅이 없어지면서 점차 번식하지 못하게 된 새임.

보리 이삭 돋아나면 / 종달새 간다지 / 떠나는 그날에도 / 보리피리 불어 주마
　　　창가(唱歌) 「보리피리」의 가사(1946, 김대봉)

보리밭 가에서 이런 노래를 불렀던 시절이 다시 올 리는 없다.『다시 돌려준다 하더라도 우리 편에서 받아들일지는 의문이다. 험난한 세월이 안겨
「보리피리」의 창작 시기와 비슷하리라고 짐작할 수 있음.

준 쓴잔의 뒷맛이 아직도 혀끝에 남아 있지 않은가.』 그러나 초봄의 노고지리와 초여름의 뻐꾸기, 그들 없이 나의 낙원은 완결되지 못한다. 그리고 또
『　』: 글쓴이가 자신이 어린 시절의 삶을 '낙원'처럼 여긴다고 해서 모두가 그때를 그리워하지는 않을 것이라는 인식 → 과거의 험난한 삶이 함축적으로 드러남.

있다. 소리보다도 모양으로 우리들의 어린 시절을 장식했던 여름철의 황새와 가을날의 기러기 떼. 이들이 낙원을 떠난 지는 참으로 오래되었다.
　　　　　　　　　1971년 충북 음성에서 포수에 의해 황새가 희생된 후 겨울 철새로만 관찰됨. / 고향에서 더는 새들을 찾아보기 힘들어짐. → 자연과의 단절

　나의 낙원에는 또 강이 흐르고 모래톱이 있다. 모래톱에서 만리성을 쌓은 적이 있다. 무엇을 위한 것이었는지는 모르지만 쌓으며 헐며 긴 만리성을
　　　　　　　　　　　　강가나 바닷가의 넓고 큰 모래벌판. 모래사장.

쌓았다. 또 강가에서 팔매질을 하였다. 멀리 가는 것이 미래의 행복의 지표인 양 던지고 또 던지곤 하였다. 회수할 길 없는 팔맷돌과 무너진 지 오래인
　　　작고 단단한 돌 따위를 손에 쥐고, 팔을 힘껏 흔들어서 멀리 내던지는 짓

성벽을 나의 낙원은 지금껏 간수하고 있을까? 알 수 없는 일이다.
모래톱에서 쌓은 만리성

　여기까지 적고 보니 나의 낙원은 너무나 초라하고 너무나 가난하다. 냉장고가 없고 자동차가 없고 아스팔트가 없다.『있는 것은 푸른 하늘과 청명한
　　　　　　　초라하고 가난한 어린 시절을 반영하기 때문임.　　　　　'인공 낙원'의 편리함은 없을 것임을 암시함.

나날과 맑은 공기와 구차한 이웃들뿐이다. 노고지리 뜨는 보리밭과 소리 없는 아우성으로 몸이 기울어진 미루나무와 나룻배가 떠 있는 강물이 있을 뿐
『　』: 글쓴이가 구상하는 낙원은 어린 시절 고향에 대한 기억을 반영하고 있음이 드러남.

이다.』 낙원의 구상은 아무래도 고향과 어린 시절의 재구성임을 면치 못하는 것인가 보다.
　　　글쓴이의 깨달음 → 인간이 구상하는 낙원은 고향과 어린 시절을 재구성한 것이라는 주제 의식

OX문제

01 계절감을 드러내는 표현으로 시간의 경과를 보여 주고 있다. [2023학년도 9월] (O / X)

02 자연물이 쇠락하는 과정을 제시하여 인생에 대한 무상감을 드러내고 있다. [2022학년도 수능] (O / X)

03 장소의 순차적 이동에 따라 글쓴이가 포착한 인상적인 이미지를 연속적으로 제시하고 있다. (O / X)

04 '낙원'은 글쓴이가 회상하는 고향의 모습을 도연명의 '무릉도원'과 같은 이상향에 전이한 공간이다. (O / X)

05 '시골'은 글쓴이가 긍정적으로 여기는 과거의 공간으로서, '아파트 단지'와 달리 결핍이 존재하는 곳이다. (O / X)

STEP 02 작품 해제

01 | 주제

어린 시절 고향에 대한 기억으로 재구성되는 낙원

02 | 특징

① 글쓴이 자신의 상상과 경험, 그를 통한 깨달음을 바탕으로 주제 의식을 형성하고 있음.
② 시의 한 구절을 인용하여 글쓴이가 묘사하려는 대상의 모습을 비유적으로 표현하고 있음.
③ 글쓴이 어린 시절의 고향 풍경과 사물들의 이미지를 병렬하고, 이에 대한 자신의 평가를 덧붙이고 있음.

03 | 작품 해제

「고향」은 작가가 구상하는 낙원의 모습을 그려 낸 수필로, 인간 각자의 낙원은 어린 시절 고향에 대한 기억의 재구성일 뿐이라는 깨달음을 전달하고 있다. 작가는 동양적 이상향의 대표인 '무릉도원'은 도연명이 복사꽃 가득 피는 마을의 복숭아나무 집 아들이었기 때문에 탄생할 수 있었던 낙원이라고 짐작하며, 삭막한 아파트 단지에서 자란 어린이가 그릴 낙원의 삭막함에 개탄한다. 그 어린이는 종달새 뜨는 보리밭도, 꽃이 만발한 살구나무도 본 적 없기에, 도무지 자연과 함께하는 낙원의 모습은 상상할 수 없을 것이기 때문이다. 반면 작가의 낙원은 인공적 편리함은 없는 대신 자연과 더불어 살던 고향에서의 추억이 가득 찬 공간이다. 작가는 '냉장고', '자동차', '아스팔트'는 없어도 '살구꽃', '미루나무', '노고지리 뜨는 보리밭', '강과 모래톱'이 있던 어린 시절을 긍정적으로 회고하며, 문명적인 것과 거리가 먼, 초라하고 가난하던 시골의 모습 자체가 자신의 '낙원'임을 강조하고 있다.

04 | 등장인물

- '나' : 시골 출신으로, 인공 낙원은 편리할지는 몰라도 마음의 고향은 될 수 없으리라고 생각하는 인물임. 인간이 구상하는 낙원은 결국 고향과 어린 시절의 재구성을 면치 못한다고 여김.

05 | 상세 줄거리

'나'는 무릉도원 이야기를 전하는 도연명은 복사꽃 가득 피는 마을의 복숭아나무 집 아들이었을 것이라고 상상하며, 그런 의미에서 삭막한 아파트 단지에서 자란 어린이가 뒷날 구상할 낙원을 떠올리며 거부감을 느낀다. '나'의 낙원에는 고향의 4월처럼 살구꽃이 만발하고, 그 길가에는 바람에 나부끼는 키 큰 미루나무가 서 있다. 또 '나'의 낙원에는 초봄의 노고지리와 초여름의 뻐꾸기, 여름철의 황새와 가을날의 기러기 떼가 있어야 한다. '나'는 보리밭 가에서 노래를 불렀던 시절을 그리워하며, 그러한 시절이 돌아오더라도 우리 편에서 받아들일지 의문이라고 여긴다. 또한, '나'의 낙원에는 강이 흐르고 모래톱이 있는데, '나'는 모래톱에서 만리성을 쌓은 기억과 강가에서 돌 팔매질을 한 기억을 떠올린다. '나'는 냉장고, 자동차, 아스팔트가 없는 자신의 낙원이 초라하고 가난할지는 몰라도, 푸른 하늘, 청명한 나날, 맑은 공기와 노고지리 뜨는 보리밭, 미루나무, 나룻배가 떠 있는 강물이 있던 고향의 모습을 재구성하는 데서 자신이 빗어날 수 없음을 받아들인다.

「고향」에 드러난 생태 문학적 인식

이 수필은 일견 고향에로의 단순한 회귀 의식을 표방한, 중년이 지난 작가의 감상적(感傷的)인 글처럼 보인다. 그러나 우리는 이 수필 속의 '고향'의 성격에 주목할 필요가 있다. 보통 '고향' 하면, 이호우 시인의 '만나는 이들마다 등이라도 치고 지고'라는 시구에 형상화된 것과 같이, '정다운 이웃'을 떠올리기가 쉽다. 그러나 윗글의 '고향'에는 '사람'이 빠져 있고, 그 자리에 '자연'이 앉아 있다. 윗글의 작가는 단순히 유년기의 고향을 그리워하며 향수에 빠진 것이 아니라 자연, 그리고 생태계와 단절된 채 살아가고 있는 현대인의 삶을 비판적으로 인식하며 애통해하고 있다. 이러한 작가의 인식은 2015년 1월호부터 12월호까지 『현대문학』에 연재되었던 장편 에세이 『회상록-나의 1950년』에도 기록된 바가 있다.

열여섯의 겁쟁이 사내아이가 여든 고개를 넘는 사이 강은 호수가 되고 고토故土의 상징이던 붉은 산은 초목 우거진 산림이 되었다. 지게도 달구지도 전혀 보이지 않았다. (중략) 반도의 겨울에서 삼한사온이 사라졌듯이, 흔하디흔한 제비와 황새가 사라졌듯이, 길가의 미루나무가 사라졌듯이, 6·25 전에 볼 수 있었던 기막히게 새파란 가을하늘도 사라져 버린 것이다. 사라져간 것이 어찌 그뿐이랴. 그 시절 좋아하던 시인의 대목이 저절로 바뀌어 입가에서 맴돌았다. 고향에 고향에 돌아와도 그리던 하늘은 아니러뇨.

유종호는 정지용의 시 「고향」의 한 구절을 인용하여, 정지용이 겪은 '고향의 상실'에 동의를 표하고 있다. 정지용의 시에서 '고향'은 이 수필에서만큼 다양한 자연풍경의 모습으로 등장한다. 꽃과 나무와 새의 존재는 물론이고, '넓은 벌 동쪽 끝으로 옛이야기 지줄대는 실개천이 회돌아 나가고 얼룩백이 황소가 해설피 금빛 게으른 울음을 우는' 곳이 그의 고향이다. 정지용이 태어나고 자란 환경이자 작품을 통해 승화시키고자 한 '고향'은 자연과 동화된 세계이자 그러한 세계의 질서 속에서 가족 공동체가 온전하게 유지되는 공간이다. 이는 '모든 생명체는 조화로운 삶을 살려면 공동체와 더불어 살아야 한다'라는 말을 충족하는 공간 그 자체이다.

따라서 정지용이 돌아온 '고향'이 그리던 하늘이 아니었던 이유는, 문명의 발달로 인해 자연이라는 원초적 세계가 파괴되었기 때문이다. 개발과 발전으로 설명되는 근대 공간의 변화는 그래서 '탈-고향'의 성격을 갖는다. 유종호를 포함한 사람들이 고향을 잊지 못하는 것은 가난했던 그 시절로 돌아가고 싶어서가 아니라, 인간과 자연의 조화, 개인과 가족의 유대가 보장된 안식처의 회복을 그리는 까닭이다. 우리는 이 「고향」이라는 수필에서 인간이 '가야만 하는 길의 지도를 창공의 별빛에 비추어 보'며 길을 떠났던 총체성의 시대, 자연과 인간의 합일이 우주에 가득하던 시대의 종말에 관한 작가의 탄식을 읽어낼 줄 알아야 한다.

STEP 01 지문 분석과 OX문제

나BS 수능특강 | 현대문학 ●

나무는 이 세상에 나올 때부터 그 본성이 곧게 마련이다. 따라서 어떻게 막을 수도 없이 생기(生氣)가 충만한 가운데 직립(直立)해서 위로 올라가는
<u>나무의 본성 = 곧은 성질</u>   <u>싱싱하고 힘찬 기운</u>   <u>꼿꼿하게 바로 서서</u>

속성으로 말하면, 어떤 나무이든 간에 모두가 그렇다고 해야 할 것이다. 그러나 하늘 높이 우뚝 솟아 고고(孤高)한 자태를 과시하면서 결코 굴하지 않
<u>곧게 자라는 성질은 나무의 본성이기 때문임.</u>   <u>고고하다 : 혼자만 유달리 고상하다.</u>

는 모습을 보여주는 것으로는 오직 송백(松柏)을 첫손가락에 꼽아야 할 것이다. 그렇기 때문에 많은 나무들 중에서도 송백이 유독 옛날부터 회자(膾炙)
<u>소나무와 잣나무</u>   <u>↳ 송백은 나무의 본성을 가장 잘 보여 주는 사례이므로 첫 번째로 생각해야 함.</u>   <u>칭찬을 받으며 사람의 입에 자주 오르내림.</u>

되면서 인간에 비견(比肩)되어 왔던 것이다.
<u>서로 비슷한 위치에서 견줌. 또는 견주어짐.</u>

어느 해이던가 내가 한양(漢陽)에 있을 적에 거처하던 집 한쪽에 소나무 네다섯 그루가 서 있었다. 그런데 그 몸통의 높이가 대략 몇 자 정도밖에
<u>수필의 일반적 특성 : 경험 → 깨달음</u>   <u>= 왜송(키가 작고 몽통한 소나무)</u>

되지 않는 상태에서, 모두가 작달막하게 뒤틀린 채 탐스러운 모습을 갖추고만 있을 뿐 더 이상 자라지 못하고 있었다. 그리고 그 나뭇가지들도 한결같
<u>곧게 자라는 본성을 찾을 수 없는 왜송의 모습. 글쓴이가 왜송을 부정적으로 인식하는 이유</u>

이 거꾸로 드리워진 채, 긴 것은 땅에 끌리고 있었으며 짧은 것은 몸통을 가려 주고 있었다. 그리하여 「이리저리 구부러지고 휘감겨 서린 모습이 뱀들

이 뒤엉켜서 싸우고 있는 것과도 같고 수레 위의 둥근 덮개와 일산(日傘)이 활짝 퍼진 것처럼 보이기도 하였는데, 마치 여러 가닥의 수실이 엉겨 붙은
<u>햇볕을 가리기 위하여 세우는 큰 양산</u>

듯 서로 들쭉날쭉하면서 아래로 늘어뜨려져 있었다.」
「 」: 왜송의 모습에 대한 글쓴이의 부정적인 인식이 비유적 표현을 통해 드러남. 곧게 자라는 송백과 대비됨.

내가 이것을 보고 깜짝 놀라 어떤 사람에게 말하기를,

"타고난 속성이 이처럼 다를 수가 있단 말인가. 어찌해서 생긴 모양이 그만 이렇게 되었단 말인가."
<u>'나'는 어떤 사람에게 소나무가 기이하게 자라게 된 이유를 물음.</u>

하니, 그 사람이 대답하기를,

〈"이것은 그 나무의 본성이 그러해서가 아니다. 이 나무가 처음 나왔을 때에는 다른 산에 심어진 것과 비교해 보아도 다를 것이 없었다. 그런데 조
< >: '나'의 질문에 대한 어떤 사람의 대답 → 소나무는 사람으로 인해 곧게 자라는 본성을 잃고 괴이한 모습이 되었음.

금 자라났을 적에 사람이 조작(造作)할 수 없을 정도로 견고한 것들은 골라서 베어 버리고, 여려서 유연(柔軟)한 가지들만을 끌어와 결박해 휘어지게 만
<u>사람이 의도적으로 소나무의 모습을 바꿈.</u>

들었다. 그리하여 높은 것은 끌어당겨 낮아지게 하고 위로 치솟은 것은 끈으로 묶어 아래를 향하게 하면서, 그 올곧은 속성을 동요시켜 상하로 뻗으려
<u>나무의 본성</u>

는 기운을 좌우로 방향을 바꾸게 하였다. 그리고는 오랜 세월 동안 그러한 상태를 지속하게 하면서 바람과 서리의 고초(苦楚)를 실컷 맛보게 한 뒤에야,
<u>괴로움과 어려움을 아울러 이르는 말</u>

그 줄기와 가지들이 완전히 변화해 굳어져서 저토록 괴이한 모습을 보이게 된 것이다. 하지만 가지 끝에서 새로 싹이 터서 돋아나는 것들은 그래도 위
<u>새로 돋아난 소나무의 가지는 곧은 성질을 잃지 않음.</u>

로 향하려는 마음을 잊지 않고서 무성하게 곧추서곤 하는데, 그럴 때면 또 돋아나는 대로 아까 말했던 것처럼 베고 자르면서 부드럽게 휘어지게 만들

곤 한다. 이렇게 해서 사람들이 보기에 참으로 아름답고 참으로 기이한 소나무가 된 것일 뿐이니, 이것이 어찌 그 나무의 본성이라고야 하겠는가."〉

하였다. 내가 이 말을 듣고는 크게 탄식하면서 다음과 같이 말하였다.

"아, 어쩌면 그 물건이 우리 사람의 경우와 그렇게도 흡사한 점이 있단 말인가. 『세상에서 일찍부터 길을 잃고 헤매는 자들을 보면, 그 용모를 예쁘
<u>본성을 잃은 나무</u>   <u>자연물을 통한 깨달음을 인간에 적용</u>

게 단장하고 그 몸뚱이를 약삭빠르게 놀리면서, 세상에 보기 드문 괴팍한 행동을 하여 세상 사람들을 놀라게 하고, 아첨하는 말을 늘어놓아 세상 사람

들이 칭찬해 주기를 바라고 있다. 『 』: '나'는 본성을 잃은 왜송을 통해, 정직한 성질을 잃은 사람들의 모습을 떠올리고 있음.

그리하여 남의 비위를 맞추려고 애쓰면서 이를 고상하게 여기기만 할 뿐, 자신을 잃어버리는 것이 부끄러운 일인 줄은 잊고 있으니,』 평이(平易)하고
<u>평이하고 정직한 본질을 잃은 사람들</u>

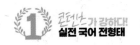
정직(正直)한 그 본성에 비추어 보면 과연 어떠하다 할 것이며, 지극히 크고 지극히 강한 호기(浩氣)에 비추어 보면 또 어떠하다 할 것인가. 비곗덩어리
사람의 본모습   호연지기(거침없이 넓고 큰 기개)

나 무두질한 가죽처럼 아첨을 하여 요행히 이득이나 얻으려고 하면서, 그저 구차하게 외물(外物)을 따르며 남을 위하려고 하는 자들을 저 왜송(矮松)과
본성을 잃고 곡학아세를 일삼는 사람들의 모습 / 곡학아세 : 바른길에서 벗어난 학문으로 세상 사람에게 아첨함.

비교해 본다면 또 무슨 차이가 있다고 하겠는가.
설의적 표현. '나'는 본성을 잃은 사람들과 왜송이 같다고 생각함.

「아, 사람이나 다른 생물이나 각각 항상 지니고 있는 본성이 있는 만큼, 곧게 잘 기르면서 해침을 당하는 일이 없게끔 한 연후에야 사람이 되고 생
「   」: '나'는 참된 모습인 본성의 중요성을 역설하고 있음.

물이 된 그 이름을 더럽히는 일이 없게 될 것이다.」 그런데 지금 그만 본성이 손상을 입고 녹아 없어진 나머지, 이처럼 정상적인 것과는 정반대로 참모

습을 완전히 잃어버리고 말았으니, 이 어찌 '곧게 길러지지 않은 채 살아 있는 것은 요행히 죽음을 면한 것일 뿐이다[罔之生也 幸而免].'라는 말에 해당
공자의 말을 인용하여 본성을 잃는 것에 대한 경계의 뜻을 전달함.

되는 것이라고 해야 하지 않겠는가. 아, 그리고 보면 저 나무의 입장에서 볼 때에도 역시 슬픈 일이라고 해야 할 것이다.
왜송은 본성을 잃었으므로 참된 모습을 갖추지 못했기 때문임.

내가 일찍이 산속에서 자라나는 송백을 본 일이 있었는데, 그 나무들은 하늘을 뚫고 곧장 위로 치솟으면서 뇌우(雷雨)에도 끄떡없이 우뚝 서 있었다.
왜송과 대비되어 본성을 지키고 있는 대상   곧게 자라는 본성을 유지하고 있기 때문임.

이쯤 되고 보면 『사람들이 그 나무를 쳐다볼 때에도 자연히 우러러보고 엄숙하게 공경심이 우러나는 느낌만을 지니게 될 뿐, 손으로 어루만지거나 노
『   』: 본성을 지킨 존재에게는 함부로 대하지 못하고, 공경의 마음을 가지게 된다는 글쓴이의 생각이 드러남.

리갯감으로 삼아야겠다는 마음은 별로 들지 않을 것이니, 이를 통해서도 사람들의 호오(好惡)에 대한 일반적인 생각을 엿볼 수 있다 하겠다.』
좋음과 싫음

그것은 그렇다 하더라도, 사랑이라고 하는 것은 장차 그 대상을 천하게 여기면서 모멸을 가할 수 있는 가능성이 그 속에 있는 반면에, 공경이라고
「   」: 왜송과 송백과 같이 본성을 잃은 자들과 본성을 지킨 자들에 대한 글쓴이의 인식이 대조적으로 드러남.

하는 것은 그 자체 내에 덕을 존경한다는 뜻이 들어 있는 개념이라 하겠다. 대저 「그 본성을 해친 나머지 남에게 모멸을 받게 되는 것이야말로 남에게
대체로 보아서

잘 보이려고 한 행동의 결과라고 해야 할 것이요, 자기의 본성대로 따른 결과 존경을 받게 되는 것은 바로 위기지학(爲己之學)의 효과라고 해야 할 것
곡학아세로 본성을 잃은 자들에 대한 비판적 인식   본성을 지킨 자들에 대한 긍정적 인식   자기 자신의 본질을 밝히기 위한 학문

이다.」 따라서 군자라면 이런 사례를 통해서 자기 자신을 돌이켜 보기만 하면 될 것이니, 저 왜송을 탓할 것이 또 뭐가 있다고 하겠는가."
사람들에게 왜송의 사례를 통해, 송백과 같이 각자의 본성을 닦아야 한다는 깨달음을 주려는 글쓴이의 의도가 드러남.

청사(青蛇, 을사년) 납월(臘月)* 대한(大寒)에 쓰다.

*납월 : 음력 섣달을 달리 이르는 말.

OX문제

01   생활 주변의 소재를 바탕으로 글을 전개하고 있다. [2005학년도 9월]   (O / X)

02   '나'는 비유적 표현을 활용하여 왜송에 대한 부정적인 인식을 나타내고 있다.   (O / X)

03   대화 속에 고사를 인용하여 인물이 처한 쓸쓸한 상황을 부각한다. [2009학년도 수능]   (O / X)

04   '어떤 사람'은 왜송과 참된 모습을 잃은 사람의 공통점을 인식하여 깨달음을 얻고 있다.   (O / X)

05   '나'는 '한양에서 본 소나무'와 '산속에서 본 송백'을 대비하여, 본성을 잃은 자신의 모습을 반성하고 있다.   (O / X)

STEP 02 작품 해제

01 | 주제

자신을 굽히며 시류에 편승하는 삶의 태도 비판, 본성을 지키는 일의 중요성

02 | 특징

① 주변 사물을 관찰하거나 직접 체험한 일상적 경험을 제시함.
② 비유, 풍자 등 우의적인 표현 방법을 사용함.
③ 자연물을 통한 깨달음을 인간에 적용함.

03 | 작품 해제

이 작품은 조선 중기 문신인 택당 이식이 자신의 본성을 잃고 곡학아세(曲學阿世)를 일삼으며 이익을 추구하려는 당대 사람들에게 깨달음을 주기 위해 쓴 설(說)이다. 설은 한문 산문 양식의 하나로, 이치에 따라서 사물을 해석하고 자신의 의견을 서술하는 문체이다. 이를 통해 곧게 자라는 본성을 잃어버린 '왜송'을 자신의 본모습을 잃고 아첨과 이익을 일삼는 사람들과 연관 지어 이들의 삶의 태도를 비판하고, '송백'과 같이 본성을 지키며 호연지기(浩然之氣)를 지녀야 한다는 생각을 드러내고 있다.

04 | 등장인물

- '나' : 곧게 자라는 성질은 나무의 본성이며, 이를 가장 잘 보여주는 사례를 송백이라고 생각함. 왜송을 통해 본성을 잃은 사람들을 인식하며 깨달음을 얻음.
- 어떤 사람 : '나'에게 나무의 성질과 왜송이 기이하게 자라게 된 이유를 말해줌.

05 | 상세 줄거리

글쓴이는 나무의 본성을 곧게 자라는 성질이라고 생각한다. 글쓴이는 어느 해에 한양에서 집 한쪽에 소나무 네다섯 그루가 있는 것을 보게 되는데, 곧게 자라는 송백과는 다르게 기이하게 자란 모습의 왜송을 보고 놀란다. 글쓴이는 주인에게 왜송의 모양이 기이하게 된 이유를 묻고 그 이유에 대한 대답을 듣는다. 이후 왜송과 곡학아세를 일삼는 사람들의 공통점을 인식하며, 송백과 같이 각자의 본성을 닦아야 한다는 메세지를 전달한다.

'왜송'을 통해 드러내는 비판의 대상

이식은 조선 중기 위선적인 도학자들을 비판해야 하는 대상이라고 꼬집으며, 이들이 편협한 시각으로 현실을 외면한 채 국가를 위기로 몰아넣는 인물이라고 엄격하게 비판하는 정직한 사대부였다. 이러한 비판의 대상이 되는 자들의 모습이 '왜송'의 모습으로 형상화되고 있는 것이다. 이식은 송백을 긍정적으로 인식하는 것과 반대로 왜송을 부정적으로 인식함으로써, 곡학아세하는 세태를 비판하고 당대 사람들에게 교훈을 전달하고 있다.

치열한 자기반성과 수양

택당 이식은 영물시(자연과 현실 속에서 구체적인 사물을 대상으로 하여 정확하고 세밀하게 묘사한 시 가운데 하나. 주로 한시가 많음.)의 소재에 자신을 투영하기도 하고, 벗들에게 경계의 뜻을 내기도 하고, 또한 관리로서 이루고자 하는 포부를 밝히기도 하고, 반대로 이루지 못했을 때의 괴로움을 토로하기도 하였다. 특히 자연류의 경우, 백성들을 근심하는 내용들이 주류를 이루어 사대부이자 관리로서의 면모를 보여주는 점이 특징이라고 할 수 있다.

택당의 영물시는 자연에 은거하거나 조정에 출사하거나 자신이 처한 상황에서 사물의 이치에 대한 면밀한 탐색을 통하여 덕성을 완성하기를 도모했다. 외물에 내재한 본성을 깨달아서 인간이 본래 가지고 태어난 본성을 보존하고자 하였다. 이를 바탕으로 자신의 삶을 반성한다. 고요한 밤에 벽을 마주보며 혹은 한 해를 마무리하며 지나 온 삶을 반성하기도 하고, 하나의 사물을 마주하여 자신의 삶을 투영하기도 하였다. 출사해서는 현실에 안주하기보다는 백성을 우선으로 하는 치자(治者 : 한 나라를 다스리는 사람)로서의 도리를 다하였다. 백성의 어려움을 해결해 주지 못한 것에 대해서는 자책하고, 제대로 된 정치를 펴서 백성의 삶을 구제하지 못하는 임금과 관리들에 대해서는 비판하였다.

사물에 대한 탐구, 자기수양, 관리로서의 면모 등을 표현한 택당의 영물시는 조선시대 사대부들이 지녔던 사고방식의 전형성을 보여준다. 택당의 영물시가 지닌 이러한 특성은 다른 시인들의 영물시가 지닌 특성들을 밝히는 데에 하나의 지표가 될 것이다.

STEP 04 나BS 실전 문제

다음 글을 읽고 물음에 답하시오.

(가)

ㅇ 인간(人間)을 쩌나와도 내 몸이 겨를 업다
니것도 보려 ㅎ고 져것도 드르려코
ㅂ룸도 혀려 ㅎ고 둘도 마즈려코
봄으란 언제 줍고 고기란 언제 낙고
시비(柴扉)란 뉘 다드며 딘 곳츠란 뉘 쓸려뇨
아춤이 낫브거니 나조히라 슬흘소냐
오놀리 부족(不足)커니 내일(來日)이라 유여(有餘)ㅎ랴
이 뫼히 안자 보고 져 뫼히 거러 보니
ㅇ 번로(煩勞)흔 마음의 ㅂ릴 일리 아조 업다
쉴 사이 업거든 길히나 젼ㅎ리야
다만 흔 청려장(靑藜杖)이 다 므듸여 가노믜라

[A] ┌ 술리 닉엇거니 벗지라 업슬소냐
    │ 블니며 ㅌ이며 혀이며 이아며
    │ 온가지 소리로 취흥(醉興)을 비야거니
    └ 근심이라 이시며 시룸이라 브트시랴
ㅇ 누으락 안즈락 구브락 져츠락
을프락 ㅍ람ㅎ락 노혜로 놀거니
천지(天地)도 넙고넙고 일월(日月)도 흔가ㅎ다

— 송순, 「면앙정가(俛仰亭歌)」 —

(나)

온갖 풀이 모두 다 뿌리 있으나 　　百草皆有根
부평초 홀로이 뿌리가 없어 　　　浮萍獨無蔕
물 위를 두둥실 떠도는 신세 　　　汎汎水上行
언제나 바람에 불려다니네 　　　常爲風所曳
살려는 의지가 없으리요만 　　　生意雖不泯
붙인 목숨 진실로 작고 가늘어 　寄命良瑣細
[B] ┌ 연잎이 너무도 업신여기고 　蓮葉太凌藉
    │ 마름*은 줄기로 칭칭 감아 조이네 荇帶亦交蔽
    │ 한 연못 속에서 같이 살아가면서도 同生一池中
    └ 왜 이다지 몹시도 어긋나는가 　何乃苦相戾

— 정약용, 「고시(古詩) 7」 —

*마름 : 연못이나 늪에 나는 마름과의 한해살이 풀.

(다)

어느 해인가 내가 서울에 살고 있을 때의 일이다. 집 근처에 소나무 네 다섯 그루가 있었는데 키가 몇 자밖에 되지 않고 작달막했다. 나뭇가지는 아래로 드리워져 긴 것은 땅바닥에 닿고, 짧은 것은 줄기를 가릴 정도였다. 구부러지고 뒤틀려 얽힌 가지가 마치 뱀이 서리어 다투는 듯, 수레 덮개가 활짝 펴진 듯, 오색실로 만든 술이 감기고 얽힌 듯 들쭉날쭉 아래로 늘어져 있었다.

나는 이것을 보고 놀라 곁에 있는 사람에게 말했다.

"타고난 성질이 어찌 저렇게 다를 수 있단 말인가?"

〈중략〉

"저 소나무는 정말 사람과 비슷한 점이 있구나. 자기의 선한 본성을 욕심 때문에 잃은 자들을 보면 겉모습만 번지르르하고 몸놀림은 약삭빠르다. 또 괴이한 행동을 하여 세상을 놀라게 하고 아첨하는 말을 늘어놓아 칭찬만 받으려고 하며, 남의 비위나 맞추려고 애쓰면서 오히려 이를 고상하게 여긴다. 그리하여 마침내 자신의 참 모습을 잃어버리고도 부끄러운 줄 모르니 ㉣ 이런 사람을 곧은 본성을 지키며 살아가는 사람에 비추어 본다면 어떠하겠는가? 또 굳센 호연지기로 살아가는 사람에 비추어 본다면 어떠하겠는가? 세상에 아첨하면서 구차하게 남의 환심이나 사려고 하는 자들과 저 작은 소나무가 무슨 차이가 있겠는가?

아아, 사람을 비롯한 모든 만물은 그 나름의 본성을 가지고 있다. 그래서 올바르게 자신을 수양하여 본성을 기르고 해를 당하지 않으면 사람 같은 사람이 되고, 만물도 제 모습을 잃지 않을 것이다. 지금 저 나무는 깎이고 휘어 본래의 모습을 잃어버리고 말았으니 이 어찌 공자께서 '자신의 참 모습을 잃고도 살아 있는 것은 요행히 죽음만 모면했을 뿐이다.'라고 한 말에 해당하지 않겠는가? 아아, 그러고 보면 저 나무에게도 슬픈 일이로구나.

오래전에 숲에서 자라는 소나무와 잣나무를 본 적이 있다. 하늘을 향해 곧게 뻗은 나무들은 우레가 치며 비가 쏟아지는 데도 우뚝 서 있었다. 사람들은 그 나무를 보면서 우러러 공경할 뿐 애완물처럼 어루만지면서 좋아하는 기색은 조금도 없었으니 이를 통해서 사람들이 무엇을 좋아하고 무엇을 싫어하는지 그 마음을 헤아릴 수 있었다. 어떤 사물을 어여삐 여기는 것이 오히려 그것을 천하게 여기고 업신여기는 구실이 되기도 하며, 어떤 사물을 공경하는 것은 그 덕을 높이는 일이 되기도 하는 것이다.

무릇 제 본성을 해쳐 업신여김을 받는 것은 다른 사람들의 칭찬이나 받으려고 했던 결과요, 제 본성을 지켜 우러름을 받는 것은 자기 수양의 결과이다. ㉤ 군자는 이런 예를 통해 자신을 돌아볼 뿐이니, 저 소나무를 탓해 무엇하겠는가?"

— 이식, 「왜송설(矮松説)」 —

01. (가)~(다)에 대한 설명으로 적절한 것은?

① (가)와 (나)는 관조적인 자세로 사물의 속성을 새롭게 발견하고 있다.
② (가)와 (다)는 감각적 이미지를 활용하여 화자의 처지를 부각하고 있다.
③ (나)와 (다)는 다른 사물에 의지하여 말하고자 하는 내용을 드러내고 있다.
④ (가)~(다)는 영탄적인 어조를 통해 부정적 상황 인식을 드러내고 있다.
⑤ (가)~(다)는 대조적 어휘를 사용하여 과거와 현재의 삶을 비교하고 있다.

02. [A]와 [B]를 비교한 내용으로 적절한 것은?

① [A]는 화자와 현실의 조화를, [B]는 화자와 현실의 갈등을 드러내고 있다.
② [A]는 상황에 대한 만족감이, [B]는 상황이 개선되리라는 기대감이 나타나 있다.
③ [A]는 [B]와 달리 의인화를 통해 자연에서 받은 감흥을 표현하고 있다.
④ [B]는 [A]와 달리 청유형 어미를 통해 부정적인 현실을 드러내고 있다.
⑤ [A]와 [B]는 모두 동일한 문장 구조의 반복을 통해 시각적 인상을 구체화하고 있다.

03. (나)의 '부평초'와 (다)의 '작은 소나무'에 대한 설명으로 가장 적절한 것은?

① 부평초와 작은 소나무는 모두 삶의 고통을 감내하고 있다.
② 부평초와 작은 소나무는 모두 외부와의 화해를 바라고 있다.
③ 부평초는 갈등의 원인을 내부에서, 작은 소나무는 외부에서 찾고 있다.
④ 부평초는 현실의 문제에 저항적으로, 작은 소나무는 순응적으로 대처하고 있다.
⑤ 부평초는 작가의 처지가 투영된 대상이고, 작은 소나무는 작가가 비판하고자 하는 대상이다.

04. ㉠~㉤에 대한 설명으로 적절하지 <u>않은</u> 것은?

① ㉠ : 자연 속에서 바쁘게 살아가는 모습을 표현하고 있다.
② ㉡ : 현실에 대한 미련을 버리지 못하고 있음을 알 수 있다.
③ ㉢ : 반복과 열거를 통해 거리낌 없이 풍류를 즐기는 태도를 드러내고 있다.
④ ㉣ : 설의적 표현으로 지향하는 삶의 모습을 역설하고 있다.
⑤ ㉤ : 본성을 지키기 위한 자기 수양의 중요성을 강조하고 있다.

05. 〈보기〉를 참고하여 (나)를 감상한 것으로 적절하지 <u>않은</u> 것은?

> ─────〈보기〉─────
>
> 이 작품은 다산이 경상도 장기로 유배된 직후 지어졌으며 시기와 질투, 모함이 끊이지 않는 조정에서 언제나 그의 든든한 후원자가 되었던 정조의 승하로 위태로운 처지가 된 자신의 모습을 형상화했다. 또한 한 나라 조정에서 한 임금을 섬기며 일하건만 서로 화합하지 못하고 중상모략을 일삼는 무리들을 비판하고 있다.

① '풀'은 서로 화합하지 못하고 약자를 억압하는 세력을 나타내고 있군.
② '떠도는 신세'는 정조의 승하로 위태로운 처지가 된 다산의 모습을 드러내고 있군.
③ '바람에 불려다니네'는 정치적 수난으로 인해 제 뜻대로 살지 못하는 다산의 모습을 나타내고 있군.
④ '칭칭 감아 조이네'는 중상모략하는 무리로 인해 유배된 자신의 상황을 나타내고 있군.
⑤ '몹시도 어긋나는가'를 통해 당쟁의 폐해를 비판하는 다산의 태도를 드러내고 있군.

25 함세덕, 동승

2024 수능 국어 대비
실전 국어 전형태

STEP 01 지문 분석과 OX문제

나BS 수능특강 | 현대문학

[앞부분 줄거리] 깊은 산중의 절에 사는 동자승인 <u>도념</u>은 어린 시절 떠나간 어머니를 그리워하며 간절히 그녀를 기다린다. 도념은 <u>죽은 자식을 위해 불</u>
　　　　　　　　　　14세의 동승으로 어머니에 대한 그리움과 주지 사이에서 갈등하는 인물　　　　　　　　　　　　　　　　　　　인철이

공을 드리러 오는 <u>미망인</u>에게 마음이 끌리고 미망인 또한 도념에게 정을 느끼며 양자로 삼고자 한다. 도념은 미망인의 목도리를 예쁘다고 생각하면서
　　　　　　　　남편을 여읜 여자

자신을 데리러 올 어머니를 위해 토끼를 잡아 목도리를 만든다. 하지만 <u>주지</u>가 이 토끼 목도리를 발견하게 되고 도념의 살생에 대해 크게 분노한다.
　　　　　　　　　　　　　　　　　　　　　　　　　　　　　　　절을 주관하는 승려

　　정심을 따라 미망인, 원내로 들어간다.
이 절의 상좌승(계급이 높아 윗자리에 앉는 승려)

도념 : (홀연히) <u>스님, 전 세상에 가서 살구 싶어요.</u>
　　　늘 그리워하던 어머니를 찾아 함께 속세에서 살고 싶은 도념의 소망이 드러남.

주지 : <u>닥듸려.</u> 무얼 잘했다구 또 그런 소릴 하구 있니?
　　　'닥쳐라'의 방언

도념 : 절더러 거짓말한다구만 마시구, <u>저한테 어머니 계신 데를 가르쳐 주십쇼.</u>
　　　　　　　　　　　　　　　　　　　　어머니에 대한 그리움

주지 : 네 어미란 대죄를 지은 자야. 너에겐 어미라기보다 대천지원수라는 게 마땅하겠다. 「<u>파계(破戒)</u>를 한 네 어미 죄의 피가 그 피를 받은 네 <u>심줄</u>에
도념의 엄마는 여승으로서의 계율(불가의 규범)을 어기고 사냥꾼과 정을 통해 도념을 낳고 절을 떠났음.　　　　불가에서 계율을 어기고 지키지 아니함.　　　　힘줄

　　가득 차 있으니까, 너는 남이 한 번 헤일 염주면 두 번 헤어야 한다.」

「」: 주지 스님은 도념이 어머니의 죄를 이어받고 태어났기 때문에 더욱 수도에 정진해
서 그 죄를 씻어내야 한다고 생각함. 이는 어머니의 행적을 문제 삼아 도념의 뜻을 꺾
으려 하는 의도임. 또한 도념의 뜻을 무시하고 불교의 가르침을 강요하는 것임.

도념 : 왜 밤낮 어머니 욕만 하십니까? 아름다운 <u>관세음보살님</u>은 그 얼굴처럼 마음두 인자하시다구 하시지 않으셨어요? <u>절에 오는 사람마다 모두들 우</u>
　　　　　　　　　　　　　　　　지혜와 자비의 표상

<u>리 어머니는 이뻤을 것이라구 허는 걸 보면 스님 말씀 같은 그런 무서운 죄를 지으셨을 리가 없어요.</u>
　　　　어머니를 그리워하는 마음 때문에 주지의 말을 거부하고 다른 사람들의 말을 믿고 싶어하는 도념의 심리

주지 : 그건 부처님에게만 여쭙는 소리야. 너 <u>유식론(唯識論)</u>에 쓰인 <u>경문</u>을 알지? / **도념** : 네.
　　　　　　　　　　　　　　　　　　법상종의 주요 경전　　　불경의 문구

주지 : <u>외면사보살 내면여야차(外面似菩薩 內面如夜叉)</u>라 하셨느니라. 『네 어미는 바루 이 경문과 같이, 얼굴은 보살님같이 아름답지만, 마음은 <u>야차</u>같이
　　사천왕에 딸린 여덟 귀신의 하나로, 사람을 괴롭히거나 해친다는 사나운 귀신

무서운 독물이야.』　『』: 주지 스님은 도념의 어머니를 극단적으로 부정적이게 평가하여
　　　　　　　　　　도념의 마음을 돌리려 함.

도념 : 스님, 그렇게 악마 같을 리가 없습니다.

주지 : 네 아비의 죄가 네 어미에게두 옮아서 그러니라. / **도념** : 옮다니요?

주지 : <u>네 아비는 사냥꾼이거든. 하루에두 산짐생을 수십 마리씩 잡어, 부처님의 가슴을 서늘하시게 한 대악무도한 자야.</u> 빨리 법당으로 들어가자. 냉수
주지는 도념의 아버지를 살아있는 것을 죽이지 말라는 불교의 계율을 깨뜨린 죄인으로 여김.　　　　　　대단히 악독하고 사람의 도리에 어긋나 있는

에 목욕하구, 내가 부처님께 네가 저지른 <u>죄</u>를 모다 깨끗이 씻어 주도록 기도해 주마.
　　　　　　　　　　　어머니의 목도리를 만들기 위해 토끼를 살생한 죄

도념 : 싫어요, 싫어요. 하루 종일 향불 냄새를 쐬면 골치가 어찔어찔해요.
　　　절에서의 생활에서 벗어나 속세에서 살기를 동경하는 도념의 마음이 드러남.

「」: 주지는 도념이 속세에 나아가지 못하도록 속세를 온갖 추악하고 더
러움이 판치는 곳으로 말하고 있음. 도념이 속세의 현실에 두려움을 갖
게 함으로써 절을 떠나지 못하도록 하려는 주지의 의도가 반영돼 있음.

주지 : 「이게 무슨 죄 받을 소리니? (조용히 달래며) 도념아, 너 저 연못을 봐라. 5월이 되면 꽃이 피고, 잎사귀엔 구슬 같은 이슬이 구르고 있지 않니?

저렇게 잔잔한 연못두 한 겹 물만 퍼내구 보면 시꺼먼 <u>개흙투성이</u>야. 그것뿐인 줄 아니? 십 년 묵은 <u>이무기</u>가 용이 돼서 하늘루 올라갈려구 혓바닥
　　　　　　　　　　　　　　　　더럽고 혼탁한 속세를 의미함.　　　　　　전설상의 동물로 뿔이 없는 용

을 낼름거리며 비 오기만 기다리구 있단다. 동네두 꼭 저 연못과 마찬가지야. 겉으루 보면 모두 즐겁구 평화한 듯하지만 속에는 모든 죄악과 <u>진애</u>
　　　　　　　불가에서 세상의 다섯 가지 더러움을 이르는 말↗　　　↗괴로움이 많은 인간 세계　　　세상의 속된 것을 비유적으로 이르는 말(티끌과 먼지)

(塵埃)가 들끓는, 그야말로 경문에 아로새겨 있는 글자 그대루 <u>오탁(五濁)</u>의 <u>사바(娑婆)</u>니라.」

도념 : 아니에요. 모두들 그렇지 않대요. 연못 속에는 연근이라는 뿌럭지가 있지, 이무기는 없대요.
　　　　　　　　　　　　　　　　　　　　뿌리

주지 : 누가 그러든? 누가 그래? / **도념** : 동네 사람들 올라올 적마다 물어봤어요.
　　　　　　　도념은 평소에도 늘 속세에 대한 생각을 하고 있었음. 이번의 결심이 즉흥적인 것이 아님을 알 수 있음.

주지 : 그럼, 동네 녀석들 하는 소리는 정말이구 내 말은 거짓말이란 말이지? 경전이, 부처님 말씀이 모두 거짓말이란 말이지? 오! 이런 불가사리 같은

　　녀석 봤나? (하고 펄펄 뛴다.) / **도념** : 스님, 바른대루 말이지, 저는 이 절에 있기가 싫습니다.
　　　　　　　　　　　　　　어머니를 찾기 위해서는 절을 떠나야 함. 속세에서 어머니의 사랑을 느끼며 살고 싶다는 의미임.

주지 : 듣자듣자 하니까 나중엔 못 하는 소리가 없구나? 오, 그 눈으로 날 보지 마라. 살생을 하드니, 전신에 살이 뻗친 모양이다.
　　　　　　　　　　　　　　　　　　　　사람을 해치거나 물건을 깨뜨리는 모질고 독한 귀신의 기운

미망인, 원내에서 나온다. 뒤따라 그의 모(母).

도념 : (미망인에게 매달리며) 어머니, 저를 데려가 주세요. / **미망인** : 응, 염려 마라.
　　　　　　　　　　남편과 아들을 잃고 도념을 양아들로 삼고자 함. 강한 모성을 지니고 있지만 결국은 운명에 순응하는 인물

주지 : 염려 말라니요? 아씨는 그저 애를 데려가실 작정이십니까? / **미망인** : 그럼은요.

친정 모 : 못 한다. 넌 애 하는 짓을 지금껏 두 눈으로 똑똑히 보구두 이러니?
　　　　미망인의 친어머니는 토끼를 잡아 그 털로 목도리를 만들려 했던 도념의 행동을 언급하며 양자로 들이지 말라고 함.

미망인 : 어머니, 봤기에 더 한층 데려가구 싶은 생각이 솟았어요. 얼마나 어머니를 그리워했으면 그런 짓을 다 했겠어요? 지금 이 애를 바른길루 이끌
도념의 행동을 가엾게 여기며 자신이 사랑으로 이끌어야 한다고 생각함.　도념이 토끼를 잡은 행위가 어머니에 대한 그리움 때문이라는 것을 알고 도념에게 더욱 모성애를 느낌.

　어 갈려면 내 사랑 속에서 키우는 것밖에 딴 도리가 없어요.
　　　　　　　　도념을 양자로 들이겠다는 생각을 드러냄.

친정 모 : 얘는 전생에 제 부모의 죄를 받구 태어났기 때문에, 아무리 구할랴구 해두 구할 수가 없단다. 홍역 마마하듯 이렇게 피하지 못할 죄가 하나
　　　　　　　　　　　불교의 윤회 사상과 업보 사상이 반영됨.　　　　　　　　　　天然痘

　씩 둘씩 발생하지 않니? 얘보담, 우리 인철이 영혼 축원할 도리나 걱정해라.
　　　　　　　　　　　미망인의 죽은 아들　　　신적 존재에게 자신의 뜻을 아뢰고 그것이 이루어지기를 빎

미망인 : 인철인 기왕 죽은 애니까 재를 다시 지내면 그만 아니에요?
　　　　　　　　성대한 불공이나 죽은 이를 천도하는 법회

친정 모 : 얘가 토끼 목도리를 존상 뒤에다 감춰만 뒀다면 모를까, 젊은 별좌(別坐) 얘길 들으니까 어젯밤엔 떡 그 더러운 것을 관세음보살님 목에다
어머니를 향한 도념의 사랑을 나타냄과 동시에 불교의 규율을 깨뜨리고 살생을 저지른 도념의 잘못을 나타냄.

　걸어 놓구 물끄러미 바라다보구 있었다는구나.
친정 모는 도념이 살생을 저질렀을 뿐만 아니라 관세음보살님을 모독했다고 생각함.

미망인 : (울며 미칠 듯이) 어머니, 난 애 없이는 살 수가 없어요. 애당초에 생각이나 안 먹었다면 모를까, 한번 먹어 논 것이라 잃구는 살 수가 없어

　요.

주지 : 아씨께서 진정으로 애를 사랑하신다면, 눈앞에 두구 노리개를 삼으실랴구 하시지 말구 애 매디매디에 사무쳐 있는 전생의 죄 속에서 영혼을 구
　　　　　　　　　　　　　표면적으로는 도념의 입양을 반대하고 있지만, 도념을 사랑하는 마음에 도념을 종교적으로 구원하고자 하는 것임.

　하게 이 절에 둬 주십시요. 『자기 한 몸의 죄만 아니라 제 아비 제 어미 죄두 씻어야 할 테니까 얘는 여간한 공덕을 쌓기 전에는 저승에 가서 무서

　운 지옥을 면치 못하게 될 것입니다.』　『　』: 도념의 아버지는 사냥꾼으로 살생을 일삼았고, 어머니는 비구니면서도 출산하였으며, 도념은 토끼를 죽인 죄가 있기에
　　　　　　　　　　　　　　　　　　　　　　　주지는 도념이 절에서 지내며 공덕을 쌓아야 구원받을 수 있다고 생각함.

도념 : 스님, 죽어서 지옥에 가드래두 난 내려가겠어요. 찾아오는 사람을 막지 않구 떠나는 사람을 붙들지 않는 것이 우리 절 주의라구 늘 말씀하시지
　　　　　　　　평소 주지가 했던 말을 근거로 이야기하고 있음. 도념은 종교적 구원이나 내세의 삶보다는 현실적인 삶과 어머니를 찾는 것을 우선적으로 생각함.

　않으셨습니까?

주지 : (열화같이 노하며) 수다스러. 한번 못 간다면 못 가는 줄 알어라. (미망인을 보고 선언하듯) 아씨께서 서방님을 잃으시고 외아들마저 잃으신 것
　　　　　　　　　　　　　　　　미망인의 삶에 대한 주지의 운명론적 생각이 드러남. 미망인의 죄의식을 지적하여 도념을 입양하는 것을 포기하게 하려 함.

　두 다 전생에 죄가 많으셨던 탓입니다. 아씨 죄두 미처 벗지 못하시구 이 죗덩이를 데려다가 어떻게 하실랴구 이러십니까? 두 번 다시 이 이야기를
　　　　　　　　　　　　　　　　　　　　　　　　　　　도념의 입양을 허락하지 않겠다는 뜻을 단호하고 직접적으로 말함.

　끌어내시랴거든 다신 이 절에 오시지 마십시오.

OX문제

01	주지는 미망인에 대한 적대감 때문에 도념의 입양을 반대한다.	(O / X)
02	세속적 공간에 대한 인물의 동경이 나타나고 있다.	(O / X)
03	주지는 대중들의 일반적 평가를 제시하여 자신의 주장을 합리화하고 있다.	(O / X)
04	미망인은 도념이 토끼를 살생했다는 오해를 받은 것을 안타까워하고 있다.	(O / X)
05	대화를 통해 인물 간 대립의 양상이 심화되고 있다. [2014학년도 6월A]	(O / X)

STEP 02 작품 해제

나BS 수능특강 | 현대문학

01 | 주제

인간적 사랑과 불교의 가르침 사이의 갈등

02 | 특징

① 배경과 등장인물이 주제와 긴밀하게 연결됨.
② 운명과 의지 사이의 갈등 양상이 잘 드러남.
③ 도념을 사이에 둔 주지승과 미망인의 의견과 태도가 대조됨.

03 | 작품 해제

이 작품은 승려이기에 앞서 한 어린아이로서 어머니를 그리워하는 마음과 불가(佛家)에서의 삶 사이에서 겪는 심리적 갈등이 잘 드러난 희곡이다. 작가의 작품 중에서도 낭만적인 경향이 강하며 사건의 전개가 긴밀하고, 각 인물들의 의지와 심리를 섬세하고도 진실하게 그려냈다고 평가받고 있다. 어머니를 향한 도념의 간절한 기다림, 그에 따른 절망과 좌절이 간결하고 긴밀한 극적 구조 속에 녹아 있다. 또한 이 작품은 도념의 출생에 대한 비밀과 미망인이 도념을 속세로 데려가려는 상황에 대한 갈등이 극적 긴장의 축을 이루고 있는데, 결국 도념은 어머니가 존재하고 꿈과 자유와 희망이 있다고 믿는 속세를 향해 떠나게 된다. 이는 경직된 종교의 계율보다는 인간적 따뜻함을 추구하는 작가의 의식이 반영된 것으로, 참다운 사랑과 인간다운 삶이란 무엇인가를 생각하게 한다.

04 | 등장인물

- 도념 : 열네 살의 동승. 어머니에 대한 그리움과 동승으로서의 삶 사이에서 갈등하는 인물. 순수하고 천진난만한 면을 지니고 있으나, 결국 어머니를 찾아 절을 떠나는 강한 의지를 보임.
- 주지 : 어린 도념을 돌보고 있으며, 출생의 배경 등을 이유로 도념이 불도에 정진하여 죄를 씻어야 한다고 생각함. 겉으로는 완고하지만 마음속으로는 도념을 아끼고 사랑함.
- 미망인 : 남편과 아들을 잃은 불행한 인물. 도념을 양자로 삼고자 하나 결국 주지의 반대를 받아들이는 운명론적·순응적 인물
- 초부 : 정이 많고 성실한 나무꾼. 도념의 그리움을 이해하여 도와주려는 인정 많고 따뜻한 인간애를 지닌 인물

05 | 상세 줄거리

동네에서 멀리 떨어진 오래된 절에서, 아직 수행을 쌓지 않은 열네 살의 사미승(동자승) 도념은 자기를 버리고 달아난 어머니를 애타게 기다리고 있다. 그의 생모는 여승이었으나 사냥꾼을 만나 파계를 하고 절을 떠난다. 주지승은 생모의 행적을 들어 도념으로 하여금 어머니를 기다리는 일을 포기하도록 하지만 어린 도념으로서는 모자의 정을 쉽게 끊을 수 없다. 그러던 차에 서울에서 내려온 아름다운 미망인에게 마음이 끌리고, 아들을 잃은 슬픔을 견디지 못하던 미망인 또한 도념을 수양아들로 삼고자 한다. 그러나 도념을 타락한 속세로 보내지 않으려는 주지승의 완강한 반대에 부딪혀 서울행이 좌절되자 도념은 결국 홀로 절을 떠나게 된다.

「동승」의 새로운 관점의 해석 - 인물의 성숙

「동승」은 일반적으로 불성(佛性) 대 모성(母性)의 대립이라는 관점으로 해석되고 있다. 하지만 나아가 도념과 미망인의 성숙이라는 차원에서 해석해 볼 수 있다. 주지가 도념과 미망인이 함께 떠나는 것을 반대하면서 미망인이 처한 숙명을 언급하였을 때, 미망인은 그 말에 수긍하면서 자신의 죄가 도념에게 끼칠까 두렵다며 자신의 고집을 꺾는 대목이라든가, 미망인이 마지막에 도념을 한 달에 한 번씩 보러 오겠다고 하고 도념 또한 그 약속을 하지만 약속과 무관하게 조용히 절을 떠나는 것에서 그 점을 확인할 수 있다. 태생부터 상처를 지닌 도념은 미망인의 양자가 되기 위한 과정에서 또 다른 상처를 입게 되고, 미망인 또한 자신의 숙명이나 업보를 수긍할 수밖에 없는 과정에서 상처를 받게 된다. 게다가 도념이 절을 떠나면서 일부러 비탈길을 선택하는 것이나 조선 팔도 다 돌아다닐 것을 각오하는 것 등과 같이 미망인이나 다른 사람에게 의지하는 것이 아니라 주체적으로 문제를 해결하려는 의지를 보인다는 점에서 도념의 성숙을 엿볼 수 있다.

「동승」 갈등의 핵심과 작품의 궁극적 의미

「동승」은 함세덕의 작품 중에 가장 뛰어난 것으로 꼽히는 만큼 극적 구성이 매우 탄탄하다. 특히 플롯의 전개에서 갈등과 반전이 긴밀하게 이루어져 극적 효과가 살 드러난다. 분석 결과를 집약하면 「동승」의 극적 특성은 다음과 같다.

플롯의 구조와 플롯의 뼈대인 등장인물의 주된 갈등을 분석하면, 이 작품은 종교적 수행에 관한 내용으로 보기 어렵다. 기구한 운명을 지닌 부모에 의해 버려진 아이가 주지의 도움으로 승려가 된 후 본능적으로 어머니를 그리워하며 심리적 갈등을 겪는 존재론적 문제를 다룬 것이다. 이것은 주인공인 도념의 마음속에 불도에 관한 수행보다는 어머니를 만나고 싶은 욕망으로 가득 차 있는 점을 통해서 입증된다. 그리하여 그는 도입부에서부터 파국에 이르기까지 오로지 그 욕망을 실현하기 위해 심지어 불교의 계율을 어기는 행동을 한다. 즉 어머니에게 예쁜 목도리를 만들어 주기 위해 토끼를 잡는 살생을 수차례 하고 또 그것을 감추려고 거짓말도 한다. 이는 도념에게 수행보다는 어머니에 대한 정(천륜)이 우선하는 것임을 나타내는 하나의 기표라 할 수 있다.

이러한 극적 의미는 도념의 성격 변화를 통해서도 드러난다. 도념은 처음에는 수행자로서 조심스럽게 어머니를 기다리는 태도를 보인다. 그는 주변의 거짓말과 기다림의 무의미함을 깨달은 이후 어머니를 찾아 직접 세상으로 내려가려는 강한 의지를 갖는다. 주지와의 갈등 끝에 그는 결국 몰래 절에서 도망하여 세상으로 들어간다. 이로써 도념은 주지와의 갈등에서 벗어난다. 이 장면을 주지의 입장에서 보면 도념은 파계한 승려로 전락하여 귀속하는 의미를 갖지만, 도념의 입장에서 보면 드디어 간절히 염원하던 세상으로 들어가는 이상 실현의 의미를 갖는다.

요컨대, 「동승」은 제 뜻과는 상관없이 승려가 된 한 소년의 심리적 갈등을 통해서 인간의 존재론적 문제에 관한 극적 담론이라 할 수 있다. 비록 현실적으로 주지의 보살핌을 받으며 불도를 수행하는 동승의 위치에 있지만, 그의 내면에는 세상의 평범한 아이들처럼 어머니를 찾고 마음껏 놀고 싶은 욕망이 들끓는다. 이는 아이들에게는 주지(어른)의 가치관인 종교적 이념이나 이상적 관념보다는 본능과 충동이 우선함을 나타낸다. 따라서 작가는 그것이 곧 아이들의 자연스런 모습임을 강조하려 했다고 하겠다.

이러한 작가의 의도를 확장하면, 아이의 생각이나 입장을 고려하지 않은 채 자신의 욕망을 아이에게 억지로 주입하는 어른들의 행태를 비판하는 의미를 갖는다. 주지가 자신의 경험에 비추어 세상이란 '죄구렁'일 뿐이라는 경직된 사고방식과 선입견을 갖고, 도념을 세상으로부터 격리시켜 해탈케 하겠다는 행위에서 그 점을 엿볼 수 있다. 주지의 뜻과는 달리 도념이 주지의 말에 반발하는 것은 바로 그런 성인들의 불합리한 관념에 저항하는 것으로 풀이된다. 따라서 작가는 이 작품을 통해서 어린이는 어린이답게 살아가도록 도와주는 것이 더 자연스럽고 바람직한 것임을 표현하려 했다는 결론에 이를 수 있다.

STEP 04 나BS 실전 문제

다음 글을 읽고 물음에 답하시오.

주위는 차츰차츰 어두워진다. 이윽고 ⊙ 범종 소리 들려온다. 멀리 산울림. 초부, 나무를 안고 나와 지게에 얹고, 담배를 한 대 피운다. 흩날리는 초설(初雪)을 머리에 받은 채 슬픈 듯한 표정으로 ⓒ 종소리를 듣는다. 이윽고 ⓒ 종소리 그친다. 도념, 고깔을 쓰고 바랑*을 걸머지고, 깽매기*를 들고 나온다.

초부 : (지게를 지고 일어서며) 지금 그 종 네가 쳤니?

도념 : 그러믄요. 언제 내가 안 치구 다른 이가 쳤나요?

초부 : 밤낮 나무해 가지구 비탈 내려가면서 듣는 소리지만 오늘은 왜 그런지 유난히 슬프구나. (일어서다가 도념의 옷차림을 발견하고) 아니, 너 닷다가* 바랑은 왜 걸머지구 나오니?

도념 : 이번 가면 다시 안 올지 몰라요.

초부 : 왜? 스님이 동냥 나가라구 하시든?

도념 : 아아니요. 몰래 나가려구 해요.

초부 : 이렇게 눈이 오는데 잘 데두 없을 텐데. 어딜 간다구 이러니? 응, 갈 곳이나 있니?

도념 : 조선 팔도 다 돌아다닐걸요 뭐.

초부 : 아예, 그런 생각 말구, 어서 가서 스님 말씀 잘 듣구 있거라.

도념 : 벌써 언제부터 나가려구 별렀는데요? 그렇지만 스님을 속이구 몰래 도망가기가 차마 발이 떨어지지 않아서 못 갔어요.

초부 : 어머니 아버질 찾거나 했으면 좋겠지만 찾지두 못하면 다시 돌아올 수도 없구, 거지밖에 될 게 없을 텐데 잘 생각해서 해라.

도념 : 꼭 찾을 거예요. 내가 동냥 달라고 하니까 방문 열구 웬 부인이 쌀을 퍼 주며 나를 한참 바라보구 있드니 별안간 '도념아, 내 아들아, 이게 웬일이냐.' 하고 맨발바닥으로 뛰어 내려오든 꿈을 여러 번 꾸었어요.

초부 : 가려거든 빨리 가자. 퍽퍽 쏟아지기 전에. 이 길루 갈테니?

도념 : **비탈길**루 가겠어요.

초부 : 그럼 잘―가라. 난 이 길루 가겠다.

도념 : 네, 안녕히 가세요.

초부, 나무를 지고 내려간다. ⓔ 도념, 두어 걸음 나갈 때 법당에서 주지의 독경 소리. 발을 멈추고, 생각난 듯이 바랑에서 표주박을 꺼내 잣을 한 움큼 담아서 산문 앞에 놓는다.

도념 : (무릎을 꿇고) 스님, 이 잣은 다람쥐가 겨울에 먹으려고 등걸 구멍에다 파 둔 것을 제가 아침이면 몰래 꺼내 뒀어요. 어머니 오시면 드리려구요. 동지섣달 긴긴 밤 잠이 안오시어 심심하실 때 깨무십시오. (산문에 절을 한 후) 스님, 안녕히 계십시오.

멀리 동리를 내려다보고 길-게 한숨을 쉰다. 정적. ⓜ 원내에서는 목탁과 주지의 염불 소리만 청청히 들릴 뿐. 눈은 점점 퍽퍽 내리기 시작한다. 도념, 산문을 돌아다보며 **비탈길**을 내려간다.

- 함세덕, 「동승」 -

*바랑 : 승려가 등에 지고 다니는 자루 모양의 큰 주머니.
*깽매기 : '꽹과리'의 전라도 방언.
*닷다가 : 난데없이.

01. 〈보기〉를 바탕으로 윗글을 감상한다고 할 때 적절하지 <u>않은</u> 것은?

〈보기〉

대사에는 대화, 방백, 독백 등이 있다. 대화는 등장인물 간에 주고받는 대사로, 인물들의 관계를 알려 주고 사건을 진행시키는 기능을 한다. 방백이 관객을 청자로 상정한 대사라면, 독백은 배우가 심리적으로 자극을 받아 촉발된 혼잣말이다. 독백은 사건 진행을 일시적으로 중단하고 배우가 내면 심리를 직접 드러낼 수 있게 하여, 연극의 서사에 시적 분위기를 첨가하는 기능을 한다.

① 두 사람의 대화는 초부와 도념이 그동안 친밀한 관계를 형성하고 있었음을 보여 주는군.

② 두 사람의 대화를 통해, 초부가 도념의 결심을 헤아리고 도념의 의사를 존중하게 되는 과정을 확인할 수 있군.

③ 도념이 초부와 헤어진 후 어머니에 대한 감정을 드러내야 한다는 심리적 자극을 받았기 때문에 독백을 한 것이군.

④ 도념의 독백은 절을 떠나는 사건을 지연하고 작품의 서정적 분위기를 강화하는 기능을 하는군.

⑤ 독백 후 도념은 말을 가급적 억제하고, 한숨이나 시선 혹은 신체 연기를 활용하여 심리적 정황을 전달하는군.

02. ⊙~ⓜ의 음향 효과에 대한 이해로 적절하지 <u>않은</u> 것은?

① ⊙을 통해 관객은 공간적 배경의 특성을 인지할 수 있다.

② ⓒ에서 초부는 관객들이 음향 효과에 집중할 수 있도록 연기하고 있다.

③ ⓒ은 새로운 사건이 일어날 것임을 알려 주는 기능을 한다.

④ ⓔ에서는 음향이 생성되면서 도념의 행동 변화를 일으키고 있다.

⑤ ⓜ에서는 음향이 도념과 주지의 정서적 교감을 이끌며 심리적 여운을 증폭한다.

03. 윗글의 '비탈길'에 대한 이해로 적절하지 <u>않은</u> 것은?

	속성	이해
①	갈라짐	초부와 헤어져 홀로 길을 떠나야 하는 도념의 처지를 보여 준다.
②	내려감	사람들이 모여 사는 세상으로 나아가고자 하는 도념의 마음을 보여 준다.
③	벗어남	도념이 절에서 살았던 지난날에 대한 원망을 드러내고 있음을 알려 준다.
④	시작됨	도념이 자신의 일을 스스로 결정하면서 정신적으로 성숙해 나갈 것임을 알려 준다.
⑤	가파름	도념의 여정이 순탄하지 않을 것임을 암시한다.

다음 글을 읽고 물음에 답하시오.

주지 : 이게 무슨 죄 받을 소리니? (조용히 달래며) 도념아 너, 저 연을 봐라. 오월이 되면 꽃이 피고, 잎사귀엔 구슬 같은 이슬이 구르구 있지 않니? 저렇게 잔잔한 연못두 한겹 물만 퍼내구 보면 시꺼면 개흙투성이야. 그것뿐인 줄 아니? 십년 묵은 이무기가 용이 돼서 하늘로 올라갈라구 혓바닥을 낼름거리며 비 오기만 기다리구 있단다. 동네두 꼭 저 연못과 마찬가지야. 겉으루 보면 모두 즐겁구 평화로운 듯하지만 속에는 모든 죄악과 진애(震埃)가 들끓는 그야말루 경문에 아로새겨 있는 글자 그대루 오탁(五濁)의 사바(娑婆)니라.

도념 : 아니에요. 모두들 그렇지 않대요. 연못 속에는 연근이라는 뿌럭지가 있지 이무기는 없대요.

주지 : 누가 그러든? 누가 그래?

도념 : 동네 사람들 올라올 적마다 물어봤어요.

주지 : 그럼, 동네 녀석들 하는 소리는 정말이구 내 말은 거짓말이란 말이지? 경전이, 부처님 말씀이 모두 거짓말이란 말이지? 오! 이런 불가사리 같은 녀석 봤나? (하고 펄펄 뛴다)

도념 : 스님, 바른 대루 말이지 저는 이 절에 있기가 싫습니다.

주지 : 듣자듣자 하니까 나중엔 못하는 소리가 없구나? 오 그 눈으루 날 보지 마라. 살생을 하드니, 전신에 살이 뻗친 모양이다.

미망인 원내에서 나온다. 뒤따라 그의 모(母).

도념 : (미망인에게 매달리며) 어머니, 저를 데려가 주세요.

미망인 : 응, 염려 마라.

주지 : (정색을 하며) 염려 마라니요? 아씨는 그저 얘를 데려가실 작정이십니까?

미망인 : 그럼은요.

친정모 : 못한다. 넌 얘 하는 짓을 지금껏 두 눈으로 똑똑히 보고도 이러니?

미망인 : 어머니, 봤기에 더 한층 데려가구 싶은 생각이 솟았어요. 얼마나 어머니를 그리워했으면 그런 짓을 다 했겠어요? 지금 이 애를 바른 길루 이끌어 가려면, 내 사랑 속에서 키우는 것밖에 딴 도리가 없어요.

친정모 : 얘는 전생에 제 부모의 죄를 받구 태어났기 때문에, 아무리 구할라구 해두 구할 수가 없단다. 홍역 마마하듯 이렇게 피하지 못할 죄가 하나씩 둘씩 발병하지 않니? 얘보담, 우리 인철이 영혼 축원할 도리나 걱정해라.

미망인 : 인철인 기왕 죽은 애니까 재를 다시 지내면 그만 아니에요?

친정모 : 얘가 토끼 목도리를 존상 뒤에다 감춰만 뒀다면 모를까. 젊은 별좌(別坐) 얘길 들으니까 어젯밤엔 떡 그 더러운 것을 관세음보살님 목에다 걸어놓구 물끄러미 바라다보구 있었다는구나.

미망인 : (울며 미친 듯이) 어머니, 난 얘 없이 살 수가 없어요. 애당초에 생각이나 안 먹었다면 모를까, 한번 먹어 논 것이라 잃구는 살 수가 없어요.

주지 : 아씨께서 진정으로 얘를 사랑하신다면, 눈앞에 두구 노리개를 삼으실랴구 하지 말구, 얘 매디매디에 사무쳐 있는 전생의 죄 속에서 영혼을 구하게 이 절에 둬 주십시오. 자기 한 몸의 죄만이 아니라 제 아비 제 어미 죄두 씻어야 할 테니까 얘는 여간한 공덕을 쌓기 전에는 저승에 가서 무서운 지옥을 면치 못하게 될 것입니다.

(중략)

초부 : 이렇게 눈이 오는데 잘 데두 없을 텐데. 어딜 간다구 이러니? 응, 갈 곳이나 있어?

도념 : 조선 팔도 다 돌아다닐 걸요 뭐.

초부 : 아예, 그런 생각 말구, 어서 가서 스님 말씀 잘 듣구 있거라.

도념 : 벌써 언제부터 나갈랴구 별렀는데요? 그렇지만 스님을 속이고 몰래 도망가기가 차마 발이 떨어지지 않아서 못 갔어요.

초부 : 어머니 아버질 찾기나 했으면 좋겠지만 찾지두 못하면 다시 돌아올 수도 없구, 거지밖에 될 게 없을 텐데 잘 생각해서 해라.

도념 : 꼭 찾을 거예요. 내가 동냥 달라구 하니까 방문 열구 웬 부인이 쌀을 퍼주며 나를 한참 바라보구 있드니 별안간 '도념아. 내 아들아, 이게 웬일이냐' 하구 맨발로 마당으로 뛰어내려 오는 꿈을 여러 번 꾸었어요.

초부 : 갈랴거든 빨리 가자. 퍽퍽 쏟아지기 전에. 이 길루 갈 테니?

도념 : 비탈길로 가겠어요.

초부 : 그럼 잘-가라. 난 이 길루 가겠다.

도념 : 네, 안녕히 가세요.

초부, 나무를 지고 내려간다. 도념 두어 걸음 나갈 때 법당에서 주지의 독경 소리. 발을 멈추고, 생각난 듯이 바랑에서 표주박을 꺼내 잣을 한 움큼 담아서 산문 앞에 놓는다.

도념 : (무릎을 꿇고) 스님, 이 잣은 다람쥐가 겨울에 먹으려구 등걸 구멍에다 파묻은 것을 제가 아침에 몰래 끄내 뒀었어요. 어머니 오시면 드리려구요. 동지섣달 긴긴 밤 잠이 안 오시어 심심하실 때 깨무십시오. (산문에 절을 한 후) 스님, 안녕히 계십시오.

멀리 동리를 내려다보고 길-게 한숨을 쉰다. 정숙. 원내에서는 목탁과 주지의 염불 소리만 청청히 들릴 뿐. 눈은 점점 펑펑 내리기 시작한다. 도념, 산문을 돌아다보며 돌아다보며 비탈길을 내려간다.

- 막 -

- 함세덕, 「동승」 -

---

04. 윗글로부터 알 수 있는 사실이 <u>아닌</u> 것은?

① '초부'는 도념에게 신중하게 처신할 것을 당부하고 있다.
② '주지'는 도념의 친부모가 죄를 지었다고 생각하고 있다.
③ '미망인'은 죽은 자식의 영혼을 위로하기 위하여 절에 왔다.
④ '친정모'는 타인의 말에 의존하여 도념에 대해 판단하고 있다.
⑤ '도념'은 주지에 대한 섭섭함을 삭이지 못한 채 절을 떠나고 있다.

---

05. 〈보기〉는 「구운몽」의 줄거리이다. 윗글과 비교하여 설명한 내용으로 적절한 것은?

〈보기〉

성진은 육관대사의 심부름을 하던 중, 팔 선녀를 만나 이야기를 나눈다. 절에 돌아온 성진은 선녀들을 그리워하며 속세의 부귀영화를 생각하다가, 육관대사의 노여움을 사게 되어, 팔 선녀와 함께 속세로 추방되는 꿈을 꾼다. 성진이 환생한 양소유는, 팔 선녀가 환생한 여인들을 차례로 만나 부부의 인연을 맺고 승상의 벼슬에 올라 영화를 누린다. 벼슬에서 은퇴한 양소유는 어느 날 부귀가 덧없음을 느끼게 되고, 육관대사를 만나 꿈에서 깨어 다시 현실의 성진으로 돌아온다. 이후 성진은 팔 선녀와 함께 육관대사의 설법을 듣고 불도에 정진하여 도를 얻어 극락세계로 간다.

① 윗글과 〈보기〉의 '절'은 모두 긍정적 공간으로서 속세와 대립된다.
② 윗글의 '친정모'와 〈보기〉의 '양소유'는 모두 사건이 전환되는 계기를 제공하고 있다.
③ 윗글의 '혈육의 정'과 〈보기〉의 '연정(戀情)'은 모두 주인공이 겪는 갈등을 유발하고 있다.
④ 윗글의 '주지'와 달리, 〈보기〉의 '육관대사'는 주인공의 욕망을 이해하려는 인물이다.
⑤ 윗글의 '도념'과는 달리, 〈보기〉의 '성진'은 자신의 현실에 대해 문제의식을 갖고 있다.

---

06. 윗글의 등장인물들이 사용한 설득 전략으로 적절한 것은?

	화자 → 청자	설득 전략
①	도념 → 주지	연민의 감정을 자극함
②	주지 → 도념	두려움을 자극하여 행동을 만류함
③	주지 → 미망인	주장의 논리적 모순을 지적함
④	미망인 → 친정모	주장을 뒷받침하는 사례를 제시함
⑤	친정모 → 미망인	부모의 권위에 의존하여 주장함

26 전광용, 꺼삐딴 리

STEP 01 지문 분석과 OX문제

이인국 박사의 병원은 <u>두 가지의 전통적인 특징</u>을 가지고 있다.
① 정결함(깨끗함). ② 치료비가 비쌈.

병원 안이 먼지 하나도 없이 정결하다는 것과, 치료비가 여느 병원의 갑절이나 비싸다는 점이다.
어떤 수나 양을 두 번 합한 만큼

그는 새로 온 환자의 초진(初診)에서는 병에 앞서 우선 그 부담 능력을 감정하는 데서부터 시작한다. 신통치 않다고 느껴지는 경우에는 무슨 핑계를
처음으로 진찰을 함.   환자의 경제 능력을 먼저 판단함. → 의사로서의 사명보다 속물적인 가치를 중시하는 수지 타산적인 모습

대든, 그것도 자기가 직접 나서는 것이 아니라 간호원더러 따돌리게 하는 것이다.

그렇게 중환자가 아닌 한 대부분의 경우 예진(豫診)은 젊은 의사들이 했다. 원장은 다만 기록된 진찰 카드에 따라 환자의 증세에 아울러 경제 정도
환자의 병을 미리 간단하게 진찰하는 일

를 판정하는 최종 진단을 내리면 된다.

돈이나 물건 따위를 아직 다 거두지 못함.

상대가 지기나 거물급이 아닌 한 외상이라는 명목은 붙을 수 없었다. 「설령 있다 해도 이 <u>양면 진단</u>은 한 푼의 미수나 <u>결손</u>도 없게 한 그의 반생을
병의 증세보다 경제적 능력을 저울질하는 진단   수입보다 지출이 많아서 생기는 금전상의 손실

통한 의술 생활의 신조요 비결이었다.」
「」: 경제적 손실을 만들지 않는 것이 이인국의 의술 생활 신조와 비결이라고 말함. → 서술자의 풍자적 시선이 드러남.

그러기에 <u>그의 고객은, 왜정 시대는 주로 일본인이었고 현재는 권력층이 아니면 재벌의 셈속에 드는 측들</u>이어야만 했다.
부를 추구하며 환자들을 선별해서 받아들인 결과. 지배층과 권력층만을 위해 일하는 권력 지향적 모습

그의 일과는 아침에 진찰실에 나오자 손가락 끝으로 창틀이나 탁자 위를 훑어 무테안경 속 움푹한 눈으로 응시하는 일에서 출발한다.

이때 손가락 끝에 먼지만 묻으면 <u>불호령</u>이 터지고, 간호원은 하루 종일 원장의 신경질에 부대껴야만 한다.
몹시 심하게 하는 꾸지람

아무튼 단골 고객들은 <u>그의 정결한 결백성</u>에 감탄과 경의를 표해 마지않는다.
경제적 이익만 추구하는 내면과 다르게 평가받는 이인국

<u>1·4 후퇴</u> 시 청진기가 든 손가방 하나를 들고 월남한 이인국 박사다. 그는 <u>수복</u>되자 재빨리 셋방 하나를 얻어 병원을 차렸다. 그러나 이제는 평당
구체적인 시대적 배경 제시   잃었던 땅이나 권리 따위를 되찾음.

오십만 환을 호가하는 도심지에 타일을 바른 이 층 양옥을 소유하게 되었다. 그는 자기 전문의 외과 외에 내과, 소아과, 산부인과 등 개인 병원을 집결

시켰다. 운영은 각자의 호주머니 셈속이었지만 종합 병원의 원장 자리는 의젓이 자기가 차지하고 있다.

이인국 박사는 양복 조끼 호주머니에서 <u>십팔금 회중시계</u>를 꺼내어 시간을 보았다. / 2시 40분!
① 시간을 확인하는 도구 ② 과거를 회상하는 매개체

미국 대사관 브라운 씨와의 약속 시간은 이십 분밖에 남지 않았다. 이 시계에도 몇 가닥의 유서 깊은 이야기가 숨어 있다. <u>이인국 박사는 시계를 볼</u>

<u>때마다 참말 '기적'임에 틀림없었던 사태를 연상하게 된다.</u>
회중시계를 매개로 과거의 사건을 회상하는 이인국

〔왕진 가방과 함께 삼팔선을 넘어온 피란 유물의 하나인 시계. 가방은 미군 의사에게서 얻은 새것으로 갈아 매어 흔적도 없게 된 지금, 시계는 목숨
〔 〕: 이인국은 브라운을 기다리며 회중시계에 얽힌 내력을 떠올리고 있음.

을 걸고 삶의 도피행을 같이한 유일품이요, 어찌 보면 <u>인생의 반려(伴侶)</u>이기도 한 것이다.
이인국에게 회중시계의 의미 : 평생을 함께하는 대상

밤에 잘 때에도 그는 시계를 머리맡에 풀어 놓거나 호주머니에 넣은 채로 버려두지 않는다. 반드시 풀어서 <u>등기 서류, 저금통장 등이 들어 있는 비</u>
회중시계를 등기 서류, 저금통장과 같이 귀중하게 생각함. 귀중품을 금고에 넣어두는 조심성 있는 성격을 가짐.

<u>상용 캐비닛 속에 넣고야 잠자리에 드는 것이었다.</u> 거기에는 또 그럴 만한 연유가 있었다. 이 시계는 제국 대학을 졸업할 때 받은 영예로운 수상품이
제국 대학 = 일본 대학 / 영예롭다고 표현한 점에서 친일적 사상이 드러남.

다. 뒤쪽에는 자기 이름이 새겨져 있다.

그 후 삼십여 년, 자기 주변의 모든 것은 변하여 갔지만 시계만은 옛 모습 그대로다. 주변뿐만 아니라 자기 자신은 얼마나 변한 것인가. 이십 대 홍

안을 자랑하던 젊음은 어디로 사라진 것인지 머리카락도 반백이 넘었고 이마의 주름은 깊어만 간다. 일제 시대, 소련군 점령하의 감옥 생활, 6·25 사
젊어서 혈색이 좋은 얼굴   이인국이 겪은 시대의 주요 사건들

변, 삼팔선, 미군 부대, 그동안 몇 차례의 아슬아슬한 죽음의 고비를 넘긴 것인가. / '월삼 십칠석.'

우여곡절 많은 세월 속에서 아직도 제 시간을 유지하는 것만도 신기하다. 시간을 보고는 습성처럼 째깍째깍 소리에 귀 기울이는 때의 그의 가느다란

눈매에는 흘러간 인생의 축도가 서리는 것이었다. 그 속에서도, 각모(角帽)와 쓰메에리 학생복을 벗어 버리고 신사복으로 갈아입던 그날의 감회를 더욱
어떤 것의 내용이나 속성을 작은 규모로 유사하게 지니고 있는 것을 비유적으로 이르는 말   제국 대학을 졸업하며 회중시계를 받았던 날의 감회를 떠올림.

새롭게 해 주는 충동을 금할 길 없는 것이었다.]

(중략)

國語常用의 家.
'일본어를 항상 사용하는 집'이라고 쓰인 액자 → 적극적으로 친일 행위를 했던 이인국의 행적을 확인할 수 있는 증거

해방되던 날 떼어서 집어넣어 둔 것을 그동안 깜박 잊고 있었다.

그는 액자 틀 뒤를 열어 음식점 면허장 같은 두터운 모조지를 빼내어 글자 한 자도 제대로 남지 않게 손끝에 힘을 주어 꼼꼼히 찢었다.
                                              해방 이후, 친일의 흔적으로 처벌을 받을까봐 과거의 증거를 없애는 이인국

이 종잇장 하나만 해도 일본인과의 교제에 있어서 얼마나 떳떳한 구실을 할 수 있었던 것인가. 야릇한 미련 같은 것이 섬광처럼 머릿속을 스쳐 갔다.

환자도 일본 말 모르는 축은 거의 오는 일이 없었지만 대외 관계는 물론 집 안에서도 일체 일본 말만을 써왔다. 해방 뒤 부득이 써 오는 제 나라

말이 오히려 의사 표현에 어색함을 느낄 만큼 그에게는 거리가 먼 것이었다.
부득이 : 마지못하여 하는 수 없이 / 이인국은 일본어만을 써왔기에 한국어를 쓰는 것에 어색함을 느낌.

『마누라의 솔선수범하는 내조지공도 컸지만 애들까지도 곧잘 지켜 주었기에 이 종잇장을 탄 것이 아니던가. 그것을 탄 날은 온 집안이 무슨 큰 경사
『 』 : 민족의식을 버리고 일제의 정책을 적극적으로 따르며, 당장 자신의 안위와 성공만 바라본 이인국과 그의 가족

나 난 것처럼 기뻐들 했었다.』

"잠꼬대까지 국어로 할 정도가 아니면 이 영예로운 기회야 얻을 수 있겠소." 하던 국민총력연맹 지부장의 웃음 띤 치하 소리가 떠올랐다.
        일본어

그 순간, 자기 자신은 아이들을 소학교부터 일본 학교에 보낸 것을 얼마나 다행으로 여겼던 것인가.

그는 후 한숨을 내뿜었다. 그러고는 저금통장의 잔액을 깡그리 내주던 은행 지점장의 호의에 새삼 고마움을 느끼는 것이었다.

그것마저 없었더라면…… 등골에 오싹하는 한기가 느껴 왔다.

무슨 정치가 오든 그것만 있으면 시내 사람의 절반 이상이 굶어 죽기 전에야 우리 집 차례는 아니겠지.
          어떤 시국에서도 개인의 이익과 생존만을 우선시하는 태도 → 기회주의자의 면모가 엿보임.
그는 손금고가 들어 있는 안방 단스를 생각하면서 혼자 중얼거렸다.

이인국 박사는 무슨 일이 일어나도 꼭 자기만은 살아남을 것 같은 막연한 기대를 곱씹고 있다.
        해방 직후 혼란기에도 시류에 타협하여 출세 지향적 삶을 살아갈 것임을 암시함.

*월삼 십칠석 : Waltham 17 Jewels. 월섬(Waltham)은 미국에서 1850년에 시작한 시계 제조 회사이며 십칠석(17 Jewels)은 시계에 사용된 보석의 수를 가리킴.

OX문제

01	이인국은 경제적 이익을 위해 모든 환자의 진료를 도맡고 있다.	(O / X)
02	'회중시계'는 과거를 떠올리게 하는 회상의 매개체이다.	(O / X)
03	시간의 흐름을 통해 인물의 가치관이 달라지고 있음을 드러내고 있다. [2015학년도 9월A]	(O / X)
04	과거 회상을 통해 인물 간의 갈등을 심화하고 있다. [2022학년도 9월]	(O / X)
05	이인국이 액자의 종이를 찢은 행위는 현실에 저항하고자 하는 의지를 나타낸 것이다.	(O / X)

STEP 02 작품 해제

01 | 주제

시류에 따라 변절하면서 출세 지향적 삶을 사는 기회주의자에 대한 풍자

02 | 특징

① 역순행적 구성을 통해 사건을 입체적으로 전달함.
② 3인칭 서술자는 특정 인물에 주목하여 서사를 전개하고 있음.

03 | 작품 해제

시대와 상황에 따라 재빠르게 변신하는 이인국 박사의 모습을 통해 일제 강점기에서 6·25 전쟁에 이르는 격동기의 현대 한국사를 조망하고, 사회 지도층의 위선을 통해 왜곡과 굴절의 역사를 걸어온 근대사의 비극을 폭로한 전형적인 풍자 소설이다. 이인국 박사는 위기 상황 속에서 끈질긴 생명력과 불굴의 투지를 보여주고, 때로는 인간적인 고뇌마저 세밀하게 드러나게 제시됨으로써 생동감 있는 인물로 형상화되고 있다.

'꺼삐딴'은 영어의 '캡틴(captain)'에 해당하는 러시아어로, 본 발음은 '까삐딴'이다. 소련군이 북한에 주둔하면서 '까삐딴'이 '우두머리 또는 최고'라는 뜻으로 사용되었는데, 그 발음이 와전되어 '꺼삐딴'으로 통용된 것이다. 작가는 '꺼삐딴 리'라는 제목을 통해 주인공이 출세와 개인적 영화에 눈먼 기회주의자의 대표임과 동시에 이러한 모습이 한국 사회의 지도층의 형상임을 암시하고 있다.

04 | 등장인물

- 이인국 : 외과 의사로서 돈과 권력을 지향하며, 시대 변화를 재빨리 읽어서 시류에 편승하는 인물. 위기의 상황에서도 불굴의 투지로 살아가는 강인한 생명력의 소유자임. 일제 강점기에는 일본인에게, 해방 직후에는 소련인에게, 월남한 이후에는 미국인에게 아부하면서 자기의 안녕과 영달만을 꾀하는 이기적이고 반민족적인 성향을 가짐.
- 아내 : 거제도 수용소에 있을 때 죽었음.
- 혜숙 : 간호원 경력이 있는 이인국의 후처.
- 나미 : 이인국의 딸로, 미국에 유학 간 후 동양학 전공의 외국인 교수와 결혼하려 함.
- 원식 : 이인국의 아들로, 광복 후 스텐코프 소좌의 배경으로 요직에 있는 당 간부의 추천을 받아 소련 유학을 갔으나 생사를 알 수 없음.
- 스텐코프 : 이인국이 왼쪽 뺨에 있는 혹을 제거해 준 이후, 이인국을 돕는 소련인 장교.
- 브라운 : 미 대사관에 근무하며 이인국을 도와주는 인물.

05 | 상세 줄거리

이인국은 종합 병원을 운영하는 외과 전문의다. 병원은 매우 정결하지만, 치료비가 다른 병원보다 갑절이나 비싸다. 그는 양면 진단(병의 증세보다 경제적 능력을 저울질하는 진단)을 통해 철저히 부를 추구한다. 어느 날, 미국으로 가기 위해 미 대사관의 브라운과 만날 시간을 맞추려고 회중시계를 꺼내 보다가 30년 전 과거를 회상한다. 이인국은 일제 강점기에 제국 대학을 졸업할 때, 회중시계를 부상(상장 밖에 덧붙여 주는 상)으로 받는다. 잠꼬대도 일본어로 할 정도로 완전한 황국 신민으로 동화되어 철저히 일본인으로 살아왔다.

해방 후의 격변기 속에서 그는 소련군 점령하에 사상범으로 낙인 찍혀 감옥 생활을 하게 된다. 여기에서 이질 환자를 발견, 치료한 이인국은 수용소에서 응급 치료를 맡는 행운을 얻는다. 그는 이 기회를 이용하여 소련군 스텐코프 장교의 뺨에 붙은 혹을 제거하는 수술에 성공, 스텐코프의 도움을 받아 위기에서 벗어나게 되며, 친소파로 돌변하여 영화를 누린다. 이때 그는 아들을 모스크바로 유학 보내고, 이것이 부자간의 이별이 되고 말았다. 그는 1·4 후퇴 때 가족과 함께 월남하고 거제도 수용소에서 아내를 잃게 된다. 이인국은 미군 주둔 시에도 그 상황에 맞는 처세술로 현실에 적응하며, 일제 강점기에 같이 일했던 간호원 '혜숙'과 재혼해 딸을 낳는다.

대사관에서 브라운을 만난 이인국은 고려청자를 그에게 선물하며, 한국인으로서의 자책감보다는 그의 취향을 생각하며 고민한다. 결론적으로 이인국은 그 특유의 처세술로 브라운을 만족시키게 되어 미 국무성 초청장을 받는 목적을 달성한다. 이인국은 미국에 가서도 반드시 성공을 거두리라고 생각한다.

부정적 인물을 통해 드러내는 삶의 가치

이 소설의 시간적 배경은 일제 강점기부터 6 · 25 전쟁 후까지이다. 여기에서 배경은 주인공의 부정적 인간상을 보여주는 데 결정적인 구실을 한다. 우선 일제 강점기에 이인국은 자식들을 일본인 학교에 보내 일본어만 사용하게 만들고 철저한 친일 분자로 지내다가, 해방이 되어 북쪽을 소련군이 점령하자 러시아어와 자신의 의술로 소련군 장교에게 환심을 사고 아들을 소련으로 유학을 보낸다. 그리고 월남해서는 미국대사관에 아첨하고 친미주의자가 되려고 한다. 이러한 시간적 배경은 외세에 눌려 왔던 수난의 민족사를 보여주는 동시에 이 수난사를 기회주의적으로 살았던 인물을 부각시켜 주고 있다.

이 소설에서 주인공 이인국은 풍자의 대상이다. 앞서 말했듯이, 그는 자신의 의술을 최대한 이용하여 일제 강점기 해방 이후의 북한, 남하한 이후 계속 외국인들에게 빌붙어 부귀영화를 누린다. 따라서 이인국은 나라와 민족의 운명에 무관심한 채 일신의 영달을 위해 한 시대 한 시대에 과잉으로 적응해 가는 적응주의자, 이기주의자, 출세주의자, 기회주의자로서 풍자의 대상이 된다. 이러한 부정적 인물의 제시는 수난의 민족사에서 민족적, 시대적 요구에는 아랑곳하지 않고 변신을 거듭하며 사회의 지도층으로 군림하여 온 많은 인물들에 대한 비판의 의미를 가진다. 그렇다면 작자가 이러한 인물을 부정적으로 보여줌으로써 부각시키고자 했던 삶의 가치는 무엇일까? 그것은 주인공 이인국이 보여 준 삶의 모습과 대립되는 지점에서 찾을 수 있을 것이다. 즉 사회와 역사의 흐름을 보는 안목을 갖추되 그것을 일신의 영달을 위해 이용하는 것이 아니라 진정한 삶의 정도를 걷기 위해 이용하는 것, 그리고 권력과 부를 잃더라도 올바름을 추구할 수 있는 자세, 또 사세의 변화에 부화뇌동하지 않고 자신의 신념을 지킬 줄 아는 태도 등을 강조하는 것이다.

이러한 작가의 비판의 태도는 3인칭 전지적 시점으로 나타난다. 이를 통해 이인국의 속물적이면서도 기회주의적인 내면을 생생하게 드러내며, 읽는 이로 하여금 능동적으로 이인국의 이기적인 면모를 인지하고 비판할 수 있도록 만든다. 이인국을 직접적으로 논평하지 않고 그의 생각과 행동을 생생하게 묘사하는 데 주력하여 독자들이 스스로 비판적 시각을 가지도록 유도하는 것이다.

'회중시계'의 기능

전체 10장으로 구성되어 있는 이 소설에서 주인공의 '십팔금 회중시계'는 소설 구성에 있어서 매우 중요한 장치로써의 역할을 한다. 맨 처음 주인공이 시계를 보며 브라운과의 약속을 생각하는 장면과 브라운에게 선물을 주고 반도호텔로 가는 마지막 장면이 현재라면, 그 사이에 끼여 있는 부분이 과거에 대한 회상으로 되어 있다. 이러한 복합적 구성, 또는 역전적 구성을 가능하게 하는 것이 자신의 과거와 현재를 이어주고 있는 회중시계이다. 이인국은 '인생의 반려'같은 회중시계를 통해 과거를 회상하며, 이는 「꺼삐딴 리」가 역순행적 시간 구조로 전개되는 계기가 된다. 즉 회중시계는 시간을 확인하는 도구이자, 과거를 회상하게 하는 매개체로서 기능하는 것이다.

다음 글을 읽고 물음에 답하시오.

그의 고객은 왜정 시대는 주로 일본인이었고 현재는 권력층이 아니면 재벌의 셈속에 드는 측들이어야만 했다.

㉠ 그의 일과는 아침에 진찰실에 나오자 손가락 끝으로 창틀이나 탁자 위를 훑어 무테안경 속 움푹한 눈으로 응시하는 일에서 출발한다.

이때 손가락 끝에 먼지만 묻으면 불호령이 터지고, 간호원은 하루 종일 원장의 신경질에 부대껴야만 한다.

아무튼 단골 고객들은 그의 정결한 결백성에 감탄과 경의를 표해 마지 않는다.

1·4후퇴 시 청진기가 든 손가방 하나를 들고 월남한 이인국 박사다. 그는 수복되자 재빨리 셋방 하나를 얻어 병원을 차렸다. 그러나 이제는 평당 오십만 환을 호가하는 도심지에 타일을 바른 이층 양옥을 소유하게 되었다. 그는 자기 전문의 외과 외에 내과, 소아과, 산부인과 등 개인 병원을 집결시켰다. ㉡ 운영은 각자의 호주머니 셈속이었지만 종합 병원의 원장 자리는 의젓이 자기가 차지하고 있다.

이인국 박사는 양복 조끼 호주머니에서 십팔금 회중시계를 꺼내어 시간을 보았다.

두 시 사십 분!

미국 대사관 브라운 씨와의 약속 시간은 이십 분밖에 남지 않았다. 이 시계에도 몇 가닥의 유서 깊은 이야기가 숨어 있다. 이인국 박사는 시계를 볼 때마다 참말 '기적'임에 틀림없었던 사태를 연상하게 된다.

왕진 가방과 함께 38선을 넘어온 피란 유물의 하나인 시계. 가방은 미군 의사에게서 얻은 새것으로 갈아매어 흔적도 없게 된 지금, **시계**는 목숨을 걸고 삶의 도피행을 같이한 유일품이요, 어찌 보면 인생의 반려이기도 한 것이다.

밤에 잘 때에도 그는 시계를 머리맡에 풀어 놓거나 호주머니에 넣은 채로 버려두지 않는다. 반드시 풀어서 등기 서류, 저금통장 등이 들어 있는 **비상용 캐비닛** 속에 넣고야 잠자리에 드는 것이었다. 거기에는 또 그럴 만한 연유가 있었다. 이 시계는 제국 대학을 졸업할 때 받은 영예로운 수상품이다. 뒤쪽에는 자기 이름이 새겨져 있다.

그 후 삼십여 년, 자기 주변의 모든 것은 변하여 갔지만 시계만은 옛 모습 그대로다. 주변뿐만 아니라 자기 자신은 얼마나 변한 것인가. 이십 대 홍안을 자랑하던 젊음은 어디로 사라진 것인지 머리카락도 반백이 넘었고 이마의 주름은 깊어만 간다. 일제 시대, 소련군 점령하의 감옥 생활, 6·25 사변, 38선, 미군 부대, 그동안 몇 차례의 아슬아슬한 죽음의 고비를 넘긴 것인가.

'월삼' 십칠 석.'

우여곡절 많은 세월 속에서 아직도 제 시간을 유지하는 것만도 신기하다. 시간을 보고는 습성처럼 째각째각 소리에 귀 기울이는 때의 그의 가느다란 눈매에는 흘러간 인생의 축도가 서리는 것이었고, 그 속에서는 각모(角帽)와 쓰메에리(목닫이) 학생복을 벗어버리고 **신사복**으로 갈아입던 그날의 감회를 더욱 새롭게 해 주는 충동을 금할 길 없는 것이었다.

(중략)

"아마 소련군이 들어오나 봐요. 모두들 야단법석이에요……."

숨을 헐레벌떡이며 이야기하는 혜숙의 말에 이인국 박사는 아무 대꾸도 없이 눈만 껌벅이며 도로 앉았다. 여러 날째 **라디오**에서 오늘 입성 예정이라고 했으니 인제 정말 오는가 보다 싶었다.

혜숙이 내려간 뒤에도 이인국 박사는 ㉢ 한참 동안 아무 거동도 못 하고 바깥쪽을 내려다보고만 있었다.

무엇을 생각했던지 그는 움찔 자리에서 일어났다. 그리고는 벽장문을 열었다. 안쪽에 손을 뻗쳐 액자틀을 끄집어내었다.

國語常用(국어*상용)의 家(가).

해방되던 날 떼어서 집어넣어 둔 것을 그동안 깜박 잊고 있었다. 그는 액자틀 뒤를 열어 음식점 면허장 같은 두터운 모조지를 빼어내어 ㉣ 글자 한 자도 제대로 남지 않게 손끝에 힘을 주어 꼼꼼히 찢었다.

이 종잇장 하나만 해도 일본인과의 교제에 있어서 얼마나 떳떳한 구실을 할 수 있었던 것인가. 야릇한 미련 같은 것이 섬광처럼 머릿속에 스쳐 갔다.

환자도 일본말 모르는 축은 거의 오는 일이 없었지만 대외 관계는 물론 집 안에서도 일체 일본말만을 써 왔다. 해방 뒤 부득이 써 오는 제 나라 말이 오히려 의사 표현에 어색함을 느낄 만큼 그에게는 거리가 먼 것이었다.

마누라의 솔선수범하는 내조지공도 컸지만 애들까지도 곧잘 지켜 주었기에 이 종잇장을 탄 것이 아니던가. 그것을 탄 날은 온 집안이 무슨 큰 경사나 난 것처럼 기뻐들 했었다.

"잠꼬대까지 국어로 할 정도가 아니면 이 영예로운 기회야 얻을 수 있겠소."

하던 국민총력연맹 지부장의 웃음 띤 치하 소리가 떠올랐다.

㉤ 그 순간 자기 자신은 아이들을 소학교부터 일본 학교에 보낸 것을 얼마나 다행으로 여겼던 것인가.

- 전광용, 「꺼삐딴 리」 -

*월삼 : 미국 시계 회사 '월섬'.
*국어 : 일본어를 가리킴.

LIBS _ 나 없이 **EBS** 풀지마라

01. 윗글의 서술상의 특징으로 가장 적절한 것은?

① 대화의 빈번한 사용을 통해 현장감을 높이고 있다.
② 인물 간의 대결 의식을 중심으로 사건을 전개하고 있다.
③ 역전적 시간 구성을 통해 인물의 과거 행적을 드러내고 있다.
④ 감각적인 수사를 반복적으로 사용하여 공간적 배경을 제시하고 있다.
⑤ 현학적인 표현을 사용하여 비판적인 지성인의 모습을 형상화하고 있다.

02. ㉠~㉤에 대한 설명으로 가장 적절한 것은?

① ㉠ : 사소한 일도 쉽게 지나치지 않는 빈틈없고 까다로운 인물임을 보여 준다.
② ㉡ : 다른 사람의 이익을 우선시하는 인물의 사려 깊은 자세를 보여 준다.
③ ㉢ : 일이 뜻대로 이루어진 기쁜 마음을 감춘 채 사태를 주시하는 주인공의 침착한 태도를 보여 준다.
④ ㉣ : 시류 변화에 적응하기 어려워 현실을 인정하지 않으려는 의지를 보여 준다.
⑤ ㉤ : 새로운 환경에 적응해야 하는 아이들을 염려하는 아버지의 자상한 모습을 보여 준다.

03. 〈보기〉를 참고하여 윗글을 이해한 내용으로 적절하지 <u>않은</u> 것은?

―――――〈보기〉―――――

　전광용의 「꺼삐딴 리」는 일제 강점기부터 6·25 한국전쟁 이후까지 격동기를 살아온 인물을 주인공으로 한다. 이 소설에 등장하는 소재들은 작품의 시·공간적 배경을 제시하거나 사건을 구성하는 과정에서 중요한 역할을 한다. 또한 독자에게 인물에 대한 부가 정보를 전달함으로써 작품 이해를 심화시키는 기능을 한다.

① '왕진 가방'은 38선을 넘어온 피란 유물로서 유랑 생활의 고단함과 고향에 대한 그리움의 의미를 형상화한 소재이다.
② 인생의 반려로 비유된 '시계'는 역사적 흐름을 한 인물의 삶에 담아 표현해 줄 수 있는 작품 구성의 주요한 장치이다.
③ '비상용 캐비닛'은 주인공의 성격을 형상화해 주는 소재로, 만일의 상황에 대비하는 주인공의 주도면밀함을 보여 주는 사물이다.
④ '신사복'은 주인공이 사회생활의 시작 단계에서 가졌던 희망찬 기대를 표상하는 소재이다.
⑤ '라디오'는 소련군의 입성이라는 시대적 상황을 전달하는 소재로, 주인공이 새롭게 직면하게 된 변화된 정세를 제시해 준다.

다음 글을 읽고 물음에 답하시오.

자동차 속에서 이인국 박사는 들고 나온 석간을 펼쳤다.

일 면의 제목을 대강 훑고 난 그는 신문을 뒤집어 꺾어 삼면으로 눈을 옮겼다.

　　　북한(北韓) 소련 유학생(蘇聯留學生) 서독(西獨)으로 탈출(脫出).

바둑돌 같은 굵은 활자의 제목. 왼편 전단을 차지한 외신 기사. 손바닥만한 사진까지 곁들여 있다.

그는 코허리에 내려온 안경을 올리면서 눈을 부릅떴다.

그의 시각은 활자 속을 헤치고, 머릿속에는 아들의 환상이 뒤엉켜 들어차 왔다. 아들을 모스크바로 유학시킨 것은 자기의 억지에서였던 것만 같았다.

출신 계급, 성분, 어디 하나나 부합될 조건이 있었단 말인가.

고급 중학을 졸업하고 의과대학에 입학된 바로 그해다.

이인국 박사는 그때나 지금이나 자기의 처세 방법에 대하여 절대적인 자신을 가지고 있다.

"얘, 너 그 노어 공부를 열심히 해라." / "왜요?"

아들은 갑자기 튀어나오는 아버지의 말에 의아를 느끼면서 반문했다.

"야 원식아, 별수없다. 왜정 때는 그래도 일본말이 출세를 하게 했고 이제는 노어가 또 판을 치지 않니. ㉠ <u>고기가 물을 떠나서 살 수 없는 바에야 그 물 속에서 살 방도를 궁리 해야지.</u> 아무튼 그 노서아말 꾸준히 해라."

아들은 아버지 말에 새삼스러이 자극을 받는 것 같진 않았다.

"내 나이로도 인제 이만큼 뜨네기 회화쯤은 할 수 있는데, 새파란 너희 낫세로야 그걸 못 하겠니." / "염려 마세요, 아버지……."

아들의 대답이 그에게는 믿음직스럽게 여겨졌다.

이인국 박사는 심각한 표정으로 말을 이었다.

"어디 코 큰 놈이라구 별것이겠니, 말 잘해서 진정이 통하기만 하면 그것들두 다 그렇지……."

[A]
이인국 박사는 끝내 스텐코프 소좌의 배경으로 요직에 있는 당 간부의 추천을 받아 아들의 소련 유학을 결정짓고야 말았다.

"여보, 보통으로 삽시다. 거저 표나지 않게 사는 것이 이런 세상에선 가장 편안할 것 같아요. 이제 겨우 죽을 고비를 면했는데 또 재까지 그 '높이 드는' 복판에 휘몰아 넣으면 어쩔라구……."

"가만있어요. ㉡ <u>호랑이두 굴에 가야 잡는 법이오.</u> 무슨 세상이 되든 할 대로 해봅시다."

"그래도 저 어린것을 어떻게 노서아까지 보낸단 말이오."

"아니, 중학교 애들도 가지 못해 골들을 싸매는데, 대학생 못 가 견딜라구." / "그래도 어디 앞일을 알겠소……."

"괜한 소리, 재가 소련 바람을 쏘이구 와야 내게 허튼 소리하는 놈들도 찍소리를 못 할 거요. 어디 보란 듯이 다시 한번 살아 봅시다."

아들의 출발을 앞두고 걱정하는 마누라를 우격다짐으로 무마시키고 그는 아들 유학을 관철하였다.

'흥, 혁명 유가족두 가기 힘든 구멍을 친일파 이인국의 아들이 뚫었으니 어디 두구 보자…….' 그는 만장의 기염을 토하며 혼자 중얼거리고는 희망에 찬 미소를 풍겼다. / 그 다음 해에 사변이 터졌다.

잘 있노라는 서신이 계속하여 왔지만 동란 후 후퇴할 때까지 소식은 두절된 대로였다.

마누라의 죽음은 외아들을 사지로 보낸 것 같은 수심에도 그 원인이 있

었다고 그는 생각하고 있다.

이인국 박사는 신문 다치키리* 속에 채워진 글자를 하나도 빼지 않고 다 훑어 내려갔다.

그러나 아들의 이름에 연관되는 사연은 한마디도 없었다.

'이 자식은 무얼 꾸물꾸물하느라고 이런 축에도 끼지 못한 담…… 사태를 판별하고 임기응변의 선수를 쓸 줄 알아야지, 멍추같이…….' 그는 신문을 포개어 되는 대로 말아 쥐었다.

'개천에서 용마가 난다는데 이건 제 애비만도 못한 자식이야…….' 그는 혀를 찍찍 갈겼다.

'어쩌면 가족이 월남한 것조차 모르고 주저하고 있는 것이나 아닐까. 아니 이제는 그쪽에도 소식이 가서 제게도 무언중의 압력이 퍼져갈 터인데…… 역시 고지식한 놈이 아무래도 모자라…….' 그는 자동차에서 내리자 건 가래침을 내뱉었다.

'독토오루(닥터) 리, 내가 책임지고 보장하겠소. 아들을 우리 조국 소련에 유학시키시오.' 스텐코프의 목소리가 고막에 와 부딪는 것만 같았다.

- 전광용, 「꺼삐딴 리」 -

*다치키리 : 신문의 조각 면을 가리키는 일본말.
*꺼삐딴 : '우두머리 또는 최고'라는 의미의 러시아어 '까삐딴'이 와전되어 표기된 말.

04. 윗글의 사건을 일어난 순서대로 정리할 때, 다음 중 가장 뒤에 올 것은?

① 이인국의 아내가 죽음.
② 이인국이 동란 후 월남함.
③ 이인국의 아들이 의대에 입학함.
④ 이인국의 아들이 소련으로 유학을 감.
⑤ 이인국이 자동차 안에서 신문을 읽음.

05. 〈보기〉의 선생님의 질문에 대한 대답으로 가장 적절한 것은?

〈보기〉

선생님 : 「꺼삐딴 리」는 서술의 초점이 극명하게 주인공에게 맞춰진 인물 소설이에요. 서술자는 다양한 방식으로 이인국이라는 인물의 부정적 속성을 형상화하면서 이를 통해 독자에게 바람직한 삶의 방식을 성찰하게 하고 있죠. 자, 그러면 이 글에서 서술자가 [A]를 통해 형상화하려는 부정적 속성은 무엇일까요?

① 불안정하고 예민한 정서
② 극단적이고 폭력적인 말투
③ 운명에 순응하는 체념적인 태도
④ 과거에 집착하는 고루한 가치관
⑤ 자기 중심적이고 출세 지향적인 성격

06. ㉠과 ㉡의 공통점으로 가장 적절한 것은?

① 시류 변화에 따른 대응 방식을 드러내고 있다.
② 비유적 표현을 통해 동일한 대상을 깨우치고 있다.
③ 미래의 삶에 대한 낙관적 전망과 확신을 드러내고 있다.
④ 세상을 살아가는 데 필요한 도덕적 가치를 부각하고 있다.
⑤ 자연물에 대한 관심을 통해 현실 비판 의식을 드러내고 있다.

STEP
01 지문 분석과 OX문제

나BS 수능특강 | **현대문학**

남자 : (이야기책을 낭독한다.) 옛날에, 옛날에 한 사기꾼이 살고 있었습니다. 그는 젊고 잘생겼으나 땡전 한 닢 없는 빈털터리였습니다. 어느 날 그는

외로워졌으므로 결혼하고 싶어졌습니다. 누구나 젊음의 한 시기엔 외로워지기 마련입니다. 그래서 그런지 누구나 결혼한다고들 합니다. 하지만 그 사

기꾼에겐 엄청난 고민이 있었습니다. 그 고민은 이렇습니다. <u>이 세상의 어떤 처녀가, 자기 같은 빈털터리 남자와 결혼해 줄 리 있겠습니까? 없습니</u>
결혼의 조건으로 경제적 가치를 중시했던 당시 시대상

다. 아무도 없다고 생각했습니다. 그래서 그런지 <u>그는 몹시 절망적인 기분이 들었습니다.</u> (중략) 마침내 <u>그 젊은 사기꾼의 소망은 이루어졌습니다.</u>
결혼을 원하지만, 가난한 자신의 형편으로는 결혼할 수 없을 것이라 생각함.　　　　　　　결혼하기 위해 물건을 빌려 부유한 척을 함.

「정원이 딸린 최고급 저택을 빌릴 수 있었으며, 모자와 넥타이, 호사스런 의복, 그리고 이 건장한 하인까지 빌렸던 것입니다. 단, 조건이 있었습니다.
「 」: 잠시 빌렸다가 되돌려 줌. → 작품의 핵심 주제

이 저택은 사십오 분 동안만 그가 주인이며 다음엔 되돌려 줘야 합니다.」 넥타이는 이십팔 분, 모자는 십구 분 오십 초, 그 밖에 다른 물건에도 제
　　　　　　　　　　　　　　　　　　　남자의 소유가 아니라 빌린 물건임.

각기 정해진 시간이 있었습니다. 그러나 젊은 사기꾼은 매우 만족했습니다. 그래서 즉시 여성 잡지를 뒤져 사교란에 주소를 낸 <u>여자에게 전보를 쳤</u>
　　　　　　　　　　　　　　결혼의 조건을 갖추었다고 생각하는 남자　　　　　　　　　　　　　　　맞선을 보기 위해 한 여자에게 연락함.

습니다. 여자로부터 즉각 답신이 왔습니다. 맞선을 볼 의향이 있다는 것입니다. 바로 그것은 이쪽이 바라는 바이기도 했습니다. (혼잣말처럼) 왜 아직

안 온담? (다시 책을 낭독한다.) 오겠다 약속한 시간이 벌써 지났습니다. (하인, 시계를 본 채 손가락 다섯 개를 펼친다.) 딱 오 분 지났습니다. 그는
이야기책 속 사기꾼의 상황과 남자의 반응을 중첩하여 두 사람이 동일인일 수 있음을 암시함.　　ㄴ 시간을 알리는 행위를 하는 하인. 이야기책과 관련된 약속된 오 분이 지났음을 알림.

초조해졌습니다. 책을 읽어 마음을 달래 보려 하였으나 <u>초조해지기만 했습니다.</u>
빌린 물건을 되돌려 주기까지 데 정해진 시간이 있기 때문임.

<u>하인, 아무 말 없이 책을 빼앗아 버린다.</u> 감정이 전혀 나타나지 않는 기계적인 동작이다. 이 극의 마지막까지 하인의 동작은 그러하다. 남자가 항의
이야기책도 빌린 것임이 드러남.　　　　　　　　　　　　　　　　　　　　　남자가 빌린 것들을 다시 가져가는 하인의 행위가 계속될 것을 예고함.

하려 하자 하인은 무뚝뚝하게 자기의 회중시계를 내밀어 보일 뿐이다. 그리고는 남자가 미처 수긍하기도 전에 돌아서더니 빼앗은 물건을 가지고 나간
약속된 시간에 맞추어 이야기책을 회수한 것임을 말없이 나타내고 있음.

다. 잠시 후, 하인은 돌아와서 남자 곁에 서서 <u>부동자세를 취한다.</u>
　　　　　　　　　　　　　　　　　딱딱하고 기계적인 느낌

남자 : 여봐, <u>자네는 인정사정도 없긴가?</u> / 하인 : (묵묵부답)
시간이 되면 예외 없이 빌린 것을 회수하는 행위에 대한 반응

남자 : 그래? 아 참, 자넨 말을 않는다며? 자네 주인께서도 그러시더군. "빌려는 드리지요. 하지만 아무것도 묻지는 마십시오. 이 하인은 절대 대답하지
　　　　　　　　　　　　　남자에게 물건을 빌려준 사람

않습니다." 난 그걸 잊을 뻔했네. 그러나저러나 웬일이야? (하인의 회중시계를 들여다본다.) 이제 십 분째 지나가구 있어. <u>황금 같은 내 인생이 이 꼴</u>
　　　　　　　　　　　　　　　　　　　　　　　　　　　　부자인 척하고 있는 현재를 자신의 황금기라고 칭하고 있는 남자

<u>로 그냥 허무하게 지나가다니 안타깝지 뭔가?</u>

남자, 어떻게 했으면 좋을지 모르겠다는 듯 낭패한 표정으로 관객석 사이를 어슬렁거리며 왔다 갔다 한다.

남자, 한 여성 관객에게 말을 건다. 언뜻 무슨 생각이 떠오르는 듯 미소를 짓고 있다.
관객의 몰입을 방해하는 낯설게 하기 기법

(중략)

여자 : 「왜 난폭한 하인을 그냥 두시죠? 당장 해고하세요. / 남자 : 하인은 아무 잘못도 없습니다.
『 』: 남자의 상황을 파악하지 못한 여자와 원래 빌린 물건들이기 때문에 하인의 행위가 당연한 의무라고 말하는 남자

여자 : 그냥 두시니까 자꾸 빼앗기잖아요. / 남자 : 빼앗기는 건 아닙니다. 내가 되돌려 주는 겁니다.」

여자 : 당신은 너무 착하셔요. / **남자** : 글쎄요. 내가 착한지 어쩐지는 잘 모르겠습니다만, 내 태도 하나만은 분명히 좋다구 봅니다. 이렇게 하나둘씩

되돌려 주면서도 당신에 대한 사랑은 줄어들지 않았습니다. 아니, 줄기는커녕 오히려 불어나고 있습니다. 아, 나의 천사님, 아니 덤이여! 「구두와 넥
물질적 가치에 대한 집착을 내려놓을수록 정신적 가치가 커지고 있음을 표현함.

타이와 모자와 자질구레한 소지품과 그리고 옷에 대해서 내 사랑은 분산되어 있었습니다. 그런데 지금은 어떤지 아십니까? 오로지 당신 하나에로만

모아지고 있는 겁니다!」 내 청혼을 받아 주지 않으시겠습니까?
「 」: 소유에 대한 집착, 물질적 조건에서 벗어나 사랑하는 대상에 집중하는 남자

하인, 돌아와서 두 남녀에게 우뚝 선다.

여자 : 어마, 또 왔어요! / **남자** : 염려 마십시오. 나도 이젠 그의 의무를 방해하지 않겠습니다.
빌린 물건을 소유하고 싶은 생각으로 흘러가는 시간에 초조해했던 마음에서 벗어남.

여자 : 그의 의무? 의무가 뭐죠? / **남자** : 내가 빌린 물건들을 이 하인은 주인에게 가져다주는 겁니다.

하인, 남자에게 봉투를 하나 내민다. / 남자는 봉투에서 쪽지를 꺼내 읽더니 아무 말 없이 여자에게 건네준다.

여자 : "나가라!" 나가라가 뭐예요? / **남자** : 네. 주인으로부터 온 경고문입니다. 시간이 다 지났으니 나가라는 거지요.
무대 공간인 최고급 저택은 남자가 주인에게 빌린 것임. 정해진 사십오 분이 지났으므로 돌려줘야 함.

여자 : 나가라…… 그럼 당신 것이 아니었어요? / **남자** : 내 것이라곤 없습니다.
남자가 지닌 물건이 빌린 것이라는 사실을 안 여자

여자 : (충격을 받는다.)

남자 : 모두 빌린 것들뿐이었지요. 『저기 두둥실 떠 있는 달님도, 저 은빛의 구름도, 이 하늬바람도, 그리고 어쩌면 여기 있는 나마저도, 또 당신마저
『 』: 빌린 대상을 물건에서 자연물, 인간으로 확대함. → 소유와 시간의 문제를 삶의 본질적 문제로 확대하고 있음.

　도…… (미소를 짓고) 잠시 빌린 겁니다.』

여자 : 잠시 빌렸다고요? / **남자** : 네. 그렇습니다.

하인, 엄청나게 큰 구두 한 짝을 가져오더니 주저앉아 자기 발에 신는다. 그 구둣발로 차 낼 듯한 험악한 분위기가 조성된다.
하인이 남자를 추방하기 위해 사용하는 소품　　　　　　　　　　인정사정 없는 모습

남자 : 결혼해 주십시오. 당신을 빌린 동안에 오직 사랑만을 하겠습니다.
소유의 무상함을 나타냄.　　↳ 여자를 향한 자신의 진심을 고백하는 남자

OX문제

01　남자가 호사스러운 물건을 빌린 것은 결혼을 하기 위해서 한 행동이다.　　　　　　　　　　　　　(O / X)

02　관객에게 말을 건네는 방식으로 무대와 객석의 경계를 허물고 있다. [2006학년도 9월]　　　　　　　(O / X)

03　공간이 바뀌면서 서사적 긴장감이 고조되고 있다. [2013학년도 6월]　　　　　　　　　　　　　　　(O / X)

04　여자는 남자가 가진 것이 없다는 사실을 알고 남자에게 쌀쌀한 태도를 보이고 있다.　　　　　　　　(O / X)

05　하인은 자신이 빌려준 물건을 되돌려 받기 위해 큰 구두를 신고 남자를 위협하였다.　　　　　　　　(O / X)

STEP 02 작품 해제

01 | 주제

소유의 본질과 진정한 사랑의 의미

02 | 특징

① 감성이 아닌 이성에 호소하는 서사극
② 관객을 극중으로 끌어들이며 인물과 관객의 소통이 이루어짐.
③ 이야기책의 내용을 극중 현실로 바꾸는 기법을 사용함.

03 | 작품 해제

이 작품은 어떤 남자가 결혼을 하게 되기까지의 과정을 담은 단막의 희곡이다. 이 작품은 특별한 무대 장치가 없으며, 관객들의 소지품을 소품으로 활용하고 상연 중 관객에게 직접 말을 걸어 참여시키는 등 다양한 실험적 기법을 사용하는 것을 특징으로 한다. 이를 통해 현대의 물질 만능주의 시대를 비판, 풍자하였으며 세상의 모든 것은 결국 '빌린 것'이라는 설정으로 현대인들이 진정한 소유의 의미와 삶의 본질, 사랑의 가치 등을 생각해 보게 한다.

04 | 등장인물

- 남자 : 작품의 주인공이면서, 자신이 읽고 있는 이야기책 속의 주인공. 여자에게 자신이 소유한 물건을 과시하여 마음을 얻으려고 함. 하지만 그 물건은 관객에게서 빌린 것으로, 자신을 거짓 치장하여 여자를 속인 것임. 결국 돌려줄 시간이 되어 모든 것을 다 뺏긴 후 소유의 본질을 깨달음. 그 후 사랑의 진심과 소유의 무상함을 말하며 여자에게 청혼함.
- 여자 : 맞선을 보러 나온 여자로, 처음에는 부유해 보이는 남자의 구애에 마음을 빼앗김. 그러나 시간이 지나면서 하인에게 물건을 빼앗기고 빈털터리가 된 남자를 떠나려고 함. 처음에는 결혼의 조건으로 물질을 중시하는 경향을 보이지만, 남자의 설득으로 진정한 사랑에 눈을 뜨고 결혼을 받아들임.
- 하인 : 한 마디의 대사도 하지 않으면서 남자가 빌려간 대여 시간이 끝난 물건들을 하나씩 회수하는 인물. 하인은 남자가 빌린 물건을 돌려줄 시간이 되면 냉정하고 기계적인 태도로 그 물건들을 빼앗아 감. 그 과정에서 남자와 희극적 갈등을 일으키기도 하고, 관객에게 소도구를 빌려 오는 역할도 함.

05 | 상세 줄거리

한 사기꾼 남자가 외로움을 느껴 결혼을 하려고 한다. 남자는 너무 가난했기에 결혼하기 위해서는 물질적인 것들이 필요하다고 생각하고 모든 것을 빌린 후 여자와 맞선을 본다. 남자는 맞선 본 여자를 사랑하게 되고 빌린 물건들을 마치 자기 것인 양 여자에게 과시하며 자랑한다. 그런데 갑자기 하인이 나타나 남자가 빌린 물건을 대여 시간이 다 되었다며 하나씩 다시 빼앗아 가기 시작한다. 남자가 자신을 속였다는 사실을 알게 된 여자는 남자를 떠나려 하고, 남자는 소유의 본질과 진정한 사랑이 무엇인지에 대해 말하며 진심을 다해 여자를 설득한다. 여자는 동정심을 느끼면서 남자를 믿게 되고 남자의 청혼을 받아들여 둘은 결혼하러 간다.

작품에 나타난 시간의 흐름

「결혼」은 이강백의 희곡 중에서 물리적 시간의 폭력성을 가장 단순하고 극명하게 보여준 작품이다. 작품에서는 시계로 측정되는 물리적 시간이 극을 이끌어가는 기본 축으로 설정되고, 시간에 따른 경험이 극의 구조를 이루게 된다. 희곡의 시간은 시대적 시간 / 허구실연적 시간 / 실제 상연시간의 세 층위로 나눌 수 있는데, 「결혼」은 허구실연적 시간과 실제 상연시간이 일치하는 희곡이다. 허구실연적 시간은 희곡 텍스트에서 진행되는 시간으로, 이 작품에서는 무대로 설정된 저택을 빌린 45분간의 시간을 의미한다. 실제 상연시간은 실제 무대에 상연되는 연극의 길이를 의미하는데, 「결혼」에서는 45분간 빌린 저택에서 주인공이 쫓겨나는 순간 연극이 끝난다. 그러므로 이 작품은 고전극에서 흔히 보이는 상연시간과 허구실연적 시간의 일치를 보여준다. 이러한 시간의 단일성은 극에서 가능한 행동과 장소를 제한하여 극의 위기감을 극대화한다. 작품에서 사건의 순서는 정해진 시간에 빌린 물건을 돌려주는 순서이다. 「결혼」은 시간을 눈에 보이는 사물로 치환하여, 종국에는 시간의 실체로 형상화된 오브제(남자가 빌린 물건들)를 다시 가져가는 방식으로 모든 것을 박탈해 가는 시간의 폭력성을 드러낸다.

극중극 구조

이 작품은 극 안에 또 다른 극이 삽입된 '극중극'의 형식으로 구성되어 있다. 「결혼」에서 외부극은 이야기꾼이 이야기책을 읽어주는 상황이다. 이야기꾼이 읽어주는 이야기책의 내용은 외부극 안에 삽입된 내부극으로 재현되는데, 이때 외부극에서 이야기를 들려주던 이야기꾼이 내부극의 남자로 전환된다. 이처럼 외부극에서 내부극으로 전환되는 과정에서 인물이 두 극 사이를 넘나들면서 작품은 극중극의 이중적인 층위를 직접 관객에게 보여주게 된다. 이처럼 이중적 층위가 직접 전달되면 현실과 허구의 경계가 무너지게 된다. 「결혼」에서 외부극은 현실에, 내부극은 허구에 대응하는데, 인물이 두 극 사이를 넘나들면 둘 간의 경계를 허물어지기 때문이다. 이때 관객은 현실과 허구가 구분되지 않는 무대를 보며 연극이 재현된 현실이 아닌 환상의 놀이임을 깨닫게 된다. 그리고 관객들은 현실과 허구가 구분되지 않는 극의 상황을 통해, 몰입이 방해되고 감성이 아닌 이성을 통해 연극을 통해 말하고자 하는 것을 생각하게 된다.

「결혼」은 현실과 허구의 경계를 허무는 극중극 구조의 효과를 관객이 있는 객석에까지 확장한다. 내부극의 주인공인 남자는 자신이 필요한 물건을 얻기 위해 객석으로 가 관객에게 물건을 빌려온다. 극중 인물인 남자가 무대와 객석의 경계를 넘나들게 되면서 무대가 허구에, 객석이 현실에 대응하는 관계가 깨지게 된다. 그렇게 작품은 현실과 허구의 경계를 허물어버린다. 이때 무대와 객석의 경계가 허물어지면서 관객은 작품 속 상황을 자신의 상황에 이입하게 된다. 그리고 이러한 관객들의 이입은 관객들에게 던지는 남자의 대사를 통해 강화된다. 이처럼 작품은 외부극과 내부극의 경계, 그리고 무대와 객석의 구분을 허물면서, 현실과 허구의 경계를 해체하고, 작품의 주제의식을 관객들이 능동적으로 생각하도록 유도하고 있다.

다음 글을 읽고 물음에 답하시오.

남자 : 마침내 그 젊은 사기꾼의 소망은 이루어졌습니다. 정원이 있는 최고급 저택, 모자와 넥타이, 호사스러운 의복, 그리고 이 건장한 하인까지 빌렸던 것입니다. 단, 조건이 있었습니다. 이 저택은 사십오 분 동안만 그가 주인이며 다음엔 되돌려 줘야 합니다. 넥타이는 이십팔 분, 모자는 십구 분 오십 초, 그 밖에 다른 물건에도 제각기 정해진 시간이 있었습니다. 그러나 젊은 사기꾼은 매우 만족했습니다. 그래서 즉시 여성 잡지를 뒤져 사교란에 주소를 낸 여자에게 전보를 쳤습니다. 여자로부터 즉각 답신이 왔습니다. 맞선을 볼 의향이 있다는 것입니다. 바로 그것은 이쪽이 바라는 바이기도 했습니다. (혼잣말처럼) 왜 아직 안 온담? (다시 책을 낭독한다.) 오겠다 약속한 시간이 벌써 지났습니다. (하인, 시계를 본 채 손가락 다섯 개를 펼친다.) 딱 오 분 지났습니다. 그는 초조해졌습니다. 책을 읽어 마음을 달래 보려 하였으나 초조해지기만 했습니다.

(ⓐ <u>하인, 아무 말 없이 책을 빼앗아 버린다.</u> 감정이 전혀 나타나지 않는 사무적인 동작이다. ⓑ <u>남자가 항의하려 하자 하인은 무뚝뚝하게 자기의 회중시계를 내밀어 보일 뿐이다.</u> 그러고는 남자가 미처 수긍하기도 전에 돌아서더니 빼앗은 물건을 가지고 나간다. 잠시 후, 하인은 돌아와서 남자 곁에 서서 부동자세를 취한다.)

(중략)

┌ 여자 : (악의적인 느낌이 없이) 당신은 사기꾼이에요.
│ 남자 : 그래요, 난 사기꾼입니다. 이 세상 것을 잠시 빌렸었죠. 그리고
│　　　시간이 되니까 하나 둘씩 되돌려 줘야 했습니다. 이제 난 본색이
│　　　드러나 이렇게 빈털터리입니다. 그러나 덤, 여기 있는 사람들에게
│　　　물어봐요. 누구 하나 자신 있게 이건 내 것이다, 말할 수 있는가를.
[A]　　아무도 없을 겁니다. 없다니까요. 모두들 덤으로 빌렸지요. 언제까
│　　　지나 영원한 것이 아닌, 잠시 빌려 가진 거예요. (누구든 관객석의
│　　　사람을 붙들고 그가 가지고 있는 물건을 가리키며) 이게 당신 겁니
│　　　까? 정해진 시간이 얼마지요? 잘 아꼈다가 그 시간이 되면 돌려주
└　　　십시오. 덤, 이젠 알겠어요?

(ⓒ <u>여자, 얼굴을 외면한 채 걸어 나간다.</u> 하인, 서서히 그 무서운 구둣발을 이끌고 남자에게 다가온다. 남자는 뒷걸음질을 친다. 그는 마지막으로 절규하듯이 여자에게 말한다.)

남자 : 덤, 난 가진 것 하나 없습니다. 모두 빌렸던 겁니다. 그런데 덤, 당신은 어떻습니까? 당신이 가진 건 뭡니까? 무엇이 정말 당신 겁니까? (ⓓ <u>넥타이를 빌렸던 남성 관객에게</u>) 내 말을 들어 보시오. 그럼 당신은 나를 이해할 거요. 내가 당신에게서 넥타이를 빌렸을 때, 그때 내가 당신 물건을 어떻게 다뤘소? 마구 험하게 했소? 어디 망가뜨렸소? 아니요, 그렇진 않았습니다. 오히려 빌렸던 것이니까 소중하게 아꼈다간 되돌려 드렸지요. 덤, 당신은 내 말을 듣고 있어요? 여기 증인이 있습니다. 이 증인 앞에서 약속하지만, 내가 이 세상에서 덤 당신을 빌리는 동안에, 아끼고, 사랑하고, 그랬다가 언젠가 끝나는 그 시간이 되면 공손

하게 되돌려 줄 테요. 덤! 내 인생에서 당신은 나의 소중한 덤입니다. 덤! 덤! 덤!

(남자, 하인의 구둣발에 걸어차인다. ⓔ <u>여자, 더 이상 참을 수 없다는 듯 다급하게 되돌아와서 남자를 부축해 일으키고 포옹한다.</u>)

- 이강백, 「결혼」 -

01. [A]를 참고하여 ⓐ~ⓔ을 감상한 내용으로 적절하지 <u>않은</u> 것은?

① ⓐ : 우리 삶의 모든 것이 빌린 것이며 정해진 시간이 되면 되돌려 줘야 하는 것임을 보여 주는군.
② ⓑ : 누구도 물건을 영원히 소유할 수 없음을 상기시키고 있군.
③ ⓒ : 남자가 소유한 모든 것이 사실은 빌린 것이라는 말을 듣고도 그 말을 거짓이라 생각하여 받아들이려 하지 않는군.
④ ⓓ : 자신이 빌린 것을 소중히 아끼듯이 여자도 아끼고 사랑하겠다는 마음을 여자에게 전하는 데에 관객을 증인으로 삼고 있군.
⑤ ⓔ : 하인의 폭력적인 행동에 무기력하게 당하는 남자를 외면하지 않음으로써 빈털터리가 된 남자에 대한 연민을 드러내는군.

02. <보기>를 바탕으로 윗글을 이해한 내용으로 적절하지 <u>않은</u> 것은?

───────〈보기〉───────

　　일반적으로 희곡은 무대화를 전제로 창작된다. 작가는 무대의 제약을 고려하여 관객의 눈앞에 드러나는 무대 공간을 중심으로 극중 사건을 전개하고 무대 위에서 보여 줄 수 없거나 보여 주지 않아도 되는 사건은 무대 밖의 공간에서 일어나는 것으로 처리한다. 인물의 등퇴장은 이 두 공간을 연결하여 무대 공간에서의 사건 전개에 영향을 미친다. 현대극에서는 무대 공간과 관객석의 경계를 허물고 관객석까지 무대 공간으로 설정하여 표현하는 경우도 있다.

① 남자가 여자에게 전보를 치는 행동은 현재의 무대 공간에서 인물의 대사를 통해서 제시된다.
② 하인의 등퇴장은 남자가 빌린 물건들이 하나 둘씩 없어지는 사실과 결부되어 남자의 초조함을 고조시킨다.
③ 무대 공간을 벗어난 하인이 잠시 후 되돌아오는 것은 무대에서 보여 주지 않는 공간이 있음을 알려 준다.
④ 남자는 관객들을 극중 사건 진행으로 끌어 들임으로써 관객석과 무대 공간의 경계를 허문다.
⑤ 남자와 하인만 있던 무대 공간에 여자가 등장함으로써 사건의 전개에 영향을 미쳐 남자와 하인 사이에 조성된 갈등이 해소된다.

STEP
01 │ 지문 분석과 OX문제

ⅡBS 수능특강 │ 현대문학

[앞부분 줄거리] 어른들은 '나'를 아들이 없는 당숙의 양자로 들이고, 당숙 내외는 '나'에게 학비, 옷, 용돈 등을 보내며 지극한 정성을 쏟는다.
　　　　　　　　　아버지의 사촌 형제　　　　　'나'를 양자로 들였지만, '나'는 친부모 밑에서 살고, 물질적인 도움만 받았음을 알 수 있음.

그러다 결정적으로 나빴던 건 어느 토요일 오후, 하굣길에서의 일이었다. 남대천에서 모래를 퍼 실어 나르다 길옆 버드나무 그늘 아래 마차를 세우
　　　　　　　　　　　　　　　　　　　강원도에 있는 강
고 다른 마부들과 함께 담배를 피우며 땀을 들이던 당숙이 같은 반의 다른 동무들과 함께 둑길을 걸어오는 나를 보았던 것이었다. 내가 고개를 팍 꺾
　　　　　당숙의 직업은 마부임.
고 가면 그런 내 모습이 마음에 언짢더라도 못 본 척해야 되는데 그날은 웬일인지 그 자리에서 당숙이 나를 붙잡았다. 어쩌면 다른 마부들 앞에서 뭔
　　　'나'는 당숙을 부끄러워하고 외면함.
가 낯을 내고 싶었던 것인지도 모른다.
자식이 없었으나 새로 자식이 생기자, 당숙은 이를 자랑하고 싶었음.
　"학교 마치고 오나?" / "야."

나는 친구들 앞에서 쥐구멍에라도 들어가고 싶은 마음이었다.

　"점심은 먹은?" / "토요일이잖아요."
　강원도 지방의 사투리
　"가마이 있어 봐라. 그래도 뭘 먹고 가야제. 안 봤다면 몰라두……."

그러면서 당숙은 품에서 빳빳한 100원짜리 한 장을 꺼내 주었다. 나는 고맙다는 생각보다는 그 자리에서 얼른 벗어날 생각으로 돈을 받았다.
학생에게는 큰 금액을 새 돈으로 준비했다는 것에서 '나'를 향한 당숙의 애정을 느낄 수 있음.
　"어이, 은별이, 갸는 누구야?"
당숙이 기르던 노새의 이름. 마부들은 서로 본명을 부르지 않고, 그 사람이 기르는 노새의 이름으로 부름.
　당숙보다 대여섯 살쯤은 아래로 보이는 다른 마부가 당숙에게 물었다. 당숙 말고는 대부분 말만 끄는 사람들이었다. 그들은 서로의 호칭도 얼룩이,

점박이, 하는 식으로 노새의 이름으로 불렀다. 훗날 어이, 몇 호, 몇 호, 하고 자동차 끝 번호 두 자리를 이름 대신으로 부르던 택시 회사 사람들을 본
　　　　당나귀를 닮은 말과의 포유류
적이 있지만, 사람 이름을 은별이, 점박이, 하고 노새 이름으로 부르던 것도 내게는 낯선 일이었다.

　"장래 우리 집 대주시다."
　　　　한집안의 주인 = 호주
　"대주라니?"

　"우리 맏상주라구."
자신이 죽으면 상주를 시킬 맏아들이란 뜻임.
　당숙은 보란 듯이 내 모자를 바로 씌어 주면서 말했다.

　"뭐야, 그렇게 큰 아들이 있었단 말이야?"

아들 소리를 듣자마자 갑자기 눈앞이 아득해져 오는 느낌에 나는 손에 들고 있던 돈을 당숙에게 도로 내밀었다. 대주니, 맏상주니 하는 말을 할 때

만 해도 얼른 그 자리를 벗어나야겠다는 생각만 했는데 이제 동무들 앞에서 노새를 끄는 마부의 아들 소리까지 나온 것이었다. 아이들은 이제 대번에
　　　　　　　　　　　　　　'나'가 당숙을 부끄러워하는 이유. '나'는 당숙이 노새를 끄는 마부라서 그를 부정하게 됨.
그 사람 느 아버지냐, 하고 물을 것이었다.

　"뭘 사먹고 가라니까."
　　　　　　'양자'의 방언
　"싫어요. 나 이제 아재 양재 안 해요!"

「나는 기어이 그 돈을 당숙 앞에 던지고 냅다 가방을 옆구리에 끼고 뛰었다. 뒤에 다른 마부들 앞에 당숙이 어떤 얼굴이 되었을까는 생각할 틈도 없었다. 당장 동무들 앞의 내 얼굴이 문제였다. 정말 그것만은 감추고 싶었고, 감추어 왔던 일이었다. 나는 동무들에게 먼 친척 아저씨인데 아들이 없으니까 분수를 모르고 나한테 찝쩍거리는 거라고 말했다. 그러니 우리 동네 애들한테도 물어보라고. 내가 어느 집에 누구하고 살고 우리 아버지가 말을 끄는 사람인지 아닌지…….」　　　　「　」: 어려서 철이 없던 '나'는 당숙의 기분은 고려하지 않고, 그를 부정하며 심한 말을 함.

『아마 그 일이 있고 나서였을 것이다. 처음엔 밤마다 술에 취해 마차를 끌고 들어오던 당숙이 어느 날 집을 나간 다음 한 달이 되고 두 달이 되고 방학의 반이 지나 세 달이 되도록 집에 들어오지 않는 것이었다. 처음엔 집안 어른들도 무슨 일인가 몰랐다가 당숙모가 당숙이 떠나기 전의 일들을 얘기해 모두 그 일을 알게 되었다.

당숙의 아내

"집 나가기 전에 술을 잔뜩 먹고 와 그런 말을 하잖우. 어디 가서 여자를 사서라도 애 하나를 낳아 와야겠다구. 그러면서 또 나한테 그러잖우. 내가 오죽하면 아 못 낳는 자네 가슴에 못 지를 말을 하고 있겠느냐구, 그러면서 대구 울구…….』
『　』: 당숙은 '나'의 행동에 큰 상처를 받음. 당숙은 '나'가 양자이기 때문에 자신을 부정하는 것인지 고민함.

(중략)

"그러믄 나두 니한테 뭐 물어봐두 되겐?" / "야."

"니 아버지 어머이가 이렇게 해서 날 데리구 오라구 시키든?"

"데리고 오라고 시키긴 했는데, 이렇게 데리고 오라고 시키지는 않았어요."

친부모의 명령에 따라 '나'는 집 나간 당숙을 데리러 감.

「"날 아부제라고 부르라구 시킨 것두 아니구?" / "야."」
　　　　　　　　　　　　　　　　　　「　」: (중략)된 장면에서 '나'가 당숙을 '아부제'라고 불렀음을 추측할 수 있음.
　　　　　　　　　　　　　　　　　　친아버지가 살아 있으므로 '나'는 차마 당숙을 '아버지'라고는 부르지 못하고,
"그럼, 니가 니 마음우루다 부른 말인?" / "야, 아부제."　'아부지'와 '아재'를 결합한 말인 '아부제'로 부르기로 타협함.

『"그러믄 하나 더 물어두 되겐?" / "야."

"니 내가 말 끄는 게 싫은?" / "……."　　　『　』: 당숙은 주저하며 '나'에게 자신의 직업이 싫은지 물어봤으나, '나'가 차마 대답하지 못했다는 점에서 여전히
　　　　　　　　　　　　　　　　　당숙의 직업을 받아들이지 못했음을 알 수 있음. '나'에게 조심스러운 당숙은 다시는 이 질문을 하지 않음.
그 말만은 대답하지 못했다. 아부제도 그 말을 두 번 묻지 않았다.』
서술자인 '나'의 지칭이 '당숙'에서 '아부제'로 바뀜. 호칭뿐만이 아니라 지칭에서도 '아부제'라고 부른다는 점에서 '나'가 당숙을 진심으로 받아들였음을 알 수 있음.
"아부제." / "어."

"나 내려가면 이제 아부제 집에 가서 살려구 해요."

"우리 집에?" / "야."

"어른들이 그렇게 하라구 시키든?" / "아뇨. 지 마음으로요."

"니 마음으로?" / "야. 그래서 올라올 때 하생골 어머이한테 내 방 하나 치워 놓으라고 했어요."
　　　　　'하생골'은 당숙 내외가 사는 집임. 당숙모를 '어머이'라고 부르는 점에서 당숙모 또한 어머니로 받아들였음을 알 수 있음.
"수호야." / "야."
'나(주인공)'의 이름
"아부제는 고맙다. 무슨 말인 줄 알제?" / "야."

"그래, 내려가믄 나두 이 짐승 치우지 뭐. 니 싫어하는 걸 계속할 게 뭐 있겐." / "……."

"허, 이눔이 말귀 알아듣나. 절 치운다니까 대가리를 흔들게."

"안 치워도 나 아부제 집에 가 살아요……."

"그래, 치우지 뭐. 치울 거야. 이제 이거 힘두 제대로 못 써 사람 망신시키는 거. 늙어서 고집두 늘구……."

그날 아부제와 나는 온 하늘과 온 산이 붉게 동틀 무렵 하생골 집에 닿았다.
당숙이 집을 나가서 머물던 곳은 봉평이었음. '나'와 당숙은 봉평의 밤길을 걸음. 이 장면은 「메밀꽃 필 무렵」에서 모티프를 따온 것임.

「그러나 그날 밤길에도 그랬고, 먼저 살던 집에서 아부제 집으로 살림을 옮기듯 책상과 책가방, 입던 옷가지들과 내가 쓰던 물건들을 옮겨 온 후에도 끝내 말과는, 그리고 아부제가 그것을 끄는 것과는 화해가 되지 않았다. 예전보다 덜 부끄럽다고 해도 그랬다. 그때 나는 중학교 1학년이었고, 동네에서 아이들과 싸우다가도 '노새집 양재 새끼'라는 말을 들으면 그 말을 이 세상에서 가장 심한 욕으로 느끼던 열세 살의 소년이었다.」
「　」: 사춘기였던 '나'는 끝내 당숙의 직업과 노새를 받아들이지 못함.

그 말은 내가 중학교 3학년일 때까지 집에 있었다. 내가 저를 핍박하고 서러움 줄 때 그는 이미 늙어 있었다. 그가 죽던 마지막 모습도 그랬다. 말
당숙은 노새를 치워버리겠다는 '나'와의 약속을 지키지 않았음.
굽을 박았는데도 공사장에서 벽돌을 내릴 때 땅에서 바로 선 대못을 밟아 오른쪽 앞다리부터 못 쓰게 되더니 한 해 겨울을 한쪽 다리를 늘 구부린 채 서서 앓다가 어느 날 배를 땅에 대고 만 것이었다. 알리지 않았는데도 어떻게 알고 시내의 마부들이 마차를 끌고 와 죽은 그를 싣고 내려갔다. 아부제는 따라가지 않았다. 『마부들이 그럼 저녁때 고기라도 보낼까, 하고 묻자 아부제는 그러지 말라고 했다. 작은할아버지가 돌아가신 이후 그날 처음으로
당숙의 친아버지
나는 남몰래 감추는 아부제의 눈물을 보았다.』 『　』: 아버지가 돌아가실 때나 울었던 당숙이 노새가 죽자 울었다는 것은 노새가 당숙에게 가축 이상의 의미, 즉 가족 같은 존재였음을 뜻함. 마부들의 말에서 그들이 죽은 노새 고기를 먹었음을 알 수 있는데, 당숙은 노새를 가족이라고 생각했으므로 그의 고기를 먹는 것은 상상도 할 수 없는 일임. 당숙이 노새를 치우겠다는 약속을 지키지 못한 이유를 알 수 있음.

「한 지붕 아래에서 사는 동안 그는 내게 참으로 많은 설움과 눈총과 미움을 받았다. 내가 누리는 것 모든 것이 그의 등에서 나왔는데도 그랬다. 아마 그가 죽어 정말 하늘의 은별이 되었다 해도 나는 앞으로도 말에 대해 자유롭지 못하고, 그에 대해 자유롭지 못할 것이다.」
당숙이 기르던 노새의 이름이자, 당숙의 별명임. 또한 '하늘의 별'이라는 중의적 의미로도 이해할 수 있음.

「　」: '그'가 당숙을 가리키는지, 노새를 가리키는지 다소 불분명함. 이는 당숙과 노새가 동일시되는 존재이며, 노새는 당숙의 분신과도 같은 존재였음을 의미함. '나'가 끝까지 당숙을 '아버지'가 아닌 '아부제'라고 불렀다는 점에서 '나'는 마음 깊은 곳에서는 그를 끝내 인정하지 못했음을 알 수 있음. '나'가 당숙에게 설움과 눈총과 미움을 준 것도 바로 그 때문임. '나'는 당숙의 아들이지만, 친자식이 아니기 때문에 당숙 또한 끝내 '나'의 눈치를 봄. 그에 대해 자유롭지 못하다는 것은, '나'가 당숙과 노새에게 미안함과 죄책감을 느끼고 있다는 뜻임.

OX문제

01 작중 인물의 회상을 통해 과거와 현재를 연결하고 있다.　　　　　　　　　　　(O / X)

02 당숙은 '나'가 자신을 '아부제'라고 부르자 집으로 돌아가 가정을 지키기로 마음먹고 있다.　(O / X)

03 당숙은 자신이 없는 동안 혼자 지냈을 부인에게 미안함을 느끼고 있다.　　　　　　(O / X)

04 '나'는 당숙과 함께 노새 또한 받아들이게 되었다.　　　　　　　　　　　　(O / X)

05 서술의 초점을 다양한 인물로 옮겨 가며 갈등을 다각적으로 조명하고 있다. [2018학년도 9월]　(O / X)

STEP 02 작품 해제

01 | 주제

갈등과 화해를 통한 내적 성숙의 과정

02 | 특징

① 이효석의 「메밀꽃 필 무렵」을 패러디한 작품임.
② 액자식 구성으로, 현재에서 과거를 회상하는 형식을 취하고 있음.
③ 강원도라는 공간적 배경과 사투리를 통해 낭만적이고 향토적인 분위기를 드러냄.

03 | 작품 해제

이 작품은 이효석의 「메밀꽃 필 무렵」을 패러디한 소설이다. 주인공 이수호가 겪은 유년의 경험을 통해 자아 성장의 과정을 보여 주고 있다. 어린 시절 수호는 어른들의 일방적인 결정으로 양자가 되지만 '노새 아비'라 불리는 당숙의 양자가 되는 것을 치욕스럽게 생각하여 이를 거부한다. 결국 당숙을 '아부제'라 부르게 되고 양자로 들어가지만 '아부제'는 아버지(아버지)와 아재(아저씨)를 결합한 말이므로 근본적으로 관계를 인정한 것이라기보다는 타협에 해당한다. 원작인 「메밀꽃 필 무렵」의 분위기와 향수를 살리면서도 원작과 달리 혈육의 정을 다루는 것이 아니라 인위적으로 양부와 양자의 관계를 맺는 과정에서 느끼는 갈등을 통해 더 끈끈하고 애달픈 양부의 사랑을 전하고 있다.

04 | 등장인물

- '나' : 친부모가 있지만, 어른들의 의지로 인해 당숙에게 입양됨. 처음에는 양아버지를 부정하였으나, 그를 '아부제'라 부르며 화해함.
- 당숙 : 대를 잇기 위해 오촌 조카를 입양할 정도로 예전의 사고방식을 가진 인물이라 평가할 수 있음. 노새를 자신의 분신처럼 여기는 인물임. 마부라는 직업 때문에 양아들인 '나'의 부끄러움을 삼.

05 | 상세 줄거리

'나'는 소설 「메밀꽃 필 무렵」에 대한 원고를 써 달라는 청탁을 받지만 내켜 하지 않는다. 어린 시절과 관련되어 있기 때문이다. 어린 시절 '나'는 '은별'이란 이름의 노새를 끄는 당숙의 양자가 된다. 자식이 없는 당숙은 '나'를 자랑스러워하며 정성을 기울이지만 '나'는 노새를 끄는 당숙을 부끄러워하며 양자인 것을 받아들일 수 없어 한다. 당숙은 자식 없는 설움에 집을 나가고 '나'는 봉평까지 찾아가서 당숙을 만나 '아부제'라고 부른다. 함께 노새를 끌고 메밀꽃이 핀 밤길을 걸어 돌아오면서 많은 대화를 주고받은 '나'는 이후 당숙의 집에 거하며 양자로 살게 되지만 노새는 받아들이지 못한다. '나'가 중학교 3학년이 되었을 때 노새는 다리를 못 쓰게 되어 앓다가 죽게 되는데, 그때 '나'는 작은할아버지가 돌아가신 이후 처음으로 울고 있는 당숙을 본다.

패러디 소설의 새로운 가능성

이순원의 「말을 찾아서」는 주인공 이수호와 당숙 사이의 양부 양자의 관계를 다루고 있는 소설이다. 소설가인 수호는 어린 시절에 자식이 없는 당숙의 집에 양자로 가게 되는데, 그 과정이 순탄하지 않다. 그는, 처음에 양자로 가는 것을 강하게 거부하지만 당숙의 마음을 이해하게 되어, 결국 그것을 수락하게 된다. 이 소설은, 이러한 과정에서 드러나는 수호와 당숙의 심리를 섬세하게 그리고 있다. 여기서 핵심이 되는 문제는, 자식을 갈구하는 당숙의 마음이 얼마나 간절한가 하는 점과 그러한 당숙의 마음을 깊이 이해하게 되는 수호의 심리적 과정이다.

이 소설은 그 자체로도 완성도 높은 작품이라고 할 수 있지만, 이효석의 「메밀꽃 필 무렵」과 겹쳐서 볼 때 더욱 풍부한 의미를 드러낸다. 「말을 찾아서」는 「메밀꽃 필 무렵」과 제목도 판이하며 내용도 전혀 다르지만, 두 가지 문학적 장치를 통해서 「메밀꽃 필 무렵」과 깊은 내적 관계를 유지하고 있다. 그것은 첫째 「메밀꽃 필 무렵」 / 「말을 찾아서」의 '나귀 / 노새 혹은 말'이며, 둘째 봉평에서 대화로 가는 80리 산길과 그 길의 달밤 분위기이다. 하지만 이러한 장치들이 두 작품 사이에서 정확히 대응되는 것이 아니며, 또한 두 작품을 직접적으로 매개하는 것도 아니다. 이러한 장치들은 서로 깊은 연관 관계를 이루면서도 잘 맞물려 있기보다는 약간씩 어긋나며 빗겨 있다.

「말을 찾아서」가 「메밀꽃 필 무렵」을 겨냥하고 있으면서도, 제목과 내용이 판이하며 동일한 요소들조차 잘 맞물리기보다 조금씩 어긋나 있다. 이것은 작가의 의도된 서사 전략인 것처럼 보인다. 결과적으로 이러한 어긋남이 서사적 연결을 부자연스럽게 만드는 것이 아니라 도리어 그 의미를 풍부하게 하고 있기 때문이다. 이러한 효과는, 이러한 양자 사이의 어긋남이 두 작품 사이의 거리를 확보하면서도 내적인 관계를 충분히 유지하게 만들기 때문에 가능해진다. 「말을 찾아서」는 이러한 독특한 방식을 통해서 「메밀꽃 필 무렵」을 매우 효과적으로 패러디하고 있다고 판단된다.

이순원 소설의 로컬리티와 향촌 공동체 특성 연구

강릉 출신의 이순원 소설은 혈연적·지역적 친연성이 강한 향촌 공동체와 보수적 사유, 노스탤지어를 문학적 특징으로 한다. 작가의 고향은 구습과 민간 신앙, 속설과 같은 전통적인 생활 양식이 잔존한 성주 이씨 집성촌으로 처첩 제도, 장자 의식, 조상신 숭배, 효 이데올로기 및 여필종부, 삼종지도와 같은 여성억압적·남성중심적 분위기를 이룬다. 「망배」, 「매듭을 이은 자리」에서는 유교제례와 대 잇기를 통해 가부장과 여성의 위계질서를 공고히 하며, 생계와 신체를 훼손하는 조상신에 대한 종교적 신념과 가족자아를 중시하는 운명·감정 공동체가 그려진다. 「해파리에 관한 명상」, 「먼 길」, 「망배」, 「말을 찾아서」의 선량하고 온순하지만 가난하고 부실해 친족과 이웃의 동정과 연민, 보호를 받아야 하는 '당숙'은 친족공동체를 표상하는 인물이다. 작중 화자인 소년에게 강렬하게 기억되고 현실에서 경쟁력이 떨어지는 시혜와 온정의 대상인 당숙을 작가는 애착과 긍정의 시선으로 바라본다. 「말을 찾아서」, 「먼 길」, 「멀리 있는 사람」에서 외도와 처첩에 대해 관대하게 허용하는 가부장적 분위기 속에 여성과 아이는 고통과 슬픔 속에 놓인다. 남의 집 양자나 서자의 위치가 됨으로써 사춘기의 혼란과 방황을 겪는 소년의 상처는 적자(장자)의식을 중시하는 유교 문화와 남아선호적인 한민족 순혈주의에 집착하는 지역 사회에 기인한다. 따뜻하고 아름다운 분위기와 잃어버린 것에 대한 향수가 개인과 타자의 희생을 전제로 하는 급작스럽고 뜬금없는 화해, 용서, 상처치유로 귀결된다는 점에서 이순원 소설의 주제 의식은 시대착오적이고 퇴행적이다. 여성의 한 많은 삶과 젊은이의 제도나 전통에 대한 저항이 묘사되지만 신분적·경제적·젠더적 타자를 복종의 대상으로 여기며 유교 문화 질서를 지킴으로써 이를 묵인하고 수용하는 작가 의식이 표출되고 있다. 과거 회귀, 전통 지향, 숙명론적 가치관, 노스탤지어는 후현대가 추구하는 가치와는 거리가 멀다는 점에서 이순원 문학이 지향하는 따뜻하고 아름다운 공동체는 권위와 편애, 마법과 주술의 반이성적·전근대적 사유가 지배하고 있다.

이순원 성장소설의 의미양상

이순원의 「수색, 그 물빛 무늬」와 「말을 찾아서」는 주인공이 성장기에 부모와의 동일성을 이루지 못해 성장 장애를 겪는 모습을 보여주고 있다. 「수색, 그 물빛 무늬」는 아버지의 첩을 친어머니로 알고 자란 아이의 이야기이다. 성장기 때 아버지를 미워한 만큼 아버지와의 동일성을 이루지 못하고, 또 두 어머니 사이에서 두 어머니를 모두 마음의 원천으로 삼을 수 없었던 이중상실의 체험을 이야기 한다. 「말을 찾아서」 역시 전통적인 농경사회에서 성장한 작가가 이러한 성장 배경 속에서 자식이 없는 당숙의 양자가 되어야 했던 어린 시절 경험을 이야기 한다. 노새를 모는 당숙과 그의 양자 되기를 거부하는 주인공이 양아버지와 친아버지 모두와 동일성을 이루지 못하고 성인이 되어서도 그 상처에서 벗어나지 못하는 모습을 보여준다. 이 두 작품 다 동일시의 대상 상실로 인해 성장의 장애를 겪고 있는 인물들의 모습을 형상화하고 있다.

STEP 04 나BS 실전 문제

다음 글을 읽고 물음에 답하시오.

"아부제……."

나는 신발을 벗고 방으로 들어서며 말했다. 강릉에서 올라올 때부터 내내 입속으로 되뇌며 연습한 말이었다. 아버지가 있으니 아버지라 부를 수는 없고, 그러면서도 아버지라는 뜻을 불러야 하고. 이젠 당숙을 그렇게 불러야 하고 그렇게 불러야 할 때가 왔다고 생각했다. 아부제가 놀라는 얼굴로 나를 바라보았다.

"아부제……."

㉠ "……."

"지가 잘못했어요."

"언, 언제 완?"

"어제요. 어머이가 아부제 모시고 오라고 해서요."

"…… 밥은 먹은?"

"야, 내일 온다더니요?"

"여게서 들어오는 사람 편에 니가 왔다는 얘기를 들었잔."

"진지는 드셨어요?"

"거게서 먹기는 해두 니가 뭘 안 먹었음 같이 먹을라구……."

"말은요?"

"뒤꼍에 매놨는기 이젠 그것두 힘을 못 써서……."

"아부제……."

"……."

"가요, 집에……."

"오냐, 가야제. 니가 왔다 해서 다 챙겨 내려왔는기. 집은 다 펜한?"

"야."

"느 숙모도?"

"야."

아부제는, 나는 빈 몸으로 오고 아부제는 말을 가져왔으니 나는 차를 타고 내려가고 아부제는 내일 산에서 간조패들이 내려오면 돈을 마저 받은 다음 말을 끌고 내려오겠다고 했지만, 나는 나도 아부제하고 함께 내려가겠다고 했다. 가방까지 들고 나왔는데도 그날 하루 더 영자 누나 방에서 잠을 잤다. 아부제는 어디서 잠을 잤는지 모른다. 다음 날 영자 누나가 출근한 다음 아부제가 말하던 대로 열 시쯤 진부옥으로 다시 갔을 때 아부제는 이발을 하고 면도를 한 얼굴로 멀끔하게 앉아 있었다. 부엌 쪽을 살펴도 그 여자는 보이지 않았다.

㉡ "니 나하구 대화 가지 않으렌?"

"거긴 어딘데요?"

"차를 타믄 된다. 거긴 여기보다 큰 전방들이 많으니 니 뭐 사구 싶은 것두 사구……."

그날 아부제는 내게 시계를 사 주었다. 내가 고른 것보다 아부제 마음에 드는 게 더 비쌌는데 비싼 그것을 사 주었다. 큰형은 시계가 있어도 고등학교 3학년인 작은형은 아직 시계가 없었다. 라디오를 틀면 매시간 아홉 시를 알려드립니다, 열 시를 알려드립니다, 하는 오리엔트 야광 손목시계였다. 그 외에도 내 옷과 숙모 옷 몇 가지를 더 사고, 할아버지와 아버지 어머니의 옷가지도 샀다. 그리고 거기서 먹는 점심은 내가 내 식대로 아부제 것과 내 것을 시켜 먹었다. 아부제한테 내가 컸다는 것을 보여 주고 싶

었다.

봉평으로 돌아오니 해가 저물고 있었다. 아부제는 진부옥에서 돈만 받으면 떠날 준비를 하고 흥정산 간조패들이 오기를 기다렸다. 그 사람들은 우리가 저녁을 먹은 다음에 내려왔다.

㉢ "야, 느들 장래 우리 집 대주 봐라. 우리 아들 얼굴 얼마나 훤한가 한번 보란 말이다. 느 아들들이면 이만한 나이에 혼자 애비 찾아오겠나?"

아부제는 그들로부터 받아야 할 돈을 받은 다음 길을 떠나기 전 몇 잔 술을 마시며 연신 내 자랑을 했다.

(중략)

"나 내려가면 이제 아부제 집에 가서 살려구 해요."

"우리 집에?"

"야."

㉣ "어른들이 그렇게 하라구 시키든?"

"아뇨, 지 마음으로요."

"니 마음으로?"

"야, 그래서 올라올 때 하생골 어머이한테 내 방 하나 치워놓으라고 했어요."

"수호야."

"야."

"아부제는 고맙다, 무슨 말인 줄 알제?"

"야."

㉤ "그래, 내려가믄 나두 이 짐승 치우지 뭐. 니 싫어하는 걸 계속할 게 뭐 있겐."

"……."

"허, 이눔이 말귀 알아듣나, 절 치운다니까 대가리를 흔드게."

"안 치워도 나 아부제 집에 가 살아요. ……."

"그래, 치우지 뭐. 치울 거야. 이제 이거 힘두 제대루 못 써 사람 망신시키는 거, 늙어서 고집두 늘구……."

그날 아부제와 나는 온 하늘과 온 산이 붉게 동틀 무렵 하생골 집에 닿았다. 그러나 그날 밤길에도 그랬고, 먼저 살던 집에서 아부제 집으로 살림을 옮기듯 책상과 책가방, 입던 옷가지들과 **내가 쓰던 물건들을 옮겨 온** 후에도 끝내 말과는, 그리고 **아부제가 그것을 끄는 것**과는 화해가 되지 않았다. 예전보다 덜 부끄럽다고 해도 그랬다. 그때 나는 중학교 1학년이었고, 동네에서 아이들과 싸우다가도 '노새집 양재새끼'라는 말을 들으면 그 말을 이 세상에서 가장 심한 욕으로 느끼던 열세 살의 소년이었다.

그 말은 내가 중학교 3학년일 때까지 집에 있었다. 내가 저를 핍박하고 서러움 줄 때 그는 이미 늙어 있었다. 그가 죽던 마지막 모습도 그랬다. 말굽을 박는데도 공사장에서 벽돌을 내릴 때 땅에서 바로 선 대못을 밟아 오른쪽 앞다리부터 못 쓰게 되더니 한 해 겨울을 한쪽 다리를 늘 구부린 채 서서 앓다가 어느 날 배를 땅에 대고 만 것이었다. 알리진 않았는데도 어떻게 알고 시내의 마부들이 마차를 끌고 와 죽은 그를 싣고 내려갔다. 아부제는 따라가지 않았다. 마부들이 그럼 저녁때 고기라도 보낼까, 하고 문자 아부제는 그러지 말라고 했다. 작은할아버지가 돌아가신 이후 그날 처음으로 나는 남몰래 감추는 아부제의 눈물을 보았다. 한지붕 아래에서

사는 동안 그는 내게 참으로 **많은 설움과 눈총과 미움을** 받았다. 내가 누리는 것 **모든 것이 그의 등에서 나왔는데도** 그랬다. 아마 그가 죽어 정말 하늘의 은별이 되었다 해도 나는 앞으로도 말에 대해 자유롭지 못하고, 그에 대해 자유롭지 못할 것이다. 결국 그 원고에 나는 **그의 이야기를 쓰지 못했다.** 그러나 언젠가 나는 그의 슬픈 생애에 대해 제대로 글을 쓸 수 있는 날이 오길 기다린다.

– 이순원, 「말을 찾아서」 –

01. 윗글의 인물에 대한 설명으로 적절한 것은?

① '나'는 '어머이'의 부탁으로 '아부제' 집에 가서 살기로 결심한다.
② '나'는 '아부제'와 함께 떠나기 위해 봉평에서 하룻밤을 더 묵기로 한다.
③ '아부제'는 대화에서 '나'와 점심을 시켜 먹으며 고마움에 눈물을 흘린다.
④ '아부제'는 '나'가 봉평에 온 사실을 '나'와 대면하기 전까지는 알지 못한다.
⑤ '아부제'는 힘을 못 쓰는 말 때문에 강릉으로 돌아가기로 마음을 먹는다.

02. ㉠~㉤에 대한 설명으로 적절하지 <u>않은</u> 것은?

① ㉠ : 예상하지 못했던 호칭을 갑작스럽게 듣게 되어 선뜻 대응하지 못하고 있다.
② ㉡ : 큰 전방들이 많이 있는 '대화'에 가서 '나'에게 좋은 선물을 사 주고 싶은 마음을 담고 있다.
③ ㉢ : 다른 사람들에게 '나'를 '장래 우리 집 대주'라고 밝히며 자신에게도 남에게 내세울 아들이 있음을 자랑하고 있다.
④ ㉣ : '나'의 결정이 '어른들'의 강요에 의한 것인지 스스로의 의지에 의한 것인지 알고 싶어 하는 마음이 드러나 있다.
⑤ ㉤ : '이 짐승'에 대한 '나'의 진짜 속마음을 파악하기 위해 마음에 없는 말을 의도적으로 꺼내고 있다.

03. <보기>를 참고하여 윗글을 감상한 내용으로 적절하지 <u>않은</u> 것은?

<보기>

「말을 찾아서」는 '나'를 양자로 들이고자 하는 당숙과 이를 거부하는 '나'가 갈등을 빚다가 화해에 이르게 되는 과정을 보여 주는 소설이다. '나'는 자신의 의지와 상관없이 어른들의 일방적 결정으로 이루어진 양자 입양에 반발하였고, 그로 인해 마음의 상처를 받은 당숙은 집을 떠나 버린다. 죄책감을 느낀 '나'는 당숙을 찾아가 사과하고 그를 '아부제'로 받아들이지만 노새와 당숙의 노새 끄는 일까지 완전히 받아들이지는 못한다. 어린 시절의 이와 같은 경험은 성인이 되어서까지 상처로 남게 되며 '나'에게 죄책감을 갖게 하는 원인이 된다.

① 당숙의 집으로 '내가 쓰던 물건들을 옮겨 온' 것은 '나'가 양자 입양을 수긍하고 당숙과 화해했음을 보여 주는 행동이겠군.
② '아부제가 그것을 끄는 것'과 '노새집 양재새끼'라는 말은 '나'로 하여금 양자가 된 후에도 부끄러움을 느끼게 하는 원인이겠군.
③ 당숙의 양자가 된 다음에도 노새에게 '많은 설움과 눈총과 미움'을 준 것은 '나'가 '노새'와 관련된 당숙의 삶까지 완전히 받아들이지는 못했음을 보여 주는군.
④ '내가 누리는 것 모든 것이 그의 등에서 나왔'다고 여기는 것은 '노새'의 희생으로 인해 '나'가 당숙을 '아부제'로 받아들이게 되었음을 보여 주는군.
⑤ 성인이 되어서도 '나'가 원고에 '그의 이야기를 쓰지 못'하는 것은 어린 시절의 경험이 여전히 상처로 남아 있기 때문이겠군.

STEP
01 지문 분석과 OX문제

나BS 수능특강 | 현대문학 ●

철호는 엉뚱한 생각을 하고 있었다. 슬그머니 물속에서 손을 빼내었다. 그러자 이번엔 대야 밑바닥에 한 사나이의 얼굴을 보았다. 철호의 눈을 마주
　　　　　　　　　　　　　　　　　　　　　　　　　　　　　　대야에 담긴 물에 비친 철호 자신의 모습을 거리를 두어 표현함.
쳐다보는 그 사나이는 얼굴의 온 근육을 이상스레 히물히물 움직이며 입을 비죽거려 웃고 있었다.
물에 손을 넣었다가 빼면 파동이 일어나 그에 비친 모습도 일렁이게 됨. 그런데 철호는 물에 비친 자신의 모습이 마치 스스로를 비웃는 것처럼 느껴짐.
이마에 길게 흐트러진 머리카락. 그 밑에 우묵하니 파인 두 눈. 깎아진 볼. 날카롭게 여윈 턱. 송장처럼 꺼멓고 윤기 없는 얼굴. 그것은 까마득한 원
　　　　　　　　　　　　　　　　　　철호의 외양을 묘사하며 이를 원시인에 비유함.
시인의 한 사나이였다.

몽둥이 끝에, 모난 돌을 하나 칡넝쿨로 아무렇게나 잡아매서 들고, 동굴 속에 남겨 두고 나온 식구들을 위하여 온종일 숲속을 맨발로 헤매고 다니던
　　　　　　　　　　　　　　　　　　　　　　　　　　　　동굴 속에 남겨 두고 나온 식구들을 위하여 온종일 숲속을 맨발로 헤매고 다니던
　　　　　　　　　　　　　　　　　　　　　　　　　철호가 한 가족을 부양하는 가장임을 나타냄.
사나이.

「곰? 그건 용기가 부족하다. / 멧돼지? 힘이 모자란다.
　　　　　　　　　　　　　　　　　　　　「 」: 철호는 대단하고 변변한 것으로 돈을 벌기에는 능력이 부족하여
노루? 너무 날쌔어서. / 꿩? 그놈은 하늘을 난다.」　　이것저것 핑계를 대며 미리 포기함.

토끼? 토끼. 그래, 고놈쯤은 꽤 때려잡음 직하다. 그런데 그것마저 요즈음은 몫에 잘 돌아오지 않는다. 사냥꾼이 너무 많다. 토끼보다도 더 많다.
　　　　　　　　　　　　　　　　철호는 그나마 쉬운 일을 택하지만, 그마저도 치열한 경쟁에 밀려 소득을 얻기가 수월하지 않음.
그래도 무어든 들고 들어가야 하는 것이다.

사나이는 바위 잔등에 무릎을 꿇고 앉아 냇물에 손을 씻는다. 파란 물속에 빨간 놀이 잠겼다. 끈적끈적하게 사나이의 손에 묻었던 피가 놀빛보다 더
　　　　　　　　　　　　　　　　　　　　　　　　현재 철호는 손에 빨간 잉크가 묻어 손을 씻는 중인데, 철호는 이를 마치 피처럼 느낌.
진하게 우러난다. / 무엇인가 때려잡은 모양이다. 곰? 멧돼지? 노루? 꿩? 토끼?

그런데 사나이가 들고 일어선 것은 그 어느 것도 아니었다. 보기에도 징그러운 내장. 그것이 무슨 짐승의 내장인지는 사나이 자신도 모른다. 사나이
는 그 짐승의 머리도 꼬리도 못 보았다. 누군가가 숲속에 끌어내어 버린 것을 주워 오는 것이었다.

철호는 옆에 놓인 비누를 집어 들었다. 마구 두 손바닥으로 비볐다. 우구구 까닭 모를 울분이 끓어올랐다.
　　　　　　　　　　　　　　　　　　　　　　　생계를 위해 노력해도 상황이 잘 풀리지 않는 데서 오는 울분

빈 도시락마저 들지 않은 손이 홀가분해 좋긴 하였지만, 해방촌 고개를 추어오르기에는 배 속이 너무 허전했다.
　　　　　　　　　　　　　형편이 매우 어려워 철호는 식사마저 굶어야 함.
『산비탈을 도려내고 무질서하게 주워 붙인 판잣집들이었다. 철호는 골목으로 접어들었다. 레이션* 갑을 뜯어 덮은 처마가 어깨를 스칠 만치 비좁은

골목이었다. 부엌에서들 아무 데나 마구 버린 뜨물이 미끄러운 길에는 구공탄 재가 군데군데 헌데 더뎅이* 모양 깔렸다.

저만큼 골목 막다른 곳에, 누런 시멘트 부대 종이를 흰 실로 얼기설기 문살에 얽어맨 철호네 집 방문이 보였다. 철호는 때에 절어서 마치 가죽끈처
『 』: 공간을 묘사하여, 한국전쟁 이후 철호네 가족이 사는 판자촌이 얼마나 열악한 환경인지를 보여줌.
럼 된 헝겊이 달린 문걸쇠를 잡아당겼다. 손가락이라도 드나들 만치 엉성한 문이면서 찌걱찌걱 집혀서 잘 열리지를 않았다.』 아래가 잔뜩 집힌 채 비틀
　　　　　　　　　　　　　　　　　　　　　　「 」: 북에서 부유하게 살던 철호 가족은 북한의 공산주의 이념 때문에 죽을 위기에
어진 문틈으로 그의 어머니의 소리가 새어 나왔다. / "가자! 가자!"　처하자 남한으로 이주함. 철호의 어머니는 항상 고향을 그리워했는데, 6·25 전쟁
　　　　　　　　　　　　　　　　　　　　　　　　　이 발발한 후 정신이상자가 되어 "가자!"를 반복하여 외치게 됨.
미치면 목소리마저 변하는 모양이었다. 그것은 이미 그의 어머니의 조용하고 부드럽던 그 목소리가 아니고, 쨍쨍하고 간사한 게 어떤 딴사람의 목소
　　　　　　　　　　　　　　　　　　　　　　어머니에게선 더 이상 예전의 인품은 찾아볼 수 없음.
리였다.
　　　　　후각적 이미지를 통해 철호 가족의 비참한 모습을 보여줌.
문을 열고 들어서는 철호의 얼굴에 걸레 썩는 냄새 같은 것이 확 풍겨 왔다. 철호는 문안에 들어선 채 우두커니 아랫목을 내려다보고 있었다.

중학교 시절에 박물관에서 미라를 본 일이 있었다. 그건 꼭 솜 누더기에 싸 놓은 미라였다. 흰 머리카락은 한 오리도 제대로 놓인 것이 없었다. 그
_{중학교 때 본 미라를 가리키는 것이 아니라, 생명력을 잃어버린 현재의 어머니를 빗댄 표현임.}
대로 수세미였다. 그 어머니는 벽을 향해 돌아누워서 마치 딸꾹질처럼 어떤 일정한 사이를 두고, 가자 가자, 하는 외마디 소리를 지르고 있었다. 그 해

골 같은 몸에서 어떻게 그런 쨍쨍한 소리가 나오는지 이상하였다.

철호는 윗방으로 올라가 털썩 벽에 기대어 앉아 버렸다. 가슴에 커다란 납덩이리를 올려놓은 것 같았다. 정말 엉엉 소리를 내어 울고 싶었다. 눈을
_{한계에 몰린 철호의 현실과 심리 상황을 보여줌.}
꼭 지르감으며 애써 침을 삼켰다.

(중략)

"어디 취직을 해야지." / "취직이요? 형님처럼요? 전찻값도 안 되는 월급을 받고 남의 살림이나 계산해 주란 말이지요?"
_{철호는 현재 계사 사무실에서 서기로 일하고 있으나, 생계를 유지하기에는 턱없이 부족한 돈을 받고 있음. 동생 영호는 이를 비꼬는 것임.}
"그럼 뭐 별 뾰족한 수가 있는 줄 아니?" / "있지요. 남처럼 용기만 조금 있으면." / "……?"

어처구니없는 영호의 수작에 철호는 그저 멍청하니 영호의 얼굴을 쳐다보았다. 손끝이 따가웠다. 철호는 비루(맥주) 깡통으로 만든 재떨이에 담배를

비벼 껐다. / "용기?" / "네, 용기."

"용기라니?" / 『"적어도 까마귀만 한 용기만이라도 말입니다. 영리할 필요는 없더군요. 우둔해도 상관없어요. 까마귀는 도무지 허수아비를 무서워하
_{『 』 : 참새는 허수아비라는 규율을 무서워하여 이를 지키려고 하지만, 까마귀는 규율을 무서워하지 않고 어기는 존재임. 즉 영호는 양심에 어긋나는 행동을 할 것을 암시하고 있음.}
지 않습니다. 참새처럼 영리하지 못한 탓으로 그놈의 까마귀는 애당초 허수아비를 무서워할 줄조차 모르거든요."』

영호의 입가에는 좀 전에 파랑새 꽁초에다 불을 댕기는 철호를 바라보던 때와 같은 야릇한 웃음이 또 소리 없이 감돌고 있었다.

"너 설마 무슨 엉뚱한 계획을 세우고 있는 것은 아니겠지?" / 철호는 약간 긴장한 얼굴을 하고 영호를 바라보며 꿀꺽 하고 침을 삼켰다.
_{철호는 영호의 말과 표정에서 불길한 기운을 느낌.}
"아니요. 엉뚱하긴 뭐가 엉뚱해요. 그저 우리들도 남처럼 다 벗어던지고 홀가분한 몸차림으로 달려보자는 것이죠, 뭐." / "벗어던지고?"

"네, 벗어던지고. 양심이고, 윤리고, 관습이고, 법률이고 다 벗어던지고 말입니다."
_{영호는 나중에 권총 강도 행각을 벌이다 경찰에 체포됨.}
영호의 큰 두 눈이 유난히 빛나는가 하자 철호의 눈을 정면으로 밀고 들었다.

"양심이고, 윤리고, 관습이고, 법률이고?" / "……" / "너는, 너는……" / "……"

영호는 아무 대답도 하지 않았다. 그러나 눈만은 똑바로 형 철호를 쳐다보고 있었다.

"그렇게나 살자면 이 형도 벌써 잘살 수 있었다." / 철호의 목소리는 떨리고 있었다.
_{철호는 어려운 전후 상황에서도 끝까지 양심을 지키려고 노력한 인물임.}

*레이션 : 미군의 전투용 휴대 식량. / *더뎅이 : 부스럼 딱지나 때 따위가 거듭 붙어서 된 조각.

OX문제

01 감각적인 묘사를 통해 혼란스러운 시대적 분위기를 제시하고 있다. [2016학년도 9월B]   (O / X)

02 철호는 열악한 환경에서도 성실하게 살아가는 인물이다.   (O / X)

03 인물의 외양 묘사를 통해 성격을 드러내고 있다. [2007학년도 9월]   (O / X)

04 철호는 영호의 말대로 편법을 써서 살아가지 않았던 자신의 과거를 반성하였다.   (O / X)

05 이야기 내부 인물이 자신의 내면을 진술하고 있다. [2022학년도 9월]   (O / X)

01 | 주제

전후 부조리한 사회 구조 속에서 패배하는 양심적 인간의 비극

02 | 특징

① 전후 사회의 빈곤과 부조리를 고발함.
② 인물들의 인간상과 허무 의식 표출에 중점을 둠.

03 | 작품 해제

「오발탄」에서 "가자! 가자!"라는 어머니의 외침은 전체적인 소설의 분위기를 결정 짓는 독백어가 되고 있다. 암울한 가족적 배경 속에서 간헐적으로 반복되는 어머니의 "가자! 가자!"라는 외침은 철호에게 현실의 압력을 더욱 강박적으로 느끼게 하는 효과음이 되고 있으며, 소설의 분위기를 암울하게 만든다. 어머니의 "가자"라는 말은 과거의 고향으로 돌아가자는 말이다. 이 고향은 분단과 전쟁으로 인해 실향민들의 보편적 삶의 가치가 훼손되기 이전의 상태를 의미한다. 그러나 과거의 행복했던 고향으로 갈 수 있는 길은 없기 때문에 어머니의 "가자"라는 외침은 현실의 각박함을 더욱 대조적으로 부각시키면서 뿌리 뽑힌 현실에 대한 절망감을 느끼게 한다. 한편 소설 종반에서 철호는 택시를 타고 아무데로나 "가자"고 말한다. 철호의 "가자"는 외침은 어디로 가야 하는지 삶의 방향 감각을 상실해 버린 소시민의 삶의 비극적인 절망과 좌절을 표현하고 있다.

이 작품의 본질적인 의미는 전후의 비참하고 불행한 면을 그리는 데에서 그치는 것이 아니라, 그처럼 비참하고 불행한 상황 속에서 인간의 양심은 어떻게 지켜질 수 있는가를 모색하고 있는 점에도 있다. 이미 타락해 버린 현실과 화해하지 못하는 인간의 자의식, 양심이라는 '가시'를 빼어 버리지 못하고 가족들의 비극적인 삶을 바라보게 되는 철호를 통해서, 전후 현실에서 양심을 가진 인간의 나아갈 바를 묻고 있다. 그러나 안타깝게도 이 소설 속에서 그 해답은 도출되지 않고 있다. 다만 방향 감각을 잃어버린 철호의 모습이 결말에 자리 잡고 있을 뿐이다.

04 | 등장인물

- 철호 : 계리사 사무실 서기로 일하는 월남 가족의 가장. 힘든 환경 속에서도 성실히 살아가나, 동생 영호의 검거와 아내의 죽음 등 비극적인 현실 앞에서 절망하고 방황함.
- 어머니 : 전쟁 때문에 정신 이상자가 되어 항상 "가자!"를 외치는 인물
- 영호 : 철호의 남동생. 부조리한 사회에 대한 반발로 한탕주의를 꿈꾸며, 은행 강도 행각을 벌이다 검거됨.
- 명숙 : 철호의 여동생. 생계를 위해 양공주 생활을 함.
- 아내 : 명문대 음악과 출신이지만 극심한 생활고에 시달려 희망을 잃어버린 채 살아가던 인물. 출산 중에 사망함.

05 | 상세 줄거리

계리사 사무실 서기인 철호는 음대 출신의 아내, 군대에서 나온 지 2년이 되도록 일자리를 구하지 못하고 방황하는 동생 영호, 그리고 양공주가 된 여동생 명숙, 전쟁 통에 정신 이상자가 된 어머니 등과 함께 어렵게 살고 있는 월남 가족의 가장이다.

그는 퇴근하여 산비탈 해방촌 고개를 올라 집으로 향한다. 다 쓰러져 가는 판잣집이다. 대문에 들어서면 어머니의 "가자! 가자!"라는 목소리가 새어 나온다. 철호는 38선 때문에 고향에 돌아갈 수 없다는 말을 수없이 되풀이했으나 이를 알아듣지 못하는 어머니는 아들만 야속하게 생각한다.

영호가 집에 들어오자 철호는 그의 성실하지 못한 삶의 태도를 나무란다. 영호는 자기 방식대로 살겠다고 한다. 철호는 아내의 십여 년 전 대학 시절의 아름답던 모습을 연상하다가 이제 아무런 희망도 가지려 들지 않는 그녀를 흘끗 쳐다본다. 영호는 대상 없는 분노를 터뜨리면서 눈물을 흘린다. 골목 밖에서 명숙의 발자국 소리가 요란하게 들려온다. 그녀는 아무도 거들떠보지 않은 채 아랫방으로 가서 가로 눕는다. 고향으로 돌아가자는 어머니의 외침은 밤중에도 계속된다.

다음날 경찰로부터 영호가 강도 혐의로 붙잡혔다는 이야기를 듣는다. 경찰서에서 나온 철호는 집으로 돌아간다. 아내가 위독하다는 말을 들은 철호는 명숙으로부터 돈을 받아 들고 병원으로 간다. 그러나 아내는 이미 시체로 변해 있다. 충치가 아파 오는 걸 느낀 그는 의사의 만류에도 불구하고 충치를 모두 뽑는다. 철호는 택시를 잡아타고 해방촌으로 가자고 했다가 경찰서로 행선지를 바꾸고, 다시 병원으로 목적지를 바꾼다. 혼란에 빠진 철호는 방향 감각을 잃는다. 운전사는 '오발탄'과 같은 손님이 걸려들었다고 투덜거린다. 차는 목적지도 없이 차량 행렬에 끼어들고 철호는 입에서 선지 같은 피를 흘린다.

03 논문으로 만나는 출제자의 시선

작품의 총체적 의미

소설의 주인공인 송철호는 성실한 소시민이다. 성실하고 근면하지만 고지식하고 보수적이며, 자신의 힘으로는 어찌할 수 없는 절박한 현실 앞에서 무력감을 느끼는 모습을 보인다. 반면에 그의 동생인 송영호는 제대한 지 2년 된 실업자이지만 적극적이고 진취적인 인물로서, 형인 철호와는 달리 기성의 것을 깨부수려는 반역성을 지녔다. 그래서 소시민으로서의 삶을 받아들이지 못하고 일확천금을 꿈꾼다. 그리고 여동생인 송명숙은 양공주로 전락한 인물로 가족을 위해 자신을 희생하나 소극적인 성격을 지니고 있다. 마지막으로 이들의 어머니는 고향 상실과 전쟁의 상처 등으로 인해 실성한 인물이다. 전후의 비극을 가장 집약적으로 상징하는 인물로 평가되고 있다.

오발탄의 사전적 의미는 '실수로 잘못 쏜 탄알'이다. 하지만 이 작품에서 '오발탄'은 성실하게 일하지만 아이의 신발 하나 마음대로 못 사주는 가장인 송철호와 젊은 시절의 아름다운 꿈을 잃고 가난에 시달리다 죽어가는 그의 아내, 생존을 위해 강도 행각을 벌이다 자멸해 가는 동생 영호, 양공주로 전락해 버린 여동생처럼 시대에 적응하지 못하고 소외당하는 실존적 개인들을 표현하는 상징적 의미로 사용되고 있다.

「오발탄」의 주제는 이 작품의 가락을 형성하는 두 개의 외침, 즉 고향으로 되돌아가길 원하는 어머니의 "가자!"와 주인공 자신에 의해 발화되는 "가자!" 사이에서 형상화되고 있다. 어머니의 "가자!"가 손짓하는 곳은 '과거의 고향―분단과 전쟁으로 인해 실향민들의 보편적 삶의 가치가 훼손되기 이전의 상태―'을 의미한다. 그러나 과거의 행복했던 고향으로 되돌아갈 수 있는 길은 없기 때문에 어머니의 외침은 한 지친 여인의 넋두리로서만, 현실의 각박함을 더욱 대조적으로 부각시키면서 뿌리 뽑힌 현실에 대한 절망감을 느끼게 할 뿐인 역설적인 목소리로만 기능할 뿐이다. 이에 반해 소설 종반에서 택시를 타고 외치는 철호의 "가자!"는 되돌아갈 고향을 상실해 버린 현실 속에서 어디로 가야 하는지 삶의 방향 감각을 상실해 버린 1950년대 당대 소시민 계층의 삶의 비극적인 절망과 좌절을 표현하고 있다.

「오발탄」은 짙은 허무주의를 바탕에 깔고, 전후의 암담한 현실을 고발하고 있는 작품이지만, 단순히 전후의 비참하고 불행한 면을 그리는 데 그친 것이 아니라, 그처럼 비참하고 불행한 상황 속에서도 인간은 어떻게 자신의 삶을 거듭 반성하며 살아낼 수 있는가를 형상화하고 있는 적극적인 작품이라 할 수 있다. 물론 안타깝게도 이 소설 속에서 그 해답이 명확하게 제시되고 있지는 않다. 다만 방향 감각을 잃어버린 송철호가 그럼에도 불구하고 "가자!"라고 외침으로써 자신의 살아있음을 과시하고 있는 것은 이 소설이 문제 삼고 있는 50년대 후반을 뛰어넘어 역사적 격변기를 살아야 했던 우리 모든 한국인의 보편적인 삶의 태도에 해당한다고 할 수 있다.

소설 「오발탄」과 시나리오 「오발탄」 비교

	소설 「오발탄」	시나리오 「오발탄」
등장인물	철호, 영호, 명숙, 어머니, 철호의 아내, 철호의 딸 등을 통해 당시의 비극적인 삶을 표현함.	소설의 인물에 민호, 경식, 설희, 미리 등을 추가하여 전후 소시민들의 방황을 효과적으로 표현함.
구성	철호의 심리를 중심으로 하는 전지적 작가 시점으로 구성함.	철호 외에 영호를 비중 있게 등장시켜 전후 사회의 모습을 효과적으로 표현함.
공간	계리사 사무실, 해방촌, 경찰서, 병원, 치과, 택시 안	소설의 공간을 비롯해 스탠드바, 영화사, 설희네 집, 은행, 거리 등을 추가하여 내용을 풍부하게 하고 주제를 효과적으로 표현함.

다음 글을 읽고 물음에 답하시오.

(가)

그 골목이 그렇게도 짧은 것을 그가 처음으로 느낄 수 있었을 때, 신랑의 몸은 벌써 차 속으로 사라지고, 자기와 차 사이에는 몰려든 군중이 몇 겹으로 길을 가로막았다. 이쁜이 어머니는 당황하였다. 그들의 틈을 비집고,

'이제 가면, 네가 언제나 또 온단 말이냐? ……'

딸이 이제 영영 돌아오지 못하기나 하는 것같이, 그는 막 자동차에 오르려는 딸에게 달려들어,

"이쁜아."

한마디 불렀으나, 다음은 목이 메어, 얼마를 벙하니 딸의 옆얼굴만 바라보다가, 그러한 어머니의 마음을 알아줄 턱없는 운전수가, 재촉하는 경적을 두어 번 울렸을 때, 그는 또 소스라치게 놀라며, 그저 입에서 나오는 대로,

"모든 걸, 정신 채려, 조심해서, 해라 ……"

그러나 ⓐ 자동차의 문은 유난히 소리 내어 닫히고, 다시 또 경적이 두어 번 운 뒤, 달리는 자동차 안에 이쁜이 모양을, 어머니는 이미 찾아볼 수가 없었다. 그는 실신한 사람같이, 얼마를 그곳에 서 있었다. 깨닫지 못하고, 눈물이 뺨을 흐른다. 그 마음속을 알아주면서도, 아낙네들이, 경사에 눈물이 당하냐고, 그렇게 책망하였을 때, 그는 갑자기 조금 웃고, 그리고, 문득, 정신을 바짝 차리지 않으면, 그대로 그곳에서 혼도해 버리고 말 것 같은 극도의 피로와, 또 이제는 이미 도저히 구할 길 없는 마음속의 공허를, 그는 일시에 느꼈다.

제6절 몰락

한편에서 이렇게 경사가 있었을 때 ─ (그야, 외딸을 남을 주고 난 그 뒤에, 홀어머니의 외로움과 슬픔은 컸으나 그래도 아직 그것은 한 개의 경사라 할 밖에 없을 것이다) ─ , 또 ⓑ 한편 개천 하나를 건너 신전 집에서는, 바로 이날에 이제까지의 서울에서의 살림을 거두어, 마침내 애달프게도 온 집안이 시골로 내려갔다.

[A] 독자는, 그 수다스러운 점룡이 어머니가, 이미 한 달도 전에, 어디서 어떻게 들었던 것인지, 쉬이 신전 집이 낙향을 하리라고 가장 은근하게 빨래터에서 하던 말을 기억하고 계실 것이다. 이를테면 그것이 그대로 실현된 것에 지나지 않는다. 그러나 다만 그들의 가는 곳은, 강원도 춘천이라든가 그러한 곳이 아니라, 경기 강화였다.

이 봄에 대학 의과를 마친 둘째 아들이 아직 취직처가 결정되지 않은 채, 그대로 서울 하숙에 남아 있을 뿐으로 ─ (그러나, 그도 그로써 얼마 안 되어 충청북도 어느 지방의 '공의'가 되어 서울을 떠나고 말았다) ─ , 신전 집의 온 가족은, 아직도 장가를 못 간 주인의 처남까지도 바로 어디 나들이라도 가는 것처럼, 별로 남들의 주의를 끄는 일도 없이, 스무 해를 살아온 이 동리에서 사라지고 말았다.

한번 기울어진 가운은 다시 어쩌는 수 없어, 온 집안사람은, 언제든 당장이라도 서울을 떠날 수 있는 준비 아래, 오직 주인 영감의 명령만을 기다리고 있었던 것이므로, 동리 사람들도 그것을 단지 시일 문제로 알고 있었던 것이나, 그래도 이 신전 집의 몰락은, 역시 그들의 마음을 한때, 어둡

게 해 주었다.

그러나 오직 그뿐이다. 이 **도회에서의 패잔자**는 좀 더 남의 마음에 애달픔을 주는 일 없이 무심한 이의 눈에는, 참말 어디 볼일이라도 보러 가는 사람같이, 그곳에서 얼마 안 되는 작은 광고 차부에서 강화행 자동차를 탔다. 천변에 일어나는 온갖 일에 관찰을 게을리하지 않는 **이발소 소년**이, 용하게도 막, 그들의 이미 오래 전에 팔린 집을 나오는 일행을 발견하고 그래 이발소 안의 모든 사람이 그것을 알았을 뿐으로, 그들이 남부끄럽다 해서, 고개나마 변변히 못 들고 빠른 걸음걸이로 천변을 걸어 나가, 그대로 큰길로 사라지는 뒷모양이라도 흘낏 본 이는 몇 명이 못 된다. ⓒ 얼마 있다, 원래의 신전은 술집으로 변하고, 또 그들의 살던 집에는 좀 더 있다, 하숙옥 간판이 걸렸다.

─ 박태원, 「천변풍경」 ─

(나)

#68. 산비탈 길

뚜벅뚜벅 걷고 있는 철호.

#69. 피난민 수용소 안(회상)

담요바지 철호의 아내가 주워 모은 널빤지 조각을 이고 들어와 부엌에 내려놓고 흩어진 머리칼을 치키며 숨을 돌리고 있다.

철호ⓑ : 저걸 저토록 고생시킬 줄이야.

담요바지 아내의 모습 위에 ─ O·L* ─

여학교 교복을 입고 강당에 서서 노래를 부르고 있는 그 시절의 아내. 또 O·L되며 신부 차림의 아내가 노래를 부르고 있다. 그 옆에 상기되어 앉아 있는 결혼 피로연 석상의 철호. 노래는 '돌아오라 소렌토'.

#70. 산비탈

철호가 멍하니 시가지를 내려다보고 섰다. 황홀에 묻힌 거리.

#71. 자동차 안

해방촌의 **골목길**을 운전수가 땀을 빼며 빠져나와서 뒤를 돌아보고

운전수 : 손님! 이상 더 올라가지 못하겠는데요.

영호 : 그럼 내립시다. 시시한 **동네**까지 몰구 오느라고 수고했소.

천 환짜리 한 장을 꺼내 준다.

운전수 : (공손히) 감사합니다.

#72. 철호의 방 안

철호의 아내가 만삭의 배를 안고 누더기를 꿰매고 있다. 옆에서 콜콜 자고 있는 혜옥.

영호 : (들어오며) 혜옥아!

(중략)

#73. 철호의 집 부엌 안

민호가 팔다 남은 신문을 끼고 들어와 신들메를 끌르며

민호 : 에이 날씨도 꼭 겨울 같네.

철호ⓔ : 어쨌든 너도 인젠 정신을 차려야지! 군대에서 온 지도 이태나 되잖니.

영호ⓔ : 정신 차려야죠. 그렇잖아도 금명간 판결이 날 겁니다.

철호ⓔ : 어디 취직을 해야지.

#74. 철호의 집 방 안

영호 : 취직이요. 형님처럼 전차 값도 안 되는 월급을 받고 남의 살림이나 계산해 주란 말에요? 싫습니다.

철호 : 그럼 뭐 뾰죽한 수가 있는 줄 아니?

영호 : 있지요. 남처럼 용기만 조금 있으면.

철호 : 용기?

영호 : 네. 분명히 용기지요.

철호 : 너 설마 엉뚱한 생각을 하고 있는 건 아니겠지.

영호 : 엉뚱하긴 뭐가 엉뚱해요.

철호 : (버럭 소리를 지르며) 영호야! 그렇게 살자면 이 형도 벌써 잘살 수 있었단 말이다.

영호 : 저도 형님을 존경하지 않는 건 아녜요. 가난하더라도 깨끗이 살자는 형님을……. 허지만 형님! 인생이 저 골목에서 십 환짜리를 받고 코 흘리는 어린애들에게 보여 주는 요지경이라면야 가지고 있는 돈값만치 구멍으로 들여다보고 말 수도 있죠. 그렇지만 어디 인생이 자기 주머니 속의 돈 액수만치만 살고 그만둘 수 있는 요지경인가요? 형님의 **어금니**만 해도 푹푹 쑤시고 아픈 걸 견딘다고 절약이 되는 건 아니죠. 그러니 비극이 시작되는 거죠. 지긋지긋하게 살아야 하니까 문제죠. 왜 우리라고 좀 더 넓은 테두리까지 못 나가라는 법이 어디 있어요.

영호는 반쯤 끌러 놨던 넥타이를 풀어서 방구석에 픽 던진다. 철호가 무겁게 입을 연다.

철호 : 그건 억설이야.

영호 : 억설이오?

철호 : 네 말대로 꼭 잘살자면 양심이구 윤리구 버려야 한다는 것 아니야.

영호 : 천만에요.

#75. 철호의 집 골목

스카프를 두르고 핸드백을 걸친 명숙이가 엿듣고 있다.

철호ⓔ : 그게 바루 억설이란 말이다. 마음 한구석이 어딘가 비뚤려서 하는 억지란 말이다.

영호ⓔ : 비틀렸죠. 분명히 비틀렸어요. 그런데 그 비틀리기가 너무 늦었단 말입니다.

- 이범선 원작, 이종기 각색, 「오발탄」 -

*ⓔ : 효과음(effect). 화면에 삽입된 음향.

*O·L(overlap) : 하나의 화면이 끝나기 전에 다음 화면이 겹치면서 먼저 화면이 차차 사라지게 하는 기법.

---

01. (가)와 (나)의 공통점으로 가장 적절한 것은?

① 인물 간의 대결 의식을 통해 사건의 긴장감을 조성하고 있다.
② 인물 간의 대화를 통해 특정 인물의 생각과 행동을 희화화하고 있다.
③ 인물의 회상 장면을 통해 사건 해결의 실마리를 과거에서 찾고 있다.
④ 인물 간의 갈등을 다각적으로 조명하여 사건 전개의 양상을 다면화하고 있다.
⑤ 인물의 내면을 행위로 제시하여 상황을 받아들이기 어려워하는 심리를 보여 주고 있다.

02. (가)의 이발소 소년에 대한 이해로 가장 적절한 것은?

① 주변을 관찰하여 일상의 변화를 포착한다.
② 특정 가족이 몰락하게 된 이유를 분석한다.
③ 새로운 사건을 모으고 그 진위를 논평한다.
④ 천변의 소식을 타 지역 주민에게 전해 준다.
⑤ 천변 주민들 사이에 발생하는 문제를 중재한다.

03. [A]에 대한 설명으로 적절하지 않은 것은?

① 독자가 가진 정보를 상기시키고 있다.
② 정보를 제공한 인물을 독자에게 환기시키고 있다.
③ 독자를 언급하여 서술자의 개입을 드러내고 있다.
④ 정보가 실현되지 못한 원인을 독자의 망각에서 찾고 있다.
⑤ 인물의 행선지와 관련한 정보를 독자에게 제공하고 있다.

04. (가)와 (나)에 대한 감상으로 적절하지 않은 것은?

① (가)의 짧게 느껴지는 '골목'은 어머니의 아쉬움을, (나)의 빠져 나오기 힘든 '골목길'은 '시시한 동네'의 열악함을 보여 주고 있다.
② (가)는 딸이 멀리 떠나는 모습을 통해, (나)는 명숙이 집 밖에서 엿듣는 모습을 통해 가족들 간의 갈등 상황을 보여 주고 있다.
③ (가)의 '눈물'은 가족을 떠나보내는 자의 아픔을, (나)의 '어금니'는 가족의 생계를 꾸려 나가는 자의 견딤을 보여 주고 있다.
④ (가)는 주인 영감의 명령만을 기다리는 신전 집 가족들을 통해, (나)는 만삭의 몸에도 누더기를 꿰매는 아내의 모습을 통해 가족이 처한 불우한 상황을 보여 주고 있다.
⑤ (가)는 '도회에서의 패잔자'가 낙향하는 모습을 통해, (나)는 영호가 취직을 거부하는 모습을 통해 현실에 적응하지 못하는 인물의 처지를 보여 주고 있다.

05. (나)의 '#68~#71'에 대한 이해로 적절하지 않은 것은?

① #68의 장면에 이어지는 #69에서 '철호Ⓔ'를 삽입하여 회상의 주체가 철호임을 알려 주고 있다.

② #69에서 '철호Ⓔ'를 삽입하여 아내에 대한 연민을 드러내고 있다.

③ #69에서 '노래'를 활용하여 학창 시절 아내의 화면을 결혼 피로연장 아내의 화면으로 전환하고 있다.

④ #70에서 침묵하는 철호의 모습과 시가지의 분위기를 대비하여, 거리를 바라보는 철호의 심리를 암시하고 있다.

⑤ #70의 침묵과 #71의 대화를 상호 대비하여 영호의 소심함을 드러내고 있다.

06. 〈보기〉를 바탕으로 (가)의 ㉠~㉢과 (나)의 '#71~#75'에 대해 이해한 내용으로 적절하지 않은 것은?

─── 〈보기〉 ───

작가는 시간의 흐름에 따라 나타나는 모든 상황을 서술하지는 않는다. 일련의 상황이나 사건들 중 작가의 시선에 의해 특정한 부분이 부각되어 서술되는 것이다. 즉, 서사는 시간과 공간을 배경으로 하는 사건의 선택과 결합을 통해 구성된다. 선택이란 시간과 공간을 분할한 후 의미 있는 부분을 선택하는 것을, 결합이란 이렇게 선택된 시간과 공간을 다양한 방식으로 연결하여 새롭게 사건을 구성하는 것을 의미한다. 이렇게 서사는 다양한 사건 구성의 방식을 통해 인간의 문제를 총체적으로 파악하고자 하는 고민을 담고 있다.

① ㉠에서는 두 인물 사이에서 발생한 여러 상황에서 몇 개의 상황만을 선택적으로 제시하여 그 상황에 대한 인물의 심리를 암시하고 있고, #71과 #72에서는 서로 다른 두 공간을 동일 인물의 등장으로 연결하여 인물의 공간 이동을 나타내는군.

② ㉡에서는 같은 날에 서로 다른 공간을 배경으로 하는 사건이 일어났음을 밝혀 ㉡의 공간에서 일어나는 사건과 ㉠의 공간에서 일어나는 사건을 결합하고 있고, #73과 #74의 서로 다른 공간은 동일한 인물들의 이어지는 대화를 통해 서로 결합하고 있군.

③ ㉡에서는 일련의 상황을 선택적으로 제시하면서 인물들에 대한 감정을 서술하고 있고, #73~#75에서는 두 인물의 대화를 매개로 서로 다른 공간을 결합함으로써 #73과 #75의 장면에 등장하는 인물들이 #74의 상황을 공유할 수 있도록 구성하고 있군.

④ ㉠과 ㉡의 연결은 같은 날에 서로 다른 공간에서 발생하는 사건의 연결이라는 점에서는 #74와 #75의 연결과 유사하지만, 인물의 목소리를 활용하는 #74와 #75의 연결과 비교하면 연결 방식에서 구별되는군.

⑤ ㉢은 시간의 흐름을 분할하고 대상의 특징적인 변화를 선택하여 제시한다는 점에서 #75와 유사하지만, 서로 다른 두 공간의 결합이 나타나지 않는다는 점에서는 #75와 구별되는군.

다음 글을 읽고 물음에 답하시오.

[앞부분의 줄거리] 철호는 월남 가족의 가장으로, 실성한 어머니, 만삭의 아내, 상이군인인 남동생 영호, 힘들게 살아가는 여동생 명숙과 함께 해방촌의 판잣집에서 살고 있다. 철호는 은행 강도가 된 동생 영호가 경찰서에 잡혀 갔다는 소식을 듣게 된다.

㉠ S# 103. 철호의 방 안

철호가 아랫방에 들어서자 윗방 구석에서 고리짝을 뒤지고 있던 명숙이가 원망스럽게

명숙 : 오빤 어딜 그렇게 돌아다니슈.

철호는 들은 척도 않고 아랫목에 털썩 주저앉아 버린다.

명숙 : 어서 병원에 가 보세요. / **철호 :** 병원에라니?

명숙 : 언니가 위독해요. / **철호 :** ……

명숙 : 점심때부터 진통이 시작되어 죽을 애를 다 쓰고 그만 어린애가 걸렸어요. / **철호 :** ……

(중략)

㉡ S# 104. 동대문 산부인과 복도

철호가 419호실 앞으로 휘청거리고 와서 조용히 노크한다. 이윽고 문이 열리면 텅— 빈 실내를 간호원이 소독하고, 한 간호원이 철호의 위아래를 훑어보며

간호원 : 혹시 이 방에 입원한 환자의 가족이신가요?

철호 : ……네. / **간호원 :** ……

철호 : ……. / **간호원 :** 한 시간 좀 지났어요.

철호 : ……? ……. / **간호원 :** 부인과 과장실에 가 보세요.

하고 문을 닫는다. 화석 같은 철호.

S# 105. 시체 안치실 앞

철호가 유령처럼 걸어온다.

문 앞에 와서 손잡이를 잡다가 힘없이 놓고 돌아선다.

눈앞에 뽀얗게 흐린 채 거기 우두커니 서 있을 뿐……

㉢ S# 107. 거리

허탈한 상태로 걸어가는 철호.

여기서 자신의 소리가 겹친다.

ⓐ **소리 :** (벽력같은 소리로) 영호야! 그렇게나 살자면 이 형도 벌써 잘 살 수 있었단 말이다.

입은 찢어지고 눈에선 눈물이 사정없이 솟고 그러면서도 눈만은 정기(精氣)가 차서 앞을 정시(正視)하며……

S# 110. 다른 거리

문방구점, 라디오방, 사진관, 제과점. 그는 길옆에 늘어선 가게의 진열장을 하나하나 기웃거리며 걷고 있다. 하나 철호의 눈에는 무엇인지 하나도 보이지 않는다.

그는 어느 문 앞에 걸린 간판 앞에 우뚝 선다. '치과' 그것을 쳐다보는 철호의 얼굴이 점점 찌푸려지며 손으로 볼을 움켜쥔다. 철호가 주머니에서만 환을 꺼내 보더니 이윽고 결심한 듯 안으로 들어간다.

S# 113. 거리

철호가 볼을 만지며 걸어온다.

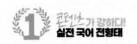

그는 또 우뚝 선다. 다른 치과 앞이다. 그가 한참 생각다 들어가면 —

ⓑ **O.L.** * — 철호가 이번에는 양쪽 볼을 손으로 누르며 나온다.

그는 주머니에서 휴지를 꺼내 입안의 피를 뱉는다.

ⓓ **S# 116. 그 집 앞**

그 집 옆 골목으로 비틀거리고 나온 철호가 시궁창에 가서 쭈그리고 앉는다.

"왈칵" 쏟아져 나오는 피.

그는 저고리 소매로 입술을 닦으며 일어선다.

눈앞이 빙글빙글 돌기 시작한다.

그는 휘청거리고 나가서는 지나가는 자동차를 세우고 던져지듯 털썩 차 안에 쓰러지자 택시는 구르기 시작한다.

S# 117. 자동차 안

조수 : 어디로 가시죠? / 철호 : 해방촌!

자동차가 원을 그리며 돌자

철호 : 아냐, 동대문 부인 병원으로.

이번엔 반대로 커브를 돌리자

철호 : 아냐, 종로서로 가이!

운전수와 조수가 못마땅해서 힐끗 돌아본다.

ⓜ **S# 120. 자동차 안**

조수가 뒤를 보며

조수 : 경찰섭니다.

혼수상태의 철호가 눈을 뜨고 경찰서를 물끄러미 내다보다가 뒤로 쓰러지며

철호 : 아니야. 가! / 조수 : 손님 종로 경찰선데요.

철호 : 아니야. 가! / 조수 : 어디로 갑니까?

철호 : 글쎄 가재두…… / 조수 : 참 딱한 아저씨네.

철호 : …….

운전수가 자동차를 몰며 조수에게

운전수 : 취했나? / 조수 : 그런가 봐요.

운전수 : 어쩌다 오발탄 같은 손님이 걸렸어. 자기 갈 곳도 모르게.

철호가 그 소리에 눈을 떴다가 스르르 감는다.

밤거리의 풍경이 쉴 새 없이 뒤로 흘러간다.

여기에 들리는 철호의 소리.

ⓒ **철호E** * : 아들 구실, 남편 구실, 애비 구실, 형 구실, 오빠 구실, 또 사무실 서기 구실. 해야 할 구실이 너무 많구나. 그래 난 네 말대로 아마도 조물주의 오발탄인지도 모른다. 정말 갈 곳을 알 수가 없다. 그런데 지금 나는 어딘지 가긴 가야 하는데…….

– 이범선 원작, 나소운·이종기 각색, 「오발탄」 –

*O.L. : 하나의 화면이 끝나기 전에 다음 화면이 겹치면서 먼저 화면이 차차 사라지게 하는 기법.

*E : 화면은 앞 화면 그대로 유지한 채 소리만 덧붙이는 기법.

---

07. ㉠~㉤에 대한 설명으로 가장 적절한 것은?

① ㉠ : 명숙의 대사에 대한 철호의 반응을 통해, 명숙의 태도에 대해서 철호가 원망하는 모습이 드러난다.

② ㉡ : 간호원의 대사에 대한 철호의 반응을 통해, 아내의 상태가 나아질 것에 대한 기대감이 드러난다.

③ ㉢ : 철호의 행동을 통해, 성공한 삶을 살게 된 영호에 비해 초라한 자신의 모습에 대한 철호의 자괴감이 드러난다.

④ ㉣ : 철호의 행동을 통해, 철호가 육체적 고통에서 회복되고 있음이 드러난다.

⑤ ㉤ : 목적지를 결정하지 못하는 철호의 모습을 통해, 삶의 방향을 상실한 괴로움이 드러난다.

08. 〈보기〉는 S# 110에 해당하는 원작 소설의 일부분이다. 〈보기〉를 시나리오로 각색할 때 고려했을 점으로 가장 적절한 것은?

─────〈보기〉─────

문방구점, 라디오방, 사진관, 제과점. 그는 길가에 늘어선 이런 가게의 진열장을 하나하나 기웃거리며 걷고 있었다. 그러면서도 무엇이 있는지 하나도 보이지는 않았다. 그러던 철호는 또 우뚝 섰다. 그는 거기 눈앞에 걸린 간판을 쳐다보고 있었다. 장기판만 한 흰 판에 빨간 페인트로 치과라고 써 있었다. 철호는 갑자기 이가 쑤시는 것을 느꼈다. 아침부터, 아니 벌써 전부터 홀떡홀떡 쑤시는 충치가 갑자기 아팠다. 양쪽 어금니가 아래위 다 쑤셨다. 사실은 어느 것이 정말 쑤시는 것인지조차도 분간할 수가 없었다. 철호는 호주머니에 손을 넣어 보았다. 만 환 다발이 만져졌다. 철호는 치과 간판이 걸린 층계 이층으로 올라갔다.

① 소설 속 인물의 심리가 시나리오 속 인물의 표정과 행동으로 드러나도록 한다.

② 사건을 추가하여 인물 간의 갈등이 분명하게 드러날 수 있도록 구체화한다.

③ 장면 해설을 활용하여 사건의 의미를 쉽게 풀어 전달할 수 있도록 한다.

④ 등장인물의 수를 늘려 사건의 의미를 다각도로 조명할 수 있도록 한다.

⑤ 공간적 배경을 다르게 설정하여 시대상을 정확히 보여 주도록 한다.

09. ⓐ~ⓒ에 대한 설명으로 적절한 것을 〈보기〉에서 찾아 바르게 짝지은 것은?

─────〈보기〉─────

ㄱ. ⓐ : 현재 '영호'와의 대화 장면 속에서 '철호'의 속마음을 보여 주는 소리로, '영호'에 대한 반감을 효과적으로 드러낸다.

ㄴ. ⓑ : 전후 장면에 나타나는 '철호'의 행동을 통해 생략된 사건을 짐작할 수 있게 한다.

ㄷ. ⓑ : '철호'가 치과 안과 밖에서 겪는 두 사건을 한 화면에 병치하면서 과거를 회상하는 장면을 드러낸다.

ㄹ. ⓒ : '철호'의 소리를 화면에 덧붙이는 기법을 사용하여 '철호'의 심리를 집약하여 보여 준다

① ㄱ, ㄴ   ② ㄱ, ㄷ   ③ ㄴ, ㄷ

④ ㄴ, ㄹ   ⑤ ㄷ, ㄹ

다음 글을 읽고 물음에 답하시오.

[이전 줄거리] 철호는 계리사 사무실에서 일하며 근근이 살아가는 샐러리맨이다. 그는 전쟁의 충격으로 "가자!"라는 말만 되풀이하는 병든 노모와 만삭의 아내, 부상을 입고 제대한 아우 영호, 그리고 양공주가 된 누이동생 명숙 등 부양가족에 대한 책임과 걱정 속에서 살아간다. 그러나 그는 묵묵히 주어진 현실에 순응하면서 양심을 지키며 성실하게 살아가려는 인물이다. 반면, 동생 영호는 은행 강도를 하다가 체포되어 수감되고 아내는 난산으로 인해 죽게 된다. 철호는 절망 상태에서 무리하게 이를 뽑기로 작정한다.

S# 111. 동 치과 안

앗!

하는 비명과 함께 의사가 집게를 들고 철호의 이를 뽑아낸다.

의사 : 좀 아팠지요. 뿌리가 구부러져서…….

하며 뽑아든 이를 보인다.

철호가 침을 타구에 뱉는다. 나오는 피——.

의사가 계속해서 뽑은 자리를 치료하고 나서

의사 : 됐습니다. 한 삼십 분 후에 솜을 빼 버리슈.

철호는 머리를 좌우로 흔들어 보고 나서

철호 : 이쪽을 마저 뽑아 주실까요?

의사 : 어금니를 한 번에 두 개씩 빼면 출혈이 심해서 안 됩니다.

철호 : 몽땅 뽑았으면 좋겠는데요.

의사 : 한쪽을 치료해 가면서 뽑아야지 안 됩니다.

철호 : 그럴 새가 없습니다. 마악 쑤시는걸요.

의사가 주사기에 약을 넣으며 빙그레 웃는다.

의사 : 안 됩니다. 빈혈증이 일어나면 큰일나니까요. 자 벗으실까요.

하자 철호는 하는 수 없이 의자에서 일어선다.

(중략)

S# 115. 설렁탕집 안

휘청거리고 들어온 철호가

철호 : 설렁탕!

하고 의자에 쓰러진다.

철호가 또 휴지를 꺼내다가 힘없이 일어나 밖으로 나간다.

S# 116. 그 집 앞

그 집 옆 골목으로 비틀거리고 나온 철호가 시궁창에 가서 쭈그리고 앉는다.

'왈칵' 쏟아져 나오는 피.

그는 저고리 소매로 입술을 닦으며 일어선다.

눈앞이 빙글빙글 돌기 시작한다.

그는 휘청거리고 나가서는 지나가는 자동차를 세우고 던져지듯 털썩 차 안에 쓰러지자 택시는 구르기 시작한다.

S# 117. 자동차 안

조수 : 어디로 가시죠? / **철호** : 해방촌!

자동차가 원을 그리며 돌자

철호 : 아냐. 동대문 부인 병원으로.

이번엔 반대로 커브를 돌리자

철호 : 아냐. 종로서로 가아!

운전수와 조수가 못마땅해서 힐끗 돌아본다.

S# 118. 동대문 부인과 산실

아이는 몇 번 앙! 앙! 거리더니 이내 그친다.

그 옆에 허탈한 상태에 빠진 명숙이가 아이를 멍하니 바라보며 앉아 있다.

여기에 W*되는 명숙의 소리.

명숙 : 오빠 돌아오세요 빨리. 오빠는 늘 아이들의 웃는 얼굴이 세상에서 젤 좋으시다고 하셨죠? 이 애도 곧 웃을 거예요. 방긋방긋 웃어야죠. 웃어야 하구 말구요. 또 웃도록 우리가 만들어 줘야죠.

S# 119. 경찰서 앞

택시가 와 선다.

S# 120. 자동차 안

조수가 뒤를 보며

조수 : 경찰섭니다.

혼수상태의 철호가 눈을 뜨고 경찰서를 물끄러미 내다보다가 뒤로 쓰러지며

철호 : 아니야. 가! / **조수** : 손님 종로 경찰선데요.

철호 : 아니야. 가! / **조수** : 어디로 갑니까?

철호 : 글쎄 가재두…….

조수 : 참 딱한 아저씨네. / **철호** : …….

운전수가 자동차를 몰며 조수에게

운전수 : 취했나? / **조수** : 그런가 봐요.

운전수 : 어쩌다 오발탄 같은 손님이 걸렸어. 자기 갈 곳도 모르게.

철호가 그 소리에 눈을 떴다가 스르르 감는다.

밤거리의 풍경이 쉴 새 없이 뒤로 흘러간다.

여기에 철호의 소리가 W한다.

철호E* : 아들 구실, 남편 구실, 애비 구실, 형 구실, 오빠 구실, 또 사무실 서기 구실, 해야 할 구실이 너무 많구나. 그래 난 네 말대로 아마도 조물주의 오발탄인지도 모른다. 정말 갈 곳을 알 수가 없다. 그런데 지금 나는 어딘지 가긴 가야 하는데…….

이때 네거리에 자동차가 벨 소리와 함께 선다.

조수 : (돌아보며) 어딜 가시죠?

철호가 의식이 몽롱해진 소리로

철호 : 가자…….

S# 121. 하늘

도시의 소음이 번져 가는 초저녁 하늘. 유성(流星)이 하나 길게 꼬리를 문다.

S# 122. 교차로

때르릉 벨이 울리자 —— 신호가 켜진다.

철호가 탄 차도 목적지를 모르는 채 꼬리에 꼬리를 물고 행렬에 끼어서 멀리멀리 사라져 간다.

- 이범선 원작 / 나소운·이종기 각색, 「오발탄」 -

*W : 와이프(Wipe). 한 화면이 닦아 내는 것처럼 조금씩 없어지며 다른 화면으로 바뀌는 것. 와이프 아웃(Wipe Out=W.O.)이라고도 함.

*E : 이펙트(Effect). 효과(음). 화면은 앞 화면 그대로 유지한 채 소리만 덧붙이는 기법.

10. 윗글에 대한 적절한 설명을 〈보기〉에서 모두 고른 것은?

─────〈보기〉─────

ㄱ. '철호'의 치통은 절망적인 상황에서 느끼는 고통을 상징한다.
ㄴ. '철호'의 '가!'라는 외침은 처절한 현실에서 부르짖는 감정의 표출이다.
ㄷ. '해방촌'은 '철호'와 '그 아내'가 평소 꿈꾸었던 행복한 삶이 실현되는 공간이다.
ㄹ. '철호'를 '오발탄'으로 설정한 것은 삶의 방향 감각을 상실한 인물을 부각시키기 위한 문학적 장치이다.

① ㄱ, ㄴ   ② ㄱ, ㄷ   ③ ㄷ, ㄹ
④ ㄱ, ㄴ, ㄹ   ⑤ ㄴ, ㄷ, ㄹ

11. 윗글의 촬영을 위해 연출가가 지시할 만한 내용으로 적절하지 <u>않은</u> 것은?

① S# 116 : 카메라맨은 철호를 클로즈업 한 후, 철호의 어지러움을 표현하기 위해 카메라를 상하 좌우로 움직여 주세요.
② S# 117 : '철호'의 갈 곳 모르는 삶이 부각될 수 있도록 자동차가 방향을 자주 바꾸는 모습을 보여 주세요.
③ S# 118 : '명숙'의 소리는 오빠를 기다리는 간절한 심정이 드러나도록 하세요.
④ S# 120 : '운전수'는 '철호'에 대한 따뜻한 정감이 느껴지도록 시선을 처리해 주세요.
⑤ S# 121~S# 122 : '철호'의 비극적인 인생이 드러날 수 있도록 화면이 차차 어두워지는 기법을 활용하여 장면을 마무리해 주세요.

12. 윗글의 '철호'와 〈보기〉의 '윌리 로만'에 대한 설명으로 적절하지 <u>않은</u> 것은?

─────〈보기〉─────

　미국의 극작가 아서 밀러의 희곡인 「세일즈맨의 죽음」에서 주인공 윌리 로만은 원래 전원생활과 노동을 좋아하는 사람이었다. 그는 30년간 오직 세일즈맨으로 살아오면서 자기 직업을 자랑으로 삼고 '성실하게 일하면 반드시 물질적인 성공을 거둘 수 있다'는 신념을 가지고 있었다. 그의 두 아들 비프와 해피에게도 그의 신조를 불어넣으며 그들의 성공을 기대하였다.
　그러나 두 아들은 그의 기대를 저버리고 타락해 버렸고 그 자신도 오랜 세월 근무한 회사에서 몰인정하게 해고당한다. 궁지에 몰린 그는 가족에게 보험금을 남겨 주기 위해 자동차를 과속으로 몰아서 자살한다.

① '철호'는 '윌리 로만'과 달리 직면한 현실에서 결단을 내리지 못하고 있다.
② '윌리 로만'은 '철호'와 달리 평소 신념을 실천하기 위해 죽음을 선택하고 있다.
③ '철호'와 '윌리 로만' 모두 가족에 대한 책임을 인식하고 있다.
④ '철호'와 '윌리 로만' 모두 자신이 어찌할 수 없는 한계 상황에 도달하고 있다.
⑤ '철호'와 '윌리 로만' 모두 외부적인 요소로 인해 좌절하는 소시민의 전형이라 할 수 있다.

30 | 이근삼, 원고지

01 지문 분석과 OX문제

장남 : 전 이 집 장남입니다. 이쪽 높은 방은 저하고 누이동생이 생활하는 곳입니다. 아버지를 소개하기 전에 행복한 가정을 이룰 수 있는 비결을 말씀
_{관객에게 말을 건네고 있음. 이는 관객의 몰입을 방해하여, 감성이 아닌 이성적 판단을 유도하는 서사극의 특징임.}

드리겠어요. 아주 간단합니다.「부모는 자식들에게 맡은 바 책임을 다하면 됩니다. 밥 세 끼도 제대로 못 먹이고, 학비도 제대로 못 주는 부모들이
_{「 」 : 장남의 자기중심적 태도와 물질 만능주의, 속물적 사고방식이 드러남. 물질적 가치로 가족 관계를 재단하고 있음.}

아들딸이 결혼할 때가 되면 아주 귀찮게 간섭을 한단 말입니다. 우리는 이런 버릇을 버려야 합니다. 우리 집이 비교적 행복한 것도 우리 부모의 열

렬한 책임감 때문입니다.」(자기 손목시계를 보며) 지금이 저녁 일곱 시 반이니 아마 아버지가 곧 돌아오실 겁니다. 아버지는 늘 쾌활한 얼굴에다 발
_{교수의 상황과 불일치되는 장남의 말
↳ 노동으로 피로한 교수의 처지를 부각함.}

걸음은 참새처럼 가볍지요.

_{■ : 인물의 처지를 부각하고 주제 의식을 형상화하는 소도구}

졸음이 오는 지루한 음악과 더불어 철문 도어가 무겁게 열리며 교수 등장. 『아래위 양복이 원고지를 덧붙여 만든 것처럼 이것도 원고지 칸 투성이
_{음악과 철문을 통해 지루하고 무거운 현실을 보여줌. 피곤한 교수의 모습과 무거운 책임감을 부각함.}

다. 손에는 큼직한 낡은 가방을 들고 있다. 허리에 쇠사슬을 두르고 있는데 허리를 돌고 남은 줄이 마루에 줄줄 끌려다닌다. 쇠사슬이 도어 밖까지 나
_{과도한 업무와 무거운 책임감을 상징함.} _{집 안팎에서 과중한 일에 시달림.}

가 있어 끝이 없다.』도어를 닫고 소파에 힘들게 앉는다. 여전히 쇠사슬을 끌고 다니면서 가방은 자기 옆에 놓고 처음으로 전면을 바라본다. 중년에 퍽
_{『 』 : 과장되고 상징적인 소품을 사용하여 관객의 이성적 판단을 유도함. → 규격화된 일상생활의 노예처럼 살아가는 현대인의 모습을 표현하려는 의도가 담겼음.}

마른 얼굴, 이마에는 주름살이 가고 찌푸린 얼굴은 돌 모양 변화가 없다. 잠시 후 피곤하다는 듯이 두 손을 옆으로 뻗치면서 크게 기지개를 한다.
_{장남이 말한 모습과 대조됨. 과도한 노동으로 지치고 피곤한 모습}

'아아' 하고 토하는 큰 하품은 무엇에 두들겨 맞아 죽는 비명같이 비참하게 들려 오히려 관객들을 놀라게 한다. 장녀가 플랫폼에 나타난다.
_{큰 하품 소리로 교수의 감정과 처지를 청각적으로 나타냄.}

장녀 : 저의 아버지랍니다. 밖에서 돌아오시면 늘 이렇게 달콤한 하품을 하신답니다. (교수는 머리를 기대고 잠을 자고 있다. 코를 고는데 흡사 고양이
_{피곤한 교수의 비명 같은 하품 소리를 달콤한 것으로 설명하며 교수의 처지를 부각함.}

우는 소리다.) 인제 어머님이 돌아오셔요. 어머님은 늘 아버지의 건강을 염려하세요.

_{「 」 : 장녀의 말과 달리 남편의 건강보다 돈을 중시하는 처. → 물질적 가치를 중심으로 하여 가족 관계가 왜곡된 모습}

적당한 곳에서 처가 나타난다. 과거에는 살도 쪘지만, 현재는 몸이 거의 헝클어져 있다. 퇴색한 옷을 입고 있다. 「소리를 안 내고 들어와 잠자는 교
_{정상적이라면 휴식을 권했을 것임.}

수의 주머니를 샅샅이 턴다. 돈을 한 주먹 쥐고 이어 교수의 가방을 턴다. 돈 부스러기를 몇 장 찾아내고 그 액수가 적음에 실망을 한다.」잠시 후 교
_{남편보다 돈을 중시하는 속물적 모습}

수를 흔들어 깨운다.

장녀 : 제 말이 맞았지요?

플랫폼 방 불이 서서히 꺼진다.

처 : 여보, 여기서 그냥 주무시면 어떡해요. 옷도 안 갈아입으시고. / **교수** : 깜빡 잠이 들었군.

교수 일어선다.

처 : 『어서 옷을 갈아입으세요. (처는 교수 허리에 칭칭 감긴 철쇄를 풀어 헤치고 소파 뒤의 막대기에 감겨 있는 또 하나의 <u>굵은 줄</u>을 풀어 교수 허리
『 』: 교수는 집에서도 억압을 당하고 있음. '굵은 줄'은 '쇠사슬'과 같이 과중한 업무로 교수를 압박하는 구속을 상징함.

에 다시 감아 준다.) 옷을 갈아입으시니 한결 시원하시지 않아요? / 교수 : 난 잘 모르겠어.』
집에서도 밖과 같은 상황에 처함.

(중략)

교수가 말없이 원고지 한 장 쭉 찢어 처에게 넘겨준다. 처는 <u>빼앗듯이 원고지를 가로채더니 자루 안에 쓸어 넣는다.</u> 그리고
처는 남편을 돈 버는 기계로 취급함. 교수의 번역이 물질적 가치로만 판단되는 모습을 시각적으로 표현함.

처 : 삼백 환!
남편의 노동을 돈으로 환산하는 처. 물질 위주의 사고 방식

재빠르게 다음 페이지의 번역을 끝낸 교수가 다시 한 장을 찢어 처에게 넘긴다. 처는 같은 행동을 반복하며
교수는 돈을 벌기 위해 반복적으로 원고를 씀.

처 : 육백 환! (이어) 구백 환!

플랫폼 방이 다시 밝아진다. 「달콤한 음악과 더불어 장남, 장녀가 또 무엇을 처먹으면서 거울 앞에 가더니 얼굴의 여드름을 짠다. 옆방에서는 여전히
「 」: 여유로운 모습의 장남과 장녀는 바쁘고 고된 모습의 부모(교수와 처)와 대비됨. → 왜곡된 가족 관계

교수와 처가 결사적으로 일을 한다.」 처의 요란스러운 셈 소리가 삼천 환을 훨씬 넘었다. <u>감독관이 다시 창가를 지나가며 기웃거리고 사라진다.</u> 일하던
교수와 처 모두 감독관의 감시 대상임.

교수가 갑자기 붓을 놓고 쓰던 원고지를 보더니 <u>슬그머니 미소를 짓는다.</u>
백구십 자 칸 원고지를 발견하고 미소를 짓는 교수

처 : 왜 그러세요? / 교수 : 참 신기한 일이야.

처 : <u>삼천 환을 겨우 넘었을 뿐인데 무엇이 신기해요.</u>
처의 판단 기준 = 돈

교수 : 이 원고지 말이요. 다 이백 자 칸이 있는데 이 종이만은 백구십 자 칸밖에 안 들었어. 열 자 모자라. 어째서 그럴까? <u>원고지가 한결 크고 시원</u>
일상의 규격화된 틀. 정형화된 삶

<u>해 보이는군. 마음이 탁 트이는 것 같다. 이상한데, 이상해.</u>
10칸이 줄어 그만큼 칸이 넓어진 것을 잠시 현실에서 벗어난 여유와 해방으로 생각함. 규격화된 일상에서 벗어나고 싶은 마음

교수는 여전히 미소를 지으면서 전면을 바라본다. 『이때 무대 전체가 어두워지고 스포트라이트가 교수만을 포착한다. 잠시 모든 것이 조용해지며 과
『 』: 다음 장면이 교수의 과거와 관련된 내용임을 조명과 음악을 통해 알리고 있음.

거를 상기시키는 감상적인 음악이 고요히 흘러나온다.』 교수 전면에 또 하나의 스포트라이트가 투사되며 천사가 역시 미소를 지으며 가벼운 발레를 추

면서 들어온다. 교수는 천사를 물끄러미 바라본다.

규격화된 틀을 깬 원고지를 보고 지난날의 꿈과 이상이 생각남.
교수 : (한참 있다) 오라, 생각이 나는 것 같아. 그래, 바로 그거. / 천사 : 나를 완전히 잊은 줄 알았어요.
천사의 상징적 의미   ↳ 교수가 희망과 열정을 가졌던 과거와 다르게 살아왔음을 뜻함.
교수 : (일어서며) 분명 그래. 아직 잊지를 않았어. 나의 희망, 나의 정열의 옛 모습이야. / 천사 : 쥐꼬리만 한 기억력이 아직 남아 있군요.

교수 : 언제 어떻게 돼서 당신과 헤어졌는지 모르겠습니다. 나에게도 불타는 듯한 정열이 있었어요. 그래요. 생각이 납니다. 밤을 새워 가며 아름다움을

노래하고, 진리를 위해 온 생애를 바치겠노라고 떠들던 때……. 아, 꿈같은 시절이었습니다. 당신은 왜 나를 버렸어요?
꿈과 희망, 열정을 가졌던 때

천사 : 당신이 나를 떠났지요. 당신을 돕고 싶습니다. 그러나 이미 늦었어요. 나한테 되돌아오기는 너무 늦었어요.
현재의 상황에서 벗어나기가 어렵다는 것을 암시함.

교수 : 내 꿈을 도로 찾아 주십시오. 생각할 힘을 주시오. 요즈음은 통 사고를 할 수가 없습니다.
과거의 희망과 정열을 열망하는 교수   반복되는 노동으로 꿈을 잃고 무기력해짐. 현대인의 모습

천사 : 사고(思考)할 필요가 없어요. 이미 사고(事故)가 난걸요.
'생각'과 '잘못된 일' → 동음이의어를 활용한 언어 유희. 비관적인 현실을 인지하게 함.

교수 : 이 함정에서 뛰어나가고 싶습니다. (천사가 서서히 사라진다.) 가지 마시오! 내 희망, 내 정열은 어떻게 되는 거요. 꿈을 주십시오! 내 꿈! 내 꿈!
돈 버는 기계가 되어버린 현실

꿈을 잃은 교수는 맥없이 전면을 바라보며 앉아 있다. 어둠 속에서 창을 여는 소리가 나며, 감독관이 얼굴을 나타낸다.

감독관 : (회초리를 흔들며) 원고! 원고는 언제 쓰는 거야?
자기반성을 방해하고 노동을 독촉함.

이 소리에 교수는 비로소 정신을 차리고 다시 비참한 표정으로 번역을 계속한다. 이러는 사이에 무대 전체가 암흑화된다. 잠시 후 새소리, 닭 우는
꿈이 사라지고 현실로 돌아옴.   교수의 감정

소리와 더불어 무대 전체가 밝아진다. 아침이다. 교수는 책상에 머리를 박은 채 자고 있다. 플랫폼 방에서는 장남이 반나체가 돼서 아령을 쥐고 운동을
정신과 육체가 피로하여 일을 하다 잠에 든 교수

하고 있다. 장녀가 아침 신문을 들고 응접실로 들어온다.

장녀 : (관객들에게) 벌써 아침이 됐습니다. (자고 있는 교수를 가리키며) 아버지는 연구하시다 가끔 그대로 책상에서 주무신답니다. 그야말로 학자지요.
반어적 표현 → 학자로서 공부나 연구를 하기보다는 돈을 버는 번역만 하는 모습

여러분은 아침에 어머니가 먼저 안 나오시고 제가 이 방에 대신 왔다는 점을 이상하게 생각하실지 모르겠습니다. 어머니는 아침 일찍이 아버지 원

고를 가지고 출판사로 달려갔으니 이렇게 제가 대신 왔습니다. 아시겠지요. 아버지가 밤늦도록 수고하시니 저도 아버지를 위해 한 가지 좋은 일을
돈을 버는 것에 급급한 모습

해 드리고 있습니다. 아침마다 아버지께 신문을 읽어 드립니다. (교수를 깨운다.) 아버지. (교수 눈을 비비며 머리를 든다.) 아버지, 아침 신문 왔어요.

읽어 드리겠어요.

OX문제

01   초월적 공간을 통해 인물의 내적 갈등을 드러내고 있다. [2014학년도 6월B]   (O / X)

02   '쇠사슬'과 '굵은 줄'은 교수를 압박하는 과중한 업무와 구속을 의미한다.   (O / X)

03   시간의 흐름을 단계적으로 보여 줌으로써, 갈등이 해소되는 과정을 부각하고 있다. [2017학년도 9월]   (O / X)

04   교수는 과거의 희망과 열정을 떠올리지만, 감독관의 독촉으로 인해 현실로 돌아온다.   (O / X)

05   처는 원고를 학문적 가치로서 높게 평가하여 아침 일찍 출판사로 달려갔다.   (O / X)

 STEP 02 작품 해제

01 | 주제

인간성을 상실한 현대인의 기계적인 삶 풍자

02 | 특징

① 감성이 아닌 이성에 호소하는 서사극
② 무대 장치, 소도구, 인물의 대사와 행동 등이 희극적으로 과장되어, 풍자와 반어적 의미를 드러냄.

03 | 작품 해제

이 작품은 반복되는 일상 속에서 기형화된 삶을 살아가는 한 가족의 모습을 소재로 하여 현대인의 무의미한 일상과 인간 소외의 문제를 그린 희곡이다. 무대 장치와 분장, 소도구뿐만 아니라 대사와 동작에도 반어와 풍자 등 희극적인 과장법을 사용하고 있다. 또한 소파 커버의 원고지 무늬, 원고지로 세운 것 같은 벽 등의 설정을 통해 사실주의 극이 지닌 무대 배경에 대한 고정 관념을 깨뜨린다.

04 | 등장인물

- 교수 : 젊은 시절에는 대학교수로서 학문에 매진하거나 진리를 추구하였지만, 현재는 번역을 본업으로 삼은 타락한 지식인. 가장의 의무감에 짓눌려 이성적인 사고 능력을 상실하고 돈 버는 기계로 전락한 무기력한 인물
- 처 : 의지도 없이 반복적이고 속물적인 삶을 살아가는 세속적 인물. 자식들에게는 의무를 강요당하지만, 남편인 교수를 부를 축적하는 수단으로 여기며 번역을 독촉하는 이중적 인물
- 장남, 장녀 : 해설자 역할의 인물. 부모에 대한 존경과 사랑을 찾아 볼 수 없고 부모로서의 책임만을 강조하는 세속적이고 이기적인 인물
- 감독관 : 관념적인 인물로, 교수를 기계적으로 움직이게 만드는 강압적인 힘을 상징함.
- 천사 : 교수의 분열된 자의식으로, 잃어버린 과거의 꿈과 희망을 상징함.

05 | 상세 줄거리

중년의 대학교수는 처와 아들, 딸과 함께 살고 있다. 먼저 우스꽝스러운 장녀와 미끈하게 생긴 장남이 나와 장황하게 가족구성원을 설명한다. 허리에 쇠사슬을 단 교수는 돌아와 잠이 들고, 머리가 헝클어진 아내는 지쳐 잠이 든 남편을 깨운 뒤 돈 문제로 추궁한다. 남편은 이성과 의지가 상실한 채 정신 착란 증세에 빠져있으며, 장녀와 장남은 늘 자식에 대한 책임을 운운하며 뻔뻔스레 용돈을 요구한다. 아내의 돈 독촉에 시달리며 번역을 하던 교수는 밤 8시 시계 소리를 듣고 아침으로 착각하고 출근하려다가 다시 돌아와 잠을 잔다. 그러나 감독관이 창문에서 갑자기 나타나 회초리를 들고 번역 원고 쓰기를 독촉한다. 아내는 번역 원고 한 장이 나올 때마다 이것을 돈으로 환산하여 챙긴다. 교수는 우연히 190칸만 있는 원고지를 발견하고 탁 트인 기분을 느끼는데, 환상 속에서 젊은 날의 희망과 정열을 상징하는 천사를 만나고 생각할 힘을 갈구한다. 그러나 이 천사도 교수를 뒤로한 채 곧 사라져 버린다. 감독관이 또다시 번역하는 일을 독촉한다. 그는 기계적으로 번역을 한다. 심지어는 영자 신문까지도 일로 착각하고 번역하려고 한다. 교수는 일하다 지쳐 잠이 들고 아침이 된다. 자식들이 읽어주는 신문 속에는 어제와 똑같은 퇴폐적이고 비윤리적인 사건이 일어나고, 교수는 또다시 번역을 하는 일을 시작한다. 아내는 장녀와 장남에게 용돈을 나누어주고 잠시 졸다가 감독관의 독촉에 살림을 한다. 창가에는 감독관이 흘끔거리고 지나간다.

논문으로 만나는 출제자의 시선

반사실주의 연극

1950년대까지 우리나라에서는 사실주의 연극이 주를 이루었다. 1959년 발표된 이근삼의 「원고지」는 1960년대에 발표된 반사실주의를 표방하는 희곡 텍스트로, 현대 사회를 살고 있는 한 중년 부부의 삶을 통해 현대인의 불안의식과 정체성 문제를 비판하고 있다. 이 작품은 새로운 사조인 반사실주의와 표현주의 양식을 표방하여 기존 작품에 나타나는 일반적인 기법과는 차별성을 보인다. ① 「원고지」는 논리적 인과 관계에 입각한 전통적인 극 구성을 해체하고 있다는 점, ② 왜곡되고 과장된 소품과 무대 장치를 활용한다는 점 등의 '표현주의적 요소'를 지니고 있다. 그리고 해설자가 등장하여 관객에게 말을 걸어 극적 환상을 깨거나 노래와 춤으로 관객의 주의를 환기한다는 점 등 '서사극의 요소'도 갖추고 있다.

반어적 발화에 의한 상징

부조리극은 삶의 무의미함, 무목적성을 보여줌으로써 독자나 관객이 현실적인 삶을 인식하도록 유도한다. 또한 지나친 과장이나 반어적 표현은 독자로 하여금 상반된 해석을 내리도록 한다. 가시적이고 직접적으로 주제에 대해 언급하는 대신에 반어적이고 비합리적인 표현으로 인생과 삶이 무엇인지 깨닫게 한다. 「원고지」 역시 비합리적이고 반어적인 발화로 전체 텍스트가 구성된다. 「원고지」의 전반적인 대화 구조는 반어적인 표현이 주를 이루고 있다. 독자는 이러한 비논리적이고 비현실적인 발화를 통해서, 역으로 현실적인 주제를 추론하게 된다.

ㄱ. 우리 집은 크게 자랑할 만한 것은 못 되지만 남부럽지 않게 살고 있습니다.
ㄴ. 건강하기가 이루 말할 수 없습니다.
ㄷ. 우리 집이 비교적 행복한 것도 우리 부모님의 열렬한 책임감 때문입니다.

ㄱ의 '남부럽지 않게 살고 있는 우리 집'은 장녀의 발화이지만, 이 텍스트를 읽거나 보는 독자 입장에서 보면 이 집은 매우 심각한 상태에 놓여 있다. 그리고 간단하게 가족 소개를 마치고 나서 ㄴ처럼 '건강하기가 이루 말할 수 없다'라고 가족에 대해 마무리한다. 그러나 「원고지」의 등장인물과 이들이 구성하는 가족은 아무런 목적의식 없이 살아가는 존재이며, 가족 구성원 간의 애정도 전혀 없다. 즉 일반적 기준으로 상당한 문제점을 안고 있음에도 불구하고 장남과 장녀는 '남부럽지 않고, 건강하고, 행복하고, 부모의 열렬한 책임감' 등을 발화한다. 특히 장남의 '열렬한 책임감'은 실제로는 '열렬한 중압감'이다. 이처럼 반어적 표현은 텍스트 전반에 걸쳐 나타난다. 그래서 이 텍스트에서 자주 사용되는 반어적 표현은 독자에게 강한 상징으로 다가온다.

ㄹ. 아버지는 늘 쾌활한 얼굴에다 발걸음은 참새처럼 가볍지요.
ㅁ. 밖에서 돌아오시면 늘 이렇게 달콤한 하품을 하신답니다.
ㅂ. 어머님은 늘 아버지의 건강을 염려하세요. … 남편의 주머니를 뒤지는 부인 … 제 말이 맞지요?
ㅅ. 그 곡 이름이 뭐지? – "찬란한 인생"이라나요.

아버지에 대한 발화 '쾌활한 얼굴, 참새처럼 가벼운 발걸음, 달콤한 하품' 등은 장녀 입장에서의 표현이지만, 독자의 입장에서 판단하면 역시 반어적 표현이다. 또 늘 아버지의 건강을 염려하는 어머니는 남편이 자고 있는 동안 그의 주머니를 뒤져 돈을 찾곤 한다. 이러한 일련의 사건은 독자들에게 반어적 행동으로 인식되고, 이 반어적 행동을 바탕으로 독자는 상징적 의미를 추론하게 된다. ㅅ의 교수와 처의 대화에서 '찬란한 인생'이라는 곡명도 역시 등장인물의 '찬란하지 못한 인생'을 비꼬아 표현한 것이다.

다음 글을 읽고 물음에 답하시오.

장남 : 전 이 집 장남입니다. 이쪽 높은 방은 저하고 누이동생이 생활하는 곳입니다. 아버지를 소개하기 전에 행복한 가정을 이룰 수 있는 비결을 말씀드리겠습니다. 아주 간단합니다. 부모는 자식들에게 맡은 바 책임을 다하면 됩니다. 밥 세 끼도 제대로 못 먹이고, 학비도 제대로 못 주는 부모들이 아들딸이 결혼할 때가 되면 아주 귀찮게 간섭을 한단 말입니다. 우리는 이런 버릇을 버려야 합니다. 우리 집이 비교적 행복한 것도 우리 부모의 열렬한 책임감 때문입니다. (자기 손목시계를 보며) 지금이 저녁 일곱 시 반이니 아마 아버지가 곧 돌아올 것입니다. 아버지는 늘 쾌활한 얼굴에다 발걸음은 참새처럼 가볍지요.

졸음이 오는 **지루한 음악**과 더불어 철문 도어가 무겁게 열리며 교수 등장. 아래위 **양복**이 원고지를 덧붙여 만든 것처럼 이것도 **원고지 칸투성이**다. 손에는 큼직한 낡은 가방을 들고 있다. 허리에 쇠사슬을 두르고 있는데 허리를 돌고 남은 줄이 마루에 줄줄 끌려 다닌다. 쇠사슬이 도어 밖까지 나가 있어 끝이 없다. 도어를 닫고 소파에 힘들게 앉는다. 여전히 쇠사슬을 끌고 다니면서 가방은 자기 옆에 놓고 처음으로 전면을 바라본다. 중년에 퍽 마른 얼굴, 이마에는 주름살이 가고 찌푸린 얼굴은 돌 모양 변화가 없다. 잠시 후 피곤하다는 듯이 두 손을 옆으로 뻗치면서 크게 기지개를 한다. '아아' 하고 토하는 큰 하품은 무엇에 두들겨 맞아 죽는 **비명**같이 비참하게 들려 오히려 관객들을 놀라게 한다. 장녀가 플랫폼에 나타난다.

장녀 : 저의 아버지랍니다. 밖에서 돌아오시면 늘 이렇게 **달콤한 하품**을 하신답니다. (교수는 머리를 기대고 잠을 자고 있다. 코를 고는데 흡사 고양이 우는 소리다.) 인제 어머님이 돌아오셔요. 어머님은 늘 아버지의 건강을 염려하세요.

적당한 곳에서 처가 나타난다. 과거에는 살도 쪘지만 현재는 몸이 거의 헝클어져 있다. 퇴색한 옷을 입고 있다. 소리를 안 내고 들어와 잠자는 교수의 주머니를 샅샅이 턴다. 돈을 한 주먹 쥐고 이어 교수의 가방을 턴다. 돈 부스러기를 몇 장 찾아내고 그 액수가 적음에 실망을 한다. 잠시 후 교수를 흔들어 깨운다.

장녀 : 제 말이 맞았지요?

플랫폼 방 불이 서서히 꺼진다.

처 : 여보, 여기서 그냥 주무시면 어떡해요. 옷도 안 갈아입으시고.
교수 : 깜빡 잠이 들었군.

교수 일어선다.

처 : 어서 옷을 갈아입으세요. (처는 교수 허리에 칭칭 감긴 **철쇄**를 풀어 헤치고 소파 뒤의 막대기에 감겨 있는 또 하나의 굵은 줄을 풀어 교수 허리에 다시 감아 준다.) 옷을 갈아입으시니 한결 시원하시지 않아요?
교수 : 난 잘 모르겠어.

- 이근삼, 「원고지」 -

01. 윗글에 대한 이해로 적절하지 <u>않은</u> 것은?

① '지루한 음악'을 삽입하여 장남의 말과 배치되는 극의 분위기를 조성하고 있다.

② '원고지 칸투성이'인 '양복'을 제시하여 교수가 처한 상황과 교수의 신분을 관객이 인지하도록 유도하고 있다.

③ 교수의 '비명' 같은 하품을 '달콤한 하품'이라고 말하는 장녀의 대사를 통해 가족 간 소통이 원활하지 않음을 드러내고 있다.

④ '플랫폼 방 불'이 서서히 꺼지는 효과를 활용하여 관객의 시선을 교수와 처의 연기에 집중시키고 있다.

⑤ '철쇄'를 풀어 주는 처의 행위를 통해 교수가 자율성을 회복했음을 강조하고 있다.

02. 〈보기〉를 바탕으로 윗글을 해석한 내용으로 적절한 것은?

> ─── 〈보기〉 ───
>
> 이근삼 희곡에는 극중 배역에서 일시적으로 빠져나와 관객에게 직접 발화하는 '해설자'가 빈번하게 등장한다. 해설자는 관객들에게 인물·사건·배경에 관한 정보를 제공하고, 무대에서 배우의 연기를 지시하거나 설명하는 역할을 수행한다. 따라서 해설자는 기본적으로 관객들을 극중 상황으로 자연스럽게 인도하는 매개자 역할을 하지만, 관객들이 극중 상황에 몰입하는 것을 차단하는 효과를 유발하기도 한다.

① 장남의 대사는 처의 극중 행동을 설명하는 기능을 수행한다.

② 장남은 극중 인물과의 대화를 통해 다른 인물의 등장을 예고한다.

③ 장녀는 직접적인 발화를 통해 관객들에게 시·공간적 배경을 명시적으로 알려 준다.

④ 장녀는 해설자 역할을 효과적으로 수행하기 위해 교수·처와 분리된 공간에 위치한다.

⑤ 장녀는 관객들에게 객관적 정보를 제공하여 관객들이 이를 의심 없이 수용하고 극중 상황에 몰입하도록 인도한다.

다음 글을 읽고 물음에 답하시오.

무대 전체가 어두워지고 스포트라이트가 교수만을 포착한다. 잠시 모든 것이 조용해지며 과거를 상기시키는 감상적인 음악이 고요히 흘러나온다. 교수 전면에 또 하나의 스포트라이트가 투사되며 천사가 역시 미소를 지으며 가벼운 발레를 추면서 들어온다. 교수는 천사를 물끄러미 바라본다.

[A]
교수 : (한참 있다) 오라, 생각이 나는 것 같아. 그래 바로 그거야.
천사 : 나를 완전히 잊은 줄 알았어요.
교수 : (일어서며) 분명 그래. 아직 잊지를 않았어. 나의 희망, 나의 정열의 옛 모습이야.
천사 : 쥐꼬리만한 기억력이 아직 남아 있군요.
교수 : 언제 어떻게 해서 당신과 헤어졌는지 모르겠습니다. 나에게도 불타는 듯한 정열이 있었어요. 그래요. 생각이 납니다. 밤을 새워 가며 아름다움을 노래하고, 진리를 위해 온 생애를 바치겠노라고 떠들던 때……. 아, 꿈 같은 시절이었습니다. 당신은 왜 나를 버렸어요?
천사 : 당신이 나를 떠났지요. 당신을 돕고 싶습니다. 그러나 이미 늦었어요. 나한테 되돌아오기는 너무 늦었어요.
교수 : 내 꿈을 도로 찾아 주십시오. 생각할 힘을 주시오. 요즈음은 통 사고를 할 수가 없습니다.
천사 : 사고(思考)할 필요가 없어요. 이미 사고(事故)가 난걸요.
교수 : 이 함정에서 뛰어나가고 싶습니다. (천사가 서서히 사라진다.) 가지 마시오! 내 희망, 내 정열은 어떻게 되는 거요. 꿈을 주십시오! 내 꿈! 내 꿈!

꿈을 잃은 교수는 맥없이 전면을 바라보며 앉아 있다. 어둠 속에서 창을 여는 소리가 나며, 감독관이 얼굴을 나타낸다.

감독관 : (회초리를 흔들며) 원고! 원고는 언제 쓰는 거야?

이 소리에 교수는 비로소 정신을 차리고 다시 비참한 표정으로 번역을 계속한다. 이러는 사이에 무대 전체가 암흑화된다. 잠시 후 새 소리, 닭 우는 소리와 더불어 무대 전체가 밝아진다. 아침이다. 교수는 책상에 머리를 박은 채 자고 있다. 플랫폼 방에서는 장남이 반나체가 돼서 아령을 쥐고 운동을 하고 있다. 장녀가 아침 신문을 들고 응접실로 들어온다.

장녀 : (관객들에게) 벌써 아침이 됐습니다. (자고 있는 교수를 가리키며) 아버지는 연구하시다가 가끔 그대로 책상에서 주무신답니다. 그야말로 학자지요. 여러분은 아침에 어머니가 먼저 안 나오시고 제가 이 방에 대신 왔다는 점을 이상하게 생각하실지 모르겠습니다. 어머니는 아침 일찍이 아버지 원고를 가지고 출판사로 달려갔으니 이렇게 제가 대신 왔습니다. 아시겠지요. 아버지가 밤늦도록 수고하시니 저도 아버지를 위해 한 가지 좋은 일을 해 드리고 있습니다. 아침마다 아버지께 신문을 읽어 드립니다. (교수를 깨운다.) 아버지. (교수, 눈을 비비며 머리를 든다.) 아버지, 아침 신문 왔어요. 읽어 드리겠어요.
교수 : (하품을 하며) 그래, 읽어다오.
장녀 : (신문을 읽는다.) 비가 많이 왔어요. 강원도 쪽의 눈이 굉장한 모양이에요. 또 살인입니다. 이번엔 두 살 난 애가 자기 애비를 죽였대요. 참 지프차가 동대문을 들이받아 동대문이 완전히 무너졌

[B]
답니다. 지프차는 도망가 버리구. 이것 봐요. 아버지 '개성을 잃은 노동자'라는 번역 책이 악마사에서 다시 나왔어요. 이씨가 또 당선됐답니다. 신경통에 듣는 한약이 새로 나왔군요. 끔찍도 해라. 남편이 자기 아내한테 또 매 맞았대요.
교수 : 하룻밤 사이에 참 신기한 사건도 많아라. 세상이 그렇게 변해서야 어디 살 수 있겠니. 너 왼쪽 손에 들고 있는 종이는 뭐냐?
장녀 : 이거요?

영자 신문을 교수에게 준다. 교수는 받기가 무섭게 기계적으로 번역을 한다.

장녀 : 뭘 번역을 하세요?
교수 : 이 영어를 우리말로 고치는 거야.

그대로 번역을 한다.

장녀 : 아버지두 참! 그거 오늘 아침 영어 신문이에요.
교수 : (신문을 보더니) 그렇군! 난 영어길래 곧 번역하려구 했지.

시계가 여덟 번을 친다. 교수는 무엇에 놀란 듯 황급히 일어나 가방을 들고 소파 쪽으로 가 철쇄를 바꾸어 맨다.

- 이근삼, 「원고지」 -

03. 윗글의 특징에 대한 설명으로 적절하지 <u>않은</u> 것은?

① 소도구를 활용하여 주제의 상징성을 부각시키고 있다.
② 무대 장치의 전환 없이 조명을 통해 장면이 바뀌고 있다.
③ 등장인물들의 이름을 보통 명사로 제시함으로써 익명성을 강조하고 있다.
④ 장녀가 관객에게 말을 건네는 방식으로 무대와 객석의 경계를 허물고 있다.
⑤ 천사와 감독관이 대립하는 장면을 통해 현대인의 기계적인 삶을 비판하고 있다.

04. [A]를 통해 알 수 있는 내용이 <u>아닌</u> 것은?

① 교수는 잃어버린 희망과 정열을 되찾으려 하고 있다.
② 교수는 천사가 자기를 버리고 떠난 이유를 궁금해하고 있다.
③ 교수는 꿈과 정열을 잃어버린 책임을 천사에게 전가하고 있다.
④ 천사는 언어유희를 통해 교수와의 정상적인 의사소통을 회피하고 있다.
⑤ 천사는 절망한 교수가 자신감을 회복하게 되리라는 것을 암시해 주고 있다.

05. [B]에 대한 독자(관객)의 반응으로 적절하지 <u>않은</u> 것은?

① 현대의 부조리한 상황을 풍자하고 있군.
② 정보를 전달하는 인물의 감정도 섞여 있군.
③ 실제로 발생하기 힘든 상황을 말하고 있군.
④ 사건들이 서로 긴밀한 인과 관계를 맺고 있군.
⑤ 짧은 문장을 써서 대사의 속도감이 느껴지는군.

STEP 01 지문 분석과 OX문제

I╻BS 수능특강 | 현대문학

장돌식이한테 마을에 내려가 삽과 괭이를 가져오도록 시킨 나는 눈을 빤히 뜨고 누워 있는 아버지의 얼굴을 들여다보기가 무서워서 빨갛게 단풍이
'나'의 아버지는 부면장 부자를 죽였다는 누명을 쓰고 사람들에게 맞아 죽었음.
든 떡갈나무 잎을 뜯어 으스스한 동굴의 입구처럼 보이는 아버지의 눈을 가렸다. '나'는 눈도 감지 못하고 돌아가신 아버지의 눈을 가려줌으로써 그를 애도함.

그날 우리들은 썩은 돌비늘이 두껍게 깔린 땅을 파고 아버지를 묻었다. 흙을 져 나를 수도, 떼를 뜰 수도 없어 평장(平葬)을 하고 둘이서 끙끙거리며
봉분을 만들지 않고 평평하게 매장함.
돌을 날라다 무덤 위에 덮었다.

나는 아버지의 돌무덤을 곰배팔이 장돌식이한테 부탁한 뒤, 상엿집에서 하룻밤을 더 자고 날이 밝기 전에 쫓기듯 월곡리를 떠났다.
팔이 꼬부라져 붙어 펴지 못하거나 팔뚝이 없는 사람을 낮잡아 이르는 말   '나'는 자신의 아버지가 죽는 데 기여하거나 최소 방관한 월곡리 사람들을 원망하며 마을을 떠남.
월곡리를 떠나면서 나는 장돌식이한테, 월곡리 사람들을 머슴으로 부릴 수 있을 만큼 큰돈을 벌기 전에는 돌아오지 않겠다는 내 결심을 말해 주었

다.

     ■ : 인물의 심리 변화(복수 결심 - 쾌감 - 부끄러움 - 공허함)

그 결심을 맷돌질하듯 어금니 응등 물고 30년 동안 시장 바닥에서 뼈가 굵고 손바닥 발바닥이 닳도록 뛰어, 월곡리 사람들을 모두 머슴으로 부릴
구체적인 시간의 경과를 제시해 다짐을 실현하기 위한 인물의 의지를 드러냄.
만한 돈은 못 되어도, 이만하면 어깨 펴고 살겠다 싶어서야 두 눈 부릅뜨고 고향에 돌아갔다.
     '나'는 월곡리 사람들에게 복수를 하기 위해 다시 돌아옴.

[중략 부분 줄거리] 고향에 돌아온 '나'는 좌익 활동을 하며 부면장 부자를 죽였다는 아버지의 누명이 소명된 것을 모른 채 마을 사람들에게 복수를 하
까닭이나 이유를 밝힘.
고자 한다. 이를 위해 '나'는 무덤 이장 작업에 아버지를 죽음으로 내몰았던 사람들을 동원한다.

나는 비닐봉지 속의 아버지 유골 부스러기를 향해 마음속으로 힘주어 말하고 있었다.

「—아버님, 이제 한이 풀리십니까. 옛날 아버님을 소처럼 부리고 개처럼 천대하던 주인의 아들들이 내가 시킨 대로 아버님 무덤에 덮을 뗏장을 떠

왔습니다. 그리고 자기네들 죄를 벗으려고 죄 없는 아버님을 죽인 네 사람들이 아버지의 무덤을 만들고 있습니다. 이제 이만하면 저의 한이 풀렸으니

아버님의 한도 풀리셨겠지요.—」   「 」: 내적 독백을 통해 '나'가 복수를 행하는 이유를 알 수 있음.

유골 부스러기를 광 속에 놓고 흙을 덮으면서도 그 말을 마음속으로 다시 한번 되풀이했다.

유골이 땅속 깊숙이 묻히고, 덩실하게 봉분을 짓기 시작하자 나는 차츰 형언할 수 없는 야릇한 쾌감을 맛보았다.

"이만하면 월곡리 안에서는 젤로 큰 묘등이 되겠구만."

"석물만 않힌다면 세종 대왕 능보다 더 덩실해!"
무덤 앞에 돌로 만들어 놓는 물건
마을 사람들은 나 듣기 좋으라고 그러는지 큰 소리로 한마디씩 하였다.

이장 일을 모두 끝내고 마을 사람들이 빙 둘러앉아서 남은 돼지고기를 안주 삼아 막걸리를 한 잔씩 돌려 마시고 있는 자리에서, 나는 계획대로 내

신분을 밝혔다. 나는 그들이 내 신분을 알고 얼마나 놀라서 까무러칠까 하는, 일종의 달콤한 복수심을 생각하면서 자랑스럽고 떳떳하게 내 아버지의 이
복수가 성공할 것으로 예상하여, 일부러 이장 일을 부탁하기 전에는 자신의 신분을 감추고, 이장 일이 끝나고 난 다음 아버지의 이름을 밝힘.
름을 말했다.

"여러분들 오늘 수고가 많으셨습니다. 실은 제 고향이 바로 월곡립니다. 30년 전에 이 마을에서 나갔었죠. 제 가친은 오랫동안 머슴을 살았던 황바
남에게 자기 아버지를 높여 이르는 말

우 씹니다요. 오늘 여러분들이 묘를 써 주신 분."
'나'의 아버지는 머슴이었음.

나는 되도록이면 목줄에 힘을 주어 그렇게 말하면서 마을 사람들의 놀라는 표정을 기대했다. 그러나 이상한 일이었다. 『마을 사람들 표정에 별로 크

게 놀라는 빛이 없었다. 특히 나는 부면장네 아들과 아버지를 죽인 네 사람들의 얼굴을 유심히 살펴보았지만, 죄스러움이나 위축감 따위의 기색이 보이
『 』: 사람들의 반응을 통해 마을 사람들은 전쟁 중 서로에게 입은 상처와 아픔에 무뎌졌음을 알 수 있음.

지 않았다.』

"그렇다면 첨부터 황바우 아들이라고 밝힐 것이재 원!"

"아들이 잘된 걸 보니 돌무덤 자리가 명당이었던갑구만."

"황바우 일이라면 우리가 이르케 많은 돈을 받기가 미안헌디."

"참말로 사람 팔자는 알 수 없는 일이구만."

"그나저나 돈 벌어서 효도 한번 푸지게 잘했네그려."
아버지의 묘를 이장하고 번듯한 봉분을 만든 것에 대한 나름의 칭찬이라고 볼 수 있음.

하고들 몇몇 사람들이 언뜻언뜻 한마디씩 뱉어 냈을 뿐이었다.

월곡리 사람들은 아무렇지도 않게 마지막 남은 한 잔의 술까지도 깡그리 털어 마시고, 저물어 가는 햇살을 받으며 거나하게 취해서 기분 좋게 흥얼

거리며 까치산에서 내려가 버렸다.

나는 순간 까치산에서 내려가고 있는 마을 사람들의 뒷모습을 바라보기조차 자신이 부끄러워 고개를 돌려 버렸다.
'나'는 아버지의 죽음과 관련된 사람들과 마을 사람들에게 이장 작업을 시켜 복수하고자 했던 스스로를 부끄러워함.

잠시 후에, 산에서 내려가던 부면장네 아들이 허위허위 허리를 꺾고 다시 올라왔다.
손발 따위를 이리저리 내두르는 모양

"오랜만에 고향이라고 왔으니 오늘 밤에는 우리 집에서 하룻밤 쉬었다 가소. 자네가 어디 살고 있는지 알았으면 한번 찾아갔을 걸세."
'나'는 부면장네 아들을 포함한 마을 사람들에게 복수심을 갈고 살아왔으나, 오히려 부면장네 아들은 '나'에게 따뜻한 호의를 보임.

부면장 아들은 가쁜 숨을 몰아쉬며 말하고, 같이 내려가자고 하였다.

나는 그에게 잠시 후에 내려가 하룻밤 묵고 가겠노라고 약속을 하고 먼저 내려가도록 했다.

"꼭 우리 집에서 하룻밤 쉬었다 가야 허네 잉?"
부면장네 아들이 '나'에게 호의를 베풀고 싶은 마음이 강조됨.

부면장 아들은 산에서 내려가면서 다짐을 받았다.

양귀비꽃 같은 놀이 깔리기 시작하는 까치산 꼭대기에는 나와 장돌식과 음식 그릇을 치우는 장돌식의 처만 남아 있었다.
서술자 '나'는 '꽃'에 대상을 자주 빗댐.   아버지가 돌아가셨던 곳

나는 장돌식이한테 인부를 불러 아버지의 돌무덤에서 한쪽 다박솔 옆에 숨겨 놓다시피 한 못생긴 큰 돌을 버스 길까지 운반해 주도록 부탁하고, 아
이전에 아버지의 무덤을 덮었던 돌. '나'에게는 매우 상징적인 물건임.

버지의 큰 무덤 위에 올라앉아 월곡리를 내려다보고 있었다.

"그 돌은 왜 신작로까지 운반하라고 그러는가?"

장돌식은 산을 내려가던 인부 한 사람을 불러 내가 부탁한 대로 다박솔 옆의, 30년 전 우리들이 끙끙거리며 옮겼던 큰 돌을 운반해 달라고 시키고

나서 내 옆에 쪼그리고 앉으며 물었다.

"집으로 가져가려고." / "미쳤는가? 하필이면 그 큰 돌을……"

"어쩐지 그 돌에 우리 아버지의 혼이 들어 있을 것 같아서…… 그리고 자네와 나 두 사람의 우정과, 월곡리 마을 사람들의 마음도…… 그 돌이라도

집에 갖다 놔야 고향을 잊어버리지 않을 것 같아서……"

돌은 '나'로 하여금 아버지의 혼이 들어있다고 느끼게 할 뿐만 아니라 장돌식과의 우정을 상징함. 또한 '나'가 고향을 떠올리도록 만듦.

　　나는 장돌식을 보며 허탈하게 웃으면서 말했다.

　　"건 그렇고, 그래, 자네 기분이 어쩐가? 이제야 한이 풀리는가?"

　　　　'나'가 이장을 통해 한을 풀고자 했던 것을 장돌식은 알고 있었음.

　　장돌식도 나를 보고 씁쓸하게 웃으면서 물었다.

　　「"내가 아무래도 잘못 생각했었던 것 같구만. 이렇게까지 하지 않았어도 되는 건데 말일세. 이제 부끄러워서 다시는 고향에 올 수가 없겠어. 내가 크

게 잘못했네. 아버지의 한을 풀어 주기는커녕 되레 아버지를 욕되게 하고 말았어."」

「　」: 아버지 황바우는 이념과 사상, 계급 등을 초월하여 주변 사람들에게 의리를 지키는 인물이었음. '나'는 자신이 행하려던 복수가 순수하고 착한 사람이었던 아버지를 오히려 욕되게 하는 것이었음을 깨달음.

　　나는 마치 내 심장을 떼어서 아버지의 유골 부스러기와 함께 무덤 속에 파묻어 버린 것처럼 마음이 공허해졌다. 우울하고 공허한 마음 때문에 말

30년이나 마음에 품고 다짐하던 복수가 헛된 짓이었음을 깨달았기 때문임.

한마디 없이 산을 내려왔다. 장돌식이 부면장 아들과 약속한 대로 하룻밤 더 묵고 가라고 붙잡는 것을 탈탈 뿌리쳤다. 내가 저지른 부끄러움 때문에

마을 사람들의 얼굴을 다시 볼 수가 없을 것 같았다.

본래는 아버지를 위해 다짐했던 복수가 오히려 아버지를 욕되게 한 것이라고 생각하여 크게 부끄러움을 느낌.

　　나는 돌을 깔고 앉은 채 버스 안에서 자울자울 졸았다.

　　꿈속에서 나는 아버지를 깔고 앉아 있었다. 내 엉덩이 아래 깔린 아버지가 몹시 괴로운 듯 버둥거리더니 '이 불효막심한 놈아' 하고 고함을 쳤다. 고

함 소리에 놀란 나는 벌떡 일어났다. 빵빵 자동차 클랙슨 소리가 귀청을 뜯었다. 버스는 불빛 사이에 낡은 기억처럼 어둠이 출렁이는 도시로 접어들고

제목인 '말하는 돌'의 의미가 함축돼 있음. '나'는 아버지의 무덤을 덮었던 못생긴 큰 돌을 가지고 돌아가게 되는데, 이를 깔고 앉은 것이 마치 아버지를 깔고 앉은 것 같음. 아버지가 꿈속에서 '나'에게 고함을 쳤다는 것을 통해 '나'의 행동이 아버지를 욕되게 한 것이었음을 알 수 있음.

있었다.

OX문제

01	이야기 내부의 서술자가 인물의 행동을 객관적으로 서술하고 있다. [2022학년도 6월]	(O / X)
02	꿈과 현실을 교차하여 사건을 입체적으로 구성한다. [2015학년도 9월AB]	(O / X)
03	장돌식은 '나'가 이장을 통해 한을 풀려고 했던 것을 알고 있었다.	(O / X)
04	등장인물의 독백을 직접 인용하여 내면을 보여 주고 있다. [2013학년도 9월]	(O / X)
05	고향을 떠난 30년은 '나'의 태도나 가치관을 바꿀 정도로 긴 시간이었다.	(O / X)

STEP
02 작품 해제

01 | 주제

전쟁의 상처와 치유

02 | 특징

① 한국전쟁과 관련하여 전후의 참혹한 인간상을 사실적으로 그려냄.
② 상징적인 소재를 통해 제목과 작품의 내용을 긴밀히 연결함.

03 | 작품 해제

이 작품은 전쟁 중 누명을 쓰고 돌아가신 아버지의 한을 풀기 위해 애쓰는 '나'의 이야기를 그리고 있다. 아버지의 복수를 위해 귀향한 '나'는 아버지의 묘지 이장 과정에 아버지를 죽음에 이르게 한 이들을 동원한다. 그러나 아버지의 억울함은 이미 소명된 후였으며, 또한 세월의 흐름 앞에 기억과 상처 등이 무디어져 죄의식을 느끼지 못하는 사람들을 상대로 한 복수는 의미가 없고 오히려 아버지를 욕되게 할 뿐이라는 것을 깨닫게 된다. 이는 상처의 치유가 복수를 통해서는 이뤄질 수 없다는 것을 의미함과 동시에 용서와 화해가 필요하다는 작가의 생각을 드러내는 것이다.

04 | 등장인물

- '나' : 어린 시절 아버지 황바우의 죽음을 겪은 후 아버지와 자신의 한을 풀기 위해 고향으로 돌아옴.
- 황바우 : '나'의 아버지. 부면장네 머슴으로 6·25 전쟁 중 부면장 댁을 지키려 했으나 도리어 부면장을 죽였다는 누명을 쓰고 마을 사람들로부터 죽임 당함.
- 장돌식 : 어린 시절 '나'의 아버지인 황바우의 매장을 도움.

05 | 상세 줄거리

'나'의 아버지는 부면장네 머슴으로 '나'는 아버지를 따르고 존경한다. 이후 6·25 전쟁이 발발하고 아버지는 이념 대립의 와중에 부면장을 죽였다는 누명을 쓰고 마을 사람들에 의해 죽임을 당한다. '나'는 아버지의 시신을 묻은 후 쫓기듯 고향을 떠난다. 오랜 세월이 흘러 성공한 '나'는 아버지의 무덤 이장(무덤을 옮김)을 위해 고향인 월곡리로 돌아온다. '나'는 장돌식을 만나 마을의 근황을 전해 들으며 '나'가 떠나고 5년 뒤 아버지의 누명이 벗겨졌음을 알게 된다. 이장 당일, 마을 사람들은 한데 모여 '나'가 준비한 음식을 먹고 술을 마시며 신나게 판을 벌인다. 이장이 끝나고, '나'는 아버지의 이름과 자신의 정체를 밝힌 후 마을 사람들의 당황하는 표정을 기대하지만 마을 사람들은 별로 놀라지 않았다. 외려 처음부터 왜 밝히지 않았는지 묻거나, 돈 벌어서 효도 한번 푸짐하게 잘했다는 등의 덕담을 건넬 뿐이었다. '나'는 아버지의 한을 풀어 주기는커녕 되레 아버지를 욕보이고 말았다는 죄책감과 부끄러움을 느낀다. 30년 전 아버지의 무덤 위치를 표시하기 위해 올려 두었던, 커다란 돌만을 챙긴 채 버스를 타고 고향을 떠난다.

자전적 소설 – 출세와 귀향

문순태는 출세한 뒤 고향에 돌아가고자 하는 일념으로 신문사를 그만두지 못한다. 아버지가 유서를 남겨 "출세하기 전에는 고향으로 절대 돌아가지 말라."라고 당부했을 정도로 문순태와 그의 아버지에게 고향은 원한의 땅이었다. 그가 고향에 돌아가 고향 사람들 앞에 떳떳하게 설 수 있는 방법은 출세밖에 없었던 것이다.

그렇기 때문에 초기 소설인 「감미로운 탈출」에서 주격턱이 아버지의 억울한 누명을 벗기고 아버지를 유치장에 넣었던 사람들에게 복수하려고 법관으로 출세했지만, 고향으로 가는 장면까지는 그려지지 않는다. 하지만 문순태가 순천대학교 국어교육과 교수와 전남일보 초대 편집국장으로 지냈던 중기 소설에 이르면 달라진다. 「말하는 돌」에서 '나'는 부자가 되어 아버지의 한을 풀어주려고 아버지 묘를 이장하는 데 마을 사람들을 모두 불러 품삯을 주며 유세를 떨거나, 「피아골」에서처럼 검사가 되어 아버지의 유해를 찾으러 간다. 이처럼 문순태에게 출세는 아버지에게 억울하게 드리워진 '빨갱이'라는 낙인을 지우는 것이었기에 포기할 수 없었을 것이다.

문순태 소설의 탈향 모티프와 서사성

문순태 소설의 독특한 서사성은 탈향과 귀향이라는 일련의 회귀 구조이다. 이러한 회귀 구조에는 고향을 떠날 수밖에 없는 민중의 암울한 현실과 잘못된 사회 체제에 대한 비판이 역사적 상황파 맞물려 사실적으로 묘사되어 있다 나아가 여기에는 세계와의 대립에서 패할 수밖에 없는 개인의 나약함과 그럼에도 불구하고 이를 극복하고자 하는 인간의 의지가 함께 그려지고 있다.

인간에게 고향은 분리되지 않은 본원적 유토피아이다 탈향을 통해 인간은 그가 속한 사회의 내적인 유대와 전통적 가치관, 그리고 자연과 하나된 삶을 잃어버린다. 그 후 타락의 과정을 걷는 인간은 귀향을 통해 잃어버린 유토피아적 고향을 회복하고자 한다. 그러나 세계와 주체와의 분리를 깨닫고 나서의 고향은 예전의 고향이 아니며, 또한 타락한 방법으로는 과거의 완벽한 회복이 불가능하다고 할 수 있다.

탈향민의 가슴에 남은 한은 강인한 생명력을 가지고 절망에 빠진 인간이 살아갈 수 있는 의지와 용기를 준다. 그리고 한은 인간의 내면에서 잃어버린 고향의 회복과 원한의 해소를 가능케 하는 힘이 된다.

문순태 소설에서 나타나는 탈향과 귀향은 이처럼 불합리한 사회에 대한 비판을 사실적으로 담아내고 있으며 더불어 이 땅의 민중이 가지고 있는 힘과 의지를 잘 그려내고 있다. 이제 80년대 이후의 문학에서 탈향과 귀향이 어떤 의미를 가지고 있는가를 밝히는 것이 중요한 과제로 남는다.

소설 속에서 귀향을 가능케 하는 동기들을 유형으로 나누어 분류해 보면 크게 탈향 과정에서 살해한 사람이나 살해된 아버지의 유골을 회수하기 위한 귀향과 죄의식에 의한 귀향으로 나눌 수 있다.

'유골 회수형 귀향은 탈향 과정에서 죽은 사람의 유골을 회수하려는 목적으로 귀향한 경우이다. 이때 죽은 사람은 탈향한 사람의 가족일 수도 있고 반대로 자신들이 죽이고 도망친 사람일 수도 있다. 「말하는 돌」에서 주인공을 고향으로 불러들이는 것은 바로 죽은 아버지의 유골이다. 주인공의 아버지 황바우는 자신의 주인인 부면장네 가족들을 지키기 위해 노력했으나 마을 사람들의 모함에 의해 희생당한다. 유골의 회수는 주인공에겐 행복했던 과거를 회상하고 잃어버린 진실을 회복하는 유일한 길이다.

그러나 이 과정에서 주인공이 행하는 복수는 타락한 세계에 대응하는 인간의 타락한 모습을 보여주고 있다. 복수의 일념으로 금전적 부를 얻기 위해 평생을 노력한 것이나 자신의 신분을 감춘 채 돈으로 마을 사람들을 사서 아버지의 유골을 회수하고 묘를 이장하게 하는 것은 전형적인 타락의 모습이다. 따라서 이러한 방법으로는 진정한 의미에서의 유토피아적 고향의 회복은 기대할 수 없는 것이다.

다음 글을 읽고 물음에 답하시오.

푸른 하늘에 대롱대롱 매달린 까치밥이 없어지던 날, 월곡리에 있던 **붉은 별을 붙인 사람들**이 자취를 감추고 말았다. 그들이 사라지자 피란 갔던 마을 사람들이 돌아왔다. 친정에 가 있었던 부면장네 부인과 아이들도 거지꼴이 되어 돌아왔으며, 서울에 있던 **도련님**은 푸른 제복에 권총을 차고 나타났다.

집에 돌아온 **부면장네 가족들**은 너무 지쳐버렸기 때문인지 두 어른의 죽음을 별로 마음 저리게 슬퍼하는 것 같지가 않았다. 이장집 식구들도 마찬가지였다. 집에 돌아온 그들은 슬픔을 짜낼 기력마저도 없어 보였다. ㉠ 그들은 배불리 밥을 먹고 몇 날을 푹 자고 나서야, 얼굴에 서서히 슬픔과 분노를 함께 떠올렸다. 슬픔보다 분노가 더 컸다. 자기 가족을 누가 죽였느냐면서 눈에 빨간 자운영꽃 같은 핏발을 빳빳하게 세웠다.

[A] 가족을 잃은 사람들의 핏발 선 눈을 보고 있으면 마치 자신이 죄지은 사람처럼 심장이 오들거리고 온몸의 힘이 쫙 빠졌다.

눈에 핏발을 세운 그들이 자기 가족을 죽인 사람이 어느 놈이냐면서 뿌드득뿌드득 이를 갈자, 얼마 전까지만 해도 대창 깎아들고 한데 어울려 횃불 밝히며 산 오르내리던 젊은 사람들이 동짓달 서릿발에 구절초꽃잎 지듯 죽은 듯 숨을 죽였다.

그러던 그들이 어느 날 아침 우르르 부면장 집으로 몰려오더니, 쇠죽을 끓이고 있던 아버지의 목에 삼으로 꼰 밧줄 홀랑이*를 걸개 끌 듯 끌고 나갔다.

"부면장 어르신 부자를 쥑인 이 개만도 못한 놈아. 네놈이 부면장네 살림을 차지헐라고 눈이 뒤집혀서……."

아버지를 끌고 나가면서 그들은 목청껏 소리쳤다.

"이눔들아, 네눔들 죄를 왜 나헌테 뒤집어씌우냐. 천벌을 받을 눔들아."

아버지는 발부리에 힘을 쏟아 땅을 밀어 버티고, 홀랑이 밧줄을 움켜쥐고 잡아당기며 발버둥치고 울부짖었다. 그러나 아무리 힘이 센 아버지였지만 네 사람의 청년들에게는 당해내지 못했다.

그들은 홀랑이 밧줄을 잡아당기고 작대기로 허리와 어깨를 후려치며 발버둥치는 아버지를 끌고 이슬이 안개가 되어 몽글몽글 퍼지는 까치산으로 들어갔다.

㉡ 나는 이미 아버지의 죽음을 예견하고 있었다. 내 힘으로 아버지를 살려낼 수는 없었지만, 아버지의 마지막 모습이라도 보고 싶어서, 목이 터지도록 아버지를 부르며, 뒤따라갔다. 그러자 아버지를 끌고 가던 청년들이 나를 붙잡아, 동구 밖 상여 바위 옆, 마을 사람들이 개를 잡을 때 매달아 죽이는 Y자 모양의 미루나무에 묶어버렸다. 나는 미루나무에 묶인 채 아버지가 끌려가는 모습을 바라보았다.

상수리나무며, 복가시나무, 가시나무, 쥐똥나무, 황철나무 등 잡목이 울창한 까치산 후미진 계곡 속으로 끌려간 아버지의 모습은 보이지 않고, 아버지의 슬픔과 분노가 범벅된 아버지의 울부짖음만이 산울림처럼 쩌렁쩌렁 울려왔다.

월곡리 사람들은 아무도 아버지의 죽음을 말리지 않았다. 아이들과 노인들까지도 마을 앞 돈들막* 위에 모여 서서는 아버지의 죽음을 기다리기라도 하는 것처럼 무표정하게, 까치산 계곡에서 울려오는 아버지의 울부짖

음을 심장에 송곳질하는 아픔을 참으며 듣고 있을 뿐이었다.

[중략 줄거리] '나'는 친구 장돌식과 함께 아버지를 묻은 후 마을 사람들에게 복수하리라 결심하고, 고향을 떠난 지 삼십 년 만에 다시 돌아와 장돌식을 만난다.

나는 그에게, 월곡리에서 나가서 장사치가 되어 돈을 번 이야기를 했고, 그는 내게 그의 홀어머니가 염병에 걸려 죽은 이야기며, 장가를 들자 주막을 걷어치운 것, 요즘엔 떡갈나무 잎을 따서 일본으로 수출하는 사람들한테 팔아 쏠쏠하게 재미를 보고 있다는 이야기까지 해주었다. ㉢ 그러면서 그는 비록 가난하지만, 병신인 자신을 하늘처럼 떠받들고 사는 건강한 아내와 말 잘 듣는 여섯 아이들이 있어 행복하다고 했다.

우리들이 이야기를 주고받는 동안 윤기가 자르르한 달빛이 비단처럼 우리의 우정을 감싸주었다. 달빛이 까치산 계곡을 빗질하듯 곱게 훑어 내리는 모습을 보고 있자니, 삼십 년 전 아버지가 마을 청년들한테 끌려가면서 울부짖던 목소리가 찌르르 뇌를 뚫었다.

"참 부면장네는 어떻게 사는가?"

나는 그때 아버지를 끌고 간 마을 청년들의 얼굴을 하나하나 떠올리며 물었다.

"살림이 작살이 났다네."

"작살이 나다니, 왜?"

"모르재. 부면장 손자놈이 다 쌔그라 묵었으니께."

"도련님은 살아 계시고?"

㉣ "그 양반 불쌍허게 됐네. 우리 모양으로 날마다 떡갈나무 잎 따러 댕기네."

"살아 있다니 다행이구만. 그 양반한테만은 우리 아버님이 부면장 어른 부자를 죽이지 않았다는 것을 밝혀줘야……."

"그 걱정은 말소."

"우리 아버님은 절대로 죽이지 않았네!"

"그 일이라면 풀세. 만천하에 밝혀졌다네. 자네가 월곡리에서 나간 뒤 한 오 년쯤 되었을까? 비석거리 덕길이하고 두껍다리 옆 **만춘이**하고 대판 싸움이 벌어졌는디, 덕길이 입에서 부면장 부자와 이장을 죽인 것이 바로 만춘이 네놈이라고 하면서, 그 죄를 덮어씌울랴고 자네 아부님을 애매하게 죽인 것까지 폭로가 되고 말았네."

"그래 만춘이는 뭐라고 허든가?"

"혼자 한 일이 아니고 같이 한 일이라고 물고 늘어지더구만. 그때서야 월곡리 사람들은 자네 부친이 억울하게 죽은 것을 알았제."

㉤ 장돌식이의 말을 들은 나는 실팍한 돌멩이를 하나 집어 마을 쪽으로 힘껏 던지고 나서, 달빛이 점점 맑아지는 까치산을 바라보았다.

"그 사람들 다 그대로 월곡리에 사는가?"

나는 그날 아버지를 까치산으로 끌고 가던 청년들의 이름을 하나하나 대며 물었다.

"만춘이만 월곡리를 떠나 살다가 삼 년 전에 다시 돌아왔네."

나는 비로소 장돌식이한테 월곡리에 돌아와서 해야 할 일들을 말해 주

었다.

- 문순태, 「말하는 돌」 -

*홀랑이 : '올가미'의 사투리.

*돈들막 : 높게 두드러진 평평한 땅 중에서 비탈진 곳.

01. [A]에 대한 설명으로 가장 적절한 것은?

① 인물의 내적 갈등으로 인해 사건이 심화되고 있다.
② 현재형 어미를 사용하여 생동감 있게 서술하고 있다.
③ 서술자가 객관적인 태도로 사건의 경과를 제시하고 있다.
④ 장면을 구체적으로 서술하여 사건의 긴박감을 고조하고 있다.
⑤ 인물의 행적을 요약적으로 제시하여 갈등의 양상을 드러내고 있다.

02. ㉠~㉤에 대한 설명으로 적절하지 <u>않은</u> 것은?

① ㉠ : 가족을 잃은 슬픔보다 생리적 욕구의 충족이 먼저일 만큼 힘들었음을 보여준다.
② ㉡ : 주인공의 아버지가 부면장네 부자의 죽음에 책임이 있다는 것을 드러낸다.
③ ㉢ : 인물이 소박하고 긍정적인 삶의 자세를 지니고 있음을 드러낸다.
④ ㉣ : 경제적으로 어려운 처지에 있는 인물에 대한 안타까운 마음을 드러낸다.
⑤ ㉤ : 인물의 행동과 배경을 제시하여 주인공의 심리를 암시한다.

03. 〈보기〉를 참고하여 윗글을 감상한 내용으로 적절하지 <u>않은</u> 것은?

〈보기〉

　이 작품은 전쟁으로 인해 인간성이 파괴되고 공동체가 분열되는 과정을 그리고 있다. 작품 속 배경인 한국전쟁은 전선(戰線)이 오르내리면서 진행되었기에 소설 속 마을 사람들은 남과 북에 모두 협조할 수밖에 없었다. 그런 상황에서 사람들은 자신의 생존과 안위를 위해 같은 마을 사람을 해치거나 그것을 방조하기도 하였다. 이를 통해 전쟁의 참담함을 고발하고 있다.

① '만춘이'가 마을 사람을 해친 행동은 인간성이 파괴된 모습으로 볼 수 있군.
② '아버지'의 죽음에 대한 진실이 밝혀져 분열된 월곡리 공동체가 회복되었음을 알 수 있군.
③ '부면장네 가족들'은 북에 협조하여 자기 가족을 죽인 사람들에게 분노를 느꼈음을 알 수 있군.
④ '월곡리 사람들'은 '아버지'의 죽음에 고통을 느꼈지만 자신들의 안위를 위해 침묵한 것으로 볼 수 있군.
⑤ '붉은 별을 붙인 사람들'이 사라지고 푸른 제복의 '도련님'이 나타난 것으로 보아 한국전쟁의 전선이 오르내렸음을 알 수 있군.

STEP

01 **지문 분석과 OX문제**

나BS 수능특강 | **현대문학**

『여수의 남쪽, **돌산도** 해안선에 동백이 피었다. 산수유도 피고 매화도 피었다.』 자전거는 길 위에서 겨울을 났다. 겨울에는 봄의 길들을 떠올릴 수
■ : 공간적 배경 → 우리나라에서 10번째로 큰 섬. 해안선 길이만 104km   『 』: 계절적 배경 → 봄(남부 기준 개화 시기 : 동백 3월 중순, 산수유 3월 초, 매화 1~3월)

없었고, 봄에는 겨울의 길들이 믿어지지 않는다. 「다 지나오고 나도, 지나온 길들이 아직도 거기에 그렇게 뻗어 있는 것인지 알 수 없다. 그래서 모든
    글쓴이가 겨울에 이어 봄에 다시 길을 떠나게 된 이유

길은 처음부터 다시 가야 할 새로운 길이다.」 겨우내 끌고 다니던 **월동 장구**를 모두 다 버렸다. 방한복, 장갑, 털양말도 다 벗어 버렸다. 몸이 가벼워지
「 」: 글쓴이가 월동 장구를 다 버리고 돌산도 해안선을 여행하게 된 이유   ↳ 겨울을 나는 데 쓰는 여러 가지 도구나 기구

면 길은 더 멀어 보인다. 티셔츠 차림으로 꽃 피는 남쪽 바다 해안선을 따라 달릴 때, 온몸의 숨구멍이 바람 속에서 열렸다.
                        '숨구멍이 열렸다'라는 피동 표현 → 자전거를 타고 느끼는 봄날의 바람과 조응하는 글쓴이의 신체 변화를 드러냄.

돌산도 향일암 앞바다의 동백 숲은 바닷바람에 수런거린다. **동백꽃**은 해안선을 가득 메우고도 군집으로서의 현란한 힘을 이루지 않는다. 『동백은 한
■ : 개화와 낙화를 마주한 장소 ① → 울창한 동백이 남해의 일출과 어우러지는 명소. 전국 4대 관음 기도처 중 하나로, 백제 의자왕 4년 신라의 원효대사가 창건하였다고 함.

송이의 개별자로서 제각기 피어나고, 제각기 떨어진다. 동백은 떨어져 죽을 때 주접스런 꼴을 보이지 않는다.』 절정에 도달한 그 꽃은, 마치 백제가 무
『 』: 동백꽃이 피고 떨어지는 모습 → 동백은 꽃이 시들지 않은 채로 봉오리째 떨어짐. 이로 인해 예로부터 절개와 지조를 상징함.

너지듯이, 절정에서 문득 추락해 버린다. '눈물처럼 후드득' 떨어져 버린다.
'백제가 무너지듯이', '눈물처럼 후드득'이라는 비유적 표현 → 동백의 낙화 과정을 묘사하는 글쓴이의 참신한 시각

돌산도 율림리 정미자 씨 집 마당에 매화가 피었다. 1월 중순에 눈 속에서 봉오리가 맺혔고, 이제 활짝 피었다. 매화는 잎이 없는 마른 가지로 꽃을
■ : 개화와 낙화를 마주한 장소 ② → 글쓴이가 매화를 발견함.   잎보다 꽃이 먼저 피는 나무로, 산수유, 목련, 벚꽃 등도 마찬가지임.

피운다. 나무가 몸속의 꽃을 밖으로 밀어내서, 꽃은 뿜어져 나오듯이 피어난다. 매화는 피어서 군집을 이룬다. 「꽃 핀 매화 숲은 구름처럼 보인다. 이
                                『 』: 매화가 피고 떨어지는 모습 → 매화 숲의 모습을 참신하고 생동감 있게 전달함.

꽃구름은 그 경계선이 흔들리는 봄의 대기 속에서 풀어져 있다. 그래서 매화의 구름은 혼곤하고 몽롱하다. 이것은 신기루다. 매화는 질 때, 꽃송이가 떨
매화가 피어 이룬 군집을 빗댄 표현   정신이 흐릿하고 고달픔.

어지지 않고 꽃잎 한 개 한 개가 낱낱이 바람에 날려 **산화(散華)**한다. 매화는 바람에 불려 가서 소멸하는 시간의 모습으로 꽃보라가 되어 사라진다.」
            어떤 대상이나 목적을 위해 목숨을 바침. 또는 꽃을 뿌리며 부처를 공양하는 일.   매화가 낙화할 때의 모습을 빗댄 표현

가지에서 떨어져서 땅에 닿는 동안, 바람에 흩날리는 그 잠시 동안이 매화의 절정이고, 매화의 죽음은 풍장이다. 배꽃과 복사꽃과 벚꽃이 다 이와 같다.
                            매화가 낙화하는 모습을 유골을 바람에 날리는 장사법에 빗댐.

                    ■ : 글쓴이가 개화와 낙화를 목격한 봄꽃들

선암사 뒷산에는 **산수유**가 피었다. 산수유는 다만 어른거리는 꽃의 그림자로서 피어난다. 그러나 이 그림자 속에는 빛이 가득하다. 빛은 이 그림자
■ : 개화와 낙화를 마주한 장소 ③ → 통일 신라 말 도선이 창건했다는 절로, 매화, 동백, 산수유, 영산홍, 수국, 철쭉 등 많은 꽃나무가 있음.

속에 오글오글 모여서 들끓는다. 산수유는 존재로서의 중량감이 전혀 없다. 『꽃송이는 보이지 않고, 꽃의 어렴풋한 기운만 파스텔처럼 산야에 번져 있
                                            산수유의 개화를 '파스텔처럼 산야에 번져 있다'고 비유함.

다. 산수유가 언제 지는 것인지는 눈치채기 어렵다. 그 그림자 같은 꽃은 다른 모든 꽃들이 피어나기 전에, 노을이 스러지듯이 문득 종적을 감춘다. 그
                        산수유는 겨울부터 피는 동백, 매화 등을 제외하고 일반적으로 가장 먼저 개화하고 낙화하는 봄꽃에 해당함.

꽃이 스러지는 모습은 나무가 지우개로 저 자신을 지우는 것과 같다.』 그래서 산수유는 꽃이 아니라 나무가 꾸는 꿈처럼 보인다.
        산수유가 낙화하는 모습을 비유적으로 표현함.   『 』: 매화가 피고 떨어지는 모습을 암시적으로 묘사함.

산수유가 사라지면 **목련**이 핀다. 목련은 등불을 켜듯이 피어난다. 꽃잎을 아직 오므리고 있을 때가 목련의 절정이다. 『목련은 자의식에 가득 차 있
목련은 일반적으로 3월 중순 이후 개화   '그림자 같은' 산수유와 대조되는 개화 모습

다. 그 꽃은 존재의 중량감을 과시하면서 한사코 하늘을 향해 봉오리를 치켜올린다. 꽃이 질 때, 목련은 세상의 꽃 중에서 가장 남루하고 가장 참혹하
'존재로서의 중량감이 전혀 없는' 산수유와 대조

다. 누렇게 말라비틀어진 꽃잎은 누더기가 되어 나뭇가지에서 너덜거리다가 바람에 날려 땅바닥에 떨어진다.』 목련꽃은 냉큼 죽지 않고 한꺼번에 통째
『 』: 목련이 개화할 때와 낙화할 때의 모습을 대비 → 꽃이 질 때의 모습을 인상적으로 표현함.

로 툭 떨어지지도 않는다. 나뭇가지에 매달린 채, 꽃잎 조각들은 저마다의 생로병사를 끝까지 치러 낸다. 목련꽃의 죽음은 느리고도 무겁다. 천천히 진

행되는 말기 암 환자처럼, 그 꽃은 죽음이 요구하는 모든 고통을 다 바치고 나서야 비로소 떨어진다. 펄썩, 소리를 내면서 무겁게 떨어진다. 그 무거운
목련의 죽음(낙화)을 비유적으로 표현함.   목련이 떨어지는 모습을 음성 상징어를 활용하여 제시 → 목련꽃의 무게감이 생동감 있게 드러남.

소리로 목련은 살아 있는 동안의 중량감을 마감한다. 봄의 꽃들은 바람이 데려가거나 흙이 데려간다. 가벼운 꽃은 가볍게 죽고 무거운 꽃은 무겁게 죽

는데, 목련이 지고 나면 봄은 다 간 것이다.
글쓴이가 소개한 꽃 중 낙화가 가장 늦은 봄꽃이기 때문임.

　　향일암 앞바다의 동백꽃은 사람을 쳐다보지 않고, 봄빛 부서지는 먼바다를 쳐다본다. 바닷가에 핀 매화 꽃잎은 바람에 날려서 눈처럼 바다로 떨어져
　글쓴이가 낙화하는 꽃들을 바라보며 계절의 의미를 탐색하는 장소

내린다.

　　『매화 꽃잎 떨어지는 봄 바다에는, 나고 또 죽는 시간의 가루들이 수억만 개의 물비늘로 반짝이며 명멸을 거듭했다. 사람의 생명 속을 흐르는 시간
　　　　　　　　　　　　　　　　　　　　　　　　　　　　불이 켜졌다 꺼졌다 함. 혹은 나타났다 사라졌다 함.

의 풍경도 저러할 것인지는 알 수 없었으나, 봄 바다 위의 그 순결한 시간의 빛들은 사람의 손가락 사이를 다 빠져나가서 사람이 그것을 움켜쥘 수 없

을 듯싶었고, 그 손댈 수 없는 시간의 바다 위에 꽃잎은 막무가내로 쏟아져 내렸다.』
　『　』: 봄 바다에 매화가 떨어지는 모습을 바라보는 글쓴이 → 꽃의 탄생(개화)과 죽음(낙화) 사이의 시간에 주목하여 '사람의 생명 속을 흐르는 시간'에 대해 사색함.
　　봄은 숨어 있던 운명의 모습들을 가차 없이 드러내 보이고, 거기에 마음이 부대끼는 사람들은 봄빛 속에서 몸이 파리하게 마른다. 봄에 몸이 마르는
　　　　　　　　　사람들에게 춘수(春瘦)가 발생하는 이유

슬픔이 춘수(春瘦)다.
봄 춘(春), 여윌 수(瘦) → '봄에 몸이 마르는 슬픔'이라는 뜻을 전달하기 위해 글쓴이가 제시한 단어

OX문제

01　인간의 유한한 삶에 대해 한탄하는 태도가 드러나 있다. [2018학년도 수능]　　　　　　　　　(O / X)

02　계절감을 활용하여 환경의 다양한 변화를 표현하고 있다. [2023학년도 수능]　　　　　　　　　(O / X)

03　인간의 삶과 공간의 의미를 연결 지어 주제 의식을 구체화하고 있다. [2019학년도 6월]　　　　　(O / X)

04　'목련'의 개화와 낙화를 효과적으로 그려 내기 위해 대비와 비유의 방식을 활용하고 있다.　　　　(O / X)

05　글쓴이는 절정을 맞이한 후 지는 봄꽃들에 주목하여, 이를 인간의 삶과 연결하고 있다.　　　　　(O / X)

STEP 02 작품 해제

01 | 주제

자전거 여행을 통해 여러 꽃의 개화와 낙화 과정을 목격하면서 삶에 관한 사색에 잠김.

02 | 특징

① 공간의 이동과 시간의 흐름에 따라 글쓴이의 견문을 서술하고 있음.
② 자연을 관찰하며 삶에 대한 깨달음을 얻는 데에서 글쓴이의 사색적 태도가 드러남.
③ 비유적 묘사, 감각적 이미지, 음성상징어 등을 활용하여 개화와 낙화에 대한 글쓴이의 참신한 시각을 보여 줌.

03 | 작품 해제

「꽃 피는 해안선」은 작가의 자전거 여행기를 담은 수필집 『자전거 여행』(2000)에 실린 수필로, 작가가 여수 돌산도에서 꽃들을 관찰하며 얻은, 삶에 관한 깨달음을 전달하고 있다. 작가는 자전거를 타고 돌산도 해안선을 달리며 목격한 향일암 앞바다의 동백, 율림리 집 마당의 매화, 선암사 뒷산의 산수유, 산수유가 사라진 후 피어나는 목련에 관해 이야기한다. 그리고는 꽃이 피어나 죽음을 맞는 '봄'이라는 계절의 의미에 주목하여, 사람의 삶과 죽음 사이에 놓인 시간의 흐름을 성찰하면서, 봄빛 속에서 몸이 마르는 '춘수(春瘦)'의 슬픔을 떠올린다. 작가는 자신이 목격한 봄 풍경을 비유, 감각적 이미지, 음성상징어 등을 활용하여 참신하고 생생하게 묘사하고 있으며, 이를 통해 '봄'에 대한 자신의 생각을 효과적으로 전달하고 있다. 특히 이 작품에서는 자연과 조응하며, 꽃이 피고 지는 자연의 변화를 바탕으로 삶을 사색하는 작가의 모습이 두드러진다.

04 | 등장인물

- '나' : 겨울에 이어 봄에도 여수 남쪽 돌산도 해안선을 따라 자전거 여행을 함. 돌산도에서 관찰한 동백, 매화, 산수유, 목련이 개화하고 낙화하는 모습을 통해 봄의 의미와 삶의 시간에 관해 사색하는 인물임.

05 | 상세 줄거리

'나'는 봄이 되자 월동 장구를 버리고 가벼운 티셔츠 차림으로, 꽃 피는 여수의 남쪽 돌산도 해안선을 따라 자전거를 타고 달리기로 한다. 돌산도 향일암 앞바다에는 동백 숲이 있다. 동백꽃은 군집을 이루지 않고 제각기 피어나며, 백제가 무너지듯, 눈물이 후드득 떨어지듯 제각기 떨어진다. 한편 돌산도 율림리 정미자 씨 집 마당에는 매화가 핀다. 매화는 나무에서 뿜어져 나오듯이 피어나 꽃구름 같은 군집을 이룬다. 꽃잎 하나하나가 바람에 날려 꽃보라가 되어 사라지는 짧은 순간이 매화의 절정이며, 이러한 매화의 죽음은 풍장과 같다. 선암사 뒷산에는 꽃의 그림자 같은 산수유가 핀다. 산수유는 다른 꽃들보다 먼저 피었다가 문득 종적을 감추기에, 언제 지는지 눈치채기 어려운 꽃이다. 산수유가 지고 나면 목련이 핀다. 목련은 산수유와 달리 존재감을 환히 드러내며 피는데, 개화하기 전 꽃봉오리 상태에서는 자의식에 가득 차 하늘을 향하고 있지만, 낙화할 때는 가장 남루하고 참혹한 꼴을 보인다. 누렇게 시든 목련 꽃잎이 천천히, 무겁게 떨어지며 죽음을 맞이하면, 봄은 다 간 것이다. 향일암 바닷가에 핀 매화 꽃잎이 바람에 날려 바다로 떨어지는 모습을 바라보며, '나'는 꽃이 개화했다가 낙화하는 봄 바다 위의 시간과 사람의 생명과 죽음 사이에서 흐르는 시간의 풍경에 관해 생각한다. '나'는 봄이 숨어 있던 운명의 모습들을 가차 없이 드러내, 마음이 부대끼는 사람들의 몸이 파리하게 마르는 슬픔, '춘수(春瘦)'를 겪게 만든다고 정의한다.

03 논문으로 만나는 출제자의 시선

나BS 수능특강 | **현대문학**

김훈의 『자전거 여행』

「꽃 피는 해안선」의 작가 김훈은 소설가이자 문학평론가이며, 한때는 언론사 기자이자 〈시사저널〉의 편집국장이기도 했다. 저자 소개란에 자신을 자전거 레이서로 밝히기도 하는 그는 40대 후반, 후배의 권유로 자전거를 타기 시작했는데, 김훈은 자전거를 타고 1999년 가을부터 2000년 여름까지 엔진이 닿지 않는 세상의 길들을 여행하였으며, 그 이야기를 책 『자전거 여행』에 옮겨 놓았다. 『자전거 여행』에는 여수 돌산도 향일암부터 담양 소쇄원, 망월동의 봄 광주, 만경강 하구 갯벌, 순천 선암사, 도산서원, 경북 경주 감포 등 김훈이 순례한 전국 산천의 모습이 여행기의 형식으로 기록되어 있다. 그의 자전거 여행길은 남도 끝 바다에서 태백산맥의 깊은 골짜기까지 이어져 있는데, 『자전거 여행』에서 펼쳐지는 다소 느린 그의 여정은 바람 냄새, 흙냄새, 땀 냄새로 가득하다. 그는 자전거와 함께 자신이 지나온 길을 '사는 일과 목숨의 아름다움'이라고 지칭하였다. 김훈은 자신이 여행에서 목격한 우리 땅의 풍경을 독특하고 참신하게 묘사하고 있으며, 그 과정에서 자연과 인간의 삶에 대한 깊은 사색을 통해 얻은 깨달음을 전달하고 있다.

특히 『자전거 여행』에는 죽음에 대한 그의 사유가 두드러진다. '봄'이란 으레 가장 찬란하고 떠들썩하게 온갖 만물이 만개하는 계절이건만, 「꽃 피는 해안선」에서 김훈은 바로 그러한 '봄'의 계절에 엄연한 순리로서 정해진 죽음을 생각한다. 그는 저마다의 모습으로 개화했다가 낙화하는 여러 꽃을 보며, 자신의 젊은 날을 떠올린다. "젊은 날에는 늘 새벽의 상류 쪽으로 가고 싶었지만, 이제는 강물이 바다로 흘러드는 하류의 저녁 무렵이 궁금하다. 자전거는 하류로 간다. 하류의 끝까지 가겠다."와 같은 서술에서는, 그가 자신의 과거에 대한 성찰을 바탕으로 현재의 삶을 진단하고 미래에 대한 포부를 다지는 데까지 나아가고 있음을 확인할 수 있다. 「꽃 피는 해안선」에 나타나는 인간의 삶과 죽음에 대한 그의 사색은 바로 이러한 인식에 기반한 것으로 보인다.

[앞부분 줄거리] 평화롭던 마을에 반란군이 진주하고 갑작스럽게 사람들을 운동장으로 불러 모은다. 반란군은 그동안 자신들에게 협력하지 않았던 사람들을 색출하라는 지시를 내리고, 그동안 비밀리에 반체제적 활동을 해 온 소금 장수, 푸줏간집 곰보, 대장장이는 갑자기 활개 치며 마을 사람들을 반란군에 협력한 사람들과 적대적이었던 사람들로 분류하기 시작한다. 목사를 비롯한 반란군에 적대적이었던 사람들은 곧 처형당할 위기에 놓인다.

― 오전 11시 40분

드디어 이날의 예정된 행사는 거의 끝이 났다. 새끼줄의 왼쪽과 오른쪽은 ▨□▨과 같은 꼴로 완전히 두 쪽으로 나뉘어 있었다.
_{마을 사람들이 새끼줄 왼쪽과 오른쪽으로 모두 나뉘게 됨. → 모두 강제적으로 한쪽 진영에 속하게 됨.}
"모두 끝났습니다." / 병사 하나가 그렇게 보고를 했다. 매부리코 장교는 마침 한 손에 물컵을 들고 서 있었는데, 그 보고를 받더니 "그래? 이제 다

마쳤구면. 아아, 모두가 끝난 셈이란 말이지." 하고 대답한 뒤 훌쩍 컵을 마셔 비웠다.
_{사람들의 생사를 가르는 중대한 일을 하고도 여유로운 매부리코 장교의 모습}
교문 근처의 노인들과 아이들은 운동장 양편으로 분리된 두 패의 사람들을, 그리고 그들을 명확하게 두 동강으로 갈라놓은 가늘고 긴 새끼줄을 먼발
_{얼굴을 맞대고 살아온 마을 사람들을 두 패로 갈라놓은 곳 → 이웃이 적과 동지로 돌변한 공간으로, 한국전쟁기 좌우 이념에 따른 한반도의 갈등을 상징한다고도 볼 수 있음.}
치에서 숨을 죽이며 지켜보고 있었다. 그들 모두는 불과 몇 시간 전까지만 해도 조상 대대로 물려받은 이 작은 마을에서 아침저녁으로 서로 얼굴을 맞

대고 살아 온 지극히 순박하고 평범한 사람들이었다. 그런 그들을 지금 이 순간 두 개의 전혀 판이한 운명으로 나눠 놓은 것이 고작 그 가느다랗고 볼
_{이념적 성향을 규정당해 처형당할 위기에 처한 사람과 그렇지 않은 사람}
품없는 새끼줄 몇 가닥이라는 사실은 얼핏 믿기지가 않았다. 그 두 집단을 분단시켜 놓은 새끼줄과 새끼줄 사이의 공간이라고 해야 겨우 스무 발짝도
_{마을 사람들의 운명을 나눈 것 → 이념의 허구성을 강조하는 소재}
채 못 되는 거리였지만 이 순간 그것은 바다보다도 더 까마득하게 멀고 먼 거리로 여겨졌다.
_{새끼줄과 새끼줄 사이의 공간 → 모여 있는 사람들의 생사가 갈린 공간으로, 삶과 죽음 사이의 거리감이 강조됨.}

『한동안 바닷가 작은 마을의 학교 운동장 안에는 기괴하리만큼 완벽한 정적이 무겁게 감돌고 있었다. 이따금 혼자 펄럭거리곤 하던 게양대의 깃발은

때마침 정지했고, 포플러 나무 가지 끝에서 매미도 돌연 칼날 갈기를 중지했다. 새끼줄의 왼쪽도 오른쪽도, 그리고 그 양분된 두 덩어리의 집단을 멀리

서 지켜보고 있는 교문 쪽도 모두 입을 다문 채 유령처럼 고요해져 있었다.』
_{비유법 → 모여 있는 사람들은 두려움으로 침묵하고 있음.}
_{『 』: 앞으로 벌어질 일에 대한 두려움과 긴장을 극대화하는 분위기가 드러남.}

(중략)

― 1950년 7월 28일 낮 12시

마침내 정오였다.

단상 위에 우뚝 서 있던 매부리코 장교는 시계를 들여다보고 있었다. 그러더니 그는 불현듯 하늘을 향하여 두 팔을 번쩍 펼쳐 올리는 것이었다. 목
_{위장 극의 끝을 알리는 신호 → 정오가 되면 아군이 나타나기로 함.}
사의 눈에 그것은 악마의 신탁(神託)을 받고 있는 모습으로 보였고, 다른 사람들이 보기에는 그가 무엇인가 하늘을 향해 외치려 하는 것처럼 여겨졌다.
_{목사는 매부리코 장교의 행동에 불길함을 느낌.}
그러나, 사실은 그것이 이날 행사의 클라이맥스를 알리는 운명의 신호였음을 사람들은 그때까지도 까맣게 몰랐다.
_{서술자의 개입 → 지금까지 벌어진 사건보다 더 중요한 일이 예상과 달리 벌어질 것임을 미리 제시함으로써 서사적 긴장감을 형성함.}

애애애애……앵.

매부리코 장교의 치켜올린 팔이 내려오는 것과 동시에 느닷없이 요란한 사이렌 소리가 사람들의 고막을 갈가리 찢어 대기 시작했다.

뜻밖에도 사이렌 소리는 학교 담 너머로부터 날아들고 있었다. 운동장에 모인 모두의 눈이—왼쪽도, 오른쪽도, 완장 패거리들과 적군 제복의 병사들
＿＿＿＿＿＿＿
상황이 변화할 것임을 알려주는 소리

까지도—일제히 교문을 향하여 집중했다. 그 순간 주민들은 똑같이 경악했다. 그들의 눈앞에선 지금 막 실로 믿을 수 없는 기적이 벌어지고 있었다.

사람들은 모두 저마다의 눈을 의심했다. 새끼줄의 왼쪽도, 오른쪽도, 완장 패거리들도, 아이들과 노인들도 모조리 딸깍 호흡이 멎어 버렸다.
＿＿＿＿＿＿＿＿＿＿
경악한 사람들의 모습

『트럭이 들어오고 있었다. / 한 대. / 두 대. / 세 대. / 모두 세 대였다. 트럭의 뒤 칸마다 무장한 병사들이 가득가득 타고 있었다.
『 』: 상황의 반전 → 마을 사람들은 상황의 변화에 집중하고 있으나, 무슨 영문인지 바로 이해하지 못함.

"이, 이럴 수가……" / 지켜보고 있는 마을 사람들은 눈알이 일제히 뒤집히는 것만 같았다.
＿＿＿＿＿＿＿＿＿＿＿＿＿＿＿＿＿＿＿＿＿＿＿＿＿
이념 갈등 속에서 사람들이 느끼는 혼란이 드러남.

아군이었다. 눈에 익은 청색 깃발을 펄럭이며 들어오고 있는 그들은 분명 바로 어제저녁까지 읍사무소에 주둔해 있던 그 아군 병사들의 모습이었다.

트럭에서 내린 그들은 저벅저벅 군화 소리를 내며 마을 사람들을 두 쪽으로 갈라놓고 있는 그 중앙의 공간을 가로질러 유유히 행진해 들어오고 있었

다. 이윽고 그 배불뚝이 아군 부대장과 매부리코 적군 장교가 자신들의 바로 눈앞에서 만나 힘차게 악수를 나누고 있는 광경을 사람들은 똑똑히 지켜
＿＿＿＿＿＿＿＿＿＿＿＿＿＿＿＿＿＿＿＿＿＿＿＿＿＿＿＿＿＿＿＿＿＿＿
매부리코 적군 장교가 벌인 모든 일이 아군 병사와 약속된 일이었음을 짐작하게 하는 장면

보았다.』 / "아니야아. 거짓말이야. 모조리 속임수란 말이야앗!"
＿＿＿＿＿＿＿＿＿＿＿＿＿＿＿＿＿＿＿＿＿＿＿＿＿＿＿
지금까지 벌어진 모든 일이 마을 사람들을 속이기 위한 일이었음을 밝히는 말

어디선가 날카로운 비명 소리가 터져 나온 것은 바로 그 순간이었다. 누군가 창고 건물의 모퉁이를 돌아 나오며 고함을 치고 있는 게 보였다. 온몸

이 꽁꽁 묶인 채 끌려 나오고 있는 그 사내가 바로 이날 내내 종적이 묘연하던 그 약방집 둘째 아들이라는 사실을 사람들은 깨달았다.
＿＿＿＿＿＿＿＿＿＿＿＿＿＿＿＿＿＿＿＿＿＿＿＿＿＿＿＿＿＿＿＿
약방집 둘째 아들은 아군 병사들의 속임수를 일찍 깨달았기 때문에 묶여 있게 되었음.

"아이쿠 속았구나!" / 소금 장수와 푸줏간집 곰보가 그 자리에 풀썩 주저앉았고, 대장장이는 서 있는 채로 바지에다 쫄쫄 오줌을 누고 말았다.
＿＿＿＿＿＿＿＿＿＿＿＿＿＿＿＿＿＿＿＿＿＿＿＿＿＿
자신들이 속았음을 깨닫고, 반란군인 자신들의 처분을 두려워함.

"허허허헛. 자아, 이제야 모두 끝났나 봅니다. 허헛. 본의 아니게도 죄 없는 여러분들이 십년감수하셨겠소이다. 우리 몇 사람은 사실 처음부터 빤히

다 알고 있었지만 일부러 모르는 척했었지요. 우리인들 달리 어쩌겠습니까. 허허허. 이렇게 해야만 숨어 있는 불순분자들을 하나 남김없이 깡그리, 그것

도 제 발로 스스로 걸어 나오게 만들 수가 있다고들 하니 말입니다. 허허헛. 『그래서 우리 관리들 몇은 어젯밤부터 모두 집에 들어가지도 못하고, 할
＿＿＿＿＿＿＿＿＿＿＿＿
연극의 목적 → 마을 사람들 사이에 섞인 '불순분자'를 골라내기 위함.

수 없이 각본대로 연극을 좀 해 봤다 뭡니까. 저분들은 사실 K시(市)의 아군 부대 병사들이랍니다. 반란군 제복으로 갈아입고 감쪽같이 그럴듯하게 적
『 』: 읍장의 말을 통해 사건의 내막이 밝혀짐. → 다른 시의 아군 병사가 반란군인 척하며 '불순분자'를 끌어낸 후, 원래 주둔하던 부대가 철수했다가 다시 나타나 그들을 잡음.

군 행세를 한 거지요. 읍사무소에 주둔하고 있던 부대는 이웃 마을에 잠시 철수해 있다가, 오늘 낮 12시 정각에 나타나기로 약속이 돼 있었다는군요.』

허허헛. 어떻습니까. 이거야말로 정말 기막힌 아이디어가 아닙니까. 힘 하나 안들이고 놈들을 모조리 잡아들일 수 있게 된 것입니다. 허허. 벌써 다른
＿＿＿＿＿＿＿＿＿＿＿＿＿＿＿＿＿＿＿＿＿＿＿＿＿＿＿＿＿＿＿
속임수를 통해 진행한 일이 성공했다며 기뻐하고, 자신이 마을을 혼란에 몰아넣는 일에 가담했다는 사실을 부끄러워하지 않음.

마을에서도 똑같은 방법을 써 보았더니 그 효과가 아주 좋았다지 뭡니까. 으허허헛."

그때까지 고개를 떨어뜨린 채 꿇어앉아 있던 읍장은 엉덩이를 툭툭 털고 일어나더니, 퍽이나 재미있는 놀이였다는 양 그렇게 설명을 해 주고는 한바
＿＿＿＿＿＿＿＿＿＿＿＿＿＿＿＿＿＿＿＿＿＿＿＿＿＿
읍장이 두려운 척 고개를 떨어뜨린 채 꿇어앉아 있었던 모습은 각본대로 연극을 한 것이었음.

탕 웃음을 터뜨리는 거였다.

OX문제

01 비유적 표현을 활용하여 인물들이 처한 긴박한 상황을 강조하고 있다.　　　　　　　　　　　　　　　(O / X)

02 시간의 순서를 뒤바꾸어 이야기의 인과 관계를 재구성하고 있다. [2023학년도 9월]　　　　　　　　　(O / X)

03 읍장은 '불순분자'를 색출하기 위해, 연극을 꾸며 마을 사람들을 속이는 일에 동참하였다.　　　　　(O / X)

04 인물 간의 갈등을 다각적으로 조명하여 사건 전개의 양상을 다면화하고 있다. [2019학년도 수능]　(O / X)

05 오랜 시간 함께 살아온 마을 사람들은 자신들의 운명을 가른 새끼줄 사이의 공간마저도 가깝게 느꼈다.　(O / X)

01 | 주제

전쟁과 이념 갈등 속에서 드러나는 권력자들의 비인간성과 그로 인한 평범한 사람들의 고통

02 | 특징

① 사건이 발생한 구체적인 시각을 제시하며, 시간의 흐름에 따라 서사를 전개하고 있음.

② 국가 안보를 명분으로 부당한 속임수를 활용하여 힘없는 국민을 분열시키는 국가 권력에 대한 비판적 시각이 드러남.

③ 마을 사람들의 생사가 갈리는 비극적인 상황이 어린아이의 시선을 통해 '운동회날의 흥겨운 폐회식'으로 묘사되는 아이러니가 나타남.

④ '운동장', '새끼줄'과 같은 소재를 활용함과 동시에, 마을 사람들이 두 갈래로 구분되는 상황을 생생하게 제시하여, 한반도의 이념 갈등을 상징적으로 형상화함.

03 | 작품 해제

「곡두 운동회」는 전쟁과 이념 갈등으로 인해 우리 민족이 겪었던 비극을 그려 낸 현대소설로, 평화로웠던 바닷가 작은 마을의 공동체가 붕괴함에 따라 공동체 구성원들이 서로를 증오하게 되는 과정을 시간의 흐름에 따라 보여 주고 있다. 마을 사람들은 매부리코 장교, 읍장과 같은 권력자들이 꾸민 속임수에 놀아나, 마치 그들이 원하는 대로 행동하는 '꼭두각시'처럼 서로를 경계하고 적대시하며 편을 가른다. 새끼줄을 기준으로 운동장의 왼쪽, 오른쪽으로 나뉘어 생사의 갈림길에 서게 된 마을 사람들은 모든 것이 연극이었다는 사실을 알게 된 후 희비가 교차하는데, 이러한 상황은 어린아이의 시선에서 '운동회날의 흥겨운 폐회식'으로 묘사되어 극적 아이러니를 형성한다. 「곡두 운동회」를 통해, 작가는 한반도의 이념 갈등을 상징적으로 형상화하고 있으며, 그러한 갈등을 초래한 이념이 얼마나 허구적인 것인지를 풍자적으로 드러내고 있다.

04 | 등장인물

- 읍장 : 마을에 발생한 모든 사건이 불순분자를 색출하고자 하는 아군에 의해 꾸며진 연극이라는 사실을 알고 있음에도, 마을 사람들을 속이는 연극에 동조하는 인물임.
- 목사 : 신실한 종교인으로, 처음에는 마을 사람들을 용서해 달라고 기도했으나 사건의 모든 내막이 밝혀진 후에는 다른 사람과 다름없이 살아남았다는 사실에 기쁨을 감추지 못함.
- 소금 장수 : 반란군을 환영하는 인물. 마을 사람들을 특정 이념에 따라 선별하는 작업을 맡게 되자 자신이 특별한 지위를 부여받았다고 생각하는 순진하고 무지한 모습을 보임.
- 매부리코 장교 : 반란군으로 위장한 K시 아군 부대 병사임.
- 약방집 둘째 아들 : 도회지에서 대학에 다니다가 반란군을 지지하게 된 인물. 마을 사람들을 향한 아군 병사들의 속임수를 알아차렸다는 이유로 잡혀감.

05 | 상세 줄거리

그해 8월 ○일 금요일 새벽 네 시 바닷가 작은 마을에 총성이 울린다. 전쟁이 발발한 후 마을에는 아군 부대가 주둔했는데, 반란군의 군가가 들려오자 마을 주민들은 당황한다. 사흘 전 저녁, 마을 읍사무소에서 폭발물이 터져 약방집 둘째 아들 패거리가 체포되었다가 풀려났는데, 그 새벽에 바로 반란군이 밀어닥친 것이다. 새벽 네 시 반 경, 약방집 둘째 아들은 이상함을 느끼고 대문을 열었다가 군사들에게 잡혀가고, 새벽 다섯 시, 너무나도 고요한 마을 분위기에 불안감을 느낀 주민들은 대부분 집에서 나오지 않지만, 소금 장수, 대장장이, 구두 수선공만은 읍사무소 앞 공터로 나가 반란군을 반긴다. 오전 여덟 시, 학교 운동장으로 모이라는 방송을 듣고 마을 사람들이 집을 나서고, 오전 여덟 시 삼십 분, 소금 장수, 대장장이, 구두 수선공, 푸줏간집 곰보가 운동장에 모인 마을 사람들을 분류하기 시작한다. 어린아이와 노인 일부는 제외되었지만, 관리였거나 재산이 많아 반란군 패거리에게 인심을 잃은 사람들은 우측으로 끌려간다. 오전 열한 시 사십 분, 새끼줄을 기준으로 운동장 좌우로 나뉜 마을 주민들은 공포에 휩싸인다. 정오가 되자 단상 위에 서 있던 매부리코 장교가 하늘을 향해 두 팔을 펼쳐 올리는데, 이때 사이렌 소리와 함께 교문으로 아군 병사들이 탄 트럭 세 대가 들어온다. 배불뚝이 아군 부대장과 매부리코 적군 장교가 악수를 하고, 약방집 둘째 아들이 끌려 나오는 모습을 목격한 후에야, 마을 사람들은 자신들이 속았음을 깨닫는다. 읍장은 모든 일이 불순분자를 색출하기 위한 연극이었음을 밝히고, 생명의 위협을 느꼈던 운동장 왼쪽의 사람들은 만세를 부른다. 이를 목격한 정미소 집 막내아들은 영문을 알 수 없어 그 광경을 운동회의 폐회식으로 인식한다. 전쟁이 끝나고 세월이 흐른 뒤, 해마다 팔월 어느 날이면 마을의 여러 집에서 동시에 제사상을 차린다. 또한, 과거에 발생했던 한여름 대낮의 기괴한 곡두놀음은 마을 사람들의 일상에서 잊히고, 학교 운동장에서는 다시 운동회가 열린다. 그러나 청군과 백군으로 나뉘어 응원을 펼치던 마을 사람들은 별안간 불안감을 느끼고, 어린 꼬마들만이 그 까닭을 모른다.

1980년대 임철우 작품에 나타나는 '벽'

1980년대를 대표하는 작가 중 한 명인 임철우의 작품 세계에서 가장 큰 비중을 차지하는 주제는 역사적 폭력에 대한 부끄러움과 죄의식이라고 할 수 있다. 임철우는 역사적 폭력의 기원이라고 할 수 있는 한국전쟁과 분단, 5·18과 관련된 문제를 특유의 서정적 기법으로 형상화하여 독자들에게 깊은 인상을 남겼다. 그러나 그가 활발한 창작 활동을 했던 80년대에는 광주 민주 항쟁을 비롯한 이념 문제를 직접 거론할 수 없었으므로, 임철우는 주로 알레고리 기법을 활용한 작품들을 창작·발표하였다. 특히 그의 작품에는 '벽'과 같이 사람들을 단절·고립시키는 구체적 사물이 자주 등장하는데, 임철우는 이러한 소재를 통해 국가적 폭력이 국민들에게 남긴 상흔을 상징적으로 드러내었다.

「곡두 운동회」에서도 '벽'과 같은 소재의 활용을 발견할 수 있다. 「곡두 운동회」의 서사에서 가장 핵심이 되는 내용은 평화롭게 살아가던 마을 주민들이 서로를 불신하게 되는 과정이다. 국군은 좌익계열 인물들을 찾아내기 위해 인민군으로 위장하여 연극을 행하고, 이로 인해 마을 주민들은 운동장에 쳐진 '가느다랗고 볼품없는 새끼줄 몇 가닥'을 중심으로 좌우로 분리된다. '새끼줄의 왼쪽과 오른쪽은 ▨□▨과 같은 꼴로 완전히 두 쪽으로 나뉘어 있었다.'와 같은 서술에서 이를 확인할 수 있는데, 이는 마을 사람들이 나뉜 물리적 공간을 보여 줄 뿐 아니라 마을 사람들 사이의 심리적 장벽을 시각적으로 드러낸 것으로도 해석할 수 있다. 즉 마을 사람들은 타의에 의해 분열·고립된 것임에도, 소통을 통해 분열을 극복하고 고립에서 벗어날 생각을 하기보다는 서로를 증오하고 고발함으로써 안정적 지위를 확보하고자 하는 것이다. 임철우는 바로 이러한 모습의 원인으로, 한국전쟁 그리고 이념을 내세운 국가 권력의 기만성과 폭력성을 지적하고 있다.

역사적 폭력의 구조와 그에 대한 망각

「곡두 운동회」는 한국전쟁이라는 역사적 사건 속에서 자행된 폭력의 한 구조를 보여 주는 작품이다. 이 소설은 실제 한국전쟁 당시, 후퇴 중이던 나주 경찰서 부대가 인민군으로 변장한 후 시골 마을에 잠입하여 주민들을 좌우로 분류했던 나주부대 사건을 소재로 하고 있다. 당시 마을 주민들 대부분은 갈팡질팡하다 좌익의 대열에 서게 되었고, 경찰은 이념에 관해 제대로 알지도 못하는 순진한 주민들을 학살했다. 「곡두 운동회」에서도 전쟁을 먼 이야기로만 여겼던 바닷가 작은 마을의 평화를 깨고 갑작스럽게 침입한 군인들이 마을 사람들을 좌·우로 나누어 처형하려는 사건이 전개된다. 그러한 사건은 미성숙한 어린아이의 시선을 통해 청군, 백군의 편 가르기 놀음처럼 그려지며, 한국전쟁 당시 좌우익의 대립이라는 것이 얼마나 기괴한 '꼭두각시놀음'이었는지를 상징적으로 보여 준다. 반면 마을 사람들을 혼란에 빠뜨린 이러한 비극적 사건이 음모의 주동자들에게는 단순히 각본에 따라 연출된 하나의 '연극', '퍽이나 재미있는 놀이' 정도로 여겨지는 데에서, 권력자들의 비인간성에 대한 작가의 강력한 풍자가 드러난다.

한편, 「곡두 운동회」의 마을 사람들은 이데올로기 갈등에서 비롯된 상호 대결·대립과 함께 그로 인한 폭력을 경험하게 된다. 인민군 복장을 한 최초의 침입자가 마을 사람들의 머릿속에서 사라지는 대신, 사람들은 서로를 경계하며 적대시하게 된다. 모든 사건의 내막이 밝혀져 상황이 반전됨에 따라 처형당할 공포에서 벗어나게 된 사람들은 처형당하게 될 사람들을 안타까워하기보다, 일종의 복수심과 증오심으로 그들을 바라보며 기뻐한다. 또한, 작품에서는, 마을의 생존자들이 전쟁이 끝난 후 '오래지 않아 어느 해 한여름 대낮의 그 기괴한 곡두놀음쯤이야 쉬이 잊어버릴 수 있었다'고 서술하고 있다. 이는 자신들의 선택과 판단이 폭력에 일조했다는 사실을 빨리 망각하고 싶은 생존자들의 욕구가 반영된 것으로 해석할 수 있다. 즉, 살아남은 자들이 오랜 시간 함께 살아온 공동체 구성원들과의 대립으로 인해 생명이 위협당했던 과거의 공포를 쉽게 망각하는 것은 끔찍한 역사적 폭력 사건에 대한 기억과 그것에 대한 책임을 거부한 이들의 자기 기만적 전략인 셈이다.

34 법정, 거꾸로 보기

그날도 여름 옷가지를 빨아 다리고 나서 노곤해진 몸으로 마루에 누워 쉬려던 참이었다. 팔베개를 하고 누워서 서까래 끝에 열린 하늘을 무심히 바
_{우연히 한 행동으로 새로운 깨달음을 얻는 계기가 됨.}
라보고 있었다. 그러다가 모로 돌아누워 산봉우리에 눈을 주었다. 갑자기 산이 달리 보였다. 하, 이것 봐라 하고 나는 벌떡 일어나, 이번에는 가랑이 사

이로 산을 내다보았다. 우리들이 어린 시절 동무들과 어울려 놀이를 하던 그런 모습으로.
_{제목에서 말하는 거꾸로 보기}

「그건 새로운 발견이었다. 하늘은 호수가 되고, 산은 호수에 잠긴 그림자가 되었다. 바로 보면 굴곡이 심한 산의 능선이 거꾸로 보니 훨씬 유장하게
_{「 」: 거꾸로 보기를 함으로써 얻은 새로운 발견}

보였다. 그리고 숲의 빛깔은 원색이 낱낱이 분해되어 멀고 가까움이 선명하게 드러나 얼마나 아름다운지 몰랐다.」(중략)

우리가 일상적으로 사람을 대하거나 사물을 보고 인식하는 것은 틀에 박힌 고정 관념에 지나지 않는다. 그렇기 때문에 이미 알아 버린 대상에서는
_{사람은 고정 관념과 선입견에서 벗어나기 어렵기 때문임.}
새로운 모습을 찾아내기 어렵다. 아무개 하면, 자신의 인식 속에 들어와 이미 굳어 버린 그렇고 그런 존재로밖에 볼 수가 없는 것이다. 이건 얼마나 그

릇된 오해인가. 사람이나 사물은 끝없이 형성되고 변모하는 것인데.
_{모양이나 모습이 달라지거나 바뀌는}

『그러나 보는 각도를 달리함으로써 그 사람이나 사물이 지닌 새로운 면을, 아름다운 비밀을 찾아낼 수 있다. 우리들이 시들하게 생각하는 그저 그렇
_{= 거꾸로 보기} _{『 』: 필자는 우연한 계기로 거꾸로 보기를 실현함으로써 산을 새롭게 인식하고, 이러한 경험을 통해 세상을 바라보는 관점의 의미를 밝힘.}
고 그런 사이라 할지라도 선입견에서 벗어나 맑고 따뜻한 '열린 눈'으로 바라본다면 시들한 관계의 틀에 생기가 돌 것이다.』
_{기존의 무심했던 관계에서 활기 넘치는 새로운 관계가 성립됨을 비유법으로 나타냄.}

내 눈이 열리면 그 눈으로 보는 세상도 함께 열리는 법이다.
_{아직 고정 관념과 선입견으로부터 벗어나지 못해 열리지 않은 눈}

인도의 명상가이며 철학자, 그리고 구루(영적인 스승)인 크리슈나무르티는 그의 저서 『아는 것으로부터의 자유』에서 다음과 같이 말하고 있다.

「우리가 보는 법을 안다면 그때는 모든 것이 분명해질 것이다. 그리고 보는 일은 어떤 철학도, 선생도 필요로 하지 않는다. 아무도 당신에게 어떻게
_{「 」: 스스로 고정 관념과 선입견에서 벗어날 줄 알아야 함.}
볼 것인가를 가르쳐 줄 필요가 없다. 당신이 그냥 보면 된다.」

그 어떤 고정 관념에도 사로잡히지 말고 허심탄회 빈 마음으로 보라는 것. 남의 눈을 빌릴 것 없이 자기 눈으로 볼 때 우리는 대상을 보다 정확하
_{열린 눈을 통해 대상을 바라볼 때 얻을 수 있는 효과}
게 파악할 수 있을 거라는 말이다.

차를 즐기는 사람들은 흔히 이런 말을 한다. 어디서 나오는 무슨 차는 맛이 좋고, 어디 차는 맛이 시원치 않다고. 물론 기호에 따라 그렇게 말할 수
_{차에 대한 사람들의 이야기를 간접적으로 인용함.}
도 있겠지만 『차 맛에 어떤 표준이 있는 것은 아니다. 형편없는 찻감만 아니라면 한 잔의 차를 통해 삶에 대한 잔잔한 기쁨과 감사를 누릴 수 있을 것

이다. 요는 그 차가 지닌 특성을 알맞게 우릴 때 바로 '그 차 맛'을 알 수 있다. 사람의 일도 마찬가지다. 인격에 고정된 어떤 틀이 있는 것은 아니다.
_{『 』: '차 → 인격'으로 인식을 확장함. 유추의 방식을 통해 대상의 좋은 면을 찾아내는 태도가 중요함을 강조함.}
그 사람이 지닌 좋은 덕성을 찾아낼 수 있다면, 그는 내게 좋은 친구가 될 것이다.』
_{어질고 너그러운 성질}

OX문제

01 구체적 경험에서 얻은 깨달음을 유추를 통해 사람과 사물로 확장하고 있다.   (O / X)

02 필자는 고정 관념에서 벗어나 사물을 새롭게 바라보는 시각을 가져야 한다고 강조한다.   (O / X)

03 필자는 사람도 차와 같이 표준적인 인격이 정해져 있다고 주장한다.   (O / X)

04 성질이 상반되는 일화를 유기적으로 조직하여 인과 관계를 드러내고 있다.   (O / X)

05 묻고 답하는 방식으로 글쓴이의 생각을 드러내고 있다.   (O / X)

STEP 02 작품 해제

01 | 주제

고정 관념과 선입견을 깬 새로운 시각의 중요성

02 | 특징

① 일상적인 경험을 통해 삶의 교훈을 전달함.
② 비유, 인용, 유추를 통해 주제 의식을 뒷받침함.

03 | 작품 해제

이 글은 소소한 일상의 경험에서 발견한 깨달음을 담담하게 그리고 있는 수필이다. 글쓴이는 가랑이 사이로 산봉우리의 모습을 바라보는 소위 '거꾸로 보기' 체험으로 이야기를 시작하고 있다. 그리고 유추의 기법을 통해 자신이 깨달은 바를 사물과 인간관계에 접목하고 있다. 또한 '차(茶)'에 대한 비유를 통해 우리가 지닌 선입견과 고정 관념을 없애면 사물의 새로운 면모와 새로운 인간관계를 발견할 수 있다고 말하고 있다. 마지막으로 글쓴이는 조그만 초가집의 수도원을 방문했던 일화를 통해 자신의 깨달음을 심화·확대하며 종교와 삶의 문제를 성찰하는 데에 이르고 있다.

04 | 등장인물

- 법정 : 대한민국의 불교 승려. 무소유의 정신으로 유명함. 우연한 계기로 산을 보다가 깨달음을 얻음. 고정 관념과 선입견을 버리고 새로운 시각을 가질 것을 강조함.

05 | 상세 줄거리

재작년 여름, 우연한 계기로 산을 거꾸로 바라본다. 거꾸로 보니 하늘은 호수가 되고, 산은 호수에 잠긴 그림자가 되어 있었다. 이를 통해 사람이나 사물은 다양한 모습을 지니고 있어서 보는 각도를 달리하면 그 사람이나 사물의 새로운 면을 볼 수 있음을 깨닫는다.

지난 3월, 작은 수도원을 방문한다. 수도원은 민가와 구분이 가지 않는, 야산 아래의 조그만 초가집이었다. 가난하고 소탈한 모습으로 이웃에게 필요한 존재가 되는 수녀들을 보고 세상의 빛과 소금이 되고자 하는 사명을 깨닫는다.

STEP 03 논문으로 만나는 출제자의 시선

법정 스님과 청빈수행

법정 스님은 「산에는 꽃이 피네」에서 무소유(즉, 청빈)란 아무 것도 갖지 않는다는 것이 아니라 불필요한 것을 갖지 않는다는 뜻으로 정의하고 우리가 선택한 맑은 가난은 부보다 훨씬 값지고 고귀한 것임을 강조했다. 모두 알다시피, 법정 스님의 산문집 『무소유』가 발간된 시기는 지난 세기 70년대로, 당시 한국은 강력한 국가주도의 경제 성장 정책이 추진되는 중에 높은 경제성장률이 지속되어, 국제적으로 개발도상국 중의 모범국으로 평가되던 시기였다. 정부는 경제 성장의 자신감으로 인해 민권이나 환경 문제는 군비 문제와 경제 문제 뒤로 미뤄두는 경향이 심했다. 이에 따라 사회적 가치관도 급속히 변해갔다. 이러한 시대에 출가자의 신분으로 인권이나 환경문제, 그리고 종교간 대화에도 적극적이었던 비구니 법정은, 1975년에 이르러 돌연 산속에 오두막을 짓고 그곳을 '무소유'의 수행처로 삼는다.

참여시인으로서의 법정

법정은 출가 후 해인사에서, 강원과 선원에서 수행자로서의 기본 소양을 함양하며 부처님의 가르침을 배웠다. 그곳에서는 당대의 강백이었던 운허 스님으로부터 『화엄경』을 배웠다. '팔만대장경의 숲'에 침잠했던 법정은 해인강원을 졸업하며 1960년에는 통도사로 가서 『불교사전』 편찬에 동참했다. 이러한 역경의 전법활동을 이끌어 준 스님은 운허스님이다.

이후 서울로 상경한 법정은 1960년대 초부터 1970년대까지 불교신문에 14편의 시를 남겼다. 1960년대 초기에는 자연 친화적인 시가 주를 이룬다. 1960년대 중기에는 실존적 고민이 담긴 시들이 들어 있다.

1960년대 후기에 접어들면서 사회 문제에 대한 고민을 담아 법정의 시 경향은 또 한 번 변화한다. 존재론적 고민의 흔적을 넘어 좀 더 우울함이 더해지는 경향이 그것이다. 이는 내부적인 심적 변화라기보다는 사회민주화에 관심을 가지게 되고 문제제기도 하면서 부닥치는 심적 갈등이 주된 요인으로 보인다.

1970년대에는 박정희 정권이 1972년 비상계엄을 선포하고 그해 10월 17일 '유신헌법'을 개정해 통과시킨 후 독재 체제에 접어들었다. 여기에 항거했던 법정은 당대의 암울한 현실을 고발하는 참여 시인의 모습을 보인다.

일반적으로 법정에 대해 논할 때 무소유를 쓴 작가로 대표적인 수필가로 알고 있다. 하지만 1960년대 초기에는 자연 친화적인 시를 썼고 중기에는 실존적 고민의 흔적이 들어 있는 시를 썼으며 후기와 1970년대 초기에는 사회민주화를 위한 '참여 시인'의 시 경향 추이가 보인다는 점은 새롭게 조명되는 부분이다.

나 없이
EBS
풀지마라

수능특강 **현대문학편**

정답과 해설

Part 1. 현대시 　　01 | 백석, 여승

O/X 정답

01. X	02. X	03. X	04. X	05. O

1. 여인의 과거 삶의 모습을 나타내는 '2~4연'에서 '금점판 → 산절의 마당귀'라는 공간 변화는 나타나지만 이에 따른 화자의 심리 변화는 드러나지 않는다.

2. 여인이 여승이 된 것은 일하러 갔다가 돌아오지 않는 남편과 죽음으로 잃은 딸로 인한 가족의 해체로 인한 어쩔 수 없는 선택으로 볼 수 있다.

3. 이 시는 여승을 통해 민족의 비극적인 삶을 바라본 것일 뿐, 종교적 관념에 대한 사색을 바탕으로 주제를 구체화하고 있지 않다.

4. 이 시에서 직접적으로 색깔을 표현한 색채어의 활용은 찾아 볼 수 없다. 또한 시의 정서는 일관적으로 한과 슬픔을 말하므로, 시의 분위기를 다채롭게 조성하고 있다는 선지도 적절하지 않다.

5. '산꿩도 섧게 울은'이라는 표현은 '산꿩'에 화자의 슬픈 감정을 이입하여 나타낸 것이다.

나BS 실전 문제 정답

01. ②	02. ②	03. ⑤	04. ④	05. ②
06. ④	07. ①	08. ⑤	09. ⑤	10. ④
11. ④				

01.

(가)에서 시적 화자인 '나'는 여승을 마주하고 여승의 과거를 떠올린다. 그리고 시간의 흐름이 역순행적으로 바뀌어 여인의 과거의 삶이 펼쳐지며 왜 여승이 될 수밖에 없었는지를 보여주는데, 이것이 시상의 핵심을 이루고 있다. (나)에서 화자는 못 위에서 잠을 자고 있는 제비의 모습을 보며 어린 시절 아버지의 모습을 연상하고 있다. 못 위에 앉아 불안하게 밤새 꾸벅거리는 제비의 모습이 어린 시절 실업자로 힘든 삶을 살았던 아버지와 유사하다고 생각한 것이다. 화자는 당시 아버지의 심정을 어른이 되어서야 이해하고 있다. (다)에서 화자는 예닐곱 살 적 겨울 아버지의 사랑을 느꼈던 체험을 떠올리고 있다. 그리고 요즈음 그 아버지의 사랑을 절실히 그리워하고 있다. 그러던 중 한강교를 건너면서, 흐르는 여린 물살을 품고 흘러가는 물을 보며 아버지의 사랑을 떠올리고 있다. 결국 세 작품 모두 시간의 변화가 시상 전개에 중요한 역할을 하고 있다.

오답 풀이

① X, X, X / 반어적 표현이 사용된 작품은 없다. ③ X, X, X / (가)에서 한 여인이 여승이 될 수밖에 없었던 고난의 현실을 볼 수 있다. 하지만 화자는 이에 대해서 포용의 태도보다는 현실을 직시하고 고발하는 태도를 보이고 있다. (나)에서도 아버지가 실업하고 어머니가 돈을 벌어야 했던 어린 시절을 떠올리며 아버지에 대한 연민의 감정을 드러내고 있다. (다)는 어린 시절에 받든 아버지의 사랑을 떠올리고 아버지를 그리워하는 감정을 드러내고 있다. ④ X, X, X / (나)와 (다)는 상대에게 말을 건네는 방식을 취하고 있다. '대화체'는 '대화하는 형식을 사용하는 것이고, '말을 건네는 방식'은 청자에게 말을 건네는 말투를 사용하는 것으로 차이점이 있다. ⑤ X, X, X / 자연 친화적 태도를 드러낸 작품은 없다.

02.

(가)는 화자가 여승을 만난 이후 이 여인이 여승이 되기까지의 삶의 모습을 보여주고 있다. 남편을 찾으려 '금덤판'을 헤매던 여인이 딸까지 잃고 여승이 될 수밖에 없었던 사연은 슬픈 정서를 불러일으킨다. 하지만 화자는 이러한 장면을 담담

히 서술하고만 있을 뿐, 내면을 성찰하고 있지는 않다. 반면에 (나)에서 화자는 못 위에서 꾸벅거리는 제비를 바라보며 어린 시절 실업자였던 아버지의 모습을 연상하고 있다. 실업자였던 아버지를 대신해서 일을 해야 했던 어머니, 그리고 가난했던 어린 시절을 떠올리며 화자는 이제야 그때의 아버지를 이해할 수 있다고 자신의 내면을 솔직하게 드러내며 성찰하고 있다.

오답 풀이

① (가)에서는 여승이, (나)에서는 제비가 시상을 유발하고 있다. ③ (나)에서는 화자가 바라보고 있는 제비의 모습을 통해 유년 시절 아버지에 대한 정서를 간접적으로 드러내고 있다. (가)에서는 '서러워졌다'처럼 직접적인 표현을 사용하고 있다. ④ (나)는 '-을까요', '-던가요' 등의 어조를 사용하여 존댓말로 말을 건네고 있으므로, 독백으로 표현된 (가)보다 친근감을 주고 있다. ⑤ (가)의 '넷날같이' 늙은 여승, '불경처럼' 서러워진 화자, '섭벌같이' 나아간 지아비 등에서, (나)의 '반쪽 난 달빛같이 창백한 어머니 등에서 비유적으로 표현된 인물을 엿볼 수 있다.

03.

비좁은 골목은 화자가 어린 시절 경험했던 궁핍한 삶이 영위되는 공간이다. '그러기엔 골목이 너무 좁았고'라는 시행이 유대감을 느낄 여유조차 없을 정도로 가난했음을 나타내고 있다.

오답 풀이

① 여인은 '금덤판'에서 옥수수를 팔며 생계를 유지한다. ② 여인은 딸이 죽고 가족이 해체되자 어쩔 수 없이 '산절'에 가서 여승이 되기로 생각한 것이다. ③ 어린 시절 실업자였던 아버지는 '버스 정류장'에서 세 아이를 데리고 일을 끝내고 돌아오는 부인을 기다리며 자신의 처지를 분명히 생각했을 것이다. 화자는 이제서야 그때 그 아버지의 심정을 이해하고 있는 것이다. ④ '그럴듯한 집 한 채'에는 변변한 공간에서 가족들과 함께하고자 하는 아버지의 바람이 담겨 있다.

04.

화자에게 '얼어붙은 잔등'은 혹한이라는 시련을 막아주던 아버지의 사랑을 떠올리게 하는 대상이다. 따라서 아버지가 돌아가시게 된 사건을 추측하게 한다는 설명은 적절하지 않다.

오답 풀이

① '외풍'은 추운 바깥 바람으로, 이를 온몸으로 막아 주던 아버지의 사랑을 부각시키는 소재이다. ② '이승의 물로 화신'은 아버지에 대한 사랑의 의미와 가치를 오늘날에 승화하는 화자의 윤회론적 인식을 드러낸다. ③ '여린 물살'은 아버지의 보호를 받던 어린 자식인 시적 화자를 형상화한 것이다. ⑤ '얼음'은 자식에 대한 사랑으로 충만했던 아버지의 따뜻한 품의 이미지를 떠올리게 하고 있다.

05.

'시'에는 비유적 표현이 당연히 사용된다. 물론, 비유적 표현이 없는 시도 있겠지만, 여러분들이 배우는 교육적 가치가 있는 시에는 일반적으로 비유적 표현이 쓰인다. 해당 선지는 보자마자 바로 고를 수 있어야 할 정도의 내용이다. 구체적으로, (가)는 '가을밤같이 차게 울었다', '섭벌같이 나아간 지아비' 등에서, (나)는 '느릅나무 껍질처럼 점점 거칠어진다' 등에서 비유적 표현을 활용하여 시적 상황을 효과적으로 드러내고 있음을 알 수 있다.

오답 풀이

① O, X / (가)는 시적 대상인 여승의 한과 서러움을 '산꿩'에 이입하고 있지만, (나)는 자연물에 감정을 이입하는 표현이 드러나지 않는다. ③ X, O / (나)는 현재 시제를 사용하여 시적 상황을 현장감 있게 제시하지만, (가)는 과거 시제를 사용하고 있으므로 적절하지 않다. ④ X, X / (가)의 '여인의 머리오리가 눈물방울과 같이 떨어진 날이 있었다'와 (나)의 '울컥 눈물을 쏟아낸다'에서 하강적 이미지가 드러나지만,

(가), (나) 모두 상승적 이미지는 드러나지 않는다. ⑤ X, X / (나)의 '바짝'과 '울컥'은 음성 상징어이지만, 지문에서 이를 통해 시적 대상의 정서를 '생동감' 있게 드러내고 있지 않다.

06.

(나)는 '가재미가 가재미에게 눈길을 건네자 그녀가 울컥 눈물을 쏟아낸다'와, '나'가 '그녀의 물속에 나란히 눕'자 '산소호흡기로 들이마신 물을 마른 내 몸 위에 그녀가 가만히 적셔준다'에서 화자와 시적 대상과의 상호작용을 통한 정서적 교감을 찾을 수 있다.

> **오답 풀이**

① (가)는 시적 대상의 삶에 초점을 두며, 화자와 시적 대상의 삶을 비교하고 있지는 않다. ② (가)는 화자가 시적 대상의 삶을 관찰하고 있지만 시적 대상으로 인해 화자가 삶을 바라보는 관점의 변화는 드러나지 않는다. ③ (나)는 화자가 시적 대상에 대해 연민을 느끼지만 시적 대상을 통해 화자가 추구하는 삶의 모습은 드러내지 않는다. ⑤ (가)는 화자가 시적 대상과 하나가 되려는 의지를 드러내고 있지 않다.

07.

〈보기〉를 바탕으로 감상할 때, 여인이 '금점판'에서 '옥수수'를 파는 행위는 농촌 공동체의 몰락으로 삶의 터전을 잃고 생계를 이어가기 위한 것으로 볼 수 있으나, '나'가 옥수수를 사는 행위는 농촌 공동체의 회복을 위한 것과는 관련이 없다.

> **오답 풀이**

② '지아비'가 가족을 두고 나아간 것은 일제의 수탈로 생계를 위해 일자리를 찾아 떠난 것으로, 가난으로 가족 공동체가 파괴된 모습이라고 볼 수 있으므로 적절하다. ③ 힘든 현실 속에서 '어린 딸'마저 목숨을 잃게 된 상황은 여인의 기구한 삶을 드러낸다고 할 수 있으므로 적절하다. ④ '여인의 머리오리가 눈물방울과 같이 떨어진'에서 여인이 속세를 떠나 여승이 되기 위해 삭발하는 상황이라고 볼 수 있고, '눈물방울'을 통해 그녀가 견디기 힘들었던 삶을 살아왔음을 알 수 있으므로 적절하다. ⑤ 비극적 삶을 살다 여승이 된 여인의 기구한 삶을 시간의 흐름에 따른 구성이 아닌 그 순서가 뒤바뀐 역순행적 구성으로 제시하고 있으므로 적절하다.

08.

ⓔ은 그녀가 이제 죽음만을 기다리고 있음을 화자가 인지한 것일 뿐, 그녀의 체념적 태도가 나타난 것으로 볼 수 없다.

> **오답 풀이**

① '바닥에 바짝 엎드린' 그녀의 모습에서 가재미를 연상하고 있으므로 적절하다. ② 내가 그녀와 비슷한 모습을 취함으로써 그녀에 대한 나의 연민과 위로를 구체적 행위로 드러내고 있으므로 적절하다. ③ '가늘은 국수'와 '흙담조차 없었던'을 통해 가난하고 힘들게 살았던 그녀의 과거 삶을 알 수 있으므로 적절하다. ④ 죽음에 임박한 그녀의 거친 숨소리를 '느릅나무 껍질'에 빗대어 표현하고 있으므로 적절하다.

09.

(나)는 화자가 관찰자적인 위치에서 '여승'이 살아온 삶의 과정을 떠올리며 차분하게 표현하고 있는데, 영탄적 어조를 보이고 있지는 않다. (가)에서도 영탄적 어조의 활용과 경건한 분위기는 찾아 볼 수 없다.

> **오답 풀이**

① (가)의 1연은 어린 시절에 어머니를 기다리던 화자의 과거, 2연은 현재라고 할 수 있다. (나)의 1연은 여인과 재회한 시점에서의 현재이고, 2~4연은 그보다 이전에 여인에게 일어났던 상황들을 각각 보여주고 있다. 서사 구조상 '지아비가 집을 나가고 금점판에서 옥수수를 파는 여인(2연)→딸아이가 죽음(3연)→여인이 여승이 됨(4연)→여승이 된 여인과 재회함(1연)'으로 시간이 이어지고 있다. ② (가)는 '엄마' 또

는 '유년기의 자신'에 대한 화자의 연민의 정을, (나)는 '여승'에 대한 화자의 연민의 정을 담고 있다. ③ (가)는 화자가 자신의 삶을, (나)는 화자가 '여승'이라는 시적 대상의 삶을 표현하고 있다. ④ (가)는 '윗목'이라는 명사로 시를 종결하여 여운을 준다.

10.

혼자 엎드려 훌쩍거리게 되었다는 문맥을 통해 '빗소리'는 화자의 무섭고 외로운 심리를 심화시키는 기능을 하고 있음을 알 수 있다. 따라서 화자가 '빗소리'에 위안을 받고 있는 상황은 아니다. 이러한 시적 상황에서 '똑똑히 분간하기 힘들 정도로 어렴풋하게'라는 의미를 갖고 있는 '아련히'보다는 '조용하고 잠잠하게'라는 뜻의 '고요히'라는 시어를 선택함으로써 화자가 느끼고 있는 무섭고 외로운 심리를 더 효과적으로 부각하고 있다고 할 수 있다.

> **오답 풀이**

① '삼십 단'의 무게감이 열무를 팔러 간 엄마의 고단한 삶의 무게와 연계되어 삶의 무게를 부각한다. ② '천천히'에는 엄마를 기다리며 느끼고 있는 외로움과 무서움을 화자가 의도적으로 의식하지 않으려는 심리가 담겨 있다고 할 수 있다. ③ '타박타박'은 '조금 느릿느릿 힘없이 걸어가는 모양'을 의미하고, '뚜벅뚜벅'은 '발자국 소리를 뚜렷이 내며 잇따라 걸어가는 모양'을 의미한다. '배추잎'이라는 시어를 고려할 때, '타박타박'은 지친 엄마의 고단한 모습을 잘 드러내는 시어라고 할 수 있다. ⑤ '윗목'은 차가운 곳이므로 가난하고 서러웠던 화자의 유년기의 삶의 모습을 단적으로 표현하는 효과가 있다.

11.

'산꿩도 설게 울은 슬픈 날'이라는 시구를 통해 ⓔ의 '울은'은 시적 대상인 여승의 한과 서러움이 '산꿩'이라는 자연물에 이입된 울음이라는 것을 알 수 있다.

> **오답 풀이**

①, ②, ③, ⑤ 모두 울음의 주체가 사람으로, 한의 정서가 자연물에 이입되지 않았다.

Part 1. 현대시 ┃ 02 ┃ 한하운, 보리피리

┃ O/X 정답

01. O	02. O	03. X	04. X	05. X

1. 4연에서 화자는 방랑하는 처지임을 알 수 있다. 이러한 처지의 화자는 '인간사'를 그리워하며 '인환의 거리'로 돌아가고자 하는 것이라 볼 수 있다.
2. 1연의 '봄 언덕'은 화자가 그리워하는 고향의 언덕으로 긍정적 대상이고, 4연의 '눈물의 언덕'은 방랑 생활의 한과 고독으로 인한 부정적 대상이다. 즉, 이 둘은 의미상으로 대조를 이룬다고 볼 수 있다.
3. '피 — ㄹ 닐리리.'에서 피리소리를 형상화한 의성어를 활용한 것은 맞지만, 이는 경쾌한 분위기와는 반대되는 것으로 애상적 분위기를 자아낸다.
4. 화자는 과거의 고향과 어린 시절을 회상하고 있지만, 이는 현실을 관망하는(한발 물러나서 어떤 일이 되어 가는 형편을 바라보는) 태도와는 거리가 멀다.
5. 각 연에서 '보리피리 불며'와 '피 — ㄹ 닐리리.'라는 동일한 문장 형태를 반복하고 있다. 그러나 이를 통해 순환(주기적으로 자꾸 되풀이하는 과정)의 의미를 강조하고 있지는 않다.

┃ 니BS 실전 문제 정답

01. ②	02. ⑤	03. ⑤	04. ⑤	05. ⑤

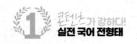
01.

(가)는 '의원'을 매개체로 하여 고향을 떠올리고 고향과 가족에 대한 따스함을 느끼고 있다. (나)는 '보리피리'를 매개체로 하여 고향과 유년 시절, 인간 세계(평범한 삶)를 떠올리고 그것들을 그리워하고 있다. (다)는 '낙타'를 매개로 하여 선생님을 떠올리고 어린 시절을 추억하고 있다.

오답 풀이

① X, X, X / (가)~(다) 모두 화자가 자신의 과거를 떠올리고 있을 뿐, 반성하고 있지 않다. ③ O, X, X / (가)는 의원에 대해 궁금해하다가 친근감을 느끼게 되므로 심리의 변화에 따라 시상을 전개하고 있다고 볼 수 있으나, (나)와 (다)는 모두 그리움이라는 심리만 나타나므로 심리의 변화에 따라 시상을 전개하고 있다고 보기 어렵다. ④ X, X, X / (가)~(다) 모두 자연 친화적인 삶과는 거리가 멀다. ⑤ X, O, X / (나)에서는 '봄 언덕'과 '눈물의 언덕'이라는 대조적인 이미지가 나타난다. (가)와 (다)에서 대조적인 이미지는 제시되지 않는다.

02.

ⓔ에는 화자가 의원을 만나 고향과 가족의 따스함을 느끼는 부분이므로 '쓸쓸한 표정'은 어울리지 않는다.

오답 풀이

① '나'는 '혼자 앓아 누워'있는 상황이므로 '힘없는 목소리'로 대답하는 것은 적절하다. ②, ③, ④ 의원은 '여래(부처)' 같은 상을 하고 '나'에게 다가와 묵묵하게 맥을 짚는다. 의원은 한참 맥을 짚더니 고향을 물어본 후, '아무개 씰 아느냐'고 물어보며 빙긋이 웃음을 띤다. 따라서 인자하고 부드러운 시선으로 청년을 바라보며 그 곁에 다가앉아 맥을 짚는 것과, 온화한 표정으로 "OOO씨를 아는가?"라고 묻는 것은 적절하게 각색한 것으로 볼 수 있다.

03.

'손길은 따스하고 부드러워'는 화자의 주관적 감정을 토로하고 있는 부분이므로 주관적 감정을 배제한 것이라 볼 수 없다.

오답 풀이

① '뵈이었다.', '어데냐 한다.' 등 전체적으로 차분하고 담담한 어조를 구사하고 있다. ② '의원은 여래 같은 상을 하고 관공의 수염을 드리워서'에서 의원의 모습을 인상적으로 묘사하고 있다. ③ '고향이 어데냐 한다.~나는 아버지로 섬기는 이라 한즉'에서 '의원'과 '나'의 대화 장면을 간접적으로 처리하고 있다. ④ 화자가 어느 날 아침 한 의원을 만나고, 그 의원이 고향 사람임을 알게 되어 고향과 가족의 따스함을 느끼는 체험을 한 편의 이야기처럼 서사적으로 전개하고 있다.

04.

(나)의 화자는 인간 세상을 그리워하며 방랑 생활에 대해 서러움을 느끼고 있으므로, ㉠에 세상과 단절되길 바라는 정서가 드러나는 것은 아니다.

오답 풀이

① 고향과 인간에 대한 그리움과 애틋하고 애상적인 정조를 심화시킨다. ②, ③ 매 연의 마지막 행에 반복되어 연과 연을 분명히 나누며, 이를 통해 시 전체가 통일감을 갖도록 한다. ④ 'ㅣ', 'ㄹ', 'ㄴ'와 같은 특정 음운을 반복하여 운율을 형성하여 음악적 효과를 얻는다.

05.

화자는 동물원에서 낙타를 보고 어린 시절을 회상하고 있다. 회초리를 드시고 걸어오시던 선생님을 '낙타처럼 늙으셨다.'라고 표현하며 그 모습을 떠올린다. 즉, '지금쯤 그 선생님도 낙타처럼 늙으셨을' 것이 아니라 화자가 어렸을 때, 선생님은

이미 늙은 모습이었다고 보는 것이 적절하다.

오답 풀이

③ 화자는 어린 시절을 떠올리며 과거를 그리워하다가 마지막 연의 '내가 여윈 동심의 옛 이야기'에서 '동심의 옛 이야기', 즉 추억을 잊은 '나'의 모습에서 쓸쓸함을 느낀다고 볼 수 있다. ④ 2연의 '낙타는 항상 추억한다.~옛날에'에서의 '낙타'는 선생님을 가리킨다. 즉, 어린 시절에 선생님이 "옛날에 옛날에"라고 말하시며 자주 추억을 회상했던 것임을 알 수 있다.

Part 1. 현대시   **03 | 한용운, 거짓 이별**

O/X 정답

01. X	02. O	03. O	04. X	05. X

1. 5~6행, 7~8행에서 대구법이 쓰였으나, 시상을 마무리하는 부분에서 쓰이지는 않았으므로 선지는 적절하지 않다. '시상을 마무리한다.'라는 선지를 대할 때는, 시의 마지막 부분을 확인해야 한다.
2. 1연의 '회색', '푸른 구름', '백설'은 색채의 대비를 이루고 있다. 이를 통해 '임'에 대한 영원한 사랑을 강조하고 있으므로 적절하다.
3. '이른바 거짓 이별이 언제든지 우리에게서 떠날 줄만은 알아요.'에 미래에 '당신'과 만날 거라는 화자의 확신이 나타나 있다.
4. '머리는 희어 가도 마음은 붉어 갑니다.'에서 나이가 들고 '당신'을 만나지 못해도 화자의 사랑은 점점 커져간다는 것을 표현하고 있으므로 선지는 적절하지 않다.
5. '낙화'와 '백설'은 임을 만나지 못하고 늙어갈 화자의 모습을 빗대는 시어인데, 화자는 이와 같이 될까 봐 염려하고 있으므로 선지는 적절하지 않다.

Part 1. 현대시   **04 | 조지훈, 맹세**

O/X 정답

01. X	02. O	03. X	04. O	05. X

1. 8연의 '구천에 사무칠 임은 듣는가.'에서 '임'은 이미 죽은 사람임을 추측할 수 있다. 즉, '나'는 고인(故人)이 된 '임'에 대해 노래하고 있는 것으로, '나'가 '임'이 죽음의 위기에 놓인 것을 알고 슬퍼하고 있다는 선지는 적절하지 않다.
2. 5연의 '눈부신 모습'과 10연의 '못 잊힐 모습'은 모두 '임'의 모습을 의미하는 것으로, '임'이라는 동일한 대상에 대한 표현이다.
3. 4연의 '흰 뼈'와 9연의 '붉은 마음'에서 색채어를 활용하였으나, '흰 뼈'는 죽음을 강조하고, '붉은 마음'은 임에 대한 사랑을 강조하는 표현일 뿐 신화적 세계에 대한 동경을 드러내고 있지는 않다.
4. 4연과 9연의 '~것 ~라도 ~까지'와 5연과 10연의 '~나는 울어라.'에서 동일한 시구의 반복과 변주를 통해 시적 분위기를 고조하고 있다. 참고로, 동일한 시구의 반복과 변주가 나타난다면 시적 분위기가 고조된다는 것은 바로 허용할 수 있다.
5. 2연의 '창백한 꽃송이', 8연의 '흐느끼는 이 피리'에서 대상을 의인화한 것은 맞지만, 대상이 지닌 속성들을 점층적으로 나열하고 있지는 않다. '점층적으로 나열'이 허용되려면 의미적으로 심화되고 확장되는 속성들이 3개 이상 제시되어야 한다.

Part 1. 현대시 05 | 김소월, 접동새

O/X 정답

01. X	02. O	03. X	04. X	05. O

1. '진두강'은 평안도 지역의 지명이므로 구체적 지명을 활용한 것은 맞으나, 고향에 대한 정감을 환기하고 있지는 않다. '정감'은 '정조와 감흥을 불러일으키는 느낌'이라는 의미로, 마음속 깊이 감동받아 일어나는 흥취와 즐거움을 뜻한다.

2. '누나는~웁니다', '누나는~죽었습니다', '누나는~되었습니다'에서 '누나는 -ㅂ니다' 구조가 유사한 문장을 반복적으로 제시하여 시상에 통일성을 부여하고 있음을 알 수 있다.

3. '접동 / 접동 / 아우래비 접동'에서 접동새의 울음소리를 나타낸 의성어를 활용한 것은 맞지만, 경쾌한 분위기가 아닌 애상적 분위기를 자아내고 있으므로 틀린 선지이다.

4. 누나의 분신인 접동새는 아홉이나 있는 동생을 잊지 못하여, 산을 벗어나지 못하고 있다. 따라서 하늘로 자유롭게 날기 위해 옮아가는 것은 아니다.

5. 접동새가 야삼경(밤 11시~1시)에 우는 까닭은 아홉명의 남동생을 뜻하는 '아우래비(아홉 오라비)'를 잊지 못하는 누나의 한 때문이다.

나BS 실전 문제 정답

01. ②	02. ②	03. ①	04. ②	05. ⑤
06. ④				

01.

'누나라고 불러 보랴'에 낚이면 안 된다. 해당 구절은 '누나라고 불러 볼 수 있겠냐' 정도의 영탄적 표현이지, '누나라고 불러라'라는 의미가 아니다. 이 시에서는 명령형의 문장이 나타나지 않았다.

오답 풀이

① 애상적(哀傷的) : 슬퍼하거나 가슴 아파하는 것. 화자의 상황이 누나의 죽음이기에 적절하다. ③ 구체적 지명, 그것도 시골의 지명이 나타나면 향토적인 느낌을 준다고 보면 된다. '진두강'이라는 구체적 지명이 나왔으니 OK! ④ 행의 길이가 길어지면, 독자는 한 번에 읽어야 하는 내용이 많아지기에 호흡이 빨라지게 된다. 보통 독자는 한 번에 한 행을 읽는데, 많은 글자 수를 한 번에 읽어야 하면 당연히 호흡이 빨라지겠지? 이 시는 행의 길이를 조절하며 리듬의 변화가 생기고, 내용 또한 점점 고조되고 있으므로 선지의 내용은 적절하다. ⑤ 동일한 시구를 반복하면 두 연은 유기적으로 결합이 된다. 이 시에서는 2연과 3연에서 '진두강 가람 가에 살던 누나는'이라는 동일한 시구를 반복하여 2연과 3연의 내용을 유기적으로 연결하고 있다.

02.

화자는 처음부터 마지막까지 '누나'를 불쌍하고 안타깝게 여기고 있으므로 화자의 태도가 부정적으로 변화하고 있다는 선지는 적절하지 않다.

오답 풀이

① 화자는 1연에서 접동새 울음소리를 듣고 2연에서 누나의 울음소리를 연상함으로써 '진두강 가람 가'에 살던 누나의 이야기를 떠올리고 있다. ③ 2연에서 누나가 우는 상황을 제시하고, 누나가 의붓어미 시샘 때문에 죽게 된 사연을 3연에서 말하고 있다. ④ 4연의 '오오 불설워'에서 몹시 서러움을 느끼는 화자의 정서를 확인할 수 있다. 참고로 '불설워'는 '몹시 서럽다'는 뜻의 평안도 사투리다. ⑤ 4연에서는 그냥 '누나'라고 반복하지 않고 '우리 누나'라고 했으니까 화자와 '누나'의 관계가 강조되고 있지.

03.

〈보기〉가 나올 때는 〈보기〉의 포인트를 정확하게 잡아야 한다. 〈보기〉에서 '한(恨)'은 모순을 이루는 감정, 예를 들어 '체념과 미련', '자책과 원망'에서 비롯된다고 하였다. 이를 통해 작품을 보면 죽어서도 동생 곁을 떠나지 못하는 누나의 한은 '죽음이라는 체념의 상황'에서도 '동생들에 대한 미련'을 버리지 못해서 생겼다고 볼 수 있다.

오답 풀이

② 혹시 이 선지를 골라 틀린 학생이라면 주목하길 바란다. '시샘'이 '시새움'으로 '변주'되는 것은 맞아. 그리고 '누나'가 '의붓어미'의 시샘을 받고 있으므로 두 사람이 갈등 관계에 있다고도 볼 수 있겠지. 하지만 이 선지는 틀린 선지야. 어디서부터 판단이 꼬인 걸까? 냉정하게 본인의 생각을 정리해 보고 다음을 읽어 보자. 〈보기〉에서 '한'은 개인 내부에서 모순된 두 감정 때문에 생기는 것이라고 했어. 이 시에서 '누나'가 한이 생기는 이유는 죽어서 이승을 떠나야 한다는 감정과, 남겨진 동생들이 걱정되어 떠날 수 없다는 감정이 모순을 이루어 충돌을 하였기 때문이야. 만일 '누나'의 '한'이 '의붓어미'와의 갈등 상황에서 생긴 것이라면, '의붓어미'에 대한 모순된 두 감정(사랑과 증오 등)이 지문에 나왔어야 해. 그런데 지문에서 '누나'가 '죽어서도 못 잊어 차마 못 잊는 것은 '의붓어미'에 대한 증오가 아니라 '아홉이나 남아 되던 오랩동생'인 것이지. 바로 이 부분이 결정적인 판단의 기준이 되는 것이다. 선지만 보고 지문을 대충 읽으면 충분히 허용 가능할 것 같은 내용도 〈보기〉의 포인트를 냉정하게 대입해 보면 틀린 선지가 될 수 있다. 특히나 〈보기〉를 통해 적절한 것을 하나 고르라는 문제 유형은 그 〈보기〉 안에서 핵심 포인트를 잡아내는 것이 풀이의 관건이야. 혹시나 틀렸던 학생이라면 이 문제를 가슴속에 소중하게 새기고 수능 날에는 틀리지 않길 바란다. ③ '누나'는 '오랩동생'을 못 잊어 떠도는 것인데, 〈보기〉에서 '한'은 체념하지 못할 때 맺힌다고 했어. '누나'가 '모든 희망을 버리고 방황하며 체념'했으면 '한'은 맺히지 않고, 떠돌지도 않았겠지. ④ '누나'가 '잠들지 못하는 것'은 '오랩동생'을 잊지 못해서이지 자신의 '심정'을 파악하지 못해서가 아니다. ⑤ '누나'가 '오랩동생'과 이별하는 슬픈 심경은 나타나지만, '홀로 가족을 떠나는 행위'를 자책하는 부분은 없어.

04.

(가)는 '접동새'를 중심으로, (나)는 '우포늪'의 '왁새'를 중심으로 청각적 이미지를 드러내어 시적 정서를 불러일으키고 있다. (가)에서는 '접동 / 접동 / 아우래비 접동', '웁니다'의 시어에서 청각적 이미지가 드러나고, (나)에서는 '신명 한 가락', '한 대목 절창(노래)', '왁새 울음' 등에서 청각적 이미지가 드러난다. 이를 통해 시적 정서가 환기되고 있다.

오답 풀이

① X, X / (가)와 (나) 모두 반어적인 표현을 찾을 수 없다. ③ X, X / (가)에서는 접동새가 누나라고 가정할 수 있고 (나)에서는 왁새의 울음소리를 통해 소리꾼의 득음을 떠올릴 수 있지만, (가)와 (나)에서 모두 화자가 자기반성의 태도를 보여 주는 것은 아니다. ④ X, X / (가)와 (나) 모두 대구적 표현(비슷한 문장 구조와 내용을 앞뒤로 병립한 수사법)을 찾기 어렵다. 또한 '시적 공간 변화'도 나타나지 않는다. ⑤ X, X / (가)에서 접동새 울음을 중심으로 시상이 전개되고 있지만 화자와 대화를 주고받는 것은 아니며, (나)에서도 왁새와 소리꾼을 통해 시상이 전개되고 있지만 화자와 대화하는 것은 아니다.

05.

〈보기〉는 접동새 설화와 우리 민족의 정서를 중심으로 이 작품의 형식과 주제를 설명하고 있다. '야삼경 남 다 자는 밤에 울고 있는 접동새는 동생들을 잊지 못하고 찾아다니는 누나로 보는 것이 적절하다. 따라서 '오랩동생'의 태도는 시에 나타나 있지 않으며, 민족의 현실을 극복하기 위한 고뇌와 연결된다고 보기 어렵다.

① 설화와 관련한 접동새 울음소리를 '아우래비 접동'이라는 표현을 통해, aaba(접동 –접동–아우래비–접동)의 율격 구조로 시행을 배열하여 리듬감을 살리고 있다. ② 1 연에서는 접동새의 울음소리를, 2연에서는 '누나는~웁니다'라고 표현하여 '접동새'와 '누나'를 동일시하고 있다. ③ 3연까지의 '누나'가 4연에서는 '우리 누나'로 변주되며 시행을 확장하여 민족이 지닌 슬픔의 정서로 공감을 이끌어 내고 있다. ④ '죽어서도 못 잊어(7) 차마 못 잊어(5)'에서 7.5조의 전통적 율격으로 우리 민족이 지닌 한의 정서를 부각하고 있다.

06.

'양파들이 시퍼런 물살 몰아칠 때' 왁새들이 '일제히 깃을 치며' 날아가는 장면은, 소리꾼이 지닌 득음의 경지와 상통하는 것이므로 소리꾼의 회한과 연결하는 것은 적절하지 않다.

① 화자는 소리꾼과 왁새를 동일시하며 시상을 떠올리고 있다. ② '그 사내'가 찾던 득음의 예술적 경지는 '눈부신 봄빛 위에 자운영 꽃불'이 번지는 것과 통한다고 할 수 있다. ③ 소리꾼 사내가 평생 찾아 헤맨 소리는 우포 늪 가까이에 있는 '맑은 가 락' 속에 있었음을 알 수 있다. ⑤ 왁새들의 완창은 소리꾼의 예술적 경지와 통하는 것으로, '우포늪 꽃잔치'를 무르익게 하는 생명력을 내포한 것으로 볼 수 있다.

Part 1. 현대시　**06 | 김광균, 수철리(水鐵里)**

| O/X 정답

01. O	02. O	03. O	04. O	05. O

1. '밤나무'는 죽은 누이동생의 표상(상징)이며, 화자가 누이동생을 떠올려 '갈길 못 찾는 영혼' 같다고 표현하였으므로 적절하다.
2. '물소리와 바람 소리'는 '비인 묘지'에서 나는 소리로, 쓸쓸하고 삭막한 묘지의 모 습을 나타낸다. 이는 누이동생의 무덤이 있는 곳의 황량하고 적막한 분위기를 형 성하는 기능을 한다.
3. '산비탈엔 들국화가 환 ― 하고'에서 동생을 잃은 화자와 대비되는 화사한 자연 풍경을 제시함으로써 시상을 이끌어내고 있으므로 적절하다.
4. '무엇을 속삭였는지.'에서 의문형 어미 '–는지'를 사용하여 누이동생을 그리워하는 화자의 정서를 강조하고 있다.
5. '산비탈엔 들국화가 환 ― 하고(시각적 이미지)', '물소리와 바람 소리(청각적 이미 지)' 등에서 다양한 이미지를 통해 자연의 모습을 감각적으로 드러내고 있으므로 적절하다.

| 나BS 실전 문제 정답

01. ③	02. ⑤	03. ②	04. ③	05. ⑤
06. ②				

01.

화자와 대상이 만날 수 없는 상황은 무엇을 의미하지? 바로 대상의 부재를 말하 는구나. (나)에서는 대상이 죽었고, (다)에서는 화자가 '어버이'도, '임금'도 만날 수 없으므로 당연히 허용할 수 있는 선지이다.

① (가) X, (나) X / 둘 다 부정적 상황은 나타났지만 현실과 반대되는 이상이 명확

하게 드러나지 않으며, 현실과 이상의 괴리가 심화되고 있지도 않다. 특히 (나)에서 처음엔 (–)의 객관적 상관물(쓸쓸한 풍경)을 통해 화자의 정서를 암시하고, 후반부엔 '서러움'의 정서가 직접적으로 나타나지만, 상황이 심화되고 있진 않다. ② (가) X, (다) X / '자연의 섭리'는 '자연계를 지배하는 원리나 법칙'으로 상당히 추상적인 말 이다. 보통 문학에서는 '순환, 흐름'을 '자연의 섭리'로 많이 제시한다. (가)는 시련의 시기인 겨울이 지나면 긍정의 시기인 봄이 올 것이라는 내용을 통해 '자연의 섭리(계 절의 순환)'와 관련이 있다고 볼 수 있지만, 이를 깨닫는 과정을 보여 주고 있진 않 다. (다)는 '자연의 섭리'와는 관련이 없다. ④ (가) X, (나) X, (다) O / (다)에는 화 자의 가치와 다른 이의 가치가 분명하게 제시되어 있다. 1) 화자의 가치 : 내 몸의 해올 일(임을 위한 일) 2) 다른 이의 가치 : 여남은 일 ⑤ (가) X, (나) X, (다) X / 세 작품 모두 시간의 변화를 중심으로 시상을 전개하지 않는다.

02.

(가)에는 '우리의 겨울을 가리우자.'라는 변화를 기대하는 부분이 있으며 (나)에는 '대상이 죽은 상황'이라는 변화될 수 없는 현실에 안타까워하는 태도가 드러나 있 다.

① (가) X, (나) X / 유화적(宥和的) : 상대를 용서하고 사이 좋게 지내는 것. 상대 를 용서하고 사이 좋게 지낸다는 말은 기본적 전제가 대상과 사이가 좋지 않았다는 것인데, (가)에서 대상에 대한 우호적(서로 사이가 좋은) 태도는 있지만, '용서'라는 것은 허용할 수 없다. (나)에서 독단적인 태도가 드러나는 부분은 없다. ② (가) O, (나) X / 단정적(斷定的) : 딱 잘라서 판단하고 결정하는 것. / 의지적(意志的) : 부 정적 상황에서 극복의 태도를 나타내거나 상황을 변화시키려는 실천적 행동을 보이 는 것. '단정적'이라는 것은 '확고한 판단'이 있을 때 주로 사용한다. 의지적 태도가 있으면 확고한 판단이 전제되므로, '겨울을 가리우자.'라는 의지적 태도를 보이는 (가) 는 당연히 단정적이라고 볼 수 있다. 회의적(懷疑的) : 어떤 일에 의심을 품는 것. 대상의 죽음에 대해 의심을 품는다? 말도 안 된다. ③ (가) X, (나) △ / (나)에서 대상(누이동생)과 화자는 이미 가족 관계가 형성되어 있으므로 '관계 형성'을 열망한 다는 것은 적절하지 않다. 하지만 '관계 형성'을 넓게 봐서 '만남'으로 본다면, 화자가 누이동생을 그리워하기에 허용할 여지가 있으니 △ 표시를 하였다. 고민하지 마라. (가)에 관계 단절을 두려워하는 태도가 없으니, 확실히 X가 아니냐. ④ (가) X, (나) △ / 낙천적(樂天的) : 세상과 인생을 즐겁고 좋은 것으로 여기는 태도. / 비관적(悲 觀的) : 인생을 어둡게만 보아 슬퍼하거나 절망스럽게 여기는 태도. 혹은 앞으로의 일이 잘 안 될 것이라고 보는 태도. (나)에서 화자는 죽은 '누이동생'을 만날 수 없 으므로 '비관'을 허용할 수도 있겠으나, (가)에 현실 상황에 대한 낙천적 태도는 나타 나지 않는다.

03.

'시'는 구체적인 사물을 통해 추상적인 정서를 드러내는 장르이다. 이것을 문학적 용어로 '형상화'라고 하며, 시가 지니는 당연한 속성이 된다. '감각적 이미지'를 통 해 '정서'를 구체화하는 것은 지극히 당연한 말로 이루어진 선지구나. 피곤에 지친 여러분을 위해 평가원이 주는 문제이니 그냥 받아먹자.^^

① [A] X, [B] △ / [B]는 '저 시내야 / 므음 호리라 주야에 흐른다'에서 자연물인 '시내'에게 질문을 건네고, '임 향한 내 뜻을 조차 그칠 뉘를 모르다.'에서 스스로 답을 구하고 있으므로 문답 형식이 사용되었음을 알 수 있다. 또한 자연물에게 말을 건넸다는 점에서 '친밀감'을 허용할 여지가 있어 △ 처리를 했다. 확실히 틀린 [A]를 보고 넘어가면 되겠다. ③ [A] X, [B] X / 대구(유사한 문장 구조의 반복)는 쓰이지 않았다. ④ [A] X, [B] X / '시적 긴장감'은 독자가 느끼는 긴장감으로, 작품에 변화 가 있거나 낯선 표현이 있을 때 나타난다. 즉, 도치, 반어, 역설 등의 표현이 나오면

무조건 시적 긴장감이 나타나는 것이다. 따라서 뒷부분은 고려할 필요 없이 '반어'만 고려하면 된다. [A], [B] 모두 반어적 표현은 쓰이지 않았다. ⑤ [A] X, [B] X / [A], [B] 모두 어조의 변화는 나타나 있지 않으며, 정적인 분위기보다는 동적 분위기에 가깝다고 할 수 있다.

04.

> 모성적(母性的) : 여성이 어머니로서 가지는 성질. 여성이라고 해서 모두 '모성적 존재'가 되는 것은 아니다. '어머니로서' 가지는 '포용력'과 '생명을 길러내는 능력' 등을 갖춰야 한다. 여성을 모두 모성적 존재로 본다면, 「사랑방 손님과 어머니」의 '옥희'도 모성적 존재라고 할 거야? 시에서 화자는 소낙비를 그리워하는 파초를 위해 친히 샘물을 길어 파초의 발등에 부어준다. 또한 찬 밤에 파초를 자신의 머리맡에 있게 하며, 파초를 위한 종이 되고자 한다. 이러한 화자의 모습을 통해 오히려 화자가 파초에게 모성적 존재임을 알 수 있다.

오답 풀이

① 파초를 또 머리맡에 두겠다고 하는 화자의 행동에서 파초를 지속적으로 돌보고자 하는 화자의 태도를 확인할 수 있다. ② 화자는 파초를 아끼기 때문에 그를 위해 종이 된다고 한 것이다. ④ 잊지 말자. 대상과 화자의 상황이 유사할 때는 동일시를 허용해라. '우리'라는 표현을 통해 '나'와 '파초' 사이의 일체감을 표현하고 있다. ⑤ 화자가 파초와 함께 '겨울을 가리우자.'라고 하였으니, 겨울은 이들에게 시련과 고난의 상황을 상징한다고 볼 수 있다.

05.

> '비', '눈', '별' 등은 화자의 정서나 상황을 환기하는 객관적 상관물일 뿐이다. (나)에는 화자의 '의지'가 드러나지 않는다.

오답 풀이

① '환하고'가 아니라 '환―하고'란다. '―' 표시로 인해 '환하다'라는 시어의 느낌이 더욱 풍부해졌다. 우리도 말할 때 "진짜 배고프다."보다 "진~~~짜 배고프다."라는 말이 훨씬 와 닿지 않니? ② 화자는 밤나무의 여윈 가지를 보고 갈 길을 못 찾는 영혼(= 죽은 누이동생) 같다고 하였다. 이를 통해 밤나무의 여윈 가지는 쓸쓸한 시적 분위기를 형성한다고 볼 수 있다. ③ '흰나비처럼 여윈 모습'에서 '흰나비'를 통해 '누이동생'의 여윈 모습을 연상시킨다고 볼 수 있다. ④ '묘지'는 누이동생의 무덤이니 당연히 죽은 누이를 떠올리는 공간에 해당되겠지.

06.

> 〈제2수〉의 '내 일'은 망령되긴 하지만, 임을 위한 일이었다. 따라서 〈제3수〉의 임을 향한 '내 뜻'과 동일하다.

오답 풀이

① 〈제1수〉를 잘 봐라. 화자는 '해올 일만' 하고 다른 것은 신경 쓰지 않겠다고 한다. 따라서 '옳다 하나 외다 하나'는 화자가 관심이 없는 것이고, 화자가 아닌 타인의 행동으로 볼 수 있다. 여기서 '타인'과 대응되는 시어가 바로 〈제2수〉의 '아무'이다. 정리하면 '옳다 하나 외다 하나' → 타인의 행위 → '아무'의 행위인 것이지. ③ 화자는 현재 '추성' 밖에 있는 시내를 바라보고 있다. '바라본다'에 주목을 해라. 화자가 바라볼 수 있는 거리에 시내가 있다는 것에서, 화자가 있는 공간이 '추성'에서 멀지 않음을 잡아내야 한다. 그리움의 대상(어버이, 임금)은 화자가 있는 곳에서 멀리 있고, 따라서 〈제4수〉의 뫼는 '길고 길고', 물은 '멀고 멀고'를 통해 화자가 그리워하는 대상이 '추성'(화자가 있는 곳)으로부터 멀리 떨어진 공간에 있다고 볼 수 있겠지. ④ 〈제4수〉의 뜻 : 어버이 생각, 〈제5수〉의 뜻 : 어버이+임금 생각 / 의미를 추가하여 효의 대상을 임금으로 확대하였으니 적절한 내용이다. ⑤ 〈제1수〉에서 화자는 내 몸이 할 일에만 관심이 있다고 하였고, 〈제5수〉에서 임금을 잊으면 불효와 같다고 하였으니, '내 몸의 해올 일은 '임금을 생각하는 마음=임금을 향한 뜻'이라고 볼 수 있

다.

O/X 정답

| 01. X | 02. X | 03. O | 04. X | 05. X |

1. '눈덮개 고이 나리면 환한 온몸'은 눈을 감으면 오히려 몸이 환히 보인다는 뜻으로 역설적 표현이지만, 이는 화자의 불면증을 나타내기 위한 것이지 '지향하는 세계에 대한 강력한 열망'을 드러낸 것은 아니다.

2. '~라도 있으면 얼마나 한 ~이랴.'라는 유사한 시구를 각 연의 2행에서 반복하고 있으나, 윗글에서 화자의 의지를 드러낸 부분은 찾을 수 없다.

3. 각 연의 마지막 행에서 설의적 표현을 통해 화자의 외로움과 간절함의 정서를 강하게 표출하고 있으므로 '영탄'을 허용할 수 있다. 또한, 윗글은 청자를 설정하지 않았으므로 '독백의 어조' 또한 허용 가능하다.

4. '까만 귀또리'가 현재 부재하고 있기 때문에 화자의 외로운 정서를 부각하는 것은 맞지만, 이는 화자의 소망이 투영된 대상이므로, 화자의 처지와 상반되는 시어로 볼 수 없다.

5. 화자는 외로움의 정서로 인해 '신경의 간지러움'이라는 고통을 느끼고 있는데, 그나마 '기리는 별'이 있다면 자신이 위로받을 수 있을 거라고 말하고 있다. 그러나 '기리는 별'의 부재가 원인이 되어 '신경의 간지러움'을 느끼고 있다는 근거는 찾을 수 없다.

O/X 정답

| 01. X | 02. O | 03. X | 04. O | 05. X |

1. 노인이 잠을 이루지 못하며 '겨울 귀뚜라미'가 우는 소리를 듣고 있는 것은 맞다. 그러나 이 시의 시간적 배경은 '밤'이며 마지막 연에서 '월훈'이라고 하였으므로, 노인이 귀뚜라미 소리를 들은 시각도 여전히 밤중임을 알 수 있다.

2. 1연과 2연의 '첩첩 산중에도 없는 마을', '허방다리 들어내면 보이는 마을.', '갱 속 같은 마을.'에서 '마을'을 반복하면서, 외지고 깊은 산속에 있는 '마을'과 그 마을에 살고 있는 노인의 외롭고 고독한 처지를 강조한다.

3. 1연에서 2연으로 전개되면서 원경에서 근경으로 시선을 이동하고 있다. 1연에는 멀리서 바라보는 마을의 모습이 나타나며, 2연에서는 모과 빛 창문의 한 외딴집에 대해 묘사한다.

4. 3연에서 노인은 '짚오라기의 설레임'을 들으며 누군가가 찾아오기를 기대한다. 4연에서는 '겨울 귀뚜라미'에 노인의 감정이 이입되어, 노인의 외로움과 고독감이 '떼를 지어 웁니다, 벽이 무너지라고 웁니다.'에 부각되어 나타난다. 따라서 대상에 감정을 이입하여 심리적 변화(설렘, 기대 → 슬픔)를 표출하고 있다고 볼 수 있다.

5. 2연의 '꼴깍', 3연의 '후루룩 후루룩'에서 음성 상징어를 활용하여 해가 빨리 지는 모습과 날갯짓하는 새의 모습을 효과적으로 표현한 것일 뿐, 이동을 앞둔 여유로운 분위기를 드러내고 있는 것은 아니다.

나BS 실전 문제 정답

01. ②	02. ⑤	03. ③	04. ①	05. ②
06. ④	07. ②			

01.

(가)는 화자가 아버지의 죽음을 회상하는 과거의 장면이 집중적으로 부각되어 있다. 특히 아버지의 임종을 지켜보는 순간의 장면에 집중되어 있으면서도 화자의 슬픔은 풀벌레 소리의 청각적 이미지와 결합되며 자연스럽게 절제되어 있다. (나)는 첩첩산중에 홀로 사는 노인의 외로움과 그리움을 다루고 있다. 동떨어진 마을에서도 외딴집에 살고 있는 노인의 외로운 상황은 배경에 대한 시각적 묘사와 노인이 귀 기울이고 듣는 청각적 이미지로 부각되어 있다. 특히 벽이 무너지라고 울고 있는 귀뚜라미는 노인의 처절한 외로움을 청각적으로 표현하고 있는 것이다. 이어지는 월훈의 시각적 이미지는 여운을 주며 장면을 마무리하고 있다.

오답 풀이

① X, X / '우의적'이란 다른 사물에 빗대어 비유적인 뜻을 나타내거나 풍자하는 것이다. (가)는 화자가 직접 겪은 경험을 표현한 것으로, 화자의 체험을 '우의적'으로 형상화하고 있다고 보기 어렵다. 반면 (나)는 화자의 상상 속의 마을을 나타낸 것이므로, 화자의 '체험'을 형상화한 것이라 보기 어렵다. ③ X, X / (가)의 화자는 아버지의 임종에 대한 체험을 절제된 목소리로 담담하게 회상하고 있다. 하지만 이 시에서 화자가 대상과 합일을 지향하고 있다는 점은 확인할 수 없다. (나)에서 화자는 노인의 고독과 외로움을 담담한 어조로 전달하고 있다. 화자는 노인의 외로움을 이해하고는 있지만, 대상과의 합일을 지향하는 것은 아니다. ④ O, X / (가)는 2연에서 '아들과 딸'이라며 자신을 대상화하였고, 과거를 회상하며 현실의 삶을 성찰하고 있다고 볼 수 있다. ⑤ O, X / 회상하는 방식으로 삶의 애환을 그린 것은 (가)에만 해당한다. (가)는 고향이 아닌 곳에서 돌아가신 아버지를 떠올리며 삶의 애환을 나타내고 있다.

02.

(가)에서 화자는 아버지의 임종에 대한 경험을 회고하고 있다. 아버지는 고향도 아닌 곳에서 침상도 없이 죽음을 맞았다. (가)만으로는 아버지가 어떠한 삶을 살았는지는 알 수 없지만, 〈보기〉의 화자와 동일하다는 조건에서 아버지가 어떠한 삶을 살았는지를 보여주고 있다. 〈보기〉에 의하면 화자의 아버지는 젊어서 밀수 때문에 러시아를 오가며 고생을 하셨고, 다시는 갈 수 없는 러시아를, 그곳에 계신 가족들을 생각하며 외로워하신 분이다. 이러한 삶을 사신 아버지이기에 (가)에서 화자를 비롯한 가족들이 아버지의 임종을 맞이하고 '있는 대로의 울음'을 운 것은, 그만큼 슬픔을 극대화하여 드러내고 있는 것으로 이해할 수 있다. 즉, 〈보기〉의 두 번째 작품에서 비록 아버지가 밀수를 하며 위태로운 삶을 사실 때 화자 자신이 아버지에게 성가셨을 것이라는 생각은 하고 있지만, 이것이 (가)에서 아버지의 죽음과 직결되는 것은 아니다.

오답 풀이

① 〈보기〉를 통해 아버지가 젊어서 얼마나 고생을 하셨는지 알 수 있다. 그럼에도 현재 임종의 순간에는 타향에서 침상도 없는 집에서 삶을 마감하고 있다. ② 〈보기〉의 두 번째 작품에서 아버지와 어머니가 밀수를 한 것은 결국 가난한 삶 속에서 '우리'를 키우기 위한 것이었음을 알 수 있다. ③ 아버지에게 러시아는 외할머니와 큰아버지가 계시기에 그리움의 대상이기도 하지만, 젊어서 먹고 살기 위해 밀수를 다녔던 곳이기도 하기에 러시아 지명에는 아버지의 고달픈 삶이 함축되어 있다고 할 수 있다. ④ 〈보기〉의 첫 번째 작품을 보면 아버지는 러시아를 못 잊어 늘 외로운 분이셨다. 그렇기에 (가)에서 말한 '피지 못한 꿈'은 바로 이러한 내용과 연결 지어 해석할 수 있을 것이다.

03.

(나)에서 노인이 살고 있는 외딴집은 토속적인 분위기를 느끼게 해 주지만, 이곳에 살고 있는 노인은 극도의 외로움을 느끼며 누군가를 간절히 그리워하고 있다. '목가적'이란 '농촌처럼 소박하고 평화로우며 서정적인 것'이라는 의미로, (나)의 분위기와는 어울리지 않는다. 또한 (나)의 화자는 이러한 노인을 관찰하며 그 내용을 서술할 뿐이지, 이를 대화적 구성을 통해 제시하고 있지 않다.

오답 풀이

① 노인의 귀 기울임에서 고독을 읽어내고, 귀뚜라미의 울음을 통해 노인의 슬픔을 표현하고 있다는 것은 화자가 노인을 따뜻한 시선으로 바라보기 때문이다. ② 동떨어진 마을의 외딴집은 노인의 고독을 부각하고 있다. ④ 마지막 연의 '월훈'은 노인의 시선이 머문 곳이라 할 수 있으며, 명사 시어로 끝맺으면서 독자에게 여운을 느끼게 한다. ⑤ '마을'의 반복, '콩깍지, 외딴집'의 반복과 연쇄, '짚단, 짚오라기', '새, 새들', '울지요, 웁니다'의 반복과 연쇄가 산문적 진술에 리듬감을 주고 있다.

04.

[A]에서 '풀벌레 소리'는 화자가 느끼는 극도의 슬픔을 대변하고 있다. [B]에서의 '겨울 귀뚜라미' 역시 짚단과 새들의 소리에 귀를 기울이며 혹시나 누가 찾아올까 하는 노인의 기대감이 무너졌을 때의 슬픔을 보여주는 것이다. '떼를 지어', '벽이 무너지라고는' 이러한 노인의 슬픔을 강조하고 있다. 정서의 환기는 시라면 당연히 허용해 줘야 하는 표현이다.

오답 풀이

② [A], [B]에서는 슬픔의 정서가 드러날 뿐, 화자가 처한 무력한 현실과는 관련이 없다. ③ '관조적'이란 대상을 고요한 마음으로 관찰하고 음미하며 그 성격을 드러내는 것이다. [A]와 [B]에서는 화자나 대상의 슬픔을 직접적으로 느낄 수 있으므로, 관조적 태도가 나타나지 않는다. ④ [A]와 [B] 모두 공간의 대비는 나타나지 않는다. ⑤ [A]에서는 아버지가 고향이 아닌 곳에서 침상 없는 최후의 밤을 맞이하는 모습으로 전체적인 시적 상황을 압축적으로 드러내었다. [B]에서는 노인의 고독감을 '겨울 귀뚜라미'에 투영하여 노인의 외로움을 부각하고 있다. 즉, [B]에 비해서 [A]가 시적 상황을 압축적으로 표현한다고 볼 수 있다.

05.

(나)는 '춥다', '따스하게 안겨오는'이라는 촉각적 이미지를 활용하여 고단한 산동네의 삶과 이를 바라보는 화자의 따뜻한 시선을 강조하여 드러내고 있다.

오답 풀이

① (가)에서 공간적 배경을 묘사하는 과정에서 명사형과 서술형으로 행의 종결에 변화를 주었으나, 그것이 화자의 정서가 변화하는 것을 드러낸 것은 아니다. 화자는 장면을 관찰하고 있을 뿐이다. ③ X, O / (가)와 (나)는 모두 독백적 어조를 사용하고 있다. ④ X, X / (가), (나) 모두 동일한 시구(시의 구절)를 반복하고 있지 않다. (가)에서는 '마을', '콩깍지' 등 동일한 시어를 반복하고 있다. ⑤ X, X / (가), (나) 모두 시간의 흐름에 따라 대상이 변화하지 않는다. (나)는 대상의 변화가 나타나는 것이 아니라, 대상에 대한 화자의 인식이 변화한 것이다.

06.

4연에서 노인의 발은기침 소리가 사라지면 노인을 대신하여 겨울 귀뚜라미가 벽 속에서 울기 시작함을 알 수 있다. '떼를 지어 웁니다', '벽이 무너지라고 웁니다.'의 내용을 근거로 하여 귀뚜라미의 울음소리가 점점 커지는 장면을 제시할 수 있다.

오답 풀이

① 이 시의 화자는 표면에 나타나지 않으며, 노인을 제외한 마을 사람들은 등장하지

않는다. ② '노루꼬리'는 해가 짧다는 것을 빗댄 표현이다. ③ '바람도 없는데'라는 구절을 통해 '바람이 부는 날'이 아님을 알 수 있다. 또한 노인은 집 안에서 바깥의 소리에 귀를 기울이고 있을 뿐, 실제로 무언가를 보고 있는 것은 아니다. ⑤ '여명'은 희미하게 날이 밝아오며 비치는 빛을 의미한다. 그러나 시의 시간적 배경은 달이 뜬 밤이다.

07.

ⓒ '어둠에 익숙한 이 동네'는 산동네의 삶이 '어둠'과 같은 상황에 놓여 있다는 것을 표현한 것으로, 산동네 사람들의 힘든 현실을 의미한다. 따라서 ⓒ은 화자의 안주하는 삶의 태도를 드러낸 것으로 볼 수 없다.

오답 풀이

① ㉠은 화자가 대상인 산동네를 관찰하는 부분이다. ③ ⓒ은 '허물없이' 산동네 사람들에게 다가가고 싶은 화자의 마음이 드러난다. ④ ㉣은 화자가 자신을 '누군가에게 건너가는', 즉 다른 사람들과 연결된 긍정적 존재임을 깨닫는 대목이다. ⑤ ㉤은 '불씨'를 달고 있는 산동네의 모습으로, 화자가 새로운 시선으로 산동네를 바라보며 희망을 발견하고 있음을 보여주고 있다.

<table><tr><td>Part 1. 현대시</td><td>09 | 정지용, 그의 반</td></tr></table>

O/X 정답

01. O	02. X	03. X	04. O	05. X

1. 화자인 '나'는 '그'라는 절대자에게 경배의 자세를 보이므로, 선지의 진술은 적절하다.

2. 화자는 초월적 존재인 '그'를 지속적으로 얘기하지만, 초월적 공간을 설정한 것은 아니다.

3. 화자는 절대자에게 순응하는 태도를 보이므로 주어진 삶에 순응해야 함을 드러낸다고 볼 수 있으나, 공간의 이동은 드러나지 않는다.

4. 화자는 '그'를 '고운 불, 달, 값진 이, 금성, 고산 식물' 등으로 표현하고 있으므로 적절하다.

5. '나의 나라에서도 멀다.', '나— 바다 이편에 남긴'에서 '그'와의 거리감이 드러나고 있으나, 이로 인해 화자가 안타까움을 느끼고 있지는 않다.

<table><tr><td>Part 1. 현대시</td><td>10 | 강은교, 사랑법</td></tr></table>

O/X 정답

01. X	02. O	03. X	04. O	05. O

1. '꽃', '하늘', '무덤'은 사랑을 하는 과정에서 떠오르는 감정을 상징한다. 화자는 이와 같은 많은 감정을 느낄수록 쉽게 단정 지어 판단하지 않아야 하는 태도를 바라고 있으므로, 사랑의 과정에서 반드시 가져야 할 대상임을 강조하는 시어들이라고 보기 어렵다. '반드시 가져야 할 대상'은 이 시의 주제와 상반된다.

2. 1연의 '떠나고 싶은 자 / 떠나게 하고 / 잠들고 싶은 자 / 잠들게 하고', 2연의 '또는 꽃에 대하여 / 또는 하늘에 대하여 / 또는 무덤에 대하여', 5연의 '쉽게 꿈꾸지 말고 / 쉽게 흐르지 말고 / 쉽게 꽃피지 말고' 등 유사한 통사 구조의 반복인 대구법을 사용하였다. 이러한 비슷한 문장 구조의 반복은 운율을 형성하고 시의 주제를 강조한다.

3. '실눈으로 볼 것'은 경솔한 자세를 버리고 현실을 담담한 자세로 관조하여, 상대

와 자신의 참된 모습을 발견해 나가라는 당부를 뜻하므로, 의심의 태도를 잃지 말아야 한다는 뜻으로 보기 어렵다.

4. 화자는 '~할 것', '~지 말 것'이라는 단호한 종결 어법과 어조를 통해 사랑의 진실한 본질에 다가가는 방법에 대한 교훈적 태도를 드러내고 있다. 이를 통해 화자의 의지 또한 드러내고 있으므로 해당 선지의 내용은 적절하다.

5. 화자는 각 연을 명사로 종결하거나 미완의 문장으로 끝을 맺는다. 그러다 마지막 연에서 '가장 큰 하늘은 언제나 / 그대 등 뒤에 있다.'로 완성된 문장 형태를 제시한다. 이러한 어조 변화를 통해 화자는 독자에게 자신의 의도를 효과적으로 전달할 수 있다.

<table><tr><td>Part 1. 현대시</td><td>11 | 유치환, 학</td></tr></table>

O/X 정답

01. O	02. X	03. X	04. X	05. O

1. 5연의 '어둑한 저잣가'는 화자의 시간적 배경(밤)과 공간적 배경(저잣가)을 나타내고 있다.

2. 이 시에서는 인간과 자연을 대비하고 있지 않다. 대비되는 시어는 이상과 현실을 나타내는 표현들이다.

3. 화자는 '솔바람 소리'가 '아득한 풍랑인 양 머리에' 흔들린다고 하였다. '풍랑'은 혼란과 시련이라는 의미이므로, 긍정적으로 받아들이고 있다고 볼 수 없다.

4. 이 시에서 계절의 변화는 나타나지 않으며, 과거와 반대되는 현재의 상황도 드러나지 않는다.

5. 1연의 '나는 학이로다'와 6연의 '마르는 학이로다'는 수미상관의 기법을 사용한 표현으로, 시 전체에 구조적 안정감을 주고 있다.

<table><tr><td>Part 1. 현대시</td><td>12 | 김용택, 저 새</td></tr></table>

O/X 정답

01. O	02. X	03. X	04. X	05. X

1. '저 산', '저 새'와 같은 지시어를 반복하여 중심 소재(산, 새)로 초점을 모으고 있다.

2. 마지막 행의 '꽃같이 아픈 눈'에서 역설적 표현이 쓰였으나, 초월적 진리를 이끌어내는 부분은 찾을 수 없다.

3. '우우우'와 같은 의성어(음성 상징어)가 쓰였으나, 윗글에서는 공간의 이동이 드러나지 않으며, '여유로운 분위기' 또한 적절하지 않다.

4. 윗글에서는 '반가움'의 정서가 드러나지 않는다. 오히려 화자는 '빈 산'에서 새가 우는 것을 슬퍼하고 있다.

5. '저 산'이 타오른다는 것은 꽃이 피는 것을 비유적으로 표현한 것이다. 또한 이는 빈 산에 생명력이 깃드는 것을 표현한 것으로, 화자가 소망하는 미래이기 때문에 이를 염려한다는 선지는 적절하지 않다.

Part 1. 현대시   13 | 윤동주, 참회록

O/X 정답

| 01. O | 02. O | 03. O | 04. X | 05. X |

1. '만 이십사 년 일 개월을 / 무슨 기쁨을 바라 살아왔던가.'에서 시적 화자는 과거 자신의 삶 전체를 참회하고 있다. 이는 자신의 부끄러운 과거에 대한 반성이다.
2. '거울'은 자신의 모습을 비추어 주는 것으로, '자기 성찰'의 상징적 의미를 지닌다. 화자는 '파란 녹이 낀 구리 거울'에 자신의 모습을 비추어 봄으로써 스스로의 삶을 성찰하고 있다.
3. '욕될까', '살아왔던가', '했던가'는 설의적인 표현으로, 자기반성적 질문을 하는 화자의 모습을 나타내며 참회의 의미를 강조하고 있다.
4. 「참회록」은 시간의 흐름에 따라 시상이 전개되는 작품으로, 과거 회상은 나타나지만 그리움의 정서는 나타나지 않는다.
5. '어느 운석 밑으로 홀로 걸어가는 / 슬픈 사람의 뒷모양'은 자기희생의 비극적 운명을 감내하겠다는 화자의 의지와 자기 연민이 동시에 드러나는 구절로, 미래에 대한 낙관적 전망은 나타나지 않는다.

Part 1. 현대시   14 | 신동엽, 누가 하늘을 보았다 하는가

O/X 정답

| 01. O | 02. O | 03. X | 04. X | 05. O |

1. '구름'과 '쇠 항아리'는 민중이 진짜 '하늘'을 볼 수 없게 만드는 방해물이라는 점에서 유사한 의미를 지닌다.
2. '그걸 하늘로 알고 / 일생을 살아갔다.'는 단정적 어조로 볼 수 있으며, 이러한 직설적 표현은 화자의 전달력을 높이는 효과를 가진다.
3. 7연의 '발걸음도 조심 / 마음 아모리며.'는 억압된 현실을 견디기 위한 조심스럽고 경건한 삶의 자세를 의미한다. 이 시에서 부정적 현실을 회피하는 화자의 태도는 나타나지 않는다.
4. '닦아라, 사람들아 / 네 마음속 구름 / 찢어라, 사람들아, / 네 머리 덮은 쇠 항아리.'에서 도치의 방식을 통해 주제 의식을 드러내고 있으나, 이를 통해 시상을 마무리하고 있지는 않다. 시상을 마무리하는 부분에서는 도치의 방식이 사용되지 않았다.
5. 1연과 9연이 수미상관 구조를 통해 대응되며, 이를 통해 주제 의식을 강조하고 있다.

Part 1. 현대시   15 | 박목월, 층층계

O/X 정답

| 01. X | 02. O | 03. X | 04. O | 05. X |

1. 1연에서 '올라간다'와 '내려오는데'라는 시어를 통해 상승과 하강의 이미지를 대비하고 있으나, 이를 통해 목전(눈앞)에 닥친 위기감을 강조하는 것은 아니다.
2. 화자는 적산가옥의 '이 층'에서 '아래층'에 있는 '단칸방'으로 내려갔다가, 다시 '이 층'으로 올라간다. 이처럼 적산가옥 안에서의 위치 이동을 통해 시상을 전개하고 있으므로 선지는 적절하다.
3. 1연에서 '어느 것은 / 관형어 / 체언.' 구조의 유사한 문장 형태를 변주하고 있으

나, 이는 화자가 버는 돈이 어디로 쓰이는 건지 나타낼 뿐 이를 통해 시간의 흐름을 드러내고 있지는 않다. 이 시에서의 시간적 배경은 '밤 한 시, 혹은 두 시'의 깊은 밤으로, 시간의 흐름은 나타나지 않는다.
4. 화자는 2연에서 '샛까만 유리창'을 통해 자아 성찰을 한다. 이때, 유리창에 비친 '수척한 얼굴'과 〈아버지〉는 모두 화자 자신을 가리키므로 선지의 진술은 적절하다.
5. 1연에서 화자는 '평안함'을 보이는 '서글픈 것(자식)'을 바라보고 있는데, 원망의 감정을 표출하고 있지는 않다. 오히려 자식을 '서글픈 것'이라고 표현하는 데서 연민과 슬픔의 감정을 느낌을 알 수 있다.

Part 1. 현대시   16 | 이대흠, 동그라미

O/X 정답

| 01. O | 02. X | 03. O | 04. X | 05. O |

1. 1~2연의 '푸르딩딩', '강가 낭가 당가 랑가 망가' 등에서 의도적으로 울림소리 'ㅇ'을 사용하여 명랑한 분위기를 조성하고 있다.
2. 2연의 '강가 낭가 당가 랑가 망가'에서 '어머니'의 말버릇을 열거하고 있으나, 시간의 흐름에 따라 인물의 행동을 열거하고 있지는 않다.
3. 1연의 '어머니는 말을 둥글게 하는 버릇이 있다'와 마지막 연의 '어머니는 모든 것을 둥글게 하는 버릇이 있다'가 대응되어 구조적 안정성을 취하고 있으며, 이를 통해 삶을 둥글게 살아가는 어머니를 강조하고 있다.
4. 'C자의 열린 구멍에서는 살리는 것들이 쏟아질 것이다'는 자식들을 위해 많은 것을 주며 헌신하는 어머니의 모습을 형상화한 것이다. 이는 '어머니'가 상실한 것을 나타낸 것이 아니므로, 화자가 이에 대해 안타까움을 표현했다고 볼 수 없다.
5. 전라북도 방언 '-ㅇ가'와 '밤낭구'라는 소재로 시상을 촉발하여, 어머니의 삶의 태도 전체로 시상을 확장해 나가고 있다.

Part 1. 현대시   17 | 구상, 초토의 시1

O/X 정답

| 01. O | 02. O | 03. O | 04. X | 05. X |

1. 1연의 '판잣집'과 3연의 '잿더미가 소복한 울타리'는 전쟁의 비참함을 드러내는 어두운 이미지를 가진 시어다.
2. 3연의 '잿더미'와 '개나리'는 대조적인 이미지의 시어로, 전쟁의 폐허 속에서 발견한 희망을 강화하는 역할을 한다.
3. 3연의 '개나리가 망울졌다.'에서 절망의 인식이 희망의 인식으로 전환되며 시상의 입체감을 주고 있다.
4. 4연의 '소녀의 미소엔 앞니가 빠져'는 전쟁 상황에서도 순수하고 천진난만한 아이의 모습을 나타낸 것이다.
5. 이 시에서 반어적 표현을 활용하여 대상의 이중성을 부각하고 있는 부분은 찾을 수 없다.

Part 1. 현대시 · 18 | 곽재구, 새벽 편지

O/X 정답

01. O	02. X	03. X	04. X	05. X

1. 희망을 기다리는 시간인 '새벽'의 창을 열고 만나는 '우리들 가슴의 깊숙한 뜨거움'은 사랑, 희망 등을 의미한다.

2. '새벽 편지'는 '진정으로 너를 사랑한다는 한마디'처럼 고통과 맞서는 사람들에게 건네는 위로의 내용이 주를 이룬다.

3. 1~4행과 15~18행이 수미상관의 구조를 보인다. 그러나 1~4에서는 사랑이 충만한 세상을, 15~18행에서는 희망이 가득한 세상에 대해 소망하고 있으므로 무엇인가를 희망하고 소망한다는 정서는 동일하다. 따라서 정서의 변화가 드러난다고 보긴 어렵다.

4. '이제 밝아 올~꽃 향기를 맡기 위하여'에서 유사한 문장 형태를 변주하고 있다. 그러나 시간의 흐름은 드러나지 않는다. 화자는 시간적 배경인 '새벽'에 '밝아 올 아침'을 기다리고 있을 뿐, 시간의 흐름이 나타난 것은 아니다.

5. '다시 고통하는 법을 익히기 시작해야겠다'에서 역설적 표현을 사용하였다. 그러나 이는 고통을 통한 성숙의 의지를 드러내는 것이지, 모순적인 상황에 대한 반성적인 자세를 보여 주는 것은 아니다.

나BS 실전 문제 정답

01. ①	02. ②	03. ③	04. ①	05. ⑤
06. ③	07. ④	08. ⑤	09. ②	10. ④
11. ②				

01.

(가)는 조국의 밝은 미래를, (나)는 양심을 지키며 사는 삶을, (다)는 고통받는 사람들과 연대하는 삶을 추구하는 의지가 드러난다.

오답 풀이

② X, X, △ / (가)와 (나)는 갈등에 대한 포용과 조화를 강조하고 있지 않다. 다만, '갈등'을 좀 더 넓은 범주의 개념을 본다면 (다)에서 '갈등에 대한 포용과 조화'를 허용할 여지가 있어 △ 처리를 하였다. ③ X, O, X / (나)에서 '너(양심)'와 일체가 되려는 화자의 소망이 담겨있다고 볼 수 있다. ④ X, X, X / (가)에서 지나온 삶에 대한 반성적 태도가 드러난다고 볼 수도 있으나, '나약한 자신에 대한 반성'과는 관련이 없다. ⑤ X, X, O / (다)는 '새벽'에 깨어나 '별'을 보면서 사랑과 희망이 충만한 세상에 대해 소망하므로, 자연으로부터 올바른 삶의 교훈을 이끌어내고 있다고 볼 수 있다.

02.

'강철'은 꺾이지 않는다는 긍정적 속성이 있는 것은 맞지만, 시적 화자는 현실을 수용하는 태도를 보이고 있지 않다.

오답 풀이

① '고원'은 높은 곳이라는 긍정적 속성이 있지만, (가)에서 '고원'의 '칼날진 그 위'는 '한 발 재겨 디딜 곳조차 없어' 화자가 더 이상 나아갈 수 없는 한계의 공간을 의미한다. ③ '모나고'는 둥글지 못하고 까다롭다는 부정적 의미를 가지지만, '너의 밝은 은빛은 모나고 분쇄되지 않아', '나의 꿈과 사랑과 나의 비밀'을 찌른다고 했으므로 (나)에서는 화자의 내면에 미치는 긍정적 자극을 의미한다. ④ '등불'은 밝음이라는 긍정적 속성이 있지만, '모든 것'은 '등불'을 향하여 '연소되고 취하는' 세속적인 유혹에 빠지므로 (나)의 '등불'은 화자를 유혹하는 세속적 욕망을 의미한다. ⑤ '금속성'은

냉혹하다는 부정적 속성이 있지만, '차가운 금속성'은 부조리한 세상에 타협하지 않는 양심의 속성이므로, (나)의 '금속성'은 화자가 가질 양심이 엄정해야 함을 의미한다.

03.

〈보기〉에 따르면 '다시 고통하는 법을 익히기 시작해야겠다'라는 시구는 이미 밤이 지나고, 곧 맞이할 아침을 기다리는 시간을 의미한다. 따라서 새벽에서 다시 밤으로 돌아가고자 한다는 선지의 내용은 적절하지 않다.

오답 풀이

① '고통과 쓰라림과 목마름의 정령들'은 '험한 세상'을 의미하는 '밤'에 잠들어 있다. 즉, 이들은 고통스러운 현실 세상을 살아가는 사람들을 의미한다. ② '새벽'은 '희망'의 시간이므로, '새벽의 창을 열고'는 새로운 희망이 시작되는 것을 의미한다. ④ '따스한 햇살과 바람과 라일락 꽃 향기'는 '이상 세계'인 '아침'에 만날 수 있는 존재들이다. 즉, 이는 이상 세계의 모습을 감각적으로 보여준다. ⑤ '새벽'에 깨어나 '희망의 샘 하나 출렁이고 있을 것만 같다'고 생각하는 것은 밤의 고통이 해소되고 희망이 충만한 세상이 오길 바라는 마음을 표현한 것이다.

04.

(가)에서는 '서러운 얘기'를 반복해 '사람들'이 겪은 고달픈 현실과 관련된 의미를 강조하고 있다. (나)에서는 '새벽에 깨어나 / 반짝이는 별을 보고 있으면'을 반복해 화자가 희망과 관련된 대상을 보고 있다는 의미를 강조하고 있다.

오답 풀이

② X, X / (가), (나) 모두 설의적 표현을 사용하지 않았다. ③ O, X / (가)는 명령형 어미 '-라'를 활용하여, 고달픈 현실을 겪은 사람들이 긍정적인 세계를 즐길 수 있게 해주고 싶은 화자의 소망을 드러내고 있으나, (나)에는 명령형 어미가 사용되지 않았다. ④ X, X / (가), (나) 모두 화자의 시선 이동에 따라 시상이 점층적으로 강조되고 있지 않다. ⑤ X, △ / '반어적 표현'에 역설이 포함된다고 본다면, (나)를 허용할 여지가 있어 △ 처리를 하였다.

05.

(나)에서 화자가 '아침'에 '자유로운 새소리'를 들으려 하는 것은 희망이 오길 소망하고 있는 것이다. 그러나 (가)에서 '마을마다' '꽃가루'가 '흩뿌린'다는 것은 시적 대상의 고달픔을 부각하는 것이 아니라, 시적 화자가 바라는 긍정적 상황을 보여주므로 적절하지 않다.

오답 풀이

① (가)에서 '서러운 얘기'를 '잊고' '꽃향에' '취하여' '쓸어지게 하여라'는 것은 시적 대상인 '사람들'이 지나온 고달픈 시간을 잊고 '꽃구름 속에' 안겨 희망찬 봄을 마음껏 즐기기를 바라는 화자의 태도를 드러낸다. ② (나)에서 '이 세상'에 '희망의 샘 하나 출렁이고 있을 것만 같다'는 것은 '희망'을 통해 고달픈 현실에서 벗어날 수 있다는 화자의 기대를 드러낸다. ③ (가)에서 '한겨우내'는 추위와 굶주림의 시간으로 형상화되고, (나)에서 '새벽'은 '희망'에 대한 화자의 기대가 드러나는 시간으로 형상화된다. ④ (가)에서 화자는 시적 대상인 '사람들'의 서러움을 덜어주고자 하며 연민을 보이고 있고, (나)에서 화자는 '고통하는 법'을 스스로 '익히기 시작해야겠다'며 의지를 보이고 있다.

06.

㉠에서는 '불어 오라'를 통해서 동적인 이미지가 드러나고, ㉡에서는 '잠들고'를 통해서 정적인 이미지가 드러난다.

07.

(가)는 삶의 의지와 이상 추구, (나)는 삶의 가치에 대한 긍지와 신념, (다)는 고

통을 극복하는 삶에 대한 희망을 그리고 있으므로, (가), (나), (다) 모두 '삶에 대한 긍정적인 태도와 자세'가 드러나 있다고 볼 수 있다.

오답 풀이

① X, X, X / (가)~(다) 모두 현실의 모순을 풍자적으로 비판하고 있지 않다. ② X, O, X / (나)의 '저 눈부신 햇빛 속에~여름 산 같은'에서 대상의 인상을 사실적으로 묘사하고 있다고 볼 수 있다. ③ O, X, X / (가)의 '얼마나 기쁜 일이냐.', '슬퍼도 좋다.'에서 화자의 직설적 감정이 드러나 있으나, (나)와 (다)에서는 드러나지 않는다. ⑤ X, X, X / (가)~(다) 모두 현실과 이상 사이에서 방황하는 모습은 나타나지 않는다.

08.

(가)의 화자는 푸른 하늘과 푸른 별을 바라보며 굳센 삶의 의지를 다지고 이상을 추구하고 있다. 현실을 떠난 상황이 아니므로 '현실을 떠나', '마음 편한 세상이 있다는 걸' 알았다는 내용은 적절하지 않다.

오답 풀이

①, ②, ③, ④ (가)에서 '뼈에 저리도록' 슬픈 생활과 (다)의 '고통과 쓰라림과 목마름의 정령들'이라는 표현을 통해 알 수 있듯이 화자는 모두 힘겨운 현실 속에 처해 있다. 그러한 현실은 두 화자에게 새로운 삶의 의미를 발견하는 자리이기도 하다.

09.

〈보기〉의 자료에서 시인은 무등산을 통해 물질적 궁핍을 극복할 수 있는 영감을 얻고 있다. 이런 관점에서 볼 때 '타고난 살결'과 '타고난 마음씨'는 힘겨운 현실 속에서도 지켜가고자 하는 시인의 '품위와 격조'로 해석할 수 있다.

오답 풀이

① 6·25 전쟁이 끝난 후인 '1954년'에 발표된 것으로 보아, '남루(낡아 해진 옷)'는 물질적 궁핍의 상황과 관련지을 수 있다. ③ 1연에서 산이 '갈매빛(짙은 초록빛)의 등성이를 드러내고 서 있는' 모습을 '우리들의 타고난 살결'과 같다고 생각한다. 시인은 물질적 궁핍 속에서, 의젓하고 변함없는 무등산을 보며 이 시를 썼으므로, 자신의 가난하고 헐벗은 처지를 부끄럽지 않고 떳떳하게 생각하는 것으로 볼 수 있다. ④ '청산'은 변함없이 의젓한 무등산을 의미하는데 시인은 이를 보며 정신적 자세를 가다듬며 시를 쓴 것으로 볼 수 있다. ⑤ '어느 가시덤불 쑥구렁에 놓일지라도' '자욱이 끼일' '청태'는 어려운 현실 속에서도 지켜야 할 품위와 지조, 삶의 보람과 같은 정신적 가치를 상징한다.

10.

㉠에는 고통스런 현실을 견뎌내겠다는 화자의 의지가 드러나 있다. 이러한 태도는 ④에서 '눈'이라는 시련 앞에서도 좌절하지 않고 '노래의 씨'를 뿌리는 행위를 통해 고난을 극복하려는 태도와 유사하다.

오답 풀이

①에는 평정심을 유지하려는 자세, ②에는 슬픔을 인정하는 태도, ③에는 현실에 대한 좌절, ⑤에는 이상에 대한 동경이 나타나 있다.

11.

(나)에서 '여름 산'은 화자가 지향하는 삶의 모습을 나타내는데, 이런 관점에서 보면 ⓐ, ⓒ, ⓔ의 의미와 상통한다.

오답 풀이

ⓑ는 '고난과 고통', ⓓ는 '고통 속에 괴로워하는 영혼'을 의미한다.

Part 1. 현대시   19 | 신경림, 폐촌행(廢村行)

O/X 정답

01. X   02. X   03. X   04. O   05. X

1. 화자가 '안마당(1연) → 부엌(2연) → 폐광을 올라가는 길(3연)'로 공간을 이동하며 시상을 전개한 것은 맞으나, 주어진 삶에 순응해야 한다고 주장한 것은 아니다.
2. 1연에서 '빨갛다', '벌겋게'라는 색채어가 쓰였으나, 이는 쓸쓸한 폐촌의 모습을 부각하기 위한 것이지 대상의 아름다움을 형상화하기 위한 것은 아니다.
3. 의도적으로 변형한 시어나 현실 극복 의지는 윗글에서 찾을 수 없다.
4. 3연에서 '한 늙은이'의 말을 통해 폐촌에 살았던 사람들이 대개 '산동네'로 갔음을 알 수 있는데, '산동네'는 '산등성이나 산비탈 따위의 높은 곳에 가난한 사람들이 모여 사는 동네'라는 점에서 그들이 여전히 변변치 못한 삶을 살고 있음을 추측할 수 있다.
5. 시의 공간인 '폐촌'이 화자가 살았던 곳이라는 근거는 없으며, 화자는 과거 폐촌에 살았던 사람들의 삶에 대해 추측한 것일 뿐 화자가 과거를 회상하고 있지도 않으므로 선지는 적절하지 않다.

Part 1. 현대시   20 | 고재종, 세한도

O/X 정답

01. X   02. O   03. O   04. X   05. O

1. 청솔을 '푸른 눈 더욱 못 감는다.', '노엽게 운다.', '삭바람마저 빗질하여'라고 의인화하여 표현한 것은 맞지만 대화의 상대로 삼고 있지는 않다.
2. '청솔은 또 한바탕 노엽게 운다.'에서 청각적 이미지를 사용하여 대상이 지닌 슬픔을 표현하고 있음을 알 수 있다.
3. 5연의 '푸른 숨결'은 쇠락한 농촌의 현실 속에서 이를 극복할 수 있는 희망을 상징하고, 6연의 '꼭두서니빛'은 아침에 떠오르는 햇빛으로 사람들에게 희망을 주려는 붉은빛의 이미지를 상징한다.
4. 2~3연의 '앰프'는 활기차고 번성했던 시절의 과거 농촌 모습을 나타낼 뿐, 현재까지도 번성하는 농촌의 모습을 나타내는 것은 아니다. 과거의 번영과 활기를 상징했던 '앰프'를 통해 현재의 쇠락한 농촌과의 대비를 보여주고 있다.
5. '보아라'라는 명령형 어조를 사용하여 세한(한겨울의 추위)의 현실을 극복하려는 화자의 강한 의지를 강조하고 있다.

Part 1. 현대시   21 | 장석남, 궁금한 일-박수근의 그림에서

O/X 정답

01. O   02. O   03. X   04. O   05. X

1. 2연에서 '-는지'라는 의문형 어미가 반복되고 있으며, 시 전반적으로 '-ㅂ니다'라는 경어체의 어미를 반복하여 리듬감을 형성하고 있다.
2. 활유법이란 대상을 생명이 있는 것처럼 비유하는 방법이다. '그 커다란 손등 위에서 같이 꼼지락거렸을 햇빛들이며는'에서 생명이 없는 '햇빛'을 마치 생물처럼 표현하며 생동감을 부여하고 있다.
3. 화자가 상대를 높여서 말하는 경어체를 썼다는 점에서 청자를 설정했다고 볼 수

있으나, 특정한 인물을 청자로 둔 것은 아니므로 '구체적인 청자'는 허용할 수 없다. 또한 화자가 자연에서 얻은 깨달음을 진술하고 있지도 않다.

4. '박수근 화백 그림을 하나 사다가 걸어놓고는 물끄러미 그걸 치어다보면서'에서 화자가 박수근 화백의 그림을 보고 있음을 알 수 있다. 또한 그림을 보며 '그는 멋쟁이이긴 멋쟁이었던 모양입니다.', '그 커다란 손등 위에서 같이 꼼지락거렸을 햇빛들이며는', '그가 마른 빨래를 개며 들었을지 모르는 뻐국새 소리'라며 박수근 화백의 삶을 추측하고 있으므로 선지의 진술은 적절하다.

5. 화자가 '성자'에 빗댄 것은 자신 스스로가 아니라 박수근 화백이다. 구체적으로 말하자면 '박수근 화백의 손'을 '성자의 손'에 빗댄 것이다.

Part 1. 현대시 22 | 김명인, 김정호의 대동여지도

O/X 정답

01. X 02. O 03. O 04. X 05. X

1. 화자가 '어둠 덮인 이쪽 능선'을 벗어난 것은 맞지만, 도착한 바다 끝의 '길게 걸쳐진 검은 구름 떼'와 '저문 바다'를 화자가 바라던 모습의 바다라고 보는 것은 적절하지 않다.

2. '사라진다 일념도 세상 흐린 웃음소리에 감추며'는 '세상 흐린 웃음소리에 일념도 감추며 사라진다'를 도치의 방식으로 표현한 것으로, '사라진다'는 의미를 강조하며 화자의 쓸쓸한 감정을 부각하고 있다.

3. 2연의 '저렇게 저문 바다의 파도로서 풀어지느냐'는 어두워진 바다의 파도로 어떻게 겪어온 고통을 씻어 낼 수 있겠냐는 의미의 설의적 표현이다. 이는 참담한 현실을 인지한 화자의 쓸쓸한 감정을 드러내고 있다.

4. 2연의 '아이들'은 어두운 현실과 대조되어 미래의 희망을 상징하는 대상이 아닌, 화자가 고향에 두고 온 자식을 떠올리게 하는 대상이다.

5. 3연에서 화자는 고향에서 배를 타고 바다로 나가던 과거를 회상하며, 꿈을 향해 다시 떠날 자신의 모습을 그려내고 있다. 이는 고향에 대한 그리움과 꿈을 이루겠다는 화자의 정서를 보여주는 것으로, 후회로 볼 수 없다.

Part 1. 현대시 23 | 송수권, 나팔꽃

O/X 정답

01. X 02. O 03. X 04. O 05. X

1. '나팔꽃 줄기'는 '허공에 두 뼘은 더 자라'있고, '허공을 감아쥐고 바지랑대를 찾고 있는' 모습을 보인다. 즉, '허공'은 '나팔꽃 줄기'의 삶을 위태롭게 하는 공간이 아니라 오히려 '나팔꽃 줄기'가 삶을 이어나갈 수 있게 하는 공간이다.

2. 2행의 '두 뼘은 더 자라서'에서 나팔꽃 줄기가 위로 자라나는 상황을 통해 상승적 이미지가 활용되었음을 알 수 있다. 이를 통해 나팔꽃 줄기가 자라나는 변화 과정을 표현하였다.

3. 화자는 나팔꽃 줄기를 통해 한계 상황을 극복한 뒤에 성장할 수 있다는 깨달음을 얻는다. 11행에서 '더 한 번 길게 꼬여서 푸른 종소리'가 난다고 했으므로, '더 한 번 길게 꼬여'는 절망적 상황이 아닌, 절망적 상황을 이겨 내려는 극복의 행위, 극복 의지의 표출로 볼 수 있다.

4. 화자는 나팔꽃 줄기에 주목하여, 그의 삶의 태도를 보고 깨달음을 얻는다. 즉, 한계 상황 속에서 절망하지 않고 극복하는 태도를 추구한다고 볼 수 있다.

5. 마지막 행의 '우리'를 통해 화자의 시선이 외부 세계에서 내면으로 이동하였음을

알 수 있다. 즉, 외부 대상에 대한 관찰에서 화자 내면으로 시선을 이동하여 삶에 대한 성찰을 하고 있는 것이다.

Part 1. 현대시 24 | 정끝별, 가지가 담을 넘을 때

O/X 정답

01. O 02. O 03. X 04. X 05. X

1. 2연의 '담 밖'은 수양 가지가 넘어가기 위해 노력을 쏟는 공간이므로, 수양 가지가 지향하는 세계라 볼 수 있다.

2. 3연에는 1연의 '수양 가지' 이외에 '목련 가지', '감나무 가지', '줄장미 줄기', '담쟁이 줄기'가 제시되어 있다. 이들은 도움이 있어야 자랄 수 있다는 점에서 '수양 가지'와 같은 속성과 상황을 지니고 있는 존재로, '수양 가지'가 지닌 상황의 의미를 유사한 다른 대상으로 확장하여 보여 주는 소재이다.

3. 2연의 '한 댓새~폭설이 아니었으면'에서 대구의 방식이 쓰인 것은 맞지만, 시상을 마무리하는 부분은 아니다. 이 시에서 시상을 마무리하는 부분에서는 대구의 방식이 쓰이지 않았다. 참고로, 대구의 방식으로 시상이 마무리된다면 여운을 강화한다는 것은 허용할 수 있다.

4. '믿어 주지 않았다면', '비가 아니었으면' 등에서 가정의 진술을 활용하였으나, 현실과 이상의 거리감을 드러내고 있는 부분은 찾을 수 없다.

5. 이 시는 '수양 가지', '뿌리', '꽃', '잎' 등을 의인화하여 담을 넘는 가지의 상황을 표현하였다. 그러나 현실에 대한 비판적인 관점은 드러나지 않는다.

Part 1. 현대시 25 | 정호승, 나는 희망을 거절한다

O/X 정답

01. X 02. O 03. O 04. X 05. O

1. 시 전반적으로 역설법이 쓰였으나, '일상적 삶에 대한 반성'은 드러나지 않는다.

2. '거절한다', '중요하다' 등 단호한 어조를 통해 무조건적인 희망을 지양하고, 절망과 연대해야 한다는 의지를 보이고 있다.

3. '희망'과 '절망'이라는 대비되는 시어를 반복하여 절망과 연대할 줄 아는 희망을 추구하자는 주제 의식을 부각하고 있다.

4. 3연에서 '희망의 절망이 절망이 될 때보다 / 희망의 절망이 희망이 될 때 / 당신을 사랑한다'라고 하였으므로, 화자는 '희망의 절망'이 '절망'이 되기를 바라는 것이 아니라 '희망'이 되기를 바라는 것을 알 수 있다.

5. 2연에서 '희망은 희망의 손을 먼저 잡는 것보다 / 절망의 손을 먼저 잡는 것이 중요하다'라고 하였는데, 이는 '절망'과 연대해야 함을 주장하는 것이라 볼 수 있다.

Part 1. 현대시 26 | 이한직, 낙타

O/X 정답

01. X 02. X 03. O 04. X 05. O

1. 시간의 순차적인 순서로 각 연을 배열하면, '5연 → 4연 → 1연 → 2연 → 3연'의 순서로, 각 연의 흐름과 일치하지 않는다. '나'는 '동물원의 오후'에, 낙타를 보

고, 눈을 감기 시작하여, 어린 시절의 선생님을 추억하고 있는 것이다.

2. 화자가 어린 시절을 회상하며 회고적인 정서가 드러난 것은 맞지만, 대구 표현은 나타나지 않는다.

3. 5연의 '여읜 동심'은 현재의 화자가 잃어버린 동심으로, 돌아갈 수 없는 어린 시절에 대한 그리움과 안타까움을 의미한다.

4. 3연의 '늦은 봄 햇살', 4연의 '봄볕'에서 계절감을 드러내는 표현을 사용하였지만, 이를 통해 시간의 경과를 보여 주고 있지는 않다.

5. 3연의 '선생님은 낙타처럼 늙으셨다', 4연의 '낙타는 어린 시절, 선생님처럼 늙었다'에서 직유법을 사용하여 낙타와 선생님이 공통적으로 가지고 있는 '늙음'이라는 속성을 선명하게 제시하고 있다.

나BS 실전 문제 정답

01. ②	02. ②	03. ④	04. ⑤	05. ③
06. ③	07. ⑤	08. ④	09. ⑤	

01.

(가)는 어렸을 적 선생님에 대한 회고와 동심에 대한 그리움을, (나)는 유년 시절 추억에 대한 그리움을, (다)는 그대에 대한 절실한 그리움과 기다림을 나타내고 있다.

오답 풀이

① O, X, X / (가)에서만 과거 회상을 통해 시상을 전개하고 있다. ③ X, O, X / (나)의 화자는 가고 싶은 곳이 있어도 갈 수 없는 상황이므로 비관적 인식이 나타나 있다고 볼 수 있다. ④ X, X, X / (가)~(다) 모두 화자의 심리 변화가 나타나 있지 않다. ⑤ X, X, O / (다)의 '오늘도 그대를~더 행복하였습니다.'를 통해 화자가 자신이 처한 상황을 긍정적으로 인식하고 있다고 볼 수 있다.

02.

ㄱ. 화자는 동물원에서 '늙은 낙타'의 모습을 보고, '어린 시절 선생님'의 모습을 떠올린다. ㄹ. '동심'은 눈으로 볼 수 없고 감각으로 느낄 수 없는 추상적 관념인데, '여기저기 떨어져 있다.'라고 표현하여 마치 시각적으로 느낄 수 있는 구체적 감각으로 형상화하였다.

오답 풀이

ㄴ. '늦은 봄 햇살'은 '삭막하고 쓸쓸한 옛 추억'이 아닌 따뜻하고 따스한 옛 추억을 떠올리게 한다.
ㄷ. 회초리를 들고 오시는 '선생님'의 모습을 '공감각적'으로 표현한 부분을 찾을 수 없다.

03.

'~길래 ~그리워'의 문장 구조를 반복하여 리듬감을 살리고, 의미를 강조하고 있다.

오답 풀이

① 문장이 길어진 것은 맞지만, 전체적인 의미는 동일하다. ② 유사한 문장 구조의 반복으로 오히려 음악적 요소는 늘어났으며, '남북으로 오며가며'에서 시각적으로 선명한 이미지를 드러내었다고 볼 수 있다. ③ '서로'와 같은 시어를 첨가한 것은 맞지만, 시적 화자의 심리 변화는 드러나지 않는다. ⑤ '아니합디까.'에서 부정 의문문을 사용하였다고 볼 순 있지만, 이를 통해 시적 화자의 신념과 확신을 강하게 드러낸 것은 아니다.

04.

(나)의 화자가 만날 수 없는 임을 생각하며 슬픔에 잠긴다는 것은 허용할 수 있

지만, 임을 원망하지는 않는다.

오답 풀이

① (나)에서 임이 있는 '삭주 구성'은 '먼 육천 리'에 위치한 곳으로, 화자는 가고 싶어도 그곳에 갈 수 없어 안타까워하고 있다. ② (다)의 화자는 '그대'를 '기다리는 일'을 하고 있다. 화자는 저무는 섬을 떠올리며 울고, '외로운 사람들'을 떠올리고 있다는 점에서 고독의 날들을 보내고 있음을 알 수 있다. ③ (나)의 4연 '새들도~오며가며'에서 남북으로 오며가며 집을 찾아 가는 새들과, 갈 수 없는 화자의 처지가 대조되어 화자는 절망감과 비애감에 빠진다는 것은 허용할 수 있다. ④ (다)의 마지막 연을 통해 화자는 과거에 그대와 사랑을 나누었던 것보다 현재 그대를 기다리는 일에 더 행복감을 느끼고 있음을 알 수 있다.

05.

가고 싶은 곳으로 자유롭게 날아가는 '기러기'는 그렇지 못하는 화자의 현실과 대조 상황에 있는 사물로 화자의 슬픔을 가중하는 시어이다. 이와 같은 기능을 하는 시어는 (나)의 구름이다.

오답 풀이

① '낙타'는 과거 회상의 매개체일 뿐, 화자의 현실과 대조되지 않으며, 화자의 슬픔을 가중하지도 않는다. ② '산'은 가고 싶은 곳에 갈 수 없게 하는 장애물로, '산'으로 인해 화자가 슬픔을 느낄 수 있다고 볼 순 있지만, 화자의 현실과 대조 상황에 있지 않다. ④ '저녁해'는 '그대'를 기다리는 상황의 배경일 뿐, 화자의 현실과 대조되지 않으며 화자의 슬픔을 가중하지도 않는다. (다)의 화자는 슬픔의 정서를 느끼고 있지 않다. ⑤ '첫눈'은 외로운 사람들에게 그리운 대상을 만날 수 있다는 설렘을 주는 대상으로, 화자의 현실과 대조된다고 볼 순 있지만, 화자의 슬픔을 가중하지는 않는다.

06.

(가)는 어린 시절에 산수유 열매를 따 오셨던 '아버지'를, (나)는 바다에 나가 돌아오지 않는 남편을 그리워하던 '외할머니'를, (다)는 어린 시절 '선생님'의 모습을 추억한 작품이다. 따라서 특정 인물을 대상으로 삼아서 정서를 구체적으로 드러내고 있다는 점이 (가)~(다)의 공통점이라고 할 수 있다.

오답 풀이

① X, X, X / (나)에서 경어체를 사용하였지만, 대상을 예찬하고 있지는 않다. ② X, X, O / (다)는 '동물원의 오후.'에서 명사로 시상을 마무리하여 여운을 준다. ④ O, X, X / (가)의 '아', '녹아 흐르는 까닭일까.'에서 아버지의 사랑을 강조하는 영탄적 표현이 사용되었다. ⑤ X, X, △ / (가)~(다) 모두 의인법을 사용하지 않았다. (다)의 '낙타는 항시 추억한다.'에서 '낙타'는 '선생님'을 비유한 표현이지만, 해당 문장 자체만 본다면 낙타를 의인화하였다고 볼 수도 있다.

07.

영상물의 현재 장면에서 주인공의 감정은 경쾌한 배경 음악과 어울리지 않는다. (가)의 화자는 자신이 그리워하는 아버지의 사랑 같은 것을 찾아볼 수 없는 오늘날 도시의 모습에 대해 안타까움을 느끼고 있으며, 자신의 현재를 '서러운 서른 살'이라고 표현하고 있기 때문이다.

오답 풀이

① 2연의 내용을 통해 확인할 수 있다. ② 4연에 '눈'과 '붉은 산수유 열매'의 색채 대비가 선명하게 드러나 있다. ③ 6연에서 7연으로 넘어오는 부분이 과거와 현재의 경계인데, 그 두 시간을 이어주고 있는 것은 그날 밤도 내렸고 지금도 내리고 있는 '눈'이다. ④ 8연을 통해 현재 화자가 처해 있는 시공간적 배경인 '성탄제 가까운 도시'를 확인할 수 있다.

08.

'낙타는 항시 추억한다.'라는 시구는 늙은 낙타를 보고 떠오른, 항상 지난날을 추억하시길 좋아하셨던 어린 시절의 선생님과 관련된 시구이기 때문에, 자신에게 가해진 삶의 무게를 떠올린다는 것과는 전혀 상관이 없다.

오답 풀이

① 4연과 5연에 의하면, 화자가 '동물원'의 '금잔디 위'에서 낙타를 보고 있다는 것을 알 수 있다. ② 2~3연에 의하면, 첫 연의 '눈을 감으면'은 회상으로 들어가는 동작을 의미한다고 볼 수 있다. ③ 3~4연에 드러나 있듯이, 화자가 낙타와 선생님을 머릿속에서 연결하는 것은 '늙은 외모' 때문이다. ⑤ 5연의 '여읜 동심'이 동물원 여기저기에 떨어져 있을 것 같다는 시구에는 되돌아올 수 없는 유년시절에 대한 안타까움과 그리움, 그리고 순수함을 잃은 자신의 오늘날에 대한 연민과 쓸쓸함이 담겨 있다.

09.

㉠은 자신이 몹시 앓고 있던 어리고 나약한 존재였음을 의미하고, ㉡은 할머니의 한스러운 그리움을 헤아리지 못한 채 마당에 넘쳐 들어온 바닷물이 마냥 반가워 뛰어다녔던 어린 시절을 의미한다. 따라서 ㉠은 연약한 이미지이고, ㉡은 천진난만한 이미지라고 할 수 있다.

오답 풀이

① 명랑한 이미지는 ㉡에만 해당한다. ② 창백한 이미지는 ㉠쪽에 가깝고, ㉡에는 전혀 해당하지 않는다. ③ ㉠의 '짐승'은 거칠다는 것과는 상관이 없으며, ㉡은 '너무나 기쁜' 소리로, 낄낄거리며 쫓아다니는 속성을 가진다는 점에서 왜소한 이미지로 보긴 어렵다. ④ ㉠은 어리고 연약한 존재를 의미하므로 순수하다고 보긴 어렵다. ㉡은 투박한 이미지를 갖고 있지 않다.

Part 1. 현대시   **27 | 이수익, 방울소리**

| O/X 정답

01. X	02. X	03. X	04. X	05. O

1. '청각의 시각화'는 '청각'으로 느껴야 할 것을 '시각'으로 전이시키는 공감각적 표현을 말한다. 윗글에서는 '방울소리' 등 여러 청각적 심상이 등장하지만, 이를 시각적 심상으로 전이하지는 않았다. 다만 '경적이 / 저자바닥에 따가운데'에서 청각의 촉각화는 찾을 수 있다.

2. 화자는 과거를 그리워하고 있다. '배고픈 저녁 연기 피어오르는 / 마을로 터덜터덜 걸어 내려왔다.'는 저녁때가 되어 밥을 짓는 집으로 돌아가는 과거 화자의 모습을 회상한 것이다. '불우했던 과거'는 허용할 수 없다.

3. 윗글에서 인물의 행동을 시간의 흐름에 따라 열거한 부분은 찾을 수 없다.

4. 1연에서 '청계천 7가'라는 구체적 지명이 나오는데, 이는 고향과 대비되는 '떠들썩한 문명'의 '저자바닥'에 해당한다. 따라서 이를 통해 향토적 정서를 환기한다고 볼 수 없다.

5. '삼륜차가 울려 대는 경적'은 화자가 지양하는 문명의 소리이며, '소의 딸랑이는 방울소리'는 화자가 그리워하는 고향의 소리이므로 적절하다.

| LIBS 실전 문제 정답

01. ②	02. ①	03. ⑤	04. ③	05. ③
06. ②	07. ⑤			

01.

(가)는 '길'을 통해 본질적 자아를 찾아가는 과정에서의 부끄러움과 의지를, (나)는 '방울소리'를 통해 그리움의 정서를 드러내고 있다.

오답 풀이

① (가) X, (나) X / 두 작품 모두 화자의 시선 이동에 따라 시상을 전개하고 있지 않다. ③ (가) X, (나) X / (나)에서는 '소'와의 정서적 교감을 허용할 수 있으나, 자연물에 인격을 부여한 부분은 찾을 수 없다. (가)에서는 자연물에 인격을 부여한 부분, 정서적으로 교감하는 부분 모두 찾을 수 없다. ④ (가) X, (나) O / (나)에서는 '-(어/아)ㅆ다'의 어미를 반복하다가 '-ㄹ까'의 어미로 시상을 마무리하므로 '어조의 변화'를 허용할 수 있고, 시끄러운 문명의 소리와 대비되는 정적인 '방울소리'를 강조하고 있으므로 선지의 진술을 허용할 수 있다. 그러나 (가)에서는 '어조의 변화'나 '정적인 분위기를 강조' 모두 허용할 수 없다. ⑤ (가) X, (나) O / (나)에서는 '터덜터덜'이라는 음성 상징어가 쓰였으나, (가)에 음성 상징어가 쓰인 부분은 없다.

02.

(가)는 '길'을 통해 본질적 자아를 찾아가는 과정과 잃어버린 자아를 찾고자 하는 노력을 보여주고 있다. '돌과 돌과 돌이 끝없이 연달아' 있는 것은 본질적 자아를 찾는 길이 어렵다는 것을 나타내는 것이지 화자의 의지가 확고함을 드러내고 있는 것은 아니다.

03.

화자는 ㉠을 매개로 소박하고 평화롭던 유년 시절의 고향을 떠올리면서 ㉡을 생각한다. 그리고 ㉡과 함께 '옥분이'와 '누나'에 대한 그리움을 환기하게 된다. 현재 화자는 ㉢으로 상징된 떠들썩한 문명의 시간을 살고 있는데, ㉣을 들으며 과거의 시간과 공간을 그리워하는 것이다. 따라서 ㉣은 과거를 환기하는 것이지, 자연과 인간사의 부조화를 상징하는 것은 아니다.

04.

(가)는 고향을 떠나온 화자가 산에 올라 바다를 내려다보며 집 생각을 떠올리는 애틋한 모습을 형상화한 작품이다. (나)는 노을을 통해 지난날의 즐거웠던 모습을 회상하고 있다. 하지만 도시에는 그러한 즐거움이 '없다'라고 화자는 인식한다. (다)는 청계천에서 구입한 방울을 통해 고향의 모습을 회상하고 있다. 또한 화자는 그러한 방울소리가 문명화된 도시의 시끄러운 소음으로 인해 들릴 수 있을까 반문하고 있다. 이를 통해 볼 때, (나)와 (다)는 지난날에 대한 그리움이 바탕에 깔려 있다고 볼 수 있다.

오답 풀이

① (가) X, (나) O / (나)는 현실과 대비되는 과거의 회상을 통해 현실에 대한 고뇌를 보여 주고 있지만, (가)는 그렇지 않다. ② (가) X, (다) X / (가)와 (다) 모두 시적 대상에 대한 원망은 드러나지 않는다. ④ (가) X, (나) △, (다) O / (가)에는 물질문명에 대한 비판이 드러나지 않는다. (나)에는 이러한 비판이 크게 드러나지 않으나, 도시에 저녁 노을을 쳐다보는 사람이 없다는 표현을 물질문명에 대한 비판으로 허용할 수 있다. (다)에서는 문명의 떠들썩하고 따가운 소리를 비판하고 있다. ⑤ (가) O, (나) X, (다) X / (가)에서는 화자가 '산'에서 '들'로 이동하고 있고, '슬픔'의 정서가 심화되고 있다고 볼 수 있다. 그러나 (나)와 (다)에서는 공간의 이동이 드러나지 않는다.

05.

'객선'은 화자가 바다를 보며 고향을 떠올릴 때 본 소재로, 그리워하는 대상이 아니라 고향에 가고 싶은 마음과 고향에 대한 그리움을 심화시키는 소재라고 볼 수

있다.

오답 풀이

① 화자는 '산에나 올라서'고 있으며, 고향을 그리워하고 있으므로 적절하다. ② '백 열리'의 어휘 풀이를 보면 '백십 리'로 나와 있다. 이는 짧은 거리가 아닌데, 이러한 수치를 표현하는 것은 그만큼 고향이 멀리 있음을 나타낸다. ④ 4연을 보면 '까투리' 또한 '타관(자기 고향이 아닌 고장)만리'에 있다고 하였으므로, 화자와 같은 처지임을 알 수 있다. 따라서 '까투리'는 화자의 처지를 비유한다는 선지를 허용할 수 있다. ⑤ 화자는 현재 고향에 갈 수 없으나, '구름'은 화자와 상반되어 '떠돌아'가고 있다. 화자와 상반되는 객관적 상관물이 제시됐을 때, 화자의 정서는 심화된다.

06.

대상을 의인화하고 역동적 이미지를 부여하는 것은 [A]에서만 해당하는 것이다.

오답 풀이

① [A]의 '만세 소리', '북을 치고'에서 청각적 심상을 확인할 수 있다. [B]의 '떠들썩'한 '장사치들의 흥정', '삼륜차가 울려대는 경적', '딸랑이는 방울소리'에서 청각적 심상을 확인할 수 있다. ③ [B]에서는 대상에 화자의 감정을 이입한 부분이 없으나, [A]에서는 '노을은 신이 나서'에서 감정 이입을 확인할 수 있다. ④ [A]는 과거의 기억만을 떠올리고 있으므로 공간의 대비라고 보기 어렵다. [B]는 과거 고향의 공간과 현재 '저자바닥'이라는 공간이 대비되어 나타나고 있다. ⑤ [B]에서는 '들릴까 말까'라는 시어를 반복하여, '옥분이'와 '누나'를 그리워하는 화자의 정서를 강조하고 있다. [A]에서는 '노을'이라는 시어가 반복되고 있으나, 이를 통해 화자의 정서를 강조하고 있지는 않다.

07.

(다)에서 시적 화자는 청계천에서 구입한 방울을 통해 어린 시절 자신이 소를 몰고 산을 내려오던 때를 회상하게 된다. 지금과 같이 소음이 가득한 문명 속에서는 옛날처럼 '방울소리'가 옥분이네 안방에까지, 사립문에서 있는 누나에게 들리지 않을 것이라는 안타까운 마음을 나타내고 있다. 이렇게 볼 때, '나'가 일부러 크게 소리를 내는 장면은 시의 내용을 형상화한 장면으로 설정하기에 적절하지 않다.

오답 풀이

① 1연에서 화자가 '청계천 7가 골동품 가게'에서 '방울'을 샀다고 하였으므로 적절하다. ② 2연의 '그 영롱한 소리의 방울을 딸랑거리던 / 소'라는 구절을 표현하기에 적절하다. ③ 3연에서 화자는 '삼륜차가 울려대는 경적'이 '따갑다'라고 표현하고 있다. 이와 대조되게 '방울소리'는 '들릴까 말까' 할 정도로 조용하다고 표현하고 있으므로 적절하다. ④ 2연의 '나는 소를 몰고 여름 해질녘 하산하던'을 표현하기에 적절하다.

Part 1. 현대시   28 | **김춘수, 능금**

O/X

| 01. O | 02. X | 03. O | 04. X | 05. X |

1. 2연의 '가을이 그에게 / 한결같은 애무의 / 눈짓을 보낸다.'에서 가을과 능금(그) 간의 교감, 소통을 확인할 수 있다. 해당 구절은 가을 햇살에 익어가는 능금을 표현한 것이다.
2. 3연에서 '바다'가 '시작도 끝도 없는' 것을 알 수 있지만, '바다'는 마침내 마주하게 된 존재의 본질로, 화자가 이를 통해 절망하고 있다는 것은 적절하지 않다.
3. '산다.', '된다.', '온다.' 등에서 '-ㄴ다'라는 종결 어미의 반복을 활용하여 리듬감을 형성하고 있다.

---

4. 화자가 능금에 대해 예찬적 태도를 보인다는 것은 허용할 여지가 있으나, '그리움'이 부정적 정서인 것은 아니다. 1연에서 능금은 '그리움에' 살며, 그리움은 익어서 '빛깔'과 '향기'가 되고 마침내 스스로의 '무게'로 떨어져 온다고 했으므로, 그리움은 능금을 익어가게 하는 긍정적 정서로 파악할 수 있다.
5. 2연의 '보라'에서 명령적 어조가 나타나지만, 이를 통해 세태에 대한 부정적 시각을 진술하고 있는 것은 아니다. '보라'는 가을 햇살에 익어가는 능금을 주목하게 하기 위한 표현으로 볼 수 있다.

Part 1. 현대시   29 | **이가림, 석류**

O/X

| 01. O | 02. X | 03. X | 04. O | 05. O |

1. 이 시는 석류가 익어가는 모습을 사랑이 익어가는 과정에 빗대어 표현한 작품이다. 즉, 자연물이 변화하는 모습(석류가 익어가는 모습)을 인간의 삶에 투영하고 있는 것이다.
2. 3연의 '익어가는 어둠'과 4연의 '어지러운 충만'은 모두 껍질을 부수기 전의 상태로, 의미상으로 모순되지 않는다. 이는 동일한 상태를 다르게 표현한 것으로 볼 수 있다.
3. 2연의 '캄캄한', 4연의 '새파란'에서 색채어를 활용하고 있지만 대상의 고풍스러운 (예스러운) 모습을 드러내고 있지는 않다. 참고로 5연의 '홍보석'도 색채 이미지로 볼 수 있는데, 홍보석 역시 대상의 고풍스러운 모습을 드러내고 있는 것은 아니다.
4. 5연의 '아아, 사랑하는 이여'에서 영탄적 어조가 쓰였으며, 1연의 '이글거리기 시작했을까', 2연의 '견딜 수가 없구나' 등에서 독백적 어조를 통해 화자의 심정을 드러내고 있다.
5. 석류가 점차 익어가다 터지는 모습을 '홍보석의 슬픔'이라고 표현했으므로, 1연의 이글거리던 '잉걸불 같은 그리움'은 5연의 '홍보석의 슬픔'이 된다고 볼 수 있다.

Part 1. 현대시   30 | **박재삼, 흥부 부부상**

O/X 정답

| 01. O | 02. O | 03. O | 04. O | 05. O |

1. '황금 벼 이삭'은 '문제'가 되지 않는, 즉 중요하지 않은 물질적 가치를 의미한다. 반면 '웃음'은 물질적 빈곤을 이겨내는 힘으로서 '문제'가 되는, 즉 중요한 정신적 가치를 의미한다.
2. '그것이 확실히 문제다.' 등에서 단정적 어조를 통해 정신적 가치가 중요하다는 화자의 주관을 강화하고 있으므로 적절하다.
3. 화자는 '거울면(面)들아'라고 흥부 부부에게 말을 건네며 시상을 전개하고 있다.
4. 가난한 삶 속에서도 서로를 연민하고 사랑하는 '흥부 부부'를 시적 대상으로 하고 있다.
5. 1연 마지막 행의 '그것이 확실히 문제다.'를 3연 마지막 행에서 '그것은 확실히 문제다.'라고 변주하여 시상에 통일성을 부여하고 있다.

나BS 실전 문제 정답

01. ③	02. ⑤	03. ②	04. ①	05. ③
06. ①	07. ③	08. ⑤	09. ④	10. ①
11. ①	12. ⑤			

01.

(가)~(다)는 모두 화자의 태도라는 측면에서 공통점을 찾을 수 있다. (가)에서는 새해를 맞이하면서 험난하고 각박한 세상이라도 희망을 갖고 긍정적인 태도로 살아갈 것을 노래하고 있으며, (나)에서는 가난한 생활을 하고 있는 처지에서도 서로를 믿고 사랑하는 흥부 부부의 태도를 아름답게 노래하고 있다고 할 수 있다. 그리고 (다)에서 화자는 먹고 사는 것이 어려운 정도의 빈궁한 처지에서 자연과 물아일체가 되어 지내고 싶은 소망을 갖고 (자연에서의) 생활을 긍정적으로 수용하고 살아가는 태도를 보여주고 있다. 이 모두는 정신적인 가치를 소중히 여기는 태도들이다.

●오답 풀이

① (가) X, (나) X, (다) O / '정형적 율격'을 허용하려면 음보율이나 음수율이 같아야 한다. (다)는 조선 시대 가사로, 4음보라는 정형적 율격이 드러나지만, (가)와 (나)는 현대시로, 정형적 율격이 드러나지 않는다. ② (가) X, (나) O, (다) X / (나)에서는 '떡방아 소리'에서 청각적 이미지를 활용하고 있으나, (가)와 (다)에서 청각적 이미지를 활용한 부분은 찾을 수 없다. ④ (가) X, (나) O, (다) X / (나)는 고전 소설 「흥부전」에서 제재를 차용하고 있으나, (가)와 (다)는 다른 작품에서 제재를 차용하고 있지 않다. ⑤ (가) X, (나) O, (다) X / (나)의 화자는 관찰자가 되어 '흥부 부부'를 바라보고 있으나, (가)와 (다)의 화자는 자신의 이야기를 하고 있기 때문에 적절하지 않다.

02.

ⓐ의 '꿈'은 험난하고 각박한 세상을 참고 살아갈 수 있도록 힘을 주는 존재이며, ⓑ의 '꿈'은 화자가 과거부터 가지고 있었던 희망이지만 현실적인 어려움으로 인해 실현될 수 없었던, 하지만 경제적인 궁핍을 견뎌낼 수 있도록 힘을 주는 존재라고 할 수 있다.

●오답 풀이

① ⓐ X, ⓑ X / ⓐ와 ⓑ 모두 현실적 갈등을 심화시키거나 해소시키지 않는다. ② ⓐ O, ⓑ X / ⓐ는 화자를 혼란에서 벗어나게 한다고 볼 수 있으나, ⓑ는 화자를 혼란스럽게 하지 않는다. ③ ⓐ X, ⓑ X / ⓐ와 ⓑ 모두 화자에게 과거의 고통을 잊게 해주거나 상기시키지 않는다. ④ ⓐ X, ⓑ X / ⓐ, ⓑ 모두 화자가 추구하는 초월적(경험과 인식의 범위를 벗어나는) 세계와 관련이 없다.

03.

[A]에 나타나 있는 화자의 태도는 각박하고 험난한 세상에 대한 긍정적인 수용과 인식의 태도라고 할 수 있다. ②에도 세상의 모든 불평등에 대해 타인만을 탓하던 모습이 아니라 조용히 내면을 살펴보며 세상을 너그러운 자세로 살아가겠다는 시인의 내적 다짐과 태도가 나타나 있다. 화자의 긍정적·낙천적 삶의 자세가 나타난 부분이다.

●오답 풀이

① 정직한 삶을 살아가겠다는 다짐과 태도가 나타나 있다. ③ 간절한 기원의 태도가 나타나 있다. ④ 내면의 평화를 추구하며 갈망하는 태도가 나타나 있다. ⑤ 현실에서 느끼는 분노와 고통을 시인은 강물에 씻어 버리며 삶을 반추하는 태도를 보이고 있다.

04.

'금'과 '황금 벼이삭'은 가난한 생황을 상징하는 '박덩이'와 대조되는 의미로 사용되어 흥부 부부가 갖지 못한 재물, 즉 경제적인 풍요를 의미한다. 이 시에서 흥부 부부는 가난 속에서도 서로에 대한 사랑과 믿음으로 소박한 행복을 누리고 있기에 '금'과 '황금 벼이삭'은 흥부 부부의 사랑이나 신뢰 등의 정신적 가치와는 대비되는 물질적 풍요라고 할 수 있다.

05.

(다)에서 화자는 전원에서 생활하고 있기는 하지만 농사도 제대로 짓지 못하고, 경제적으로 궁핍한 생활을 하고 있는 상황에 있다. 따라서 '자급자족(필요한 물자를 스스로 생산하여 충당함)의 소박한 기쁨'을 누리는 상황이라고는 볼 수 없다.

●오답 풀이

① '노화 깊은 곳에~오라 하며 말라 하랴'에서 자연과 물아일체를 이루며 살고자 하는 뜻을 보이고 있으므로 적절하다. ② '있으면 죽이요 없으면 굶을망정'에서 호구지책(가난한 살림에서 그저 겨우 먹고살아 가는 방책)에 연연하지 않는 태도를 보이고 있으므로 적절하다. ④ '낚싯대 하나 빌려 다오', '명월청풍 벗이 되어'에서 확인할 수 있다. ⑤ '태평천하에 충효를 일을 삼아 / 화형제 신붕우 그르다 할 이 뉘 있으리'에서 유교적 가치관(삼강오륜)을 중시하는 화자의 신념을 확인할 수 있다.

06.

㉠의 '파릇한 미나리 싹'은 겨울이라는 고단한 현실과 대비되는 새봄에 대한 '희망'을 내포하고 있는 시어이다. 반면 ㉡~㉤은 모두 가난한 생활을 의미하는 '소박한 음식'이라는 함축적 의미를 내포하고 있다.

07.

(나)의 화자는 '금', '황금 벼이삭'보다 '웃음의 물살'을, (다)의 화자는 '삼공', '만승'보다 자연을 즐기며 사는 삶을 더 중요하게 여기고 있다.

●오답 풀이

① (가) X, (나) O / (나)에서는 가난한 상황에서도 만족하자는 화자의 태도가 드러나지만, (가)에는 이러한 태도가 드러나지 않는다. ② (가) X, (다) X / (가)와 (다)에는 화자의 '좌절감'이 드러나지 않으며, 따라서 다른 대상에 의탁하여 표현하지도 않는다. ④ (가) X, (나) O, (다) X / (나)에서는 화자가 '흥부 부부'를 연민과 동정의 시선으로 보고 있으나, (가)와 (다)에서는 연민과 동정의 시선을 찾을 수 없다. ⑤ (가) O, (나) X, (다) X / (가)에서는 자신에게 엄격한 태도를 지니고 싶지만, 그렇지 못한 데서 오는 화자의 고뇌가 나타나 있다. 그러나 (나)와 (다)에서는 이상과 현실의 괴리에서 오는 고뇌가 나타나지 않는다.

08.

(가)는 '바다'와 '돌', (나)는 '금', '황금 벼이삭'과 '웃음의 물살'이 대조적으로 제시되어 주제 의식을 강화하고 있다.

●오답 풀이

① (가) O, (나) X / (가)의 '널따란 바다처럼 너그러워질 수는 없을까~제 몸은 맵고 모진 매로 채찍질하면서.'에서 도치를 통해 단조로움을 탈피하고 있으나 (나)에서는 도치된 부분을 찾을 수 없다. ② (가) X, (나) X / (가)와 (나) 모두 '경건한(공경하며 엄숙한) 어조'와는 관련이 없다. ③ (가) X, (나) X / (가)와 (나) 모두 자연 친화와는 관련이 없으며, 공감각적 심상을 활용한 부분도 찾을 수 없다. ④ (가) X, (나) O / (나)는 고전 소설 「흥부전」의 내용을 끌어들였으나, (가)는 고전 소설의 내용을 끌어들이지 않았다.

09.

㉣은 '그리워하던 임이 온다고 해도 반가운 마음이 이만(자연을 즐기는 것만) 하겠냐'라는 의미이다. 즉 기다리던 '임'이 돌아온 상황이 아니며, 자연이 '임'보다 훨씬 반갑다는 의미이다.

오답 풀이

① '억센 파도'와 '맵고 모진 매'는 모두 스스로에게 엄격한 태도로, 함축적 의미가 유사하다. ② 여기서 '문제다'라는 것은 소박한 삶의 태도가 '중요하다'는 것이다. ③ '구슬'은 '눈물'을 의미하며, 흥부 부부가 서로 눈물을 흘리며 연민의 태도를 보였음을 의미한다. ⑤ 화자는 인간사를 떠나 자연으로 향했는데, 자연의 성질이 '다툴 이 없'다는 것은, 이와 대비되는 속세의 성질은 다투는 사람이 많음을 의미한다.

10.

[A]에서 화자는 자신의 삶을 돌아보며 스스로를 반성하고 있다. 이와 가장 유사한 태도는 ①의 화자이다.

오답 풀이

② 의지적 태도를 보이고 있다. ③ 공동체적 태도를 보이고 있다. ④ 죽은 '애기'에 대한 안타까운 정서를 보이고 있다. ⑤ 죽은 시적 대상에 대한 슬픔을 보이고 있다.

11.

(나)에서 흥부 부부는 서로의 모습을 바라보며 동병상련의 마음을 느끼고 있고, 〈보기〉의 화자는 거울 속의 '나'와 소통하지 못하는 데서 단절감을 느끼고 있다.

오답 풀이

② (나) X, 〈보기〉 X / (나)의 '거울면'은 '그리움'과는 관련이 없으며, 〈보기〉의 '거울'에는 현실 극복 의지가 없다. ③ (나) X 〈보기〉 X / (나)의 '거울면'이 부정적인 상황을 암시하지는 않으며, 〈보기〉의 '거울'이 긍정적인 상황을 암시하지도 않는다. 오히려 거울 속의 '나'와 소통하지 못하고 있으므로 부정적인 상황에 가깝다. ④ (나) X, 〈보기〉 X / 모두 화자의 감정이 이입되지 않았다. ⑤ (나) X, 〈보기〉 X / 모두 '이상향'과는 관련이 없다.

12.

㉤에는 임금의 은혜를 갚고자 하는 화자의 마음이 담겨 있다.

오답 풀이

①, ② 화자의 소박한 생활을 보여준다. ③ 자연을 즐기는 한가로운 즐거움을 나타낸다. ④ 속세에서 벗어난 화자의 처지를 말해준다.

Part 1. 현대시 **31 | 김사인, 지상의 방 한 칸-박영한 님의 제(題)를 빌려**

O/X 정답

01. O   02. O   03. X   04. O   05. X

1. 2행과 마지막 행의 '잠이 오지 않는다'는 화자의 불안한 정서를 보여주는 부분으로, 2행의 '잠이 오지 않는다'는 마지막 행의 '잠이 오지 않는다'와 대응되어 불안한 화자의 정서를 심화하는 역할을 한다.
2. 7행의 '이렇게 잠이 평화로운가'와 14행의 '망망천지에 없단 말이냐'는 설의적 표현을 사용한 것으로, 가난한 처지에 있는 화자의 자조적인 슬픔과 한탄을 드러내고 있다.
3. 이 시는 화자의 가족이 잠든 상황에서, 가난에 대한 걱정으로 잠을 못 이루고 있

는 화자를 보여주고 있다.

4. 변변치 않은 벌이를 하는 직업을 가진 화자는 가족들에게 미안한 감정을 가지고 있기에, 이상(원하는 것)과 현실(주어진 것)의 괴리가 나타난다.
5. 이 시에서는 과거에 대한 회상과 그리움의 정서 모두 나타나지 않는다.

나BS 실전 문제 정답

01. ②   02. ④   03. ④

01.

(가)에서는 4행의 '~가릴 수 있으랴'에서 설의적인 표현을 통해 인간의 타고난 본성을 가릴 수 없다는 인식을 드러내며, (나)에서는 7행의 '~평화로운가', 14행의 '~없단 말이냐'라는 설의적인 표현을 통해 각각 순진무구한 아이와 방 한 칸 가지지 못한 현실에 대한 인식을 드러내고 있다.

오답 풀이

① (가) △, (나) X / (가)에서의 '청산이 그 무릎 아래 지란을 기르듯'는 사물에 인격을 부여한 것으로, 대상에서 삶의 의미를 찾고 있는 것이다. 화자가 의인화한 대상을 긍정적으로 봤다는 점에서 '친밀감'을 허용할 여지가 있다. 하지만 (나)에서는 사물에 인격을 부여한 부분은 찾을 수 없으므로 선지의 내용은 적절하지 않다. ③ (가) O, (나) X / 색채어는 (가)의 '갈매빛(짙은 초록색)', '청산(푸른 산)', '청태(푸른 이끼)'에서 볼 수 있다. (나)에서의 '불덩어리'는 색채를 지칭하는 말이 아니므로 이를 '색채어'로 볼 수 없다. ④ (가) X, (나) X / (가), (나) 모두 현재형 어미를 사용하고 있으나 긴박감이 나타나지는 않는다. ⑤ (가) X, (나) O / 처음과 끝을 대응시킨 표현이 나타나는 것은 (나)에만 해당된다. 2행과 마지막 행의 '잠이 오지 않는다'에서 이를 알 수 있다.

02.

'청태'는 '가시덤불 쑥구렁'과 같은 고통스러운 현실에서 '옥돌'같이 고결한 정신을 지니고 살아갈 때 생겨나는 것이다. 따라서 '청태'는 현실을 담담하게 받아들이는 자세와 관련되므로, 고통스러운 현실을 피하는 태도와는 거리가 멀다.

오답 풀이

① '갈매빛'의 짙은 초록빛은 강인한 생명력을 드러낸다. ② 초라한 옷을 의미하는 '남루'가 대단할 것 없다는 뜻의 '한낱'과 연결되면서 가난이 별것 아니라는 인식을 드러낸다. ③ '농울쳐 휘어드는 / 오후의 때'는 삶의 기운이 꺾이는 시간이다. 이러한 때 화자는 내외들끼리 서로 의지하며 살아가라고 말하고 있다. ⑤ 화자는 힘든 현실에서 생명력이 넘치는 무등산의 모습을 보며 현실을 극복하려는 자세를 보이고 있다.

03.

'운명의 강'을 건너지 못한다는 것은 화자가 원고지 칸들을 메우는 일, 즉 글 쓰는 일이 막막하여 글이 잘 써지지 않아 완성이 멀게만 느껴지는 것을 비유적으로 표현한 말이다. 따라서 자신의 현재 처지를 태생적으로 주어진 운명으로 보고 이를 탓하고 있는 것은 아니다.

오답 풀이

① ㉠에서 화자가 잠을 이루지 못하고 '꿈결에도 식은땀'을 흘리는 것은 심적으로 편하지 못한 상태와 관련이 있다. ② ㉡에서 화자의 몸에 어린 자식의 손끝이 닿을 때 느낀 가장으로서의 자괴감이 '천 근' 같은 무거움으로 표현되었다. ③ ㉢의 '원고지 메꿔 밥 비는 재주'는 화자의 직업이 글 쓰는 일과 관련되어 있음을 보여준다. ⑤ ㉣에서 현재 화자가 누워 있는 방은 '며칠 후'에 '남이 누울 방바닥'이라고 했으므로, 화자는 살아갈 거처를 잃어버릴 처지에 있으며 가족에 대한 책임감으로 인해 잠이 오지 않는다고 볼 수 있다.

O/X 정답

01. X	02. X	03. O	04. O	05. X

1. 화자가 '상행 열차'를 탄 것은 맞으나, 이 열차 안에서 본 풍경에 대한 감상을 말하고 있는 것은 아니다.

2. 이 시에서 화자는 반어적 어조를 사용하여 근대화된 일상에 안주하는 소시민적 삶을 거부하는 가치관을 보여준다. '예부터 인생은 여행에 비유되었으니~즐거운 여행을 해 다오'는 중요한 문제를 잊은 채 소일거리를 즐기며 부정적 현실에 순응하는 소시민적인 삶에 대한 비판이다.

3. '-오'라는 종결 어미를 반복하여 리듬감(운율)을 형성하고 있다.

4. '흔들리는 차창에서 너는,', '그것이 너의 모습이라고 생각지 말아 다오.' 등에서 청자를 명시적으로 설정하여 현실에 안주하는 소시민적 태도에 대해 비판하고 있음을 알 수 있다.

5. '그리고 나를 위하여'는 화자 자신의 삶을 반성하고 있는 구절이지만, 이 시에서 회상의 장면은 찾아볼 수 없다.

니BS 실전 문제 정답

01. ②	02. ④	03. ⑤	04. ③	05. ③
06. ④				

01.

'풀벌레의 울음', '전파 소리', '듣기 힘든 소리', '힘찬 노래', '자동차 소리' 등에서 청각적 심상을 활용하여 산업화 사회의 부정적 상황을 부각하고 있다.

오답 풀이

①, ③, ④ 이 작품에서 과거와 현재의 대비, 수미상관의 방법, 하강 이미지가 나타나는 부분은 제시되어 있지 않다. ⑤ 이 작품은 근대화·산업화 과정의 모습을 배경으로 하고 있으므로, 향토적 정취를 드러낸다는 진술은 적절하지 않다. '토속적인 소재'는 특유의 풍속과 관련이 깊은 것을 뜻한다.

02.

이 작품은 '시적 화자'가 시적 대상인 '너'에게 '낯익은 얼굴들'로 대표되는, 산업화 사회에서 부정적 상황을 외면하고 쾌락과 이익만을 추구하는 인물에서 벗어나, '낯선 얼굴'로 형상화된 산업화 사회의 이면에 존재하는 문제를 고민하는 비판의식을 지닌 사람으로 나아가기를, 당부의 어조를 사용하여 반어적으로 드러내고 있다. B는 화자가 '너'로 하여금 되길 바라는 것이니 인식 변화를 바란다고 볼 수 없다. 즉, A는 B가 아닌 C의 인식 변화로 현실 개선을 기대하고 있는 것이다.

오답 풀이

① '되도록 생각을 하지 말아 다오.', '보다 긴 말을 하고 싶으면 침묵해 다오.' 등을 통해 '시적 화자'는 '너'에게 개인주의적 삶에서 벗어나 부정적 현실에 대해 고민하고 말해야 함을 일깨워 주고 있다고 볼 수 있다. ② '낯선 얼굴'은 산업화 사회의 이면에 존재하는 문제를 고민하는 비판의식을 지닌 사람의 모습을 형상화한 것이라고 볼 수 있다. ③ '낯익은 얼굴들'은 산업화 사회에서 부정적 상황을 외면하고 쾌락과 이익만을 추구하는 인물들이라고 볼 수 있다. ⑤ '그것이 너의 모습이라고 생각지 말아 다오.', '낯익은 얼굴들이 네 곁에 있지 않느냐.', '되도록 생각을 하지 말아 다오' 등을 통해 시적 화자가 시적 대상인 '너'에게 주변에서 흔히 볼 수 있는 '낯익은 얼굴들'에서 벗어나, 부정적 현실을 냉철하게 인식하는 '낯선 얼굴'로 변화하기를 요청하고 있다.

03.

⑩은 '날씨'와 같은 일상적인 이야기, '축구 경기'와 같은 흥미 위주의 이야기, '성장하는 GNP와 증권 시세'와 같은 물질적 가치에 관한 이야기가 아니라 사회의 근본적인 문제에 대해 비판의 목소리를 낼 수 있어야 함을 반어적으로 표현한 것이다.

오답 풀이

① ㉠은 '원색의 지붕들', 'TV 안테나들', '흥미 있는 주간지'와 같은 주어진 현실의 것들을 맹목적으로 받아들이기보다는 현실에 대한 문제의식을 가져야 한다는 것을 반어적으로 표현한 것으로 볼 수 있다. ② ㉡은 '힘찬 노래', '자동차 소리'와 같은 외형적 경제 발전에 의해 가려진 부정적 사회 분위기를 반어적으로 표현한 것으로 볼 수 있다. ③ ㉢은 '맥주나 콜라'와 같은 향락에 탐닉하여, 이성적 판단이 마비된 삶이 결코 즐겁지만은 않다는 것을 반어적으로 표현한 것으로 볼 수 있다. ④ ㉣은 불합리한 현실에 수동적으로 대응하기보다는 '보다 긴 말'과 같은 적극적인 자신의 말소리를 내야 함을 반어적으로 표현한 것으로 볼 수 있다.

04.

'생각지 말아 다오.' 등에서 시의 내용을 화자의 의도와 반대로 표현하여 당시 현실에 대해 비판적인 태도를 드러내고 있으므로 적절하다.

오답 풀이

① '바람직한 미래상'은 화자가 추구하고 지향하는 미래로, 간접적으로 제시되었다고 볼 수 있다. 하지만 이 시에는 회상의 방식이 나타나 있지 않으므로 적절하지 않은 선지이다. ② 수미상응의 구조가 사용되지 않았다. ④ 근경에서 원경으로 시선을 이동하지 않았다. ⑤ 화자의 정서를 특정 사물에 투영한 것도 아니며 그리움의 정서를 환기한 것도 아니다.

05.

[C]에는 듣기 힘든 소리인 '풀벌레의 울음', '전파 소리'와 쉽게 들을 수 있는 소리인 '힘찬 노래', '자동차 소리'가 대비되어 나타나지만, 시적 상황에 대한 화자의 태도는 비판적으로 동일하다. 시에서 태도 변화는 출제 포인트이므로 반드시 체크해야 한다.

오답 풀이

① '가을 연기', '저녁', '상행 열차'에서 시간과 공간을 확인할 수 있다. ② '지붕들', 'TV 안테나들', '주간지' 등은 일상적 소재이며, 이를 통해 시적 상황이 현실과 밀접한 관련이 있음을 보여준다. ④ '오랫동안 가문 날씨', '아르헨티나의 축구 경기', '성장하는 GNP와 증권 시세'를 연속적으로 제시하여 본질적인 사회 문제를 가리는 일의 심각성을 드러내고 있다. ⑤ '너'를 '너'와 '나'로 시적 대상을 확장한 것은 사회 문제가 우리 모두의 것임을 나타낸다.

06.

'맥주와 콜라'는 당시 사회의 문제점들을 포괄하여 집약적(하나로 모은 것)으로 제시한 것이 아니라, 당시 사회가 내포하고 있던 많은 문제점 중 하나인 일부를 말하고 있는 시어이므로 적절하지 않다. 어떠한 시어가 '많은 문제점들을 포괄하여 집약적으로 제시'하였다는 것은 어떠한 문제들을 함축하여 대표적으로 표현한 것을 말한다.

오답 풀이

① '황혼 속에 고함치는 원색의 지붕들'은 〈보기〉의 '지붕 개량화 사업' 정책의 결과물이다. ② '흥미 있는 주간지'는 흥미 위주의 산업화된 문물을 가리키므로 선지의 진술은 적절하다. ③ '풀벌레의 울음'은 '농약으로 질식'하여 '듣기 힘든 소리'라고 하였으므로 선지의 진술은 적절하다. ⑤ '성장하는 GNP와 증권 시세'는 외형적 성장과

개인적 관심사를 뜻하므로 선지의 진술은 적절하다.

Part 1. 현대시   33 | 김남조, 생명

O/X 정답

01. X	02. X	03. O	04. X	05. X

1. 겨울나무가 자연의 섭리(계절의 변화)에 따라 낙엽을 떨구는 것을 연약한 속성으로 볼 수도 있으나, 화자의 위태로운 상황을 드러낸 것이 아니므로 이 선지는 적절하지 않다.

2. 이 시의 주제는 고난과 역경을 겪은 후, 이를 통해 얻을 수 있는 생명의 결실에 대한 깨달음이다. 따라서 시련과 역경을 없애고자 한다는 설명은 주제와 어긋나므로 올바르지 않다.

3. '겨울나무들을 보라', '충전 부싯돌임을 보라'에서 명령적 어조를 활용하여, 화자가 얻은 깨달음에 대한 확신과 강한 의지를 표출하고 있다.

4. '초록의 겨울 보리', '하얗게 드러눕는'에서 색채어를 찾아볼 수 있으나, 동일한 색채어를 반복하여 사용한 것은 아니므로 적절하지 않다.

5. 화자가 '친구가 아니다'라고 말하는 대상은 '금 가고 일그러진 걸 사랑할 줄 모르는 이', '상한 살을 헤집고 입 맞출 줄 모르는 이'다. 즉, 자신과 상대의 상처와 아픔을 이해하고 감싸지 않는 사람을 친구로 생각하지 않는다는 것이지, 고통을 겪는 대상을 '친구'라고 생각하지 않는 것은 아니다.

나BS 실전 문제 정답

01. ④	02. ④	03. ③	04. ②	05. ④
06. ②	07. ①	08. ②	09. ⑤	10. ①
11. ③	12. ②	13. ④	14. ⑤	

01.

(가)에는 '봄', (나)에는 '겨울', (다)에는 '여름'이라는 계절적 배경이 나타나며, 이는 각각 주제 구현에 기여하고 있다.

오답 풀이

① X, X / (가)는 시적 대상을 의인화하지도 않았고, 대화체로 전개되고 있지도 않다. (나)에서도 '겨울 나무'들이 '면도날로 제 몸을 다듬는다'는 의인화가 사용되었지만, 대화체 전개와 연결되지는 않는다. ② X, X / (가)와 (다)는 농촌 공동체를 배경으로 하고 있지 않고, 토속적 분위기와는 거리가 먼 작품이다. ③ X, X / 화자의 처지에 대한 비관적 인식은 드러나 있지 않으며, 오히려 (나)에서는 겨울을 극복하는 생명을, (다)에서는 화자의 절망 극복을 노래하고 있다. ⑤ X, X, X / (가)~(다) 모두 이상적 세계에 대한 동경의 태도는 나타나 있지 않으며, (가)는 떠난 님에 대한 변치 않는 마음이 주가 되는 시이고, (나)는 고난을 이겨내는 '생명'에 대한 시이다. 또한 (다)는 젊은 날의 방황을 이겨내는 내용을 담고 있는 시이다.

02.

[A]에서 시구를 도치시킨 부분은 나타나 있지 않다.

오답 풀이

① '-소'는 예스런 어투로 고풍스러운 분위기를 형성한다. ② '가던'과 '간', '돌아'와 '휘돌아'와 같이 유사한 의미를 지닌 단어를 사용해 운율감을 살렸다. ③ '휘돌아 흐른다'와 같이 흘러가는 물의 속성을 언급하여 물의 이미지를 강조하고 있다. ⑤ [A]에서 '물빛'은 변하지 않는 화자의 사랑을 상징하는 중요한 시어이다. 따라서 이 시

어의 의미를 강조하기 위해 〈보기〉의 '앞 여울의 물빛은 옛날처럼 푸릅니다'에서 '물빛'을 시행 첫머리에 배치하여 '물빛'이라는 시어의 의미를 강조하였다.

03.

〈보기〉 그림은 「겨울 월출산 소나무」로서 소나무 한 그루가 겨울 추위를 이겨내고 있는 모습을 그린 것이다. 소나무는 전통적으로 지조와 절개를 상징하는 소재이며 한 그루뿐인 소나무에서는 외로운 감정이 느껴지기도 한다. 그림의 배경은 하얗게 눈덮인 산과 벌판으로서 황량한 느낌이 들지만, (나)의 '눈송이'는 '생명'을 비유하고 있는 시어로서 '황량함'과는 거리가 멀다.

오답 풀이

① (나)의 '친구'는 고난과 역경을 겪고 상처 입은 사람을 도와주는 존재로 묘사되어 있다. ② 그림 속 소나무는 추위를 이겨내며 살아있는 존재이다. 여기서 '추위'는 (나)의 '불'과 의미가 통하는 시어로서 시련을 상징한다고 할 수 있다. ④ 그림의 소나무는 눈을 맞으면서도 살아있는 존재이며, (나)의 '충전 부싯돌'은 생명이 잠재되어 있는 제재로서 생명이 잠재된 모습을 '충전'으로 표현하고 있다. ⑤ '겨울 보리'는 '벌거벗고 언 땅에 꽂혀 자라는' 것으로 겨울에도 초록빛을 유지하는 식물이다. 따라서 그림 속의 '소나무'와 의미가 통하는 면이 있다.

04.

시어의 함축적 의미를 파악하기 위해서는 시의 전반적인 주제에 비추어 각 시어가 어떤 함축적 의미를 지니는지 추리해 보아야 한다. 〈보기〉로 제시된 이성부의 「벼」는 민중을 '벼'에 비유한 작품으로서 특히 '햇살'과 같은 시련 속에서 '벼'가 자라고 성숙하는 모습을 통해, 고난을 겪으며 성숙해지는 민중의 모습을 표현하고 있다. 이 작품에서 '햇살'은 '고난'을 의미하면서 결과적으로 '성숙'을 가져오는 시적 기능을 담당하고 있다. (다)는 '폭풍'으로 표현된 고통을 겪으면서 절망을 극복하고, 성숙해 가는 과정을 표현한 작품이다. 이 작품에서 '폭풍'은 '나'가 '절망'을 극복하고 성숙하는 데 있어 고난을 의미하면서, 결과적으로는 '절망 극복', 즉 성숙을 가져오는 기능을 맡고 있다. 그러므로 〈보기〉에 등장하는 '햇살'과 (다)에 등장하는 '폭풍'은 그 시적 기능이 유사하다고 볼 수 있다.

05.

과거 시제를 사용하기는 했으나 그것이 화자의 과거 지향적인 태도를 보여주는 것은 아니다.

오답 풀이

① 시적 화자는 자기 자신을 자연물인 '백일홍'에 대응시켜 작품을 전개하고 있다. ② 종결 어미 '-습니다'를 일관되게 사용하여 형식적 통일감을 형성하고 있다. ③ 화자를 1인칭 '나'로 설정한 후 자신의 과거를 고백하는 분위기를 형성하고 있다. ⑤ 강렬한 붉은 색의 시각적 이미지를 지닌 '백일홍'은 '꽃'이면서 동시에 화자의 내면과 연관된다.

06.

(가)는 '겨울 보리', '겨울 나무들' 등을 소재로 하여 시련 속에서도 고통을 감내하며 살아가는 삶의 아름다움을 노래하고 있다. (나)는 '뻘밭', '퍼덕거리는 것들'(바다 생물들) 등 자연을 매개로 하여 힘들지만 경건하게 살아가는 사람들의 모습을 형상화하고 있다. (다)는 봄 경치를 매개로 하여 자연을 즐기는 소박한 삶의 태도를 드러내고 있다. 따라서 세 작품의 공통점은 자연을 매개로 하여 삶의 태도를 드러내는 것이다.

오답 풀이

① X, X, △ / (가)와 (나)에는 이상 세계에 대한 동경이 나타나지 않는다. (다)에서는 자연을 즐기고자 하고 자연 속에서 살고자 하는 화자의 태도에서, 자연을 이상

세계로 보고 화자가 이에 대한 동경을 나타낸다고 볼 여지가 있다. ③ X, X, O / (가)와 (나)는 자연 풍광(자연이나 지역의 모습)의 아름다움을 예찬(찬양)하고 있지 않다. 반면에 (다)는 화자가 자연 풍광을 나열하며, 자연이 주는 아름다움을 예찬하고 있다. ④ X, X, X / (가), (나), (다) 모두 과거의 삶에 대한 회한(뉘우치고 한탄함)을 표출하고 있지 않다. ⑤ O, X, X / (가)에는 시련과 역경의 현실을 오히려 고통을 통해 이겨내고자 하는 의지를 드러내고 있다. (나)와 (다)에는 고달픈 현실을 극복하려는 의지를 찾아볼 수 없다.

07.

(가)는 '생명은 / 추운 몸으로 온다.'처럼 '겨울 나무'에서 생명력을 읽어 내고 있다. (가)의 경우 '가을→겨울→봄'과 같은 계절의 순환은 직접적으로 드러나 있지 않지만, '섭리'에 맞게 계절이 변화한다는 인식을 바탕으로 전개된다. (다)는 '엊그제 검은 들이 봄빛도 유여하구나.'에서 알 수 있듯이, 겨울이 지난 뒤 봄기운이 완연한 산과 들을 노래하고 있다.

08.

(가)에서는 '생명은 / 추운 몸으로 온다.', '~면서 온다.', '~줄 모르는 이는 / 친구가 아니다.' 등과 같은 통사 구조가 반복적으로 쓰이고 있다. 이러한 반복 구조는 '생명'과 '진실'의 가치를 추구하는 화자의 정서(태도)를 강조하는 효과를 거두고 있다.

🔸 **오답 풀이**

① 설의적 표현은 사용되지 않았다. ③ 냉소적인 어조가 아니라 단정적인 어조이다. 아울러 대상과의 거리감을 드러내는 것도 아니다. ④ '겨울 나무'가 '추위의 면도날로 제 몸을 다듬는다'는 점에서 의인법이 사용된 것은 맞으나, 이러한 대상을 청자로 설정하지 않았으며, 말을 건네는 형식을 취하고 있지도 않다. ⑤ 청각적 심상은 사용되지 않았다.

09.

〈보기〉를 참고할 때, ㉠은 (나)에서 '죽음'이 아닌, 생명력을 품고 있는 색채 이미지로 쓰이고 있다. ㉡에서 '복숭아밭의 검은 줄기'는 '싱싱하다'라고 한 것을 통해 '검은'이 생명을 그 안에 품고 있다는 의미를 함축하고 있음을 파악할 수 있다.

🔸 **오답 풀이**

① 답답하고 암울한 상황을 암시한다. ② '검은'은 '죽음'을 의미한다. ③, ④는 어둡고 짙다는 색채의 의미이다.

10.

(다)의 화자는 ⓐ(아침에 산나물을 캐고, 저녁에 낚시를 함)처럼 자연 속에서 한가롭게 지내는 즐거움을 만끽하고 있다. 이를 분주한 농촌의 일상으로 보는 것은 적절하지 않다.

🔸 **오답 풀이**

② 화자가 '익은 술'을 먹을 때, '꽃나무 가지 꺾어', '셈을 하며' 먹는다고 하였으므로 풍치가 있고 멋스럽게 노는 모습이라고 볼 수 있다. ③ 맑은 향기와 떨어진 꽃이 '잔에 지고', '옷에 진'다고 하였으므로 자연에 동화되고 있는 화자의 정서가 담겼다고 볼 수 있다. ④ '공명'과 '부귀'를 꺼린다고 하였으므로 세속된 가치에 대한 부정적인 인식으로 볼 수 있다. ⑤ '단표누항'은 선비의 청빈한(성품이 깨끗하고 재물에 대한 욕심이 없어 가난한) 생활을 이르는 말이다.

11.

(나)의 '포구'는 '뻘밭'에서 살아가는 사람들의 삶의 공간이다. 여기서 들려오는 '무위한 해조음(인위적인 요소가 없는 자연의 파도 소리)'을 삶의 허무감을 느끼게

하는 것이라고 여길 단서는 시 속에서 찾을 수 없다. 오히려 이곳 사람들은 '무릎을 꺾고 '허리를 굽혀야만' 하는 현실에서도 경건하게 살아가고 있다.

🔸 **오답 풀이**

① '언 땅'은 '초록의 겨울보리'와 '겨울 나무'가 시련과 고통을 이겨내는 장소다. ② (나)의 '뻘밭'에는 '퍼덕거리는' 생명체들이 살고 있다. 그리고 이곳은 사람들이 '먹이를 건지기' 위해 살아가는 삶의 현장이기도 하다. ④ '도화'는 복숭아꽃으로, 이를 통해 복숭아꽃이 아름답게 핀 '무릉'을 연상하고 있다. ⑤ 화자는 봄의 경치를 서술하고 있으므로 '산'과 '들' 또한 봄의 경치에 포함된 것으로 볼 수 있다.

12.

(가)의 '겨울은 강철로 된 무지갠가 보다.'에서 추상적 시간의 계절인 겨울을 시각적으로 인지 가능한 무지개로 구체화하여, 고통의 시간에 대한 인식을 전환하고자 하는 주제를 강조하고 있다. (나)의 '진실도 / 부서지고 불에 타면서 온다.'를 통해 진실이라는 관념이 불에 타면서 온다고 시각적으로 구체화하여, 생성과 소멸의 이중적 속성을 가진 생명이라는 주제를 강조하고 있으므로 적절하다.

🔸 **오답 풀이**

① X, X / (가)와 (나) 모두 음성상징어가 제시되지 않았다. ③ X, O / (가)에서 동일한 문장의 반복은 찾아볼 수 없다. (나)에서는 1연과 마지막 연에 '생명은 / 추운 몸으로 온다.'라는 동일한 문장을 반복적으로 사용하여 리듬감을 드러내고 있다. ④ O, X / (가)에서는 '겨울은 강철로 된 무지갠가 보다.'라며 추측의 표현을 사용하였고, 이를 통해 절망 속에서 희망을 찾고자 하는 시적 상황을 드러내고 있다. (나)에서는 추측의 표현을 찾아볼 수 없다. ⑤ X, O / (가)에는 명령적 어조가 나타나지 않는다. (나)의 '겨울 나무들을 보라', '충전 부싯돌임을 보라'에서 명령형 어미 '-라'를 사용하여 화자가 깨달음을 확신하고 이를 강조하는 태도를 보여주고 있다.

13.

3연에서 화자는 자신이 무릎 꿇을 곳을 찾고 있으나 '한 발 재겨 디딜 곳조차 없다.'라고 하여 자신이 처한 극한 상황을 드러내고 있을 뿐, 고난이 끝났음을 인지하고 있는 것이 아니므로 적절하지 않다. 또한 부정적 현실을 이겨내려는 자세로 보기도 어렵다.

🔸 **오답 풀이**

① 1연에서 계절을 '매운'이라는 감각적 이미지를 활용하여 겨울의 혹독한 추위를 드러내고 있으므로 적절하다. ② 2연에서 '서릿발(땅속의 물이 얼어 기둥 모양으로 솟아오른 것)'이라는 시어를 통해 겨울이 주는 시련의 의미를 더욱 분명하게 드러내고 있으므로 적절하다. ③ 1연의 '북방'과 2연의 '고원'은 겨울의 이미지들과 맞물려 화자가 처한 상황이 더욱 고통스럽다는 것을 드러내고 있으므로 적절하다. ⑤ 1~3연에서는 화자가 처한 현실 상황인 겨울을 부정적으로 인식하고 있었는데 4연에서 '겨울'을 '강철로 된 무지개'의 이미지로 전환하여 현실 상황을 다르게 인식하려는 화자의 모습이 드러나고 있으므로 적절하다.

14.

4연에서 화자는 '상한 살을 헤집고 입맞출 줄 모르는 이는 / 친구가 아니다.'라고 하며 고통 속에 있는 이를 외면하지 않는 삶의 방향을 드러낸다. 그런데 이 시구는 '상한 살을 헤집고 입맞출 줄 모르는' 사람을 부정하는 것이기에, '상한 살을 헤집고 입맞추는 사람은 오히려 긍정할 대상으로 볼 수 있다.

🔸 **오답 풀이**

① 생명의 속성을 1연의 '언 땅에 꽂혀 자라는' 자연물인 '겨울보리'로 형상화하였으므로 적절하다. ② 생명이란 고통을 동반할 수밖에 없으며, 삶의 진실 또한 이와 다르지 않다고 하였는데, 2연의 '진실도 / 부서지고 불에 타면서 온다.'를 통해 불에 타는 고통을 동반한 '진실'의 속성을 확인할 수 있으므로 적절하다. ③ 3연에서 '추위

의 면도날로 제 몸을 다듬'는 자연물인 '겨울 나무'의 모습에서 고통을 감내하는 생명의 속성을 확인할 수 있으므로 적절하다. ④ 3연에서 '떨어져 먼 날의 섭리에 불려 가'는 '잎'과 '충전 부싯돌'인 '줄기'를 가진 자연물인 겨울 나무를 통해 소멸과 생성이라는 자연물의 이중적 속성을 확인할 수 있으므로 적절하다.

| Part 1. 현대시 | 34 | 문정희, 성에 꽃 |

O/X 정답

| 01. O | 02. O | 03. O | 04. X | 05. X |

1. 3행의 '아니 이런 황홀한 꿈을 보았나'에서 영탄적 표현을 통해 성에꽃의 아름다움을 예찬하고 있다.
2. 8행의 '니르바나의 꽃'과 13행의 '새하얀 신부'는 모두 '성에꽃'이라는 동일한 대상을 빗댄 표현이다.
3. '들녘의 꽃들'은 추운 겨울에 '모두 제 향기를 / 씨앗 속에 깊이 감추'지만, '성에꽃'은 '슬픈 향기'를 새긴다. 즉, 작가는 '들녘의 꽃들'과 '성에꽃'이라는 대조적인 소재를 통해 고통을 이겨내는 성에꽃에서 삶에 대한 교훈을 얻고 있다.
4. '성에꽃'은 '한 방울 물로 스러지는' 순간성을 지녔으며, 화자는 이러한 '성에꽃'을 '비애의 꽃송이들'이라고 한다. '비애'라는 표현에서 화자의 안타까움이 드러나긴 하나 좌절하고 있는 것은 아니다.
5. 이 시의 계절적 배경은 겨울로, 계절의 흐름은 나타나지 않는다. 또한 대상의 변화와 풍경의 묘사도 찾아볼 수 없다.

N#BS 실전 문제 정답

| 01. ① | 02. ⑤ | 03. ④ | 04. ④ |

01.

(가)의 화자는 창 안에서 창밖의 산을 예찬하고 있다. (나)의 화자는 시내버스를 타고 있는데, 창 안의 시내버스 좌석에 앉아 창밖의 사람들과 친구를 떠올리고 있다. (다)의 화자의 직업은 '유리창닦이'로 고층 빌딩의 창밖에서 유리를 닦고 있다. 그러므로 (가)와 (나)의 화자는 '창의 안쪽 공간'에, (다)의 화자는 '창의 바깥쪽 공간'에 위치하고 있다.

오답 풀이

② 바깥쪽 공간이 사회 현실인 것은 (나), (다)이다. (가)의 바깥쪽 공간은 산이 있는 자연이다. ③ (가)의 화자는 창을 열어 밖의 산을 바라보고 있다. 따라서 창의 바깥쪽 공간과 소통할 수 있는 매개물은 (가)의 창이다. (나)와 (다)의 화자는 창의 바깥쪽 공간과는 소통하고 있지 않다. ④ (가)의 화자는 창 안에서 창밖의 산을 예찬하고 있으므로, 창의 바깥쪽 공간에 다가가기를 소망하는 것은 (가)의 화자이다. (나)의 화자는 창의 바깥쪽 공간에 다가가기를 소망하고 있지 않으며, (다)의 화자는 창의 바깥쪽이 아닌 안쪽 공간에 다가가기를 소망하고 있다. ⑤ (가)의 창은 창의 바깥쪽 공간에 있는 산이 형상화되는 공간이고, (나)의 창은 창에 있는 성에꽃이 형상화되는 공간이다. (다)의 창은 창의 안쪽 공간에 있는 사람들이 형상화되는 공간이다.

02.

(가)의 '사람은 맨날 변해 쌓지만 / 태고로부터 푸르러 온 산이 아니냐.'라는 부분에서 '사람'과 '산'의 대조적 이미지를 확인할 수 있다. 또한 (나)의 '엄동 혹한일수록 / 선연히 피는 성에꽃'과 '어떤 더운 가슴이 토해낸 정열의 숨결이던가'에서 차가움의 이미지와 따뜻함의 이미지가 대조되어 있다.

오답 풀이

① (나)는 '-ㄴ다', '-던가'라는 종결 어미를 반복적으로 사용했으나, (가)는 일정한 종결 어미를 반복적으로 사용하고 있지 않다. ② (가), (나) 모두 '산'과 '성에꽃'의 속성을 나열하고 있다고 볼 순 있지만, 다양한 관점에서 사물을 이해시키고 있는 것은 아니다. ③ (가), (나) 모두 반어적 표현이 드러나지 않는다. ④ (가), (나) 모두 시선의 이동이 나타나지 않으며, 시상이 점층적으로 고조된다고 보기도 어렵다.

03.

(나)의 화자는 성에꽃을 보면서 서민들과 친구를 떠올리고 있는데, 작품의 마지막 두 행을 보면 (나)에는 암울한 시대 현실이 암시되어 있다고 볼 수 있다. 하지만 〈보기〉에서는 사람도 성에꽃과 마찬가지로 '가장 가혹한 고통의 밤이 끝난 자리에 / 가장 눈부시고 부드러운 꿈이 일어서지.'라고 했으므로 절망적인 사회 현실을 드러내고 있는 것은 아니다.

오답 풀이

① 〈보기〉와 (나) 모두 겨울이라는 계절적 배경을 활용하고 있다. ② 〈보기〉의 '성에꽃'은 '이내 스러지는' 존재로 순간성이 부각되어 있다. (나)의 '성에꽃'은 순간성이 부각되어 있지 않다. ③ 〈보기〉와 (나)의 '성에꽃'은 각각 '황홀한 꿈', '번뜩이는 기막힌 아름다움'과 같이 아름다운 대상으로 설정되어 있다. ⑤ (나)에서는 '성에꽃'을 보고 '지금은 면회마저 금지된 친구'라는 특정한 인물을 떠올리고 있다. 반면 〈보기〉에서는 '성에꽃'을 보면서 인간사의 교훈에 대해 말할 뿐, 특정한 인물을 떠올리고 있지 않다.

04.

(다)의 화자는 고층 빌딩의 유리창을 닦으며 창문이 열리기를 바라고 있다. 하지만 대상을 예찬하는 태도는 찾아볼 수 없다.

오답 풀이

① 화자는 바라보는 행위와 창문을 여는 행위를 반복하여 창문 안쪽으로 들어가고자 하는 태도를 드러내고 있다. ② '해가 지는 아침', '햇살이 퍼지는 광경' 등의 시각적 이미지를 통해 창문 안쪽으로 들어가길 원하는 화자의 정서를 드러내고 있다. ③ '나는 바라봅니다.', '나는 한 마리 풍뎅이가 됩니다.' 등에서 '나'라는 화자를 직접적으로 드러내면서 시상을 전개하고 있다. ⑤ '저녁엔 해가 뜨고 / 아침엔 해가 집니다.'에서 역설적인 표현이 사용되었다. 아침에 빌딩 유리창을 닦으려고 올라가면 아침 해가 건물 아래로 보이기 때문에 해가 진다고 하였고, 저녁에 건물 아래 유리창을 닦을 때는 태양이 위로 보이기 때문에 해가 뜬다고 표현한 것이다. 이는 유리창닦이인 화자의 현재 상황에 대한 인식을 드러낸다고 할 수 있다.

| Part 1. 현대시 | 35 | 함민복, 오래된 잠버릇 |

O/X 정답

| 01. O | 02. O | 03. O | 04. O | 05. X |

1. 1연의 '구더기를 본 사람은 알리라 / 왜 파리가 높은 곳에서 잠드는가를'에서 문장을 도치하여 화자가 생각하기에 파리가 천장에서 자는 이유가 무엇인지를 강조하고 있다.
2. 윗글의 화자는 각 연에서 다르게 나타나며, 1연의 화자인 '나'는 '파리'를 관찰하고 있고, 2연의 화자는 1연에 나오는 '파리'로 바뀐다. 이때 2연의 화자 '파리'가 관찰하는 '저 사내'는 1연의 '나'와 동일하다.
3. 1연의 '날개 휘젓던 공간밖에 믿을 게 없어 / 날개의 길밖에 믿을 게 없어', 2연의 '발 붙이고 사는 땅밖에 믿을 게 없다는 듯 / 중력밖에 믿을 게 없다는 듯'에

서 유사한 구절을 병치(나란히 배치)하여 운율감을 조성하고 있다.

4. 1연의 화자는 '파리'를 보고 '슬프다'라고 표현했다. 천장에 매달려 자면서 추락할 포즈의 파리를 보며 화자는 안타까움을 느끼고 있다.

5. 1연의 '구더기를 본 사람은 알리라'와 2연의 '저 사내처럼 외로운 사람이 어디 또 있나 보다'에서 추측을 나타내는 표현이 사용되었으나, 대상에 대한 회의감을 드러내는 것은 아니다.

Part 1. 현대시   36 | 김기택, 어둠도 자세히 보면 환하다

O/X 정답

01. O	02. X	03. X	04. O	05. O

1. 14행의 '자세히 보면 어둠도 환하게 보이던 방.'에서 '어둠이 환하다'는 역설적 표현을 통해 독자들에게 시적 긴장감을 주고 있다. '역설적 표현'이 나오면 '시적 긴장감'은 허용할 수 있다는 것, 기억하자.

2. 방 안의 물건들은 서로를 비춰주다가 자신들의 안에서 빛나는 '낮은 빛'을 나누고 있다. 화자는 이를 비판하거나 부정적으로 바라보고 있지 않으므로 '낮은 빛'을 화자가 부정적으로 생각하는 대상이라 보긴 어렵다. '낮은 빛'은 어두운 방에서 발견된 밝은 빛이므로, 이 시의 제목과 연결되는 긍정적인 대상이라 볼 수 있다.

3. 화자가 퇴근하고 집으로 돌아와 어두운 방에 있는 것은 맞지만, 방 안의 어둠을 관찰하고 있을 뿐 현실에 적응하지 못하는 모습을 보이고 있지는 않다. 더욱이 어두운 방에서 뒤집어 보기를 통해 낙관적 태도를 보이므로 현실에 적응을 못하는 모습을 보인다는 선지는 허용할 수 없다.

4. 12행의 '내 눈을 발견할 때까지'에서 '내', 즉 '나'라는 화자를 작품의 표면에 드러내어 주제에 대한 공감을 이끌어 내고 있다.

5. '못하던 방', '흩어지던 방' 등 '방'이라는 명사를 일부 행들의 끝에 배치하여 통일감과 운율감을 주고 있다.

Part 2. 현대 산문   01 | 양귀자, 원미동 시인

O/X 정답

01. O	02. X	03. O	04. X	05. X

1. 윗글의 서술자는 미취학 아동으로서, 작품 내 인물에 해당한다. '그가 약간 돌았기 때문이라는 것이었다.'라는 거침없는 서술과, '아들이 아버지와 함께 사는 게 왜 바보짓이라는 건지 알 수가 없었다.'와 같이 어른들의 언행을 이해하지 못하는 모습을 보이며 자신의 체험을 진술하여 현실에 대한 인식을 드러내고 있다.

2. 윗글은 외화와 내화가 나뉘는 액자식 구성이 아니며, '나'가 관찰한 것을 서술하고 있으므로 다른 사람의 체험을 듣고 이를 전해주는 구성이 아니다.

3. 윗글은 실제 부천시 원미동을 배경으로 하여, 꿈을 안고 상경하였으나 서울에는 진입하지 못하고 변두리에 물러난 서민들의 모습을 보여주고 있다.

4. '퀭한 두 눈에 부스스한 머리칼, 사시사철 껴입고 다니는 물들인 군용 점퍼와 희끄무레하게 닳아빠진 낡은 청바지'와 같이 '원미동 시인'의 외양을 묘사하고 있으나, 여름이면 하루 종일 에어컨이 돌아가는 부자라는 표현을 통해 그의 차림은 가난 때문이 아님을 알 수 있다.

5. 지문의 마지막 부분을 통해 '몽달 씨'는 불량배들에게 얻어맞던 날 김 반장이 외면한 것을 모두 기억하고 있음을 짐작할 수 있다.

ㅏㅏBS 실전 문제 정답

01. ⑤	02. ④	03. ③	04. ③	05. ⑤
06. ②	07. ④			

01.

'그때 나는', '이제 생각하면 그 순간에는' 등의 표현으로 미루어 볼 때, [A] 부분은 과거의 장면을 회상하여 진술한 것임을 알 수 있다.

오답 풀이

① 이 작품은 어린 나이의 서술자 '나'가 등장하는 1인칭 소설이다. ② 이 작품의 서술자인 '나'는 원미동 시인 주위에서 일어난 일을 관찰하는 관찰자 역할을 하고 있다. ③ 이 작품은 시종일관 1인칭 관찰자 시점을 유지하고 있으므로, 관찰자 시점으로의 전환이 일어나지 않았다. ④ '나'가 어떤 소리를 들었던 사건을 기술하고 있는 것으로 제삼자의 객관적인 시선을 제시하고 있는 것은 아니며, 자신이 비몽사몽간에 어떤 소리를 들었던 장면을 회상하고 있을 뿐 어떤 사건에 대해 판단을 제시하고 있지도 않다.

02.

이 작품에 등장하는 '김 반장'은 평소에 친분이 있던 '몽달 씨'가 위기에 처하자 자신에게 피해가 갈까 두려워한 나머지 '몽달 씨'가 당하는 폭력을 외면해 버린다. 이러한 행동은 상황을 모면하는 데 급급한 것으로 볼 수 있다. 결국 그는 이해타산에 기반하여 '몽달 씨'와의 인간적 관계마저 외면해 버린 것이다.

오답 풀이

① 이해타산에 급급한 인물이기 때문에 세태에 휩쓸리지 않는 주체적 인간으로 보기 어렵다. ② 이해관계를 중시하는 인물이기 때문에 사태를 공정하게 파악하는 중립적 인물로 보기 어렵다. ③ 김 반장은 자기 자신의 이득만을 중시하는 인물이지만 그의 이기적 행동이 적극적으로 공동체의 가치를 파괴하는 것으로 볼 수는 없다.

03.

이 작품의 배경이 되는 '원미동'은 작가의 소설에서 자주 등장하는 우리들이 살고 있는 도시 변두리의 일상적 모습을 전형적으로 보여준다. 이 소설에 등장하는 동네의 풍광이 어디서나 볼 수 있는 도시 변두리인 것처럼 이곳 사람들의 삶 역시 생활고에 시달리고 있는 소시민들의 삶의 전형이다. 이들의 삶은 결코 여유롭지 못하다.

오답 풀이

① 시대적 배경이 컬러텔레비전이 보급된 뒤인데도, '흑백텔레비전'을 고수하고 있는 모습에서 도시 변두리의 삶의 모습을 엿볼 수 있다. ② 공단 주변의 황량한 공간 구도는 도시에 생활 기반을 가지고 있으면서도 변두리에 살고 있는 사람들의 삶이 중심으로부터 소외되어 있다는 것을 보여 준다. ④ '몽달 씨'의 '비명'은 억압되고, 소외된 사람들의 상흔을 상징적으로 보여주는 것으로 볼 수 있다. ⑤ '몽달 씨'에게 가해지는 폭력은 경제 개발 시기에 권력으로부터의 폭압을 우의적으로 보여주는 것으로 볼 수 있다.

04.

[A]부분에서 작품 안에 위치한 서술자인 '나'가 등장인물인 '몽달 씨'와 '김 반장'의 행위를 관찰하고 있다.

오답 풀이

①, ④ 서술자가 작품 안에 위치한 것은 맞지만, 자신의 내면이나 의식을 보여주는 것이 아니라, 관찰 대상인 '몽달 씨'와 '김 반장'을 묘사하고 있다. ② 인물들의 행위를 그리는 것은 맞지만, 서술자는 작품 안에 있다. ⑤ 선지는 전지적 작가 시점에

대한 설명이다. 이 소설은 어리숙한 서술자인 '나'가 등장한다.

05.

〈보기 1〉은 상황에 따라 쉽게 변하는 김 반장의 태도를 제시하고 있다. 따라서 '김 반장'이 자신에게 해가 될 상황에서는 '몽달 씨'를 외면했지만, 상황이 종료된 후에는 '몽달 씨'를 도와주는 척하는 모습을 상상해 볼 수 있다.

06.

'김 반장'이 사내 주변의 맥주 박스를 치운 이유는 맥주병이 깨져 자신이 금전적으로 손해 볼 것을 걱정했기 때문이다.

07.

'김 반장'은 '몽달 씨'에게 바쁘지 않을 때에 시를 읽어 보겠다고 했지만, 실제로 '몽달 씨'의 시를 읽은 적은 없었다.

🅞오답 풀이

① '말이 났으니 말이지 그 옷차림은 형제슈퍼의 심부름꾼 복장으로 딱 걸맞았다.'에서 확인할 수 있다. ② '소리치고 있는 사내는 빨간색의 소매 없는 러닝셔츠를 입고 있어서 땀에 번들거리는 어깻죽지가 엄청 우람하게 보였다.'에서 확인할 수 있다. ③ '그러면 몽달 씨는 더욱 신이 나서 생선 잘라 주는 통나무 도마까지 깔끔히 씻어 내고 널부러져 있는 채소들을 다듬고 하면서 분주히 설치는 것이다.'에서 확인할 수 있다. ⑤ '도무지 가슴이 떨려 숨도 크게 쉬지 못할 지경이었는데도 김 반장은 어지러진 가게를 치우면서 밖은 내다보지도 않았다.'에서 확인할 수 있다.

Part 2. 현대 산문 **02 | 윤대성, 출세기**

▢ O/X 정답

01. O	02. X	03. X	04. X	05. X

1. 홍 기자는 이전에 김창호가 탄광에 갇혔을 때 이를 언론 보도에 이용한 바 있다. 그러나 김창호가 재산을 탕진하고 보잘것없는 모습으로 나타나자, 그를 외면한다. 이후 김창호 때와 비슷한 사건이 일어나자, 홍 기자는 대중의 관심을 받기 위해 자신이 외면했던 김창호를 다시 찾아가 인터뷰한다.
2. [앞부분 줄거리]를 통해 김창호가 유흥에 빠져서 가족들을 외면했음을 알 수 있으나, 그가 반성하는 모습은 확인할 수 없다.
3. 윗글에서 과거와 현재의 상황을 동시에 보여주는 부분은 찾을 수 없다.
4. 제시된 지문에서는 지시문에 비해 대사가 압도적으로 많다.
5. 윗글에서 과장된 의상과 소품이 활용된 부분은 찾을 수 없다.

▢ 나BS 실전 문제 정답

01. ②	02. ③	03. ②

01.

지문에서 핵심 사건이 되는 '동진 광업소 사고'에 대한 주변 인물들의 견해는 유사한 측면이 있다. '홍 기자'를 비롯한 언론계와 '소장' 및 '비서관' 등의 관리자들, '주치의' 등은 모두 '김창호'를 통해 어떤 이익을 도모하려는 입장을 보이고 있다. 이에 반해 '김창호'는 자신과 관련된 사건에 대해 알지 못한다는 점에서 그들과 대비되는 위치에 있지만 이를 통해 사건에 대한 대조적인 견해를 드러낸 것이라고 볼 수는 없다.

🅞오답 풀이

① '홍 기자'는 '기자 1', '기자 2'와의 면담에서 "이 사건을 계기로 인간에 대해 다시 한 번 그 존엄성을 확인해야 할 것입니다."라고 하여 사건의 의미를 부여하고 있다. 또한 '주치의'는 "전 국민에게 김창호 씨를 알려야 합니다."라는 대사를 통해 '김창호'가 겪은 사고가 매스컴에 알려질 만한 가치가 있다고 보고 있다. ③ 갱구의 매몰로 11명의 광부가 사망하고, 유일하게 '김창호'만이 '지하 1천5백 미터' 아래에서 생존하고 있는 사건 현장에서 '구경꾼'들은 '손을 흔들며 웃어대는' 중이다. 이를 통해 사건의 심각성과 대비되는 '구경꾼'의 모습을 확인할 수 있다. ④ 공간이 두 개 나왔을 때, 일단은 체크했어야 한다. '10. 사무소와 갱내'는 지상과 지하 공간이라는 서로 다른 공간을 동시에 보여 주는 장면이다. 이를 통해 '갱내'에서 생명이 위급한 '김창호'의 모습과 '사무소'에서 언론의 이목을 끄는 '소장', '비서관' 등의 상황이 효과적으로 제시되고 있다. ⑤ '홍 기자'의 대사에서 "이 방송은~화장품 제공입니다."와 같은 협찬사에 대한 안내, '소장'의 대사 중에서 "지금 회장님께서 김창호 씨의 건강을 염려하여 비서관님을 보내셨습니다.", '비서관'의 대사 중 "뭐 부족한 거 없습니까?"와 같은 내용은 '상황에 맞지 않는 대사'다. 또한 '비서관'의 대사 중 "나 신난다 비서관입니다."라는 것으로 보아 '작위적인 이름(신난다)'을 통해 사건의 긴장감을 이완시키는 작용을 하고 있음을 알 수 있다. 참고로 작위란 '꾸며서 하는 것이 두드러지게 눈에 띈다.'라는 의미이다. 이렇듯 극적 긴장감을 이완시킴으로써 관객의 몰입을 방해하고, 바짝 조였던 정신을 늦추게 할 수 있다.

02.

'9. 현장'에서 '비서관'은 경찰의 호위를 받으면서 등장하는데, '사무실에 들어가기 전 카메라에 포즈를 취한다.' 이를 통해 '비서관'이 언론을 상당히 의식하고 있음을 알 수 있다.

🅞오답 풀이

① '홍 기자'는 '9. 현장'에서 "이런 국민의 여망에 보답하는 뜻으로도 꼭 살아 나와야겠습니다. (감격해서) 생명은 존엄한 것입니다."라고 하며 자신의 감정을 담아 주관적으로 사건을 전달하고 있다. 또한 '14. 기자 회견 석상'에서도 "우리 기자단을 대표해서 김창호 씨의 생환을 환영하는 바입니다."라고 하는 부분에서 사건에 대한 주관적인 평가를 하고 있음을 알 수 있다. ② '9. 현장'에서 '소장'은 "(마이크 앞에 선다) 에헴, 국민 여러분, 감사합니다."라고 하면서 적극적으로 인터뷰를 하고 있다. 따라서 '취재 활동에 대해 비판적인 시각'을 보이고 있다는 것은 적절하지 않은 내용이다. ④ '9. 현장'에서 '기자 1'은 "대단합니다. 전 국민의 성원이 이렇게 뜨겁고 클 줄은 몰랐습니다."라면서 감탄하고 있으며, '기자 2' 역시 "현지 주민들이~눈물이 핑 돌더군요."라고 하면서 '김창호' 사건에 대한 국민들의 관심에 감동을 받고 있다. ⑤ '14. 기자 회견 석상'에서 '주치의'는 기자들에게 '김창호'의 상태에 대해 적극적으로 설명하는 한편, "참으세요, 곧 끝납니다. 전 국민에게 김창호 씨를 알려야 합니다."라고 하면서 기자 회견이 이루어지도록 하고 있다. 또한 '주치의, 귀에 대고 뭐라고 한다.', '주치의, 쉽게 설명해 준다.'의 내용을 통해 그가 기자 회견에 적극적으로 개입하고 있음을 알 수 있다.

03.

〈보기〉에서는 '출세'의 의미를 두 가지로 나눠서 제시하고 있다. 이때 ⓐ에서 '갇혀 있던 사람이 세상에 나오게 되다'의 의미는 '갱내'에 매몰되어 있었던 '김창호'와 관련된 것이다. 한편 '사회적으로 높은 지위에 오르거나 유명하게 되다'의 ⓑ는 언론의 주목을 받은 '김창호'와 관련되어 있지만, 제시된 지문에서 그는 아무것도 모른 채 '주치의'의 말에 따라 기자 회견을 하고 있다. 따라서 ⓒ의 말을 통해 '김창호'의 출세는 ⓐ에서 ⓑ로 나아가면서 그의 유명세를 이용하고자 하는 주변 인물들의 인식과 관련되어 있음을 알 수 있다.

① ㉠의 대사는 '갱내'에서 '비서관'과 전화하고 있는 '김창호'의 대답이다. 따라서 ⓐ에 이르기 전의 상태이므로, '김창호'가 ⓐ와 ⓑ를 확신한다는 것은 적절하지 않다. 또한 '김창호'가 기운 없어 한다는 지문을 봐도 알 수 있다. ③ ㉢은 기자 회견에 임하는 '김창호'의 모습이므로, 이미 ⓐ에서는 벗어나 ⓑ와 관련되어 있다고 할 수 있다. 그러므로 '김창호'가 ⓐ에 대해 갈등을 보인다고 할 수 없다. 그가 '움찔거리는' 이유는 '시력이 약화'된 상태에서 플래시가 터지기 때문이다. ④ "(당황) 뭐가 뭔지 모르겠습니다. 난 집에 가고 싶습니다!"라는 대사를 볼 때 '김창호'의 출세(ⓑ)는 자신이 원해서 이룬 것이 아님을 알 수 있다. 따라서 ㉣에서 그가 ⓑ를 추구하고자 하는 의지가 담겨 있다는 선지는 적절하지 않다. ⑤ '김창호'가 ㉤처럼 말하는 이유는 '주치의'의 귓속말 때문이다. '주치의'는 ㉢에서도 알 수 있듯이 '김창호'를 ⓑ의 의미로 출세시키고자 하는 주변 인물이다. 그러므로 '김창호'가 ⓐ를 계기로 ⓑ에 이르고자 하는 집념이 있다는 내용은 적절하지 않다.

Part 2. 현대 산문 | 03 | 신영복, 관용은 자기와 다른 것, 자기에게~

O/X 정답

01. O   02. O   03. X   04. O   05. X

1. 이 작품에서는 '현란한 빛의 향연'이라는 감각적 수사를 반복적으로 제시하여 '블루 모스크'라는 공간적 배경을 제시하고 있으므로 적절한 설명이다.

2. 글쓴이는 이스탄불에 대한 거리감과 무지를 '중국의 벽과 유럽의 벽'이라는 '이중의 장벽' 탓이라고 설명하며, 수필 마지막에서 이러한 의식 속 '장벽'을 반성하고 열어 가야 한다고 말하고 있으므로 적절한 설명이다.

3. 비잔틴 문명은 오스만 튀르크의 술탄인 마호메트 2세에 의해 이룩된 것이 아니므로 적절하지 않은 설명이다.

4. '당신이 이스탄불로 나를 부른 까닭을 이제 알 수 있을 것 같습니다.' 등의 문장에서 이 작품의 글쓴이가 '당신'이라는 가상의 청자를 설정하여 말을 건네듯 서술함으로써 독자에게 친근감을 느끼도록 만들고 있으므로 적절한 설명이다.

5. 글쓴이는 '내면의 애정이 관용과 화해로 개화할 수 없었던 까닭은 지금까지 인류사가 달려온 험난한 도정 때문'이라고 여기나, 이러한 애정이 사라졌다고 생각하는 것은 아니므로 적절하지 않은 설명이다.

Part 2. 현대 산문 | 04 | 전상국, 우상의 눈물

O/X 정답

01. O   02. X   03. X   04. O   05. X

1. 윗글의 '나'는 형우와의 둘만의 자리가 마련되자, 기표의 '커닝을 도와준 것'이 '담임 선생님이 시켜서 한' 일인지 넘겨짚어 묻는다. 이를 통해, '나'가 학급 친구들이 기표의 커닝을 도와준 일에 담임 선생님이 개입되어 있다고 생각하였으며, 이를 미리 넘겨짚어 형우에게 질문을 던졌음을 알 수 있다.

2. 윗글에서 형우는 '재수파들이 매달 얼마씩 모아' 기표에게 생활비를 보태 주었음을 '나'에게 알려 준다. 몇몇은 '혈액은행에 가 피를 뽑'기도 했다는 형우의 말에 '나'가 기표가 그러한 행동을 강요하지는 않았을 것이라고 답하자, 형우는 '재수파들도 기표가 무서웠'기에 그러한 행동을 한 것이라고 말한다. 즉, 형우는 재수파가 기표를 향한 두려움으로 인해 기표에게 복종하였다고 생각할 뿐, 기표의 사정을 감춰주기 위해 복종하는 체했다고 생각하는 것은 아니다.

3. 윗글에서 형우와 단둘이 이야기를 나누게 된 '나'는, 형우가 '그런 놈한테'는 사과도 받고 싶지 않다고 말하는 데에서 기표를 향한 적대감을 지니고 있음을 확인한다. 그 후 형우는 반 아이들에게 '기표네 가정 형편'에 관해 이야기하면서 '그 친구를 구원해 주어야 한다'고 주장하는데, '나'는 '나에게 얘기를 들려줄 때의 그런 적대감은 씻은 듯 감추고 오직 우의와 신뢰 가득한 말로써 우리의 친구 기표를 미화하는 일에 열을 올'리는 '형우의 혀'에 놀랐다고 하였다. 즉, 형우는 기표를 향한 적대감을 해소한 것이 아니라, 기표를 무력화하기 위해 자신의 적대감을 감추고 있는 것이다.

4. 윗글의 '나'는 1인칭 관찰자 서술자로, 기표를 구원해야 한다며 반 아이들을 설득하는 형우의 모습을 관찰하여 전달하고 있다. 한편, '형우는 기표네 가정 사정을 낱낱이 얘기함으로써 이제까지 우리들에게 신화적 존재로 군림해 온 기표의 허상을 빈곤이라는 그 역겨운 것의 한 자락에 붙들어 맨 다음 벌거벗기려 하는 것 같았다. 기표는 판잣집 그 냄새나는 어둑한 방에서 라면 가락을 허겁지겁 건져 먹는 한 마리 동정 받아 마땅한 벌레로 변신되어 나타났다.'라는 서술에서는, 형우의 행위에 대한 '나'의 판단이 드러나 있다.

5. 윗글의 '나'는 1인칭 관찰자 서술자로, 기표를 구원해야 한다며 반 아이들을 설득하는 형우의 모습을 관찰하여 전달하고 있다. 즉, '나'가 형우의 행위를 묘사하고 있다고 볼 수는 있으나, 그러한 묘사를 통해 사건의 원인을 추리하고 있지는 않다.

Part 2. 현대 산문 | 05 | 김정한, 사하촌

O/X 정답

01. O   02. X   03. X   04. O   05. X

1. 고 서방과 한 양반(보광리 주민)의 대화를 통해 인물 간 대립의 양상이 심화되고 있음을 알 수 있다.

2. 고 서방과 한 양반이 싸우게 된 이유는 보광리 사람들이 저수지의 물을 모두 제 논에 끌어다 쓰고 있는데, 고 서방이 자신의 논에 물꼬를 터놓자 한 양반이 이를 보고 쫓아왔기 때문이다. 따라서 고 서방이 한 양반의 논에 있는 물을 전부 빼돌려 자기 논에 물을 댄 것이라는 내용은 적절하지 않다.

3. 성동리 주민들은 보광사 조합의 대표인 이사에게 조합에서 빌려 쓴 돈의 지불 기한을 연기해 달라고 청하고 있다. '호세'는 집집마다 징수하던 지방세로, 보광사 농사 조합과는 관련이 없고, '호세' 비용에 대한 선처를 바라고 있는 내용도 없다.

4. 극한 상황에 처하자 농민들은 차압 취소와 소작료 면제를 탄원하기 위해 빈 짚단을 들고 보광사로 향하는데, 이는 농민들의 요구 사항이 관철되지 않았을 경우 절을 태우는 행위로까지 갈 수도 있음을 암시하고 있다고 볼 수 있다.

5. 이 작품은 3인칭 전지적 작가 시점이 사용되었다.

Part 2. 현대 산문 | 06 | 이태준, 복덕방

O/X 정답

01. X   02. X   03. X   04. O   05. O

1. 윗글에서 인물의 성격 변화는 드러나지 않는다. 생전 아버지를 냉대하던 안경화는 아버지가 돌아가신 이후에도 위선적인 면모를 보이며 뉘우치는 태도를 보이지 않는다.

2. 윗글은 순행 구조로 시간의 흐름이 순차적으로 드러나지만, 특정한 단계를 통해

드러나고 있진 않다. 또한 갈등으로 인해 중심인물이 죽음을 택하고 그와 관련된 갈등은 해소되지 않고 있다.

3. 박희완 영감조차 관변 모 씨에게 속은 것이므로 적절하지 않다.

4. '파출소로 갈까 하다 그래도 자식한테 먼저 알려야겠다 하고 말만 듣던 그 안경화 무용 연구소를 찾아가서 안경화를 데리고 왔다.'에서 알 수 있다.

5. 서 참의는 관청에 안 초시의 자살을 알리자고 하지만, 안경화는 자신의 '명예'를 위해서 이를 말리고 있으므로 적절하다.

나BS 실전 문제 정답

01. ③   02. ⑤   03. ③   04. ④   05. ②
06. ④   07. ①

01.

ㄱ : 지문에서는 세 늙은이의 대화나 행동을 통해 성격을 보여주는 간접 제시와, 서술자가 각 인물에게 한 명씩 관심을 주며 성격을 직접적으로 설명하는 직접 제시가 사용되었다. 따라서 인물의 성격이 분명히 드러난다는 선지는 적절하다. 참고로 소설에서 '성격'은 인물에게 부여되는 본질적인 '캐릭터적 특성'을 의미한다. 쉽게 말해 '소심하다, 대범하다' 등도 성격이지만, '세상에 대한 야심이 끓었다.' 같은 서술도 인물의 성격을 나타내고 있는 것이다. [1997학년도 수능] 「김약국의 딸들」에서 인물의 성격을 집중적으로 물어보았다. ㄹ : 주로 서 참의의 '복덕방'에서 사건이 전개되고 있으므로, 서사 전개 과정에서 공간의 이동이 거의 없다고 볼 수 있다.

오답 풀이

ㄴ : 짧고(간결체) 감각적인 문장(시각, 청각, 후각, 촉각, 미각 등의 감각적 이미지를 제시한 문장)은 지문에 제시되지 않았다. [2004학년도 9평] 「징소리」에서 감각적 문장을 물어보았다. ㄷ : 과거로의 장면 전환이 없으니 시간의 흐름에 따른다는 것을 허용할 수 있지만, 갈등의 심화는 지문에 나타나지 않았다.

02.

상황에 따른 인물의 반응을 정확하게 잡았고, 엉뚱한 상상만 하지 않았다면 틀릴 수 없는 문제다. 부의 상징인 '유성기'를 득템한 딸이 부자라는 것은 알 수 있다. 하지만 안 초시의 '희생'은 지문에서 전혀 찾아볼 수 없는 내용 아니니? 딸은 부유하고 아비는 가난하니, 아비가 딸을 위해 모든 것을 투자해서 키운 것이 아니냐고 반문하는 녀석들은 꼭 기억하길 바란다. 평가원 소설 문제를 틀린 학생들 중 상당수는 쓸데없는 추론 때문에 오답을 선택하게 된 것임.

오답 풀이

① 관상쟁이의 말을 믿고 '엄지손가락을 안으로 넣는 행위'를 한 것과, '화투패 떼기'로 운세를 확인한 것을 통해 알 수 있다. 참고로 '화투패 떼기'는 화투패 그림의 짝을 맞추면서 마지막 남은 4장을 통해 하루의 운세를 확인하는 것이다. ② '참위'가 어떠한 계급인지를 알게 되니 그가 한낱 복덕방 영감이 된 것에 대해 어떠한 심경일지 이해할 수 있게 되지. ③ '대정 팔구 년'의 의미를 통해 구체적인 연도와 그에 따른 당시의 상황을 알 수 있게 된다. ④ 간혹 ㉎를 보기 전에도 「속수국어독본」이 '우리말(훈민정음)'이 아님을 알 수 있다며, "긴一상 도코-에 유키이마스카."와 '조선총독부편찬'을 근거로 제시하는 학생들이 있다. 정확하고 예리한 판단이다. 하지만 출제자는 그것까지는 신경 쓰지 않고, '국어'라는 말에만 주목하여 문제를 출제한 듯하다. 만약 수능 문제였다면 이런 논란이 없도록 좀 더 완벽하게 출제를 했을 것이다. ④를 이와 같은 근거로 선택을 하여 틀린 학생은 본인의 판단을 수정하지 않아도 괜찮겠다. 다만 황당한 ⑤번 선지를 무시한 부주의함은 혼나야 마땅하다. 비록 ④가 논란의 여지는 있지만 ⑤와 비교하여 결과적으로 좀 더 확률이 높은 ⑤를 선택한 학생들

의 신중함을 배울 필요가 있다.

03.

2번 문제와 마찬가지로 상황에 대한 인물의 반응을 정확하게 잡았으면 쉽게 풀 수 있는 문제다. '언제든지 한번쯤은~세상에 부딪쳐 보려니 믿어졌다.', '세상에 대한 야심이 끓었다.'라는 구절을 정확하게 체크했다면, '내 손 안에 있는 현실적 돈을 중시'하는 ③이 야망을 강조하는 다른 선지들과 다르다는 것을 쉽게 알 수 있었을 것이다.

04.

「삼국지」 읽던 투'가 어떤 어투인지는 지문에서 정확히 알 수 없지만, 박희완 영감이 말하는 것이 '일본어'이고, 「삼국지」가 일본책이 아님을 고려하면 억양이 좀 이상했다는 것을 허용해 줄 수 있다.

오답 풀이

① '백통화 한 푼을 얹은 야윈 손바닥'은 죽음을 앞둔 두려움이 아닌 딸에게 돈을 얻어야 하는 힘없는 노인의 모습을 떠올리게 한다. ② 못생긴 엄지손가락에 대해 자탄하는 것이 아니라, 재물을 나가지 않도록 하기 위해 미신을 믿는 노인의 모습을 보여 준다. ③ 자신의 가난한 처지를 비관하는 것이 아니라, '호령만 하고 보면 산천이라도 물러설 것 같던 그 기개'를 가졌던 서 참위가 '만인의 심부름꾼'이 된 것에 대해 안타까워하고 있는 모습이다. 또한 '그러나 이십여 칸 집에 학생을 치고 싶은 대로 치기 때문에~쌀값이 밀리거나 나무 값에 졸릴 형편은 아니다.'를 통해 가난한 처지에 놓여 있지 않음을 알 수 있다. ⑤ 이는 글자가 잘 보이지 않을 만큼 책을 많이 만지며 읽고, 그만큼 시간이 많이 지났다는 의미이다.

05.

[A]에서는 돈을 두고 갈등하는 모습이 안 초시와 그의 딸의 대화와 서술을 통해 드러나고 있다. [B]에서는 안 초시의 딸이 투자한 사업이 모씨가 꾸민 연극이었고 결국 투자에 실패하였다는 것을 요약적 서술을 통해 밝히고 있다.

오답 풀이

① [A]에서는 외양 묘사가 드러나지 않고, [B]에도 배경 묘사가 드러나지 않는다. ③ 이 작품은 작품 밖의 서술자가 사건을 서술하고 있다. [A]에서는 서술자가 사건에 대해 평가하고 있지 않고, [B]에서는 서술자가 앞으로 전개될 사건에 대해 예측하고 있지 않다. ④ [A]에서는 대화를 통해 순차적으로 사건이 진행되고 있다. ⑤ [A]에서는 향토적 소재가 드러나지 않는다.

06.

안 초시가 딸에게 축항 사업 소식을 전해주고 출자를 권유하여 딸이 투자하기로 결정하였다. 그러나 안 초시의 딸은 아버지를 신뢰하지 못해 아버지 대신에 청년에게 투자에 관한 일을 맡기고 있으므로 안 초시의 수고로움을 덜어주려는 딸의 심리가 드러나 있다는 설명은 적절하지 않다.

07.

안 초시가 딸에게 출자를 권유한 부지는 건설 사업지로 최종 확정된 부지도 아니고 안 초시가 직접 투자한 것도 아니므로 적절하지 않다.

오답 풀이

② 투자를 통해 한 번에 큰 이익이 날 것이라 기대하는 모습에서 안 초시의 한탕주의를 엿볼 수 있다. ③ 안 초시의 딸은 '연구소 집'을 담보로 큰돈을 빌려 투자하려고 한다. 이러한 모습은 당시의 부동산 투기 열풍과 관련이 있다고 볼 수 있다. ④ '축항 후보지'에 땅을 샀던 모씨는 자신의 피해를 만회하기 위해 연극을 꾸몄다고 볼 수 있다. ⑤ 투자 실패 후 안 초시는 가족으로부터 외면 받고 있다. 이러한 모습은

당시 우리 사회에 만연했던 물질 만능주의와 관련이 있다고 볼 수 있다.

O/X 정답

01. O	02. O	03. O	04. X	05. X

1. '성기에게 역마살이 든 것은 어머니가 중 서방을 정한 탓이요.~그에게 책전을 내어 주기로 했던 것이었다.', '저 딸아이는 그 체 장수의 무남독녀인데 영감이 화갯골 쪽으로 들어갔다 나와서~그동안 좀 맡아 있어 주기로 했다면서,'에서 확인할 수 있다.

2. '계연의 시뻘겋게 상기한 얼굴은, 옥화와 그의 아버지가 그들을 지켜보고 있다는 것도 잊은 듯이 성기의 얼굴만 일심으로 바라보고 있었으나, 버드나무에 몸을 기댄 성기의 두 눈엔 다만 불꽃이 활활 타오를 뿐, 아무런 새로운 명령도 기적도 나타나지 않았다.'는 계연과 성기의 이별 상황으로, 이별의 슬픔과 이루어질 수 없는 사랑에 대한 미련 등의 감정이 계연과 성기의 행동 묘사를 통해 나타나고 있다.

3. 체 장수는 계연이 떠날 수밖에 없는 계기가 되는 인물이다. 체 장수로 인해 계연과 성기의 사랑이 이별로 끝나고 성기가 방랑의 삶을 선택하여 떠나는 등 사건이 전환되고 있다.

4. 옥화가 성기에게 계연이 성기의 이모라는 사실을 이야기한 것은, 성기가 병으로 죽을 것이라 생각하며 모든 것을 단념한 태도에서 비롯된 것으로 성기가 회복하기 바라며 말한 것은 아니다.

5. 성기가 옥화에게 엿판을 맞추어 달라고 하자 옥화는 '갑자기 무엇으로 머리를 얻어맞은 듯'했으므로 성기가 엿장수의 삶을 선택하는 것을 예상하지 못했음을 알 수 있다. 따라서 옥화가 예상한 삶을 선택했다는 선지의 내용은 적절하지 않다.

나BS 실전 문제 정답

01. ①	02. ②	03. ③	04. ③	05. ③
06. ④	07. ④	08. ④	09. ④	10. ①
11. ④	12. ③			

01.

평가원에서 얼마나 집요하게 시간과 공간을 물어보는지 확인할 수 있는 문제. '시간과 공간'은 필수 출제 요소라는 것을 인식했다면 지문을 읽을 때 변화를 체크했어야 한다. [오빠, 편히 사시오.] → 계연과 이별한 것은 과거다. [성기가 다시 자리에서 일어나게 된 것은 이듬해 우수도 경칩도 다 지나~산기슭에서 울긋불긋 피고 지고 하는 날이었다.~성기는 역시 고개를 돌렸다.] → 성기와 엄마가 대화하는 장면으로 시간적 배경이 모두 봄인데, 이 장면이 현재다. 우수, 경칩이 지나고 청명 무렵의 꽃이 피고 지고 하는 날이라는 부분에서 봄이라는 것을 알 수 있다. 현재 성기는 강원도로 가기도 싫다, 장가들어 여기서 살기도 싫다고 이야기하고 있다. 그리고 이후에 과거 장면이 또 나온다. [그해 아직 봄이 오기 전] → 이 부분은 성기와 엄마가 대화하던 시점(봄)보다 과거다. 따라서 봄이 오기 전인 과거 장면이다. 성기와 엄마의 대화가 연속적으로 나오고 있으니, 잘 체크해야 한다. 이때 옥화는 성기에게 계연과 관련된 사실을 털어 놓는다. 그리고 이 이야기를 들은 성기는 뭔가 결심을 하게 된다. [아버지를 찾아 강원도 쪽으로 가 볼 생각도 없다, 집에서 장가들어 살림을 할 생각도 없다] → 다시 현재로 돌아온 것이다. 과거 장면 이전에 옥화는 강원도, 장가 이야기를 했지? 그 내용과 바로

연결이 되어 이어지는 것이다. 다 상관없다는 성기는 여전히 생각 중이다. 그리고 [한 달포나 넘어 지난 뒤] 엿판을 맞춰 달라고 하고 떠나게 되는 것이다. 과거 장면의 삽입 전후에는 '강원도', '장가'라는 공통의 소재가 등장한다. 따라서 이것을 기준으로 가운데 있었던 과거 장면을 체크하면 된다.

오답 풀이

② 옥화네 집에서 벌어진 일들을 서술하는 장면과 옥화와 성기가 이별하는 장면은 '다른 장소'에서 벌어진 사건들이라고 볼 수는 있지만 '동시에' 벌어진 일이라고는 볼 수 없다. ③ 윗글에는 '의식의 흐름'이 나타나지 않는다. 사건의 '요약적 진술'은 옥화가 성기에게 그동안 숨겨왔던 체 장수 영감과 계연과의 관계를 말해 주는 부분에서 드러난다. 참고로, '의식의 흐름 기법'은 '연관성이 떨어지는 생각을 나열할 때' 쓰는 말이다. 그리고 출제된 지문 전체적으로 의식의 흐름 기법이 쓰여야 한다. 이 정도로 대화나 행동이 중심이 되는 지문에서는 고민의 여지없이 제거했어야 하는 선지다. ④ 윗글의 배경은 화개 장터에 있는 옥화의 집으로 현실적 공간이다. 따라서 허구성이 아니라 현실성을 강화한다. ⑤ 직접 인용은 인물의 독백을 " "(큰따옴표)로 처리해서 제시해야 한다. 분명 옥화의 내면인 엄마의 마음이 '부디 어미 야속타고나 생각지 말라고'를 통해 나와 있지만 지문에서는 큰따옴표로 처리하지 않았다. 인물의 독백을 직접 인용한 사례는 [2012학년도 9평] 「나룻배 이야기」에서 나온다. 당시에 큰따옴표로 나온 "머 보통이지, 보통이지……."가 인물의 독백을 직접 인용한 기출 사례다.

02.

〈보기〉의 (가) 시점은 이야기 밖의 서술자가 인물의 심리까지 모두 서술하는 전지적 작가 시점이다. 작가는 '부디 어미 야속타고나 생각지 말라고, 옥화는 아들의 뼈만 남은 손을 눈물로 씻었다.'라고 하며 옥화의 심정과 행동을 이야기 밖에서 서술하였다. 이 부분을 (나)와 같이 옥화가 자신의 심리를 직접 서술하는 1인칭 주인공 시점으로 바꾸면, '어미', '옥화'라는 표현은 '나'로 바뀌어야 한다. 그리고 '옥화'의 행동을 바라보는 것이 아니라, 직접 자신이 행동하는 것으로 서술이 바뀌어야 하기에 '부디 나를 야속타고나 생각지 말라고, 나는 아들의 뼈만 남은 손을 눈물로 씻었다.'와 같이 서술해야 한다.

오답 풀이

① '옥화'가 뼈만 남은 '성기'의 손을 잡아야 하므로, '나(옥화)'의 뼈만 남은 손'이라는 부분이 적절하지 않다. ③ '옥화는'이라는 부분이 적절하지 않다. '옥화'의 입장에서 1인칭 주인공으로 서술해야 하기 때문에, '옥화'를 '나'로 수정해야 한다. ④ "부디 나를 야속타고나 생각지 마라."라고 직접 인용을 하는 것은 괜찮다. 하지만 뒷부분의 '나의 뼈만 남은 손'이라는 부분이 적절하지 않다. '옥화'의 손이 뼈만 남은 것이 아니다. 뼈만 남은 손은 '아들'인 '성기'의 손이다. '아들의 뼈만 남은 손'이라고 표현해야 적절하다. ⑤ 이 선지의 내용은 1인칭 아들(성기)의 시점에서 서술한 것이다. '옥화'가 '성기'에게 이야기하고 있는 상황을 '성기'가 자신의 입장에서 전하고 있는 것이므로 '엄마는 나의 뼈만 남은 손을 눈물로 씻었다.'와 같이 표현한 것이다.

03.

소설에서 배경은 인물의 상황이나 심리를 제시하기 위해 구체화된다. 따라서 인물의 심리에 변화가 있을 때, 배경에도 변화가 있는 경우가 많은 것이다. ⓑ에서는 '유달리 맑게 갠'이라는 표현을 통해 이전과는 다른 긍정적인 변화가 일어날 것을 예상할 수 있다. 또한 '버들가지엔 햇빛이 젖어 흐르'고 있다. 뒤에 이어지는 서술에도 '비가 지나'갔다고 하였고, '날은 다시 유달리 맑게' 개었다고 하였다. 따라서 이러한 배경 묘사는 성기의 심리에 변화가 생겼음을 나타낸다고 볼 수 있겠다.

오답 풀이

① ⓐ의 상황은, 계연이 떠나면서 우는 목소리로 마지막 인사를 전하는 상황이다. '고운 햇빛', '늘어진 버들가지'는 이별의 상황과 대비되어 슬픔을 부각하는 역할을 하

며 인물의 성격과는 관련이 없다. ② '산울림처럼 울려오는 뻐꾸기 울음' 소리는 이별의 상황과 대조적인 아름다운 자연으로 볼 수 있고, '울음'에 집중한다면, 계연의 심리와 일치하여 슬픔을 나타내는 것으로 볼 수도 있다. 중요한 것은 대조되는 것이든, 계연의 심리와 유사한 것이든 비극성을 심화시킨다는 것이다. 문학에서 자신과 비슷한 상황을 이야기하거나 자신의 상황과 대비되는 것을 이야기하면 정서를 심화시키는 효과가 있다. 쉽게 말해, '내가 외로운 상황'인데, 비가 내리는 날이면 더욱 외롭고, 화창한 봄날이면 함께 즐길 대상이 없기에 더욱 외롭다는 얘기다. ④ '뻐꾸기'와 '화개 장터'를 통해 어떤 시대를 느낄 수 있는가? '뻐꾸기'와 '화개 장터'는 특정한 시대에만 존재했던 것이 아니다. 이건 그냥 지우라고 주는 선지다. ⑤ '버들가지'가 얽혀 있거나 말라 비틀어져 있는 등 부정적인 모습이라면 갈등이 재현된다고 예상해 볼 수 있다. 하지만 '늘어진 버들가지'에는 '햇빛이 젖어 흐르'고 있다. 여기서 갈등이 느껴지는가? 오히려 차분함과 평화로움이 느껴진다. 성기의 내적 갈등이 끝나서 새로운 삶이 시작될 것이라는 걸 암시한다고 보는 것이 적절하다.

04.

계연은 이별의 상황에서 눈물만 흘렸다. 계연이 성기를 붙잡거나 같이 도망을 가는 등의 행동을 취했다면 삶의 방향을 스스로 결정하려는 주체적인 행동을 했다고 볼 수 있다. 하지만 그와 반대로 계연은 이별을 수긍하고 받아들일 뿐, 어떠한 저항도 하지 않기에 주체적인 인물이라는 설명은 적절하지 않다.

🔖 오답 풀이

① ㄱ의 입장에서는 운명을 수용하는 것은 패배가 아닌 조화라고 하였다. 성기와 계연은 이별을 운명으로 받아들이고 수용하는 태도를 보였기에, 운명을 수용하는 민족의 전통적인 삶의 방식을 나타낸다고 할 수 있다. ② 엿장수가 되어 떠나는 것은 '역마살'로 인해 떠돌이가 되는 자신의 운명을 수용한 것으로, 운명을 받아들여 세계와 조화되는 행동이다. ④ 명도를 불러서 방법을 구하려 하는 옥화의 모습은 비합리적인 모습으로 현대인은 공감하기 힘든 모습이다. ⑤ 성기는 세 갈래 길 중에 선택을 할 수 있었다. 이 중 계연과 체 장수 영감이 넘어간 고갯길로 갈 수도 있었으나, 성기는 구례 쪽을 등지고 하동 쪽으로 걸어갔다. 이것은 계연에 대한 마음을 접고 운명에 순응하는 소극적인 삶의 자세를 드러내는 것이다.

05.

S# 67의 '다시 한 바퀴 돌아오다가 그것을 본 옥화가 우뚝 서버리자 손을 잡고 돌고 있던 원의 고리가 무너지며 우르르 무너진다.'에서 법운을 보고 난 후의 옥화의 행동 변화를 확인할 수 있다.

🔖 오답 풀이

① 지문에 다양한 소리를 활용하여 극적 긴장감을 완화시키는 부분은 나타나 있지 않다. ② 새로운 인물의 등장으로 인해 인물 간의 관계가 개선되는 부분은 없다. ④ 지문에 가상 공간과 현실 공간을 대비하는 부분은 없다. ⑤ 지문은 현재와 과거를 반복적으로 제시하고 있지 않다.

06.

S# 67의 '조리를 먹으며 돌아가던 옥화의 시선이 법운의 모습을 발견하고 얼굴에 함복 웃음이 핀다.'에서 '옥화'는 강강술래 소리를 하며 '법운'을 발견하고 웃음을 보이므로 '법운'을 잊으려 하고 있다는 것은 적절하지 않다.

🔖 오답 풀이

① S# 60에서 '상돌네'는 "순천 박 참봉 댁 아들이 반하지 않고 배길 것이여!"라며 '법운'을 좋아하는 '옥화'의 마음과는 다른 발언을 하고 있다. ② S# 65에서 '혜초'는 "종소리에 한이 많구나……. 무슨 생각을 하며 울렸기에 소리가 그리도 애절하고……"라며 종소리를 듣고 '법운'의 마음을 짐작하고 있다. ③ '법운'은 S# 65에서 '혜초'에게 "정이 끊기가 어렵거든 멀리 떠나거라."라는 조언을 들은 뒤 S# 66에서

쌍계사를 나서고 있으므로 적절하다. ⑤ S# 63의 '……. (믿어지지 않는 듯) ……'에서 '소향'은 '법운'과의 관계에 대한 '옥화'의 말을 의심하고 있으므로 적절하다.

07.

〈보기〉에 따르면 '주관적 시점의 쇼트'는 인물의 눈을 통해 대상을 바라 본 촬영 장면이다. ⓐ에서 법운은 이미 발길을 돌려 옥화의 모습을 볼 수 없기 때문에, 법운의 주관적 시점의 쇼트를 활용하여 촬영할 수 없다.

08.

ㄴ은 # 128에서 동운이 "어린것들한테는 이런 일 저런 일 알릴 것 없구……"라며 계연과 성기에게 진실을 감춘 채로 상황을 종결지으려 하는 것을 통해 알 수 있다. ㄹ은 옥화가 정착하여 사는 삶을 기대하는 성기와 계연의 기대를 저버리는 행동을 하고 있는 것을 통해 알 수 있다.

🔖 오답 풀이

ㄱ은 # 136의 '(성기 그 자리에서 선 채 표정이 굳어진다.)', '(쇠뭉치로 얻어 맞은 듯 멍하니 서서 계연이만 바라보는 성기)' 등에서 성기가 계연이 떠나는 것을 예상하지 못하고 충격받은 장면을 통해 성기가 중심 사건의 내막을 짐작하지 못했음을 알 수 있다. ㄷ은 # 130에서 동운과 옥화가 계연에게 떠나야 한다고 말하자 계연이 '두 사람의 눈치를 살피다가 고개를 푹 떨구고 방으로 들어'갔다고 했으므로 적극적으로 대항하였다고 볼 수 없다.

09.

ⓔ의 '꽃주머니'는 작별하는 상황에서, 떠나는 계연에 대한 옥화의 서운함과 축원(희망하는 대로 이루어지기를 마음속으로 원함.), 옥화의 위로로 인한 안도감 등의 복합적인 심리를 나타내는 소재이다.

10.

'강경하다'는 '굳세게 버티어 뜻이나 주장 또는 태도를 굽히지 않는다'는 의미이지만, # 128은 오동운과 옥화가 마주 앉아 이야기하는 분위기이므로 인물들이 강경한 어조로 말한다고 볼 수 없다. 또한 해당 부분의 인물들의 발화는 대부분 말줄임표(…)로 표현되고 있으므로 빠르게 말한다는 것 또한 적절하지 않다.

🔖 오답 풀이

② 옥화는 화면 밖에서 계연을 부르는 소리로만 나타나고 있다. 이로 인해 계연이 옥화에게 달려갔으므로 화면에 직접 등장하지 않으면서도 다른 인물들의 행위에 영향을 미치고 있다는 선지는 적절하다. ③ # 131에서 계연이 옥화가 준 옷가지와 고무신을 보고 눈물을 쏟은 이유는 # 130에서 동운과 옥화가 마을을 떠나야 한다고 말했기 때문이다. ④ '달이 흐르고', '아침 해가 비치면'은 밤이 지나 아침이 왔음을 알려주므로 시간의 경과를 나타낸 것이다. ⑤ # 129에서 성기는 절에서 생활하며, '내일은 장날이니까 일찍' 온다며 계연을 만나러 마을로 올 것을 예고하고 있다. 따라서 # 135에서 성기가 산문(절 또는 절의 바깥문)을 나와 달려 내려오는 것은 기대와 설렘이 드러난 행위임을 알 수 있다.

11.

사당패의 징 소리는 지문에서 '점점 커지고'라고 설명되어 있으므로, 이를 효과음으로 제시할 때 크게 들렸다가 점점 작아진다는 것은 적절하지 않다.

🔖 오답 풀이

① 이 부분의 촬영 장소는 주막 마당이므로 주막이 잘 드러날 수 있는 곳이어야 한다. ② 성기는 갑자기 떠나는 계연을 이해할 수 없는 마음에 답답함을 이기지 못하고 있다. ③ 계연은 사랑을 이루지 못하고 떠나므로 쓸쓸한 분위기가 느껴지는 배경 음악을 사용하는 것이 적절하다. ⑤ 지문에서 길을 나서는 성기는 보따리를 멘 뒷모

습으로 표현되어 있으므로 카메라는 뒷모습을 비추어야 한다.

12.

보기에 따르면 성기는 "정착하지 못하고 떠돌아다녀야 하는 '역마살'이 낀 인물"이다. 하지만 결혼은 마을에 정착하는 것이므로, 성기가 계연과 결혼하려고 하는 것은 운명을 거부하는 행위이다.

오답 풀이

① 계연은 성기의 어머니인 옥화와 이복동생이기 때문에 결국 성기와의 사랑을 이루지 못하고 떠나간다. 이는 자신의 의지가 아닌 것으로 이해할 수 있다. ② 성기가 집을 떠나는 것은 역마살이라는 운명에 순응하는 것으로, 성기가 선택한 삶의 한 방법으로 볼 수 있다. ④ 옥화가 성기를 붙잡는 것은 역마살이라는 운명적 질서를 거부하는 몸짓으로 이해할 수 있다. ⑤ 체장수 영감이 장터를 떠도는 것은 일반적인 사회 통념에서 보면 고달픈 삶이라고 할 수 있다.

Part 2. 현대 산문 08 | 염상섭, 두 파산

O/X 정답

01. O	02. O	03. X	04. X	05. O

1. '옥임이는 반민자의 아내가 되리라는 것을~비록 자신은 없을망정 자기는 자기대로 살길을 차려야 하겠다고 나선 길이 이 길이었다.'를 통해 알 수 있다.
2. '해방이 되자, 고리대금이 전당국 대신으로 터놓고 하는 큰 생화가 되었지마는, 옥임이는 반민자의 아내가 되리라는 것을 도리어 간판으로 내세우고 부라퀴같이 덤빈 것이다.'에서 옥임의 과거 행적을 요약적으로 나타내고, '해방', '반민자' 등의 표현을 통해 작품의 시대적 배경을 제시하고 있음을 알 수 있다.
3. 옥임은 정례 모친의 기운을 꺾으려 했을 뿐, 돈을 모두 받아내기 위해서 망신을 준 것은 아니다. 이는 '다만 아무리 요새 돈이라도 20여만 원이라는 대금을 받아내려면은 한번 혼을 단단히 내고 제독을 주어야 하겠다고 벼르기는 하였지마는'에서 확인할 수 있다.
4. 지문에 대화는 상당히 많지만 과거로 돌아가려는 인물들의 심리는 나타나지 않는다.
5. "김옥임이가 그렇게 되다니 불쌍해 못 견디겠어요.~난 살림이나 파산 지경이지 옥임이는 성격 파산인가 보더군요……."에서 확인 할 수 있다.

나BS 실전 문제 정답

01. ④	02. ④	03. ③	04. ⑤

01.

제시된 지문의 앞부분에서는 옥임에게 공개적인 장소에서 비난을 당하고 난 뒤의 정례 모친의 내면 심리가 표현되어 있다. 지문의 뒷부분에서는 정례 모친에게 비난을 퍼부은 옥임의 내면 심리가 드러나 있다. 따라서 서술자가 서술의 초점이 되는 인물을 바꾸어가며 인물들의 심리를 표현하고 있다고 볼 수 있다.

오답 풀이

① 배경의 묘사를 통해 인물의 심리를 암시하고 있지 않다. ② 극적인 반전을 통해 작품의 분위기를 고조하고 있지 않다. ③ 잦은 장면 전환은 나타나지 않는다. '잦은 장면 전환'이 허용되려면 장면의 전환이 3번 이상 나타나야 한다. ⑤ 이 글의 시간은 순행적 흐름으로 진행되고 있으므로 과거와 현재를 교차 서술하고 있다는 선지의 내용은 적절하지 않다.

02.

@(길바닥)에서 정례 모친은 구경꾼들 앞에서 옥임에게 공개적으로 비난당한다. 정례 모친은 옥임을 향해 "늙은 영감에 넌더리가 나거든 젊은 서방 하나 또 얻으려무나."라고 말하고 싶긴 하나 남들의 시선을 생각해 그러한 속내를 제대로 표현하고 있지 않다. 이러한 정례 모친의 속내는 구경꾼의 시선과 옥임의 비난을 피해 도망간 ⓒ(옆의 골)에서 비로소 드러난다. 그러나 이것은 정례 모친의 심리에 해당하는 것이지, 다른 사람을 향해 표출되고 있는 것은 아니다.

오답 풀이

① '오고 가는 사람이 우중우중 서며 구경났다고 바라보는데, 원체 히스테리증이 있는 줄은 짐작지마는, 창피한 줄도 모르고 기가 나서 대든다.'에서 확인할 수 있다. ②, ③ 정례 모친은 옥임을 달래 ⓑ(뒷골목)으로 끌고 들어가려 했으나 뜻대로 되지 않았으며, 구경꾼이 자꾸 꾀어들자 옥임으로부터 '더 무슨 창피한 꼴을 볼까 무서워서' ⓒ(옆의 골)로 도망갔다. ⑤ '얼떨결에 나온다는 말이~지금 생각하니 우스웠다.'는 옥임이 ⓓ(종로 편)으로 향하면서 @(길바닥)에서 정례 모친에게 했던 행위에 대해 생각하고 있는 것이다.

03.

'이거 미쳐나려나?'는 정례 모친이 친구 옥임의 지나친 행동을 '달래며 나무라는' 말이므로, 이를 '정신적 파산'으로 이어지고 있다고 해석하는 것은 옳지 않다.

오답 풀이

① '어려서부터 30년 동안을 보던 옥임'를 통해 옥임과 정례 모친은 오랜 친구임을 알 수 있다. 하지만 옥임이 "난 돈밖에 몰라.~우정은 다 뭐냐?"라고 말하는 것을 통해 둘의 관계가 금전적 이해에 의해 어긋나고 있음을 알 수 있다. ② '신여성'은 개화기 때에, 신식 교육을 받은 여자를 이르던 말이다. 정신적 가치 중심으로 살았던 과거와 다르게 돈밖에 모른다고 말하는 모습에서 정신적 파산의 양상이 드러난다고 볼 수 있다. ④, ⑤ 옥임은 친일 세력이었으므로 해방 이후 재산을 '몰수를 당할 처지'가 된 것이며, 이를 염려하여 돈을 벌고자 고리대금업을 시작하였다. 〈보기〉에 작가 개인의 문제보다는 '파산을 초래한 해방 직후의 시대 현실과 사회상'을 나타냈다고 했으므로 선지의 내용은 적절하다.

04.

'종로에서 뺨 맞고 한강에서 눈 흘긴다.'는 '욕을 본 데서는 아무 말도 못하고 뒤에 가서 욕을 한다.'라는 의미이다. 옥임은 돈을 갚지 않는 정례 모친을 혼내려고 했지만 얼떨결에 젊은 서방과 관련해 정례 모친을 비난한다. 이것은 정례 모친이 돈을 갚지 않았다는 이유보다는 몸도 제대로 가누지 못하는 늙은 영감(남편)에 대한 짜증에서 비롯한 것이다. 따라서 옥임은 문제가 있는 곳에서는 아무 말도 하지 않다가 애꿎은 정례 모친에게 공연한 화풀이를 했다고 볼 수 있다.

오답 풀이

① '옥에도 티가 있다.'는 '아무리 훌륭한 사람 또는 좋은 물건이라 하여도 자세히 따지고 보면 사소한 흠은 있다는 말'이다. 옥임은 정례 모친에게 '젊은 서방'은 '과분한 남편'이라고 생각했으므로 해당 내용은 적절하지 않다. ② '목구멍이 포도청'은 '먹고 살기 위하여, 해서는 안 될 못된 짓까지 하지 않을 수 없음을 이르는 말'이다. 옥임이 자신의 처지를 생각하지 않고 정례 모친을 걱정한 상황이 아니기 때문에 해당 선지는 적절하지 않다. ③ '제 논에 물대기'는 '자기에게만 이롭도록 일을 하는 경우'를 비유적으로 이르는 말이다. ㉠과는 무관한 내용이므로 적절하지 않다. ④ '떡 본 김에 제사 지낸다.'는 '기회가 좋은 때에 일을 치른다.'라는 뜻이다. 옥임은 ㉠의 내용이 '구석 없는 말'이라고 했으므로 준비해왔던 말을 실컷 한 것이라는 선지는 적절하지 않다.

| Part 2. 현대 산문 | 09 | **오상원, 유예** |

O/X 정답

| 01. X | 02. O | 03. X | 04. O | 05. X |

1. '어쩐 일일까……?', '점점 가까워 오는……정확한……'과 같이 '그'의 내면 의식을 그대로 서술하는 의식의 흐름 기법을 활용하고 있다. 그러나 이를 통해 '그'의 내면 심리를 섬세하게 서술할 수 있지만, 인물의 내적 분열은 드러나지는 않으므로 적절하지 않은 설명이다.

2. '총탄 재는 소리가 바람처럼 차갑다.'라는 표현에서는 청각을 촉각으로 전이하여, 죽음을 앞둔 '그'가 놓인 냉혹한 현실을 부각하고 있으므로 적절한 설명이다.

3. 이 작품에서는 시간 격차를 두고 '그'가 겪은 사건들이 인과적으로 제시되지만, 동시에 진행되는 사건의 병렬은 찾아보기 어려우므로 적절하지 않은 설명이다.

4. 이 작품에서는 현재형 진술이 자주 활용되는데, '이마에선 줄곧 땀이 흐른다.~의식이 자주 흐린다.'라는 부분에서 총격전을 벌이는 상황에 현장감을 부여하고, '얼음장처럼 밑이 차다.~발자국 소리가 난다.'라는 부분에서 '그'가 갇혀 있는 상황에 현실감을 부여하므로 적절한 설명이다.

5. 이 작품에서 '흰 눈'은 계절 변화와 세월의 흐름을 느끼게 하는 대상이 아니므로 적절하지 않은 설명이다.

| Part 2. 현대 산문 | 10 | **황석영, 탑** |

O/X 정답

| 01. O | 02. X | 03. X | 04. X | 05. O |

1. 윗글은 '남의 땅, 남의 어둠 속에 있는 우리는 뭐냐. 도대체 우리는 무엇이냐.', '한 무더기의 작은 돌덩어리가 무슨 피를 흘려 지킬 가치가 있었겠는가.'와 같은 독백적 진술을 통해, 서술자 '나'의 내면 심리를 드러내고 있다.

2. 윗글에서 '나'를 포함한 국군과 적군, '탑'을 지키고자 하는 '나'와 '바나나 숲을 밀어내'려는 미군 사이의 외적 갈등이 드러난다고 볼 수는 있으나, 공간에 대한 묘사는 확인할 수 없다.

3. 윗글은 '적의 통신 신호로 여겨지는 목탁 소리가 사방에서 들리다가 그쳤다.'라는 서술을 통해, '목탁 소리'라는 청각적 이미지를 활용하고 있다. 그러나 이는 적군에 의해 둘러싸인 '나'의 상황을 드러냄으로써 팽팽한 긴장감을 조성하는 것이지, 긴장감을 해소하는 것은 아니다.

4. 윗글의 '나'는 자신이 '탑'을 지키고자 하는 이유를 '설명할 방도가 없음'을 깨닫게 되는데, 그 이유는 미군 장교가 '자기가 가장 실질적이며 합리적인 강대국 아메리카인의 전형'임을 내세워 그러한 관점을 바탕으로 '탑'을 이해하려 할 것이기 때문이다. '나'는 그러한 미군 장교의 논리에 설득당하지 않았으며, '탑'을 경제적·전투적 쓸모로 판단하고 있지 않다.

5. 윗글에서 '나'를 비롯한 국군 병사들은 적군 포로를 '교통 표지판'에 묶어 놓음으로써 시간을 끌고자 하였으나, '발가벗기운 소총수'를 내세워 걸어오는 적군의 모습을 목격하게 된다. '눈앞에 포로가 된 빈사의 동료가 다가오는 것을 무력하게 지켜보았다.'라는 서술을 통해, 적군이 국군 병사를 인질로 내세웠음을 알 수 있다.

| Part 2. 현대 산문 | 11 | **이호철, 큰 산** |

O/X 정답

| 01. X | 02. O | 03. O | 04. X | 05. X |

1. '그 무렵 모든 신의 바닥 고무는~분명히 이러했을 것이다.'는 '지까다비'가 무밭에 버려진 상황에 대한 추측의 진술로, '지까다비'가 무밭에 버려진 이유가 무엇인지는 알 수 없다.

2. '나는 '큰 산'이 안 보일 것이라는 예상으로 쓸쓸해 있었던 것이다.'에서 '나'는 오히려 '큰 산'이 보이지 않는 상황을 쓸쓸해하고 있으므로, '큰 산'의 존재를 두려워한다고 볼 수 없다. 집에 저녁 늦게 들어간 이유는 '무슨 이유로 그때 그렇게 혼자만 늦게 돌아오게 되었는지는 생각이 나지 않'다고 하였으므로 알 수 없다.

3. 이 작품은 1인칭 시점으로, 작품 속에 '나'가 드러나 있으면서 '나'의 내면과 심리도 구체적으로 제시되고 있다.

4. "그때 그 고무신짝은 분명히 쓰레기통에 버렸지 않아.", "아무래도 꺼림칙해서 그날 밤 당신이 들어오시기 전에 내가 다시 들고 나갔던 거예요.", "무엇이? 그럼 어느 집 담장 너머로 버렸었다는 말인가?", "그렇지요."에서 '나'는 고무신을 쓰레기통에 버렸지만, 아내가 이를 다시 꺼내 남의 집 담장 너머로 던져 버렸음을 알 수 있다. 따라서 고무신짝을 쓰레기통에 버렸다는 내용은 적절하지 않다.

5. '비현실적인 면모'는 현실에서 설명하기 어려운 신비로운 요소의 등장으로, 인물이 도술을 부리는 것이나 죽은 인물이 다시 살아나는 것 등을 말한다. 해당 작품에서 이러한 점은 찾아볼 수 없다.

나BS 실전 문제 정답

| 01. ⑤ | 02. ② | 03. ⑤ |

01.

1인칭 시점의 특징을 보여 주는 선지다. 1인칭 서술자는 다른 사람들을 관찰하며 서술을 하지만 자신의 정서나 추측을 요약적으로 제시하기도 한다. 지문에서도 서술자는 아내가 고무신짝을 버린 행동에 대해 '쓰레기통 속에서 희끄무레한 '남자 고무신짝을 끄집어냈을 것이다. 골목길을 오르내리며 마땅해 보이는 장소를 물색했을 것이다. 그러다가 아무 집이건 담장 너머로 휙 던져 버렸을 것이다.'라고 추측하여 요약적으로 진술하고 있다. 이렇게 추측을 포함하는 진술을 통해 열흘쯤 전 버렸던 고무신이 다시 되돌아온 현재의 상황에 대한 이해를 돕고 있다.

오답 풀이

① 주요 사건이 진행되는 곳은 모두 '나'의 집 마당(뜰)이다. 고무신을 발견한 곳, 눈을 구경한 곳, 큰 산을 떠올린 곳 모두 '나'의 집 마당이다. 고무신을 처음 버리고 나서 열흘쯤 후에 다시 고무신이 되돌아오며 이야기의 긴장감이 높아지는데, 이것은 시간의 흐름에 따른 순차적인 구성이라고 할 수 있다. 따라서 다른 장소에서 동시에 벌어진 사건을 병치하였다는 진술은 적절하지 않다. ② 서술자는 작품 안에 등장하는 '나'이다. 작중 인물이 아닌 서술자가 등장하는 것은 3인칭 시점에 해당하는데, 이 작품은 1인칭 주인공 시점을 취하고 있기에 적절하지 않다. ③ '나'가 고향의 '큰 산'을 떠올리기는 하였지만 그것은 시대 상황의 이념적인 성격과는 관련이 없다. '시대 상황의 이념'은 주로 전후 문학에서 좌익과 우익의 대립으로 나타난다. 이 지문은 산업화·도시화 이후의 상황을 다루고 있으니, 작품의 시대적 배경을 고려할 때 전혀 관련이 없다. ④ 1인칭 시점에서는 '객관'이라는 말을 보자마자 지워야 한다. 1인칭 시점에서의 서술에는 주관이 개입될 수밖에 없기 때문이다. 이 지문에서 다루고 있는 중심사건은 열흘쯤 전 던졌던 고무신이 다시 되돌아온 것이고, '나'는 주관적으로 그것을 바라보고 있다. 따라서 객관적이라고 볼 수 없다. 또한 인물의 위선적인 면모

(겉으로만 착한 체하는 모습)도 표면화하고 있지 않다.

02.

'눈 내린 겨울 아침'에 아내는 낭랑하게 웃으며 기뻐하였다. 하지만 열흘쯤 전에 버렸던 고무신짝을 발견하고는 음산한 분위기로 바뀌어 공포에 떨게 되었다. 따라서 눈 내린 아침의 밝은 분위기는 '나'와 '아내'가 고무신을 발견하고 불안감을 느끼면서 순식간에 음산한 분위기로 바뀌었다고 할 수 있다.

오답 풀이

① '나'는 밤새 눈이 온 것 같다는 '아내'의 말에, "그걸 말이라고 하나. 당연하지."라고 말하며 아내를 타박한다. 아내의 자존심을 세워 주는 것과는 거리가 먼 행동이지? ③ 눈 내린 겨울 아침에 '나'와 '아내'는 '열흘쯤 전의' 일에 대해 서로 언급하지 않았다. '나'는 '아내'가 자존심 때문에 그 이야기를 입 밖에 내는 것을 꺼린다고 파악하였고, '나' 역시도 그런 일은 없던 셈으로 쳤기 때문에 그 일에 대한 대화는 하지 않았다. 하지만 고무신짝을 발견하면서 '열흘쯤 전'에 있었던 일을 떠올리며 하는 대화에서는 상실감이 아니라 두려움과 공포감이 느껴진다. ④ 아내가 '미심한 느낌'을 느꼈던 것은 '나'에 대한 것이 아니라 '고무신짝'에 대한 감정이다. 문맥을 고려할 때, '고무신'은 굿판의 과정에서 사용된 물건이고, 액운을 담고 있을지도 모른다는 찜찜한 느낌을 받은 아내는 불안해하며 고무신짝을 집 근처가 아닌 멀리 던져 버리고는 미심한 느낌을 떨쳐버린 것이다. ⑤ '나'는 '고향의 그 큰 산'이 떠오르려고 하자 머리를 설레설레 흔들며 떠올리지 않으려고 애썼다. 낱낱이 기억을 되살리려고 했다면 집중하고 '큰 산'에 관련된 내용을 계속 끄집어내었을 텐데, '나'는 머리를 흔드는 행동을 통해 떠오르는 생각을 억누르려고 하였다. 이를 통해 '나'는 큰 산에서 겪은 일을 기억하고 싶어 하지 않는다는 것을 알 수 있다.

03.

〈보기〉의 핵심은 이 소설에 '주술적' 사고방식과 '합리적' 사고방식이 혼재하는 '과도기적' 상황이 나타난다는 것이다. '고무신과 액땜'은 주술적 사고방식, '이치와 합리'는 이성적인 사고방식으로 편 가르기만 잘 하면 쉽게 풀 수 있는 문제이다. '아내'의 '장난스러운 표정'과 대화 내용은 〈보기〉에서 설명한 합리적 사고, 새로운 가치관과 관련이 없다.

오답 풀이

① '고무신짝의 논리'를 '액땜'을 했다고 생각해 버리는 아내의 행동은 주술적인 방식으로 볼 수 있다. ② '아내'가 '아무 집이건 담장 너머로' '고무신짝'을 던져 버린 것은 〈보기〉에서 설명한 개인의 이익을 중시하는 도시인들의 특징이다. 나만 아니면 된다는 사고방식으로, 고무신을 다른 집으로 던져 버리는 아내의 행동은 남을 배려하기보다는 자신의 안위를 앞세우는 태도로 볼 수 있다. ③ 합리적인(이성적인) 사고방식을 가지고 있다면, 그런 것은 미신이라면서 대수롭지 않게 여길 수 있다. 하지만 '아내'는 두려움에 떨면서 거의 헐떡거리고 있는데, 이것은 합리적으로 사고하는 데 익숙하지 않은 과도기적 상황을 표현한 것이다. ④ '나'는 표면적으로는 '이치에 닿지 않는 소린 싫다'고 하였지만 다시 돌아온 남자 고무신짝에 대해서는 '머릿속의 저 아득한 맨 끝머리에 쩌엉스런 깊고 빈 들판이 있다가, 그것이 또 확 열려 오는 듯한 공포'를 느꼈다. 표면적으로는 합리적으로 사고하려 하지만 주술적인 사고방식 역시 남아 있기에 그냥 공포도 아니고 머릿속이 확 열리는 공포를 느끼는 것이지. 따라서 '나' 역시 '아내'와 마찬가지로 합리적 가치관과 주술적 가치관이 혼재되어 있는 상황이라고 볼 수 있겠다.

O/X 정답

01. X	02. O	03. X	04. X	05. O

1. "내가 원제 불법적으루 썼슈. 물법적으루 썼지."에서 언어유희가 나타나나, 긴장을 이완하고 상황을 능청스럽게 넘기려는 김 씨의 의도가 담겨 있으므로 적절하지 않은 설명이다.

2. 이 작품의 서술자는 부면장의 말에 딴지를 거는 김 씨의 행위를 '순전히 남의 말에 토 달기를 예사로 해 온 입버릇 탓'이라고 해설하거나, 부면장이 김 씨와 말다툼하게 된 사건을 '할 말도 없는데 시간은 남고 처져 심란하던 중 계제에 잘됐다는 눈치' 등으로 설명하고 있으므로 적절하다.

3. 이 작품에서 김 씨는 한전 출장소 직원인 '중년'과 '부면장'이라는 인물을 각기 다르게 상대하고 있으나, 갈등은 상대가 달라져도 일관되게 이어지고 있다. 따라서 갈등이 점진적으로 심화되지는 않으므로 적절하지 않은 설명이다.

4. 이 작품에서 '평', '마지기', '배미' 대신 '헥타르'라는 단위가 장려되고 있음이 드러나나, 이는 "이 바닥에 헥타르를 기본 단위로 말할 만치 땅 너른 사람이 몇이나 되느냐 이게유."라는 김 씨의 말에서 드러나듯 농촌의 실정을 고려하지 않은 국가 시책이므로 적절하지 않은 설명이다.

5. '부면장'은 김 씨의 말에 반박하는 대신 "도대체 당신 워디 사는 누구여? 뭣 허는 사람여?"라며 지위와 소속을 묻고 있으므로, 적절한 설명이다.

O/X 정답

01. O	02. X	03. X	04. X	05. O

1. '느리거나 빠르거나 여인의 소리만 시작되면 사내는 마치 장단을 미리 외우고 있었던 것처럼 솜씨가 익숙했다.', '그러나 손님이고 여자고 새삼스레 상대편의 솜씨를 놀라워하는 빛은 전혀 서로 내색을 하지 않았다.'에서 여인과 손님이 이전에도 소리와 장단을 맞춘 적이 있다는 것을 짐작할 수 있으며, 이미 서로의 존재를 알고 있음을 추측할 수 있다.

2. '지칠 줄 모르는 소리였다. 여자의 목청은~꽃 벌판의 한나절이 펼쳐졌다.'에서 서술자가 인물의 행위를 비유적으로 표현하고 있음을 알 수 있다. 하지만 이는 주관적 평가를 곁들여 서술한 것이므로, 객관성을 높이고 있다는 선지의 내용은 적절하지 않다.

3. 오라비는 소리를 하지 못한 것이 아니라, 소리를 하고 싶지 않아 스스로 가족을 떠났다. '오라비는 웬 고집으로 끝끝내 소리를 하지 않으려 했고', '소리를 싫어하는 오라비에게는 북장단을 익히게 하여', '오라비는 끝내 그 북채잡이조차도 따르기가 싫었던 모양이다.'에서 확인할 수 있다.

4. "오라비가 가고 난 후 노인네는 아마 딸년마저 도망질을 칠까 봐 겁이 나지 않았겠소. 그래 아비는 딸의 눈을 멀게 한 거랍니다."를 통해 아비는 여자가 오라비처럼 도망가는 것을 염려하여 여자의 눈을 멀게 하였음을 알 수 있다. 따라서 소리를 윤택하게 하려고 눈을 멀게 한 것이 아니고, 눈이 멀자 소리가 윤택해진 것이므로 해당 선지의 내용은 적절하지 않다.

5. '소리꾼 아비는 나어린 오누이를 앞세우고 이 마을 저 마을 소리로 끼니를 빌고 떠돌아다녔더라고 했다.~모습을 나타내지 않고 말았다는 것이다.'에서 여자는 자신의 기구한 사연을 요약적으로 서술하고 있다. 아비와 오라비, 여자의 정보가 개괄적(중요한 내용이나 줄거리를 대강 추려 내는 것)으로 제시되고 있으므로 적

절하다.

NㅏBS 실전 문제 정답

01. ③   02. ①   03. ④

01.

중략 이전 부분은 사내(오라비)와 여자의 대화로 사내가 자신의 과거 사연을 오누이에게 전달하고 있고, 중략 이후 부분은 주막집 주인 천 씨와 여자의 대화로 여자가 자신의 과거 사연을 천 씨에게 전달하고 있다.

오답 풀이

① 인물 간의 대화를 통해 상황이 드러나고 있으므로, 내적 독백을 통해 인물 사이의 갈등이 전달된다고 보는 것은 적절하지 않다. ② 중략 이전 부분과 중략 이후 부분은 모두 주막집에서의 대화로, 동시에 일어난 사건들의 병렬적 구성이라고 보기 어렵다. ④ 서술자가 동일한 사건에 대한 인물들의 다른 기억을 대조한 부분은 찾을 수 없다. ⑤ 서술자가 인물 간의 갈등을 다각적으로 조명한 부분이 제시되어 있지 않다. 서술자는 중략 이전 부분에서는 오라비의 기억을 서술하고 있고, 중략 이후 부분에서는 천 씨와 여자의 대화 장면을 간단히 설명해 줄 뿐이다.

02.

중략 뒷부분의 "어젯밤 손님이 그때의 오라비라고 장담을 할 수는 없지 않은가."라는 천 씨의 말을 통해 천 씨가 '사내(오라비)'가 '여자'의 오빠임을 알았다는 진술이 잘못된 이해임을 확인할 수 있다.

오답 풀이

② 천 씨의 "자네를 알아보고도 오라비는 어째서 끝내 오라비라는 소리 한마디 못해 보고 그렇게 허망히 떠나가고 말았단 말인가."에서 '여자'와 '사내(오라비)'가 자신들의 관계에 대해 말하지 않고 헤어졌음을 확인할 수 있다. ③ "손님이 소리를 찾아다니게 된 내력을 말했을 때는 다시 의심할 여지도 없었고요. 하지만 정말 오라버니 소리가 목에까지 솟아오를 뻔한 것은 북채를 손님께 내어드리고 나서 제 소리가 오라비의 장단을 만났을 때였습니다."에서 여자가 '사내(오라비)'가 자신의 오빠임을 알았음을 확인할 수 있다. ④ '소년의 어미는 땅덩이가 꺼져 내려앉는 듯한 길고도 무서운 복통 끝에 흡사 핏속에서 쏟아내듯 작은 살덩이 계집아이 형상 하나를 낳아놓고는 그날 새벽으로 그만 영영 눈을 감아 버린 것이었다.', '사내가 핏덩이 같은 갓난애와 소년을 데리고 이 고을 저 고을로 소리를 하며 밥구걸을 다니고 있었을 때도'에서 여자가 어머니 없이 아버지 손에서 길러졌음을 확인할 수 있다. ⑤ 천 씨의 물음에 이야기를 이어나가는 여자의 모습에서 확인할 수 있다.

03.

〈보기〉에서 '햇덩이'는 '과정만 존재하는' '예술(가)의 길'을 상징하는 이미지라고 진술되어 있다. 이렇게 볼 때, '예술(가)의 길'은 그것을 구성하는 과정만 있을 뿐 끝이 없다. 이는 '노인'이든 '사내'든 그들이 추구하는 예술에는 절대적 경지가 존재할 수 없음을 이야기한다. 따라서 '오라비의 솜씨'와 '노인의 솜씨'는 모두 절대적 경지에 '도달'했다고 판단할 수 없다.

오답 풀이

① '사내'는 과거에 보았던 '햇덩이'의 이미지를 찾아 '소리를 찾아다니'고 있다. 이는 〈보기〉에서 말하는 '예술(가)의 길'의 알레고리적 표현이며, 따라서 '소리', 혹은 '햇덩이'로 상징되는 '끊임없이 추구하는' 과정을 의미한다고 이해할 수 있다. ② '사내'는 끊임없이 '소리'를 찾아다니는 인물이다. 따라서 노인에 대한 적대감에도 불구하고, '소리'로 상징되는 노인을 해치는 것은 '소리'를 훼손하는 것일 수 있으므로 노인을 해칠 수 없었던 것으로 짐작할 수 있다. ③ 〈보기〉에서 '예술(가)의 길'은 시련과 고

통의 연속일 수 밖에 없는 끊임없는 과정으로 설명하고 있다. 따라서 '소리'의 '고통스런 얼굴'은 '소리'에 닿고자 하는 '사내'의 '시련과 고통'으로 해석할 수 있다. ⑤ '사내'가 '소리'로 상징되는 '노인'을 떠났지만, '운명적으로 소리를 찾아다니'는 것은 그가 예술가의 길을 떠날 수 없음을 보여 준다고 할 수 있다.

Part 2. 현대 산문   **14 | 박완서, 그해 겨울은 따뜻했네**

O/X 정답

01. X   02. X   03. X   04. O   05. X

1. 오목은 고아로서의 자신의 처지가 서러워 '사면의 벽'과 '수위'가 자신을 비아냥거리는 것으로 느껴질 뿐, 실제로 사람들이 오목을 향해 비아냥거리지는 않았다.

2. 이 글은 전지적 서술자 시점으로 중심인물인 오목과 수철의 행동을 묘사하고, 이들의 심리를 직접 제시하고 있다.

3. '수철이 실질적인 가장 노릇을 하게 되자~칭송이 자자했다.'에서 수철의 행적을 요약적으로 진술한 것은 맞으나, 갈등의 해결 방향을 제시하고 있지는 않으므로 적절하지 않다.

4. '그 무렵 그는 이미 오목이라는 성명으로 부모 형제를 찾는 광고가 난 것을 보았던 것이다. 그는 광고를 보자마자 그 진상을 알아보기 전에 우선 그것을 아무도 모르게 감추기에 급급했다.'에서 오목의 신문 광고를 보고 이를 급하게 숨기는 수철의 모습을 찾아볼 수 있다.

5. '장남으로서의 책임감 때문에 그 얼굴은 그에게서 좀체 지워지지 않았다.'와 수철이 '오목이를 오목인 채로 내버려 둔들 어때랴'라고 생각하지만 곧바로 '그런 생각이 처음 떠올랐을 때만 해도 스스로도 섬뜩할 정도의 간지였다.~그런 자신이 정떨어져서라도 어떤 변명을 마련하지 않으면 안 되었다.'라고 스스로 변명하고 있는 것을 통해 수철은 오목을 데려오지 않는 것에 대한 죄책감을 느끼고 있다고 볼 수 있다.

Part 2. 현대 산문   **15 | 김연수, 달로 간 코미디언**

O/X 정답

01. O   02. X   03. O   04. X   05. X

1. 이 소설은 실제의 역사적 사건들과 허구의 이야기를 결부하여 사실성을 높이고 있다. [중략 부분 줄거리]의 '군부 세력이 수권했던 80년대'에서도 알 수 있듯, 이 소설은 현대사를 배경으로 하고 있다.

2. 윗글의 서술자는 이야기 외부에 있는 것이 아니라, 이야기 내부에 있는 1인칭 관찰자 '나'이다.

3. 지문의 앞부분에서 서술자는 안미선이 보낸 편지의 내용을 전달하는데, 이를 통해 안복남의 과거 행적과 안미선이 어린 시절 아버지에게 느꼈던 감정 등을 요약하여 서술하고 있다.

4. 안미선은 안복남을 부끄러워했으나 '아버지가 연예인이라는 걸 자랑하던 두 오빠들이 마침내 아버지가 TV에 등장했다는 사실에 환호작약하는 동안'을 통해 오빠들은 그러지 않았음을 알 수 있다.

5. 안미선의 기적이 느껴지지 않자 관장은 그가 간 줄 알았다고 하였으나, "손을 뻗었는데, 그랬더니 안 피디의 얼굴이 만져지더군요.~그렇게 안면 근육이 움직이는 게 제 손끝으로 느껴졌습니다."를 통해 안미선은 떠나지 않고 울면서 관장의 말을 듣고 있었음을 알 수 있다.

Part 2. 현대 산문　16 | 채만식, 영웅 모집

O/X 정답

| 01. X | 02. X | 03. O | 04. O | 05. X |

1. 무대 장치의 전환도, 조명을 통한 장면 변화도 나타나지 않는다.
2. '피에로'는 다른 인물들과 거리를 두고 관찰하며 평가하는 인물로, 윗글에서 다른 인물과 대화를 나누는 부분은 찾아보기 어려우므로 적절하지 않은 설명이다.
3. '공원'은 불특정 다수의 사람이 오가서 다양한 인물 군상이 관찰되는 공간이므로 적절한 설명이다.
4. '피에로'는 인물을 '주의해서 바라본다'든지, '방금 울 듯이 그들의 뒤를 바라'보거나 '이마를 찌푸'리거나 '흘겨보는' 등 관찰과 평가를 반복하는데, 이는 일제 강점기 부조리한 현실과 관련한 감정 표출로 읽을 수 있으므로 적절한 설명이다.
5. '어떤 사람'들은 무대의 왼쪽 전면으로 등장하여 관객석을 향하여 서긴 하지만, 관객에게 말을 건네는 등 극중 사건 진행으로 끌어들이려는 행동은 보이지 않으므로 적절하지 않은 설명이다.

Part 2. 현대 산문　17 | 유치진, 소

O/X 정답

| 01. X | 02. O | 03. O | 04. X | 05. X |

1. 소의 가치가 없어진 것은 아니다. 상황이 여의치 못해 소를 파는 것이 상책이라 국서를 설득한 것이다. "그야 소를 가지면 안 가진 것보다야 훨씬 낫겠죠."라는 국진의 말에서도 그가 소의 가치를 인정하고 있는 것을 알 수 있다.
2. "우리 소는 저 소의 사촌의 아버지의 큰형이……"라는 국서의 말에 국진이 바로 "도 장관에게서 일등 상 받았단 말씀이죠?"라고 받아친 것을 보면 국서는 입버릇처럼 소를 자랑해 왔음을 알 수 있다. 소가 자식보다 낫다며 소를 파는 것을 주저하는 국서의 모습을 통해서도 그가 소를 긍지로 삼는 인물임을 알 수 있다.
3. "에키! 치독을 맞을 놈의 자식 같으니라구!" 등에서 방언, 비속어 등의 구어적 표현을 활용해 이야기에 생동감을 더해주고 있다.
4. 인물의 과장된 행동이 나오거나, 비극적 분위기에 반전을 꾀하는 부분은 없다.
5. 귀찬이가 일본인에게 팔려가는 것은 가난한 농촌 현실, 더 나아가 우리나라가 일본의 식민지배를 받는 구조 때문이다. 그러나 말똥이는 애먼 귀찬이를 비난하고 있으므로 그가 갈등의 근본적 원인을 파악하는 인물이라고는 보기 어렵다.

나BS 실전 문제 정답

| 01. ① | 02. ⑤ | 03. ⑤ | 04. ⑤ | 05. ④ |
| 06. ① | 07. ③ | 08. ③ | 09. ① | |

01.

'말똥이'는 '국서'와 '개똥이'를 이간질하려 하는 것이 아니라 실제 자신이 본 '개똥이'의 의심스러운 행동을 말하고 있을 뿐이다.

오답 풀이

② '국서'와 '말똥이'는 모두 '마름'에게 쌀을 내어주기 어렵다고 이야기하고 있으므로, 이해관계를 공유한다고 볼 수 있다. 한편 '마름'에 대해 '국서'는 예의를 차리려 하고 있으나 '말똥이'는 언성을 높이며 '마름'에게 대항하고 있다. ③ '국서'는 이전에 개똥이가 소를 팔아서 만주를 보내 달라고 성화를 부렸던 모습을 떠올리며, '말똥이'의

판단이 신빙성이 있다고 생각한다. ④ '말똥이'는 '소장수 B'에게 '쇠몽치'라는 소장수의 모습을 물어보며 '개똥이'가 '소장수 A'에게 소를 넘겼다고 믿고 있다. ⑤ '마름'은 '말똥이'와 '국서'가 도지 갚기에 대해 불만을 토로하자 "나는 그저 논임자가 하라는 대로 허는 사람이야."라고 말하면서 불만이 자신에게 향하는 것을 회피하고 있다.

02.

'말똥이'는 '개똥이'와 '소장수'가 함께 있던 모습을 통해 '이상한 공기'를 느끼고 소가 이상이 없는지 살폈고, '국서'는 '마름'이 '최후 결단'을 짓겠다고 하자 '말똥이'를 끌어내면서 '마름'을 자극하지 않으려 하고 있다.

오답 풀이

① ⊙의 기운은 소를 팔려고 하는 '개똥이'와 '소장수 A'로 인해 '말똥이'가 느끼는 불안감이다. ⓒ의 조치는 막대한 빚을 올해 다 갚으라는 '마름'과 그 지시를 따를 수 없는 '국서'네 사이에서 비롯되는 갈등이다. 갈등의 원인이 잘못 연결되었으므로 부적절한 선지이다. 또한 "흥 저눔의 소는 못 몰고 갈 줄 아나?"라는 '마름'의 대사를 통해 ⓒ의 조치를 추론할 수 있다. ② ⓒ의 갈등은 '넉 섬 일곱 말'을 금년에 다 갚으라는 '마름'의 발언으로 인해 빚어지는 것이다. ⊙에서 '말똥이'가 소를 살피는 것은 '개똥이'가 '소장수 A'와 대화한 것을 보고 불안감을 느꼈기 때문이므로, 농사에 대해서 말하는 ⓒ의 사건과는 연관성이 떨어진다. 또한 '마름'의 등장으로 눈치를 보고 나가는 것은 '소장수 A'와 '개똥이'이므로 '말똥이'가 '마름'의 등장을 눈치 채고 ⓒ을 대비하면서 ⊙을 조성한다는 것은 부적절하다. ③ '개똥이'는 '말똥이'의 질문에 대해 "소에 꼴 주고 있다"고 회피하고 있으며, '말똥이'가 소를 살핀 것은 '개똥이'가 나간 뒤이므로 '개똥이'가 '말똥이'에게 증오심을 느끼고 있다고 보는 것은 부적절하다. 또한 '마름' 역시 ⓒ으로 인해 불만을 가지게 된 것이 아니라, '작년', '재작년'의 빚을 말하고 있으므로 '마름'은 오랜 시간 동안 '국서'네에 대해 못마땅하게 생각해 왔음을 알 수 있다. ④ '말똥이'는 '소장수 A'와 '개똥이'의 대화 이후에 ⊙을 감지한 것이며, ⊙으로 인해 '국서'와 '말똥이'의 갈등이 시작되지는 않는다. 또한 ⓒ으로 인해 '말똥이'가 '마름'에게 대들고, '국서'가 그를 만류하고 있지만 이것이 '국서'와 '말똥이'의 갈등을 고조시킨다고 볼 수는 없다. 오히려 '말똥이'와 '마름'의 갈등이 고조된다고 보는 것이 적절하다.

03.

'늙은 사람 앞에~고약한 눔 같으니!'는 계층 간 위계라기보다 연령에 따른 위계를 보여주는 것이며, '나를 보고는 그만 도망을 했어'에서도 계층 간의 위계 관계를 찾을 수 없다. 문맥을 통해 봤을 때 개똥이와 말똥이는 형제 관계이다.

오답 풀이

① '소', '울타리', '빈 지게', '헛간' 등은 당시 농촌 현실의 모습으로 이 연극적 장치들이 무대 공간을 현실의 일부인 것처럼 꾸미고 있다고 볼 수 있다. ② 〈보기〉의 '생동감 있는 구어체의 사용'이라는 말을 통해 지문의 구어체는 갈등 상황을 실감하게 제시하고 있음을 알 수 있다. ③ '마름'이 앞서고 그 뒤에 '국서'와 '그 처'가 헛간으로 들어오는 장면, '국서'에게 도지를 갚으라고 지시하는 행동들은 당대 농촌 사회의 계층 간 위계 관계를 재현하고 있다. ④ '농지령', '작인', '도지' 등 농민과 관련된 용어는 무대 상황이 당대의 농촌 현실과 연관되어 있음을 보여주는 것이다.

04.

본문은 유치진의 희곡 「소」의 도입 부분으로, 배경과 등장인물들이 제시되고 있는 장면이다. 주인공 국서의 외양이 지시문을 통해 특징적으로 드러나고 있을 뿐만 아니라 비속어를 통해 국서의 성격 또한 잘 드러나고 있다. 국서는 비속어의 사실적인 구사를 통해 투박스러운 농부의 모습을 드러내고 있는 것이다.

05.

〈보기〉에는 유치진의 「소」와 관련해 작품의 창작 당시 농촌 사회의 실상 및 작품

이 갖는 의의 등이 제시되어 있다. 이를 통해 작품의 세부적인 내용이 지닌 의미를 파악해야 한다. 「소」가 작가의 냉철한 역사적 안목을 드러내고 있는 작품인 것은 맞지만, 적극적으로 농촌을 떠나려는 개똥이의 모습이 작가 의식을 대변하고 있는 것이라고 볼 수는 없다.

오답 풀이

① 개똥이가 돈을 벌기 위해 만주로 가려는 것은 우리 농촌에서는 물질적인 축적을 이루기가 어렵다고 판단했기 때문임을 짐작할 수 있다. ② 말똥이는 농사일을 강요하는 아버지를 피해 숨어 있는 것이므로, 농사의 가치만 중요시하는 아버지의 관습적 사고에 대해 반발하고 있는 것이라고 할 수 있다. ③ 풍년이 왔는데도 먹을 것이 남아 있지 않을 것이라는 말똥이의 대사는 당시 농촌 사회를 핍박하는 모순적인 요소가 있다는 것을 짐작할 수 있게 해준다. ⑤ '말똥이', '개똥이' 등의 이름과 비속어를 남발하며 투박하게 행동하는 국서의 태도 등이 이 작품의 희극적 요소라고 할 수 있다.

06.

적절한 제시문을 고르기 위해서는 작품의 상황에 대한 이해가 필수적이다. 제시된 장면은 추수 때가 된 농촌을 배경으로 하고 있으며, 농사일을 도와 주지 않는 자식들에게 악담을 하고 있는 국서와, 농사일에는 애정을 보이지 않는 두 아들의 태도를 중심으로 전개되고 있다. ⓐ은 집으로 찾아온 이웃 사람에게 술을 권하는 상황에 맞아야 하는데, 국서가 서운하단 듯이 이야기하는 것은 적절하지 않다.

오답 풀이

② 개똥이는 국서에게 한 차례 혼난 이후이고, 국서에게 불만이 있으므로 퉁명스럽게 얘기하는 것은 적절하다. ③ 개똥이는 국서에게 소를 팔고 자신에게 돈을 달라는 부탁을 해야 하는 상황이므로 국서의 눈치를 보며 이야기하는 것은 적절하다. ④ 말똥이는 아버지 국서에게 반발하여 숨어 있는 상황이므로 부루퉁하게 이야기하는 것은 적절하다. ⑤ 말똥이는 갑갑함을 느끼는 상황이므로 끙끙대며 이야기하는 것은 적절하다.

07.

ㄴ. 말똥이는 밀린 도지를 독촉하는 사음의 말에 "그걸 어째야 한단 말요?", "아니 뼈가 빠지게 농사지어 놓은 것 막 다 가져갔죠."라고 말하여 대들고 있다. ㄷ. 국서는 말똥이를 '헛간 밖으로' 끌어내며 상황이 악화되는 것을 막기 위해 말똥이를 사음에게서 떼어놓고 있다.

오답 풀이

ㄱ. 사음은 밀린 도지를 독촉하며 말똥이와 다투고 있지만, 극적 반전을 유도하고 있지는 않다. ㄹ. 처는 사음이 화가 난 것을 걱정하고 있으므로 국서에게 반발하여 새로운 갈등을 유발하고 있지는 않다.

08.

[A]에서는 밀린 도지를 다 갚지 않으면 내년에 귀찮게 된다고 말하고, [B]에서는 밀린 도지를 갚지 않으면 '최후 결딴'을 짓겠다고 말하면서 불안감을 조성하고 있다.

오답 풀이

① 사음이 국서의 입장을 배려하는 척하며 회유하는 모습은 [A]에만 드러난다. ② [A], [B] 모두 의문점을 제기하는 부분은 찾을 수 없다. ④ [A]에서 "이놈이 왜 어른 말하는데 쌍지팽이를 짚고 나서?"라고 말하지만 이는 사회적 연륜을 내세우는 것은 아니다. ⑤ [A]의 "명년부터서는 새로 농지령이란 게 실시된다구."에서 사음이 법적인 근거를 내세우며 자신의 행동을 합리화한다고 볼 수 있으나 [B]에는 이러한 부분이 없다.

09.

사음이 화가 나서 나간 후에 말똥이가 국서를 '슬슬 피하며' 퇴장하는 장면이 나온다. 이는 무대에 실제로 나타나는 장면이므로 〈보기〉의 내용에 해당하지 않는다.

오답 풀이

②~⑤ 모두 장면으로 제시되는 것이 아니라 인물의 대사를 통해 알 수 있는 부분이다.

Part 2. 현대 산문 18 | **선우휘/이은성·윤삼육, 불꽃**

O/X 정답

01. O	02. O	03. X	04. O	05. X

1. S# 138에서 폭력적인 인민재판 현장에 대한 구체적 묘사를 통해 역동적인 분위기를 제시하고 있다.
2. S# 140에서 현은 할아버지가 총을 맞자 절규하는데, 이는 S# 141에서 불의한 현실에 저항하고자 하는 현의 의지로 이어진다. 또한 다음 S# 142에서 위험한 상황을 피하려 하지 않는 현의 태도가 제시되므로 할아버지의 죽음은 현의 의지를 극대화하는 계기가 되었음을 알 수 있다.
3. '이미지'로 제시되는 장면들은 회상이 아니라 현의 내적 세계를 묘사한 장면이다. 해당 지문에서는 회상이 나타나지 않는다.
4. '굳은 껍질'은 불의한 현실을 외면하라는 할아버지의 요구에 따랐던 현의 심리를 상징하고, '불덩어리'는 불의한 현실에 저항하고자 하는 현의 심리를 상징한다.
5. S# 146에서 현이 가만히 서 있는 것은 자신에게 다가오는 현실에 당당하고 굳건하게 맞서는 모습으로 볼 수 있다. '환희의 얼굴, 이제 거기 새로운 탄생.'에서 무력감과는 거리가 먼 현의 의지적인 태도를 찾아 볼 수 있다.

나BS 실전 문제 정답

01. ①	02. ④	03. ⑤	04. ①	05. ⑤
06. ②	07. ②	08. ①	09. ①	10. ⑤
11. ⑤				

01.

이 글은 현재 동굴에 피신해 있는 주인공 '현'의 내면 의식을 따라 현재와 과거를 넘나들면서 극이 진행되고 있다. 즉, 현재의 시각에서 과거의 자신의 삶을 돌아보면서 변해가는 '현'의 심리를 중심으로 극이 진행되고 있으므로 ①의 내용은 적절하다.

오답 풀이

② 등장하는 효과음에는 기적 소리(기차의 경적 소리), 포성 등이 있는데, 이들 효과음은 작품의 긴장감을 높이는 기능으로 사용되었으며, 긴장감을 완화하는 기능으로는 사용되지 않았다. ③ 찾을 수 있는 인물 간의 갈등은 '현'과 '놈'의 갈등, '현'과 '다까라'의 갈등인데, 제시된 부분에서는 이들 인물 간의 갈등이 해소되지 않고 있으므로 적절하지 않다. ④ '다까라' 등 새로운 인물이 등장하긴 하지만, 관계가 개선되고 있는 인물들은 나타나지 않는다. ⑤ 이 글에는 '동굴'과 '강의실' 등으로 공간의 변화가 나타나지만, 이에 따라 인물의 내면적 갈등이 드러날 뿐, 현실의 모순에 대한 해결책이 제시되고 있지 않으므로 적절하지 않은 진술이다.

02.

〈보기〉에 따르면 소리의 유사성을 이용한 장면 전환에서는 선·후행 장면 내의 유사한 소리가 장면을 전환하는 연결 고리가 된다. 그런데 S#57에서는 '현'의 괴로워하는 모습만 나타날 뿐, 이로 인한 '현'의 신음 소리는 제시되지 않았다. 따라서 현의 신음 소리와 교수의 강의 소리라는 소리의 유사성을 활용하여 장면을 전환했다는 진술은 적절하지 않다.

03.

'예광탄'은 '총포에서 발사되었을 때 앞부분에서 빛을 내며 날아가게 한 탄알'이다. ⓓ의 뒤에 이어지는 '흠칫 놀라는 현. 총신을 거머쥐고 겨냥하며 슬금슬금 안으로 든다.'라는 지문과 '놈은 온다⋯⋯. 꼭 온다⋯⋯. 나를 죽이러 온다⋯⋯.'라는 '현'의 대사를 통해 볼 때, '예광탄(ⓓ)'이 자신을 구해줄 사람에 대한 기대를 상징적으로 드러낸다는 진술은 적절하지 않다.

오답 풀이

① ㉠의 뒤에 이어지는 "아랫말 과수원 판 돈이여. 헛되이 쓰지 말구 꼭 대학에 붙어서 판검사가 되야 혀.', '네가 우리 집안에 기둥이 되야 혀. 부디 성공을 해라."라는 고영감의 말에서 확인할 수 있다. ② ㉡의 뒤에 이어지는 '천천히 기차가 움직이기 시작한다. 점차 멀어지는 그들. 손을 흔드는 현.'이라는 지문에서 확인할 수 있다. ③ ㉢의 뒤에 이어지는 '아, 역시 동굴 속이라 정신을 가다듬어 내다보는 현. 밖에는 추적추적 비가 내리고 있다.'에서 확인할 수 있다. ④ ㉣의 앞에 나타나는 '점점 기력이 쇠진하고 의식이 몽롱해지는 현. 상처 쑤시는 다리에 가만히 손을 댔다가 눈앞에 가까이 본다.'와 ㉣의 뒤에 이어지는 '가쁜 숨결. 이윽고 헛소리 하는 현.'에서 확인할 수 있다.

04.

(가)는 제복을 제정하고자 하는 회사측과 이에 반대하는 사원들 사이의 갈등이, (나)는 비밀 운동을 조직하고 동참을 권유하는 민영과 이를 거절하는 현 사이의 갈등이 주요 사건이다 이 두 사건은 모두 인물 간의 대화를 통해 긴장감을 조성하며 그려지고 있다.

오답 풀이

② (가) X, (나) X / (가)는 갈등 상황과 무관한 권 씨가 새롭게 등장하지만 갈등 해소의 계기가 마련되고 있다고 볼 수 없으며, (나)는 새로운 인물이 등장한다고 볼 수 없다. ③ (가) X, (나) O / (나)는 S# 29에서 현의 어린 시절 장면을 통해 현이 소극적인 삶의 태도를 갖게 된 원인을 드러내고 있으나, (가)에서는 과거 장면을 통한 인물의 성격 변화를 찾아 볼 수 없다. ④ (가) X, (나) X / (가), (나) 모두 공간적 배경의 묘사를 통해 시대 상황을 드러내고 있지 않다. ⑤ (가) X, (나) X / (가), (나) 모두 동시에 일어난 사건을 나란히 배치해 서사 진행을 지연시키고 있지 않다.

05.

(나)의 '현'이 자신들의 힘으로 거대한 것이 달라질 수 없다고 생각한 것과, 비밀 운동을 조직해 저항하고자 하는 친구들의 권유를 미안하다며 거절한 것은 부정적 현실에 순응하는 자아로, ⓐ의 양상으로 볼 수 있다. 하지만 세계에 굴복당하지 않으려는 자아의 모습은 (나)에 나타나지 않으므로 ⓐ에서 ⓑ로 전환되는 양상이라고 볼 수 없다.

오답 풀이

① (가)의 '아내'가 민도식이 유니폼을 입고 출근하도록 재촉한 것은 회사의 방침에 순응하고자 하는 자세를 드러낸 것(ⓐ)이고, (나)의 '현 모'가 남편의 죽음에 대한 부정적 평가에 동의하지 않는 것은 세계에 굴복당하지 않으려는 태도를 드러낸 것(ⓑ)으로 볼 수 있다. ② (가)에서 과장의 행동에 민감하게 반응하며 민도식에게 회사로

복귀할 것을 종용하고 있는 '장상태'와, (나)에서 자기 자신을 보존하기 위해서는 죽어지내야 한다고 생각하는 '고 영감'은 모두 세계에 순응하는 자아(ⓐ)로 볼 수 있다. ③ (가)에서 회사측의 제복 제정에 반대하는 뜻을 굽히지 않고 퇴사를 감수하겠다고 한 '우기환'과, (나)에서 수동적인 자세로 있을 수 없으므로 비밀 운동을 조직해 대응하겠다는 '민영'은 모두 세계에 굴복당하지 않으려는 자아(ⓑ)로 볼 수 있다. ④ (가)의 민도식은 유니폼 안 입는 회사가 수두룩하다고 맞서 대들며 세계에 굴복당하지 않으려는 자아의 모습을 보이면서도 결국 체육대회 장소로 출근하여 순응적인 자아의 모습을 보이고 있으므로 ⓐ와 ⓑ가 공존하는 양상이라고 볼 수 있다.

06.

M 선생이 우상이 되어가는 과정은 (나)에 드러나 있지 않으므로 대사로 제시되어 있다고 볼 수 없다.

오답 풀이

① 연행되는 M 선생과 현이 마주치는 장면은 〈보기〉에는 없고 (나)에는 있으므로 장면을 삽입한 것으로 볼 수 있다. ③ 〈보기〉에 서술된 M 선생이 연행된 이유가 (나)에서는 학생들의 수군거리는 목소리로 처리되어 있으므로 효과음을 사용해 드러낸 것으로 볼 수 있다. ④ M 선생이 옥중에서 보낸 쪽지와 관련된 내용은 〈보기〉에는 있고 (나)에는 없으므로 생략한 것으로 볼 수 있다. ⑤ 권유를 받은 현이 당황해하는 모습은 〈보기〉에는 없고 (나)에는 지시문으로 드러나 있으므로 추가한 것으로 볼 수 있다.

07.

〈학습 활동〉에서 '민도식'은 옷이 조직의 일체감 등을 위해 사용되면 옷의 표현 기능을 저해한다고 보았다. 따라서 옷이 개성 표출과 같은 표현 기능을 할 때는 '날개'이고, 창의력 퇴보와 같이 표현 기능을 저해할 때는 '수갑'이라고 볼 수 있다.

오답 풀이

①, ④ 조직원의 단결과 조직의 발전은 옷이 조직을 위해 기능한 경우이므로 '날개'로 볼 수 없다. ③ 새로운 기능이나 기존의 기능이냐가 옷이 '날개' 또는 '수갑'이 되는 기준이라고 볼 수 없다. ⑤ 보호 기능을 옷의 본질적 기능으로 보고 있으므로 보호 수단일 때를 '수갑'이라고 볼 수 없다.

08.

장상태가 민도식에게 제복의 착용 여부는 재단을 하고 난 이후의 문제이므로 일단 재단을 위해 복귀하라고 회유했지만, 착용 여부를 선택할 수 있도록 도와 줄 것을 약속하지는 않았으므로 적절하지 않다.

오답 풀이

② ㉡의 앞부분에서 사장은 "자네들도 적극 협조해야 되잖겠나. 그동안을 못 참아서 협조할 수 없다면 별 수 없지."라며 제복 제정에 협조할 것을 종용하고 있으므로 적절하다. ③ '여비서'는 사장실로 들어선 권 씨를 뒤쫓아 들어왔으므로 적절하다. ④ "현의 아버지는 삼일 혁명 당시 훌륭한 죽음을 하셨으니까⋯⋯."에서 민영은 현의 아버지를 우상으로 생각하고 있음을 알 수 있다. 또한 ㉣의 뒷부분에서 "너도 우리와 뜻을 같이해 주어."라며 현을 설득하고 있으므로 적절하다. ⑤ 연호는 현이 권유를 거절한 이유를 현의 가족 상황을 고려하여 대신 말해주고 있으므로 적절하다.

09.

'이까지 용케 견디어온 가상할 자기의 팔십 생애.~이젠 네가 살아야 한다.'와 '살아야겠다.~다시 죽어야 한다.'는 '고노인'과 '현'의 내적 독백이다. 이를 활용하여 인물의 의식을 드러내고 있으므로 적절하다.

오답 풀이

② 이 글에서 동시에 벌어지는 사건의 병치는 찾아볼 수 없다. ③ 인물의 표정과 내면을 반대로 서술한 장면은 없다. ④ 액자 구조는 외부 이야기에서 내부 이야기로 흘러가다가 내부 이야기가 끝나면 다시 외부 이야기로 흘러가는 구조로, 이 글은 시간의 흐름대로 사건이 진행되고 있으므로 액자 구조로 볼 수 없다. 또한 상이한(서로 다른) 이야기가 갖는 유사한 의미를 강조하고 있지도 않다. ⑤ 서술자가 관찰자의 입장에서 사건을 객관적으로 전달하고 있지 않다.

10.

'나머지 한 알의 탄환'은 현실을 외면하거나 현실에서 도피하지 않고 주도적으로 행동하려는 현의 결심이 나타난 소재이므로 적절하지 않다.

오답 풀이

① '조상의 뼈다귀를 메고 다'니는 것은 고노인이 사회 현실에 적극적으로 참여하기보다는 자신의 '혈통'과 '조상'을 우선으로 생각한 행동이므로 적절하다. ② '모두가 기정의 숙명에서 벗어나 있다는 해방감'을 통해 고노인이 느낀 '새로운 감정'을 확인할 수 있으므로 적절하다. ③ '살아본 일이 없지 아니한가.'라고 생각한 현은 과거 자신의 삶을 '도피'와 '외면'의 삶이라고 반성하고 있으므로 적절하다. ④ 현은 '가엾은 연호'가 전쟁으로 인해 죽었다고 생각하므로 적절하다.

11.

'동굴'은 현이 '동굴'에서 죽은 아버지의 삶을 떠올리고 자신의 지난 삶을 성찰하며 의식 변화를 이루어간다는 점에서 과거와 현재를 매개한다고 볼 수 있다. '꽃밭'은 '검은 구름과 휘몰아칠 폭풍'과 같은 부정적 현실을 외면했던 현의 삶을 상징하므로 적절하다.

오답 풀이

① ㉠ △, ㉡ X / 현이 '동굴'에서 의식 변화를 이룬다는 점에서 전과 다른 미래를 의미하므로 ㉠을 낙관적(밝고 희망적인 것으로 보는 것) 전망으로 볼 여지가 있다. 하지만 ㉡은 미래에 대한 인물의 낙관적 전망을 의미하지 않는다. ② ㉠ X, ㉡ X / ㉠에서 상황의 반전은 일어나지만 이로 인해 인물 간의 관계가 변화되지는 않았다. ㉡은 상황의 반전을 통해 인물 간의 관계를 변화시키고 있지 않다. ③ ㉠ O, ㉡ X / ㉠은 전쟁과 죽음이라는 냉혹한 현실을 부각하고 있다. ㉡은 암울한 미래를 상징하고 있지 않다. ④ ㉠ X, ㉡ X / ㉠을 개인적 이상향으로 볼 수 없다. ㉡을 공동체적 이상향으로 볼 수 없다.

Part 2. 현대 산문   **19 | 박경리/이형우, 토지**

O/X 정답

01. O	02. X	03. X	04. O	05. O

1. 해당 장면들은 횃불이라는 동일한 소재를 통해 긴밀하게 연결되고 있다.
2. 윗글에서는 과거와 현재의 교차가 나타나지 않는다. 순차적으로 장면이 제시되고 있다.
3. 연쇄는 '원숭이 엉덩이는 빨개, 빨가면 사과…'처럼 꼬리에 꼬리를 무는 기법을 말한다. 윗글에서 대상들을 연쇄하는 부분을 찾을 수 없다.
4. S# 191~193에서 마을의 원경, 다리 위 근경, 김 훈장의 집 마당으로 장면을 전환하며 농민들과 김 훈장의 행위와 표정을 통해 인물들의 내면을 부각하고 있다.
5. S# 181에서 김 훈장이 "실은 내가 여기 온 것은~뭐니 뭐니 해도 우선 여러 사람이 움직이려면……"과 같이 조준구에게 의병 활동을 할 것을 제안하지만, 조준구는 그의 말이 끝나기도 전에 "김 생원. 아 그래 내게 의병장이 되라 그 말씀이

오?~어림도 없는."이라고 말을 끊으며 거절하고 있으므로 적절하다.

나BS 실전 문제 정답

01. ⑤	02. ③	03. ③	04. ②	05. ②
06. ④				

01.

[A] O, [B] X / 빈번한 출제 요소인 '시간과 공간'에 대한 선지이다. 하지만 좀 더 디테일한 사고를 요구했기에 선지의 앞부분만 보고 대충 넘겼다면 실수를 했을 것이다. 자정이 넘은 시각, 칠흑의 밤이라는 시간적 배경을 통해 윤보 일행이 거사를 치르기 전의 고요함과 긴장감이 드러나 있으므로 [A]가 시간적 배경을 통해 장면의 분위기를 드러낸다는 부분은 적절하다. 그런데 [B]에는 서희의 방 → 연못가로 공간적 배경의 변화가 드러나 있으나, 이러한 공간의 변화를 통해 서희와 홍 씨가 대립하는 원인을 드러내고 있지는 않다.

오답 풀이

① [A] O / '칠흑의 밤을 타고 덩어리 같은 침묵을 지키며'에 비유적 표현이 활용되었다. 덩어리 같은 침묵을 지킨다는 부분을 통해 장정들이 은밀하게 일을 꾸미고 있음을 알 수 있다. ② [B] O / 음성 상징어는 의성어와 의태어를 의미한다. '와락와락'이라는 의태어를 활용하여 홍 씨가 서희의 멱살을 잡고 흔드는 행동을 격렬하게 나타내고 있으며, '고래고래'라는 의성어를 활용하여 홍 씨가 서희에게 소리 지르는 모습을 격렬하게 표현하였다. ③ [A] O, [B] O / 조금은 치사하다는 생각이 들 정도로 선지를 구성했다. 보통 서술상의 특징에서 판단을 할 때는 분량을 감안해서 대화나 행동 중심인지, 심리 중심인지 판단을 한다. 출제자는 이 부분을 노렸다. 선지를 다시 보자. [A]에는 '중심으로'라는 표현이 있지만, [B]에는 '중심으로'라는 표현이 없다. 그리고 [B]는 분명 대화나 행동이 대부분이지만, 심리 서술이 한 문장 있다. 그것을 찾도록 요구한 것이다. [A] 부분은 윤보 일행이 조준구의 집을 습격하기 전, 장정들이 하나둘씩 모여드는 장면을 제3자의 시선으로 서술하였으므로 관찰 중심의 서술에 해당한다. [B]에서는 홍 씨와 서희가 대립하는 과정에서 서희의 심리를 '그는 죽을 생각을 했던 것이다.'와 같이 직접적으로 서술하고 있다. ④ [A] O, [B] O / [A]는 '~자정이 넘었다.', '~장정들이 모여들었다.'와 같은 과거형 시제에서 '~개들이 짖는다.', '~집집에선 인적기가 난다.'와 같이 현재형 시제로 변화하고 있다. 현재형 시제로 진술하는 것은 사건을 생생하게 전달함으로써 긴장감을 주는 효과가 있다. [B]에서도 현재형 시제를 활용함으로써 홍 씨와 서희가 대립하는 모습을 생생하게 나타내고 있다.

02.

홍 씨는 서희가 물려받아야 할 최 참판가의 재산을 가로챘으므로, 서희의 존재가 눈엣가시일 것이다. 이런 대립의 상황에서 간밤의 습격이 서희와 관련이 있는 것으로 몰고 있는 것이다.

오답 풀이

① 삼수는 윤보에게 찾아가 '왜눔들하고 한통속인 조가 놈'을 먼저 쳐서 의병 자금을 확보한 후 의병 활동을 하라고 이야기하였다. 하지만 삼수의 말 중 윤보의 계획을 숨길 수 있다는 내용은 찾아볼 수 없다. ② 삼수는 윤보의 계획을 동네에 알리겠다며 협박하고 있지 않으며 오히려 윤보 무리를 도와 조준구를 제거하고자 하고 있다. ④ "사람 영악한 것은 범보다 더 무섭다는 말 못 들으셨소?"라는 서희의 말은, 서희 자신이 앞으로 영악하게 행동한다면 홍 씨에게 위협을 가할 수 있다는 의미로 홍 씨에게 경고를 한 것이다. ⑤ [줄거리]는 출제자가 문제 풀 때 쓰라고 제시하는 것이다. 반드시 확인하면서 문제를 풀어야 한다. [줄거리]를 보면, 지난밤 삼수는 조준구를 도와주었다. 조준구가 분노하는 이유는 삼수가 자신을 직접 습격했기 때문이 아

나라, 지난밤 자신을 습격했던 무리가 삼수와 관련이 있다고 생각하기 때문이다.

03.

소설에서 인물의 행동에 대해 물어보는 문제는 보통 표면적인 행동이 아니라 이면의 의도를 물어볼 때가 많다. 따라서 상황과 문맥에 따라 인물의 의도를 정확하게 체크해야 실수를 하지 않는다. 봉순이가 달려들어 서희의 몸을 잡아당긴 것은 홍 씨로부터 서희를 보호하려는 의도로 한 행동이다. 따라서 이를 통해 봉순이와 서희의 협력 관계가 약화되고 있다고 보기는 어렵다.

오답 풀이

① 윤보는 저항 세력, 삼수는 기회주의자이다. 윤보는 삼수의 말을 듣지 않은 것으로 해 두겠다며 삼수를 돌려보냄으로써 삼수와의 협력 관계를 거부하였다. ② 타작마당에 모여든 장정들은 윤보와 뜻을 같이하는 사람들이다. 윤보가 최 참판가를 습격하려는 것은 의병 자금을 확보하기 위함이므로, 이들은 친일 세력에 저항하는 의병들임을 알 수 있다. 또한 "왜눔과 한통속인 조가부터 치고 보믄~"이라는 삼수의 말을 통해 조준구가 친일 세력임을 알 수 있다. ④ 처음에 서희는 홍 씨의 모욕을 받고 죽을 생각으로 연못가로 향했으나, "내가 왜 죽지? 누구 좋아하라고 죽는단 말이냐?"라고 말하며 태도를 바꾸어 홍 씨에게 맞서고 있다. 따라서 앞으로 홍 씨와 서희의 대립이 이어질 것임을 예측할 수 있다. ⑤ 조준구가 헌병들을 앞세워 삼수를 죽이겠다고 고함을 지르는 장면에서, 삼수는 자신이 조준구의 목숨을 구해 주었음을 상기시키며 간밤의 습격과 관련이 없음을 호소하고 있다. 삼수는 윤보를 찾아가 조준구의 집을 칠 것을 제안했으면서도, 윤보 일행이 습격하자 마루 밑에 숨어 있는 조준구와 홍 씨를 구하는 이중적인 모습을 보이고 있으므로 조준구와 삼수의 관계는 상황에 따라 변한다는 것을 알 수 있다.

04.

'치수는 자신의 마음도~피부로 심장으로 감득한다.'에서 작품 밖 서술자가 인물의 내면 심리를 제시하고 있으므로 적절하다.

05.

서사 전개상 '오랜 시일 이별'은 윤씨 부인이 절에 가서 치수와 이별하게 된 시간임을, '고통스런 세월을 보내기 위해'와 '무거운 굴레를 둘러쓴'은 치수가 의도적으로 재산에 관여하지 않으려 하자 윤씨 부인이 치수의 재산에 관여하게 되는 것임을 알 수 있다. 따라서 '무거운 굴레를 둘러쓴' 것은 치수가 아니라 윤씨 부인이므로 적절하지 않다.

오답 풀이

① '검은 점이 무수히 드러난 얼굴'은 윤씨 부인의 쇠약하고 늙은 모습을 묘사한 것이므로 치수가 '어머니의 뻗치는 힘이 전보다 가늘어'졌다고 느낀 이유로 적절하다. ③ '모자 사이에는 보이지 않는 강물이 흐르기 시작했다.'는 윤씨 부인과 치수의 갈등이 시작된 것을 의미하므로 적절하다. ④ '자애스럽던 어머니'라는 치수의 기억이 절에서 돌아온 후 차가운 어머니의 태도로 인해 무너졌을 것이므로 적절하다. ⑤ '남보다 먼 사람'이라는 표현은 윤씨 부인에 대한 치수의 심리적 거리가 멀어졌음을 의미하므로 적절하다.

06.

[A]에서 "많이 편찮으신지요?"라는 대사 뒤에서 '눈빛을 감추며 시선을 방바닥에 떨어뜨린다.'라고 하였으므로 치수를 연기하는 배우는 대사를 마친 후에도 계속 시선은 방바닥에 떨어뜨려야 한다.

오답 풀이

① [A]에서 이불의 색깔은 '차렵이불의 갈매빛은'에서 확인할 수 있으므로 적절하다. ② [A]에서 배우의 목소리는 '문밖에서 삼월이 아뢰었다.'에서 확인할 수 있으므로 적

절하다. ③ [A]에서 옷매무새가 흐트러지지 않도록 주의하는 것은 '머리 모양 옷매무새~변함이 없다.'에서 확인할 수 있으므로 적절하다. ⑤ [B]에서 다급한 어투는 '마음이 급하여~'에서 확인할 수 있으므로 적절하다.

Part 2. 현대 산문   20 | 이병기, 경주의 달밤

O/X 정답

| 01. X | 02. O | 03. O | 04. X | 05. X |

1. 글쓴이는 무한한 '달'에 비해 '백 년의 인생이나 천 년의 신라'가 '찰나에 지나지 못'한다며 인생이 허무하다는 인식을 드러내고 있으나, 이를 극복하려는 의지를 드러내고 있지는 않다.

2. 글쓴이는 '여관'에서 '큰길'로, 또 '신작로'에서 '씨름판' 방향으로 공간을 이동하며 자신이 바라본 풍경의 변화를 묘사하고 있다.

3. 글쓴이는 경주에서 보는 '달'을 '귀엽고 사랑스'럽다거나, '밝다, 아름답다는 간단한 말로는 도저히 형용할 수 없다'며 예찬적 태도를 보인다.

4. 글쓴이는 '큰길'에서 다양한 상점들이 '일인'이나 '지나인' 소유인 데 비해 초라한 노점은 그렇지 않음을 확인할 뿐, 자연물이 쇠락하는 과정을 통해 인생무상을 떠올리고 있지는 않다.

5. 글쓴이는 '씨름'의 단순함을 언급하며 '순박한 농민의 성격이 그대로 잘 드러나 보인다'라고 긍정적으로 평가할 뿐, '씨름'의 양면성을 제시하며 세태에 대한 비판적 시각을 드러내고 있지는 않다.

Part 2. 현대 산문   21 | 윤오영, 봄

O/X 정답

| 01. O | 02. X | 03. X | 04. X | 05. O |

1. '누가 봄을 젊은이의 것이요, 늙은이의 것이 아니라 하던가.'에서 일반적인 봄에 대한 생각을 제시하며, 봄은 젊은이만의 전유물이 아니라는 깨달음을 전달하고 있다.

2. 과거의 삶과 현재의 삶을 대비하지도 않았으며, 현대 사회를 비판하고 있지도 않다.

3. 자연과의 조화는 윗글과 관련이 없다.

4. '생각에 따라서는 잊지 못할 뚜렷한 봄이란 또 몇 날이 못 될 것이다.'에서 유독 기억에 잘 남는 '뚜렷한 봄'이 있을 수 있다고 말하고 있으나, '봄을 봄답게 느끼고 지나온 모든 봄을 회상하며 과거를 잃지 않고 되새기는 것'이 중요하다고 하였으므로, 필자는 구분 없이 모든 봄을 소중히 여겨야 한다고 주장한 것이다.

5. '그동안 많이 가져 본 봄이 또 하나 느는 것을 대견하게 생각할 일이다.'에서 확인할 수 있다.

나BS 실전 문제 정답

| 01. ⑤ | 02. ④ |

01.

'봄'이라는 계절적 시기(소재)에 대한 일반적인 사람들의 생각(통념)에서 출발하여 '봄'을 맞이할 때의 올바른 마음가짐을 제시함으로써 과거부터 현재에 이르기까지 축적되어 가는 삶의 의미를 찾아내고 있다.

오답 풀이

① "누가 봄을 젊은이의 것이요, 늙은이의 것이 아니라 하던가. 젊은이의 봄은~홑겹의 봄이지만 늙은이의 봄은~겹겹의 봄이다."를 볼 때 글쓴이는 자신이 보고 들은 사실에 대해 주관적으로 전달하고 있다. ② 분석의 방법을 사용하지 않았고, 대상의 문제점을 지적하고 있지도 않다. 봄과 관련된 일상의 경험(밀감나무)에서 생성된 감정과 깨달음을 표현하고 있다. ③ 자연을 상대로 대화를 나누는 부분은 나타나고 있지 않다. ④ 인용은 '남의 말이나 글을 자신의 말이나 글 속에 끌어 쓰는 행위'이다. 글쓴이는 봄에 대한 통념을 밝히고는 있지만, 타인의 말을 직접 가지고 와서 설명하고 있지는 않다.

02.

3문단을 보면, 파릇파릇 싹이 돋기 시작하는 '동쪽 가지'와 아무런 소식이 없는 '서쪽 가지'를 비교하며, '동쪽 가지'가 겨울에도 생명을 기르며 살아올 수 있었던 이유는 '생의 의지' 때문이라고 말하고 있다. 이를 통해 글쓴이는 '생의 의지'에 따라 저마다 다른 봄을 맞이하게 될 것이라고 보고 있음을 알 수 있다.

오답 풀이

① 1문단에서 '과거라는 재산이 호수에 가득 찬 물결같이~오늘을 이루고 있는 것'을 통해 과거라는 시간 전체를 '물의 속성'에 비유하고 있다. 더욱이 '물이 많을수록 호수가 아름답고 과거가 길수록 오늘이 큰 것이다.'라고 하였으므로, 세월에 대한 안타까움을 표현하고 있지 않다. ② 1문단에서 '과거를 떠나서 오늘이 따로 없는 것'이라고 밝히고, 2문단에서는 '내가 저기를 걸어왔구나 하며, 흐뭇하고 자랑스러운 때'를 떠올릴 수 있다고 하였으니 과거를 부정하고 있다는 선지는 적절하지 않다. ③ 2문단에서 글쓴이가 슬픔을 느끼는 이유는 청춘이 지나서가 아니라 자신의 과거가 보잘것없어 '진주' 같은 아름다움을 발견하지 못했기 때문이라고 밝히고 있다. 또한 1문단에서 '늙은이의 봄'의 가치를 설명하고 2문단에서 '봄이 또 하나 느는 것을 대견하게 생각'하겠다는 것을 통해 과거로 회귀하고자 하는 것이 아님을 알 수 있다. ⑤ 4문단에서 '봄을 여러 번 보는 것이 귀한 게 아니라, 봄을 봄답게 느끼고 지나온 모든 봄을 회상하며 과거를 잃지 않고 되새기는 것'을 통해 글쓴이가 생각하는 봄의 진정한 가치를 표현하고 있다.

O/X 정답

01. O   02. O   03. X   04. O   05. X

1. '그 봄날' '나'는 살구나무를 사서 뜰에 심었고, 살구나무의 '꽃망울'이 떨어지며 '결국 여름이 시작될 무렵 그 집을 떠나게' 된다. 계절감을 드러내는 표현을 통해 글쓴이가 집을 떠나기까지의 시간의 경과를 보여 주고 있으므로 적절한 설명이다.

2. 이 작품은 글쓴이가 뜰과 나무를 잃은 개인적 체험에서 얻은 깨달음을 '모든 땅', '세상에 살아 있는 모든 나무들', '나무를 심고 만지는 인간' 등의 사회적 차원으로 확장하고 있으므로 적절한 설명이다.

3. 이 작품에서 글쓴이가 나무에 정성과 애정을 다하는 모습을 자연과의 교감이라고 볼 수는 있으나, 이를 통해 '자그마한 뜰'이라는 장소에 대한 낙관적 전망을 이끌어 내고 있지는 않으므로 적절하지 않은 설명이다.

4. 이 작품의 글쓴이는 소설 『나무를 심은 사람』의 주인공 '엘제아르 부피에'를 떠올리며, '자신을 버텨내고 세계를 살릴 수 있는 방법', '먼 훗날의 다른 누군가를 위해서 하는 일'로서의 나무를 심는 삶의 태도를 추구하고 있으므로 적절한 설명이다.

5. '노란 살구'는 글쓴이가 두고 온 살구나무를 그리워하게 만드는 대상이지, 글쓴이가 이타적 행위의 가치를 진정으로 이해하도록 만드는 소재는 아니므로 적절하지 않은 설명이다.

O/X 정답

01. X   02. X   03. X   04. O   05. O

1. 윗글에서 '봄꽃', '4월', '초봄 새의 지저귐', '초봄의 노고지리와 초여름의 뻐꾸기', '여름철의 황새와 가을날의 기러기 떼' 등 계절감을 드러내는 표현이 사용되고 있으나, 이는 시간의 경과를 보여 준다기보다는 글쓴이가 회상하는 고향의 모습을 구체화하고 있으므로 적절하지 않은 설명이다.

2. 윗글에서 고향을 떠난 새들에 대한 언급이 있지만, 이를 '자연물이 쇠락하는 과정'으로 보기 어렵다. 또한 글쓴이는 돌아갈 수 없는 시절에 대한 그리움과 자연과의 단절로 인한 안타까움을 드러내고 있지, 순간적인 인간의 삶에 대한 허무함을 드러내는 것이 아니므로 인생에 대한 무상감도 적절하지 않은 설명이다.

3. 윗글에서 장소의 순차적 이동은 드러나지 않으며, 글쓴이는 고향을 공간적 배경으로 하여 회상한 여러 이미지를 병렬하고 있으므로 적절하지 않은 설명이다.

4. 윗글에서 '낙원'은 도연명이 전한 '무릉도원' 이야기에 비견할 수 있는 글쓴이의 이상향이며, '고향과 어린 시절의 재구성'인 공간이므로 적절한 설명이다.

5. 윗글에서 글쓴이는 '시골' 출신이며, '자연이 없는 인공 낙원이 편리할지는 몰라도 아무래도 마음의 고향은 되지 못할 것'이라는 서술로 보아 '아파트 단지'를 부정적으로 여기고 있다. 이때 '시골'에는 '아파트 단지'와 달리 '냉장고가 없고 자동차가 없고 아스팔트가 없어' 결핍이 존재하므로 적절한 설명이다.

O/X 정답

01. O   02. O   03. X   04. X   05. X

1. 이 글은 집 인근의 소나무를 소재로 글을 전개하고 있으므로 적절하다.

2. '이리저리 구부러지고 휘감겨 서린 모습이 뱀들이 뒤엉켜서 싸우고 있는 것과도 같고', '마치 여러 가닥의 수실이 엉겨 붙은 듯 서로 들쭉날쭉하면서 아래로 늘어뜨려져 있었다.'에서 비유적 표현을 활용하여 왜송에 대한 부정적인 인식을 나타내고 있음을 알 수 있다.

3. '나'는 대화 속에 '곧게 길러지지 않은 채 살아 있는 것은 요행히 죽음을 면한 것일 뿐이다.'라는 공자의 말을 인용하였으나, 이를 통해 인물이 처한 쓸쓸한 상황을 부각하고 있지는 않으므로 적절하지 않다.

4. 왜송과 참된 모습을 잃은 사람의 공통점을 인식하여 깨달음을 얻는 인물은 '나'이다. '어떤 사람'은 소나무 네다섯 그루가 기이하게 자라게 된 이유에 대한 질문에 대답만 해주었으므로 선지의 내용은 적절하지 않다.

5. 한양에서 본 소나무와 산속에서 본 송백은 대비가 되는 것은 맞지만, '나'는 자신의 모습을 반성하는 것이 아니라, 본성을 잃은 사람들을 비판하고 있다.

나BS 실전 문제 정답

01. ③   02. ①   03. ⑤   04. ②   05. ①

01.

(나)의 화자는 '연잎' 등의 자연물에 의지하여 중상모략을 일삼는 무리를 비판하고 있고, (다)의 글쓴이는 '작은 소나무'를 통해 본성을 지키며 살아가야 함을 드러내고 있다.

오답 풀이

① (나)는 바람에 떠다니는 부평초의 모습을 관찰하며 조화롭지 못한 삶의 모습을 발견하고 있으므로 적절하다. 하지만 (가)는 속세를 떠나 자연 속에서 즐기는 생활을 그려내고 있을 뿐, 관조적인 자세로 사물의 속성을 새롭게 발견하고 있지는 않다. ② (가)에서는 '바람, 달, 산' 등 다양한 이미지를 통해 자연 생활을 즐기는 화자의 모습을 나타내고 있다. (다)에는 소나무의 모습이 감각적으로 표현되고 있으나, 화자의 처지를 부각하고 있는 것은 아니므로 적절하지 않다. ④ (다)의 '아아'에서 영탄적인 어조가 나타나긴 하나, 이를 통해 부정적 상황 인식을 드러내고 있지는 않다. (가)와 (나)에는 영탄적인 어조와 이를 통한 부정적 상황 인식이 나타나지 않는다. ⑤ (가)의 '인간'은 자연과 대조되는 어휘이지만, 이를 사용하여 과거와 현재의 삶을 비교하고 있지는 않다. (나)의 '연잎'은 '부평초'와 대조되는 어휘이지만, 이를 사용하여 과거와 현재의 삶을 비교하고 있지는 않다. (다)의 '집 근처에 소나무 네다섯 그루', '작은 소나무'와 '숲에서 자라는 소나무와 잣나무'는 대조적인 의미를 가진다. 하지만 이를 사용하여 과거와 현재의 삶을 비교하고 있지는 않다.

02.

[A]는 화자와 자연의 조화를 드러내고 있으며, [B]는 지배 계층을 '연잎'에, 민중을 '부평초'에 빗대어 화자가 처해 있는 현실의 갈등을 드러내고 있다.

오답 풀이

② [A]는 자연 속에서 살아가는 화자의 만족감을 나타낸다. [B]에는 상황이 개선되리라는 기대감이 나타나지 않는다. ③ [A]에 의인화는 나타나지 않는다. [B]의 '연잎이 너무도 업신여기고'에서 의인화가 사용됐음을 알 수 있다. 하지만 이를 통해 자연에서 받은 감흥을 표현하고 있지는 않다. ④ [A]와 [B]에는 청유형 어미가 사용되지 않았다. ⑤ [A]와 [B]에는 동일한 문장 구조의 반복이 나타나지 않는다.

03.

'부평초'는 정처 없이 떠돌아다니는 신세의 작가의 모습이 투영되어 있고, '작은 소나무'는 본성을 잃은 존재로 화자가 비판하는 대상이다.

오답 풀이

① 부평초는 '홀로이 뿌리가 없'으며, 연잎이 '줄기로 칭칭 감아 조이'고 있으므로 삶의 고통을 감내하고 있다고 볼 수 있다. 하지만 작은 소나무가 삶의 고통을 감내하고 있다는 근거는 찾아볼 수 없다. ② 부평초와 작은 소나무가 외부와의 화해를 바라고 있는 모습은 찾아볼 수 없다. ③ (나)와 (다)는 부평초와 작은 소나무의 갈등의 원인을 찾고 있지 않다. ④ 부평초와 작은 소나무가 현실의 문제에 대응하고 있는 모습은 나타나지 않는다.

04.

ⓒ은 이 산에 앉아 보고 저 산에 걷는 것이 번거롭긴 하지만 버릴 일이 전혀 없다는 뜻으로, 자연을 즐기느라 바쁜 마음을 표현한 것이다.

오답 풀이

① ㉠은 속세를 떠나 자연으로 왔지만, 자연을 즐기느라 한가로울 겨를이 없다는 뜻이다. ③ ㉡은 '누웠다가 앉았다가 구부렸다가 젖혔다가'라는 뜻으로, 반복과 열거를 통해 거리낌 없이 풍류를 즐기는 화자의 태도를 드러내고 있다. ④ ㉣에서 글쓴이는 참모습을 잃어버린 사람과 곧은 본성을 지키며 살아가는 사람을 언급하며, 설의적 표현으로 본성을 지키고 사는 삶의 모습을 역설하고 있다. ⑤ ㉤에는 사람들에게 각

자의 본성을 닦아야 한다는 깨달음을 주려는 글쓴이의 의도가 드러난다.

05.

〈보기〉에 따르면 '뿌리'는 글쓴이의 든든한 후원자를 의미한다. 따라서 '부평초'는 위태로운 처지가 된 화자의 모습이며, 선지의 '서로 화합하지 못하고 약자를 억압하는 세력'은 '연잎'이다. '풀'은 '부평초'와 다르게 '뿌리'가 있는 존재를 의미하고 있을 뿐, 약자를 억압하는 세력이라고 할 수 없다.

오답 풀이

②, ③, ④ 〈보기〉의 '이 작품은 다산이 경상도 장기로 유배된 직후 지어졌으며~조정에서 언제나 그의 든든한 후원자가 되었던 정조의 승하로 위태로운 처지가 된 자신의 모습을 형상화했다.'에서 확인할 수 있다. ⑤ '몹시도 어긋나는가'는 한 못에서 살면서도 조화롭게 살지 못하는 상황에 대한 안타까움을 표현한 것으로, 〈보기〉의 '한 나라 조정에서 한 임금을 섬기며 일하건만 서로 화합하지 못하고 중상모략을 일삼는 무리들을 비판하고 있다.'를 통해 알 수 있다.

Part 2. 현대 산문   25 | 함세덕, 동승

O/X 정답

01. X	02. O	03. X	04. X	05. O

1. 주지가 도념의 입양을 반대한 것은 도념이 절에서 수양하여 죄를 씻어야 된다고 생각했기 때문이지, 미망인에게 적대감을 갖고 있기 때문이라고는 볼 수 없다.

2. 사람들과 동떨어진 절에서 벗어나 속세로 가고 싶은 도념의 마음이 나타나고 있다.

3. 주지가 대중들의 일반적 평가를 제시하여 자신의 주장을 합리화하는 부분은 찾을 수 없다.

4. 도념은 실제로 토끼를 살생했기 때문에 이는 오해가 아니다. 미망인은 그런 살생까지 할 정도로 어머니를 향한 도념의 그리움이 크다는 사실을 안타까워하고 있다.

5. 대화가 진행되면서 미망인을 따라가고 싶어 하는 도념, 그를 입양하고 싶어 하는 미망인과 이를 말리려는 주지 사이의 갈등이 심화되고 있다.

나BS 실전 문제 정답

01. ③	02. ⑤	03. ③	04. ⑤	05. ③
06. ②				

01.

〈보기〉는 희곡에서 대화, 방백, 독백이 무엇이고 이것이 어떤 기능을 하는지를 설명하고 있다. 〈보기〉에 따르면 독백이란 배우가 심리적으로 자극을 받아 촉발된 혼잣말이라 했다. 그런데 도념이 초부와 헤어진 후에 혼잣말을 한 것은 독백은 맞으나 어머니에 대한 감정을 드러낸 것이 아니라 주지 스님에 대한 감정을 드러낸 것이다.

오답 풀이

② 도념이 떠나겠다는 것을 말리던 초부는 도념의 결심이 이미 확고하다는 것을 알고 가려거든 빨리 가라며 그의 의사를 존중하고 있다. ⑤ 독백을 한 후 도념은 대사 없이 동리를 내려다보고 길게 한숨을 쉬며 떠나면서도 산문을 돌아다보고 있다. 이러한 것은 모두 도념의 심리를 보여주는 것이다.

02.

도념은 떠나기로 결심을 하면서도 주지 스님에 대한 미안한 마음에 잣을 한 움큼 꺼내 산문 앞에 놓으며 스님에게 마지막 인사를 한다. ㉤은 도념이 절을 떠나는 상황에서 들리는 소리인데, 여기서 도념과 주지의 정서적 교감은 확인할 수 없다.

오답 풀이

① 이 작품의 공간적 배경이 산에 있는 절임을 알 수 있다. ② 등장인물인 초부가 소리에 귀를 기울이면 관객 역시 이 소리에 집중할 것이다. ③ 은은하게 들리던 종소리가 그치며 도념이 등장하고 있다. ④ 초부에게 마지막 인사를 하고 떠나는 도념에게 들린 소리이다. 이 소리에 도념은 발길을 돌려 혼잣말이지만 스님에게 마음의 인사를 하고 떠난다.

03.

절을 떠나기로 한 도념은 비탈길로 내려가고 있다. 그런데 이 비탈길은 많은 의미를 함축하고 있다. 비탈길이 벗어남의 속성을 지닌 것은 맞다. 하지만 이것이 절에서 살았던 지난날에 대한 원망을 드러내고 있는 것은 아니다. 오히려 지금까지 살던 절이라는 익숙한 환경에서 벗어나 속세라는 새로운 환경으로 나아간다는 의미를 드러낸다고 할 수 있다.

오답 풀이

① 대화를 통해 초부가 가는 '이 길'과 도념이 가는 '비탈길'은 다른 방향임을 알 수 있다. 따라서 이를 통해 초부와 헤어져 홀로 길을 떠나야 하는 도념의 처지가 드러난다. ② 도념은 비탈길을 통해 산을 내려가 '조선 팔도'를 모두 돌아다닐 계획을 세우고 있다. 이를 통해 속세와 떨어진 절에서 벗어나 사람들이 있는 세상으로 나아가고자 하는 도념의 마음이 드러난다. ④ 스님이 동냥 나가라고 시킨 것이냐고 초부가 묻자 도념이 아니라고 대답한 데서 산을 내려가는 것은 도념 스스로의 선택이며, 이는 도념이 정신적으로 성숙해 나갈 것임을 알려준다. ⑤ '비탈길'은 땅이 경사가 급하게 기울어져 있는 길을 말하는데, 이와 같은 가파른 길은 앞으로의 도념의 여정이 순탄하지 않을 것임을 암시하는 장치이다.

04.

친정모의 말을 통해 친정모가 다른 스님의 말을 듣고 도념에 대한 부정적 인식을 갖게 되었음을 알 수 있으며, 초부의 말을 통해 도념에게 신중한 처신을 당부하고 있는 것을 확인할 수 있다. 중심인물인 도념은 주지의 말을 거역하고 어머니를 찾아 절을 떠나고 있다. 그러나 떠나는 장면에서 도념은 주지를 위해 잣을 놓기도 하고, 아쉬운 작별 인사를 하기도 한다. 이로 미루어 볼 때 도념이 주지에 대한 섭섭함을 삭이지 못한 채 절을 떠나고 있다고는 볼 수 없다.

오답 풀이

① "거지밖에 될 게 없을 텐데 잘 생각해서 해라."라는 '초부'의 말에서 확인할 수 있다. ② "자기 한 몸의 죄만이 아니라 제 아비 제 어미 죄두 씻어야 할 테니까"라는 '주지'의 말에서 확인할 수 있다. ③ "얘보담, 우리 인철이 영혼 축원할 도리나 걱정해라."라는 '친정모'의 말과 "인철인 기왕 죽은 애니까 재를 다시 지내면 그만 아니에요?"라는 '미망인'의 말을 통해 추측할 수 있다. ④ "젊은 별좌 얘길 들으니까 어젯밤엔 떡 그 더러운 것을 관세음보살님 목에다 걸어놓구 물끄러미 바라다보구 있었다는구나."라는 '친정모'의 말을 통해 '친정모'는 타인의 말을 토대로 도념을 '구할 수가 없는' 아이로 판단했음을 알 수 있다.

05.

〈보기〉에 제시된 내용은 고전 소설 「구운몽」의 줄거리이다. 두 작품은 절을 배경으로 종교적 성격이 강한 내용을 다루었다는 점에서 유사하다고 볼 수 있다. 지문에서는 중심인물인 도념의 내적 갈등이나 외적 갈등의 원인이 되는 것이 어머

니에 대한 그리움으로 제시되며, 〈보기〉에서는 중심인물인 성진이 팔 선녀를 만나고 종교적 삶에 대한 번민에 빠지게 되므로 '연정'이 갈등 형성의 계기가 된다.

오답 풀이

① 윗글과 〈보기〉의 '절'은 모두 속세와 대립되는 공간인 것은 맞다. 〈보기〉에서 속세를 경험했던 성진이 깨달음을 얻고 다시 '절'로 돌아와 불도에 정진해 극락세계로 갔다는 점에서 이는 긍정적 공간이라 할 수 있다. 그러나 윗글에서 '절'은 긍정적 공간으로 볼 만한 근거가 없다. ② 윗글에서 '친정모'의 만류는 '미망인'으로 하여금 '도념'을 데려가려는 계획을 저지하는 기능을 한다고 볼 수 있으나, 이는 사건의 전환으로 보기는 어렵다. 또, 〈보기〉의 '양소유'는 어떠한 계기가 아니라 사건들을 겪는 주인공이므로 적절하지 않다. ④ 윗글의 '주지'와 〈보기〉의 '육관대사' 모두 주인공의 욕망을 이해하려는 모습은 보이지 않는다. ⑤ '도념'과 '성진' 모두 현실 생활에서 문제의식을 느꼈기 때문에 이곳을 벗어나고 싶어 한 것이라 볼 수 있다.

06.

지문에서 각 인물들은 상대방을 설득하기 위해 주장을 펴고 있는데, 특히 주지는 속세로 향하는 도념의 마음을 막기 위해 연못의 비유를 들어 말하여 도념의 두려움을 자극하려는 의도를 보여준다.

Part 2. 현대 산문　　26 | 전광용, 꺼삐딴 리

O/X 정답

01. X	02. O	03. X	04. X	05. X

1. '그는 새로 온 환자의 초진에서는 병에 앞서 우선 그 부담 능력을 감정하는 데서부터 시작한다.~그렇게 중환자가 아닌 한 대부분의 경우 예진은 젊은 의사들이 했다.'에서 이인국은 오히려 경제적 이익을 위해 부담 능력을 기준으로 환자를 선별하여 진료하고 있음을 알 수 있다.
2. '이 시계에도 몇 가닥의 유서 깊은 이야기가 숨어 있다.~연상하게 된다.'에서 회중시계를 매개로 과거를 회상하고 있음을 알 수 있다.
3. 이인국은 시류에 타협하는 기회주의적인 인물로, 시대에 따라 가깝게 지내고자 하는 나라가 다를 뿐이지 기회주의적인 가치관 자체가 변하는 것은 아니다.
4. 과거 회상은 나타나지만, 인물 간의 갈등은 나타나지 않는다.
5. 이인국이 액자의 종이를 찢은 행위는 해방 이후에, 이인국이 자신의 친일 흔적을 지우기 위한 것이다. 따라서 현실에 저항하고자 하는 의지를 나타낸 것이 아니다.

N비BS 실전 문제 정답

01. ③	02. ①	03. ①	04. ⑤	05. ⑤
06. ①				

01.

평가원에서 얼마나 집요하게 시간과 공간을 물어보는지 확인할 수 있는 문제이다. '시간과 공간'은 필수 출제 요소라는 것을 배웠다면 지문을 읽을 때 신경을 썼어야 하고, 변화를 체크했어야 한다. 분명 지문에 '일제 시대, 소련군 점령하의 감옥 생활, 6·25 사변, 38선, 미군 부대, 그동안 몇 차례의 아슬아슬한 죽음의 고비를 넘긴 것인가.'라는 인물의 회상이 나온다. 그리고 현재 이인국 박사는 회중시계를 보고 과거를 회상하고 있다. 분명 과거를 떠올리고 있지만 관객들이 보는 화면은 현재 장면이다. 과거를 회상하는 이인국 박사의 현재 장면을 보고 있는 것이다. 그러다가 갑자기 혜숙이 들어와서 "소련군이 들어오나 봐요."라고 이야기한다. 이를

통해 순식간에 과거 장면으로 전환된다. 이렇게 과거 당시에 벌어졌던 대화나 행동을 구체적으로 묘사해 주어야 과거 장면이라고 할 수 있다. 시간의 역전적 구성, 역순행적 구성이라는 말은 모두 이렇게 '과거 장면'이 제시될 때 쓰는 말이다.

오답 풀이

① 지문에서 발화를 찾아볼까? 큰따옴표로 표시된 발화는 단 두 줄뿐이다. 대부분 서술자가 주인공의 행적이나 상황을 서술하고 있기에, 대화를 빈번하게 사용하였다는 설명은 적절하지 않다. ② 윗글은 이인국 박사의 심리와 상황을 중심으로 서술하고 있다. 이인국 박사와 대립되는 인물이 등장하지 않고, 이인국 박사 역시 대결 의식을 보이고 있지 않기에 적절하지 않은 설명이다. ④ 감각적 수사란 말 그대로 시각, 촉각, 청각, 미각, 후각적 이미지가 들어간 표현을 뜻한다. 감각적 이미지로 공간적 배경을 제시한 표현은 나타나지 않았다. ⑤ 선지를 풀어보면, 현학적 표현(현학적 : 학식이 있음을 자랑하는 태도 / 쉽게 말해 일반인이 이해하기 어려운 용어를 남발하면 현학적 표현이라고 볼 수 있다.)도 나와 있지 않으며, 이인국 박사를 통해 비판적인(비판적 : 사물의 옳고 그름을 가리어 판단하거나 밝히는 태도 / 무조건 부정적으로 보는 것이 아니라 옳고 그름을 판단하는 것이다!) 지성인의 모습도 찾아볼 수 없다. 이인국 박사는 비판적인 지성인이 아니라, 기회주의적인 인물일 뿐이다. 오히려 비판적인 지성인은 [2014학년도 6평B]에 나왔던 「만세전」의 '나(이인화)'가 어울린다.

02.

이인국 박사의 아침 첫 일과는 손가락 끝으로 창틀이나 탁자를 훑어 먼지를 확인하는 것이다. 그는 일반적인 사람들보다 훨씬 깐깐한 행동으로 결벽성에 가까운 모습을 보이고 있다. 이러한 행동을 통해 그가 사소한 일도 쉽게 지나치지 않는 빈틈없고 까다로운 인물임을 알 수 있다.

오답 풀이

② 이인국 박사는 자신의 명예를 위해 '종합 병원의 원장'이라는 자리를 차지하고 있는 것이다. 다른 사람들을 우선시하는 사려 깊은 자세는 드러나지 않는다. ③ 소련군이 들어온다는 혜숙의 말을 들은 이인국 박사는 한참 동안 아무 거동도 못하고 바깥을 보다가 액자를 버리는 행동을 하였다. 이를 통해 친일의 행동이 소련군이 오는 상황에서 부정적으로 작용한다는 것을 알 수 있다. 따라서 이인국 박사는 기쁜 마음이 아니라, 떨리고 두려운 마음이었을 것이다. ④ ('국어상용의 가'라는 문구가 쓰인) 두터운 모조지를 한 자도 제대로 남지 않게 꼼꼼하게 찢는 것은 그동안의 친일을 부정하는 행동이다. 친일의 흔적을 가리고 시류 변화에 적응하기 위한 행동으로 보는 것이 적절하다. ⑤ 이인국 박사의 일기는 잠꼬대까지 국어(일어)로 할 정도였기에 그 상장을 받을 수 있었다. 이인국 박사는 아이들을 소학교부터 일본 학교에 보낸 것을 다행으로 여겼는데, 이것은 자신의 이익을 위해 자식들도 수단으로 이용하는 기회주의자의 모습을 보여주는 것으로, 아이들을 염려하는 자상한 아버지의 모습과는 관련이 없다.

03.

이인국 박사는 왕진 가방과 시계를 들고 38선을 넘어 피란을 왔다. 하지만 가방은 '미군 의사에게서 얻은 새것으로 갈아매어 흔적도 없게' 되었고, 지금은 시계만 남아 있다. 따라서 고향에 대한 그리움의 의미를 형상화한 소재로 볼 수 없다. 정말 고향에 대한 그리움을 의미하는 소재라면, '미군 의사에게서 얻은 새것으로 갈아매'지 않았을 것이다.

오답 풀이

② '시계는 목숨을 걸고 삶의 도피행을 같이한 유일품이요, 어찌 보면 인생 반려이기도 한 것이다.'를 통해 '시계'는 이인국 박사의 인생의 반려이자 이인국 박사의 삶의 모습이 반영된 소설 구성의 중요한 장치임을 알 수 있다. ③ 일반적으로 집 안에서 자기 전에 항상 귀중품을 캐비닛 같은 곳에 넣어 두지는 않는다. 소중한 시계를 '비상용 캐비닛' 속에 넣고서야 잠자리에 드는 모습을 통해 이인국 박사의 주도면밀한

성격을 엿볼 수 있다. ④ '신사복'은 이인국 박사가 각모와 쓰메에리(목닫이) 학생복을 벗어 버리고 사회생활의 시작 단계에서 가졌던 희망찬 기대 및 감회를 표상하는 소재이다. ⑤ '라디오'는 소련군이 입성한다는 소식을 알려 주었으므로, 이는 친일을 하던 이인국 박사가 새롭게 직면하게 된 변화된 정세를 알려 주는 소재이다.

04.

이 작품은 과거와 현재가 교차되는 역순행적 구성 방식을 취하고 있다. 지문에 나타난 사건을 정리하면 '이인국의 아들이 의대에 입학함. → 이인국의 아들이 소련으로 유학을 감. → 이인국이 동란 후 월남함. → 이인국의 아내가 죽음. → 이인국이 자동차 안에서 신문을 읽음.'의 순서가 된다.

05.

[A]의 전후 상황을 살펴보면 이인국은 소련의 영향력이 큰 상황에서 출세를 위해 아내의 반대를 무릅쓰고 우격다짐으로 아들을 소련으로 유학 보냈음을 알 수 있다.

오답 풀이

① [A]에서 이인국의 정서가 불안정하거나 예민한 것은 아니다. ② [A]에서 이인국의 말투는 단호하지만 폭력적인 것은 아니다. ③ [A]에서 이인국이 체념적 태도를 보이는 것은 아니다. ④ [A]에서 이인국이 과거에 집착하거나 낡은 습관에 젖어 고집을 부리는 것은 아니다.

06.

㉠ 앞에서 "왜정 때는 그래도 일본말이 출세를 하게 했고 이제는 노어가 또 판을 치지 않니."라고 한 점을 통해, ㉠은 이인국이 소련의 영향력 아래에서는 노어(러시아어)를 배워야 한다며 아들에게 '노어 공부'를 권유하고 있는 것임을 알 수 있다. ㉡은 이인국이 소련 유학의 필요성을 강조하고 있는 것이다. 즉 ㉠과 ㉡은 소련이 득세한 시류에 따른 이인국의 대응 방식을 드러내고 있다.

오답 풀이

② ㉠과 ㉡에서 '고기', '물 속', '호랑이', '굴' 등의 비유적 표현을 사용한 것은 맞지만, 아들과 아내라는 서로 다른 청자를 설득하고 있으므로 적절하지 않다. ③ ㉠과 ㉡은 미래의 삶에 대한 낙관적 전망과 확신을 드러낸 것이 아니다. 미래를 기대하는 모습은 나타나지 않는다. ④ ㉠과 ㉡에서 도덕적 가치를 부각하고 있지 않다. ⑤ ㉠과 ㉡에서 자연물에 대한 관심은 나타나지 않으며, 현실 비판 의식을 드러내고 있지도 않다.

Part 2. 현대 산문　　27 | 이강백, 결혼

O/X 정답

01. O	02. O	03. X	04. X	05. X

1. 남자는 "이 세상의 어떤 처녀가, 자기 같은 빈털터리 남자와 결혼해 줄 리 있겠습니까? 없습니다."라며 자신의 조건으로는 누구와도 결혼할 수 없다고 생각하였기 때문에, 결혼을 위해 호사스러운 물건을 빌려 자신을 부유한 사람처럼 꾸몄다.
2. '남자, 한 여성 관객에게 말을 건다.'에서 확인할 수 있다.
3. 이 지문의 공간적 배경은 최고급 저택이며, 서사 전개 과정에서 공간의 이동은 나타나지 않는다.
4. 이 지문에서 여자는 남자가 가진 것이 없다는 사실을 알고 '(충격을 받는다.)'의 반응만 보일 뿐, 남자에게 쌀쌀한 태도를 보이고 있지 않다.
5. 하인이 저택에서 남자를 내쫓기 위해 큰 구두를 신고 험악한 분위기로 남자를 위

협한 것은 맞으나, 남자에게 물건을 빌려 준 인물은 하인이 아니라 하인의 주인이므로 적절하지 않다.

나BS 실전 문제 정답

01. ③   02. ⑤

01.

여자는 남자의 말을 믿지 않아 걸어 나가는 것이 아니다. 여자는 남자가 마치 모든 것이 자신의 소유인 것처럼 행동했지만 사실은 모두 빌렸던 것임을 알게 되었고, 남자가 사기꾼이라는 생각에 그의 얼굴을 외면한 채 걸어 나간 것이다.

오답 풀이

① 자신이 가진 물건은 모두 빌렸던 것이고, 각각 정해진 시간이 지나면 돌려주어야 한다는 남자의 말에서 근거를 찾을 수 있다. 또한 [A]의 "모두들 덤으로 빌렸지요. 언제까지나 영원한 것이 아닌, 잠시 빌려 가진 거예요."에서 우리 삶을 비춰볼 수 있게 하고 있다. ② 남자가 '항의하려' 해도 무뚝뚝하게 빼앗아 가는 하인의 모습을 통해 누구도 물건을 영원히 소유할 수 없다는 것을 상기시키고 있다. ④ 뒤의 대사에서 나오지 않니. "오히려 빌렸던 것이니까 소중하게 아꼈다간 되돌려 드렸지요."라고. "당신을 빌리는 동안에, 아끼고, 사랑하고, 그랬다가 언젠가 끝나는 그 시간이 되면 공손하게 되돌려 줄 테요."라고. 이러한 말을 관객에게 전달하는 것을 통해 관객을 그 증인으로 삼고 있다는 것도 확인할 수 있다. ⑤ 여자가 나가려다 되돌아서서 남자를 부축해 포옹하는 모습은 구둣발로 차이는 남자에게 연민을 느꼈기 때문이다.

02.

'남자'와 '하인'의 갈등은 '하인'이 물건을 좀 더 갖고 싶어 하는 '남자'에게서 정해진 시간에 물건을 빼앗아 가면서 생기게 된다. 하지만 이 갈등이 '여자'가 등장하면서 해소되지는 않는다. '여자'로 인하여 '하인'이 더 이상 물건을 빼앗지 않거나 하지는 않으니 말이다. 이 문제를 틀린 학생들은 '여자'가 '남자'를 부축하고 포옹하는 장면에서 '남자'와 '하인' 사이의 갈등이 해소된 것이 아닌지 헷갈렸을 수 있다. 그러나 여기서 포옹은 '남자'와 '여자'의 갈등이 해소된 것을 의미한다고 보는 것이 옳다.

오답 풀이

① 지문에서 남자의 첫 대사를 보자. "즉시 여성 잡지를 뒤져 사교란에 주소를 낸 여자에게 전보를 쳤습니다."라고 말을 하고 있다. 따라서 행동이 아니라 대사로 제시됨을 알 수 있다. ② 하인이 등장하고 퇴장할 때마다 물건이 사라지기 때문에 남자는 초조함을 느낄 수밖에 없다. ③ 〈보기〉에 의하면, 무대 위에서 보여 줄 수 없거나 보여 주지 않아도 되는 사건은 무대 밖의 공간에서 일어나는 것으로 처리한다고 했다. 따라서 무대 공간을 벗어난 하인은 보여 주지 않는 '무대 밖 공간'에 있었음을 알 수 있다. ④ 관객에게 넥타이를 빌리고 그에게 말을 건네면서 관객도 사건에 참여하게 되고 그로 인해 관객석과 무대 공간의 경계가 허물어지는 것이다.

| Part 2. 현대 산문 | 28 | 이순원, 말을 찾아서 |

O/X 정답

01. O   02. O   03. X   04. X   05. X

1. '그러다 결정적으로 나빴던 건 어느 토요일 오후, 하굣길에서의 일이었다.'와 지문의 마지막 부분을 통해 윗글은 '나'가 과거 당숙과의 이야기를 회상하는 방식으로 전개됨을 알 수 있다. 이를 통해 현재 당숙과 노새에게 죄책감을 느끼는 것을 과

거의 일과 연결하고 있다.

2. 당숙은 '나'로 인해 상처받고 집을 나가게 된다. 그런데 자신을 양아버지로 인정하지 않던 '나'가 스스로 자신을 '아부제'라고 부르자, 당숙은 서러움이 풀려 집으로 돌아가게 된다.

3. 당숙이 부인을 혼자 두어 미안함을 느끼는 부분은 찾을 수 없다.

4. '끝내 말과는, 그리고 아부제가 그것을 끄는 것과는 화해가 되지 않았다.'를 통해 선지가 적절하지 않음을 알 수 있다.

5. 윗글의 서술자는 1인칭 주인공인 '나'이다. '나'는 자신과 당숙 간의 이야기를 집중적으로 조명하고 있기 때문에 서술의 초점을 다양한 인물로 옮기지도, 갈등을 다각적으로 조명하지도 않는다.

나BS 실전 문제 정답

01. ②   02. ⑤   03. ④

01.

'아부제'는 간조패들에게 돈을 받아야 하기 때문에 바로 떠날 수 없었고, 이에 '나'는 '아부제'와 함께 내려가기 위해서 봉평에서 하룻밤을 더 묵기로 결심한다.

오답 풀이

① "어른들이 그렇게 하라구 시키든?"이라는 질문에 "지 마음으로요."라고 대답한 것으로 보아 '어머이'의 부탁으로 결심한 것은 아니다. ③ '아부제'는 작은할아버지가 돌아가셨을 때와 말이 죽었을 때 눈물을 흘렸다. ④ '아부제'는 '들어오는 사람 편에 니가 왔다는 얘기'를 듣고 "(짐을) 다 챙겨 내려왔"다고 하였다. ⑤ '말' 때문이 아니라 '나'가 자신을 찾아와서 강릉으로 돌아가기로 마음먹은 것이다.

02.

⑩은 자신을 찾아와서 함께 살겠다고 말하는 '나'에게 고마움을 느낀 '아부제'가 '나'가 싫어하는 짐승인 노새(말)를 치움으로써 '나'가 더 편하게 지낼 수 있도록 배려하는 마음을 드러낸 것이지 '나'의 속마음을 파악하기 위해 마음에도 없는 말을 한 것은 아니다. ⑩ 뒤에 이어지는 내용에서 '나'가 '(노새를) 안 치워도 나 아부제 집에 가 살아요.'라고 말한 것에 대해 '아부제'가 재차 "치우지 뭐. 치울 거야."라고 말하는 모습에서도 이를 확인할 수 있다.

오답 풀이

① 당숙은 '나'가 평소에 사용하지 않던 '아부제'라는 호칭을 사용하자 당혹감에 선뜻 대답조차 하지 못하는 모습을 보이고 있다. ② '나'의 변화된 태도에 기분이 좋아진 당숙은 '나'에게 좋은 선물을 사 주고 싶어서 대화에 갈 것을 권하고 있다. ③ 당숙은 자신에게 아들이 생김으로써 '대주' 역할을 할 수 있는 맏아들이 생겼음을 여러 사람들에게 자랑하고 있다. ④ 당숙은 '나'가 집안 어른들의 강요에 의해 자신의 집에서 살려고 하는 것인지, 본인 스스로의 의지에 의한 것인지를 알고 싶어서 이 같은 질문을 하고 있다.

03.

'나'는 '노새(말)'의 희생으로 인해 당숙을 '아부제'로 받아들인 것이 아니라, '나'로 인해 상처 받은 당숙이 집을 나간 것에 대한 죄책감에 당숙을 찾아가 사과하고 화해를 하는 과정에서 당숙을 '아부제'로 받아들이게 된 것이다.

오답 풀이

① '나'가 당숙의 집으로 '내가 쓰던 물건들을 옮겨 온'다는 것은 양자로서의 삶을 받아들인다는 것을 의미하고 이는 양자가 되는 일로 인해 갈등 관계에 있었던 당숙과 화해했다는 것을 의미한다. ② 당숙은 집으로 돌아온 후에도 여전히 노새를 끌었으며, 그 때문에 '나'는 '노새집 양재새끼'라는 말을 계속 들을 수밖에 없었다. 이는 '나'

가 양자가 된 이후에도 부끄러움에서 벗어날 수 없는 원인이 되었다. ③ 당숙을 '아부제'로 받아들인 후에도 그 '아부제'의 노새를 멀리했다는 것은 '나'가 노새를 끄는 당숙의 삶을 마음으로까지 완전히 받아들이지는 못했음을 의미한다. ⑤ '나'는 과거에 노새를 끝까지 외면하고 싫어했다는 것에 죄책감을 느끼고 있기 때문에 어른이 되어서도 노새와 관련된 일을 원고에 쓰지 못한다.

Part 2. 현대 산문　29 | 이범선, 오발탄

O/X 정답

01. O	02. O	03. O	04. X	05. X

1. '산비탈을 도려내고~더뎅이 모양 깔렸다.'에서 전후의 판자촌을 묘사하고 있다. 이를 통해 전후의 시대적 분위기를 제시하고 있다.
2. 지문을 보면 철호는 가난한 판자촌에 살고, 끼니조차 제대로 해결하지 못한 채 가족들을 부양하는 것을 알 수 있다. 이때 동생 영호는 편법을 써서 돈을 벌려고 하지만, 철호는 끝까지 신념을 지키며 영호를 설득하려는 모습에서 그의 성실성을 확인할 수 있다.
3. '이마에 길게 흐트러진 머리카락.~송장처럼 꺼멓고 윤기 없는 얼굴.'에서 철호의 외양을 묘사하고 있으며, 이를 통해 철호의 성격을 간접적으로 제시하고 있다.
4. "그렇게나 살자면 이 형도 벌써 잘살 수 있었다."라는 철호의 말은 자신의 과거를 반성하는 게 아니라, 그럼에도 불구하고 자신이 편법을 쓰지 않은 이유가 있었음을 강조하는 것이다.
5. 윗글은 작품 밖 작가가 '철호'라는 특정 인물을 초점으로 하여 서술하고 있으므로, 서술자는 이야기 외부에 있다.

ﾡBS 실전 문제 정답

01. ⑥	02. ①	03. ④	04. ②	05. ⑤
06. ⑤	07. ⑤	08. ①	09. ④	10. ④
11. ④	12. ②			

01.

(가)에서는 '이쁜이 어머니'가 시집가는 딸과 이별하는 장면에서 '얼마를 벙하니 딸의 옆얼굴만 바라보다가,', '그는 실신한 사람같이, 얼마를 그곳에 서 있었다.'와 같은 행위를 제시함으로써 딸을 떠나보내는 상황을 받아들이기 어려워하는 심리를 보여 주고 있다. (나)에서는 철호가 생활고에 시달리는 아내의 모습을 회상하며 황혼에 묻힌 거리를 멍하니 내려다보는 행위를 제시하여 전쟁 직후 암담한 현실을 받아들이기 어려워하는 심리를 보여 주고 있다. 또한 영호가 "지긋지긋하게 살아야 하니까 문제"라고 이야기하며 넥타이를 풀어 방구석에 던지는 모습을 통해 취직을 해서 월급을 받으며 '지긋지긋'한 인생을 살아가야 하는 상황을 받아들이기 어려워하는 심리를 제시하고 있다.

오답 풀이

① (가) X, (나) O / (나)에서는 철호와 영호 간의 대결 의식이 드러나지만, (가)에서는 인물 간의 대결 의식이 드러난 부분을 찾을 수 없다. ② (가) X, (나) X / (나)에서는 영호와 운전수, 철호와 영호의 대화가 드러나지만, 대화를 통해 특정 인물의 생각과 행동을 희화화하고 있지 않다. 또한 (가)의 경우 인물 간의 대화와 희화화 모두 없다. ③ (가) X, (나) X / (나)에는 철호가 생활고에 시달리는 아내의 모습을 보며 과거를 회상하는 #69가 제시되어 있지만, 해당 부분에서 사건 해결의 실마리를 찾고 있지는 않다. (가)에는 인물의 회상 장면이 제시되지 않았다. [A]의 '독자는, 그

수다스러운 점룡이 어머니가, 이미 한 달도 전에~기억하고 계실 것이다.'는 인물의 회상이 아니라 서술자의 개입이며, 사건 해결의 실마리도 아니다. ④ (가) X, (나) X / (나)에는 철호와 영호 간의 갈등이 드러나기는 하지만, 그것을 다각적으로 조명하지는 않았다. 또한 (가)에는 인물 간의 갈등이라고 볼 만한 부분이 제시되지 않았다.

02.

'이발소 소년'은 '천변에 일어나는 온갖 일에 관찰을 게을리하지 않는 인물'이라고 하였다. 그는 신전 집안 사람들이 집에서 나오는 것을 발견하고 이발소 안의 사람들에게 전달하는 역할을 하는 인물이다.

오답 풀이

② '이발소 소년'은 신전 집안 사람들이 집에서 나오는 것을 발견하였을 뿐, 그들이 몰락하게 된 이유를 분석하지는 않았다. ③ '이발소 소년'은 '온갖 일에 관찰을 게을리하지 않는' 인물이므로 새로운 사건을 모은다고 볼 여지가 있으나, 사건의 진위에 대해 논평하지는 않았다. ④ '이발소 소년'은 신전 집안 사람들이 집에서 나오는 것을 발견하고 이발소 안의 사람들에게 전달하였을 뿐, 타 지역 주민에게 전해 주지는 않았다. ⑤ '이발소 소년'이 주민들 사이에 발생하는 문제를 중재하는 장면은 제시되지 않았다.

03.

[A]에서 서술자는 '점룡이 어머니'가 한 달도 전에 빨래터에서 신전 집이 낙향을 하리라고 말했던 것을 독자들이 기억하고 있을 것이라 언급하였다. 신전 집은 실제로 낙향을 하게 되었으므로, 정보가 실현되지 못한 원인을 독자의 망각에서 찾고 있다고 보기 어렵다.

오답 풀이

①, ② [A]에서 서술자는 '점룡이 어머니'가 한 달도 전에 빨래터에서 신전 집이 낙향을 하리라고 말했던 것을 독자들이 기억하고 있을 것이라 언급하였다. ③ [A]에서 서술자는 자신의 목소리를 직접적으로 드러내어 독자들에게 설명하고 있다. ⑤ 신전 집안 식구들의 행선지가 강원도 춘천 쪽이 아닌 경기 강화 쪽이라는 정보를 제공하였나.

04.

(가)의 딸을 떠나보내며 눈물을 흘리는 모습에서는 가족들 간의 갈등은 드러나지 않는다. (나)의 경우 명숙이 집 밖에서 철호와 영호의 대화를 엿듣는 모습이 나왔고, 철호와 영호의 갈등 상황도 나왔다. 하지만 명숙이 둘의 대화를 엿듣는 행동 자체가 가족들의 갈등 상황을 보여주는 것은 아니다. 갈등의 중심에 명숙이 있지 않기 때문이다. 명숙이 집 밖에서 엿듣는 모습을 통해 가족 간의 갈등을 보여 주려면, 철호와 영호가 명숙이 때문에 싸우거나 명숙과 철호 혹은 영호의 갈등 상황이 제시되어야 한다.

오답 풀이

① 외딸을 남 주는 홀어머니의 심정을 생각해 보렴. 조금이라도 더 보고 싶은 아쉬운 마음이겠지? (가)의 어머니에게는 딸을 떠나보내는 그 골목이 유난히 짧게 느껴졌을 것이다. (나)의 골목길은 운전수가 땀을 빼며 들어가야 하는 곳이다. 그만큼 정돈이 되지 않은 좁은 골목길이란 얘기지. 차로 더 이상 올라갈 수 없는 상황과 '시시한 동네'라는 영호의 말을 종합해 보면 그곳이 아주 열악한 곳이라고 볼 수 있겠지. ③ (가)에서 어머니가 딸을 보내고 실신한 사람처럼 눈물을 흘렸다고 했으니 '가족을 떠나보내는 자의 아픔' 부분은 당연히 허용할 수 있겠다. (나)에서는 '전차 값도 안 되는 월급'을 받는다는 영호의 말을 통해 철호의 월급이 넉넉하지 않음을 알 수 있다. 이러한 상황에서 철호는 아픈 어금니를 참고 있는 것이지. 쑤시고 아프지만 절약하기 위해 아픔을 견디고 있는 것이니 '가족의 생계를 꾸려 나가는 자의 견딤'을 허용할 수 있겠다. ④ (가)에서 주인 영감의 명령에 따라 언제든 서울을 떠날 수 있게

준비를 하고 있는 신전 집안의 가족들의 모습은 불우한 그들의 상황을 보여 준다. 또한 (나)에서 아내가 만삭의 몸으로 편히 쉬지 못하고 누더기를 꿰매고 있는 상황 역시 불우한 상황이라고 볼 수 있겠지. ⑤ (가)에서는 기울어진 가운을 이겨내지 못하고 경기 강화로 떠나는 신전 집의 모습을 통해, (나)에서는 '엉뚱한 생각'을 하며 취직을 거부하는 영호의 모습을 통해 현실에 적응하지 못한 인물들의 모습을 제시하고 있다.

05.

> 골목길까지 택시를 타고 와서 "시시한 동네까지 몰구 오느라고 수고했"다고 넉살 좋게 말하며 운전수에게 돈을 건네는 영호를 소심하다고 볼 수는 없겠지.

오답 풀이

① 철호가 길을 걷는 모습이 나오고, 그 뒤에 이어지는 회상 장면에 철호의 목소리가 삽입되었으니 당연히 회상의 주체는 철호 아니겠니. ② 고생하는 아내를 안쓰럽게 생각하는 철호의 목소리를 통해 아내에 대한 그의 연민을 느낄 수 있다. ③ 학창 시절 강당에서 노래를 부르는 아내의 모습이 차차 사라지고, 다시 결혼 피로연에서 노래를 부르는 아내의 모습이 겹쳐졌다. '노래'라는 매개체를 통해 학창 시절에서 피로연장으로 화면을 전환하고 있다. ④ 철호는 피난민 수용소 시절이나 전쟁 전을 생각하며 우울한 ⊖ 상태이다. 반면 '시가지'는 '황홀에 묻힌 거리'의 모습이므로, 침묵하는 철호와 대비된다고 볼 수 있겠다.

06.

> ⓒ에서 서술자는 시간의 흐름에 따른 모든 상황을 서술하지 않고, 신전이 술집으로 변한 것과 신전 집이 하숙옥으로 변한 것만을 선택적으로 제시하였으므로 시간의 흐름을 분할하여 대상의 특징적 변화를 제시한다고 볼 수 있다. 또한 서로 다른 두 공간의 결합이 나타나지 않는다. 그러나 #75의 경우 시간의 흐름을 분할하여 대상의 특징적인 변화를 선택하여 제시하지 않았다. 또한 골목(엿듣는 명숙)과 집 안(철호와 영호의 대화)이라는 서로 다른 두 공간의 결합이 나타났다.

오답 풀이

① ㉠에서는 어머니와 이쁜이가 이별하는 장면에서 발생한 여러 상황들 중 자동차의 문이 소리 내어 닫히는 상황, 경적이 두어 번 울리는 상황, 어머니가 달리는 자동차 안에 앉아 있는 이쁜이를 바라보는 상황을 선택적으로 제시하여 딸을 시집보내는 어머니의 아쉬움을 암시하고 있다. #71과 #72에서는 영호의 등장으로 '자동차 안'과 '철호의 방 안'이라는 두 공간을 연결하여 공간의 이동을 나타내고 있다. ② ㉡에서는 ㉠이 일어나던 날('바로 이날')에 개천 하나를 건너 있는 신전 집의 온 식구들이 시골로 내려가는 장면을 제시하고 있다. 한 공간에서 경사가 일어난 시점에 다른 곳에서 일어난 비극을 대조적으로 제시하여 두 사건을 결합하고 있다. #73의 배경은 부엌 안이고, #74의 배경은 방 안이다. 서로 다른 두 공간에서 이어지는 철호와 영호의 대화를 제시하여 두 장면을 자연스럽게 결합시키고 있다. ③ ㉡에서는 신전 집이 낙향하는 과정에서 발생한 모든 상황들 중 서울에서의 살림을 거두는 상황과 온 집안이 시골로 내려가는 상황만을 선택적으로 제시하면서 애달프다는 감정을 서술하고 있다. #73~#75에서는 철호와 영호의 대화를 매개로 부엌 안, 방 안, 골목이라는 세 공간을 결합함으로써 #73과 #75에 등장하는 민호와 명숙이 #74의 갈등 상황을 공유할 수 있도록 구성하였다. ④ ㉡은 ㉠이 일어나던 날('바로 이날')에 개천 하나를 건너 있는 신전 집에서 온 집안이 시골로 내려가는 장면을 제시한 것이다. 따라서 ㉠과 ㉡의 연결은 같은 날 서로 다른 공간에서 발생하는 사건의 연결이다. 다만 서술자가 직접적으로 제시하고 있으므로 인물의 목소리를 활용하였다고 볼 수 없다. #74와 #75는 이어지는 장면으로, 같은 날 다른 공간에서 발생한 사건이 철호와 영호의 목소리를 통해 연결되고 있다.

07.

S# 120에서 택시를 탄 철호는 자신이 가야 할 곳을 정하지 못하고 있다. 철호는

가장으로서 책임져야 할 일이 많음에도 어느 것 하나 제대로 수행할 수 없어 자신을 오발탄이라고 생각한다. 이를 통해 삶의 방향을 상실한 철호의 괴로움이 드러나고 있다.

오답 풀이

① ㉠에서 철호는 명숙을 원망하고 있지 않으며, 철호가 명숙을 원망할 이유도 없다. ② 철호는 간호사의 말에도 별다른 대꾸를 하지 않는다. 또한 간호사가 말을 끝내고 나가자 '화석'처럼 굳은 것을 통해 그가 불길한 예감을 느꼈음을 짐작할 수 있다. ③ 철호는 노력했지만, 결국 아내를 잃었으므로 자괴감을 느꼈다고 추측할 수 있다. 그러나 [앞부분의 줄거리]를 보면 영호는 강도가 되어 경찰서에 잡혀 갔다고 하였으므로 '성공한 삶을 살게 된 영호'는 적절하지 않다. ④ 철호의 입에서는 피가 왈칵 쏟아져 나오고 철호는 그로 인해 휘청거리고 있으므로 그의 육체적 고통이 점점 심해짐을 알 수 있다.

08.

〈보기〉에는 치통을 앓는 철호의 괴로운 심리가 상세히 드러나 있다. 이를 S# 110에서는 〈보기〉에 나타나 있지 않은 '철호의 얼굴이 점점 찌푸려지며 손으로 볼을 움켜쥔다'는 표정과 행동으로 드러내고 있다.

오답 풀이

②, ④, ⑤ 사건, 등장인물의 수, 공간적 배경은 〈보기〉와 S# 110 모두 동일하다. ③ 장면을 해설하거나 사건의 의미를 풀어준 부분은 찾을 수 없다.

09.

ㄴ. ⓑ의 전후 장면에 '한참 생각다 들어가'고 '양쪽 볼을 손으로 누르며 나온' 철호의 행동을 통해 철호가 치과에서 이를 뽑았을 것이라는 내용을 짐작할 수 있다. ㄹ. ⓒ는 철호의 소리를 화면에 덧붙이는 기법을 사용하여 절망적 상황에 처한 철호의 비참한 심리를 집약하여 보여 준다.

오답 풀이

ㄱ. ⓐ는 현재의 대화 장면이 아니라 거리에서 철호가 회상한 과거의 대화이므로 적절하지 않다. ㄷ. 두 사건이 오버랩 되었다는 점에서 병치는 허용할 수 있으나, 과거를 회상하는 부분은 아니다.

10.

「오발탄」은 '철호'라는 인물이 전후의 힘든 상황에서 가족에 대한 책임과 걱정을 짊어진 샐러리맨으로 힘들게 살다가 삶의 방향점을 잃고 '오발탄'과 같은 존재가 되었다는 내용으로 이범선의 소설 작품을 시나리오로 각색한 것이다. '철호'의 치통은 절망적이고 힘든 현실에서 느끼는 고통을 상징한다고 할 수 있으므로 ㄱ은 적절하며, '철호'가 부르짖는 '개'라는 외침은 처절한 현실에서 방향 감각을 잃고 부르짖는 '철호'의 감정 표출이므로 ㄴ의 진술도 적절하다. ㄹ에서 '오발탄'은 '잘못 쏘아진 총알'이라는 의미를 지니고 있는 것으로 '철호'가 삶의 방향 감각을 상실한 인물임을 부각시키기 위해 작가가 설정한 문학적 장치라고 할 수 있다.

오답 풀이

'철호'의 아내는 이미 죽었으며, 더구나 '철호'와 '아내'가 평소 행복한 삶을 꿈꾸며 '해방촌'을 행복한 삶이 실현되는 공간으로 설정하고 소망했었다는 근거를 본문에서 찾을 수 없으므로 ㄷ은 적절하지 않은 설명이다.

11.

④에서 'S# 120'의 '운전수'는 'S# 117'에서 알 수 있듯이 '철호'가 갈 곳을 정하지 못하고 힘들게 하는 것에 대해 못마땅해 하고 있다. 이런 상황에서 '운전수'에게 '철호'를 따뜻한 정감을 가지고 바라보는 시선이 느껴지도록 하라는 연출 방안은 적절하지 않다.

① 'S# 116'에서는 '철호'가 치과에서 나와 괴로워하는 모습을 강조할 필요가 있으므로 클로즈업한 후, '철호'가 피를 흘리며 어지러워하는 상황을 표현하기 위해 카메라를 상하 좌우로 움직여 촬영하는 'PAN.(Panning)' 기법을 사용하는 것은 적절하다. ⑤ 'S# 121~S# 122'에서는 '철호'의 괴로움과는 무관하게 도시의 소음이 번져가는 초저녁 하늘을 배경으로 유성이 길게 꼬리를 무는 것을 표현하고, '철호'가 탄 차가 목적지도 모르는 채 멀리 사라져 가는 것은 철호의 처절한 상황을 드러내는 배경이 되고 있으므로 화면이 차차 어두워지는 'F.O.(Fade Out)' 기법을 활용하여 장면을 마무리하는 것은 적절하다.

12.

'윌리 로만'은 평소 '성실하게 일하면 반드시 물질적인 성공을 거둘 수 있다'는 신념을 가지고 있었으며, 두 아들에게도 그 신념을 불어 넣기 위해 힘썼다. 그러나 그는 신념을 지키려다가 좌절을 맛보았으며, 그는 평소 자신의 신념을 실천하기 위해 죽음을 선택한 것이 아니라 가족에게 보험금을 남겨 주기 위해 죽음을 선택한 것이다.

① 직면한 현실에서 결단을 내리지 못하고, 어렵고 고단한 상황에서 갈팡질팡하고 있는 모습은 '철호'에게만 해당되므로 적절하다. ④ '철호'는 절망적인 상태에 이르러 이를 뽑고 방황하고 있는 모습을 보이고 있다. '윌리 로만'은 두 아들이 그의 기대를 저버렸고, 본인도 회사에서 해고당하는 등 한계 상황에 이른 것으로 보아 두 사람 모두 한계 상황에 도달했다는 진술은 적절하다.

Part 2. 현대 산문　　**30 | 이근삼, 원고지**

│ O/X 정답

01. X	02. O	03. X	04. O	05. X

1. '초월적 공간'은 현실의 한계를 뛰어 넘고, 현실 영역을 벗어난 공간을 말한다. 이 글은 현대인의 기계적인 삶을 풍자하고 있는 작품이므로 해당 선지는 적절하지 않다. 현실 공간 외의 다른 공간은 등장하지 않는다.
2. '쇠사슬'과 '굵은 줄'은 과중한 업무와 책임감, 교수를 압박하는 구속을 상징한다. 바깥에서 '쇠사슬'을 차고 있던 교수가 집에 와서 또다시 '굵은 줄'을 매게 됨으로써, 과중한 업무가 집 안팎에서 교수를 압박하고 있음을 알 수 있다.
3. 중략 이전과 이후 모두 밤 → 아침의 시간 흐름이 나타난다. 하지만 이를 통해 갈등이 해소되는 과정을 부각하고 있지는 않다.
4. 교수는 백구십 자 칸의 원고지를 보고 과거의 희망과 열정을 상징하는 '천사'를 만난다. "내 꿈을 도로 찾아 주십시오. 생각할 힘을 주시오.", "이 함정에서 뛰어나가고 싶습니다.~내 정열은 어떻게 되는 거요. 꿈을 주십시오!"에서 교수는 과거의 희망과 열정을 떠올리고 있음을 확인할 수 있다. 다음 장면의 "원고! 원고는 언제 쓰는 거야?", '이 소리에 교수는 비로소 정신을 차려 다시 비참한 표정으로 번역을 계속한다.'에서 교수는 감독관의 독촉으로 인해 현실로 돌아왔음을 알 수 있다.
5. '처는 빼앗듯이 원고지를 가로채더니 자루 안에 쓸어 넣는다.', "삼백 환!"에서 처는 남편의 노동을 돈으로 환산하며 교수의 번역을 물질적 가치로만 판단하고 있음을 알 수 있다.

│ 니BS 실전 문제 정답

01. ⑤	02. ④	03. ⑤	04. ⑤	05. ④

01.

'철쇄'는 '교수'가 경험하는 사회에서의 억압과 구속을 의미하는 도구이다. '교수'가 자율성을 회복하기 위해서는 '철쇄'뿐만 아니라 그 어떤 것에도 얽매이지 않은 채로 존재해야 한다. 그러나 '처'의 행동을 보여 주는 지문에서 '소파 뒤의 막대기에 감겨 있는 또 하나의 굵은 줄을 풀어 교수 허리에 다시 감아 준다.'라고 하여, '교수'가 가장으로서 겪어야 하는 억압과 구속이 있음을 강조하고 있다. '철쇄'에서 '굵은 줄'로 소도구가 바뀌었을 뿐, 가정에서도 여전히 억압받는 교수의 삶을 드러내고 있는 것이다. 따라서 '교수'가 자율성을 회복한 상태라고 볼 수 없다.

① '장남'의 대사에서 "아버지는 늘 쾌활한 얼굴에다 발걸음은 참새처럼 가볍지요."라고 묘사하고 있다. 그러나 이후에 '졸음이 오는 지루한 음악과 더불어 철문 도어가 무겁게 열리며'라고 '교수'의 모습을 표현하고 있으므로, '장남'의 말과 배치됨을 알 수 있다. 가장 가까운 가족임에도 불구하고 '교수'의 모습을 반대로 전달하는 '장남'의 모습은 앞으로 벌어질 사건의 갈등 관계를 알려주면서 동시에 모순된 극의 분위기를 형성한다. ② 인물이 이름이 없이 '교수'라고 나온 것과 그가 입은 양복이 원고지 칸으로 보인다는 것을 통해 인물이 업무적으로 억압받고 있는 상황을 알 수 있다. 또한 관객은 반듯한 네모 칸들이 모인 '원고지 칸투성이'를 입은 '교수'의 모습을 통해 그가 현실에서 벗어나지 못한다는 것을 알 수 있다. ③ '교수'의 하품은 '무엇에 두들겨 맞아 죽는 비명같이 비참하게' 들린다고 하였다. 또한 지문 중 '(교수는 머리를 기대고 잠을 자고 있다. 코를 고는데 흡사 고양이 우는 소리다.)'를 볼 때 '교수'는 일상의 억압으로 인해 상당히 피로한 상태임을 알 수 있다. 그러나 '장녀'는 그의 모습을 '달콤한 하품'을 한다고 표현함으로써 가장 친밀해야 할 가족 간의 소통이 원활하지 않은 상태임을 드러내고 있다. ④ '플랫폼 방 불'이 서서히 꺼지고 '처'와 '교수'가 대화를 주고받는 장면으로 이어지며, 관객들은 자연스럽게 '교수'와 '처'의 연기에 시선을 두게 되므로 적절하다.

02.

〈보기〉에 따라 극중 배역에서 빠져나와 관객에게 발화를 하는 '해설자'는 '장남'과 '장녀'가 하고 있다고 보는 것이 적절하다. '장녀'는 "인제 어머님이 돌아오셔요. 어머님은 늘 아버지의 건강을 염려하세요."라고 '처'에 대한 정보를 알려 준다. 이후에 '처'와 '교수'가 등장한 뒤 '장녀'는 다시 "제 말이 맞았지요?"라고 하며 관객에게 말을 걸고 있다. 이때 '장녀'와 '처', '교수'를 분리하는 장치로 조명이 활용되고 있는데, 해당 극에서 이와 같은 조명 연출은 현재 '장녀'가 있는 공간과 '처', '교수'가 있는 공간이 다르다는 것을 암시하는 기능을 한다.

① '장남'은 가족에 대한 소개를 하지만, 그의 마지막 대사에서 "지금이 저녁 일곱 시 반이니 아마 아버지가 곧 돌아올 것입니다."라고 하여, '교수'의 극중 행동을 설명할 뿐 '처'의 행동은 설명하고 있지 않다. ② 주어진 지문에서 '장남'이 다른 인물과 대화를 하는 것은 나타나 있지 않다. 다만 '교수'에 대한 정보를 주어, 그가 등장할 것을 예고하는 역할을 하고 있다. ③ '장녀'의 대사에서 "저의 아버지랍니다.", "인제 어머님이 돌아오셔요."라고 하며 등장인물에 대한 정보를 주고 있지만, 시·공간적 배경을 명시적으로 알려주고 있지는 않다. 오히려 앞선 '장남'의 대사에서 '저녁 일곱 시 반'이라는 시간적 배경을 명시하고 있다. ⑤ '장녀'가 '교수'의 '토하는 큰 하품'을 '달콤한 하품'이라고 말하는 것이나, "어머님은 늘 아버지의 건강을 염려하세요."라고 전달하는 부분이 실제로는 '처'가 '잠자는 교수의 주머니를 샅샅이' 터는 행동임을 비교해 보면 그가 제공하는 정보가 객관적이지 않음을 알 수 있다. 관객의 입장에서도 '장녀'의 해설 내용에 대해 의심을 하게 되므로, 극중 상황에 몰입하기보다는 거리를

두고 비판적으로 볼 가능성이 높다.

03.

단어만 보고, 혹은 밑줄만 보고 판단하는 학생들이 주로 틀린 선지다. 천사와 감독관은 분명 단어 자체로 보면 긍정과 부정의 의미로 대립이 된다. 하지만 지문에서 서로 대립하고 있는 모습(싸우는 모습)은 나타나지 않는다. 교수의 행동을 통해 '현대인의 기계적인 삶을 비판한다'는 것은 허용 가능하겠다.

▶ **오답 풀이**

① 마지막에 교수가 '철쇄'를 매는 장면이 독해할 때 '대문짝만하게' 보였어야 한다. 시나리오나 희곡 지문에서 특이한 요소가 있다면 당연히 독해를 할 때 체크가 되었어야 한다. 그래야 시간을 세이브하고 정확도를 높일 수 있다. ② 무대의 제약을 가진 희곡에서는 특히 조명을 통해 장면이 전환되므로, 나오면 무조건 체크하라고 얘기했지? ③ '익명성'이라고 해서 무조건 '불신', '인간 소외'를 의미하는 것은 아니다. 사전적 의미를 우선 정확하게 알아 두자. 익명(匿名) : 본이름을 숨김. 익명성(匿名性) : 익명이라는 성질. 문학에서 인물의 이름을 보통 명사나 기호로 처리하여 익명성을 강조하는 것은 대부분 두 가지 경우 중 하나다. 첫째는 서로를 믿지 못하여 본명을 밝히지 않는 산업화, 도시화 이후의 인간 소외를 보여줄 때. 둘째는 등장인물 개개인이 아니라 등장인물의 대표성을 보라는 작가의 의도가 반영될 때. 즉, 「감자」의 '복녀'를 A씨라고 처리했다면, '복녀' 개인이 아니라 '일제 시대를 살았던 비참한 민중'을 주목하라는 작가의 의도가 내재되어 있는 것이다. 여기서는 두 번째 경우에 해당된다. 교수로 대표되는 '무기력한 현대인'을 주목하라는 것이다. ④ 장녀가 관객에게 말을 건네면? 당연히 무대와 객석의 경계는 허물어지고, 나아가 관객이 정서적 몰입을 방해 받겠지. 나아가 이 작품을 이성적으로 판단하면서 바라보며, 이 작품을 통해 말하고자 하는 현대인이 겪는 사회적 문제에 대해서 고민을 하겠지?

04.

단순한 일치 문제다. [A]를 꼼꼼하게 보시길. 천사가 "당신이 나를 떠났지요. 당신을 돕고 싶습니다. 그러나 이미 늦었어요. 나한테 되돌아오기는 너무 늦었어요.", "사고할 필요가 없어요. 이미 사고가 난걸요."라고 말하는 것에서 선지의 내용이 적절하지 않음을 알 수 있다.

▶ **오답 풀이**

① '그래. 아직 잊지를 않았어. 나의 희망, 나의 정열의 옛 모습이야.'에서 확인할 수 있다. ②, ③ "당신은 왜 나를 버렸어요?"라는 교수의 말을 통해 확인할 수 있다. ④ '사고할 필요가 없어요. 이미 사고가 난걸요.'에서 확인할 수 있다.

05.

[B]에는 여러 가지 사건을 통해 현대 사회의 부조리한 모습을 보여주고 있다. 하지만 이 사건들 간의 인과성은 확인할 수 없다.

▶ **오답 풀이**

① 어두운 현대 사회를 보여주는 사건 사고들을 나열함으로써 현대의 부조리한 상황을 풍자하고 있다. ② "끔찍도 해라."에서 확인할 수 있다. ③ 두 살 난 아이가 아버지를 살인하는 일, 지프차가 동대문을 들이받아 동대문이 완전히 부서지는 일은 실제로 발생하기 힘든 상황이다. ⑤ 짧은 문장을 쓰면 그만큼 호흡이 빨라지니 대사의 속도감이 느껴진다고 볼 수 있다.

Part 2. 현대 산문 　　31 | **문순태, 말하는 돌**

▌ O/X 정답

01. X　　02. O　　03. O　　04. O　　05. X

1. 윗글은 '나'라는 1인칭 주인공이 서술자가 되어 전개되고 있다. 따라서 '이야기 내부의 서술자'는 옳은 진술이지만, '마을 사람들은 나 듣기 좋으라고 그러는지 큰 소리로 한마디씩 하였다.'와 같이 다른 인물의 내면을 추측하기도 하고, 자신의 내면을 솔직하게 말하고 있기 때문에 '객관적'인 서술로 보기 어렵다.

2. "꿈속에서 나는 아버지를 깔고 앉아 있었다.~'이 불효막심한 놈아' 하고 고함을 쳤다."에서 꿈의 장면을 삽입하고 있다. 꿈의 내용을 요약적으로 언급한 것이 아니라, 꿈에서의 '나'와 아버지의 행동을 묘사하고 있으며, 아버지의 말을 인용하고 있으므로 장면으로 제시한 것으로 봐야 한다. 이처럼 꿈과 현실을 교차하면 사건은 입체적으로 구성이 된다.

3. "건 그렇고, 그래, 자네 기분이 어쩐가? 이제야 한이 풀리는가?"라는 장돌식의 말에서 알 수 있다.

4. '—아버님, 이제 한이 풀리십니까.~이제 이만하면 저의 한이 풀렸으니 아버님의 한도 풀리셨겠지요.—'에서 주인공 '나'의 독백을 인용하여 복수를 시행하는 '나'의 내면을 보여주고 있다.

5. '나'의 심리는 지문에서 계속 바뀌고 있으나, 30년의 시간 동안 바뀐 것은 아니다. 30년 내내 '나'는 복수심에 불탔고, 나의 심리 변화는 복수를 실행한 이후에 시작된 것이다.

▌ 나BS 실전 문제 정답

01. ④　　02. ②　　03. ②

01.

[A]는 아버지가 마을 청년들에게 끌려가는 장면으로, '쇠죽을 끓이고~끌고 나갔다.', '아버지는 발버리에~발버둥치고 울부짖었다.' 등에서 구체적인 장면을 묘사하고, 인물 간의 대화를 제시하고 있다. 또한 아버지가 죽임을 당할 위기에 처했음을 알 수 있으므로, 사건의 긴박감이 고조된다고 볼 수 있다.

▶ **오답 풀이**

① [A]에서 사건이 심화되고 있는 것은 사실이나, 인물이 겪고 있는 내적 갈등은 제시되어 있지 않다. ② [A]에는 과거형 어미가 사용되었다. ③ '가족을 잃은~힘이 쫙 빠졌다.', '개 끌 듯 끌고 나갔다.' 등의 표현에서 서술자의 주관이 드러난다. ⑤ 인물의 행적이 구체적으로 제시되어 있다.

02.

'나'는 아버지가 끌려가는 상황을 보면서 아버지의 죽음을 예견한 것이지, 아버지가 부면장네 부자의 죽음에 책임이 있다고 생각한 것은 아니다.

▶ **오답 풀이**

① 배불리 먹고 잘 잔 후 슬픔과 분노를 느꼈다는 진술을 통해, 생리적 욕구가 가족을 잃은 슬픔보다 앞설 만큼 힘들었음을 알 수 있다. ③ 가난한 형편이지만 건강한 아내와 아이들이 있어 행복하다는 서술에서, 인물의 소박하고 긍정적인 삶의 자세를 느낄 수 있다. ④ '살림이 작살났다'는 표현을 통해 '도련님'이 경제적으로 어렵다는 것을 알 수 있고, '장돌식'이 그에 대해 안타까워하고 있음을 느낄 수 있다. ⑤ '나'가 돌멩이를 던지는 행동과 맑아지는 달빛의 풍경을 통해 아버지의 누명이 풀린 것을 알게 된 '나'의 심리를 짐작할 수 있다.

03.

'아버지'의 죽음에 대한 진실이 밝혀지고 난 후에도, '만춘이'는 여전히 타인과 공모한 사실을 밝히며 월곡리 공동체를 분열시키고 있다. 그리고 복수를 준비하던 '나'가 마을 사람들과 화해하지 않았으므로, 공동체는 아직 회복되지 않았음을 알 수 있다.

오답 풀이

① 한 마을에 살고 있는 이웃을 해치는 '만춘이'의 잔인한 행동을 통해 인간성이 파괴되었음을 알 수 있다. ③ '대창을 깎아들고~젊은 사람들'의 구절을 통해, 북에 협조한 젊은 사람들이 부면장네 부자를 죽였다는 것을 알 수 있다. '자기 가족을~뻣뻣하게 세웠다.'에서 '부면장네 가족들'이 분노하고 있음을 알 수 있다. ④ '까차산 계곡에서~있을 뿐이었다.'는 구절을 통해, '월곡리 사람들'이 고통을 느꼈지만 아버지의 죽음을 방조했다는 것을 알 수 있다. ⑤ '붉은 별을 붙인 사람들'은 인민군을 의미하고 푸른 제복을 입은 '도련님'은 국군을 의미하므로, 한국 전쟁의 전선이 오르내렸음을 알 수 있다.

---

32 | 김훈, 꽃 피는 해안선

O/X 정답

| 01. X | 02. O | 03. X | 04. O | 05. O |

1. 윗글의 '사람의 생명 속을 흐르는 시간의 풍경'과 같은 서술에서 인간의 유한한 삶을 언급하고 있다고 볼 여지는 있으나, 글쓴이가 이를 한탄하고 있지는 않으므로 적절하지 않은 설명이다.

2. 윗글에서 '월동 장구'를 모두 버리고 '티셔츠 차림으로 꽃 피는 남쪽 바다 해안선을 따라 달리는 글쓴이의 모습 그리고 다양한 봄꽃들이 피어나는 모습을 통해 '봄'의 계절감을 확인할 수 있다. 또한 '동백', '매화', '산수유', '목련' 등의 꽃들이 피고 지는 모습을 통해, 자연환경의 변화가 제시되고 있다고 볼 수 있으므로 적절한 설명이다.

3. 윗글의 공간적 배경이 '여수 돌산도'로 제시되어 있기는 하나, 글쓴이는 공간의 의미보다는 '봄'이라는 계절과 그 계절에 나타나는 다양한 꽃들의 개화 및 낙화 과정을 인간의 삶과 연결 짓고 있으므로 적절하지 않은 설명이다.

4. 윗글에서 '목련'은 '존재로서의 중량감이 전혀 없는 산수유와 달리, '존재의 중량감을 과시하면서 한사코 하늘을 향해 봉오리를 치켜올'리는 꽃으로 제시된다. 또한 '세상의 꽃 중에서 가장 남루하고 가장 참혹'한 모습으로 지는 목련은 '천천히 진행되는 말기 암 환자처럼' '느리고 무'거운 죽음을 맞이한다고 하였다. 이를 통해, 대비와 비유의 방식을 활용하여 '목련'의 개화와 낙화를 효과적으로 그리고 있음을 확인할 수 있으므로 적절한 설명이다.

5. 윗글에서 글쓴이는 '동백', '매화', '산수유', '목련'이 각각 저마다의 모습으로 피어나 절정을 맞이하는 모습, 그리고 낙화하는 모습을 묘사하고 있다. 글쓴이가 이러한 꽃들의 개화와 낙화 과정을 바탕으로 '사람의 생명 속을 흐르는 시간의 풍경'과 '춘수의 슬픔을 떠올리는 데에서, 봄꽃들과 인간의 삶을 연결하고 있음을 확인할 수 있으므로 적절한 설명이다.

---

33 | 임철우, 곡두 운동회

O/X 정답

| 01. O | 02. X | 03. O | 04. X | 05. X |

1. '새끼줄의 왼쪽도 오른쪽도, 그리고 그 양분된 두 덩어리의 집단을 멀리서 지켜보고 있는 교문 쪽도 모두 입을 다문 채 유령처럼 고요해져 있었다.'에서는 비유법을 활용하여 긴장감과 두려움으로 사람들이 침묵하고 있는 상황의 긴박감을 강조하고 있으므로 적절한 설명이다.

2. 이 작품은 '오전 11시 40분', '낮 12시'와 같은 시간 표지를 구체적으로 제시하고 있으며, 시간의 순서에 따라 서사를 전개하고 있다. 시간 순서를 뒤바꾼 부분은 찾아볼 수 없으므로 적절하지 않은 설명이다.

3. "우리 몇 사람은 사실 처음부터 빤히 다 알고 있었지만 일부러 모르는 척했었지요.~이렇게 해야만 숨어 있는 불순분자들을 하나 남김없이 깡그리, 그것도 제 발로 스스로 걸어 나오게 만들 수가 있다고들 하니 말입니다."에서, 읍장이 '불순분자'를 색출하기 위해 마을 사람들을 속이는 일에 동참했음을 알 수 있으므로 적절한 설명이다.

4. 윗글에서는 인물 간의 갈등이 다각적으로 조명되기보다는, 마을 사람들이 운동장에서 양분되어 처형의 공포를 느꼈던 사건의 내막이 드러나고 있으므로 적절하지 않은 설명이다.

5. '그들 모두는 불과 몇 시간 전까지만 해도 조상 대대로 물려받은 이 작은 마을에서 아침저녁으로 서로 얼굴을 맞대고 살아 온 지극히 순박하고 평범한 사람들이었다.'라는 서술에서, 마을 사람들이 오랜 시간 함께 살아왔음을 알 수 있다. 그러나 '그 두 집단을 분단시켜 놓은 새끼줄과 새끼줄 사이의 공간이라고 해야 겨우 스무 발짝도 채 못 되는 거리였지만 이 순간 그것은 바다보다도 더 까마득하게 멀고 먼 거리로 여겨졌다.'라는 서술을 통해, 학교 운동장에서 좌우로 나뉜 마을 사람들이 자신들을 가른 새끼줄 사이의 공간을 까마득하게 멀게 느끼고 있음을 확인할 수 있으므로 적절하지 않은 설명이다.

---

34 | 법정, 거꾸로 보기

O/X 정답

| 01. O | 02. O | 03. X | 04. X | 05. X |

1. 윗글에는 우연히 산을 거꾸로 보게 된 구체적 경험을 제시해 고정 관념과 선입견을 버리고 새로운 시각을 가져야 함을 말하고 있다. 또한, 유추의 방법을 통해 '차' 맛에 어떠한 표준이 없듯이, 사람의 인격도 고정된 틀이 없음을 말하고 있다.

2. 거꾸로 보기의 경험을 통해 이와 같은 주장을 하며 '열린 눈'을 가져야 한다고 말하고 있다.

3. '차 맛에 어떤 표준이 있는 것은 아니다.~인격에 고정된 어떤 틀이 있는 것은 아니다.'를 통해 선지가 적절하지 않음을 알 수 있다.

4. 윗글에서는 산을 거꾸로 보게 된 일화만 제시되어 있으므로 적절하지 않다.

5. 윗글에서 문답 방식이 활용된 부분은 찾을 수 없다.